NOMOSSTUDIUM

Prof. Dr. Christoph Hirsch

Schuldrecht
Besonderer Teil

6. Auflage

Die Deutsche Nationalbibliothek verzeichnet diese Publikation in der Deutschen Nationalbibliografie; detaillierte bibliografische Daten sind im Internet über http://dnb.d-nb.de abrufbar.

ISBN 978-3-8487-6491-4 (Print)
ISBN 978-3-7489-0537-0 (ePDF)

Die 1. Auflage ist in Carl Heymanns Verlag erschienen.

6. Auflage 2020
© Nomos Verlagsgesellschaft, Baden-Baden 2020. Gedruckt in Deutschland. Alle Rechte, auch die des Nachdrucks von Auszügen, der fotomechanischen Wiedergabe und der Übersetzung, vorbehalten.

Vorwort

Für die sechste Auflage habe ich wieder die neue Rechtsprechung und Literatur eingearbeitet, so dass das Buch jetzt auf dem Stand vom Januar 2020 ist.

Wie in meinen Lehrbüchern üblich, steht am Anfang jedes Abschnitts (Paragrafen) ein längerer Einleitungsfall, der meist der neueren Rechtsprechung entnommen ist und ausführlich im Gutachtenstil gelöst wird. Den meisten handelnden Personen habe ich Namen gegeben, aber eine Übereinstimmung mit einer existierenden Person wäre reiner Zufall. Die 62 Einleitungsfälle sollen die Leserinnen und Leser in den neuen Abschnitt einführen und sie zugleich ein bisschen neugierig machen. Ganz nebenbei kann man anhand der Lösungen auch seine Kenntnis des Gutachtenstils verbessern.

Wichtige Themen des Besonderen Schuldrechts werden auch anhand von nunmehr 36 Flussdiagrammen erläutert, auf die im Text häufig verwiesen wird. Ihre Titel sind am Schluss des Inhaltsverzeichnisses aufgelistet. Jedes Flussdiagramm (FD) ist auf der Seite

www.hirsch-sbt.nomos.de

unter „Extras/Materialien" zu finden. Jeder kann sie dort herunterladen und im A-4-Format ausdrucken.

So wie sich der Text dieses Buches von Auflage zu Auflage ändert, so werden auch die Flussdiagramme ständig verbessert und manchmal ganz neu konzipiert. Die vorliegende Neuauflage ist ganz auf die neuen Flussdiagramme abgestimmt. Wer eine Altauflage benutzt, muss deshalb damit rechnen, dass es zu Widersprüchen zwischen dem alten Text und den neuen Diagrammen kommen kann.

Das Entwerfen der Flussdiagramme macht mir auch deshalb große Freude, weil sie mir die logischen Zusammenhänge einer gesetzlichen Regelung im Wortsinne „vor Augen führen". Ich hoffe, dass es manchen Leserinnen und Lesern ähnlich ergeht. Vielleicht macht es einigen auch Spaß, anhand eines Flussdiagramms zur richtigen Lösung eines Falles zu kommen oder sogar selbst solche Diagramme zu entwickeln.

Zum Schluss möchte ich wieder alle ermuntern, mir Verbesserungsvorschläge, Kritik und Fragen unter

hirsch@ortscheit.de

zukommen zu lassen. Auch Hinweise auf kleinste Schreibfehler sind willkommen! Ich antworte gern und werde alle Anregungen in die nächste Auflage einfließen lassen.

Saarbrücken, den 15. Januar 2020 *Christoph Hirsch*

Inhaltsverzeichnis

FÜNFTES KAPITEL   ANDERE VERTRÄGE ÜBER EINE TÄTIGKEIT

SIEBTES KAPITEL   DARLEHENSVERTRAG UND FINANZIERUNGSHILFEN

ZEHNTES KAPITEL   UNGERECHTFERTIGTE BEREICHERUNG

Zwölftes Kapitel Andere Gesetzliche Schuldverhältnisse

Die zu diesem Buch gehörenden Flussdiagramme, auf die im Text häufig verwiesen wird, sind unter

www.hirsch-sbt.nomos.de

zu finden (Stichwort „Materialien"). Sie können heruntergeladen und (auf A 4-Papier) ausgedruckt werden.

30

Abkürzungsverzeichnis

aA	anderer Ansicht oder am Anfang
aaO	am angegebenen Ort
AcP	Archiv für die civilistische Praxis (Zeitschrift)
aE	am Ende
aF	alter Fassung
AG	Amtsgericht oder Aktiengesellschaft
AGB	Allgemeine Geschäftsbedingungen
AktG	Aktiengesetz
Alt	Alternative
Anm	Anmerkung
AnwBl	Anwaltsblatt
AP	Nachschlagewerk des Bundesarbeitsgerichts
ArbG	Arbeitsgericht
ArchBürgR	Archiv für bürgerliches Recht (Zeitschrift)
Aufl	Auflage
BAföG	Bundesausbildungsförderungsgesetz
BAG	Bundesarbeitsgericht
BAGE	Entscheidungen des Bundesarbeitsgerichts
Bamberger/Roth	Bamberger/Roth, Bürgerliches Gesetzbuch, 3. Aufl, 2012
BAnz	Bundesanzeiger
BayObLG	Bayerisches Oberstes Landesgericht
BB	Der Betriebs-Berater (Zeitschrift)
bestr	bestritten
BetrVG	Betriebsverfassungsgesetz idF vom 25. 9. 2001
BeurkG	Beurkundungsgesetz
BGB	Bürgerliches Gesetzbuch
BGB-AT	Hirsch, BGB Allgemeiner Teil, 10. Aufl, 2020
BGBl	Bundesgesetzblatt
BGH	Bundesgerichtshof
BGHZ	Entscheidungen des Bundesgerichtshofs in Zivilsachen
BJagdG	Bundesjagdgesetz
BKR	Zeitschrift für Bank- und Kapitalmarktrecht
BRAO	Bundesrechtsanwaltsordnung
Brox/Walker	Brox/Walker, Besonderes Schuldrecht, 43. Aufl, 2019
BSG	Bundessozialgericht
BT-Drs	Bundestags-Drucksache
BVerfG	Bundesverfassungsgericht
BVerwG	Bundesverwaltungsgericht
BWNotZ	Zeitschrift für das Notariat in Baden-Württemberg
cic	culpa in contrahendo (Verschulden vor Vertragsschluss)
CMR	Übereinkommen über den Beförderungsvertrag im internationalen Straßengüterverkehr
CR	Computer und Recht (Zeitschrift)
DAR	Deutsches Autorecht (Zeitschrift)
DB	Der Betrieb (Zeitschrift)
Diss	Dissertation
DJT	Deutscher Juristentag
DNotZ	Deutsche Notarzeitschrift

DPA	Deutsches Patentamt
DRiZ	Deutsche Richterzeitung
DS	Der Sachverständige (Zeitschrift)
DStR	Deutsches Steuerrecht (Zeitschrift)
DWW	Deutsche Wohnungswirtschaft (Zeitschrift)
DZWiR	Deutsche Zeitschrift für Wirtschaftsrecht
EGBGB	Einführungsgesetz zum BGB
EGMR	Europäischer Gerichtshof für Menschenechte
Erman/Bearbeiter	Handkommentar zum BGB, 15. Aufl, 2017
EuGH	Gerichtshof der Europäischen Gemeinschaften
EuZW	Europäische Zeitschrift für Wirtschaftsrecht
eV	eingetragener Verein
EwiR	Entscheidungen zum Wirtschaftsrecht
EWS	Europäisches Wirtschafts- und Steuerrecht
f	eine folgende Seite oder Randnummer oder ein folgender Paragraf
FamRZ	Zeitschrift für das gesamte Familienrecht
FD	Flussdiagramm (zur Fundstelle siehe das Vorwort)
FernUSG	Fernunterrichtsschutzgesetz vom 4.12.2000
FF	Forum Familienrecht (Zeitschrift)
ff	zwei oder mehr folgende Seiten, Randnummern oder Paragrafen
FGG	Gesetz über die freiwillige Gerichtsbarkeit
Fn	Fußnote
FPR	Familie, Partnerschaft, Recht (Zeitschrift)
FS	Festschrift
FuR	Familie und Recht
GBO	Grundbuchordnung
GebrMG	Gebrauchsmustergesetz
GewA	Gewerbearchiv
GewO	Gewerbeordnung
GG	Grundgesetz für die Bundesrepublik Deutschland
GmbH	Gesellschaft mit beschränkter Haftung
GmbHG	Gesetz betreffend die Gesellschaften mit beschränkter Haftung
GoA	Geschäftsführung ohne Auftrag (§§ 677 ff BGB)
GRUR	Gewerblicher Rechtsschutz und Urheberrecht (Zeitschrift)
GrZS	Großer Senat in Zivilsachen
GVG	Gerichtsverfassungsgesetz
GWB	Gesetz gegen Wettbewerbsbeschränkungen (Kartellgesetz)
HaftpflG	Haftpflichtgesetz
HGB	Handelsgesetzbuch
hL	herrschende Lehre
hM	herrschende Meinung
HRR	Höchstrichterliche Rechtsprechung (Zeitschrift)
Hs.	Halbsatz
idF	in der Fassung
idR	in der Regel
InsO	Insolvenzordnung
iS	im Sinne

iSv	im Sinne von
iVm	in Verbindung mit
JA	Juristische Arbeitsblätter (Zeitschrift)
Jauernig/Bearb....	Jauernig, Bürgerliches Gesetzbuch, 17. Aufl, 2018
jM	juris – Die Monatszeitschrift
JR	Juristische Rundschau
Jura	Juristische Ausbildung (Zeitschrift)
JurBüro	Das juristische Büro (Zeitschrift)
JuS	Juristische Schulung (Zeitschrift)
JZ	Juristenzeitung
K & R	Kommunikation und Recht (Zeitschrift)
KG	Kommanditgesellschaft oder Kammergericht
KJ	Kritische Justiz (Zeitschrift)
KTS	Zeitschrift für Insolvenzrecht
KunstUrhG	Kunsturhebergesetz
LAG	Landesarbeitsgericht
LG	Landgericht
LitVerz	Literaturverzeichnis
LM	Lindenmaier/Möhring, Nachschlagewerk des BGH in Zivilsachen
Looschelders	Looschelders, Schuldrecht Besonderer Teil, 14. Aufl, 2019
LuftVG	Luftverkehrsgesetz
MaBV	Makler- und Bauträgerverordnung vom 7.11.1990
MDR	Monatsschrift für Deutsches Recht
mE	meines Erachtens
Medicus/Lorenz	Medicus/Lorenz, Schuldrecht II, Besonderer Teil, 18. Aufl, 2018
MedR	Medizinrecht (Zeitschrift)
MittBayNot	Mitteilungen des Bayerischen Notarvereins (Zeitschrift)
MMR	Multi Media & Recht (Zeitschrift)
MüKo/Bearbeiter	Münchener Kommentar zum BGB, 8. Aufl, 2019
mwN	mit weiteren Nachweisen
NdsRpfl	Niedersächsische Rechtspflege (Zeitschrift)
nF	neuer Fassung
NJ	Neue Justiz (Zeitschrift)
NJOZ	Neue Juristische Online-Zeitschrift
NJW	Neue Juristische Wochenschrift
NJW-RR	NJW-Rechtsprechungs-Report Zivilrecht (Zeitschrift)
NK-BGB/Bearbeiter	Nomos-Kommentar BGB, 3. Aufl, 2016
notar	notar (Zeitschrift)
NotBZ	Zeitschrift für die notarielle Beratungs- und Beurkundungspraxis
Nr.	Nummer
NuR	Natur und Recht (Zeitschrift)
NZA	Neue Zeitschrift für Arbeits- und Sozialrecht
NZBau	Neue Zeitschrift für Baurecht
NZG	Neue Zeitschrift für Gesellschaftsrecht
NZM	Neue Zeitschrift für Miet- und Wohnrecht

NZV	Neue Zeitschrift für Verkehrsrecht
OHG	Offene Handelsgesellschaft
OLG	Oberlandesgericht
OVG	Oberverwaltungsgericht
OWiG	Gesetz über Ordnungswidrigkeiten
Palandt/Bearbeiter	Palandt, Bürgerliches Gesetzbuch, 79. Aufl, 2020
PartGG	Partnerschaftsgesellschaftsgesetz
PatG	Patentgesetz
Peifer	Schuldrecht, Gesetzliche Schuldverhältnisse, 6. Aufl 2019
ProdHaftG	Produkthaftungsgesetz
PWW/Bearb....	Prütting/Wegen/Weinreich, BGB-Kommentar, 14. Aufl, 2019
r + s	Recht und Schaden (Zeitschrift)
RdA	Recht der Arbeit (Zeitschrift)
RdE	Recht der Energiewirtschaft (Zeitschrift)
RDG	Rechtsdienstleistungsgesetz
RG	Reichsgericht
RIW	Recht der internationalen Wirtschaft (Zeitschrift)
Rn	Randnummer(n)
RNotZ	Rheinische Notar-Zeitschrift
Rpfl	Der Deutsche Rechtspfleger (Zeitschrift)
RpflG	Rechtspflegergesetz
RRa	Reiserecht aktuell (Zeitschrift)
RVG	Rechtsanwaltsvergütungsgesetz
SAT	Hirsch, Schuldrecht Allgemeiner Teil, 11. Aufl, 2018
SGB	Sozialgesetzbuch
SpuRt	Zeitschrift für Sport und Recht
st Rspr	ständige Rechtsprechung
StBerG	Steuerberatungsgesetz
StGB	Strafgesetzbuch
StPO	Strafprozessordnung
str	strittig
StVG	Straßenverkehrsgesetz
StVO	Straßenverkehrs-Ordnung
SVR	Straßenverkehrsrecht (Zeitschrift)
TKG	Telekommunikationsgesetz
TMG	Telemediengesetz
Tonner	Schuldrecht, Vertragliche Schuldverhältnisse, 4. Auflage 2015
TranspR	Transportrecht (Zeitschrift)
UrhG	Urheberrechtsgesetz
uU	unter Umständen
UWG	Gesetz gegen den unlauteren Wettbewerb
VAG	Versicherungsaufsichtsgesetz
VerkMitt	Verkehrsrechtliche Mitteilungen
VersR	Versicherungsrecht (Zeitschrift)
VG	Verwaltungsgericht
VGH	Verwaltungsgerichtshof
VOB/B	Vergabe- und Vertragsordnung für Bauleistungen
Vor	Vorbemerkung (vor einer Kommentierung)

VRS	Verkehrsrechts-Sammlung (Zeitschrift)
VuR	Verbraucher und Recht (Zeitschrift)
VVG	Gesetz über den Versicherungsvertrag vom 23.11.2007
WEG	Wohnungseigentumsgesetz
WEZ	Zeitschrift für Wohnungseigentumsrecht
WM	Wertpapiermitteilungen, Zeitschrift für Wirtschafts- und Bankrecht
ZAG	Zahlungsdiensteaufsichtsgesetz v. 25.6.2009
ZAP	Zeitschrift für die Anwaltspraxis
ZEuP	Zeitschrift für Europäisches Privatrecht
ZEV	Zeitschrift für Erbrecht und Vermögensnachfolge
ZfHK	Zeitschrift für das gesamte Handelsrecht und Konkursrecht
ZfIR	Zeitschrift für Immobilienrecht
ZFS (ZfS)	Zeitschrift für Schadensrecht
ZGR	Zeitschrift für Unternehmens- und Gesellschaftsrecht
ZGS	Zeitschrift für das gesamte Schuldrecht
ZHR	Zeitschrift für das gesamte Handelsrecht und Wirtschaftsrecht
ZInsO	Zeitschrift für das gesamte Insolvenzrecht
ZIP	Zeitschrift für Wirtschaftsrecht (und Insolvenzpraxis)
ZMR	Zeitschrift für Miet- und Raumrecht
ZNotP	Zeitschrift für die Notarpraxis
ZPO	Zivilprozessordnung
ZS	Zivilsenat
ZUM	Zeitschrift für Urheber- und Medienrecht
ZVG	Zwangsversteigerungsgesetz
ZWE	Zeitschrift für Wohnungseigentumsrecht

Erstes Kapitel Kauf und Schenkung

§ 1 Der Kaufvertrag

Fall 1: Espressomaschine

1

▶ *a) Frau Ariane Abich kaufte im Elektrogeschäft Josef Ellermann eine Espressomaschine der Marke „Wellington", deren Kaufpreis von 665 Euro auf 549 Euro herabgesetzt war. In den Verkaufsräumen hingen Plakate mit dem Hinweis: „Herabgesetzte Ware ist vom Umtausch ausgeschlossen." Nach der Bezahlung sagte die Kassiererin: „Heben Sie den Kassenzettel gut auf, Sie haben zwei Jahre Garantie." Auf dem Kassenzettel stand: „Umtausch nur innerhalb von acht Tagen gegen Vorlage dieses Kassenzettels." Am Abend kam Frau Abichs Ehemann mit einer ähnlichen Espressomaschine nach Hause, die Frau Abich besser gefiel. Deshalb ging Frau Abich am folgenden Tag zu Ellermann und wollte die Maschine umtauschen. Herr Ellermann sagte ihr, er gebe grundsätzlich nur einen Gutschein in Höhe des Kaufpreises, aber in diesem Fall könne er auch das nicht tun, weil die Ware im Preis herabgesetzt gewesen sei. Frau Abich nahm das Gerät wieder mit und veranlasste ihren Mann, das von ihm gekaufte Gerät zurückzugeben, was diesem auch gelang.*

b) Nach einem Monat war die Espressomaschine defekt, so dass Frau Abich erneut zu Herrn Ellermann ging und ihr Geld zurückverlangte. Herr Ellermann verwies auf den Garantieschein, der verkürzt lautet: „Auf dieses Gerät gewährt die Wellington GmbH, Hamburg, eine Garantie von zwei Jahren. Innerhalb dieser Zeit beseitigen wir kostenlos alle Mängel entweder durch Reparatur oder nach unserer Wahl durch Lieferung eines Ersatzgeräts." Herr Ellermann meinte, Frau Abich könne das Gerät nur bei der Wellington GmbH einschicken, eine Erstattung des Kaufpreises sei nach dem Wellington-Garantieschein ausgeschlossen.

Wie ist jeweils die Rechtslage?

a) Umtausch wegen Nichtgefallens

2

Das BGB enthält in den §§ 434 ff eine ausführliche Regelung der Rechte, die dem Käufer zustehen, wenn die Kaufsache *mangelhaft* ist. Er kann insbesondere die Sache zurückgeben und den von ihm bezahlten Kaufpreis zurückverlangen (Rücktritt). Aber wenn die Sache *mangelfrei* ist, hat der Käufer, der in einem *Ladenlokal* gekauft hat, nach dem Gesetz keinerlei Rechte.[1] Anders sieht es in vielen Fällen nach der vertraglichen Vereinbarung aus. So wie Herr Ellermann lassen viele Geschäftsinhaber auf ihre Kassenzettel einen Satz über ein Umtauschrecht drucken. Sie räumen damit ihren Kunden das Recht ein, die Kaufsache zurückzugeben, obwohl diese gerade *nicht* mangelhaft ist. Die Geschäftsinhaber tun das, um die Hemmschwelle ihrer Kunden beim Einkaufen weiter abzusenken. Denn die Kunden sollen denken: „Ich nehm's mal mit, umtauschen kann ich's ja immer noch."

Wenn der Inhaber seine Kassenzettel nicht mit einem Hinweis auf ein Umtauschrecht versieht und auch sonst nicht deutlich macht, dass er zum Umtausch bereit ist, hat der Käufer nicht das Recht, die Ware wegen Nichtgefallens zurückzugeben. Wenn der Verkäufer dem Käufer jedoch dieses Recht gibt, ist weiter zu fragen, ob der Käufer sein Geld zurückbe-

---

1 Anders bekanntlich für Verbraucher bei einem Kauf außerhalb eines Ladenlokals oder im Fernabsatz (§§ 312 b, 312 c; SAT Rn 316 ff).

kommt oder nur einen Gutschein erhält. Auch die Antwort auf diese Frage hängt von der vertraglichen Vereinbarung ab. Wenn der Inhaber nur einen „Umtausch" zugesagt hat, muss sich der Kunde im Zweifel mit einem Gutschein zufrieden geben.

Ausschluss des Umtauschrechts: Der Inhaber kann das Umtauschrecht, das er schließlich freiwillig gewährt hat, einschränken oder ausschließen, zB durch einen Aushang wie „Bademoden und Unterwäsche sind vom Umtausch ausgeschlossen" oder, wie Herr Ellermann, hinsichtlich im Preis herabgesetzter Waren. Deshalb hat Frau Abich in diesem Fall kein Umtauschrecht.

3   *b) Rechte wegen eines Sachmangels*

Es fragt sich, ob Frau Abich infolge des Defekts den Rücktritt erklären konnte (§ 437 Nr. 2). Die Einzelheiten würden in diesem Einleitungsfall zu weit führen, aber tatsächlich hat Frau Abich bei einem Sachmangel im Prinzip ein Rücktrittsrecht (Rn 104 ff).

Garantieschein: Zu prüfen ist, welche Bedeutung der von der Wellington GmbH dem Gerät beigefügte Garantieschein hat. Nach dem Gesetz haftet nicht der Hersteller (oder Importeur) dem Käufer einer Ware für deren Mangelfreiheit, sondern *allein der Verkäufer*. Durch die Garantiescheine, die vielen technischen Geräten beigefügt sind, versuchen die Hersteller, sich in die Rechtsbeziehungen zwischen Verkäufer und Käufer einzuschalten (Rn 232). Der Begriff der „Garantie" wird von § 443 Abs. 1 legal definiert. In ihr übernimmt der „Garantiegeber", hier der Hersteller, Verpflichtungen „zusätzlich zu der gesetzlichen Mängelhaftung" des Verkäufers (§ 443 Abs. 1). Wenn der Hersteller eine Garantie übernimmt, muss er dem Käufer im Rahmen eines Verbrauchsgüterkaufs (§ 474 Abs. 1 S. 1) aber darauf hinweisen, welche „gesetzlichen Rechte" ihm gegen den Verkäufer zustehen und dass diese durch die Garantie „nicht eingeschränkt werden" (§ 479 Abs. 1 S. 2 Nr. 1). Dadurch soll gerade das vermieden werden, was im vorliegenden Fall eingetreten ist, dass nämlich dem Käufer vorgespiegelt wird, der Verkäufer sei ihm nicht verpflichtet. Viele Garantiescheine, die den Geräten beigefügt werden, genügen allerdings nicht diesen Anforderungen.

Herr Ellermann hat also Unrecht, wenn er meint, er selbst sei zu nichts verpflichtet und Frau Abich müsse das Gerät einschicken. Vielmehr darf Frau Abich wählen, ob sie sich (aufgrund des Gesetzes) an Ellermann hält oder (aufgrund der Garantie) an den Hersteller. ◀

Lerneinheit 1

4   Literatur: *Ball,* Die Rechtsprechung des Bundesgerichtshofs zum Autokauf und Autoleasing, DAR 2019, 607; *Klose:* Entwicklungen des Kaufrechts bis Ende 2018, NJ 2019, 1; *Korch,* Der Unternehmenskauf, JuS 2018, 521; *P. Huber,* Das neue Kaufrecht, NZBau 2018, 72; *Muchowski,* eBay – „besser kaufen und verkaufen"? JA 2015, 928.

I. Bedeutung des Kaufvertrags

5   Der Kaufvertrag ist weltweit der wichtigste Vertrag, weil er täglich milliardenfach abgeschlossen wird. Das ist der Grund, warum das BGB diesen Vertragstyp an den Anfang des Abschnitts 8 „Einzelne Schuldverhältnisse" gestellt hat. Innerhalb des Kaufrechts geht es hauptsächlich um die Frage, welche Rechte der Käufer hat, wenn der Verkäufer ihm eine mangelhafte Sache verkauft hat (§§ 434 ff).

II. Kauf beweglicher Sachen

1. Der Kaufvertrag als Verpflichtungsgeschäft

a) Verpflichtungen des Verkäufers

Im Kaufvertrag verpflichtet sich der Verkäufer, „dem Käufer die Sache zu übergeben und das Eigentum an der Sache zu verschaffen" (§ 433 Abs. 1 S. 1). Die Pflicht zur Übergabe und Übereignung wird durch den Kaufvertrag nicht etwa schon *vollzogen*. Das bedeutet, dass der Käufer durch den Abschluss des Kaufvertrags noch nicht Eigentümer wird. Trotzdem ist der Abschluss eines Kaufvertrags natürlich ein wichtiges Rechtsgeschäft. Denn § 433 Abs. 1 S. 1 gibt dem Käufer den klagbaren *Anspruch* auf Übereignung der Kaufsache.

Leistungsort: Welcher Ort der Leistungsort des Verkäufers für die Übergabe und Übereignung ist (Stichworte Holschuld, Bringschuld, Schickschuld), bestimmt § 269, der bekanntlich zum Allgemeinen Schuldrecht gehört. Das Thema Leistungsort wird deshalb ausführlich in den entsprechenden Lehrbüchern behandelt.[2] Eine gute Orientierung gibt aber das FD „Der Leistungsort des Verkäufers", das – wie alle FD zum vorliegenden Lehrbuch – unter www.hirsch-sbt.nomos.de zu finden ist (siehe dort das Stichwort „Extras/Materialien").

b) Verpflichtungen des Käufers

Zahlung: Der Käufer wird durch den Abschluss des Kaufvertrags verpflichtet, „dem Verkäufer den vereinbarten Kaufpreis zu zahlen ..." (§ 433 Abs. 2 Var. 1). Dass der Kaufvertrag die Zahlungspflicht nur begründet, nicht auch schon erfüllt, ist leichter einzusehen als die entsprechende Regelung für die Verpflichtung des *Verkäufers*. Die Bedeutung des § 433 Abs. 2 liegt darin, dass der Verkäufer den Käufer auf Zahlung des Kaufpreises verklagen kann.

Abnahme: Neben die wichtige Verpflichtung zur Zahlung des Kaufpreises tritt nach § 433 Abs. 2 Var. 2 die Verpflichtung zur Abnahme („... und die gekaufte Sache abzunehmen"). Das ist zunächst verwunderlich. Denn die Kaufsache ausgehändigt zu bekommen, ist in erster Linie *ein Recht* des Käufers, keine Pflicht. Ein Käufer, der die ihm ordnungsgemäß angebotene Kaufsache nicht annimmt, kommt deshalb in Gläubigerverzug (§§ 293 ff). Aber aufgrund des Gläubigerverzugs kann der Verkäufer den Käufer nicht schadensersatzpflichtig machen.[3] Deshalb hat das Gesetz die Abnahme auch zur *Pflicht* des Käufers gemacht. *Beispiel:* K hatte von V einen Chevrolet Van 20 gekauft, verweigerte aber zu Unrecht die Abnahme. Er verletzte damit die in § 433 Abs. 2 Var. 2 normierte Vertragspflicht und war als *Schuldner* dem V nach den §§ 280 Abs. 1, Abs. 3, 281 zum Schadensersatz verpflichtet.[4]

6

7

---

2   SAT Rn 39 bis 74.
3   Der Gläubigerverzug gibt dem Schuldner nur einen Anspruch auf Aufwendungsersatz (§ 304).
4   BGH NJW 2009, 1588.

c) Verpflichtungsgeschäft, gegenseitiger Vertrag

8   *Verpflichtungsgeschäft:* Aus dem Gesagten ergibt sich, dass der Kaufvertrag nur *Verpflichtungen* begründet – sonst nichts! Der Kaufvertrag gehört deshalb zum Vertragstyp der *Verpflichtungsgeschäfte*[5] im Gegensatz zu den *Verfügungsgeschäften.*[6]

Gegenseitiger Vertrag: Da beide Vertragspartner eine Pflicht übernehmen, um die Gegenleistung zu erhalten, ist der Kaufvertrag ein *gegenseitiger Vertrag* (§§ 320 ff). Der Verkäufer ist Schuldner hinsichtlich der Pflichten aus § 433 Abs. 1 und Gläubiger des Anspruchs auf den Kaufpreis (§ 433 Abs. 2). Umgekehrt ist der Käufer Gläubiger des Anspruchs auf Übereignung der mangelfreien Kaufsache (§ 433 Abs. 1) und Schuldner des Kaufpreisanspruchs (§ 433 Abs. 2).

2. Die Erfüllung der Pflichten durch Verfügungen

a) Verfügung des Verkäufers

9   *Normalfall des § 929 S. 1:* Der Verkäufer einer beweglichen Sache erfüllt seine Verpflichtung aus § 433 Abs. 1 S. 1 durch die Übereignung der Kaufsache nach § 929 S. 1.[7] Dabei handelt es sich nicht etwa um einen Teil des Kaufvertrags, sondern um ein *eigenes Rechtsgeschäft*, das vom Kaufvertrag streng zu trennen ist. Die Übereignung nach § 929 S. 1 erfolgt durch die *Übergabe* (Realakt, kein Rechtsgeschäft) und die *Einigung* darüber, dass das Eigentum übergehen soll (dinglicher Vertrag). Diese Einigung wird als stillschweigend erklärt angesehen, wenn der Verkäufer die Kaufsache dem Käufer übergibt. Die Übereignung der Kaufsache ist – entgegen einer verbreiteten Laienmeinung – *nicht von der Zahlung des Kaufpreises* abhängig. Diese Abhängigkeit kann der Verkäufer nur erreichen, indem er einen Eigentumsvorbehalt macht (§ 449 Abs. 1; Rn 10).

Veräußern: Das Übertragen des Eigentums nennt man auch „veräußern". Laien verwenden das Wort häufig im Sinne von „verkaufen". Damit wird das Verpflichtungsgeschäft mit dem Verfügungsgeschäft verwechselt. Der Fehler beruht offenbar darauf, dass „veräußern" vornehmer klingt als „verkaufen". Wenn es sich um eine Immobilie handelt, verwendet selbst der sonst so genaue BGH gelegentlich das Wort „veräußern", wenn er „verkaufen" meint.[8]

10   *Eigentumsvorbehalt (§ 449 Abs. 1):* Der Verkäufer kann bei Abschluss des Kaufvertrags erklären, dass die Ware bis zur vollständigen Bezahlung sein Eigentum bleibe. Wenn dieser Vorbehalt Teil des Kaufvertrags geworden ist, erklärt der Verkäufer bei der anschließenden Übergabe der Kaufsache entgegen § 929 S. 1 *nicht*, „dass das Eigentum übergehen soll". Genauer gesagt, erklärt er das *noch* nicht, nämlich nur „unter der aufschiebenden Bedingung vollständiger Zahlung des Kaufpreises" (§ 449 Abs. 1 verweist damit auf § 158 Abs. 1).[9] Wenn der Kaufpreis vollständig gezahlt wird, ist die aufschiebende Bedingung eingetreten und damit die (bereits bedingt abgegebene) Einigungserklärung des Verkäufers wirksam geworden (§ 158 Abs. 1).

11   Außer dem in § 449 Abs. 1 geregelten *einfachen* Eigentumsvorbehalt hat die Rechtspraxis auch den erweiterten und den verlängerten Eigentumsvorbehalt entwickelt.

---

5 BGB-AT Rn 318 ff.
6 BGB-AT Rn 324 ff.
7 An die Stelle der Übereignung nach § 929 Satz 1 können auch Ersatzformen treten (§§ 929 Satz 2, 930, 931).
8 NJW 2013, 684 Rn 18 und 27.
9 Einzelheiten BGB-AT Rn 372 (Fall) und Rn 375 ff.

Beim *erweiterten* Eigentumsvorbehalt erklärt der Verkäufer, dass das Eigentum erst übergehen solle, wenn seine *sämtlichen* noch offenen Forderungen (auch aus anderen Lieferungen und Leistungen) beglichen sind. Eine solche Klausel ist im kaufmännischen Verkehr prinzipiell zulässig.[10] Der Verkäufer darf nur nicht erklären: „Das Eigentum geht erst über, wenn sämtliche Forderungen der zu unserem *Konzern gehörenden Unternehmen* beglichen sind" (§ 449 Abs. 3). Beim *verlängerten* Eigentumsvorbehalt gestattet der Verkäufer dem Käufer die Weiterveräußerung oder Weiterverarbeitung der unter Eigentumsvorbehalt gelieferten Ware, versucht aber, ein Sicherungsrecht am Erlös bzw am Produkt zu erlangen.

b) Verfügung des Käufers

Auch die Bezahlung des Kaufpreises ist ein Verfügungsgeschäft. Das ist ganz deutlich bei Barzahlung, denn die Übereignung von Geldscheinen und Münzen erfolgt (wie bei anderen beweglichen Sachen) nach § 929 S. 1. Aber auch in der bargeldlosen Zahlung (meist aufgrund eines Einzelzahlungsvertrags nach § 675 f) liegt eine Verfügung. | 12

3. Verträge über eine noch herzustellende bewegliche Sache

a) Grundregel

Typisch für den Kaufvertrag ist, dass die Kaufsache bei Abschluss des Kaufvertrags bereits besteht. Wenn eine Sache erst hergestellt werden soll, handelt es sich eigentlich um einen Werkvertrag (§ 631 Abs. 1, Abs. 2). Aber von diesem Grundsatz gibt es eine wichtige Ausnahme, die das Gesetz überraschenderweise nicht im Rahmen des Kaufvertrags geregelt hat, sondern in § 650, dem letzten Paragrafen des Werkvertragsrechts. Nach dieser Vorschrift findet das Kaufrecht auch auf Verträge über die *Herstellung* (oder landwirtschaftliche Erzeugung) einer beweglichen Sache Anwendung (§ 650 S. 1). Kaufgegenstand ist dann eine Sache, die es bei Vertragsschluss noch nicht gibt. Zu beachten ist, dass sich § 650 nur auf *bewegliche* Sachen bezieht. Der Vertrag über die Herstellung eines Bauwerks ist ein Sonderfall des Werkvertrags, nämlich ein Bauvertrag (§ 650 a). | 13

b) Herstellung einer nicht vertretbaren Sache

§ 650 S. 3 erklärt bestimmte Vorschriften des Werkvertrags für zusätzlich anwendbar, soweit „es sich bei den herzustellenden oder zu erzeugenden beweglichen Sachen um *nicht vertretbare* Sachen handelt". Nicht vertretbar sind bewegliche Sachen, die nicht unter § 91 fallen. Zu den nicht vertretbaren beweglichen Sachen gehören insbesondere | 14

- Kunstwerke | 15
- Einzelanfertigungen nach Zeichnung oder Maß sowie
- Sonderanfertigungen von Serienerzeugnissen, die so sehr von der Serie abweichen, dass sie anderweitig nicht verkäuflich sind.

Beispiel 1: K ließ sich von einem Optiker eine Brille anfertigen. *Beispiel 2:* X schloss mit B einen Vertrag über die Herstellung von 80 Walzenzapfen, die nach genauen Vorgaben anzufertigen waren.[11] *Beispiel 3:* K bestellte beim Steinmetz S einen Grabstein | 16

---

10 BGH NJW 1994, 1154; gegenüber Verbrauchern kann der so genannte Kontokorrentvorbehalt nicht aufgrund von AGB durchgesetzt werden (§ 307 Abs. 2 Nr. 2).
11 BGH NJW 2016, 2645 Rn 34.

mit den Lebensdaten seines Vaters. In allen Beispielsfällen finden nach § 650 S. 3 neben dem *vollständigen* Kaufrecht zusätzlich fünf Werkvertragsvorschriften Anwendung, nämlich über die Mitwirkung des Bestellers (§§ 642, 643), seinen Risikobereich (§ 645), sein Kündigungsrecht (§ 648) und den Kostenanschlag (§ 649).

c) Herstellung einer vertretbaren Sache

17   § 650 enthält keine ausdrückliche Regelung für die Herstellung oder Erzeugung von *vertretbaren* Sachen. Aber da S. 3 eine Sonderregel für *nicht* vertretbare Sachen ist, gelten die Sätze 1 und 2 für *alle* beweglichen Sachen, also auch für vertretbare. Vertretbar sind bewegliche Sachen, „die im Verkehr nach Zahl, Maß oder Gewicht bestimmt zu werden pflegen" (§ 91), also nach Stück, Liter oder Kilogramm gehandelt werden. Es handelt sich also um Sachen, die am Markt mehrfach in gleicher Qualität angeboten werden wie zB Serienerzeugnisse oder Obst.

18   *Beispiel 1:* K bestellte beim Fabrikanten V Aluminiumleisten nach dessen Katalog. V konnte die Leisten nicht vom Lager liefern, sondern musste sie herstellen. Trotzdem war nach § 650 S. 1 ausschließlich Kaufrecht anzuwenden.[12] *Beispiel 2:* Der Lebensmittel-Discounter L bestellte beim Hersteller H 1,45 Millionen Literpackungen Orangensaft, die innerhalb der kommenden Monate zu liefern waren. *Beispiel 3:* K schloss mit dem Ford-Händler V einen Vertrag über die Lieferung eines Ford Focus, der nach den Wünschen des K gebaut werden sollte. Auch wenn das herzustellende Fahrzeug durch die Kombination seiner Sonderausstattungen individuelle Züge trägt, gilt es als vertretbare Sache. Hierher gehört auch jeder Vertrag über den laufenden Bezug von beweglichen Sachen, zB ein Vertrag mit den Stadtwerken über die Lieferung von Trinkwasser[13] und ein Abonnement-Vertrag mit einem Zeitungsverlag.

III. Kauf von Grundstücken

1. Verpflichtungsgeschäft

19   Die §§ 433 ff gelten auch für den Kauf von Grundstücken. Zum Grundstück gehören idR als „wesentliche Bestandteile" die aufstehenden Gebäude (insbesondere Wohn- und Geschäftshäuser, Werkhallen), aber auch Straßen, Brücken, Gleise und unterirdisch verlegte Kabel (§§ 93, 94 Abs. 1 S. 1). Der Kauf von Grundstücken spielt schon deshalb eine Sonderrolle, weil der Kaufvertrag der notariellen Beurkundung bedarf (§ 311 b Abs. 1 S. 1).

2. Verfügungsgeschäft

20   Die Verpflichtung des Verkäufers eines Grundstücks wird erfüllt durch die Auflassung (§ 925) und die Grundbucheintragung des Käufers als Eigentümer (§ 873). Im strengen Gegensatz zu den Kaufverträgen über bewegliche Sachen darf der Verkäufer die Übereignung *eines Grundstücks* nicht nach § 449 von der vollständigen Bezahlung des Kaufpreises abhängig machen. Denn § 925 Abs. 2 erklärt eine Auflassung „unter einer Bedingung" für unwirksam. Deshalb spricht § 449 Abs. 1 auch vom „Verkäufer einer *beweglichen* Sache".

---

12   BGHZ 200, 337. Der BGH ging zu Unrecht davon aus, dass nicht § 650 S. 1 anzuwenden sei, sondern direkt § 433 (Rn 20). Das Ergebnis ist aber das gleiche.
13   BGH NJW 2009, 913 Rn 5.

IV. Kauf von Rechten und von Unternehmen

1. Kauf eines Rechts

§ 433 Abs. 1 S. 1 spricht nur vom Kauf „einer Sache". Dass der Kaufgegenstand auch 21
ein Recht sein kann, stellt erst § 453 Abs. 1 klar.

Rechte: Ein „Recht" ist eine rechtliche Macht, die die Rechtsordnung einer Person
oder einer Personenmehrheit verleiht. Im praktischen Leben ist das *Eigentum* das
wichtigste Recht. Aber das Eigentum (das es nur an Sachen gibt) gehört nicht zu den
käuflichen Rechten. Denn man kauft die Sache selbst, nicht das Eigentum an ihr.

Ein Recht, das man kaufen kann, ist zB eine *Geldforderung. Beispiel:* V hat eine For- 22
derung über 234 000 Euro gegen seinen Abnehmer X. Er verkauft diese Forderung
nach den §§ 453 Abs. 1, 433 Abs. 1 an die B-Bank (Verpflichtungsgeschäft). In Erfüllung des Kaufvertrags tritt V die Forderung nach § 398 an die B-Bank ab (Verfügungsgeschäft), wodurch die B neue Gläubigerin der Forderung wird. Dieser Fall ist sehr
häufig. Laien sehen nur die Abtretung, nicht den Kaufvertrag. Aber der Kaufvertrag ist
für den bisherigen Gläubiger V wichtiger als die Abtretung. Denn nur durch ihn hat er
gegen die B-Bank einen Anspruch auf den Kaufpreis (§ 453 verweist auch auf § 433
Abs. 2).

Gesetzliche Regelung: § 453 Abs. 1 erklärt für den Rechtskauf „die Vorschriften über 23
den Kauf von Sachen" für entsprechend anwendbar. Man muss also für den Kauf von
Rechten keine neuen Regeln lernen, sondern kann die gleichen Vorschriften anwenden,
die für den Kauf von Sachen gelten. Außerdem kann man – weil die Rechtsfolgen
gleich sind – in Zweifelsfällen offenlassen, ob es sich um einen Rechts- oder einen
Sachkauf handelt.

Verpflichtungsgeschäft: Man muss § 433 Abs. 1 S. 1 für den Fall des Rechtskaufs etwa
in folgender Weise anpassen: „Durch den Kaufvertrag wird der Verkäufer eines Rechts
verpflichtet, dem Käufer das Recht *abzutreten.*" § 433 Abs. 2 bleibt dagegen ziemlich
unverändert, es entfällt nur der Nachsatz („… und die gekaufte Sache abzunehmen").
Einen „Kaufpreis" zahlt also auch der Käufer eines Rechts.

Verfügungsgeschäfte: Der Verkäufer eines Rechts erfüllt seine im Kaufvertrag über- 24
nommene Verpflichtung durch Abtretung des Rechts (Verfügungsgeschäft). Ist Gegenstand des Kaufvertrags eine Forderung, erfolgt die Abtretung nach § 398 S. 1. Auf die
Übertragung „anderer Rechte" findet § 398 grundsätzlich entsprechende Anwendung
(§ 413).

2. Kauf eines Unternehmens oder einer Praxis

Auch das Geschäft eines Einzelkaufmanns oder die Praxis eines Freiberuflers (zB eines 25
Arztes, Rechtsanwalts, Architekten) ist häufig Gegenstand eines Kaufvertrags. Ein solcher Vertrag bedarf – solange kein Grundstück mitverkauft wird – keiner Form. Gegenstand des Kaufvertrags sind nicht in erster Linie Akten, Büromöbel, Computer und
andere bewegliche Sachen (Sachkauf), sondern das Geflecht von Rechtsbeziehungen,
das der Verkäufer zu seinen Kunden (Klienten, Mandanten) und Mitarbeitern aufgebaut hat (Rechtskauf).

Eine Handelsgesellschaft kauft man nicht, vielmehr kauft man einen (oder den einzigen) Geschäftsanteil an ihr. *Beispiel:* V war Alleingesellschafter der G-GmbH. Er ver-

kaufte und übertrug seinen Geschäftsanteil an der GmbH nach § 15 GmbHG in notarieller Form an K.

§ 2 Mängel der Kaufsache

26 **Fall 2: Teichbecken** §§ 434, 437 Nr. 2

▶ *Wilfried Körber kaufte bei Günter Ranke, der ein Fachgeschäft für Gartenartikel betreibt, ein Teichbecken aus glasfaserverstärktem Kunststoff. Körber ließ von einem Fachbetrieb mithilfe des Teichbeckens in seinem Garten einen Teich errichten. Das Becken verlor aber Wasser, weil es nach dem Einbau einen Riss von etwa 15 cm Länge aufwies. Körber ließ das Becken zu Ranke zurückbringen. Ausdrücklich ohne Anerkennung einer Rechtspflicht unternahm Ranke den Versuch, die undichte Stelle zu flicken. Danach wurde das Becken erneut eingebaut, aber es war wiederum nicht dicht. Ranke lehnte weitere Reparaturversuche ab, weil er der Meinung ist, dass das Teichbecken erst nach dem Gefahrübergang – also in Körbers Obhut – mangelhaft geworden sei. (Nach BGH NJW 2005, 283)*

27 Zu prüfen ist, ob das Teichbecken einen Sachmangel nach § 434 hat. § 434 Abs. 1 S. 1 setzt voraus, dass es eine „vereinbarte Beschaffenheit" gab. Aber Körber und Ranke haben vor Abschluss des Kaufvertrags nicht über die Beschaffenheit des Beckens gesprochen, geschweige denn eine Vereinbarung getroffen. Selbst eine besondere „nach dem Vertrag vorausgesetzte Verwendung" (§ 434 Abs. 1 S. 2 Nr. 1) gab es nicht, weil Körber und Ranke nicht von einem ungewöhnlichen Verwendungszweck ausgingen. Das Becken musste sich deshalb nur „für die gewöhnliche Verwendung" eignen und „eine Beschaffenheit aufweisen, die bei Sachen der gleichen Art üblich ist und die der Käufer nach der Art der Sache erwarten kann" (§ 434 Abs. 1 S. 2 Nr. 2). Die „gewöhnliche Verwendung" eines Teichbeckens besteht darin, es im Garten einzulassen und es mit Wasser zu füllen. Ein Käufer kann dann erwarten, dass das Becken dicht ist. Da das nicht der Fall war, hatte das Becken im Prinzip einen Sachmangel.

Allerdings ist zu beachten, dass der Sachmangel schon „bei Gefahrübergang" bestanden haben muss (§ 434 Abs. 1 S. 1). Ob das der Fall war, ist oft strittig. Aber für Verbrauchsgüterkäufe (§ 474 Abs. 1 S. 1) stellt § 477 die Vermutung auf, dass ein Mangel, der sich in den ersten sechs Monaten zeigt, schon bei Gefahrübergang vorhanden war (Rn 51). Dafür muss Ranke Unternehmer nach § 14 sein, was unproblematisch ist. Aber auch Körber erfüllt die Voraussetzungen, weil er – auch wenn er beruflich selbstständig sein sollte – in diesem Fall, in dem es um seinen Garten ging, Verbraucher war (§ 13). Ranke müsste also beweisen, dass das Teichbecken bei Gefahrübergang mangelfrei war. Das dürfte ihm schwerfallen.

Aus dem FD „Kauf – Sachmängel" ergibt sich die Lösung so: 1. Nein – 2. Nein – 6. Nein – 8. Strittig (Spalte 11 verweist auf Frage 4) – 4. Ja – 5. Ja (Spalte 3). ◀

Lerneinheit 2

28 Literatur zu § 477: *Koch*, Die Erweiterung des Anwendungsbereichs der Beweislastumkehr im Kaufrecht, NJW 2017, 1068; *Erger*, Die Beweislastumkehr nach § 476 BGB – zwischen Zylinderköpfen und Zahnriemen, NJ 2015, 405; *Fellert*, Die Beweislastumkehr des § 476 BGB im Lichte der aktuellen Rechtsprechung des EuGH, JA 2015, 818; *Gsell*, Beweislastumkehr zugunsten des Verbraucher-Käufers auch bei nur potenziellem Grundmangel, VuR 2015, 446.

Literatur zum Dieselskandal: *Pfeiffer*, Dieselschaden durch Zweckverfehlung? NJW 2019, 3337; *Staudinger/Ruks*, Hinweise aus Karlsruhe zu § 439 BGB im „Dieselskandal", NJW 2019, 1179; *Gutzeit*, Abgasmanipulierte Dieselfahrzeuge: Kauf- und deliktsrechtliche Folgen, JuS 2019, 649; *Heese*, Herstellerhaftung für manipulierte Diesel-Kraftfahrzeuge, NJW 2019, 257; *Artz/Harke*, EU-Übereinstimmungsbescheinigung als Auskunfts-. und Garantievertrag, NJW 2017, 3409; *Witt*, Der Dieselskandal und seine kauf- und deliktsrechtlichen Folgen, NJW 2017, 3681.

Literatur zu Gesetzesänderungen: *Tonner*, Die EU-Warenkauf-Richtlinie: auf dem Wege zur Regelung langlebiger Waren mit digitalen Elementen, VuR 2019, 363; *Wilke*, (Verbrauchsgüter-)Kaufrecht 2022 – die Warenkauf-Richtlinie der EU und ihre Auswirkungen, BB 2019, 2434; *Gsell*, Europäischer Richtlinien-Entwurf für vollharmonisierte Mängelrechte beim Verbraucherkauf – Da capo bis zum Happy End? ZEuP 2018, 501; *Köck*, Neuerungen bei der kaufrechtlichen Mängelhaftung, ZFS 2018, 61; *Looschelders*, Neuregelungen im Kaufrecht durch das Gesetz zur Reform des Bauvertragsrechts und zur Änderung der kaufrechtlichen Mängelhaftung, JA 2018, 81; *Staudenmayer*, Kauf von Waren mit digitalen Elementen – Die Richtlinie zum Warenkauf, NJW 2019, 2889.

Sonstige Literatur: *Heinemeyer*, Gefahrübergang und Sachmangel, NJW 2019, 1025; *Ball*, Die Rechtsprechung des Bundesgerichtshofs zum Autokauf und Autoleasing, DAR 2019, 607; *Jurgeleit*, Beschaffenheitsvereinbarungen beim Erwerb vom Bauträger, NJW 2019, 2649.

I. Annäherung an den Begriff „Sachmangel"

§ 433 Abs. 1 S. 2 verpflichtet den Verkäufer, „dem Käufer die Sache frei von Sach- und Rechtsmängeln zu verschaffen". Der Kaufvertrag begründet also für den Käufer nicht nur einen Anspruch auf Übergabe und Übereignung der Kaufsache (§ 433 Abs. 1 S. 1), sondern auch auf deren Mängelfreiheit. 29

Nach § 434 Abs. 1 S. 1 ist die Kaufsache „frei von Sachmängeln, wenn sie bei Gefahrübergang die *vereinbarte* Beschaffenheit hat". Da Verkäufer und Käufer in den meisten Fällen nicht verhandelt und schon deshalb keine Beschaffenheit „vereinbart" haben, ist § 434 Abs. 1 S. 1 oft nicht anwendbar. Dann muss auf die berechtigten Erwartungen des Käufers abgestellt werden (§ 434 Abs. 1 S. 2 und 3). Man kann den Sachmangel deshalb so definieren: Ein Sachmangel liegt vor, wenn die Kaufsache bei Gefahrübergang nicht die Beschaffenheit hat, die der Käufer aufgrund des Vertrags oder aus anderen Gründen zu Recht erwarten durfte. Die Beschaffenheit, die der Käufer zu Recht erwarten durfte, kann man als „Sollbeschaffenheit" bezeichnen und der tatsächlichen Beschaffenheit der Kaufsache („Istbeschaffenheit") gegenüberstellen. Dann ist ein Sachmangel jede bei Gefahrübergang bestehende Abweichung zwischen Ist- und Sollbeschaffenheit der Kaufsache. Aber Vorsicht! Solche Kurzdefinitionen sind als Merkhilfen nützlich, dürfen aber nicht im Gutachten verwendet werden. Dort ist vielmehr § 434 im Einzelnen zu prüfen, so wie das im Folgenden geschieht.

II. Die „vereinbarte Beschaffenheit"

1. Weit auszulegen: „Beschaffenheit"

Der Begriff „Beschaffenheit" ist weit auszulegen. Als Beschaffenheit sind „sowohl alle Faktoren anzusehen, die der Sache selbst anhaften, als auch alle Beziehungen der Sache zur Umwelt, die nach der Verkehrsauffassung Einfluss auf die Wertschätzung der Sache haben".[14] Der Begriff umfasst deshalb nicht nur die mit den Sinnen wahrnehmba- 30

---

14 BGH NJW 2016, 2874 Rn 10; 2013, 2016, 1948 Rn 15.

ren und mit den Begriffen der Chemie und der Physik beschreibbaren Eigenschaften, sondern alle, die für den Marktwert der Sache wichtig sind wie zB Echtheit und Alter einer Antiquität und das Bestehen einer Herstellergarantie für einen Gebrauchtwagen.[15] Dabei kommen auch Umstände in Betracht, die der Sache nicht auf Dauer anhaften, wie zB die Mieteinnahmen des verkauften Hauses.[16]

Negative Merkmale: Meist wird eine Beschaffenheit vereinbart, die aus Sicht des Käufers positiv ist. Aber es gibt auch das Gegenteil. Denn manchmal will ein Verkäufer durch die Angabe einer negativen Beschaffenheit einige oder alle Mängelansprüche ausschließen. *Beispiel:* Der Verkäufer eines 38 Jahre alten Porsche 911 fügte handschriftlich in das Vertragsformular ein: „Oldtimer mit Macken". Damit war ein erheblicher Reparaturbedarf als Beschaffenheit vereinbart.[17]

2. Eng auszulegen: „vereinbart"

a) Ausdrückliche Vereinbarung

31 An die Vereinbarung einer Beschaffenheit sind „strenge Anforderungen zu stellen", da eine solche Vereinbarung nur „in eindeutigen Fällen in Betracht" kommt.[18] Es muss sozusagen ein Vertrag im Vertrag geschlossen werden, denn „für den Abschluss einer Beschaffenheitsvereinbarung … bedarf es zweier aufeinander bezogener korrespondierender Willenserklärungen nach §§ 145 ff".[19] In dieser Vereinbarung übernimmt der Verkäufer „in vertragsgemäß bindender Weise die Gewähr für das Vorhandensein einer Eigenschaft der Kaufsache" und gibt „damit seine Bereitschaft zu erkennen, für alle Folgen des Fehlens dieser Eigenschaft einzustehen".[20] *Beispiel 1:* Im Formular über den Kauf eines Gebrauchtwagens stand der Satz: „Das Fahrzeug hat keine/folgende Unfallschäden erlitten." Der Verkäufer kreiste das Wort „keine" ein und unterstrich es. Damit war die Unfallfreiheit vereinbart.[21] *Beispiel 2:* Ein Fiat Freemont war als „Neuwagen" verkauft worden, so dass eine einwandfreie Lackierung vereinbart war. Er hatte aber an der Fahrertür einen nicht unerheblichen Kratzer. Da das Kaufrecht keine Vorschrift enthält, die den §§ 281 Abs. 1 S. 3 oder 323 Abs. 5 S. 2 entspricht, machte auch diese geringfügige Beschädigung das Fahrzeug mangelhaft.[22]

b) Formlose Vereinbarung beim Kauf beweglicher Sachen

32 Bei Kaufverträgen, die keiner Form bedürfen, kann sich eine Beschaffenheitsvereinbarung aus den Vertragsverhandlungen ergeben, insbesondere aus den „abgegebenen Beschreibungen".[23] Ob eine Vereinbarung stillschweigend (konkludent) getroffen wurde, hängt „von den konkreten Umständen des jeweiligen Einzelfalls ab".[24]

Angabe der Beschaffenheit durch den späteren Verkäufer: Eine Angabe, die der spätere Verkäufer einer beweglichen Sache im Vorfeld gemacht hat, kann durch den Vertrags-

---

15 BGH NJW 2016, 2874 Rn 15.
16 BGH NJW 2011, 1217 Rn 10 ff; anders Huber AcP 202 (2002), 179, 226; Erman/Grunewald § 434 Rn 3.
17 OLG Düsseldorf NJW 2013, 2763.
18 BGH NJW 2018, 150 Rn 16; 2017, 2817 Rn 13; 2016, 3015 Rn 35.
19 BGH NJW 2019, 1937 Rn 22; ebenso NJW 2018, 150 Rn 20 und 2017, 2817 Rn 13.
20 BGH NJW 2018, 150 Rn 16.
21 BGH NJW 2013, 1733 Rn 14.
22 BGH NJW 2017, 1100 Rn 18, 33.
23 BGH NJW 2017, 150 Rn 17.
24 BGH NJW 2016, 3015 Rn 18.

schluss auch dann zur vereinbarten Beschaffenheit werden, wenn sie im Vertrag nicht wiederholt wird. *Beispiel 1:* Frau V bot bei eBay ein gebrauchtes Mobiltelefon unter der Bezeichnung „Vertu weißgold" an. Da der Kaufvertrag aufgrund dieser Angaben geschlossen wurde, war vereinbart, dass es sich um ein Originalgerät der (sehr teuren) Marke Vertu handelte, nicht um eine Fälschung.[25] *Beispiel 2:* Frau X bot bei eBay ein Motorkajütboot mit den Worten an, man könne mit ihm „längere Entdeckungstouren" machen und „auf Reisen gehen". Darin lag eine Beschaffenheitsangabe, die durch den Vertragsschluss zur „vereinbarten Beschaffenheit" wurde. Wie die Käufer später feststellen mussten, war das Boot so verschimmelt, dass es nicht mehr wassertauglich war. Dem Boot fehlte deshalb eine „vereinbarte Beschaffenheit" (§ 434 Abs. 1 S. 1).[26] In einer neueren Entscheidung hat es der BGH leider dahinstehen lassen, ob eine Angabe, die der Verkäufer vor dem Vertragsschluss im Internet gemacht hatte, als vereinbart angesehen werden konnte.[27]

Festlegung durch den späteren Käufer: Der spätere *Käufer* kann die gewünschte Beschaffenheit in seiner Bestellung oder Ausschreibung festlegen. Wenn der Verkäufer dem nicht widerspricht, sondern die Ware kommentarlos anbietet oder liefert, ist die vom Käufer angegebene Beschaffenheit vereinbart.[28] *Beispiel:* K brauchte für eine neue Fabrikhalle Lichtkuppeln und forderte in der Ausschreibung: „Die Kuppeln dürfen an keiner Stelle gebohrt sein."[29] B beteiligte sich an der Ausschreibung, ohne auf die genannten Kriterien einzugehen. Da er den Zuschlag erhielt, war die in der Ausschreibung genannte Beschaffenheit vertraglich vereinbart.

c) Keine formlose Festlegung beim Kauf eines Grundstücks

Der Grundsatz, dass eine Beschaffenheitsvereinbarung sich auch aus vorvertraglichen Äußerungen ergeben kann, gilt nicht für *formbedürftige* Verträge. Denn für sie lautet der Grundsatz: „Was nicht beurkundet ist, ist nicht vereinbart." Anderenfalls würde der Formzwang, der klare Verhältnisse schaffen soll, weitgehend aufgelöst. *Beispiel:* V hatte bei den Kaufverhandlungen als Wohnfläche seines Einfamilienhauses „ca. 200 m^2" genannt. Im notariell beurkundeten Kaufvertrag (§ 311 b Abs. 1 S. 1) fehlt diese Angabe. Deshalb war die Größe der Wohnfläche *nicht* vereinbart.[30]

33

III. Sachmängel ohne Beschaffenheitsvereinbarung

1. Einführung

Wenn man § 434 zum ersten Mal liest, erscheint er einem als ziemlich ungeordnete Anhäufung von Vorschriften, die Sachmängel (oder die Freiheit von Sachmängeln) beschreiben. Bei genauerem Hinsehen ist aber doch eine gewisse Struktur zu erkennen: Indem § 434 gleich zu Beginn danach fragt, ob eine Beschaffenheit *vereinbart* wurde,

34

---

25 BGH NJW 2012, 2723 Rn 28. Der BGH hat es allerdings für möglich erklärt, dass sich aus besonderen Umständen etwas anderes ergibt (Rn 30).
26 BGH NJW 2013, 1074 Rn 15 ff.
27 BGH NJW 2016, 2874 Rn 16. In diesem Fall konnte dem Käufer aber auch über § 434 Abs. 1 S. 2 Nr. 2 und S. 3 geholfen werden.
28 BGHZ 181, 170 Rn 9 unter Hinweis auf die Amtliche Begründung (BT-Drs. 14/6040, 213).
29 BGH NJW 1981, 222 zum Begriff der „zugesicherten Eigenschaft".
30 BGHZ 207, 349 Rn 15; NJW 2017, 150 Rn 17.

macht er deutlich, dass diesem Kriterium eine besondere Bedeutung zukommt.[31] Diese Hervorhebung verstärkt § 434 Abs. 1 S. 2 mit den Worten: „Soweit die Beschaffenheit nicht vereinbart ist …" Denn alle nun folgenden Sachmängel sind dadurch (negativ) gekennzeichnet, dass sie *nicht* das Fehlen einer vereinbarten Beschaffenheit voraussetzen.

2. Die „nach dem Vertrag vorausgesetzte Verwendung"

34a
§ 434 Abs. 1 S. 2 Nr. 1 verlangt eine „nach dem Vertrag vorausgesetzte Verwendung". Diese Worte unterscheiden sich von § 434 Abs. 1 S. 1 („vereinbarte Beschaffenheit") in zweierlei Hinsicht:

■ Die Intensität der Einigung ist deutlich geringer. Denn die Vertragsparteien müssen die Verwendung nicht „vereinbart", sondern nur gemeinsam „vorausgesetzt", also „übereinstimmend unterstellt haben".[32]

■ Außerdem geht es nicht um eine konkrete *Eigenschaft* der Kaufsache („Beschaffenheit"), sondern um die *„Verwendung"* (Nutzungsart, Funktion), für die sich die Sache eignen soll.

Die „nach dem Vertrag vorausgesetzte Verwendung" ist eine vom Üblichen abweichende Verwendung, denn sie bildet – wie sich aus der Nr. 2 ergibt – den Gegensatz zur *„gewöhnlichen* Verwendung".[33] Käufer und Verkäufer müssen also gemeinsam davon ausgegangen sein, dass die Kaufsache zu einem *speziellen* Zweck eingesetzt werden sollte (FD „Kauf – Sachmängel", Frage 6). *Beispiel:* K sagte zu V, er suche Kunststoffplatten für eine Bandenwerbung an Fußballplätzen. V empfahl ihm ein bestimmtes Produkt. Da die Platten sich später bei Sonneneinstrahlung wölbten, war die Kaufsache für die vorausgesetzte Verwendung mangelhaft.[34]

3. Gewöhnliche Verwendung, übliche Beschaffenheit und berechtigte Erwartung

a) Gewöhnliche Verwendung

35
Wenn die Parteien weder eine Beschaffenheit vereinbart (§ 434 Abs. 1 S. 1) noch eine bestimmte Verwendung vorausgesetzt haben (§ 434 Abs. 1 S. 2 Nr. 1), muss die Sache sich „für die *gewöhnliche* Verwendung" eignen (§ 434 Abs. 1 S. 1 Nr. 2; FD „Kauf – Sachmängel", Frage 8). *Beispiel:* K hatte für die Verhandlungen über den Kauf einer CNC-Zyklendrehmaschine die Zeichnung eines Werkstücks mitgebracht, das er mit der Maschine bearbeiten wollte. Ob die Parteien diese Verwendung gemeinsam vorausgesetzt hatten (§ 434 Abs. 1 S. 2 Nr. 1), war strittig. Das konnte aber offen bleiben, weil sich herausstellte, dass die Maschine auch übliche Werkstücke nicht zufriedenstellend bearbeiten konnte (Nr. 2).[35]

b) Übliche Beschaffenheit, berechtigte Erwartung

36
Zusätzlich muss die Kaufsache nach Nr. 2 die Beschaffenheit aufweisen, „die bei Sachen der gleichen Art üblich ist und die der Käufer nach der Art der Sache erwarten

---

31 Das zeigt sich daran, dass der Verkäufer seine Haftung für solche Mängel nicht vertraglich ausschließen kann (Rn 273).
32 BGH NJW 2019, 1937 Rn 25.
33 BGH NJW 2019, 1937 Rn 26 aE.
34 BGH NJW 2004, 2301.
35 BGH NJW 2016, 2495 Rn 17.

kann" (FD „Kauf – Sachmängel", Frage 11). Man könnte meinen, dass diese Kriterien mit dem zuvor genannten deckungsgleich seien, weil jede Kaufsache, die sich „für die gewöhnliche Verwendung" eigne, auch die übliche Beschaffenheit aufweise und der Erwartung eines Durchschnittskäufers entspreche. Das wäre aber nicht richtig. Denn das Wort „Verwendung" stellt auf die *Funktion* der Sache ab, während sich die beiden anderen Begriffe auf die *Wertschätzung* durch den Markt beziehen. *Beispiel:* K stellte fest, dass die von ihm gekauften Fliesen graue Schattierungen aufwiesen.[36] Solche Fliesen können sich durchaus „für die gewöhnliche Verwendung" eignen, sie weisen aber nicht die Beschaffenheit auf, „die bei Sachen der gleichen Art üblich ist" und entsprechen auch nicht den berechtigten Erwartungen des Käufers (§ 434 Abs. 1 S. 2 Nr. 2). Deshalb haben die Fliesen einen Sachmangel.

Nur das Übliche: Da die Kaufsache nach § 434 Abs. 1 S. 2 Nr. 2 lediglich die *übliche* Beschaffenheit aufweisen muss, dürfen die Anforderungen nicht übertrieben werden. *Beispiel:* K beanstandete, dass das von ihm für 500 000 Euro gekaufte Dressurpferd eine kleine Anomalie des Knochenbaus aufwies, die sich aus einem „Röntgenbefund" ergab.[37] Es gehört aber nicht zur üblichen Beschaffenheit eines (auch sehr teuren) Reitpferdes, „dass es in jeder Hinsicht einer biologischen oder physiologischen ‚Idealnorm' entspricht".[38]   37

Gebrauchte Sachen: Der Vergleich mit „Sachen der *gleichen* Art" ist besonders wichtig bei der Beurteilung von gebrauchten Sachen, insbesondere Gebrauchtwagen. Diese müssen nur anderen Gebrauchtwagen des gleichen Typs und Baujahrs entsprechen, so dass ein normaler Verschleiß kein Mangel ist.[39] Auch ältere *Häuser* sind an dem Zustand zu messen, der bei anderen Häusern ähnlicher Bauzeit üblich ist. *Beispiel:* Im Keller eines im Jahre 1920 erbauten Hauses zeigten sich Feuchtigkeit und Schimmel. *Feuchtigkeit* ist bei derart alten Häusern noch hinzunehmen,[40] während bei Schimmel ein Mangel vorliegen kann.[41]   38

4. Öffentliche Äußerungen

Nach § 434 Abs. 1 S. 3 wird die Sollbeschaffenheit auch durch „öffentliche Äußerungen" des Verkäufers oder des Herstellers definiert (FD „Kauf – Sachmängel", Frage 9). Das Gesetz nennt als Beispiele die „Werbung" und die „Kennzeichnung". Mit der „Kennzeichnung" sind insbesondere Angaben in Prospekten, Katalogen und auf dem Etikett gemeint. *Beispiel 1:* Angaben in der Werbung des Kfz-Herstellers über den Kraftstoffverbrauch sind öffentliche Äußerungen, die bei Nichteinhaltung zu einem Mangel des Fahrzeugs führen.[42] Das gilt auch für Angaben, die der Verkäufer eines Gebrauchtwagens auf einer Internetplattform macht.[43] *Beispiel 2:* V, der die „Internationalen Bodensee-Kunstauktionen" veranstaltet, bot eine Skulptur an, die im Auktions-Katalog mit „Sitzender Buddha … Sui-Dynastie (581 bis 618)" beschrieben war, sich aber später als Fälschung herausstellte. K ersteigerte die Skulptur für 20 295 Euro. Der BGH hat die Katalogangaben zu den „öffentlichen Äußerungen des Verkäufers"   39

---

36 BGHZ 192, 148.
37 BGH NJW 2018, 150 Rn 28.
38 BGH NJW 2018, 150 Rn 24 unter Hinweis auf BGH NJW 2007, 1351 Rn 19.
39 BGH NJW 2006, 434.
40 BGHZ 180, 205 Rn 8.
41 BGH NJW 2012, 7.
42 LG Düsseldorf NJW-RR 2017, 304.
43 BGH NJW 2018, 146 Rn 21.

gerechnet (§ 434 Abs. 1 S. 3).[44] Zu ihnen gehört auch alles, was der Anbieter eines Grundstücks oder sein Makler in einem Exposé angibt.[45] *Beispiel 3:* Der Verkäufer eines historischen Bauernhauses hatte das Gebäude in seinem Internetangebot als „Luxusimmobilie" bezeichnet, die „nach neuestem Standard renoviert" sei. Auch darin lag eine „öffentliche Äußerung des Verkäufers" (§ 434 Abs. 1 S. 3), die die Beschaffenheit bestimmte, „die der Käufer ... erwarten kann" (§ 434 Abs. 1 S. 2 Nr. 2).[46] Es war unerheblich, dass diese Worte im notariellen Kaufvertrag fehlten. Denn notariell beurkundet werden muss nur eine nach § 434 Abs. 1 S. 1 getroffene *Vereinbarung* über eine Beschaffenheit der Immobilie (Rn 33). Die in § 434 Abs. 1 S. 2 und S. 3 genannten Maßstäbe für die Beurteilung der Mängelfreiheit „beruhen hingegen nicht auf einer ... Vereinbarung zwischen Käufer und Verkäufer, sondern auf dem Gesetz" und müssen deshalb nicht in den notariellen Kaufvertrag aufgenommen werden.[47]

Ausnahmen: § 434 Abs. 1 nennt am Ende des Satzes 3 unter „es sei denn ..." drei Fallgestaltungen, die die Wirkung „öffentlicher Äußerungen" ausschließen oder aufheben (FD „Kauf – Sachmängel", Frage 10). Die Alternative „in gleichwertiger Weise berichtigt", liegt aber nur vor, wenn die Korrektur klar und eindeutig ist. Es reicht nicht aus, wenn der Verkäufer eines Grundstücks in den notariellen Vertrag eine Formulierung aufnehmen lässt, die nur so tut, als widerspreche sie seiner öffentlichen Äußerung im Exposé.[48]

5. Probleme bei der Montage

40 *Falsche Montage durch den Verkäufer:* Ein Sachmangel liegt nach § 434 Abs. 2 S. 1 auch dann vor, wenn zwar die Kaufsache in Ordnung ist, aber die vom Verkäufer übernommene Montage „unsachgemäß durchgeführt" wurde (FD „Kauf – Sachmängel", Frage 14). *Beispiel 1:* V verkaufte K eine Fotovoltaikanlage und übernahm deren Dach-Montage. Weil er dabei fahrlässig die Dampfsperre des Dachs beschädigte, war die Kaufsache insgesamt mangelhaft.[49]

Ob in einem solchen Fall ein Kauf- oder ein Werkvertrag vorliegt, richtet sich danach, welche Leistung für den Vertrag prägend ist (Rn 459). § 434 Abs. 2 S. 1 geht auf diese Frage nicht ein, sondern unterstellt, dass die Lieferung der Sache im Vordergrund steht und es sich deshalb insgesamt um einen Kaufvertrag handelt. *Beispiel 2:* K hatte von V eine Kücheneinrichtung gekauft, die V zu montieren hatte. Der Gesamtpreis betrug 83 000 Euro, davon entfielen nicht einmal 5 % auf die Montage. Da die Lieferung den Schwerpunkt bildete, lag insgesamt ein Kaufvertrag vor.[50]

41 *Falsche Anleitung:* Nach § 434 Abs. 2 S. 2 liegt auch dann ein Sachmangel vor, wenn die „*Montageanleitung* mangelhaft ist" (FD „Kauf – Sachmängel", Frage 15). Da jeder bei der Selbstmontage an IKEA denkt, wird § 434 Abs. 2 S. 2 scherzhaft „IKEA-Regel" genannt. Die Vorschrift setzt voraus, dass der Käufer die Sache wegen eines Anlei-

---

44 BGH NJW 2013, 3570 Rn 12 f. In seiner Entscheidung NJW 2016, 2874 Rn 16 hat der BGH offengelassen, ob eine Angabe des Verkäufers im Internet als vereinbart angesehen werden konnte, und hat ebenfalls Abs. 1 S. 3 angewendet.
45 BGH NJW 2019, 2380 Rn 11, 13.
46 BGH NJW 2018, 1954 Rn 17; ebenso NJW 2019, 2380 Rn 11; 2019, 2383 Rn 17; 2017, 150 Rn 7.
47 BGH NJW 2018, 1954 Rn 21; vgl. auch BGH NJW 2019, 2380 Rn 12.
48 BGH NJW 2019, 2380 Rn 20.
49 OLG München NJW 2015, 3314 Rn 38 ff.
50 BGH NJW 2016, 3654 Rn 22.

tungsfehlers falsch montiert hat. Hat er (wenn auch mit Ärger und Zeitverlust) die Montage *richtig* zustande gebracht, liegt kein Sachmangel vor („... es sei denn, ...").

Das Wort „Montageanleitung" ist weit auszulegen, denn es umfasst alle Arten der technischen Information. *Beispiel:* Die K-GmbH verlegt Fliesen in Industriehallen. Sie kaufte bei V einen speziellen Fugenmörtel, der aus einem Pulver und einer Flüssigkeit besteht. Beide Bestandteile dürfen erst unmittelbar vor der Verarbeitung vermischt werden. Ein Mitarbeiter des V hatte die Fliesenleger der K einzuweisen, machte dabei aber einen Fehler, so dass der ganze Fliesenboden später erneuert werden musste. Nach § 434 Abs. 2 S. 2 war der Fugenmörtel infolge der falschen Einweisung/Anleitung mangelhaft.[51]

6. Falschlieferung und Minderlieferung

Falschlieferung: Es kommt vor, dass der Verkäufer eine Sache liefert, die mit der bestellten nichts oder nicht viel gemein hat (§ 434 Abs. 3 Var. 1; FD „Kauf – Sachmängel", Frage 1). Dann ist die gelieferte Sache unter Umständen von hervorragender Qualität, entspricht aber nicht dem Kaufvertrag. In diesen Fällen nennt man die gelieferte Ware ein *„Aliud"* (lateinisch: ein anderes) oder spricht von einer Falschlieferung. Da § 434 Abs. 3 Var. 1 die Falschlieferung dem Sachmangel gleichstellt, kann meist offenbleiben, welcher dieser Fälle vorliegt.   42

Minderlieferung: Auch die Lieferung einer *zu geringen Menge* (Minderlieferung) gilt als Sachmangel (§ 434 Abs. 3 Var. 2). *Beispiel:* Laut Kaufvertrag wurden 75 000 Packungen des Parfums „Soirée" verkauft, geliefert wurden aber nur 73 456 Packungen. Zu beachten ist, dass eine *Mehr*lieferung keinen Sachmangel darstellt – der Käufer ist in diesem Fall ungerechtfertigt bereichert (§ 812 Abs. 1 S. 1).[52]   43

IV. Entscheidender Zeitpunkt: Gefahrübergang

1. Begriff des Gefahrübergangs

Nach § 434 Abs. 1 S. 1 muss die Kaufsache nur „bei Gefahrübergang" die geschuldete Beschaffenheit aufweisen, also frei von Mängeln sein. Ob sie *vor* dem Gefahrübergang einen Mangel hatte, ist gleichgültig. Unerheblich ist auch ein Mangel, den die Kaufsache nur *nach* dem Gefahrübergang aufweist. Gefahrübergang ist der Übergang der Gefahr (des Risikos), dass die Kaufsache durch Zufall beschädigt oder zerstört wird (§§ 446, 447).   44

2. Die verschiedenen Fälle des Gefahrübergangs

Holschuld: Bei der Holschuld muss der Käufer die Kaufsache beim Verkäufer abholen. Leistungsort (§ 269 Abs. 1) ist also der Sitz des Verkäufers (FD „Der Leistungsort des Verkäufers", Spalten 7 und 11).[53] *Beispiel:* K ging in das Einzelhandelsgeschäft des V, kaufte ein Notebook und nahm es in Empfang. Das Notebook muss in diesem Augenblick mangelfrei sein (§§ 434 Abs. 1 S. 1, 446 S. 1). Ob nach § 449 ein Kauf unter Eigentumsvorbehalt vorlag, ist gleichgültig. Denn § 446 S. 1 stellt auf die *Übergabe* ab, nicht auf die Übereignung.   45

---

51 BGH NJW 2013, 2018 Rn 25.
52 Lettl JuS 2002, 866 (870).
53 SAT Rn 53.

46　*Bringschuld:* Bei der Bringschuld muss der Verkäufer die Sache zum Wohn- oder Geschäftssitz des Käufers bringen (FD „Der Leistungsort des Verkäufers", Spalten 8 und 9).[54] Leistungsort ist also der Sitz des Käufers (§ 269). Deshalb geht die Gefahr des zufälligen Untergangs erst über, wenn der Verkäufer die Kaufsache dem Käufer an dessen Wohn- oder Geschäftssitz aushändigt (§ 446). Die Kaufsache muss in diesem Zeitpunkt mangelfrei sein (§ 434 Abs. 1 S. 1). Der Übergabe der Sache steht es gleich, wenn der Käufer mit der Annahme der Kaufsache nach den §§ 293 ff in Annahmeverzug kommt (§ 446 S. 3). Das gilt sowohl für die Holschuld als auch für die Bringschuld.

47　*Versendungskauf:* § 447 beschreibt den Versendungskauf mit den Worten: „Versendet der Verkäufer auf Verlangen des Käufers die verkaufte Sache nach einem anderen Ort als dem Erfüllungsort ..." (FD „Der Leistungsort des Verkäufers", Spalten 4 bis 6).[55] Der Versendungskauf setzt also voraus, dass der Sitz des *Verkäufers* der Erfüllungsort ist (der nach § 269 eigentlich „Leistungsort" heißt). Die Ware braucht deshalb nur im Zeitpunkt der *Auslieferung an die Transportperson* mangelfrei zu sein (§ 434 Abs. 1 S. 1).

48　*Verbrauchsgüterkauf:* Eine wichtige Sonderregelung gilt, wenn der Versendungskauf zugleich ein Verbrauchsgüterkauf ist (FD „Der Leistungsort des Verkäufers", Frage 4, Spalten 4 und 5).[56] Dieser liegt nach § 474 Abs. 1 S. 1 vor, wenn ein Verbraucher (§ 13) von einem Unternehmer (§ 14) eine bewegliche Sache kauft. Beim Verbrauchsgüterkauf ist § 447 Abs. 1 nicht anzuwenden (§ 475 Abs. 2).[57] Es gilt also die Regel: Übersendet ein Unternehmer einem Verbraucher in Erfüllung eines Verbrauchsgüterkaufs eine bewegliche Sache, trägt der Verkäufer die Transportgefahr. Folglich muss die Ware mangelfrei sein, wenn der Paketzusteller sie dem Verbraucher übergibt. § 475 Abs. 2 will offensichtlich nicht sagen, dass in diesen Fällen eine Bringschuld vorliegt. Es bleibt durchaus beim Versendungskauf,[58] nur dass die Gefahr erst am Sitz des Verbrauchers übergeht.[59] *Beispiel:* Verbraucher K kaufte über eBay vom Unternehmer U einen Mast für sein Windsurfbrett. Beim Auspacken stellte er fest, dass der Mast gebrochen war. Da hier trotz des Versendungskaufs die Gefahr erst mit der Übergabe überging (§ 475 Abs. 2), war die Kaufsache mangelhaft.[60] § 475 Abs. 2 ist unabdingbar (§ 476 Abs. 1 S. 1 Var. 2).

V. Mängel, die sich erst nach dem Gefahrübergang zeigen

1. Problem

49　Wenn der Käufer eine Fehlfunktion oder eine andere negative Eigenschaft der Kaufsache feststellt, dann fast immer Tage, Wochen oder Monate *nach dem Gefahrübergang*.

54　SAT Rn 56.
55　SAT Rn 62 ff.
56　Der Ausdruck ist sehr ungeschickt, weil man annehmen muss, es handele sich um den Kauf von Verbrauchsgütern (verbrauchbaren Sachen, § 92), als Gegensatz zu Investitionsgütern. Besser wäre der Ausdruck „Verbraucherkauf".
57　Genau genommen kann § 447 Abs. 1 auch für den Gebrauchsgüterkauf gelten, doch nur, wenn der Verbraucher den Transport auf eigene Faust organisiert hat (FD „Der Leistungsort des Verkäufers", Spalte 4). Das kommt aber so gut wie nie vor.
58　Wertenbruch JuS 2003, 625 (632); S. Lorenz JuS 2004, 105. Erfüllungsort (Leistungsort) ist also nach wie vor der Sitz des Verkäufers (§ 269 Abs. 3). Siehe auch BGH NJW 2014, 454 Rn 12.
59　SAT Rn 72 f.
60　AG Fürstenwalde NJW 2005, 2717.

Es kann dann leicht zum Streit über die Frage kommen, ob die Fehlfunktion auf einen Mangel zurückgeht, der – wie § 434 Abs. 1 S. 1 verlangt – schon „bei Gefahrübergang" bestanden hat, oder ob die Fehlfunktion erst nach dem Gefahrübergang aufgetreten ist. Der Gesetzgeber hat das Problem sehr unterschiedlich gelöst, je nachdem, ob es sich *nicht* um einen Verbrauchsgüterkauf nach § 474 handelt oder ob ein solcher vorliegt. Im letzter Fall gilt bei einem Streit über den Zeitpunkt eine wesentliche Erleichterung zugunsten des Verbrauchers (§ 477; Rn 51).

2. Wenn es *nicht* um einen Verbrauchsgüterkauf geht

Häufig sind *beide* Vertragspartner Unternehmer oder *beide* Verbraucher (volkstümlich „Kauf von Privat" genannt). Manchmal ist auch der *Verkäufer* ein Verbraucher und der *Käufer* ein Unternehmer (zB wenn ein Verbraucher seinen Gebrauchtwagen an einen Händler verkauft). In diesen Fällen liegt kein Verbrauchsgüterkauf nach § 474 Abs. 1 S. 1 vor. Auch wenn es sich um einen *Grundstückskaufvertrag* handelt, sind die Voraussetzungen des § 477 Abs. 1 S. 1 nicht gegeben. 50

Da § 477 nicht gilt, gibt es keine Vermutung, die Kaufsache sei bereits bei Gefahrübergang mangelhaft gewesen. Der *Käufer* muss vielmehr beweisen, dass die Fehlfunktion bereits *bei Gefahrübergang bestand* oder die Kaufsache damals zumindest schon den Keim des späteren Mangels in sich trug. Es gilt nämlich die Hauptregel der Beweislastverteilung, die besagt, dass jeder die Tatsachen beweisen muss, auf die er sich beruft. Wenn der Käufer ein Recht aus § 434 geltend macht, beruft er sich darauf, dass der Mangel schon bei Gefahrübergang vorhanden gewesen sei. Deshalb muss er das beweisen. Diese Verteilung der Beweislast zulasten des Käufers ergibt sich auch daraus, dass der Käufer die Kaufsache bei der Übergabe „als Erfüllung angenommen" hat (§ 363). 51

Die Lebenserfahrung kann aber dem Käufer den Beweis erleichtern. *Beispiel:* Kaufmann K kaufte für seinen Betrieb von einem Händler einen gebrauchten Volvo. Rund zwei Monate nach der Übergabe blieb das Kupplungspedal hängen. Obwohl K nicht nachweisen konnte, dass dieser Mangel schon bei der Übergabe bestanden hatte, ging der BGH zu Recht davon aus, dass er bei Gefahrübergang zumindest schon angelegt war.[61] 52

3. Verbrauchsgüterkauf

Wenn ein Verbraucher (§ 13) von einem Unternehmer (§ 14) eine bewegliche Sache kauft, liegt ein Verbrauchsgüterkauf vor (§ 474; Rn 48, ausführlich Rn 251 ff). § 477 stellt für diesen Fall eine Vermutung zugunsten des Verbrauchers auf: 53

„*§ 477 Beweislastumkehr …*": Die Überschrift macht deutlich, dass durch § 477 die Beweislast umgekehrt wird, dass also nicht der Käufer, sondern der Verkäufer die Beweislast trägt.

„*… Zeigt sich innerhalb von sechs Monaten seit Gefahrübergang …*": Die Frist von sechs Monaten ist nicht mehr lange gültig. Aufgrund einer neuen Europäischen Richtlinie[62] wird der deutsche Gesetzgeber bis Juni 2021 die Frist auf ein Jahr verlängern müssen.

---

61 NJW 2017, 153 Rn 15.
62 Art. 11 Abs 1 RL 2019/771 v. 20. 5. 2019.

54   „... *ein Sachmangel* ...“: Mit diesem Begriff verweist § 476 auf § 434, doch sprachlich etwas ungenau. Denn nach § 434 liegt nur dann ein Sachmangel vor, wenn die fragliche negative Abweichung schon bei Gefahrübergang bestand. Ob das der Fall ist, soll aber erst mithilfe von § 477 geklärt werden. Der BGH bezeichnet die Störung, die sich innerhalb von sechs Monaten zeigt, deshalb nicht als Sachmangel, sondern als „mangelhaften Zustand“.[63] Doch auch dieser Ausdruck ist missverständlich, weil er von dem Wort „Mangel“ abgeleitet ist, aber (wie gesagt) zunächst gar nicht feststeht, ob es sich um einen Mangel handelt. Es dürfte deshalb besser sein, davon zu sprechen, dass sich eine *negative Eigenschaft* innerhalb von sechs Monate zeigt. Dieser Ausdruck ist so neutral, dass er offen lässt, auf wen diese Eigenschaft zurückgeht.

55   „... *so wird vermutet, dass die Sache bereits bei Gefahrübergang mangelhaft war* ...“: Es handelt sich um eine widerlegliche Vermutung, so dass der Verkäufer den Gegenbeweis erbringen kann. Aber damit liegt die Beweislast beim Verkäufer, nicht mehr beim Käufer. *Beispiel:* K, ein Verbraucher, kaufte von einem Fahrzeughändler einen gebrauchten BMW 525 d Touring. Rund vier Monate nach der Übergabe (dem Gefahrübergang) schaltete das Automatikgetriebe von der Einstellung „D“ nicht mehr in den Leerlauf. Ein Anfahren war damit nicht mehr möglich. K trat vom Kaufvertrag zurück und verlangte die Rückzahlung des Kaufpreises. Der BGH hat betont, dass der Käufer „lediglich den Nachweis einer Mangelerscheinung, also eines mangelhaften Zustands zu erbringen“ hatte.[64] Er musste also nur beweisen, dass ein Getriebefehler vorlag, der innerhalb von sechs Monaten nach dem Gefahrübergang aufgetreten war. Daraus ergab sich die *Vermutung*, dass der Fehler „auf einer dem Verkäufer zuzurechnenden Ursache“ beruhte.[65] Der *Verkäufer* hatte „darzulegen und nachzuweisen, dass ein Sachmangel zum Zeitpunkt des Gefahrübergangs noch nicht vorhanden war, weil er seinen Ursprung in einem Handeln oder Unterlassen nach diesem Zeitpunkt hat ...“[66]

56   „... *es sei denn, diese Vermutung ist mit der Art der Sache oder des Mangels unvereinbar.*“ Mit dieser zwangsläufig unscharf formulierten Ausnahme von der Ausnahme lässt § 476 die Möglichkeit offen, dass dem Verkäufer der Beweis erlassen werden kann. *Beispiel:* Frische Erdbeeren waren zwei Wochen nach Gefahrübergang verdorben. Es kann nicht vermutet werden, dass sie das schon bei Gefahrübergang waren.

VI. Sonderfälle

57   *Nach dem Gefahrübergang entfallene Mängel:* Es kommt vor, dass ein Sachmangel bei Gefahrübergang besteht, aber später entfällt. *Beispiel:* K kaufte von V ein Grundstück, das laut Vertrag zur Bebauung mit einem Supermarkt dienen sollte (§ 434 Abs. 1 S. 2 Nr. 1). Bei Gefahrübergang ließ der Bebauungsplan ein solches Gebäude nicht zu. Die aufgrund dieses Mangels entstandenen Rechte des Käufers entfielen nicht dadurch, dass später diese Bebauung doch möglich wurde.[67]

58   *Fehlen des Gefahrübergangs:* Gelegentlich weist der Käufer die Kaufsache wegen eines Mangels zurück, bevor sie ihm übergeben wird. *Beispiel:* V bot bei eBay ein gebrauchtes Luxus-Mobiltelefon der Marke „Vertu Weißgold“ an. K ersteigerte es für 782 Euro, befürchtete aber, dass es gefälscht sein könne, und vereinbarte eine persönliche

---

63 BGHZ 212, 224 Rn 36, 39, 40, 46, 49, 55 usw.
64 BGHZ 212, 224 Rn 35.
65 BGH aaO Rn 39.
66 BGH aaO Rn 55.
67 BGH NJW 2001, 66.

Übergabe. Er erkannte sofort die Fälschung und verweigerte die Annahme.[68] Manche Autoren vertreten die Ansicht, in einem solchen Fall finde § 434 keine Anwendung, weil er den Gefahrübergang voraussetze. Es würden dann nur die Bestimmungen des Allgemeinen Schuldrechts über Leistungsstörungen gelten.[69] Es kann aber kaum vom Käufer verlangt werden, dass er die Kaufsache annehmen muss, nur um die Gewährleistungsrechte geltend machen zu können.[70] Der BGH hat in der genannten Vertu-Weißgold-Entscheidung das Problem übersehen und hat ohne weiteres die Kaufrechtsvorschriften angewandt.

VII. Rechtsmängel

Definition: Ein Rechtsmangel liegt vor, wenn ein Dritter in Bezug auf die Kaufsache ein Recht gegen den Käufer geltend machen kann, das dieser im Kaufvertrag nicht übernommen hat (§ 435 S. 1). Ein Rechtsmangel liegt deshalb vor, wenn der Käufer in der ungestörten Ausübung der ihm nach § 903 S. 1 zustehenden Rechte beeinträchtigt ist.[71] *Beispiel:* V verkaufte K ein historisches Fahrzeug (Rolls Royce Corniche Cabrio). Als K es anmelden wollte, wurde es polizeilich beschlagnahmt, weil es von der französischen Polizei international zur Fahndung ausgeschrieben war. Darin lag ein Rechtsmangel des Fahrzeugs.[72] 59

Abgrenzung vom Sachmangel: Der Rechtsmangel (§ 435 S. 1) stammt aus den *rechtlichen Beziehungen*, denen die Kaufsache in der Vergangenheit unterlag. Dagegen beruht der Sachmangel auf der gegenwärtigen *Beschaffenheit* der Kaufsache. Eine klare Abgrenzung ist nicht immer einfach, kann aber meist unterbleiben, weil das Gesetz Sach- und Rechtsmängel gleichstellt (Rn 62). 60

Abgrenzung vom Rechtskauf: Anfänger verwechseln manchmal den Rechtsmangel mit dem in § 453 geregelten Rechtskauf (zumal die Paragraphen die gleichen Ziffern haben). Man muss sich deshalb klarmachen: Beim Sachkauf mit Rechtsmangel ist Kaufgegenstand eine *Sache*, nur der Mangel stammt aus dem Bereich des Rechts. Hingegen stammt beim Rechtskauf der Kaufgegenstand selbst aus dem Bereich des Rechts. Wenn das verkaufte Recht einen Mangel aufweist, dann notwendigerweise einen Rechtsmangel. 61

Rechtsfolgen: Das Gesetz sagt nirgends ausdrücklich, welche Rechtsfolgen ein Rechtsmangel hat. Diese ergeben sich aber daraus, dass das Gesetz außerhalb der §§ 434 und 435 immer vom „Mangel" oder von „mangelhaft" spricht und dadurch den Rechtsmangel dem Sachmangel gleichstellt (Hauptbeispiel § 437). Daraus folgt der ungeschriebene Satz: Der Rechtsmangel wird wie ein Sachmangel behandelt. 62

68 BGH NJW 2012, 2723.
69 Palandt/Weidenkaff § 434 Rn 8 a; S. Lorenz LMK 2012, 332201.
70 Erman/Grunewald § 434 Rn 67.
71 Vgl. MüKo/Westermann § 435 Rn 4; BGH NJW 2017, 1666 Rn 15.
72 BGH NJW 2017, 1666 Rn 14; bestätigt von BGH NJW 2017, 3292 Rn 10.

§ 3 Nacherfüllung

63   **Fall 3: Granulat für Kunstrasen**   § 439

▶ *Die K-KG stellt Sportplätze her, die sie mit einer Oberfläche aus Kunstrasen versieht. Als Untergrund für solche Sportplätze wird allgemein ein Granulat verwendet, das aus alten Autoreifen hergestellt wird (EPDM-Granulat oder SBR-Granulat). Die K-KG kaufte von der V-GmbH EPDM-Granulat und verwendete es als Tragschicht für zwei Sportplätze. Erst als diese fertig waren, stellte sich heraus, dass das Granulat mangelhaft war. Die V-GmbH stellte der K-KG deshalb kostenlos SBR-Granulat zur Verfügung, das von der K-KG akzeptiert wurde. Die K-KG verlangte aber von der V-GmbH, dass diese darüber hinaus das mangelhafte Granulat abtrug und aus dem ersatzweise gelieferten Granulat eine neue Tragschicht herstellte. Da die V-GmbH das ablehnte, ließ die K-KG von einem anderen Unternehmen für rund 72 000 Euro das alte Granulat abtragen und entsorgen sowie das neue aufbringen. Die K-KG verlangt von der V-GmbH die Erstattung der Kosten. Zu Recht? (Nach BGHZ 195, 135)*

64   Der Begriff „Nacherfüllung" ist, wie sich aus § 439 Abs. 1 ergibt, der Oberbegriff für „die Beseitigung des Mangels" und „die Lieferung einer mangelfreien Sache". Der Anspruch auf Nacherfüllung wird in der Aufzählung der Käuferrechte in § 437 an erster Stelle genannt. Er setzt nach den ersten Worten des § 437 voraus, dass „die Sache mangelhaft" ist. Wie der Sachverhalt der BGH-Entscheidung mitteilt, hat das Granulat einen (nicht näher bezeichneten) Sachmangel. Der K-KG steht damit im Prinzip jedes der in § 437 aufgeführten Rechte zu, also auch das Recht, „nach § 439 Nacherfüllung zu verlangen" (§ 437 Nr. 1). Grundsätzlich könnte die K-KG „die Beseitigung des Mangels" verlangen (§ 439 Abs. 1 Var. 1). Es liegt aber auf der Hand, dass Mängel eines Gummi-Granulats nicht beseitigt werden können, so dass diese Alternative hier ausschied. Es kommt deshalb nur „die Lieferung einer mangelfreien Sache" nach § 439 Abs. 1 Var. 2 in Betracht, also die Lieferung eines mangelfreien Granulats. Tatsächlich hat die V-GmbH ein solches Material zur Zufriedenheit der K-KG geliefert.

65   Zu prüfen ist jedoch, ob die K-KG die Übernahme der Kosten für den Ausbau des mangelhaften und den Einbau des ersatzweise gelieferten Granulats verlangen kann. Einen solchen Anspruch hatte früher kein Käufer. Eine erste Wende kam vor wenigen Jahren durch die bekannte Fliesen-Entscheidung des BGH,[73] in der er im Anschluss an den EuGH[74] einen Verkäufer verpflichtet hat, auf seine Kosten die mangelhafte Sache auszubauen und die mangelfreie Sache einzubauen. Aber diese Entscheidung betraf einen *Verbrauchsgüterkauf* (§ 474 Abs. 1 S. 1). Da der Käufer im vorliegenden Fall ein Unternehmer war, hat der BGH in der zugrunde liegenden Entscheidung eine Kostenübernahme durch den Verkäufer abgelehnt. Inzwischen ist der Gesetzgeber aber einen großen Schritt weitergegangen. Denn ab dem 1. Januar 2018 ist der Verkäufer „im Rahmen der Nacherfüllung verpflichtet, dem Käufer die erforderlichen Aufwendungen für das Entfernen der mangelhaften und den Einbau ... der ... gelieferten mangelfreien Sache zu ersetzen" (§ 439 Abs. 3 S. 1; Rn 96 ff). Da nur vom „Käufer" die Rede ist, gibt es in dieser Frage keinen Unterschied mehr zwischen einem Käufer, der Verbraucher ist und einem Käufer, der Unternehmer ist.

---

73   BGHZ 192, 148.
74   NJW 2011, 2269.

Die V-GmbH hat deshalb nach heutigem Recht die Kosten für den Ausbau des mangelhaften und den Einbau des ersatzweise gelieferten Materials zu übernehmen.

Aus den FD ergibt sich folgender Lösungsgang: FD „Nacherfüllung I": 1. Nein – 5. b) (Lieferung einer mangelfreien Sache) – 8. Nein – FD „Kauf Nacherfüllung II": 1. Ja – 2. Nein – 3. Ja – 4. Nein – 7. Ja – 8. Nein (Spalte 7). ◄

Lerneinheit 3

Literatur: *Klüver,* Aus- und Wiedereinbaukosten beim kaufrechtlichen Nacherfüllungsanspruch: Aktuelle Rechtsfragen zum neuen § 439 Abs. 3 BGB, VuR 2019, 176; *Augenhofer,* Der Nacherfüllungsort beim Verbrauchsgüterkauf, NJW 2019, 1988; *Teller,* Gestaltung der Grenzen kaufrechtlicher Nacherfüllung aus Praktikersicht, NJW 2019, 2121; *Markworth,* Eigenmächtige Nachbesserungen durch den Verkäufer, NJW 2019, 266; *Markworth,* Verschuldensunabhängige Ersatzfähigkeit vorgerichtlicher Rechtsanwaltskosten über § 439 Abs. 2 BGB, ZIP 2019, 941; *Riehm,* Der Anspruch auf Nachlieferung, ZIP 2019, 589; *Mediger,* Die Abdingbarkeit der Mängelhaftung beim Rückgriff des Verkäufers in AGB, NJW 2018, 577; *Paulus/Zwirlein,* Der neugefasste Lieferantenbegriff im Kaufrecht, NJW 2018, 1841; *Weidt,* Der Rückgriff des Verkäufers im neuen Mängelhaftungsrecht, NJW 2018, 263; *Stegmaier,* Erfüllung und Nacherfüllung im Kaufrecht bei qualitativer Teilleistung, NJW 2018, 2665. *Andreae,* Auswirkungen des neuen § 439 Abs. 3 BGB für Ein- und Ausbaukosten, DAR 2018, 491; *Hoffmann/Horn,* Grundfragen des kaufrechtlichen Aufwendungsersatzes für Ein- und Ausbaukosten, AcP 2018, 865; *Kuhn,* Selbstvornahme im BGB - insbesondere im kauf-, miet- und werkvertraglichen Gewährleistungsrecht, Jura 2018, 541; *Metzing,* Der Vorschuss auf die Transportkosten nach § 475 Abs. 6 BGB, VuR 2018, 297; *Ring,* Der Aufwendungsersatzanspruch des Käufers für den Ausbau einer mangelhaften und den Einbau einer mangelfreien Sache, ZAP 2018, 119; *Rothermel/Schulz,* Nacherfüllung/Unverhältnismäßigkeit/Schadensersatz – Schnittstellen im neuen Kaufrecht nach § 439 Abs. 3 und 4 BGB, BB 2018, 2181; *Schmitt,* Klausurrelevante Probleme beim Aus- und Wiedereinbau einer mangelhaften Kaufsache im Rahmen der Nacherfüllung, Jura 2018, 431.

I. Einführung

1. Definitionen

„Nacherfüllung" ist, wie sich aus § 439 Abs. 1 ergibt, der Oberbegriff für die „Beseitigung des Mangels" und die „Lieferung einer mangelfreien Sache".

■ *Die Beseitigung des Mangels* ist das, was man in der Umgangssprache „Reparatur" oder „Nachbesserung"[75] nennt. Der Verkäufer muss die Kaufsache nicht selbst reparieren, er kann die Beseitigung des Mangels auch einem Dritten überlassen, zB dem Hersteller, dem Importeur oder als Vertragshändler einem anderen Vertragshändler derselben Marke.[76]

■ *Die Lieferung einer mangelfreien Sache* (§ 439 Abs. 1) nennt man in der Praxis auch „Nachlieferung" oder „Ersatzlieferung". Wenn die Kaufsache nach § 91 eine vertretbare Sache ist, ist Lieferung einer mangelfreien Sache immer möglich.

Voraussetzungen der Nacherfüllung: Der Anspruch auf Nacherfüllung (§ 437 Nr. 1) setzt (nach den ersten Worten des § 437) voraus, dass „die Sache mangelhaft" ist. Er verlangt aber (anders als der Schadensersatzanspruch) *kein Vertretenmüssen* des Ver-

---

75 Der Ausdruck „Nachbesserung" kommt auch im Gesetz vor, nämlich in § 440 Satz 2, aber wohl nur aufgrund einer Nachlässigkeit der Gesetzesverfasser.
76 BGH NJW 2007, 504.

käufers. Für den Beginn der Nacherfüllung genügt es nicht, dass der Käufer den Verkäufer zur Nacherfüllung auffordert. Er muss ihm auch die Kaufsache zur Verfügung stellen, damit dieser sich ein Bild vom Zustand der Kaufsache machen kann.[77]

Die Nacherfüllung hat zum Ziel, nachträglich den Zustand herzustellen, der nach § 433 Abs. 1 S. 2 bereits bei der Übergabe geschuldet wurde. Der Nacherfüllungsanspruch ist deshalb eine Modifikation des ursprünglichen Erfüllungsanspruchs aus § 433 Abs. 1.[78] Er geht nicht weiter als der Erfüllungsanspruch, bleibt aber auch nicht hinter ihm zurück. Deshalb schuldet der Verkäufer im Rahmen der Beseitigung des Mangels nicht nur eine Verbesserung der mangelhaften Kaufsache, sondern ihre Mängelfreiheit.[79] Und im Fall der Nacherfüllung durch Lieferung einer mangelfreien Sache schuldet er eine vollständig (nicht nur annähernd) vertragsgemäße Ersatzsache.

71   *Wahlrecht*: Das Recht, zwischen der „Beseitigung des Mangels" und der „Lieferung einer mangelfreien Sache" zu wählen, steht dem *Käufer* zu (§ 439 Abs. 1).[80] Das muss man sich besonders merken, weil beim Werkvertrag das Wahlrecht dem Unternehmer zusteht (§ 635 Abs. 1; Rn 539). Der Käufer kann von seiner ursprünglichen Wahl Abstand nehmen und sich für die andere Art der Nacherfüllung entscheiden.[81]

2. Interesse des Käufers

72   Die Nacherfüllung hat zwei Funktionen, die zu unterscheiden für das Verständnis sehr wichtig ist:

- *Nacherfüllung als endgültiges Ziel des Käufers (§ 437 Nr. 1)*: Nacherfüllung zu verlangen, ist – wie sich aus § 437 Nr. 1 ergibt – ein selbstständiges Recht des Käufers, das ihm bei einem Mangel in jedem Fall zusteht. Dieser Anspruch auf Nacherfüllung ist nicht davon abhängig, dass der Käufer dem Verkäufer erfolglos eine Frist zur Nacherfüllung gesetzt hat.[82] Eine Fristsetzung ist aber selbstverständlich unschädlich.

73   - *Nacherfüllung als Zwischenziel des Käufers*: Manchmal *will* der Käufer keine Nacherfüllung verlangen, sondern *muss* das tun. Das ist der Fall, wenn er eigentlich zurücktreten oder Minderung oder Schadensersatz verlangen will. In diesem Fall muss der Käufer die Nacherfüllung *mit Fristsetzung* verlangen. Denn dann *verpflichtet* ihn das Gesetz (jedenfalls im Regelfall), dem Verkäufer vorher eine *Frist zur Nacherfüllung* zu setzen (Rn 108). Damit berücksichtigt das Gesetz die Interessen des Verkäufers. Denn dieser soll die Möglichkeit haben, durch eine erfolgreiche Nacherfüllung die weitergehenden Rechte des Käufers auszuschließen.

II. Möglichkeit oder Unmöglichkeit der Nacherfüllung

1. Einführung

74   § 439 Abs. 4 regelt mit einer gewissen Ausführlichkeit den Fall, dass die vom Käufer gewählte Art der Nacherfüllung „nur mit *unverhältnismäßigen Kosten* möglich ist".

---

77 BGH NJW 2017, 2758 Rn 21.
78 BT-Drs 14/6040, 221.
79 BGH NJW 2013, 1365 Rn 12.
80 Wenn der Käufer dem Verkäufer seine Entscheidung mitgeteilt hat, ist er an sie gebunden (OLG Saarbrücken NJW 2009, 369).
81 BGH NJW 2019, 292 Rn 43 ff mwN über den Meinungsstand.
82 BGH NJW 2014, 213 Rn 17.

Aber die Kosten sind sekundär. Entscheidend ist zunächst die Frage, ob die Nacherfüllung *möglich* ist oder ob ein Fall des § 275 Abs. 1 bis 3 vorliegt. Darauf geht § 439 nicht ein. Aber die Frage der Möglichkeit oder Unmöglichkeit der Nacherfüllung ist grundlegend und muss deshalb im Gutachten vorgezogen werden. So ist auch der folgende Text aufgebaut (und das FD „Kauf – Nacherfüllung I", Fragen 2 und 5). Es ist allerdings für Anfänger nicht immer leicht zu verstehen, dass ein Problem, zu dem das Gesetz schweigt, Vorrang haben soll vor einer Frage, die immerhin in Ansätzen geregelt ist. Deshalb muss man sich die nötige Reihenfolge besonders klarmachen.

2. Beide Arten der Nacherfüllung sind möglich

Im Normalfall sind die beiden in § 439 Abs. 1 genannten Arten der Nacherfüllung möglich, also „die Beseitigung des Mangels" und „die Lieferung einer mangelfreien Sache" (FD „Kauf – Nacherfüllung I", Fragen 2, a) und 5, a). *Beispiel:* K hatte einen neuen Audi gekauft, dessen Außenspiegel sich nach dem Start nicht immer ausklappten.[83] In diesem Fall war eine „Beseitigung des Mangels" durch Reparatur möglich, aber auch die „Lieferung einer mangelfreien Sache" durch Austausch gegen einen Neuwagen.   75

3. Nur *eine* Art der Nacherfüllung ist möglich …

a) … und zwar nur die „Beseitigung des Mangels"

In manchen Fällen ist nur *eine* der beiden in § 439 Abs. 1 genannten Arten der Nacherfüllung möglich. Zunächst soll es um die Fälle gehen, bei denen die Beseitigung des Mangels möglich, aber die „Lieferung einer mangelfreien Sache" unmöglich ist.   76

Wann die Ersatzlieferung ausscheidet, ist allerdings strittig. Nach richtiger Ansicht kommt es nicht darauf an, ob es sich um einen Stück- oder einen Gattungskauf handelt,[84] sondern darauf, ob die Kaufsache eine *vertretbare Sache* ist (§ 91) oder nicht.[85] Dabei kann der Begriff der vertretbaren Sache weit gefasst werden. *Beispiel 1:* K hatte einen neuen VW-Tiguan gekauft, der mit der bekannten unzulässigen Abschalteinrichtung ausgestattet war, und verlangte im Wege der Nacherfüllung „die Lieferung einer mangelfreien Sache" (§ 439 Abs. 1 Alt. 2). Das OLG hatte angenommen, eine Ersatzlieferung sei unmöglich, weil das betreffende Tiguan-Modell nicht mehr gebaut werde. Der BGH hat zu Recht darauf hingewiesen, dass für die Ersatzbeschaffung nicht nur eine identische Sache infrage kommt, sondern auch eine „gleichartige" oder „gleichwertige", im konkreten Fall also auch das Nachfolgemodell.[86]

Wenn die Kaufsache eine *nicht vertretbare* Sache ist, ist sie definitionsgemäß einzigartig und kann deshalb nicht durch eine andere ersetzt werden.[87] *Beispiel 2:* Der verkaufte Gebrauchtwagen hatte einen Getriebeschaden. Jeder Gebrauchtwagen ist eine *nicht vertretbare* Sache, weil jeder individuelle, charakteristische Gebrauchsspuren und Abnutzungen aufweist. Dass Gebrauchtwagen *nicht vertretbare Sachen* sind, ist die korrekte Begründung dafür, dass beim Gebrauchtwagenkauf keine Ersatzlieferung in

---

83 BGH NJW 2014, 213, Rn 12.
84 BGH NJW 2019, 1133 Rn 31.
85 Pammler NJW 2003, 1992; Kamanabrou ZGS 2004, 57; ähnlich Canaris JZ 2003, 831 (835); Schulze/Ebers JuS 2004, 462 (463 f). BGHZ 168, 64 Rn 17–24 kommt zum richtigen Ergebnis, aber ohne auf den Begriff der vertretbaren Sache abzustellen.
86 BGH NJW 2019, 1133 Rn 33. So (auch zum Modellwechsel) schon BGH NJW 2019, 292 Rn 41 mwN.
87 SAT Rn 118 bis 120.

Frage kommt. Einige Autoren sind zu Unrecht der Ansicht, beim Gattungskauf (§ 243 Abs. 1) komme immer eine Nachlieferung in Betracht, während sie beim Stückkauf immer ausgeschlossen sei,[88] weil sich bei diesem die Verpflichtung des Verkäufers auf eine bestimmte Sache bezieht.[89]

b) ... und zwar nur die Ersatzlieferung

77 Manchmal ist die „Lieferung einer mangelfreien Sache" die einzig mögliche Art der Nacherfüllung. *Beispiel:* K hatte im Internet für sein Windsurf-Brett einen Mast gekauft, der jedoch zerbrochen ankam.[90] Da der Mast nicht repariert werden konnte, entfiel die Beseitigung des Mangels (§ 275 Abs. 1). Es kam nur die Lieferung eines neuen Mastes infrage (§ 439 Abs. 1 Var. 2).

4. Beide Arten der Nacherfüllung sind unmöglich

78 Es gibt Mängel, die sich weder beseitigen noch durch eine Ersatzlieferung aus der Welt schaffen lassen. *Beispiel 1:* V hatte sein Motorrad unter Angabe einer zu niedrigen Laufleistung verkauft.[91] *Beispiel 2:* Die als „Buddha" und „museal" versteigerte Skulptur ist eine Fälschung.[92] Die „Beseitigung des Mangels" (§ 439 Abs. 1 Var. 1) ist in diesen Fällen nicht möglich. Aber auch die Lieferung einer mangelfreien Sache kommt nicht in Betracht, weil es sich jeweils um eine nicht vertretbare Sache handelt.[93] Die Nacherfüllung entfällt deshalb nach § 275 Abs. 1. Daraus könnte man schließen, dass der Käufer dann auch den Kaufpreis nicht zu zahlen brauche (§ 326 Abs. 1 S. 1 Var. 1). Aber § 326 Abs. 1 S. 2 schließt das aus, wenn „der Schuldner im Falle der nicht vertragsgemäßen Leistung die Nacherfüllung nach § 275 ... nicht zu erbringen braucht" (FD „Kauf – Nacherfüllung I", Spalte 14). Einen Vorteil hat der Verkäufer aber dadurch nicht. Denn der Käufer überspringt die unmögliche Nacherfüllung und kann (natürlich ohne Fristsetzung) zurücktreten (§ 326 Abs. 5).

III. Unverhältnismäßige Kosten der Nacherfüllung

1. Bedeutung des Begriffs „unverhältnismäßige Kosten"

a) Nach allgemeinen Regeln der Auslegung

79 Nach den Regeln der Logik und des gesunden Menschenverstands ist ein Aufwand unverhältnismäßig, wenn seine Kosten in keinem vertretbaren Verhältnis zu dem erreichbaren Erfolg stehen.[94] Die Unverhältnismäßigkeit sollte deshalb nicht nach dem Verhältnis zwischen den Kosten der Nacherfüllung und dem Wert der Sache in mangelfrei-

---

88 Dass diese Ansicht falsch ist, zeigt sich anhand des SB-Ladens. Dort geht es nur um Stückkäufe (bezogen auf die auf dem Band liegenden Sachen), aber alle Sachen sind vertretbar und damit nachlieferbar. Zu den Begriffen Gattungsschuld und Stückschuld SAT Rn 109 und 111.
89 Musielak NJW 2008, 2801; L. Schwab JuS 2002, 6; unter eigenwilliger Verwendung der Begriffe Gattungsschuld/Stückschuld auch Tiedtke/Schmitt JuS 2005, 583.
90 AG Fürstenwalde NJW 2005, 2717. Der Gefahrübergang war erst an der Haustür des K erfolgt (§ 475 Abs. 2).
91 BGHZ 170, 86 Rn 17.
92 BGH NJW 2013, 3570.
93 BGHZ 168, 64.
94 In einer Entscheidung des VII. Senats zum Werkvertrag gibt es eine sehr ähnliche Formulierung (BGH NJW 2007, 2983 Rn 44). Ebenso in einer Entscheidung des VIII. Senats zum Mietrecht (NJW 2010, 2050 Rn 22).

em Zustand beurteilt werden.[95] Denn es kommt nicht auf den *Wert* der Sache an, sondern auf die *Wertsteigerung*, die durch die Nacherfüllung erreicht werden kann. Die Kosten der Nacherfüllung dürfen zwar deutlich höher sein als die erzielbare Wertsteigerung, aber sie dürfen nicht „unverhältnismäßig" viel höher sein. *Beispiel:* Verbraucher K hatte ein altes Motorkajütboot von der Verbraucherin V gekauft (kein Verbrauchsgüterkauf). Weil die Holzplanken von einem Schimmelpilz befallen waren, war das Boot mangelhaft. Als Nacherfüllung kam nur die Beseitigung des Mangels infrage, weil es bei einer nicht vertretbaren Sache keine Nachlieferung gibt (Rn 76). Die Beseitigung des Mangels sollte laut Gutachter 12 900 Euro kosten. Der Marktwert des (unreparierten) Bootes betrug 1 400 Euro und hätte nach der Reparatur 5 000 Euro betragen. Deshalb war die Beseitigung des Mangels „nur mit unverhältnismäßigen Kosten möglich".[96] Denn es ist unwirtschaftlich, mit einem Aufwand von fast 13 000 Euro eine Wertsteigerung um 3 600 Euro zu erzielen.

b) Die Ansicht des BGH

Nach § 439 Abs. 4 S. 2 sollen bei der Frage, ob die Nacherfüllung „nur mit unverhältnismäßigen Kosten" möglich ist, „insbesondere der Wert der Sache in mangelfreiem Zustand" und „die Bedeutung des Mangels ... zu berücksichtigen" sein. Während das Gesetz also nur erwartet, dass diese Worte bei der Auslegungen des Begriffs „unverhältnismäßige Kosten" *berücksichtigt* werden, verzichtet der BGH auf eine Auslegung des Begriffs „unverhältnismäßig" und stützt sich nur auf die Begriffe, die lediglich „berücksichtigt" werden sollen. Er hat aus ihnen folgende Grundsätze entwickelt:

80

„*Wert der Sache in mangelfreiem Zustand*": Der BGH schließt aus diesen Worten, dass die Kosten der Nacherfüllung zu vergleichen sind mit dem (hypothetischen) Wert der mangelfreien Sache. Wenn die Aufwendungen für die Nacherfüllung den Wert der Sache in mangelfreiem Zustand „übersteigen, ... stehen sie grundsätzlich in keinem wirtschaftlich vernünftigen Verhältnis mehr zu dem dadurch herbeigeführten Erfolg".[97] *Beispiel:* Wenn das verkaufte Mietshaus nicht vom Hausschwamm befallen wäre, hätte es einen Verkehrswert von 600 000 Euro. Die vom Käufer geltend gemachten Kosten der Mangelbeseitigung beliefen sich aber auf 635 000 Euro. Sie waren damit unverhältnismäßig.[98]

Der BGH entnimmt den Worten „*Bedeutung des Mangels*", dass die Kosten der Nacherfüllung auch in einem vertretbaren Verhältnis zum „mangelbedingten Minderwert" stehen müssen. Der „mangelbedingte Minderwert" ist die Differenz zwischen dem (hypothetischen, geschätzten) Wert der Sache ohne Mängel und dem tatsächlichen Wert der mangelhaften Sache. Mängelbeseitigungskosten, „die mehr als 200 % des mangelbedingen Minderwerts betragen, werden in der Regel nicht mehr als verhältnismäßig anzusehen sein".[99] *Beispiel:* Im vorigen Beispiel betrug der Zeitwert des vom Hausschwamm befallenen Gebäudes 507 000 Euro. Der „mangelbedingte Minderwert" betrug deshalb (600 000 – 507 000 =) 93 000 Euro. Daraus hätte sich eine Opfergrenze des Nacherfüllungsaufwands von (93 000 x 2 =)186 000 Euro ergeben. Deshalb waren

81

---

95 Richtig S. Lorenz NJW 2009, 1633 (1637 links oben) und schon Unberath ZEuP 2005, 5 (24).
96 BGH NJW 2013, 1074. Der BGH hat die Reparaturkosten mit dem Wert des (mangelhaften) Bootes verglichen. Am Ergebnis hat das aber nichts geändert.
97 BGHZ 200, 350 Rn 43.
98 BGHZ 200, 350 Rn 46.
99 BGH aaO Rn 44 unter Hinweis auf BGH NJW 2009, 1660 Rn 15 f.

die geltend gemachten Kosten der Nacherfüllung auch unter diesem Gesichtspunkt (extrem) „unverhältnismäßig".

Der BGH betont gern, ob unverhältnismäßige Kosten entstehen würden, entziehe „sich einer verallgemeinerungsfähigen Betrachtung" und sei „aufgrund einer umfassenden Interessenabwägung und Würdigung aller maßgeblichen Umstände des konkreten Einzelfalls ... festzustellen".[100] Wer solche Formulierungen an den Anfang stellt, findet selten zu einer klaren Linie.

2. Die Kostenfrage, wenn beide Arten der Nacherfüllung möglich sind

82   Wenn beide Arten der Nacherfüllung *möglich* sind, gibt es unter dem Gesichtspunkt der Kosten drei Möglichkeiten (FD „Kauf – Nacherfüllung I", Frage 6):

- Die vom Käufer gewählte Art der Nacherfüllung ist mit angemessenen Kosten zu realisieren (FD „Kauf – Nacherfüllung I" Spalte 7). Dieser Fall ist natürlich unproblematisch.

- Die vom Käufer gewählte Art der Nacherfüllung ist „nur mit unverhältnismäßigen Kosten" möglich (§ 439 Abs. 4 S. 1). *Beispiel:* In dem Fall mit den Außenspiegeln (Rn 75) verlangte der Käufer als Nacherfüllung die „Lieferung einer mangelfreien Sache" (§ 439 Abs. 1 Var. 2). Aber die Kosten dieser Art der Nacherfüllung waren gegenüber den Reparaturkosten unverhältnismäßig hoch (§ 439 Abs. 4 S. 1).[101] Da beide Arten der Nacherfüllung möglich waren, ist zu fragen, ob auf die andere Art „ohne erhebliche Nachteile für den Käufer zurückgegriffen werden" kann (§ 439 Abs. 4 S. 2 Var. 3; FD „Kauf – Nacherfüllung I" Frage 7). Wenn das (wie im Beispiel) gegeben ist, „beschränkt sich" der Anspruch des Käufers „auf die andere Art der Nacherfüllung" (§ 439 Abs. 4 S. 3 Hs. 1).

83   Beide Arten der Nacherfüllung sind möglich, würden aber „unverhältnismäßige Kosten" verursachen (FD „Kauf – Nacherfüllung I" Spalte 10). Die Unverhältnismäßigkeit ergibt sich in diesem Fall *nicht* aus einem Vergleich der beiden Kosten (*relative* Unverhältnismäßigkeit). Vielmehr muss für beide Alternativen eine *absolute* Unverhältnismäßigkeit vorliegen.

- *Außerhalb von Verbrauchsgüterkäufen:* Dass der Verkäufer die vom Käufer gewählte Art der Nacherfüllung aus Kostengründen ablehnen kann (§ 439 Abs. 4 S. 1), wurde schon festgestellt. Aus Abs. 4 S. 3 Hs. 2 folgt das deutlich weitergehende Recht des Verkäufers, auch die andere Art der Nacherfüllung aus dem gleichen Grund verweigern zu dürfen. Daraus ergibt sich, dass der Verkäufer – außerhalb von Verbrauchsgüterkäufen - nie zu einer unwirtschaftlichen Nacherfüllung verpflichtet ist.

- *Im Rahmen von Verbrauchsgüterkäufen* gilt eine andere Regelung. Denn hier darf der Verkäufer nie *beide* möglichen Formen der Nacherfüllung aus Kostengründen ablehnen (§ 475 Abs. 4 S. 1; FD „Kauf – Nacherfüllung I", Spalte 4).[102] Er muss also nacherfüllen. Aber bei den Kosten kommen ihm die Sätze 2 und 3 entgegen. Denn er darf die Aufwendungen des Käufers, die er ersetzen muss, „auf einen ange-

---

100   BGH NJW 2019, 292 Rn 59; ähnlich schwammig BGHZ 200, 2350 Rn 45.
101   BGH NJW 2014, 213, Rn 12.
102   Aufgrund einer neuen Europäischen Richtlinie wird der deutsche Gesetzgeber bis Juni 2021 auch beim Gebrauchsgüterkauf den Einwand der absoluten Unverhältnismäßigkeit zulassen müssen (Art. 13 Abs 3 RL 2019/771 v. 20. 5. 2019).

messenen Betrag beschränken". Dabei ist in erster Linie an die Aufwendungen zu denken, die er dem Käufer für den Ausbau der mangelhaften und den Einbau der mangelfreien Kaufsache zu ersetzen hat (§ 439 Abs. 3 S. 1).

3. Die Kostenfrage, wenn nur *eine* Art der Nacherfüllung möglich ist

Außerhalb von Verbrauchsgüterkäufen: Wenn nur *eine* Art der Nacherfüllung möglich   84
ist, kann § 439 Abs. 4 nicht unmittelbar angewendet werden. Denn Abs. 4 geht (wie gesagt) davon aus, dass *beide Arten* der Nacherfüllung möglich sind, so dass unter dem Gesichtspunkt der Kosten zwischen zwei Alternativen gewählt werden kann. Wenn nur eine Art der Nacherfüllung möglich ist, ist eine Unwirtschaftlichkeit immer eine *absolute*. Das schließt es aber nicht aus, Abs. 4 S. 3 Hs. 2 *analog* anzuwenden und dem Verkäufer das Recht zu geben, auch die einzige Art der Nacherfüllung aus Kostengründen zu verweigern (FD „Kauf – Nacherfüllung I", Spalte 11).

Verbrauchsgüterkauf: Der Verkäufer darf im Rahmen eines Verbrauchsgüterkaufs die einzig mögliche Art der Nacherfüllung nicht aus Kostengründen verweigern (§ 475 Abs. 4 S. 1). Der Unternehmer kann aber uU seine Aufwendungen „auf einen angemessenen Betrag beschränken" (§ 475 Abs. 4 S. 2). Tut er das, muss der Verbraucher keine Frist setzen, wenn er Schadensersatz verlangen oder zurücktreten will (§§ 475 Abs. 5, 440 S. 1).

IV. Durchführung der Nacherfüllung

1. Beseitigung des Mangels (§ 439 Abs. 1 Var. 1)

a) Kosten

Transport-, Wege-, Arbeits- und Materialkosten: Der Verkäufer hat „die zum Zwecke   85
der Nacherfüllung erforderlichen Aufwendungen ... zu tragen" (§ 439 Abs. 2). Das sind in erster Linie die Kosten, die von Abs. 2 beispielhaft aufgeführt werden. Der BGH sieht in § 439 Abs. 2 eine Anspruchsgrundlage mit dem Inhalt, dass der Käufer vom Verbraucher die Übernahme der Kosten verlangen kann.[103]

Gutachterkosten: Wenn der Verkäufer den vom Käufer behaupteten Mangel bestreitet, gibt der Käufer manchmal ein Gutachten in Auftrag. Nach Ansicht des BGH gehören auch die Kosten eines solchen Gutachtens zu den „zum Zwecke der Nacherfüllung erforderlichen Aufwendungen" (§ 439 Abs. 2).[104] Das ist bedenklich. Denn § 439 Abs. 2 weist die dort genannten Aufwendungen dem Verkäufer auch dann zu, wenn dieser den Mangel *nicht zu vertreten* hat. Der Anspruch auf Erstattung von Gutachterkosten ist aber ein Schadensersatzanspruch, der (wie üblich) ein Vertretenmüssen voraussetzen sollte.[105]

§ 439 Abs. 2 wird doppelt festgeschrieben: 86

- Im Rahmen eines *Verbrauchsgüterkaufs (§ 474)* erklärt § 476 Abs. 1 S. 1 auch § 439 Abs. 2 für unabdingbar.

- Soweit es um den Kauf *neuer* Sachen geht, lässt sich § 439 Abs. 2 auch nicht durch *AGB* ausschließen (§ 309 Nr. 8, b, cc). Wegen § 476 Abs. 1 S. 1 hat die genannte

---

103   BGHZ 189, 196 Rn 37; BGH NJW 2014, 2351 Rn 15.
104   BGH NJW 2014, 2351 Rn 10 ff.
105   S. Lorenz NJW 2014, 2319.

Vorschrift für den Verbraucher nur dann Bedeutung, wenn es sich nicht um einen Verbrauchsgüterkauf handelt.[106]

b) Anspruch des Verbrauchers auf Vorschuss

87   Für Aufwendungen, die einem Verbraucher „im Rahmen der Nacherfüllung gemäß § 439 Abs. 2 und 3 entstehen", die also letztlich vom Verkäufer zu tragen sind, kann der Verbraucher „Vorschuss verlangen" (§ 475 Abs. 6). Das gilt insbesondere, wenn der Sitz des Verkäufers der Erfüllungsort der Nacherfüllung ist und der Käufer die Kaufsache dorthin schickt.[107]

c) Der Leistungsort der Nacherfüllung

88   § 439 sagt leider nichts darüber, an welchem Ort die Beseitigung des Mangels stattzufinden hat. Die Frage ist deshalb umstritten. Als Leistungsort kommen hauptsächlich zwei Orte in Betracht:

- ■ *Ort der „vertragsmäßigen Belegenheit"*: Es liegt nahe, dass der Verkäufer an dem Ort tätig zu werden hat, an dem sich die Kaufsache zur Zeit der Nacherfüllung bestimmungsgemäß befindet.[108] *Beispiel:* K aus München hatte in Chemnitz einen gebrauchten Pkw erworben, der im Wege der Nacherfüllung repariert werden musste. Die Reparatur hatte nach Ansicht des OLG München in München zu erfolgen.[109]

- ■ *Ursprünglicher Leistungsort:* Nach anderer Ansicht ist der Leistungsort der Nacherfüllung der Ort, an dem der Verkäufer die Kaufsache nach § 433 Abs. 1 S. 1 zu übergeben hatte.[110] Insbesondere für den Fall der Kfz-Reparatur entspricht diese Lösung den praktischen Bedürfnissen, weil die Reparatur meist in der Werkstatt des Verkäufers erfolgen muss. Da in jedem Fall der Verkäufer die Transportkosten zu tragen hat (§ 439 Abs. 2), ist die Frage nicht von großer praktischer Bedeutung.

89   *Lösungsversuch des BGH:* Der BGH hat sich keiner dieser Ansichten angeschlossen, sondern betont, dass sich der Leistungsort allein aus § 269 ergeben müsse.[111] Leider ist § 269 einer der unbestimmtesten Vorschriften des Schuldrechts, weil er nebelhaft auf die „Umstände" abstellt. Deshalb ist es kein Wunder, dass er auch im Fall der Nacherfüllung keine praxistaugliche Lösung ermöglicht.[112] Immerhin hat der BGH für vier Fallgestaltungen angegeben, welchen Leistungsort er für angemessen hält.

---

106 Etwa wenn die Kaufsache ein Grundstück (oder eine Eigentumswohnung) ist oder wenn der Verkäufer kein Unternehmer nach § 14 ist. § 309 Nr. 8, b, cc schützt formal nur kaufende Verbraucher, gilt aber (auf dem Umweg über die §§ 310 Abs. 1 S. 2, 307) inhaltlich auch zu Gunsten von Unternehmern und Behörden (BGH NJW 1981, 1510).

107 Die zugrunde liegende Europäische Richtlinie sieht eine solche Vorschuss-Pflicht des Verkäufers *nicht generell* vor (EuGH NJW 2019, 2007- Fülla ./. Toolport GmbH). Der deutsche Gesetzgeber hat diese Pflicht also ausgeweitet.

108 So Jaensch NJW 2012, 1025.

109 OLG München NJW 2006, 449.

110 Skamel ZGS 2006, 227; OLG München NJW 2007, 3214; Reinking NJW 2008, 3608; Skamel, Nacherfüllung beim Sachkauf (2008), 127 ff; S. Lorenz NJW 2009, 1633 (1635 links).

111 BGHZ 189, 196 Rn 29. Bestätigt von BGH NJW 2017, 2758 Rn 21.

112 Das Urteil des BGH führt deshalb zu „völliger Rechtsunsicherheit" (Faust JuS 2011, 748 [750]).

- Beim Kauf in einem Laden ist dieser der Leistungsort für die Nacherfüllung.[113]
- Wer von einem Händler ein Fahrzeug gekauft hat, muss es für den häufigsten Fall der Nacherfüllung, die „Beseitigung des Mangels" (Reparatur), zum Betrieb des Händlers bringen, weil nur dort die technischen Voraussetzungen für eine Nacherfüllung gegeben sind.[114] Das gilt auch für andere technische Geräte.[115] Die Kosten für den Transport trägt der Verkäufer (§ 439 Abs. 2). Das ist besonders wichtig, wenn der Sitz des Verkäufers von dem des Käufers weit entfernt ist (wie häufig beim Kauf im Internet). Im Rahmen eines *Verbrauchsgüterkaufs* (§ 474) hat der Käufer Anspruch auf einen *Kostenvorschuss* (§ 475 Abs. 6).[116] In anderen Fällen kann der Käufer, wenn er die Sache auf seine Kosten versandt hat, vom Verkäufer Kostenerstattung verlangen.
- Wenn die Kaufsache bereits eingebaut ist und vom Verkäufer ausgebaut werden muss (Rn 96), ist natürlich der Ort des Einbaus der Leistungsort.
- Die Nacherfüllung ist, wenn beide Parteien ihren Sitz am gleichen Ort haben, an diesem Ort durchzuführen. *Beispiel:* Frau K hatte von Frau V ein Motorboot gekauft, das sich als mangelhaft herausstellte. Beide Parteien wohnen in Berlin. Frau K hatte das Boot nach Usedom überführt und verlangte von Frau V, die Nacherfüllung dort durchzuführen. Leistungsort der Nacherfüllung war aber Berlin.[117]

Lösungsversuch des EuGH: Auch der EuGH hat – auf Vorlage des AG Norderstedt (!) – versucht, Anhaltspunkte für die Bestimmung des Leistungsorts der Nacherfüllung zu nennen.[118] Die sehr allgemeinen, umständlichen und unbestimmten Ausführungen des EuGH lassen aber nicht einmal erkennen, wie der EuGH den vom AG vorgelegten Fall entscheiden würde. Es kann nur vermutet werden, dass der EuGH meint, es sei für den Verbraucher unzumutbar, das von ihm gekaufte größere Zelt zur Nacherfüllung an den Sitz des Verkäufers zu schicken, so dass der Wohnsitz des Käufers Leistungsort wäre.

89a

d) Fehlschlagen

Wenn der Verkäufer die Beseitigung des Mangels in Angriff genommen hat, kann sie *fehlgeschlagen* sein. Wann eine Nacherfüllung fehlgeschlagen ist, bestimmt das Gesetz nur für die „Beseitigung des Mangels" (§ 440 S. 2).[119] Danach gilt eine Beseitigung des Mangels „nach dem erfolglosen zweiten Versuch als fehlgeschlagen". Die anschließenden Worte: „... wenn sich nicht insbesondere ..." lassen aber Ausnahmen zu. Deshalb muss der Käufer dem Verkäufer bei „besonderer (technischer) Komplexität der Sache, schwer zu behebenden Mängeln oder ungewöhnlich widrigen Umständen" noch einen weiteren Versuch zubilligen.[120] Wenn strittig ist, ob die Nacherfüllung gelungen ist, trägt der Käufer die Beweislast, weil § 363 auch in diesem Fall gilt.[121]

90

---

113 BGHZ 189, 196 Rn 33 – Camping-Faltanhänger.
114 BGHZ 189, 196 Rn 33. BGH NJW 2017, 2758 Rn 21.
115 BGHZ 189, 196 Rn 55.
116 BGH NJW 2017, 2758 Rn 28, 34; das Urteil erging, bevor § 475 Abs. 6 eingefügt wurde.
117 BGH NJW 2013, 1074 Rn 23 f.
118 EuGH NJW 2019, 2007 – Fülla ./. Toolport GmbH.
119 Allerdings verwendet das Gesetz hier den umgangssprachlichen Ausdruck „Nachbesserung".
120 BGH NJW 2007, 504 Rn 15; Staudinger/Matusche-Beckmann § 440 Rn 18; MüKo/Westermann § 440 Rn 11.
121 BGH NJW 2011, 1664 Rn 11; BGH NJW 2009, 1341 (Fensterheber eines Maserati Quattroporte).

Nach einem Fehlschlagen der Mängelbeseitigung kann der Käufer zu der anderen Art der Nacherfüllung wechseln, nämlich die „Lieferung einer mangelfreien Sache" verlangen (§ 439 Abs. 1 Var. 2).[122] Dies Recht hat er nicht etwa dadurch verloren, dass er sich zunächst für die Beseitigung des Mangels entschieden hatte. Im Gegenteil: Da der Verkäufer den Mangel nicht beseitigen konnte, muss dem Käufer der Anspruch auf Nachlieferung sogar in besonderem Maß zustehen. Dieser Anspruch entfällt nur dann, wenn die Nachlieferung unmöglich ist (§ 275 Abs. 1; Rn 78) oder wenn der Verkäufer sie zu Recht aus Kostengründen verweigert (§ 439 Abs. 4 S. 1, § 475 Abs. 4 S. 1; Rn 83).

Der Käufer kann aber auch zurücktreten, mindern oder uU Schadensersatz verlangen. Eine Fristsetzung entfällt in diesen Fällen, weil „die dem Käufer zustehende Art der Nacherfüllung fehlgeschlagen ... ist" (§ 440 S. 1).

e) Rechtsfolge einer korrekten Nacherfüllung

91 Wenn der Verkäufer richtig und vollständig nacherfüllt hat, kann der Käufer wegen *des betreffenden Sachmangels* weder zurücktreten noch Minderung verlangen noch Schadensersatz statt der Leistung. Wenn ihm trotz der Nacherfüllung noch ein Schaden an seinem übrigen Vermögen verblieben ist, kann er diesen aber als Schadensersatz *neben* der Leistung geltend machen (§ 280; Rn 215 ff).

2. Lieferung einer mangelfreien Sache

a) Übereinstimmungen

92 Wenn der Verkäufer zur „Lieferung einer mangelfreien Sache" verpflichtet ist (§ 439 Abs. 1 Var. 2), gilt im Wesentlichen das zur „Beseitigung des Mangels" Gesagte (Rn 85 ff). *Beispiel:* K hatte im Baumarkt V eine Haustür gekauft, die wegen eines Mangels ausgetauscht werden soll. Dann ist der Baumarkt der Leistungsort für die Lieferung der mangelfreien Sache (Rn 89, erster Spiegelstrich). V kann deshalb verlangen, dass K sie in den Baumarkt transportieren lässt, muss aber die anfallenden Transportkosten tragen (§ 439 Abs. 2).[123] Es gibt aber bei der Nacherfüllungs-Alternative „Lieferung einer mangelfreien Sache" (§ 439 Abs. 1) folgende Abweichungen:

b) Rückgabe und Nutzungen

93 *Rückgabe:* Wenn der Käufer eine mangelfreie Sache erhalten hat, ist er verpflichtet, die ursprüngliche Kaufsache nach den Rücktrittsvorschriften zurückzugeben (§ 439 Abs. 5).

Nutzungen: Soweit es sich *nicht* um einen Verbrauchsgüterkauf (§ 474 Abs. 1 S. 1) handelt, hat der Käufer auch „die gezogenen Nutzungen herauszugeben" (§ 439 Abs. 5 verweist auf § 346 Abs. 1 Var. 2). Soweit der Käufer die Sache selbst genutzt hat, ist die Herausgabe von Nutzungen „nach der Natur des Erlangten ausgeschlossen" (§ 346 Abs. 2 S. 1 Nr. 1). Der Käufer hat deshalb „Wertersatz zu leisten" (346 Abs. 2). Er muss also eine Art Miete für die bisherige Nutzung zahlen.

94 *Verbrauchsgüterkauf:* Im Fall eines Verbrauchsgüterkaufs (§ 474 Abs. 1 S. 1) muss der Verbraucher – abweichend von § 439 Abs. 5 – keine Nutzungen herausgeben und auch

---

122 Einer Fristsetzung bedarf der Anspruch auf Nacherfüllung bekanntlich nie.
123 S. Lorenz NJW 2009, 1633 (1635 unter c).

nicht ihren Wert ersetzen (§ 475 Abs. 3 S. 1). *Beispiel:* Frau B hatte für ihre häusliche Küche beim Versandhändler V einen Herd gekauft, dessen Beschichtung sich nach anderthalb Jahren teilweise löste. V lieferte einen neuen Herd, verlangte aber einen Wertersatz von 69,97 Euro für die Nutzung des alten Herdes.[124] Nach § 475 Abs. 3 S. 1 Anspruch ausgeschlossen.

c) Fehlschlagen

Das Gesetz schließt den Fall nicht aus, dass auch die „Lieferung einer mangelfreien Sache" fehlschlägt (§ 440 S. 1). Aber wie viele Versuche akzeptiert werden müssen, bestimmt das Gesetz in § 440 S. 2 nur für die (dort „Nachbesserung" genannte) Beseitigung des Mangels (Rn 95). Wenn die Ersatzsache den gleichen Mangel aufweist wie die Kaufsache, kann man aber davon ausgehen, dass es sich um einen Konstruktionsfehler handelt. In diesem Fall liegt schon nach *einer* Nachlieferung ein Fehlschlagen vor.   95

3. Aus- und Einbaukosten

Wenn sich der Mangel der Kaufsache erst nach ihrem Einbau gezeigt hat, stellt sich die Frage, auf wessen Kosten die mangelhafte Sache auszubauen und die mangelfreie Sache einzubauen ist. Diese Frage war weder in der europäischen Richtlinie noch im BGB geregelt worden. *Beispiel:* K hatte für sein Wohnhaus bei V Fliesen gekauft (Verbrauchsgüterkauf nach § 474 Abs. 1 S. 1). Nach ihrer Verlegung stellte sich heraus, dass sie aufgrund eines Fabrikationsfehlers graue Schleifspuren aufwiesen, die nicht zu beseitigen waren.[125] Der EuGH entschied, dass der Verkäufer nicht nur die Sache *ausbauen*, sondern auch die ersatzweise gelieferte Sache *einbauen* oder in beiden Fällen die entsprechenden Kosten übernehmen musste.[126] Der EuGH hat zur Begründung angeführt, dass der Unionsgesetzgeber mehrfach „die Unentgeltlichkeit der Herstellung des vertragsgemäßen Zustands" betont hat.[127] Der BGH hat anschließend in derselben Sache nach den Grundsätzen des EuGH entschieden.[128]   96

Inzwischen ist der deutsche Gesetzgeber tätig geworden, indem er dem § 439 einen neuen Abs. 3 eingefügt hat. Dabei ist er noch einen Schritt weiter gegangen als der EuGH. Denn während dieser nur kaufende *Verbraucher* geschützt hatte, gibt § 439 Abs. 3 *allen* Käufern eingebauter Sachen (auch den Unternehmern) einen entsprechenden Anspruch gegen ihren Verkäufer (Fall 3, Rn 63).

Voraussetzungen des § 439 Abs. 3: Ein „Käufer" muss eine bewegliche Sache gekauft haben. Dieser „Käufer" kann (da keine Einschränkung erfolgt) ein Verbraucher (§ 13) oder ein Unternehmer sein (§ 14). Es muss sich um eine Sache handeln, zu deren „Art" und „Verwendungszweck" es gehört, „in eine andere Sache eingebaut oder an eine andere Sache angebracht" zu werden (§ 439 Abs. 3 S. 1). Zu denken ist deshalb in erster Linie an Baumaterial. Der Einbau oder die Anbringung muss auch tatsächlich erfolgt sein (FD „Kauf – Nacherfüllung II", Frage 3, Ja, Spalte 2).   97

---

124   Der EuGH hat das damals abgelehnt (NJW 2008, 1433). Der heutige § 475 Abs. 3 S. 1 geht auf diese Entscheidung zurück.

125   EuGH NJW 2011, 2269 und BGHZ 192, 148.

126   Dass der Verkäufer auch die Kosten des erneuten Einbaus zu übernehmen hat, hat der EuGH anlässlich eines Verfahrens entschieden, das er mit dem Fliesenfall verbunden hatte (EuGH NJW 2011, 2269 Rn 55).

127   EuGH NJW 2011, 2269 Rn 46.

128   BGHZ 192, 148.

98   *Rechtsfolgen:* Der Käufer kann einen Unternehmer beauftragen, die mangelhafte Sache zu entfernen und die vom Verkäufer reparierte oder ersatzweise gelieferte Sache einzubauen oder anzubringen. Der Verkäufer ist verpflichtet, „dem Käufer die erforderlichen Aufwendungen ... zu ersetzen" (§ 439 Abs. 4 S. 1). Natürlich können sich die Parteien auch darauf verständigen, dass der Verkäufer selbst den Ausbau und den Einbau auf seine Kosten übernimmt.

99   *Rückgriff des Verkäufers bei seinem Lieferanten:* § 439 nimmt in seinen Absätzen 2 und 3 nur den *Verkäufer* in die Pflicht. Aber in den weitaus meisten Fällen geht der Mangel der Kaufsache nicht auf den Verkäufer zurück, sondern auf den Hersteller. § 445 a verfolgt deshalb die Absicht, letztlich diesem die Kosten der Nacherfüllung aufzuerlegen, einschließlich der Kosten des Aus- und Einbaus nach § 439 Abs. 3.

Oft gibt es allerdings keinen Vertrag zwischen dem Verkäufer und dem Hersteller, so dass sich der Verkäufer mit vertraglichen Ansprüchen nicht an *diesen* halten kann, sondern nur an seinen Verkäufer, den § 445 a Abs. 1 „*Lieferant*" nennt. Wenn der Verkäufer seinen Lieferanten in Anspruch genommen hat, muss das aber nicht das letzte Wort sein. Es kann sich vielmehr jedes Mitglied der Lieferkette an seinen Lieferanten halten, bis der Schwarze Peter schließlich beim Hersteller landet. Die Verjährung der Rückgriffsansprüche regelt § 445 b.

Falls es sich beim letzten Kaufvertrag in der Kette um einen Verbrauchsgüterkauf (§ 474 Abs. 1 S. 1) gehandelt hat, wird § 445 a durch § 478 Abs. 1 ergänzt. Dieser soll sicherstellen, dass der letzte Verkäufer die Nachteile, die er als Unternehmer durch die Beweislastumkehr des § 477 hinnehmen musste, beim Rückgriff an seinen Lieferanten weitergeben kann. Diesem steht das gleiche Recht gegenüber *seinem* Lieferanten zu (§ 478 Abs. 3). Jedes Mitglied der Lieferkette schlüpft dann sozusagen in die Rolle eines Verbrauchers.

§ 4 Rücktritt und Minderung

100   **Fall 4: Fuchswallach mit „Kissing Spines"**   §§ 437 Nr. 2, 323

▶ *Kerstin Kallmann kaufte von der Pferdezüchterin Vogel für 15 000 Euro einen Fuchswallach. In dem schriftlichen Kaufvertrag wurde vereinbart, dass „eine Nachbesserung durch Lieferung eines vergleichbaren Pferdes erfolgen kann". Kurz nach der Übergabe stellte sich heraus, dass bei dem Fuchswallach zwei Dornfortsätze der Wirbelsäule so eng stehen, dass sie aneinander scheuern. Diese Fehlbildung wird Kissing Spines genannt („Küssende Dornfortsätze"), ist angeboren und führt zu ständigen Schmerzen, so dass das Pferd nur eingeschränkt oder gar nicht geritten werden kann. Frau Kallmanns Lebensgefährte Lingemann fuhr zu Frau Vogels Gestüt. Er traf dort Frau Vogels Vater an und verlangte von ihm den Austausch des Pferdes. Der Vater lehnte das energisch ab. Nach einer lautstark geführten Auseinandersetzung sagte Lingemann: „Entweder wird das Pferd ausgetauscht oder wir gehen rechtlich gegen euch vor." Drei Monate später erhob Frau Kallmann Klage auf Rücknahme des Wallachs gegen Rückzahlung des Kaufpreises. Frau Vogels Anwalt erklärte, der Rücktritt sei unwirksam, weil Frau Kallmann Frau Vogel nicht nach § 323 Abs. 1 „erfolglos eine angemessene Frist zur ... Nacherfüllung bestimmt" habe. Zu Recht? (Nach BGH NJW 2015, 2564)*

Wenn „die Sache mangelhaft" ist (§ 437 aA), kann der Käufer im Prinzip nach § 323 „von dem Vertrag zurücktreten ..." (§ 437 Nr. 2 Var. 1). Es ist deshalb zunächst zu prüfen, ob die Kaufsache bei Gefahrübergang einen Sachmangel aufwies. Da nicht (wie § 434 Abs. 1 S. 1 voraussetzt) eine Beschaffenheit vereinbart wurde, müsste sich der Wallach „für die nach dem Vertrag vorausgesetzte Verwendung" eignen (§ 434 Abs. 1 S. 2 Nr. 1). Aber eine (besondere) Verwendung, die vertraglich vorausgesetzt worden wäre, gab es nicht. Deshalb musste sich das Pferd „für die gewöhnliche Verwendung" eignen und die übliche Beschaffenheit aufweisen (§ 434 Abs. 1 S. 2 Nr. 2). Die „gewöhnliche Verwendung" eines Reitpferds besteht darin, geritten zu werden. Wie sich aus dem Sachverhalt ergibt, ist das Tier dafür aber nicht geeignet, so dass ein Sachmangel vorliegt. Dieser war auch schon „bei Gefahrübergang" gegeben (§ 434 Abs. 1 S. 1), weil der Mangel genetisch bedingt ist. § 323 Abs. 5 S. 2 setzt voraus, dass der Mangel nicht „unerheblich" ist, was hier zweifellos vorliegt. Damit kann Frau Kallmann im Prinzip nach § 323 „von dem Vertrag zurücktreten" (§ 437 Nr. 2).

§ 323 Abs. 1 macht aber eine wichtige Voraussetzung, nämlich dass der Gläubiger (Käufer) dem Schuldner (Verkäufer) „erfolglos eine angemessene Frist zur ... Nacherfüllung bestimmt hat". Eine Nacherfüllung durch Beseitigung des Mangels kam im vorliegenden Fall nicht infrage, weil es sich um einen genetisch bedingten Mangel handelt. Aber die Parteien hatten ausdrücklich eine Nacherfüllung nach § 439 Abs. 1 Var. 2 durch Lieferung eines mangelfreien Tiers für möglich erklärt. Frau Kallmann hätte Frau Vogel deshalb etwa Folgendes mitteilen müssen: „Ich setze dir hiermit für die Nachlieferung eine Frist bis zum ..." An einer solchen Fristsetzung fehlt es. Denn Frau Kallmann hat durch ihren Lebensgefährten Lingemann nur erklärt, für den Fall, dass Frau Vogel der Rücknahme des Wallachs nicht zustimme, rechtlich gegen sie vorgehen zu wollen.[129]

Nach dem herkömmlichen Verständnis sind damit die Worte: „eine angemessene Frist zur ... Nacherfüllung bestimmt" nicht gegeben. Aber der BGH hatte den Begriff der Fristsetzung schon vorher stark aufgeweicht[130] und setzt diesen Weg in der hier zugrunde liegenden Entscheidung fort. Er schreibt: „Dem Schuldner soll mit der Fristsetzung vor Augen geführt werden, dass er die Leistung nicht zu einem beliebigen Zeitpunkt bewirken kann, sondern dass ihm hierfür eine zeitliche Grenze gesetzt ist".[131] Diese Funktion der Fristsetzung sieht der BGH auch als erfüllt an, wenn der Gläubiger lediglich mit einer Klage droht.

Da die Fristsetzung „erfolglos" war (§ 323 Abs. 1), sind alle Voraussetzungen des § 437 Nr. 2 Var. 1 gegeben. Frau Vogel muss deshalb den Wallach zurücknehmen und den Kaufpreis zurückzahlen (§ 346 Abs. 1 Var. 1).

Aus dem FD „Kauf – Rücktritt und Minderung" ergibt sich die Lösung so: 1. Ja – 2. Nein – 3. Nein – 4. Ja – 5. Nein (Spalte 4). ◄

101

102

---

129 Dass Lingemann aktiv vertretungsberechtigt war (§ 164 Abs. 1) und Frau Vogels Vater passiv (§ 164 Abs. 3), hat der BGH stillschweigend unterstellt.
130 NJW 2009, 3153 Rn 10 f zu § 281.
131 NJW 2015, 3564 Rn 11.

Lerneinheit 4

103   **Literatur:** *Wackerbarth*, Ermittlung des Nutzungswertersatzes nach Rücktritt vom Autokaufvertrag, NJW 2018, 1713; *Beck*, Der Rücktritt vom Kfz-Kaufvertrag und seine prozessuale Durchführung, NJW 2018, 29; *Stöber*, Rücktritt und großer Schadensersatz nach erklärter Minderung, NJW 2018, 2834; *Stöber*, Das Verhältnis der Minderung zu Rücktritt und Schadensersatz im Kaufgewährleistungsrecht, NJW 2017, 2785; *Kaiser*, Wichtige zivilrechtliche eBay-Fälle im Assessorexamen, JA 2017, 372; *Lempp*, Geringfügigkeit als Ausschlussgrund für den Rücktritt gemäß § 323 BGB, SVR 2016, 293.

I. Allgemeines zum Rücktritt

1. Zusammenspiel mehrerer Vorschriften

104   Das Rücktrittsrecht, das der Käufer aufgrund eines Mangels hat, ist im Kaufrecht äußerst knapp geregelt. Denn § 437 Nr. 2 verweist schlicht auf § 323. Angesprochen sind dort die Worte „Erbringt ... der Schuldner eine ... Leistung ... nicht vertragsgemäß ...“ (§ 323 Abs. 1). Die Lieferung einer mangelhaften Kaufsache ist der wichtigste Fall einer Leistung, die „nicht vertragsgemäß“ erfolgt.

§ 437 Nr. 2 verweist nicht auf § 346. Aber das ist auch nicht nötig, weil § 323 Abs. 1 mit seinen letzten Worten („vom Vertrag zurücktreten“) auf die §§ 346 ff Bezug nimmt. Insgesamt ergeben sich dadurch drei Ebenen: Die spezielle Regelung ist § 437 Nr. 2, die allgemeinere § 323 und die allgemeinsten finden sich in den §§ 346 ff.

2. Rechtliche Einordnung des Rücktritts

105   Da der Rücktritt „durch Erklärung“ erfolgt (§ 349), ist er ein einseitiges Rechtsgeschäft, bedarf also zu seiner Wirksamkeit keiner zustimmenden Gegenerklärung. Und da die Erklärung „gegenüber dem anderen Teil“ abzugeben ist, ist der Rücktritt zugleich eine empfangsbedürftige Willenserklärung (§ 130 Abs. 1 S. 1). Insgesamt ist der Rücktritt also ein einseitiges Rechtsgeschäft mit empfangsbedürftiger Willenserklärung.[132] § 437 Nr. 2 begründet ein „*gesetzliches* Rücktrittsrecht“ (§ 346 Abs. 1 Var. 2), kein vertragliches.[133]

Das Recht, den Rücktritt zu erklären, ist ein Gestaltungsrecht und der Rücktritt selbst eine Gestaltungserklärung.[134] Sie führt mit ihrem Zugang (§ 130 Abs. 1 S. 1) „zu einem nicht mehr umkehrbaren Rückabwicklungsverhältnis“.[135] Deshalb sind nach einem Rücktritt diejenigen Schadensersatzansprüche ausgeschlossen, die die Rückabwicklung behindern oder ausschließen würden (Rn 123).

Verwechslung mit dem Widerruf: Der Rücktritt kann leicht mit dem Widerruf (§§ 355 bis 361) verwechselt werden. Beide sind sich tatsächlich sehr ähnlich, weil das (sehr viel jüngere) Rechtsinstitut des Widerrufs ganz offen in Anlehnung an seinen älteren Bruder, den Rücktritt, entwickelt worden ist. Die Ähnlichkeit kommt auch darin zum Ausdruck, dass sie im gleichen „Titel 5. Rücktritt, Widerrufsrecht bei Verbraucherverträgen“ geregelt sind (§§ 346 bis 361).[136] Die Hauptunterschiede sind, dass das Wider-

---

132   SAT Rn 273.
133   SAT Rn 279.
134   BGH NJW 2018, 2863 Rn 19; BT-Drs. 14/6040, 234 f (zur Schuldrechtsreform).
135   BGH NJW 2018, 2863 Rn 24.
136   SAT Rn 348 ff.

rufsrecht nur Verbrauchern zusteht und dass es grundlos ausgeübt werden kann, dh ohne dass der andere Teil dazu Anlass gegeben haben müsste.

II. Voraussetzungen des Rücktritts wegen eines Mangels

1. Mangel, sogar ein erheblicher

§ 437 zählt alle „Rechte des Käufers bei Mängeln" auf (Paragrafenüberschrift). Da er mit seinen ersten Worten generell voraussetzt, dass „die Sache mangelhaft" ist, muss auch für den in Nr. 2 genannten Rücktritt ein Mangel vorliegen, also eine der vielfältigen Alternativen des § 434.   **106**

§ 437 Nr. 2 verweist für den Rücktritt in erster Linie auf § 440 (zu ihm später, Rn -135 ff), erst dann auf den wichtigen § 323. § 323 Abs. 1 regelt zwei Fälle: Im ersten hat „der Schuldner eine fällige Leistung *nicht*" erbracht (Nichtleistung). Im zweiten Fall hat er die fällige Leistung zwar erbracht, aber „nicht vertragsgemäß" (Schlechtleistung). Weil § 437 Nr. 2 wegen eines *Sachmangels* auf § 323 verweist, ist nur der zweite Fall gemeint.[137] Da der Verkäufer nach § 433 Abs. 1 S. 2 vertraglich verpflichtet ist, „dem Käufer die Sache frei von Sach- und Rechtsmängeln zu verschaffen", macht ein Sachmangel die Leistung des Verkäufers immer „nicht vertragsgemäß".[138]

Erheblicher Mangel: Da § 437 Nr. 2 pauschal auf § 323 verweist, ist dessen Abs. 5 S. 2 eingeschlossen. Nach ihm reicht nicht jeder Mangel aus, wenn es um einen Rücktritt wegen nicht vertragsgemäßer Leistung geht. Denn der Gläubiger (Käufer) kann „nicht zurücktreten, wenn die Pflichtverletzung *unerheblich* ist" (FD „Kauf – Rücktritt und Minderung", Frage 3).[139] Das bedeutet, dass ein Rücktritt nach § 437 Nr. 2 einen *erheblichen* Mangel voraussetzt (Einzelheiten Rn 125 ff).   **107**

Zu beachten ist, dass § 323 *kein Vertretenmüssen* des Schuldners (hier des Verkäufers) voraussetzt. Deshalb wären Ausführungen zu § 276 Abs. 1 in diesem Zusammenhang ein Fehler.

2. Frist zur ... Nacherfüllung

a) Andere Funktion der Nacherfüllung

Wenn bisher von der Nacherfüllung die Rede war, ging es um den in § 437 Nr. 1 genannten Anspruch, den der Käufer einer mangelhaften Sache (ohne Fristsetzung!) immer geltend machen kann. Jetzt taucht die Nacherfüllung erneut auf, diesmal im Rahmen des Rücktritts. Das liegt daran, dass § 437 Nr. 2 auf § 323 Abs. 1 verweist und dieser den Rücktritt davon abhängig macht, dass „der Gläubiger ... dem Schuldner erfolglos eine angemessene Frist zur ... Nacherfüllung bestimmt hat" (FD „Kauf – Rücktritt und Minderung", Frage 4).[140] Beim Rücktritt hat die Nacherfüllung also eine andere Funktion. Sie ist von einem Anspruch des Käufers zu einer Voraussetzung des Rücktritts geworden. Manchmal braucht der Käufer dem Verkäufer keine Frist zu setzen (§ 323 Abs. 2; FD „Kauf – Rücktritt und Minderung", Frage 6; Rn 130).   **108**

---

137 Dazu SAT Rn 791 bis 797.
138 Wenn im Gutachten das Vorliegen eines Mangels bereits bei § 437 geprüft und bejaht wurde, braucht diese Voraussetzung im Rahmen des § 323 Abs. 1 nicht mehr geprüft zu werden.
139 SAT Rn 797
140 Die Worte „... Leistung oder ..." passen nicht, wenn es um einen Mangel geht.

b) Wirtschaftliches Interesse des Handels

109 Hundert Jahre lang erlaubte das BGB dem Käufer, bei einem Mangel der Kaufsache ohne weiteres zurückzutreten.[141] Das entsprach nicht dem Interesse des Handels. Denn durch den Rücktritt des Käufers verliert der Verkäufer Umsatz und Gewinn und erhält eine gebrauchte Sache zurück, die er oft nur mit einem Preisabschlag als „Gelegenheit" erneut verkaufen kann. Der Handel wollte deshalb vor einem Rücktritt die Möglichkeit haben, die Sache zu reparieren oder den Rücktritt durch die Lieferung einer mangelfreien Sache abzuwenden. Im Zuge der Schuldrechtsreform hat der Gesetzgeber dem Handel dieses Recht zur so genannten „zweiten Andienung" zugestanden. Der BGH hat das so ausgedrückt: „Mit dem Institut der Nacherfüllung soll dem Verkäufer eine ‚letzte' Chance eingeräumt werden, seine Pflicht aus § 433 Abs. 1 S. 2 BGB … noch zu erfüllen, um den mit einer Rückabwicklung des Vertrags verbundenen wirtschaftlichen Nachteil abzuwenden".[142]

110 *Obliegenheit des Käufers:* Dem Verkäufer eine zweite Chance zu gewähren, ist keine Pflicht des Käufers (und damit nicht einklagbar), sondern eine *Obliegenheit,* also ein Verhalten, das der Käufer im eigenen Interesse einhalten sollte.[143] Denn wenn der Käufer dem Verkäufer keine Frist zur Nacherfüllung setzt, verliert er im Prinzip sein Rücktrittsrecht.

c) Bestimmung der Frist

111 Für die Bestimmung der Frist hat der Käufer zwei Möglichkeiten:

- Meist wird er den letzten Tag angeben, an dem der Verkäufer noch nacherfüllen darf. *Beispiel:* „Ich setze Ihnen eine Frist bis zum 17. April, 18.00 Uhr." Oder: „Ich bitte um Ersatzlieferung innerhalb von 14 Tagen."
- Aber der BGH hat entschieden, dass der Käufer auch sagen kann: „Ich fordere Sie auf, die Mängel des Motors *umgehend* zu beseitigen." [144] Das ist zunächst verblüffend, weil man mit dem Wort „umgehend" keine Frist verbindet.[145] Der BGH hat sogar den Satz: „Ich bitte – sicherlich verständlich – schon jetzt um eine schnelle Behebung der Mängel" als Aufforderung angesehen, innerhalb angemessener Frist tätig zu werden.[146] Dass der BGH in Fragen der Fristsetzung immer großzügiger wird, ist begründet, weil die entsprechende Europäische Verbrauchsgüterkauf-Richtlinie nur eine klare Aufforderung, aber keine Fristsetzung verlangt.[147]

Keine wirksame Fristsetzung liegt vor, wenn der Käufer den Verkäufer nicht zum Handeln, sondern nur zur Abgabe einer Erklärung auffordert.[148]

112 Was eine *„angemessene"* Frist ist, sagt das Gesetz nicht, weil in der Praxis die Fälle zu unterschiedlich sind. Die Frist darf kurz sein, aber nicht so kurz, dass der Verkäufer

---

141 Der Rücktritt wurde vom Gesetz allerdings „Wandelung" genannt.
142 NJW 2008, 2837 Rn 21 unter Hinweis auf BT-Drs 14/6040, 221 und BGHZ 162, 219 (227).
143 BGH NJW 2006, 1195; 2010, 1448 Rn 12.
144 BGH NJW 2009, 3153 Rn 10.
145 Allerdings geht das Gesetz selbst davon aus, dass auch ein unbestimmter Rechtsbegriff eine Frist bezeichnen kann. Denn es verwendet die Wörter *„sofort"* (§ 147 Abs. 1 S. 1), um eine sehr kurze, und *„unverzüglich"* (§ 121 Abs. 1), um eine etwas längere Frist zu umschreiben.
146 NJW 2016, 3654 Rn 27. Siehe auch BGH NJW 2015, 2564 Rn 11 f (= Fall 4, Rn 100).
147 Art. 3 Abs. 5, 2. Spiegelstrich RL 1999/44 EG setzt nur voraus, dass der Verkäufer „nicht innerhalb einer angemessenen Frist Abhilfe geschaffen hat". Diese Frist muss ihm nicht vom Käufer (Verbraucher) gesetzt worden sein.
148 BGH NJW 2015, 3455 Rn 30; siehe auch OLG München NJW 2006, 449.

die Nacherfüllung in dieser Zeit nicht erbringen kann.[149] Die Bestimmung einer unangemessen kurzen Frist ist jedoch nicht unbeachtlich, sondern setzt eine angemessene in Lauf.[150]

d) Konkrete Bezeichnung des Mangels

Die Fristsetzung gilt nur für den Mangel, den der Käufer gegenüber dem Verkäufer vor oder bei der Fristsetzung genannt hat, nicht für einen anderen. *Beispiel:* K bemängelte, dass die von ihm gekaufte weiße Ledercouch Verfärbungen, Beulen und Falten aufweise, und setzte V eine Frist zur Nacherfüllung. Der Gutachter stellte fest, dass die Couch nicht die genannten Mängel hatte, aber einen anderen, denn das Leder war nicht „reibecht". K konnte nicht ohne weiteres wegen dieses Mangels zurücktreten, sondern musste dem V erneut eine Frist setzen, diesmal zur Herstellung der Reibechtheit.[151] Denn ein Rücktritt kann nur auf einen Mangel gestützt werden, der zuvor Gegenstand einer Fristsetzung war.[152]

113

e) Überlassen der Kaufsache

Mit der Aufforderung zur Nacherfüllung ist es nicht getan, der Käufer muss dem Verkäufer die Kaufsache auch zur Verfügung stellen.[153] Das steht zwar nicht im Gesetz, ergibt sich aber aus dem Zusammenhang seiner Vorschriften. Denn der Verkäufer muss sich selbst ein Bild davon machen können, ob der Mangel wirklich besteht.[154]

114

3. „... erfolglos ..."

Der Käufer muss dem Verkäufer „*erfolglos*" eine angemessene Frist gesetzt haben. Das ist der Fall, wenn der Mangel am Ende der Frist noch ganz oder teilweise besteht.

115

Kein zweiter Versuch: Der Verkäufer hat zwar nach § 440 S. 2 das Recht, nach dem ersten Fehlversuch noch einen zweiten zu unternehmen, bevor von einem Fehlschlagen die Rede sein kann (Rn 90). Aber diese Regel gilt nur für die – *ohne* Fristsetzung – ausgesprochene Aufforderung des Käufers zur Nacherfüllung. Hat der Käufer – um seinen Rücktritt nach § 323 Abs. 1 vorzubereiten – eine angemessene Frist gesetzt, muss die Nacherfüllung innerhalb der Frist erfolgreich gewesen sein. Anders gesagt: Der Verkäufer hat nach Ablauf der Frist keinen Anspruch auf einen zweiten Versuch (FD „Kauf – Rücktritt und Minderung", Spalte 4).

116

4. Erklärung des Rücktritts

Der Käufer muss den Rücktritt *erklären* (§ 349), also deutlich machen, dass der Vertrag nicht erfüllt werden soll. Die Verwendung der Worte „Rücktritt" oder „zurücktreten" ist aber nicht erforderlich. Deshalb kann nach § 133 sogar eine „Anfechtung" (§ 123) in einen Rücktritt umgedeutet werden.[155]

117

---

149 OLG Celle NJW 2004, 3566.
150 BGH NJW 2009, 3153 Rn 11.
151 BGH NJW 2016, 2493 Rn 14. Siehe auch 2013, 1523 Rn 21.
152 MüKo/Ernst § 323 Rn 88 ff; anders Staudinger/Schwarze § 323 Rn B 83.
153 BGH NJW 2015, 345 Rn 30.
154 BGH NJW 2010, 1448.
155 BGHZ 168, 64 Rn 16; BGH NJW 2010, 2503 und 2011, 3435 Rn 12.

III. Rechtsfolgen des Rücktritts

1. Allgemeines

118

Ausschluss der meisten anderen Rechte: Wenn der Käufer zu Recht den Rücktritt erklärt, wandelt sich mit dem Zugang der Rücktrittserklärung (§ 130 Abs. 1 S. 1) das kaufrechtliche Vertragsverhältnis in ein Rückabwicklungs-Schuldverhältnis um (§§ 346 ff). Das hat weitgehende Folgen: Der Käufer kann nicht mehr Erfüllung nach § 433 Abs. 1 S. 1, aber auch keine Nacherfüllung mehr nach § 439 Abs. 1 verlangen und er kann auch nicht mehr die Minderung erklären.[156] Einzige Ausnahme: Das Recht, „Schadensersatz zu verlangen, wird durch den Rücktritt nicht ausgeschlossen" (§ 325; Einzelheiten Rn 123).

Ein Thema des Allgemeinen Teils: Da die Rechtsfolgen des Rücktritts in den §§ 346 ff geregelt sind, sind sie ein Thema des Allgemeinen Teils des Schuldrechts und werden deshalb ausführlich in den entsprechenden Lehrbüchern behandelt.[157] Im Folgenden geht es deshalb nur um einige Besonderheiten des Rücktritts von einem *Kaufvertrag*. Diese Besonderheiten werden außerdem in den Flussdiagrammen „Kauf – Rücktrittsfolgen I" und „Kauf – Rücktrittsfolgen II" dargestellt, auf die im Text verwiesen wird.

2. Pflichten des Käufers

a) Rückgabe oder Wertersatz

119

Die wichtigste Rechtsfolge des Rücktritts ist die Pflicht beider Vertragspartner, die empfangenen *Leistungen zurückzugewähren* (§ 346 Abs. 1). Der Käufer muss deshalb die mangelhafte Sache zurückgeben (oder, falls er schon Eigentümer geworden ist, rück*übereignen*). Wenn die Rückgabe der Kaufsache nicht möglich ist, weil der Käufer sie „verbraucht, veräußert,[158] belastet, verarbeitet oder umgestaltet hat", muss er im Prinzip *Wertersatz* leisten (§ 346 Abs. 2 S. 1 Nr. 2; FD „Kauf – Rücktrittsfolgen I", Spalten 1 bis 8). Die Höhe des Wertersatzes richtet sich zwar nach dem vereinbarten Kaufpreis (§ 346 Abs. 2 S. 2 Hs. 1).[159] Aber Lehre und Rechtsprechung wenden § 441 analog an.[160] Der Mangel der Kaufsache wird deshalb bei der Bestimmung des Betrags, den der Käufer als Wertersatz zahlen muss, mindernd berücksichtigt (FD „Kauf – Rücktrittsfolgen I", Spalten 2, 4 und 7).

§ 346 Abs. 3 nennt Ausnahmen von der Pflicht zum Wertersatz (Nummern 1 bis 3). Für die Einzelheiten muss auf das FD „Kauf – Rücktrittsfolgen I", Spalten 1 bis 8, verwiesen werden. Zur Veranschaulichung aber ein *Beispiel*: K hatte bei V einen Neuwagen gekauft, der mehrere Mängel aufwies. Nachdem V erfolglos Reparaturversuche unternommen hatte, erklärte K wirksam den Rücktritt vom Vertrag. Ein Jahr später brannte das Fahrzeug, das immer noch bei K stand, vollständig aus. Der Brand geht auf ein Verhalten des K zurück, das leicht fahrlässig war, aber sich noch im Rahmen der Sorgfalt hielt, die K auch in eigenen Angelegenheiten anzuwenden pflegt (§ 277).[161] *Lösung*: Das Fahrzeug ist

---

156 BGH NJW 2018, 2863 Rn 40; BT-Drs. 14/6040, 223; Derleder NJW 2003, 998.
157 Siehe SAT Rn 281 bis 294.
158 Der Begriff „veräußert" meint die Übereignung (also das Verfügungsgeschäft) und darf nicht mit „verkauft" verwechselt werden (Verpflichtungsgeschäft).
159 BGHZ 178, 355 = SAT Fall 14, Rn 267.
160 Allgemeine Meinung, zB Erman/Röthel, § 346 Rn 15; Hager in NK-Komm-BGB § 346 Rn 46; BGH NJW 2011, 3085 Rn 11.
161 BGH NJW 2015, 1748.

„untergegangen" (FD „Kauf – Rücktrittsfolgen I", Frage 2, Ja, c), so dass K im Prinzip „statt der Rückgewähr ... Wertersatz zu leisten" hat (§ 346 Abs. 2 S. 1 Nr. 3 Hs. 1). Aber „die Pflicht zum Wertersatz entfällt" weil K „diejenige Sorgfalt beobachtet hat, die er in eigenen Angelegenheiten anzuwenden pflegt" (§ 346 Abs. 3 S. 1 Nr. 3; FD „Kauf – Rücktrittsfolgen I", Frage 7, Nein, Spalte 8).

b) Nutzungen

Der Käufer hat auch die „gezogenen Nutzungen herauszugeben" (§ 346 Abs. 1 aE). Es gibt keine Ausnahme für Verbraucher.[162] Nutzungen sind nach § 100 insbesondere die Gebrauchsvorteile. *Beispiel 1:* Der Erwerber eines Mietshauses muss nach dem Rücktritt nicht nur das Gebäude rückübereignen, sondern auch die Mieteinnahmen abführen.[163]

120

Bei einer *Eigennutzung* der Sache ist die Herausgabe der Nutzung „nach der Natur des Erlangten ausgeschlossen" (§ 346 Abs. 2 S. 1 Nr. 1), so dass der Käufer „Wertersatz zu leisten" hat (§ 346 Abs. 2 S. 1 aA). Die Höhe des Wertersatzes richtet sich weder nach der Wertminderung noch (bei Gebäuden) nach der ortsüblichen Miete. Auszugehen ist vielmehr vom *Kaufpreis* (§ 246 Abs. 2 S. 1), „aus dem der Wertersatz zeitanteilig linear abzuleiten ist".[164] *Beispiel 2:* Kaufpreis des Hausgrundstücks 300 000 Euro, mögliche Restnutzungsdauer ab Erwerb 60 Jahre, tatsächliche Nutzung drei Jahre, also 15 000 Euro Wertersatz (FD „Kauf – Rücktrittsfolgen I", Spalte 10).

3. Pflichten des Verkäufers

Kaufpreis plus Zinsen: Der Verkäufer muss in erster Linie den *Kaufpreis zurückzahlen* und erwirtschaftete Zinsen als „Nutzungen" herausgeben (§ 346 Abs. 1). Dabei stellt sich die Frage, ob er Wertersatz leisten muss, wenn er das Geld nicht verzinslich angelegt hat (§ 347 Abs. 1 S. 1). Siehe dazu das FD „Kauf – Rücktrittsfolgen II", Fragen 3 und 4.

121

Ersatz von Verwendungen des Käufers: Das Gesetz hat die Frage ausführlich geregelt, ob der Verkäufer *Verwendungen* ersetzen muss, die der Käufer auf die Kaufsache gemacht hat (§ 347 Abs. 2). *Beispiel:* K hatte von V einen alten Opel Zafira gekauft, trat aber später erfolgreich vom Vertrag zurück. V musste ihm die Kosten für den Einbau einer neuen Lichtmaschine ersetzen, da es sich um eine „notwendige Verwendung" handelte (§ 347 Abs. 2 S. 1).[165] Für Einzelheiten muss auch hier auf das FD „Kauf – Rücktrittsfolgen II" verwiesen werden (Fragen 5 bis 9). Dort wird auch erläutert, wann der Käufer nach § 284 Ersatz seiner vergeblichen Aufwendungen verlangen kann (Fragen 10 und 11).

---

162 § 475 Abs. 3 S. 1 bezieht sich nur auf den Fall, dass der Käufer im Rahmen der *Nacherfüllung* eine Kaufsache genutzt hat (§ 439 Abs. 5), nicht im Rahmen eines Rücktritts.
163 BGH NJW-RR 2006, 890.
164 BGHZ 215, 157 Rn 26.
165 OLG Düsseldorf NJW 2015, 1831 Rn 23.

IV. Andere Rechte des Käufers nach erfolglosem Fristablauf

122   Nach dem erfolglosen Ablauf der Frist hat der Käufer auch andere Möglichkeiten:

- Er hat sich mit der Fristsetzung nicht auf den Rücktritt festgelegt. Er kann deshalb nach Ablauf der Frist auch Schadensersatz verlangen, wenn dessen Voraussetzungen gegeben sind (insbesondere ein Vertretenmüssen, Rn 161 f).

123
- Der Käufer kann auch zurücktreten und *zusätzlich* Schadensersatz verlangen. Diese von § 325 ausdrücklich zugelassene Kombination von Rücktritt und Schadensersatz ist problematisch, weil der Rücktritt als Gestaltungsrecht den Kaufvertrag in ein Rückabwicklungsverhältnis umwandelt (§§ 346 ff). Er führt deshalb im Wesentlichen zur Wiederherstellung des *früheren* Zustands, während der Schadensersatzanspruch einen *künftigen* (allerdings nicht erreichten) Zustand ersatzweise (durch Zahlung von Geld) herbeiführen soll.[166]

Es fragt sich deshalb, welcher Schadensersatzanspruch nach einem Rücktritt noch geltend gemacht werden kann. Da sich der Käufer mit dem Rücktritt dafür entschieden hat, sich vom Vertrag zu lösen, insbesondere die Kaufsache *nicht zu behalten*, kommt nur der „Schadensersatz statt der ganzen Leistung" (§ 281 Abs. 1 S. 3) in Betracht, der sogenannte „große" Schadensersatz (Rn 188).[167] Denn auch dieser führt dazu, dass der Käufer die Kaufsache nicht behält, sondern an den Käufer zurückgibt (Rn 19).

Als Alternative zum Schadensersatz kann der Käufer auch den Ersatz vergeblicher Aufwendungen nach § 284 geltend machen (Rn 210 ff).

124   Solange der Käufer weder den Rücktritt erklärt noch Schadensersatz verlangt hat (§ 281 Abs. 4), kann er auch weiterhin auf *Erfüllung bestehen*. Hat er das getan, hat er nicht etwa damit sein (durch den Ablauf der Frist erworbenes) Rücktrittsrecht verloren. Er kann deshalb, wenn der Verkäufer die Erfüllung ablehnt, doch noch den Rücktritt erklären.[168] Einer erneuten Fristsetzung bedarf es dazu nicht.[169]

V. Sonderfälle des Rücktritts

1. Rücktritt nur bei erheblichem Mangel

a) Hintergrund

125   Nach § 323 Abs. 5 S. 2 kann der Gläubiger nicht zurücktreten, wenn „*die Pflichtverletzung unerheblich ist*". Für das Kaufrecht bedeutet das, dass der Rücktritt ausgeschlossen ist, wenn ein unerheblicher *Mangel* vorliegt. In diesem Fall ist der Käufer aber nicht rechtlos. Denn statt zurückzutreten, kann er im Wege der *Minderung* den Kaufpreis angemessen herabsetzen (§ 441 Abs. 1 S. 2). Der Rücktritt ist ihm bei unerheblichen Mängeln nur deshalb verwehrt, weil der Rücktritt ein grobes Mittel ist (vollständige Aufhebung aller Pflichten und Rückabwicklung aller Leistungen). Die Minderung hingegen lässt sich fein abstufen.

---

166   Bender, Die Auswirkungen des Rücktritts auf die Berechnung des Schadensersatzanspruchs statt der Leistung, 2008.
167   BGH NJW 2018, 2863 Rn 37.
168   So zu Recht BGH NJW 2006, 1198 Rn 16 ff gegen Schwab JR 2003, 133 (136).
169   Althammer ZGS 2005, 375 (377).

b) Erheblichkeit

Die Frage der Erheblichkeit ist anhand der Tatsachen zu beurteilen, die im Zeitpunkt der Rücktrittserklärung bekannt waren.[170] Dazu bedarf es einer umfassenden Interessenabwägung. Es gibt aber Fallgruppen: 126

Fehlen einer vereinbarten Beschaffenheit: Es handelt sich idR um einen erheblichen Mangel, wenn der Kaufsache nach § 434 Abs. 1 S. 1 eine *vereinbarte Beschaffenheit* fehlt.[171] Daran zeigt sich, dass das Fehlen einer vereinbarten Beschaffenheit gegenüber anderen Mängeln eine herausragende Bedeutung hat. *Beispiel:* Der als „Neuwagen" verkaufte BMW hatte einen geringfügigen Transportschaden erlitten. Damit fehlte dem Fahrzeug die vereinbarte Beschaffenheit „Neuwagen", so dass der Rücktritt nicht an § 323 Abs. 5 S. 2 scheiterte.[172]   127

Arglist: Wenn der Verkäufer den Käufer über einen Mangel arglistig getäuscht hat, kann er nach Ansicht des BGH in der Regel nicht geltend machen, dass es sich nach § 323 Abs. 5 S. 2 um einen unerheblichen Mangel handele.[173] Das entspricht einerseits dem Grundsatz, den Arglistigen als nicht schutzwürdig zu behandeln. Andererseits ist aber der Begriff der unerheblichen Pflichtverletzung offensichtlich wirtschaftlich und nicht moralisch zu verstehen.[174]   128

Fünf-Prozent-Grenze: Bei Kraftfahrzeugen wird die Unerheblichkeit des Mangels meist anhand der Reparaturkosten definiert. *Beispiel 1:* K hatte bei einem Händler für fast 30 000 Euro einen Neuwagen gekauft, dessen akustischer Abstandswarner auch nach mehreren Versuchen, den Mangel zu beseitigen, nicht funktionierte. Der Reparaturaufwand belief sich auf 6,5 % des Kaufpreises. Anhand dieses Sachverhalts hat der BGH (mit besonders ausführlicher Begründung) zum ersten Mal entschieden, dass von einem unerheblichen Mangel nicht mehr auszugehen ist, wenn die Reparaturkosten 5 % des Kaufpreises übersteigen.[175] Literatur und Rechtsprechung waren bis dahin überwiegend von einer Zehn-Prozent-Grenze ausgegangen. Aber nicht immer kann die Erheblichkeit anhand von Reparaturkosten beurteilt werden. *Beispiel 2:* Der Motor des neuen A-Cabriolets zeigte Verbrennungsaussetzer, die dazu führten, dass das Fahrzeug im Verkehr angehalten und neu gestartet werden musste. Die Ursache konnte zunächst nicht beseitigt werden. Der Mangel war erheblich, auch wenn sich später herausstellte, dass er mit einem geringen Zeit- und Kostenaufwand hätte behoben werden können.[176]   129

2. Entfall der Fristsetzung

a) § 323 Abs. 2

§ 437 Nr. 2 verweist auf *drei* Vorschriften, die Gründe für den Entfall der Fristsetzung nennen, nämlich auf die „§§ 440, 323 und 326 Abs. 5". Alle Gründe sind in der Frage 6 des FD „Kauf – Rücktritt und Minderung" aufgeführt. Dort und im Folgenden wird der von § 437 Nr. 2 zuerst genannte § 440 zurückgestellt (Rn 135 ff).   130

---

170 BGH NJW 2013, 1365 Rn 18.
171 BGHZ 201, 290 Rn 14.
172 BGH NJW 2013, 1365 Rn 16.
173 BGHZ 167, 19 Rn 13; Rösler AcP 207 (2007), 564 (596 f).
174 Kritisch deshalb S. Lorenz NJW 2006, 1925 und Looschelders JR 2007, 309.
175 BGHZ 201, 290 Rn 30.
176 BGH NJW 2011, 1664 Rn 17 f; bestätigt von BGH NJW 2011, 3708 zu einem ähnlichen Neuwagen-Fall. Siehe auch BGHZ 201, 290 Rn 52 und NJW 2017, 153 Rn 30.

131   *§ 323 Abs. 2 Nr. 1:* Die Fristsetzung entfällt, wenn „... der Schuldner die Leistung ernsthaft und endgültig verweigert". An die Erfüllungsverweigerung sind „strenge Anforderungen zu stellen".[177] *Beispiel:* K hatte vom Gebrauchtwagenhändler V einen gebrauchten BMW gekauft, der nachgebessert werden musste. V verweigerte aber hartnäckig jede Reparatur mit der unrichtigen Behauptung, die Gewährleistung sei ausgeschlossen worden.[178] Darin lag eine ernsthafte und endgültige Verweigerung. Es reicht nicht aus, wenn der Verkäufer nur den Sachmangel leugnet.[179]

132   *§ 323 Abs. 2 Nr. 2:* Diese Vorschrift bezieht sich auf Fälle einer *Nichtleistung* trotz besonderer Wichtigkeit des Termins (relatives Fixgeschäft), nicht auf Fälle einer *Schlechtleistung.*

133   *§ 323 Abs. 2 Nr. 3:* Die Vorschrift bezieht sich ausdrücklich auf den Fall „einer nicht vertragsgemäß erbrachten Leistung", also insbesondere auf die Lieferung einer mangelhaften Kaufsache. Der Vorschrift kommt „Auffangcharakter" zu, sie soll „den Gerichten Bewertungsspielräume eröffnen und Einzelfälle erfassen".[180] Ein wichtiger Fall der „besonderen Umstände" ist die arglistige Täuschung durch den Verkäufer.[181] *Beispiel:* V hatte K arglistig verschwiegen, dass bei starkem Regen Wasser in den Keller fließt. Da das Vertrauensverhältnis gestört war, musste K dem V keine Gelegenheit zur Mängelbeseitigung geben.[182] Der Entfall der Fristsetzung bei Arglist des Verkäufers wird von der Literatur meist auf § 440 S. 1 Var. 3 („unzumutbar"; Rn 137) gestützt,[183] nicht auf § 323 Abs. 2 Nr. 3.

b) § 326 Abs. 5

134   *Unmöglichkeit der Nacherfüllung:* § 326 Abs. 5 setzt voraus, dass „der Schuldner nach § 275 Abs. 1 bis 3 nicht zu leisten" braucht. Wenn § 326 Abs. 5 aufgrund der Verweisung in § 437 Nr. 2 angewandt wird, ist der Verkäufer der „Schuldner" der nicht zu erbringenden *Nacherfüllung* und der Käufer der rücktrittsberechtigte Gläubiger.[184] § 437 Nr. 2 will mit der Verweisung auf § 326 Abs. 5 schlicht sagen: Wenn die Nacherfüllung nach § 275 Abs. 1 unmöglich ist (oder der Verkäufer sie aus den in § 275 Abs. 2 oder Abs. 3 aufgeführten Gründen zu Recht verweigert), kann der Käufer ohne Fristsetzung zurücktreten („... dass die Fristsetzung entbehrlich ist"). Sehr tiefsinnig oder überraschend ist das nicht, denn niemand kann verpflichtet sein, eine Frist für eine unmögliche Leistung zu setzen. *Beispiel:* K entdeckte an dem von ihm gebraucht gekauften Mercedes einen Unfallschaden. In diesem Fall kommen beide Arten der Nacherfüllung nicht in Betracht, so dass K nach § 326 Abs. 5 ohne Fristsetzung den Rücktritt erklären konnte.[185]

---

177   BGH NW 2013, 1074 Rn 22; 2011, 2873 Rn 14.
178   OLG München NJW 2006, 449.
179   BGH NJW 2015, 3455 Rn 30 bis 36; NJW 2011, 2872 Rn 14 f.
180   BGH NJW 2007, 835 Rn 12.
181   BGHZ 188, 43 (50); BGH NJW 2013, 2182 Rn 18.
182   BGH NJW 2007, 835 Rn 12 f; ähnlich BGH NJW 2009, 2532 Rn 17. Das gilt aber nicht mehr, wenn der Käufer dem Verkäufer eine Frist gesetzt hatte und der Verkäufer innerhalb der Frist alles ihm Mögliche getan hat, um die Mangelbeseitigung zu veranlassen (BGH NJW 2010, 1805).
183   Palandt/Weidenkaff § 440 Rn 8; PWW/Schmidt § 440 Rn 9; Erman/Grunewald § 440 Rn 8.
184   § 326 Abs. 5 bezieht sich unausgesprochen auf § 326 Abs. 1 S. 2. Dieser besagt, dass der Verkäufer bei Unmöglichkeit der Nacherfüllung nicht automatisch nach § 326 Abs. 1 S. 1 seinen Kaufpreisanspruch verliert. Zum Ausgleich erhält der Käufer ein Rücktrittsrecht nach § 326 Abs. 5 (SAT Rn 801).
185   BGH NJW 2008, 1517 Rn 21; NJW 2008, 53 Rn 23; BGHZ 170, 86 Rn 17; BGHZ 168, 64 f.

c) § 440 S. 1

§ 440 S. 1 Var.1: Der Fristsetzung bedarf es auch dann nicht „wenn der Verkäufer bei- 135
de Arten der Nacherfüllung gemäß § 439 Abs. 4 verweigert ...“, dh *zu Recht* wegen
unverhältnismäßiger Kosten *ablehnt* (Rn 79 ff).

§ 440 S. 1 Var. 2: Der Käufer muss auch dann keine Frist setzen, „... wenn die dem 136
Käufer zustehende Art der Nacherfüllung *fehlgeschlagen“* ist. Gemeint ist nur das
Fehlschlagen einer Nacherfüllung, die der Käufer *ohne Fristsetzung* verlangt hat. Für
eine Nacherfüllung, die der Verkäufer innerhalb einer ihm *gesetzten Frist* vergeblich
versucht hat, gilt § 440 S. 1 nicht. Denn in diesem Fall ist die Fristsetzung ja schon erfolgt und kann deshalb nicht entfallen.

§ 440 S. 1 Var. 3: Die Fristsetzung entfällt auch, wenn sie für den Käufer *„unzumutbar* 137
ist“. Diese sehr vage Bestimmung soll dem Richter im Einzelfall einen weiten Entschei-
dungsspielraum geben. *Beispiel 1:* V hatte bei der Montage der von ihm verkauften
Kücheneinrichtung ungewöhnlich viele grobe Fehler gemacht, so dass K zu Recht das
Vertrauen in seine fachliche Kompetenz verloren hatte.[186] *Beispiel 2:* V hatte als Inhaber eines Autohauses K einen Gebrauchtwagen verkauft, dessen Kupplungspedal häufig hängen blieb. Da der Mangel bei einer Probefahrt nicht auftrat, erklärte V, K solle
wiederkommen, wenn sich der Mangel erneut zeige. Damit hatte V zwar nicht die
Nacherfüllung ernsthaft und endgültig verweigert (§ 323 Abs. 2 Nr. 1; Rn 131). Aber
er hat sich fahrlässig einer Untersuchung entzogen und K mit einem nicht verkehrssi-
cheren Fahrzeug fahren lassen. K durfte deshalb ohne Fristsetzung zurücktreten.[187]

3. Mangel aus dem Verantwortungsbereich des Käufers

Nach § 323 Abs. 6 ist der Rücktritt ausgeschlossen, „... wenn der Gläubiger für den 138
Umstand, der ihn zum Rücktritt berechtigen würde, allein oder weit überwiegend verantwortlich ist, ...“ (FD „Kauf – Rücktritt und Minderung, Frage 2). Der „Umstand“
ist der Mangel der Kaufsache, der „Gläubiger“ ist der Käufer. Der Mangel muss also
aus dem Verantwortungsbereich des Käufers stammen. *Beispiel:* Die von V anzuferti-
gende Arbeitsbühne ist zu niedrig, weil K falsche Angaben gemacht hatte.[188]

Entstehung des Mangels im Annahmeverzug: Die zweite Alternative des § 323 Abs. 6 139
setzt voraus, dass der Mangel erst eintrat, als der Käufer nach den §§ 293 ff „im Verzug der Annahme“ war. Es muss sich also um einen Mangel handeln, der erst durch
die Verzögerung der Übergabe entstanden ist. Zugleich darf aber der Verkäufer diesen
Mangel „nicht zu vertreten“ haben. *Beispiel:* K verweigerte die Annahme einer Lkw-
Ladung Lachs aus norwegischer Käfighaltung mit der Begründung, die Ware enthalte
unzulässige Rückstände von Antibiotika. Als sich der Verdacht schließlich als unbegründet herausgestellt hatte, war der Lachs verdorben (FD „Kauf – Rücktritt und
Minderung“ Frage 2, Spalte 1).

---

186 BGH NJW 2016, 3654 Rn 37 ff.
187 BGH NJW 2017, 153 Rn 22 bis 26. Siehe auch BGH NJW 2017, 1666 Rn 34 ff.
188 Anzuwenden ist im Wesentlichen Kaufrecht (§ 650 Satz 3).

VI. Minderung

1. Einführung

140 *Definition:* Minderung ist der Ausgleich des der Kaufsache (infolge eines Mangels) anhaftenden Minderwerts durch eine Herabsetzung des Kaufpreises (§ 441 Abs. 3).

141 *Rechtliche Einordnung:* Nach § 441 Abs. 1 S. 1 kann der Käufer den Kaufpreis *„durch Erklärung gegenüber dem Verkäufer"* mindern. Diese Worte machen deutlich, dass es sich um ein *einseitiges Rechtsgeschäft* handelt, nämlich um ein Gestaltungsrecht. Auch im Übrigen folgt die Minderung dem Rücktritt. Zur Minderung siehe das FD „Kauf – Rücktritt und Minderung", Fragen 7 bis 10.

142 *Kein Anspruch:* Das Minderungsrecht gibt dem Käufer nicht das Recht, vom Verkäufer „ein Tun oder Unterlassen zu verlangen" (§ 194 Abs. 1). Es ist deshalb kein Anspruch (sondern, wie gesagt, ein Gestaltungsrecht). Es ist falsch, statt von einem „Recht auf Minderung" von einem *„Anspruch* auf Minderung" oder einem „Minderungsanspruch" zu sprechen.[189] Nur als *Rechtsfolge* einer erfolgreichen Minderung können Ansprüche entstehen (§ 441 Abs. 4 S. 1 mit § 346). Insofern gibt es Ansprüche *wegen* oder *aus* einer Minderung.

143 *Interessenlage:* Der Käufer kann nur dann an einer Minderung interessiert sein, wenn er die Kaufsache trotz des Mangels behalten will. *Beispiel:* Die Dressurreiterin K kaufte für 45 000 Euro ein Pferd, das sich als mangelhaft herausstellte. Da sie es trotzdem behalten wollte, erklärte sie die Minderung des Kaufpreises, in diesem Fall auf die Hälfte.[190] Hätte sie das Pferd nicht mehr haben wollen, hätte sie sich entweder für den Rücktritt oder für den „großen" Schadensersatz (statt der Leistung) entscheiden müssen (Rn 188).

2. Voraussetzungen der Minderung

144 *Mangel:* Da die Minderung in § 437 genannt ist, muss die Kaufsache einen *Mangel* haben, also einen Sachmangel (§ 434) oder einen Rechtsmangel (§ 435).

145 *Rücktrittsvoraussetzungen:* § 441 Abs. 1 S. 1 macht mit den Worten *„Statt zurückzutreten …"* deutlich, dass für die Minderung alle Voraussetzungen gegeben sein müssen, die für den Rücktritt gelten. Das bedeutet insbesondere, dass der Käufer dem Verkäufer (von den bekannten Ausnahmen abgesehen) erfolglos eine angemessene Frist zur Nacherfüllung gesetzt haben muss.

Aber es gibt einen wesentlichen Unterschied zum Rücktritt: Auch wegen eines *geringfügigen* Mangels kann der Käufer Minderung verlangen. Denn in § 441 Abs. 1 S. 2 heißt es: „Der Ausschlussgrund des § 323 Abs. 5 S. 2 findet keine Anwendung". Das leuchtet ein, denn die Minderung lässt sich – im Gegensatz zum Rücktritt – sehr fein dosieren, bis hinab zu einem Cent.

146 *Minderungserklärung:* Wie bereits ausgeführt, muss der Käufer gegenüber dem Verkäufer die Minderung erklärt haben (Rn 141).

---

189 So aber der V. Zivilsenat des BGH (NJW 2011, 2953 Rn 7, 8 und 11) und NJW 2012, 2793 Rn 32 sowie OLG Brandenburg NJW 2012, 2124 (2124).
190 BGH NJW 2008, 1371.

3. Rechtsfolge der Minderung

a) Herabsetzung des Preises im Verhältnis der Werte

Die Minderung muss aufgrund einer Verhältnisgleichung berechnet werden (§ 441   **147**
Abs. 3). Es geht um insgesamt vier Größen. Eine dieser Größen wird gesucht, nämlich
die Höhe des herabgesetzten Kaufpreises. Eine andere Größe ist bekannt, nämlich der
Kaufpreis. Zwei andere Größen müssen notfalls durch einen Gutachter festgestellt
werden. Es geht in beiden Fällen *nicht* um einen Preis, sondern um einen *Wert*. Die
Unterscheidung ist wichtig: Der Preis einer Sache wird (subjektiv) ausgehandelt und im
Kaufvertrag festgelegt. Der *Wert* einer Sache wird (objektiv) vom Markt bestimmt. Es
ist nach § 441 Abs. 3 zu fragen: Welchen *Wert* hätte die Kaufsache, wenn sie mangel-
frei wäre? Und welchen *Wert* hat die Kaufsache in ihrem tatsächlichen (mangelhaften)
Zustand? Es ist dann folgende Verhältnisgleichung aufzustellen:

Neuer Kaufpreis : alter Kaufpreis = tatsächlicher Wert (der mangelhaften Kaufsache) :
Wert in mangelfreiem Zustand

Da das Produkt der Außenglieder gleich dem Produkt der Innenglieder ist, ergibt sich:

Neuer Kaufpreis x Wert mangelfrei = alter Kaufpreis x tatsächlicher Wert (mangelhaft)

$$\text{Neuer Kaufpreis} = \frac{\text{alter Kaufpreis x tatsächlicher Wert (mangelhaft)}}{\text{Wert mangelfrei}}$$

Beispiel 1: Der vereinbarte Kaufpreis betrug 150 Euro. Die Kaufsache wäre ohne   **148**
Mangel 100 Euro wert gewesen. Wegen ihres Mangels war sie aber nur 40 Euro wert.
Der herabgesetzte Kaufpreis beträgt 60 Euro. Auf diese Weise wird sichergestellt, dass
der Käufer auch nach der Herabsetzung noch 50 % mehr bezahlt als die Sache wert
ist. An der Relation Preis/Wert soll also die Minderung nichts ändern. *Beispiel 2:* K
zahlte für eine Eigentumswohnung den vereinbarten Kaufpreis von 149 000 Euro. Sie
wäre ohne Mängel 183 000 Euro wert gewesen, war aber wegen ihrer Mängel nur
151 000 Euro wert. Daraus ergab sich ein neuer Kaufpreis von 123 183,32 Euro. Das
OLG war der Ansicht gewesen, eine Minderung scheide aus, weil bereits der vereinbarte Kaufpreis (149 000 Euro) geringer gewesen sei als der Wert der (mangelhaften) Eigentumswohnung (151 000 Euro). Aber das hat der BGH zu Recht korrigiert.[191]

Wenn anzunehmen ist, dass der Kaufpreis bei Mängelfreiheit marktgerecht gewesen   **149**
wäre, kann man auch einfach die Wertminderung vom Kaufpreis abziehen. *Beispiel:* K
kaufte fünf Eigentumswohnungen, deren Grundflächen um 11 % geringer waren als
vereinbart. Der Quadratmeterpreis war aber marktgerecht. Der Kaufpreis kann dann
um 11 % gemindert werden.[192]

b) Erstattung der Überzahlung

Nach § 441 Abs. 4 S. 1 *„ist der Mehrbetrag vom Verkäufer zu erstatten"*. Im Beispiel 2   **150**
(Rn 148) musste V rund 26 000 Euro zurückzahlen (was für ihn hart war, weil er oh-
nehin billig verkauft hatte). Für die Rückzahlung gelten analog zwei Vorschriften des
Rücktrittsrechts (§ 441 Abs. 4 S. 2).

---

191 NJW 2011, 2953 Rn 9.
192 BGH NJW 2004, 2156.

c) *Minderung* und *Schadensersatz?*

151 Es ist fraglich, ob ein Käufer, der die Minderung erklärt hat, noch Schadensersatz nach § 437 Nr. 3 verlangen kann. Eine gesetzliche Regelung über das Nebeneinander von *Minderung* und Schadensersatz gibt es nicht, nur über die Kombination von *Rücktritt* und Schadensersatz (§ 325). Der BGH hat neuerdings in einer Grundsatzentscheidung ausführlich zu dieser Frage Stellung genommen.[193] Er geht zu Recht von folgenden Grundsätzen aus:

- Die Minderung ist (wie der Rücktritt) ein Gestaltungsrecht (Rn 141), so dass der Käufer mit dem Zugang der Minderungserklärung den Kaufvertrag einseitig umgestaltet („bindende Gestaltungserklärung").[194] Die Umgestaltung bezieht sich allerdings nur auf die Höhe des Kaufpreises, im Übrigen bleibt der Kaufvertrag unverändert.

- In der Minderungserklärung liegt auch die verbindliche Erklärung des Käufers, ansonsten am Vertrag festhalten, insbesondere *die Kaufsache behalten* zu wollen.[195]

151a Da § 437 Nummer 2 (die unter anderem die Minderung nennt) durch ein „und" mit der Nr. 3 verbunden ist (die die möglichen Schadensersatzansprüche aufführt), ist es nicht ausgeschlossen, sowohl die Minderung zu erklären als auch Schadensersatz zu verlangen.[196] Aber wenn der Käufer die Minderung erklärt und sich damit „verbindlich für ein *Festhalten* am Kaufvertrag"[197] entschieden hat, kann er sich nicht mehr für das Lösen vom Vertrag entscheiden.[198] Deshalb sind ihm nach seiner Minderungs-Erklärung zwei Rechtsbehelfe verschlossen, die ihn berechtigen (und verpflichten) würden, die Kaufsache zurückzugeben, nämlich der Rücktritt (§ 437 Nr. 2) und der sogenannte „große Schadensersatz" (zu ihm Rn 188).[199] Er kann nur den „kleinen Schadensersatz" verlangen (§§ 437 Nr. 3, 281 Abs. 1 S. 1; Rn 184).[200] Denn ihn geltend zu machen, beruht auf der gleichen Grundentscheidung des Käufers wie die Minderung, nämlich *die Kaufsache zu behalten* und nur den Ausgleich von Nachteilen zu verlangen.[201]

§ 5 Schadensersatz und Ersatz vergeblicher Aufwendungen

152 **Fall 5: Brilliance BS 4**   §§ 434, 437 Nr. 3

▶ *Frau Katharina Kelemen kaufte vom Autohändler Veith einen neuen chinesischen Pkw des Typs Brilliance BS 4, der bei der Übergabe keinen Rostansatz zeigte. Ein Jahr später hatten sich unter dem Lack Roststellen (Korrosionsschäden) gebildet, deren Beseitigung Frau Kelemen von Veith forderte. Veith machte Verjährung geltend, weil er irrtümlich der Meinung war, er habe die Verjährungsfrist im Vertrag wirksam von zwei Jahren auf ein Jahr verkürzt.*

---

193 BGH NJW 2018, 2863.
194 BGH aaO Rn 19, 24. Der Verkäufer kann sich nur wehren, indem er den Mangel bestreitet oder geltend macht, der Minderungsbetrag sei vom Käufer zu hoch angesetzt worden.
195 BGH aaO Rn 12.
196 Aber das darf nicht dazu führen, dass der Käufer für denselben Mangel Herabsetzung des Kaufpreises <u>und</u> Schadensersatz verlangen kann (BGH aaO Rn 33 und schon NJW 2011, 2953 Rn 16).
197 BGH NJW 2018, 2863 Rn 12.
198 BGH aaO Rn 34 ff
199 BGH aaO Rn 42, 64.
200 BGH aaO Rn 43, 62. Ebenso schon zum Werkvertrag BGHZ 213, 319 = NJW 2017, 1607.
201 BGH NJW 2018, 2863 Rn 43.

Frau Kelemen setzte Veith daraufhin für die Nacherfüllung eine Frist, die Veith unter Hinweis auf die angebliche Verjährung verstreichen ließ. Aufgrund eines Gutachtens steht fest, dass die Beseitigung der Korrosionsschäden 2 159 Euro kostet. Frau Kelemen hat Veith auf Zahlung dieses Betrags verklagt. (Nach BGH NJW 2015, 2244)

Da Frau Kelemen Schadensersatz verlangt, muss sie ihre Klage auf § 437 Nr. 3 stützen. § 437 setzt in seinen ersten Worten voraus, dass „die Sache mangelhaft" ist. Ein rostender Neuwagen ist mangelhaft, weil er nicht „eine Beschaffenheit aufweist, die bei Sachen der gleichen Art üblich ist und die der Käufer nach Art der Sache erwarten kann" (§ 434 Abs. 1 S. 2 Nr. 2). Da sich der Rost erst später gezeigt hat, stellt sich allerdings die Frage, ob der Pkw schon „bei Gefahrübergang" mangelhaft war. Das hat der BGH bejaht mit der Begründung, dass es sich um einen Produktionsfehler handelte (mangelnder Rostschutz). Da der Mangel im Keim schon bei Gefahrübergang bestand, ist es unerheblich, dass er sich zu dieser Zeit noch nicht gezeigt hatte.

§ 437 Nr. 3 verweist für den Schadensersatzanspruch auf die „§§ 440, 280, 281, 283 und 311a". Die erste Frage, die man sich stellen muss, ist die, ob der Käufer „Schadensersatz *statt* der Leistung" verlangt (insbesondere §§ 280 Abs. 3, 281 Abs. 1) oder Schadensersatz *neben* der Leistung (Rn 158):

– Wenn Frau Kelemen einen Schaden geltend macht, der durch eine Nacherfüllung (§ 439) ausgeglichen werden könnte, macht sie *Schadensersatz statt der Leistung* geltend (§ 280 Abs. 3; FD „Kauf – Schadensersatz", Frage 1, Ja).

– Wenn Frau Kelemen Ausgleich für einen Schaden verlangt, der von einer Nacherfüllung nach § 439 Abs. 1 *nicht* erfasst würde, macht sie *Schadensersatz neben der Leistung* geltend (§ 280 Abs. 1; FD „Kauf – Schadensersatz", Frage 1, Nein, Spalte 14).

Im vorliegenden Fall kann im Wege der Nacherfüllung der Rostbefall beseitigt und dauerhafter Rostschutz aufgebracht werden. Deshalb macht Frau Kelemen Schadensersatz *statt* der Leistung geltend.

Damit kommen alle Anspruchsgrundlagen in Betracht, die einen Schadensersatzanspruch *statt* der Leistung gewähren, hauptsächlich die in § 280 Abs. 3 genannten §§ 281 und 283 und der selbstständige § 311 a. Um unter ihnen zu wählen, muss gefragt werden, ob die *Nacherfüllung möglich* ist. Da dies zu bejahen ist, kommt nur § 281 in Betracht (FD „Kauf – Schadensersatz", Frage 2, Ja).

§ 281 Abs. 1 setzt zunächst voraus, dass Veith „die fällige Leistung ... nicht wie geschuldet" erbracht hat. Das ist gegeben, weil der verkaufte Pkw einen Mangel hat. Ferner macht § 281 Abs. 1 S. 1 den Schadensersatz statt der Leistung davon abhängig, dass die „Voraussetzungen des § 280 Abs. 1" gegeben sind. Die ersten Worte des § 280 Abs. 1 S. 1 („Verletzt der Schuldner eine Pflicht aus dem Schuldverhältnis") sind wegen § 433 Abs. 1 S. 2 immer erfüllt, wenn die Kaufsache mangelhaft ist. Die Voraussetzung jedes Schadensersatzanspruchs, dass der Schuldner die Pflichtverletzung *zu vertreten* haben muss, wird erst in Abs. 1 S. 2 angesprochen. Danach kann Frau Kelemen keinen Schadensersatz verlangen, wenn Veith die Pflichtverletzung „nicht zu vertreten hat". Diese Worte verweisen auf § 276 Abs. 1.

Es ist also zu fragen, ob Veith den Rost nach § 276 zu vertreten hat (FD „Kauf – Schadensersatz", Frage 3). Aus der Formulierung des § 280 Abs. 1 S. 2 ist zu entnehmen, dass das Ver-

153

tretenmüssen vermutet wird.[202] Aber im vorliegenden Fall ist dem Verkäufer kein Vorwurf zu machen. Denn nicht er, sondern der Hersteller ist für den Mangel verantwortlich. Und dieser ist nicht der Erfüllungsgehilfe (§ 278) des Verkäufers (Rn 167). Ein Schuldvorwurf könnte Veith nur gemacht werden, wenn er den Mangel schon bei Gefahrübergang erkannt gehabt, ihn aber verschwiegen hätte. Aber davon steht im Sachverhalt nichts (auch nicht im abgedruckten Sachverhalt der BGH-Entscheidung).

Wenn ein Verkäufer den *Mangel* nicht zu vertreten hat, kann sich das nötige Vertretenmüssen daraus ergeben, dass der Verkäufer das Scheitern der *Nacherfüllung* (§ 439) zu vertreten hat (FD „Kauf – Schadensersatz", Frage 10). Der BGH sagt in der zugrunde liegenden Entscheidung vom Anspruch auf Schadensersatz statt der Leistung: „Dem Käufer kann ... ein Anspruch ... unter zwei Gesichtspunkten zustehen. Zum einen kann der Verkäufer seine Pflicht zur Lieferung der mangelfreien Kaufsache ... schuldhaft verletzt haben; zum anderen kann sich ein solcher Anspruch unter dem Gesichtsunkt einer Verletzung der Verpflichtung des Verkäufers zur Nacherfüllung (§ 439 Abs. 1 BGB) ergeben".[203] Letztere Variante ist hier gegeben. Denn Veith hat die geschuldete Nacherfüllung verweigert, weil er infolge von Fahrlässigkeit annahm, der Anspruch auf Nacherfüllung sei verjährt.

§ 281 Abs. 1 S. 1 fordert am Schluss, dass der Käufer dem Verkäufer „erfolglos eine angemessene Frist zur ... Nacherfüllung bestimmt hat". Auch diese Voraussetzung liegt vor. Damit steht fest, dass Frau Kelemen „Ersatz des hierdurch entstehenden Schadens verlangen" kann (§ 280 Abs. 1 S. 1). Veith muss sie also so stellen, als habe er einen mangelfreien Pkw geliefert (§§ 249 Abs. 1, 251 Abs. 1). Wäre das geschehen, müsste Frau Kelemen das Fahrzeug nicht entrosten, konservieren und neu lackieren lassen. Deshalb hat Frau Kelemen einen Schadensersatzanspruch statt der Leistung, der auf Zahlung der Reparaturkosten in Höhe von 2 159 Euro gerichtet ist.

Aus dem FD „Kauf – Schadensersatz" ergibt sich die Lösung so: 1. Ja – 2. Ja – 3. Nein – 10. Ja – 7. Nein – 8. Nein (Spalte 4). ◀

Lerneinheit 5

154   Literatur: *Lotz*, Die Ersatzfähigkeit „fiktiver Mängelbeseitigungskosten" im Rahmen des kleinen Schadensersatzes statt der Leistung im Werk- und Kaufrecht, JuS 2019, 749; *Heinemeyer*, Ende der fiktiven Mängelbeseitigungskosten auch im Kaufrecht? NJW 2018, 2241; *Sick*, Der Schadensersatzanspruch bei Schlecht-/Nichterfüllung der Ersetzungsbefugnis beim Gebrauchtwagenkaufvertrag, NJ 2017, 278; *Bendig*, Der Abgasskandal und seine rechtlichen Folgen, ZFS 2017, 8; *Ball*, Die Rechtsprechung des Bundesgerichtshofs zum Autokauf und Autoleasing, DAR 2016, 497; *S. Lorenz*, Grundwissen – Zivilrecht, Unternehmerregress (§§ 478, 479 BGB), JuS 2016, 872.

I. Schadensersatz statt der Leistung nach § 281

1. Mangel der Kaufsache

155   § 281 Abs. 1 S. 1 (auf den § 437 Nr. 3 verweist) verlangt zu Beginn, dass der Verkäufer (der „Schuldner") die geschuldete Leistung „... *nicht wie geschuldet* ..." erbracht hat. Wenn die Kaufsache mangelhaft ist, hat der Verkäufer gegen § 433 Abs. 1 S. 2 verstoßen, so dass er „nicht wie geschuldet" geleistet hat. Es ist deshalb zu prüfen, ob ein

---

202   SAT Rn 558.
203   BGH NJW 2015, 2244 Rn 12.

Mangel vorliegt (§ 434 oder § 435). Wenn das schon unter § 437 geprüft wurde (der ja ebenfalls einen Mangel voraussetzt), braucht das allerdings bei § 281 nicht erneut geprüft zu werden (entsprechend schon Rn 107).

2. Schaden, der durch eine Nacherfüllung beseitigt würde

§ 281 setzt voraus, dass der Käufer einen „Schadensersatz *statt* der Leistung" geltend macht. Dieser Schadensersatz heißt deshalb so, weil er an die Stelle der eigentlich geschuldeten Leistung tritt (wie eine Beinprothese an die Stelle eines Beins). Den Ausdruck „Schadensersatz *statt* der Leistung" verwendet das Gesetz zum ersten Mal in § 280 Abs. 3. Dort heißt es, dass es für diesen Schadensersatz nicht ausreicht, wenn die Voraussetzungen des § 280 Abs. 1 gegeben sind. Vielmehr müssen zusätzlich die Voraussetzungen vorliegen, die (alternativ) in den §§ 281, 282 oder 283 aufgeführt sind. Damit will das Gesetz sicherstellen, dass der Verkäufer Gelegenheit zur Nacherfüllung bekommt, bevor er Schadensersatz zahlen muss. Deshalb wird in allen drei genannten Paragrafen der Schadensersatzanspruch davon abhängig gemacht, dass die Frist zur Nacherfüllung erfolglos abgelaufen ist.

156

Der Begriff „Schadensersatz *statt* der Leistung" erfasst nur Schäden, die durch eine Nacherfüllung noch beseitigt werden könnten oder beseitigt worden wären (so schon Rn 156). Die „Testfrage" lautet, ob der geltend gemachte Schaden entfallen wäre, wenn die Nacherfüllung noch erbracht worden wäre.[204] *Beispiel:* Fall 5, Rn 152.[205]

157

Gegensatz Schadensersatz neben der Leistung: Den Gegensatz zur Schadensersatz *statt* der Leistung bildet der Schadensersatz *neben* der Leistung. Er erfasst Schäden, die durch eine Nacherfüllung des Verkäufers nicht mehr zu beseitigen sind (FD „Kauf – Schadensersatz", Spalte 14). *Beispiel:* V verkaufte dem Pizzafabrikanten K Salamischeiben, die sich erst als ranzig erwiesen, nachdem K mit ihnen 69 000 Pizzas hergestellt hatte. Durch eine erneute Lieferung ließe sich dieser Schaden nicht beseitigen.[206] Um diesen Schadensersatz *neben* der Leistung geht es ab Rn 215.

158

3. Behebbarer Mangel

§ 281 Abs. 1 setzt voraus, dass der Mangel der Kaufsache durch Nacherfüllung behoben werden kann, die Nacherfüllung also *möglich* ist (FD „Kauf – Schadensersatz", Frage 2, Ja). § 281 Abs. 1 nennt diese Voraussetzung nicht. Aber sie ist aus den ersten Worten der §§ 283 und 311a Abs. 1 zu schließen, auf die § 437 Nr. 3 ebenfalls verweist. Sie geben (wie § 281) dem Käufer einer mangelhaften Sache einen Schadensersatzanspruch „statt der Leistung". Aber sie setzen voraus, dass der Schuldner (der Verkäufer) „nach § 275 Abs. 1 bis 3 nicht zu leisten" braucht, also die Nacherfüllung unmöglich ist (§ 275 Abs. 1) oder vom Verkäufer zu Recht verweigert wird (Absätze 2 und 3). Dann muss die Nacherfüllung aber im Fall des § 281 möglich sein (und im Prinzip auch zumutbar).

159

---

204 S. Lorenz, in: E. Lorenz (Hrg), Karlsruher Forum 2005 (2006), S. 5 (42). Sehr ähnlich Medicus/Lorenz, SchuldR AT, 21. Aufl. (2015) Rn 342.
205 BGH NJW 2010, 2426 Rn 13.
206 BGH NJW 1991, 2633.

4. Zu vertretende Pflichtverletzung

a) § 281 verweist auf § 280 Abs. 1

160   *Pflichtverletzung:* Für den Tatbestand des § 281 müssen die Voraussetzungen des § 280 Abs. 1 gegeben sein („… kann der Gläubiger unter den Voraussetzungen des § 280 Abs. 1 …“). Der Verkäufer muss also durch die Lieferung einer mangelhaften Sache (§§ 434, 435) „eine Pflicht aus dem Schuldverhältnis … verletzt“ haben (§ 280 Abs. 1 S. 1). Das ist unproblematisch, denn die Lieferung einer mangelhaften Sache ist immer eine Verletzung der Pflicht aus § 433 Abs. 1 S. 2.

161   *Vertretenmüssen:* Die Verweisung auf § 280 Abs. 1 erfasst auch dessen S. 2. Aus ihm ergibt sich, dass der Mangel – und das ist viel wichtiger – vom Verkäufer *zu vertreten* sein muss (§ 276). § 280 Abs. 1 S. 2 muss so gelesen werden: „Dies gilt nicht, wenn der Schuldner die Pflichtverletzung *ausnahmsweise* nicht zu vertreten hat.“ Denn der Gesetzgeber will deutlich machen, dass das *Nicht*vertretenmüssen die Ausnahme ist, das Vertretenmüssen der Normalfall. Wenn sich also der Verkäufer darauf beruft, er habe weder vorsätzlich noch fahrlässig gehandelt und den Mangel auch sonst nicht zu vertreten, beruft er sich auf den Ausnahmefall und muss ihn folglich beweisen. Wenn ihm der Beweis nicht gelingt, hat er den Sachmangel zu vertreten, ist also schadensersatzpflichtig.

162   Indem das Gesetz einen Schadensersatzanspruch – anders als Nacherfüllung, Rücktritt und Minderung – von einem *Vertretenmüssen* nach § 276 abhängig macht, folgt es einem elementaren Gebot der Gerechtigkeit.[207] Denn der Verkäufer soll den für ihn besonders nachteiligen Schadensersatz nur leisten müssen, wenn er sich schuldhaft verhalten oder sich für eine bestimmte Beschaffenheit der Kaufsache besonders stark gemacht hat (Rn 169).

b) Vorsatz

163   Eine vorsätzliche Pflichtverletzung kommt bei Kaufverträgen häufig vor, besonders bei Kaufverträgen über gebrauchte Sachen. Einen besonderen Vorsatz stellt die *Arglist* dar, die von mehreren Vorschriften des Kaufrechts vorausgesetzt wird (dazu Rn 237 ff). *Beispiel:* V wusste, dass das von ihm angebotene, im Jahre 1920 erbaute Haus Feuchtigkeitsschäden aufwies. Trotzdem schloss er mit K einen Kaufvertrag, ohne auf die Feuchtigkeit hinzuweisen.[208]

c) Fahrlässigkeit

164   *Hersteller:* Wenn der Verkäufer der *Hersteller* der Kaufsache ist, kann er selbst (oder können seine Mitarbeiter als seine Erfüllungsgehilfen nach § 278) den Sachmangel infolge von Unachtsamkeit oder Unfähigkeit verschuldet haben (Konstruktions- oder Montagefehler).

165   *Gebrauchtwagenhändler:* In vielen Fällen täuscht der Verkäufer eines Gebrauchtwagens seinen Kunden arglistig (vorsätzlich). Aber da es für einen Schadensersatzanspruch nicht darauf ankommt, ob Vorsatz oder Fahrlässigkeit vorliegt, genügt Fahrlässigkeit. *Beispiel:* Erhebliche Mängel des Gebrauchtwagens waren „durch einfache Inaugenscheinnahme ohne die Demontage von Verkleidungsteilen feststellbar“. Trotz-

---

207   BGH NJW 2006, 47 Rn 30; BGHZ 114, 238 (240).
208   BGH NJW 2012, 2793 Rn 8.

dem behauptete der Händler, er habe sie nicht bemerkt. Damit hatte er fahrlässig gehandelt, was für einen Schadensersatzanspruch ausreicht.[209]

Händler von Neuware: Einem Händler, der eine mangelhafte *neue* Sache verkauft hat, ist nur selten der Vorwurf der Fahrlässigkeit zu machen. Das hat zwei Gründe:

166

■ *Hersteller kein Erfüllungsgehilfe:* Da der *Hersteller* einer Sache nicht der Erfüllungsgehilfe des Händlers ist, muss sich dieser ein Verschulden des Herstellers nicht nach § 278 zurechnen lassen.[210] *Beispiel:* Fall 5, Rn 152.

167

■ *Keine übertriebene Prüfungspflicht:* Der Händler ist normalerweise nicht verpflichtet, die Neuware vor dem Verkauf zu prüfen. *Beispiel 1:* Der Parketthändler V verkaufte K 40 qm verpackte Parkettstäbe, ohne zu bemerken, dass die aus Buche bestehende Deckschicht unzureichend mit dem Weichholz-Kern verklebt war. Darin lag keine Fahrlässigkeit, da ein Verkäufer nicht verpflichtet ist, ohne Verdachtsmomente verpackte Ware zu untersuchen.[211] *Beispiel 2:* Großhändler V verkaufte dem Fensterfabrikanten K Alu-Profile, die mangelhaft beschichtet waren. V hatte das nicht erkennen können, so dass er den Mangel nicht zu vertreten hatte.[212]

168

d) Übernahme einer Garantie

§ 276 Abs. 1 S. 1 berücksichtigt auch den Fall, dass der Schuldner eine *Garantie* übernommen hat („aus der Übernahme einer Garantie"). Hat er das getan, dann ergibt sich „aus dem sonstigen Inhalt des Schuldverhältnisses" eine „strengere ... Haftung", nämlich eine Haftung *ohne Verschulden*. Der Verkäufer garantiert eine (natürlich positive) Eigenschaft der Kaufsache, wenn er „... die Gewähr für das Vorhandensein der vereinbarten Beschaffenheit der Kaufsache übernimmt und damit seine Bereitschaft zu erkennen gibt, für alle Folgen des Fehlens dieser Beschaffenheit einzustehen".[213] *Beispiel:* Der Grundstücksverkäufer V hatte im notariellen Vertrag ausdrücklich angegeben, das Gebäude könne nach den baurechtlichen Bestimmungen vom Käufer K als Bürogebäude vermietet werden. Das war aber nicht richtig. Dem K stand ein Schadensersatzanspruch zu, weil V durch die Garantie den Mangel der Kaufsache zu vertreten hatte (§ 276 Abs. 1 S. 1). Auf ein Verschulden des V kam es nicht an (ausführlich zur Garantie ab Rn 227).[214]

169

e) Vertretenmüssen im Rahmen der Nacherfüllung

Wenn der Verkäufer den *Mangel* der Kaufsache nicht zu vertreten hat, muss ein Schadensersatzanspruch daran nicht scheitern. Das nötige Vertretenmüssen des Verkäufers kann sich nämlich auch aus der Tatsache ergeben, dass er die von ihm geschuldete *Nacherfüllung* (§ 439) nicht, nicht rechtzeitig oder nicht ordnungsgemäß durchgeführt hat.[215] *Beispiel:* Fall 5, Rn 152. Eine ausdrückliche gesetzliche Regelung fehlt. Insbesondere erfasst § 437 diesen Fall nicht. Aber soweit der Verkäufer zur Nacherfüllung verpflichtet ist, verletzt er eine Pflicht aus dem Schuldverhältnis, wenn er sie nicht, zu spät oder schlecht durchführt. Soweit er diese Pflichtverletzung zu vertreten hat (was

170

---

209 BGH NJW 2010, 2426 Rn 29.
210 BGHZ 200, 337 Rn 31; BGHZ 181, 317 Rn 19; BGHZ 177, 224 Rn 29.
211 BGHZ 177, 224 Rn 29.
212 BGHZ 200, 337 Rn 30; vgl auch BGH NJW 2004, 2301.
213 BGHZ 170, 86 Rn 20.
214 BGH NJW 2009, 2674.
215 BGH NJW 2015, 2244 Rn 12; BGHZ 195, 135 Rn 11 ff.

§ 280 Abs. 1 S. 2 vermutet), ist er nach § 280 Abs. 1 – in Verbindung mit den in den Absätzen 2 und 3 genannten Vorschriften – zum Schadensersatz verpflichtet (FD „Kauf – Schadensersatz", Frage 6, Ja und Frage 10, Ja, Spalten 2 und 8).[216]

5. Fristsetzung

a) Erfolgloser Ablauf der Frist

171   Der Käufer muss dem Verkäufer nach § 281 Abs. 1 S. 1 eine angemessene Frist zur Nacherfüllung setzen. Er muss also (nach seiner Wahl) „die Beseitigung des Mangels" oder „die Lieferung einer mangelfreien Sache" bis zu einem von ihm anzugebenden Zeitpunkt verlangen (FD „Kauf – Schadensersatz", Frage 4). Was eine „angemessene" Frist ist, sagt das Gesetz nicht (Rn 113).

172   Die vom Käufer gesetzte Frist muss *„erfolglos"* abgelaufen sein (§ 281 Abs. 1 S. 1). Wenn der Verkäufer innerhalb der Frist korrekt nacherfüllt, kann der Käufer keinen Schadensersatz statt der Leistung verlangen (höchstens *neben* der Leistung; Rn 215 ff).

b) Entbehrlichkeit der Fristsetzung

173   Die Fristsetzung ist in folgenden Fällen entbehrlich, auf die § 437 Nr. 3 verweist (FD „Kauf – Schadensersatz", Frage 4, Nein):

174   ■ *„… ernsthaft und endgültig verweigert …"* (§ 281 Abs. 2 Var. 1): Diese Worte haben die gleiche Bedeutung wie in § 323 Abs. 2 Nr. 1 (Rn 131).

175   ■ *„… besondere Umstände …":* § 281 Abs. 2 Var. 2 entspricht § 323 Abs. 2 Nr. 3. Es gelten deshalb die dortigen Ausführungen (Rn 133). Die Nachfrist entfällt hier wie dort insbesondere dann, wenn ein sofortiges Handeln des Käufers erforderlich ist. *Beispiel:* K kaufte von V einen Terrierwelpen für 390 Euro. Kurz darauf erkrankte der Hund an einer bakteriellen Infektion. Da er unverzüglich behandelt werden musste, brachte K ihn zu einem Tierarzt seines Wohnortes. Obwohl K dem V keine Frist gesetzt hatte, hat der BGH ihm Schadensersatz in Höhe der Behandlungskosten zugesprochen. Denn es lag ein „besonderer Umstand" vor.[217]

176   ■ *§ 440 S. 1:* Da diese Vorschrift auch für den Rücktritt gilt (§ 437 Nr. 2), wurde sie schon behandelt (Rn 135 ff).

c) Versäumte Fristsetzung

177   Wenn der Käufer den Mangel eigenmächtig behoben hat (also ohne die erforderliche Fristsetzung), verliert er seine Rechte (FD „Kauf – Schadensersatz", Spalte 7). Der Käufer kann die Kosten der Nacherfüllung weder als Schaden geltend machen noch als ungerechtfertigte Bereicherung oder in Analogie zu § 326 Abs. 2 S. 2.[218] *Beispiel:* Frau K kaufte von Frau V eine Stute, die, wie sich später zeigte, unter einer periodischen Augenentzündung litt. Eine *sofortige* Behandlung war (anders als im obigen Terrierfall) nicht erforderlich. Ein Umstand, der die Fristsetzung entbehrlich gemacht hätte (§§ 440 S. 1, 281 Abs. 2, 275), lag nicht vor. Ohne V auch nur zu benachrichtigen, ließ Frau K das Tier für 1 933 Euro behandeln und verlangte von V den Betrag als Scha-

---

216 Lorenz/Arnold JuS 2014, 7(10).
217 BGH NJW 2005, 3211.
218 BGHZ 162, 219, bestätigt von BGH NJW 2005, 3211 (3212) und NJW 2006, 1195 Rn 17 ff.

densersatz. Der BGH konnte offenlassen, ob überhaupt ein zu vertretender Sachmangel vorlag, denn mangels Fristsetzung bestand kein Schadensersatzanspruch.[219]

6. Rechtsfolgen

a) Überblick

Nach dem erfolglosen Ablauf der Frist hat der Käufer verschiedene Möglichkeiten: **178**

- Er kann nach § 281 Abs. 1 S. 1 Schadensersatz statt der Leistung verlangen („großer Schadensersatz", Rn 188 ff). Sobald er das tut, ist sein ursprünglicher Anspruch auf die mangelfreie Kaufsache (§ 433 Abs. 1) untergegangen (§ 281 Abs. 4).

- Er kann zusätzlich auch Schadensersatz *neben* der Leistung geltend machen (Rn 215). **179**

- Der Käufer hat sich mit der Fristsetzung nicht auf Schadensersatz festgelegt. Er kann deshalb auch den Rücktritt oder die Minderung erklären. Wenn der Käufer Schadensersatz verlangen könnte, kann er alternativ immer mindern. Auch Rücktritt wäre möglich, allerdings nur bei einem erheblichen Mangel (§ 323 Abs. 5 S. 2). **180**

- Der Käufer kann auch Schadensersatz verlangen und *zusätzlich* zurücktreten (§ 325; das ergibt sich auch aus § 437 Nr. 2: *„und"*). Es kommt aber nur der „große" Schadensersatz in Betracht (Rn 123). **181**

- Als Alternative zum Schadensersatz statt der Leistung kann der Käufer nach § 284 den Ersatz seiner vergeblichen Aufwendungen verlangen (Rn 210 ff). § 284 wird in § 437 Nr. 3 ausdrücklich genannt. **182**

Solange der Käufer weder den Rücktritt erklärt noch Schadensersatz verlangt hat, kann er auch weiterhin auf *Erfüllung* bestehen (so schon Rn 124). Denn der Käufer verliert seinen Anspruch auf die Kaufsache erst, wenn er sich endgültig für den Schadensersatz statt der Leistung entschieden hat (§ 281 Abs. 4) oder den Rücktritt oder die Minderung erklärt hat. Verlangt der Käufer nach erfolglosem Fristablauf überraschend nicht Schadensersatz, sondern Erfüllung, hat er nicht etwa damit seinen einmal erworbenen Schadensersatzanspruch verloren. Es gilt Rn 124 entsprechend. **183**

b) Unerheblicher Mangel („kleiner Schadensersatz")

Wenn „die Pflichtverletzung unerheblich", also der Mangel gering ist, kann der Käufer „Schadensersatz statt der *ganzen* Leistung *nicht* verlangen" (§ 281 Abs. 1 S. 3). Er muss also die Kaufsache behalten. **184**

Indem der Käufer die Sache behält, verringert er seinen Schaden und hält so seinen Schadensersatzanspruch klein. Deshalb wird dieser Schadensersatz allgemein (aber nicht vom Gesetz) „kleiner Schadensersatz" genannt (FD „Kauf – Schadensersatz", Frage 7, Ja). Der Käufer kann im Prinzip wählen, wie er seinen Schaden berechnet: **185**

- *Wertminderung:* Er kann den Geldbetrag verlangen, um den die Kaufsache wegen des Mangels weniger wert ist (§§ 437 Nr. 3, 280 Abs. 1, 281 Abs. 1 S. 1).[220] Dann ist das Ergebnis ähnlich wie bei einer Minderung nach § 441. **186**

---

219 BGH NJW 2006, 988; in diesem Fall lag dem Erwerb ein Tausch (§ 480) zugrunde, auf den aber die Kaufrechtsvorschriften entsprechende Anwendung finden.
220 BGHZ 200, 350 Rn 31.

187   ■ *Reparaturkosten:* Alternativ kann der Käufer die Kosten geltend machen, die für eine ordnungsgemäße Mängelbeseitigung erforderlich sind.[221] Davon gibt es aber eine wichtige Ausnahme: Wenn der Verkäufer die Nacherfüllung zu Recht wegen unverhältnismäßiger Kosten abgelehnt hat (§ 439 Abs. 4 S. 1), kann der Käufer nicht im Wege des Schadensersatzes die Erstattung dieser Kosten verlangen (FD „Kauf – Schadensersatz", Frage 8).[222] Das steht nicht im Gesetz, ergibt sich aber aus der Logik und der Fairness.

Da der Käufer im Rahmen des kleinen Schadensersatzes die Kaufsache behält, kann er diesen Schadensersatz auch nach einer *Minderung* verlangen (im Gegensatz zum großen Schadensersatz, Rn 190).[223]

c) Der Mangel ist erheblich („großer Schadensersatz")

188   Wenn der Mangel *erheblich* ist, kann der Käufer den so genannten „großen" Schadensersatz geltend machen (FD „Kauf – Schadensersatz", Frage 7, Nein). Das Gesetz spricht vom „Schadensersatz statt der *ganzen* Leistung" (§ 281 Abs. 1 S. 3). Der Käufer gibt dann die mangelhafte Kaufsache zurück und macht den Schaden geltend, der ihm durch das gänzliche Ausbleiben der Verkäuferleistung entstanden ist. *Beispiel:* K hatte vom Bauträger V eine Eigentumswohnung gekauft, die, wie sich herausstellte, erhebliche Schallschutzmängel hat. K wollte die Wohnung gegen Erstattung des Kaufpreises zurückgeben und außerdem einige Schadenspositionen geltend machen.[224] K hätte die Rückzahlung des Kaufpreises im Wege des Rücktritts verlangen und außerdem Schadensersatz nach § 281 geltend machen können (§ 325). Aber das war nicht nötig, weil der Käufer die Rückzahlung des Kaufpreises auch im Rahmen des „großen Schadensersatzes" erreichen kann.

189   *Pflicht zur Rückgabe:* Wenn der Käufer den großen Schadensersatz verlangt, ist der Verkäufer „... zur Rückforderung des Geleisteten nach den §§ 346 bis 348 berechtigt" (§ 281 Abs. 5). Der Käufer muss also die mangelhafte Kaufsache nach den Rücktrittsvorschriften zurückgeben (gegebenenfalls rückübereignen) und uU Wertersatz leisten.

190   Weil der Käufer im Fall des großen Schadensersatzes die Kaufsache nicht behält, gehört es zu den Voraussetzungen des großen Schadensersatzes, dass der Käufer nicht bereits verbindlich die *Minderung* erklärt hat. Denn durch die Minderung hat er sich endgültig darauf festgelegt, die Kaufsache zu behalten. Diese Entscheidung kann er nicht rückgängig machen, indem er den großen Schadensersatz verlangt (Rn 151 a).

II. Schadensersatz statt der Leistung nach § 311 a

1. Mangel

191   § 437 Nr. 3 verweist auch auf § 311 a. Alle Verweisungen des § 437 gehen davon aus, dass „die Sache mangelhaft" ist, denn mit diesen Worten beginnt § 437. Es muss also auch für § 311 a ein Fall des § 434 oder des § 435 vorliegen.

---

221 BGH NJW 2015, 2244 Rn 12; BGHZ 200, 350 Rn 33; BGHZ 193, 326 Rn 31. Ob der Mangel beseitigt wird, ist gleichgültig (BGH NJW 2010, 3085 Rn 11 zum Werkvertragsrecht).
222 BGHZ 200, 350 Rn 36.
223 BGH NJW 2018, 2863 Rn 62.
224 BGHZ 164, 235.

2. Schaden, der durch eine Nacherfüllung beseitigt werden könnte

§ 311 a gewährt einen Anspruch auf „Schadensersatz *statt* der Leistung" (Abs. 2 S. 1). Er erfasst also die gleichen Schäden wie § 281 (Rn 178). 192

3. Undurchführbarkeit der Nacherfüllung

a) „... nach § 275 Abs. 1 bis 3 nicht zu leisten braucht ..."

§ 311 a Abs. 1 setzt voraus, dass die Leistung nach § 275 Abs. 1 nicht erbracht werden kann oder nach § 275 Abs. 2 oder 3 verweigert werden darf. Die Verweisung auf § 311 a in § 437 Nr. 3 soll so verstanden werden, dass die nach § 275 unmögliche oder unzumutbare Leistung nicht die Lieferung der Kaufsache ist, sondern die nach § 439 geschuldete *Nacherfüllung*. 193

In diesem Punkt ist der Gegensatz zu § 281 besonders deutlich. Dass § 281 die Möglichkeit der Nacherfüllung voraussetzt, ist dieser Vorschrift selbst bekanntlich nicht zu entnehmen (Rn 159). Das wird nur aus der Tatsache geschlossen, dass § 311 a – offensichtlich im Gegensatz zu § 281 – den *Ausschluss* der Nacherfüllung voraussetzt. 194

b) ... schon bei Vertragsschluss

Anfängliche Unmöglichkeit der Nacherfüllung: Die Tatsache, dass der Mangel der Kaufsache nicht durch eine Nacherfüllung nach § 439 Abs. 1 behebbar ist, muss schon „bei Vertragsschluss" bestanden haben (§ 311 a Abs. 1; FD „Kauf – Schadensersatz", Frage 11, Ja). *Beispiel 1:* Ein Bein des als Welpe verkauften Rauhaardackels hatte eine angeborene Fehlstellung (O-Bein). Eine operative „Beseitigung des Mangels" (§ 439 Abs. 1) war ausgeschlossen und in diesem Fall aus besonderen Gründen auch „die Lieferung einer mangelfreien Sache".[225] *Beispiel 2:* Der Verkäufer eines Gebrauchtwagens hatte im Vertrag zu Unrecht angegeben, der Wagen sei unfallfrei. Ein solcher Mangel ist nicht durch eine Reparatur und auch nicht durch eine Ersatzlieferung zu beseitigen.[226] Die nach § 439 geschuldete Nacherfüllung ist also unmöglich (§ 275 Abs. 1) und war das schon, wie § 311 a Abs. 1 verlangt, bei Vertragsschluss.[227] *Beispiel 3:* V hatte im Kaufvertrag über ein Mietshaus zu hohe Mieteinnahmen angegeben. Dieser Mangel (Rn 30) bestand schon bei Vertragsschluss und ließ sich nicht mehr beseitigen.[228] 195

Berechtigte Verweigerung der Nacherfüllung: Der Unmöglichkeit (§ 275 Abs. 1), den Mangel zu beseitigen oder eine Ersatzsache zu liefern, steht wie immer der Fall gleich, dass der Verkäufer die Nacherfüllung zu Recht nach § 275 Abs. 2 oder Abs. 3 ablehnt (§ 311 a Abs. 1). *Beispiel:* Das von V an K verkaufte Mehrfamilienhaus hatte einen Mangel, weil der Dachstuhl vom echten Hausschwamm befallen war. Die Beseitigung dieses Mangels würde 635 000 Euro kosten, aber den Wert des Hauses nur um 93 000 Euro erhöhen. Der Aufwand für die Beseitigung des Mangels stände deshalb „in einem groben Missverhältnis zu dem Leistungsinteresse des Gläubigers" (§ 275 Abs. 2 S. 1). Da V aus diesem Grund die einzig mögliche Nacherfüllung (die Beseitigung des Man- 196

---

225 BGHZ 163, 234. Dazu Chr. Hirsch Jura 2006, 120. Dagegen war im Fall 4 (Rn 100 = BGH NJW 2015, 2564) die Möglichkeit der „Lieferung einer mangelfreien Sache" vertraglich vereinbart worden. Eine Nacherfüllung war deshalb möglich.
226 Letzteres, weil es sich um eine nicht vertretbare Sache und einen Stückkauf handelt (oben Rn 78).
227 BGH NJW 2013, 1733 Rn 13, 19.
228 BGH NJW 2011, 1217 Rn 31.

gels) zu Recht ablehnte, lag ein Fall des § 311 a vor (FD „Kauf – Schadensersatz", Frage 11, Ja).[229]

4. Vertretenmüssen

197 § 311 a verweist für das Vertretenmüssen nicht auf § 280 Abs. 1 S. 2, sondern geht einen eigenen Weg. Denn nach § 311 a Abs. 2 S. 2 kommt es darauf an, ob der Verkäufer „das Leistungshindernis nicht kannte und seine Unkenntnis auch nicht zu vertreten hat". Das *„Leistungshindernis"* ist hier die Unmöglichkeit oder grobe Unwirtschaftlichkeit der Nacherfüllung.[230] Zu fragen ist deshalb: „Wusste der Verkäufer, dass die Nacherfüllung im konkreten Fall unmöglich war (§ 275 Abs. 1) bzw ein Fall des § 275 Abs. 2 vorlag?" Auf die Frage, ob er den *Mangel* kannte, kommt es nicht an.[231] *Beispiel:* In dem Fall mit dem Hausschwamm (Beispiel Rn 196) wusste V schon bei Vertragsschluss, dass allein eine Sanierung des Dachstuhls als Nacherfüllung infrage kam, dass er sie aber wegen unverhältnismäßiger Kosten verweigern würde (§ 275 Abs. 2). Sollte er das nicht gewusst haben, hätte diese Unkenntnis auf Fahrlässigkeit beruht. Die fahrlässige Unkenntnis steht der Kenntnis gleich (§ 311 a Abs. 2 S. 2).

198 *Beweislast des Verkäufers:* Hinter den Worten „Dies gilt nicht, wenn …" muss man sich das Wort „ausnahmsweise" denken. Denn wie in § 280 Abs. 1 S. 2 will das Gesetz deutlich machen, dass das Vertretenmüssen der Normalfall ist. Deshalb muss sich der Verkäufer, wenn er sich auf den Ausnahmefall beruft, dessen Voraussetzungen beweisen.

5. Keine Fristsetzung

199 Weil § 311 a voraussetzt, dass die Nacherfüllung nach § 275 unmöglich ist oder zu Recht verweigert wird, fordert diese Vorschrift keine Fristsetzung.

6. Rechtsfolgen

200 *Wirksamkeit des Vertrags:* Der anfängliche Ausschluss der Nacherfüllung macht den Vertrag nicht unwirksam (§ 311 a Abs. 1). Das bedeutet: Er kann aus einem anderen Grund nichtig sein, aber nicht wegen der anfänglichen Unmöglichkeit der Nacherfüllung.

201 *Schadensersatz statt der Leistung:* Der Käufer kann Schadensersatz statt der Leistung verlangen (§ 311 a Abs. 2 S. 1). Wegen der Verweisung in § 311 a Abs. 2 S. 3 auf § 281 Abs. 1 S. 3 ist zu fragen, ob „die Pflichtverletzung unerheblich ist". Davon hängt es ab, ob der Käufer den „kleinen" oder den „großen" Schadensersatz verlangen kann (FD „Kauf – Schadensersatz ", Spalte 10, die auf Frage 7 verweist).

202 Der Schaden wird nach § 249 Abs. 1 berechnet. *Beispiel:* In dem Fall mit den zu geringen Mieteinnahmen (Rn 195, Beispiel 3) wollte K das Haus behalten, machte also den „kleinen" Schadensersatz geltend. Sein Schaden bestand in der Differenz zwischen dem Stand, den sein Vermögen hätte, wenn die Mieteinnahmen dem Vertrag entsprächen, und dem tatsächlichen Stand seines Vermögens.[232]

---

229 BGHZ 200, 350. Der BGH wendet allerdings statt § 311 a die „§§ 280 Abs. 1, 281 Abs. 1 S. 1" an (Rn 7).
230 Anders (wohl versehentlich) BGHZ 163, 234 (244 unter III. 1 c).
231 Richtig S. Lorenz NJW 2002, 2497 (2501 links): Es kommt auf die „unrichtige Einschätzung der eigenen Leistungsfähigkeit" an. Dazu Chr. Hirsch Jura 2006, 120 (125).
232 BGH NJW 2011, 1217 Rn 31.

Aufwendungsersatz: Der Käufer kann auch auf den Schadensersatz statt der Leistung 203
verzichten und den Ersatz seiner vergeblichen Aufwendungen nach § 284 verlangen
(§ 311 a Abs. 2 S. 1; Rn 210).

III. Schadensersatz statt der Leistung nach § 283

1. Mangel

Da § 283 im vorliegenden Zusammenhang infolge einer Verweisung in § 437 anzu- 204
wenden ist und § 437 generell einen Mangel voraussetzt, muss auch für § 283 ein
Mangel vorliegen.

2. Schaden, der durch eine Nacherfüllung beseitigt werden könnte

§ 283 S. 1 gewährt ausdrücklich nur einen Anspruch auf „Schadensersatz *statt* der 205
Leistung". Es gilt deshalb das Gleiche wie für § 281 und § 311 a.

3. Nachträgliche Undurchführbarkeit der Nacherfüllung

Unmöglichkeit der Nacherfüllung …: Die erste in § 283 S. 1 genannte Voraussetzung 206
ist, dass „der Schuldner nach § 275 Abs. 1 bis 3 nicht zu leisten" braucht. Die unmögliche (oder zulässig verweigerte) Leistung ist *die Nacherfüllung.* Insoweit gilt das Gleiche wie für § 311 a (Rn 193).

… die nach Vertragsschluss eingetreten ist: § 283 sagt nicht, wann die Unmöglichkeit 207
der Nacherfüllung eingetreten sein muss – schon vor Vertragsschluss oder danach. Die
Antwort ergibt sich aber aus § 311 a Abs. 1. Denn dieser setzt bekanntlich voraus, dass
„das Leistungshindernis *schon bei Vertragsschluss* vorliegt". Daraus ist zu schließen,
dass die Unmöglichkeit der Nacherfüllung im Fall des § 283 *nach* Vertragsschluss eingetreten sein muss (FD „Kauf – Schadensersatz", Frage 11, Nein). *Beispiel:* Kunst-
händler V besaß ein Aquarell von Nolde. Er ließ eine Kopie anfertigen und mit dem
Schriftzug „Nolde" versehen. Die Fälschung verkaufte er an K und behielt das Original. Später legte K das Bild der Nolde-Stiftung zur Begutachtung vor, die das Bild als
Fälschung erkannte. K verlangt nun von V die Lieferung des Originals, das V aber inzwischen an D verkauft und übereignet hat. Damit ist die Nacherfüllung nach Vertragsschluss unmöglich geworden (§ 275 Abs. 1).

4. Vertretenmüssen

Der Käufer kann nur „unter den Voraussetzungen des § 280 Abs. 1" Schadensersatz 208
verlangen (§ 283 S. 1). Es kommt also darauf an, ob der Verkäufer nach § 280 Abs. 1
S. 2 (wie dort vermutet wird) die Unmöglichkeit der Nacherfüllung zu vertreten hat.
Im Beispiel (Rn 207) folgt die Unmöglichkeit der Nacherfüllung daraus, dass V das
Original nach dem Vertragsschluss mit K dem D übereignet hat. Er wusste dabei, dass
er dadurch die K geschuldete Nacherfüllung unmöglich machte, hat also vorsätzlich
gehandelt (§ 276 Abs. 1 S. 1).

5. Rechtsfolgen

Der Käufer kann Schadensersatz *statt* der Leistung verlangen. § 283 S. 2 verweist auf 209
§ 281 Abs. 1 S. 3 und Abs. 5 (FD „Kauf – Schadensersatz", Spalte 12 mit Verweisung
auf Frage 7). Von der Erheblichkeit oder Unerheblichkeit der „Pflichtverletzung"

hängt es deshalb auch hier ab, ob der Käufer den „kleinen" oder den „großen" Schadensersatz verlangen kann (Rn 184 ff).

IV. Ersatz vergeblicher Aufwendungen

210   Immer wenn der Käufer Schadensersatz *statt* der Leistung geltend machen könnte, gibt ihm § 284 alternativ (nicht kumulativ) das Recht, den Ersatz vergeblicher Aufwendungen zu verlangen. § 284 wird in § 437 Nr. 3 ausdrücklich als Alternative zum Schadensersatz genannt.

211   *Definition:* Vergebliche Aufwendungen sind „freiwillige Vermögensopfer, die der Gläubiger im Vertrauen auf den Erhalt der Leistung erbracht hat, die sich aber wegen der … nicht vertragsgerechten Leistung des Schuldners als nutzlos erweisen".[233]

212   *Beispiel:* K kaufte von V für 436 000 Euro ein Einfamilienhaus, das einen höheren Wert hatte, nämlich 443 000 Euro. Der Vertrag scheiterte an einem Mangel des Hauses, den V zu vertreten hat. K könnte Schadensersatz nach den §§ 437 Nr. 3, 281 (mit § 280) verlangen. Sein Schaden besteht darin, dass er sein Vermögen bei Durchführung des Vertrags um 7 000 Euro erhöht hätte (Differenz von Kaufpreis und Wert) und ihm dieser Vorteil nun entgeht. Er könnte aber auch Ersatz seiner vergeblichen Aufwendungen verlangen, etwa Erstattung der von ihm bezahlten Maklercourtage, der unnötig aufgewandten Kosten der Kaufpreisfinanzierung und der schon angefallenen Kosten des geplanten Umzugs.[234] Wenn der Käufer Schadensersatz statt der Leistung geltend macht, wird er so gestellt, als sei der Vertrag erfüllt worden. In diesem Fall hätte er die genannten Kosten selbst getragen. Er kann sie dann nicht auch noch als vergebliche Aufwendungen geltend machen. Die Erstattung der vergeblichen Aufwendungen zu verlangen, ist nur dann der bessere Weg, wenn die Aufwendungen höher sind als der (alternativ geltend zu machende) Schaden.[235]

213   *Verhältnis zum Schadensersatz neben der Leistung:* Durch die Worte: „Anstelle des Schadensersatzes statt der Leistung …" macht § 284 indirekt deutlich, dass der Käufer Aufwendungsersatz durchaus zusätzlich zum Schadensersatz *neben* der Leistung verlangen kann.[236]

214   *Verhältnis zum Rücktritt:* Da Schadensersatz statt der Leistung und Rücktritt sich nicht ausschließen (§ 325), kann *Aufwendungsersatz* (der nach § 284 ja an die Stelle des Schadensersatzes statt der Leistung tritt) ebenfalls *neben* dem Rücktritt verlangt werden. Wenn es einen Widerspruch zwischen den Rücktrittsregeln und § 284 gibt, hat aber der Aufwendungsersatzanspruch Vorrang.[237]

V. Schadensersatz „neben" der Leistung

1. Begriff

215   Der Schadensersatz *neben der Leistung* bildet den Gegensatz zum Schadensersatz „statt" der Leistung nach § 280 Abs. 3. Denn der Schadensersatz *neben der Leistung* erfasst die Schäden, die *nicht* durch eine korrekte Nacherfüllung ausgeglichen würden.

---

233   BGHZ 163, 381 (387).
234   BGH NJW 2006, 1198 Rn 25.
235   Zu Einzelheiten des Ersatzes vergeblicher Aufwendungen siehe SAT Rn 1001 ff.
236   BGHZ 163, 381 (387).
237   BGHZ 163, 381 (385).

Wenn ein Mangel feststeht und es um Schadensersatz geht, ist die *erste Frage*, die man sich stellen muss, ob es sich um einen Schadensersatzanspruch handelt, der *neben* der Leistung oder *statt* der Leistung geltend gemacht wird. Lesen Sie bitte dazu Frage 1 des FDs „Kauf – Schadensersatz" und Spalte 14.   216

2. Voraussetzungen

Der Anspruch auf Schadensersatz *neben* der Leistung wird allein auf § 280 Abs. 1 gestützt. Die zusätzlichen Voraussetzungen, von denen § 280 Abs. 3 den Schadensersatz *statt* der Leistung abhängig macht, gelten für ihn nicht. Wichtigste Konsequenz: Eine Fristsetzung ist (weil eine Nacherfüllung wirkungslos wäre) nicht erforderlich. Es müssen nur folgende Voraussetzungen gegeben sein: 217

- Der Verkäufer hat eine Pflicht verletzt, die er nach dem Kaufvertrag zu erfüllen hatte (§ 280 Abs. 1 S. 1). Die Lieferung einer mangelhaften Sache verletzt immer die Pflicht, die Kaufsache mangelfrei zu verschaffen (§ 433 Abs. 1 S. 2).   218

- Der Verkäufer hat die Pflichtverletzung zu vertreten (§§ 280 Abs. 1 S. 2, 276 Abs. 1). Das Vorliegen dieser Voraussetzung wird vom Gesetz (durch die Formulierung des § 280 Abs. 1 S. 2) vermutet.   219

- Dem Käufer ist ein Schaden entstanden, der durch eine Nacherfüllung nicht ausgeglichen werden kann, weil er an einem anderen, der Nacherfüllung nicht zugänglichen Rechtsgut des Käufers entstanden oder aus einem anderen Grund bereits endgültig eingetreten ist. *Beispiel:* Pizzafabrikant K hatte die gelieferten (ranzigen) Salamischeiben bereits bei 69 000 Pizzas verwendet, die vernichtet werden mussten. Eine Neulieferung der Salamischeiben hätte diesen Schaden nicht ausgeglichen.[238]   220

3. Nutzungsausfallschäden

Manchmal entsteht durch die Lieferung einer mangelhaften Sache deshalb ein Schaden, weil die Sache nicht genutzt werden kann (Nutzungsausfallschaden). Der wichtigste Fall ist der *Betriebsausfallschaden. Beispiel:* Fabrikant K hatte eine Werkzeugmaschine gekauft, die sich als mangelhaft herausstellte. Durch die Reparatur verzögerte sich ihr Einsatz um vier Wochen. Die Lösung dieses Falles ist umstritten. Nach Ansicht einer verbreiteten Mindermeinung kann K den Betriebsausfallschaden nicht einfach nach den §§ 437 Nr. 3, 280 Abs. 1 (als Schadensersatz neben der Leistung) geltend machen, sondern muss zusätzlich die Voraussetzungen des Verzugs schaffen, insbesondere durch eine Mahnung (§§ 280 Abs. 3, 286). Die Vertreter dieser Ansicht verweisen darauf, dass anderenfalls ein Verkäufer, der schlecht liefere, schlechter gestellt sei als ein Verkäufer, der gar nicht liefere.[239] Das ist jedoch nicht überzeugend. Denn die unterschiedliche Behandlung beider Fälle ist vom Gesetzgeber gewollt und durchaus sachgerecht. Die Schlechtleistung stellt nämlich ein deutlich größeres Gefahrenpotenzial dar als die Nichtleistung, so dass dem Käufer verstärkt geholfen werden muss.[240]   221

---

238 BGH NJW 1991, 2633.
239 Dauner-Lieb/Dötsch DB 2001, 2535; Arnold/Dötsch BB 2003, 2250.
240 Canaris ZIP 2003, 321 (323); Medicus JuS 2003, 521 (528); Schulze/Ebers JuS 2004, 462 (465 f). Erst wenn der Käufer Ersatz des Schadens verlangen will, der sich aus der Verzögerung *der Nacherfüllung* (§ 439) ergibt, müssen die Verzugsvoraussetzungen vorliegen (so die Gesetzesbegründung BT-Drs 14/6040, 225). Siehe auch BGH NJW 2009, 2674.

4. Nebeneinander von Schadensersatz statt und neben der Leistung

222 Ein Käufer kann im Rahmen desselben Schadensfalls eine Schadensposition als Schadensersatz *statt* der Leistung und eine andere als Schadensersatz *neben* der Leistung verlangen. *Beispiel:* Die Bremsen des von K gekauften Pkw waren mangelhaft, so dass es zu einem Auffahrunfall kam. K macht einerseits den durch die mangelhaften Bremsen verursachten Minderwert des Fahrzeugs geltend (Schadensersatz statt der Leistung), andererseits den Unfallschaden (Schadensersatz neben der Leistung). Beide Forderungen bestehen nebeneinander. Bei der Fallbearbeitung müssen sie getrennt geprüft werden.

§ 6 Garantie, Arglist und Verbrauchsgüterkauf

223 **Fall 6: Defekte Dieseleinspritzpumpe**   § 443

▶ *Willy Klein kaufte einen gebrauchten Saab 9.5. Da die zweijährige Herstellergarantie schon weitgehend abgelaufen war, erwarb er gegen Zahlung eines Geldbetrags eine „Saab Protection" genannte Garantie. Garantiegeber war die deutsche Tochtergesellschaft des schwedischen Herstellers Saab. In der Garantieurkunde heißt es dazu: „Saab garantiert bei Material- oder Herstellungsfehlern die kostenlose Reparatur oder den kostenlosen Ersatz des betreffenden Teils … Die Garantie beginnt mit Ablauf der zweijährigen Herstellergarantie." Voraussetzung für Garantieleistungen sollte sein, dass das Fahrzeug „gemäß … Serviceheft … bei einem Saab-Vertragshändler … gewartet worden" war.*

Klein ließ die 60 000-km-Inspektion nicht durchführen. Bei Kilometerstand 69 580 kam es an der Dieseleinspritzpumpe zu einem Defekt, den Klein in einem Saab-Zentrum beseitigen ließ. Die Rechnung über 3 138 Euro bezahlte er nicht und berief sich dazu auf die Garantie. Die deutsche Saab-Importgesellschaft wies darauf hin, dass Klein die 60 000 km-Inspektion nicht hatte durchführen lassen, und weigerte sich deshalb, die Kosten zu übernehmen. Zu Recht? (Nach BGH NJW 2011, 3510)

224 Im vorliegenden Fall hat die deutsche Saab-Importgesellschaft als „Garantiegeber" (§ 443 Abs. 1) „eine Garantie dafür übernommen …, dass die Sache für eine bestimmte Dauer eine bestimmte Beschaffenheit behält", also eine so genannte Haltbarkeitsgarantie (§ 443 Abs. 2). Aber nach den Garantiebestimmungen kann Klein keine Garantieleistungen in Anspruch nehmen. Denn er hat die Voraussetzung nicht erfüllt, alle Servicearbeiten zur richtigen Zeit bei der richtigen Werkstatt durchführen zu lassen. Er konnte deshalb den Prozess nur gewinnen, wenn diese einschränkende Voraussetzung unwirksam war. Die Unwirksamkeit könnte sich aus § 307 ergeben.

Die fragliche Klausel, die man verkürzt „Markentreue-Klausel" nennen kann, ist zweifellos eine AGB (§ 305 Abs. 1). Aber § 307 Abs. 3 S. 1 beschränkt die Prüfung auf AGB, die an die Stelle von Rechtsvorschriften treten sollen. Damit ist gemeint, dass Klauseln, die den *Umfang von Leistung und Gegenleistung* festlegen oder beeinflussen, keiner Kontrolle nach § 307 unterliegen. Der BGH hat in der zugrunde liegenden Entscheidung die „Markentreue-Klausel" nicht zu den Bestimmungen gerechnet, die Leistung und Gegenleistung festlegen.[241] Die Klausel konnte also anhand von § 307 Abs. 1 und Abs. 2 geprüft werden. Dieser

---

241 NJW 2011, 3510 Rn 15

Prüfung hat sie aber nicht standgehalten, denn sie benachteiligt den Käufer (Garantienehmer) gegen Treu und Glauben unangemessen und ist deshalb unwirksam.

Dies Ergebnis scheint zunächst im Gegensatz zur bisherigen Rechtsprechung des BGH zu stehen. Denn der BGH hatte schon entschieden, dass ein Hersteller die Markentreue zur Voraussetzung seiner Garantieleistung machen darf.[242] Der Unterschied liegt in der Entgeltlichkeit und der Unentgeltlichkeit:

–   Die normale Herstellergarantie, die für Neuwagen gewährt wird und meist die ersten beiden Jahre umfasst, wird vom Hersteller *unentgeltlich* übernommen. Daraus ist zu folgern, dass der Hersteller den Umfang seiner Garantieleistung weitgehend bestimmen und deshalb seine Leistung von der Markentreue des Kunden abhängig machen darf.

–   Die hier diskutierte so genannte Anschlussgarantie wird dagegen vom Hersteller nur gegen Zahlung einer nicht unerheblichen Summe gewährt, die mit einer Versicherungsprämie vergleichbar ist. In diesem Fall darf der Käufer (Garantienehmer) davon ausgehen, dass er nicht auch noch zusätzlich markentreu sein muss. Eine anderslautende AGB benachteiligt ihn wider Treu und Glauben und ist deshalb nach § 307 Abs. 1 unwirksam.

Damit steht fest, dass die deutsche Saab-Importgesellschaft verpflichtet ist, Klein von der Zahlung der Reparaturkosten freizustellen. ◄

Lerneinheit 6

Aufsätze Garantie: *Tonner*, Die EU-Warenkauf-Richtlinie: auf dem Wege zur Regelung langlebiger Waren mit digitalen Elementen, VuR 2019, 363; *Wilke*, (Verbrauchsgüter-)Kaufrecht 2022 – die Warenkauf-Richtlinie der EU und ihre Auswirkungen, BB 2019, 2434; *Tonner/Gawel/Schlacke/Alt/Bretschneider*, Gewährleistung und Garantie als Instrumente zur Durchsetzung eines nachhaltigen Produktumgangs, VuR 2017, 3; *Lorenz*, Garantien und Sachmängel beim Autokauf, DAR 2014, 627; *Steimle*, Garantiebedingungen im Pkw-Vertrieb, NJW 2014, 192; *Bisle*, Gewährleistungs- und Garantieklauseln in Unternehmenskaufverträgen, DStR 2013, 364; *Braunschmidt/Vesper*, Die Garantiebegriffe des Kaufrechts, JuS 2011, 393. 225

Aufsätze Arglist: *Eggert*, Arglistiges Verhalten beim Gebrauchtwagenkauf, DAR 2015, 43; *Niesse/Nima Chassemi-Tabar*, Grundstückskauf – Die Arglisthaftung des Verkäufers, MDR 2013, 569; *Weißhaupt*, Haftung und Wissen beim Unternehmenskauf, WM 2013, 782; *Gutzeit*, Der arglistig täuschende Verkäufer, NJW 2008, 1359.

Aufsätze Verbrauchsgüterkauf: *Arnold/Hornung*, Verbrauchsgüterkauf und allgemeines Kaufrecht, JuS 2019,1041; *Bach*, Neue Richtlinien zum Verbrauchsgüterkauf und zu Verbraucherverträgen über digitale Inhalte, NJW 2019, 1705; *Georg*, Neuregelung der Nacherfüllungsverweigerung beim Verbrauchsgüterkauf, NJW 2018, 199; *S. Lorenz*, Grundwissen – Zivilrecht: Unternehmerregress (§§ 478, 479 BGB), JuS 2016, 872; *S. Lorenz*, Grundwissen – Zivilrecht: Verbrauchsgüterkauf, JuS 2016, 398; *Wagner*, Der Verbrauchsgüterkauf in den Händen des EuGH: Überzogener Verbraucherschutz oder ökonomische Rationalität? ZEuP 2016, 87; *Kohler*, Fälligkeit beim Verbrauchsgüterkauf, NJW 2014, 2817.

I. Drei zentrale Begriffe

Die folgenden Ausführungen beschäftigen sich mit drei zentralen Begriffen, nämlich der Garantie, der Arglist und dem Verbrauchsgüterkauf. Sie haben inhaltlich nicht viel miteinander zu tun. Sie eint eigentlich nur, dass sie immer wieder im Kaufrecht vorkommen, und so etwas wie Querschnittsthemen sind, ohne dass sich eine Stelle anbie- 226

---

242   BGH NJW 2008, 843 Rn 17. f.

tet, sie schwerpunktmäßig und mit einer gewissen Vollständigkeit darzustellen. Das soll nun im Folgenden geschehen. Dabei wird teilweise bereits Dargestelltes zusammengefasst und teilweise Künftiges vorbereitet.

II. Garantien

1. Die Garantie für eine bestimmte Beschaffenheit der Kaufsache

227   Der Verkäufer kann im Kaufvertrag eine „Garantie" dafür übernehmen, dass die Kaufsache eine bestimmte Beschaffenheit hat (Rn 169). Eine solche Zusicherung geht über die in § 434 Abs. 1 S. 1 genannte *vereinbarte* Beschaffenheit" hinaus. Denn der Verkäufer muss die Beschaffenheit in herausgehobener Weise betonen und erkennen lassen, dass er, falls sie fehle, für alle Folgen einstehen werde.[243] Eine Garantie verstärkt die Rechtsstellung des Käufers in vier Fällen:

- *Garantie ersetzt Verschulden:* Normalerweise hat der Schuldner nur „Vorsatz und Fahrlässigkeit zu vertreten" (§ 276 Abs. 1 S. 1). Aber aus der „Übernahme einer Garantie" ist eine „strengere ... Haftung ... zu entnehmen" (§ 276 Abs. 1 S. 1). Denn der Schuldner haftet für die Erfüllung der Garantie auch dann, wenn ihn nicht der Vorwurf des Verschuldens trifft. Für die Sachmängelhaftung des Kaufrechts bedeutet das: Fehlt die garantierte Beschaffenheit, hat der Verkäufer das nach § 276 Abs. 1 S. 1 „zu vertreten", ganz so, als habe er schuldhaft gehandelt. Er ist deshalb im Prinzip schadensersatzpflichtig (§§ 437 Nr. 3, 280 Abs. 1 S. 1; Rn 169).

- *Grobe Fahrlässigkeit des Käufers:* Wenn der Käufer einen Mangel grob fahrlässig übersieht, verliert er normalerweise seine Rechte wegen dieses Mangels. Das gilt aber nicht, wenn der Verkäufer in diesem Punkt „eine Garantie für die Beschaffenheit der Sache übernommen hat" (§ 442 Abs. 1 S. 2; Rn 268).

- *Haftungsausschluss unwirksam:* Ein Haftungsausschluss ist unwirksam, „soweit" der Verkäufer „eine Garantie für die Beschaffenheit der Sache übernommen hat" (§ 444). Der Verkäufer kann also nicht einerseits eine Beschaffenheit garantieren und andererseits die damit übernommene Haftung gleich wieder ausschließen (Rn 272).

- Ähnliches bestimmt § 445 für eine besondere Art der Versteigerung.

2. Die „Garantie" des § 443 Abs. 1

228   *Voraussetzungen:* § 443 Abs. 1 definiert den Begriff „Garantie" in der üblichen Weise, indem er ihn zunächst umschreibt und zum Schluss eingeklammert nennt. Danach setzt eine Garantie Folgendes voraus:

- Es gibt einen „Garantiegeber", der definiert wird als „der Verkäufer, der Hersteller oder ein sonstiger Dritter".

- Der Garantiegeber hat eine „Erklärung" abgegeben oder eine „einschlägige Werbung" geschaltet, die „vor oder bei Abschluss des Kaufvertrags verfügbar war".

- In der Erklärung oder Werbung hat der Garantiegeber angegeben, dass „die Sache" eine bestimmte „Beschaffenheit aufweist".

---

243 BGHZ 170, 86.

- Der Garantiegeber hat sich zu Garantieleistungen verpflichtet, „falls die Sache nicht diejenige Beschaffenheit aufweist ..., die in der Erklärung oder einschlägigen Werbung beschrieben" ist.[244]

- Die Garantieleistungen bestehen darin, „den Kaufpreis zu erstatten, die Sache auszutauschen, nachzubessern oder in ihrem Zusammenhang Dienstleistungen zu erbringen ...". Die Verpflichtung, Schadensersatz zu leisten, ist bewusst nicht aufgeführt. Sie soll nicht zum Begriff der Garantie gehören, kann aber im Einzelfall vom Garantiegeber übernommen werden.[245]

- Der Garantiegeber hat erkennen lassen, dass er die genannten Verpflichtungen „zusätzlich zu der gesetzlichen Mängelhaftung" eingehen will. Seine Garantie soll also die §§ 434 ff nicht ersetzen, nicht einmal modifizieren, sondern eigenständig neben sie treten.

Rechtsfolgen: Im „Garantiefall", also wenn die garantierte „Beschaffenheit" nicht vorliegt, „stehen dem Käufer ... die Rechte aus der Garantie gegenüber dem Garantiegeber zu" (§ 443 Abs. 1). Dem Gesetzgeber war nicht mehr als diese nichtssagende Formulierung möglich, weil der Inhalt der Garantie allein vom Garantiegeber festgelegt wird.

Umfassende Definition? Die amtliche Begründung zur Neufassung des § 443 geht davon aus, dass die Definition des § 443 Abs. 1 auch den Garantiebegriff der §§ 276 Abs. 1 S. 1, 442 Abs. 1 S. 2, 444 und 445 erfasst.[246] Das kann aber nicht richtig sein, und zwar aus folgenden Gründen:

229

- Die in § 443 Abs. 1 definierte Garantie ist nicht Teil des Kaufvertrags, sondern in einer eigenen „Erklärung" oder in einer „Werbung" enthalten. Demgegenüber ist die in den anderen Paragrafen genannte Garantie Bestandteil des Kaufvertrags.

- Die Garantie des § 443 Abs. 1 erfolgt „zusätzlich zu der gesetzlichen Mängelhaftung", steht also selbstständig neben ihr, während die in den anderen Paragrafen geregelte Garantie Teil der gesetzlichen Mängelhaftung ist.

- Die in § 443 Abs. 1 definierte Garantie gewährt keinen Schadensersatz, während die in den übrigen Paragrafen genannte Garantie oft gerade dem Zweck dient, zu einem Schadensersatzanspruch zu führen.

3. Haltbarkeitsgarantie

Definition: Die in § 443 Abs. 2 definierte Haltbarkeitsgarantie liegt vor, wenn der Garantiegeber eine Garantie dafür übernommen hat, „dass die Sache für eine bestimmte Dauer eine bestimmte Beschaffenheit behält". Eine solche Garantie unterscheidet sich deutlich von der gesetzlichen Mängelhaftung, weil sich diese bekanntlich nur auf den Augenblick des Gefahrübergangs bezieht (§ 434 Abs. 1 S. 1: „... bei Gefahrübergang").

230

Beispiel: V hatte dem Pizzafabrikanten K Salamischeiben verkauft mit der Zusage: „Mindestens neun Monate ab Lieferdatum haltbar." Die Salami stellte sich als ranzig heraus und war deshalb mangelhaft (§ 434 Abs. 1 S. 1). Es war aber zweifelhaft, ob sie

---

244 Falls sich die Garantie auf Umstände bezog, die mit Mängeln der Kaufsache nichts zu tun haben, muss der Garantiegeber auch für deren Bestand garantieren („...oder andere als die Mängelfreiheit betreffende Anforderungen nicht erfüllt").
245 BT-Drs. 17/12637, S. 68.
246 BT-Drs. 17/12637, S. 69.

das schon „bei Gefahrübergang" war. Die Haltbarkeitsgarantie (§ 443 Abs. 2) führte dazu, dass ein Mangel auch dann vorlag, wenn die Kaufsache bei Gefahrübergang mangelfrei gewesen sein sollte.[247]

Die Definition der Haltbarkeitsgarantie lehnt sich erkennbar an die allgemeine Definition der „Garantie" in Absatz 1 an. Deshalb gelten für die Haltbarkeitsgarantie auch die Bestimmungen des Absatzes 1. Absatz 2 ergänzt sie nur.

Gegensatz Beschaffenheitsgarantie: Die Beschaffenheitsgarantie bezieht sich nur auf die Beschaffenheit der Kaufsache in einem Zeitpunkt. Das kann (wie bei der gesetzlichen Mängelhaftung) der Gefahrübergang sein, aber auch ein anderer Zeitpunkt. Für die Beschaffenheitsgarantie gibt es (anders als für die Haltbarkeitsgarantie) keine Spezialbestimmung. Das führt zu der etwas unglücklichen Situation, dass Abs. 1 die einzige Regelung der Beschaffenheitsgarantie darstellt und zugleich Grundlagen der Haltbarkeitsgarantie enthält.

4. Herstellergarantie

231   *Als Haltbarkeitsgarantie:* Wenn der Hersteller oder Importeur einer Kaufsache eine Garantie übernimmt, dann fast immer als Haltbarkeitsgarantie. Das häufigste Beispiel ist die einem technischen Gerät beiliegende Garantieurkunde (Fall 1, Rn 1). Sie kann sich auch aus der Werbung des Herstellers ergeben (so § 443 Abs. 1, der ja auch für die Haltbarkeitsgarantie gilt). *Beispiel:* In einer Anzeige für Aluminiumdächer hieß es: „40 Jahre Garantie".[248]

Der Hersteller bietet mit seiner Garantie eine Leistung an, zu der er kraft Gesetzes nicht verpflichtet ist. Denn da er (außer in Ausnahmefällen) nicht auch Verkäufer und damit nicht Vertragspartner des Käufers ist, ist er (ohne Garantie) dem Käufer zu nichts verpflichtet. Die in der Garantie verbrieften Rechte treten *neben* die nach den §§ 434 ff bestehende Haftung des Verkäufers, nicht an ihre Stelle.

232   *Inhalt:* Der Hersteller verpflichtet sich idR, während einer gewissen Zeit kostenlos alle Mängel zu beseitigen, die auf einem Konstruktions-, Material- oder Herstellungsfehler beruhen (§ 443 Abs. 1). Da sich die Haltbarkeitsgarantie auch auf Mängel bezieht, die erst im Lauf der Garantiezeit auftreten, ist die Herstellergarantie in dieser Hinsicht für den Käufer günstiger als die gesetzliche Gewährleistung. Aber wenn es sich wirklich um einen Material- oder Herstellungsfehler handelt, muss er bei Gefahrübergang zumindest schon angelegt gewesen sein. Dann würde auch die gesetzliche Gewährleistung helfen (Rn 49). Eine Fehlbehandlung durch den Käufer schließt *in beiden Fällen* eine Haftung aus.

Da der Hersteller die Garantie freiwillig und unentgeltlich übernimmt, darf er den Umfang der Garantie weitgehend bestimmen.[249] *Beispiel:* Die Daimler AG hatte in einem Prospekt mit den Worten geworben: „... garantieren wir Ihnen ..., dass keine Durchrostung von innen nach außen auftreten wird". Daimler hatte die Einschränkung gemacht, die Wartungsarbeiten müssten in Mercedes-Werkstätten durchgeführt worden sein. Da es sich um eine *unentgeltlich* übernommene Garantie handelte, durfte Daimler

---

247   BGH NJW 1991, 2633 zum damaligen Begriff „zugesicherte Eigenschaft".
248   BGH NJW 2008, 2995.
249   BGH NJW 2008, 843; OLG Stuttgart NJW 2009, 1089.

diese Einschränkung machen.[250] Für eine *entgeltliche* Garantie gilt das nicht (Rn 235 f).

Vermutung zugunsten des Käufers: Die Haltbarkeitsgarantie begründet die Vermutung, „dass ein während ihrer Geltungsdauer auftretender Sachmangel die Rechte aus der Garantie begründet" (§ 443 Abs. 2). Das führt zu einer Umkehr der Beweislast. Denn der *Garantiegeber* muss beweisen, dass ein sich während der Garantiezeit zeigender Mangel auf einer unsachgemäßen Behandlung der Kaufsache beruht, nicht auf einem Konstruktions- oder Produktionsfehler. Durch die Haltbarkeitsgarantie ergibt sich also für alle Käufer eine ähnlich komfortable Rechtslage wie kraft Gesetzes beim Verbrauchsgüterkauf innerhalb der ersten sechs Monate (§ 477; Rn 53 ff). 233

Abschluss: Die in der Garantieurkunde enthaltene Garantieerklärung ist als Antrag anzusehen (§ 145), der ausnahmsweise nicht nach § 130 Abs. 1 S. 1 an eine bestimmte Person gerichtet werden muss und innerhalb einer unbestimmt langen Annahmefrist angenommen werden kann (§ 148). Der Käufer nimmt den Antrag spätestens dadurch an, dass er Rechte aus der Garantie geltend macht.

Informationspflichten: Viele Verbraucher haben aufgrund der Garantiekarte den Eindruck, dass sie gegen den *Verkäufer* keine Rechte aus Sachmängeln geltend machen könnten. Handelt es sich um einen Verbrauchsgüterkauf (§ 474 Abs. 1 S. 1), muss der Hersteller deshalb darauf hinweisen, dass seine Garantie die Verkäuferhaftung nur ergänzt, nicht ersetzt (§ 479 Abs. 1 S. 2 Nr. 1). *Beispiel:* In der Garantieurkunde heißt es korrekt: „Die gesetzlichen Rechte des Käufers gegen den Verkäufer werden durch diese Garantie nicht eingeschränkt." Ein solcher Hinweis fehlt aber oft. 234

Verjährung: Das durch den Garantievertrag begründete Dauerschuldverhältnis endet mit dem Ablauf der Garantiezeit, zB zwei Jahre nach Abschluss des Kaufvertrags. Einer Verjährung unterliegt das Schuldverhältnis nicht, weil es keinen Anspruch darstellt. Aber die aus ihm entstehenden Ansprüche unterliegen der Verjährung (§ 194). Sie richtet sich nach § 195, nicht nach § 438.[251] Die dreijährige Verjährungsfrist beginnt am Ende des Jahres, in dem der Käufer den Mangel entdeckt hat oder ohne grobe Fahrlässigkeit entdeckt hätte (§ 199 Abs. 1 Nr. 2).[252] Der Zeitpunkt der Entdeckung muss noch in die Garantiefrist fallen,[253] der Zeitpunkt der Geltendmachung nicht. Es ist deshalb möglich, dass der Käufer noch längere Zeit nach Ablauf der Garantiefrist den Garantiegeber verklagt, ohne dass dieser die Einrede der Verjährung erheben kann.

5. Anschlussgarantie des Herstellers

Für die Zeit nach Ablauf der primären Herstellergarantie (meist zwei Jahre) bieten viele Automobilhersteller eine *Anschlussgarantie* an. Da sie vom Käufer besonders bezahlt werden muss, gelten für sie andere Regeln. Der Hersteller darf die Garantieleistungen nicht davon abhängig machen, dass sich der Käufer bei Service- oder Repara- 235

---

250 BGH NJW 2008, 843.
251 Erman/Grunewald § 443 Rn 16; Staudinger/Matusche-Beckmann § 443 Rn 45; Palandt/Weidenkaff § 443 Rn 15; für Anwendung von § 438 Bamberger/Roth/Faust § 443 Rn 31 und Oetker/Maultzsch, Vertragliche Schuldverhältnisse, 4. Aufl. (2013) § 2 Rn 364. Der BGH hat die Frage bisher offengelassen.
252 Grützner/Schmidl NJW 2007, 3610.
253 BGHZ 75, 75 (81); Oetker/Maultzsch, Vertragliche Schuldverhältnisse § 2 Rn 364.

turarbeiten strikt markentreu verhalten hat (Fall 6, Rn 223). Anderslautende AGB sind nach § 307 unwirksam.[254]

6. Gebrauchtwagengarantien

236   Gebrauchtwagenhändler bieten manchmal eine Garantie-Versicherung an. *Beispiel:* V vermittelte dem K für den verkauften Gebrauchtwagen einen mit der X-Versicherungs-AG abzuschließenden „Garantievertrag", dessen Prämie K zu zahlen hatte. In dem Vertrag garantierte die X „die Funktionsfähigkeit aller mechanischen und elektrischen Teile". Die AGB-Klausel, dass die Wartung in der Werkstatt des V (oder in einer markengebundenen Werkstatt) erfolgen müsse, hat der BGH an § 307 scheitern lassen. [255] Denn bei einer vom Kunden bezahlten Garantie darf der Garantiegeber keine solchen Einschränkungen machen. Die Garantie gilt auch dann als vom Kunden bezahlt, wenn die Prämie in den Kaufpreis des Gebrauchtwagens eingerechnet wurde und deshalb nicht gesondert ausgewiesen ist.[256]

III. Arglist

1. Die aus § 123 bekannte Arglist

237   Die meisten Studierenden, die sich zum ersten Mal mit dem Kaufrecht beschäftigen, kennen die Arglist bereits aus § 123 Abs. 1. Das ist nützlich, denn der Begriff „Arglist" ist im ganzen Zivilrecht der gleiche.[257] Man kann deshalb das über § 123 Gelernte ohne weiteres auch im Kaufrecht anwenden. Es besteht aber ein großer Unterschied in den gewährten Rechten:

■ § 123 gibt dem Getäuschten das Recht, die eigene (auf Täuschung beruhende) Willenserklärung anzufechten. Diese Möglichkeit besteht selbstverständlich auch für den Käufer (was das Kaufrecht nicht zu erwähnen braucht).

■ Den §§ 434 ff geht es um etwas ganz anderes. Sie wollen – gerade *ohne* Anfechtung nach § 123 – die Rechtsstellung des arglistig getäuschten Käufers durch mehrere Bestimmungen verbessern.

2. Täuschung durch Worte oder durch Manipulation

238   Obwohl das Kaufrecht die arglistige Täuschung nur in der Form des arglistigen Verschweigens zu kennen scheint (Rn 239), steht auch bei Kaufverträgen die Täuschung durch Worte im Vordergrund. Die Voraussetzungen sind hier einfacher als beim Verschweigen. Denn erforderlich ist nur, dass der Verkäufer

■ den Sachmangel *kennt* und trotzdem behauptet, dass er nicht vorliege oder

■ eine negative Eigenschaft der Kaufsache zumindest *für möglich hält* und „ins Blaue hinein" behauptet, sie existiere nicht. *Beispiel:* Die Verkäuferin eines Grundstücks stellte in ihrem Exposé ohne Sachkenntnis („ins Blaue hinein") die falsche Behaup-

---

254   BGH NJW 2011, 3510 Rn 15 ff.
255   BGH NJW 2008, 214; ähnlich BGH NJW 2009, 3714.
256   BGH NJW 2014, 209.
257   Es gibt einen kleinen Unterschied: Während die Täuschung nach § 123 für die Willenserklärung kausal gewesen sein muss, ist es im Kaufrecht nicht erforderlich, dass die Arglist den Käufer in seiner Entscheidung beeinflusst hat (BGH NJW 2011, 3640 Rn 8 mwN).

tung auf, die Bauordnung erlaube es, im hinteren Teil des Gartens Pferdeboxen zu errichten.[258]

Manipulieren: Dem steht der Fall gleich, dass der Verkäufer an der Kaufsache eine Manipulation vornimmt, die ihren wahren Zustand verschleiert. Hauptfall ist das Verstellen des Kilometerzählers (meist fälschlich als Tacho bezeichnet).

3. „... wenn der Verkäufer den Mangel arglistig verschwiegen hat ...“

Die einzige Form der Arglist, die das Kaufrecht zu kennen scheint, ist das arglistige Verschweigen eines Mangels. Denn die §§ 433 ff sprechen nur davon, dass „der Verkäufer den Mangel arglistig *verschwiegen* hat" (§§ 438 Abs. 3 S. 1, 442 Abs. 1 S. 2, 444). Aber das ist zu eng, denn die beiden anderen Begehungsformen (unwahre Worte oder Manipulation) gehen vor. Ein arglistiges Verschweigen darf sogar erst dann geprüft werden, wenn feststeht, dass sie *nicht* gegeben sind.   **239**

Offenbarungspflicht: Ein Verschweigen ist nur arglistig, wenn für den Verkäufer in der konkreten Situation eine *Offenbarungspflicht* besteht. Diese ist gegeben, wenn der Verkäufer den Sachmangel kennt oder „mindestens für möglich hält und gleichzeitig weiß oder damit rechnet und billigend in Kauf nimmt, dass der Vertragsgegner den Sachmangel nicht kennt und bei Offenbarung den Vertrag nicht oder nicht mit dem vereinbarten Inhalt geschlossen hätte".[259]   **240**

Beispiel: Die Rechtsanwälte V und B hatten gemeinsam eine Anwaltskanzlei betrieben. B schied aus der Sozietät unter Mitnahme der von ihm betreuten Mandate aus. Kurz darauf verkaufte V die Kanzlei für 500 000 Euro an Rechtsanwalt K. Bei den Kaufverhandlungen hatte V dem K alle Unterlagen der letzten Jahre über die Umsätze der Kanzlei und ihre Gewinne vorgelegt. Er hatte aber nicht erwähnt, dass die Umsätze um mehr als ein Drittel zurückgegangen waren, weil B die von ihm betreuten Mandate mitgenommen hatte. In diesem Fall war V klar, dass K den Mangel nicht erkannt hatte. Zumindest hatte V das für möglich gehalten.   **241**

Keinesfalls darf die Offenbarungspflicht damit begründet werden, dass der Verkäufer zuvor eine falsche Erklärung abgegeben hatte. *Beispiel:* Die Verkäuferin eines Grundstücks hatte in ihrem Exposé ohne Sachkenntnis („ins Blaue hinein") die falsche Behauptung aufgestellt, die Bauordnung erlaube dort Pferdeboxen (Rn 238). Der BGH hat ein arglistiges *Verschweigen* angenommen und die Offenbarungspflicht damit begründet, dass die Verkäuferin verpflichtet gewesen sei, diese Falschinformation zu korrigieren.[260] Aber das ist unzutreffend. Vielmehr lag in dieser Falschinformation selbst die arglistige Täuschung (durch Behaupten). Ein arglistiges Verschweigen durfte deshalb gar nicht mehr geprüft werden.   **242**

Entscheidender Zeitpunkt: Alle Voraussetzungen der Arglist müssen bei Gefahrübergang (§§ 446, 447) vorliegen.[261]

---

258 NJW 2019, 2380.
259 BGH NJW 2019, 2380 Rn 22; NJW 2018, 389 Rn 11, BGHZ 188, 43 Rn 14.
260 NJW 2019, 2380 Rn 23.
261 MüKo/Westermann § 438 Rn 33.

4. Beweislast

243 Darlegungs- und beweispflichtig für sämtliche Voraussetzungen der Arglist ist der Käufer.[262] Darin liegt für den Käufer der einzige Nachteil, wenn er sich auf Arglist stützen will. Der Käufer muss insbesondere im Fall des Verschweigens beweisen, dass der Verkäufer seiner Offenbarungspflicht nicht nachgekommen ist. Da ein Unterlassen schwer zu beweisen ist, gelten hier jedoch die Grundsätze der sekundären Darlegungslast: Der Verkäufer muss konkret angeben, wann und wie er (angeblich) aufgeklärt hat. Erst danach muss der Käufer diese Ausführungen zu erschüttern versuchen.[263]

5. Rechtsfolgen

244 Wenn der Verkäufer den Käufer über einen Mangel der Kaufsache arglistig getäuscht hatte, wird der Käufer vom Gesetz sozusagen auf Rosen gebettet:

- *Schadensersatz:* Er hat einen Anspruch auf Schadensersatz (§ 437 Nr. 3), weil Arglist eine besondere Form des Vorsatzes ist.

245 - *Mangel übersehen:* Wenn der Käufer den Mangel bei Vertragsschluss infolge grober Fahrlässigkeit übersehen hatte, verliert er im Prinzip alle Rechte wegen dieses Mangels. Das gilt aber nicht, wenn der Verkäufer den Käufer arglistig getäuscht hatte (§ 442 Abs. 1 S. 2 Var. 1; Rn 267).

246 - *Haftungsausschluss:* Ein (auf Wunsch des Verkäufers) im Vertrag vereinbarter Haftungsausschluss ist insoweit nichtig, als der Verkäufer den Käufer arglistig getäuscht hatte (§ 444 Var. 1; Rn 271).

247 - *Verjährungsfrist:* Für die Verjährung der Sachmängelansprüche gilt im Fall der Arglist die regelmäßige Verjährungsfrist der §§ 195, 199 (§ 438 Abs. 3 S. 1; Rn 296 ff). Das ist für den Käufer ein großer Vorteil, weil die Verjährungsfrist nicht beginnt, bevor der Käufer von der Arglist Kenntnis erlangt hat oder ohne grobe Fahrlässigkeit erlangt hätte (§ 199 Abs. 1 Nr. 2; Rn 298).

6. Ausweitungen durch die Rechtsprechung

248 Der BGH hat die Rechte eines arglistig getäuschten Käufers ausgeweitet:

- Wenn der Verkäufer den Käufer bei den Vertragsverhandlungen benachteiligt hat, liegt es für den Käufer nahe, Schadensersatz wegen Culpa in contrahendo geltend zu machen (§§ 311 Abs. 2 und 3, 241 Abs. 2, 280). Im Prinzip schließt die Sachmängelhaftung als Sonderregelung diesen Rückgriff auf ein Rechtsinstitut des Allgemeinen Schuldrechts aus. Nur im Fall der Arglist gilt diese „Sperrwirkung" nicht.[264]

249 - Der Käufer braucht einem Verkäufer, der ihn arglistig getäuscht hat, keine Frist zur Nacherfüllung zu setzen. Das wird teilweise aus § 323 Abs. 2 Nr. 3 abgeleitet („besondere Umstände", Rn 133),[265] teilweise aus § 440 S. 1 aE („unzumutbar").

---

262 BGH NJW 2017, 150 Rn 28; 2016, 2315 Rn 21; 2014, 3296 Rn 13.
263 BGH NJW 2011, 3640 Rn 18; BGHZ 188, 43 Rn 12.
264 BGHZ 180, 205 Rn 19 ff; zuletzt bestätigt von BGH NJW 2016, 2315 Rn 33.
265 BGH NJW 2019, 2380 Rn 25; 2009, 2532 Rn 17; 2008, 1371 (1373); 2007, 835 Rn 15 ff; für den Fall eines Schadensersatzanspruchs gilt die Parallelvorschrift § 281 Abs. 2.

- Auf § 323 Abs. 5 S. 2, der bei einem unerheblichen Mangel den Rücktritt ausschließt, kann sich der Verkäufer im Fall der Arglist idR nicht berufen (Rn 128).[266]

250

IV. Verbrauchsgüterkauf

1. Grundlagen

a) Definition

Ein Verbrauchsgüterkauf ist ein Kaufvertrag, der sich auf eine (neue oder gebrauchte) bewegliche Sache bezieht und zwischen einem Unternehmer (§ 14) als Verkäufer und einem Verbraucher (§ 13) als Käufer abgeschlossen wird (§ 474 Abs. 1 S. 1; Rn 48).[267] Wenn ein Verbrauchsgüterkauf den Verkäufer verpflichtet, die Kaufsache zu montieren oder zu installieren, gilt der weitgehende Käuferschutz der §§ 474 ff auch für diese Tätigkeit (§ 474 Abs. 1 S. 2).

251

b) Kein Verbrauchsgüterkauf

Im Umkehrschluss aus § 474 Abs. 1 S. 1 liegt *kein* Verbrauchsgüterkauf vor, wenn

252

- zwar der Verkäufer Unternehmer ist (§ 14) und der Käufer Verbraucher (§ 13), die Kaufsache aber eine *unbewegliche* Sache ist, zB eine Eigentumswohnung
- beide Partner des Kaufvertrags Unternehmer (§ 14) sind
- beide Partner Verbraucher (§ 13) sind (volkstümlich „Verkauf von Privat an Privat" genannt), oder wenn

253

- der *Verkäufer* Verbraucher ist und der Käufer Unternehmer. *Beispiel:* Stadtinspektor S verkaufte seinen gebrauchten Ford Fiesta an den Gebrauchtwagenhändler G.

2. Besonderheiten

a) Beweislast

Käufer als Verbraucher: Wer sich darauf beruft, dass er als Käufer Verbraucher sei, muss das beweisen. Das folgt aus der allgemeinen Beweisregel, dass jeder die Tatsachen beweisen muss, auf die er sich (zu seinen Gunsten) beruft. *Beispiel:* Frau K züchtet Katzen und hat für deren Verkauf eine eigene Homepage. Sie hatte einen Zuchtkater gekauft, der krank wurde, und berief sich auf § 477. Sie musste nachweisen, dass sie den Kater als Verbraucherin gekauft hatte.[268]

254

Verkäufer als Verbraucher: Es kann auch für einen *Verkäufer* vorteilhaft sein, wenn er Verbraucher ist. Er kann dann insbesondere die für den Verkäufer unangenehme Beweislastumkehr des § 477 vermeiden. *Beispiel 1:* Frau V betreibt eine Zucht von Araberpferden. K, ein Verbraucher, machte geltend, dass das von ihm gekaufte Pferd einen Mangel habe, und berief sich auf § 477. Dem konnte Frau V nur entgehen, wenn sie selbst Verbraucherin war. Sie betonte deshalb, sie betreibe die Zucht als Hobby und damit ohne Gewinnerzielungsabsicht. Aber der BGH hat sie zu Recht als Unternehme-

255

---

266 BGHZ 167, 19 Rn 13; NJW 2008, 1371.
267 Zu den Begriffen BGB-AT Rn 26 ff. Wenn sich ein Verbraucher, damit ihn der Unternehmer als Käufer akzeptiert, als Unternehmer ausgibt, kann er sich nachher nicht auf die §§ 474 ff berufen (BGH NJW 2005, 1045).
268 BGH NJW 2007, 2619 Rn 13.

rin angesehen.[269] *Beispiel 2:* Verbraucher A kaufte von einer GmbH, die eine Druckerei betreibt, einen gebrauchten Renault Espace. Der Geschäftsführer der GmbH machte geltend, dass der Verkauf von Gebrauchtwagen nicht zum Geschäftszweck einer Druckerei gehöre und die GmbH deshalb in diesem Fall keine Unternehmerin sei. Der BGH hat das verständlicherweise nicht anerkannt.[270] *Beispiel 3:* V betreibt eine Reparaturwerkstatt für Pkw. Er verkaufte einer Verbraucherin ein 25 Jahre altes Wohnmobil, das er ausschließlich selbst im Urlaub oder an Wochenenden genutzt hatte. Im Gegensatz zu einer GmbH, die niemals Verbraucherin ist, kann ein Mensch mal Verbraucher, mal Unternehmer sein (§ 13). Der BGH hat den Verkäufer zu Recht als Verbraucher angesehen.[271] Denn er hat den Wagen als Camper verkauft, nicht als Inhaber seiner Reparaturwerkstatt.

b) Andere Besonderheiten

256 *„Unverzüglich" statt „sofort":* § 475 Abs. 1 S. 1 will den Parteien eines Verbrauchsgüterkaufs für ihre Primärleistungen (Übergabe der Kaufsache und Bezahlung) mehr Zeit lassen als ihnen nach § 271 Abs. 1 zustehen würde. Während § 271 Abs. 1 verlangt, dass die Leistungen im Zweifel „sofort" erbracht werden, sollen die Partner eines Verbrauchsgüterkaufs nur „unverzüglich" leisten müssen, also „ohne schuldhaftes Zögern" (§ 121 Abs. 1 S. 1). Leider ist § 475 Abs. 1 S. 1 so schlecht formuliert, dass sich sein Sinn nur schwer erschließt.

Später Gefahrübergang: Zu § 475 Abs. 2 siehe Rn 48.

Kein Wertersatz für Nutzungen: Siehe zu § 475 Abs. 3 S. 1 Rn 94.

257 *Beweislastumkehr:* Der vielleicht wichtigste Vorteil für den Verbraucher ergibt sich aus § 477 (Rn 53 bis 56).

Garantien: Zu § 479 siehe Rn 3, 233.

§ 7 Entfall der Mängelrechte

258 **Fall 7: Astra Coupé**   §§ 444, 475

▶ *Der angestellte Buchhalter Martin Sasse kaufte bei dem Gebrauchtwagenhändler Linke aus Stuttgart ein drei Jahre altes Astra Coupé für 14 990 Euro. Im Kaufvertrag heißt es: „Das Kraftfahrzeug wird unter Ausschluss der Sachmängelhaftung verkauft." In der Zeile „Verkäufer" trug Linke ein: „Manfred Marelli, Winterstraße 49, Tuttlingen." Dieser Marelli, ein technischer Angestellter, hatte das Fahrzeug Linke zum Verkauf überlassen. Wenige Wochen nach der Übergabe blieb der Wagen häufig liegen. Sasse forderte deshalb Linke auf, die Elektronik nachzubessern. Linke verwies darauf, dass die Mängelrechte insgesamt ausgeschlossen worden waren. Darauf erwiderte Sasse, es handele sich um einen Verbrauchsgüterkauf, so dass nach § 476 Abs. 1 S. 1 eine Haftung nicht ausgeschlossen werden dürfe. Dem hielt Linke entgegen, wie sich aus dem Kaufvertrag ergebe, sei nicht er der Verkäufer,*

---

269 BGH NJW 2006, 2250 (Sommerekzem).
270 NJW 2011, 3435 Rn 17 ff. Aber die Begründung des BGH ist nicht richtig. Die in § 344 HGB geregelte Frage, ob es sich um ein Handelsgeschäft oder ein Privatgeschäft handelt, stellt sich nur bei Einzelkaufleuten, also bei Menschen. Eine GmbH kennt kein Privatleben. Sie handelt immer geschäftlich, also als Unternehmerin (Witt NJW 2011, 3402 [3403]; Faust JuS 2011, 1121 [1122]).
271 NJW 2013, 2107 Rn 17 f.

sondern der Vorbesitzer Manfred Marelli, der selbst Verbraucher sei, so dass es sich nicht um einen Verbrauchsgüterkauf handele. Kann Sasse trotzdem zurücktreten? (Nach BGH NJW 2005, 1039)

Wie sich aus § 444 ergibt, kann der Verkäufer grundsätzlich die Haftung für Sachmängel im Kaufvertrag ausschließen. In § 444 sind als Ausnahmefälle, in denen ein Haftungsausschluss unwirksam ist, nur die Garantie einer bestimmten Beschaffenheit und die Arglist genannt. Im vorliegenden Fall hatte aber der Verkäufer keine Beschaffenheit des Fahrzeugs garantiert. Und ihm konnte auch nicht nachgewiesen werden, dass er die Anfälligkeit der Elektronik arglistig verschwiegen hatte.   259

Deshalb konnte sich Sasse auf die Unwirksamkeit des Haftungsausschlusses nur berufen, wenn es sich um einen *Verbrauchsgüterkauf* handelte. § 476 Abs. 1 S. 1 bestimmt, dass sich der Verkäufer in diesem Fall nicht auf eine Vertragsbestimmung berufen kann, die zum Nachteil des Käufers (Verbrauchers) von der gesetzlichen Regelung abweicht. Die in § 444 indirekt enthaltene Erlaubnis, die Haftung für Mängel auszuschließen oder zu begrenzen, gilt also für den Verbrauchsgüterkauf nicht (Rn 276).[272] Die Frage ist nur, ob es sich um einen Verbrauchsgüterkauf handelt (§ 474 Abs. 1 S. 1). Sasse ist angestellter Buchhalter und damit zweifellos Verbraucher (§ 13). Wenn Linke der Verkäufer wäre, läge ein Verbrauchsgüterkauf vor, weil Linke als Händler Unternehmer ist (§ 14). Aber als „Verkäufer" wurde im Vertrag Marelli bezeichnet. Der BGH hat es abgelehnt, den Vertrag als Verbrauchsgüterkauf zu qualifizieren. Der Haftungsausschluss war deshalb wirksam.

Kritik: Die wenig verbraucherfreundliche Entscheidung des BGH ist nicht überzeugend. Denn der BGH hätte prüfen müssen, ob Linke nicht – da er als Vertreter des Vorbesitzers Marelli den Kaufvertrag geschlossen hatte – nach § 311 Abs. 3 S. 2 als so genannter *Sachwalter* persönlich haftete.[273] In diesem Fall hätte er sich nicht darauf berufen können, dass kein Verbrauchsgüterkauf vorlag. Zumindest hätte Linke unübersehbar darauf hinweisen müssen, dass es sich um einen Verkauf unter Verbrauchern handelte und nur deshalb ein völliger Haftungsausschluss wirksam war. Denn kein normaler Verbraucher weiß (oder ahnt auch nur), dass die Nennung eines anderen Verkäufers im Kaufvertrag für ihn gravierende Nachteile haben kann (siehe auch Rn 280). ◄   260

Lerneinheit 7

Literatur: *Vuia*, Praxisrelevante Probleme bei der Rückabwicklung von Kaufverträgen über Gebrauchtwagen, NJW 2015, 1047; *Hoenig/Klingen*, Grenzen der Wissenszurechnung beim Unternehmenskauf, NZG 2013, 1046; *Schuska*, Die Wirksamkeit des Haftungsausschlusses für Mängel beim Erwerb sanierter Altbauten, NZM 2009, 108; *Albrecht*, Haftungsausschluss, aber richtig! MittBayNot 2008, 246.   261

I. Einführung

Manchmal kann der Käufer trotz eines Mangels keine Rechte geltend machen oder nur einige, andere nicht. Das kann daran liegen, dass er den Mangel kannte (§ 442). Oder es liegt an einer Vertragsbestimmung, die die Haftung des Verkäufers einschränkt oder ausschließt (§ 444).   262

---

272 Mit einer in § 476 Abs. 3 normierten Ausnahme (Rn 277).
273 SAT Rn 857.

263   *Öffentliche Versteigerung:* Einen Haftungsausschluss oder eine Haftungsbeschränkung kann es auch bei öffentlichen Versteigerungen geben. Die §§ 383 Abs. 3, 445 und 474 Abs. 2 S. 2 sowie § 475 Abs. 3 S. 2 regeln diese Fälle sehr unübersichtlich. So kommt es darauf an, ob die Sache „als Pfand" versteigert worden ist oder nicht, ob der Ersteigerer Verbraucher oder Unternehmer ist und ob es sich um eine gebrauchte oder eine neue Sache handelt. Einen Überblick über diesen Irrgarten geben das FD „Haftungsbeschränkungen außerhalb des Verbrauchsgüterkaufs" und das FD „Haftungsbeschränkungen beim Verbrauchsgüterkauf" in ihren ersten Spalten. Auf eine Darstellung hier im Text wird deshalb verzichtet, zumal das Thema weder klausur- noch praxisrelevant ist.

II. Haftungsausschluss kraft Gesetzes

1. Positive Kenntnis

264   Wenn der Käufer den Mangel bei Abschluss des Kaufvertrags gekannt hat, kann er keine Rechte wegen dieses Mangels geltend machen (§ 442 Abs. 1 S. 1). Denn einem Wissenden kann kein Unrecht geschehen. *Beispiel:* K kaufte Geschirr, von dem er wusste, dass es „zweite Wahl" war. Er kann dann nicht geltend machen, dass kleine Mängel bestehen.

265   *Zeitpunkt:* Nach § 442 ist entscheidend, ob der Käufer *„bei Vertragsschluss"* den Mangel kannte. Manchmal erklärt der Käufer aber seinen Antrag auf Abschluss des Vertrags deutlich früher als der Verkäufer die Annahme (Hauptfall § 148). Für die Kenntnis des Käufers entscheidend ist dann der (frühere) Zeitpunkt, in dem er sich endgültig gebunden hat.[274] Wenn es um eine mangelhafte Kaufsache geht, die bereits *eingebaut wurde,* gilt § 442 Abs. 1 mit der Maßgabe, dass es auf die Kenntnis beim *Einbau* ankommt (§ 439 Abs. 3 S. 2).

2. Grob fahrlässige Unkenntnis

266   *Grundsatz:* Wenn der Käufer den Mangel bei Vertragsschluss *grob fahrlässig* übersehen hatte, verliert er im Grundsatz ebenfalls seine Rechte wegen des Mangels (§ 442 Abs. 1 S. 2). Grob fahrlässig ist ein Verhalten, bei dem – über die in § 276 Abs. 2 definierte leichte Fahrlässigkeit hinaus – „ganz nahe liegende Überlegungen nicht angestellt oder beiseite geschoben wurden und dasjenige unbeachtet geblieben ist, was im gegebenen Fall sich jedem aufgedrängt hätte".[275] Die Anforderungen sind streng. *Beispiel:* V bot bei eBay zum Startpreis von einem Euro ein gebrauchtes Luxus-Mobiltelefon („Vertu Weißgold") an, ohne auch nur anzudeuten, dass es sich um eine Fälschung handelte. K wusste, dass der Neupreis 24 000 Euro betrug. Trotz des geringen Startpreises ging er davon aus, dass es sich nicht um eine Fälschung handelte. V machte geltend, dass diese Annahme grob fahrlässig gewesen sei. Aber der BGH ist dem nicht gefolgt.[276]

267   *Ausnahme 1: Arglist:* Nach § 442 Abs. 1 S. 2 kann der Verkäufer sich nicht auf die grob fahrlässige Unkenntnis des Käufers berufen, wenn er den „Mangel arglistig ver-

---

274   Bamberger/Roth/Faust § 442 Rn 7; BGH NJW 2012 Rn 23 (Stufenbeurkundung nach § 128). BGH NJW 2011, 2953 Rn 13 (Heilung eines zunächst nichtigen Grundstückskaufvertrags).
275   BGH NJW 1992, 3235; SAT Rn 400.
276   BGH NJW 2012, 2723 Rn 26.

schwiegen ... hat". Der Begriff der Arglist (Rn 237 ff) ist der gleiche wie in § 444 (unten Rn 271).

Ausnahme 2: Garantie: Vorausgesetzt wird wiederum, dass der Käufer grob fahrlässig 268
einen Mangel der Kaufsache übersehen hatte. Diesmal muss der Verkäufer aber nicht
arglistig gewesen sein, sondern müsste „eine *Garantie für die Beschaffenheit* der Sache
übernommen" haben (§ 442 Abs. 1 S. 2; zum Begriff schon Rn 227 ff). Eine Garantie
liegt nur vor, wenn der Verkäufer „... die Gewähr für das Vorhandensein der vereinbarten Beschaffenheit der Kaufsache übernimmt und damit seine Bereitschaft zu erkennen gibt, für alle Folgen des Fehlens dieser Beschaffenheit einzustehen".[277] Die Garantie und der Mangel müssen sich auf denselben Umstand beziehen.

Beispiel: Der BMW-Vertragshändler V verkaufte K einen in seinem Ausstellungsraum 269
stehenden 730iA für 64 120 Euro. Der Kaufvertrag wurde unter Verwendung des
BMW-üblichen Bestellformulars für „neue Kraftfahrzeuge" abgeschlossen. Dort wurde
der Kaufgegenstand als „neues BMW-Fahrzeug" bezeichnet. Nachdem K den Wagen
schon einige Monate gefahren hatte, fand er heraus, dass das Modell 730iA schon zur
Zeit des Kaufs von dem Nachfolgemodell 735iA abgelöst worden war. Der 735iA unterscheidet sich äußerlich nicht vom 730iA, hat aber einen anderen Motor. K erklärte
deshalb den Rücktritt vom Vertrag. V macht geltend, K sei seit langem BMW-Fahrer
und ein guter Kenner der Marke. Wenn er wirklich nicht gewusst haben sollte, dass
das Modell 730iA damals bereits durch das Modell 735iA abgelöst worden sei, müsse
er sich grobe Fahrlässigkeit vorwerfen lassen. Aber das ist falsch. Selbst wenn grobe
Fahrlässigkeit vorläge (was abwegig ist), würde sie K nicht schaden. Denn V hatte mit
der Bezeichnung „*neues* BMW-Fahrzeug" garantiert, dass das Modell bei Abschluss
des Kaufvertrags noch unverändert gebaut wurde.[278]

III. Vertragliche Haftungsbeschränkungen außerhalb des Verbrauchsgüterkaufs

1. Grundsatz: Haftungsausschluss zulässig

Wenn der Verkäufer seine Haftung für Mängel der Kaufsache ausgeschlossen hat, 270
kommt es für die rechtliche Bewertung entscheidend darauf an, ob es sich um einen
Verbrauchsgüterkauf handelt (dazu Rn 276 ff). Sofern das nicht der Fall ist, gilt nach
§ 444 der ungeschriebene Grundsatz: „Eine Vereinbarung, durch welche die Rechte
des Käufers wegen eines Mangels ausgeschlossen oder beschränkt werden, ist *grundsätzlich wirksam.*" *Beispiel:* Baurat S verkaufte seinen gebrauchten Audi an den Buchhalter B. In dem verwendeten ADAC-Formular heißt es: „Das Kfz wird unter
Ausschluss jeder Gewährleistung verkauft." [279] Da beide Parteien Verbraucher waren
und deshalb kein Verbrauchsgüterkauf vorlag (§ 474 Abs. 1 S. 1), war dieser Haftungsausschluss wirksam.[280]

„Wie besichtigt": Besichtigungsklauseln bedeuten keinen Ausschluss jeglicher Gewährleistung. Klauseln wie: „Gekauft wie gesehen und wie Probefahrt" oder „Im Zustand
wie in unserem Lager vorhanden und von Ihnen besichtigt" schließen nur die Haftung

---

277 BGHZ 170, 86 Rn 20.
278 BGH NJW 2000, 2018 zum damaligen Begriff der „zugesicherten Eigenschaft", dem heute die „Garantie"
     entspricht.
279 BGH NJW 2005, 3205.
280 BGH NJW 2013, 2107 Rn 16.

für die Mängel aus, die für den Käufer bei der Besichtigung erkennbar waren. Ob ein Fachmann den Mangel hätte feststellen können, ist gleichgültig.[281] Um zu einem generellen Haftungsausschluss zu führen, muss die Besichtigungsklausel mit Worten wie „unter Ausschluss jeder Gewährleistung" kombiniert werden.[282]

2. Ausnahmen

271   *Arglist:* Nach § 444 kann sich der Verkäufer nicht auf seinen Haftungsausschluss berufen, „soweit er den Mangel arglistig verschwiegen" hat. Zum Begriff der Arglist siehe Rn 237 ff. *Beispiel:* In dem Fall der verschwiegenen Asbest-Verkleidung (Rn 241) enthielt der notarielle Kaufvertrag einen Haftungsausschluss. Dieser war aber wegen der arglistigen Täuschung wirkungslos.[283]

Das Wort „*soweit*" bedeutet, dass der Haftungsausschluss nur für den Mangel unwirksam ist, den der Verkäufer arglistig verschwiegen hatte. Für andere (nicht arglistig verschwiegene) Mängel ist der Haftungsausschluss im Prinzip wirksam. Und noch eine Feinheit: Der Gesetzgeber hat bewusst nicht formuliert, ein Haftungsausschluss sei im Fall der Arglist „nichtig". Denn er befürchtete, dass aus diesem Wort der Schluss gezogen werden könnte, damit sei nach § 139 zugleich der ganze Kaufvertrag nichtig.

272   *Garantie:* Der Verkäufer kann sich nach § 444 auch nicht auf einen Haftungsausschluss berufen, „soweit" er „eine Garantie für die Beschaffenheit der Sache übernommen hat" (Rn 169, 227 ff, 268). Damit soll dem Verkäufer die Möglichkeit genommen werden, einerseits eine Beschaffenheit zuzusichern und andererseits diese Erklärung (Garantie) durch einen Haftungsausschluss sogleich zu widerrufen. *Beispiel:* V verhandelte mit K über einen sieben Jahre alten Mercedes, der schon mehrere Vorbesitzer gehabt hatte. K fragte, ob der angezeigte Kilometerstand richtig sei, was V bejahte. Im Kaufvertrag wurde der Kilometerstand angegeben, aber alle Mängelrechte wurden ausgeschlossen. Später stellte sich heraus, dass der Kilometerzähler von einem der Vorbesitzer um 100 000 km zurückgestellt worden war. Die angegebene Laufleistung war in diesem Fall nicht nur eine „vereinbarte Beschaffenheit" (§ 434 Abs. 1 S. 1), vielmehr hatte V durch die ausdrückliche Bejahung der entsprechenden Frage des K eine Garantie für die Richtigkeit des Kilometerstands übernommen. Der Haftungsausschluss war deshalb insoweit unwirksam.[284]

273   *Vereinbarte Beschaffenheit:* Der BGH hat im Jahre 2007 erstmals entschieden, dass sich ein Haftungsausschluss auch nicht auf eine nach § 434 Abs. 1 S. 1 „*vereinbarte Beschaffenheit*" bezieht.[285] *Beispiel 1:* V, ein Verbraucher (§ 13), versteigerte bei eBay ein britisches Motorrad. In der Beschreibung hieß es: „Kilometerstand (km): 30 000 km." Außerdem schrieb V: „Das Krad wird natürlich ohne Gewähr verkauft." Der Wegstreckenzähler[286] zeigte die angegebene Zahl, es handelte sich aber um Meilen, so dass die Laufleistung etwa 49 000 km betrug. K erklärte wegen dieses Mangels den Rücktritt, aber V berief sich auf den Haftungsausschluss. Ein Verbrauchsgüterkauf lag nicht vor, weil V selbst Verbraucher war. K war also nicht durch § 476 Abs. 1 S. 1 geschützt. § 444 war nicht anwendbar, weil K dem V keine Arglist nachweisen konnte

---

281   BGH NJW 2016, 2495 Rn 19 bis 23.
282   BGH NJW 2005, 3205 (II 2).
283   BGHZ 188, 43 Rn 17.
284   OLG Koblenz NJW 2004, 1670.
285   BGHZ 170, 86 Rn 38 ff, 42.
286   Der BGH nennt ihn durchgehend Tachometer (Geschwindigkeitsmesser).

und in der schlichten Kilometer-Angabe keine Garantie des V zu sehen war (Rn 169, 227). Trotzdem hat der BGH dem Käufer geholfen durch folgenden sehr rechtsschöpferischen, aber sachgerechten Grundsatz: Durch einen Haftungsausschluss kann der Verkäufer *die Vereinbarung einer Beschaffenheit* nach § 434 Abs. 1 S. 1 nicht wieder aufheben.[287] Dadurch wird die Beschaffenheitsvereinbarung der Garantie gleichgestellt, allerdings nur für den Bereich des Haftungsausschlusses (FD „Haftungsbeschränkungen außerhalb des Verbrauchsgüterkaufs", Frage 7 [c], Ja).

Wichtiger Unterschied: Aus dem Gesagten ergibt sich, dass sich ein Mangel nach § 434 Abs. 1 S. 1 erheblich von allen anderen in § 434 genannten Mängeln unterscheidet. Diesen Klassenunterschied macht § 434 Abs. 1 S. 1 deutlich, indem er das Fehlen einer vereinbarten Beschaffenheit an erster Stelle nennt und S. 2 mit den Worten beginnt: „Soweit die Beschaffenheit nicht vereinbart ist …" Alle danach folgenden Mängel sind sozusagen Mängel zweiter Klasse. Denn der Käufer haftet für sie nicht, wenn er seine Haftung ausgeschlossen hat (§ 444, Rn 270). *Beispiel 2:* V stellte seinen gebrauchten Opel Adam auf der Onlineplattform mobile.de zum Verkauf und gab als Ausstattungsvariante „Slam" an. Es handelte sich aber nur um einen Adam „Jam". Das Fahrzeug hatte deshalb einen Sachmangel nach § 434 Abs. 1 S. 3. Ein solcher Mangel wird vom Haftungsausschluss ergriffen, so dass der Käufer keine Rechte geltend machen konnte.[288]

3. Haftungsausschlüsse durch AGB

Neue Kaufsache: § 309 Nr. 8 Buchst. b beschränkt sich darauf, die Käufer *neuer* Sachen vor unzulässigen AGB zu schützen („… Lieferungen neu hergestellter Sachen …"). Für diese Vorschrift ist es zwar gleichgültig, ob es sich um eine bewegliche Sache oder um eine Immobilie (ein Haus oder eine Eigentumswohnung) handelt. Wichtig ist nur, dass die Kaufsache *neu* ist (FD „Haftungsbeschränkungen außerhalb des Verbrauchsgüterkaufs", Frage 9, Ja).

274

Um dem Käufer zusätzlich zu helfen, wendet der BGH auch § 309 Nr. 7 Buchst. a und b an (FD „Haftungsbeschränkungen außerhalb des Verbrauchsgüterkaufs", Frage 11). Für die Käufer *neuer* Sachen bedeutet das nur eine Erweiterung ihres Schutzes, während es für Käufer *gebrauchter* Sachen der einzige Schild gegen Haftungsbeschränkungen in AGB ist. Deshalb wird § 309 Nr. 7 unter dem Stichwort „Gebrauchte Sachen" erläutert (Rn 275).

Gebrauchte Kaufsache: Die Käufer *gebrauchter* Sachen werden von § 309 Nr. 8 nicht vor nachteiligen AGB geschützt. Um trotzdem helfen zu können, wendet der BGH – sehr rechtsschöpferisch – § 309 Nr. 7 Buchstaben a und b an.[289] *Beispiel:* Sammler K ersteigerte in einer vom Auktionator V veranstalteten öffentlichen Versteigerung für 20 295 Euro eine Buddha-Statue, die sich später als Fälschung herausstellte. V hatte in seinen AGB die Gewährleistung generell ausgeschlossen. Um K den Rücktritt zu ermöglichen, ließ der BGH den Haftungsausschluss an § 309 Nr. 7 Buchst. a scheitern.[290] Denn V hatte nicht die Einschränkung gemacht: „Der Haftungsausschluss bezieht sich nicht auf Schäden aus der Verletzung des Lebens, des Körpers oder der Gesundheit".

275

---

287 St Rspr, zuletzt BGHZ 207, 349 Rn 9 und BGH NJW 2019, 2380 Rn 20.
288 BGH NJW 2018, 146 Rn 22 bis 38 (sehr umständlich).
289 BGH NJW 2007, 674, NJW 2009, 1486.
290 BGH NJW 2013, 3570 Rn 16. Obwohl K als Verbraucher (§ 13) auftrat, war das Recht des Verbrauchsgüterkaufs nicht anzuwenden (§ 474 Abs. 2 S. 2).

Der BGH wendet diesen Grundsatz (über die §§ 310 Abs. 1 S. 2, 307) auch an, wenn der Käufer Unternehmer ist.[291]

Kritik: Als der Gesetzgeber beschloss, die Käufer gebrauchter Sachen geringer zu schützen als die Käufer neuer Sachen, hat er wohl an Kaufgegenstände wie Gebrauchtwagen, gebrauchte Kleidung oder Fundsachen gedacht. Aber auch die meisten Kunstwerke und alle Antiquitäten sind gebrauchte Sachen, manchmal im Wert von vielen Millionen Euro. Der gutgemeinte Schachzug, mit dem der BGH den Käufern über § 309 Nr. 7 hilft, dürfte sich herumgesprochen haben, so dass bald die AGB aller Verkäufer die genannte Einschränkung enthalten werden. Hier müsste der Gesetzgeber tätig werden.

IV. Haftungsbeschränkungen beim Verbrauchsgüterkauf

1. Grundsatz

276 Im Fall eines Verbrauchsgüterkaufs (§ 474 Abs. 1 S. 1) schützt § 476 Abs. 1 S. 1 den Verbraucher vor jeder Vertragsbestimmung, „die zum Nachteil des Verbrauchers von den §§ 433 bis 435, 437, 439 bis 443 … abweicht". Damit ist auch eine Vertragsbestimmung unwirksam, die eine von § 437 angeordnete Haftung des Verkäufers für Mängel einschränkt oder ausschließt, kurz jede Haftungs*beschränkung* und natürlich erst recht jeder (totale) Haftungs*ausschluss*. Im Rahmen eines Verbrauchsgüterkaufs gilt also § 444 nicht.[292]

2. Zulässig: Ausschluss aller Schadensersatzansprüche

277 Von dem genannten Grundsatz macht § 476 Abs. 3 eine wichtige Ausnahme: Der Unternehmer darf den (für ihn besonders nachteiligen) *Schadensersatzanspruch* ausschließen oder einschränken (FD „Haftungsbeschränkungen beim Verbrauchsgüterkauf", Frage 8). Der Satz: „Schadensersatzansprüche wegen eines Mangels sind ausgeschlossen" kann also auch im Verbrauchsgüterkauf wirksam vereinbart werden. Dem Verbraucher müssen aber alle anderen Rechte wegen eines Mangels erhalten bleiben, insbesondere der Anspruch auf Nacherfüllung, das Rücktrittsrecht und das Recht auf Minderung. Ein zu weitgehender Haftungsausschluss ist insgesamt nichtig (FD „Haftungsbeschränkungen beim Verbrauchsgüterkauf", Spalte 11).

Individueller Ausschluss des Schadensersatzes: Der Schadensersatzanspruch kann durch eine ausgehandelte Vertragsbestimmung wirksam ausgeschlossen werden (FD „Haftungsbeschränkungen beim Verbrauchsgüterkauf", Spalte 10).

278 *Ausschluss durch AGB:* Wenn der Verkäufer eines Verbrauchsgüterkaufs die Schadensersatzansprüche durch seine *AGB* ausgeschlossen oder beschränkt hat, ist diese Bestimmung nicht immer wirksam. Denn es heißt in § 476 Abs. 3 „unbeschadet der §§ 307 bis 309". Es ist also immer zu prüfen, ob einer dieser drei Paragrafen auch den Ausschluss des *Schadensersatzes* verbietet.

---

291 BGHZ 174, 1 Rn 13 ff; BGH NJW-RR 2015, 738 Rn 16.
292 Es fällt auf, dass § 444 in § 476 Abs. 1 S. 1 nicht für unabdingbar erklärt wird. Aber das ist richtig, denn durch das in § 476 Abs. 1 S. 1 ausgesprochene Verbot, die Haftung für Sachmängel auszuschließen, wird § 444 im Rahmen des Verbrauchsgüterkaufs sowieso hinfällig.

- *Neue Kaufsache:* § 309 Nr. 8, Buchst. b, Doppelbuchst. bb erlaubt es dem Verkäufer, beim Kauf neuer Sachen Schadensersatzansprüche auszuschließen. Das stimmt gut mit § 476 Abs. 3 überein, erhöht den Schutz des Käufers also nicht.
- *Gebrauchte Kaufsache:* Wenn es sich um eine gebrauchte Kaufsache handelt, hilft § 309 Nr. 8, Buchst. b, Doppelbuchstaben aa und bb dem Käufer nicht, weil es sich nicht um eine „neu hergestellte Sache" handelt. Aber der BGH greift bekanntlich auf § 309 Nr. 7 Buchstaben a und b zurück (Rn 275; FD „Haftungsbeschränkungen beim Verbrauchsgüterkauf", Spalte 9 verweist auf Frage 11).

3. Versuche, den Verbrauchsgüterkauf zu umgehen

Wie sich aus dem Vorstehenden ergibt, hat ein Verkäufer, der eine bewegliche Sache an einen Verbraucher verkaufen will, deutliche Vorteile, wenn er selbst Verbraucher ist. Das verleitet manchmal verkaufswillige Unternehmer dazu, einen Verbraucher als Strohmann vorzuschieben oder sich selbst als Verbraucher auszugeben. Wie sich aus Fall 7 (Rn 258) ergibt, ist der BGH mit der Annahme eines Umgehungsgeschäfts (§ 476 Abs. 1 S. 2) äußerst zurückhaltend.[293] Er hat aber zwei Fallgestaltungen als Umgehungsgeschäfte anerkannt:

Beispiel 1: Händler H hatte dem Verbraucher Y ein Neufahrzeug verkauft und dessen Altfahrzeug für 15 000 Euro in Zahlung genommen. H hatte diesen Betrag definitiv vom Neuwagenpreis abgezogen (darin unterscheidet sich dieser Fall von Fall 5, Rn 152). Er verkaufte anschließend den Altwagen an einen Verbraucher „im Kundenauftrag" und nannte Y als Verkäufer. In seinen AGB schloss er alle Mängelrechte aus. H handelte in Wirklichkeit auf eigene Rechnung, nicht auf Rechnung des Y, der an diesem Verkauf kein Interesse mehr haben konnte. Wahrer Verkäufer war also der Unternehmer H. Hier liegt (auch nach Ansicht des BGH) ein Umgehungsgeschäft vor (§ 476 Abs. 1 S. 2).[294] Es sind deshalb die §§ 474 bis 479 anwendbar, so dass der Haftungsausschluss unwirksam ist (§ 476 Abs. 1 S. 1, S. 2).

Beispiel 2: Eine GmbH wollte ein Geschäftsfahrzeug an den Verbraucher K verkaufen. Um die Haftung ausschließen zu können, sorgte der Geschäftsführer B der GmbH dafür, dass im Kaufvertrag nicht die GmbH als Verkäuferin genannt wurde, sondern er selbst.[295] Später verklagte K den B wegen eines Sachmangels. K berief sich darauf, dass seine Verkäuferin in Wahrheit die GmbH gewesen sei, so dass ein Verbrauchsgüterkauf vorliege und der Haftungsausschluss nicht gelte (§ 476 Abs. 1 S. 2). Der BGH gab ihm darin Recht, aber K musste nunmehr die GmbH verklagen.[296] Einen weiteren Prozess zu führen, ist jedoch K nicht zuzumuten. Überzeugender ist der Lösungsvorschlag von Lorenz: Der richtige Beklagte ist B, aber dieser muss den Vertrag als Verbrauchsgüterkauf gelten lassen.[297]

279

280

---

293 So auch in NJW 2015, 738.
294 BGH NJW 2005, 1039 und 2007, 759 Rn 16. So auch die hM, zB Bamberger/Roth/Faust § 474 Rn 7; Staudinger/Matusche-Beckmann § 475 Rn 45–49; May DAR 2004, 557 (561).
295 Geschäftsführer sind nicht selbstständig, sondern angestellt und deshalb nach § 13 Verbraucher.
296 BGHZ 170, 67 Rn 17.
297 MüKo/Lorenz § 475 Rn 36.

§ 8 Verjährung der Mängelrechte

281   **Fall 8: Mangelhafte Teile einer Photovoltaikanlage   § 438**

▶ *Der Gutsbesitzer Heinrich Gerke wollte auf dem Dach seiner größten Scheune eine Photo-*
voltaikanlage errichten lassen und kaufte die nötigen Komponenten für 332 497 Euro von
der Veith OHG. Die Ware wurde am 6. April 2004 geliefert und später von einem Unterneh-
mer montiert. Im Winter 2005/2006 kam es zu Beeinträchtigungen der Funktion. Ein Gut-
achter stellte fest, dass bei zahlreichen Modulen Fabrikationsfehler vorlagen. Teilweise be-
stand eine ausgeprägte Delamination, teilweise waren die Frontkontaktierungen nur lü-
ckenhaft aufgebracht worden. Gerke verklagte die Veith OHG im August 2007 auf Scha-
densersatz in Höhe von 70 760 Euro. Die OHG erhebt die Einrede der Verjährung. Zu Recht?
(Nach BGH NJW 2014, 845)

282   Es wird unterstellt, dass die Kaufsache einen Mangel hat (§ 434) und auch die übrigen Voraussetzungen eines Schadensersatzanspruchs gegeben sind. Geprüft werden soll nur, ob
die Veith OHG die Einrede der Verjährung erheben kann.

Wenn es um die Verjährung von Mängelrechten geht, ist immer zu prüfen, ob „der Verkäufer den Mangel arglistig verschwiegen hat" (§ 438 Abs. 3 S. 1). Denn in diesem Fall gilt eine
ganz andere Verjährungsregelung als in den anderen Fällen (Rn 296 ff). Aber der Sachverhalt gibt keinen Hinweis auf eine arglistige Täuschung durch die Veith OHG.

Es kommt deshalb nur § 438 Absatz 1 in Betracht. Das Gesetz führt dort drei *Verjährungs-*
fristen auf, nämlich Fristen von 30 Jahren, fünf Jahren und zwei Jahren (Nr. 1 bis 3). Die (seltenen) Voraussetzungen der Nr. 1 sind nicht gegeben. Auch Nr. 2 Buchst. a ist nicht einschlä-
gig, da die Kaufsache kein Bauwerk ist.

In Betracht kommt aber § 438 Absatz 1 Nr. 2 Buchst. b. Denn es könnte sich bei den Komponenten der Photovoltaikanlage um Sachen handeln, die „entsprechend ihrer üblichen Verwendungsweise für ein Bauwerk verwendet worden" sind. Darunter fallen alle Baumaterialien, die zum Bau des Hauses erforderlich waren oder nachträglich bei einem Umbau, einer
Erweiterung oder einer Erneuerung verwendet worden sind. Diese Sachen müssen also dazu beigetragen haben, dass das Bauwerk überhaupt fertiggestellt oder später erweitert
oder verbessert werden konnte. Wenn die Komponenten der Solaranlage dem Buchstaben b
zuzurechnen wären, betrüge die Verjährungsfrist fünf Jahre und Gerkes Anspruch wäre bei
Klageerhebung nicht verjährt gewesen.

Die von der Veith OHG gelieferten Teile der Photovoltaikanlage gehören aber nicht zu dem
in Buchstabe b genannten Baumaterial. Sie werden zwar – wenn sie auf einem Hausdach
montiert werden – mit dem Haus verbunden, haben aber sonst mit dem Haus, seiner Stabi-
lität, seiner Funktion und seiner Dekoration nichts zu tun. Gerkes Photovoltaikanlage diente
„eigenen Zwecken",[298] nicht den Zwecken der Scheune. Anders gesagt: Die Photovoltaikanlage brauchte zwar die Scheune, aber die Scheune brauchte nicht sie, um fertig und funktionsfähig zu sein.

Die Voraussetzungen des § 438 Abs. 1 Nr. 2 Buchst b sind deshalb nicht erfüllt (ohne dass es
darauf ankäme, ob die Komponenten die Mangelhaftigkeit des Gebäudes verursacht haben
könnten). Es gilt folglich § 438 Abs. 1 Nr. 3, so dass die Verjährungsfrist zwei Jahre beträgt.

---

298   So der BGH in dem zugrunde liegenden Urteil NJW 2014, 845 Rn 21.

Den *Beginn* der Verjährungsfrist regelt § 438 Abs. 2. Da die Kaufsache kein „Grundstück" ist (§ 438 Abs. 2 Var. 1), begann die zweijährige Verjährungsfrist mit „der Ablieferung der Sache", also am 6. April 2004. Genau genommen begann die Frist um 24.00 Uhr dieses Tages (§ 187 Abs. 1). Deshalb ist die Verjährungsfrist am 6. April 2006 um 24.00 Uhr abgelaufen, die Verjährung folglich zu diesem Zeitpunkt eingetreten. Da Gerke die Veith OHG erst im August 2007 verklagt hat, kann sie die Einrede der Verjährung erheben.

Aus dem FD „Kauf – Gesetzliche Verjährungsfristen" ergibt sich die Lösung so: 1. Nein – 2. Nein – 5. Nein – 6. Nein – 7. Nein – 12. Nein – 13. Nein (Spalte 14). ◄

Lerneinheit 8

Literatur: *Gildeggen*, Zur Verfassungswidrigkeit kurzer Gewährleistungsfristen bei langlebigen Produkten VuR 2017, 203; *Dubovitskaya*, Lange Verjährungsfrist bei Mängeln einer Photovoltaikanlage, NJOZ 2016, 1513; *Kleefisch*, Die Gewährleistungsfrist bei Aufdach-Photovoltaikanlagen als Gebäude oder Gebäudeteil, NZBau 2016, 340; *Hille*, Die Verlängerung der Gewährleistungsfristen im Baurecht aus rechtspolitischer Sicht, NZBau 2016, 532; *Kleefisch/Meyer*, Klare Verhältnisse für Aufdach-Photovoltaikanlagen? NZBau 2016, 684; *Gildeggen*, Abschied von der kurzen Verjährungsfrist des § 438 Abs. 1 Nr. 3 BGB in der Praxis? VuR 2016, 83; *Windorfer*, Der Verjährungsverzicht, NJW 2015, 3329; *Eggert*, Arglistiges Verhalten beim Gebrauchtwagenkauf, DAR 2015, 43. *Werkmeister*, Zur Verjährung des kaufrechtlichen Nacherfüllungsanspruchs, Jura 2013, 38. 283

I. Einführung

1. Nicht alle Rechte des Käufers können verjähren

§ 438 beginnt mit den Worten: „Die in § 437 Nr. 1 und 3 bezeichneten Ansprüche verjähren …" Der Verjährung unterliegen also nur die Ansprüche auf Nacherfüllung (§ 437 Nr. 1), auf Schadensersatz und auf Ersatz vergeblicher Aufwendungen (§ 437 Nr. 3). § 437 Nr. 2 wird nicht erwähnt, es fehlt also eine Verjährungsregelung für den *Rücktritt* und die *Minderung*. Aber das ist korrekt. Denn das Recht des Käufers, den Rücktritt zu erklären, ist nicht das Recht, vom Verkäufer „ein Tun oder Unterlassen zu verlangen", also *kein Anspruch* (§ 194 Abs. 1).[299] Das gilt auch für die Minderung. Die Erklärung des Rücktritts oder der Minderung ist die Ausübung eines *Gestaltungsrechts*.[300] Gestaltungsrechte unterliegen aber nicht der Verjährung (Umkehrschluss aus § 194 Abs. 1). 284

Aus diesem konstruktiven Dilemma hat sich der Gesetzgeber mit einem kleinen Trick befreit: Für das Rücktrittsrecht verweist § 438 Abs. 4 S. 1 auf § 218. Dasselbe tut § 438 Abs. 5 für das Minderungsrecht. Nach § 218 Abs. 1 S. 1 ist der Rücktritt (und entsprechend die Minderung) wegen eines Sachmangels „unwirksam, wenn … der *Nacherfüllungsanspruch* verjährt ist und der Schuldner sich hierauf beruft". *Beispiel:* Käufer K wollte drei Jahre nach dem Kauf wegen eines Mangels zurücktreten. V berief sich auf Verjährung. Wenn der Anspruch des K auf Nacherfüllung (§§ 437 Nr. 1, 439) bereits verjährt war, war der Rücktritt „unwirksam", wenn sich V auf die Verjährung berief (§ 218 Abs. 1 S. 1; FD „Kauf – Gesetzliche Verjährungsfristen", Frage 3, Ja). 285

---

299 Man darf also nie von einem „Anspruch auf Rücktritt vom Vertrag" sprechen. So aber OLG Naumburg NJW 2014, 1113. Darauf weist auch Witt in seiner Anmerkung hin (S. 1114).

300 Allerdings entstehen Ansprüche des Käufers *durch* Erklärung des Rücktritts und der Minderung, also als deren Rechtsfolge (zB der Anspruch auf Rückzahlung des Kaufpreises nach § 346).

In Fällen, in denen der Käufer keine Nacherfüllung verlangen kann (zB § 283), wäre § 218 Abs. 1 S. 1 problematisch, weil ein nicht existierendes Recht nicht verjähren kann. In diesen Fällen hilft § 218 Abs. 1 S. 2. Man muss dann § 218 Abs. 1 S. 1 so lesen: „… wenn … der Nacherfüllungsanspruch verjährt *wäre, falls es ihn gäbe, …*"

2. Hemmung und Neubeginn der Verjährung

286   *Hemmung (§§ 203 bis 211):* Da die Verjährung der Mängelansprüche in die allgemeinen Regeln der §§ 194 ff eingebettet ist, muss in jedem Gewährleistungsfall zumindest daran *gedacht* werden, dass die Verjährung gehemmt gewesen sein oder sogar neu begonnen haben könnte (§§ 203 bis 211, 212; FD „Kauf – Gesetzliche Verjährungsfristen", Frage 5). *Beispiel 1:* Der Verkäufer beauftragte einen Gutachter damit, die Reklamation des Käufers zu überprüfen. Spätestens damit begann die Hemmung der Verjährung.[301] *Beispiel 2:* Die Eheleute K hatten im Sommer 2006 von V einen gebrauchten Geländewagen gekauft. V versuchte in den Jahren 2007 und 2008 immer wieder, Mängel der Flüssiggasanlage zu beseitigen. In dieser Zeit war die Verjährung gehemmt (§ 203).[302]

287   *Neubeginn (§ 212):* Ein Neubeginn der Verjährungsfrist kann in einem Anerkenntnis liegen (§ 212 Abs. 1 Nr. 1) und dies wiederum in einer Nacherfüllung (oder einem Versuch dazu). Aber die Rechtsprechung und die hM sind sehr zurückhaltend. Maßgeblich ist, „ob der Verkäufer aus der Sicht des Käufers nicht nur aus Kulanz oder zur gütlichen Beilegung eines Streits, sondern in dem Bewusstsein handelt, zur Nachbesserung verpflichtet zu sein".[303] Daraus ist bereits der Rat an alle Verkäufer abgeleitet worden, jede Nacherfüllung ausdrücklich nur noch aus Gründen der Kulanz zu gewähren.[304]

Wenn die Verjährung eines in § 437 genannten Rechts droht, muss man als Käufer entweder den Verkäufer dazu bringen, den Anspruch anzuerkennen (§ 212 Abs. 1 Nr. 1) oder man muss Klage erheben (§ 204 Abs. 1 Nr. 1). Aufforderungen, Mahnungen, Bitten, Anwaltsbriefe oder Drohworte haben auf die Verjährung keinen Einfluss! Das wird in der Praxis oft übersehen. Wichtig ist auch, dass eine Klage die Verjährung nur hinsichtlich derjenigen Mängel hemmt, die in der Klageschrift genannt worden sind (§ 204 Abs. 1 Nr. 1).[305]

Immerhin kann § 213 bei drohender Verjährung ein Lichtblick sein. Wenn der Käufer ein in § 437 genanntes Recht geltend gemacht und dadurch eine Hemmung oder einen Neubeginn ausgelöst hat, gilt diese Rechtsfolge auch, wenn er die begehrte Rechtsfolge nunmehr aus *einem anderen* in § 437 aufgeführten Recht herleitet. Das gilt aber nur, soweit es um *denselben Mangel* geht.[306] Macht der Käufer einen anderen Mangel geltend, ist das aus diesem abgeleitete Recht nicht erfasst.

---

301 BGHZ 168, 64 Rn 27.
302 BGH NJW 2013, 2584 Rn 18.
303 BGH NJW 2006, 47 Rn 16; 1999, 2961; 2002, 2872; ähnlich OLG Celle NJW 2006, 2643.
304 Auktor/Mönch NJW 2005, 1686.
305 BGH NJW 2015, 2106 Rn 17; NJW-RR 2010, 1683 Rn 30.
306 BGHZ 205, 151 Rn 20 ff; bestätigt von BGH NJW 2016, 2439 Rn 20.

II. Die Verjährungsfristen in den Fällen ohne Arglist

1. Die dreißigjährige Verjährungsfrist

Die in § 438 Abs. 1 Nr. 1 genannte dreißigjährige Verjährungsfrist ist in der Praxis von geringer Bedeutung. Sie ermöglicht es einem Käufer, sich noch erfolgreich an seinen Verkäufer zu halten, wenn er die Kaufsache aus Rechtsgründen nach vielen Jahren an einen Dritten herausgeben musste (FD „Gesetzliche Verjährungsfristen", Frage 6).

288

2. Die fünfjährige Verjährungsfrist

a) Bauwerk

Bauwerke werden nicht nur errichtet (aufgrund eines Werkvertrags nach § 631), sondern vielfach auch gekauft. Wenn ein Bauwerk Gegenstand des *Kaufvertrags* ist, verjähren die Ansprüche des Käufers auf Nacherfüllung, Schadensersatz oder Ersatz vergeblicher Aufwendungen in fünf Jahren (§ 438 Abs. 1 Nr. 2 Buchst. a; FD „Kauf – Gesetzliche Verjährungsfristen", Frage 12, Ja). Auf dem Umweg über die Nacherfüllung gilt die Fünfjahresfrist auch für den Rücktritt und die Minderung (Rn 284 f).

289

Definition: Ein Bauwerk ist „eine unbewegliche, durch Verbindung mit dem Erdboden hergestellte Sache".[307] Der Begriff ist weiter als der des Gebäudes, weil er auch Tiefbauten umfasst (zB Straßen, Kanäle, U-Bahn-Stationen). Zu den Bauwerken gehören auch Eigentumswohnungen.

Grundstück: Während die Juristen im Regelfall nicht zwischen dem Grundstück und dem auf ihm errichteten Gebäude unterscheiden (wegen der §§ 946, 93, 94), wird bei der Verjährung der Käuferansprüche getrennt: Die fünfjährige Verjährungsfrist gilt nur für das (neue oder gebrauchte) Bauwerk, während Ansprüche hinsichtlich des Grundstücks nach zwei Jahren verjähren (§ 438 Abs. 1 Nr. 3; FD „Kauf – Gesetzliche Verjährungsfristen", Spalte 14).

b) Baumaterial

Ebenfalls in fünf Jahren verjähren die Mängelansprüche, wenn die Kaufsache „entsprechend ihrer üblichen Verwendungsweise für ein Bauwerk verwendet worden ist und dessen Mangelhaftigkeit verursacht hat" (§ 438 Abs. 1 Nr. 2 Buchst. b; FD „Kauf – Gesetzliche Verjährungsfristen", Frage 13, Ja). Es müssen also drei Voraussetzungen gegeben sein:

290

- *Baumaterial*: Die Kaufsache muss Baumaterial oder ein Bauteil sein, denn sie muss üblicherweise für ein Bauwerk (Neubau, Umbau, Renovierung) verwendet werden. *Beispiele*: Kalksandsteine, Fertigbeton, Stahlträger, Fenster, Fertigdecken, Betonstahl, Dachziegel, Aufzug. Kein Baumaterial sind die Teile einer auf einem Dach errichteten Photovoltaikanlage. Denn das Gebäude ist auch ohne diese Anlage fertig und funktionsfähig (Fall 8, Rn 281).[308]
- *Einbau*: Die Kaufsache muss auch tatsächlich eingebaut (oder verbaut) worden sein („… für ein Bauwerk verwendet worden ist …"). Die fünfjährige Frist gilt also nicht, wenn die Sache – zB weil ihre Mangelhaftigkeit noch rechtzeitig erkannt wur-

---

307 BGH NJW 2016, 2645 Rn 44; BGHZ 57, 60.
308 BGH NJW 2014, 845 Rn 18.

de – nur gelagert wurde. In diesem Fall gilt die zweijährige Verjährungsfrist nach § 438 Abs. 1 Nr. 3.

291 ■ *Mangelhaftes Bauwerk:* Die Verarbeitung der Kaufsache muss dazu geführt haben, dass das Bauwerk selbst mangelhaft wurde. *Beispiel 1:* Der für die Fassade verwendete Mörtel löste sich nach drei Jahren. Es reicht nicht aus, wenn sich die Mangelhaftigkeit auf die Kaufsache beschränkt. *Beispiel 2:* Der Einbau einer mangelhaften Zimmertür führt nicht dazu, dass das Haus insgesamt mangelhaft ist. Die Verjährungsfrist für Mängelansprüche beträgt deshalb in diesem Fall zwei Jahre (§ 438 Abs. 1 Nr. 3).

Der Hintergrund dieser Spezialregelung für Baumaterial ist folgender: Nach den werkvertraglichen Bestimmungen kann ein Bauunternehmer erst nach fünf Jahren gegenüber dem Bauherrn die Einrede der Verjährung erheben (§ 634a Abs. 1 Nr. 2). Wenn der Mangel seiner Arbeit auf mangelhaftem Material beruht, das er gekauft hat, soll er ebenso lange Zeit haben, seinen Lieferanten in Anspruch zu nehmen.

3. Die regelmäßige Verjährungsfrist von zwei Jahren

292 § 438 Abs. 1 nennt in Nr. 1 und 2 zunächst die dargestellten Ausnahmen, um dann in Nr. 3 festzulegen, dass „im Übrigen" die in § 437 aufgeführten Sachmängelansprüche *„in zwei Jahren"* verjähren (FD „Kauf – Gesetzliche Verjährungsfristen", Spalte 14). Die zweijährige Verjährungsfrist ist also die regelmäßige Verjährungsfrist, wenn es um Sachmängelansprüche des Käufers geht. Diese Kategorie ist außerordentlich umfangreich. Denn wann kauft man schon mal ein Bauwerk oder kauft Baumaterial, das ein Bauwerk mangelhaft macht? Für die zweijährige Verjährungsfrist der Nr. 3 spielt es keine Rolle,

■ ob der Käufer Verbraucher (§ 13) oder Unternehmer (§ 14) ist

■ ob es sich um eine bewegliche Sache handelt (außer Baumaterial) oder um ein Grundstück (ohne Bauwerk)

■ ob es um einen Cent-Artikel geht oder um einen Supersportwagen oder einen Picasso.

4. Der Beginn der Verjährungsfristen

a) Grundstücke: Übergabe

293 *Grundregel:* Man muss sich unbedingt klarmachen, dass bei der Verjährung der Mängelansprüche nicht die Regeln der regelmäßigen Verjährung nach den §§ 195, 199 gelten. Die Verjährungsfrist beginnt und endet also *nicht am Jahresende*.[309]

Der Beginn der Verjährungsfrist ist in § 438 Abs. 2 geregelt, der zwischen Grundstücken und anderen Kaufsachen unterscheidet. Die Verjährung „beginnt bei *Grundstücken* mit der Übergabe" (§ 438 Abs. 2 Var. 1). Unter „Grundstücken" versteht das Gesetz nicht nur den Grund und Boden, sondern auch das aufstehende Bauwerk. Insofern wird die Differenzierung bei der Verjährungs*frist* – fünf Jahre für Bauwerke, zwei Jahre für Grundstücke – für den Verjährungs*beginn* wieder aufgehoben. Die „Übergabe" erfolgt, wenn der Verkäufer im Einverständnis mit dem Käufer diesem endgültig (nicht nur vorübergehend) den unmittelbaren Besitz (§ 854 Abs. 1) am Grundstück über-

---

309 Etwas anderes gilt nur in dem seltenen Fall, dass die Übergabe bzw die Ablieferung am 31. Dezember erfolgte.

trägt.[310] Die „Übergabe" ist also meist die Übergabe der Schlüssel. Auf die Frage, wann der Käufer als neuer Eigentümer in das Grundbuch eingetragen wurde, kommt es nicht an.

b) Verjährungsbeginn „im Übrigen"

Ablieferung: Bei beweglichen Sachen beginnt die Verjährungsfrist mit *der „Abliefe-*   **294** *rung"* (§ 438 Abs. 2 Var. 2). Sie ist erfolgt, wenn der Verkäufer dem Käufer die Kaufsache so überlassen hat, dass er sie auf Mängel untersuchen kann.

- ▪ Beim *Kauf im Laden* liegt die Ablieferung in der Übergabe an den Käufer.
- ▪ Beim *Versendungskauf* ist ebenfalls die Übergabe an den Käufer (an seinem Wohn- oder Geschäftssitz) maßgeblich. Die Übergabe an das *Transportunternehmen*, mit der bekanntlich die Gefahr übergeht (§ 447),[311] spielt bei der Verjährung keine Rolle.

Taggenaue Berechnung: Für die genaue Berechnung der Verjährungsfrist muss man § 187 Abs. 1 beachten: Die Verjährungsfrist beginnt nicht mit der Uhrzeit der Ablieferung, sondern am Ablieferungstag um 24.00 Uhr. *Beispiel:* Die Ablieferung der Kaufsache erfolgte am 10. November 2015, die Verjährungsfrist betrug zwei Jahre. Dann begann die Verjährungsfrist am 10. November 2015 um 24.00 Uhr und trat am 10. November 2017 ein, ebenfalls um 24.00 Uhr.

c) Beginn der Verjährungsfrist für Ansprüche aus einem Rücktritt

Es besteht Streit über die Frage, innerhalb welcher Frist ein Käufer, der den Rücktritt   **295** erklärt hat, Klage auf Rückzahlung des Kaufpreises erheben muss, wenn er die Einrede der Verjährung vermeiden will. *Beispiel:* K hatte von V ein Fohlen gekauft, das ihm am 27. Oktober 2007 übergeben wurde. Der von K wegen eines Mangels erklärte Rücktritt ging V am 13. Oktober 2009 zu. Aber erst am 25. November 2009 erhob K Klage auf Rückzahlung des Kaufpreises gegen Rückübereignung des Fohlens. V erhob die Einrede der Verjährung.[312] § 218 Abs. 1 S. 1 enthält nur eine zeitliche Schranke für die *Erklärung* des Rücktritts („Der Rücktritt … ist unwirksam …"). Er äußert sich nicht zu der Frage, bis wann der (sich aus der Erklärung des Rücktritts ergebende) Anspruch auf Rückzahlung des Kaufpreises (§ 346 Abs. 1) geltend gemacht werden muss. Nach einer Mindermeinung kann V im Beispielsfall die Einrede der Verjährung erheben, weil die zweijährige Verjährungsfrist für einen entsprechenden Nacherfüllungsanspruch bereits am 27. Oktober 2009 und damit vor Erhebung der Klage abgelaufen gewesen wäre.[313] Aber nach der ganz überwiegend vertretenen Gegenansicht,[314] der sich der BGH angeschlossen hat,[315] ist der Anspruch auf Rückzahlung des Kaufpreises im Beispielsfall nicht verjährt. Der rechtzeitig erklärte Rücktritt hat einen Anspruch auf Rückzahlung des Kaufpreises ausgelöst (§ 346), der mangels einer verjährungsrechtlichen Sonderregelung nach den §§ 195, 199 verjährt, jedenfalls nicht nach § 438. V hätte die Einrede der Verjährung deshalb nur erheben können, wenn K nach dem

---

310 BGH NJW 1996, 586.
311 Außer beim Verbrauchsgüterkauf (§ 475 Abs. 2 ; Rn 48).
312 BGHZ 170, 31.
313 Wagner ZIP 2002, 789 (790 f); Peters NJW 2007, 119.
314 PWW/Schmidt § 438 Rn 7; Staudinger/Matusche-Beckmann § 438 Rn 31; Reinking ZGS 2002, 140 (141); MüKo/Grothe § 218 Rn 4; Erman/Grunewald § 438 Rn 28.
315 BGHZ 170, 31 Rn 37.

31. Dezember 2012 geklagt hätte. Dass der Käufer auf diese Weise für eine erfolgreiche Klage auf Kaufpreisrückzahlung sehr viel mehr Zeit hat als für eine entsprechende Schadensersatzklage, muss hingenommen werden.

III. Sonderfall Arglist

1. Hintergrund

296   Die Verjährung der Mangelansprüche ist – zugunsten des Käufers – abweichend geregelt für den Fall, dass der Verkäufer den Mangel arglistig verschwiegen hat (§ 438 Abs. 3). Das Gesetz gewährt dem Käufer diesen Vorteil als Ausgleich dafür, dass er vom Verkäufer grob benachteiligt wurde. Der Begriff der Arglist (Rn 237 ff) ist der gleiche wie in § 442 (oben Rn 267) und § 444 (Rn 271).

2. Die „regelmäßige Verjährungsfrist" von drei Jahren

a) § 195

297   Bei Arglist des Verkäufers verjähren die Ansprüche des Käufers „in der regelmäßigen Verjährungsfrist" (§ 438 Abs. 3). Diese Verjährungsfrist beträgt bekanntlich drei Jahre (§ 195). Auf den ersten Blick scheint sich daraus kaum eine Verbesserung für den Käufer zu ergeben, im Fall der fünfjährigen Verjährungsfrist sogar eine Verschlechterung.

b) § 199

298   Der Vorteil des getäuschten Käufers liegt *im Beginn* der Verjährungsfrist. Denn die regelmäßige Verjährungsfrist des § 195 beginnt erst „mit dem Schluss des Jahres", in dem der Käufer „von den den Anspruch begründenden Umständen … Kenntnis erlangt oder ohne grobe Fahrlässigkeit erlangen müsste" (§ 199 Abs. 1 Nr. 2). Demgegenüber ist der Beginn der anderen Verjährungsfristen starr, denn sie beginnen bekanntlich schon mit der Übergabe bzw mit der Ablieferung der Kaufsache (§ 438 Abs. 2).

3. Arglist im Fall einer eigentlich fünfjährigen Verjährungsfrist

299   Wenn ein Bauwerk oder Baumaterial Kaufgegenstand ist und deshalb ein *nicht arglistiger* Verkäufer erst nach fünf Jahren die Einrede der Verjährung erheben kann (§ 438 Abs. 1 Nr. 2 Buchstaben a, b), könnte der Käufer bei Arglist benachteiligt sein. Denn der arglistige Verkäufer könnte sich bereits nach drei Jahren (wenn auch mit anderem Fristbeginn) auf die Verjährung berufen. Dieses Dilemma löst § 438 Abs. 3 S. 2. Man kann sich die gesetzliche Regelung so merken: Bei Arglist des Verkäufers ist immer die Verjährungsfrist maßgebend, die später endet (FD „Kauf – Gesetzliche Verjährungsfristen", Fragen 9 und 10).

4. Vorziehen der Arglist bei der Fallbearbeitung

300   Im Gutachten ist die Frage nach einer Arglist des Verkäufers früh zu stellen. Denn anderenfalls läuft man Gefahr, die Verjährung der Ansprüche nach § 438 Abs. 1 oder Abs. 2 zu bejahen, um dann nach Prüfung des § 438 Abs. 3 festzustellen, dass die Verjährung doch noch nicht eingetreten ist. Das FD „Kauf – Gesetzliche Verjährungsfristen" zieht deshalb die Frage nach der Arglist vor (Frage 7).

IV. Vertragliche Verjährungsfristen

1. Die Grundregel des § 202

Bei dem Thema „Vertragliche Verjährungsfristen" muss man sich daran erinnern, dass **301**
§ 438 eingebettet ist in die allgemeinen Regeln zur Verjährung (§§ 194 bis 218). Dort
macht § 202 Abs. 1 deutlich, dass eine *Erleichterung* der Verjährung – im Wesentlichen
eine Verkürzung der Frist – im Grundsatz zulässig ist. Aber ein Verkäufer, der *wegen
Vorsatzes* haftet, kann sich auf die von ihm vereinbarte Erleichterung nicht berufen
(§ 202 Abs. 1; FD „Kauf – Vertragliche Verjährungsfristen", Frage 1, Ja, Spalte 1). Wegen Vorsatzes haftet insbesondere der Verkäufer, der den Käufer über einen Mangel
arglistig getäuscht hat (Rn 244 ff). Außerdem bestimmt § 202 Abs. 2, dass keine Verjährungsfrist vereinbart werden kann, die 30 Jahre überschreitet.

2. Kein Verbrauchsgüterkauf

a) Neue Kaufsachen

Außerhalb des Verbrauchsgüterkaufs wird der Käufer teilweise durch die §§ 307   **302**
bis 310 vor einer Verkürzung der Verjährungsfrist geschützt. Im Mittelpunkt steht
§ 309 Nr. 8, Buchst. b, Doppelbuchst. ff, der eine *neue* Kaufsache voraussetzt (FD
„Kauf – Vertragliche Verjährungsfristen", Spalten 3 bis 5). Er bezieht sich nicht nur
auf bewegliche Sachen, sondern auch auf (neue) Bauwerke und Teile von ihnen, zB Eigentumswohnungen.

- *Neues Bauwerk oder (neues) Baumaterial:* Innerhalb der neuen Sachen unterschei-   **303**
  det der Doppelbuchstabe ff danach, ob es sich um ein Bauwerk oder Baumaterial
  handelt oder um eine *andere* neue Sache. Die fünfjährige Verjährungsfrist des § 438
  Abs. 1 Nr. 2 kann für ein neues Bauwerk und für neues Baumaterial nicht durch
  AGB verkürzt („erleichtert") werden (§ 309 Nr. 8, Buchst. b, Doppelbuchst. ff; FD
  „Kauf – Vertragliche Verjährungsfristen", Spalten 3 und 4).

- *Andere neue Sache:* Dagegen kann die zweijährige Verjährungsfrist für *andere* neue   **304**
  Sachen im Prinzip auf ein Jahr verkürzt werden (Doppelbuchst. ff: „in den sonstigen
  Fällen"; FD „Kauf – Vertragliche Verjährungsfristen", Spalte 5, die auf Frage 8 ver-
  weist).

b) Gebrauchte Kaufsachen

Wenn eine *gebrauchte* (bewegliche oder unbewegliche) Sache Kaufgegenstand ist, hilft   **305**
§ 309 Nr. 8 Buchst. b Doppelbuchst. ff dem Käufer bekanntlich *nicht* (FD „Kauf –Vertragliche Verjährungsfristen", Frage 5, Nein).

Der BGH wollte sich aber nicht damit abfinden, dass der Verkäufer einer gebrauchten   **306**
Sache in seinen AGB die Verjährungsfrist beliebig verkürzen können soll, und ist dabei
auf § 309 Nr. 7 gestoßen. In dieser Vorschrift ist *nicht von einer Verkürzung der Verjährungsfrist* die Rede. Vielmehr ist nach § 309 Nr. 7 Buchst. a nur eine Formularklausel unwirksam, durch die der Verwender (hier der Verkäufer) auch für den Fall einer
von ihm verschuldeten Tötung oder Körperverletzung seine *Haftung begrenzt* (ausführlich Rn 275). Um eine Haftungsbegrenzung geht es auch in Buchst. b.

Man fragt sich deshalb, was eine Haftungsbegrenzung mit einer Verkürzung der Ver-   **307**
jährungsfrist zu tun hat. Aber Letztere ist nach allgemeiner Ansicht – zunächst viel-

leicht überraschend, aber durchaus überzeugend – eine Form der Haftungsbeschränkung.[316] Deshalb ist § 309 Nr. 7 auch bei einer Verkürzung der Verjährungsfrist anwendbar (FD „Kauf – Vertragliche Verjährungsfristen", Spalte 7).

308   Wenn der Käufer *Unternehmer* (§ 14) ist, wird er bekanntlich nicht von § 309 vor nachteiligen AGB des Verkäufers geschützt (§ 310 Abs. 1 S. 1). Aber das aus § 309 Nr. 7 abgeleitete Ergebnis wird dann auf § 307 gestützt,[317] was § 310 Abs. 1 S. 2 zulässt.

3. Verbrauchsgüterkauf

309   Wenn es um einen Verbrauchsgüterkauf geht (§§ 474 ff), ist der Käufer bekanntlich besonders geschützt. Das gilt auch für die Frage, ob der Verkäufer die Verjährungsfrist (zulasten des Käufers) verkürzen darf. Die Regel lautet, dass nicht schon beim Vertragsschluss eine Verjährungsfrist vereinbart werden kann, die kürzer ist als *zwei Jahre* (§ 476 Abs. 2 Var. 1). Eine Ausnahme gilt für „gebrauchte Sachen", denn für sie darf die Frist auf *ein Jah*r verkürzt werden (§ 476 Abs. 2 Var. 2).

310   Diese eigentlich einfache Regel wird vielfältig überlagert von einer Vorschrift aus dem Bereich der AGB, nämlich § 309 Nr. 8 Buchst. b Doppelbuchst. ff. Auch diese Vorschrift will den Käufer schützen, wenn der Verkäufer versucht, die Verjährungsfristen des § 438 zu kürzen. Leider hat der Gesetzgeber die beiden unterschiedlichen Schutzbestimmungen nicht aufeinander abgestimmt, so dass sie im selben Fall zu unterschiedlichen Ergebnissen führen können. Dann gilt die für den Käufer günstigere Regelung (zB FD „Kauf – Vertragliche Verjährungsfristen" Spalte 10). Die Überschneidungen, Widersprüche und Lücken lassen sich durch einen Lehrtext kaum entwirren. Hier helfen (hoffentlich) die Spalten 9 bis 11 des FDs „Kauf – Vertragliche Verjährungsfristen", auf die verwiesen werden muss.

V. Rechtsfolgen der Verjährung

311   Wenn die Verjährungsfrist abgelaufen ist, kann der Verkäufer die Einrede der Verjährung erheben (§ 214 Abs. 1). Er *muss* das allerdings nicht tun, sondern kann auch nach Eintritt der Verjährung aus Kulanz oder aus anderen Gründen die Ansprüche des Verkäufers erfüllen. Tut er das, ist eine Rückforderung ausgeschlossen (§ 214 Abs. 2 S. 1).

312   *Letzte Hoffnung des Käufers, der noch nicht alles gezahlt hat:* Auch wenn der Verkäufer zu Recht die Einrede der Verjährung erhebt, gibt § 438 Abs. 4 S. 2 dem Käufer noch eine Chance: Wenn er im Zeitpunkt des gescheiterten Rücktritts den Kaufpreis noch nicht (oder nicht vollständig) bezahlt hatte, darf er „die Zahlung des Kaufpreises insoweit verweigern, als er aufgrund des Rücktritts dazu berechtigt sein würde" (FD „Kauf – Gesetzliche Verjährungsfristen", Spalte 3). Allerdings kann der Verkäufer in diesem Fall seinerseits zurücktreten und damit insbesondere die Herausgabe der Kaufsache verlangen (§§ 438 Abs. 4 S. 3, 346). Auf die Minderung findet § 438 Abs. 4 S. 2 „entsprechende Anwendung" (§ 438 Abs. 5).

---

316   So schon die amtliche Begründung BT-Drs 14/6040, 156: „... erfasst auch die Verkürzung von Verjährungsfristen". Auch BGH NJW 2014, 211 Rn 30, 2013, 2584 Rn 15 sowie BGHZ 174, 1 und 170, 31. Ebenso PWW/Berger § 309 Rn 42; Palandt/Grüneberg § 309 Rn 45; MüKo/Wurmnest § 309 Nr. 7 Rn 23.
317   BGH NJW 2014, 211 Rn 30; ebenso schon BGHZ 174, 1.

§ 9 Besondere Arten des Kaufs

Fall 9: Gabelstapler § 454 313

▶ *Der Geschäftsführer Kaloth der Krummholz GmbH verhandelte mit der Zenith AG über den Kauf eines Zenith-Gabelstaplers und einigte sich mit ihr über den Kaufpreis. Er bestand aber darauf, das Gerät vorher auszuprobieren. Die Zenith AG lieferte der Krummholz GmbH deshalb den Gabelstapler mit einem Begleitschreiben, in dem es heißt: „Sie erhalten ... zum Probeeinsatz für etwa eine Woche ..." Als Kaloth den Gabelstapler auf dem Betriebsgelände ausprobierte, fuhr er versehentlich gegen ein etwa 30 cm hohes Fundament. Der Gabelstapler kippte um und wurde dabei erheblich beschädigt. Die Krummholz GmbH gab ihn am 19. April zurück und erklärte, dass sie auf den Kauf verzichte. Die Zenith AG reparierte den Stapler für 14 444 Euro und stellte der Krummholz GmbH den Betrag in Rechnung. Da diese nicht zahlte, erhob die Zenith AG am 10. Oktober des folgenden Jahres Klage. Die Krummholz GmbH macht die Einrede der Verjährung geltend. (Nach BGHZ 119, 35)*

Bei dem zwischen den Parteien geschlossenen Vertrag könnte es sich um einen Kauf auf Probe handeln (§ 454). Die Eigenart dieses Kaufvertrags liegt darin, dass der Vertrag zunächst nicht voll wirksam ist. Denn er wird unter der aufschiebenden Bedingung geschlossen (§ 158 Abs. 1), dass der Käufer die ihm zur Verfügung gestellte Ware billigt (§ 454 Abs. 1 S. 2; Rn 330). Ein Kauf auf Probe war hier gegeben, wie sich insbesondere aus den Worten des Begleitschreibens ergab, dass der Gabelstapler „zum Probeeinsatz für etwa eine Woche" zur Verfügung gestellt werde. 314

Es bestand also – trotz des Vertragsschlusses – ein eigenartiger Schwebezustand.[318] Denn die Wirkungen des Kaufvertrags – die Pflicht zur Übereignung und die Pflicht zur Zahlung – sollten erst eintreten, wenn die Krummholz GmbH den Gabelstapler gebilligt hatte. Da sie das abgelehnt hat, ist der Vertrag nie wirksam geworden. Auf Vorschriften des Kaufrechts kann die Zenith AG ihren Schadensersatzanspruch deshalb nicht stützen. Leider enthalten die beiden einzigen Paragrafen zum Kauf auf Probe auch keine Regelung für den hier vorliegenden Fall. Da sich der Vertragsschluss zu der Zeit, als Kaloth fahrlässig das Eigentum der Zenith AG beschädigte, noch in der Vorbereitungsphase befand, liegt es wohl am nächsten, ein vorvertragliches Schuldverhältnis (§§ 311 Abs. 2 Nr. 2, 241 Abs. 2) anzunehmen, dessen fahrlässige Verletzung die GmbH nach § 280 Abs. 1 schadensersatzpflichtig macht (culpa in contrahendo).[319] Man kann aber auch den stillschweigenden Abschluss eines mietähnlichen Vertrags annehmen, der die Krummholz GmbH zu einer besonderen Obhut verpflichtete. Der BGH hat in der zugrunde liegenden Entscheidung diese Frage offen gelassen, hat aber letztlich doch eine mietrechtliche Vorschrift analog angewendet: Für Schadensersatzansprüche des Probe-Verkäufers gilt die sehr kurze sechsmonatige Verjährungsfrist des § 548. Der BGH hat die Klage deshalb auf die Verjährungseinrede der GmbH hin abgewiesen. ◀

Lerneinheit 9

Literatur Vorkaufsrecht: *Omlor*, Das dingliche Vorkaufsrecht, JuS 2017, 1160; *Kanzleiter*, Fragen der Form bei der Bestellung von Vorkaufsrechten an Immobilien ..., DNotZ 2017, 503; *Wais*, 315

---

318 BGB-AT Rn 360.
319 So zum alten Schuldrecht schon Flume, Das Rechtsgeschäft, § 38 2 d.

Form und Vorkaufsrecht, NJW 2017, 1569; *Falkner*, Vorkaufsrechte im Grundstücksverkehr, MittBayNot 2016, 378;

Sonstige Literatur: *Waldzus*, Compliance im Franchising: Darf's ein bisschen mehr sein? – Neue Herausforderungen für Franchisesysteme im Licht aktueller Rechtsprechung, BB 2016, 515; *Metzlaff/Billing*, E-Commerce in Franchise- und anderen Vertriebssystemen – zulässiger Vertriebskanal oder vertragswidrige Konkurrenz durch den Franchisegeber? BB 2015, S. 1347.

I. Ratenlieferungsverträge

1. Einführung

316 *Definition:* Ein Ratenlieferungsvertrag ist nach § 510 ein Vertrag zwischen einem Verbraucher (§ 13) und einem Unternehmer (§ 14) über mehrere Sachen, die der Unternehmer in Raten zu liefern und der Verbraucher in Raten zu bezahlen hat.

Der Ratenlieferungsvertrag ist meist ein Kaufvertrag, aber nie ein Unterfall des Kreditvertrags (§ 488). Denn die Zahlung durch den Verbraucher erfolgt fast gleichzeitig mit der Leistung des Unternehmers, nur unwesentlich später oder sogar früher.[320] Der Unternehmer gewährt dem Verbraucher deshalb keinen Kredit.

Einordnung: Obwohl es nicht um einen Kredit geht, hat der Gesetzgeber den Ratenlieferungsvertrag unter einem Dach mit den Darlehensverträgen geregelt („Teil 3. Darlehensvertrag, Finanzierungshilfen und Ratenlieferungsverträge ...", §§ 488 ff). Dieser Standort ist etwas irreführend. Deshalb wird der Ratenlieferungsvertrag hier unter den besonderen Arten des Kaufs behandelt.

317 *Verwechselungsgefahr:* Die Bezeichnung „Ratenlieferungsvertrag" führt leicht zu einem weiteren Missverständnis. Im täglichen Leben werden nämlich häufig die Ausdrücke „Ratenzahlung" und „Teilzahlung" synonym benutzt, so dass es nahe liegt, die Ratenlieferungsverträge mit den Teilzahlungsgeschäften (§§ 506 Abs. 3, 507 f; Rn 1086) zu verwechseln. Es hilft, zumindest gedanklich jeweils den *zweiten* Wortbestandteil zu betonen, also Raten*lieferungs*vertrag und Teil*zahlungs*geschäft. Dadurch wird deutlicher, dass beim Ratenlieferungsvertrag in erster Linie der liefernde Vertragspartner in Raten erfüllt, nur in zweiter Linie der zahlende Partner.

2. Erscheinungsformen des Ratenlieferungsvertrags

a) Mehrbändiges Lexikon

318 § 510 Abs. 1 S. 1 Nr. 1 erfasst Verträge, durch die ein Unternehmer einem Verbraucher mehrere Sachen *„als zusammengehörend verkauft"*. *Beispiele:* Verkauf eines nach und nach zu liefernden mehrbändigen Lexikons oder HGB-Kommentars,[321] Vertrag über den Bezug eines Sprachkurses, dessen Texte und Tonträger monatlich geliefert werden sollen,[322] Vertrag über die nach Baufortschritt zu liefernden Fertigteile eines Hauses, das in Eigenarbeit erstellt werden soll.[323]

---

320   BGHZ 165, 325 Rn 23–25.
321   AG Köln NJW 2004, 3342.
322   BGH NJW-RR 1990, 1011.
323   BGHZ 78, 375.

b) Abonnement einer Zeitung

Die in § 510 Abs. 1 S. 1 Nr. 2 erfassten Fälle unterscheiden sich von denen der Nr. 1   319
dadurch, dass die nach und nach zu liefernden Sachen kein sinnvolles Ganzes ergeben,
so dass sie nicht „als zusammengehörend" verkauft werden. Die Nr. 2 bezieht sich
hauptsächlich auf das Abonnement einer Zeitung oder Zeitschrift durch einen Verbraucher.[324] Da sie sich nur auf „Sachen" bezieht, gilt die Vorschrift nicht für einen
Vertrag über die Erbringung von Dienstleistungen. *Beispiel:* Der Abonnement-Vertrag
mit dem Bezahlfernsehanbieter Sky ist kein Ratenlieferungsvertrag, so dass dem Kunden kein Widerrufsrecht nach § 510 Abs. 2 zusteht.[325]

c) Franchisevertrag, Bierlieferung, Buchclub

Schließlich nennt Nr. 3 Verträge, die die Verpflichtung eines Verbrauchers „*zum wie-*   320
derkehrenden Erwerb oder Bezug von Sachen zum Gegenstand" haben. Hier sind sehr
unterschiedliche Verträge gemeint:

- *Franchiseverträge:* In einem Franchisevertrag verpflichtet sich der Franchisenehmer,
  im eigenen Namen (als Selbstständiger) Produkte oder Dienstleistungen des Franchisegebers so zu vertreiben, dass der Kunde den Eindruck hat, es handele sich um
  eine Filiale des Franchisegebers (etwa bei McDonald, Sixt, Benetton, Fielmann). Da
  sich der Verbraucher, der Franchisenehmer werden möchte, verpflichtet, die Ware
  ausschließlich vom Franchisegeber zu beziehen, begründet ein Franchisevertrag
  nach Nr. 3 eine Dauerverpflichtung zum Bezug von Sachen.[326] Zu beachten ist aber,
  dass Existenzgründer nicht immer geschützt sind (§ 513, Rn 328).[327]

- *Bierlieferverträge:* § 510 Abs. 1 S. 1 Nr. 3 betrifft auch Verträge, in denen sich ein   321
  Verbraucher verpflichtet, als künftiger Gastwirt das Bier nur von einer bestimmten
  Brauerei zu beziehen (Bierliefervertrag). Auch hier ist für Existenzgründer § 513 zu
  beachten (Rn 328).

- *Buchclub:* Wenn das Buchclub-Mitglied verpflichtet ist, regelmäßig Bücher oder   322
  CDs zu beziehen, liegt ebenfalls ein Fall der Nr. 3 vor.

3. Widerrufsrecht

a) Als Außerhalb- oder als Fernabsatzvertrag geschlossener Ratenlieferungsvertrag

Wenn der Ratenlieferungsvertrag außerhalb von Geschäftsräumen geschlossen wurde   323
(§ 312 b) oder im Fernabsatz (§ 312 c), gelten alle Vorschriften, die sich auf die eine
oder andere Art des Vertragsschlusses beziehen. Insbesondere ergibt sich das Widerrufsrecht aus § 312 g und der Beginn der Widerrufsfrist aus § 356 Abs. 2.

b) In Geschäftsräumen geschlossene Ratenlieferungsverträge

§ 510 Abs. 2 geht davon aus, dass der Vertrag „weder im Fernabsatz noch außerhalb   324
von Geschäftsräumen geschlossen" wurde. Für diesen Fall gibt die Vorschrift dem Verbraucher ein eigenes Widerrufsrecht nach § 355. Damit wird der Verbraucher besser

---

324 BGH NJW 2002, 2391; 1990, 1046 und 3144.
325 BGH NJW 2003, 1932; so schon in zweiter Instanz OLG Hamburg OLG-Report 2001, 114.
326 BGHZ 128, 156 („Ceiling Doctor"); BGH NJW 1998, 540.
327 Bei Franchiseverträgen ist fraglich, worauf die Obergrenze von 75 000 Euro zu beziehen ist (Giesler ZIP
     2002, 421).

gestellt als bei normalen Kaufverträgen. Der Grund ist, dass Ratenlieferungsverträge eine langfristige Bindung begründen. Deshalb ist der Verbraucher auch dann schutzbedürftig, wenn er den Vertrag in den Geschäftsräumen des Unternehmers schließt.

Ausnahmen: Kein Widerrufsrecht hat der Verbraucher in den Fällen, die in § 510 Abs. 3 S. 1 genannt sind.[328] Die wichtigste Ausnahme ergibt sich aus der *Bagatellgrenze* von 200 Euro (§ 491 Abs. 2 S. 2 Nr. 1).[329] *Beispiel:* Verbraucher V verpflichtete sich, für ein Jahr zum Preis von 199 Euro eine Zeitschrift zu abonnieren (§ 510 Abs. 1 S. 1 Nr. 2). Diese Summe tritt nach § 510 Abs. 3 S. 2 an die Stelle des in § 491 Abs. 2 S. 2 Nr. 1 genannten Begriffs „Nettodarlehensbetrag". Da sie unter 200 Euro liegt, steht S kein Widerrufsrecht zu.

325   *Beginn der Widerrufsfrist:* Wenn der Ratenlieferungsvertrag im Geschäftslokal des Unternehmers geschlossen wurde, kann nicht auf die Vorschriften zurückgegriffen werden, die einen Außerhalb- oder einen Fernabsatzvertrag voraussetzen. Der Beginn der Widerrufsfrist ergibt sich deshalb nicht aus § 356 Abs. 2, sondern musste in § 356 c Abs. 1 gesondert geregelt werden.

Erlöschen des Widerrufsrechts: Wichtig ist, das das Widerrufsrecht bei mangelnder Information nach einem Jahr und 14 Tagen erlischt (§ 356 c Abs. 2 S. 2). Es gilt also eine ähnliche Regelung wie nach § 356 Abs. 3 S. 2.

Die *Rechtsfolgen des Widerrufs* ergeben sich aus § 357 c. Auch dieser macht (diesmal in der Überschrift) deutlich, dass er nur für Ratenlieferungsverträge gilt, die *in einem Geschäftsraum* geschlossen wurden. Die Regelung lehnt sich aber eng an die für andere Kaufverträge an. So verweist § 357 c Abs. 1 S. 1 weitgehend auf § 357.

4. Sonstiges

a) Form

326   *Schriftform:* Der Ratenlieferungsvertrag bedarf im Prinzip „der schriftlichen Form" (§ 510 Abs. 1 S. 1), so dass insbesondere beide Unterschriften auf *einer* Vertragsurkunde stehen müssen (§ 126).

327   *Ausnahme:* Die Schriftform kann aus technischen Gründen nicht eingehalten werden, wenn der Vertrag über das Internet geschlossen wird. Das Gesetz lässt in diesem Fall eine angepasste Form zu (§ 510 Abs. 1 S. 2, S. 3).

b) Existenzgründer

328   Ein Existenzgründer ist eine natürliche Person, die sich darauf vorbereitet, erstmals ein Gewerbe zu betreiben oder einen Freien Beruf auszuüben. Existenzgründer ist auch, wer bereits selbstständig ist, aber sich erneut selbstständig machen will, diesmal auf einem anderen Gebiet.[330] Wer *nach* der Aufnahme der selbstständigen Tätigkeit oder der Gewerbeanmeldung einen Vertrag schließt, ist nicht mehr Existenzgründer.[331]

---

328 § 510 Abs. 3 wurde neu gefasst durch das „Gesetz zur Umsetzung der Wohnimmobilienkreditrichtlinie ..." vom 11. März 2016, BGBl 2016 Teil I Nr. 12 vom 16. 3. 2016.
329 BGH NJW-RR 2004, 841.
330 BGHZ 128, 156 (162); BGH NJW 2002, 2030 (2031).
331 BGH NJW 2002, 2030 – in diesem Fall war der Vertrag sieben Wochen nach der Anmeldung geschlossen worden.

Nach § 513 ist § 510 auf Existenzgründer nur anzuwenden, wenn die Summe von 75 000 Euro nicht überschritten wird. *Beispiel:* Der Angestellte A schloss, um sich selbstständig zu machen, einen Franchisevertrag mit der F-AG. Er verpflichtete sich, an sie bis zum frühestmöglichen Kündigungszeitpunkt insgesamt mindestens 86 000 Euro zu zahlen. A ist „Existenzgründer" (§ 513). Er ist aber nicht geschützt, weil die Grenze von 75 000 Euro überschritten ist.[332] A wird also bereits im Stadium der Existenzgründung als Unternehmer behandelt. Diese Regelung ist bedenklich, weil sie den Franchisegeber dazu verleitet, vom Existenzgründer besonders hohe Beträge zu verlangen und ihm dadurch das Widerrufsrecht vorzuenthalten.

c) Unabdingbarkeit

Die gesetzliche Regelung kann nicht zum Nachteil des Verbrauchers abbedungen oder umgangen werden (§ 512).   329

II. Kauf auf Probe

Aufschiebende Bedingung: Der Kauf auf Probe ist ein Kaufvertrag, der unter der Bedingung geschlossen wird, dass der Käufer die Kaufsache billigt (§ 454 Abs. 1 S. 1). Nach § 454 Abs. 1 S. 2 ist die Billigung im Zweifel eine *aufschiebende* Bedingung (§ 158 Abs. 1), so dass der Kaufvertrag erst mit Eintritt der Bedingung wirksam wird. *Beispiel 1:* Fall 9, Rn 313. *Beispiel 2:* Die Nr. 1 der Otto-AGB lautet: „Bei Otto kaufen Sie auf Probe, d.h., Sie können gelieferte Ware ohne Angabe von Gründen innerhalb von 14 Tagen nach Erhalt der Ware zurückgeben." [333] *Beispiel 3:* K kaufte von V 32 Lkw-Ladungen Apfelsaftkonzentrat „auf Gutbefund" der ersten Ladung.[334] Obwohl § 454 Abs. 1 S. 1 selbst von einer Bedingung spricht, ist zweifelhaft, ob es sich wirklich um eine solche handelt. Denn eine „Bedingung", deren Eintritt ausschließlich im Belieben des einen Vertragspartners steht („Potestativbedingung"), ist eigentlich keine Bedingung iS von § 158.[335]   330

Billigungsfrist: Die Frist, die der Käufer für die Billigung hat, kann vom Verkäufer festgelegt werden (§ 455 S. 1). Ein Schweigen des Käufers während der Frist gilt als Billigung (S. 2). *Beispiel 4:* In den Otto-AGB heißt es: „Die Billigung gilt als erfolgt, wenn Sie uns innerhalb der 14-tägigen Billigungsfrist weder eine anderweitige Nachricht zukommen lassen, noch die gelieferte Ware zurücksenden."

Pflichten: Der Abschluss eines Kaufs auf Probe begründet die (unbedingte!) Pflicht des Verkäufers, „dem Käufer die Untersuchung des Gegenstandes zu gestatten" (§ 454 Abs. 2), ihm also eine Probe anzudienen, und zwar in der zuvor vertraglich vereinbarten Qualität. Tut er das nicht, kann der Käufer nach § 281 Abs. 1 S. 1 Schadensersatz statt der Leistung verlangen.[336] Zur Beschädigung der probehalber übergebenen Kaufsache siehe Fall 9, Rn 313.   331

---

332 § 513 spricht vom „Nettodarlehensbetrag", aber dieser Begriff wird von § 510 Abs. 3 S. 2 umgedeutet in die Summe aller Zahlungen, die der Verbraucher bis zum ersten Kündigungstermin zu leisten hat.
333 BGH NJW 2005, 3567.
334 OLG Hamm BB 1995, 1925.
335 BGB-AT Rn 358.
336 OLG Hamm BB 1995, 1925.

III. Wiederkauf

1. Definitionen

332   Ein *Wiederkaufsrecht* ist ein Recht, das einem Verkäufer eingeräumt werden kann. Es berechtigt ihn, die Kaufsache durch einseitiges Rechtsgeschäft zurückzukaufen (§ 456 Abs. 1 S. 1). Der *Wiederkauf* ist der Kaufvertrag, der durch die Ausübung des Wiederkaufsrechts zustande kommt.

2. Begründung des Wiederkaufsrechts

333   Das Wiederkaufsrecht kann nicht nur in dem ursprünglichen Kaufvertrag vereinbart werden (§ 456 Abs. 1 S. 1), sondern auch in einem weiteren Vertrag, der auf den Kaufvertrag Bezug nimmt.[337] Wenn sich das Wiederkaufsrecht (wie fast immer) auf ein Grundstück bezieht, ist für die Vereinbarung des Wiederkaufsrechts die Form des § 311 b Abs. 1 S. 1 einzuhalten.

Bedingung: Die Ausübung des Wiederkaufsrechts kann von einer Bedingung abhängig gemacht werden. *Beispiel:* Zur Förderung der Industrieansiedlung verkaufte die Gemeinde G dem Unternehmer U ein Grundstück. Für den Fall, dass U nicht innerhalb von 18 Monaten mit der Errichtung einer Werkhalle beginnen sollte, behielt sich die G im notariell beurkundeten Kaufvertrag ein Wiederkaufsrecht vor.[338]

334   *Gesetzliche Frist:* Wenn der *Vertrag keine Frist* nennt, innerhalb derer das Wiederkaufsrecht ausgeübt werden muss, gilt für Grundstücke eine dreißigjährige, für andere Kaufsachen eine dreijährige Ausübungsfrist (§ 462 S. 1).

Vertragliche Frist: Die Ausübung des Wiederkaufsrechts kann im *Vertrag* zeitlich befristet werden. Eine solche Bestimmung geht der gesetzlichen Frist vor (§ 462 S. 2). Das Gesetz beschränkt die Vertragspartner nicht bei der Bemessung der Frist.[339] Der BGH hat aber entschieden, dass bei Grundstückskäufen die Länge der Frist in einem angemessenen Verhältnis zur Höhe des Preisnachlasses stehen muss. So soll eine 30-jährige Bindungsfrist bei einer Kaufpreisreduzierung um (nur) 29 % gegen das „Gebot angemessener Vertragsgestaltung" verstoßen.[340] In solchen Fällen müsste man dem Verkäufer raten, keine Frist zu vereinbaren, weil dann die 30-jährige Frist gilt.

3. Ausübung des Wiederkaufsrechts

335   Das Wiederkaufsrecht wird durch „Erklärung des Verkäufers gegenüber dem Käufer" ausgeübt (§ 456 Abs. 1 S. 1), also durch ein einseitiges Rechtsgeschäft mit empfangsbedürftiger Willenserklärung (§ 130 Abs. 1 S. 1).[341] Nach § 456 Abs. 1 S. 2 bedarf die Ausübung des Wiederkaufsrechts keiner Form, was im Hinblick auf § 311 b Abs. 1 bedenklich ist.

336   *Rechtsfolgen:* Zwischen dem Berechtigten und dem Verpflichteten kommt ein Kaufvertrag zustande, der weitgehend dem entspricht, den die Parteien zuvor mit umgekehrten Rollen geschlossen hatten. Nach § 456 Abs. 2 gilt im Zweifel derselbe Preis, doch passt

---

337   BGH NJW 2000, 1332.
338   BGH NJW 2001, 284.
339   In seiner Entscheidung NJW 2011, 515 hat der BGH eine vertraglich vereinbarte 90-jährige Bindungsfrist akzeptiert.
340   BGH NJW 2019, 2602 Rn 9 ff.
341   Zum einseitigen Rechtsgeschäft mit empfangsbedürftiger Willenserklärung allgemein BGB-AT Rn 84 ff.

das nicht in Zeiten schleichender Inflation. Meist wird deshalb vereinbart, dass sich der neue Kaufpreis aus einem Wertgutachten ergeben soll (§ 460). Wenn eine solche Vereinbarung fehlt, gilt zumindest ein Inflationsausgleich.

IV. Vorkauf

1. Definitionen

Das *Vorkaufsrecht* ist das Recht des Vorkaufsberechtigten (§§ 463 ff). Es berechtigt diesen, durch einseitiges Rechtsgeschäft einen Kaufvertrag abzuschließen, der inhaltlich dem entspricht, den der Vorkaufsverpflichtete als Verkäufer mit einem Dritten geschlossen hat (§§ 463, 464). Der *Vorkauf* ist der Kaufvertrag, der durch die Ausübung des Vorkaufsrechts zustande kommt.

337

2. Begründung des Vorkaufsrechts

a) Durch Vertrag

Schuldrechtliches Vorkaufsrecht: Das schuldrechtliche Vorkaufsrecht wird *durch Vertrag* begründet. *Beispiel:* A, der Eigentümer einer Doppelhaushälfte, will die andere Hälfte von N erwerben, aber N möchte nicht verkaufen. Schließlich einigen sich beide auf einen Vertrag, der A ein Vorkaufsrecht gewährt. Dadurch bleibt N frei in seiner Entscheidung über einen Verkauf. Aber wenn N mit einem beliebigen Dritten einen Kaufvertrag abgeschlossen hat, hat A das Recht, durch einseitiges Rechtsgeschäft in diesen Vertrag einzutreten. Das Gesetz schreibt für den Vertrag über die Begründung eines Vorkaufsrechts keine Form vor. Aber nach Ansicht der Rechtsprechung bedarf der Vertrag der notariellen Beurkundung (§ 311 b Abs. 1).

338

Dingliches Vorkaufsrecht: Das Vorkaufsrecht kann dadurch gesichert werden, dass es ins Grundbuch eingetragen wird. Das hat für den Berechtigten den Vorteil, dass er nicht nur gegenüber dem gegenwärtigen Eigentümer (seinem Vertragspartner), sondern auch jedem späteren gegenüber zum Vorkauf berechtigt ist (§ 1094 Abs. 1). Die beiden Vorkaufsrechte sind eigenständig.[342] Im Zweifelsfall muss eine Auslegung ergeben, ob die Parteien nur ein schuldrechtliches, nur ein dingliches oder beide Vorkaufsrechte begründen wollten.[343]

b) Durch Gesetz

Auch *das Gesetz* verleiht gelegentlich ein Vorkaufsrecht. *Beispiel:* Die von M bewohnte Wohnung wurde vom Vermieter V in eine Eigentumswohnung umgewandelt. Wenn V die Wohnung an D verkauft, hat M ein gesetzliches Vorkaufsrecht (§ 577 Abs. 1 S. 1). Wenn er das nötige Geld hat, es auszuüben, ist er sicher, dass D ihm nicht anschließend wegen Eigenbedarfs kündigen kann.

339

3. Rechtsnatur des Vorkaufsrechts

Die Vereinbarung eines Vorkaufsrechts wurde früher überwiegend als Abschluss eines doppelt bedingten Kaufvertrags gedeutet. Diese Konstruktion kann aber das gesetzli-

340

---

342 NK-BGB/Reetz § 1094 Rn 4, MüKo/Westermann § 1094 Rn 4.
343 BGH NJW 2014, 622 Rn 13.

che Vorkaufsrecht nicht erklären. Besser ist es deshalb, im Vorkaufsrecht ein Gestaltungsrecht des Vorkaufsberechtigten zu sehen.[344]

4. Versuche, das Vorkaufsrecht zu umgehen

341 Dem Vorkaufsverpflichteten ist das Vorkaufsrecht oft lästig. Das gilt noch viel mehr für den Käufer, der ja durch die Ausübung des Vorkaufsrechts aus dem Vertrag gedrängt wird. Beide versuchen deshalb manchmal, das Vorkaufsrecht gemeinsam zu umgehen. § 465 nennt zwei Beispiele: In den Kaufvertrag wird die Klausel aufgenommen: „Dieser Kaufvertrag wird nur wirksam, wenn das Vorkaufsrecht nicht ausgeübt wird" oder „Falls das Vorkaufsrecht ausgeübt wird, ist der Verkäufer zum Rücktritt berechtigt". Beide Klauseln würden das Vorkaufsecht zu Fall bringen, sind aber dem Vorkaufsberechtigten gegenüber unwirksam (§ 465).

Der Verpflichtete kann auch mit einem Dritten einen Vertrag schließen, der formal kein Kaufvertrag ist, aber dessen Wirkungen sehr nahe kommt. Der BGH hat sich durch die immer einfallsreicheren Konstruktionen der Notare nicht beirren lassen, sondern hat die Umgehungsversuche ebenso einfallsreich abgewehrt.[345] *Beispiel:* Dem A stand an dem Grundstück des X ein Vorkaufsrecht zu. X wollte aber nicht an A verkaufen, sondern an die D-AG. Er gründete deshalb eine KG und übertrug das Grundstück unentgeltlich auf diese Gesellschaft. Anschließend verkaufte er alle Anteile der KG für sieben Millionen Euro an die D-AG. X hat nicht, wie § 463 voraussetzt, mit der KG als einer „Dritten einen Kaufvertrag über den Gegenstand geschlossen". Denn er hat das Grundstück *unentgeltlich* auf die KG übertragen. Der BGH hat in dem ganzen Vorgang zu Recht eine den Vorkaufsfall auslösende „kaufähnliche Vertragsgestaltung" gesehen.[346]

342 *Form:* Nach § 464 Abs. 1 S. 2 bedarf die Ausübung des Vorkaufsrechts keiner Form. Das ist, wenn die Kaufsache ein Grundstück ist, im Hinblick auf § 311 b Abs. 1 bedenklich. Denn die Ausübung des Vorkaufsrechts begründet die bindende Verpflichtung des Vorkaufsberechtigten, das Grundstück zu erwerben. Man hätte das Formerfordernis – soweit ein Grundstück betroffen ist – deshalb besser umgekehrt zugeordnet: Formlose Begründung des Vorkaufsrechts (weil sich in diesem Vertrag keine Partei endgültig zur Übertragung oder zum Erwerb des Grundstücks verpflichtet) – und formbedürftige Ausübung.[347]

5. Rechtsfolgen

343 Durch die Erklärung, das Vorkaufsrecht auszuüben, tritt der Vorkaufsberechtigte nach § 464 Abs. 2 auf der Käuferseite in den geschlossenen Vertrag ein. Aber der Vorgang wird heute so verstanden, dass ein *neuer* Kaufvertrag zustande kommt, der nur so weit wie möglich und erforderlich dem entspricht, den der Verpflichtete mit dem kaufwilligen Dritten geschlossen hat.[348] Der Hintergrund ist folgender: Der Vertrag kann Bestimmungen enthalten, die allein dazu dienen sollen, die Ausübung des Vorkaufsrechts auszuschließen oder stark zu behindern. *Beispiel:* Der Verkäufer hatte einen Makler eingeschaltet, mit diesem eine ungewöhnlich hohe Courtage vereinbart und den Drit-

---

344 Medicus/Lorenz Rn 329.
345 BGHZ 115, 335. Eine besonders raffinierte Konstruktion behandelt BGH WM 1998, 1189.
346 NJW 2012, 1354.
347 Medicus/Lorenz Rn 330.
348 Siehe dazu BGH NJW 2017, 3295.

ten im Kaufvertrag zur Übernahme dieser Courtage verpflichtet. Soweit das in der Absicht geschieht, den Berechtigten von der Ausübung seines Vorkaufsrechts abzuhalten, gilt § 465 analog: Der Berechtigte braucht die Courtage nicht zu zahlen, nicht einmal in herabgesetzter Höhe.[349]

V. Teilzeit-Wohnrechtevertrag

1. Einführung

In den achtziger und neunziger Jahren des vorigen Jahrhunderts wurden viele Ferienwohnungen in der Form des „Time-Sharing" vermarktet: Verkauft wurde nicht die Ferienwohnung, sondern nur das Recht, sie in jedem Jahr eine Zeit lang zu nutzen. Viele unerfahrene Kunden merkten zu spät, dass sie einen völlig überhöhten Preis bezahlt hatten. *Beispiel:* Ein Zeitsoldat wurde in Spanien am Strand angesprochen und kaufte anschließend für umgerechnet 8 000 Euro das Recht, eine möblierte, zu einem spanischen Ferienwohnpark gehörende Eigentumswohnung jährlich eine Woche lang zu nutzen. Er bemerkte nicht, dass sich beim Verkauf aller Anteile für diese Ferienwohnung ein Erlös von über 400 000 Euro ergab, das Sieben- bis Zehnfache dessen, was damals eine solche Ferienwohnung kostete.[350]

344

Um diesen Auswüchsen zu begegnen, hat die EU im Jahre 1994 eine Richtlinie verabschiedet, die in den §§ 481 bis 487 umgesetzt worden ist. Die Bestimmungen sind so restriktiv, dass der Verkauf von Time-Sharing-Rechten schon Mitte der neunziger Jahre bedeutungslos wurde.

345

2. Definition und Rechtsnatur

Definition: Ein Teilzeit-Wohnrechtevertrag ist nach § 481 Abs. 1 S. 1 ein Vertrag, durch den sich ein Unternehmer (§ 14) verpflichtet, einem Verbraucher (§ 13) für mindestens drei Jahre die Nutzung einer Ferienwohnung (oder eines Ferienhauses)[351] zur Verfügung zu stellen, allerdings pro Jahr nur für einige Tage oder Wochen. Der Verbraucher zahlt für den Erwerb dieses Rechts ein einmaliges Entgelt („Gesamtpreis").

346

Rechtsnatur: Da der Verbraucher gegen Entgelt ein *Recht* erwirbt – nämlich das Recht, die Ferienwohnung zeitweise zu nutzen – liegt ein *Rechtskauf* vor (§ 453).[352]

347

Da die Teilzeit-Wohnrechteverträge in der Praxis bedeutungslos geworden sind, wird auf eine weitere Darstellung verzichtet.

VI. Exkurs: Tausch

Der Tausch ist kein Unterfall des Kaufs, so dass er eigentlich nicht unter der Überschrift „Besondere Arten des Kaufs" behandelt werden darf. Aber für ein eigenes Kapitel ist er zu unbedeutend – und der Zusatz „Exkurs" entschuldigt hoffentlich die falsche Einordnung.

348

Definition: Der Tausch ist ein gegenseitiger Vertrag, in dem sich beide Partner verpflichten, dem anderen als Gegenleistung für dessen Leistung einen Gegenstand zu

---

349 BGH NJW 2016, 3233 Rn 10, 19.
350 BGHZ 125, 218.
351 § 481 Abs. 1 S. 1, Abs. 3 lässt offen, ob ein Ferienhaus oder eine Ferienwohnung Vertragsgegenstand ist.
352 Palandt/Weidenkaff § 481 Rn 1; Brox/Walker § 7 Rn 67.

übertragen, der auch Kaufobjekt sein könnte, also eine Sache, ein Recht oder einen sonstigen Vermögensgegenstand (§ 480). Der Tausch ist wie der Kauf ein *Verpflichtungsgeschäft*, das durch zwei Verfügungen – meist Übereignungen (nach den §§ 929 ff oder §§ 873, 925) – erfüllt werden muss. *Beispiel:* Frau A und Herr B beschlossen, ihre Pferde zu tauschen (Tauschvertrag). Frau A übereignete deshalb ihren Wallach Herrn B, während Herr B seine Stute Frau A übereignete (Verfügungen oder Erfüllungsgeschäfte).[353]

349   *Kein Tausch* liegt vor, wenn eine der beiden Leistungen ausschließlich in einer Zahlung besteht (Kaufvertrag). Auch eine Dienstleistung kann nicht Gegenstand eines Tauschs sein. *Beispiel:* A verpflichtete sich zu 30 Stunden Gartenarbeit gegen Übereignung eines alten Motorrads. In diesem Fall liegt ein gemischter Vertrag eigener Art vor. Eine Mischung aus Kauf und Tausch ist gegeben, wenn nach dem Vertrag eine Seite eine Zuzahlung schuldet, weil die von ihr zu übereignende Sache einen geringeren Wert hat.

350   *Gesetzliche Regelung:* Das Gesetz verweist in § 480 ausschließlich auf das Kaufrecht. Das bedeutet insbesondere, dass Mängel einer Tauschsache wie Mängel einer Kaufsache behandelt werden. *Beispiel:* In dem obigen Fall hatte die Stute eine periodische Augenentzündung. Wenn dieser Mangel schon bei Gefahrübergang bestand, hat Frau A im Prinzip die in § 437 genannten Rechte. Bevor sie Schadensersatz verlangen oder zurücktreten konnte, musste sie aber Herrn B Gelegenheit zur Nacherfüllung geben (§§ 480, 437, 281 bzw 323).[354]

§ 10   Schenkung

351   **Fall 10: Holzeinschlagsrecht**   **§ 518**

▶ *Benedikt Irkenmooser hatte sich jahrelang um das im gleichen oberbayerischen Dorf lebende Ehepaar Kirchner gekümmert. Im Jahre 1999 wollten sich die Kirchners dankbar erweisen und schlossen mit Irkenmooser einen schriftlichen Vertrag, in dem es heißt: „Als Gegenleistung für langjährige Dienstleistungen (Fahrten, Verpflegung usw) räumen wir hiermit Herrn Benedikt Irkenmooser an unseren Waldgrundstücken unentgeltlich ein Holzeinschlags- und Verwertungsrecht ohne Verpflichtung zur Wiederaufforstung ein." Irkenmooser hat seit April 2002 in erheblichem Umfang Holz gefällt und abgefahren. Mit Anwaltsschreiben vom Juli 2002 ließ Frau Kirchner – ihr Mann war inzwischen verstorben – Herrn Irkenmooser den Holzeinschlag untersagen. Der Anwalt führte zur Begründung an, dass die Vereinbarung mangels notarieller Beurkundung formnichtig sei. Ist das richtig? (Nach BGH NJW-RR 2005, 1718).*

352   Die Vereinbarung könnte als Schenkungsvertrag nach den §§ 125, 518 Abs. 1 nichtig sein, weil sie nicht notariell beurkundet wurde. Voraussetzung dafür ist zunächst, dass es sich überhaupt um eine Schenkung handelt. Dafür spricht, dass Irkenmooser das Recht, auf den Waldgrundstücken der Eheleute Kirchner Holz zu fällen, ausdrücklich „unentgeltlich" zugestanden wurde. Gegen eine Schenkung könnte angeführt werden, dass das Holzeinschlagsrecht im Vertrag als „Gegenleistung für langjährige Dienstleistungen" bezeichnet wurde. Das kann so verstanden werden, dass sich nach dem Willen der Parteien eine Leistung („Fahrten, Verpflegung") und eine Gegenleistung („Holzeinschlags- und Verwertungsrecht")

---

353   BGH NJW 2006, 988.
354   BGH NJW 2006, 988 (989).

gegenüberstehen sollten, so dass es sich um einen gegenseitigen Vertrag handeln könnte (§ 320). Der BGH hat diese Möglichkeit ausführlich geprüft, sie aber zu Recht verworfen. Denn die beiden Leistungen waren nicht in der Weise verknüpft, dass Irkenmooser den Eheleuten Kirchner deshalb geholfen hatte, um nachher das Recht zur Nutzung ihrer Wälder zu erhalten. Vielmehr waren beide Leistungen unentgeltlich gemeint. Dass es bei der Zuwendung der Kirchners um eine Schenkung ging, geht auch daraus hervor, dass – wie der BGH schreibt – „ein eklatantes Wertmissverhältnis zwischen den Dienstleistungen und dem Holzeinschlagsrecht" vorlag.[355] Bei dem Vertrag handelt es sich also um eine so genannte „belohnende Schenkung". Für die Wirksamkeit der Schenkung ist „die notarielle Beurkundung *des Versprechens* erforderlich" (§ 518 Abs. 1 S. 1), also nur die Beurkundung der von den Eheleuten Kirchner abgegebenen Erklärung. Daran fehlt es, so dass das Schenkungsversprechen nach § 125 nichtig war.

Nun ist jedoch zu prüfen, ob der Mangel der Form „durch die Bewirkung der versprochenen Leistung geheilt" wurde (§ 518 Abs. 2). Das Landgericht und das Oberlandesgericht München hatten angenommen, dass „die Bewirkung der versprochenen Leistung" dadurch erfolgte, dass Irkenmooser die Bäume fällte und sie in Besitz nahm. Das hat der BGH aber nicht gelten lassen. Denn die Eheleute Kirchner hatten Irkenmooser kein *Holz* geschenkt, sondern *ein Recht*, nämlich das Recht, sich das Holz nach § 956 Abs. 1 S. 1 anzueignen. Dieses Recht hatten die Eheleute Kirchner gleichzeitig mit dem Schenkungsversprechen auf Irkenmooser übertragen (§ 413). Sie hatten damit die versprochene Leistung „bewirkt". Dadurch wurde der Mangel der Form geheilt (§ 518 Abs. 2), also der Vertrag wirksam. ◄   353

Lerneinheit 10

Literatur: *Grziwotz*, Rückgewähr von Schwiegerelternschenkungen, ZNotP 2019, 449; *Götz*, Rückgängigmachung von Schenkungen, ZEV 2017, 371; *S. Lorenz/Eichhorn*, Grundwissen – Zivilrecht, Unentgeltliche Rechtsgeschäfte JuS 2017, 6; *Heiß/Lan*, Praxiswissen für die Erstberatung, Schwiegerelternschenkungen, NZFam 2017, 446; *Blusz*, Reparatur unentgeltlicher Zuwendungen unter Ehegatten, ZEV 2016, 626; *Horndasch*: Rückforderung von ehebezogenen Schenkungen der Schwiegereltern, jM 2015, 458; *Hutmacher*, Grundstücksschenkungen unter Lebenden mit Nießbrauchvorbehalt, ZNotP 2015, 377.   354

I. Grundlagen

1. Definition

Der Schenkungsvertrag ist ein Vertrag, „durch den eine Leistung schenkweise versprochen wird" (§ 518 Abs. 1 S. 1). Anders gesagt: Im Schenkungsvertrag verspricht jemand (der Schenker) einem anderen (dem Beschenkten), ihm einen Vermögensgegenstand zuzuwenden, und beide Teile sind „darüber einig, dass die Zuwendung unentgeltlich erfolgt" (§ 516 Abs. 1).   355

2. Rechtliche Einordnung

Vertrag: Die Schenkung ist – wie sich aus der Definition ergibt – ein Vertrag (kein einseitiges Rechtsgeschäft), kommt also durch Antrag und Annahme zustande (§§ 145 ff). Meist geht der Antrag vom Schenker aus. Aber auch der künftige Beschenkte kann den Antrag erklärt haben („Schenkst du mir das?").   356

---

355 BGH NJW 2002, 2469.

357   Die Schenkung ist kein gegenseitiger Vertrag (§§ 320 ff), sondern das Hauptbeispiel für einen *einseitig verpflichtenden* Vertrag. Denn nur der Schenker verpflichtet sich zu einer Zuwendung, der Beschenkte zu nichts (§ 516 Abs. 1: „unentgeltlich"). Wenn sich jemand zu einer Leistung verpflichtet, weil er sich dadurch einen (auch geringen) Vorteil erhofft, liegt keine Schenkung vor. *Beispiel:* Y hatte als Vorsitzender eines Sportvereins eigenmächtig zwei rumänische Handballspielerinnen gegen Zahlung eines Gehalts eingestellt und den Verein damit in finanzielle Schwierigkeiten gebracht. Er verpflichtete sich, dem Verein die fehlenden Mittel bis zum Jahresende zur Verfügung zu stellen. Darin lag kein Schenkungsversprechen. Denn Y wollte durch seine Zusage einen eigenen Vorteil erreichen (Ansehen im Verein, keine gegen ihn gerichtete Schadensersatzforderung).[356]

3. Verpflichtungs- und Verfügungsgeschäft

358   *Verpflichtungsgeschäft:* Der Schenkungsvertrag ist ein Verpflichtungsgeschäft,[357] denn er begründet nur die *Verpflichtung* des Schenkers, die unentgeltliche Zuwendung zu vollziehen. Der Schenkungsvertrag gleicht insoweit dem Kaufvertrag. Der Unterschied liegt nur darin, dass sich der Verkäufer *gegen Entgelt* zu einer Veräußerung verpflichtet, während der Schenker diese Verpflichtung unentgeltlich eingeht.

359   *Verfügung:* Der Schenkungsvertrag bedarf als Verpflichtungsgeschäft zu seiner Erfüllung eines Verfügungsgeschäfts (einer Verfügung).[358] Auch darin gleicht der Schenkungsvertrag dem Kaufvertrag. Die Verfügung ist bei Sachen die Übereignung (§§ 929 ff oder §§ 873, 925), bei Forderungen und bei einem sonstigen Recht die Abtretung (§§ 398, 413).

360   *Nichtiges Verpflichtungsgeschäft:* Wenn der Schenkungsvertrag aus irgendeinem Grund nichtig ist, ist die Verfügung trotzdem wirksam,[359] muss aber als ungerechtfertigte Bereicherung herausgegeben werden (§ 812 Abs. 1 S. 1). Es gilt also dasselbe wie beim Kaufvertrag. *Beispiel:* Frau X hatte ihrem Ehemann arglistig vorgespiegelt, dass er der Vater ihres Sohnes sei. Infolge dieser Täuschung schenkte Herr X ihr später 340 000 Euro zum Kauf einer Wohnung. Als er die Wahrheit erfuhr, focht er den Schenkungsvertrag nach § 123 wirksam an, so dass Frau X das Geld zurückzahlen musste.[360]

4. Das Geschenk

361   Als Geschenk kommen alle Gegenstände in Betracht, also bewegliche Sachen, Geld, Grundstücke und Rechte. *Beispiel 1:* Fall 10, Rn 351.[361] *Beispiel 2:* Herr V schenkte seiner Ehefrau eine ihm gegen seinen Bruder zustehende Forderung von 100 000 Euro.[362] Wie sich aus § 518 Abs. 1 S. 2 ergibt, kann auch ein Schuldversprechen oder ein Schuldanerkenntnis schenkweise erteilt werden.

---

356   BGH NJW 2008, 1589 Rn 17.
357   BGB-AT Rn 318 ff.
358   BGB-AT Rn 324.
359   Abstraktionsprinzip, BGB-AT Rn 331.
360   BGH NJW 2012, 2728; OLG München NJW 2013, 946 (nach Zurückverweisung in derselben Sache). Es kamen auch Ansprüche aus § 313 und § 311 Abs. 2 Nr. 2 mit §§ 241 Abs. 2, 280 Abs. 1 in Betracht.
361   BGH NJW-RR 2005, 1718.
362   BGH NJW 1997, 3370 = SAT Fall 46, Rn 1133.

Das Gesetz bezeichnet das Geschenk in § 516 Abs. 1 als „Zuwendung" und in § 518 Abs. 1 S. 1 als „Leistung". Diese Begriffe müssen aber einschränkend ausgelegt werden. Denn wenn sich jemand zu einer unentgeltlichen *Dienstleistung* verpflichtet, liegt ein Auftrag vor (§ 662). Die unentgeltliche *Überlassung auf Zeit* ist entweder Leihe (§ 598) oder ein unverzinsliches Darlehen (§ 488 oder § 607). Auch die *Verwahrung* kann unentgeltlich sein (§§ 688, 690) und die *Bürgschaft* ist es immer (§ 765). In all diesen Fällen liegt aber nicht auch ein Schenkungsvertrag vor.

II. Die Form des Schenkungsvertrags

1. Zeitliches Auseinanderfallen von Schenkungsversprechen und Erfüllung

a) Notarielle Beurkundung

§ 518 Abs. 1 S. 1 schreibt „die notarielle Beurkundung" vor, aber nur „des *Versprechens*". Das bedeutet, dass zwar die Erklärung des *Schenkers* von einem Notar beurkundet werden muss (§ 128), jedoch nicht die Erklärung des Beschenkten. Denn nur dem Schenker müssen die manchmal weitreichenden Konsequenzen der von ihm eingegangenen Verpflichtung vor Augen geführt werden (Warnfunktion). Wenn die von § 518 Abs. 1 S. 1 vorgeschriebene Form nicht eingehalten wurde, ist der Schenkungsvertrag nach § 125 nichtig. *Beispiel:* Der verheiratete Hotelier H unterhielt mit seiner Sekretärin S ein intimes Verhältnis. Später richtete er ihr ein Modegeschäft in München ein und versprach schriftlich, ihr monatlich Geld zu überweisen und die Rechnungen ihres Hauptlieferanten zu übernehmen. Nachdem H zum Pflegefall geworden war, blieben die Überweisungen aus. Frau S verklagte H auf weitere Zahlungen, aber seine Frau konnte sich in seinem Namen erfolgreich auf die Nichtigkeit des Schenkungsversprechens berufen.[363]

362

b) Heilung

Allerdings wird der Mangel der Form „durch die Bewirkung der versprochenen Leistung geheilt" (§ 518 Abs. 2). *Beispiel 1:* Monika wünschte sich von ihrem Freund Kurt als Weihnachtsgeschenk eine Spiegelreflexkamera, die Kurt ihr versprach. Kurts Versprechen war formnichtig (§§ 518 Abs. 1 S. 1, 125) und damit der ganze Vertrag. Als Kurt Monika Heiligabend die Kamera übereignete (§ 929 S. 1), wurde der Formmangel geheilt (§ 518 Abs. 2). Die Heilung des Formmangels durch Vollzug der Schenkung hat gerade bei den Geschenken des täglichen Lebens eine große Bedeutung. Denn ohne § 518 Abs. 2 könnte Kurt am ersten Weihnachtsfeiertag sein Geschenk als ungerechtfertigte Bereicherung zurückfordern (§ 812 Abs. 1 S. 1). *Beispiel 2:* In dem obigen Fall mit dem Modegeschäft (Rn 362) musste Frau S kein Geld erstatten. Denn im Umfang der bisherigen Zuwendungen war die Formnichtigkeit geheilt (§ 518 Abs. 2).

363

2. Handschenkung

Bei der Handschenkung (§ 516) fallen der Abschluss des formnichtigen Schenkungsvertrags und dessen Heilung durch Erfüllung zeitlich zusammen. *Beispiel 1:* Fall 10, Rn 351. *Beispiel 2:* Frau K überwies ihrer Tochter B ohne Vereinbarung nach und nach

364

---

363 BGH NJW 1984, 797. Die gezahlten Beträge konnte H nicht zurückfordern (Rn 363).

3 645 Euro.[364] *Beispiel 3:* T übergab der Gastgeberin einen Blumenstrauß, den diese dankend annahm.

III. Schenkung unter einer Auflage

365   Manchmal wird eine Schenkung mit der Auflage verbunden, dass der Beschenkte nach dem Vollzug der Schenkung seinerseits eine Leistung an den Schenker erbringen soll (§ 525 Abs. 1). *Beispiel:* Die Eltern schenkten ihr Wohnhaus (Grundstück) zu je hälftigem Miteigentum ihren beiden Kindern und behielten sich ein Nießbrauchsrecht vor (§ 1030).[365]

366   *Abgrenzung vom gegenseitigen Vertrag (§ 320):* Bei einer Schenkung unter einer Auflage ist die Erfüllung der Auflage weniger wert als das Geschenk. Wenn die beiden Leistungen ungefähr gleichwertig sind, liegt keine Schenkung unter einer Auflage vor, sondern ein gegenseitiger Vertrag (§ 320). Meist soll die aus der Auflage folgende Leistung aus dem geschenkten Vermögen erbracht werden, so wie es im Beispiel vereinbart war. Hiervon geht auch § 526 aus.

367   *Nichterfüllung der Auflage:* Der Schenker hat einen vertraglichen Anspruch auf die Erfüllung der Auflage. Erfüllt der Beschenkte ihn nicht, kann der Schenker sein Geschenk teilweise zurückfordern, nämlich in Höhe des Werts der Auflage (§ 527 Abs. 1).

IV. Abgrenzung von ähnlichen Verträgen

1. Gemischte Schenkung

368   Eine gemischte Schenkung liegt vor, wenn zwar zwei Leistungen ausgetauscht werden sollen, aber die eine Leistung einen deutlich höheren Wert hat als die andere und beide Vertragspartner einig sind, dass der überschießende Teil unentgeltlich zugewendet sein soll. Es ist nicht erforderlich, dass der Charakter der Unentgeltlichkeit überwiegt, dass also der Wert der einen Leistung nicht einmal die Hälfte des Werts der Gegenleistung erreicht.[366] Die gemischte Schenkung ist gesetzlich nicht geregelt. Sie spielt zB eine Rolle, wenn der Schenker wegen Verarmung die Herausgabe des Geschenks fordert (§ 528; Rn 376). Er kann dann nicht das ganze Geschenk zurückfordern, sondern nur Zahlung in Höhe der Wertdifferenz verlangen.[367]

2. Ehebezogene Zuwendung

369   Nach einer vom BGH häufig verwendeten Definition liegt eine ehebezogene Zuwendung vor, „wenn ein Ehegatte dem anderen einen Vermögenswert um der Ehe willen … zukommen lässt, wobei er die … Erwartung hegt, dass die eheliche Lebensgemeinschaft Bestand haben und er … am Vermögenswert und dessen Früchten weiter teilhaben werde".[368] Darin liegt die Geschäftsgrundlage der Zuwendung, so dass nach heutigem Recht eigentlich § 313 anzuwenden wäre. *Beispiel:* X übertrug sein wesentliches Vermögen auf seine Ehefrau, um es dem Zugriff seiner Gläubiger zu entziehen.[369]

---

364   BGH NJW 2014, 2275.
365   OLG Köln NJW-RR 1999, 239; ähnlich BGHZ 107, 156.
366   BGH NJW 2012, 605 Rn 14 ff.
367   BGH aaO Rn 15.
368   BGHZ 142, 137 (147 f); 127, 48 (52); BGH NJW 2012, 2728; 2006, 2330 Rn 9.
369   BGH FamRZ 1990, 600 (601); ähnlicher Sachverhalt BGHZ 142, 137.

Wenn die Zuwendung sich im Rahmen üblicher Geschenke hält oder nicht in der Erwartung gegeben wird, die Ehe werde Bestand haben, liegt eine Schenkung vor.[370]

Was für Eheleute gilt, gilt auch für Lebenspartner. *Beispiel:* E übertrug seinen Anteil an einem Grundstück seiner damaligen Lebensgefährtin ausdrücklich „aufgrund der seit acht Jahren bestehenden Lebensgemeinschaft und anzunehmender … Eheschließung".[371] Unentgeltliche Zuwendungen von Eheleuten an den *Schwiegersohn* oder die Schwiegertochter hat der BGH bislang als „unbenannte Zuwendung" angesehen, wertet sie aber jetzt zu Recht als Schenkung.[372]

3. Erfolgsbezogene Vergütung

Wenn die Zuwendung den Charakter einer Entlohnung hat, liegt keine Schenkung vor. *Beispiel 1:* Arbeitgeber A versprach seinem Mitarbeiter M eine Prämie für den Fall, dass dieser (oder das Unternehmen insgesamt) einen bestimmten Erfolg erreichte. Die Prämie ist als Entgelt für die Arbeitsleistung und nicht als Schenkung anzusehen.[373] Die Zusage bedarf deshalb nicht der notariellen Beurkundung. Entsprechendes gilt auch im Sport. *Beispiel 2:* X versprach dem Trainer der Ringerabteilung 5 000 Euro für den Fall, dass die Mannschaft Deutscher Meister würde. Nachdem sie es geworden war, verweigerte X die Zahlung mit der Begründung, es handele sich um ein formnichtiges Schenkungsversprechen. Aber der BGH hat den versprochenen Geldbetrag zu Recht als Gegenleistung für das Bemühen des Trainers gewertet. Das Versprechen war deshalb formlos wirksam.[374]

4. Zusagen einer Stiftung

Wenn eine Stiftung (§§ 80 ff) zusagt, ein Projekt zu unterstützen, liegt darin kein Schenkungsversprechen.[375] *Beispiel:* Die „Kunststiftung Baden" hatte der Stadt Solingen schriftlich Mittel zugesagt, jedoch nach einem Zerwürfnis die Ansicht vertreten, ihre Zusagen seien formnichtige Schenkungsversprechen. Aber Zuwendungen einer Stiftung sind keine Geschenke.[376] Das hat letztlich praktische Gründe. Denn anderenfalls könnte kein Destinatär auf eine Zusage vertrauen, wenn sie nicht notariell beurkundet wäre.

V. Nachsicht mit dem Schenker

1. Milde Haftung des Schenkers

a) Grundsatz

Nach § 521 haftet der Schenker – abweichend von § 276 Abs. 1 S. 1 – nur für Vorsatz und grobe Fahrlässigkeit, also nicht für einfache (leichte) Fahrlässigkeit. Damit berücksichtigt der Gesetzgeber, dass der Schenker seine Verpflichtung unentgeltlich übernommen hat und deshalb mit einer gewissen Nachsicht rechnen darf. *Beispiel:* Frau B nahm irrtümlich an, dass ihr ein Miteigentumsanteil an einem Frankfurter Hausgrund-

370

371

372

373

---

370 BGH NJW 2012, 2728; in derselben Sache OLG München NJW 2013, 946.
371 OLG Naumburg NJW 2006, 2418; ähnlich BGH FamRZ 1991, 168 (169).
372 BGH NJW 2010, 2202 Rn 19.
373 MüKo/Koch § 516 Rn 33; Bamberger/Roth/Gehrlein § 516 Rn 8.
374 NJW 2009, 2737.
375 MüKo/Weitemeyer § 85 Rn 33; Staudinger/Rawert § 85 Rn 16.
376 BGH NJW 2010, 234 Rn 10 ff.

stück zustehe, und übertrug ihn unentgeltlich auf ihren Großneffen G. Später stellte sich heraus, dass Frau B keine Miteigentümerin war. Da keine grobe Fahrlässigkeit vorlag, stand G kein Schadensersatzanspruch zu. [377]

b) Mängel des Geschenks

374   Für einen *Sachmangel* des Geschenks haftet der Schenker nur, wenn er ihn arglistig verschwiegen hatte (§ 524 Abs. 1).[378] *Beispiel:* Frau X erfuhr von ihrem Tierarzt, dass ihr Ara an der auch für Menschen gefährlichen Papageienkrankheit (Psittakose) litt. Sie schenkte den Vogel ihrer Nachbarin, ohne sie auf die Krankheit hinzuweisen. Frau X hat ihrer Nachbarin „den daraus entstehenden Schaden zu ersetzen", aber nur das *negative* Interesse. Das ergibt sich daraus, dass der Schenker nur in dem besonderen Fall des § 524 Abs. 2 S. 2 (Kombination von Gattungsschuld und Arglist) „Schadensersatz *wegen Nichterfüllung*" zu leisten hat, also das *positive* Interesse, einschließlich von Folgeschäden durch die Erkrankung von Menschen.[379]

375   Auch für *Rechtsmängel* haftet der Schenker grundsätzlich nur bei Arglist und nur auf das negative Interesse (§ 523 Abs. 1). Ausnahmsweise reicht für die Haftung auch grobe Fahrlässigkeit aus (§ 523 Abs. 2).

2. Verarmung des Schenkers

a) Herausgabeverlangen

376   *Hintergrund:* Es kommt vor, dass jemand, der einen wesentlichen Vermögensgegenstand verschenkt hat (zB Hausgrundstück, Eigentumswohnung), so verarmt, dass er auf die Hilfe anderer angewiesen ist. Er kann dann „die Herausgabe des Geschenkes … fordern" (§ 528 Abs. 1 S. 1). Der Gesetzgeber will dadurch verhindern, dass die Allgemeinheit belastet wird, nur weil der Schenker allzu großzügig war.[380] Beweispflichtig für seine Verarmung ist der Schenker.[381]

377   *Rechtsfolge:* Der Schenker kann nicht sein ganzes Geschenk zurückfordern, sondern nur, „soweit" er dessen für seinen angemessenen Unterhalt bedarf (§ 528 Abs. 1 S. 1 aA), also in Höhe seines Unterhaltsdefizits. Der Beschenkte muss deshalb nur die Einkünfte des Schenkers auffüllen (§ 528 Abs. 1 S. 2) – und das auch nur so lange, bis der Wert des Geschenks erreicht ist. § 528 Abs. 1 S. 1 verweist für die Modalitäten der Herausgabe im Wesentlichen auf die §§ 812 ff („…nach den Vorschriften über die Herausgabe einer ungerechtfertigten Bereicherung".[382] Deshalb können sich die Beschenkten oft auf den Wegfall der Bereicherung berufen (§ 818 Abs. 3; siehe dazu Fall 51, Rn 1473).

---

377   BGHZ 144, 118.
378   § 524 verwendet noch die Ausdrücke, die vor der Schuldrechtsmodernisierung üblich waren: „Fehler" statt „Mangel", „Schadensersatz wegen Nichterfüllung" statt „Schadensersatz statt der Leistung". In der nachträglich eingefügten (amtlichen) Überschrift heißt es aber „Sachmängel".
379   Siehe dazu Medicus/Lorenz Rn 395 und Medicus FS Odersky 1996, 589; Palandt/Weidenkaff § 524 Rn 6; anders teilweise Grundmann AcP 198 (1998), 457 (465); MüKo/Gehrlein § 524 Rn 1 ff.
380   MüKo/Koch § 528 Rn 6; BGH NJW 2010, 2655 Rn 16.
381   BGH NJW-RR 2003, 53.
382   Es sind aber auch die in Satz 3 genannten Vorschriften anzuwenden.

Überleitung: § 528 Abs. 1 S. 1 spielt heute eine große Rolle, aber Kläger ist selten der Schenker selbst,[383] meist ist es die Behörde, die ihm Sozialhilfe gewährt hat.[384] *Beispiel:* V hatte seiner Tochter seine gesamten Ersparnisse von 47 000 Euro geschenkt. Später zahlte die Stadt für seine Betreuung in einem Pflegeheim Sozialhilfe von mehr als 50 000 Euro. Die Stadt leitete den Anspruch, der V nach § 528 Abs. 1 S. 1 gegen seine Tochter zustand, nach § 93 SGB XII auf sich über und forderte von ihr die Rückzahlung der 47 000 Euro.[385]

    378

b) Einreden des Beschenkten

Der Beschenkte kann gegen den Anspruch auf Herausgabe des Geschenks (§ 528) drei Einreden geltend machen (§ 529 Abs. 1, Abs. 2):

    379

- *Verschulden:* Er kann geltend machen, der Schenker habe nach Vollzug des Geschenks seine Bedürftigkeit durch grobes Verschulden selbst herbeigeführt (§ 529 Abs. 1 Var. 1).
- *Zeitablauf:* Der Beschenkte kann sich darauf berufen, dass zwischen „der Leistung des geschenkten Gegenstandes" und dem „Eintritt der Bedürftigkeit" zehn Jahre liegen (§ 529 Abs. 1 Var. 2). Dadurch soll der Beschenkte in seinem Vertrauen geschützt werden, nach längerer Zeit den Gegenstand endgültig behalten zu dürfen.
- *Bedürftigkeit des Beschenkten:* Der Beschenkte kann gegen den Anspruch aus § 528 ferner einwenden, dass er durch die Rückgewähr selbst bedürftig würde (§ 529 Abs. 2).[386] Diese so genannte Notbedarfseinrede kann ihm aber nach Treu und Glauben verwehrt sein. Das ist anzunehmen, wenn Schenker und Beschenkter die Schenkung in dem Bewusstsein vorgenommen haben, der Schenker könne für den Fall seiner Bedürftigkeit Sozialhilfe beantragen. Das schließt es nach Treu und Glauben aus, dass der Beschenkte dem Träger der Sozialhilfe nach § 529 Abs. 2 den Rückgriff verweigert.[387]

VI. Widerruf wegen groben Undanks

1. Voraussetzungen

Der Schenker kann die Schenkung widerrufen, wenn sich der Beschenkte einer schweren Pflichtverletzung gegen den Schenker oder gegen einen seiner nahen Angehörigen schuldig gemacht hat (§ 530 Abs. 1). Nahezu alle von den Gerichten zu entscheidenden Fälle betreffen schwere Verfehlungen gegenüber einem Elternteil.[388] *Beispiel 1:* V hatte seinem Sohn S einen Anteil an einer seiner Handelsgesellschaften geschenkt. Später entwickelte S mit Hilfe eines Anwalts eine „Gesamtstrategie", um V aus der Unternehmensleitung zu drängen und ihn sogar als Gesellschafter auszuschließen.[389] *Beispiel 2:* Eine ältere Frau hatte ihrem Sohn S ihr Grundstück geschenkt und ihm eine General- und eine Betreuungsvollmacht erteilt. Aufgrund dieser Vollmachten versuchte S, seine

    380

---

383   Aber auch das kommt vor, zB BGH NJW-RR 2003, 53; NJW 1996, 987.
384   Zuletzt BGH NJW 2019, 1229. Zu den Besonderheiten BGHZ 155, 57; 125, 283; BGH NJW 1995, 2287; 2005, 670.
385   BGHZ 127, 354 (359).
386   Dazu BGH NJW 2000, 3488; BGH NJW 2001, 1207.
387   BGH NJW 2019, 1229 Rn 20 ff.
388   So auch BGHZ 140, 275. Ein besonders trauriger Fall – zudem vom OLG ganz falsch entschieden – liegt der Entscheidung BGH NJW 1992, 183 zugrunde.
389   BGHZ 112, 40 (49).

Mutter aus ihrem Haus zu drängen und in einem Heim unterzubringen, ohne ein persönliches Gespräch mit ihr geführt zu haben und ohne ein medizinisches Gutachten vorlegen zu können.[390]

381   *Rechtliche Einordnung:* Der Widerruf ist ein einseitiges Rechtsgeschäft mit empfangsbedürftiger Willenserklärung (§ 531 Abs. 1). Er kann nur innerhalb eines Jahres ab Kenntnis erklärt werden (§ 532 S. 1: Ausschlussfrist). In beiden Punkten besteht eine Übereinstimmung mit der Anfechtung nach § 123 (§§ 143 Abs. 1, 124 Abs. 1, Abs. 2 S. 1). Das Widerrufsrecht (Gestaltungsrecht) ist höchstpersönlich, also im Grundsatz nicht übertragbar (enge Ausnahme in § 530 Abs. 2).

2. Rechtsfolge

382   Durch den Widerruf wird der Schenkungsvertrag nachträglich unwirksam. Da damit der Rechtsgrund für das Behaltendürfen entfallen ist, ist der Beschenkte zur Herausgabe nach den §§ 812 ff verpflichtet (§ 531 Abs. 2). Nach dem Abstraktionsprinzip[391] ist *die Verfügung* (meist Übereignung) trotz des Widerrufs weiterhin wirksam. Der Schenker darf also nicht auf „Herausgabe" (Besitzübertragung) klagen, sondern muss Rückübereignung (§§ 929, 873, 925) bzw Rückabtretung (§§ 398, 413) verlangen.

Der undankbare Beschenkte kann sich grundsätzlich darauf berufen, dass er nicht mehr bereichert sei (§ 818 Abs. 3). Die verschärfte Haftung nach § 819 Abs. 1 beginnt nach Ansicht des BGH erst mit dem Zugang des Widerrufs, noch nicht mit der Verfehlung.[392]

---

390 BGH NJW 2014, 3021.
391 BGB-AT Rn 331.
392 BGHZ 140, 275 (281).

§ 11

ZWEITES KAPITEL DIENSTVERTRAG UND ÄHNLICHE VERTRÄGE

§ 11 Dienstvertrag und Behandlungsvertrag

Fall 11: Teure Implantate §§ 627, 628

383

▶ *Dr. Fritz Fusch betreibt eine Zahnarztpraxis. Er vereinbarte mit Frau Frieda Stöckel eine umfassende Gebisssanierung. Zu ihr sollten auch acht Implantate gehören, für die Dr. Fusch 69 000 Euro veranschlagte. Noch bevor die Versorgung mit den Implantaten abgeschlossen war, hatte Frau Stöckel erhebliche Probleme beim Essen und Sprechen, sodass sie die Behandlung abbrach. Dr. Fusch schickte ihr eine Rechnung über 34 277 Euro, die Frau Stöckel nicht bezahlte. Ihr Anwalt leitete vor dem LG Verden ein selbständiges Beweisverfahren ein. Der vom Gericht bestellte Sachverständige kam zu dem Schluss, dass kein Implantat an der richtigen Stelle und mit der nötigen Tiefe in den Kieferknochen eingefügt wurde und deshalb die gesamte Versorgung mit Implantaten neu erfolgen muss. Dr. Fusch verlangt weiterhin 34 277 Euro. Frau Stöckel meint, sie habe den Vertrag mit Dr. Fusch wirksam gekündigt und brauche nicht zu zahlen. (Nach BGH NJW 2018, 3513)*

Zu prüfen ist, ob Frau Stöckel nach § 628 Abs. 1 S. 2 Var. 2 von der Verpflichtung zur Zahlung frei geworden ist. Dass § 628 geprüft werden soll, kann zunächst erstaunen, weil es sich im vorliegenden Fall um eine (zahn)ärztliche Behandlung handelt und deshalb die §§ 630 a bis 630 h zuständig sein sollten. Das Rätsel löst sich aber, wenn man § 630 b liest und feststellt, dass „auf das Behandlungsverhältnis" im Wesentlichen „die Vorschriften über das Dienstverhältnis ... anzuwenden" sind, auch der hier interessierende § 628.

384

„Wird nach dem Beginn der Dienstleistung das Dienstverhältnis auf Grund ... des § 627 gekündigt ..." Diese Worte führen zu der Frage, ob der zwischen Dr. Fusch und Frau Stöckel geschlossene Vertrag über die acht Implantate ein Vertrag nach § 627 Abs. 1 ist. Dazu muss diese Vorschrift geprüft werden:

„Bei einem Dienstverhältnis, das kein Arbeitsverhältnis im Sinne des § 622 ist, ..." Ein Arbeitsverhältnis nach § 622 ist das in § 611 a definierte Rechtsverhältnis zwischen einem Arbeitgeber und einem Arbeitnehmer (Rn 394). Es ist offensichtlich, dass Dr. Fusch durch den Behandlungsvertrag nicht „zur Leistung weisungsgebundener, fremdbestimmter Arbeit in persönlicher Abhängigkeit verpflichtet" war, also nicht zu Frau Stöckels Arbeitnehmer wurde. Es liegt deshalb keine Arbeitsverhältnis vor.

„... ist die Kündigung auch ohne die in § 626 bezeichnete Voraussetzung zulässig, ..." Die „in § 626 bezeichnete Voraussetzung" ist die, dass ein *„wichtiger Grund"* für die fristlose Kündigung vorliegt. Für eine fristlose Kündigung nach § 627 ist ein solcher Kündigungsgrund nicht erforderlich.

„... wenn der zur Dienstleistung Verpflichtete, ..." Dabei handelt es sich um Dr. Fusch.

„... ohne in einem dauernden Dienstverhältnis mit festen Bezügen zu stehen ..." Dr. Fusch stand zu Frau Stöckel nur vorübergehend in einem Dienstverhältnis und erhielt keine „festen Bezüge", weil er kein Wochen-, Monats- oder Jahresgehalt erhielt.

141

„... Dienste höherer Art zu leisten hat, ..." Es handelt sich um Dienste, die ein erhebliches Fachwissen voraussetzen. Es geht meist um Berufe, deren Ausübung einen akademischen Abschluss voraussetzt.

385 *„... die auf Grund besonderen Vertrauens übertragen zu werden pflegen."* Die hohe fachliche Qualifikation allein reicht nicht aus. Es muss auch eine Tätigkeit sein, die man nur einer Person seines besonderen Vertrauens überträgt. Hauptbeispiele sind die Tätigkeiten der Rechtsanwälte und der Ärzte (auch Zahnärzte). Damit steht fest, dass Dr. Fusch alle Voraussetzungen des § 627 Abs. 1 erfüllt. Fortzufahren ist jetzt mit § 628 Abs. 1 S. 2 Var. 2:

„... oder veranlasst er durch sein vertragswidriges Verhalten die Kündigung des anderen Teils ..." Mit „er" ist Dr. Fusch gemeint, der andere Teil ist deshalb Frau Stöckel. Dr. Fuschs Verhalten war „vertragswidrig", weil er sich im Vertrag (stillschweigend) verpflichtet hatte, bei der Behandlung die Regeln der Zahnheilkunde einzuhalten, sie aber grob missachtet hat. Für „die Kündigung des anderen Teils" war es nicht erforderlich, das Frau Stöckel das Wort „Kündigung" verwendete. Es reichte eine konkludente Kündigung aus, die Frau Stöckel dadurch erklärt hat, dass sie die Behandlung abbrach. Dem Wort „veranlasst" wird entnommen, dass das vertragswidrige Verhalten der unmittelbare Grund für die Kündigung gewesen sein muss (Rn 421). Das ist im vorliegenden Fall gegeben.

„... so steht ihm ein Anspruch auf die Vergütung insoweit nicht zu, als seine bisherigen Leistungen infolge der Kündigung für den andren Teil kein Interesse haben." Der Sachverständige hat dargelegt, dass die Implantate unbrauchbar waren und entfernt werden mussten, weil sie für eine fachgerechte Weiterbehandlung durch einen anderen Zahnarzt nicht einmal *teilweise* genutzt werden konnten. Dr. Fuschs bisherige Leistungen haben deshalb für Frau Stöckel objektiv „kein Interesse". Damit steht Dr. Fusch „ein Anspruch auf die Vergütung ... nicht zu" (§ 628 Abs. 1 S. 2 Var. 2).

Aus dem FD „Der Dienstberechtigt kündigt" ergibt sich die Lösung so: 1. Ja – 2. Nein – 3. Ja – 4. Ja – 5. Nein – 6. Nein (Spalte 6). ◀

Lerneinheit 11

386 **Literatur zum Dienstvertrag:** *Bayreuther,* Entgeltsicherung Selbstständiger, NJW 2017, 357; *Koch,* Beweislastumkehr bei grobem Behandlungsfehler eines Tierarztes, NJW 2016, 2461; *Rockstroh/Gründner,* Die Kündbarkeit von Verträgen mit Online-Partnerschafsvermittlern, NJW 2016, 3393; *Alexander,* Leistungsstörungen im Dienstvertrag, JA 2015, 321.

Literatur zum Behandlungsvertrag: *Prütting,* Grobe Pflichtverletzung und Kausalitätsnachweis, NJW 2019, 2661; *Makowsky,* Grundzüge des Behandlungsrechts, JuS 2019, 332; *Bayer,* Neue Haftungsrisiken bei Behandlungsverträgen? MedR 2018, 947; *Lauf/Birck,* Minderjährige als Partei des Behandlungsvertrags, NJW 2018, 2230; *Spickhoff,* Die Entwicklung des Arztrechts 2017/2018, NJW 2018, 1725; *Ziegler/Oynar,* Der Beginn der Verjährung im Arzthaftungsrecht, NJW 2017, 2438; *Mäsch,* Umkehr der Kausalitätsbeweislast bei einem groben Pflichtenverstoß – Gefährliche Ausdehnung der BGH-Rechtsprechung, NJW 2017 2080; *Schermaul,* Die Inanspruchnahme der ärztlichen Tätigkeit während der Luftbeförderung, NZV 2017, 201; *Spickhoff,* Die Entwicklung des Arztrechts 2015/2016, NJW 2016, 1633; *Kreße,* Aufklärung und Einwilligung beim Vertrag über die ärztliche Behandlung einwilligungsunfähiger Patienten, MedR 2015, 91; *Neelmeier,* Einvernehmliche Unterschreitung medizinischer Behandlungsstandards, NJW 2015, 374.

I. Grundlagen des Dienstvertrags

1. Einführung

Partner des Dienstvertrags (§§ 611 ff) sind: 387

■ der „Dienstberechtigte" (so genannt in den §§ 615, 617, 618) und

■ der „Dienstverpflichtete", der vom BGB „der zur Dienstleistung Verpflichtete" ge-   388
nannt wird (§§ 613, 616) oder kurz „der Verpflichtete" (§§ 618, 629, 630).

Nach § 611 Abs. 1 ist der Dienstverpflichtete zur Leistung der versprochenen Dienste   389
verpflichtet, während der Dienstberechtigte die vereinbarte Vergütung schuldet. Der
Dienstvertrag ist folglich ein gegenseitiger Vertrag (§§ 320 ff). Die Pflicht des Dienstberechtigten, eine Vergütung zu leisten, ist der Hauptunterschied zum Auftrag (§ 662;
Rn 753).

Gegenstand des Dienstvertrags können „Dienste jeder Art" sein (§ 611 Abs. 2), also al-   390
le Arten von Arbeit und Dienstleistung. Dazu gehören sehr anspruchsvolle Dienste (zB
die eines Geschäftsführers oder eines Rechtsanwalts) und einfache (durch einen Hilfs-
arbeiter), auf Dauer angelegte (wie insbesondere beim Arbeitsverhältnis) und kurzfris-
tige (wie bei einer einmaligen Nachhilfestunde). Schwierigkeiten macht manchmal die
Abgrenzung vom Werkvertrag, weil dort auch eine Dienstleistung geschuldet wird.
Aber der Werkunternehmer muss durch seine Dienste einen *bestimmten Erfolg* herbeiführen (Rn 438, 453) und hat nach § 641 nur im Erfolgsfall Anspruch auf den
Werklohn. Dagegen muss der Dienstverpflichtete lediglich qualifizierte Arbeit leisten,
schuldet aber keinen Erfolg.

Der Dienstvertrag begründet, soweit er nicht ausnahmsweise auf den einmaligen Aus-   391
tausch von Leistungen angelegt ist, ein *Dauerschuldverhältnis*. Deshalb tritt die Kündigung (zB § 620 Abs. 2, § 628) an die Stelle des Rücktritts.

Behandlungsvertrag: Der Vertrag zwischen einem Patienten und einem Arzt oder Heil-   392
praktiker galt früher als Dienstvertrag. Seit 2013 regeln die §§ 630 a bis 630 h den
„Behandlungsvertrag" in enger Anlehnung an den Dienstvertrag (Rn 427 ff).

Wie sich der Dienstvertrag in die große Gruppe der Verträge einordnet, die zu einer Tätigkeit verpflichten, ergibt sich aus dem FD „Verträge über eine Tätigkeit" (Spalte 8).

2. Das Arbeitsrecht – ein eigenes großes Rechtsgebiet

Das Arbeitsrecht ist am Ende des 19. Jahrhunderts als Sondergebiet des Dienstver-   393
tragsrechts entstanden und hat sich bis heute dynamisch entwickelt. Es stellt seit langem ein eigenes großes Rechtsgebiet dar, für das sogar eine eigene Gerichtsbarkeit geschaffen wurde.

Ein *Arbeitsvertrag* ist ein Vertrag, durch den eine Person (der Arbeitnehmer) „im Dien-   394
ste eines anderen" (des Arbeitgebers) zu „weisungsgebundener, fremdbestimmter Arbeit in persönlicher Abhängigkeit" verpflichtet wird (§ 611 a Abs. 1 S. 1). Den Begriff
„weisungsgebunden" definiert S. 3, den Begriff „persönliche Abhängigkeit" erläutert
S. 4. Ob ein Arbeitsvertrag vorliegt, richtet sich nicht nach *einzelnen* Kriterien, vielmehr ist „eine Gesamtbetrachtung aller Umstände vorzunehmen" (§ 611 a Abs. 1 S. 5).

Arbeitnehmer ist eine natürliche Person, die aufgrund eines Arbeitsvertrags einem Ar-   395
beitgeber zu „weisungsgebundener, fremdbestimmte Arbeit in persönlicher Abhängig-

keit" verpflichtet ist (§ 611 a Abs. 1 S. 1). Typisch für den Arbeitnehmer ist, dass er seinen Lebensunterhalt ganz oder überwiegend vom Arbeitgeber bezieht.[1]

396   *Arbeitgeber* ist, wer aufgrund eines Arbeitsvertrags mindestens *einen* Arbeitnehmer beschäftigt. Arbeitgeber kann eine natürliche oder juristische Person oder eine Gesamthandsgemeinschaft (OHG, KG) sein. Es gibt öffentliche Arbeitgeber (zB Bund, Länder, Kommunen), gewerbliche (zB Einzelkaufmann, GmbH, AG, KG), freiberufliche (zB Rechtsanwalt, Architekt) und private Arbeitgeber (zB Ehepaar hinsichtlich einer Hausangestellten).

397   *Arbeitsrecht im BGB:* Das Arbeitsrecht ist in einer kaum noch überschaubaren Fülle von einzelnen Gesetzen geregelt. Wichtige Bestimmungen des Arbeitsrechts finden sich jedoch auch in den §§ 611 ff. Die Aufnahme arbeitsrechtlicher Normen in das BGB hat dazu geführt, dass etwa die Hälfte der im Titel 8 enthaltenen Vorschriften zum Arbeitsrecht gehört. Die spezifisch arbeitsrechtlichen Bestimmungen sind daran zu erkennen, dass in ihnen vom „Arbeitsverhältnis", vom „Arbeitgeber" oder vom „Arbeitnehmer" die Rede ist (insbesondere §§ 612 a, 619 a, 622 und 623). Andere Vorschriften der §§ 611 ff gelten zwar ihrem Wortlaut nach auch für Dienstverträge, sind aber praktisch nur auf Arbeitsverträge anwendbar (§§ 617 bis 619). Die folgende Darstellung beschränkt sich auf die Vorschriften, die sich auf Dienstverträge, *nicht auf Arbeitsverträge* beziehen.

3. Dienstverträge, die keine Arbeitsverträge sind

398   *Organe einer juristischen Person:* Verträge, die eine AG mit ihren Vorstandsmitgliedern schließt, sind keine Arbeitsverträge,[2] weil Vorstandsmitglieder keine weisungsabhängige Arbeit leisten und damit keine Arbeitnehmer sind. Der Abschluss des Dienstvertrags muss vom Akt der Bestellung unterschieden werden: Der Aufsichtsrat einer AG bestellt eine natürliche Person zum Vorstandsmitglied (§ 84 Abs. 1 S. 1 AktG). Daneben schließt der Aufsichtsrat mit dem Vorstandsmitglied einen Dienstvertrag, der zB die Höhe seines Gehalts, seinen Urlaubsanspruch, die gewinnabhängigen Einkommensbestandteile und seine Pensionsansprüche regelt. Entsprechendes gilt für den Geschäftsführer einer GmbH.[3]

399   Da ein Vorstandsmitglied (oder ein Geschäftsführer) kein Arbeitnehmer ist, gilt für ihn nicht das Kündigungsschutzgesetz.[4] Für Klagen, die seinen Status betreffen, ist nicht das Arbeitsgericht zuständig (§ 5 Abs. 1 S. 3 ArbGG), sondern die ordentliche Gerichtsbarkeit.[5]

400   *Unterrichtsverträge* sind Dienstverträge, keine Werkverträge, weil der Lehrer keinen Lernerfolg garantierten kann. *Beispiele:* Vertrag mit einer privaten Fachschule über die Ausbildung zum Musical-Tänzer,[6] Vertrag zwischen einem Tennistrainer und seinem Schüler,[7] dreitägiges Seminar „Erfolgreich verkaufen",[8] Vertrag zwischen dem Träger

1   BAG NJW 2004, 461; 2003, 3365. Die Einzelheiten sind zum Teil umstritten.
2   BGH NJW 2000, 1864 sowie 1638; 1997, 2319; 1996, 1403; das wird meist gar nicht mehr erwähnt, zB BGHZ 139, 89.
3   BAG NJW 2019, 1627 Rn 24; BAGE 116, 254 Rn 18; BGH NJW 2010, 2343 Rn 7.
4   Es ist aber zulässig, im Anstellungsvertrag des Geschäftsführers die analoge Anwendung des KSchG zu vereinbaren (BGH NJW 2010, 2343).
5   Siehe zu den Tendenzen des BAG: Lunk NJW 2015, 528.
6   BGHZ 120, 108.
7   OLG Bremen NJW 2013, 2206.
8   BGH NJW 1986, 373.

eines Privatgymnasiums und den Eltern eines Schülers mit dem Ziel, diesen zum Abitur zu führen,[9] Vertrag mit einer Sprachenschule in Tagesform.[10]

Ein *Internatsvertrag* (zwischen dem Träger einer Privatschule mit angeschlossenem Internat und den Eltern eines Schülers) enthält zwar Elemente eines Miet- und eines Werkvertrags, ist aber im Wesentlichen Dienstvertrag.[11] Auf einen Fernunterrichtsvertrag finden die §§ 611 ff nur subsidiär Anwendung, in erster Linie gilt das FernUSG. Der Vertrag über die Nutzung eines Fitness-Studios enthält oft Elemente eines Dienstvertrags (hinsichtlich der Anleitung und Betreuung), gilt aber im Wesentlichen als Mietvertrag über die Nutzung der Geräte.[12]   401

Ein Vertrag zwischen einem *Mediator* und seinen Klienten ist ein Dienstvertrag, weil der Mediator keinen bestimmten Erfolg schuldet.[13] Ein Dienstvertrag liegt auch vor, wenn ein Unternehmer sich zur Hilfe verpflichtet, sobald sein Vertragspartner ihn über ein Hausnotrufgerät alarmiert.[14]   402

Neue Medien: Auch die Übernahme von Dienstleistungen im Bereich der Neuen Medien führt zu einem Dienstvertrag. *Beispiele:* Die Anbieter von Festnetz- und *Mobilfunkverträgen* schließen mit ihren Kunden Dienstverträge.[15] Ein Access-Provider-Vertrag (in dem sich der Provider verpflichtet, seinem Kunden den Zugang zum Internet zu eröffnen) ist ebenfalls ein Dienstvertrag.[16]

Geschäftsbesorgung: Verträge mit Rechtsanwälten, Steuerberatern und anderen Beratern in Vermögensangelegenheiten sind entgeltliche *Geschäftsbesorgungsverträge* (§ 675 Abs. 1), die entweder Werkvertrags- oder Dienstvertragscharakter haben (Rn 781 ff; FD „Verträge über eine Tätigkeit", Frage 4, Ja). Geschäftsbesorgungsverträge mit Dienstvertragscharakter dienen im Folgenden gelegentlich als Beispiele für das Dienstvertragsrecht.   403

4. Verträge auf der Grenze zwischen Werk- und Dienstvertrag

Gebäudereinigung: Der Vertrag über die Reinigung eines Bürogebäudes durch einen Reinigungsunternehmer wird als Dienstvertrag eingeordnet.[17] Richtiger ist es wohl, darin einen Werkvertrag zu sehen, weil ein definierter Erfolg geschuldet wird (nämlich die Sauberkeit der Räume). Einen Vertrag über den Winterdienst (Freihalten von Eis und Schnee) sieht auch der BGH als Werkvertrag an.[18]   404

Bewachungsvertrag: Ein Vertrag, in dem sich ein Bewachungsunternehmer zum (nächtlichen) Schutz von Gebäuden verpflichtet, ist ein Dienstvertrag, kein Werkvertrag, weil ein Wachmann nicht dafür einstehen kann, alle Unregelmäßigkeiten zu erkennen.[19]   405

---

9   BGH NJW 2008, 1064 Rn 11.
10 BGHZ 90, 280.
11 BGH NJW 1984, 2093; OLG Hamburg NJW 1984, 2107.
12 BGH NJW 2012, 1431; OLG Brandenburg NJW-RR 2004, 271; Palandt/Weidenkaff Vor § 535 Rn 36.
13 AG Lübeck NJW 2007, 3789. Eine entgeltliche Geschäftsbesorgung nach § 675 liegt nicht vor, weil es nicht in erster Linie um Vermögensangelegenheiten geht.
14 BGH NJW 2017, 2108 Rn 16.
15 BGHZ 158, 201 (203); BGH NJW 2007, 438; NJW 2005, 2076 Rn 14.
16 BGH NJW 2013, 2021 Rn 15 hat die Frage unnötigerweise offen gelassen.
17 BGH NJW 1994, 443.
18 NJW 2013, 3022 Rn 9.
19 BGH NJW-RR 2000, 648; Schünemann NJW 2003, 1689.

406   *Detektivvertrag:* Der Inhaber eines Detektivbüros schließt mit seinem Auftraggeber einen Dienstvertrag,[20] weil sein Honorar nicht davon abhängig sein soll, dass er tatsächlich Beweise findet.

II. Pflichten des Dienstverpflichteten

1. Dienstleistungspflicht

407   Die übernommene Tätigkeit auszuführen, ist natürlich die Hauptpflicht des Dienstverpflichteten. Bei der Frage, ob und wie der Dienstberechtigte eingreifen kann und darf, gibt es einen charakteristischen Unterschied zum Arbeitsvertrag: Typisch für das Arbeitsverhältnis ist es, dass der Arbeitgeber (oder sein Vertreter in Gestalt des Vorgesetzten) dem Arbeitnehmer fachlich überlegen ist und deshalb Anweisungen erteilen kann. Im Bereich der hier allein interessierenden BGB-Dienstverträge liegt die Fachkompetenz meist beim Dienstverpflichteten (zB beim Trainer oder beim Steuerberater). Auch in diesen Fällen kann der Dienstberechtigte Anweisungen geben. Aber einer nicht fachgerechten Weisung muss der Verpflichtete widersprechen.

408   *Persönliche Verpflichtung:* Der Verpflichtete muss die ihm übertragene Aufgabe, wenn nichts anderes vereinbart ist, selbst erfüllen (§ 613 S. 1). *Beispiel 1:* Ein Tennistrainer darf den Unterricht nur mit Zustimmung des Schülers an seinen Assistenten delegieren. Umgekehrt darf auch der Dienstberechtigte seinen Anspruch im Zweifel nicht abtreten (§ 613 S. 2). *Beispiel 2:* Der fortgeschrittene Schüler eines Pianisten kann seinen Anspruch auf eine Unterrichtsstunde nicht an einen Anfänger abtreten. Das ergibt sich bereits aus § 399 Var. 1.[21]

2. Rechtslage bei Schlechtleistung

409   Dem Dienstvertragsrecht fehlte schon bei Inkrafttreten des BGB die Regelung einer Schlechtleistung. Während das Kaufrecht, das Werkvertragsrecht und das Mietrecht schon immer eine teilweise detaillierte Regelung der Schlechtleistung enthielten, tat und tut das BGB so, als könne eine Dienstleistung nicht mangelhaft sein. Erst die Schuldrechtsreform hat in das *Allgemeine* Schuldrecht Regelungen über die Schlechterfüllung aufgenommen (§§ 280 Abs. 1, Abs. 3, 281 für den Schadensersatz, § 323 für den Rücktritt).[22] Diese Normen spielen im Kaufrecht eine große Rolle, weil § 437 auf sie verweist. Eine solche Verweisungsnorm fehlt im Dienstvertragsrecht. Die Vorschriften des Allgemeinen Schuldrechts zur Schlechterfüllung finden deshalb unmittelbar Anwendung. *Beispiel 1:* Der Mitarbeiter eines Bewachungsunternehmers legte in einer von ihm zu bewachenden Lagerhalle Feuer.[23] Der Unternehmer haftete für den verursachten Schaden nach § 280 Abs. 1, § 278 (Schadensersatz *neben* der Leistung; FD „Dienstvertrag – Schlechterfüllung", Spalte 7). *Beispiel 2:* Tennistrainer T trainierte den Anfänger A. Als dieser am Netz stand, spielte er ihm einen hohen Ball zu. Um ihn zu erreichen, ging A einige Schritte rückwärts, trat auf einen im Feld liegenden Tennisball, fiel hin und verletzte sich am Knie. T hat seine Leistungspflicht (Training) vertragsgemäß erbracht. Aber er hätte den Ball rechtzeitig aus dem Feld nehmen müssen und hat deshalb seine *Verhaltenspflicht* zur Rücksichtnahme (§ 241 Abs. 2) schuldhaft

---

20   BGH NJW 1990, 2549.
21   SAT Rn 1166.
22   SAT Rn 769 ff.
23   BGH NJW 1999, 1031.

verletzt. [24] Er ist S nach § 280 Abs. 1 zum Schadensersatz verpflichtet (FD „Dienstvertrag – Schlechterfüllung", Frage 1, Nein, Spalte 14).[25]

Keine Minderung: Das Dienstvertragsrecht kennt nicht die Möglichkeit, das Entgelt 410
wegen Mängeln der Leistung zu mindern.[26] Nur das Kaufrecht, das Werkvertragsrecht
und das Mietrecht sehen eine Minderung vor (§§ 441, 638, 536 Abs. 1 S. 2). Der Gedanke, unmittelbar auf die Vorschriften des Allgemeinen Schuldrechts zurückzugreifen,
führt nicht weiter. Denn es sieht bei einer Schlechtleistung nur Schadensersatz (§§ 280
Abs. 1, 281 Abs. 1 S. 1) und Rücktritt vor (§ 323 Abs. 1).

III. Pflichten des Dienstberechtigten

1. Vergütungspflicht

Die *Hauptpflicht* des Dienstberechtigten ist natürlich die Zahlung der Vergütung 411
(§ 611 Abs. 1). § 612 Abs. 1 will verhindern, dass sich ein Dienstberechtigter seiner
Zahlungspflicht entzieht mit der Begründung, er habe eine *unentgeltliche* Hilfe erbitten
wollen und nach seinem Eindruck auch erhalten. Nach hM kann derjenige, der die
Dienste in Anspruch genommen hat, den Vertrag auch nicht wegen Irrtums über diesen Punkt anfechten oder sich auf Dissens berufen.[27] Die Umstände sprechen insbesondere dann für eine Entgeltlichkeit, wenn jemand um einen Dienst auf dem Gebiet seines *Berufs* gebeten wird.[28]

Taxen: Die in § 612 erwähnten „Taxen" sind gesetzlich oder behördlich festgelegte 412
Vergütungssätze wie das Rechtsanwaltsvergütungsgesetz (RVG) und die landesrechtlichen Gebührenordnungen für Schornsteinfeger und Taxiunternehmer.[29]

Fälligkeit: Nach § 614 wird die Vergütung erst nach Abschluss der Dienste oder am 413
Ende der vereinbarten Zeitabschnitte fällig. Der vorleistungspflichtige Dienstverpflichtete kann deshalb nicht nach § 320 Abs. 1 S. 1 seine Dienste bis zur Bezahlung verweigern. *Beispiel:* Fälligkeit des Geschäftsführergehalts erst am Monatsende. Aber § 614
ist natürlich vertraglich abdingbar, wovon vielfach Gebrauch gemacht wird. *Beispiel:*
Zahlung des Schulgelds im Voraus.

2. Vergütung ohne Dienstleistung

§ 615 meint es gut mit allen Dienstverpflichteten, deren vereinbarte Dienste nicht in 414
Anspruch genommen wurden.[30] *Beispiel:* Ein Vater schloss mit der Inhaberin einer privaten Kinderkrippe einen Vertrag über die Betreuung seines Sohnes. Er weigerte sich,
die Dienste der Krippe in Anspruch zu nehmen, obwohl er zu dieser Zeit nicht das
Recht zur Kündigung hatte. Er kam dadurch in Annahmeverzug (§ 293) und musste
die Krippenbeiträge ohne Gegenleistung bezahlen (§ 615 S. 1).[31]

---

24 Siehe etwa SAT Rn 803 bis 825.
25 OLG Bremen NJW 2013, 2206. Die Entscheidung erwähnt § 241 Abs. 2 nicht.
26 BGH NJW 2010, 1364 Rn 55; AG Ludwigslust NJW 2005, 610; BGH NJW 2004, 2817 (zum alten Schuldrecht).
27 Medicus/Lorenz Rn 638; Brox/Walker § 19 Rn 19.
28 BAG NJW 1998, 1581.
29 Das Wort „Taxi" ist vom Taxameter abgeleitet, dem Gerät, das auf der Basis der amtlich festgelegten Taxe
   das Beförderungsentgelt berechnet.
30 SAT Rn 482 ff.
31 BGHZ 209, 52 Rn 39.

3. Nebenpflichten

415   Diejenigen Vorschriften des Dienstvertragsrechts, die *Schutzpflichten* des Dienstberechtigten normieren, setzen meist stillschweigend ein Arbeitsverhältnis voraus. Ein besonders deutliches Beispiel ist der sehr antiquiert wirkende § 617. Schon eher kann § 618 eine Bedeutung im Rahmen von BGB-Dienstverträgen haben. *Beispiel:* Ein freiberuflich tätiger Ingenieur erlitt auf dem Gelände eines von ihm beratenen Unternehmens einen Unfall.[32] Ganz allgemein können sich heute Schutzpflichten für beide Seiten aus § 241 Abs. 2 ergeben.

IV. Kündigung eines Dienstvertrags

1. Allgemeines zur Kündigung

416   Die Kündigung ist das bekannteste Beispiel für ein einseitiges Rechtsgeschäft mit empfangsbedürftiger Willenserklärung. Da ein einseitiges Rechtsgeschäft keiner Gegenerklärung bedarf (keiner Annahme oder Bestätigung), kann der Gekündigte nur einwenden, dass die Voraussetzungen der Kündigung nicht vorlägen.

Form: Das Gesetz schreibt für die Kündigung von BGB-Dienstverhältnissen keine Form vor. Nur für die Kündigung von Arbeitsverhältnissen ist Schriftform erforderlich (§ 623).

Das Gesetz unterscheidet die ordentliche und die fristlose Kündigung. Für den Kündigenden ist es am günstigsten, wenn er nach § 627 fristlos kündigen kann. Deshalb beginnt die folgende Darstellung mit dieser Art der Kündigung.

2. Fristlose Kündigung bei Diensten „höherer Art"

a) Voraussetzungen

417   *Dienste höherer Art:* Für eine fristlose Kündigung nach § 627 Abs. 1 muss das Dienstverhältnis zu den „Diensten höherer Art" gehören. Es erfordert also eine besondere Qualifikation, die oft durch einen erfolgreichen Studienabschluss erreicht wird. *Beispiele:* Vertretung durch einen Anwalt, Beratung durch einen Steuerberater,[33] Revision des Jahresabschlusses durch einen Wirtschaftsprüfer,[34] Partnerschaftsvermittlung (in der Ausgestaltung als Dienstvertrag).[35]

Besonderes Vertrauen: Zusätzlich verlangt § 627 Abs. 1, dass die Dienste im konkreten Fall „auf Grund besonderen Vertrauens übertragen zu werden pflegen" (§ 627 Abs. 1; FD „Der Dienstberechtigte kündigt", Frage 1). Diese Voraussetzung ist für das Verständnis des § 627 wichtig, denn erst sie macht deutlich, warum in diesen Fällen ohne besonderen Anlass fristlos gekündigt werden kann. Es muss sich um das Vertrauen in die persönliche Zuverlässigkeit und Integrität handeln, das normalerweise etwa Patienten ihrem Arzt und Mandanten ihrem Anwalt entgegenbringen. Wenn dies Vertrauen

---

32 BGH NJW 1995, 2629.
33 BGH NJW 2010, 1520 Rn 17. Auf die Tätigkeit eines Steuerberaters und vieler anderer, die Dienste höherer Art verrichten, findet in erster Linie § 675 Abs. 1 Anwendung, aber oft zusätzlich das Dienstvertragsrecht (Rn 781 f).
34 BGH NJW 2011, 3575 Rn 9.
35 BGHZ 106, 341 (345); BGH NJW 1999, 276.

verloren gegangen ist, muss eine sofortige Trennung möglich sein.[36] Ein solches Vertrauen ist nicht immer bei Diensten höherer Art geben. Beispiel: K bot für 8 598 Euro eine Kurzausbildung zum Unternehmensberater an. Frau B war von dem Kurs enttäuscht und wollte nach § 627 kündigen. Aber wer an einem Lehrgang teilnimmt, zeigt nicht schon dadurch, dass er dem Leiter besonderes menschliches Vertrauen entgegenbringt.[37]

Keine „feste Bezüge": Es darf kein „Dienstverhältnis mit festen Bezügen" vorliegen, dh der Verpflichtete darf nicht vom Dienstberechtigten (teilweise) finanziell abhängig sein (FD „Der Dienstberechtigte kündigt", Frage 2). Denn dieser soll nicht die Möglichkeit haben, dem Verpflichteten über § 627 ganz oder teilweise die Existenzgrundlage zu entziehen. *Beispiel 1:* Ein Krankenhausträger wollte den Dienstvertrag eines Chefarztes kündigen, aber der Vertrag war nicht nach § 627 kündbar. *Beispiel 2:* Ein Vater schloss mit der Inhaberin einer privaten Kinderkrippe einen Zweijahres-Vertrag. Da ein dauerndes Dienstverhältnis mit festen Bezügen bestand, war schon aus diesem Grund eine Kündigung nach § 627 ausgeschlossen.[38]   418

Wenn ein „Dienstverhältnis mit festen Bezügen" vorliegt, kann nach Ansicht des BGH auch der Dienst*verpflichtete* nicht nach § 627 kündigen. *Beispiel 3:* Der Träger T eines Privatgymnasiums wollte den Schulvertrag kündigen, den er mit den (sehr aggressiven) Eltern des Schülers S geschlossen hatte. Das war nach Ansicht des BGH nicht möglich, weil T zu den Eltern „in einem dauernden Dienstverhältnis mit festen Bezügen" stand (§ 627 Abs. 1).[39]

b) Kein vertragswidriges Verhalten

Wenn die genannten Voraussetzungen des § 627 gegeben sind, können beide Vertragspartner das Dienstverhältnis fristlos kündigen. *Beispiel 1:* X (der inzwischen eine mehrjährige Haftstrafe verbüßt) hatte den Eindruck, sein Strafverteidiger habe seine Interessen nur unzureichend vertreten. Er konnte den Anwaltsvertrag fristlos kündigen, ohne seinen Verdacht beweisen zu müssen.[40] *Beispiel 2:* Ein Rechtsanwalt kündigte, weil er das Interesse an der Fortsetzung des Mandats verloren hatte.[41]   419

Teilvergütung: Wenn der Verpflichtete für die Kündigung keinen Anlass durch vertragswidriges Verhalten gegeben hat (oder sich der Berechtigte bei seiner Kündigung nicht auf solch ein Fehlverhalten bezogen hat), genießt der Verpflichtete drei Vorzüge (FD „Der Dienstberechtigte kündigt", Spalte 7):   420

- Er kann „einen seinen bisherigen Leistungen entsprechenden Teil der Vergütung verlangen" (§ 628 Abs. 1 S. 1). Es kommt nicht darauf an, ob der Berechtigte an der Leistung noch „Interesse" hat (Umkehrschluss aus § 628 Abs. 1 S. 2).

---

36 Rockstroh/Gründner NJW 2016, 3393 (zur Kündigung eines Vertrags mit einer Online-Partnerschaftsvermittlung).
37 OLG Bremen NJW-RR 2014, 311; ähnlicher Fall BGH NJW 1986, 373.
38 BGHZ 209, 52 Rn 24. Der BGH konnte deshalb offenlassen, ob es sich um Dienste höherer Art handelte und ein besonderes Vertrauen erforderlich war.
39 BGH NJW 2008, 1064 Rn 13. Das ist nicht überzeugend, weil das Kriterium der „festen Bezüge" den Dienst*verpflichteten* schützen soll. Dieses Schutzbedürfnis entfällt, wenn dieser selbst kündigen will.
40 BGH NJW 1987, 315 – Grundlage war hier § 675 Abs. 1 (Rn 781).
41 BGH NJW 2014, 317 mit Anm. Deckenbrock.

- Er muss eine im Voraus erhaltene Vergütung nur nach den §§ 812 ff erstatten (§ 628 Abs. 1 S. 3 Var. 2), so dass er uU die Einrede der Entreicherung erheben kann (§ 818 Abs. 3).
- Er zahlt keinen Schadensersatz nach § 628 Abs. 2.

c) Vertragswidriges Verhalten

421   *Kein Entgelt:* Der Dienstverpflichtete verliert seinen Anspruch auf das Entgelt unter folgenden Voraussetzungen:

- Der Dienstverpflichtete hat ein vertragswidriges Verhalten gezeigt (§ 628 Abs. 1 S. 2 Var. 2). Nach allgemeiner Meinung muss dies „vertragswidrige Verhalten" auch nach § 276 Abs. 1 S. 1 *schuldhaft* sein.
- Er hat „durch sein vertragswidriges Verhalten die Kündigung des anderen Teils … veranlasst". Dem Wort „veranlasst" wird entnommen, dass „die Vertragsverletzung Motiv für die Kündigung" gewesen sein muss, sie also „adäquat kausal verursacht" hat.[42] Hat der Dienstberechtigte aus einem anderen Grund (oder ohne erkennbaren Grund) gekündigt, liegen die Voraussetzungen des Abs. 1 S. 2 Var. 2 nicht vor.
- Die Leistung des Verpflichteten hat für den Berechtigten „infolge der Kündigung … kein Interesse" (§ 628 Abs. 1 S. 2 Var. 2; FD „Der Dienstberechtigte kündigt", Frage 4, Ja). *Beispiel 1:* Fall 11 (Rn 383). *Beispiel 2:* Frau M ließ sich in ihrem Scheidungsverfahren von der Sozietät X vertreten. In einer Unfallsache vertrat ein anderer Anwalt der Sozietät X die Prozessgegnerin der Frau M und äußerte sich Frau M gegenüber in aggressiver Weise. Daraufhin kündigte Frau M das Mandat mit der Sozietät und beauftragte einen anderen Anwalt. Die Sozietät X hatte durch ihr „vertragswidriges" und schuldhaftes Verhalten die Kündigung der M „veranlasst" (§ 628 Abs. 1 S. 2 Var. 2). Weil Frau M den anderen Anwalt bezahlen musste, hatte die bisherige Tätigkeit der Sozietät für sie „kein Interesse". Der X stand deshalb gegen M kein Anspruch zu (§ 628 Abs. 1 S. 2 Var. 2).[43]

Schadensersatz: Wenn dem Kündigenden „durch die Aufhebung des Dienstverhältnisses" ein Schaden entstanden ist, muss der Gekündigte ihn ersetzen (§ 628 Abs. 2).[44]

Im Voraus gezahlte Vergütung: Der Dienstverpflichtete muss ein im Voraus erhaltenes Entgelt zurückzahlen (§ 628 Abs. 1 S. 3; FD „Der Dienstberechtigte kündigt", Spalte 5).[45] Weil er durch sein vertragswidriges Verhalten die Kündigung provoziert hat, gelten die (strengeren) Regeln des *Rücktritts*, nicht die (milderen) der ungerechtfertigten Bereicherung.

3. Fristlose Kündigung aus wichtigem Grund nach § 626

a) Voraussetzungen

422   *Wichtiger Grund:* Wenn die Voraussetzungen des § 627 *nicht* vorliegen, ist eine fristlose Kündigung nur „aus wichtigem Grund" möglich (§ 626 Abs. 1; FD „Der Dienstberechtigte kündigt", Frage 8). Ein „wichtiger Grund" liegt vor, wenn dem Kündigenden

---

42   BGH NJW 2019, 1870 Rn 12; NJW 2018, 3513 Rn 21.
43   OLG Frankfurt NJW 2016, 1599. Ähnlicher Fall BGH NJW 1995, 1954 – Hintergrund war in beiden Fällen § 675 Abs. 1.
44   BGH NJW 1984, 2093.
45   BGH NJW 2010, 150 Rn 20.

„nicht zugemutet werden kann", das Dienstverhältnis (nach § 621) *ordentlich* zu kündigen und somit bis zum Ablauf der Kündigungsfrist fortzusetzen (§ 626 Abs. 1 aE). *Beispiel 1:* Der Geschäftsführer der Stadtwerke Stendal GmbH hatte mehrfach Anweisungen der Gesellschafterversammlung missachtet und in der Presse abfällig kommentiert. Das war ein Grund zur fristlosen Kündigung.[46]

Die meisten zu § 626 ergangenen Entscheidungen stammen aus dem (hier nicht zu behandelnden) Arbeitsrecht.[47] Aber auch außerhalb des Arbeitsrechts kommt § 626 vielfältig in Betracht, zB wenn „Dienste höherer Art" geschuldet werden, aber entweder kein besonderes Vertrauen nötig ist oder „ein dauerndes Dienstverhältnis mit festen Bezügen" besteht (§ 627 Abs. 1).

Abmahnung: Vor einer fristlosen Kündigung ist, obwohl § 626 das nicht vorschreibt, idR eine Abmahnung erforderlich.[48] Organe juristischer Personen sind aber weniger schutzbedürftig. *Beispiel 2:* Z war Alleingesellschafter der Z-GmbH und hatte X als Geschäftsführer eingestellt. X bezeichnete Dritten gegenüber Z als „Wurzel allen Übels", „ganz einfachen Mann" und als „Choleriker". Der so Diffamierte konnte ihm ohne Abmahnung fristlos kündigen.[49]

Zweiwochen-Frist: § 626 Abs. 2 S. 1 lässt die Kündigung nur innerhalb der (sehr kurzen) Ausschlussfrist von zwei Wochen zu (FD „Der Dienstberechtigte kündigt" Frage 9).[50] Denn das Gesetz geht davon aus, dass das Fehlverhalten, das den „wichtigen Grund" gebildet hat, verziehen ist, wenn der andere Teil zwei Wochen lang von ihm wusste, aber nichts unternommen hat. Der Fristbeginn wird noch nicht durch einen begründeten Verdacht, sondern erst durch sichere Kenntnis ausgelöst. Wenn ein Gremium die Kündigung aussprechen muss, kommt es auf dessen Kenntnis an.[51] Wenn der Kündigungsgrund in einem Dauerverhalten besteht, beginnt die Frist nicht vor der *Beendigung* dieses Verhaltens.[52] Die Kündigung muss spätestens am letzten Tag der Frist *zugegangen* (nicht abgeschickt) sein (§ 130 Abs. 1 S. 1).

b) Rechtsfolgen

Welche Rechtsfolgen eine erfolgreiche fristlose Kündigung nach § 626 hat, ergibt sich aus § 628. Da sich dessen Abs. 1 S. 1 sowohl auf § 626 als auch auf § 627 bezieht, sind die Rechtsfolgen in beiden Fällen gleich. Es kann also auf die Rn 620, 621 verwiesen werden.

423

4. Ordentliche Kündigung eines unbefristeten Dienstvertrags

Die *ordentliche* Kündigung nach § 621 ist das Gegenstück zur *fristlosen* Kündigung (§§ 626 bis 628). Die ordentliche Kündigung ist dadurch gekennzeichnet, dass zwischen dem Zugang der Kündigung (§ 130) und dem Ende des Dienstverhältnisses eine bestimmte Zeitspanne liegen muss, die *Kündigungsfrist*. Ein weiterer Unterschied liegt darin, dass die ordentliche Kündigung weder eines besonderen Dienstverhältnisses bedarf (wie die Kündigung nach § 627) noch eines wichtigen Grundes (wie die fristlose

424

---

46 BGHZ 157, 151, ähnlich BGHZ 139, 89 und BGH NJW 2017, .
47 Etwa BAG NJW 2004, 3508.
48 Das ergibt sich auch aus § 314 Abs. 2 S. 1.
49 BGH NJW 2000, 1638.
50 BGH NJW 1999, 355. Siehe zur Zweiwochen-Frist auch BGB-AT, Fall 4 Rn 92.
51 BGH NJW 2013, 2425 Rn 12; BGH NJW-RR 2002, 173; BGHZ 139, 89 (92).
52 BGH NJW 2005, 3069 (370): schuldhafte Insolvenzverschleppung durch einen GmbH-Geschäftsführer.

Kündigung nach § 626). Man könnte den Eindruck haben, dass in den Fällen der §§ 626 und 627 immer nur eine fristlose Kündigung infrage komme. Das wäre aber ein Irrtum. Auch wenn die Voraussetzungen einer fristlosen Kündigung vorliegen, kann sich der Kündigungsberechtigte für eine *ordentliche* Kündigung entscheiden.

425   *Voraussetzungen:* Eine ordentliche Kündigung ist nur möglich, wenn „die Dauer des Dienstverhältnisses weder bestimmt noch aus … dem Zwecke der Dienste zu entnehmen ist" (§ 620 Abs. 2). Es muss sich also um ein *unbefristetes* Dienstverhältnis handeln (FD „Der Dienstberechtigt kündigt", Frage 10, Ja). Zum Ende eines *befristeten* Dienstverhältnisses siehe Rn 426.

Der Kündigende muss die Kündigungsfrist einhalten. Die möglichen Fristen sind für Dienstverträge in § 621 aufgeführt (für Arbeitsverhältnisse in § 622).

5. Keine Kündigung eines befristeten Dienstvertrags

426   Wenn das Dienstverhältnis auf *bestimmte* Zeit eingegangen wurde, endet es „mit dem Ablauf der Zeit, für die es eingegangen ist" (§ 620 Abs. 1). Eine ordentliche Kündigung ist ausgeschlossen (§ 620 Abs. 2; FD „Der Dienstberechtigt kündigt", Spalte 14). *Beispiel:* Die Eheleute E hatten für ihren Sohn mit dem Träger eines Privatgymnasiums einen Privatschulvertrag geschlossen. Es war stillschweigend vereinbart, dass das Vertragsverhältnis erst mit dem Abitur enden sollte. Deshalb war der Vertrag nicht nach § 621 kündbar.[53]

Wenn ein „wichtiger Grund" vorliegt, ist aber eine *fristlose* Kündigung immer möglich und kann nicht vertraglich ausgeschlossen werden. Denn jeder Vertragsteil muss sich aus einer Lage befreien können, die ihm „nicht zugemutet werden kann" (§ 626 Abs. 1 aE).

V. Behandlungsvertrag

1. Wesen des Behandlungsvertrags

427   Der Behandlungsvertrag hat „die medizinische Behandlung eines Patienten" zum Gegenstand (§ 630 a Abs. 1). Er ist erstmals im Jahre 2013 durch Einfügung der §§ 630 a bis 630 h normiert worden. Bis dahin galten für den Behandlungsvertrag die §§ 611 ff. Die Nähe zum Dienstvertrag kommt heute noch dadurch zum Ausdruck, dass der Titel 8 die Bezeichnung „Dienstvertrag *und ähnliche Verträge*" bekommen hat, wobei mit den „ähnlichen Verträgen" die Behandlungsverträge gemeint sind. Außerdem sind nach § 630 b ergänzend „die Vorschriften über das Dienstverhältnis" anzuwenden.

Das bedeutet in erster Linie, dass der Behandlungsvertrag *kein Werkvertrag* (§ 631) ist. Das ist wichtig, denn als Werkunternehmer hätte der Arzt nur dann einen Anspruch auf ein Entgelt, wenn er den geschuldeten Erfolg herbeigeführt hat (§ 641). Ein Arzt muss aber auch dann liquidieren können, wenn er sich um die Heilung bemüht hat, sie aber nicht erreichen konnte.

---

53   BGH NJW 2008, 1064 Rn 11.

2. Definitionen

Behandelnder: Der „Behandelnde" wird definiert als „derjenige, welcher die medizinische Behandlung eines Patienten zusagt" (§ 630 a Abs. 1). Dabei ist zu unterscheiden zwischen dem „Behandelnden" und dem, der die Behandlung tatsächlich durchführt:

- Wenn der Patient den Behandlungsvertrag mit dem *Träger eines Krankenhauses* schließt, ist dieser der „Behandelnde". Die bei ihm angestellten Ärzte führen die Behandlung als seine Erfüllungsgehilfen durch (§ 278). Das Gesetz kennt für diese Personen keine Bezeichnung, aber man kann sie die „Durchführenden" nennen.

- Wenn der Patient den Behandlungsvertrag mit einem *niedergelassenen Arzt* schließt (der ihn dann auch behandelt), ist der Arzt sowohl der „Behandelnde" als auch der die Behandlung Durchführende.

Der „Durchführende" muss Angehöriger eines medizinischen Heilberufs sein, also Arzt, Zahnarzt, Heilpraktiker, Physiotherapeut, Psychotherapeut, Hebamme usw.

Dass bei einer Behandlung im Krankenhaus nicht der behandelnde Arzt der „Behandelnde" ist, sondern der Träger des Krankenhauses, ist ein neues Beispiel für den Niedergang der Gesetzgebungskunst.

Patient: Der Patient wird vom Gesetz als „der andere Teil" bezeichnet, also als der Partner des Behandelnden bei Abschluss des Behandlungsvertrags. Er ist derjenige, der medizinisch behandelt wird. Der Patient wird (zu Recht) *nicht* definiert als derjenige, der die Vergütung schuldet.

3. Pflichten der Vertragspartner

a) Hauptpflicht des Behandelnden

Der Behandlungsvertrag ist ein gegenseitiger Vertrag (§§ 320 ff), der zwischen dem Behandelnden und dem Patienten geschlossen wird. Er verpflichtet den *Behandelnden,* den Patienten medizinisch zu behandeln (selbst oder im Fall eines Krankenhausvertrags durch seine angestellten Ärzte). Wenn nach dem Behandlungsvertrag eine bestimmte Person zur Durchführung verpflichtet ist, muss diese auch tätig werden. *Beispiel:* Ein Chefarzt, der sich vertraglich verpflichtet hatte, die Handoperation selbst durchzuführen, ließ sich überraschend von seinem Oberarzt vertreten. Da die Einwilligung des Patienten fehlte, war „der in der ärztlichen Heilbehandlung liegende Eingriff in die körperliche Integrität rechtswidrig".[54]

b) Hauptpflicht des Patienten

Der Behandlungsvertrag verpflichtet den *Patienten* „zur Gewährung der vereinbarten Vergütung", allerdings nur „soweit nicht ein Dritter zur Zahlung verpflichtet ist" (§ 630 a Abs. 1). Die Einschränkung bezieht sich auf *gesetzlich versicherte* Patienten. Diese schließen zwar einen eigenen privatrechtlichen Behandlungsvertrag mit dem Behandelnden, aber schulden nicht die Vergütung. Vielmehr hat der Behandelnde in diesen Fällen einen Honoraranspruch gegen die Kassenärztliche Vereinigung (nicht gegen die Krankenkasse selbst).

Annahmeverzug des Patienten: Der Patient kann nach § 615, der über § 630 b anwendbar ist, zur Zahlung verpflichtet sein, obwohl keine Behandlung stattgefunden

---

54   BGH NJW 2016, 3523 Rn 10.

hat (Rn 414). Es ist allerdings zwischen Privat- und Kassenpatienten zu unterscheiden.[55]

4. Aufklärung und Einwilligung

431   *Aufklärung:* Der Hauptinhalt der §§ 630 a bis 630 h besteht darin, den Arzt zu vielfältigen Erläuterungen und Aufklärungen zu verpflichten. Der Behandelnde ist ferner verpflichtet, eine Patientenakte zu führen (§ 630 f) und dem Patienten Einsicht in sie zu gewähren (§ 630 g). Wenn der Arzt den Patienten an einen Facharzt oder eine Spezialklinik überwiesen hat und von dort (durch einen Arztbrief) wichtige Informationen bekommt, muss er sie an den Patienten weiterleiten. Es ist „ein (schwerer) ärztlicher Behandlungsfehler, wenn der Patient über einen bedrohlichen Befund … nicht informiert" wird.[56]

Einwilligung: Ziel der Aufklärung ist es, dem Patienten eine möglichst fundierte Entscheidung darüber zu ermöglichen, ob er in die Behandlung einwilligt.[57] So muss er über die Risiken informiert werden,[58] aber auch über eingeschränkte Erfolgsaussichten.[59] Ohne seine Einwilligung dürfen keine Eingriffe „in den Körper oder die Gesundheit" des Patienten erfolgen (§ 630 d Abs. 1 S. 1; siehe dazu auch Rn 1592). Im Streitfall muss der Behandelnde „beweisen, dass er eine Einwilligung gemäß § 630 d eingeholt" hat (§ 630 h Abs. 2 S. 1). Wenn der Arzt einen Eingriff ohne Einwilligung des Patienten vornimmt (oder einen Eingriff, der wesentlich über den vereinbarten hinausgeht), ist der Eingriff eine rechtswidrige Körperverletzung.[60] Das gleiche gilt (wie gesagt), wenn der Chefarzt die Operation zugesagt hatte, sie aber heimlich von einem anderen Arzt ausführen lässt.[61]

5. Behandlungsfehler

a) Kein eigenes Gewährleistungsrecht

432   Der wichtigste Aspekt des Medizinrechts, die Haftung für Behandlungsfehler, wird in § 630 h nur angesprochen, nicht systematisch geregelt. Es gibt deshalb für den Behandlungsvertrag genau so wenig wie für den Dienstvertrag eine (dem Kauf- und Werkvertragsrecht entsprechende) eigene Gewährleistungsregelung. Alle wichtigen Rechte stehen dem Patienten aber trotzdem zu:

Kündigung: Der Patient kann einen (auf mehr als eine Sitzung angelegten) Behandlungsvertrag nach den §§ 630 b, 627 jederzeit fristlos kündigen. Denn der Behandelnde leistet „Dienste höherer Art" und steht zum Patienten *nicht* „in einem dauernden Dienstverhältnis mit festen Bezügen" (§ 627 Abs. 1).[62] *Beispiel:* Im Rahmen einer längerfristigen Behandlung sollte dem Patienten P um 9.30 Uhr ein Spender-Kreuzband implantiert werden. P kam wie vereinbart um 8.00 Uhr in die Klinik, wurde aber immer wieder vertröstet. Um 13.00 Uhr verlor er die Geduld und ging.[63] Die darin lie-

---

55   LG Hannover NJW 2000, 1799; AG Tettnang NJW 2000, 1800.
56   BGH NJW 2018, 3382 Rn 11.
57   Dazu NJW 2019, 3072.
58   BGH NJW 2019, 1283.
59   BGH NJW 2015, 477 Rn 12.
60   BGH NJW 2016, 3522 Rn 12.
61   BGH NJW 2016, 3523 Rn 10.
62   OLG Jena NJW 2012, 2357; BGH NJW 2011, 1674 Rn 7.
63   LG Offenburg NJW 1999, 1787.

gende fristlose Kündigung war nach den §§ 630 b, 627 wirksam. Es stellte sich aber die Frage, ob P das Kreuzband bezahlen musste. Indem der Klinikbetreiber den P stundenlang warten ließ, hat er zwar ein schuldhaftes „vertragswidriges Verhalten" gezeigt (§ 628 Abs. 1 S. 2). Es hatte aber kein erhebliches Gewicht (analog § 323 Abs. 5 S. 2),[64] so dass der Klinikbetreiber „einen seinen bisherigen Leistungen entsprechenden Teil der Vergütung verlangen" konnte (§§ 630 b, 628 Abs. 1 S 1; FD „Der Dienstberechtigte kündigt", Spalte 7). Zu den bisherigen Leistungen gehörte die Anschaffung des Kreuzbandes.

Schadensersatz: Wenn der Behandelnde seine Leistung „nicht wie geschuldet" erbracht hat und die Vermutung des § 280 Abs. 1 S. 2 nicht entkräften kann, kann der Patient im Prinzip Schadensersatz verlangen. *Beispiel:* Bei einer Operation wurde die Wunde durch Keime aus dem OP infiziert. Der „Behandelnde" (Krankenhausträger) hatte dem Patienten Schadensersatz wegen Schlechterfüllung des Behandlungsvertrags zu leisten,[65] und zwar als Schadensersatz *neben* der Leistung (FD „Dienstvertrag – Schlechterfüllung", Spalte 7).

433

Fristsetzung zur Nacherfüllung? Wenn der Patient Schadensersatz statt der Leistung verlangt, müsste er dem Behandelnden eigentlich erfolglos „eine angemessene Frist zur ... Nacherfüllung" bestimmt haben (§ 281 Abs. 1 S. 1; FD „Dienstvertrag – Schlechterfüllung", Frage 6). Aber da das Arzt-Patienten-Verhältnis ein besonderes Vertrauen voraussetzt, ist es für den enttäuschten Patienten oft unzumutbar, sich noch einmal in die Behandlung desselben Arztes zu begeben. Man kann den Erlass der Fristsetzung mit § 281 Abs. 2 Var. 2 begründen („besondere Umstände"). Man kann sich aber auch darauf beziehen, dass dem Patienten eine fristlose Kündigung ohne Angabe von Gründen erlaubt ist (§§ 630 b, 627; Rn 432). Hat er sie erklärt, kann er nicht mehr verpflichtet sein, dem Behandelnden eine zweite Chance einzuräumen.[66]

b) Vermutungen zu Lasten des Behandelnden

§ 630 h erschwert es dem Behandelnden, einen Schadensersatzanspruch abzuwehren. Insbesondere stellt § 630 h zu Lasten des Behandelnden zwei wichtige Vermutungen auf, die zu einer Umkehr der Beweislast führen:

434

- Wenn eine Routinebehandlung („Behandlungsrisiko ... voll beherrschbar") zu einer Körperverletzung oder zum Tod geführt hat, wird ein Behandlungsfehler vermutet (§ 630 h Abs. 1). Kann der Behandelnde nicht das Gegenteil beweisen, begründet das – zusammen mit der Verschuldensvermutung des § 280 Abs. 1 S. 2 – einen Schadensersatzanspruch nach § 281 Abs. 1 S. 1.

- Wenn feststeht, dass einerseits ein „grober Behandlungsfehler" vorliegt und andererseits eine Körperverletzung, die generell durch solch einen Fehler verursacht werden kann, wird vermutet, dass diese Kausalität tatsächlich gegeben ist (§ 630 h Abs. 5 S. 1).

Diese Grundsätze sind analog auf die Behandlung eines Tieres durch einen Tierarzt anzuwenden.[67] Sie sollen auch für die (äußerst mangelhafte) Hilfe durch einen privaten

---

64 BGH NJW 2011, 1674 Rn 15.
65 BGH NJW 1991, 1541.
66 OLG Jena NJW 2012, 2357.
67 BGHZ 197, 197 Rn 14.

Notrufdienst gelten.[68] Sie sind aber nicht anzuwenden, wenn ein Sportlehrer grob fahrlässig eine dringend erforderliche Erste Hilfe unterlässt. Denn lebensrettende Maßnahmen zu ergreifen, ist nur eine Nebenpflicht des Sportlehrers, nicht seine Hauptpflicht.[69]

---

68   BGH NJW 2017, 2108 Rn 22 ff.
69   BGH NJW 2019, 1809 Rn 23.

Drittes Kapitel Werkvertrag

§ 12 Der Werkvertrag und seine Abgrenzung von anderen Verträgen

Fall 12: Air France storniert den Rückflug   §§ 631, 283   435

▶ *Air France bot Flüge München-Paris-München an, die wesentlich billiger waren als ein einfacher Flug. Dieses Sonderangebot sollte nur für Touristen gelten, nicht für Geschäftsreisende. Deshalb mussten elf Tage zwischen dem Hin- und dem Rückflug liegen. Der Geschäftsführer Klever der Bose-GmbH wollte am 12. Juli nach Paris fliegen und am nächsten Tag zurückkehren. Die GmbH buchte über das Internet zwei verbilligte Hin- und Rückflüge. Vom ersten Ticket nutzte Klever nur den Hinflug am 12. Juli und ließ den Rückflug verfallen. Vom zweiten Ticket ließ er den Hinflug verfallen, wollte es aber am 13. Juli für den Rückflug nutzen. Air France hatte von vornherein vermutet, dass viele Geschäftskunden von dieser Möglichkeit Gebrauch machen würden. Sie hatte deshalb in ihre AGB eine Klausel aufgenommen, nach der der Rückflug ersatzlos storniert wird, wenn der Hinflug nicht wahrgenommen wurde. Die ins Internet gestellten AGB der Air France bestehen aus mehreren, für unterschiedliche Anwendungsbereiche gedachten Klauselwerken, deren Zusammenspiel sich einem Laien nicht erschließt. Mit dem Hinweis auf ihre AGB verweigerte Air France Klever den Rückflug. Die Bose-GmbH buchte deshalb bei Lufthansa einen Flug Paris-München und verlangt nun von Air France die Erstattung der Kosten. (Nach AG Frankfurt/Main NJW 2006, 3010)*

Vorbemerkung: Es bestehen zwar Sondervorschriften für Pauschalreisen (§§ 651 a ff; Rn 669)   436
und für den Gütertransport (§§ 407 ff HGB), aber nicht für den Personentransport. Bei diesen Verträgen verspricht der Unternehmer einen definierten Erfolg (im vorliegenden Fall Abflug in Paris zur vereinbarten Zeit, Landung in München). Deshalb sind Personentransport-Verträge Werkverträge (§§ 631 ff).

Es ist zu prüfen, ob die GmbH von Air France Schadensersatz nach § 283 S. 1 verlangen kann. Dazu müsste Air France den Flug Paris-München in vorwerfbarer Weise (§ 280 Abs. 1 S. 2) unmöglich gemacht haben (§ 275 Abs. 1). Ein Verschulden läge nicht vor, wenn die AGB der Air France gelten sollten. Deshalb ist zu prüfen, ob diese AGB wirksam in den Vertrag einbezogen wurden und ob sie einer inhaltlichen Kontrolle standhalten. Verwender der AGB war Air France (§ 305 Abs. 1 S. 1), ihr Vertragspartner war die Bose-GmbH, nicht deren Geschäftsführer Klever. Da eine GmbH immer Unternehmerin ist, kam es für die wirksame Einbeziehung der AGB nicht darauf an, ob die Voraussetzungen des § 305 Abs. 2 erfüllt waren (§ 310 Abs. 1 S. 1).[1] Aus diesem Grunde ist von einer wirksamen Einbeziehung auszugehen. Aber die GmbH musste nicht mit einer Verfallklausel der hier vorliegenden Art rechnen, so dass diese „überraschend" war (§ 305 c Abs. 1). Außerdem entsprach die Klausel nicht dem Transparenzgebot (§ 307 Abs. 1 S. 2), weil sie in einem Gewirr von verschachtelten AGB enthalten war. Die Klausel war damit auch nach § 307 Abs. 1 S. 1 unwirksam.[2] An ihre Stelle trat die gesetzliche Regelung (§ 306 Abs. 2).

---

1 Übersehen vom Amtsgericht Frankfurt und von Kappus in seiner Urteilsanmerkung (NJW 2006, 3012).
2 Siehe auch BGH NJW 2010, 1958 zu einem ähnlichen Angebot von British Airways.

Der Frankfurter Amtsrichter hat der GmbH einen Anspruch auf Schadensersatz aus „§ 634 Nr. 4" zugesprochen.[3] Dadurch hat er zum Ausdruck gebracht, dass nach seiner Meinung der Flug „mangelhaft" war. Denn § 634 beginnt mit den Worten: „Ist das Werk mangelhaft ..." Diese Annahme war zwar naheliegend, weil es bei Werkvertragsfällen meist um ein mangelhaftes Werk geht. Aber in diesem Fall wich der Flug Paris-München nicht in seiner Qualität von der vertraglichen Vereinbarung oder von den berechtigten Erwartungen der GmbH ab (§ 633 Abs. 1, Abs. 2). Deshalb lag kein Sachmangel vor, vielmehr hat der Flug für die Bose-GmbH gar nicht stattgefunden. Als mit dem Schließen der Bordtüren feststand, dass Klever nicht befördert werden würde, ist die von Air France geschuldete Leistung (ein absolutes Fixgeschäft) *unmöglich geworden* (§ 275 Abs. 1).[4] Der von Air France zu zahlende Schadensersatz ergibt sich deshalb nicht aus den Werkvertragsvorschriften über Mängel des Werks, sondern aus den Vorschriften des Allgemeinen Schuldrechts über die nachträgliche Unmöglichkeit der Leistung, also aus den §§ 280 Abs. 1, Abs. 3, 283.[5] Da Air France Klevers Beförderung in Verkennung der Rechtslage abgelehnt hat, hat sie fahrlässig gehandelt (§ 276 Abs. 2). Damit sind die Voraussetzungen des § 280 Abs. 1 S. 2 erfüllt, auf den § 283 verweist. Air France hat der Bose-GmbH deshalb die Kosten für das Lufthansa-Ticket Paris-München zu ersetzen (§§ 280 Abs. 1, Abs. 3, 283, 249, 251). ◄

Lerneinheit 12

437 Literatur: *Gandesbergen,* Der Widerruf von Werkverträgen, BauR 2020, 15; *Gerlach/Manzke,* Kaufrecht und Werkvertragsrecht – ein systematischer Vergleich, JuS 2019, 327 und 426; *Langen,* Änderung des Werkvertragsrechts und Einführung eines Bauvertragsrechts, NZBau 2015, 658; *Wietfeld,* Die Rolle von Verkehrssicherungspflichten bei der Abgrenzung von Dienst- und Werkverträgen, NJW 2014, 1206.

I. Grundlagen des Werkvertrags

1. Definitionen

438 *Werkvertrag:* Der Werkvertrag (§ 631) ist ein gegenseitiger Vertrag (§§ 320 ff), in dem sich der Unternehmer verpflichtet, durch seine Arbeitsleistung ein „Werk" herzustellen, während sich der Besteller als Gegenleistung zur Zahlung einer „Vergütung" (des Werklohns) verpflichtet (§ 631 Abs. 1). Typisch für den Werkvertrag ist, dass der Unternehmer einen vertraglich definierten Erfolg (das Werk) schuldet, nicht nur eine qualifizierte Tätigkeit (Gegensatz: Dienstvertrag).

439 *Unternehmer:* Der zur Herstellung des Werks Verpflichtete heißt „Unternehmer", wird aber in der Praxis oft „Auftragnehmer" genannt.[6] Leider hat der moderne Gesetzgeber es für richtig befunden, den Begriff „Unternehmer" auch für eine ganz andere Person zu verwenden, nämlich in § 14 für den Gegenspieler des Verbrauchers (§ 13). Man muss sich also merken, dass der „Unternehmer" nach § 14 nichts mit dem „Unternehmer" nach § 631 zu tun hat, auch wenn natürlich im Einzelfall dieselbe Person Unternehmer zugleich im einen und im anderen Sinne sein kann.

---

3 NJW 2006, 310 (311).
4 Der Irrtum des Amtsgerichts lag nahe, weil im Reiserecht die Nichtleistung der Schlechtleistung gleichsteht (Rn 688). Dabei handelt es sich aber um eine Besonderheit des Reisevertrags, die nicht auf einen Werkvertrag übertragbar ist.
5 SAT Rn 673 ff.
6 So nennt ihn die in der Bauwirtschaft vorherrschende VOB. Den Besteller nennt sie „Auftraggeber".

Besteller: Den Vertragspartner des Unternehmers nennt das Gesetz „Besteller". Er wird in der Praxis aber oft „Auftraggeber" genannt, im Baugewerbe auch „Bauherr".

2. Werklohn

a) Allgemeines

Terminologisches: Das vom Besteller geschuldete Entgelt wird vom Gesetz „Vergütung" genannt, von der Praxis meist „Werklohn". Es darf aber nie als „Preis", schon gar nicht als „Kaufpreis" bezeichnet werden.

Entgeltlichkeit: Der Besteller schuldet auch dann eine Vergütung, wenn über sie nicht gesprochen wurde, aber die Leistung des Unternehmers „nur gegen eine Vergütung zu erwarten ist" (§ 632 Abs. 1). Das ist insbesondere dann der Fall, wenn ein Fachmann beruflich in Anspruch genommen wird. *Beispiel:* Die B-GmbH war daran interessiert, sich in einer Steuerfrage auf einen Fachaufsatz stützen zu können, und gab diesen Aufsatz bei einer Rechtsanwaltsgesellschaft in Auftrag (Werkvertrag). Sie konnte nicht damit rechnen, dass der Aufsatz unentgeltlich verfasst würde.[7]

Die *Höhe der Vergütung* wird meist bei Vertragsschluss vereinbart. Ist das nicht geschehen, ist – falls sie besteht – die „Taxe" maßgeblich (§ 632 Abs. 2), zB für Rechtsanwälte das RVG.[8] Probleme können entstehen, wenn das Entgelt nicht vereinbart wurde und keine „Taxe" existiert. *Beispiel:* Beauftragung eines Kfz-Sachverständigen mit einem Gutachten.[9] Notfalls gilt „die übliche Vergütung als vereinbart". Üblich ist die Vergütung, die „zur Zeit des Vertragsschlusses nach allgemeiner Auffassung am Ort der Werkleistung gewährt zu werden pflegt".[10]

b) Ausnahme: Abrechnung nach Stunden

Normalerweise wird vereinbart, dass der Unternehmer für sein Werk einen bestimmten Geldbetrag als Werklohn erhalten soll. Auf die Zahl der von ihm aufgewendeten Stunden kommt es dann nicht an. Es kann aber auch eine Abrechnung auf Stundenbasis vereinbart werden,[11] obwohl diese Art der Abrechnung eigentlich für den Dienstvertrag typisch ist. Eine Stundenabrechnung entspricht dem Interesse des Unternehmers, wenn der Umfang der Arbeiten schwer abzuschätzen ist, zB bei der Reparatur durch einen Handwerker, der Beratung bei Baumängeln[12] oder der Entwicklung eines IT-Programms.

In diesen Fällen kommt es nachher leicht zum Streit, wenn der Besteller der Meinung ist, der Unternehmer habe sich zu viel Zeit gelassen oder gar Stunden berechnet, die er gar nicht geleistet habe. Wenn der Besteller das nachweisen kann, hat er nicht das Recht, den Werklohn zu mindern, sondern hat einen Schadensersatzanspruch aus

440

441

442

443

---

7 OLG Naumburg NJW 2009, 1679.
8 Auch hier ist zu beachten, dass ein Anwalt idR mit seinem Mandanten einen entgeltlichen Geschäftsbesorgungsvertrag schließt (§ 675), der aber in vielen Fällen zur Anwendung der Werkvertragsvorschriften führt (Rn 785 ff).
9 BGH NJW 2006, 2472.
10 BGH NJW 2015, 1298 Rn 17.
11 BGH NJW 2000, 1107 (Prüfung eines Jahresabschlusses nach Stundenaufwand) und NJW 1993, 1972 (Softwareentwicklung nach Stundenaufwand).
12 BGH NJW 2009, 2199.

§ 280 Abs. 1. Denn der Unternehmer hat dann seine vertragliche Nebenpflicht verletzt, gut zu planen und zügig zu arbeiten („Pflicht zur wirtschaftlichen Betriebsführung").[13]

3. Gegenstand des Werkvertrags

a) Errichtung eines Bauwerks

444   Ein Vertrag über die *Errichtung eines Bauwerks* war traditionell ein Werkvertrag (§ 631 Abs. 2: „Herstellung ... einer Sache"), sogar der Hauptfall eines Werkvertrags. Mit Wirkung vom 1. Januar 2018 wurden aber die Vorschriften, die sich speziell auf *Bauverträge* beziehen, in den neu eingefügten Kapiteln „Bauvertrag" (§§ 650 a ff) und „Verbraucherbauvertrag" (§§ 650 i ff) zusammengefasst. Das geschah nur, um die Übersichtlichkeit der §§ 631 ff zu verbessern. Dass Bauverträge nach wie vor Werkverträge sind, zeigt schon die Tatsache, dass die neuen Kapitel die Werkvertragsvorschriften generell für anwendbar erklären, während die Sondervorschriften nur „ergänzend" gelten (§§ 650 a Abs. 1 S. 2, 650 i Abs. 3; Rn 626). Im Folgenden werden die Vorschriften des Werkvertragsrechts oft auch an Beispielen erläutert, die sich auf Bauverträge beziehen. Vor dem Hinweis auf eine Vorschrift der §§ 631 bis 645 müsste dann zuerst § 650 a Abs. 1 S. 1 genannt werden. Das wird zur Vereinfachung hier meist weggelassen. Das ist aber in einer Klausur oder Hausarbeit unzulässig!

Der *Bauträgervertrag* ist heute in den §§ 650 u und 650 v geregelt (Rn 658 ff).

b) Veränderung eines Bauwerks oder eines Grundstücks

445   *Bauwerk:* Alle Verträge über die Renovierung oder den Ausbau eines vorhandenen Bauwerks sind Werkverträge (§ 631 Abs. 2: „Veränderung einer Sache"). Soweit die Instandhaltung von „wesentlicher Bedeutung" ist, kann ein Bauvertrag vorliegen (§ 650 a Abs. 2; Rn 625).

Grundstück: Verträge über Erdbewegungen oder die plangerechte Anlage eines Gartens sind Werkverträge, können aber zugleich Bauverträge sein (§ 650 a Abs. 1: „Außenanlage"). Wenn sich jemand verpflichtet, für einen Grundstückseigentümer den Bürgersteig von Schnee und Eis freizuhalten (Winterdienst), liegt ein Werkvertrag vor.[14]

c) Reparatur und sonstige Änderung einer beweglichen Sache

446   Wenn der Unternehmer eine bewegliche Sache des Bestellers *verändern* soll, liegt ein Werkvertrag vor. Das wichtigste Beispiel ist die Reparatur, etwa die eines Kraftfahrzeugs. Zum Stichwort „Veränderung" gehören auch Verträge über die Reinigung von Textilien und Fahrzeugen[15] und die Veredlung von Halbfertigfabrikaten, zB über die Härtung eines Werkstücks in einem Nitrierofen.[16] Trotz § 90 a sind Verträge über die Veränderung von Tieren ebenfalls Werkverträge. *Beispiele* sind etwa das Decken einer Dogge,[17] die Mast von Ochsen und die Aufzucht von Schweinen[18].

---

13   BGH NJW 2009, 2199 Rn 35 sowie 2009, 3426 Rn 18. In diesen Entscheidungen nimmt der BGH auch ausführlich zu der Frage Stellung, was der Besteller behaupten und beweisen muss und was der Unternehmer.
14   BGH NJW 2013, 3022 Rn 9 ff.
15   BGH NJW 2018, 2956 Rn 12.
16   BGH WM 1996, 1739.
17   AG Heidenheim NJW 1988, 211.
18   BGH NJW 1991, 166.

d) Haarbehandlung, Kosmetik

Verträge zwischen einem Friseur und seinem Kunden sind Werkverträge.[19] Das gilt auch für das Anpassen von künstlichen Haarteilen,[20] die Behandlung durch eine Kosmetikerin[21] und für eine Tätowierung.[22]

447

e) Geistiges Werk auf körperlichem Träger

Gegenstand des Werkvertrags kann nicht nur die „Herstellung oder Veränderung einer Sache" sein, sondern auch ein anderer „durch Arbeit oder Dienstleistung herbeizuführender Erfolg" (§ 631 Abs. 2). *Beispiele:* Übersetzung eines Textes,[23] Entwurf einer Werbeanzeige, Aufnahme der Unternehmensdaten in ein Branchenverzeichnis[24] und die Anfertigung eines (fotografierten oder gemalten) Portraits.[25] Dass geistige Arbeit ihren Niederschlag auf Papier, Leinwand oder Datenträgern findet, macht die entsprechenden Verträge nicht zu Verträgen über die Anfertigung einer beweglichen Sache nach § 650 S. 1.

448

Gutachten: Der Vertrag über die Anfertigung eines Gutachtens ist grundsätzlich ein Werkvertrag. *Beispiel 1:* Frau B wollte eine Stute kaufen und beauftragte Tierarzt T mit einem Gesundheitsgutachten.[26] Weitere *Beispiele:* Gutachten über einen Unfallschaden,[27] den Wert eines Hauses oder über die Echtheit von Briefmarken[28]. Auch wenn ein Arzt mit einem Gutachten beauftragt wird, liegt ein Werkvertrag vor, kein Behandlungsvertrag nach § 630 a. Wenn ein Gutachten den Vermögensinteressen des Bestellers dient, ist ein Geschäftsbesorgungsvertrag mit Werkvertragscharakter gegeben (§ 675 Abs. 1; Rn 785 ff). *Beispiel 2:* Ein Rechtsanwalt soll schriftlich zu den Aussichten eines Prozesses Stellung nehmen.

IT-Verträge: Verträge über die Entwicklung oder Anpassung von Software sind Werkverträge.[29] Das gilt auch für Verträge, in denen sich jemand verpflichtet, eine Internet-Domain registrieren zu lassen und eine Website (Homepage) zu erstellen. Dieser „Internet-System-Vertrag" ist auf einen konkreten Erfolg gerichtet und deshalb ein Werkvertrag.[30]

449

f) Unkörperliches Werk

Das Werk kann auch gänzlich unkörperlich sein. *Beispiele:* Konzert, Opernaufführung,[31] Filmvorstellung, Sportereignis. Auch Juristen sagen zwar, sie hätten Theaterkarten „gekauft", aber sie wissen, dass der Theaterbesucher mit dem Betreiber des

450

---

19 Palandt/Sprau Einf vor § 631 Rn 24 (Dauerwelle.); OLG Bremen NJW-RR 2012, 92.
20 BGH NJW 2008, 2250 Rn 5.
21 Anders Teumer/Stamm, VersR 2008, 174 zu einem Vertrag über Haarentfernung (Dienstvertrag).
22 AG München NJW 2012, 2452.
23 OLG Hamm NJW 1989, 2066.
24 BGH NJW-RR 2012,1261.
25 LG Regensburg NJW 1989, 398 zu einem Portrait von Gloria von Thurn und Taxis.
26 BGH NJW 2012, 1070 Rn 14.
27 BGHZ 127, 378 (384); BGH NJW 2006, 2472 Rn 5.
28 BGH NJW 1995, 392; KG NJW 1998, 1408.
29 BGH NJW 2010, 2200 Rn 14; 2001, 1718; OLG Düsseldorf NJW 2003, 3140. Dagegen wird Standardsoftware *gekauft.*
30 BGHZ 184, 345; BGH NJW 2011, 915 Rn 9 zum selben Unternehmer.
31 AG Düsseldorf NJW 1990, 2559.

Theaters einen Werkvertrag über eine Darbietung schließt. Nur als Quittung und als Berechtigungsschein erhält der Besucher die Eintrittskarte.

451   *Personenbeförderung:* Auch der Personenbeförderungsvertrag ist ein Werkvertrag. Das gilt auch für den Vertrag mit einer Fluggesellschaft über einen Linienflug.[32] Nur wenn sich der Veranstalter zusätzlich zu einer Unterbringung (oder zu einer anderen Leistung) verpflichtet, liegt ein Pauschalreisevertrag vor (§§ 651 a ff; Rn 668 ff).

Örtliche Bauleitung: Der zwischen einem Bauherrn und einem Architekten geschlossene Vertrag kann neben der Planung auch die örtliche Bauleitung zum Gegenstand haben. Auch insoweit handelt es sich um einen Werkvertrag (über ein unkörperliches Werk), nicht um einen Dienstvertrag.[33] Denn der Architekt schuldet einen definierten Erfolg, nämlich die Übereinstimmung von Planung und Bauwerk.[34] Die örtliche Bauleitung wird heute mit dem Stichwort „Überwachungsziele" dem Architekten- oder Ingenieurvertrag zugeordnet (§ 650 p Abs. 1; Rn 652).

4. Kein Werkvertrag: Herstellung einer beweglichen Sache

452   Wie bereits im Kaufrecht dargelegt (Rn 13 ff), gilt ein Vertrag über die Herstellung einer beweglichen Sache nach § 650 S. 1 immer als *Kaufvertrag*. Manchmal gelten zusätzlich Vorschriften des Werkvertrags (§ 650 S. 3).

II. Vom Werkvertrag abzugrenzende Verträge

1. Dienstvertrag

453   Auf Grund des Dienstvertrags (§ 611) schuldet der Dienstverpflichtete nur eine qualifizierte Arbeitsleistung (Rn 390), nicht – wie der Unternehmer des Werkvertrags – ein „Werk", also einen definierten Erfolg. *Beispiel 1:* Das Duo „Dieter und Irmgard" hatte sich gegenüber dem Inhaber eines Hotels verpflichtet, während der Silvesternacht Schlager aus den siebziger Jahren vorzutragen. Da das Programm nicht festgelegt war, handelte es sich nicht um einen Werkvertrag, sondern um einen Dienstvertrag.[35] Aber die Verpflichtung eines Musikers kann auch ein Werkvertrag sein. *Beispiel 2:* Der Sänger T war für die Tenorpartie des Oratoriums „Elias" von Mendelssohn engagiert worden. Es handelte sich um einen Werkvertrag. Denn das zu erstellende Werk kann nicht genauer definiert werden als in diesen Fällen, in denen jeder einzelne Ton nach Länge und Höhe vorgeschrieben ist.[36]

Einen Überblick über die Abgrenzung des Dienstvertrags von ähnlichen Verträgen gibt das FD „Verträge über eine Tätigkeit".

454   Die Frage, ob ein Dienst- und Werkvertrag vorliegt, ist insbesondere in folgenden Fällen wichtig:

■ *Mangelhafte Leistung:* Liegt ein Werkvertrag vor, muss der Besteller dem Unternehmer bei einem Mangel grundsätzlich Gelegenheit zur Nacherfüllung geben. Falls auch diese nicht zum Erfolg führt, erhält der Unternehmer nichts. Ist der Vertrag dagegen als Dienstvertrag zu interpretieren, muss der Dienstberechtigte den Dienst-

---

32   BGHZ 209, 20 Rn 14 f. Siehe auch Fall 12, Rn 435.
33   BGHZ 149, 57.
34   BGHZ 82, 100; 62, 204.
35   AG Ludwigslust NJW 2005, 610.
36   Anders AG Münster NJW 2009, 780.

verpflichteten nicht zur Nacherfüllung auffordern. Der Dienstverpflichtete hat auch im Fall seines Scheiterns im Prinzip den vollen Vergütungsanspruch.[37]

■ *Kündigung:* Während der Dienstberechtigte einen Vertrag über „Dienste höherer Art" fristlos und oft ohne Zahlungspflicht kündigen kann (§ 627 Abs. 1; Rn 417 ff) kann der Besteller einen Werkvertrag nur mit finanziellen Nachteilen vorzeitig beenden (§§ 648, 648 a; Rn 475 ff).[38]

■ *„Werkverträge" statt Arbeitsvertrag:* Um sich nicht durch eine Anstellung zu binden, vergeben viele Unternehmen und Behörden zeitlich aneinander anschließende „Werkverträge". Aber wenn dem Beschäftigten keine abgrenzbare Leistung übertragen wird, die er selbstständig zu erbringen hat, handelt es sich um einen sozialversicherungspflichtigen Arbeitsvertrag.[39]   455

2. Entgeltliche Geschäftsbesorgung

Eine entgeltliche Geschäftsbesorgung ist ein „Dienstvertrag oder ein Werkvertrag, der eine Geschäftsbesorgung zum Gegenstand hat" (§ 675 Abs. 1). Auf einen Geschäftsbesorgungsvertrag mit *Werkvertragscharakter* (Rn 785 ff) ist (neben dem Auftragsrecht) im Wesentlichen das Werkvertragsrecht anzuwenden. Deshalb hat solch ein Vertrag eine enge Übereinstimmung mit einem Werkvertrag.   456

3. Kaufvertrag

Grundsätzliche Abgrenzung: Beim Kaufvertrag geht es um den entgeltlichen Erwerb eines Vermögensgegenstands. Dieser wird Kaufgegenstand genannt und kann eine Sache sein (§§ 433 bis 452) oder ein Recht (§ 453). Der Kaufpreis ist deshalb das Entgelt für den Wert des Kaufgegenstands. Beim Werkvertrag geht es darum, das Ergebnis einer *Arbeitsleistung* entgeltlich zu erwerben. Deshalb steht der Werkvertrag dem Dienstvertrag näher als dem Kaufvertrag.   457

Herstellung einer beweglichen Sache: Die wichtigste Vorschrift zur Abgrenzung von Kauf- und Werkverträgen ist § 650 (ausführlich Rn 13 ff).   458

Kauf und Montage: Nur unzureichend geregelt ist der Fall, dass Gegenstand des Vertrags sowohl die Lieferung einer beweglichen Sache als auch deren Einbau oder Montage ist.   459

■ § 434 Abs. 2 S. 1 geht davon aus, dass es sich insgesamt um einen Kaufvertrag handelt und die Montage für den Verkäufer nur eine Nebenpflicht darstellt (Rn 40). Aber das ist nicht selbstverständlich, sondern nur der Fall, wenn die *Lieferung* der Sache dem Vertrag sein charakteristisches Gepräge gibt und die Montage zurücktritt.

■ Anders ist es, wenn der Einbau der Sache einen erheblichen planerischen und handwerklichen Aufwand erfordert und deshalb die *Arbeitsleistung* wichtiger ist als die Lieferung des Materials. *Beispiel:* X verpflichtete sich, auf dem Dach einer Tennishalle eine Photovoltaikanlage zu errichten. Da die Tragfähigkeit und die Abdichtung des Daches sichergestellt werden mussten, gaben die Planungs- und Montage-

---

37 BGH NJW 2002, 3323.
38 BGH NJW 1984, 2406.
39 BAG NJW 2013, 3672.

leistungen dem Vertrag „die maßgebliche Prägung" (Werkvertrag).[40] Diese Frage wird aber für Photovoltaikanlagen auch anders beurteilt (Kaufvertrag).[41]

§ 13 Vom Vertragsschluss bis zur Abnahme

460   **Fall 13: Bremsen in der Waschstraße   §§ 241, 280 Abs. 1**

▶ *Heinz Wohlfahrt wollte seinen Pkw in der Waschstraße der Clean GmbH waschen lassen. Bei dieser automatisierten Anlage werden die Fahrzeuge während des Waschens von einem Schleppband langsam nach vorn gezogen. Anselm Hase, der in dem vor Wohlfahrt befindlichen Pkw saß, bremste sein Fahrzeug grundlos ab, so dass es stehen blieb. Wohlfahrts Fahrzeug wurde vom Schleppband weitergezogen und fuhr auf. Auch der hinter Wohlfahrt befindliche Pkw wurde weitergezogen und auf Wohlfahrts Wagen gedrückt. Wohlfahrt ließ sein Fahrzeug reparieren und verlangt von der Clean GmbH die Zahlung der Reparaturkosten. Diese macht geltend, dass allein Hase an dem Unfall schuld sei. Es steht allerdings fest, dass die Clean GmbH ihre Kunden generell nicht auf die Gefahr hinweist, die durch ein Bremsen entsteht. Muss die Clean GmbH zahlen? (Nach BGH NJW 2018, 2956)*

461   Da die Clean GmbH „die … Veränderung einer Sache" schuldete (§ 631 Abs. 2), nämlich das Waschen des Autos, hat sie mit Wohlfahrt einen Werkvertrag geschlossen. Es liegt nahe, an die Vorschriften über Sachmängel des Werks zu denken (§§ 633, 634). Aber das wäre nur richtig, wenn die Clean GmbH den vertraglich geschuldeten Erfolg, nämlich die Reinigung von Wohlfahrts Pkw, nicht erreicht hätte. Im vorliegenden Fall ist aber das Fahrzeug durchaus sauber geworden.

Der Unternehmer eines Werkvertrags ist jedoch nicht nur verpflichtet, den vertraglich geschuldeten Erfolg zu erreichen, er hat auch Nebenpflichten zu erfüllen. Zu prüfen ist deshalb, ob die Clean GmbH die Nebenpflicht verletzt hat, „Rücksicht auf die … Rechtsgüter … des anderen Teils" zu nehmen und Wohlfahrt deshalb nach den §§ 241 Abs. 2, 280 Abs. 1 Schadensersatz verlangen kann.

Der Clean GmbH war Wohlfahrts Fahrzeug im Rahmen des Werkvertrags anvertraut. Ihr oblag deshalb während des Waschvorgangs eine so genannten Obhutspflicht (oder Schutzpflicht), die zu den in § 241 Abs. 2 genannten Pflichten gehört (Rn 466). Die Clean GmbH musste folglich alles ihr Zumutbare tun, um Schäden an Wohlfahrts Fahrzeug zu vermeiden. Sie hätte deshalb Hase, den eigentlichen Verursacher des doppelten Unfalls, vor dem Beginn des Waschvorgangs darauf hinweisen müssen, dass ein Abbremsen des Fahrzeugs nicht nur unnötig, sondern sehr gefährlich ist, weil es notwendig zu Kollisionen mit den nachfolgenden Fahrzeugen führt.

Der Schadensersatzanspruch nach § 280 Abs. 1 S. 1 setzt voraus, dass die Clean GmbH schuldhaft gehandelt hat oder zumindest die Verschuldensvermutung des § 280 Abs. 1 S. 2 nicht ausräumen konnte. Das ist der Fall, weil die Clean GmbH nicht darlegen konnte, warum sie den entscheidenden Hinweis unterlassen hat. Wohlfahrt steht deshalb ein Schadensersatzanspruch in Höhe der Reparaturkosten zu. ◀

---

40   BGH NJW 2016, 2876 Rn 11.
41   Schneidewindt NJW 2013, 3751; BGH NJW 2014, 845; OLG München NJW 2015, 3314 Rn 38.

Lerneinheit 13

Literatur: *Fahrenbruch*, Vor der Abnahme: Allgemeines Leistungsstörungsrecht! IBR 2019, 3239; *Schmid/Puschkarski*, Die Abrechnung beim Luftbeförderungsvertrag nach Kündigung durch den Fluggast, NJW 2018, 657; *Lukes*, Die Sicherungsrechte des Werkunternehmers nach §§ 647, 648, 648 a BGB, JA 2016, 727; *Althaus*, Vergütung für erbrachte Leistungen beim gekündigten Pauschalpreisvertrag, NJW 2015, 2922; *Langen*, Änderung des Werkvertragsrechts und Einführung eines Bauvertragsrechts, NZBau 2015, 658. 504; *Wagner*, „Pfundiges Pfand" – Zur Verwertung der Pfandsache nach §§ 1242 ff. BGB, JA 2015, 412.

462

I. Pflichten des Unternehmers

1. Leistungpflichten

Man kann sagen, dass der Unternehmer nur *eine* Hauptpflicht hat, nämlich „die Herstellung des versprochenen Werkes" (§ 631 Abs. 1). Aber diese Hauptpflicht kann man dreifach untergliedern:

463

Erfolg: Der Unternehmer muss das Werk *überhaupt herstellen,* denn er schuldet bekanntlich nicht nur eine Tätigkeit, sondern den vertraglich festgelegten Erfolg. Wenn ihm das Werk beim ersten Mal misslingt, muss er es erneut (und notfalls immer wieder) versuchen, auch dann, wenn er das Misslingen nicht verschuldet hat. Denn er „trägt die Gefahr bis zur Abnahme des Werkes" (§ 644).

Mangelfreiheit: Der Unternehmer muss das Werk *mangelfrei herstellen,* dh es darf nicht mit Sach- oder Rechtsmängeln behaftet sein (§ 633 Abs. 1). Wenn dem Unternehmer das nicht beim ersten Mal gelingt, muss er nacherfüllen (§§ 634 Nr. 1, 635).

464

Rechtzeitigkeit: Der Unternehmer muss das Werk auch *rechtzeitig* herstellen. Überschreitet er den Zeitpunkt der Fälligkeit, kann der Besteller nach Ablauf einer Nachfrist zurücktreten (§ 323 Abs. 1) und uU Schadensersatz verlangen (§ 281 Abs. 1 S. 1).

2. Verhaltenspflichten

Die wichtigsten Nebenpflichten des Unternehmers ergeben sich nicht aus dem Werkvertragsrecht, sondern aus § 241 Abs. 2: Der Werkvertrag verpflichtet den Unternehmer „zur Rücksicht auf die Rechte, Rechtsgüter und Interessen des anderen Teils", also des Bestellers. Man nennt diese Pflichten *„Verhaltenspflichten"* im Gegensatz zu den *„Leistungspflichten"* des Unternehmers. Die Verhaltenspflichten zielen nicht auf eine Leistung (das Werk), sondern fordern vom Unternehmer nur, dem Besteller auch außerhalb der Erstellung des Werks nicht zu schaden.

465

Obhutspflicht: Der Unternehmer muss bei der Ausführung der übernommenen Arbeiten alles ihm Zumutbare tun, um den Besteller und seine Leute vor Verletzungen und die Vermögensgegenstände des Bestellers vor Beschädigungen zu schützen (*Obhutspflicht oder Schutzpflicht*). *Beispiel 1:* Fall 13, Rn 460. *Beispiel 2:* B erteilte U den Auftrag, 25 Hohlwalzen in einem Nitrierofen zu härten. U wies B mehrfach darauf hin, dass die Hohlwalzen innen „absolut trocken, fettfrei und sauber" sein müssten, untersuchte die Walzen selbst aber nicht. Die letzte Walze explodierte im Nitrierofen, weil sie innen feucht gewesen war. Der BGH sah die ganz überwiegende Verantwortung bei U. Er war der Fachmann fürs Nitrieren und musste die angelieferten Walzen auf ihre

466

Eignung überprüfen. Er konnte diese Pflicht nicht durch seine Warnhinweise auf B abwälzen.[42]

Aufklärungspflicht: Der Unternehmer ist hinsichtlich des Werks der Fachmann. Daraus ergibt sich die stillschweigend übernommene Nebenpflicht, den Besteller auf Gefahren, Risiken und Nachteile hinzuweisen, die von dritter Seite drohen oder die sich aus laienhaften Maßnahmen des Bestellers ergeben können.[43] *Beispiel 3:* B beauftragte die U-KG, für 49 Millionen Euro eine Baugrube auszuheben und eine Bodenplatte von 350 mal 150 m zu betonieren. Die U erstellte das Werk mangelfrei. Im folgenden Winter bildeten sich in der ungeschützten Bodenplatte Risse. Auf diese Gefahr hatte die U den B nicht hingewiesen. Die U-KG haftete nicht wegen eines Sachmangels (§§ 633 ff), sondern wegen Verletzung der Aufklärungspflicht (§§ 241 Abs. 2, 280 Abs. 1).[44]

467   *Pflicht zur Rücksicht:* Nach § 241 Abs. 2 muss jeder Teil auch auf die „Interessen des anderen Teils" Rücksicht nehmen.[45] Dazu gehört in erster Linie das Interesse, keine Vermögensschäden zu erleiden. So muss der Unternehmer zügig arbeiten und pünktlich fertig werden, damit der Besteller seine Termine einhalten kann. Der Unternehmer muss außerdem den Kostenrahmen einhalten und zu diesem Zweck seine Kosten ständig ermitteln.[46] Zu den Fällen, in denen der Unternehmer auf Stundenbasis abrechnen darf, siehe Rn 443.

II. Pflichten des Bestellers

1. Mitwirkungspflicht

468   In vielen Fällen „ist bei der Herstellung des Werkes eine Handlung des Bestellers erforderlich" (§ 642 Abs. 1 S. 1). *Beispiel 1:* Wer für seinen Betrieb Software entwickeln lässt, muss den Softwareunternehmer über alle betrieblichen Abläufe korrekt informieren.[47] Im Baubereich kann der Besteller seine Mitwirkungspflicht dadurch verletzen, dass die Baustelle nicht vorbereitet ist. *Beispiel 2:* U sollte für B einen Neubau mit Bodenbelägen versehen. Die erforderliche „Handlung des Bestellers" bestand darin, dem U einen trockenen Untergrund zur Verfügung zu stellen. Da der Estrichleger nicht rechtzeitig fertig geworden war, war der Estrich noch feucht. B geriet dadurch gegenüber U „in Verzug der Annahme" (§ 642 Abs. 1).[48] Ob ihm ein Vorwurf zu machen war, spielt keine Rolle, weil § 293 kein Verschulden voraussetzt.

469   *Pflicht zur Entschädigung (§ 642):* Wenn „der Besteller durch das Unterlassen der Handlung in Verzug der Annahme kommt", kann der Unternehmer „eine angemessene Entschädigung verlangen", was die §§ 293 ff nicht vorsehen. Der Unternehmer soll dafür entschädigt werden, dass er während des Annahmeverzugs seine Produktionsmittel bereithalten muss.[49] Aber U muss sich anrechnen lassen, was er in der Zeit des Annah-

---

42 BGHZ 133, 168.
43 BGH NJW 1996, 2929.
44 BGH NJW 2012, 3291 Rn 25 ff; siehe SAT Rn 817.
45 SAT Rn 818 f; Greiner, ZGS 2010, 58.
46 OLG Frankfurt/M NJW 2012, 1739.
47 OLG Köln NJW 1996, 1067.
48 LG Mosbach NJW 2018, 2966 Rn 24 ff. Siehe auch den bekannten „Rheinhochwasser"-Fall BGHZ 159, 161. Es ist aber nicht Sache des Bestellers, eine Autobahn-Baustelle vor Frost und Schnee zu schützen (BGH NJW 2017, 2025 Rn 17).
49 BGH NJW 2018, 544 Rn 33. Wenn in der Zeit des Annahmeverzugs die Lohn- und Materialkosten steigen, sind die Mehrkosten nicht nach § 642 zu ersetzen (BGH aaO Rn 25).

meverzugs durch einen anderen Auftrag verdient (§ 642 Abs. 2). Aufträge ablehnen darf er in dieser Zeit nicht.

Kündigung (§ 643): Wenn der Unternehmer nicht warten will, gibt ihm § 643 das Recht, dem Besteller eine Frist für die Mitwirkungshandlung zu setzen und gleichzeitig zu erklären, dass er für den Fall des erfolglosen Ablaufs der Frist den Werkvertrag kündige. Tritt dieser Fall ein, gilt der Vertrag „als aufgehoben" (§ 643 S. 2).   470

An einer etwas überraschenden Stelle – in § 645 Abs. 1 S. 2 – greift das Gesetz die Aufhebung noch einmal auf: Der Unternehmer kann, „wenn der Vertrag in Gemäßheit des § 643 aufgehoben wird", „einen der geleisteten Arbeit entsprechenden Teil der Vergütung" und Auslagenerstattung verlangen.

2. Pflicht zur Rücksichtnahme

Auch der Besteller ist, wie jeder Partner eines Schuldverhältnisses, nach § 241 Abs. 2 „zur Rücksicht auf die ... Interessen des anderen Teils" verpflichtet. *Beispiel 1:* Fall 13, Rn 460. *Beispiel 2:* R hatte sich eine Eintrittskarte für ein Heimspiel des Bundesligaklubs Hansa Rostock besorgt. Er drang bis in den Mittelkreis vor und versuchte so lange dem Schiedsrichter den Ball wegzunehmen, bis er schließlich abgeführt werden konnte. Später wurde der Verein vom DFB zu einer empfindlichen Vereinsstrafe verurteilt. R ist verpflichtet, dem Verein den Schaden zu ersetzen (§§ 280 Abs. 1, 241 Abs. 2).[50]   471

3. Abschlagszahlungen

Hundert Jahre lang lautete der Grundsatz: Erst die Abnahme (§ 640) lässt den Anspruch auf die vereinbarte Vergütung fällig werden (§ 641 Abs. 1 S. 1). Das war ungerecht, weil der Unternehmer seine Kosten (aus eigenen Mitteln oder durch Kreditaufnahme) vorfinanzieren musste und das Risiko trug, im Fall der Insolvenz des Bestellers gar nichts zu bekommen oder nur die Insolvenzquote. Deshalb bestimmt § 632 a, dass Unternehmer und Besteller ihre Leistungen nahezu gleichzeitig zu erbringen haben. Denn der Unternehmer kann „eine Abschlagszahlung in Höhe des Wertes der von ihm erbrachten ... Leistungen verlangen" (§ 632 a Abs. 1 S. 1).   472

§ 632 a Abs. 1 stellt folgende Voraussetzungen auf: 473

■ Es handelt sich um ein Werk, dessen Herstellung mindestens einige Tage erfordert (ungeschriebene Voraussetzung). Da § 632 a Abs. 1 S. 1 keine Einschränkung macht, muss es sich *nicht* um ein Bauwerk handeln. *Beispiel:* Die G-GmbH, die im Auftrag der X-AG für diese eine Spezialsoftware entwickelt, kann grundsätzlich Abschlagszahlungen verlangen. Die Teilleistung muss nicht vom übrigen Werk abgrenzbar sein.

■ Die Teilleistung muss „vertragsgemäß" sein. Ist sie das nicht, kann der Besteller einen „angemessenen" Teil des Abschlags einbehalten (Abs. 1 S. 2). Für die Frage, was „angemessen" ist, verweist § 632 a Abs. 1 S. 4 auf § 641 Abs. 3. Angemessen ist deshalb idR „das Doppelte der für die Beseitigung des Mangels erforderlichen Kosten". Behauptet der Unternehmer, dass die Teilleistung vertragsgemäß sei, muss er das beweisen (§ 632 a Abs. 1 S. 3).

---

50 OLG Rostock NJW 2006, 1819. Den Urteilsgründen ist nicht zu entnehmen, dass es sich um einen Werkvertrag handelt und dass der Störer seine Pflichten aus § 241 Abs. 2 verletzt hat.

474   ■ Der Unternehmer hat eine „Aufstellung" vorgelegt, „die eine rasche und sichere Beurteilung der Leistungen" ermöglicht (§ 632a Abs. 1 S. 5).

     ■ Dadurch dass der Bauunternehmer *Baustoffe* oder Bauteile auf der Baustelle *lagert,* wird der Besteller noch nicht deren Eigentümer. Aber der Unternehmer hat die Möglichkeit, auch in diesen Fällen eine Abschlagszahlung zu fordern, wenn er das Eigentum auf den Besteller übertragen oder Sicherheit geleistet hat (§ 632a Abs. 1 S. 6). Wie die Sicherheit zu leisten ist, regelt § 632a Abs. 2.

III. Kündigung

1. Ordentliche Kündigung

475   *Regelfall:* Nach § 648 S. 1 kann der Besteller den Werkvertrag jederzeit ohne Angabe von Gründen kündigen. Aber eine solche Kündigung ist für ihn nachteilig, weil er im Prinzip weiterhin den Werklohn schuldet. Nach § 648 S. 2 ist wie folgt zu rechnen:

■ Zuerst muss festgestellt werden, welche Teile des Werks der Unternehmer bereits vollendet hat. Er kann dann für diese Teile den auf sie entfallenden Werklohn verlangen. Ist das Geleistete mangelhaft, wird der vereinbarte Werklohn nach den Regeln der Minderung herabgesetzt (analog § 638 Abs. 3).[51]

476   ■ Grundsätzlich darf der Unternehmer auch den *nicht ausgeführten* Teil des Werks in Rechnung stellen (§ 648 S. 2 Hs. 1). Aber er muss vom Werklohn das abziehen, „was er infolge der Aufhebung des Vertrags an Aufwendungen erspart oder durch anderweitige Verwendung seiner Arbeitskraft erwirbt oder zu erwerben böswillig unterlässt" (Hs. 2).[52] Die ersparten Aufwendungen muss er im Einzelnen benennen und bewerten.[53] Ist der Werklohn *pauschal* vereinbart worden, lässt der BGH auch eine vereinfachte Abrechnung zu: Es wird der auf die nicht erbrachte Leistung entfallende Teil der Gesamtvergütung geschätzt und von der Gesamtvergütung abgezogen.[54]

■ § 648 S. 3 stellt die Vermutung auf, dass der Unternehmer für den noch nicht erbrachten Teil des Werks 5 % desjenigen Werklohns verlangen kann, der auf diesen Teil entfallen wäre. Damit soll dem Unternehmer die sonst schwierige Beweisführung erlassen werden. Der Unternehmer kann in seinen AGB als Pauschale einen höheren Prozentsatz vorsehen, muss ihn dann aber an § 308 Nr. 7a (analog) messen lassen.[55] Außerdem muss die Klausel dem Besteller ausdrücklich den Nachweis gestatten, der in den AGB genannte Prozentsatz sei im Hinblick auf § 648 S. 2 wesentlich überhöht (analog § 309 Nr. 5b).[56]

477   *Flugtickets:* § 648 geht von einem Werk aus, das der Unternehmer individuell für einen Besteller anfertigt, so dass er seine Arbeit jederzeit beenden kann. Auf Verträge über die Personenbeförderung in Linienmaschinen ist zwar das Werkvertragsrecht anwend-

---

51   BGH NJW 2011, 3085 Rn 11 (zum Rücktritt); BGH NJW 1997, 733.
52   Vorbild für diese Regelung ist § 326 Abs. 2 S. 2.
53   OLG Celle, NJW 2013, 1312 (1314).
54   NJW 2014, 3778 Rn 11; dazu Hille NJW 2015, 2455.
55   BGH NJW 2011, 3030 Rn 17. § 308 Nr. 7a kann nur *analog* angewendet werden, weil es in § 648 S. 3 um *nicht* erbrachte Leistungen geht, nicht um erbrachte.
56   BGH NJW 2011, 3030 Rn 17.

bar,[57] aber § 648 wird den Besonderheiten dieser Verträge nicht gerecht.[58] Das liegt hauptsächlich daran, dass die Aufwendungen für einen Linienflug fast nur aus Fixkosten bestehen, die (definitionsgemäß) durch die Nichtbeförderung eines Passagiers nicht geringer werden. Die Luftverkehrsgesellschaften dürfen deshalb in ihre Allgemeinen Beförderungsbedingungen (ABB) eine Klausel aufnehmen wie: „Die Stornierung der Tickets ist nicht möglich". Sie müssen nur eine Einschränkung machen etwa: „Nur die nicht angefallenen Steuern und Gebühren werden erstattet".[59]

Kostenüberschreitung: Manchmal veranschlagt der Unternehmer die Höhe des künftigen Werklohns, ohne sich festzulegen.[60] Wenn sich später herausstellt, dass der Kostenanschlag „wesentlich" überschritten werden wird, hat der Unternehmer „unverzüglich Anzeige zu machen" (§ 649 Abs. 2). Der Besteller kann dann kündigen (§ 649 Abs. 1). Er ist in diesem Fall besser gestellt als nach § 648.[61] Denn dem Unternehmer steht nur „der in § 645 Abs. 1 bestimmte Anspruch zu". Das bedeutet, dass der Besteller im Wesentlichen nur die bisher erbrachte Leistung zu vergüten braucht.

2. Kündigung aus wichtigem Grund

Das Werkvertragsrecht regelte früher nur eine Kündigung des Bestellers, die an keine Voraussetzungen gebunden ist (§ 648; oben Rn 475). Für eine (fristlose) Kündigung aus *wichtigem Grund* konnte bisher auf § 314 zurückgegriffen werden, aber nur, wenn es sich um ein (von § 314 Abs. 1 S. 1 vorausgesetztes) *Dauerschuldverhältnis* handelte. Das ist bei größeren Bauvorhaben der Fall, aber bei den meisten anderen Werkverträgen nicht. Um die Kündigung aus wichtigem Grund für *alle* Werkverträge zu regeln, hat der Gesetzgeber § 648 a in das BGB eingefügt.

Wichtiger Grund: Für den kündigenden Teil (das kann auch der Unternehmer sein) muss ein „wichtiger Grund" zur fristlosen Kündigung vorliegen (§ 648 a Abs. 1 S. 1). Das ist (verkürzt) der Fall, wenn ihm „unter Berücksichtigung aller Umstände des Einzelfalls ... die Fortsetzung des Vertragsverhältnisses ... nicht zugemutet werden kann" (§ 648 a Abs. 1 S. 2). Der vollständige Wortlaut enthält noch Einschränkungen („und unter Abwägung der beiderseitigen Interessen", „bis zur Fertigstellung des Werks") und stimmt fast wörtlich mit § 314 Abs. 1 S. 2 überein und weitgehend mit § 626 Abs. 1 (Rn 422).

Fristsetzung: Soweit der wichtige Grund in einer Vertragsverletzung besteht (wie meist), muss der Kündigungswillige den anderen Teil abmahnen oder ihm eine Frist zur Abhilfe setzen. Erst nach dem erfolglosen Ablauf der Frist ist die Kündigung zulässig (§ 648 a Abs. 3 verweist auf § 314 Abs. 2 S. 1). Wann die Fristsetzung entbehrlich ist, ergibt sich aus § 314 Abs. 2 S. 2, 3.

Überlegungsfrist: Der Kündigungsberechtigte kann nur „innerhalb einer angemessenen Frist kündigen". Sie beginnt, wenn er „vom Kündigungsgrund Kenntnis erlangt hat" (§ 648 a Abs. 3 verweist auf § 314 Abs. 3). Der Grund für diese Ausschlussfrist ist der gleiche wie in § 626 Abs. 2 S. 1 (Rn 422). Ein Unterschied liegt aber darin, dass dort

478

479

480

481

---

57 BGHZ 209, 20 Rn 14. Nur für die Luftbeförderung im Rahmen von Pauschalreiseverträgen bestehen Sondervorschriften (§§ 651 a ff; Rn 665).
58 BGH NJW 2018, 2039 Rn 19 ff (der BGH bezeichnet den heutigen § 648 noch nach damaligem Recht als § 649).
59 BGH NJW 2018, 2039 Rn 23.
60 Dazu OLG Saarbrücken NJW 2015, 879.
61 BGH NJW 2011, 989 Rn 23.

eine starre Frist von zwei Wochen vorgeschrieben ist, in § 648 a Abs. 3 eine flexible („angemessen“).

482   *Rechtsfolgen:* Nach der Kündigung sollen beide Parteien gemeinsam den Leistungsstand feststellen (§ 648 a Abs. 4 S. 1). Dadurch soll eine zuverlässige Basis für die Abrechnung geschaffen werden. Wer sich der Zusammenarbeit schuldhaft entzieht, trägt später die Beweislast in der Frage, wieweit das Werk fortgeschritten war (§ 648 a Abs. 4 S. 2, 3).

Vergütung: Der Unternehmer kann nur die Vergütung verlangen „die auf den bis zur Kündigung erbrachten Teil des Werks entfällt“ (§ 648 a Abs. 5). Er wird also deutlich schlechter gestellt als nach einer ordentlichen Kündigung durch den Besteller (§ 648 S. 2, 3; Rn 475).

Schadensersatz wird durch die Kündigung nicht ausgeschlossen (§ 648 a Abs. 6). Denn der „wichtige Grund“ kann ja schuldhaft herbeigeführt worden sein. Vorbild für Abs. 6 ist ersichtlich § 325.

IV. Gefahrtragung vor der Abnahme

1. Problemstellung

483   Wenn das Werk vor der Abnahme durch *Verschulden* eines Vertragspartners beschädigt wurde oder untergegangen ist, trägt derjenige die Konsequenzen, der an dem Schaden schuld ist (Unternehmer oder Besteller). Schwieriger ist eine gerechte Lösung zu finden, wenn das Werk *durch Zufall* (also beiderseits unverschuldet) beschädigt wird oder untergeht. Das Gesetz regelt diese Fälle in den §§ 644 und 645 (FD „Werkvertrag – Gefahrtragung“).

2. Risikosphäre des Unternehmers

484   Nach § 644 Abs. 1 S. 1 trägt der *Unternehmer* „die Gefahr bis zur Abnahme des Werkes“. Das Wort „Gefahr“ muss man so verstehen wie in § 446 Abs. 1 S. 1 (dieselben Ziffern, nur rückwärts), nämlich als „Gefahr des zufälligen Untergangs und einer zufälligen Verschlechterung“ (Rn 44). *Beispiel:* B ließ ein großes Altenheim errichten. U hatte in allen Stockwerken PVC-Boden zu verlegen. Als er die Arbeit abgeschlossen hatte, aber die Abnahme noch nicht erfolgt war, ließ B das Obergeschoss von dem Gebäudereiniger D endreinigen. Dessen Mitarbeiter verursachten versehentlich eine Überschwemmung, so dass der Fußbodenbelag später Blasen bildete. Da U nach § 644 Abs. 1 S. 1 bis zur Abnahme die „Gefahr“ trug, musste er die Schäden auf eigene Kosten beseitigen.[62] Doch konnte er bei D Regress nehmen. Wäre der Fußboden *nach* der Abnahme beschädigt worden, hätte B die Kosten zu tragen (ebenfalls mit Rückgriff auf D).

3. Risikosphäre des Bestellers

485   *Annahmeverzug:* Nach § 644 Abs. 1 S. 2 geht die Gefahr schon vor der Abnahme auf den Besteller über, wenn er „in Verzug der Annahme“ kommt (§ 293). *Beispiel:* Der Besteller sollte das gerahmte Bild am 8. März abholen, was er nicht tat (§ 296 S. 1).

---

62   BGH NJW 2012, 2105 Rn 19. In dem konkreten Fall hatte allerdings B die Kosten der Schadensbeseitigung selbst übernommen.

Am 13. März wurde es aus der Werkstatt des U gestohlen. In diesem Fall ging die Gefahr am 8. März mit Geschäftsschluss auf B über (§ 644 Abs. 1 S. 2). Deshalb hat U den vollen Werklohnanspruch, obwohl er das Werk (die Rahmung) dem B nicht mehr verschaffen kann (FD „Werkvertrag – Gefahrtragung", Spalte 3).

Mangelhafter Stoff des Bestellers: § 645 Abs. 1 S. 1 Var. 1 regelt den Fall, dass das Werk „vor der Abnahme infolge eines Mangels des von dem Besteller gelieferten Stoffes ... untergegangen, verschlechtert oder unausführbar geworden ..." ist, „ohne dass ein Umstand mitgewirkt hat, den der Unternehmer zu vertreten hat". *Beispiel:* B hatte seine Stute zum Decken zu U gebracht, aber erfolglos. Es stellte sich heraus, dass die Stute (der „von dem Besteller gelieferte Stoff") unfruchtbar ist. Damit war das Werk „unausführbar geworden" (FD „Werkvertrag – Gefahrtragung, Spalte 5). U konnte „einen der geleisteten Arbeit entsprechenden Teil der Vergütung" und Auslagenersatz verlangen (§ 645 Abs. 1 S. 1). Da er seine „Arbeit" vollständig geleistet hatte, musste B den vollen Werklohn zahlen, obwohl er nichts erhielt *(Vergütungsgefahr).*

486

Zufälliger Untergang des Stoffs: § 644 Abs. 1 S. 3 setzt ebenfalls voraus, dass der Besteller den Stoff geliefert hat. Aber im Übrigen sind die Voraussetzungen und die Rechtsfolgen ganz andere als in § 645 Abs. 1 S. 1. Denn der vom Besteller gelieferte (brauchbare!) *Stoff* hat das Werk nicht beeinträchtigt, er ist nur zufällig beschädigt oder zerstört worden. In diesem Fall trägt der Unternehmer die Gefahr. Aber er braucht dem Besteller keinen Schadensersatz für den Verlust des Stoffs zu zahlen (FD „Werkvertrag – Gefahrtragung", Spalte 7). *Beispiel:* Die bereits reparierte Maschine des B ist vor der Abnahme durch ein vom Unternehmer U nicht verschuldetes Großfeuer in der Halle des U verbrannt. U hat keinen Werklohnanspruch (§ 644 Abs. 1 S. 1), braucht aber nicht den Wert der (unreparierten) Maschine zu ersetzen (§ 644 Abs. 1 S. 3).

487

Falsche Anweisung des Bestellers: Der Besteller sollte bei Anweisungen an den Unternehmer vorsichtig sein, denn dieser, nicht er, ist idR der Fachmann. Wenn die Anweisung laienhaft ist, muss der Unternehmer sie zurückweisen.[63] Wenn sie zumindest vertretbar war, aber zum Untergang oder zum Scheitern des Werks geführt hat, trägt der Besteller die Gefahr (§ 645 Abs. 1 S. 1 Var. 2). Der Unternehmer kann deshalb den Werklohn für die bis dahin geleistete Arbeit verlangen (§ 645 Abs. 1 S. 1 aE; FD „Werkvertrag – Gefahrtragung", Spalte 10).

488

Versendung des Werks: Wenn der Unternehmer das Werk vereinbarungsgemäß versandt hat, gilt das Gleiche wie nach § 447 für den Versendungskauf (§ 644 Abs. 2). Der Besteller trägt also die Transportgefahr ab Übergabe des Werks an die Transportperson. Der Besteller muss folglich den Werklohn bezahlen, wenn das Werk durch einen weder vom Unternehmer noch vom Besteller verschuldeten – also zufälligen – Umstand auf dem Transport untergeht oder beschädigt wird (FD „Werkvertrag – Gefahrtragung", Spalte 11). Das Werkvertragsrecht kennt keinen Verbraucherschutz! § 475 Abs. 2 gilt auch nicht analog.

489

---

63 Sonst hat ein „Umstand mitgewirkt ..., den der *Unternehmer* zu vertreten hat" (§ 645 Abs. 1 S. 1).

V. Die Sicherung des Werklohnanspruchs

1. Das Sicherungsbedürfnis des Unternehmers

490   Ein *Verkäufer* kann die Übereignung der Kaufsache nach § 320 so lange verweigern, bis der Käufer bereit ist, den Kaufpreis zu zahlen. Der Werkunternehmer kann sich nicht in gleicher Weise schützen. Denn in § 320 Abs. 1 S. 1 steht die Einschränkung: „… es sei denn, dass er vorzuleisten verpflichtet ist". Das klassische Beispiel für solch eine Vorleistungspflicht ist § 641 Abs. 1 S. 1. Der Unternehmer muss, bevor er seinen Werklohn erhält, nicht nur seine Arbeitsleistung erbringen, sondern auch das erforderliche Material beschaffen. Er läuft dabei Gefahr, dass der Besteller nachher nicht zahlen kann oder will. § 647 will den Unternehmer vor dieser Gefahr schützen, indem er ihm für seine Forderungen aus dem Werkvertrag ein Pfandrecht gibt. Es handelt sich um ein kraft Gesetzes entstehendes Pfandrecht, auf das nach § 1257 die „Vorschriften über das durch Rechtsgeschäft bestellte Pfandrecht … entsprechende Anwendung finden".

2. Voraussetzungen des § 647

491   *Bewegliche* Sache: Es muss sich um eine „*bewegliche* Sache" handeln. Wenn es um ein Bauwerk geht, gelten die §§ 650 e und § 650 f (Rn 629, 631).

Besitz: Die Sache muss „… *bei der Herstellung*[64] *oder zum Zwecke der Ausbesserung in seinen Besitz gelangt …* " sein, insbesondere in die Werkstatt des Unternehmers. Der Unternehmer darf sie dem Besteller *nicht wieder ausgehändigt* haben. Denn sobald er den Besitz verliert, erlischt das Unternehmerpfandrecht (ein besitzloses Pfandrecht gibt es nicht). Das Pfandrecht entsteht auch nicht neu, wenn der Unternehmer später wieder den Besitz erlangt.

Wenn die Reparatur im Herrschaftsbereich des *Bestellers* durchgeführt wird, entsteht kein Unternehmerpfandrecht. *Beispiele:* Reparatur einer Waschmaschine in der Küche der Eigentümer, Stimmen einer Orgel in der Kirche.

492   *Eigentum des Bestellers*: Es muss sich um eine Sache „*des Bestellers*" handeln. Es kommt aber oft vor, dass die Sache nicht dem Besteller gehört. *Beispiel:* Der Mercedes, den B zur Reparatur gegeben hat, ist an die Commerzbank sicherungsübereignet. In diesem Fall entsteht kein Unternehmerpfandrecht,[65] aber immerhin ein Zurückbehaltungsrecht des Unternehmers (§ 273). Einzelheiten gehören ins Sachenrecht.

3. Rechtsfolgen

493   *Besitzrecht:* Der Unternehmer erwirbt ein gesetzliches Pfandrecht, das alle seine vertraglichen Ansprüche gegen den Besteller sichert. Er hat als Pfandgläubiger ein Besitzrecht an der Sache (§§ 647, 1257, 1205), das er dem Herausgabeanspruch des Bestellers entgegenhalten kann (§ 986 Abs. 1 S. 1). *Beispiel:* Der Inhaber der Kfz-Werkstatt kann die Herausgabe des reparierten Fahrzeugs von der Bezahlung abhängig machen.

---

64   Wenn der Unternehmer für den Besteller eine bewegliche Sache *hergestellt* hat, finden die Vorschriften über den Kauf Anwendung (§ 650 S. 1; Rn 13 bis 18). Für die Herstellung einer nicht vertretbaren Sache nennt S. 3 auch einige Werkvertrags-Paragrafen, aber § 647 ist nicht darunter. Die Wörter „hergestellt" und „Herstellung" gehen deshalb ins Leere.
65   BGHZ 87, 274.

Öffentliche Versteigerung: Zahlt der Besteller nicht, kann sich der Unternehmer aus der Pfandsache durch öffentliche Versteigerung befriedigen. Dazu muss der Pfandgläubiger (Unternehmer) dem Besteller die Verwertung des Pfandes androhen (§ 1234 Abs. 1 S. 1). Einen Monat später (§ 1234 Abs. 2) kann er die Pfandsache öffentlich versteigern lassen (§§ 1235, 383 Abs. 3). In der Praxis wird von den Unternehmern aus Unkenntnis manchmal anders verfahren (freihändiger Verkauf).

§ 14 Die Abnahme und ihre Rechtsfolgen

Fall 14: Denkmalgeschützte Villa   § 640   494

▶ *Frau Böhr ist Eigentümerin einer denkmalgeschützten Villa. Sie beauftragte den Architekten Artmann, die gründliche Sanierung des Gebäudes zu planen und zu überwachen. Im Juli 2009 waren die Sanierungsarbeiten abgeschlossen, so dass die Mieter das Gebäude beziehen konnten. Bei der Baubegehung im September 2009 wurden Restmängel protokolliert, die später beseitigt wurden. Frau Böhr hat Artmanns Architektenleistungen nicht ausdrücklich abgenommen. Später traten im gewerblich genutzten Kellergeschoss Feuchtigkeitsschäden auf. Diese sind darauf zurückzuführen, dass Artmann es versäumt hatte, einen ausreichenden Schutz der Kellerwände vorzusehen. Frau Böhr macht Schadenersatzansprüche geltend, die Artmann für verjährt hält. In diesem Zusammenhang kommt es darauf an, ob Frau Böhr Artmanns Werk abgenommen hat, und wenn ja, wann. (Nach BGH NJW 2013, 3513)*

Zu prüfen ist, ob die in § 640 Abs. 1 S. 1 geregelte Abnahme vorliegt. Die Planung und Überwachung eines Bauvorhabens sind ab dem 1. Januar 2018 in den §§ 650 p bis 650 t unter der Überschrift „Architektenvertrag und Ingenieurvertrag" geregelt (Rn 651). Bei diesen Verträgen handelt es sich nicht um Werkverträge, aber um „ähnliche Verträge" (so die Überschrift des Titels 9). Auf sie sind „die Vorschriften des Kapitels 1 des Untertitels 1" anzuwenden, also die §§ 631 bis 650 und damit auch § 640.   495

In § 640 Abs. 1 S. 1 ist von der Pflicht, das „vertragsmäßig hergestellte Werk abzunehmen" die Rede. Aber eine Definition des Begriffs „Abnahme" enthält das Gesetz nicht. Aus dem Zusammenhang ergibt sich jedoch, dass die Abnahme die körperliche Hinnahme des Werks durch den Besteller ist, verbunden mit der Erklärung, dass das Werk im Wesentlichen vertragsgemäß sei (Rn 498).

Im vorliegenden Fall hat durchaus eine Abnahme stattgefunden. Sie lag in der Begehung des fertigen Bauwerks und der Protokollierung kleinerer Mängel. Aber sie bezog sich auf die Werke der beim Umbau tätigen Unternehmer (Rn 502). Hier geht es aber um die Tätigkeit des Architekten Artmann. Der Begriff „Hinnahme" bezieht sich auf eine Sache. Eine Dienstleistung kann man eigentlich nicht „hinnehmen". Aber im vorliegenden Fall hat sich Artmanns Leistung zu einem großen Teil in den gezeichneten Umbauplänen konkretisiert, die Frau Böhr entgegengenommen und damit auch hingenommen hat.

Es fragt sich aber, ob Frau Böhr auch zum Ausdruck gebracht hat, dass es sich ihrer Ansicht nach im Wesentlichen um die geschuldete Leistung handele. Diese Erklärung hat Frau Böhr nicht ausdrücklich abgegeben. Aber sie konnte sie auch *konkludent* zum Ausdruck bringen, also durch schlüssiges Verhalten. Konkludent nimmt der Besteller das Werk ab, wenn er dem Unternehmer gegenüber „ohne ausdrückliche Erklärung erkennen lässt, dass er dessen

Werk als im Wesentlichen vertragsgemäß billigt".[66] Diese konkludente Erklärung wird noch nicht mit dem Ende der Architektentätigkeit abgegeben. Aber sie gilt als abgegeben, „wenn der Besteller nach Fertigstellung der Leistung und nach Ablauf einer angemessenen Prüffrist … keine Mängel der Architektenleistungen rügt".[67] Wie lang diese Prüffrist ist, kann nicht einheitlich festgelegt werden. Der BGH hat im vorliegenden Fall angenommen, dass sie mit sechs Monaten zu veranschlagen ist. Da Artmann seine vertraglichen Pflichten im Wesentlichen im Januar 2010 abgeschlossen hatte, war deshalb von einer konkludenten Abnahme spätestens Ende Juli 2010 auszugehen.[68] ◀

Lerneinheit 14

496   Literatur: *Schuster*, Abnahme, Gewährleistung & Schadensersatz bei Software-Werkverträgen, CR 2019, 345; *Pauly* Die Abnahme beim BGB-Bauvertrag – Grundlegendes und Aktuelles, ZfIR 2019, 553; *Scheuch*, Die Fristsetzung zur Abnahme im neuen Werkvertragsrecht, NJW 2018, 2513; *Bachem/Bürger*, Die Neuregelung zur Abnahmefiktion im Werkvertragsrecht, NJW 2018, 118; *Scheuch*, Die Fristsetzung zur Abnahme im neuen Werkvertragsrecht, NJW 2018, 2513; *Schwenker*, Keine Mängelrechte vor Abnahme, NJW 2017, 1579; *Buchwitz*, Vorbehaltlose Abnahme einer Werkleistung in Kenntnis eines Mangels, NJW 2017, 1777; *Temming*, Die Abnahme im Werkvertrag, AcP Bd. 215 (2015), 17.

I. Abnahme

1. Interessenlage

497   Der Unternehmer ist, wie schon mehrfach betont, zunächst gegenüber dem Besteller benachteiligt. Diese für ihn schwierige Phase muss mit der Fertigstellung des Werks zu Ende gehen. Der Abschluss der Herstellung ist deshalb vom Gesetzgeber als wichtige Zäsur in der Vertragsabwicklung förmlich ausgestaltet worden, nämlich durch die Abnahme des Werks (§ 640 Abs. 1 S. 1).

Dem Interesse des Unternehmers an der Abnahme entspricht das Interesse des *Bestellers*, die Abnahme *nicht* zu erklären. Denn je länger er die Abnahme hinauszögern kann, desto später wird der Werklohn fällig (§ 641 Abs. 1 S. 1) und desto später kann der Unternehmer bei Mängeln die Einrede der Verjährung erheben (Rn 518).

2. Die Abnahme einer beweglichen Sache

498   Wenn das Werk in der Veränderung[69] einer *beweglichen Sache* bestand, erfolgt die Abnahme dadurch, „dass der Besteller das … Werk körperlich hinnimmt und zu erkennen gibt, er wolle die Leistung als in der Hauptsache dem Vertrag entsprechend annehmen".[70]

499   Die *körperliche Entgegennahme* des Werks erfolgt dadurch, dass der Unternehmer dem Besteller den Besitz an der beweglichen Sache verschafft (§ 854 Abs. 1), ihm also das Werk übergibt. Die körperliche Entgegennahme ist aus technischen Gründen nur

---

66   BGH in der zugrunde liegenden Entscheidung NJW 2013, 3513 Rn 18.
67   BGH aaO Rn 19.
68   BGH aaO Rn 21.
69   Bei einem Vertrag über die *Herstellung* einer beweglichen Sache kann es keine Abnahme geben. Denn dieser Fall ist bekanntlich dem Kaufrecht zugewiesen (§ 650 S. 1). Auch die Sätze 2 und 3 des § 650 erklären die Abnahmeregeln nicht für anwendbar.
70   BGHZ 132, 96 (100).

bei beweglichen Sachen und bei kosmetischen Arbeiten möglich. In allen anderen Fällen tritt an die Stelle der Abnahme eine Ersatzform (Rn 502 ff).

Anerkennung: Zur Abnahme gehört auch die Erklärung des Bestellers, das Werk sei im Wesentlichen vertragsgemäß (also nicht völlig untauglich). Er kann diese Erklärung ruhig abgeben, denn er verzichtet damit nicht etwa darauf, später noch Mängel – auch gravierende – geltend zu machen. Er verliert dieses Recht nur, soweit er den Mangel bei der Abnahme *kennt* und sich trotzdem seine Rechte nicht vorbehält (§ 640 Abs. 3; Rn 517).   500

Konkludente Anerkennung: Wie andere formlose Willenserklärungen kann die Anerkennung auch konkludent (durch schlüssiges Verhalten) erfolgen. *Beispiel 1:* Fall 14, Rn 494. *Beispiel 2:* Der Besteller zahlte den Werklohn ohne Vorbehalt.[71]

Keine konkludente Anerkennung: Wenn der Besteller nicht schon bei der Übergabe erkennen kann, ob der geschuldete Erfolg erzielt wurde, ist nur mit großer Vorsicht von einer konkludenten Anerkennung auszugehen. Das wäre vor allem dann verfehlt, wenn die Inbetriebnahme „nur probeweise geschieht".[72] *Beispiel:* B hatte U beauftragt, die Motorleistung seines Honda CRX auf 200 kW anzuheben. Nach Abschluss der Tuningarbeiten fuhr B mit dem Wagen eine Proberunde, ohne die Motorleistung zu beanstanden. Nach einer Woche rügte er jedoch, dass die zugesagten 200 kW keinesfalls erreicht würden. In einem solchen Fall kann der Besteller bei der Übergabe des Fahrzeugs noch gar nicht beurteilen, ob die vertraglich vereinbarte Leistungssteigerung erreicht worden ist.[73] Deshalb kann erst zwei Wochen nach Übergabe des Fahrzeugs von einer stillschweigenden Abnahme ausgegangen werden.   501

Insbesondere liegt keine Abnahme in einer Nutzung, die „durch eine Zwangslage verursacht ist".[74] Selbst eine *freiwillige* Nutzung bedeutet keine stillschweigende Abnahme, wenn der Besteller den Unternehmer wiederholt zur Mängelbeseitigung aufgefordert hatte.[75]

3. Die Abnahme in anderen Fällen

Bauwerk: Bei einem Bauwerk[76] tritt an die Stelle der körperlichen Übergabe eine Begehung, an der meist der Unternehmer, der Bauherr und sein Architekt teilnehmen. Bei dieser Gelegenheit wird idR eine Mängelliste erstellt, die zeigt, dass das Werk im Übrigen als mangelfrei angesehen werden kann. Aber das ist nicht immer so. *Beispiel:* Der Bauherr hatte wesentliche Baumängel gerügt und erklärt, er werde den Bau nur abnehmen, wenn er mangelfrei sei. Die gemeinsame Baustellenbesichtigung mit Mängelprotokoll stellte in diesem Fall keine Abnahme dar.[77]   502

Geistiges Werk: Bei einem geistigen Werk kommt eine Entgegennahme im körperlichen Sinne nicht in Betracht, wohl aber eine Billigung. So ist eine Architektenleistung „ganz überwiegend billigungsfähig".[78] Aber eine konkludente Anerkennung kann erst nach   503

---

71 BGH NJW 2002, 288.
72 BGH NJW 1994, 942.
73 OLG Düsseldorf NZV 1997, 519.
74 BGH NJW 1994, 942.
75 BGH NJW 2001, 818 (821) und 1996, 1749.
76 Die neu eingefügten Vorschriften über den Bauvertrag und den Verbraucherbauvertrag (§§ 650 a ff) enthalten keine Bestimmung über die Abnahme.
77 BGH NJW 2002, 3019.
78 BGH NJW 2000, 133 (134).

einer gewissen Zeit der Nutzung und Prüfung angenommen werden (Fall 14).[79] Das gilt auch für ein Sachverständigengutachten,[80] eine Spezialsoftware[81] und das Werk eines Rechtsanwalts. *Beispiel:* X hatte bei Rechtsanwalt R einen Vertragsentwurf in Auftrag gegeben und nach zahlreichen Diskussionen schließlich die fertige Fassung unterschrieben. In der Unterschrift lag die Abnahme.[82]

4. Statt Abnahme: Vollendung des Werks

504   Soweit selbst eine Anerkennung des Werks als im Wesentlichen vertragsgemäß nicht üblich ist, entfällt die Abnahme und es tritt an ihre Stelle die *Vollendung des Werks* (§ 646). *Beispiel:* U hatte sich verpflichtet, für den Grundstückseigentümer B den Winterdienst zu übernehmen. Es war nicht zu erwarten, dass B jedes Mal den Erfolg überprüfte. Deshalb schied die Abnahme aus.[83] Weitere Werke, bei denen eine Abnahme entfällt: Flugreise, Bahnfahrt, Kinovorstellung, Bundesligaspiel, Konzert. Das Klatschen nach einer Aufführung ist keine Abnahme und das Nichtklatschen keine Verweigerung der Abnahme.

5. Verpflichtung zur Abnahme

505   Soweit eine Abnahme möglich ist, ist der Besteller „*verpflichtet,* das vertragsmäßig hergestellte Werk abzunehmen" (§ 640 Abs. 1 S. 1). Das ist auch einleuchtend. Denn die Abnahme führt für den Besteller zu einer Reihe von Nachteilen, und es wäre ungerecht, wenn er sich diesen Nachteilen durch eine willkürliche Verweigerung der Abnahme entziehen könnte.

506   Die Verpflichtung zur Abnahme hat zwei Voraussetzungen:

- *Fertiges Werk:* Der Besteller muss das Werk erst abnehmen, wenn es fertig ist.[84] Denn es muss ja das „hergestellte" Werk sein (§ 640 Abs. 1 S. 1). *Beispiel:* U hatte eine Software entwickelt und übergeben, aber nicht das Benutzerhandbuch. Deshalb konnte keine Abnahme vorliegen.[85] Wenn vereinbart ist, dass das Werk „in Teilen abzunehmen" ist (§ 641 Abs. 1 S. 2; Rn 510), muss für die Teilabnahme der entsprechende Teil fertiggestellt sein.

- *Vertragsmäßig hergestellt:* Das Werk muss nicht nur überhaupt, sondern „vertragsmäßig" hergestellt sein (§ 640 Abs. 1 S. 1), also eigentlich frei von Mängeln (§ 633 Abs. 1). Aber § 640 Abs. 1 S. 2 schränkt ein: Der Besteller muss das Werk auch bei „unwesentlichen Mängeln" abnehmen. Das ist nicht so nachteilig, wie es zunächst scheint. Denn der Besteller kann, wenn das Werk einen (unwesentlichen) Mangel aufweist, trotz der Abnahme einen nicht unerheblichen Teil des Werklohns einbehalten, um die Mängelbeseitigung zu erzwingen (§ 641 Abs. 3; Rn 513). Er kann nur nicht wegen geringer Mängel die *gesamte* Zahlung verweigern.

---

79 BGH NJW 2013, 3513 18 ff.
80 BGH NJW-RR 1992, 1078.
81 OLG Hamm NJW 1989, 104.
82 BGH NJW 1996, 661: Das Werk des Anwalts war Gegenstand eines Geschäftsbesorgungsvertrags mit Werkvertragscharakter (§ 675 Abs. 1; Rn 785 ff).
83 BGH NJW 2013, 3022 Rn 16, 23.
84 BGH NJW 1993, 1063.
85 BGH NJW 1993, 1063.

6. Rechtsfolgen unzulässiger Nichtabnahme

Klage auf Abnahme: Da der Besteller zur Abnahme verpflichtet ist (§ 640 Abs. 1 S. 1), kann ihn der Unternehmer auf Abnahme verklagen.[86] 507

Abnahmefiktion nach Fristablauf: Alternativ kann der Unternehmer dem Besteller „nach Fertigstellung des Werks eine angemessene Frist zur Abnahme" setzen (§ 640 Abs. 2 S. 1). Der Besteller kann die Abnahme „innerhalb dieser Frist unter Angabe mindestens eines Mangels" verweigern (Abs. 2 S. 1). Tut er das nicht, gilt die Abnahme mit Ablauf der Frist als erfolgt (§ 640 Abs. 2 S. 1). 508

Wenn der Besteller ein *Verbraucher* (§ 13) ist, sollte der Unternehmer ihn darauf hinweisen, dass die Abnahme fingiert wird, wenn er sie nicht erklärt oder ohne Angabe eines Mangels verweigert. Diesen Hinweis muss der Unternehmer „zusammen mit der Aufforderung zur Abnahme ... in *Textform*" geben. Unterlässt er ihn, gilt die Abnahmefiktion des § 640 Abs. 2 S. 1 nicht (§ 640 Abs. 2 S. 2).

II. Abnahme und Zahlungspflicht

1. Grundsatz: Zahlung bei Abnahme

Endabnahme: Normalerweise ist der Werklohn „bei der Abnahme des Werkes zu entrichten" (§ 641 Abs. 1 S. 1). § 641 Abs. 1 S. 1 ist auch heute noch – trotz einiger Auflockerungen – *der Grundsatz* für die Fälligkeit des Werklohns. *Beispiel:* U hatte sich verpflichtet, nach seinen Plänen und mit eigenen Teilen eine Küche einzurichten. In seinen AGB hieß es, der Werklohn sei spätestens bei Anlieferung der Teile zu bezahlen. Da § 641 Abs. 1 S. 1 als Ausdruck eines „Gerechtigkeitsgebots ... Leitbildfunktion" zukommt, war diese Klausel nach § 307 Abs. 1, Abs. 2 Nr. 1 unwirksam. Anderenfalls verlöre der Besteller, falls der Einbau mangelhaft sein sollte, „jedes Druckmittel".[87] 509

Teilabnahmen: Oft wird vereinbart, dass das Werk in Teilen abzunehmen ist (§ 641 Abs. 1 S. 2). Dann ist der Werklohn nicht am Ende in voller Höhe, sondern nach jeder Teilabnahme anteilig zu zahlen. *Beispiel:* In einem Vertrag über die Entwicklung einer umfangreichen Software wurde vereinbart, dass jeweils abgenommen und bezahlt wird, wenn ein definierter „Meilenstein" *(milestone)* erreicht worden ist. Der Unterschied zu § 632 a (Rn 472 ff) besteht in Folgendem: Die „Abschlagszahlungen" des Bestellers sind nur Anzahlungen auf den Werklohn für das Gesamtwerk.[88] Dagegen sind die Zahlungen im Fall des § 641 Abs. 1 S. 2 abschließende Vergütungen für das jeweilige Teilwerk. 510

2. Zahlung vor Abnahme oder Vollendung

Kinokarte, Flugticket: Von der Regel, dass der Werklohnanspruch erst mit der Abnahme fällig wird (§ 641 Abs. 1 S. 1), gibt es gewohnheitsrechtliche Ausnahmen. So ist bei Veranstaltungen (Theater, Konzert) und Personentransporten (Bahn- und Busfahrt, Flugreise) vorherige Zahlung üblich. Eine Fluggesellschaft, die Beförderungsverträge (Linienflüge) im Internet anbietet, darf sogar dann vereinbaren, dass das Beförderungs- 511

---

86 BGHZ 132, 96 (98).
87 BGH NJW 2013, 1431 Rn 23 f, 27.
88 BGH NJW 1999, 2113.

entgelt bei *Vertragsschluss* zu zahlen ist, wenn der Flug erst Monate später stattfinden soll.[89] Für Pauschalreisen gilt eine Sonderregelung (§ 651 t; Rn 699 f).

Abschlagszahlungen: Bekanntlich gibt § 632 a Abs. 1 S. 1 dem Unternehmer das Recht, für Teile des Werks jeweils eine „Abschlagszahlung" zu verlangen (Rn 472). Die Fälligkeit der Abschlagszahlungen setzt *nicht* die Abnahme voraus.

512   *Leistungskette:* § 641 Abs. 2 enthält eine Fälligkeitsregelung, die drei Personen voraussetzt. Im Mittelpunkt steht ein ganz normaler Werkvertrag, den der Besteller B mit dem Unternehmer U geschlossen hat. Das Besondere ist, dass hinter B eine Person steht, die das Gesetz „Dritter" nennt und die das Werk bei B in Auftrag gegeben hat. Dadurch hat B eine Doppelfunktion, weil er gegenüber D Unternehmer ist und gegenüber U Besteller. Er wird aber vom Gesetz einheitlich „Besteller" genannt. Für diese Konstellation nennt § 641 Abs. 2 unter den Nummern 1 bis 3 drei Ereignisse, von denen jedes für sich die Fälligkeit der Werklohnforderung des U gegen B *spätestens* auslöst:

- B hat von D den Werklohn oder Teile davon erhalten (Nr. 1).
- D hat das Werk abgenommen oder es gilt als abgenommen (Nr. 2).
- U hat dem B eine angemessene Frist zur Auskunft gesetzt, die B nicht genutzt hat (Nr. 3).

3. Spätere Zahlung

513   *Vorhandener Mangel:* Auch wenn die Abnahme die Fälligkeit des *ganzen* Werklohns auslöst, darf der Besteller doch einen Teil des Werklohns einbehalten, wenn das Werk einen Mangel hat und er dessen Beseitigung verlangen kann (§ 641 Abs. 3 Hs. 1). Damit der Besteller einen gewissen Druck auf den Unternehmer ausüben kann, darf die einbehaltene Summe etwa doppelt so hoch sein wie die Kosten der Mängelbeseitigung (Hs. 2).

514   *Sicherungseinbehalt:* Mancher Besteller (Bauherr), der die Sorge hat, es könne sich nach der Abnahme ein Mangel herausstellen, bestimmt in seinen AGB, dass er bis zum Ende der fünfjährigen Verjährungsfrist (Gewährleistungsfrist) 5 % des Werklohns zur Sicherheit einbehalten darf. Eine solche Klausel scheitert nur dann *nicht* an § 307 Abs. 1 S. 1, wenn dem Unternehmer ein „angemessener Ausgleich" gewährt wird. Dieser kann darin bestehen, dass der Unternehmer den Einbehalt mit Beginn der Verjährungsfrist durch eine Bürgschaft ablösen darf.[90]

III. Andere Rechtsfolgen der Abnahme

515   *Erlöschen des Herstellungsanspruchs:* Mit der Abnahme erlischt der Anspruch des Bestellers auf Herstellung des Werks (§ 631 Abs. 1). Denn mit der Abnahme gilt die vom Unternehmer geschuldete Werkleistung als erfüllt (§ 362). Aber wenn das Werk einen Mangel hat, lebt der ursprüngliche Erfüllungsanspruch nach § 634 Nr. 1 als Anspruch auf Nacherfüllung (Mängelbeseitigung oder Neuherstellung) teilweise wieder auf („modifizierter Erfüllungsanspruch").[91]

---

89   BGH NJW 2016, 2404 Rn 14 ff.
90   BGH NJW 2017, 1941 Rn 19 ff. Wenn dies Recht erst nach Beseitigung aller Mängel bestehen soll, ist die gesamte Regelung nach § 307 unwirksam (BGH aaO Rn 21).
91   BGH NJW 1998, 1140.

Übergang der Gefahr: Mit der Abnahme geht die Gefahr des zufälligen Untergangs (die „Vergütungsgefahr") auf den Besteller über. Denn der Unternehmer trägt die Gefahr nur „bis zur Abnahme des Werks" (§ 644 Abs. 1 S. 1; Rn 484). Dass die Gefahr derjenige Vertragspartner trägt, der das Werk in seiner Obhut hat, entspricht der Regelung im Kaufrecht (§ 446).

516

Beginn der Gewährleistung: Das BGB bestimmt nicht, von welchem Zeitpunkt an der Besteller die in § 634 genannten Rechte geltend machen kann.[92] Der BGH hat entschieden, dass die Gewährleistungsrechte (§ 634) grundsätzlich erst ab dem Gefahrübergang, also von der Abnahme an gelten.[93] Aber es gibt seltene Ausnahmen (Rn 534).

Rechtsverlust bei bekanntem Mangel: Erkennt der Besteller vor der Abnahme, dass das Werk einen nicht unerheblichen Mangel hat, braucht er es nicht abzunehmen. Denn es ist ja nicht „vertragsgemäß hergestellt" (§ 640 Abs. 1 S. 1) und der Mangel ist nicht unwesentlich (§ 640 Abs. 1 S. 2). Nimmt er es trotzdem ab, so sollte er sich „seine Rechte wegen des Mangels" vorbehalten. Macht er diesen Vorbehalt nicht, verliert er die Rechte nach „§ 634 Nr. 1 bis 3" (§ 640 Abs. 3; Näheres Rn 589).

517

Wenn der Besteller bei der Abnahme einen vorhandenen Mangel nicht bemerkt hatte, hat er durch die Abnahme keinesfalls seine Sachmängelansprüche verloren. Denn einen solchen Verzicht enthält die Abnahme nicht. Selbst *grob* fahrlässiges Übersehen eines Mangels schadet dem Besteller nicht. Denn eine Regelung wie in § 442 Abs. 1 S. 2 ist bewusst nicht in das Werkvertragsrecht aufgenommen worden.

Umkehr der Beweislast: Vor der Abnahme muss der *Unternehmer* beweisen, dass das Werk *keinen* Mangel hat. Nach der Abnahme muss der *Besteller* beweisen, dass das Werk einen Mangel hat.[94] Gelingt dem Besteller dieser Nachweis nicht, gilt das Werk deshalb als mangelfrei.[95] Da das Werkvertragsrecht keinen speziellen Verbraucherschutz kennt, fehlt eine dem § 477 entsprechende Vorschrift.

518

Beginn der Verjährungsfrist: Mit der Abnahme beginnt die Verjährungsfrist für viele (nicht für alle) Ansprüche aus Mängeln (§ 634 a Abs. 2). Die Abnahme entspricht also insofern der Ablieferung der Kaufsache (§ 438 Abs. 2).

§ 15 Mängel des Werks

Fall 15: Knarrende Birkenholztreppe   § 633 Abs. 2

519

▶ *Frau Annegret Beck beauftragte den Tischlermeister Uckermann damit, in ihr Einfamilienhaus eine Treppe aus massivem Birkenholz einzubauen. Im Vertrag waren die technischen Maße der Treppe angegeben. Unter anderem war vereinbart, dass die Holzteile, die die Stufen tragen (die Wangen), 40 mm breit sein sollten. Die Wangen der von Uckermann hergestellten Treppe haben dieses Maß. Die Treppenstufen verursachten ein Knarren und bogen sich durch. Uckermann unternahm mehrere Nachbesserungsversuche, die aber nichts än-*

---

92 Der BGH hat in seinem Blockheizkraftwerk-Urteil die §§ 633 ff unreflektiert schon vor der Abnahme angewendet (BGHZ 174, 110), aber später gemeint, er habe die Frage noch nicht entschieden (NJW 2010, 3573 Rn 28 mit Anmerkung Schwenker).
93 BGH NJW 2017, 1604 Rn 31 ff und in der Parallelentscheidung NJW 2017, 1607 Rn 24 ff.
94 BGH NJW 2009, 360 Rn 14; 1996, 2924; 1994, 942.
95 Ausnahme in BGH NJW 1996, 2924.

derten. *Nach dem „Regelwerk handwerklicher Holztreppen", das in diesem Fall die aner-*
kannten Regeln der Technik wiedergibt, ist für eine Treppe aus Laubholz eine Wangenstärke
von 50 mm erforderlich. Uckermann ist der Meinung, dass die Treppe „die vereinbarte Be-
schaffenheit" habe und deshalb nach § 633 Abs. 2 S. 1 „frei von Sachmängeln" sei. Ist das
richtig? (Nach BGH NJW 2013, 1226)

520   Die Treppe könnte nach § 633 einen Sachmangel aufweisen. Zu prüfen ist deshalb, ob die
Vorschriften des Werkvertragsrechts anwendbar sind. Bei dem vorliegenden Vertrag han-
delt es sich um einen Verbraucherbauvertrag nach § 650 i Abs. 1, da der Einbau der Treppe
eine „erhebliche Umbaumaßnahme an einem bestehenden Gebäude" darstellt. Für den
Verbraucherbauvertrag „gelten ergänzend" die §§ 650 j bis 650 n (§ 650 i Abs. 3), dh in *erster*
Linie die Vorschriften über den Bauvertrag (§§ 650 a ff) und letztlich die §§ 631 bis 650
(Rn 645). Damit ist § 633 anwendbar.

Zu fragen ist, ob die Treppe „die vereinbarte Beschaffenheit" hat (§ 633 Abs. 2 S. 1). Vereinbart war eine Wangenbreite von 40 mm, und dies Maß halten die Wangen auch ein. Deshalb weist die Treppe – zumindest bei einem wörtlichen Verständnis des § 633 Abs. 2 S. 1 –
die „vereinbarte Beschaffenheit" auf und wäre somit „frei von Sachmängeln".

Auf der anderen Seite steht fest, dass die Treppe nicht den anerkannten Regeln der Technik
entspricht, die beim Bau einer Holztreppe einzuhalten sind. Es stellt sich deshalb die Frage,
ob ein Werk „frei von Sachmängeln" sein kann, wenn es zwar die vertraglichen Vorgaben
erfüllt, aber nicht dem Stand der Technik entspricht. Die Antwort kann nur Nein heißen.
Denn in jedem Werkvertrag, der ein technisch geprägtes Werk zum Gegenstand hat, wird
stillschweigend vereinbart, dass der Unternehmer die anerkannten Regeln der Technik einhalten muss, damit das Werk die Funktionstüchtigkeit erreicht, die der Besteller erwarten
darf (Rn 526). Wird dies Ziel nicht erreicht, fehlt dem Werk eine (stillschweigend) vereinbarte Beschaffenheit (§ 633 Abs. 2 S. 1). Da Uckermann die anerkannten Regeln nicht eingehalten hat, ist die Treppe mangelhaft (§ 633 Abs. 2 S. 1).

Aus dem FD „Werkvertrag – Mängel" ergibt sich die Lösung so: 1. Nein – 2. Nein – 3. Nein –
5. Ja – 6. Ja – 7. Ja ◀

Lerneinheit 15

521   **Literatur:** *Feldmann/Schuhmann*, Ansprüche von Konzertbesuchern bei Leistungsstörungen, JuS
2019, 848; *Kleefisch/Durynek*, Der Mangelverdacht im Werkvertragsrecht, NJOZ 2018, 121;
Buchwitz, Vorbehaltlose Abnahme einer Werkleistung in Kenntnis eines Mangels, NJW 2017,
1777; *Schwenker*, Keine Mängelrechte vor der Abnahme, NJW 2017, 1579; *Ott*, Werkvertragliche Mängelrechte bei im Zeitpunkt des Vertragsabschlusses fertiggestellten Gebäuden, NZM
2016, 576; *Cramer/Cziupka*, Leistungsstörungen und Vertragsqualifikation beim Erwerb fertigge-
stellter Eigentumswohnungen, RNotZ 2016, 289; *Engbers*, Das Mitverschulden des Bauherrn im
Verhältnis zu seinem Architekten und sonstigen Sonderfachleuten, NZBau 2013, 618; *Sass*, Her-
stellervorgaben und der „Mangel" der Werkleistung, BauR 2013, 1333.

I. Sachmängel

1. Einführung

522   Nach § 633 Abs. 1 hat der Unternehmer dem Besteller „das Werk frei von Sach- und
Rechtsmängeln zu verschaffen". Das Gesetz spricht auch dann vom „*Sach*mangel",
wenn Gegenstand des Werkvertrags keine Sache, sondern eine Dienstleistung ist. Des-

halb können auch Theateraufführungen und Gutachten „Sachmängel" haben. Wie § 434 Abs. 1 S. 1, die Schwestervorschrift im Kaufrecht, definiert § 633 Abs. 2 S. 1 nicht den Sachmangel, sondern legt fest, wann ein Werk *keinen* Sachmangel hat. Aber auch daraus lässt sich eine Definition des Sachmangels ableiten:

Sachmangel: Ein Sachmangel ist gegeben, wenn die tatsächliche Beschaffenheit des Werks von der Beschaffenheit abweicht, die der Besteller zu Recht erwarten durfte (zum Kaufrecht Rn 29). Im Gutachten darf man aber nicht anhand dieser Definition das Vorliegen eines Mangels bejahen, sondern muss § 633 im Einzelnen prüfen.   523

Zeitpunkt: Während das Kaufrecht angibt, zu welchem Zeitpunkt die Kaufsache mangelfrei sein muss, nämlich „bei Gefahrübergang" (§ 434 Abs. 1 S. 1), fehlt eine solche Bestimmung für den Werkvertrag. Aber auch hier muss der Gefahrübergang maßgebend sein, also meist der Zeitpunkt der *Abnahme* (§ 644 Abs. 1 S. 1).[96]   524

Wenn sich eine Abweichung von der geschuldeten Beschaffenheit erst *nach der Abnahme zeigt*, kann daraus allein nicht auf einem Mangel geschlossen werden. Das gilt auch für Besteller, die Verbraucher sind. Denn da das Werkvertragsrecht keinen Verbraucherschutz kennt, gibt es auch keine § 477 entsprechende Vermutung zugunsten von Verbrauchern.

2. Fünf Arten des Sachmangels

a) Vereinbarte Beschaffenheit

Ausdrückliche Vereinbarung: Eine „vereinbarte Beschaffenheit" nach § 633 Abs. 2 S. 1 kann es nur geben, wenn die Vertragsparteien beim Vertragsschluss festgelegt haben, wie die Beschaffenheit sein soll (FD „Werkvertrag – Mängel", Frage 5, Ja). Das kommt (anders als beim Kaufvertrag) beim Werkvertrag sehr häufig vor. *Beispiel:* Buchhändler U kündigte durch Plakate an, dass der bekannte Autor H aus seiner Autobiografie lesen werde. B erwarb sechs Eintrittskarten, musste aber feststellen, dass sich H durch einen Mitarbeiter vertreten ließ.[97]   525

Stillschweigende Vereinbarung: Welche Beschaffenheit die Parteien vereinbart haben, muss oft durch Auslegung des Vertrags ermittelt werden. *Beispiel 1:* Bevor B, der Inhaber einer Großbäckerei, dem Malermeister U den Auftrag erteilte, für 47 000 Euro seine Produktionshalle weiß zu streichen, ließ er von ihm als Probe eine Fläche von 20 m[2] streichen, die schneeweiß ausfiel. Daraufhin erteilte B dem U den Auftrag. Konkludent vereinbarte Beschaffenheit war ein Anstrich, der dauerhaft schneeweiß war. Wenn B geltend machen will, dass ein solcher Anstrich immer schon bald vergilbe, hätte er das von Anfang an sagen müssen.[98] *Beispiel 2:* Bauherr B ließ vom Bauingenieur U die Statik eines Neubaus berechnen. Da die Statik nicht dem Stand der Technik entsprach, fehlte ihr eine stillschweigend vereinbarte Beschaffenheit (§ 633 Abs. 2 S. 1).[99]   526

Widerspruch zwischen ausdrücklicher und stillschweigender Vereinbarung: Manchmal legen die Parteien – meist auf Initiative des Unternehmers – im Vertrag eine Beschaffenheit fest, die nicht geeignet ist, das Werk funktionsfähig zu machen. Dann ist das Werk mangelhaft, auch wenn die ausdrücklich vereinbarte Beschaffenheit erreicht

---

96 BGH NJW 2016, 2183 Rn 15; Palandt/Sprau § 633 Rn 3
97 AG Rüdesheim NJW 2002, 615.
98 BGH NJW 2017, 3590 Rn 25.
99 BGH NJW 2013, 2268 Rn 12.

wird. *Beispiel 1:* Fall 15, Rn 519. *Beispiel 2:* Die B-KG beauftragte U, den Verlauf einer unterirdisch verlegten Elektroleitung in einem Lageplan zu dokumentieren. Die Vertragspartner waren sich einig, dass der Plan einem Tiefbauunternehmer als Orientierung bei Rammarbeiten dienen sollte. Der von U vorgelegte Lageplan wies Ungenauigkeiten auf, was der Vertrag ausdrücklich zuließ. Aber das führte dazu, dass die Leitung bei den Rammarbeiten beschädigt wurde. Der Plan entsprach zwar dem Wortlaut der Vereinbarung, war aber mangelhaft, weil er die (stillschweigend) vereinbarte Beschaffenheit, bei Rammarbeiten als Orientierung dienen zu können, nicht erreichte (§ 633 Abs. 2 S. 1; FD „Werkvertrag – Mängel", Frage 7, Ja).[100] Im Zweifel muss der Unternehmer also von der ausdrücklich vereinbarten Beschaffenheit abweichen, um die geschuldete Funktion sicherzustellen.

b) „... nach dem Vertrag vorausgesetzte ... Verwendung"

527 Die „nach dem Vertrag vorausgesetzte ... Verwendung" spielt eine Rolle, wenn es an einer Beschaffenheitsvereinbarung nach § 633 Abs. 2 S. 1 fehlt (§ 633 Abs. 2 S. 2 Nr. 1; FD „Werkvertrag – Mängel", Frage 8). Aber wie die vorgenannten Beispiele zeigen, sieht der BGH alle Eigenschaften, die für die „nach dem Vertrag vorausgesetzte ... Verwendung" nötig sind, als stillschweigend *vereinbarte* Beschaffenheit an. Dadurch wird die „vorausgesetzte Verwendung" sozusagen in die „vereinbarte Beschaffenheit" integriert. Deshalb gibt es nur wenige Fälle, in denen die Mangelhaftigkeit auf § 633 Abs. 2 S. 2 Nr. 1 gestützt werden muss.

c) „... gewöhnliche Verwendung"

528 Wenn keine Beschaffenheit vereinbart und keine Verwendung vorausgesetzt wurde, muss das Werk „für die *gewöhnliche* Verwendung" geeignet sein und eine Beschaffenheit aufweisen, die „üblich" ist und die der Besteller „erwarten kann" (§ 633 Abs. 2 S. 2 Nr. 2). Anderenfalls ist es mangelhaft (FD „Werkvertrag – Mängel", Frage 10, Nein). *Beispiel 1:* Ein Bauingenieur hatte die Tragwerksplanung für ein zehngeschossiges Gebäude übernommen. Er sah eine unnötig teure Betongüteklasse vor, was zu Mehrkosten von 99 000 Euro führte. Darin lag ein Mangel seines Werks.[101] Denn ein Planer muss jeden unnötigen (weder die Sicherheit noch den Komfort erhöhenden) Aufwand vermeiden. Was „üblich" ist und erwartet werden kann, ist in Fragen der Kunst oft strittig. *Beispiel 2:* Ein Ehepaar hatte eine Theateraufführung besucht, die als „Viel Lärm um Nichts von William Shakespeare" angekündigt worden war, aber erheblich von der Vorlage abwich. Das AG Hamburg hat angenommen, dass solche Eingriffe heute bei Aufführungen „der gleichen Art üblich" seien und der Theaterbesucher sie „erwarten" könne (problematisch).[102]

d) Aliud

529 So wie § 434 Abs. 3 die Falschlieferung (das „Aliud") als Sachmangel behandelt (Rn 42), so verfährt auch das Werkvertragsrecht. Denn nach § 633 Abs. 2 S. 3 Var. 1 steht es einem Sachmangel gleich, wenn der Unternehmer ein eigentlich gutes, aber „ein anderes als das bestellte Werk" hergestellt hat (FD „Werkvertrag – Mängel", Fra-

---

100 BGH NJW 2011, 3780 Rn 21. Siehe auch BGH NJW 2013, 684 Rn 14 ff und NJW 2003, 200 (201).
101 BGH NJW 2009, 2947 (zum alten Schuldrecht).
102 NJW 2009, 782.

ge 1, Ja, Spalte 1). *Beispiel:* Ein Pianist sollte für M an dessen 50. Geburtstag Beethovens Klaviersonate „Der Sturm" spielen. Er spielte aber eine andere Sonate, weil sie ihm vertrauter war. Das „Werk" wurde fehlerlos dargeboten, aber es war nicht das bestellte.

e) Zu geringe Menge

Einem Sachmangel steht es gleich, wenn der Unternehmer „das Werk in zu geringer Menge" hergestellt hat (§ 633 Abs. 2 S. 3 Var. 2). Da § 650 S. 1 die Herstellung einer beweglichen Sache als *Kauf* einordnet, ist bei den Worten „das Werk in zu geringer Menge hergestellt" nur an Fälle zu denken, in denen das Werk eine Dienstleistung ist. *Beispiel:* U sollte laut Vertrag den Bürgersteig während der Wintermonate von Schnee und Eis befreien, tat das aber teilweise nicht.[103]

530

3. Kein Sachmangel: Verspätung

Wenn der Unternehmer die von ihm geschuldete Leistung zu spät erbringt, kann dem Besteller ein Schadensersatzanspruch nach den §§ 286, 280 zustehen. Ein Mangel des Werks liegt aber nicht vor. *Beispiel:* Familie F hatte einen Linienflug Frankfurt-Phoenix gebucht (Werkvertrag), kam aber mit erheblicher Verspätung in Phoenix an. Die meisten Gerichte haben in solchen Fällen einen Mangel des Werks angenommen,[104] aber der BGH sagt zu Recht: „Die Beförderungsleistung wird nicht dadurch schlechter, dass sie erst zu einem späteren Zeitpunkt erbracht wird."[105] Ein Anspruch auf Schadensersatz kann sich deshalb nur aus den §§ 280 Abs. 1, Abs. 2, 286 ergeben.

531

II. Rechtsmängel

Wie im Kaufrecht (§ 435) ist auch beim Werk der „Rechtsmangel" das Gegenstück zum Sachmangel. Er wird in § 633 Abs. 3 auch so definiert wie im Kaufrecht (FD „Werkvertrag – Mängel", Fragen 3 und 4). *Beispiel:* Der Zeitschriftenverlag B beauftragte den Werbeunternehmer U mit der Herstellung eines Werbespots. U verwendete dazu Musik des X ohne dessen Einwilligung und ohne B zu informieren. Das Werk (der Werbespot) hatte dadurch einen Rechtsmangel.[106] Der Gesetzgeber hat dem Rechtsmangel (wie im Kaufrecht) keine eigenständige Rolle zugewiesen. Er wird nur einmal erwähnt, nämlich in § 633 Abs. 3. Fortan wird er vom Gesetz immer zusammen mit dem Sachmangel behandelt, nämlich unter der zusammenfassenden Bezeichnung „Mangel" bzw mit dem Adjektiv „mangelhaft".

532

III. Rechtsfolgen eines Mangels

Liste der Rechte: Wenn das Werk einen Mangel hat, stehen dem Besteller im Prinzip die in § 634 genannten Rechte zu.[107] Das Gesetz hat sie – wie in der Schwestervor-

533

---

103 BGH NJW 2013, 3022 Rn 24.
104 In Anlehnung an die Regelung im Pauschalreiserecht (heute § 651 i Abs. 2 S. 3).
105 NJW 2009, 2743 Rn 17.
106 BGH NJW-RR 2003, 1285.
107 Das gilt aufgrund von § 1 Abs. 2 Nr. 2 SchwarzArbG und § 134 BGB)nicht, wenn vereinbart war, dass der Unternehmer „schwarz" arbeiten, also den Werklohn nicht oder nur teilweise versteuern sollte (BGH NJW 2013, 3167).

schrift § 437 – nach Art eines Spickzettels aufgelistet. Dieser „Spickzettel" wird in den nächsten Abschnitten abgearbeitet (Rn 535 ff).

534   *Erst ab Abnahme:* Die Frage, ab wann der Besteller diese Rechte geltend machen kann, hat das BGB nicht geregelt, sodass die Antwort umstritten ist. Der BGH hat (mit der hM) entschieden, dass dem Besteller die Mängelrechte nach § 634 grundsätzlich erst *nach der Abnahme* zustehen (so schon Rn 516).[108] *Vorher* kann er nur den Herstellungsanspruch nach § 631 Abs. 1 geltend machen oder von den Rechten des allgemeinen Leistungsstörungsrechts Gebrauch machen (Schadensersatz, Rücktritt und Kündigung).[109]

Ohne Abnahme gelten die §§ 634 ff dann, wenn es nur noch um einen Geldanspruch des Bestellers geht und das Vertragsverhältnis deshalb in ein *Abrechnungs- und Abwicklungsverhältnis* übergegangen ist. Das ist insbesondere dann der Fall, wenn der Unternehmer „das Werk als fertiggestellt zur Abnahme" angeboten hat, aber der Besteller die Abnahme ablehnt und Schadensersatz statt der Leistung verlangt (§ 281 Abs. 4) oder die Minderung erklärt.[110] Denn damit hat er gezeigt, dass er auf die Vertragserfüllung endgültig verzichtet.[111]

§ 16 Nacherfüllung

535   **Fall 16: Lagerhalle für Kartoffeln**   **§ 635**

▶ *Der Gutsbesitzer Paul Kolbe beauftragte die Landwirtschaftliche Ein- und Verkaufsgenossenschaft eG mit dem Bau einer Lagerhalle für Kartoffeln zum Preis von 140 160 Euro. Der Bauplan, auf den der Vertrag Bezug nahm, sah eine lichte Höhe von 5,04 m vor. Schon vor Abschluss der Arbeiten rügte Kolbe, dass die Halle innen nur 4,65 m hoch und auch der Vorbau zu niedrig ist. Da Kolbe deshalb nicht seine vollständige Ernte einlagern kann, verlangt er von der Genossenschaft, die Halle entweder plangerecht umzubauen oder abzureißen und neu zu errichten. Die Genossenschaft ist der Meinung, dass beide Arten der Nacherfüllung mit unverhältnismäßigen Kosten verbunden seien, und lehnt sie deshalb ab. Zu Recht? (Nach BGH NJW 2006, 2912)*

536   Kolbe macht einen Nacherfüllungsanspruch geltend (§ 634 Nr. 1, der auf § 635 verweist). § 634 bezieht sich mit seinen Worten „Ist das Werk mangelhaft … " auf § 633. Weil die Halle nicht die vertraglich vereinbarte Beschaffenheit hat (lichte Höhe von 5,04 m), liegt ein Sachmangel vor (§ 633 Abs. 2 S. 1).

Der Mangel kann nur dadurch behoben werden, dass die Genossenschaft entweder die Halle erhöht oder abreißt und neu baut. Die Genossenschaft kann selbst wählen, welchen Weg der Nacherfüllung sie gehen will (§ 635 Abs. 1). Für den Fall, dass – wie die Genossenschaft meint – die Nacherfüllung tatsächlich „nur mit unverhältnismäßigen Kosten möglich ist" (§ 635 Abs. 3), kann sie die Nacherfüllung zwar insgesamt ablehnen. Aber damit wäre sie nicht etwa von allen Pflichten frei, sondern müsste mit Rücktritt, Minderung oder einem Schadensersatzanspruch rechnen.

---

108   BGH NJW 2017, 1604 Rn 31 mit einer ausführlichen Darstellung des Meinungsstands ab Rn 28. Vgl. zum Thema auch Schwenker, NJW 2017, 1579.
109   BGH NJW 2017, 1604 Rn 38 ff.
110   BGH NJW 2017, 1604 Rn 44 und in der Parallelentscheidung NJW 2017, 1607 Rn 45.
111   BGH NJW 2017, 1604 Rn 44 ff.

Zur Frage, wann die Kosten der Nacherfüllung „unverhältnismäßig" sind, macht § 635 Abs. 3 keine Angaben. Aber man kann sagen, dass die Kosten der Nacherfüllung „unverhältnismäßig" sind, wenn der durch die Mangelbeseitigung erzielbare Erfolg „... bei Abwägung aller Umstände des Einzelfalls in keinem vernünftigen Verhältnis" zur Höhe des dafür erforderlichen Geldaufwands stände.[112] Man muss also die Aufwendungen der Genossenschaft für die Mängelbeseitigung ins Verhältnis setzen zu dem Vorteil, den Kolbe erlangen würde, wenn er seine ganze Kartoffelernte in der Halle lagern könnte. Der BGH konnte diese Frage nicht entscheiden, weil die Kosten für Abriss und Neubau nicht bekannt waren. Aber er hat dem OLG Celle, das den Fall neu entscheiden musste, einen wichtigen Hinweis gegeben: Das Interesse des Bestellers an einem mangelfreien Werk ist so hoch anzusetzen, dass im vorliegenden Fall sogar Abriss und Neubau keineswegs von vornherein aus Kostengründen ausscheiden mussten. ◄

Lerneinheit 16

Literatur: *Schmidt*, Mangelbegriff und (Un-)Verhältnismäßigkeit der Mangelbeseitigung, NJW-Spezial 2019, 428; *Hartwig*, Zur Möglichkeit des Bestellers, frei zwischen der Selbstvornahme und der Nacherfüllung zu wechseln BauR 2018, 720; *Kleefisch/Durynek*, Der Mangelverdacht im Werkvertragsrecht, NJOZ 2018, 121; *Pauly*, Kostenerstattungs- und Haftungsrisiko unberechtigter Mängelrügen, BauR 2016, 3; *Rodemann*, Abrechnung und Gewährleistung nach Vertragskündigung, NZBau 2016, 89; *Klein*, Nacherfüllung als Mangelanspruch gegen den Architekten, insbesondere vor Abnahme, BauR 2015, 358; *Preussner*: Die „Chance zur zweiten Andienung", insbesondere in Drei- und Mehrpersonenverhältnissen, BauR 2015, 345; *Lorenz*, Sachverständigenkosten und Nacherfüllung, NJW 2014, 2319; *Freitag*, Rechtsfolgen der Unmöglichkeit und Unzumutbarkeit der Leistung, NJW 2014, 113.

537

I. Der Anspruch auf Nacherfüllung

1. Grundlagen

Nacherfüllung ist (ähnlich wie im Kaufrecht) der Oberbegriff für die Beseitigung des Mangels und die Herstellung eines neuen (mangelfreien) Werks (§ 635 Abs. 1). Wenn das Werk einen Mangel hat, hat der Besteller einen *Anspruch* auf Nacherfüllung (§ 634 Nr. 1).

538

Der Besteller muss in seinem Nacherfüllungsverlangen nur die *Symptome* des Mangels so genau bezeichnen, wie ihm das (als Laie) möglich ist. Die Ursachen des Mangels braucht er nicht zu nennen.[113] Das gilt auch, wenn der Besteller das Werk bereits abgenommen hat und deshalb im Zweifel beweisen muss, dass ein Mangel vorliegt (Rn 518).[114]

Wahlrecht des Unternehmers: Nicht der Besteller, sondern der Unternehmer bestimmt, ob er seiner Pflicht zur Nacherfüllung durch Mängelbeseitigung oder durch Neuherstellung nachkommt. Dass der Unternehmer entscheidet, liegt daran, dass er der Fachmann ist und die Nacherfüllung auch selbst durchführt. Im Kaufrecht gibt § 439 Abs. 1 bekanntlich dem *Käufer* das Wahlrecht.

539

---

112 BGH NJW 2013, 370 Rn 11; NJW 2006, 2912 Rn 16.
113 BGH NJW 2009, 354 Rn 19 (zum Mängelbeseitigungsverlangen nach der VOB).
114 BGH NJW 2010, 3649 Rn 20.

2. Zwei Funktionen der Nacherfüllung

540 *Nacherfüllung als eigenständiges Recht des Bestellers:* Wie im Kaufrecht hat die Nacherfüllung auch im Werkvertragsrecht zwei unterschiedliche Funktionen: Wenn der Besteller davon ausgeht, dass die Nacherfüllung erfolgreich sein wird und er deshalb keine weiteren Rechte geltend machen muss, verlangt er die Nacherfüllung um ihrer selbst willen und *ohne Fristsetzung* (FD „Werkvertrag – Nacherfüllung, Frage 1. Ja). In diesem Fall ist der Anspruch auf Nacherfüllung – wie es § 634 Nr. 1 mit § 635 formuliert – unzweifelhaft ein Recht des *Bestellers.*

Nacherfüllung als notwendige Vorstufe: Der Besteller kann aber auch *gezwungen* sein, die Nacherfüllung zu verlangen, nämlich wenn er eines der weitergehenden Rechte geltend machen will (Selbstvornahme, Rücktritt, Minderung oder Schadensersatz). In diesen Fällen muss er dem Unternehmer in *dessen* Interesse zuerst eine angemessene Frist zur Nacherfüllung setzen. Dann ist die Nacherfüllung (gefühlt) eher ein Recht des *Unternehmers* (FD „Werkvertrag – Nacherfüllung", Spalte 13).

II. Durchführung und Folgen der Nacherfüllung

541 *Kosten:* Der Unternehmer hat die Kosten zu tragen, gleichgültig ob er das Werk repariert oder neu hergestellt hat (§ 635 Abs. 2; wie § 439 Abs. 2). *Beispiel:* B wollte sein Wochenendhaus verkaufen. Die Anzeige sollte mit „Urgemütliches Holzhaus ..." beginnen, erschien aber mit den Worten „Ungemütliches Holzhaus". Die Nacherfüllung war nur durch Neuherstellung möglich, nämlich durch erneute, aber diesmal richtige Veröffentlichung (§ 635 Abs. 1). Die Kosten trug der Zeitungsverleger (§ 635 Abs. 2).

Der Unternehmer kann seine Kosten nicht durch AGB auf einen Verbraucher abwälzen (§ 309 Nr. 8, b, cc). Unternehmer (§ 14) und Behörden sind als Besteller durch § 307 ebenfalls geschützt.[115] In einem *individuell ausgehandelten* Vertrag kann allerdings von § 635 Abs. 2 abgewichen werden. Das gilt, da es im Werkvertragsrecht keinen Verbraucherschutz gibt, auch dann, wenn der Besteller ein Verbraucher ist.

542 *Aus- und Einbaukosten:* Dass ein *Verkäufer,* der eine zum Einbau bestimmte mangelhafte Sache geliefert hat, im Rahmen der Nacherfüllung die Aus- und Einbaukosten trägt (§ 439 Abs. 3 S. 1; Rn 96 ff), gilt erst seit einigen Jahren und ist immer noch ungewohnt. Dagegen musste ein *Unternehmer,* der sich zum Einbau verpflichtet hatte, im Rahmen der Nacherfüllung schon immer die Aus- und Einbaukosten übernehmen. *Beispiel:* Werkunternehmer U hatte mangelhafte Fenster eingebaut. Er musste nicht nur die Mängel der Fenster beseitigen, sondern auch die Kosten des Aus- und Einbaus tragen.[116]

543 *Rückgabe:* Wenn das Werk eine bewegliche Sache ist und der Unternehmer die Alternative „ein neues Werk herstellen" gewählt hat (§ 635 Abs. 1), ist der Besteller verpflichtet, das mangelhafte Werk dem Unternehmer zurückzugeben (§ 635 Abs. 4; FD „Werkvertrag – Nacherfüllung", Spalte 1). Es gelten dafür (wie im Kaufrecht nach § 439 Abs. 5) die Rücktrittsvorschriften (§§ 346 bis 348).

544 *Erlöschen der Sachmängelrechte:* Wenn der Unternehmer korrekt nacherfüllt hat, sind im Prinzip die Rechte des Bestellers erloschen, die ihm aufgrund des Mangels zustan-

---

115 BGH NJW 1981, 1510.
116 BGH NJW 2014, 2183 Rn 37.

den. Es kann ihm allerdings noch ein Anspruch auf Schadensersatz *neben* der Leistung zustehen (Rn 583).

III. Möglichkeit oder Unmöglichkeit der Nacherfüllung

Die Nacherfüllung kann möglich oder (aus tatsächlichen oder juristischen Gründen) unmöglich sein. Insgesamt gibt es (wie beim Kauf) vier Konstellationen.   545

- *Die Mangelbeseitigung ist möglich, aber auch die Neuherstellung:* Das ist erfreulicherweise der Normalfall (FD „Werkvertrag – Nacherfüllung", Frage 2, a).
- *Nur die Neuherstellung ist möglich:* Manchmal kann der Mangel nicht beseitigt, sondern das Werk nur neu hergestellt werden. *Beispiel:* In dem Fall mit dem „ungemütlichen Holzhaus" (Rn 541) kam nur eine zweite, aber diesmal richtige Veröffentlichung infrage (§ 635 Abs. 1).
- *Nur die Beseitigung des Mangels ist möglich:* In einigen Fällen kann das Werk nur korrigiert, aber nicht neu hergestellt werden. *Beispiel:* Eine mangelhafte Tätowierung lässt sich oft nachbessern, aber nie neu herstellen.[117] Denn eine Tätowierung auf einer anderen Stelle des Körpers wäre kein „neues Werk" (§ 635 Abs. 1), sondern ein anderes.
- *Beide Arten der Nacherfüllung sind unmöglich:* Es gibt Mängel, die sich weder beseitigen noch durch eine Neuherstellung aus der Welt schaffen lassen, so dass eine Nacherfüllung nicht infrage kommt (FD „Werkvertrag – Nacherfüllung", Spalte 12). Im Gesetz steht nirgends der Satz: „Eine unmögliche Nacherfüllung kann der Unternehmer ablehnen." Aber dieser Grundsatz ergibt sich aus § 275 Abs. 1. *Beispiel 1:* Die Deutsche Oper am Rhein hatte sieben Galaaufführungen mit 20 internationalen Stars angekündigt, von denen später sechs absagten. Eine Nacherfüllung kam nicht in Betracht (§ 275 Abs. 1). Die Besteller (Abonnenten) hatten unmittelbar Anspruch auf Minderung.[118] *Beispiel 2:* Architekt A hatte die örtliche Bauaufsicht übernommen. Er übersah, dass der Bauunternehmer an einer Stelle die Wände schlecht isoliert hatte. A kann den Mangel seines Werks (der Bauaufsicht) weder beseitigen noch kann er das Werk neu herstellen (die Bauaufsicht nachholen).[119]   546

IV. Angemessene oder unverhältnismäßige Kosten

1. Angemessene Kosten

Von der Frage, ob die Nacherfüllung technisch oder juristisch unmöglich ist, muss strikt die Frage getrennt werden, ob die Nacherfüllung aus *Kostengründen* abgelehnt werden kann (so schon zum Kaufrecht Rn 79 ff).   547

Im einfachsten Fall ist die Nacherfüllung mit angemessenen Kosten möglich. Es liegt dann *nicht* der in § 635 Abs. 3 genannte Fall vor, dass die Nacherfüllung „nur mit unverhältnismäßigen Kosten möglich ist". Die Rechtsprechung nimmt oft an, dass die Kosten angemessen sind, auch wenn sie einen erheblichen Umfang haben. Denn der Unternehmer ist verpflichtet, den geschuldeten Zustand auch unter großen Opfern herzustellen. *Beispiel 1:* Fall 16, Rn 535. *Beispiel 2:* Der Hotelaufzug sollte zwei Personen mit Gepäck befördern können, konnte aber nur eine Person mit Gepäck aufnehmen.

---

117 AG München NJW 2012, 2452.
118 AG Düsseldorf NJW 1990, 2559.
119 OLG Köln NJW 2012, 1295.

Weil ein Aufzug für ein Hotel eine zentrale Bedeutung hat, musste der Unternehmer den Aufzug für 80 000 Euro so gut es ging nachbessern und für den verbleibenden Mangel eine Minderung von 11 000 Euro gewähren.[120]

2. Unverhältnismäßige Kosten nur einer Art der Nacherfüllung

548 Das Kaufrecht regelt bekanntlich den Fall, dass zwar beide Arten der Nacherfüllung möglich sind, aber nur eine *wirtschaftlich* sinnvoll ist (§ 439 Abs. 4 S. 3; Rn 82). Für das Werkvertragsrecht gibt es keine entsprechende Vorschrift. Es können aber § 635 Abs. 3 und § 439 Abs. 4 analog angewendet werden (FD „Werkvertrag – Nacherfüllung", Frage 3, b) und Frage 6).

Zu dem Fall, dass die einzig mögliche Art der Nacherfüllung unverhältnismäßig teuer wäre, siehe FD „Werkvertrag – Nacherfüllung", Frage 9.

3. Beide Arten der Nacherfüllung würden zu unverhältnismäßigen Kosten führen

a) Voraussetzungen

549 Auch wenn die Nacherfüllung möglich ist, kann sie ausnahmsweise unterbleiben. Denn der Unternehmer hat das Recht, die Nacherfüllung zu verweigern, wenn „sie nur mit unverhältnismäßigen Kosten möglich ist" (§ 635 Abs. 3). Das ist der Fall, wenn beide Arten der Nacherfüllung dazu führen würden, dass der zu erzielende „Erfolg ... in keinem vernünftigen Verhältnis zur Höhe des dafür nötigen Geldaufwands" stehen würde (FD „Werkvertrag – Nacherfüllung", Frage 3, c).[121] Es muss also ein eklatantes Missverhältnis zwischen Aufwand und Ertrag bestehen. Wie sich aus den Worten „unbeschadet des § 275 Abs. 2 und 3" ergibt, kann der Unternehmer seine Ablehnung auch auf diese Vorschriften stützen. Das entspricht dem Kaufrecht (§ 439 Abs. 4 S. 1). Aber im strengen Gegensatz zum Kaufrecht gibt es im Werkvertragsrecht keinen Verbraucherschutz. Es gibt deshalb nicht den Fall, dass der Unternehmer (mit Rücksicht auf die Interessen des Verbrauchers) auch unverhältnismäßige Kosten aufwenden muss (Rn 83).

Beispiel: Der Heizungsinstallateur U verlegte auf der Bodenplatte die Warm- und Kaltwasserleitungen, isolierte sie aber nur unzureichend. Anschließend wurde der Estrich aufgebracht und anschließend das Parkett gelegt. Die Nacherfüllung (nachträgliche Isolierung) war nur möglich, wenn vorher das Parkett und der Estrich entfernt wurden. Die Nacherfüllung hätte deshalb 44 000 Euro gekostet, sie hätte aber nur zu einer Energieeinsparung im Wert von jährlich 50 Euro geführt.[122] Aus diesem Grund verweigerte U die Nacherfüllung zu Recht wegen „unverhältnismäßiger Kosten" (§ 635 Abs. 3). Die Nacherfüllung unterblieb deshalb, aber U war nach den §§ 283 S. 1, 275 Abs. 2 schadensersatzpflichtig.

b) Rechtsfolgen

550 Wenn der Unternehmer beide Arten der Nacherfüllung zu Recht aus Kostengründen ablehnt, entfällt sie ganz (§ 635 Abs. 3; FD „Werkvertrag – Nacherfüllung", Frage 7, Ja). Aber das ist für den Unternehmer kein Vorteil. Denn jetzt muss er mit einem

---

120 BGH NJW 1996, 3269.
121 BGH NJW 2013, 370 Rn 11; ähnlich NJW 2007, 2983 Rn 44 und BGH NJW 2006, 2912 Rn 16.
122 BGH NJW 2013, 370.

Rücktritt, einer Minderung oder mit einer Schadensersatzforderung rechnen, ohne dass der Besteller ihm vorher eine Frist zur Nacherfüllung zu setzen braucht (§ 636 nennt ausdrücklich den Fall, dass der Unternehmer: „… die Nacherfüllung gemäß § 635 Abs. 3 verweigert").

Wenn der Besteller den Schadensersatzanspruch wählt (§§ 634 Nr. 4, 283), darf er die Höhe des Schadens nicht an den Kosten orientieren, die für die (unwirtschaftliche) Nacherfüllung aufzuwenden gewesen wären. Denn anderenfalls müsste der Unternehmer doch den Betrag bezahlen, den er mit seiner Einwendung aus § 635 Abs. 3 erfolgreich abgewehrt hat. Der Unternehmer hat deshalb nur die eingetretene Wertminderung auszugleichen (FD „Werkvertrag – Nacherfüllung", Spalte 8).[123]

§ 17 Selbstvornahme

Fall 17: Unzureichende Balkonbeläge   §§ 634 Nr. 2, 637   551

▶ *Eine Bauherrengemeinschaft hatte die Niedersächsische Bau AG (NB) mit dem Bau einer größeren Wohnanlage beauftragt. Nach Fertigstellung und Abnahme stellte ein Gutachter zahlreiche Mängel fest. Im Namen der Bauherrengemeinschaft setzte Rechtsanwalt Frisch deshalb am 11. September der NB eine Frist zur Beseitigung der Mängel bis zum 15. November. Die NB entgegnete, sie müsse die Angelegenheit erst prüfen. Frisch verlängerte daraufhin die Frist bis zum 30. November. Aber auch innerhalb dieser Frist begann die NB nicht mit den Arbeiten. Als sie zu Anfang des nächsten Jahres mit der Nachbesserung der Balkonbeläge beginnen wollte, verwies Frisch die Arbeiter von der Baustelle und verbot der NB jede Nacherfüllung. Die NB ist der Meinung, dass ihr die Mängelbeseitigung trotz des Fristablaufs nicht verwehrt werden dürfe. Die Bauherrengemeinschaft will die Arbeiten jetzt anderweitig vergeben und fordert 200 000 Euro Kostenvorschuss. Zu Recht? (Nach BGHZ 154, 119)*

§ 634 Nr. 2 bestimmt, dass der Besteller im Prinzip „nach § 637 den Mangel selbst beseitigen und Ersatz der erforderlichen Aufwendungen verlangen" kann. Voraussetzung dafür ist zunächst, dass „das Werk mangelhaft" ist (§ 634 aA). Diese Voraussetzung wird in § 637 Abs. 1 wiederholt („… wegen eines Mangels des Werks …"). Ein Mangel liegt vor, da er auch von der NB nicht bestritten wird, sie vielmehr, wenn auch sehr spät, mit der Beseitigung der Mängel beginnen wollte.

Ferner muss die Bauherrengemeinschaft der NB „eine angemessene Frist" zur Nacherfüllung gesetzt haben (§ 637 Abs. 1). Die Angemessenheit der Frist ist von vielen Faktoren abhängig, die im vorliegenden Fall nicht im Einzelnen bekannt sind. Aber eine Frist, die nach der eingeräumten Verlängerung über zweieinhalb Monaten betrug, muss auch für das Auswechseln mehrerer Balkonbeläge als angemessen angesehen werden. Damit hat die NB nach Ablauf der verlängerten Frist ihr Recht verloren, die Mängel der Balkonbeläge noch selbst zu beseitigen. Nachsicht hat sie nicht verdient. Der BGH sagt in der zugrunde liegenden Entscheidung, wenn ein Unternehmer „zweifach gegen seine Vertragspflichten verstoßen" habe, nämlich durch die mangelhafte Erstellung des Werks und seine Untätigkeit in der gesetzten Frist, könne er nicht verlangen, gegen den Willen des Bestellers noch nachbessern zu dürfen.

---

123   BGH NJW 2013, 370 Rn 12 zu § 251 Abs. 2 S. 1.

Nach Ablauf der verlängerten Frist durfte die Bauherrengemeinschaft also eine Nacherfüllung durch die NB zurückweisen und „den Mangel selbst beseitigen" (§ 637 Abs. 1). In einem solchen Fall besteht auch immer das Recht, nach § 637 Abs. 3 einen Kostenvorschuss zu verlangen.

Aus dem FD „Werkvertrag – Selbstvornahme, Rücktritt und Minderung" ergibt sich die Lösung so: 1. Ja – 2. Nein – 3. Ja – 4. Nein (Spalte 3). ◀

Lerneinheit 17

552   Literatur: *Hartwig*, Zur Möglichkeit des Bestellers, frei zwischen der Selbstvornahme und der Nacherfüllung zu wechseln, BauR 2018, 720; *Kuhn*, Selbstvornahme im BGB – insbesondere im kauf-, miet- und werkvertraglichen Gewährleistungsrecht, Jura 2018, 541; *Kuhn*, Die Verjährung des Selbstvornahmerechts, ZfBR 2013, 523; *Eusani*, Selbstvornahme des Bestellers trotz Leistungsverweigerungsrecht des Unternehmers bei verweigerter Sicherheitsleistung gemäß § 648 a BGB nach Abnahme, NZBau 2006, 676.

I. Voraussetzungen der Selbstvornahme

1. Mangel

553   § 634 Nr. 2 verweist auf § 637, der bestimmt, dass der Besteller „den Mangel selbst beseitigen" kann. Das Selbstvornahmerecht des Bestellers setzt in erster Linie voraus, dass das Werk nach § 633 einen Mangel hat. Diese Voraussetzung nennt das Gesetz gleich zweimal, nämlich zu Beginn des § 634 („Ist das Werk mangelhaft …") und in § 637 („wegen eines Mangels").

2. Keine wirtschaftlich unsinnige Selbstvornahme

554   Der Besteller hat *kein Recht* zur Selbstvornahme, wenn der Unternehmer die Nacherfüllung aus Kostengründen nach § 635 Abs. 3 „zu Recht verweigert" hat (§ 637 Abs. 1 aE; FD „Werkvertrag – Selbstvornahme, Rücktritt und Minderung", Frage 2). Der Besteller soll nicht – sozusagen durch die Hintertür – eine Mängelbeseitigung erreichen können, die der Unternehmer zu Recht als unwirtschaftlich abgelehnt hat.

3. Erfolgloser Fristablauf

555   Der Besteller muss dem Unternehmer deshalb eine „angemessene Frist" zur Nacherfüllung gesetzt haben (§ 637 Abs. 1). Es reicht nicht, wenn er ihn nur aufgefordert hat, bis zum gesetzten Termin seine *Bereitschaft* zur Nacherfüllung zu erklären.[124]

Die *„angemessene"* Frist (Rn 112) kann umso kürzer sein, je länger der Besteller schon wartet und je leichter die Nacherfüllung zu verwirklichen ist. Eine unangemessen kurze Frist ist nicht unbeachtlich, sondern setzt eine angemessene in Lauf.

Einer Fristsetzung bedarf es nicht, wenn einer der Fälle des § 323 Abs. 2 vorliegt (§ 637 Abs. 2 S. 1). Zu ihnen gehört bekanntlich, dass der Unternehmer die Nacherfüllung „ernsthaft und endgültig" verweigert (§ 323 Abs. 2 Nr. 1). Zusätzlich nennt § 637 Abs. 2 S. 2 noch zwei weitere Gründe. Alle sind im FD „Werkvertrag – Selbstvornahme, Rücktritt und Minderung" unter Frage 3, Nein, aufgeführt.

---

124 BGH NZBau 2004, 153. OLG Dresden NJW 2017, 1555 Rn 25 (zur VOB/B); kritisch Sohn NJW 2017, 1515 (1516).

II. Rechtsfolgen

1. Selbstbeseitigung des Mangels

Das Selbstbeseitigungsrecht entsteht unmittelbar mit Fristablauf, ohne dass der Besteller noch eine Erklärung abgeben müsste.[125] Er darf nun eine Nacherfüllung durch den Unternehmer zurückweisen[126] und „den Mangel selbst beseitigen" (§ 637 Abs. 1).Er muss natürlich nicht selbst tätig werden, sondern kann einen anderen Unternehmer beauftragen. Der Umfang der auszuführenden Arbeiten richtet sich nach dem, was der Unternehmer hätte tun müssen.   556

Kostenerstattung: Nach der Selbstvornahme kann der Besteller „Ersatz der erforderlichen Aufwendungen verlangen" (§ 637 Abs. 1). Wenn der Versuch der Mängelbeseitigung misslingt, sind die aufgewendeten Kosten trotzdem erstattungsfähig. Denn es ist davon auszugehen, dass auch dem Unternehmer, wenn er es korrekterweise selbst versucht hätte, die Nacherfüllung misslungen wäre.

2. Kostenvorschuss

Der Besteller kann für die zu erwartenden Aufwendungen vom Unternehmer einen Kostenvorschuss verlangen (§ 637 Abs. 3). Denn es ist vom Besteller nicht zu verlangen, dass er die erforderlichen Mittel vorfinanziert. Hat der Besteller den Kostenvorschuss geltend gemacht, kann er sich später noch entschließen, stattdessen Erfüllung zu verlangen (§ 631 Abs. 1 Var. 1) oder (nach Abnahme) Nacherfüllung.[127]   557

Rückforderung des Vorschusses: Wenn aus dem Verhalten des Bestellers zu entnehmen ist, dass er den Mangel trotz des Vorschusses nicht mehr beseitigen lassen will, kann der Unternehmer den Vorschuss zurückfordern. *Beispiel:* B ließ sich von U ein Wohnhaus errichten. Später stellte ein Sachverständiger fest, dass die Dachöffnung für das Fenster des Badezimmers aus feuerpolizeilichen Gründen geschlossen werden müsse. B kassierte den Vorschuss, wollte aber (verständlicherweise) kein fensterloses Bad. Er musste den Vorschuss zurückzahlen.[128]

§ 18 Rücktritt und Minderung

Fall 18: Gescheiterte Sanierung   §§ 634 Nr. 3, 346   558

▶ *Balthasar Baier hatte ein altes Herrenhaus erworben, das er sanieren lassen wollte. Ulrich Uhl, der Inhaber eines Baugeschäfts, legte ein Angebot vor, das für jede Position einen Euro-Betrag angab. Auf der Basis dieses Angebots erhielt Uhl den Auftrag. Aber er arbeitete so mangelhaft, dass Baier nach Fristsetzung vom Vertrag wirksam zurücktrat. Uhl verlangt für die schon ausgeführten Arbeiten einen Werklohn von 70 456 Euro. Das ist die Summe der Beträge, die Uhl in seinem Angebot für die bereits ausgeführten Positionen angesetzt hat-*

---

125   BGH NJW 2013, 1228 Rn 14 f.
126   BGHZ 154, 119 (122). Der Besteller seinerseits kann aber nach wie vor eine Nacherfüllung verlangen (BGH NJW 2013, 1228 Rn 20).
127   BGH NJW 2017, 1604 Rn 45 bis 50.
128   BGH NJW 2010, 1192.

te. Baier ist der Meinung, dass diese Arbeiten infolge der Mängel einen viel geringeren Wert hätten und will nur 41 000 Euro zahlen. (Nach BGH NJW 2011, 3085)

559 Laut Sachverhalt steht die Wirksamkeit des Rücktritts fest, es geht nur um die Frage, wie der Vertrag abzuwickeln ist. Nach einem Rücktritt sind „die empfangenen Leistung zurückzugewähren ..." (§ 346 Abs. 1). Aber bei einem Werk, das in der Veränderung eines Bauwerks besteht, ist „die Rückgewähr ... nach der Natur des Erlangten ausgeschlossen" (§ 346 Abs. 2 S. 1 Nr. 1). Baier hat also „Wertersatz zu leisten" (§ 346 Abs. 2 S. 1 aA).

Das Wort „Wertersatz" legt die Vermutung nahe, dass der Wert der geleisteten Arbeit und des verbauten Materials von einem Gutachter zu schätzen wäre. Aber das Gesetz will, dass der Herausgabeschuldner sich im Prinzip an das Verhältnis von Leistung und Gegenleistung hält, das im Vertrag vereinbart wurde. Wer einen für ihn finanziell ungünstigen Vertrag geschlossen hat, soll auch nach einem Rücktritt mehr bezahlen als dem Marktwert entspricht. Deshalb bestimmt § 346 Abs. 2 S. 2 Hs. 1, dass die vertraglich bestimmte Gegenleistung (hier der Werklohn) „bei der Berechnung des Wertersatzes zugrunde zu legen" ist. Das bedeutet, dass Baier im Prinzip so viel zu zahlen hat, wie in Uhls Angebot veranschlagt und anschließend vertraglich vereinbart war. Uhl hätte also korrekt abgerechnet.

Es ist aber zu berücksichtigen, dass das von Uhl erstellte Werk mangelhaft ist. Der Gesetzgeber hat vergessen, diesen Fall in § 346 zu regeln. Nach allgemeiner Meinung ist in diesen Fällen der Werklohn in Analogie zur Minderung (§ 638) herabzusetzen (Rn 567, 2. Spiegelstrich). Es ist deshalb zu fragen, welchen Wert die erbrachte Teilleistung hätte, wenn sie mangelfrei wäre. Dann ist zu ermitteln, welchen Wert sie tatsächlich hat. Wenn der erste Wert mit 100 anzusetzen ist und der zweite mit 70, ist der (für diesen Teil vereinbarte) Werklohn um 30 Prozent zu mindern (analog § 638 Abs. 3 S. 1). ◄

Lerneinheit 18

560 **Literatur Rücktritt:** *Faulenbach,* Fahrgastrechte bei Zugverspätungen, NZV 2005, 400; *Gsell,* Das Verhältnis von Rücktritt und Schadensersatz, JZ 2004, 643.

561 **Literatur Minderung:** *Peters,* Zur Funktion der Minderung, NZBau 2012, 209; *Faulenbach,* Fahrgastrechte bei Zugverspätungen, NZV 2005, 400; *Gsell,* Das Verhältnis von Rücktritt und Schadensersatz, JZ 2004, 643; *Pauly,* Zur Frage der Berechnung des Minderungsbetrages und des Minderwertes beim Bauvertrag am Beispiel von Schallschutzmängeln, BauR 2002, 1321.

I. Rücktritt

1. Einführung

562 Nach § 634 Nr. 3 kann der Besteller wegen eines Sachmangels den Rücktritt erklären. Die Vorschrift verweist auf drei Paragrafen, von denen § 323 ganz im Vordergrund steht. Da § 323 eine der wichtigsten Vorschriften des Allgemeinen Schuldrechts ist[129] und auch schon im Kaufrecht behandelt wurde (Rn 104 ff), können sich die folgenden Ausführungen auf kurze Hinweise beschränken.

---

129 SAT Rn 791 bis 802.

2. Voraussetzungen des Rücktritts nach § 323

a) Mangel, sogar ein erheblicher

Mangel: § 634 setzt für alle „Rechte des Bestellers bei Mängeln" (Überschrift) voraus, dass „das Werk mangelhaft" ist, also ein Fall des § 633 vorliegt. Nach § 634 Nr. 3 ist auf den *Rücktritt* § 323 anzuwenden. Sein Abs. 1 verlangt keinen „Mangel", sondern – da er zum Allgemeinen Teil des Schuldrechts gehört – nur allgemein eine „nicht vertragsgemäß" erbrachte Leistung. Damit ist aber im Rahmen des § 634 Nr. 3 ein Mangel des Werks gemeint. Denn ein Mangel ist immer „nicht vertragsgemäß", weil der Unternehmer vertraglich verpflichtet ist, „dem Besteller das Werk frei von Sach- und Rechtsmängeln zu verschaffen" (§ 633 Abs. 1).

Erheblicher Mangel: Nach § 323 Abs. 5 S. 2 „… kann der Gläubiger" (Besteller) „vom Vertrag *nicht* zurücktreten, wenn die Pflichtverletzung *unerheblich ist*". Voraussetzung für einen Rücktritt ist also, dass der Mangel *erheblich* ist (FD „Werkvertrag – Selbstvornahme, Rücktritt und Minderung", Frage 6, Nein; Rn 126). Ein unerheblicher Mangel berechtigt nur zur Minderung (FD, Spalte 6).

563

b) Keine überwiegende Verantwortlichkeit des Bestellers

Ein Rücktritt ist auch ausgeschlossen, „wenn der Gläubiger für den Umstand, der ihn zum Rücktritt berechtigen würde, allein oder weit überwiegend verantwortlich ist …" (§ 323 Abs. 6). Der „Umstand" ist der Mangel. Da der Besteller oft mit dem Unternehmer eng zusammenarbeiten muss, kommt es häufiger vor als im Kaufrecht, dass ein Sachmangel auf den Besteller zurückgeht (FD „Werkvertrag – Selbstvornahme, Rücktritt und Minderung", Frage 7, Ja, Spalte 7). *Beispiel:* B beauftragte U, ein SAP-Programm zur Lagerhaltung an seine Bedürfnisse anzupassen. Da B, um Steuern zu hinterziehen, einen Teil seines Umsatzes nicht verbucht, machte er gegenüber U falsche Angaben, die zu Mängeln des Programms führten. Da B für den Mangel „allein oder weit überwiegend verantwortlich" ist, kommt ein Rücktritt nicht in Betracht (§ 323 Abs. 6). Nicht ausgeschlossen ist aber eine Minderung (§ 638 Abs. 1 S. 2).

564

c) Fälligkeit

§ 323 Abs. 1 verlangt, dass es sich um „eine fällige Leistung" handelt. Der Zeitpunkt, zu dem der Unternehmer zu leisten hatte (§ 271), muss deshalb überschritten sein. Aber § 323 verlangt *nicht*, dass der Schuldner nach § 286 im Verzug ist.

Rücktritt vor Fälligkeit: Der Besteller kann den Rücktritt schon vor der Fälligkeit des Werks erklären, „wenn offensichtlich ist, dass die Voraussetzungen des Rücktritts eintreten werden" (§ 323 Abs. 4). *Beispiel:* Bauherr B hatte wegen zahlreicher gravierender, nicht zu beseitigender Mängel vor der Fälligkeit (und der Abnahme) gegenüber U den Rücktritt erklärt. Damit wurde der Werkvertrag in ein Abwicklungsverhältnis umgewandelt (§ 346).[130]

565

d) Erfolglose Fristsetzung

Der „Gläubiger" (Besteller) muss dem Schuldner (Unternehmer) „eine angemessene Frist zur … Nacherfüllung bestimmt" haben (§ 323 Abs. 1; zur „angemessenen" Frist

566

---

130 BGH NJW 2002, 3019 (3020) zur Minderung.

Rn 555). Mit dem Wort „Nacherfüllung" bezieht sich § 323 Abs. 1 auf § 635 Abs. 1. Der Besteller darf schlicht „Nacherfüllung" verlangen. Denn der Unternehmer entscheidet, ob er die Beseitigung des Mangels oder die Herstellung eines neuen Werks wählt (§ 635 Abs. 1). Mit dem Wort „… *erfolglos* …" macht § 323 Abs. 1 klar, dass der Besteller nur zurücktreten kann, wenn der Unternehmer die Nacherfüllung nicht innerhalb der Frist erbracht hat.

Ausnahmen: Zu der Frage, wann die Fristsetzung entfallen kann, siehe Rn 569 ff.

3. Rechte und Pflichten nach erfolglosem Fristablauf

567 Ist die Frist erfolglos abgelaufen, ergeben sich im Prinzip die gleichen Rechtsfolgen wie im Kaufrecht (Rn 118 ff). Deshalb hier nur wenige Einzelheiten:

- Der Besteller ist nicht mehr verpflichtet, eine vom Unternehmer jetzt noch angebotene Nacherfüllung anzunehmen.[131]
- Der Besteller hat das Recht, nach § 323 Abs. 1 den Rücktritt zu erklären. Von selbst treten die Rücktrittsfolgen des § 346 trotz des Fristablaufs nicht ein.[132] Vielmehr wird der Vertrag erst durch die Rücktrittserklärung (§ 349) in ein Rückabwicklungs-Schuldverhältnis umgewandelt. In vielen Fällen ist die Rückgabe des Werks nicht möglich, insbesondere wenn es sich um Bauarbeiten handelt, um eine Veranstaltung (Konzert) oder etwa eine Tätowierung. In diesen Fällen hat der Besteller Wertersatz zu leisten (§ 346 Abs. 2 S. 1 Nr. 1). Dessen Höhe richtet sich zwar nach dem vereinbarten Werklohn (§ 346 Abs. 2 S. 2 Hs. 1). Aber der Mangel wird mindernd berücksichtigt (Fall 18, Rn 558).[133]
- Für eine längere Nutzung des Werks muss der Besteller unter Umständen ein Entgelt zahlen (§ 346 Abs. 1).

568 - Der Besteller kann, auch wenn er schon den Rücktritt erklärt hat, noch Schadensersatz verlangen, weil sich beide Rechte nicht ausschließen (§ 325). Allerdings müssen dann auch die Voraussetzungen eines Schadensersatzanspruchs vorliegen.

4. Entfall der Fristsetzung

a) § 323 Abs. 2

569 Die zahlreichen Fälle, in denen der Besteller im Fall des Rücktritts keine Frist für die Nacherfüllung zu setzen braucht, hat der Gesetzgeber an verschiedenen Stellen geregelt, was die Übersichtlichkeit erschwert. Sie werden aber alle in § 634 Nr. 3 genannt und stehen im FD „Werkvertrag – Selbstvornahme, Rücktritt und Minderung" unter Frage 8, Nein (bitte neben den Text legen und mitlesen).

570 *Ernsthaft und endgültig verweigert*" (§ 323 Abs. 2 Nr. 1): *Beispiel 1:* Die Trittschalldämmung war mangelhaft, aber der Bauunternehmer hatte das mehrfach nachdrücklich geleugnet und eine Nachbesserung verweigert. Eine Fristsetzung wäre in diesem Fall „reine Förmelei" gewesen.[134] *Beispiel 2:* U hatte die Einbauküche mangelhaft aufgebaut, aber machte die Beseitigung der Mängel (rechtswidrig) davon abhängig, dass

---

131 BGHZ 154, 119 = Fall 18, Rn 586.
132 BGHZ 142, 278.
133 Allgemeine Meinung, zB Erman/Röthel, § 346 Rn 15; NK-BGB/Hager § 346 Rn 46; BGH NJW 2011, 3085 Rn 11.
134 BGH NJW 2002, 3019 (3020).

seine Mitarbeiter vorher den restlichen Werklohn in bar erhielten. In dieser unzulässigen Bedingung lag eine hartnäckige Verweigerung der Nacherfüllung.[135]

Die beiden anderen in § 323 Abs. 2 genannten Fälle kommen nur gelegentlich vor. *Beispiel:* U hatte es versäumt, den von ihm übernommenen Winterdienst auszuführen. Weil die Unfallgefahr sofort beseitigt werden musste, war es dem Besteller nicht zuzumuten, U eine (wenn auch kurze) Frist zu setzen (§ 323 Abs. 2 Nr. 3).[136]

b) § 636

Für einen Entfall der Fristsetzung verweist § 634 Nr. 3 auch auf § 636. Der erste dort genannte Fall liegt vor, „wenn der Unternehmer die Nacherfüllung nach § 635 Abs. 3 verweigert …", wenn er also beide Formen der Nacherfüllung zu Recht (!) als unwirtschaftlich zurückweist (§ 635 Abs. 3; Rn 550).

Als zweiten Fall nennt § 636, dass „die Nacherfüllung fehlgeschlagen … ist". Damit ist nur der Fall gemeint, dass der Unternehmer die Nacherfüllung *ohne Fristsetzung* (also freiwillig oder einvernehmlich) versucht hat und gescheitert ist. Wenn die Nacherfüllung innerhalb einer vom Besteller gesetzten Frist fehlgeschlagen ist, ergibt sich schon aus § 323 Abs. 1, dass keine neue Fristsetzung erforderlich ist. Zu den beiden Funktionen der Nacherfüllung siehe Rn 540. Das Werkvertragsrecht regelt nicht, wie viele Fehlversuche vorliegen müssen, damit „die Nacherfüllung fehlgeschlagen" ist. Aber es kann auf das Kaufrecht zurückgegriffen werden: § 440 S. 2 legt bekanntlich fest, dass idR nur zwei Versuche zumutbar sind (Rn 90).

Schließlich kann nach § 636 die Fristsetzung entfallen, wenn die Nacherfüllung „dem *Besteller unzumutbar* ist". Das ist insbesondere der Fall, wenn er zu Recht jedes Vertrauen in den Unternehmer verloren hat. *Beispiel:* B hatte eine neuartige Federung für Motorräder erfunden und wollte Prospekte in fünf westeuropäischen Sprachen drucken lassen. Aber die Übersetzungen durch U waren so holprig und fehlerhaft, dass B ein erneuter Versuch nicht zumutbar war. Er war deshalb ohne Fristsetzung zum Rücktritt berechtigt.

c) § 326 Abs. 5

Wenn die Nacherfüllung unmöglich ist, braucht der Besteller (logischerweise) auch keine Frist zu setzen. Für diesen Fall verweist § 634 Nr. 3 auf § 326 Abs. 5 (dazu schon im Kaufrecht Rn 134).

II. Minderung

§ 638 stimmt fast vollständig mit § 441 überein. Es kann deshalb, um Wiederholungen zu vermeiden, auf die Rn 140 ff verwiesen werden. In der Praxis erfolgt die Minderung häufig einvernehmlich dadurch, dass der Besteller den Betrag vom Werklohn abzieht, der zur Nacherfüllung erforderlich wäre.[137]

Minderung ohne Abnahme: Hat der Unternehmer das Werk zur Abnahme angeboten, aber hat der Besteller sie abgelehnt und stattdessen die Minderung erklärt, scheitert

571

572

573

---

135 BGH NJW 2013, 1431 Rn 35–39.
136 BGH NJW 2013, 3022 Rn 19. Da der BGH von „nicht zuzumuten" spricht, hätte er sich auch auf § 636 stützen können („unzumutbar").
137 Siehe aber OLG Schleswig NJW 2016, 2580 Rn 19 ff.

diese nicht an der fehlenden Abnahme. Denn der Besteller hat gezeigt, dass „es ihm nicht mehr um ... die Erfüllung des Vertrags" geht, sondern nur noch um eine Abrechnung.[138]

Kleiner Schadensersatz trotz Minderung: Die Minderung schließt einen Anspruch auf den Schadensersatz nicht aus, bei dem der Besteller das mangelhafte Werk behält („kleiner Schadensersatz", §§ 281 Abs. 1 S. 1, 280 Abs. 1).[139]

§ 19 Schadensersatz und Ersatz vergeblicher Aufwendungen

574   **Fall 19: Wartung eines Volvo V 70**   § 634 Nr. 4

▶ *Frau Birgit Best beauftragte Josef Unold, den Inhaber einer Kfz-Werkstatt, mit der Wartung ihres Volvo V 70. Beide waren sich einig, dass im Rahmen der Wartung auch der Keilrippenriemen (K), der Riemenspanner (R) und der Zahnriemen (Z) ausgetauscht werden sollten. Nach Abschluss der Arbeiten bezahlte Frau Best die Rechnung und erhielt das Fahrzeug. Einen Monat später traten erhebliche Probleme bei der Lenkung auf. Ein Gutachter stellte fest, dass Unold den Keilrippenriemen (K) nicht richtig gespannt hatte. Dieser war deshalb gerissen und hat die Lichtmaschine (L) und die Servolenkungspumpe (S) erheblich beschädigt. Frau Best ließ die Teile K, R und Z sowie L und S in einer Fachwerkstatt ersetzen und zahlte dafür 1 716 Euro. Diesen Betrag verlangt sie von Unold. Dieser macht geltend, Frau Best habe ihm keine Frist zur Nacherfüllung gesetzt, so dass er die eigenmächtig in Auftrag gegebene Nachbesserung nicht zu bezahlen brauche. (Nach BGH NJW 2019, 1867)*

575   *a) Neue Teile K, R und Z*

Zu prüfen ist, ob Frau Best für den Austausch der Teile K, R und Z Schadensersatz verlangen kann (§ 634 Nr. 4 mit § 281 Abs. 1 S. 1, der auf § 280 Abs. 1 verweist). Das setzt zunächst voraus, dass Frau Best und Unold einen Werkvertrag geschlossen haben (§ 631). Weil sich Unold verpflichtet hatte, einen bestimmten Erfolg herbeizuführen (§ 631 Abs. 2), nämlich das Fahrzeug zu warten und dabei bestimmte Teile auszutauschen, haben Frau Best und er einen Werkvertrag geschlossen.

Die in § 634 genannten Rechte des Bestellers gelten erst nach der in § 640 geregelten Abnahme (Rn 516, 534). Da Frau Best die Wartung ohne Vorbehalt bezahlt und das Fahrzeug in Empfang genommen hat, gilt das Werk als abgenommen (Rn 500). Zu prüfen ist nun, ob das Werk „die vereinbarte Beschaffenheit hat" (§ 633 Abs. 2 S. 1). Frau Best und Unold hatten vereinbart, dass Unold die Teile K, R und Z fachgerecht austauschen sollte. Dazu hätte im Fall des Teils K ein richtiges Spannen gehört. Da Unold dieses Ziel nicht erreicht hat, ist die Wartung insgesamt nach § 633 Abs. 2 S. 1 mangelhaft.

Wenn der Besteller wegen eines Mangels Schadensersatz verlangt, ist immer zuerst zu fragen, ob es sich um Schadensersatz *statt* der Leistung (§§ 280 Abs. 1, Abs. 3, 281) oder um Schadensersatz *neben* der Leistung handelt (§ 280 Abs. 1). Ein Schadensersatz *statt* der Leistung ist geltend zu machen, wenn der Schaden durch eine ordnungsgemäße Nacherfüllung beseitigt worden wäre (Rn 578). Da die Nacherfüllung dazu dient, das Werk in den Zustand zu versetzen, der vertraglich vereinbart war, ist zunächst dieser Zustand (das zu erreichende Ziel) zu definieren. Unold sollte die Teile K, R und Z funktionsfähig einbauen. Das ist ihm

---

138 BGH NJW 2017, 1604 Rn 44; ebenso in der Parallelentscheidung NJW 2017, 1607 Rn 24 aE.
139 BGH NJW 2017, 607 Rn 47 bis 56.

nicht gelungen. Zwar waren diese Teile bei der Abnahme noch funktionsfähig, aber alle drei trugen (weil das Teil K falsch gespannt war) bereits den Keim der Zerstörung in sich. Sie waren deshalb schon bei der Abnahme mangelhaft.[140] Eine korrekte Nacherfüllung hätte zu dem von Unold geschuldeten Ergebnis geführt, nämlich zum mangelfreien Einbau der Ersatzteile K, R und Z. Indem Frau Best als Schadensersatz die Kosten für den erneuten Einbau dieser Teile verlangt, macht sie Schadensersatz *statt* der Leistung geltend (FD „Werkvertrag – Schadensersatz", Frage 1, Ja, Spalten 1 bis 12).

Nun ist zu prüfen, welche der drei Vorschriften anzuwenden ist, die Schadensersatz statt der Leistung gewähren (§ 281, § 311 a oder § 283). § 281 setzt voraus, dass eine Nacherfüllung *möglich* ist (FD „Werkvertrag – Schadensersatz", Frage 2, Ja). Die anderen beiden Paragrafen gehen davon aus, dass die Nacherfüllung nicht möglich ist. Da im vorliegenden Fall die Nacherfüllung möglich war, ist § 281 (der auf § 280 Abs. 1 verweist) die richtige Anspruchsgrundlage.

Nach § 281 Abs. 1 S. 1 kann Frau Best Schadensersatz statt der Leistung nur „unter den Voraussetzungen des § 280 Abs. 1" verlangen. Es ist deshalb zu prüfen, ob Unold – wie § 280 Abs. 1 S. 2 verlangt – den Mangel nach § 276 *zu vertreten* hat. § 280 Abs. 1 S. 2 macht deutlich, dass im Zweifel von einem Vertretenmüssen auszugehen ist (Rn 579). Aber in diesem Fall bedarf es dieser Vermutung nicht. Denn es ist klar, dass der Betreiber einer Kfz-Werkstatt fahrlässig handelt (§ 276 Abs. 2), wenn er ein Ersatzteil so einbaut, dass es kurz darauf zerstört ist und andere Teile beschädigt.

Weitere Voraussetzung des Schadensersatzanspruchs *statt* der Leistung ist, dass Frau Best Unold eine angemessene Frist zur Nacherfüllung gesetzt hat (§ 281 Abs. 1 S. 1). Das hat Frau Best nicht getan. Zu fragen ist jedoch, ob Umstände vorlagen, die eine Fristsetzung nach § 281 Abs. 2 oder § 636 entbehrlich machten. Diese Frage soll bis zum Schluss der Lösung (b) zurückgestellt werden (siehe Nachtrag).

b) Austausch der Teile L und S

Zu prüfen ist, ob Frau Best Schadensersatz *neben* der Leistung geltend macht, wenn sie Ersatz der Kosten für den Austausch der Teile L und S verlangt. Zur Abgrenzung vom Schadensersatzanspruch *statt* der Leistung ist wieder zu fragen, ob eine Nacherfüllung diesen Austausch umfasst hätte. Dabei ist entscheidend, dass die von Unold geschuldete Werkleistung den Austausch *dieser* Teile *nicht* umfasste. Da eine Nacherfüllung nur (nachträglich) den laut Vertrag geschuldeten Erfolg herbeiführen soll, hätte eine Nacherfüllung den Austausch der Teile L und S *nicht* umfasst. Frau Best macht hier also einen Schaden geltend, der durch eine Nacherfüllung *nicht* beseitigt worden wäre. Sie verlangt folglich Schadensersatz *neben* der Leistung (§§ 634 Nr. 4, 280 Abs. 1).[141]

Frist zur Nacherfüllung: Der von U erhobene Einwand, Frau Best habe ihm keine Frist zur Nacherfüllung gesetzt, ist in diesem Fall unerheblich. Denn ein Anspruch auf Schadensersatz *neben* der Leistung wird allein auf § 280 gestützt, der (im Gegensatz zu § 281) keine Fristsetzung vorsieht (Rn 583).

Nachtrag: Bei der Lösung unter a) war offengelassen worden, ob Frau Best dem Unternehmer Unhold hätte eine Frist setzen müssen. Im Prinzip ist das zu bejahen, weil es sich um einen Anspruch auf Schadensersatz *statt* der Leitung handelt und § 281 Abs. 1 S. 1 eine Frist

---

140   So der BGH in Rn 35 f der zugrunde liegenden Entscheidung.
141   BGH in Rn 16, 25 der zugrunde liegenden Entscheidung.

zur Nacherfüllung verlangt. Aber der BGH hat Frau Best zu Recht die Fristsetzung erlassen, weil im vorliegenden Fall „besondere Umstände" vorlagen (§ 281 Abs. 2). Es war nämlich aus tatsächlichen (technischen) Gründen sinnvoll, alle Schäden in *einem* Arbeitsgang zu beseitigen. Da die Schäden, die im Rahmen des Schadensersatzes *neben* der Leistung zu ersetzen waren (Teile L und S), ein größeres Gewicht hatten und deshalb im Vordergrund standen, war es naheliegend, der für sie geltenden Regelung den Vorrang einzuräumen.[142]

Aus dem FD „Werkvertrag – Schadensersatz" ergibt sich zum *Abschnitt a)* die Lösung so: 1. Ja – 2. Ja – 3. Ja – 4. Nein – 9. Ja (§ 281 Abs. 2), Spalte 6. — Die Lösung zum *Abschnitt b)* lautet: 1. Nein (Spalte 13). ◀

Lerneinheit 19

576   **Literatur:** *Greger,* Die fiktive Schadensabrechnung zwischen Dispositionsfreiheit und Überkompensation, NZV 2020, 4; *Vowinckel,* Die Geltendmachung des Vorschussanspruchs nach dem Verlangen des kleinen Schadensersatzes, NZBau 2019, 87; *Lotz,* Dier Ersatzfähigkeit „fiktiver Mängelbeseitigungskosten" im Rahmen des kleinen Schadensersatzes statt der Leistung im Werk- und Kaufrecht, JuS 2019, 749; *Voit,* Die neue Berechnung des Schadensersatzanspruchs bei Werkmängeln …, NJW 2018, 2166; *Lührmann,* Keine fiktiven Mangelbeseitigungskosten, NZBau 2018, 456; *Chr. Hirsch,* Schadensersatz statt oder neben der Leistung, Aktuelle Fragen der Abgrenzung, JuS 2014, 97.

I. Allgemeines

577   In § 634 Nr. 4 nennt das Gesetz die Paragrafen, auf die bei einem Mangel des Werks ein Schadensersatzanspruch gestützt werden kann. Wie aus dem Allgemeinen Schuldrecht und dem Kaufrecht bekannt, unterscheidet das Gesetz zwischen dem Schadensersatz *statt* der Leistung (Rn 578 ff) und dem Schadensersatz *neben* der Leistung (Rn 583 f) und kennt außerdem noch eine Kleinform des Schadensersatzes, den „Ersatz vergeblicher Aufwendungen" (§ 284; Rn 585).

Wie im Kaufrecht verlangt jeder Schadensersatzanspruch, der auf einen Mangel des Werks gestützt wird, beim Schuldner ein Vertretenmüssen (§ 280 Abs. 1 S. 2 bzw § 311a Abs. 2 S. 2).

II. Schadensersatz statt der Leistung

1. Schadensersatz nach § 281 (Nacherfüllung möglich)

a) Voraussetzungen

578   **§ 634 Nr. 4 verweist auf § 281.** Dessen Voraussetzungen werden im Folgenden nur kurz aufgeführt, weil sie schon ausführlich im Kaufrecht dargestellt wurden (Rn 155 ff):

- *Mangel des Werks:* § 281 Abs. 1 S. 1 setzt voraus, dass der Schuldner seine Leistung „nicht wie geschuldet" erbracht hat. In dem hier interessierenden Zusammenhang bedeutet das, dass das Werk einen *Mangel* haben muss.

- *Schaden, der durch eine Nacherfüllung beseitigt würde:* § 281 erfasst nur die Schäden, die durch eine Nacherfüllung (§ 635) – wäre sie durchgeführt worden – besei-

---

142   Rn 37.

tigt worden wären (FD „Werkvertrag – Schadensersatz", Frage 1, Ja). Aus irgendei- nem Grund hat die Nacherfüllung aber nicht stattgefunden oder war erfolglos, so dass der Besteller Schadensersatz verlangt.

■ *Behebbarer Mangel:* Für die Anwendung des § 281 muss der Mangel behebbar sein. Ist er es nicht (Nacherfüllung unmöglich), kommen nur die §§ 283 oder 311 a in Betracht (Rn 581 ff).   579

■ *Zu vertretender Mangel:* Da § 281 Abs. 1 S. 1 auf § 280 Abs. 1 verweist, muss der Schuldner (Unternehmer) „eine Pflicht aus dem Schuldverhältnis" (dem Werkver- trag) „verletzt" haben (§ 280 Abs. 1 S. 1). Jeder Mangel des Werks stellt eine solche Pflichtverletzung dar.[143] Ferner muss der Unternehmer den Mangel zu vertreten ha- ben (§ 280 Abs. 1 S. 2, der sich auf § 276 Abs. 1 bezieht). Da Vorsatz praktisch aus- scheidet, muss der Unternehmer die im Verkehr erforderliche Sorgfalt außer Acht gelassen und dadurch den Mangel verursacht haben (§ 276 Abs. 2). Hier liegt der entscheidende Unterschied zwischen einem Schadensersatzanspruch und den ande- ren Rechten (Nacherfüllung, Rücktritt und Minderung). *Beispiel 1:* Ein Statiker prüfte die Unterlagen über den Baugrund unsorgfältig, so dass er drückendes Was- ser nicht berücksichtigte. Dadurch wurde seine Statik mangelhaft. Diesen Mangel hat er zu vertreten (§ 276 Abs. 2).[144] *Beispiel 2:* Die von U in einem alten Landhaus aufgebaute Kücheneinrichtung steht schief, weil der Küchenboden nicht waagerecht ist. Aber U hätte das berücksichtigen müssen.[145] Wie im Kaufrecht (Rn 167) ist der Lieferant (Hersteller) des verarbeiteten Materials nicht der Erfüllungsgehilfe des Unternehmers.[146]

■ *Alternativ Verschulden bei der Nacherfüllung:* Der Unternehmer kann „eine Pflicht aus dem Schuldverhältnis" (dem Werkvertrag) auch dadurch „verletzt" haben (§ 280 Abs. 1 S. 1), dass er die *Nacherfüllung* schuldhaft verhindert hat, zB durch eine grundlose Verweigerung oder mangelhafte Arbeit (FD „Werkvertrag – Scha- densersatz", Spalte 8; siehe auch Fall 5, Rn 152 zum Kauf).

■ *Fristsetzung (§ 281 Abs. 1 S. 1):* § 281 Abs. 1 S. 1 setzt voraus, dass der Besteller dem Unternehmer eine angemessene Frist zur Nacherfüllung gesetzt hat. Die Frist- setzung kann allerdings in den Fällen entfallen, die in § 281 Abs. 2 und in § 636 ge- nannt sind (FD „Werkvertrag – Schadensersatz", Frage 4, Nein).

■ *Erfolgloser Ablauf der Frist:* Ein Schadensersatzanspruch *statt* der Leistung besteht nur, wenn der Unternehmer den Mangel nicht innerhalb der Frist beseitigt hat (§ 281 Abs. 1 S. 1).

b) Rechtsfolgen

Die Rechtsfolgen sind im Prinzip die gleichen wie im Kaufrecht (Rn 178 ff). Auch zum   580 Thema *kleiner oder großer Schadensersatz* gelten die Ausführungen unter Rn 184 bis 190 entsprechend (FD „Werkvertrag – Schadensersatz", Frage 7, Spalten 3 bis 5).

Keine fiktiven Mängelbeseitigungskosten: Es gibt allerdings für den Werkvertrag seit Februar 2018 eine wesentliche Neuerung durch ein Urteil des VII. Senats des BGH.[147] Der Besteller kann nämlich die Höhe seines Schadens nicht mehr gleichsetzen mit den

143 BGH NJW 2011, 2644 Rn 7.
144 BGH NJW 2013, 2268 Rn 14–16.
145 BGH NJW 2013, 1431 Rn 45.
146 BGH NJW 2014, 2183 Rn 37.
147 BGHZ 218, 1 Rn 31 ff.

so genannten fiktiven Mängelbeseitigungskosten, also mit den Kosten einer Mängelbeseitigung, die gar nicht stattgefunden hat. Vielmehr besteht der Schaden in der Differenz zweier *Werte*, nämlich des Werts der mangelhaften Sache und des (hypothetischen) Werts der Sache in mangelfreiem Zustand.[148] Der VII. Senat hat diese Änderung seiner Rechtsprechung auf Werkverträge beschränkt.[149] Sein Ansatz ist aber so einleuchtend und sorgfältig begründet, dass er sich wohl auch im Kaufrecht durchsetzen wird.

Anderes gilt allerdings weiterhin, wenn „wegen *Beschädigung einer Sache* Schadensersatz zu leisten" ist, also insbesondere bei Verkehrsunfällen. Denn § 249 Abs. 2 S. 1 bestimmt, dass bei einer Sachbeschädigung „der Gläubiger statt der Herstellung den dazu erforderlichen Geldertrag verlangen" kann.[150] Diese Bestimmung gilt weiterhin, sie ist nur schon vor Jahrzehnten zu Unrecht auf Fälle mangelhafter Leistung übertragen worden.

2. Schadensersatz statt der Leistung nach § 311 a oder § 283

a) Die Nacherfüllung war von Anfang an unmöglich

581   Wenn der Besteller wegen eines Sachmangels Schadensersatz verlangt, verweist ihn § 634 Nr. 4 auch auf die §§ 283 und 311 a (siehe die Ausführungen zum Kaufrecht unter Rn 191 bis 209).

§ 311 a regelt den Fall, dass ein bereits *bei Abschluss des Vertrags* bestehendes „Leistungshindernis" die Vertragserfüllung unmöglich macht. Das Leistungshindernis ist (soweit § 634 Nr. 4 auf § 311 a verweist) die Unmöglichkeit der *Nacherfüllung* (FD „Werkvertrag – Schadensersatz", Frage 10, Ja). Es kommt nicht darauf an, ob die *Herstellung* des Werks schon bei Vertragsschluss unmöglich war, sondern ob *die Nacherfüllung* von vornherein ausschied.[151] Solche Fälle kommen im Werkvertragsrecht häufig vor, besonders im Bauwesen und bei Veranstaltungen. *Beispiel:* B beauftragte U, an dem Neubau eines Bürohauses eine Glasfassade mit über 3 000 Scheiben anzubringen. U musste sich verpflichten, Nickelsulfid-Einschlüsse vollständig auszuschließen. Aber einige Scheiben gingen wegen dieser Einschlüsse zu Bruch. Es stellte sich heraus, dass es technisch unmöglich ist, Nickelsulfid-Einschlüsse vollständig zu vermeiden (§ 275 Abs. 1 Var. 2). Da die Beseitigung des Mangels unmöglich war, haftete U nach den §§ 634 Nr. 4, 311 a. Er war nur dann haftungsfrei, wenn er bei Vertragsschluss ohne Fahrlässigkeit die Unmöglichkeit einer Nacherfüllung nicht kannte (FD „Werkvertrag – Schadensersatz", Spalte 10).[152]

148 BGHZ 218, 1 Rn 27, 36 ff.
149 BGH aaO Rn 69 ff. In Wirklichkeit scheute sich der Senat wohl nur, beim V. und VIII. Zivilsenat anzufragen und damit die Rechtsfrage möglicherweise dem Großen Senat für Zivilsachen vorlegen zu müssen. Dies Motiv wurde schon zu Zeiten des Reichsgerichts scherzhaft „Horror pleni" genannt (Angst vor der Vollversammlung).
150 SAT Rn 878.
151 Anders offenbar Looschelders SBT in dem Software-Beispiel Rn 694. Abweichend auch Medicus/Lorenz SBT Rn 770, die fordern, dass das Werk „objektiv nicht mit den vereinbarten Eigenschaften herstellbar" sein müsse. Es kommt aber nur auf die Unmöglichkeit der *Nacherfüllung* an.
152 BGH NJW 2014, 3365 Rn 22 ff, insbesondere Rn 28. Es handelt sich um einen Bauvertrag (§ 650 a), auf den alle Werkvertragsvorschriften anzuwenden sind, die §§ 650 b ff nur „ergänzend" (§ 650 a Abs. 1 S. 2).

b) Die Nacherfüllung wurde nachträglich unmöglich oder unzumutbar

§ 283 regelt den Fall, dass die Nacherfüllung bei Abschluss des Vertrags noch möglich war, aber danach unmöglich geworden ist (§ 275 Abs. 1) oder undurchführbar (Abs. 2, 3). Es handelt sich dann um eine *nachträgliche* Unmöglichkeit der Nacherfüllung (zum Kaufrecht Rn 204 ff). *Beispiel:* U hatte in einem Neubau Warmwasserleitungen auf der Bodenplatte verlegt, aber mangelhaft isoliert. Für eine Beseitigung des Mangels (§ 635 Abs. 1) hätte der Bodenbelag und der Estrich aufgerissen werden müssen (Beispiel Rn 549). U machte zu Recht geltend, dass das nach § 635 Abs. 3 einen unwirtschaftlich hohen Aufwand bedeuten würde. Da § 635 Abs. 3 auch § 275 Abs. 2 einbezieht („unbeschadet des § 275 Abs. 2"), ist der Weg frei zu § 283 S. 1. Nach dieser Norm hat U Schadensersatz in Höhe der Wertminderung des Gebäudes zu leisten.[153] Im FD „Werkvertrag – Schadensersatz" steht die Lösung in Spalte 11.

582

III. Schadensersatz neben der Leistung

1. Schäden, die § 280 Abs. 1 erfasst – ohne § 281

Für den Fall, dass der Besteller wegen eines Sach- oder Rechtsmangels Schadensersatz verlangen will, verweist ihn § 634 Nr. 4 auch auf § 280. Dieser hat nicht nur als „Mutterparagraf" für die §§ 281, 283 Bedeutung, sondern spielt auch selbstständig als Anspruchsgrundlage eine große Rolle, nämlich beim Schadensersatz *neben* der Leistung (so schon zum Kauf Rn 215 ff; FD „Werkvertrag – Schadensersatz", Frage 1, Nein, Spalte 13). Der Schadensersatz *neben* der Leistung gleicht den Schaden aus, der durch eine (gedachte) Nacherfüllung *nicht* beseitigt worden wäre. Da eine Nacherfüllung keine Wirkung hätte, schreibt § 280 nicht vor, dass der Gläubiger zuerst eine entsprechende Frist setzen müsse.

583

2. Beispiele

Das Werkvertragsrecht ist eine Fundgrube für Fälle, in denen ein Mangel zu einem Schaden geführt hat, der durch eine Nacherfüllung nicht mehr beseitigt werden kann und der deshalb zum Schadensersatz *neben* der Leistung führt. *Beispiel 1:* Frau B wollte die Stute L kaufen und beauftragte Tierarzt T mit einer sogenannten Ankaufsuntersuchung. In seinem Gutachten erklärte T, dass L im Wesentlichen gesund sei. Daraufhin kaufte Frau B das Pferd. Kurz darauf stellten sich erhebliche Krankheiten heraus. Der Vertrag über die Erstellung eines Gutachtens ist ein Werkvertrag (Rn 448). T muss Frau B den Schaden ersetzen, der ihr durch das mangelhafte Gutachten – und damit letztlich durch den Kauf des Pferdes – entstanden ist (Transport-, Unterstell- und Tierarztkosten). Dieser Schaden ließe sich nicht durch eine Nacherfüllung (ein nachträglich erstelltes richtiges Gutachten) beseitigen. Deshalb handelt es sich um Schadensersatz *neben* der Leistung.[154]

584

Beispiel 2: U hatte in ein Privatflugzeug des B ein neues Tankanzeigegerät eingebaut, hatte es aber falsch verkabelt, so dass es immer einen vollen Tank anzeige. Der Pilot bemerkte deshalb nicht, dass der Tank leer war. Er musste auf einer Wiese notlanden,

---

153 BGH NJW 2013, 370 Rn 8. Der BGH vermengt allerdings § 283 mit § 281 (so richtig Jaensch NJW 2013, 1121 [1122]).
154 BGH NJW 2012, 1070 Rn 14. Der BGH geht auf die Einordnung des Schadens nicht ein. Das gilt auch für die Parallelentscheidung NJW 2012, 1071, ebenfalls Rn 14.

was einen Schaden von 120 000 Euro verursachte.[155] Der Schaden zeigt sich hier nicht am eigentlichen Werk (dem Einbau des Anzeigegeräts), sondern an einem anderen Rechtsgut des B, nämlich an seinem Flugzeug. Er könnte nicht durch einen erneuten (nunmehr korrekten) Einbau ausgeglichen werden. Deshalb ist § 280 die einzige Anspruchsnorm. *Beispiel 3:* U hatte im Juweliergeschäft des B eine Diebstahlssicherung einzubauen. Fehler der Anlage führten dazu, dass Einbrecher ungehindert Waren im Wert von 345 000 Euro entwenden konnten.[156] Der Verlust der Ware könnte nicht durch eine Nachbesserung der Anlage ausgeglichen werden. B kann deshalb nach § 280 Abs. 1 ohne Fristsetzung 345 000 Euro als Schadensersatz *neben* der Leistung verlangen.[157] Wenn ein Bauherr vom Architekten Schadensersatz verlangt, weil ein Planungs- oder Überwachungsfehler zu einem Mangel des Bauwerks geführt hat, handelt es sich immer um einen Schadensersatz neben der Leistung. Denn der Architekt kann den Schaden nicht beseitigen, indem er seine Planung korrigiert (Nacherfüllung).[158] Das hat der BGH nicht immer richtig gesehen. *Beispiel 4:* A machte bei der Planung eines Einfamilienhauses einen schweren Fehler. Der Bauherr ließ deshalb den Rohbau abreißen und verlangt von A Schadensersatz. Der BGH nahm an, es handele sich um Schadensersatz statt der Leistung.[159]

IV. Ersatz vergeblicher Aufwendungen

585   § 634 Nr. 4 verweist am Schluss auch auf § 284.[160] Diesen Anspruch kann der Besteller immer dann geltend machen, wenn er auch Schadensersatz statt der Leistung verlangen könnte. § 248 wurde bereits im Kaufrecht ausführlich behandelt (Rn 210 ff).

§ 20 Entfall und Beschränkung der Mängelrechte

586   **Fall 20: „... keinerlei Haftung für Schadensersatzforderungen ...“**

▶ *Die Argus-GmbH ist darauf spezialisiert, im Auftrag von Bauherren die Ausführung von Bauarbeiten zu überwachen. Die Bömminger KG ließ ein Geschäftshaus in München vom Unternehmer U sanieren. Sie erteilte der Argus-GmbH den Auftrag, durch regelmäßige Überprüfung der Baustelle frühzeitig Mängel aufzudecken. In den AGB der Argus-GmbH, die dem Vertrag zugrunde liegen, heißt es: „Die Argus-GmbH übernimmt keinerlei Haftung für Schadensersatzforderungen jedweder Art infolge nicht erkannter Mängel.“ Als Honorar wurden 40 000 Euro vereinbart. Die Ingenieure der Argus-GmbH überprüften die Baustelle zunächst einmal im Monat, später einmal wöchentlich. Sie deckten viele Fehler auf und schrieben zahlreiche Berichte. Nach Abschluss des Umbaus stellten sich jedoch gravierende Mängel an Decken und Wänden heraus, die die Argus-GmbH übersehen hatte. Die Bömminger KG kann den U nicht in Anspruch nehmen, weil dieser zahlungsunfähig ist. Sie ver-*

---

155 BGH NJW 1993, 923.
156 BGHZ 115, 32 (36).
157 Daneben steht ihm hinsichtlich der mangelhaften *Anlage* (nach erfolgloser Fristsetzung) Schadensersatz *statt* der Leistung zu (§ 281 Abs. 1 S. 1).
158 BGHZ 218, 1 Rn 58. Es handelt sich um einen Architektenvertrag, auf den aber das ganze Werkvertragsrecht anwendbar ist (§ 550 q Abs. 1; Rn 651).
159 BGH NJW 2014, 3511 Rn 11. Denselben Fehler hat der BGH schon in seiner Entscheidung NJW 2013, 2268 Rn 10 gemacht (dazu Hirsch JuS 2014, 97). Richtig OLG Karlsruhe NJW 2016, 2755 Rn 21.
160 Zu § 284 SAT Rn 1001.

langt von der Argus-GmbH 703 000 Euro Schadensersatz. Die Argus-GmbH beruft sich auf den Haftungsausschluss. (Nach BGHZ 149, 57)

Der BGH hat zunächst festgestellt, dass es sich nicht um einen Dienstvertrag, sondern um einen Werkvertrag handelt (wie bei der örtlichen Bauleitung, Rn 451). Denn die Argus-GmbH schuldete nicht nur eine qualifizierte Tätigkeit, sondern einen bestimmten Erfolg, nämlich das rechtzeitige Aufdecken aller gravierenden Mängel. 587

Fraglich ist jedoch, ob der Haftungsausschluss wirksam ist. Nach § 639 ist ein Haftungsausschluss generell zulässig. Er ist nur dann unwirksam, wenn der Unternehmer seine Haftung für Mängel ausgeschlossen hat, die er arglistig verschwiegen oder für deren Nichtbestehen er eine Garantie übernommen hatte. Beides lag hier nicht vor.

Der BGH hat den Haftungsausschluss aber an § 307 gemessen. Das war möglich, weil der Haftungsausschluss in einer AGB der Argus-GmbH enthalten war (§ 305 Abs. 1). Sie hielt der Prüfung nicht stand. Denn ein durch AGB vereinbarter Haftungsausschluss ist unwirksam, wenn er eine Verpflichtung zum Schadensersatz selbst bei grob fahrlässigem Verhalten ausschließt. Darin liegt auch gegenüber einem Unternehmer eine „unangemessene Benachteiligung" (§ 307 Abs. 2). Es nützte der Argus-GmbH auch nichts, dass sie Rücktritt und Minderung nicht ausgeschlossen hatte. Denn diese Rechte eröffneten der Bömminger KG keine Möglichkeit, Ausgleich für den erlittenen Schaden zu verlangen. ◀

Lerneinheit 20

Literatur: *Buchwitz*, Vorbehaltlose Abnahme einer Werkleistung in Kenntnis eines Mangels, NJW 2017, 1777; *Günther*, Ausschluss von Mängelrechten – Schärfere Rügepflichten bei Solar- und Windenergieanlagen? NZBau 2010, 465; *Seibt*, Rechtssicherheit beim Unternehmens-, Beteiligungs- und Anlagenverkauf, Analyse der Änderungen bei §§ 444, 639 BGB, NZG 2004, 801. 588

I. Kenntnis des Bestellers vom Mangel

Erkennt der Besteller vor der Abnahme, dass das Werk einen nicht *unwesentlichen* Mangel hat, braucht er es nicht abzunehmen. Denn es ist ja nicht „vertragsgemäß hergestellt" (§ 640 Abs. 1 S. 1, S. 2). Nimmt er es trotzdem ab, sollte er sich „seine Rechte wegen des Mangels bei der Abnahme" vorbehalten. Tut er das nicht, „so stehen ihm die in § 634 Nr. 1 bis 3 bezeichneten Rechte" nicht zu (§ 640 Abs. 3). Es fällt auf, dass nicht auch der Schadensersatzanspruch nach § 634 Nr. 4 genannt ist. Das ist eigentlich widersinnig, weil dem Besteller die geringeren Rechte genommen werden, aber das weitergehende Recht belassen wird.[161] Der BGH hält sich aber an den Wortlaut des § 640 Abs. 3.[162] *Beispiel:* B beauftragte den Sachverständigen U mit einem Gutachten über den Wert seines Hauses. Er sorgte durch einen Trick dafür, dass U die Feuchtigkeitsschäden am Dachstuhl nicht bemerkte. Das Gutachten weist insofern einen Mangel auf, den B natürlich kannte. B nutzte den Wortlaut des § 640 Abs. 3 und nahm den 589

---

161 Wilhelm JZ 1982, 488. Trotz aller Kritik haben die Verfasser der Schuldrechtsreform die Regelung (mit anderer Formulierung) übernommen.

162 NJW 1995, 392; BGHZ 77, 134; Ebenso die hL (zB Hedermann NJW 2015, 2381, MüKo/Busche § 640 Rn 33 f). Anders mit überzeugender Begründung OLG Schleswig NJW 2016, 1744 Rn 50 ff: Die für einen Schadensersatzanspruch erforderliche Fristsetzung wäre ausgeschlossen, weil jedenfalls der Anspruch auf Nacherfüllung entfallen ist (§ 640 Abs. 3). Ihm folgend Buchwitz NJW 2017, 1777.

U auf Schadensersatz in Anspruch. Der BGH konnte die Klage nur abweisen, indem er auf § 242 zurückgriff.[163]

Eine Besonderheit des § 640 Abs. 3 liegt darin, dass er nur auf die *positive Kenntnis* des Bestellers abstellt. Grob fahrlässige Unkenntnis ist unschädlich – ganz im Gegensatz zum Kaufrecht (§ 442 Abs. 1 S. 2; Rn 266). Ein sachlicher Grund für die unterschiedliche gesetzliche Regelung ist nicht erkennbar.[164]

II. Vertragliche Haftungsbeschränkungen ...

1. ... durch eine individuell ausgehandelte Vertragsbestimmung

590   Die Parteien können im Vertrag die Rechte des Bestellers wegen eines Mangels ausschließen oder beschränken. Das ist der ungeschriebene Grundsatz, von dem § 639 ausgeht. Eine solche Vereinbarung ist nur dann unwirksam, wenn der Unternehmer „den Mangel arglistig verschwiegen oder eine Garantie für die Beschaffenheit des Werks übernommen hat". § 639 lehnt sich damit eng an § 444 an, so dass auf die entsprechenden Ausführungen verwiesen werden kann (Rn 270 bis 273).

2. ... durch AGB

a) ... gegenüber Verbrauchern

591   Die Frage, in welcher Weise Haftungsbeschränkungen durch AGB möglich sind, ist wie für das Kaufrecht in § 309 Nr. 8, Buchstabe b (Mängel) geregelt. Aber während man im Kaufrecht zwischen „neu" und „alt" unterscheiden muss (Rn 274 f), entfällt diese Komplikation für das Werkvertragsrecht. Der Beginn von Buchstabe b (Mängel) muss nämlich so gelesen werden: „... eine Bestimmung, durch die bei Verträgen ... über Werkleistungen *aller Art* ..."

Es gibt noch eine andere Erleichterung: Die entsprechende Regelung wird für das *Kaufrecht* dadurch unübersichtlich, dass § 476 für den *Verbrauchsgüterkauf* alle Abweichungen von der gesetzlichen Regelung ausschließt (Rn 276 f) und damit § 309 Nr. 8 überlagert. Auch das entfällt beim Werkvertragsrecht, weil es keine § 476 vergleichbare Vorschrift zugunsten von Verbrauchern gibt. Es gilt also uneingeschränkt § 309 Nr. 8, Buchstabe b (Mängel) mit seinen Untergruppen aa) bis ff). Es kann insofern auf die Rn 270 ff verwiesen werden.

b) ... gegenüber Unternehmern und Behörden

592   Unternehmer (§ 14) und Behörden können sich nach § 310 Abs. 1 S. 1 nicht auf die §§ 308 und 309 berufen. Aber die Generalnorm des § 307 schützt auch sie. So ist auch gegenüber einem Unternehmer ein Haftungsausschluss unwirksam, der Schadensersatz selbst bei grober Fahrlässigkeit ausschließt (Fall 20, Rn 586).[165]

---

163   BGH NJW 1995, 392.
164   Kritisch deshalb zu Recht Kohler JZ 2003, 1081.
165   BGHZ 149, 57.

§ 21 Verjährung der Mängelrechte

Fall 21: Leichtsinnige Weitergabe eines Fahrzeugs

593

▶ *Konrad Fritzsche hatte bei einem Verkehrsunfall schwere Verletzungen erlitten. Auch sein Pkw war erheblich beschädigt worden. Er beauftragte Josef Unger, das Fahrzeug zu reparieren und es anschließend behindertengerecht umzubauen. Da Unger die Karosseriearbeiten nicht selbst ausführen konnte, beauftragte er mit ihnen die G-GmbH. Deren Mitarbeiter führten die Arbeit äußerst mangelhaft durch, sagten das aber Unger nicht. Unger bemerkte nichts, weil er die Karosseriearbeiten nicht überprüfte. Nachdem er den Umbau abgeschlossen hatte, übergab er das Fahrzeug an Fritzsche, sagte ihm aber nicht, dass er die Karosseriearbeiten nicht überprüft hatte. Drei Jahre später stellte ein Gutachter fest, dass die Rahmenlängsträger einen starken Knick aufweisen. Noch im selben Jahr nahm Fritzsche Unger auf Schadensersatz in Anspruch. Dieser macht geltend, dass er den Mangel der Rahmenlängsträger nicht gekannt habe. Außerdem beruft er sich darauf, dass seit der Abnahme bereits mehr als zwei Jahre vergangen sind, und erhebt die Einrede der Verjährung. Zu Recht? (Nach BGH NJW 2005, 893)*

Zu prüfen ist, ob das Werk (die Reparatur des Fahrzeugs) insofern einen Mangel hat, als die Rahmenlängsträger nicht oder nicht ausreichend gerichtet worden sind. Diese Arbeit hatte Unger zwar auf die G-GmbH übertragen, aber er schuldete sie seinerseits Fritzsche aufgrund des mit ihm geschlossenen Werkvertrags. Da Fritzsche und er über die Beschaffenheit keine Vereinbarung getroffen hatten (§ 633 Abs. 2 S. 1) und die Reparatur auch nicht für eine besondere Verwendung bestimmt war (§ 633 Abs. 2 S. 2 Nr. 1), musste das Werk normalen Ansprüchen und Erwartungen genügen (§ 633 Abs. 2 S. 2 Nr. 2). Da das nicht gegeben ist, ist das Werk mangelhaft.

594

Die Verjährung eines Anspruchs, der auf die mangelhafte Reparatur einer beweglichen Sache gestützt wird, ist in § 634 a Abs. 1 Nr. 1 geregelt. Danach würde der Anspruch in zwei Jahren verjähren. Da die Verjährung mit der Abnahme beginnt (§ 634 a Abs. 2), wäre die Verjährung bereits eingetreten. Fritzsche entgeht der Verjährungseinrede nur, wenn Unger ihm den Mangel „arglistig verschwiegen hat" (§ 634 a Abs. 3 S. 1). In diesem Fall verjährt der Anspruch nämlich „in der regelmäßigen Verjährungsfrist" (§ 195), so dass die Verjährungsfrist erst spät beginnt (§ 199 Abs. 1).

Die Entscheidung der Frage, ob Unger „den Mangel arglistig verschwiegen" hat, ist dem BGH in der zugrunde liegenden Entscheidung ersichtlich schwergefallen. Arglist setzt nämlich in erster Linie Wissen voraus (Rn 238). Wenn einem Unternehmer nicht nachgewiesen werden kann, dass er vom Mangel wusste, kann ihm im Prinzip keine Arglist angelastet werden. Aber der BGH hat es zu Recht für geboten gehalten, „den Unternehmer, der tatsächlich keine positive Kenntnis vom Mangel seines Werks hat, wie eine Person zu behandeln, die diese Kenntnis besitzt, wenn er die organisatorischen Voraussetzungen nicht geschaffen hat", um den Mangel zu bemerken. Zumindest hätte Unger Fritzsche offenbaren müssen, dass er die Karosserie nicht überprüft hatte und deshalb ein erhebliches Risiko bestand. Das hat er nicht getan. In diesem Verschweigen lag eine arglistige Täuschung. Da Fritzsche die Klage in demselben Jahr erhoben hat, in dem er von dem arglistig verschwiegenen Mangel erfahren hat, hatte die Verjährungsfrist bei Klageerhebung noch nicht einmal begonnen (§ 199 Abs. 1 Nr. 2 Var. 1).

Aus dem FD „Werkvertrag – Verjährung" ergibt sich die Lösung so: 1. Nein – 2. Nein – 3. Ja – 4. Nein – 7. Nein (Spalte 7). ◀

Lerneinheit 21

595 Literatur: *Müller*, Verjährung von Ansprüchen wegen Mängeln beim Werkvertrag ohne Abnahme, NZBau 2015, 337; *Zimmermann*, Verjährung bauwerkvertraglicher Gewährleistungsansprüche im selbstständigen Beweisverfahren, NJW 2013, 1644; *Kuhn*, Die Verjährung des Selbstvornahmerechts, ZfBR 2013, 523; *Taplan/Baumgartner*, Verjährung der Gewährleistung von Mängeln an der Photovoltaikanlage, MDR 2012, 1323; *Faber/Werner*, Hemmung der Verjährung durch werkvertragliche Nacherfüllung, NJW 2008, 1910; *Forster*, Die Verjährung der Mängelansprüche beim Kauf von Baumaterialien, NZBau 2007, 479; *Fischer*, Verjährung der werkvertraglichen Mängelansprüche bei Gebäudearbeiten, BauR 2005, 1073; *Putzier*, Wann beginnt die fünfjährige Gewährleistungsfrist für den Architekten? NZBau 2004, 177.

I. Einführung

1. Nicht alle Rechte des Bestellers können verjähren

596 § 634 a beginnt mit den Worten: „Die in § 634 Nr. 1, 2 und 4 bezeichneten Ansprüche verjähren …" Die Nr. 3 ist nicht genannt, aber aus gutem Grund: § 634 a Nr. 3 nennt keine Ansprüche, sondern zwei *Gestaltungsrechte*, nämlich das Recht des Bestellers, einseitig den *Rücktritt* oder die *Minderung* zu erklären. Unter Rn 284 f ist nachzulesen, wie der Gesetzgeber über § 218 doch eine Art Verjährung für Rücktritt und Minderung konstruiert hat. Für das Werkvertragsrecht steht die Verweisung auf § 218 in § 634 a Abs. 4 S. 1 (Rücktritt) und in Abs. 5 (Minderung).

2. Hemmung und Neubeginn der Verjährung

597 Auch für das Werkvertragsrecht gilt der Hinweis, dass bei allen Verjährungsfällen auf eine mögliche Hemmung (§§ 203 ff) und einen möglichen Neubeginn der Verjährung (§ 212) zu achten ist (FD „Werkvertrag – Verjährung", Frage 1).

Hemmung: Verhandlungen über das Bestehen eines Mangels führen zur Hemmung (§ 203 S. 1). *Beispiel:* Die U-GmbH hatte für die B-AG eine Anlage zur Reinigung von Industrieabwässern gebaut, die Probleme machte. Der technische Angestellte T der B-AG ließ sich deshalb vom Geschäftsführer der U telefonisch beraten. Obwohl T damals noch an einen eigenen Bedienungsfehler glaubte, wurde schon durch seinen ersten Anruf die Verjährung gehemmt.[166]

Neubeginn: In Nacherfüllungsarbeiten kann ein Anerkenntnis liegen, das zum Neubeginn der Verjährung führt (§ 212 Abs. 1 Nr. 1). Das gilt aber nicht, wenn der Unternehmer deutlich macht, er werde aus Kulanz und ohne Anerkennung einer Rechtspflicht tätig.[167]

---

166   BGH NJW 2008, 576.
167   BGH NJW 2014, 3368 Rn 15.

II. Verjährungsfristen außerhalb der Arglist

1. Die fünfjährige Verjährungsfrist für Mängel von Bauleistungen

a) Bauwerk

Das Gesetz regelt in § 634 a Abs. 1 zunächst unter Nr. 1 die Verjährung für die Werkverträge, die sich auf *bewegliche* Sachen beziehen. Es dient aber dem besseren Verständnis, mit Nr. 2 zu beginnen, also mit den Ansprüchen aus Bauverträgen.[168]   598

Bei einem „Bauwerk" verjähren die Sachmängelansprüche des Bestellers in fünf Jahren (§ 634 a Abs. 1 Nr. 2; FD „Werkvertrag – Verjährung", Frage 8, Ja). Ein *Bauwerk* ist eine unbewegliche Sache, die durch Arbeitsleistung und Verwendung von Baumaterial im oder auf dem Erdboden hergestellt worden ist. Zu den Bauwerken gehören in erster Linie die Gebäude (in die Menschen eintreten können), aber auch andere Bauwerke wie Brücken und Masten. Es reicht aus, wenn die Erdoberfläche dauerhaft befestigt wird, wie es bei Straßen der Fall ist. Deshalb ist auch ein Sportplatz ein Bauwerk, zumindest ein aufwendig angelegter (mit Entwässerung und Rasenheizung).[169] Bei Bauwerken unterscheidet die Rechtsprechung – nicht das Gesetz! – wie folgt:

Neubauten: Alle an einem Neubau tätigen Unternehmer stellen ein „Bauwerk" her.   599
Dazu gehören nicht nur Unternehmer des Bauhauptgewerbes (Maurer, Bauunternehmer im engeren Sinne), sondern auch der Baunebengewerbe (zB Dachdecker, Installateure, Gipser, Elektriker, Parkettleger). Das Arbeitsergebnis muss allerdings in das Bauwerk „eingefügt" sein (§ 94 Abs. 2). Was nur locker oder gar nicht mit dem Gebäude verbunden ist, gehört nicht zum Bauwerk. *Beispiel:* B beauftragte U mit der Entwicklung einer Software, die die Heizungsanlage einer Universität steuern sollte. Die Heizung ist eingefügt, die Software nicht.[170]

Altbauten: Nicht jeder, der einen Altbau repariert oder renoviert, stellt nach Abs. 1   600
Nr. 2 ein „Bauwerk" her. Die Rechtsprechung unterscheidet:

■ *Erneuerungsarbeiten von wesentlicher Bedeutung:* Wenn der Unternehmer an einem bereits bestehenden Bauwerk Um- oder Einbauten vorgenommen hat, die für den Bestand des Bauwerks von wesentlicher Bedeutung sind und eine „grundlegende Erneuerung"[171] des Bauwerks darstellen, gilt wie bei Neubauten eine fünfjährige Verjährungsfrist (§ 634 a Abs. 1 Nr. 2). *Beispiel:* Umbau eines Bürogebäudes in ein Studierendenwohnheim,[172] Wärmedämmung von Fassaden.

■ *Andere Arbeiten:* Andere Arbeiten an Altbauten werden der Nr. 1 zugeordnet, so   601
dass die zweijährige Verjährungsfrist gilt (§ 634 a Abs. 1 Nr. 1). Hierher gehören Schönheitsreparaturen, nebensächliche Ergänzungen und Teilausbesserungen.

Die fünfjährige Verjährungsfrist beginnt mit der in § 640 geregelten Abnahme (§ 634 a   602
Abs. 2). *Beispiel:* B hatte am 21. Februar 2012 die Abnahme erklärt, die Verjährungsfrist betrug fünf Jahre. Die Klage des B ging am 18. September 2017 beim Landgericht ein. B hatte offenbar angenommen, die Verjährungsfrist habe nach § 199 am Jahresende 2012 begonnen und laufe bis zum Jahresende 2017. Aber da die Verjährungsfrist

---

168   Der Bauvertrag ist zwar heute gesondert geregelt, aber die Vorschriften über den Werkvertrag gelten auch für ihn, die §§ 650 a ff gelten nur „ergänzend" (§ 650 a Abs. 1 S. 2; Rn 624 ff).
169   BGH NJW 2013, 601 Rn 16 (zum alten Schuldrecht).
170   OLG Düsseldorf NJW 2003, 3140.
171   BGH NJW 2016, 2876 Rn 19, 23.
172   BGH NJW 2019, 1593 Rn 15.

mit dem Ablauf des 21. Februar 2012 begonnen hatte, war die Forderung am 18. September 2017 verjährt (§ 214 Abs. 1 BGB).

b) Architektenleistungen

603   *„Planungsleistungen ... hierfür ...":* Mit diesen Worten meint § 634 a Abs. 1 Nr. 2 die Planung eines „Bauwerks", also eines Neubaus, oder einer erheblichen Umbau- oder Renovierungsmaßnahme durch einen Architekten oder Bauingenieur. Der Architektenvertrag und der Ingenieurvertrag sind heute in den §§ 650 p bis 650 t geregelt, aber die §§ 631 bis 650 gelten entsprechend (§ 650 q Abs. 1).

„Überwachungsleistungen hierfür ...": Architekten planen nicht nur, sondern übernehmen auch die örtliche Bauaufsicht, also die Überwachung der Bauarbeiten. Auch der bauleitende Architekt kann erst fünf Jahre nach der Abnahme die Einrede der Verjährung erheben (§ 634 a Abs. 1 Nr. 2). Die Nr. 2 gilt auch für andere Baufachleute. *Beispiel:* Ein Ingenieur, der ein Prüflabor betreibt, hatte die Rasentragschicht eines Sportplatzes auf Wasserdurchlässigkeit zu prüfen.[173]

2. Die zweijährige Verjährungsfrist bei Arbeiten an einer beweglichen Sache

604   *„Herstellung ... einer Sache" (§ 634 a Abs. 1 Nr. 1):* An welche Fälle die Urheber der Schuldrechtsreform bei den Worten „Herstellung ... einer Sache" (§ 634 a Abs. 1 Nr. 1) gedacht haben, bleibt unklar. Denn Verträge über „die Lieferung herzustellender ... *beweglicher* Sachen" werden von § 650 S. 1 als *Kauf*verträge behandelt.[174] Die Verjährung der Mängelansprüche aus solchen Verträgen ist also in § 438 geregelt. Verträge über die Errichtung *unbeweglicher* Sachen sind zwar Bauverträge (§ 650 a). Aber die Verjährung richtet sich nach § 634 a Abs. 1 Nr. 2 Var. 1.

„Wartung ... einer Sache" (§ 634 a Abs. 1 Nr. 1): Wartungsverträge sind Werkverträge, keine Dienstverträge. Denn geschuldet ist, ein definiertes Ziel zu erreichen: Die gewartete Maschine soll funktionstüchtig gehalten werden.

605   *„Veränderung einer Sache" (§ 634 a Abs. 1 Nr. 1):* Diese Worte haben einen sehr großen Anwendungsbereich, denn sie erfassen alle Reparaturen. Die Reparaturen werden in einer Wegwerfgesellschaft zwar seltener, aber etwa bei Maschinen, Flugzeugen, Autos, Musikinstrumenten und teuren Uhren gibt es sie noch. Zur Veränderung gehört auch die industrielle Bearbeitung von Halbfertigfabrikaten, zB das Färben und Ausrüsten von Textilien.

606   *„Planungs- oder Überwachungsleistungen hierfür" (§ 634 a Abs. 1 Nr. 1):* Die Veränderung beweglicher Sachen wird seltener von einem Dritten geplant und überwacht als eine Baumaßnahme. Zu denken ist aber etwa an den Umbau eines Schiffs, der von einem Ingenieurbüro geplant und überwacht wird (FD „Werkvertrag – Verjährung", Frage 10).

---

173   BGH NJW 2013, 601 Rn 21.
174   Das gilt auch dann, wenn die Sache nicht vertretbar ist und deshalb auch einige Werkvertragsvorschriften Anwendung finden (§ 650 S. 3).

3. Die regelmäßige Verjährungsfrist

a) Einführung

Achtung, Falle! Nach § 634 a Abs. 1 Nr. 3 gilt für die Mängelansprüche aus allen anderen Werkverträgen („im Übrigen") die „regelmäßige Verjährungsfrist" (§§ 195, 199). Diese Verjährung, die erst am Jahresende beginnt und drei Jahre dauert, kennt das *Kaufrecht* nur, wenn der Käufer arglistig getäuscht wurde (Rn 296 ff).[175] Dass diese Verjährung auch *außerhalb der Arglist* gilt, sogar als Regelfall, ist eine Abweichung vom Kaufrecht und deshalb schwer zu merken (FD „Werkvertrag – Verjährung", Frage 10, Nein).

607

b) Werkverträge, für die die regelmäßige Verjährungsfrist gilt

Unter die „regelmäßige Verjährungsfrist" des § 195 fallen Sachmängelansprüche aus Werkverträgen, die weder eine bewegliche Sache (Nr. 1) noch ein Bauwerk (Nr. 2) zum Gegenstand haben (§ 634 a Abs. 1 Nr. 3). Zu diesen Verträgen gehören zB solche über Gutachten, Satz und Druck einer Anzeige, Spezialsoftware, Portrait, Personentransport, Opernaufführung, Jahresabschluss,[176] Übersetzung, Werbung.

608

c) Beginn der regelmäßigen Verjährungsfrist

Das Besondere an der regelmäßigen Verjährungsfrist des § 195 ist bekanntlich, dass sie erst am Ende des Jahres beginnt, in dem der Besteller die Grundlagen seines Anspruchs erkannt hat oder ohne grobe Fahrlässigkeit erkannt hätte (§ 199 Abs. 1 Nr. 2). *Beispiel:* Ingenieur U erstellte im Jahre 2009 ein Gutachten für B. Dieser bemerkte infolge leichter Fahrlässigkeit erst im Jahre 2013, dass das Gutachten einen erheblichen Fehler enthielt. U konnte erst mit Beginn des Jahres 2017 die Einrede der Verjährung erheben (§§ 634 a Abs. 1 Nr. 3, 195, 199 Abs. 1).[177]

609

III. Sonderfall Arglist

§ 634 a Abs. 3 enthält eine Sonderregel für die Fälle, in denen der Unternehmer den Besteller über einen Mangel arglistig getäuscht hat. Es gilt das Gleiche wie im Kaufrecht (Rn 296 ff). Arglist des Unternehmers kann auch dann vorliegen, wenn nicht er selbst (oder einer seiner Leute), sondern ein Subunternehmer einen Mangel verursacht und nicht offenbart hat (Fall 21, Rn 593).[178]

610

Bei Arglist des Unternehmers verjähren die Ansprüche, die nach § 634 a Abs. 1 Nr. 1 und 2 eigentlich in zwei oder fünf Jahren verjähren würden, „in der regelmäßigen Verjährungsfrist" von drei Jahren (§ 195; FD „Werkvertrag – Verjährung", Frage 2, Ja). Die Nr. 3 wird in § 634 a Abs. 3 S. 1 nicht genannt, weil sich für diese Fälle nichts ändern würde.

611

Auf den ersten Blick scheint sich im Fall der Nr. 2 eine Verschlechterung zu ergeben (Verkürzung von fünf auf drei Jahre). Aber der Vorteil liegt im späten Beginn der Ver-

612

---

175 Für den Fall der Arglist sieht das Werkvertragsrecht diese Verjährungsregelung ebenfalls vor (§ 634 a Abs. 3; unten Rn 610). In diesem Punkt sind also Kauf- und Werkvertragsrecht gleich.

176 In diesem Fall ist das Werkvertragsrecht über § 675 anzuwenden (Rn 785).

177 Dabei ist aber § 199 Abs. 3 S. 1 Nr. 1 zu beachten, wenn zehn Jahre seit der Entstehung des Schadensersatzanspruchs vergangen sind.

178 BGH NJW 2005, 893; siehe auch NJW 2007, 366 Rn 14.

jährungsfrist. *Beispiel 1:* Fall 21, Rn 593. *Beispiel 2:* U sollte eine Vollwärmeisolierung am Haus des B nach der „Wulst-Punkt-Methode" mit Nylongittern anbringen. Stattdessen führte er die Arbeiten heimlich mit einem billigeren, noch nicht erprobten Faserspachtel aus, der sich inzwischen allgemein als ungeeignet herausgestellt hat.[179] Wenn B ohne grobe Fahrlässigkeit erst sechs Jahre nach der Abnahme merkt, dass er arglistig getäuscht wurde, ist die Verjährungsfrist noch lange nicht abgelaufen. Im Gegenteil, nach § 199 Abs. 1 beginnt sie erst am Ende des Jahres. Es gilt allerdings auch bei Arglist die Zehnjahresfrist, die mit der Entstehung des Anspruchs beginnt (§ 199 Abs. 3 S. 1 Nr. 1).

613   Wenn wegen Arglist die „regelmäßige Verjährungsfrist" gilt und sich aus ihr der Eintritt der Verjährung ergeben würde, während die Fünfjahresfrist des § 634 a Abs. 1 Nr. 2 noch nicht abgelaufen wäre, wird der Besteller durch § 634 a Abs. 3 S. 2 geschützt: Es gilt dann die später ablaufende Verjährungsfrist (siehe zum Kauf Rn 299 und FD „Werkvertrag – Verjährung", Frage 5, Ja).

IV. Abweichend vereinbarte Verjährungsfristen

1. Verkürzung der Verjährungsfrist

a) Individualvereinbarung

614   Wie sich aus § 202 Abs. 1 ergibt, ist durch ausgehandelte Vertragsbestimmungen im Prinzip jede Verkürzung der Verjährungsfrist zulässig. Nur wenn der Unternehmer *vorsätzlich* falsche Angaben über einen Mangel gemacht hat (Arglist), ist nach § 202 Abs. 1 die vertragliche Verkürzung nichtig. Einen Verbraucherschutz gibt es im Werkvertragsrecht bekanntlich nicht.

b) AGB

615   Soweit die Verkürzung der Verjährungsfrist *in AGB* geregelt ist, gibt es auch im Werkvertragsrecht einen Schutz des Verbrauchers, nämlich in § 309 Nr. 8, b, ff:

616   *Mängel von Bauleistungen:* Wenn es um die Errichtung eines Bauwerks, vergleichbare Umbauarbeiten oder um Architektenleistungen geht, kann der Unternehmer gegenüber einem Verbraucher die Verjährung nicht durch AGB erleichtern, also insbesondere die Verjährungsfrist (§ 634 a Abs. 1 Nr. 2) nicht abkürzen (§ 309 Nr. 8, b, ff).[180] Es bleibt deshalb bei fünf Jahren (FD „Werkvertrag – Verjährung", Spalte 7).

617   Diese Bestimmungen sind über § 307 Abs. 1, Abs. 2, § 310 Abs. 1 S. 2 auch anzuwenden, wenn die fragliche AGB-Klausel gegenüber einem *Unternehmer* (§ 14) oder einer Behörde angewendet wird. *Beispiel:* Die Verbandsgemeinde V betraute die Ingenieurs-GmbH X mit Planungsarbeiten für eine neue Kläranlage. In den AGB der X heißt es: „Die Verjährungsfrist wird auf zwei Jahre festgesetzt." Diese Verkürzung ist auch gegenüber einer juristischen Person des öffentlichen Rechts unwirksam, weil bereits die fünfjährige Verjährungsfrist des § 634 a Abs. 1 Nr. 2 als sehr kurz gilt.[181]

---

179 BGH NJW 2002, 2776.
180 Dies gilt nur nicht, wenn die Geltung der gesamten VOB/B vereinbart ist.
181 BGH NJW 2014, 206 Rn 22.

2. Verlängerung der Verjährungsfrist

Nach § 202 Abs. 2 kann grundsätzlich jede Verjährungsfrist verlängert werden, aber   618
maximal auf dreißig Jahre. Ein Besteller, der über eine erhebliche Marktmacht verfügt,
kann deshalb im Vertrag längere Verjährungsfristen durchsetzen.

V. Rechtsfolgen der Verjährung

1. Leistungsverweigerungsrecht des Unternehmers

Die Rechtsfolge der Verjährung normiert § 214 Abs. 1. Wenn die Verjährungsfrist ab-   619
gelaufen ist, kann der Unternehmer also die in § 634 genannten Rechte zurückweisen,
aber er *muss* es nicht tun. Wenn er den Anspruch des Bestellers trotz der Verjährung
erfüllt hat, hat er keine Rechte (§ 214 Abs. 2 S. 1).

2. Letzte Chance des Bestellers

Wenn der Besteller zurücktreten will, aber der Unternehmer (über § 218) die Einrede   620
der Quasi-Verjährung erhebt, gibt § 634a Abs. 4 S. 2 dem Besteller eine gewisse Mög-
lichkeit, die Verjährungseinrede zu unterlaufen. Voraussetzung ist allerdings, dass der
Besteller den Werklohn noch nicht vollständig bezahlt hat (so schon zum Kaufrecht
Rn 312; FD „Werkvertrag – Verjährung", Frage 11). Die gleiche Rechtslage besteht im
Fall der Minderung (§ 634a Abs. 5).

VIERTES KAPITEL VERTRÄGE, DIE VOM WERKVERTRAG ABGELEITET SIND

§ 22 Verträge, die sich auf das Bauen beziehen

621 **Fall 22: Abfallverbrennungsanlage** §§ 650f

▶ *Die RheinBau-AG hatte sich verpflichtet, als Generalunternehmerin eine Abfallverbren-nungsanlage in Luxemburg zu errichten. Sie beauftragte die Krüger GmbH, als Nachunter-nehmerin Arbeiten an der Blechfassade und am Dach des Kesselhauses auszuführen. Die RheinBau-AG stellte fest, dass die Krüger GmbH die Sicherheitsvorschriften an der Baustelle nicht immer einhielt, und mahnte sie deshalb mehrfach ab. Da die Krüger GmbH ihr Verhal-ten nicht änderte, kündigte die RheinBau-AG den Vertrag und verwies die Krüger GmbH von der Baustelle.*

Die Krüger GmbH fordert von der RheinBau-AG noch nicht gezahlten Werklohn in Höhe von 226 000 Euro und verlangt, dass die RheinBau ihr zur Sicherung dieser Forderung eine Bankgarantie in gleicher Höhe verschafft. Die RheinBau-AG ist der Ansicht, dass sie nach der Kündigung des Vertrags nicht mehr verpflichtet sei, der Krüger GmbH eine Sicherung zu stellen. Ist das richtig? (Nach BGH NJW 2014, 2186)

622 Die Parteien haben einen „Vertrag über die Herstellung ... eines Bauwerks" geschlossen, einen so genannten *Bauvertrag* (§ 650 a Abs. 1 S. 1). Nach § 650 f Abs. 1 S. 1 kann der Unter-nehmer in solchen Fällen „vom Besteller Sicherheit für die ... noch nicht gezahlte Vergütung ... verlangen" (Rn 631 ff). Die Sicherheit kann insbesondere „durch eine Garantie ... eines ... Kreditinstituts ... geleistet werden" (§ 650 f Abs. 2 S. 1). Die Bestimmungen des § 650 f sind im Jahre 1993 – damals als § 648 a – in das BGB eingefügt worden, um den Bauunterneh-mern zu helfen. Denn diese kamen häufig in eine finanzielle Schieflage, weil die Bauherren (Besteller) den Werklohn zu spät, nur teilweise oder gar nicht bezahlten und weil die Eintra-gung einer Sicherungshypothek (heute § 650 e) nur selten zu einer wirksamen Absicherung führt (Rn 629 f).

Kurz vor oder nach Baubeginn hätte die Krüger GmbH die von ihr geforderte Garantie zwei-fellos verlangen können. Es fragt sich nur, ob sie dies Recht auch noch nach der Kündigung und der Einstellung ihrer Arbeit hat. Diese Frage, die früher umstritten war, hat der BGH in der zugrunde liegenden Entscheidung zu Recht bejaht.[1] Er konnte sich darauf stützen, dass das Gesetz den Anspruch des Unternehmers nicht zeitlich beschränkt. § 650 f Abs. 1 S. 3 be-stätigt dies Recht sogar ausdrücklich für den Fall, dass der Besteller „das Werk abgenom-men hat", also für eine Zeit, in der der Unternehmer seine Arbeit ebenfalls eingestellt hat. Es muss sich nur um eine „noch nicht gezahlte Vergütung" handeln (§ 650 f Abs. 1 S. 1), und diese Voraussetzung ist im vorliegenden Fall gegeben.

Problematisch ist allerdings die Höhe des zu sichernden Betrags. Zu Beginn der Arbeiten kann der Unternehmer eine Sicherung in Höhe des vereinbarten Werklohns verlangen (§ 650 f Abs. 1 S. 1). Es ist vielfach angenommen worden, dass sich durch die Kündigung da-ran nichts ändere.[2] Dem folgt der BGH nicht, vielmehr verlangt er, dass die Höhe der Siche-

---

1 NJW 2014, 2186 Rn 13.
2 Etwa OLG Celle NZBau 2012, 702.

rung an den geringeren Betrag angepasst wird, den der Unternehmer nach der Kündigung noch beanspruchen kann. Aber das führt idR zum Streit über die Frage, ob eine freie Kündigung nach den §§ 650 a Abs. 1 S. 2, 648 vorliegt oder eine Kündigung aus wichtigem Grund (§§ 650 a Abs. 1 S. 2, 648 a). Denn die Zahlungsverpflichtungen des Bestellers können in diesen Fällen sehr unterschiedlich hoch sein (Rn 475 ff, 482). Ein solcher Streit sollte aber vermieden werden, weil oft eine Insolvenz des Unternehmers droht und deshalb seine rasche Absicherung im Vordergrund stehen muss. Der BGH hat die unterschiedlichen Interessen sehr sorgsam abgewogen und hat eine praktikable Lösung gefunden. Sie verkürzt den Streit und gewährt dem Unternehmer eine Garantie in einer Höhe, die zwar unter der des vereinbarten Werklohns liegt, ihn aber ausreichend sichert.[3] ◄

Lerneinheit 22

Literatur Bauvertrag: *Pauly*, Die Abnahme beim BGB-Bauvertrag – Grundlegendes und Aktuelles, ZfIR 2019, 553; *Voit*, Verjährung des Erfüllungsanspruchs beim Bauvertrag, NJW 2019, 3190; *von Westphalen*, Bauvertrag: Möglichkeiten der Haftungsbegrenzung für Folgeschäden, MDR 2019, 455; *Kues*, Einigungsmodell und Anordnungsrecht des Bestellers nach dem BGB-Bauvertragsrecht, NJW 2019, 3197; *Havers*, Fiktive Abnahme bei verborgenen Mängeln, NJW 2019, 2065; *Wittler/Zander*, Die Entwicklung des privaten Baurechts (BGB und VOB/B) seit Dezember 2018, NJW 2019, 1918; *Seidenberg*, Senkrechtlift und andere Schnäppchen: Der Widerruf bei Bauverträgen, NJW 2019, 1254; *Wittler/Zander*, Die Entwicklung des privaten Baurechts (BGB und VOB/B) seit Juni 2018, NJW 2019, 16; *Omlor*, Der neue Verbraucherbauvertrag, NJW 2018, 817; *Reiter*, Das neue Bauvertragsrecht – Teil I: Allgemeines Werkvertragsrecht und Bauvertrag, JA 2018, 161; Teil II: Verbraucherbauvertrag, Architekten- und Ingenieurvertrag, Bauträgervertrag, JA 2018, 241; *Manteufel*, Wechselseitige Kündigungen aus wichtigem Grund – welche hat Vorrang? NJW 2018, 3683; *Wittler/Sieberg*, Die Entwicklung des privaten Baurechts (BGB und VOB/B) seit Juni 2017, NJW 2018, 19.

Literatur Architekten- und Ingenieurvertrag: *Gundel*, Die Auswirkungen des HOAI-Urteils des EuGH auf Vertragsverhältnisse zwischen privaten Parteien, BauR 2020, 23; *Boisserée/Kupczyk*, Die Entwicklung des Architekten- und Ingenieurrechts seit Januar 2018, NJW 2019, 2437; *Leinenbach* Stufenverträge bei Architekten- und Ingenieurleistungen, ZfBR 2019, 15.

Literatur Bauträgervertrag: *Jurgeleit*, Beschaffenheitsvereinbarungen beim Erwerb vom Bauträger ..., NJW 2019, 2649; *Esbjörnsson*, Bauträgerrecht, notar 2018, 91; *Scheibengruber*, Bauträgerrecht, notar 2017, 95.

I. Der allgemeine Bauvertrag

1. Definition und rechtliche Einordnung

a) Definition

Ein Bauvertrag ist – verkürzt gesagt – ein Werkvertrag „über die Herstellung ... eines Bauwerks" (§ 650 a Abs. 1 S. 1). Der Begriff „Bauwerk" ist der gleiche wie in § 634 a Abs. 1 Nr. 2 (Rn 598), umfasst also nicht nur Gebäude, sondern auch technische Bauten wie Straßen, Brücken und Windräder. Ein Bauvertrag kann sich auch auf *Außenanlagen* beziehen.

Es muss sich aber nicht um die *Herstellung* eines Bauwerks (eines Neubaus) handeln, es kann auch um „die Wiederherstellung", die „Beseitigung" (den Abbruch) oder den

623

624

---

3 NJW 2014, 2186 Rn 31 bis 33.

„Umbau eines Bauwerks" gehen (§ 650 a Abs. 1 S. 1). Der Bauherr schließt mit allen am Bau beteiligten Unternehmern einen Bauvertrag, nicht nur mit dem Rohbauunternehmer, auch mit dem Elektriker, dem Gipser, dem Zimmermann, dem Dachdecker usw.

625   Ein Vertrag über „die *Instandhaltung* eines Bauwerks" ist idR ein (schlichter) Werkvertrag, nur bei „wesentlicher Bedeutung" der Baumaßnahme ist er ein Bauvertrag (§ 650 a Abs. 2). Es gilt hier also eine ähnliche Unterscheidung wie die, die allgemein (nicht vom Gesetz) bei den Verjährungsfristen gemacht wird (§ 634 a Abs. 1 Nr. 2; Rn 600).

Wenn der Bauherr ein *Verbraucher* ist (§ 13), kann ein Verbraucherbauvertrag nach § 650 i bis 650 n vorliegen (Rn 644 ff).

b) Rechtliche Einordnung

626   Ein Bauvertrag ist in erster Linie ein Werkvertrag, er ist sogar (und war schon immer) das *wichtigste Beispiel* für einen Werkvertrag. Durch das neue „Kapitel 2 Bauvertrag" sollte kein neuer Vertragstyp geschaffen werden. Man wollte nur, um die Übersichtlichkeit zu verbessern, die speziell auf den Bauvertrag bezogenen Vorschriften des Werkvertragsrechts in einem eigenen Kapitel zusammenfassen. Dass der Bauvertrag nur eine besondere Art des Werkvertrags ist, ergibt sich auch aus § 650 a Abs. 1 S. 2. Denn dieser macht deutlich, dass die §§ 631 bis 650 die Basis bilden und die §§ 650 b bis 650 g nur „ergänzend" neben ihnen gelten sollen.

c) VOB/B

627   In Bauverträgen wird sehr häufig die Geltung der VOB/B vereinbart (der „Vergabe- und Vertragsordnung für Bauleistungen, Teil B"). Die VOB wurde in den Zwanzigerjahren des vorigen Jahrhunderts von Vertretern der öffentlichen Hand mit Spitzenverbänden der Bauwirtschaft entwickelt und seitdem immer wieder erneuert. Sie ist eine systematische Sammlung von Allgemeinen Vertragsbedingungen, die sich zwar an den §§ 631 ff orientieren, aber noch stärker als die §§ 650 a ff auf die Besonderheiten des Bauvertrags zugeschnitten sind. Die VOB/B stellt einen ausgewogenen Kompromiss zwischen den Interessen der Bauherren und der Bauwirtschaft dar. Sie ist jedoch kein Gesetz und kein Gewohnheitsrecht, sondern muss in den Bauvertrag einbezogen werden – gegenüber Verbrauchern nach § 305 Abs. 2.[4] Wegen ihrer Ausgewogenheit unterliegt die VOB/B keiner Inhaltskontrolle nach den §§ 307 bis 309. Das gilt aber nur, solange sie als Ganzes vereinbart wird. Wenn ein marktstarker Partner in seinen AGB vorsieht, dass nur einige (für ihn günstige) Bestimmungen der VOB gelten sollen, unterliegen diese der richterlichen AGB-Kontrolle.[5]

2. Änderung des Vertrags

628   Der Besteller hat nach Baubeginn manchmal den Wunsch, das Bauwerk abweichend von dem Plan zu errichten, der dem Bauvertrag zugrunde gelegt wurde. Dann will er „eine Änderung des vereinbarten Werkerfolgs" (§ 650 b Abs. 1 S. 1 Nr. 1). Oder er will am vereinbarten Werkerfolg festhalten, muss aber gerade deswegen die Planung in Ein-

---

4   BGHZ 109, 192; BGH NJW 1994, 2547.
5   BGHZ 157, 346; BGH NJW 2009, 3717 Rn 46.

zelheiten ändern, zB aufgrund von Brandschutzvorschriften (Nr. 2). In beiden Fällen ist der Unternehmer im Grundsatz verpflichtet, „ein Angebot über die Mehr- oder Mindervergütung zu erstellen" (Abs. 1 S. 2). Wenn die ursprüngliche Planung Sache des Bestellers war (wie meist), muss dieser die Neuplanung zur Verfügung stellen, die die Grundlage für das neue Angebot des Unternehmers bildet (§ 650 b Abs. 1 S. 4).

Einseitiges Änderungsrecht des Bestellers: Wenn die Parteien sich nicht einigen können, „kann der Besteller die Änderung anordnen" (§ 650 b Abs. 2 S. 1). Diese Regel, die aus der VOB übernommen wurde, ist sehr bemerkenswert. Denn in keinem anderen Vertragsverhältnis erlaubt das BGB einem der Partner, den Inhalt des Vertrags einseitig zu ändern. Es wird dem Unternehmer aber erleichtert, die Anordnung zu akzeptieren, weil der Besteller alle Mehrkosten zu tragen hat. Zur Frage, in welcher Höhe der Besteller in diesem Fall die Zusatzarbeiten zu vergüten hat, enthält § 650 c ausführliche, aber notwendig unbestimmte Regeln.

3. Die Sicherung des Unternehmers durch eine Sicherungshypothek

Was das Pfandrecht für bewegliche Sachen ist, ist die Hypothek (§§ 1113 ff) für Grundstücke. So wie ein Unternehmer ein Pfandrecht an der von ihm bearbeiteten beweglichen Sache erwirbt (§ 647; Rn 491 ff), hat deshalb der Unternehmer eines Bauvertrags Anspruch auf Eintragung einer *Sicherungshypothek* am Grundstück des Bestellers (§ 650 e). Wenn das Grundstück – wie meist – bereits vor Baubeginn mit Hypotheken oder Grundschulden zugunsten von Kreditinstituten belastet ist, wird allerdings der Unternehmer an der letzten (nämlich an der ersten verfügbaren) Rangstelle eingetragen. Bei einer Zwangsversteigerung des Grundstücks werden dann alle dem Unternehmer im Rang vorgehenden Gläubiger befriedigt, bevor der Unternehmer seinen Teil des Versteigerungserlöses bekommt – falls überhaupt noch etwas übrig sein sollte. Deshalb sind Bauunternehmer und -handwerker sehr häufig leer ausgegangen.

629

Aus Sicht des Unternehmers hat § 650 e den weiteren Nachteil, dass für die Eintragung einer Sicherungshypothek der Bauherr *Eigentümer* des Baugrundstücks sein muss („... an dem Grundstück des Bestellers ..."). Das führt zu Problemen, wenn das Grundstück *Herrn* A gehört, die Bauherrin aber die A-*GmbH* ist (was nicht selten vorkommt).[6] Eine enge wirtschaftliche Verflechtung zwischen Grundstückseigentümer und Bauherr reicht eigentlich nicht aus. Der BGH lässt aber Ausnahmen zu, wenn „sich die Berufung ... auf die Personenverschiedenheit von Besteller und Grundstückseigentümer als Verstoß gegen Treu und Glauben darstellt".[7]

630

Die praktische Bedeutung von § 650 d ist aus beiden genannten Gründen gering.[8]

4. Sicherung durch die Bank des Bauherrn

Hintergrund: Die offensichtlichen Nachteile der Sicherungshypothek haben vor Jahren zur Einführung des § 648 a aF geführt, des heutigen § 650 f. Der Anfang dieser sprachlich überfrachteten Norm lautet gekürzt: „Der Unternehmer kann vom Besteller Sicherheit für die ... noch nicht gezahlte Vergütung ... verlangen." Damit hat der Bau-

631

---

6 Zu einem weiteren Fall, bei dem der Eintrag an der Eigentümerfrage scheiterte, siehe BGH NJW 2015, 552.
7 NJW 1988, 255.
8 Siehe aber BGHZ 144, 138; BGH NJW 2001, 3701 und BGH NJW 2015, 552.

unternehmer gegen den Bauherrn einen Anspruch,[9] der in der Praxis meist auf eine *Bankgarantie* gerichtet ist und der den Bauunternehmer wirkungsvoller schützt als eine Sicherungshypothek nach § 650 e.

Der Anspruch auf die Sicherung wird vom Unternehmer *nach* Vertragsschluss geltend gemacht, sozusagen überfallartig. Der Anspruch besteht kraft Gesetzes und kann nicht zulasten des Unternehmers abbedungen werden (§ 650 f Abs. 7).

632   *Berechtigte:* Ein „Unternehmer" (§ 650 f Abs. 1 S. 1) ist jeder, der mit dem Besteller einen Bauvertrag nach § 650 a geschlossen hat. § 650 f gilt deshalb nicht nur für den Rohbauunternehmer, sondern für alle am Bau Beteiligten, sogar für solche, die nur eine „Außenanlage" errichten, zB die Grünanlage (§ 650 a Abs. 1 S. 1).

633   *Verpflichteter:* § 650 f Abs. 6 S. 1 nennt nur zwei Gruppen von Bauherren, die *keine* Sicherheit leisten müssen: Die öffentliche Hand (Nr. 1) und Verbraucher (§ 13), die einen in Abs. 6 Nr. 2 genannten Vertrag geschlossen haben. Im ersten Fall besteht kein Insolvenzrisiko, im zweiten Fall gilt der Bauherr als solide.

634   *Die zu sichernde Forderung:* Der Unternehmer kann nur Sicherheit für die „noch nicht gezahlte Vergütung" verlangen (§ 650 f Abs. 1 S. 1). Das ist die Differenz zwischen der insgesamt zu zahlenden Vergütung und den bereits geleisteten Zahlungen:

635   ■ Die *insgesamt zu zahlende Vergütung* umfasst auch den Werklohn, der auf Zusatzaufträge zurückgeht (§ 650 f Abs. 1 S. 1). Als zu zahlende Vergütung gelten aber auch „Ansprüche, die an die Stelle der Vergütung treten" (§ 650 f Abs. 1 S. 2). Damit sind Ansprüche gemeint, die dem Unternehmer ersatzweise zustehen, wenn das Werk an einem Verhalten des Bestellers scheitert (zB §§ 643, 648). Der Besteller kann die Höhe der Sicherheitsleistung grundsätzlich nicht dadurch herabsetzen, dass er mit eigenen Ansprüchen gegen den Vergütungsanspruch aufrechnet (§ 650 f Abs. 1 S. 4).

■ Zu den *bereits geleisteten Zahlungen* gehören insbesondere die Abschlagszahlungen nach § 632 a. Die zu sichernde Forderung wird also im Normalfall (bei laufenden Abschlagszahlungen) mit dem Baufortschritt immer kleiner.

636   Der Unternehmer kann auch noch *nach der Abnahme* – also nach dem Abschluss der Arbeiten (§ 640) – Sicherheit verlangen (so ausdrücklich § 650 f Abs. 1 S. 3 Var. 2). Denn auch nach der Abnahme kann der Werklohn noch ganz oder teilweise offen sein. Aus dem gleichen Grund hat der Unternehmer auch noch nach der Kündigung des Werkvertrags Anspruch auf eine Sicherung (Fall 22, Rn 621).[10]

637   *Sicherheitsleistung:* Mit dem Wort „Sicherheit" verweist das Gesetz auf alle in § 232 genannten Arten der Sicherheitsleistung. In der Praxis herrscht aber die in § 650 f Abs. 2 S. 1 ausdrücklich genannte „*Garantie*" vor. Entscheidend ist, dass der Unternehmer einen unmittelbaren Zahlungsanspruch gegen das garantierende Kreditinstitut bzw den garantierenden Kreditversicherer erhält (den Sicherungsgeber).[11]

Widerruf: Der Sicherungsgeber kann sich das Recht vorbehalten, sein Sicherungsversprechen zu widerrufen, wenn der Besteller in Vermögensverfall gerät (§ 650 f Abs. 1 S. 5). Der Widerruf bezieht sich dann aber nicht auf die Bauleistungen, die der Bauun-

---

9   In der bis Ende 2008 geltenden Fassung hatte der Unternehmer nur ein *Leistungsverweigerungsrecht,* falls der Besteller die Sicherung nicht gewährte (BGHZ 157, 335 [341]; BGHZ 146, 24 [28]). Heute spricht das Gesetz selbst von einem „Anspruch" (§ 650 f Abs. 1 S. 3).
10   BGH NJW 2014, 2186 Rn 16 ff.
11   BT-Drs 12/1836, 9; BGH NJW 2001, 822 (825).

ternehmer bei Zugang der Widerrufserklärung schon erbracht hatte. Seine bis zu diesem Zeitpunkt entstandenen Forderungen bleiben also trotz des Widerrufs gesichert.
Wenn der Unternehmer in Kenntnis des Widerrufs seine Bautätigkeit fortsetzt, tut er
das auf eigene Gefahr.

Kosten der Sicherung: Zunächst bezahlt der *Bauherr* den Sicherungsgeber für die ge-   638
währte Sicherheit. Weil diese aber letztlich dem Interesse des Unternehmers dient, muss
dieser nach § 650 f Abs. 3 S. 1 dem Bauherrn (Besteller) die Kosten erstatten. Aber die
Erstattung wird doppelt limitiert. Erstens sind nur die *üblichen* (nicht die möglicherweise höheren tatsächlichen) Kosten zu erstatten. Und zweitens ist der Betrag beschränkt auf 2 % pro Jahr. *Beispiel:* Bei einer zu sichernden Bausumme von einer Million Euro kann der Besteller vom Unternehmer maximal 20 000 Euro pro Jahr erstattet verlangen.

Verweigerung durch den Besteller: Einem zögernden Bauherrn kann der Unternehmer   639
„eine angemessene Frist zur Leistung der Sicherheit" bestimmen (§ 650 f Abs. 5 S. 1).
Wenn der Besteller die Sicherheit nicht innerhalb der Frist leistet, „kann der Unternehmer die Leistung verweigern oder den Vertrag kündigen". In diesem Fall kann er nach
§ 650 f Abs. 5 S. 2 ähnlich abrechnen wie nach einer Kündigung durch den Besteller
nach § 648 (Rn 475 ff).

Unabdingbarkeit: § 650 f Abs. 7 erklärt (wie schon erwähnt) die Absätze 1 bis 5 für   640
unabdingbar. Das schließt aber nicht aus, dass die Parteien sich auf eine andere Art der
Sicherung einigen, die den Unternehmer nicht benachteiligt.[12]

5. Beweissicherung bei Verweigerung der Abnahme

Wenn der Bauherr die Abnahme mit der Begründung verweigert, das Werk sei mangel-   641
haft, muss er (auf Verlangen des Unternehmers) an einem Dokument mitwirken, das
den „Zustand des Werks" feststellt (§ 650 g Abs. 1 S. 1). Tut er das nicht, kann der Unternehmer im Prinzip das Dokument allein verfassen (Abs. 2). Abs. 3 enthält eine Beweisregel für den Fall, dass „das Werk dem Besteller verschafft worden" ist und dieser
einen „offenkundigen Mangel" beanstandet, der in der Zustandsfeststellung nicht angegeben ist.

6. Schlussrechnung

Die Fälligkeit der Vergütung hängt nicht nur von der Abnahme ab (§ 641 Abs. 1,   642
Abs. 2), sondern auch von einer prüffähigen Schlussrechnung (§ 650 g Abs. 4 S. 1
Nr. 2). Auch diese Neuerung wurde aus der VOB übernommen. Aber es fehlt die Be-
stimmung, dass Nachforderungen ausgeschlossen sind, sobald der Unternehmer die
Schlussrechnung vorgelegt hat.

7. Form der Kündigung

Eine (ordentliche oder fristlose) Kündigung des Bauvertrags bedarf nach § 650 h der   643
Schriftform (§ 126). Damit wird die Kündigung im Baurecht an die Form angeglichen,
die für die Kündigung des Mietvertrags (§ 568) und des Arbeitsvertrags gilt (§ 623).

---

12 BGH NJW 2010, 2272 Rn 16.

II. Der Verbraucherbauvertrag

1. Definition und rechtliche Einordnung

644   *Definition:* § 650 i Abs. 1 hätte den Verbraucherbauvertrag definieren können als einen Bauvertrag (§ 650 a) mit der Besonderheit, dass ein *Verbraucher* der Bauherr ist. § 650 i Abs. 1 formuliert aber wesentlich enger:[13]

■ § 650 i bezieht sich nicht auf jedes „Bauwerk" (Rn 598), sondern nur auf ein „Gebäude", also auf ein Bauwerk, in dem sich Menschen aufhalten können.

■ Es geht nur um den „*Bau*" eines Gebäudes,[14] nicht auch um dessen „Beseitigung" (§ 650 a Abs. 1 S. 1).

■ § 650 i Abs. 1 betrifft nur „*erhebliche* Umbaumaßnahmen", nicht jeden Umbau (wie § 650 a Abs. 1 S. 1).

■ In § 650 i Abs. 1 fehlt außerdem die Einbeziehung der Außenanlagen.

645   *Rechtliche Einordnung:* Die §§ 650 i bis 650 n gelten nur „ergänzend" zu den §§ 631 ff und 650 a ff (§ 650 i Abs. 3). Daraus ergibt sich, dass der Verbraucherbauvertrag kein eigenständiger Vertragstyp ist, sondern eine Unterart des Bauvertrags (§ 650 a), so wie dieser eine Unterart des Werkvertrags ist (Rn 626). Da eine Sondervorschrift Vorrang vor einer allgemeinen Regelung hat, verdrängen allerdings die nur „ergänzenden" §§ 650 i bis 650 n die allgemeinen Vorschriften. Im Gutachten müssen deshalb erst die §§ 650 i ff, dann die §§ 650 a ff und dann die §§ 631 ff geprüft werden.

2. Stärkung der Verbraucherrechte

646   *Textform:* Der Vertrag bedarf der Textform nach § 126 b (§ 650 i Abs. 2). Dadurch soll der Verbraucher später leichter beweisen können, was ihm der Unternehmer zugesagt hat.

Vorvertragliche Baubeschreibung: Manchmal wird die Bauplanung vom Unternehmer und nicht vom Architekten erstellt, den der Verbraucher beauftragt hat. Das ist insbesondere der Fall, wenn sich der Unternehmer zur schlüsselfertigen Übergabe des Gebäudes verpflichtet hat. Dann hat der Unternehmer dem Verbraucher vor Vertragsschluss die in Art. 249 EGBGB geregelte umfangreiche *Baubeschreibung* mit Angaben zur Bauzeit vorzulegen (§ 650 j).

647   *Vertragsinhalt:* § 650 k legt den Mindestinhalt des Verbraucherbauvertrags fest. In erster Linie wird die vorvertragliche Baubeschreibung (§ 650 j) zum Vertragsinhalt erklärt (§ 650 k Abs. 1). Soweit sie „unvollständig oder unklar" ist, kann der Richter zu ihrer Auslegung ausdrücklich „sämtliche vertragsbegleitenden Umstände" heranziehen (§ 650 k Abs. 2 S. 1). Der Vertrag muss auch „verbindliche Angaben zum Zeitpunkt der Fertigstellung" enthalten (Abs. 3 S. 1).

648   *Widerrufsrecht:* Selbstverständlich hat der Verbraucher ein Widerrufsrecht nach § 355 (§ 650 l S. 1), über das er belehrt werden muss (S. 2). Den Beginn der Widerrufsfrist (und das Erlöschen des Widerrufsrechts) regelt § 356 e. § 357 d bestimmt, wie der Vertrag nach dem Widerruf abzuwickeln ist. Das Widerrufsrecht besteht nicht, wenn der Vertrag notariell beurkundet wurde (§ 650 l S. 1 Hs. 2).

---

13 Die amtliche Begründung zu § 650 e gibt keine Erläuterung (BT-Drs. 18/8486, S. 61).
14 § 650 i Abs. 1 spricht vom „Bau eines *neuen* Gebäudes", aber das ist eine Tautologie.

Abschlagszahlungen: Die Höhe der nach § 632 a zu leistenden Abschlagszahlungen wird gedeckelt (§ 650 m Abs. 1).

Absicherung des Verbrauchers: Der Unternehmer muss dem Verbraucher dafür Sicherheit leisten, dass er das Gebäude „rechtzeitig" und „ohne wesentliche Mängel" herstellt (§ 650 m Abs. 2 S. 1). So kann er dem Verbraucher gestatten, seine Abschlagszahlungen teilweise einzubehalten, und zwar bis zu einem Betrag von 5 % des vereinbarten Gesamtwerklohns (Abs. 2 S. 3). Die Sicherheit kann der Unternehmer auch durch eine Bankgarantie erbringen (§ 650 m Abs. 3). 649

Unabdingbarkeit: Nach § 650 o kann von den Vorschriften des Verbraucherbauvertrags nicht zum Nachteil des Verbrauchers abgewichen werden. Eine Ausnahme macht nur § 650 m. Es fällt auf, dass § 650 o nicht Teil des Kapitels 3 („Verbraucherbauvertrag") ist, sondern für ihn das eigene Kapitel 4 „Unabdingbarkeit" geschaffen wurde. Der Grund ist offenbar, dass § 650 o auch § 640 Abs. 2 S. 2 für unabdingbar erklärt, der nicht Teil des Kapitels 3 ist. 650

III. Architekten- und Ingenieurvertrag

1. Überblick

Rechtliche Einordnung: Die Vorschriften über den Architektenvertrag und den Ingenieurvertrag (§§ 650 p bis 650 t) gehören nicht (anders als die Vorschriften über den Bauvertrag und den Verbraucherbauvertrag) zum „Untertitel 1. Werkvertrag", sondern bilden einen eigenen Untertitel. Immerhin sind sie Verträge, die dem Werkvertrag „ähnlich" sind (siehe die Überschrift des Titels 9). 651

Anzuwendende Vorschriften: Wie groß die Nähe zum Werkvertrag ist, zeigt sich daran, dass das Werkvertragsrecht (§§ 631 bis 650) auf diese Verträge entsprechende Anwendung findet, soweit die §§ 650 q bis 650 t nichts anderes bestimmen (§ 650 q Abs. 1). Hinzu kommen einige Paragrafen des Bauvertragsrechts, nämlich die §§ 650 b (Vertragsänderung) sowie 650 e bis 650 h (Sicherungshypothek, Bankgarantie, Zustandsfeststellung und Schriftform des Vertrags).

Zur sprachlichen Vereinfachung wird im Folgenden nur vom *Architektenvertrag* gesprochen, der Ingenieurvertrag ist aber immer mitgemeint.

Terminologisches: Den Architekten nennt das Gesetz (nach dem Vorbild des Werkvertragsrechts) „Unternehmer" (zB in § 650 p Abs. 1 S. 1) und den Bauherrn „Besteller". Die Bezeichnung „Unternehmer" für den Architekten ist aber missverständlich, weil der Dritte im Bunde, der Bauunternehmer, auch Unternehmer ist. Im Folgenden werden deshalb die Parteien des Architektenvertrags konkret „Architekt" und „Bauherr" genannt.

Inhalt des Vertrags: Der (völlig misslungene) § 650 p macht nicht deutlich, dass ein Architekt zwei gänzlich verschiedene Aufgaben übernehmen kann: 652

■ In erster Linie kann er sich zur *Planung* eines Bauwerks verpflichten (unten Rn 653).[15] Die Honorare für die Planungsleistungen der Architekten und Ingenieure ergeben sich aus der HOAI[16] und waren bisher verbindlich. Der EuGH hat aller-

---

15 Oder als Gartenarchitekt zur Planung einer „Außenanlage" (§ 650 p Abs. 1).
16 Die HOAI (Honorarordnung für Architekten und Ingenieure) regelt die Vergütung der Architekten und Ingenieure, die Planungsleistungen in den Bereichen Architektur, Stadtplanung und Bauwesen erbringen.

dings festgestellt, dass die Bundesrepublik mit der verbindlichen Festlegung der Honorarhöhe gegen Europäisches Recht verstößt.[17] Deshalb sind Honorarvereinbarungen heute zulässig und nicht mehr deshalb unwirksam, weil sie die Sätze der HOAI unter- oder überschreiten.[18]

■ Ein Architekt kann es auch – zusätzlich oder ausschließlich – übernehmen, auf der Baustelle die Arbeit der Bauunternehmer und Bauhandwerker zu *überwachen*. In diesem Fall besteht der geschuldete Erfolg darin, die plangerechte Ausführung sicherzustellen (die Übereinstimmung von Plan und Bauwerk).

2. Planung

653   *Planungsgrundlage:* Bevor der Architekt mit der eigentlichen Planung beginnt, muss er die Wünsche des künftigen Bauherrn erfassen, in eine *„Planungsgrundlage"* umsetzen und diese dem Bauherrn nebst einer (groben) „Kosteneinschätzung für das Vorhaben" zur Zustimmung vorlegen (§ 650 p Abs. 2).

654   *Sonderkündigungsrecht:* Wenn der Bauherr anhand der „Planungsgrundlage" und der „Kosteneinschätzung" feststellt, dass er sein Projekt nicht realisieren will (zumindest nicht mit diesem Architekten), kann er den Architektenvertrag innerhalb von zwei Wochen kündigen (§ 650 r Abs. 1).[19] Nach der Kündigung kann der Architekt nur die Vergütung verlangen, „die auf die bis zur Kündigung erbrachten Leistungen entfällt" (§ 650 r Abs. 3).

3. Abnahme

655   *Gesamtabnahme:* Wenn ein Architekt nur mit der Planung beauftragt war, kann er nach dem Abschluss der Planungsarbeiten die Gesamtabnahme seines Werks verlangen (§§ 650 q Abs. 1, 640 Abs. 1).

656   *Teilabnahme:* Wenn der Architekt nur (oder auch) mit der *örtlichen Bauleitung* (Objektbetreuung) beauftragt ist, kann er eine Teilabnahme seiner Leistungen verlangen (§ 650 s). Der Hintergrund ist folgender: Wenn das Bauwerk nicht den Bauplänen entsprechend errichtet wurde, kann der Bauherr Mängelansprüche gegen den Bauunternehmer haben, aber auch gegen den bauleitenden Architekt (wenn dieser die Arbeiten mangelhaft überwacht hat). Da Beginn und Ende der Verjährungsfrist von der Abnahme abhängen (Rn 602), könnte es sein, dass sich der Bauunternehmer auf Verjährung berufen kann, der Architekt noch nicht. Das will § 650 s verhindern, indem er die Abnahmen und damit die Verjährungsfristen synchronisiert.

4. Haftung des Architekten

657   *Planungsfehler:* Wenn ein Bauherr vom Architekten Schadensersatz verlangt, weil ein Planungsfehler zu einem Mangel des Bauwerks geführt hat, macht er Schadensersatz *neben* der Leistung geltend (so schon Rn 584 aE). Denn der Architekt kann den Schaden nicht beseitigen, indem er seine Planung korrigiert (Nacherfüllung).[20]

---

17   EuGH NJW 2019, 2529.
18   OLG Celle NJW 2019, 3593 Rn 24.
19   Verbraucher muss der Architekt rechtzeitig und umfassend über das Kündigungsrecht informieren (§ 650 r Abs. 1 S. 2 Hs. 2).
20   BGHZ 218, 1 Rn 58. Es handelt sich um einen Architektenvertrag, auf den aber das ganze Werkvertragsrecht anwendbar ist (§ 550 q Abs. 1; Rn 651).

Überwachungsfehler: Wenn das Bauwerk einen Mangel aufweist, kann es zum Streit über die Frage kommen, ob der Bauunternehmer oder der bauleitende Architekt (wegen eines Überwachungsfehlers) den Mangel zu vertreten hat (Rn 656). Deshalb kann der Architekt, wenn der Bauherr ihn auf Schadensersatz in Anspruch nimmt, die Zahlung so lange verweigern, bis der Bauherr dem Bauunternehmer erfolglos eine Frist zur Nacherfüllung gesetzt hat (§ 650 t).[21] Hintergrund ist, dass Bauherren dazu neigen, statt des Bauunternehmers den Architekten in Anspruch zu nehmen, weil dieser eine Berufshaftpflichtversicherung abgeschlossen haben muss, der Bauunternehmer nicht.

IV. Bauträgervertrag

1. Definition und rechtliche Einordnung

Definition: Ein Bauträgervertrag ist – verkürzt gesagt – ein Vertrag, in dem sich eine   658
Partei (der Bauträger) in doppelter Weise verpflichtet, nämlich

- auf seinem eigenen Grundstück für den Besteller ein Haus oder ein vergleichbares Bauwerk (zB eine Eigentumswohnung) zu errichten und
- das Grundstück danach dem Besteller zu übereignen.

Die Definition des § 650 u Abs. 1 S. 1 ist etwas weiter gefasst, denn sie schließt Fälle ein, in denen es nur um den *Umbau* eines Hauses geht und/oder in denen sich der Bauträger verpflichtet, statt das Grundstückseigentum zu übertragen ein *Erbbaurecht* zu bestellen oder zu übertragen.

Rechtliche Einordnung: Weil die Vorschriften über den Bauträgervertrag den „Unter-   659
titel 3" bilden (§§ 650 u und 650 v), gehört der Bauträgervertrag nicht zum Untertitel 1 „Werkvertrag", sondern wie der Architektenvertrag und der Ingenieurvertrag) zu den Verträgen, die dem Werkvertrag „ähnlich" sind (Überschrift des Titels 9).

2. Anzuwendende Vorschriften

Errichtung des Bauwerks: Da der Bauträger zwei ganz unterschiedliche Pflichten über-   660
nimmt, sind auch die anzuwendenden Vorschriften unterschiedlich: Auf die *Errichtung des Bauwerks* finden die Vorschriften des Untertitels 1 „Werkvertrag" Anwendung (§ 650 u Abs. 1 S. 2). Dazu gehören bekanntlich die „Allgemeinen Vorschriften" (§§ 631 bis 650) sowie die Vorschriften über den Bauvertrag (§§ 650 a ff) und gegebenenfalls über den Verbraucherbauvertrag (§§ 650 i bis 650 n) und § 650 o.

Übertragung des Eigentums: Hinsichtlich des *Anspruchs auf Übertragung* des Eigen-   661
tums (bzw des Erbbaurechts) an dem bebauten Grundstück „finden die Vorschriften über den Kauf Anwendung" (§ 650 u Abs. 1 S. 3). Es wird also so angesehen, als habe der Besteller das Grundstück (bzw das Erbbaurecht) *gekauft* und dadurch den Anspruch auf die Rechtsübertragung erworben (§ 433 Abs. 1 S. 1). Der Vertrag bedarf deshalb der notariellen Beurkundung (§ 311 b Abs. 1 S. 1). Das gilt auch für den Erwerb einer vom Bauträger noch zu errichtenden Eigentumswohnung.[22] Eine Aufspaltung in einen notariellen Kaufvertrag (Grundstück) und einen formfreien Werkvertrag

---

21 Damit wird für eine schlichte Nacherfüllung eine Fristsetzung verlangt, die nach § 634 Nr. 1 nicht erforderlich ist (Rn 540).
22 BGH NJW 2004, 2156.

(Errichtung des Hauses/der Wohnung) ist nicht möglich. Da beide Verträge eine Einheit bilden, ist der Gesamtvertrag beurkundungspflichtig.[23]

662 *Erwerb einer fertigen Eigentumswohnung:* Die §§ 650 u und 650 v gehen davon aus, dass das fragliche Haus oder die Eigentumswohnung erst *nach* dem Vertragsschluss errichtet wird. Welches Recht gilt, wenn ein Bauträger mit einem Interessenten einen Vertrag über eine *bereits errichtete*, aber noch neue Eigentumswohnung schließt, ist gesetzlich nicht geregelt. Nach ständiger Rechtsprechung des BGH gilt in diesem Fall Werkvertragsrecht, nicht Kaufrecht.[24] Dadurch soll sichergestellt werden, dass alle Erwerber bei Baumängeln der Wohnanlage gleichgestellt sind, unabhängig davon, wann sie den Vertrag geschlossen haben.

3. Nicht anzuwendende Vorschriften

663 Einige Paragrafen werden von § 650 u Abs. 2 für nicht anwendbar erklärt. Das liegt an den Besonderheiten des Bauträgervertrags gegenüber einem normalen Werkvertrag.

- So schließt die enge Verknüpfung des Werkvertrags mit dem Kaufvertrag das Recht aus, allein den Werkvertrag (nach § 648 oder § 648 a) zu kündigen.
- Die §§ 650 b und 650 c passen nicht, weil sich ein Bauträgervertrag meist auf eine *Eigentumswohnung* als Teil einer Wohnanlage bezieht und dem Einzelnen deshalb kein individuelles Gestaltungsrecht zugestanden werden kann.
- § 650 d entfällt, weil der Bauträger auf seinem eigenem Grundstück baut, nicht auf dem des Bestellers.

664
- Weil der Notar zu einer vollständigen Erfassung aller vorvertraglichen Vereinbarungen und zu einer ausführlichen Belehrung verpflichtet ist, muss ein Verbraucher nicht durch § 650 k geschützt werden.
- Schließlich ist § 650 l Abs. 1 entbehrlich wegen einer ähnlichen Regelung in § 3 Abs. 2 Makler- und Bauträgerverordnung.

§ 23 Pauschalreisevertrag

665 **Fall 23: Kein Malediveenurlaub**   §§ 651 a, 651 f

▶ *Jan und Tanja buchten bei der TUI einen 14-tägigen Urlaub auf einer Malediveninsel für insgesamt 4 976 Euro. Eine Woche vor dem geplanten Reisebeginn teilte die TUI ihnen mit, dass das vereinbarte Hotel überbucht sei, und bot ein anderes Hotel auf einer benachbarten Malediveninsel an. Weil die Tauchmöglichkeiten auf der anderen Insel nicht gleichwertig sind, lehnten Tanja und Jan das Ersatzangebot ab und blieben in der Zeit ihres Urlaubs zu Hause. Die TUI erstattete den Reisepreis. Tanja und Jan verlangen eine Entschädigung für nutzlos aufgewendete Urlaubszeit in Höhe von 2 100 Euro. Zu Recht? (Nach BGHZ 161, 389)*

---

23   BGH NJW 1981, 273.
24   Grundlegend BGH NJW 1981, 2344. Daran ist „grundsätzlich festzuhalten" (BGH NJW 2016, 1572 Rn 28).

Tanja und Jan haben eine „Pauschalreise" gebucht (§ 651 a Abs. 1), so dass in den §§ 651 a ff nach einer Anspruchsgrundlage für den geltend gemachten Schadensersatzanspruch zu suchen ist. Zu prüfen ist § 651 n Abs. 1. Diese Vorschrift setzt voraus, dass ein „Reisemangel" vorliegt. Dieser Begriff umfasst – eine Besonderheit des Reiserechts – nicht nur die Fälle, in denen die Qualität der Pauschalreise beeinträchtigt ist (Schlechterfüllung), sondern auch den vollständigen Ausfall der Reise (§ 651 i Abs. 2 S. 3; Rn 688). Dieser Fall ist gegeben.   666

Wenn ein Reisemangel vorliegt, kann der Reisende im Prinzip „nach § 651 n Schadensersatz ... verlangen" (§ 651 i Abs. 3 Nr. 7). Dieser entfällt nur, wenn sich der Veranstalter auf eine der in § 651 n Abs. 1 Nummern 1 bis 3 genannten Ausnahmen berufen kann. Der Ausfall der Reise ist nicht von Tanja und Jan „verschuldet" worden (Nr. 1), denn es war ihr gutes Recht, das Alternativangebot der TUI abzulehnen. Der Ausfall ist auch nicht „von einem Dritten verschuldet" worden (Nr. 2), sondern von der TUI selbst, indem sie das Hotel überbucht hat oder eine Überbuchung durch andere nicht rechtzeitig erkannt hat. Und schließlich war die Überbuchung, die den Ausfall der Pauschalreise „verursacht" hat, für die TUI kein „unvermeidbarer" oder „außergewöhnlicher" Umstand (Nr. 3).

Damit steht fest, dass Tanja und Jan „Schadensersatz verlangen" können (§ 651 n). Es stellt sich nur die Frage, *welchen* Schaden sie erlitten haben. Der in § 651 n Abs. 1 genannte „Schadensersatz" bezieht sich nur auf *materielle* Schäden, also auf eine Beeinträchtigung des Vermögens. Durch den Ausfall der Reise hat sich das Vermögen von Tanja und Jan aber nicht verringert. Nach der Erstattung des Reisepreises sind sie vielmehr finanziell genauso gestellt, wie sie vor Buchung der Reise gestanden hatten. Und bei Durchführung der Reise hätte sich ihr Vermögen nicht vermehrt.

Zu prüfen ist deshalb, ob sich der Schadensersatzanspruch aus § 651 n Abs. 2 ergibt. Dieser Anspruch setzt nicht einen Vermögensschaden voraus, sondern entschädigt den Reisenden für den *immateriellen Schaden,* der darin besteht, dass ihm die Freuden der Reise entgangen sind und er deshalb Urlaubszeit „nutzlos" aufgewendet hat. Im vorliegenden Fall ist die Reise nicht „erheblich beeinträchtigt", sondern „vereitelt" worden. § 651 n Abs. 2 verlangt außerdem, dass die Voraussetzungen des Abs. 1 vorliegen, dass also kein Umstand vorliegt, den der Reiseveranstalter nicht zu vertreten hat (Abs. 1 Nr. 1 bis Nr. 3). Die TUI hat, wie bereits festgestellt, keine entlastenden Umstände aufgezeigt, sodass von ihrem Vertretenmüssen auszugehen ist.

Tanja und Jan können also „wegen nutzlos aufgewendeter Urlaubszeit eine angemessene Entschädigung in Geld verlangen" (§ 651 n Abs. 2). Die Höhe der Entschädigung richtet sich nicht nach dem Einkommen des Reisenden,[25] sondern nach der Höhe des Reisepreises. Der BGH hat die Entscheidung der 1. Instanz gebilligt, hier etwa die Hälfte des ursprünglich vereinbarten Reisepreises als Entschädigung zuzusprechen.[26] ◀

Lerneinheit 23

Literatur: *Bergmann/Blankenburg,* Unvermeidbare außergewöhnliche Umstände im Pauschalreise- und Luftverkehrsrecht, NJW 2019, 3678; *Redenius-Hövermann,* Zu den Novellierungen im Pauschalreisevertragsrecht, Jura 2019, 462; *Führich,* Die Entwicklung des Reisevertragsrechts in den Jahren 2017/2018, MDR 2019, 718; *Emig,* Das neue Pauschalreiserecht – ein Überblick, NJ 2018, 265; *Förster,* Das neue Pauschalreiserecht in Studium und Examen, JA 2018, 561; *Paulus,*   667

---

25   So noch BGHZ 77, 116 (120 bis 123).
26   BGHZ 161, 389 (399).

Das neue Pauschalreisevertragsrecht, JuS 2018, 647; *Sonnentag,* Das neue Reisevertragsrecht, VersR 2018, 967; *Stamer,* Die wichtigsten Änderungen im neuen Pauschalreiserecht, DAR 2018, 351; *Tonner,* Das neue Pauschalreiserecht, MDR 2018, 305; *Staudinger/Schröder*, Die Entwicklung des Reiserechts im ersten Halbjahr 2018, NJW 2018, 2844.

I. Neues Reiserecht

668   Durch das Dritte Gesetz zur Änderung reiserechtlicher Vorschriften, das eine EU-Richtlinie umsetzt,[27] ist das Reiserecht neu gestaltet worden. Auffälligste Neuerung ist, dass der Vertrag nicht mehr „Reisevertrag" heißt, sondern *„Pauschal*reisevertrag". Außerdem umfasst die Neuregelung wesentlich mehr Paragrafen als die bisherige, nämlich die §§ 651 a bis 651 y.

Einordnung in dies Kapitel: Das Pauschalreisevertrag wird hier unter der Kapitelüberschrift „Verträge, die vom Werkvertrag abgeleitet sind" behandelt. Tatsächlich wurde früher die Pauschalreise nach den Regeln des Werkvertrags beurteilt, bevor im Jahre 1979 die §§ 651 a ff in das BGB eingefügt wurden.

II. Definitionen

669   *Pauschalreisevertrag:* Der Pauschalreisevertrag ist ein gegenseitiger Vertrag (§§ 320 ff), dessen Partner „Reiseveranstalter" und „Reisender" genannt werden. Der Reiseveranstalter verpflichtet sich in diesem Vertrag, eine „Pauschalreise" zu erbringen (§ 651 a Abs. 1 S. 1), während sich der Reisende verpflichtet, den Reisepreis zu zahlen (§ 651 a Abs. 1 S. 2).[28]

670   *Reiseveranstalter:* Derjenige, der die Reise am Markt anbietet (und sie idR auch geplant hat), wird Reiseveranstalter genannt (Beispiel TUI). Er schließt mit dem Reisenden den Pauschalreisevertrag. Er darf nicht mit dem „Reisevermittler" verwechselt werden (§ 651 v Abs. 1 S. 1; Rn 676).

671   *Reisender:* Der Reisende ist der Vertragspartner des Reiseveranstalters. Er wird auch dann „der Reisende" genannt, wenn ein Dritter an Stelle des Reisenden in den Vertrag eingetreten ist und die Reise unternimmt (§ 651 e Abs. 3 S. 1; Rn 683).

Nahezu alle Reisenden sind *Verbraucher* (§ 13). Denn auch Gewerbetreibende (zB Kaufleute) und Freiberufler (zB Rechtsanwälte) buchen eine Ferienreise selten geschäftlich-beruflich. Alle Reisenden – *ausdrücklich auch Nicht-Verbraucher* – werden von § 312 Abs. 7 S. 1 geschützt. Verbraucher haben, wenn sie den Reisevertrag als Außerhalb-Vertrag („außerhalb von Geschäftsräumen", § 312 b Abs. 1 S. 1) geschlossen haben idR ein Widerrufsrecht nach § 312 g Abs. 1 (§ 312 Abs. 7 S. 2). Hinzu kommt § 651 y, der es ausschließt, die gesetzlichen Bestimmungen zum Nachteil des Reisenden zu ändern oder zu umgehen.

672   *Pauschalreise:* Der Gegenstand eines Pauschalreisevertrags ist eine „Pauschalreise" (§ 651 a Abs. 1 S. 1). Es handelt sich um „eine Gesamtheit von mindestens zwei verschiedenen Arten von Reiseleistungen", die zu einer Einheit verbunden werden (§ 651 a Abs. 2 S. 1). Die Besonderheit des Pauschalreisevertrags besteht also darin, dass der Veranstalter nicht nur die Beförderung schuldet, sondern zumindest auch eine

---

27   Richtlinie (EU) 2015/2302 vom 25. November 2015, ABl L 326 vom 11. Dezember 2015, S. 1.
28   Einen Sonderfall des Pauschalreisevertrags bildet der Vertrag über einen *Gastschulaufenthalt im Ausland* (§ 651 u). Auf die Einzelheiten wird hier nicht eingegangen.

weitere Reiseleistung, in erster Linie die Beherbergung (§ 651 a Abs. 3 S. 1 Nr. 1 und Nr. 2). Die meisten Reisen bestehen aus den drei Reiseleistungen Beförderung, Unterbringung und Verpflegung. Auch eine Kreuzfahrt umfasst diese drei Leistungen, nur dass sie alle auf dem Schiff erbracht werden. Ob die Anreise zum Starthafen vom Reisenden selbst organisiert wird, ist gleichgültig.[29] Meist bietet der Reiseveranstalter eine feste Kombination von Reiseleistungen an. Eine Pauschalreise liegt aber auch vor, wenn der Reiseveranstalter die Reise nach den Wünschen des Reisenden aus einzelnen Reiseleistungen zusammengestellt hat (§ 651 a Abs. 2 S. 2 Nr. 1: *„dynamic packaging"*).[30]

Gegensatz Einzelleistung: Wenn jemand bei einem Reisebüro oder einem anderen Unternehmer nur eine einzelne Leistung bucht, finden die Vorschriften über Pauschalreisen keine Anwendung, auch nicht analog. *Beispiel:* X buchte für sich und seine Familie einen Linienflug Frankfurt – Los Angeles. Bei einem solchen Luftbeförderungsvertrag handelt es sich um einen Werkvertrag.[31]

Reiseleistung: Es gibt drei wichtige Reiseleistungen, nämlich „die Beförderung von Personen" (§ 651 a Abs. 3 S. 1 Nr. 1) und deren „Beherbergung" (Nr. 2) sowie Kfz-Vermietungen (Nr. 3).   673

Touristische Leistungen: Zu den Reiseleistungen gehören auch die (weniger wichtigen) „touristischen Leistungen", die *nicht* Reiseleistung im Sinne der Nummern 1 bis 3 sind (§ 651 a Abs. 3 S. 1 Nr. 4). Dass sie eine geringere Bedeutung haben, sieht man daran, dass ihre Kombination mit einer der drei Kern-Leistungen uU keine Pauschalreise ergibt (§ 651 a Abs. 4).   674

Reisepreis: Der Reisepreis ist die Leistung, die der Reisende als Gegenleistung für die Pauschalreise erbringt (§ 651 a Abs. 1 S. 2). Der Reisepreis lässt nicht erkennen, welcher Anteil auf die Beförderung und welcher Anteil auf die Unterbringung (und eventuell andere Reiseleistungen) entfällt. Es handelt sich also um einen Pauschalpreis, weshalb der Vertrag als Pauschalreisevertrag bezeichnet wird. Der Reisepreis ist vor Antritt der Reise zu zahlen. Um das Risiko des Reisenden zu vermindern, dass das eingeschaltete Flugunternehmen insolvent wird und deshalb der Rückflug ausfällt, muss der Reiseveranstalter ihm vor Antritt der Reise einen Sicherungsschein aushändigen (§ 651 r; Rn 699 f).   675

Reisevermittler: Der Inhaber des *Reisebüros* oder der Internet-Anbieter, bei dem der Reisende die Reise bucht, wird vom Gesetz „Reisevermittler" genannt (§ 651 v Abs. 1 S. 1), weil er den Abschluss des Pauschalreisevertrags zwischen den Vertragsparteien vermittelt. Er schließt den Vertrag nicht als Vertreter des Reiseveranstalters (§ 164 Abs. 1), sondern überlässt den Vertragsschluss den Parteien selbst. Er ist verpflichtet, den Reisenden vor dem Vertragsschluss[32] über alle wichtigen Umstände zu informieren (§ 651 v Abs. 1 S 1 verweist auf Art. 250 §§ 1 bis 3 EGBGB). Er ist nicht ohne weiteres ermächtigt, Zahlungen auf den Reisepreis entgegenzunehmen (§ 651 v Abs. 2 S. 2, S. 3).   676

Leistungserbringer: Neben dem Reiseveranstalter und dem Reisevermittler gibt es noch die Unternehmer, die die einzelnen Reiseleistungen „ausführen sollen" und die das Ge-   677

---

29   BGH NJW 2013, 1674 Rn 14.
30   So schon zum alten Recht BGH NJW 2015, 1444 Rn 9 ff.
31   BGHZ 209, 20 Rn 14 f; AG Köln NJW 2017, 2047.
32   Danach obliegt die Information nur dem Reiseveranstalter (amtliche Begründung, S. 106).

setz „Leistungserbringer" nennt (§ 651 b Abs. 1 S. 2). Zu ihnen zählen in erster Linie Flugunternehmer und Hoteliers. Die Leistungserbringer sind gegenüber den Reisenden die Erfüllungsgehilfen des Reiseveranstalters (§ 278).

III. Grauzone zwischen Veranstaltung und Vermittlung

678   In den letzten Jahren haben viele Unternehmer in ihrem Reisebüro oder im Internet Reiseleistungen angeboten, sich aber später den Pflichten eines Reiseveranstalters zu entziehen versucht mit dem Argument, sie hätten die entsprechenden Verträge mit den Leistungserbringern (zB Fluggesellschaft, Hotelier) nur *vermittelt*, ohne selbst zu haften. Diesem Missstand versucht § 651 b abzuhelfen: Wenn der Unternehmer die Reiseleistungen „zu einem Gesamtpreis" oder als „Pauschalreise" anbietet (§ 651 b Abs. 1 S. 2 Nr. 2, Nr. 3), ist er Reiseveranstalter (Abs. 1 S. 3).

679   Dasselbe gilt in Fällen, die weniger eindeutig sind und die der Gesetzgeber in § 651 b Abs. 1 S. 2 Nr. 1 leider nur undeutlich umrissen hat: Vorausgesetzt wird, dass der Kunde sich eine Reise aus bestimmten Reiseleistungen „im Rahmen desselben Buchungsvorgangs" zusammengestellt und sich – sozusagen uno actu – zur Zahlung verpflichtet hat. Diese Fälle sollen unterschieden werden von der in § 651 w geregelten „Vermittlung verbundener Reiseleistungen".[33] Leider ist die Neuregelung in diesem Punkt gänzlich misslungen.

680   *Online-Buchung:* Auch § 651 c, der auf die speziellen Möglichkeiten einer Online-Buchung eingeht, versucht die *Vermittlung* von Reisen von deren *Veranstaltung* abzugrenzen. Danach ist ein Unternehmer *Reiseveranstalter*, wenn er im Internet einen Vertrag über nur *eine* Reiseleistung geschlossen oder vermittelt hat, aber zugleich kumulativ[34] die Voraussetzungen des § 651 c Abs. 1 Nummern 1 bis 3 erfüllt.

IV. Vor Reisebeginn

1. Pflichten der Vertragspartner

681   *Pflichten des Reiseveranstalters:* Nicht nur vor *Reisebeginn*, sondern sogar *vor dem Vertragsschluss* ist der Reiseveranstalter zu umfassenden Informationen verpflichtet (§ 651 d Abs. 1 S. 1). Das gilt auch für den Reisevermittler (§ 651 v Abs. 1 S. 1). *Nach dem Vertragsschluss* geht die Informationspflicht aber ganz auf den Veranstalter über. Er hat dem Reisenden ein Exemplar des Vertrags zur Verfügung zu stellen (§ 651 d Abs. 3 S. 2) und rechtzeitig die Reiseunterlagen zuzuschicken (Abs. 3 S. 3).

Pflichten des Reisenden: Der Reisende hat den Reisepreis zu zahlen (§ 651 a Abs. 1 S. 2) und – je nach Vereinbarung – vorher schon eine Anzahlung von üblicherweise 20 %.[35] Diese Pflicht entsteht noch nicht mit dem Vertragsschluss, sondern erst, wenn der Veranstalter mit einem Dritten einen „Kundengeldabsicherungsvertrag" geschlossen hat, der für den Reisenden die Folgen einer Insolvenz des Veranstalters abmildert (§ 651 r; dazu Rn 699 f).

---

33 Amtliche Begründung, S. 77.
34 Amtliche Begründung, S. 78. Da die Nummern 1 und 2 nicht durch ein „und" verbunden sind, ist das sprachlich nicht eindeutig.
35 Die Höhe der Anzahlung ist nicht gesetzlich geregelt. Die TUI hatte für bestimmte Pauschalreisen eine Anzahlung von 40 % verlangt und war deswegen vom Bundesverband der Verbraucherzentralen auf Unterlassen verklagt worden. Der BGH hat die entsprechende Entscheidung des OLG Celle zweimal (!) zurückgewiesen, aber leider keine praxistaugliche Lösung aufgezeigt (NJW-RR 2015, 618 und NJW 2017, 3297).

2. Erhöhung des Reisepreises und andere Vertragsänderungen

Erhöhung des Reisepreises: Der Reiseveranstalter kann nach Vertragsschluss den Reisepreis nur dann erhöhen, wenn er sich diese Möglichkeit im Vertrag vorbehalten hat (§ 651 f Abs. 1 S. 1 Nr. 1) und sich die Preiserhöhung auf Kosten bezieht, die der Reiseveranstalter nicht beeinflussen konnte (§ 651 f Abs. 1 S. 1 Nr. 2). Außerdem ist dieses Recht zeitlich begrenzt (§ 651 f Abs. 1 S. 3). 682

Übersteigt die Preiserhöhung 8 % des Reisepreises, kann der Reiseveranstalter eine *Ersatzreise* anbieten (§ 651 g Abs. 2 S. 1). Der Reisende kann sie ablehnen und zurücktreten (§ 651 g Abs. 1 S. 2 Nr. 2). Dabei sind bestimmte Fristen zu beachten.

Andere Vertragsänderungen: Was für eine Reisepreiserhöhung um mehr als 8 % gilt, gilt auch für andere wesentliche Vertragsänderungen (§ 651 g Abs. 1 S. 3).

3. Übertragung auf einen Dritten

Der Reisende kann (bis zum achten Tag vor Reisebeginn) schriftlich erklären, dass „statt seiner ein Dritter in die Rechte und Pflichten" aus dem Vertrag eintrete (§ 651 e Abs. 1). Der Reiseveranstalter kann dem nur widersprechen, wenn der Dritte die im Vertrag genannten Voraussetzungen (zB die Gesundheits- oder Einreisebestimmungen) nicht erfüllt (Abs. 2). 683

Allerdings kann der Reiseveranstalter die „durch den Eintritt des Dritten entstehenden Mehrkosten" verlangen (§ 651 e Abs. 3 S. 1). Und die können erheblich sein. Denn wenn der Reiseveranstalter für den Reisenden einen Linienflug gebucht hatte und die Fluggesellschaft nach den internationalen Luftbeförderungsbedingungen eine Umschreibung des Tickets verweigert, muss der Reiseveranstalter einen neuen Flug buchen, der zudem erheblich teurer sein kann.[36] Immerhin hat der Veranstalter dem Reisenden die Höhe der Mehrkosten nachzuweisen (§ 651 e Abs. 4). Der Reisende und der Eintretende haften dem Reiseveranstalter als Gesamtschuldner für den Reisepreis und die Mehrkosten (§§ 651 e Abs. 3 S. 1; 428 S. 1).

4. Rücktritt des *Reisenden* vor Reisebeginn

Ohne Veranlassung: Auch wenn keine wesentliche Preishöhung oder eine andere bedeutende Vertragsänderung vorliegt, kann der Reisende vor Reisebeginn jederzeit zurücktreten (§ 651 h Abs. 1 S. 1). Aber dann steht dem Reiseveranstalter eine angemessene Entschädigung zu (§ 651 h Abs. 1 S. 3). Im Prinzip braucht der Reiseveranstalter vom Reisepreis nur die wenigen Posten abzuziehen, die er infolge des Rücktritts erspart (§ 651 h Abs. 2 S. 2). Die Regelung ist angelehnt an § 326 Abs. 2 und § 648. Die Entschädigung kann auch als *Pauschale* festgelegt sein. Sie muss aber vom Reiseveranstalter unter vielen Gesichtspunkten differenziert werden (§ 651 h Abs. 2 S. 1). Der BGH hat dargelegt, welche komplizierten statistischen Berechnungen erforderlich sind, um für *Kreuzfahrten* eine angemessene Entschädigungspauschale festzulegen.[37] 684

Bei höherer Gewalt: Ein Kündigungsrecht hat der Reisende, wenn „am Bestimmungsort … unvermeidbare, außergewöhnliche Umstande auftreten, die die Durchführung der Pauschalreise … erheblich beeinträchtigen" (§ 651 h Abs. 3 S. 1). S. 2 umreißt diese 685

---

36 BGH NJW 2017, 257 Rn 10 ff zu § 651 b Abs. 2 aF, der aber inhaltlich in diesem Punkt nicht von § 651 e abwich.
37 BGH NJW 2016, 1508.

Umstände und meint offensichtlich höhere Gewalt, ohne diesen Begriff zu verwenden. Der Reiseveranstalter kann in diesen Fällen keine Entschädigung verlangen (§ 651 h Abs. 3 S. 1).

5. Rücktritt des *Reiseveranstalters* vor Reisebeginn

686   Der Reiseveranstalter kann nach § 651 h Abs. 4 S. 1 Nr. 2 vor Reisebeginn zurücktreten, wenn es auch der Reisende ohne Entschädigung tun kann (höhere Gewalt). Ferner hat der Veranstalter dieses Recht, wenn die Mindestteilnehmerzahl nicht erreicht wurde, von der er die Reise abhängig gemacht hatte (§ 651 h Abs. 4 S. 1 Nr. 1).

V. Reisemängel

1. Begriff

687   In Anlehnung an das Kaufrecht und das Werkvertragsrecht definiert § 651 i Abs. 2 nicht den Begriff „Reisemangel", sondern legt fest, wann eine Pauschalreise „*frei* von Reisemängeln" ist. Dabei geht das Gesetz in erster Linie davon aus, dass die Beschaffenheit der Pauschalreise *vereinbart* wurde (§ 651 i Abs. 2 S. 1) und bestimmt erst dann den Mangel für den Fall, dass „die Beschaffenheit *nicht* vereinbart ist" (S. 2). Es kommt dann – nach dem Vorbild von § 434 Abs. 1 S. 2 und § 633 Abs. 2 S. 2 – darauf an, ob sich die Pauschalreise für den „*vorausgesetzten* Nutzen eignet" (S. 2 Nr. 1) oder für den „*gewöhnlichen* Nutzen" (Nr. 2).

688   *Nichtleistung und Spätleistung:* Ganz abweichend vom Kauf- und Werkvertragsrecht wird der Begriff „Reisemangel" ungewöhnlich weit gefasst. Denn er betrifft nicht nur Störungen, die den Wert oder die Tauglichkeit der Reise beeinträchtigen. Nach § 651 i Abs. 2 S. 3 liegt vielmehr ein Reisemangel auch vor, wenn der Reiseveranstalter „Reiseleistungen *nicht* oder mit unangemessener *Verspätung* verschafft". Als Reisemangel gilt es also auch, wenn die Pauschalreise ganz unterbleibt oder nur mit Verspätung angetreten werden kann oder eine *einzelne* Reiseleistung ausfällt oder sich unangemessen verspätet. Es kommt folglich – anders als sonst im BGB – nicht auf den Unterschied zwischen Schlechtleistung, Nichtleistung und Verzug an.

Sieben Sachmängelrechte: Wenn die Pauschalreise mangelhaft ist, stehen dem Reisenden im Prinzip die in § 651 i Abs. 3 unter den Nummern 1 bis 7 genannten Rechte zu. Die Rechtsfolgen eines Mangels ergeben sich ausschließlich aus den §§ 651 k bis 651 n selbst. Das Gesetz verweist – anders als im Kauf- und Werkvertragsrecht – nicht auf Vorschriften des Allgemeinen Schuldrechts.

Im Einzelnen stehen dem Reisenden bei einem Mangel folgende Rechte zu:

2. Abhilfeverlangen und Selbstabhilfe

689   *Abhilfeverlangen (§ 651 k):* Hat die Reise einen Mangel, kann der Reisende am Ferienort Abhilfe verlangen (§ 651 k Abs. 1 S. 1). Die Abhilfe entspricht der Nacherfüllung des Werkvertragsrechts (§§ 634 Nr. 1, 635) und bedarf wie diese keiner Fristsetzung. Der Reiseveranstalter muss den Reisemangel (durch seinen Reiseleiter vor Ort) beseitigen (§ 651 k Abs. 1 S. 1). Er kann die Abhilfe nur verweigern, wenn sie unmöglich oder kostenmäßig unvertretbar ist (Abs. 1 S. 2).

690   *Selbstabhilfe (§ 651 k Abs. 2):* Wenn der Reisende dem Mangel selbst abhelfen will, muss er dem Reiseveranstalter (also dessen örtlichem Reiseleiter) im Prinzip eine ange-

messene Frist zur Abhilfe gesetzt haben.[38] Erst wenn der Reiseveranstalter nicht innerhalb einer solchen Frist dem Mangel abhilft, kann der Reisende selbst Abhilfe schaffen
und Ersatz der erforderlichen Aufwendungen verlangen (§ 651 k Abs. 2 S. 1). Unter
Umständen darf er auf die Fristsetzung verzichten (Abs. 2 S. 2). *Beispiel:* Frau A und
Herr B hatten einen Türkeiurlaub gebucht und sollten am 1. Juni um 16.40 Uhr zu-
rückfliegen. Am Tag vorher wurde ihnen mitgeteilt, dass die Maschine schon um 5.15
Uhr starten werde und sie um 1.25 Uhr am Hotel abgeholt würden. In dieser Vorverle-
gung lag ein Reisemangel, weil ein späterer Abflug im Vertrag vereinbart war (§ 651 i
Abs. 2 S. 1) und den Reisenden ein halber Urlaubstag und die Nachtruhe genommen
wurde.[39] A und B verlangten einen späteren Abflug (§ 651 k Abs. 1 S. 1), der ihnen jedoch verweigert wurde, sodass die Fristsetzung entfiel (Abs. 2 S. 2). Daraufhin flogen
sie am vereinbarten Rückreisetag um 14.00 Uhr auf eigene Kosten mit einer Linienma-
schine nach Hause. A und B können „Ersatz der erforderlichen Aufwendungen verlangen" (§ 651 k Abs. 2 S. 1). Alternativ können sie ihre Aufwendungen für den Rückflug
auch nach § 651 n Abs. 1 als Schadensersatz geltend machen.[40] Der Veranstalter kann
dem nicht entgegenhalten, dass der Reisepreis sehr gering gewesen sei.[41]

3. Kündigung

Da durch den Abschluss eines Pauschalreisevertrags ein Dauerschuldverhältnis begründet wird, tritt an die Stelle des Rücktritts (§ 323) die Kündigung nach § 651 l.   691

Erhebliche Beeinträchtigung: § 651 l Abs. 1 S. 1 macht die Kündigung davon abhängig,
dass ein Reisemangel die Reise „erheblich beeinträchtigt". Die Beschränkung der Kündigung auf gravierende Fälle entspricht der Regelung für den Rücktritt in § 323 Abs. 5
S. 2. Eine „erhebliche" Beeinträchtigung liegt insbesondere vor, wenn der Reiseveranstalter eine Reiseleistung ausfallen lässt, die den Charakter der Reise prägt. *Beispiel:*
Eine Woche vor Beginn der Chinareise teilte der Veranstalter mit, dass wegen einer Mi-
litärparade die Verbotene Stadt und der Platz des Himmlischen Friedens nicht besichtigt werden könnten. Das berechtigte die Reisenden zur Kündigung.[42]

Fristsetzung: Eine Kündigung ist im Prinzip erst zulässig, wenn der Reisende dem Reiseveranstalter erfolglos eine angemessene Frist zu Abhilfe gesetzt hat (§ 651 l Abs. 1
S. 2 Hs. 1). Die Fristsetzung kann entfallen (Hs. 2), zB im vorstehenden Beispielsfall.

Rechtsfolge der Kündigung: Wenn der Reisende während der Reise kündigt, entfällt
der Anspruch des Veranstalters hinsichtlich der nicht mehr zu erbringenden Reiseleistungen (§ 651 l Abs. 2 S. 2 Hs. 1). Der Veranstalter muss unverzüglich für die Rückbe-
förderung des Reisenden sorgen (Abs. 3 S. 1 Hs. 1).

4. Minderung

Die Minderung ist die Herabsetzung des Reisepreises „für die Dauer des Reiseman-   692
gels" (§ 651 m Abs. 1 S. 1). Die Minderung bedarf keiner Erklärung des Reisenden,

---

38 Wie im Werkvertragsrecht für den Fall der Selbstvornahme (§ 637 Abs. 1).
39 BGH NJW 2012, 2107 Rn 23.
40 BGH NJW 2012, 2107 Rn 24. Die Reisenden konnten aber nicht weiteren Schadensersatz mit der Begründung verlangen, die Reise sei erheblich beeinträchtigt gewesen. Denn eine Beeinträchtigung haben sie ja
   gerade mit ihrer beherzten Selbstabhilfe verhindert (BGH aaO Rn 36).
41 BGH aaO Rn 33.
42 BGH NJW 2018, 1534 Rn 16 ff. Weniger schwerwiegenden Änderungen erlauben keine Kündigung (NJW
   2009, 287 Rn 14).

sondern tritt kraft Gesetzes ein (§ 651 m Abs. 1 S. 1: „... mindert sich der Reisepreis"). Das Reiserecht unterscheidet sich in diesem Punkt deutlich vom Kaufrecht und vom Werkvertragsrecht, die für die Minderung bekanntlich eine *Erklärung* verlangen (§§ 441 Abs. 1 S. 1, 638 Abs. 1 S. 1: einseitiges Rechtsgeschäft mit empfangsbedürftiger Willenserklärung).[43]

693   *Anzeige:* Auch wenn es keiner Minderungserklärung bedarf, muss der Reisende doch dem Reiseveranstalter den Mangel, auf den er sich berufen will, unverzüglich angezeigt haben (§ 651 o Abs. 1). Die Mängelanzeige ist auch dann *nicht* entbehrlich, wenn dem Reiseveranstalter der Mangel bekannt ist.[44] Hat der Reisende die Anzeige schuldhaft[45] unterlassen und konnte der Veranstalter deshalb keine Abhilfe schaffen, findet keine Minderung statt (§ 651 o Abs. 2 Nr. 1).

Von allen Rechten, die dem Reisenden aufgrund eines Mangels zustehen, wird die Minderung am häufigsten geltend gemacht.

Berechnung der Minderung: Die Herabsetzung des Reisepreises soll nach § 651 m Abs. 1 S. 2 (wie beim Kauf und beim Werkvertrag) durch eine Verhältnisgleichung berechnet werden (Rn 147). In der Praxis richten sich Anwälte, Veranstalter und Gerichte aber meist nach Urteilen, die zu ähnlichen Reisemängeln ergangen sind.[46]

5. Schadensersatz

a) Allgemeines

694   Der Reisende kann wegen eines Reisemangels auch Schadensersatz verlangen (§ 651 n Abs. 1).[47] Die Worte „unbeschadet der Minderung oder der Kündigung" bedeuten, dass der Schadensersatz (nach dem Vorbild des § 325) auch *neben* einer Minderung oder einer Kündigung geltend gemacht werden kann.

Anzeige: Der Schadensersatzanspruch *entfällt,* wenn der Reisende es schuldhaft unterlassen hat, dem Veranstalter den Reisemangel unverzüglich anzuzeigen (§ 651 o Abs. 2 Nr. 2).

695   *Haftung ohne Verschulden:* Der Schadensersatzanspruch setzt (anders als sonst im BGB) nicht voraus, dass der Reiseveranstalter den Mangel nach § 276 zu vertreten hat. Der Reiseveranstalter haftet deshalb auch ohne Verschulden. Er kann nur geltend machen (und beweisen), dass einer der drei Fälle vorliegt, die in § 651 n Abs. 1 in den Nummern 1 bis 3 genannt sind:

Nr. 1: Der Mangel ist vom *Reisenden* vorsätzlich oder fahrlässig verursacht worden.

Nr. 2: Der Mangel ist von einem Dritten verschuldet worden, der nicht Leistungserbringer ist und auch nicht zu den Leuten eines Leistungserbringers gehört. Und der Reisemangel „war für den Reiseveranstalter nicht vorhersehbar oder nicht vermeidbar".

---

43 Es besteht aber Ähnlichkeit mit dem Mietrecht (§ 536; Rn 872),

44 BGH NJW 2016, 3304 Rn 13.

45 Es wird vermutet, dass *kein* Verschulden (§ 276 Abs. 1 S. 1) vorliegt, wenn der Veranstalter den Reisenden nicht (oder nicht deutlich) auf die Obliegenheit, den Mangel anzuzeigen, hingewiesen hat (BGH NJW-RR 2017, 756).

46 Eine Zusammenstellung findet sich in der „ADAC-Tabelle zur Preisminderung bei Reisemängeln", die der ADAC auf seiner Homepage zur Verfügung stellt.

47 Dieser Ausdruck umfasst den Schadensersatz *statt* und den *neben* der Leistung. Hinzukommt der Ersatz vergeblicher Aufwendungen nach § 284 (§ 651 i Abs. 3 Nr. 7).

Nr. 3: Der Mangel wurde durch „unvermeidbare, außergewöhnliche Umstände verursacht".[48]

Beispiel 1: Der Reisende R, ein erfahrener Reiter, nahm während eines Cluburlaubs an einem vom Reiseveranstalter V angebotenen Ausritt unter Leitung eines Reitlehrers teil. Das R zugeteilte Pferd warf ihn ab, kurz darauf erlag er seinen Verletzungen. V könnte zu beweisen versuchen, dass R seinen Tod selbst verschuldet hat (Nr. 1). Gelingt das nicht, ist Nr. 2 zu prüfen: Aber der Reitlehrer war „an der Erbringung der von dem Pauschalreisevertrag umfassten Reiseleistungen beteiligt". V muss deshalb beweisen, dass die tödliche Gefahr für ihn „nicht vorhersehbar" und „nicht vermeidbar" war, sonst ist er den Erben des R schadensersatzpflichtig.[49]

Die Reise hat auch dann einen Mangel, wenn sich im Hotel eine Gefahr realisiert hat, die der Reiseveranstalter aufgrund seiner *Verkehrssicherungspflicht* hätte erkennen und beseitigen müssen. Dabei wird ihm nach § 278 ein Verschulden seiner „Leistungserbringer" (insbesondere des Hoteliers) zugerechnet. *Beispiele:* Sturz von einem ungesicherten Balkon,[50] Ertrinken am Ansaugrohr eines Pools,[51] Verletzung an einer Terrassentür aus splitterndem Glas.[52]

Soweit der Veranstalter einem Reisenden eine Reiseleistung zukommen lässt, gehören auch diejenigen Gefahren zum Risikobereich des Veranstalters, die durch Verschulden Außenstehender entstehen. *Beispiel 2:* Das Ehepaar E wurde in einem Bus des Veranstalters vom Flughafen zum Hotel gefahren, als ein entgegenkommendes Fahrzeug auf die falsche Spur geriet und die Eheleute erheblich verletzte. Der Veranstalter konnte nicht geltend machen, hier habe sich ein allgemeines Lebensrisiko verwirklicht, das jeden Verkehrsteilnehmer treffen könne und das er nicht zu tragen habe.[53]

b) ... wegen eines Nichtvermögensschadens

Während der Schadensersatzanspruch nach § 651 n Abs. 1 auf den Ersatz *materieller* Schäden (Vermögensschäden) gerichtet ist, gewährt Abs. 2 dem Reisenden Schadensersatz in Geld, „wegen nutzlos aufgewendeter Urlaubszeit". Das ist noch heute ungewöhnlich, war aber eine Sensation, als die Vorgängerregelung im Jahre 1979 eingeführt wurde. Denn wer auf die gebuchte Ferienreise verzichten muss und deshalb den Urlaub zu Hause verbringt, wird dadurch nicht ärmer (er erspart ja den Reisepreis), hat also keinen *materiellen* Schaden. Er erleidet durch den Verlust an Lebensfreude nur einen *immateriellen Schaden*, der nach § 253 Abs. 1 grundsätzlich nicht durch eine Geldzahlung auszugleichen ist (Fall 23, Rn 665). Auch Berufslose (Schüler, Hausmänner, Rentner) können eine Entschädigung nach § 651 n Abs. 2 fordern.[54]

696

Höhe der Entschädigung: Der zu zahlende Betrag kann sehr unterschiedlich sein, denn er richtet sich nach der Schwere des Mangels und der Höhe des Reisepreises.[55] Wenn die Reise vollständig ausgefallen („vereitelt") ist, sollte man meinen, dass die Entschädigung in Geld höher sein müsste. Das ist aber eher selten der Fall, weil eine „erhebli-

---

48 Die Formulierung am Ende von Nr. 2 ähnelt diesen Worten so sehr, dass von einem Redaktionsversehen auszugehen ist.
49 BGHZ 161, 79 zum alten Reiserecht. In der gleichen Sache bereits BGH NJW 2000, 1188.
50 BGHZ 103, 298.
51 BGH NJW 2006, 3268.
52 BGH NJW 2000, 2918.
53 BGH NJW 2017, 958 Rn 9 ff (wie alle Beispiele zum alten Recht).
54 BGHZ 85, 168 und 161, 389 (397).
55 BGHZ 161, 389 (398 f).

che Beeinträchtigung" den Reisenden physisch und psychisch stark belasten kann. In Fällen der Vereitelung hat der BGH Entschädigungen von 50 % [56] und 73 % [57] des Reisepreises akzeptiert.

6. Fristen

a) Kurze Ausschlussfrist

697   Wenn der Reisende seine Rechte wahren will, sollte er im eigenen Interesse den Reisemangel „unverzüglich" anzeigen (§ 651 o Abs. 1). Hat er das schuldhaft unterlassen und konnte der Reiseveranstalter deshalb keine Abhilfe schaffen, so entfallen die Minderung und der Schadensersatzanspruch (§ 651 o Abs. 2; Rn 693, 694).

b) Verjährungsfrist von zwei Jahren

698   Die in § 651 i Abs. 3 genannten Rechte des Reisenden verjähren in zwei Jahren (§ 651 j S. 1).[58] Die *Verjährungsfrist* beginnt nicht nach § 199 Abs. 1 am Jahresende, sondern um 24.00 Uhr des Tages, an dem die Reise nach dem Vertrag enden sollte und deshalb meist auch geendet hat (§ 651 j S. 2, § 187 Abs. 1). Wie bei jeder Verjährung gelten (im Gegensatz zur Ausschlussfrist) die Vorschriften über die Hemmung und den Neubeginn der Verjährung (§§ 203 ff, 212).

VI. Zahlungsunfähigkeit des Reiseveranstalters

699   Bahnfahrkarten und Flugtickets müssen, solange es Bahnen und Passagierflugzeuge gibt, im Voraus bezahlt werden. Auch die Reiseveranstalter haben immer schon eine vollständige Bezahlung vor Antritt der Reise verlangt. Aber das kann für die Reisenden riskant sein. *Beispiel:* Reiseveranstalter R hatte dem Flugunternehmer F keine Zahlung geleistet und meldete Insolvenz an. F verweigerte Frau B den Heimflug. Frau B flog deshalb mit einer Lufthansa-Maschine nach Hause und verlangte von R die Erstattung ihrer Auslagen. Sie konnte ihre Forderung aber nur beim Insolvenzverwalter anmelden und ging leer aus.

700   Heute verpflichtet § 651 r den Reiseveranstalter sicherzustellen, dass dem Reisenden der Reisepreis von einem Dritten erstattet wird, soweit infolge der Zahlungsunfähigkeit des Reiseveranstalters

■ Reiseleistungen ausfallen (§ 651 r Abs. 1 S. 1 Nr. 1) oder

■ der Reisende aus eigener Tasche einen Leistungserbringer bezahlt hat, zB die Fluggesellschaft, um den Rückflug zu ermöglichen (§ 651 r Abs. 1 S. 1 Nr. 2).

Die Sicherstellung erfolgt entweder über einen Versicherer oder ein Kreditinstitut. Beide nennt das Gesetz zusammenfassend (etwas unschön) „Kundengeldabsicherer" (§ 651 r Abs. 3 S. 1), die Praxis spricht kurz vom „Absicherer". Der Reiseveranstalter schließt mit ihm einen echten Vertrag zugunsten Dritter (§ 328), nämlich zugunsten der Reisenden. Die Rechte, die der Reisende dadurch unmittelbar gegen den Absicherer erwirbt, werden in einem *„Sicherungsschein"* verbrieft (§ 651 r Abs. 4 S. 1).[59]

---

56 BGH NJW 2010, 2950 Rn 10.
57 BGH NJW 2018, 3173 Rn 20.
58 Unter diesen Rechten sind auch Gestaltungsrechte, die nicht verjähren können, weil sie keine Ansprüche sind (§ 194 Abs. 1), zB das Kündigungsrecht (§ 651 i Abs. 3 Nr. 5). Ist das vom BMJ nicht bemerkt worden?
59 BGH NJW 2012, 997 Rn 12 ff, 20.

Der Reiseveranstalter darf Zahlungen auf den Reisepreis (also auch Anzahlungen) nur annehmen, wenn „ein wirksamer Kundengeldabsicherungsvertrag besteht" (§ 651 t Abs. 1 Nr. 1), was durch Vorlage des Sicherungsscheins nachzuweisen ist (§ 651 r Abs. 4 S. 1).

FÜNFTES KAPITEL ANDERE VERTRÄGE ÜBER EINE TÄTIGKEIT

§ 24 Maklervertrag, Verwahrung und Auslobung

701 **Fall 24: Gebäude des Staatlichen Umweltamts** § 652

▶ *Die Küster und Küster GbR interessierte sich für den Kauf eines größeren Geschäftshauses und schloss deshalb mit dem Makler Carl Maier einen Maklervertrag. In ihm verpflichtete sie sich, Maier für den Fall, dass ein Kaufvertrag zustande kommen sollte, einen Maklerlohn in Höhe von 3 % des Kaufpreises zu zahlen. Maier wies der GbR ein Bürogebäude nach, das der V-GmbH gehörte und an das Staatliche Umweltamt vermietet war. Die GbR kaufte das Gebäude durch notariell beurkundeten Kaufvertrag für sechs Millionen Euro. Kurz nach Abschluss des Kaufvertrags stellte die GbR fest, dass die Arbeitsschutz-Behörde die Beleuchtung der Arbeitsplätze beanstandet hatte und dass Wasser in die Tiefgarage eingedrungen war. Deshalb lehnte sie die Übernahme des Gebäudes und die Zahlung des Kaufpreises ab und verlangte von der V-GmbH entgangenen Gewinn in Höhe von rund 1,5 Millionen Euro. Zugleich verweigerte sie Maier die Zahlung des Maklerlohns von 180 000 Euro mit der Begründung, der Vertrag habe von Anfang an wegen der Mängel „an einer Unvollkommenheit gelitten" und sei daran auch „gescheitert". Maier hält das für falsch und besteht auf der Zahlung. Zu Recht? (Nach BGH NJW 2009, 2810)*

702 Der von Maier geltend gemachte Anspruch könnte sich aus § 652 Abs. 1 S. 1 ergeben. Die erste Voraussetzung ist, dass die GbR Maier „für den Nachweis der Gelegenheit zum Abschluss eines Vertrags ... einen Mäklerlohn" versprochen hat. Das ist der Fall, weil beide Parteien einen entsprechenden Maklervertrag geschlossen haben. Zweite Voraussetzung ist, dass der angestrebte Vertrag über den Kauf eines Geschäftshauses zustande gekommen ist. Denn die GbR ist zur Zahlung des Maklerlohns „... nur verpflichtet, wenn der Vertrag infolge des Nachweises ... des Mäklers zustande kommt" (§ 652 Abs. 1 S. 1). Über diese Frage streiten die Parteien.

Der angestrebte Kaufvertrag ist dann zustande gekommen, wenn er wirksam abgeschlossen wurde und auch nicht rückwirkend – etwa durch eine Anfechtung (§ 142 Abs. 1) – vernichtet worden ist. Hinweise auf eine anfängliche Nichtigkeit des Kaufvertrags (etwa wegen Geschäftsunfähigkeit, Nichteinhaltung der Form oder wegen Sittenwidrigkeit) gibt es nicht. Auch hat die GbR den Vertrag nicht wirksam nach § 119 oder § 123 angefochten.

Die GbR ist lediglich der Ansicht, sie könne von der V-GmbH den sogenannten großen Schadensersatz nach § 281 verlangen, könne also die Annahme der Kaufsache ablehnen, den Kaufpreis verweigern und einen entgangenen Gewinn geltend machen. Selbst wenn ihr dies Recht zustehen sollte,[1] bliebe der Vertrag wirksam. Er würde nicht nichtig, sondern würde nur (ähnlich wie nach einem Rücktritt) rückabgewickelt. Dann ist der Vertrag aber nach wie vor „zustande" gekommen. Eine Ausnahme wird gemacht, wenn der Verkäufer den Käufer arglistig getäuscht hatte und dieser deshalb nach § 123 anfechten könnte, aber wegen des großen Schadensersatzes darauf verzichtet.[2] Aber auch diese Voraussetzung liegt nicht vor.

---

1 Daran ist zu zweifeln, weil die Mängel extrem „unerheblich" waren (§ 281 Abs. 1 S. 3).
2 BGH NJW 2005, 3778; Althammer NZM 2006, 163.

Damit sind die Voraussetzungen des § 652 Abs. 1 S. 1 gegeben, sodass die GbR zahlen muss. ◄

Lerneinheit 24

Literatur: *Fischer,* Der Mitverschuldenseinwand in der Maklerhaftung, NZM 2019, 201; *Hogenschurz,* Zur Entwicklung des Maklerrechts seit 2018, ZfIR 2019, 329; *Kaßler,* Bestellerprinzip beim Immobilienerwerb: Gesetzentwurf spaltet die Branche, ZWE 2019, 233; *Leitmeier,* Die fragwürdige konstitutive Maklerklausel im notariellen Kaufvertrag, DNotZ 2019, 648; *Meyer,* Auf der Abschussliste: Der Heiratsmakler im BGB ZfPW 2019, 488.

703

I. Maklervertrag

1. Grundlagen

a) Begriffe

Definition des Maklervertrags: Im Maklervertrag (vom BGB „Mäklervertrag" genannt) verspricht jemand, der mit einem noch unbekannten Dritten einen Vertrag schließen möchte, einem Makler ein Entgelt (den Maklerlohn) für den Fall, dass der gewünschte Vertrag durch seine Tätigkeit zustande kommt. § 652 Abs. 1 S. 1 unterscheidet zwei Arten der Maklertätigkeit, den *Nachweis* („… für den Nachweis der Gelegenheit zum Abschluss eines Vertrags …") und die *Vermittlung* („… oder für die Vermittlung eines Vertrags …").

704

- Beim „*Nachweis*" geht es nur um eine Information, nämlich um „eine Mitteilung des Maklers an seinen Kunden …, durch die dieser in die Lage versetzt wird, in konkrete Verhandlungen über den von ihm angestrebten Hauptvertrag einzutreten".[3]
- Wenn der Makler die „*Vermittlung* eines Vertrags" übernommen hat, verhandelt er mit beiden Seiten, wirkt dabei auf den gesuchten Vertragspartner ein und führt „dessen Abschlussbereitschaft" herbei.[4]

Der Makler kann wählen, wie er vorgehen will. Da ihm beide Tätigkeiten, wenn sie zum Vertragsschluss führen, den gleichen Maklerlohn sichern, hat die Unterscheidung keine wesentliche Bedeutung.

Terminologisches: Das BGB verwendet den Ausdruck „Mäkler".[5] In Anlehnung an den „Handelsmakler" der §§ 93 ff HGB hat sich aber die Bezeichnung „Makler" durchgesetzt. Das BGB kennt für den *Vertragspartner* des Mäklers/Maklers keine Bezeichnung. Man kann ihn deshalb „Maklerkunde" oder „Auftraggeber" nennen.

Das vom Auftraggeber geschuldete Entgelt nennt das Gesetz „Mäklerlohn" (§ 652 Abs. 1 S. 1). Man kann es natürlich auch „Maklerlohn" nennen oder „Courtage", sollte aber das Wort „Provision" vermeiden.[6]

---

3 BGH NJW 2016, 2317 Rn 20 ff.
4 BGH NJW 2019, 1803 Rn 26.
5 Das Wort stammt von dem Verb „maken" (niederdeutsch für „machen"). Da Makler die Ware der Gegenseite kritisch zu begutachten hatten, nahm „mäkeln" die Bedeutung von „nörgeln" an (Kluge, Etymologisches Wörterbuch der deutschen Sprache, 25. Aufl., 2012).
6 Als Provision bezeichnet das HGB das Entgelt des *Handelsvertreters* (§ 87 HGB). Allerdings nennt selbst der für das Maklerrecht zuständige Zivilsenat des BGH den Maklerlohn häufig „Provision".

b) Rechtliche Einordnung

705 *Gesetzliches Leitbild:* Der Makler schuldet aufgrund von § 652 keine Tätigkeit (er *darf*, aber er muss sich nicht bemühen). Der Maklervertrag ist deshalb *kein* gegenseitiger Vertrag (§§ 320 ff). Es handelt sich aber auch nicht um einen einseitig verpflichtenden Vertrag.[7] Denn auch der Auftraggeber schuldet kein Entgelt, solange das Ziel des Vertrags – der Vertragsschluss mit einem Dritten – nicht erreicht ist (§ 652 Abs. 1 S. 1).

Makleralleinauftrag: Manchmal formuliert der Makler den Vertrag so, dass sich der Kunde verpflichtet, alle Verhandlungen nur durch den Makler führen zu lassen, keinen weiteren Makler zu beauftragen und eigene Interessenten an den Makler zu verweisen *(Makleralleinauftrag)*. Dann darf der Makler nicht untätig bleiben, sondern ist zur Tätigkeit *verpflichtet*, so dass der Vertrag den Charakter eines Dienstvertrags hat (§§ 611 ff).[8]

c) Höhe des Maklerlohns

706 Es gibt keine „Taxe", sodass der Makler die Höhe des Maklerlohns bis zur Grenze der Sittenwidrigkeit (§ 138) frei aushandeln kann. Fast immer richtet sich der Maklerlohn nach dem Wert des vermittelten Vertrags, nicht nach dem Arbeitsaufwand des Maklers. Ein Makler kann deshalb manchmal durch wenig Arbeit viel Geld verdienen. *Beispiel:* Die A-GmbH, die Kliniken betreibt, beauftragte den Makler M, den deutschen Klinikmarkt zu sondieren und verkaufsbereite Klinikbetreiber zu benennen. Nach einigen Nachforschungen nannte M der A-GmbH die zum Verkauf stehenden H-Kliniken, die die A-GmbH tatsächlich erwarb. Obwohl der Maklerlohn des M nur 1,5 % des Kaufpreises betrug, verdiente er an seinem Nachweis über elf Millionen Euro.[9] Oft bemüht sich der Makler aber auch ebenso lange wie erfolglos um einen Vertragsschluss. Man sagt daher zu Recht: „Maklers Müh ist oft umsonst."

2. Abgrenzung vom Handelsmakler

707 Der Makler der §§ 652 ff BGB wird auch Zivilmakler genannt, denn er muss vom Handelsmakler der §§ 93 ff HGB abgegrenzt werden. Beide Makler unterscheiden sich nur durch die *Verträge*, die sie vermitteln. Zu den Verträgen, deren Vermittlung dem Handelsmakler vorbehalten ist, zählen hauptsächlich Kaufverträge über *bewegliche* Sachen, Versicherungsverträge[10] und Güterbeförderungsverträge (§ 93 Abs. 1 HGB). Die §§ 652 bis 654 gelten für den Handelsmakler nur subsidiär.

Das Gesetz weist keine Verträge ausdrücklich der Vermittlung durch den Zivilmakler zu. Aber man kann sagen: Wer Verträge vermittelt, die nicht in § 93 Abs. 1 HGB genannt sind, ist Zivilmakler. Für ihn gelten die §§ 652 ff, aber nicht die §§ 93 ff HGB.

Es wäre ein Irrtum anzunehmen, der Unterschied bestehe darin, dass der Handelsmakler Kaufmann sei und der Zivilmakler nicht. Sowohl unter den Zivilmaklern als auch unter den Handelsmaklern gibt es Kaufleute und Nichtkaufleute. Der nichtkaufmännische Handelsmakler wird vom HGB sogar ausdrücklich geregelt (§ 93 Abs. 3 HGB).

---

7   Medicus/Lorenz Rn 896; aA Brox/Walker § 29 Rn 65 a: einseitig verpflichtender Vertrag.
8   BGH NJW 2019, 1596 Rn 29.
9   BGHZ 161, 349.
10 Der Versicherungs*makler* (zB BGH NJW 2016, 3366 und BGHZ 162, 76) muss streng vom viel häufigeren Versicherungs*vertreter* (Handelsvertreter nach §§ 84, 92 HGB) unterschieden werden.

3. Vermittelte Verträge

Grundstücksmakler: Die weitaus wichtigsten Verträge, die von Zivilmaklern vermittelt werden, sind *Kaufverträge über Grundstücke.*

708

Wohnraummakler: Die Vermittlung von Mietverträgen über Wohnraum spielt im täglichen Leben kaum eine Rolle, ist aber seit 1971 in einem eigenen Gesetz geregelt (Gesetz zur Regelung der Wohnungsvermittlung – WoVermittG). Seit dem 1. Juni 2015 bestimmt der in § 2 WoVermittG neu eingefügte Abs. 1 a, dass ein Wohnungsvermittler vom Wohnungssuchenden nur dann ein Entgelt fordern darf, wenn *dieser* ihn (mit der Suche nach einer Wohnung) und nicht der Vermieter (mit der Suche nach einem Mieter) beauftragt hat (sogenanntes *Bestellerprinzip*).[11] Außerdem bedarf der Vertrag erstmals einer Form, nämlich der Textform des § 126 b (§ 2 Abs. 1 S. 2 WoVermittG).

Personalvermittler: Zu den Zivilmaklern gehören auch die *Personalvermittler*, die sogenannten „Headhunter", die im Auftrag von Unternehmen technische und kaufmännische Führungskräfte suchen und mit ihren Anzeigen die Wochenendausgaben der überregionalen Tageszeitungen füllen. Seit dem Jahre 2002 können *alle* Arbeitnehmer einen privaten Arbeitsvermittler in Anspruch nehmen. Die §§ 652 ff gelten auch für diese Vermittlungsverträge, werden aber von den §§ 296 f SGB III überlagert.[12] Die Kunden der Personalvermittler sind die einzigen, denen das Gesetz ausdrücklich das Recht gibt, einen überhöhten Maklerlohn durch Urteil herabsetzen zu lassen (§ 655).

709

Kaufverträge über Unternehmen: Auch diejenigen, die Kaufverträge über Unternehmen und Praxen (von Freiberuflern) vermitteln, sind Zivilmakler.[13]

4. Voraussetzungen der Zahlungspflicht

Abschluss eines wirksamen Maklervertrags: Erste Voraussetzung für die Entstehung eines Maklerlohnanspruchs ist, dass zwischen dem Makler und einem Interessenten durch Antrag und Annahme (§§ 145 ff) ein Maklervertrag geschlossen wurde. Der Abschluss ist zwar mündlich (und damit auch konkludent) möglich.[14] Aber der Makler sollte von Anfang an eine Courtage verlangen und dadurch deutlich machen, dass er sie (auch) vom Interessenten und nicht (nur) von seinem Auftraggeber erwartet.[15] Anderenfalls kann der Interessent zu Recht der Meinung sein, er selbst brauche keine Courtage zu zahlen. Liegt ein eindeutiges Courtageverlangen vor, so kommt der Vertrag zustande, wenn der Interessent die Dienste des Maklers in Anspruch nimmt.[16] *Beispiel 1:* Makler M inserierte im Internet-Portal „ImmobilienScout24" ein Grundstück unter Angabe von Größe und Preis mit dem Zusatz „Provision 7,14 %". Y ließ sich unter Bezugnahme auf diese Anzeige die Lage und den Eigentümer des Grundstücks nennen. Damit schloss er mit M einen Maklervertrag, mit der Verpflichtung, einen Maklerlohn von 7,14 % zu zahlen.[17] Das eindeutige Maklerlohn-Verlangen kann aber auch fehlen. *Beispiel 2:* Frau F suchte ein Baugrundstück im Süden von München und wandte sich deshalb an den Makler M. Dieser nannte ihr ein Grundstück, das er im Auftrag des Eigentümers E anbot und das Frau F später mit einer Mitarbeiterin des

710

---

11 BGH NJW 2019, 3231 Rn 21.
12 Dazu BGH NJW 2010, 3222.
13 Beispiel: BGHZ 161, 349.
14 BGH NJW 2017, 2337 Rn 24 f.
15 BGH NJW 2017, 1024 Rn 17; NJW 2016, 2317 Rn 13
16 BGH NJW 2017, 1024 Rn 22.
17 BGH NJW 2012, 2268 Rn 13.

M besichtigte. Da Frau F nichts anderes gesagt worden war, durfte sie davon ausgehen, dass M ausschließlich von E einen Maklerlohn fordern werde.[18]

711   *Keine Nichtigkeit, kein Widerruf:* Der Anspruch des Maklers setzt ferner voraus, dass der *nachgewiesene oder vermittelte Vertrag* nicht von Anfang an nichtig war (zB wegen § 138) oder rückwirkend nichtig geworden ist (§§ 123, 142). Dagegen lässt ein Rücktritt (zB wegen eines Mangels nach § 437 Nr. 2) den Anspruch des Maklers *nicht* entfallen.[19] *Beispiel:* Fall 24, Rn 701. Etwas anderes gilt nur, wenn der Käufer zwar zurückgetreten ist, aber auch hätte anfechten können.[20]

Wenn ein Makler den Nachweis eines Grundstücks über eine *Internetplattform* wie ImmobilienScout24 anbietet, kann der Interessent den angebotenen Maklervertrag nur annehmen, indem er ein elektronisches Formular ausfüllt und als E-Mail versendet. Ist der Annehmende ein Verbraucher (§ 13), liegt ein Fernabsatzvertrag vor (§ 312 c Abs. 1).[21] Die Zahlungspflicht des Verbrauchers ist deshalb davon abhängig, dass er nicht wirksam von seinem Widerrufsrecht (§§ 312 g, 355) Gebrauch gemacht hat.

712   *Kein Näheverhältnis:* Manchmal besteht zwischen dem Makler und dem Dritten ein schädliches „Näheverhältnis". Da ein Makler gegenüber beiden Parteien neutral sein muss, kann niemand Makler sein, der „sich im Falle eines Streits bei regelmäßigem Verlauf auf die Seite des Vertrags*gegners* stellen wird".[22] *Beispiel 1:* Der Makler vermittelte einem Kaufinteressenten einen Grundstückskaufvertrag, bei dem die Ehefrau des Maklers die Verkäuferin war.[23] Ein schädliches Näheverhältnis kann auch bei einer gesellschaftsrechtlichen Verflechtung zwischen dem Makler und dem Anbieter gegeben sein. *Beispiel 2:* Eine KG wollte eine Eigentumswohnung verkaufen. Eine Makler-GmbH vermittelte den Kaufvertrag. Herr X war in beiden Gesellschaften als geschäftsführender Gesellschafter tätig. Die GmbH durfte deshalb keinen Maklerlohn berechnen.[24] Auch in solchen Fällen kann aber ein Maklerlohn verbindlich vereinbart werden, wenn dem Kunden offengelegt wurde, dass eine Verflechtung vorliegt, die einen Anspruch eigentlich verhindert.[25]

713   *Keine Verletzung der Treuepflicht:* Wenn sich der Makler im Vertrag verpflichtet hat, nur für eine Seite tätig zu werden, aber die Gegenseite unterstützt, verliert er den Anspruch auf den Maklerlohn (§ 654). Ein besonders schwerer Fall von Verwirkung des Anspruchs liegt vor, wenn der Makler potenzielle Kunden arglistig vom Kauf abhält. *Beispiel:* Frau A beauftragte den Makler M, einen Käufer für ihr großes landwirtschaftlich genutztes Grundstück zu finden. M beschloss, es selbst zu kaufen. Um Interessenten von einem Gebot abzuhalten, nannte er ihnen völlig überhöhte Beträge, die Frau A angeblich erwartete. Wurden trotzdem Gebote abgegeben, leitete er sie nicht an Frau A weiter. Schließlich verkaufte Frau A das Grundstück weit unter Wert an M.[26]

---

18   BGH NJW 2005, 3779. Ähnlich BGH NJW-RR 2007, 400.
19   BGH NZM 2008, 218; BGH NZM 2005, 711; Erman/Werner § 652 Rn 40.
20   BGH NJW 2009, 2810; 2005, 3778 (3779). Vorausgesetzt wird allerdings, dass der Käufer den Rücktritt innerhalb der Anfechtungsfristen des § 124 erklärt (BGH NJW-RR 2008, 564).
21   BGH NJW 2017, 1024 Rn 25 ff; 2017, 2337 Rn 33 ff . Da der Makler die Internetplattform nutzt, erfolgt der Vertragsschluss „im Rahmen eines für den Fernabsatz organisierten Vertriebs- oder Dienstleistungssystems" (§ 312 c Abs. 1 aE).
22   BGH NJW 2012, 1504 Rn 9.
23   Einschränkend BVerfGE 76, 126.
24   Dazu BGHZ 138, 170 (174) und BGH NJW 2010, 3568 Rn 10; 2009, 1809 Rn 9.
25   BGH NJW 2009, 1199 Rn 16; 2003, 1249 (1250).
26   BGH NJW 2019, 1596.

Kausalität der Maklertätigkeit: Der Auftraggeber schuldet den Maklerlohn nur, wenn | 714
die Maklertätigkeit für den Abschluss des Vertrags kausal war. Denn § 652 Abs. 1 S. 1
macht die Einschränkung: „… wenn der Vertrag infolge des Nachweises oder infolge
der Vermittlung des Mäklers zustande kommt".

Identität des nachgewiesenen und des abgeschlossenen Vertrags: Wenn die Tätigkeit | 715
des Maklers zu einem Vertrag führt, der einen wesentlich anderen Inhalt hat als der
vom Makler vermittelte, so entsteht kein Anspruch auf den Maklerlohn.[27] Um solche
Fälle wird oft gestritten (siehe auch Rn 718). *Beispiel:* Die Immobilienmaklerin Q bot
ein Wohnhaus für 460 000 Euro an. Frau B besichtigte es gemeinsam mit Frau Q und
unterschrieb einen entsprechenden Maklervertrag, der einen Maklerlohn von 21 000
Euro vorsah. Im Vertrag verpflichtete sich Frau B, die Informationen nicht an Dritte
weiterzugeben. Zur zweiten Besichtigung kam sie mit ihrem erwachsenen Sohn S. Dieser zeigte selbst Interesse und verhandelte mit Frau Q über einen Kauf, erklärte dann
aber, dass ihm der Preis zu hoch sei. Sechs Monate später schaltete er den Makler X
ein und kaufte das Haus für 420 000 Euro. Frau Q verklagte Frau B auf Zahlung von
21 000 Euro, aber der BGH hat die Klage abgewiesen. Er hat diese Entscheidung
hauptsächlich damit begründet, dass Frau B *nicht* „der Vertragsschluss durch ihren
Sohn im wirtschaftlichen Erfolg ähnlich zugute" kam „wie ein eigener" Vertragsschluss.[28] Es ist erstaunlich, dass die Weitergabe der Daten nur dann zur Zahlung verpflichten soll, wenn sie dem Maklerkunden einen *wirtschaftlichen* Vorteil bringt. Man
kann nach dieser verfehlten, maklerfeindlichen Entscheidung nur allen jungen Leuten
raten: Wenn Sie ein Haus suchen, melden Sie sich nicht selbst auf die Anzeige eines
Maklers, schicken Sie Ihre Mutter vor – Sie sparen 21 000 Euro!

5. Abwehr der Zahlungspflicht

Viele Auftraggeber versuchen, sich einer Zahlungspflicht zu entziehen. Die häufigsten | 716
Argumente oder Tricks sind folgende:

Vorkenntnis: Der Auftraggeber behauptet oft, er habe das fragliche Objekt bereits vor | 717
dem Nachweis des Maklers gekannt. Er muss dann seine (angebliche) Vorkenntnis zumindest glaubhaft machen.[29]

Unvollständiger Hinweis: Wenn der Makler zwar das Objekt genannt hat, aber nicht
den Namen des potenzielle Vertragspartners, ermitteln manche Auftraggeber diesen
auf eigene Faust und berufen sich dann darauf, es fehle an einem Nachweis. Der BGH
lässt das aber zu Recht nicht gelten, wenn es dem Maklerkunden „ein Leichtes" war,
die näheren Angaben „am Makler vorbei" zu erkunden.[30]

Abweichende Vertragsgestaltung: Da der zustande gekommene Vertrag im Wesentli- | 718
chen mit dem vom Makler nachgewiesenen identisch sein muss (Rn 715), ändern manche Auftraggeber die Vertragsbedingungen, aber meist ohne Erfolg. Denn es reicht aus,
wenn der Maklerkunde „mit dem tatsächlich abgeschlossenen Vertrag wirtschaftlich
denselben Erfolg erzielt" wie mit dem angebotenen Vertrag.[31] *Beispiel 1:* Ein Makler
wies Frau F ein Zweifamilien-Haus nach. Frau F veranlasste die Eigentümer dazu, die
beiden Wohnungen zu Eigentumswohnungen zu machen, die sie und ihr Bruder erwar-

---

27 BGH NJW 2019, 1226 Rn 18.
28 BGH aaO Rn 25.
29 Medicus/Lorenz Rn 914.
30 NJW 2016, 2317 Rn 23; siehe auch NJW 2006, 3062 Rn 12 ff.
31 BGH NJW 2008, 651 Rn 16.

ben.[32] Manchmal ist das Argument des Kunden aber auch überzeugend. *Beispiel 2:* Die B-AG, die Baumärkte betreibt, suchte ein Grundstück für eine Filiale im Süden von Bielefeld. Eine Maklerin benannte ihr ein bebautes Grundstück zum Kaufpreis von 1,1 Millionen Euro. Die B-AG kaufte das Grundstück, aber der Eigentümer musste die Gebäude auf seine Kosten abreißen. Außerdem betrug der Kaufpreis nur eine halbe Million Euro. In diesem Fall fehlte die wirtschaftliche Kongruenz des angebotenen und des abgeschlossenen Vertrags.[33]

719 *Zeitablauf:* Der Auftraggeber kann sich uU darauf berufen, dass durch Zeitablauf eine „Unterbrechung des Ursachenzusammenhangs" gegeben ist.[34] *Beispiel:* Der Auftraggeber schloss den nachgewiesenen Mietvertrag erst 19 Monate später. Der Makler musste in diesem Fall den vollen Beweis für die Kausalität des von ihm erbrachten Nachweises erbringen.[35] Aber wenn der Vertrag innerhalb eines Zeitraums von etwa sechs Monaten nach dem Nachweis geschlossen wird, spricht eine Vermutung für die Kausalität des Maklernachweises.[36]

6. Überwälzung der Zahlungspflicht auf den Käufer

720

–

724

Es kommt oft vor, dass der *Verkäufer* eines Grundstücks den Maklervertrag geschlossen hat, aber die Pflicht zur Zahlung des Maklerlohns im notariell beurkundeten Kaufvertrag auf den *Käufer* überträgt. Dann ist der Vertrag zwischen Verkäufer und Käufer ein echter Vertrag nach § 328 Abs. 1 zugunsten eines Dritten (des Maklers).[37] Dadurch entsteht zwar kein Vertragsverhältnis zwischen dem Käufer und dem Makler, aber doch ein besonderes Vertrauensverhältnis nach § 311 Abs. 2. *Beispiel:* Makler M sah sich als Interessenvertreter seines Auftraggebers, des Verkäufers V, und wies deshalb den Käufer K nicht auf versteckte Mängel des Objekts hin. Das hätte er aber tun müssen, weil feststand, dass K die Zahlung des Maklerlohns übernehmen sollte.[38]

7. Besondere Maklerverträge

a) Darlehensvermittlungsvertrag

725 Ein Darlehensvermittlungsvertrag nach § 655a ist ein Vertrag, in dem es ein Unternehmer (§ 14) übernimmt, einem Verbraucher (§ 13) den Abschluss eines Verbraucherdarlehensvertrags (§ 491) zu vermitteln. Die Unternehmer, die auf diesem Gebiet ihre Dienste anbieten, tun das oft in reißerischen Kleinanzeigen mit Formulierungen wie: „Geldsorgen? Wir helfen unbürokratisch! Auch ohne Bürgen und ohne Wissen Ihres Ehegatten!" Die betroffenen Verbraucher sind oft in einer verzweifelten Lage und erkennen nicht, dass sie nicht von einem Kreditinstitut angesprochen werden, sondern von einem Vermittler, der durch seinen Maklerlohn den Kredit verteuert. Die §§ 655a ff wollen Missbräuche verhindern. Insbesondere kann der Vermittler heute kein erfolgsunabhängiges Entgelt mehr fordern (§ 655c Abs. 1).

---

32 BGH NJW 2008, 651.
33 BGH NJW 2014, 2352 Rn 13.
34 BGH NJW 2008, 651 Rn 10.
35 BGH NJW 2006, 3062 Rn 19.
36 BGHZ 141, 40 (43): vier Monate; BGH NJW 2005, 3779 (3781): sechs Monate; BGH NJW 2008, 651: dreieinhalb Monate.
37 BGH NJW 2009, 1199 Rn 16; zum Vertrag zugunsten eines Dritten siehe SAT Rn 1082 ff.
38 BGH NJW 2005, 3778.

b) Heirats- und Partnerschaftsvermittlung

Unvollkommene Verbindlichkeit: Nach § 656 Abs. 1 S. 1 kann der Heiratsvermittler 726
seinen Ehemaklerlohn nicht einklagen (Naturalobligation), braucht aber andererseits
eine gezahlte Vergütung nicht herauszugeben (§ 656 Abs. 1 S. 2).[39]

Grund der Regelung: Während die §§ 655a bis 655e erst mit der Schuldrechtsreform 727
in das BGB eingefügt wurden, ist § 656 sozusagen BGB-Urgestein. Das Motiv des Gesetzgebers war weniger, den Heiratsvermittler als unseriös zu diskriminieren, als dessen
Kunden zu schützen: Die Privatsphäre der Heiratswilligen sollte nicht vor Gericht aus-
gebreitet werden können – weder durch eine Klage des Heiratsvermittlers auf Zahlung
des Maklerlohns noch durch eine Klage seines Kunden auf Rückzahlung. Dieser Gesichtspunkt gilt auch heute noch.[40] Der BGH hat den Anwendungsbereich des § 656
sogar ausgeweitet. Die Vorschrift ist auch auf Verträge anzuwenden, die nicht zu einer
Ehe, sondern lediglich zu einer *Partnerschaft* führen sollen.[41] Der historische Gesetzgeber hat diese Gleichstellung nur deshalb nicht vorgenommen, weil die Vermittlung
einer *nichtehelichen* sexuellen Beziehung damals strafbar war.

Widerrufsrecht: Wenn der Kunde den Vertrag über das Internet mit einer *Online-Part-* 728
nerschaftsvermittlung geschlossen hat, steht ihm nach den §§ 312c, 312g, 355 ein Widerrufsrecht zu. Denn auch beruflich Selbstständige sind bei der Partnersuche Verbraucher (§ 13). Das Widerrufsrecht besteht auch, wenn der Vertrag als Außerhalb-Vertrag
(§ 312b) geschlossen wurde.[42] Im Fall des Widerrufs hat der Kunde einen Anspruch
auf Rückzahlung des Maklerlohns (§§ 355 Abs. 3 S. 1, 357 Abs. 1), während ihm ein
solcher Anspruch nach § 656 Abs. 1 S. 2 nicht zustehen würde. Wenn der geforderte
Maklerlohn „unverhältnismäßig hoch" war, ist der geschuldete Wertersatz geringer,
weil er sich nach dem „Marktwert der erbrachten Leistung" richtet (§ 357 Abs. 8
S. 5).[43]

*Eheanbahnungs*dienst*vertrag:* Vielfach gestalten die Partnerschaftsvermittler ihre Ver- 729
träge als Dienstverträge, sodass sie einerseits zum Tätigwerden verpflichtet sind, andererseits aber auch unabhängig vom Erfolg einen Honoraranspruch haben. Der Versuch, damit den Nachteilen des § 656 zu entgehen, gelingt jedoch nur teilweise. Denn
auf solche „Eheanbahnungsdienst*verträge*" finden sowohl die §§ 611ff als auch § 656
Anwendung.[44] Der Nachteil für den Vermittler ist, dass der Kunde einen Dienstvertrag
über Dienste höherer Art jederzeit ohne Angabe von Gründen kündigen kann (§ 627;
Rn 417). Ein Ausschluss des Kündigungsrechts *durch AGB* ist unwirksam.[45] § 627 *in-*
dividuell auszuschließen, wird den Partnerschaftsvermittlern vom BGH zu Recht außerordentlich erschwert.[46] Die Kündigung ist also idR wirksam. Der Auftraggeber hat
dann einen Rückzahlungsanspruch aus § 628 Abs. 1 S. 3. Diesem steht auch § 656
Abs. 1 S. 2 nicht entgegen.[47]

---

39 Der Kunde kann gezahlten Lohn aber nach § 812 zurückfordern, wenn der Vertrag aus irgendeinem Grund
    nichtig ist (zB nach § 138 oder den §§ 123, 142).
40 BVerfGE 20, 31 (33f); BGHZ 112, 122 (126).
41 BGHZ 112, 122.
42 BGHZ 185, 192 = SAT Fall 15, Rn 313.
43 BGHZ 185, 192 Rn 23ff.
44 BGHZ 112, 122; BGH NJW-RR 2004, 778; BGHZ 106, 341 (346).
45 BGHZ 106, 341 (346f).
46 BGH NJW 2005, 2543.
47 BGH NJW 2005, 2543 (2544 unter III).

730   *Lockvogelangebote:* Häufig werben Partnervermittler mit der Beschreibung einer Person, die nicht existiert oder nur angeblich einen Partner sucht. *Beispiel:* Die Partnervermittlerin P veröffentlichte eine Anzeige, in der eine „Bea" genannte, „attraktive, rassige" Frau mit einem „Original-Kundenfoto" vorgestellt wurde. Um „Bea" kennenzulernen, zahlte K 7 900 Euro. Er erhielt drei Adressen, aber nicht die von „Bea". Nach Ansicht des BGH war der Vertrag nicht sittenwidrig, aber grundsätzlich nach § 123 anfechtbar. Das Problem war natürlich, der P die arglistige Täuschung nachzuweisen. Der BGH hat es für zulässig erklärt, die „Bea" genannte Frau als Zeugin zu vernehmen. Eine Weigerung der P, die ladungsfähige Anschrift von „Bea" zu nennen, könnte als Beweisvereitelung gewürdigt werden.[48]

II. Verwahrung

1. Definition

731   Ein Verwahrungsvertrag ist ein schuldrechtlicher Vertrag, in dem sich der *Verwahrer* gegenüber dem *Hinterleger* zur Aufbewahrung einer ihm übergebenen beweglichen Sache verpflichtet (§ 688). Im Regelfall muss der Verwahrer nach Ablauf der Verwahrungszeit *dieselbe* Sache zurückgeben. Ist die hinterlegte Sache eine vertretbare (§ 91), kann aber auch vereinbart werden, dass der Verwahrer nur eine *gleiche* Sache zurückzugeben hat (§ 700 – so genannte unregelmäßige Verwahrung).

732   Weil vereinbart sein kann, dass der Verwahrer unentgeltlich verwahren soll, lässt § 688 offen, ob der Hinterleger ein Entgelt schuldet. Die Antwort muss sich aus dem Inhalt des konkreten Vertrags ergeben.

2. Entgeltliche Verwahrung

733   *Entgeltlichkeit:* Auch wenn eine Vergütung nicht ausdrücklich vereinbart wurde, gilt sie als geschuldet, wenn der Hinterleger mit einer Zahlungspflicht rechnen musste (§ 689). Insofern gilt nichts anderes als beim Abschluss eines Dienst- oder Werkvertrags (§§ 612 Abs. 1, 632 Abs. 1). *Beispiel:* H hat seinen Pkw auf einem Parkplatz abgestellt, der ausdrücklich als „Bewacht" gekennzeichnet war, und muss deshalb zahlen.

734   *Rechtliche Einordnung:* Weil die Zahlung des Entgelts die Gegenleistung für die Verwahrung ist, handelt es sich um einen gegenseitigen Vertrag (§§ 320 ff).

735   *Pflichten des Verwahrers:* Der Verwahrer hat die Sache „aufzubewahren" (§ 688). Welche Nebenpflichten damit verbunden sind, sagt das Gesetz nicht, weil diese Frage zu sehr vom Einzelfall abhängt (einen Anhaltspunkt gibt § 241 Abs. 2). Im Zweifel darf der Verwahrer die Erfüllung seiner Pflicht nicht einem Dritten überlassen (§ 691). Für die Verletzung seiner (ungeschriebenen) Pflichten haftet der Verwahrer nach den allgemeinen Vorschriften (§§ 280 ff, 276). Eine Haftungserleichterung besteht für ihn – im Gegensatz zum *unentgeltlichen* Verwahrer – nicht.

Auf Wunsch des Hinterlegers muss der Verwahrer die Sache jederzeit zurückgeben (§ 695 S. 1). Leistungsort ist der Ort der Aufbewahrung (§ 697).

736   *Abgrenzung vom Mietvertrag:* Der Verwahrer nimmt die verwahrte Sache in seine Obhut, während derjenige, der einen Ort zum Ablegen oder Abstellen vermietet, das idR

---

48   BGH NJW 2008, 982. Da der Vertrag in der Wohnung des K geschlossen worden war, kam auch ein Widerruf nach den §§ 312 b, 312 g Abs. 1, 355 in Betracht (BGH aaO Rn 24). Dazu BGHZ 185, 192 = SAT Fall 15, Rn 313.

nicht tut. *Beispiel:* A hat seinen Pkw auf einem entgeltpflichtigen, aber unbewachten Parkplatz abgestellt. Der Betreiber des Parkplatzes nimmt das Fahrzeug nicht in seinen Besitz und damit auch nicht in seine Obhut, sondern gestattet nur eine vorübergehende Benutzung des Platzes (Mietvertrag). Das Gleiche gilt, wenn jemand Zugang zu einem Schließfach[49] erhält, zB auf einem Bahnhof oder im Gebäude eines Kreditinstituts. Der Pferdepensionsvertrag ist ein gemischter Vertrag mit Elementen des Verwahrungsvertrags, des Mietvertrags und des Dienstvertrags.[50]

3. Unentgeltliche Verwahrung

Der Vertrag über eine *unentgeltliche* Verwahrung ist ein einseitig verpflichtender Vertrag, weil sich nur der Verwahrer zu einer Leistung verpflichtet.   737

Sorgfalt: Der Verwahrer haftet in diesem Fall nur für die Sorgfalt, die er auch in eigenen Angelegenheiten anzuwenden pflegt (§§ 690, 277). *Beispiel:* Geiger A hatte die Geige seines Freundes B unentgeltlich in Verwahrung genommen und bewahrte sie innerhalb seines Wohnhauses im gleichen unverschlossenen Raum auf wie seine eigenen Instrumente. Die Geige wurde bei einem Einbruch entwendet. A haftet nur, wenn er den Aufbewahrungsort *grob* fahrlässig gewählt hatte (§ 277).   738

Aufwendungsersatz: Wenn der Verwahrer schon unentgeltlich tätig wird, soll er wenigstens die Erstattung seiner erforderlichen Aufwendungen verlangen können (§ 693). *Beispiel:* Frau T hatte die Katze ihrer Nachbarin zwei Wochen lang gehütet und gefüttert. Sie kann dann Ersatz der Futterkosten erwarten.   739

Gefälligkeit: Ob es sich um einen *Vertrag* oder nur um eine *Gefälligkeit*[51] handelt, richtet sich danach, ob der Verwahrer sich rechtlich binden wollte, die Obhut über den zu verwahrenden Gegenstand auch mit der Konsequenz auf sich zu nehmen, bei einer schuldhaften Sorgfaltsverletzung schadensersatzpflichtig zu sein. Einen Hinweis gibt der Wert der verwahrten Sache.   740

III. Exkurs: Auslobung

1. Rechtliche Einordnung

Definition: Die Auslobung (§ 657) ist eine Willenserklärung, durch die für die Vornahme einer Handlung eine Belohnung ausgesetzt wird. Sie begründet – ohne dass sie von einem anderen angenommen werden müsste – die Verpflichtung des Auslobenden, die Belohnung demjenigen zukommen zu lassen, der die Handlung vorgenommen hat.   741

Einseitiges Rechtsgeschäft mit nichtempfangsbedürftiger Willenserklärung: Weil sie nur aus *einer* Willenserklärung besteht, ist die Auslobung kein Vertrag, sondern ein einseitiges Rechtsgeschäft. Die (einzige) Willenserklärung wird nicht an eine bestimmte Person, sondern „durch öffentliche Bekanntmachung" (§ 657) an die Allgemeinheit gerichtet. Sie ist deshalb *nicht* nach § 130 Abs. 1 S. 1 „einem anderen gegenüber abzugeben", ist also eine nichtempfangsbedürftige Willenserklärung.[52] Dementsprechend wird die Auslobung mit ihrer Veröffentlichung wirksam, nicht (wie die in § 130 Abs. 1   742

---

49 OLG Koblenz WM 1997, 470.
50 Häublein NJW 2009, 2982.
51 BGB-AT Rn 46.
52 BGB-AT Rn 88.

S. 1 geregelten empfangsbedürftigen Willenserklärungen) mit ihrem Zugang bei einer bestimmten Person (dem Empfänger).

743 *Untauglichkeit anderer Konstruktionen:* Wer zum ersten Mal von der ungewöhnlichen rechtlichen Konstruktion der Auslobung hört, fragt sich zu Recht, warum sie nicht als Vertrag ausgebildet wurde, der ganz normal durch Antrag und Annahme zustande kommt (§§ 145 ff). Die Antwort lautet: Die Erklärung, es werde eine Belohnung ausgesetzt, muss sich an die Allgemeinheit (oder zumindest an eine Vielzahl unbestimmter Personen) richten, nicht an eine bestimmte Person. Sie kann deshalb nicht als Antrag verstanden werden, denn dieser muss gemäß § 130 Abs. 1 S. 1 an einen bestimmten Empfänger adressiert sein.[53]

744 Man könnte einwenden, dass die Auslobung doch als *invitatio ad offerendum* hätte konstruiert werden können, also als Aufforderung an jedermann, seinerseits einen Antrag abzugeben.[54] Aber das würde dazu führen, dass der Auslobende die „Anträge" derjenigen, die die gewünschte Handlung vornehmen wollen oder vorgenommen haben, ohne Begründung ablehnen dürfte. Er wäre dann zu nichts verpflichtet. Durch die Auslobung soll aber gerade eine *Verpflichtung* des Auslobenden begründet werden, die ausgesetzte Belohnung dem Ausführenden auch wirklich zukommen zu lassen.

Einordnung in dieses Lehrbuch: Da die Auslobung kein Vertrag ist, passt sie nicht unter die Kapitelüberschrift „Andere Verträge ..." Aber für ein eigenes Kapitel ist die Auslobung nicht wichtig genug. Und ein anderes Schuldverhältnis, das durch ein einseitiges Rechtsgeschäft zustande kommt, gibt es nicht. Deshalb findet die Auslobung mit dem Zusatz „Exkurs" sozusagen Asyl im Fünften Kapitel, das sich eigentlich mit Verträgen befasst.

2. Beispiele und Einzelheiten

745 *Beispiel 1:* Frau F inserierte in der Zeitung: „Wer meinen gelben Wellensittich Hansi zurückbringt, erhält 50 Euro Belohnung." *Beispiel 2:* Ein Polizeipräsident versprach auf Plakaten: „Raubmord – 5 000 Euro Belohnung." Man kann auch eine Belohnung ausloben, um zu zeigen, dass niemand den genannten Erfolg herbeiführen könne. *Beispiel 3:* Der Virologe Dr. Lanka, der (als krasser Außenseiter) die Existenz von Masernviren bestreitet, lobte in seiner Zeitschrift 100 000 Euro aus für den, der die Existenz und die Größe der Viren mithilfe von wissenschaftlichen Publikationen belegen könne.[55]

746 Es besteht die Gefahr, dass der Auslobende sich, nachdem der von ihm gewünschte Erfolg herbeigeführt wurde, seiner Verpflichtung zu entziehen versucht. Das will § 658 verhindern (bitte lesen). § 659 regelt den Fall, dass mehrere den gewünschten Erfolg jeweils unabhängig von den anderen herbeigeführt haben. In § 660 geht es darum, dass der Erfolg nur einmal herbeigeführt wurde, aber von mehreren.

3. Preisausschreiben

747 Ein Preisausschreiben ist eine Auslobung, „die eine Preisbewerbung zum Gegenstand hat" (§ 661 Abs. 1). Das Preisausschreiben unterscheidet sich von der gewöhnlichen

---

53   BGB-AT Rn 171. Nur in Ausnahmefällen muss auf die Empfangsbedürftigkeit der Antrags verzichtet werden, insbesondere beim Vertragsschluss am Automaten (BGB-AT Rn 221 ff).
54   BGB-AT Rn 200.
55   LG Ravensburg, Urteil vom 12. 3. 2015, 4 O 346/13.

Auslobung dadurch, dass der Veranstalter des Preisausschreibens zu einer wissenschaftlichen, künstlerischen oder sportlichen Leistung aufruft und mit *mehreren Bewerbungen* rechnet. Es muss deshalb – durch sogenannte Preisrichter – eine Entscheidung darüber getroffen werden, welche Bewerbungen der Auslobung entsprechen und welche von diesen „den Vorzug verdient" (§ 661 Abs. 2 S. 1). Das Hauptbeispiel für ein Preisausschreiben ist die Veranstaltung eines sportlichen Wettkampfs (etwa eines Reitturniers) mit der Zusage von Geldpreisen.[56] Auch *Architektenwettbewerbe* um den Entwurf eines Gebäudes sind Preisausschreiben. Der auslobende Bauherr muss dann beachten, dass er in der Auslobung „eine Frist für die Bewerbung bestimmt" (§ 661 Abs. 1). Der Bewerber muss diese Frist einhalten. Die Entscheidung des Preisgerichts kann er nicht gerichtlich überprüfen lassen (§ 661 Abs. 2 S. 2). Der Preisträger hat nur dann einen Anspruch darauf, dass sein Entwurf tatsächlich ausgeführt wird, wenn der Auslobende das in der Auslobung verbindlich erklärt hat.[57]

Angebliche Preisausschreiben in den Medien: Die von Printmedien veranstalteten „Preisausschreiben" fallen nicht unter § 661, weil sie so angelegt sind, dass sie von allen (oder den meisten) Lesern ohne weiteres zu lösen sind.[58] Außerdem will der Verlag keine Erkenntnisse oder Anregungen erhalten, sondern die Auflage steigern. | 748

4. Gewinnzusagen

§ 661 a wird trotz seiner Nähe zu § 661 nicht hier behandelt, sondern – weil es sich um ein *gesetzliches* Schuldverhältnis handelt – erst unter Rn 1810 ff. | 749

§ 25 Auftrag

Fall 25: Erste Hilfe des Gynäkologen G   §§ 662, 680   750

▶ *An einem kühlen Märztag spielte die zweijährige Annabelle auf dem Bauernhof ihrer Eltern, der nur durch eine leicht abschüssige Wiese vom Ufer des Chiemsees getrennt ist. Als Annabelle nicht mehr auf dem Hof zu sehen war, machten sich ihre Mutter und ihre Großtante auf die Suche. Nach etwa zehn Minuten sah die Großtante Annabelle im See treiben, mit dem Gesicht unter Wasser. Sie holte sie an Land und rief um Hilfe. Der Gynäkologe Dr. Gröner, der sich am Ufer bei seinem Boot aufhielt, eilte herbei und stellte sich als Arzt vor. Er hielt Annabelles Kopf schräg nach unten und strich den Oberkörper vom Bauch zum Kopf aus, so dass Wasser aus dem Mund und orangefarbener Schaum aus der Nase lief. Die Pupillen waren weit und starr. Annabelle war stark unterkühlt, atmete nicht mehr und hatte auch keinen tastbaren Puls. Gröner glaubte, Annabelle sei tot, und teilte das den Angehörigen mit. Kurz darauf trafen Mitglieder der Wasserwacht ein, deren Wiederbelebungsversuche ebenfalls erfolglos waren. Erst einem Notarzt gelang es später, durch Gabe von Suprarenin, das Herz wieder schlagen zu lassen. Annabelle wurde mit dem Hubschrauber in das Kreiskrankenhaus Traunstein gebracht. Erst nach zwei Wochen erwachte sie aus dem Koma. Sie ist geistig und körperlich stark behindert und wird das auch bleiben. Ein ärztliches Fachgutachten ist zu dem Schluss gekommen, dass Dr. Gröner Annabelles Kopf nicht nach unten halten durfte, was ihm als Arzt hätte bekannt sein müssen. Er hätte außerdem eine Mund-*

---

56 BGH NJW 2011, 139 Rn 11.
57 OLG Nürnberg OLGR 2003, 89; zu Ausnahmen siehe BGH NZBau 2004, 450.
58 OLG Düsseldorf, NJW 1997, 2122.

zu-Mund-Beatmung und eine Herzmassage durchführen müssen. Annabelles Eltern wollen Dr. Gröners Berufshaftpflichtversicherung in Anspruch nehmen und fordern deshalb im Namen ihrer Tochter von Dr. Gröner Schmerzensgeld und eine lebenslange Rente. (Nach OLG München NJW 2006, 1883)

751   Zu prüfen ist, ob sich nach § 280 Abs. 1 ein Schadensersatzanspruch auf die schuldhafte Verletzung von Vertragspflichten stützen lässt. Als Vertrag kommt ein Behandlungsvertrag in Frage (§§ 630 a ff; Rn 427 ff). Für den Abschluss eines solchen Vertrags spricht, dass Dr. Gröner Arzt ist, sich als solchen vorgestellt hatte und ärztlich tätig wurde. Dagegen spricht aber, dass Gröner nicht in seiner Eigenschaft als Arzt um Hilfe gebeten wurde, sondern als zufällig am Unfallort Anwesender, der – wie jeder andere auch – nach § 323 c StGB zur Hilfe verpflichtet war. Entscheidend für die Ablehnung eines Behandlungsvertrags dürfte aber sein, dass beide Seiten – sowohl Annabelles Großtante als auch Dr. Gröner – eine Honorierung nach der Gebührenordnung für Ärzte ausgeschlossen hatten. Das wurde zwar nicht vereinbart, ergibt sich aber aus der Interessenlage. Insbesondere konnte Gröners Hinweis auf seinen Beruf nicht so verstanden werden, dass er damit einen Behandlungsvertrag abschließen und nur unter dieser Bedingung tätig werden wollte.

Da ein Behandlungsvertrag ausscheidet, können Dr. Gröner und Annabelles Großtante nur den Vertrag abgeschlossen haben, den das Gesetz „Auftrag" nennt (Rn 753 ff). Durch den Abschluss dieses Vertrags verpflichtete sich Gröner, ein „Geschäft" – hier den Versuch einer Wiederbelebung – „unentgeltlich zu besorgen". Seine Vertragspartnerin war entweder Annabelles Großtante, die den Vertrag im eigenen Namen, aber zu Gunsten von Annabelle geschlossen hat (§ 328), oder Annabelle selbst, vertreten durch ihre Großtante (§ 164). Das OLG München ist auf diese Frage nicht eingegangen, sie kann auch offenbleiben.

Dr. Gröner musste als Beauftragter die erforderliche Sorgfalt anwenden (§ 276 Abs. 2). Eine Beschränkung auf Vorsatz und grobe Fahrlässigkeit sieht das Auftragsrecht nicht vor. Nur im Rahmen einer Geschäftsführung ohne Auftrag (§§ 677 ff) bestimmt § 680, dass der Geschäftsführer in besonderen Fällen nicht für leichte Fahrlässigkeit verantwortlich ist. Aber die von § 680 gewährte Haftungserleichterung wird von der hM zu Recht auch auf den Beauftragten angewendet (Rn 761). Es schadet Gröner also nichts, dass ihm der Vorwurf der leichten (einfachen) Fahrlässigkeit zu machen ist. Grobe Fahrlässigkeit[59] lag jedenfalls nicht vor. Dr. Gröner ist deshalb nicht nach § 280 Abs. 1 S. 1 schadensersatzpflichtig. ◀

Lerneinheit 25

752   Literatur: *S. Lorenz/Eichhorn*, Grundwissen – Zivilrecht, Unentgeltliche Rechtsgeschäfte, JuS 2017, 6; *Coester-Waltjen*, Der Auftrag, Jura 2001, 567.

I. Grundlagen

1. Begriffsbestimmungen

753   *Auftrag:* Der „Auftrag" ist nach § 662 ein schuldrechtlicher *Vertrag*, in dem sich der eine Vertragspartner – der „Beauftragte" – verpflichtet, ein „Geschäft" für den anderen Vertragspartner – den „Auftraggeber" – unentgeltlich zu besorgen.

---

59   SAT Rn 400.

„*Geschäft*": Unter einem „*Geschäft*" versteht das Gesetz jede Art von Tätigkeit. *Bei-* 754
spiel 1: G übernahm es, die Großnichte von Frau F zu reanimieren (Fall 25, Rn 750).[60]
Beispiel 2: Frau A verpflichtete sich gegenüber Frau B, dem C 5 000 Euro in bar zu
überbringen.[61] *Beispiel 3*: Den Schwestern A und B gehörte gemeinsam ein Geschäftshaus. Frau A verpflichtete sich gegenüber Frau B, das Haus unentgeltlich zu verwalten,
insbesondere die Mieten einzuziehen und zu verteilen.[62] *Beispiel 4*: S brauchte einen
Bankkredit, konnte aber keine Sicherheit bieten. Auf seine Bitte stellte seine Ehefrau
der Bank aus ihrem Vermögen eine Sicherheit. Sie besorgte damit als Beauftragte ihres
Ehemanns unentgeltlich für ihn ein „Geschäft".[63]

Terminologisches: Nicht nur Laien, auch Juristen assoziieren mit dem Begriff „Auf- 755
trag" eine Willenserklärung, keinen Vertrag. Der Gesetzgeber hätte den Vertrag deshalb besser „Auftragsvertrag" genannt.[64]

2. Einordnung und Bedeutung

Rechtliche Einordnung: Da der Beauftragte immer „unentgeltlich" tätig wird, handelt 756
es sich um einen einseitig verpflichtenden Vertrag (wie Schenkung oder Bürgschaft).
Zwar können sich bei der Erfüllung des Vertrags auch für den Auftraggeber Pflichten
ergeben. Ihre Erfüllung ist aber nie eine Gegenleistung für die Leistung des Beauftragten.

Praktische Bedeutung: Wegen der Unentgeltlichkeit ist der Auftrag im Wesentlichen
auf den Bereich der familiären und freundschaftlichen Beziehungen beschränkt. Aller-
dings gewinnen die §§ 662 bis 674 dadurch an Bedeutung, dass das Vereinsrecht (§ 27
Abs. 3), die entgeltliche Geschäftsbesorgung (§ 675 Abs. 1) und die Geschäftsführung
ohne Auftrag (§ 683 S. 1) auf sie verweisen. Im Arbeitsrecht werden die Regeln des
Auftrags in freier Rechtsschöpfung analog angewendet. *Beispiel*: Der Mitarbeiter eines
Krematoriums hatte unter Verletzung strenger Arbeitsanweisungen das Zahngold von
Verstorbenen unterschlagen und dafür fast eine Viertelmillion Euro erlöst. Das BAG
sah die Basis eines Schadensersatzanspruchs nur in einer analogen Anwendung von
§ 667 Var. 2.[65]

3. Abgrenzungen

a) Einseitig verpflichtende Verträge anderen Inhalts

Schenkung: Im Schenkungsvertrag verpflichtet sich der Schenker, dem Beschenkten un- 757
entgeltlich einen *Vermögensgegenstand* zuzuwenden (§ 516; Rn 355), während sich der
Beauftragte zu einer unentgeltlichen *Tätigkeit* verpflichtet.

Unentgeltliche Verwahrung: Wenn die unentgeltlich übernommene Tätigkeit in der
Verwahrung einer Sache besteht, kommt – soweit keine Gefälligkeit vorliegt – nur ein
Verwahrungsvertrag in Betracht (Rn 737).

---

60 OLG München NJW 2006, 1883.
61 BGH NJW 2012, 3366.
62 BGH WM 2001, 305.
63 OLG Bremen NJW 2005, 3502.
64 Etwa BGH NJW 2012, 3366 Rn 10, 27.
65 BGH NJW 2015, 429 Rn 33 ff. Siehe auch BAG NJW 2013, 2923.

b) Gefälligkeitsverhältnis

758   Auftrag und Gefälligkeit[66] haben gemein, dass eine Tätigkeit *unentgeltlich* übernommen wird. Aber während es sich beim Auftrag um einen Vertrag handelt und sich der Beauftragte deshalb rechtlich bindet (Rechtsbindungswille), übernimmt derjenige, der eine Gefälligkeit zusagt, keine rechtliche Verpflichtung. Von einem Vertrag (Auftrag) ist auszugehen, wenn „für den Leistungsempfänger wesentliche Interessen wirtschaftlicher Art auf dem Spiel stehen und er sich auf die Zusage des Leistenden verlässt".[67] *Beispiel:* Frau F erklärte sich bereit, während der Abwesenheit ihrer Nachbarin deren Zimmerpflanzen zu gießen, was sie vergaß. Da es nicht um Vermögensinteressen ging, handelte es sich um ein Gefälligkeitsverhältnis und Frau F war nicht nach § 280 Abs. 1 schadensersatzpflichtig.

II. Pflichten des Beauftragten

1. Durchführung des Auftrags

759   *Weisungen befolgen:* Der Beauftragte muss den Auftrag im Zweifel persönlich ausführen (§ 664 Abs. 1 S. 1). Wie sich indirekt aus § 665 ergibt, muss er dabei die Weisungen des Auftraggebers beachten. Will er aus gutem Grund von ihnen abweichen, muss er – wenn keine Eile geboten ist – dem Auftraggeber seine Absicht deutlich machen (§ 665 S. 2). Nach § 666 muss der Beauftragte den Auftraggeber laufend informieren und Rechenschaft ablegen (§ 259).[68] Weitere Pflichten können sich aus § 241 Abs. 2 ergeben.

760   *Gefahrtragung:* Der Auftraggeber trägt die Gefahr, dass das Erlangte beim Beauftragten durch Zufall untergeht. Das gilt in diesem Fall auch für Geld,[69] weil das erlangte Geld wirtschaftlich schon zum Vermögen des Auftraggebers gehört.[70] Wenn der Beauftragte den Verlust des Geldes aber nach § 276 Abs. 1 zu vertreten hat, haftet er dem Auftraggeber ganz normal nach den §§ 280 Abs. 1, Abs. 3, 283.[71]

761   *Haftung:* Eine Beschränkung der Haftung auf Vorsatz und grobe Fahrlässigkeit sieht das Gesetz nicht vor. Das ist systemwidrig, weil der Gesetzgeber in anderen Fällen unentgeltlicher Tätigkeit dem Schuldner eine solche Erleichterung gewährt, zB dem Schenker (§ 521), dem Verleiher (§ 599) und in ähnlicher Weise dem unentgeltlich Verwahrenden (§ 690). Deshalb ist eine analoge Anwendung dieser Vorschriften zu erwägen.[72] Die Gerichte nehmen häufig an, dass die Parteien die Haftung des Beauftragten stillschweigend auf Vorsatz und grobe Fahrlässigkeit beschränkt haben.[73] *Beispiel:* Fall 25, Rn 750.[74]

---

66 BGB-AT Rn 46 ff.
67 BGH NJW 2012, 3366 Rn 14.
68 BGH WM 2001, 305.
69 BGH NJW 2005, 3709.
70 Beuthien/Hieke JZ 2001, 257; BGH NJW 2005, 3709; NJW 2006, 986 Rn 10. Zur üblichen Garantiehaftung des Geldschuldners siehe SAT Rn 418, 518, 644.
71 BGH NJW 2006, 986 Rn 12: Der Beauftragte hatte das Geld fahrlässig einer unsicheren Bank anvertraut.
72 Medicus/Petersen, Bürgerliches Recht Rn 369.
73 OLG München DAR 1998, 17; ähnlich OLG Frankfurt NJW 1998, 1232.
74 OLG München NJW 2006, 1883.

2. Pflichten nach der Beendigung

a) Rückgabe

Der Beauftragte muss dem Auftraggeber alles zurückgeben, was er für seine Tätigkeit 762
erhalten hat (§ 667 Var. 1), insbesondere Geld (soweit es nicht verbraucht ist), aber
auch Urkunden, Werkzeuge, Schlüssel und andere Hilfsmittel.

b) Herausgabe

Geld: Wichtiger ist, dass der Beauftragte alles herausgeben muss, was er durch seine 763
Tätigkeit *erlangt* hat (§ 667 Var. 2). *Beispiel 1:* Rechtsanwalt R war der Verteidiger des
in U-Haft befindlichen M. Auf Bitten des R stellte F, ein Freund des M, 25 000 Euro
für eine Kaution zur Verfügung. Dadurch kam zwischen F und R ein Auftrag zustande.[75] R war nach § 667 verpflichtet, den Betrag nur für eine Kaution zu verwenden.[76]

Sonstiges: Herauszugeben ist nicht nur erlangtes *Geld. Beispiel 2:* E hatte Frau M beauftragt, für seine Ferienwohnung auf Usedom Feriengäste zu suchen und mit ihnen
Verträge zu schließen. Frau M war nach § 667 Var. 2 verpflichtet, nicht nur die Mieten
abzuführen, sondern auch die schriftlichen Mietverträge zu übergeben.[77] *Beispiel 3:*
Helmut Kohl hatte mit dem Journalisten Heribert Schwan vereinbart, dass dieser mit
ihm Interviews führen und später anhand der Tonbandaufzeichnungen Kohls Biografie
schreiben solle. Nachdem es zu einem tiefgreifenden Zerwürfnis gekommen war, verlangte Kohl die Herausgabe der Tonbänder, was Schwan verweigerte. Er war dazu
aber verpflichtet, weil die Tonbänder zu dem gehörten, was Schwan „aus der Geschäftsbesorgung erlangt" hatte.[78]

Schmiergeld: Zum Erlangten gehört auch das, was der Beauftragte treuwidrig für sich 764
behalten wollte, insbesondere Schmiergeld.[79] *Beispiel:* Rechtsanwalt R verhandelte im
Auftrag seines Mandanten mit dem Makler M. Um sich persönlich zu bereichern, verlangte er von M Schmiergeld, das er auch erhielt.[80]

III. Rechte des Beauftragten

1. Aufwendungsersatz

Grundsatz: Der Beauftragte hat Anspruch auf Ersatz seiner Aufwendungen (§ 670). 765
Aufwendungen sind Beeinträchtigungen des Vermögens, die dem Beauftragten bei der
Durchführung des Auftrags entstanden sind. *Beispiel:* Frau S sicherte den Bankkredit
ihres Mannes durch eine Grundschuld an ihrem Grundstück. Später drohte die Bank
mit einer Zwangsversteigerung des Grundstücks. Deshalb zahlte Frau S den Kredit aus

---

75 Da R von F keine Gegenleistung erhielt, konnte es sich nicht um einen Fall des § 675 handeln, der sonst auf
    Tätigkeiten eines Anwalts Anwendung findet.
76 BGH NJW 2009, 840.
77 BGH NJW 2007, 1528 Rn 13; § 667 fand über die Verweisung in § 675 Abs. 1 Anwendung. Siehe auch BGHZ
    109, 260 (264); BGH NJW-RR 2004, 1290.
78 BGH NJW 2016, 317 Rn 26, 35 ff. Schwan wurde von einem Verleger bezahlt, nicht von Kohl. Wohl deshalb
    konnte der BGH davon ausgehen, dass zwischen den Parteien ein Auftragsverhältnis bestand. Siehe auch
    BGH NJW 2010, 3440.
79 Brox/Walker § 29 Rn 17.
80 BGH NJW 2000, 2669 (2672) zu § 667, allerdings über die Verweisung in § 675. Ähnlich BGH NJW 1991,
    1224.

ihrem Vermögen zurück. Darin lag eine „Aufwendung", die ihr Mann nach § 670 erstatten musste.[81]

Erforderlichkeit: Der Beauftragte kann nur für diejenigen Aufwendungen Ersatz verlangen, die er „den Umständen nach für erforderlich halten darf" (§ 670). Entscheidend ist, ob ein verständiger Beobachter die Aufwendung *aus damaliger* Sicht gebilligt hätte.[82]

Fremdnützigkeit: Der Beauftragte muss die Aufwendung im Interesse des Auftraggebers erbracht haben. Vermögensopfer, die seinem Interesse dienen, sind nicht erstattungsfähig.[83]

2. Freistellungsanspruch

766 Wenn der Beauftragte bei der von ihm übernommenen Geschäftsbesorgung einen Dritten schuldhaft geschädigt hat, kann er diesem zum Schadensersatz verpflichtet sein (§§ 280 ff, 823 ff). Es fragt sich aber, ob er vom Auftraggeber Freistellung verlangen kann. *Beispiel:* T war Mitglied einer Sektion des Deutschen Alpenvereins und für diese als Tourenführer unentgeltlich tätig. Bei einer von ihm geleiteten Tour zum Rheinwaldhorn erlitten zwei Mitglieder seiner Seilschaft schwerste Verletzungen. Da er fahrlässig gehandelt hatte, haftete er den Verletzten nach § 823 Abs. 1. Aber er hatte gegenüber dem Verein Anspruch auf Freistellung, da er weder *grob* fahrlässig noch vorsätzlich gehandelt hatte. Die Freistellungspflicht des Vereins wird teilweise mit einer Analogie zu § 670 begründet, teilweise mit einer Analogie zu arbeitsrechtlichen Grundsätzen.[84] Letztlich ist der Grund, dass die Vereine andernfalls keine freiwilligen Helfer finden würden.

3. Ersatz eigener Schäden

767 Ebenfalls nicht gesetzlich geregelt ist der Fall, dass der Beauftragte bei Durchführung des Geschäfts selbst einen Schaden erleidet. *Beispiel:* Der wohlhabende A konnte seine Freundin, eine Lehrerin, nicht zur Schule fahren und bat deshalb den B, einen mittellosen Studenten ohne Fahrpraxis, die Fahrt zu übernehmen. B verursachte leicht fahrlässig einen Verkehrsunfall, bei dem er verletzt und sein Fahrzeug beschädigt wurde. B kann seinen Schaden nicht nach § 670 als Aufwendung geltend machen, weil er die Vermögenseinbuße nicht bewusst auf sich genommen hatte.[85] Es stellt sich aber die Frage, ob A und B die Einstandspflicht des A für diesen Fall stillschweigend vereinbart hatten. Das kann man hier, weil es der Interessenlage entsprach, wie in vielen anderen Fällen annehmen.

IV. Ende des Auftrags

1. Beendigung durch Erklärung

768 *Widerruf des Auftraggebers:* Der Auftraggeber allein entscheidet, ob er das angestrebte Ziel noch erreichen will und dem Beauftragten noch vertraut. Das Gesetz nennt die Er-

---

81 OLG Bremen NJW 2005, 3502; OLG Hamm FamRZ 2003, 97. Siehe auch Rn 765.
82 BGH NJW 2012, 2337 Rn 20 f.
83 BGH NJW 2012, 2337 Rn 35 bis 46 (im Rahmen einer AGB-Kontrolle).
84 BGH NJW 2005, 981.
85 Brox/Walker § 29 Rn 30.

klärung des Auftraggebers, die zum Ende des Auftrags führt, eigenartigerweise nicht Kündigung, sondern „Widerruf" (§ 671 Abs. 1). Er wird mit dem Zugang wirksam (§ 130 Abs. 1 S. 1).

Kündigung des Beauftragten: Auch der Beauftragte hat das Recht, seine Verpflichtung jederzeit zu beenden. Das Gesetz bezeichnet die entsprechende Erklärung wie üblich als Kündigung (§ 671 Abs. 1). Auch eine Kündigung „zur Unzeit" und ohne wichtigen Grund ist wirksam. Aber wenn sie den Auftraggeber in Not bringt, kann der Beauftragte schadensersatzpflichtig sein (§ 671 Abs. 2 S. 2).

2. Beendigung durch den Tod …

… *des Auftraggebers:* Weil die Interessen des Auftraggebers auch über dessen Tod hinaus gewahrt werden sollen, ist der Tod des Auftraggebers idR kein Erlöschensgrund (§ 672 S. 1). Selbstverständlich steht es aber den Erben frei, den Auftrag fristlos zu widerrufen (§§ 1922 Abs. 1, 671 Abs. 1). — 769

… *des Beauftragten:* Im Gegensatz zum Tod des Auftraggebers führt der Tod des Beauftragten im Zweifel zum Erlöschen des Auftrags. Zwar treten die Erben in die Pflichten des Erblassers ein. Aber wegen der höchstpersönlichen Natur des Auftrags (§ 664 Abs. 1 S. 1) ist nicht damit zu rechnen, dass der Auftraggeber die Durchführung des Auftrags den Erben des Beauftragten anvertrauen möchte. — 770

§ 26 Entgeltliche Geschäftsbesorgung und Zahlungsdienste

Fall 26: Kündigung eines anwaltlichen Mandats §§ 675, 627 — 771

▶ *Frau Andersen wollte zwei Hausgrundstücke im Wege der vorweggenommenen Erbfolge auf ihre Kinder übertragen und beauftragte mit den Vertragsentwürfen Rechtsanwalt Klump. Frau Andersen kündigte den Anwaltsvertrag mit sofortiger Wirkung und gab als Begründung an, sie wolle den Wert der Häuser schätzen lassen und benötige noch Bedenkzeit. Klump übersandte Frau Andersen daraufhin zwei Vertragsentwürfe und zwei Rechnungen, eine über rund 16 000 Euro und eine über rund 9 000 Euro. Frau Andersen schrieb Herrn Klump, sie schulde ihm nichts, weil die Vertragsentwürfe keine steuerlichen Aspekte beachteten und deshalb zu unnötig hohen Steuerbelastungen geführt hätten. Muss Frau Andersen zahlen? (Nach BGH NJW 2019, 1870)*

Klump hatte sich gegenüber Frau Andersen verpflichtet, zwei Vertragsentwürfe anzufertigen, die Frau Andersens Vermögensangelegenheiten betrafen. Der Vertrag hatte deshalb „eine Geschäftsbesorgung zum Gegenstand" (§ 675 Abs. 1; Rn 777) und zwar, wie die amtliche Überschrift fordert, eine „*entgeltliche*". § 675 Abs. 1 verweist nur auf Vorschriften des Auftrags, nämlich (mit gewissen Lücken) auf die §§ 663 bis 674. Deshalb könnte man den Eindruck haben, auf die entgeltliche Geschäftsbesorgung sei nur Auftragsrecht anzuwenden. Aber wie § 675 Abs. 1 gleich zu Beginn deutlich macht, ist die entgeltliche Geschäftsbesorgung in erster Linie entweder ein Dienstvertrag (§ 611) oder ein Werkvertrag (§ 631), so dass deren Vorschriften anzuwenden sind. Welcher Vertragstyp vorliegt, entscheidet sich danach, ob der Beauftragte einen vertraglich festgelegten *Erfolg* herbeiführen soll (Werkvertrag) oder nur eine fachlich korrekte Leistung zu erbringen hat (Dienstvertrag). Klump sollte keinen bestimmten Erfolg herbeiführen, sondern schuldete eine fachlich korrekte und interessengerechte Beratung, hier in Gestalt von zwei Vertragsentwürfen. Frau Andersen — 772 und RA Klump haben also einen *Dienstvertrag* geschlossen, „der eine Geschäftsbesorgung zum Gegenstand" hatte (§ 675 Abs. 1 S. 1).

Frau Andersen könnte deshalb nach § 627 zur Kündigung berechtigt gewesen sein. Das setzt voraus, dass Klump „Dienste höherer Art" leistete, „die auf Grund besonderen Vertrauens übertragen zu werden pflegen" (§ 627 Abs. 1 aE). Die Tätigkeit eines Rechtsanwalts erfordert erhebliches Fachwissen und gehört deshalb zu den Diensten höherer Art. Außerdem muss man seinem Rechtsanwalt für seine Tätigkeit einen nicht unerheblichen Einblick in die eigene Situation gewähren, so dass man ihm das Mandat nur erteilt, wenn man ihm „besonderes Vertrauen" entgegenbringt.

§ 627 setzt weiter voraus, dass Klump zu Frau Andersen nicht „in einem dauernden Dienstverhältnis mit festen Bezügen" stand (§ 627 Abs. 1). Das ist der Fall, weil Klump von ihr nicht dauernd beauftragt wurde und schon gar nicht ein festes, zeitbezogenes Gehalt erhielt. Da alle Voraussetzungen des § 627 Abs. 1 vorliegen, war Frau Andersen zur Kündigung berechtigt.

Im Prinzip kann Klump deshalb „einen seinen bisherigen Leistungen entsprechenden Teil der Vergütung verlangen" (§ 628 Abs. 1 S. 1). Zu fragen ist nur, ob ihm das verwehrt ist, weil es in S. 2 heißt: „... oder veranlasst er durch sein vertragswidriges Verhalten die Kündigung des anderen Teiles". Auch wenn man unterstellt, dass Klumps Entwürfe so schwere steuerliche Fehler enthielten, dass ihre Anfertigung ein „vertragswidriges Verhalten" darstellte, ist doch zu fragen, ob Klump durch dies Verhalten „die Kündigung des anderen Teil ... *veranlasst*" hat. Wegen des Wortes „veranlasst" verlangt die ganz herrschende Meinung,[86] dass das Fehlverhalten *kausal* für die Kündigung war, also ihr unmittelbarer Grund. Das war jedoch nicht der Fall, weil Frau Andersen aus ganz anderen Gründen gekündigt hatte und erst später die steuerlichen Nachteile der Entwürfe als Grund nachgeschoben hat. Es bleibt deshalb bei § 628 Abs. 1 S. 1, so dass Klump „einen seinen bisherigen Leistungen entsprechenden Teil der Vergütung verlangen" kann.

Aus dem FD „Der Dienstberechtigte kündigt" ergibt sich die Lösung so: 1. Ja – 2. Nein – 3. Nein (Spalte 7). ◀

Lerneinheit 26

773   Literatur Geschäftsbesorgungsvertrag: *Borgmann,* Die Rechtsprechung des BGH zum Anwaltshaftungsrecht von Mitte 2015 bis Mitte 2016, NJW 2016, 3412; *Fischer,* Die Rechtsprechung des BGH zur Rechtsberaterhaftung in den Jahren 2013 bis 2014, VersR 2015, 521; *Laumen,* Beweisführungs- und Beweislastprobleme bei der zivilrechtlichen Haftung von Steuerberatern (Teil I), DStR 2015, 2514.

774   **Zahlungsdienste:** *Omlor,* Entgelte im Zahlungsverkehr nach Umsetzung der Zweiten Zahlungsdiensterichtlinie (PSD II), WM 2018, 937; *Spitzer,* Gesetz zur Umsetzung der Zweiten Zahlungsdiensterichtlinie, MDR 2018, 561; *Werner,* Wesentliche Änderungen des Rechts der Zahlungsdienste durch Umsetzung der Zweiten EU-Zahlungsdiensterichtlinie in deutsches Recht, WM 2018, 449; *Zahrte,* Neuerungen im Zahlungsdiensterecht, NJW 2018, 337; *Linardatos,* Von Anscheinsbeweisen im Zahlungsdiensterecht und fehlgeleiteten Gesetzgebern, NJW 2017, 2145.

---

86   BGH NJW 2019, 1870 Rn 12 mwN. Siehe auch BGH NJW 2018, 3513 Rn 21.

I. Entgeltliche Geschäftsbesorgung

1. Einführung

a) Überblick

Das Gesetz fasst unter der Überschrift „Untertitel 2. Geschäftsbesorgungsvertrag" drei   775
Paragrafen zusammen, deren erster und einzig wichtiger „Entgeltliche Geschäftsbesorgung" genannt wird (§ 675). Allein um ihn soll es im Folgenden gehen.

§ 675 Abs. 1 gehört zum Urgestein des BGB und hat die Zeiten unverändert überdau-
ert.[87] Er regelt eine bunte Vielzahl von Verträgen, die insbesondere zwischen Rechtsanwälten und ihren Mandanten, Steuerberatern und ihren Klienten und Kreditinstituten
und ihren Kunden geschlossen werden. Diese vielschichtigen Rechtsverhältnisse in
einem einzigen Paragrafen zu ordnen, gelingt dem Gesetzgeber nur durch die extreme
Anwendung der Verweisungstechnik.

Vertragspartner: Das Gesetz sagt nicht, wie die Partner der entgeltlichen Geschäftsbe-   776
sorgung genannt werden sollen. Sie werden – in Anlehnung an den Sprachgebrauch
der Geschäftsführung ohne Auftrag (§§ 677 ff) – meist „Geschäftsherr" und „Geschäftsführer" genannt. Da die meisten Auftragsbestimmungen anzuwenden sind, sind
aber auch die Ausdrücke „Auftraggeber" und „Beauftragter" korrekt.

b) Definition

Eine entgeltliche Geschäftsbesorgung ist ein Vertrag, der eine „Geschäftsbesorgung   777
zum Gegenstand hat" (§ 675 Abs. 1). Diese ist „eine selbstständige Tätigkeit wirtschaftlicher Art, für die ursprünglich der Geschäftsherr selbst zu sorgen hatte, die ihm
aber durch einen anderen (den Geschäftsführer) abgenommen wird".[88] Die entgeltliche
Geschäftsbesorgung regelt damit die *Wahrnehmung fremder Vermögensinteressen.*

Keine Tätigkeiten wirtschaftlicher Art sind zB die Entwurfstätigkeit eines Architekten,   778
die ärztliche Behandlung und eine Lehrtätigkeit, weil ein entwerfender Architekt, ein
Arzt und ein Dozent zwar Interessen, aber keine *Vermögens*interessen ihrer Vertragspartner wahrnehmen.

c) Rechtliche Einordnung

Die entgeltliche Geschäftsbesorgung ist ein gegenseitiger Vertrag (§§ 320 ff), weil der   779
Geschäftsführer die Geschäftsbesorgung schuldet und der Geschäftsherr als Gegenleistung das vereinbarte Entgelt. Die entgeltliche Geschäftsbesorgung steht damit im strengen Gegensatz zu ihren nahen Verwandten, dem Auftrag (§§ 662 ff) und der Geschäftsführung ohne Auftrag (§§ 677 ff). Denn ersterer ist bekanntlich ein einseitig verpflichtender Vertrag (Rn 756), und die GoA begründet ein gesetzliches Schuldverhältnis
(Rn 1772).

d) Dienstvertrag oder Werkvertrag

Die entgeltliche Geschäftsbesorgung ist entweder eine besondere Art des Dienstver-   780
trags (§§ 611 ff) oder des Werkvertrags (§§ 631 ff). Man unterscheidet deshalb die

---

87 Allerdings war der heutige § 675 Abs. 2 vor der Schuldrechtsreform ein eigener Paragraf (§ 676 aF).
88 BGHZ 45, 223 (228/229); BGH NJW-RR 2004, 989.

„entgeltliche Geschäftsbesorgung mit *Dienst*vertragscharakter" (Rn 781) und „mit *Werk*vertragscharakter" (Rn 785). Die Gemeinsamkeiten bestehen nur im Vertragsgegenstand (der „Geschäftsbesorgung") und in der Anwendung der in § 675 Abs. 1 genannten Auftragsvorschriften.

2. Entgeltliche Geschäftsbesorgung mit Dienstvertragscharakter

a) Voraussetzungen

781   Bei der entgeltlichen Geschäftsbesorgung mit *Dienst*vertragscharakter besteht die geschuldete Leistung in einer selbstständigen Tätigkeit wirtschaftlicher Art (Rn 777), die (wie beim Dienstvertrag üblich), *nicht zu einem definierten Erfolg* führen muss. *Beispiel 1:* Fall 26 (Rn 772). *Beispiel 2:* Rechtsanwalt R wurde Mandat zur Prozessführung erteilt. Er muss den Prozess sorgfältig und kenntnisreich führen, ist aber nicht vertraglich verpflichtet, ein bestimmtes Ziel, insbesondere ein siegreiches Urteil zu erreichen. *Beispiel 3:* Steuerberater S hat sich zur laufenden steuerlichen Beratung verpflichtet. Er muss keinen bestimmten Erfolg erzielen, sondern nur gute Arbeit leisten.[89]

b) Anzuwendende Vorschriften

782   § 675 Abs. 1 sagt nicht ausdrücklich, dass das *Dienstvertragsrecht* Anwendung findet, sondern nennt nur einige Paragrafen des Auftragsrechts. Aber das Gesetz nennt den Vertrag einen „Dienstvertrag" und will damit deutlich machen, dass die §§ 611 bis 630 die Basis bilden. Der Besonderheit, dass die geschuldete Tätigkeit in einer *Geschäftsbesorgung* bestehen muss, trägt § 675 Abs. 1 dadurch Rechnung, dass er die meisten Vorschriften des *Auftragsrechts* für entsprechend anwendbar erklärt. Das passt insofern, als auch der Beauftragte im Interesse eines anderen tätig wird. Aber es passt insofern nicht, als der Geschäftsführer nicht unentgeltlich tätig wird (ein Umstand, auf dem das Auftragsrecht vielfältig aufbaut).

783   Aus dem *Dienstvertrag* ergeben sich folgende Regeln:

- *Entgelt:* Der Geschäftsführer hat einen Honoraranspruch nach den §§ 675 Abs. 1, 611 Abs. 1.

- *Mangelhafte Leistung:* Weil das Dienstvertragsrecht keine Gewährleistungsregeln kennt (Rn 409), gilt dies Manko auch für die entgeltliche Geschäftsbesorgung mit Dienstvertragscharakter (FD „Dienstvertrag – Schlechterfüllung"). Bei mangelhafter Leistung gelten deshalb die Regeln des Allgemeinen Schuldrechts unmittelbar. Ein Schadensersatz *statt* der Leistung nach § 281 scheitert meist daran, dass der Schaden nicht durch eine Nacherfüllung (eine erneute, diesmal korrekte Dienstleistung) beseitigt werden kann. Es bleibt dann nur ein Schadensersatz *neben* der Leistung nach § 280 Abs. 1, also ohne Fristsetzung zur Nacherfüllung (Rn 409). *Beispiel 1:* Einem Rechtsanwalt unterlief im Prozess ein Fehler, den er zu vertreten hatte. Er musste für den Schaden nach § 280 Abs. 1 einstehen (FD „Dienstvertrag – Schlechterfüllung", Frage 3, Nein, Spalte 7).[90] *Beispiel 2:* Die B-Bank hielt die Richtlinien nicht ein, nach denen sie das Wertpapierdepot ihres Kunden aufbauen und umschichten sollte, so dass erhebliche Verluste entstanden.[91] *Beispiel 3:* Steuerberater S übersah die Frist, innerhalb derer ein Steuervorteil geltend zu machen war, und hat-

---

89   BGH NJW 2010, 1520.
90   BGH NJW 2016, 3430. Solche Fälle sind häufig, zB BGH NJW 2004, 1521; 2000, 3560.
91   BGHZ 137, 69; ähnlich BGH NJW 1997, 1360.

te deshalb seinem Auftraggeber Schadensersatz nach § 280 zu leisten.[92] Eine Minderung kam nicht in Frage, weil das Dienstvertragsrecht keine Minderung kennt (Rn 410). Eine Herabsetzung der Vergütung war deshalb nur durch Aufrechnung mit der Schadensersatzforderung möglich.

■ *Kündigung:* Weil § 675 Abs. 1 nicht auf § 671 verweist, gilt für die Beendigung der entgeltlichen Geschäftsbesorgung mit Dienstvertragscharakter nicht das Auftragsrecht, sondern das Dienstvertragsrecht (§§ 620 ff). Wenn es sich um „Dienste höherer Art" handelt, die außerdem ein besonderes persönliches Vertrauen erfordern, kann der Dienstberechtigte oft fristlos kündigen (§ 627 Abs. 1; FD „Dienstvertrag – Der Dienstberechtigte kündigt", Frage 1, Ja). *Beispiel:* Fall 26, Rn 771.

Aus dem Auftragsrecht ergibt sich: 784

■ *Weisungen:* Der Geschäftsführer muss den Geschäftsherrn laufend informieren (§§ 675 Abs. 1, 666), ihn um Weisungen bitten und die Weisungen befolgen (§§ 675 Abs. 1, 665). *Beispiel:* Ein Steuerberater nahm für seinen Klienten eigenmächtig einen Einspruch zurück und machte sich dadurch nach § 280 Abs. 1 schadensersatzpflichtig.[93]

■ *Herausgabe:* Der Geschäftsführer muss das aus der Geschäftsführung Erlangte herausgeben (§§ 675 Abs. 1, 667).

■ *Aufwendungsersatz:* Nach den §§ 675 Abs. 1, 670 hat der Geschäftsführer Anspruch auf Aufwendungsersatz. § 670 ist im Rahmen des *Auftrags* ein wichtiges Gegengewicht zur Unentgeltlichkeit. Da die Unentgeltlichkeit im Rahmen einer entgeltlichen Geschäftsbesorgung nicht gilt, dürfte § 670 meist stillschweigend abbedungen oder stark eingeschränkt sein.

3. Entgeltliche Geschäftsbesorgung mit Werkvertragscharakter

a) Voraussetzungen

§ 675 Abs. 1 spricht von einem „Werkvertrag, ... der eine Geschäftsbesorgung zum Gegenstand hat". Dieser Vertragstyp wird meist „entgeltliche Geschäftsbesorgung mit Werkvertragscharakter" genannt. Die entgeltliche Geschäftsbesorgung besteht auch hier in der Wahrnehmung von Vermögensinteressen (Rn 777), sie muss aber *erfolgsbezogen* sein wie die Pflicht des Unternehmers eines Werkvertrags. 785

Beispiel 1: M bat Rechtsanwalt R um eine gutachtliche Stellungnahme zu einem Rechtsproblem. Geschuldet war nicht nur eine qualifizierte Tätigkeit, sondern ein Erfolg, nämlich die vollständige und richtige Darstellung der Rechtslage.[94] *Beispiel 2:* Wirtschaftsprüfer W erstellte im Auftrag der G-GmbH deren Jahresabschluss (Bilanz und GuV). Der Vertrag hat Werkvertragscharakter, weil ein Jahresabschluss ein „fest umrissener Leistungsgegenstand" ist.[95] *Beispiel 3:* A wollte ein Geschäftshaus errichten. Baubetreuer B übernahm alle organisatorischen, planerischen und finanziellen Aufgaben.[96] *Beispiel 4:* A beauftragte B, für ihn eine Internet-Domain zu suchen und 786

---

92 BGH NJW 2001, 3477.
93 BGH NJW 2015, 770 Rn 18 ff.
94 BGH NJW 1996, 2929 und NJW 1996, 661.
95 BGH NJW 2012, 3165 Rn 12; NJW 2013, 2345 Rn 13.
96 BGH NJW 1994, 2825.

registrieren zu lassen.[97] Nur wenn B *unentgeltlich* tätig werden sollte, handelt es sich um einen Auftrag (§ 662).

b) Anzuwendende Vorschriften

787   Auf Grund des Werkvertragsrechts gilt:

- *Entgelt:* Der Geschäftsführer hat einen Honoraranspruch nach den §§ 675 Abs. 1, 631 Abs. 1.

788   ■ *Schadensersatz:* Bei mangelhafter Leistung gelten nach § 675 Abs. 1 die §§ 633 ff. Das bedeutet zB Folgendes: Der Auftraggeber muss dem Beauftragten grundsätzlich Gelegenheit zur Nacherfüllung geben.[98] Und wenn die Voraussetzungen des § 634 Nr. 4 gegeben sind, kann er Schadensersatz verlangen.[99]

789   ■ *Kündigung:* Weil § 675 Abs. 1 nicht auf § 671 verweist, gilt für die Beendigung des Vertragsverhältnisses Werkvertragsrecht. Der Geschäftsherr ist in diesem Fall deutlich schlechter gestellt als bei einer entgeltlichen Geschäftsbesorgung mit *Dienstvertrags*charakter. Denn er kann zwar nach § 648 kündigen, schuldet dann aber oft weiteren Werklohn (Rn 475 ff), während er im anderen Fall für nicht erbrachte Arbeit auch nichts zahlt (§ 628; Rn 420).

790   Durch die Verweisung auf das *Auftragsrecht* gilt auch hier das oben zur Anwendung des Auftragsrechts Gesagte (Rn 784).

II. Zahlungsdienste

1. Einführung

791   Der Untertitel 3. „Zahlungsdienste" (§§ 675 c bis 676 c) wurde im Jahre 2009 eingefügt. Ziel der zugrunde liegenden europäischen Richtlinie war es, für alle EU-Staaten ein einheitliches Recht der Zahlungssysteme zu schaffen, das für die Kreditinstitute die Wettbewerbsbedingungen angleicht und die Zahlungsdienstnutzer (Bankkunden) schützt (§ 675 e). Es handelt sich jedoch nicht um Verbraucherschutz, vielmehr gelten die Vorschriften über Zahlungsdienste auch für die Zahlungsdienstnutzer, die Unternehmer nach § 14 sind. Die Paragraphen 675 c bis 676 c sind ein wichtiger Teil des Bankrechts. In einem Lehrbuch des Besonderen Schuldrechts muss sich ihre Erläuterung auf wenige Grundzüge beschränken.

2. Zahlungsdienstevertrag

a) Vertragspartner

792   Die Partner eines Zahlungsdienstevertrags sind der Zahlungsdienstleister und der Zahlungsdienstnutzer.

793   ■ *Zahlungsdienstleister* sind im Wesentlichen die Kreditinstitute sowie die Europäische Zentralbank und die Deutsche Bundesbank (§ 1 Abs. 1 Nr. 1, Nr. 4 ZAG). „Kreditinstitute" ist die zusammenfassende Bezeichnung für Geschäftsbanken (zB Deutsche Bank, Commerzbank), Genossenschaftsbanken (Volks- und Raiffeisenbanken) und Sparkassen.

---

97 Klett/Pohle DRiZ 2007, 198 (200); OLG Köln MMR 2003, 191.
98 BGH ZIP 2002, 761.
99 BGH NJW 2013, 2345 Rn 13.

- *Zahlungsdienstnutzer* ist nach § 675 f Abs. 1 eine „Person, die einen Zahlungsdienst 794 als Zahler, Zahlungsempfänger oder in beiden Eigenschaften in Anspruch nimmt". Da fast immer der Zahler (nicht der Zahlungsempfänger) den Zahlungsdienst in Anspruch nimmt, sind die Worte „Zahlungsdienstnutzer" und „Zahler" fast gleichbedeutend. Bei den Worten „oder in beiden Eigenschaften" ist an den Fall zu denken, dass ein Zahlungsdienstnutzer eine Zahlung auf ein anderes seiner Konten veranlasst oder sich am Geldautomaten Bargeld auszahlen lässt.[100] Vereinfacht gesagt, ist der Zahlungsdienstnutzer der Kunde des Zahlungsdienstleisters.

b) Vertragsgegenstand

Gegenstand des Zahlungsdienstevertrags sind *Zahlungsdienste*. Dieser Begriff umfasst 795 alle Dienstleistungen eines Kreditinstituts, die dazu dienen, einen Geldbetrag aus dem Vermögen des Zahlers in das Vermögen des Zahlungsempfängers zu übertragen, also insbesondere die „Ausführung von Überweisungen" (§ 1 Abs. 2 Nr. 2, b ZAG). § 1 Abs. 10 ZAG listet in 15 (!) Nummern Zahlungsvorgänge auf, die *keine* Zahlungsdienste sind.

Ein Zahlungsdienst ist ein Sonderfall der entgeltlichen Geschäftsbesorgung (§ 675 c 796 Abs. 1: „Auf einen Geschäftsbesorgungsvertrag, der die Erbringung von Zahlungsdiensten zum Gegenstand hat …"). Auf den Zahlungsdienst finden deshalb, soweit die §§ 675 c bis 676 c nichts anderes vorschreiben, die meisten Vorschriften über den Auftrag Anwendung (§ 675 c Abs. 1). Daraus ergibt sich bei der Rechtsanwendung folgende Rangfolge:[101]

- Vertragsbestimmungen, soweit sie neben den §§ 675 c ff zulässig sind
- die §§ 675 c bis 676 c
- die in § 675 c Abs. 1 genannten Auftragsvorschriften
- hilfsweise das Dienst- oder das Werkvertragsrecht (§ 675 Abs. 1).

3. Zahlungsdiensterahmenvertrag

Der Zahlungsdiensterahmenvertrag verpflichtet den Zahlungsdienstleister, „für den 797 Zahlungsdienstnutzer einzelne und aufeinander folgende Zahlungsvorgänge auszuführen sowie … ein auf dessen Namen … lautendes Zahlungskonto zu führen" (§ 675 f Abs. 2 S. 1). Der Zahlungsdiensterahmenvertrag ist deshalb die Bezeichnung für den Vertrag, der früher Girovertrag genannt wurde[102] und der meist die Basis der Beziehungen zwischen einem Kreditinstitut und seinem Kunden bildet.

4. Einzelzahlungsvertrag

a) Abschluss

Der Einzelzahlungsvertrag (§ 675 f Abs. 1) ist der Vertrag, der früher als Überwei- 798 sungsvertrag bezeichnet wurde. Er muss für jeden Zahlungsvorgang gesondert geschlossen werden. Der Einzelzahlungsvertrag kommt idR dadurch zustande, dass ein Zahlungsdienstnutzer (Zahler) aufgrund eines Zahlungsdiensterahmenvertrags dem Zahlungsdienstleister einen „Zahlungsauftrag" (§ 675 f Abs. 4 S. 2) erteilt. Wenn der

---

100 BT-Drs 16/11643, 102.
101 Palandt/Sprau § 675 c Rn 7.
102 Palandt/Sprau § 675 f Rn 11.

Zahlungsdienstleister den darin liegenden Antrag (§ 145) annimmt, braucht seine Annahmeerklärung nach der Verkehrssitte dem Zahler nicht zuzugehen (§ 151 S. 1).

b) Vertragsinhalt

799   Der Einzelzahlungsvertrag verpflichtet den Zahlungsdienstleister, für den Zahlungsdienstnutzer „einen Zahlungsvorgang auszuführen" (§ 675 f Abs. 1).

c) Drei Personen

800   An einem Einzelzahlungsvertrag sind immer zwei Personen direkt und (mindestens) eine indirekt beteiligt. Ausgangslage: Ein *Schuldner* will seinem Gläubiger einen Geldbetrag zukommen lassen und weist deshalb sein *Kreditinstitut* (Zahlungsdienstleister) an, zu Lasten seines Kontos den Betrag dem Konto seines *Gläubigers* gutzuschreiben.

- Der Schuldner wird „Zahlungsdienstnutzer" genannt (§ 675 f Abs. 1) oder auch „Zahler" (Artikel 4 Nr. 8 Zahlungsdiensterichtlinie).
- Das angewiesene Kreditinstitut wird „Zahlungsdienstleister" genannt (§ 675 f Abs. 1).
- Den Gläubiger nennt Artikel 4 Nr. 8 Zahlungsdiensterichtlinie den „Zahlungsempfänger".

801   Dieses Dreiecksverhältnis zeichnet man sich am besten auf. Jeder Autor hat eine andere Vorstellung davon, welche Person links, rechts, oben oder unten stehen sollte. Es erleichtert vielleicht das Verständnis, wenn man den Gläubiger und den Schuldner so anordnet, wie das alle Juristen bei der Darstellung eines Schuldverhältnisses tun:

Gläubiger → Schuldner

Man muss dann nur noch festlegen, wo der Angewiesene (der Zahlungsdienstleister) eingezeichnet werden soll. Da er vom Schuldner (Zahlungsdienstnutzer) Weisungen entgegennimmt, liegt es nahe, dem Zahlungsdienstleister den Platz unterhalb des Schuldners zuzuweisen:

802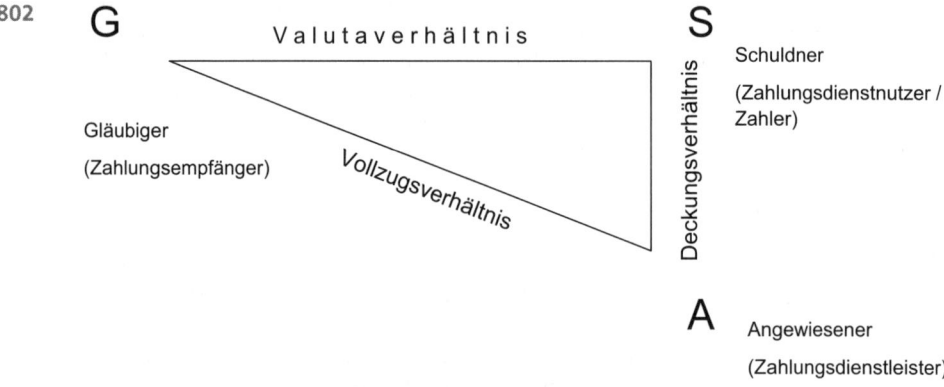

d) Drei Rechtsverhältnisse

803   - *Valutaverhältnis:* Das zwischen dem Gläubiger G (dem Zahlungsempfänger) und dem Schuldner S (dem Zahlungsdienstnutzer) bestehende Rechtsverhältnis wird

„Valutaverhältnis" genannt oder Zuwendungsverhältnis.[103] Durch den Einzelzahlungsvertrag erbringt der Schuldner (indirekt) eine Leistung an seinen Gläubiger. Dem Valutaverhältnis liegt meist ein gegenseitiger Vertrag zu Grunde. *Beispiel:* Ein Mieter überweist seinem Vermieter die Miete.

■ *Deckungsverhältnis:* Das Rechtsverhältnis zwischen dem Zahlungsdienstnutzer S und dem Zahlungsdienstleister A heißt „Deckungsverhältnis", weil der Zahlungsdienstnutzer die Auslage des Zahlungsdienstleisters „decken" muss, meist durch ein ausreichendes Guthaben (§ 675 f Abs. 5 S. 1). Dem Deckungsverhältnis liegt ein Einzelzahlungsvertrag (§ 675 f Abs. 1) zu Grunde, im weiteren Sinne auch der Zahlungsdiensterahmenvertrag. Durch den „Zahlungsvorgang" (§ 675 f Abs. 4 S. 1) erbringt der Zahlungsdienstleister eine Leistung an seinen Kunden, den Zahlungsdienstnutzer, nicht an den Zahlungsempfänger G.   804

■ *Vollzugsverhältnis:* Das Rechtsverhältnis zwischen dem Zahlungsdienstleister A und dem Zahlungsempfänger G wird „Vollzugsverhältnis" genannt, weil unter diesen Beteiligten die vom Zahlungsdienstnutzer (Zahler/Schuldner) gewollte Vermögensverschiebung technisch (nicht juristisch) vollzogen wird.   805

5. Einzelheiten

a) Zahlungsinstrumente

Ein Zahlungsvorgang (§ 675 f Abs. 4 S. 1) ist nur wirksam, wenn der Zahler ihm zugestimmt hat (Autorisierung; § 675 j Abs. 1 S. 1). Meist wird vereinbart, dass die Zustimmung „mittels eines bestimmten Zahlungsinstruments" erteilt wird (§ 675 j Abs. 1 S. 4).   806

Ein Zahlungsinstrument (früher „Zahlungsauthentifizierungsinstrument") ist jedes Mittel, das dazu dient, bei einem Zahlungsvorgang sicherzustellen, dass es sich bei dem Zahler um den Inhaber des Kontos handelt. Beim Onlinebanking sind meist die PIN und die vom Zahlungsdienstleister übermittelte (oder vom Zahler selbst erzeugte) TAN das Zahlungsinstrument.   807

§ 675 l Abs. 1 S. 1 verpflichtet den Zahler, die Zahlungsinstrumente vor unbefugtem Zugriff zu schützen. Umgekehrt ist auch der Zahlungsdienstleister verpflichtet, mit den Zahlungsinstrumenten äußerst diskret umzugehen (§ 675 m). Wenn der Zahler das Zahlungsinstrument nicht mit der nötigen Sorgfalt behandelt hat, kann der Zahlungsdienstleister von ihm Schadensersatz verlangen, aber nur bei grobem Verschulden in voller Höhe (§ 675 v Abs. 3), sonst beschränkt auf 50 Euro (§ 675 v Abs. 1).   808

b) Die Kundenkennung entscheidet

Die in § 675 r Abs. 2 definierte „Kundenkennung" ist die Kombination von Bankleitzahl und Kontonummer, die jeder Bankkunde als IBAN kennt (International Bank Account Number). Es ist den beteiligten Kreditinstituten gestattet, sich ausschließlich an dieser Kundenkennung zu orientieren. Ob der angegebene Name des Kontoinhabers zu dieser Kennung passt, ist gleichgültig. Denn der Zahlungsauftrag gilt „als ordnungsgemäß ausgeführt", wenn der Betrag dem Konto gutgeschrieben wird, das der Kundenkennung entspricht (§ 675 r Abs. 1 S. 2). § 675 y gilt in diesem Fall nicht.   809

---

103 Das Wort „Valuta" (von italienisch valere = gelten, wert sein) wird hier nicht so verwendet wie in der Bankpraxis, bedeutet also *nicht* „ausländische Währung" oder „Wertstellungstermin".

c) Haftung für Fehler

810   Wenn der Zahlungsdienstleister den Zahlungsauftrag nicht korrekt ausgeführt hat, kann der Zahler „die unverzügliche und ungekürzte Erstattung des Zahlungsbetrags verlangen" (§ 675 y Abs. 1 S. 1).

SECHSTES KAPITEL VERTRÄGE ÜBER DIE NUTZUNG EINER SACHE

§ 27 Grundlagen des Wohnraummietvertrags

Fall 27: Keine Schönheitsreparaturen   §§ 535, 538   811

▶ *Das Ehepaar Müller mietete von Richard Volkmann eine Wohnung, die aus vier Zimmern, Küche, Bad und Balkon besteht. Für den Vertragsschluss verwendete Volkmann ein von ihm ausgefülltes Mietvertragsformular. In § 4 Nr. 6 heißt es dort: „Der Mieter ist verpflichtet, die während des Mietverhältnisses anfallenden Schönheitsreparaturen auf eigene Kosten durchzuführen." In § 14 Nr. 1 des Mietvertrags ist im Einzelnen festgelegt, in welchen Abständen die Räume neu zu streichen sind. Am Schluss des Vertragsformulars trug Volkmann handschriftlich nach: „Mietzahlung erst zwei Wochen nach Einzug, da Mieter noch Streicharbeiten in drei Zimmern vornimmt." Nach neun Jahren kündigten die Müllers den Mietvertrag und zogen aus, ohne Schönheitsreparaturen vorgenommen zu haben. Volkmann forderte sie dazu unter Fristsetzung auf, aber vergeblich. Er wandte sich daraufhin an einen Malerbetrieb und legt jetzt dessen Kostenvoranschlag vor, der sich auf 5 759 Euro beläuft. Muss das Ehepaar Müller diesen Betrag bezahlen? (Nach BGH NJW 2015, 1594)*

Das Gesetz verpflichtet den *Vermieter*, die Mietsache während der Mietzeit „in einem zum   812
vertragsgemäßen Gebrauch geeigneten Zustand ... zu erhalten" (§ 535 Abs. 1 S. 2). Es ist aber seit hundert Jahren üblich, diese Pflicht auf den Mieter abzuwälzen. Das Mietrecht des BGB schweigt zu der Frage, ob der Vermieter das darf. Deshalb stützt der BGH seine Rechtsprechung in dieser Frage auf § 307. Das ist möglich, weil nahezu alle Renovierungsklauseln in Wohnraummietverträgen nicht individuell ausgehandelt wurden, sondern *AGB* darstellen (§ 305 Abs. 1). Ausgangspunkt ist für den BGH die Frage, ob die Wohnung bei Mietbeginn unrenoviert (renovierungsbedürftig) oder renoviert war (Rn 854 ff). Im vorliegenden Fall sollten die Eheleute Müller drei von vier Zimmern selbst streichen, wofür Volkmann ihnen einen Nachlass auf die Miete gewährte. Daraus folgt, dass die Müllers die Wohnung *unrenoviert* übernommen haben.

Wenn der Mieter einer unrenovierten Wohnung zu regelmäßigen Schönheitsreparaturen verpflichtet wird, muss er auch Gebrauchsspuren beseitigen, die nicht durch ihn, sondern durch den Vormieter entstanden sind.[1] Die Bestimmung des Mietvertrags, die ihn dazu verpflichtet, benachteiligt ihn deshalb „entgegen den Geboten von Treu und Glauben unangemessen" (§ 307 Abs. 1 S. 1). Es ist zwar möglich, den Mieter zur Beseitigung einer vorvertraglichen Abnutzung zu verpflichten, aber nur wenn ihm dafür ein finanzieller Ausgleich gewährt wird. Der Wert dieses Ausgleichs muss dem Aufwand entsprechen, den der Mieter für die anfängliche Renovierung zu erbringen hat. Im vorliegenden Fall hatte der Vermieter dem Mieter für zwei Wochen die Miete erlassen. Der BGH hat zu Recht entschieden, dieser Ausgleich stelle „keine taugliche Kompensation dar".[2]

Es bleibt also dabei, dass die AGB, die die Renovierung zur Pflicht des Ehepaars Müller machen sollten, unwirksam sind (§ 307 Abs. 1 S. 1). An ihre Stelle tritt nach § 306 Abs. 2 die ge-

---

1 BGH NJW 2015, 1594 Rn 23 bis 27.
2 BGH NJW 2015, 1594 Rn 37.

setzliche Bestimmung, also § 535 Abs. 1 S. 2. Dementsprechend hatte Volkmann die Renovierungskosten selbst zu tragen. ◄

Lerneinheit 27

813   **Literatur zur Form des Mietvertrags:** *Günter,* Schriftform langfristiger Mietverträge: Ein Lösungsvorschlag für ein „ewiges Problem", NZM 2019, 561; *Frick/Schultz-Süchting,* Schriftformheilungsklauseln, ZMR 2013, 694.

814   **Betriebskosten:** *Meyer-Abich,* Aktuelle Rechtsprechungstendenz der Instanzgerichte im Betriebskostenrecht, NZM 2019, 425; *Meyer-Abich,* Typische Fallstricke des Mietprozesses – Betriebskosten, NJW 2018, 3079; *Lützenkirchen,* Durchsetzung und Abwehr von Betriebskostennachforderungen, 2015, 1740.

815   **Schönheitsreparaturen:** *Tayaranian/Pieronczyk,* Schönheitsreparaturklauseln – Grundlagen und aktuelle Entwicklungen, eine prüfungsorientierte Darstellung, JA 2019, 248; *Horst,* Durchsetzung von Schönheitsreparaturen bei Mietvertragsende: Vornahmeverpflichtung oder Schadensersatz, ZAP 2019, 239; *Lehmann-Richter,* Ersatz fiktiver Renovierungskosten beim säumigen Mieter? NZM 2018, 315; *v. Westphalen,* Schönheitsreparatur-AGB vor ihrem Unionsrichter: Die Klauselrichtlinie als Stolperstein für das „Kompensationsmodell" des BGH, NZM 2018, 1001.

816   **Mietpreisbremse:** *Börstinghaus,* Mietpreisbremse und Kappungsgrenzen – Gesetzliche Grundlagen und Übersicht der Gemeinden mit Mietpreisbeschränkungen, ZAP 2019, 1225; *Grabarse,* Kernaussagen des Bundesverfassungsgerichts zur „Mietpreisbremse", NJ 2019, 505; *Gsell/Siegmund,* Mietrecht in Zeiten des Wohnungsmangels, NZM 2019, 489; *Börstinghaus,* Die „Mietpreisbremse" in der Praxis, NJW 2018, 665.

Sonstiges: *Bühler,* Examensrelevante Probleme der Gebrauchsüberlassung an Dritte im Wohnraummietrecht, JuS 2019, 104; *Hinz,* Vereinbarungen zum Umfang des Mietgebrauchs, NZM 2019, 649; *Caspers,* Der Zeitmietvertrag nach § 575 BGB: Voraussetzungen, Rechtsfolgen und Problemkreise, ZAP 2019, 21; *Börstinghaus,* Die aktuelle Rechtsprechung des BGH zum Mietrecht, NZM 2019, 225; *Caspers,* Das Recht zur Untervermietung: Voraussetzungen und Grenzen, ZAP 2018, 1041; *Frieling,* Die Einrede des nicht erfüllten Vertrags nach § 320 BGB im Mietverhältnis, ZfPW 2018, 467.

I. Einführung

1. Besonderheiten des Mietrechts

817   *Keine Anpassung an die Schuldrechtsreform:* Zu Beginn des Jahres 2002 trat bekanntlich die Schuldrechtsreform in Kraft, die nicht nur das Allgemeine Schuldrecht, sondern auch das Kauf- und das Werkvertragsrecht umgestaltet hat. Das Mietrecht hat diese Reform nicht mitgemacht, weil es kurz vorher bereits gründlich erneuert worden war. Das hat dazu geführt, dass insbesondere die Gewährleistung (§§ 536 bis 536 d) nicht (oder nur ganz oberflächlich) an die Mängelhaftung des Kauf- und des Werkvertragsrechts angepasst wurde. Das merkt man zB daran, dass das Mietrecht noch den alten Ausdruck „zugesicherte Eigenschaft" kennt (§ 536 Abs. 2).

Zuständigkeit der Amtsgerichte und des BGH: Streitigkeiten über Wohnraummietverhältnisse (nicht über andere Mietverhältnisse, zB über Geschäftsräume) sind allein den Amtsgerichten zugewiesen, unabhängig von der Höhe des Streitwerts (§ 23 Nr. 2 Buchst. a GVG). Obwohl diese Prozesse also immer beim Amtsgericht beginnen, gelangen sie erstaunlich oft zum BGH. Das liegt daran, dass ganz allgemein das LG als Berufungsgericht – unabhängig vom Streitwert – die Revision zum BGH zulassen muss, wenn die „Rechtssache grundsätzliche Bedeutung hat" oder „die Sicherung einer einheitlichen Rechtsprechung" eine Entscheidung des BGH erfordert (§ 543 Abs. 2 ZPO). Eine dieser beiden Voraussetzungen sehen die Landgerichte in Mietsachen erstaunlich oft als gegeben an.

2. Aufbau des Gesetzes

Das Mietrecht enthält in seinem ersten Untertitel („Allgemeine Vorschriften für Mietverhältnisse", §§ 535 bis 548) Vorschriften, die für alle Arten von Mietverträgen gelten, also für Mietverträge über Wohnraum, Geschäftsräume, unbebaute Grundstücke, Schiffe, Autos und andere bewegliche Sachen. Sodann regelt das Gesetz in den §§ 549 bis 577 a die „Mietverhältnisse über Wohnraum". Dieser Untertitel ist der weitaus umfangreichste. Das entspricht der überragenden sozialen Bedeutung der Mietverträge über Wohnraum, die so weit geht, dass viele junge Studierende erst lernen müssen, dass es außer Mietverträgen über Wohnraum überhaupt noch andere Mietverträge gibt. 818

Die übrigen Mietverhältnisse werden vom Gesetz unter der Überschrift „Mietverhältnisse über andere Sachen" in nur fünf Paragrafen abgehandelt (§§ 578 bis 580 a). Eine so kurze Regelung kann nur durch den technischen Kunstgriff einer breiten Verweisung gelingen (§ 578).

3. Besonderheiten der folgenden Darstellung

Der Aufbau der folgenden Darstellung lehnt sich an die gesetzliche Gliederung an. Allerdings wird sofort das Wohnraummietrecht behandelt. Die vom Gesetz vorangestellten §§ 535 bis 548, die wie gesagt auch für andere Mietverträge gelten, werden in diesem Zusammenhang miterläutert. 819

Manche Vertragsverhältnisse sind vom Besonderen Schuldrecht so wortkarg geregelt worden, dass ihre Erläuterung umfangreicher sein muss als der Gesetzestext. Im Wohnraummietrecht ist es oft umgekehrt. Es enthält so viele Details, dass es nicht möglich ist, in einem Lehrbuch des Besonderen Schuldrechts auf alle einzugehen. Oft muss die Darstellung deshalb mit einem Hinweis enden wie: „Einzelheiten in § …"

II. Grundlagen

1. Definitionen

Vertragspflichten: Die Hauptpflichten der Mietvertragsparteien ergeben sich aus § 535. Danach ist der Vermieter verpflichtet, dem Mieter während der Mietzeit den Gebrauch der Mietsache zu gewähren (§ 535 Abs. 1 S. 1), während der Mieter verpflichtet ist, dem Vermieter die vereinbarte Miete zu zahlen (§ 535 Abs. 2). Der Mietvertrag ist damit ein *gegenseitiger Vertrag* (§§ 320 ff). Zugleich begründet er ein *Dauerschuldverhältnis,* weil er nicht auf den einmaligen Austausch von Leistungen angelegt ist. An die Stelle des (rückwirkenden) Rücktritts (§ 346) tritt deshalb wie bei allen Dauerschuldverhältnissen die Kündigung (§§ 542 Abs. 1, 543, 568 ff). 820

Mietsache: Vertragsgegenstand eines Mietvertrags („Mietsache") kann jede Sache sein (§ 90). Beim Wohnraummietvertrag ist die Mietsache immer Wohnraum. 821

822 „*Wohnraum*" ist der Oberbegriff für ein Einzelzimmer, eine Wohnung und ein Einfamilienhaus. Man sollte deshalb nicht von *Wohnungs*mietverträgen sprechen, sondern – wie das Gesetz – nur von *Wohnraum*mietverträgen.

823 *Vertragspartner:* Mieter von Wohnraum ist nur derjenige Vertragspartner eines Mietvertrags, der den Wohnraum *selbst bewohnen* will. Der Mieter wird durch die §§ 549 bis 577 a besonders geschützt. Der *Vermieter* ist im Regelfall der Eigentümer des Wohnraums (anders beim Untermietvertrag).

824 *Untermietvertrag:* Beim Untermietvertrag über Wohnraum ist der Vermieter seinerseits Mieter (Hauptmieter), vermietet aber den Wohnraum ganz oder teilweise an einen anderen (den Untermieter). Das Gesetz schränkt das Recht des Mieters zur Untervermietung stark ein (§ 540 Abs. 1 S. 1). Der Untermietvertrag über Wohnraum berechtigt und verpflichtet die Partner wie ein sonstiger Wohnraummietvertrag.

Zwischenmietverhältnis: Es kommt vor, dass jemand Wohnraum mit dem erklärten Ziel mietet, ihn weiterzuvermieten (Zwischenmieter, § 565). *Beispiel:* Ein Verein mietet Wohnraum und überlässt ihn Behinderten im Rahmen des betreuten Wohnens.[3] Es ist dann zu unterscheiden: Zwischen dem Eigentümer und dem Zwischenmieter wird ein Mietvertrag, aber kein *Wohnraum*mietvertrag geschlossen.[4] Einen solchen schließt nur der Zwischenmieter (als Vermieter) mit dem Endmieter, der die Räume bewohnen soll.

2. Mietverträge auf unbestimmte und auf bestimmte Zeit

825 Im Regelfall wird das Mietverhältnis auf *unbestimmte* Zeit geschlossen, sodass es für beide Seiten im Prinzip jederzeit unter Einhaltung der gesetzlichen Kündigungsfrist kündbar ist (Rn 904). Die Kündigung eines Wohnraummietvertrags durch den *Vermieter* wird aber bewusst erschwert (Rn 907 ff).

Der Vertrag kann auch auf *bestimmte* Zeit geschlossen werden, zB auf drei Jahre. Das Mietverhältnis endet dann im Prinzip mit Ablauf der Zeit (§ 542 Abs. 2; Rn 905 f). Es ist vorher nicht ordentlich kündbar, nur außerordentlich (fristlos), zB nach § 543.

3. Form des Mietvertrags

826 Wer das Mietrecht nicht genau kennt, ist meist überzeugt, dass Mietverträge über Wohnraum der Schriftform bedürften. Das ist aber, wie sich aus § 550 ergibt, nicht richtig.[5] Diese eigenartige Vorschrift kann man am besten verstehen, wenn man die Absicht kennt, die die Väter des BGB mit ihr verfolgten.[6] *Beispiel:* A hat ein Mietshaus an B verkauft und übereignet. B ist dadurch kraft Gesetzes in die bestehenden Mietverträge eingetreten (§ 566; Rn 897 ff). Mieter M, der mit A nur einen mündlichen Mietvertrag geschlossen hatte, beruft sich darauf, der Vertrag sei auf *bestimmte* Zeit, nämlich auf 15 Jahre geschlossen worden, und deshalb für diese Zeit unkündbar. Wenn B trotzdem kündigen will, kann er zu M sagen: „Da Sie diese Vertragsbestimmung nicht schriftlich vereinbart haben, erkenne ich sie nicht an." Denn § 550 S. 1 bestimmt zu Gunsten des B, dass der mündliche Vertrag als „für *unbestimmte* Zeit" geschlossen gilt, also kündbar ist. B kann aber frühestens zum Ablauf eines Jahres nach Überlas-

---

3 BGH NJW 2007, 211 Rn 12.
4 BGHZ 94, 11. Der gewerbliche Zwischenmieter kann aber zB aus Gründen kündigen, die das Gesetz nur dem Wohnraummieter zugesteht (BGHZ 157, 233).
5 Zur Form des Mietvertrags schon ausführlich BGB-AT Rn 668 bis 675.
6 Dazu BGHZ 176, 301 Rn 13 und BGH NJW 2014, 2102 Rn 30.

sung des Wohnraums kündigen (§ 550 S. 2). § 550 ist so formuliert, dass er nicht nur auf den Beispielsfall anwendbar ist, sondern auch dann, wenn die Partner des Mietvertrags *nicht gewechselt* haben.[7]

Aus dem Gesagten ergibt sich: Für keinen Mietvertrag schreibt das Gesetz Schriftform vor, so dass kein mündlich geschlossener Mietvertrag nach § 125 wegen Formmangels nichtig ist. Das gilt zunächst für einen mündlich auf *unbestimmte Zeit* geschlossenen Mietvertrag (den § 550 S. 1 gar nicht im Blick hat). Aber auch ein mündlich auf *bestimmte* Zeit geschlossener Mietvertrag ist wirksam, er wird von § 550 S. 1 nur in einen Vertrag „für unbestimmte Zeit" umgedeutet, sodass er kündbar ist. § 550 spielt in der Praxis der *Wohnraum-Mietverträge* keine Rolle. Das liegt daran, dass sich § 550 S. 1 nur auf Verträge bezieht, die (unkündbar) auf „längere Zeit als ein Jahr" geschlossen worden sind, und Wohnraum-Mietverträge nur in seltenen Ausnahmefällen „auf bestimmte Zeit" eingegangen werden können (§ 575 Abs. 1 S. 1; Rn 905). Aber § 550 S. 1 ist auch auf Mietverträge über *Geschäftsräume* anzuwenden.[8] Für sie gilt § 575 nicht, so dass solche Verträge sehr häufig unkündbar „für längere Zeit als ein Jahr" geschlossen werden. In diesem Bereich hat § 550 deshalb große Bedeutung (Rn 960). 827

Widerrufsrecht des Mieters: Wenn der *Wohnraum*-Mietvertrag im Fernabsatz geschlossen wurde (§ 312 c), steht dem Mieter grundsätzlich ein Widerrufsrecht zu (§ 312 Abs. 4 S. 1). 828

4. Festlegung der Miete bei Abschluss des Mietvertrags

Mit Beginn des neuen Jahrtausends wurde der Wohnraum in Ballungsgebieten immer knapper, so dass die Mieten dort (nicht generell) erheblich stiegen. Der Gesetzgeber wollte dem mit einer „Mietpreisbremse" begegnen und hat deshalb mit Wirkung vom 1. Juni 2015 das Unterkapitel „Vereinbarungen über die Miethöhe in Gebieten mit angespannten Wohnungsmärkten" eingefügt (§§ 556 d bis 556 g).[9] Diese Gebiete festzulegen, ist Sache der Länder (§ 556 d Abs. 2).[10] 829

Kern der Regelung ist § 556 d Abs. 1, nach dem in den genannten Gebieten „die Miete zu Beginn des Mietverhältnisses die ortsübliche Vergleichsmiete (§ 558 Abs. 2) höchstens um 10 Prozent übersteigen" darf.

Verhältnis zur Vormiete: Lag die Vormiete (die mit dem *Vormieter* vereinbart war), *unter* der von § 556 d Abs. 1 gezogenen Grenze der „ortsübliche Vergleichsmiete", darf sie bei der Neuvermietung erhöht werden. Lag die Vormiete *über* der Grenze, darf sie auch im folgenden Mietvertrag vereinbart werden (§ 556 e Abs. 1 S. 1). Denn es soll ja nur ein *Anstieg* der Miete vermieden, nicht ein Rückgang erreicht werden. Aber der Gesetzgeber hatte zu Recht die Sorge, einige Vermieter könnten aus diesem Grund mit einem auszugswilligen Mieter schnell noch eine höhere Miete vereinbaren,[11] und hat versucht, das durch § 556 e Abs. 1 S. 2 Var. 2 zu verhindern.

---

7 BGHZ 200, 98 Rn 26; 176, 301 Rn 16; BGH NJW 2016, 311, Rn 20.

8 § 578 Abs. 2 S. 1 verweist auf § 578 Abs. 1 und dieser auf § 550.

9 § 556 d verstößt nicht gegen das Grundgesetz (BVerfG NJW 2019, 3054).

10 Wenn eine Landesregierung aus politischen Gründen die Gebiete zu großzügig bemisst oder die vorgeschriebene Begründung versäumt, kann das dazu führen, dass in diesem Gebiet die Vorschriften über die Mietpreisbremse nicht gelten (BGH NJW 2019, 2844).

11 BT-Drs. 18/3121, 30.

Neuer Wohnraum: § 556 d ist nicht auf eine Wohnung anzuwenden, „die nach dem 1. Oktober 2014 erstmals genutzt und vermietet" (§ 556 f S. 1) oder die – einem Neubau vergleichbar – umfassend modernisiert wurde (S. 2).

b) Kritik

830 Weil § 556 d Abs. 1 auf die Höhe der „ortsüblichen Vergleichsmiete" abstellt, ist diese Größe entscheidend. Aber in vielen Gemeinden gibt es keinen Mietspiegel (§§ 558 a Abs. 2 Nr. 1, 558 c und 558 d; Rn 889), so dass der Mieter, um dem Vermieter entgegentreten zu können, „für mehrere tausend Euro"[12] einen Gutachter mit der Ermittlung der ortsüblichen Vergleichsmiete beauftragen müsste.

Da die gesetzlichen Regelungen der Mietpreisbremse den Anstieg der Mieten in den Ballungsgebieten nicht aufhalten konnten, hat der Gesetzgeber mit dem Mietrechtsanpassungsgesetz,[13] das am 1. Januar 2019 in Kraft getreten ist, einen neuen Versuch unternommen. Viele Einzelregelungen sollen die bisherigen Vorschriften präzisieren und schärfen. Ein wichtiges Beispiel ist die Einfügung von Abs. 1 a in § 556 g. Dieser neue Absatz verpflichtet den Vermieter, dem Mieter vor dem Vertragsschluss unaufgefordert die Höhe der Vormiete zu nennen – aber leider nur unter bestimmten Voraussetzungen.

Insgesamt muss man leider sagen, dass der Versuch, den Anstieg der Mieten mit Mitteln des BGB zu bremsen, von vornherein zum Scheitern verurteilt ist. Letztlich wird nämlich alles vom *Mieter* erwartet. Er allein soll dem Vermieter auf die Finger sehen, soll sich erkundigen, eingreifen und so die Bremswirkung herbeiführen. Aber dafür ist er in fast allen Fällen finanziell und intellektuell viel zu schwach. Der Staat könnte den ständigen Anstieg der Mieten nur verhindern, wenn er die Sache selbst in die Hand nähme und (wie in der Nazizeit und den ersten Nachkriegsjahren) Wohnungsämter mit hoheitlichen Befugnissen schaffte. Aber aus naheliegenden Gründen kann es in einem demokratischen Rechtsstaat solch einen massiven Eingriff in die freie Marktwirtschaft nicht geben.

III. Pflichten und Rechte des Vermieters

1. Pflichten

831 Die *Hauptpflicht* des Vermieters ist natürlich die Gebrauchsüberlassung (§ 535 Abs. 1 S. 1). Die Wohnräume müssen „in einem zum vertragsgemäßen Gebrauch geeigneten Zustand" sein (§ 535 Abs. 1 S. 2).[14] Der Vermieter hat sie außerdem „in diesem Zustand zu erhalten" (§ 535 Abs. 1 S. 2 Var. 2). Der Vermieter muss also die nötigen Reparaturen einschließlich der *Schönheitsreparaturen* vornehmen (dazu Fall 27, Rn 811 und Rn 853 bis 862). Wenn die Wohnung bei der Besichtigung erkennbar mit einer technischen Einrichtung ausgestattet ist wie einer Telefonanschlussdose[15] oder mit Geräten (zB Herd, Kühlschrank, Klimaanlage), kann der Vermieter der Pflicht, alle künf-

---

12 So der erfahrene Fachanwalt für Mietrecht Selt, NJW 2019, 329 (331).
13 Gesetz zur Ergänzung der Regelungen über die zulässige Miethöhe bei Mietbeginn und zur Anpassung der Regelungen über die Modernisierung der Mietsache vom 18. 12. 2018 (BGBl 2018 I 2648).
14 Das bedeutet nicht, dass Altbauten dem Standard von Neubauten entsprechen müssten. Der Anschluss von Waschmaschine und Geschirrspüler muss aber möglich sein (BGH NJW 2004, 3174).
15 BGH NZM 2019, 140.

tigen Reparaturen zu bezahlen, nur entgehen, wenn er das im Mietvertrag ausdrücklich ausschließt.

2. Rechte

Das wichtigste Recht des Vermieters ist der Anspruch auf die Miete (§ 535 Abs. 2). Daneben hat er etwa das (gesetzlich nicht normierte) Recht, die Wohnung nach Vorankündigung zu betreten. Aber das darf er nur, wenn es dafür „einen konkreten sachlichen Grund gibt",[16] zB wenn er neu eingebaute Rauchmelder besichtigen oder den Wohnraum nach einer Kündigung einem Mietinteressenten vorführen will.[17]

832

IV. Pflichten und Rechte des Mieters

1. Pflichten

a) Zahlung der Miete

Die Hauptpflicht des Mieters ist natürlich die Zahlung der Miete (§ 535 Abs. 2). Deren Höhe richtet sich für Sozialwohnungen und Wohnraum, der mit staatlicher Hilfe errichtet wurde, nach besonderen Vorschriften. Für den übrigen Wohnraum gilt: Es kommt darauf an, ob der Wohnraum (Wohnung oder Einfamilienhaus) in einem der Gebiete „mit angespannten Wohnungsmärkten" liegt (so Unterkapitel 1 a, §§ 556 d bis 556 g).

833

„*Bis zum dritten Werktag eines Monats*": In Wohnraummietverträgen wird immer eine *monatliche* Zahlung vereinbart. Die Miete ist dann – im Voraus! – bis zum dritten Werktag eines Monats zu entrichten (§ 556 b Abs. 1). Es reicht aus, wenn der Mieter an diesem dritten Werktag seinem Kreditinstitut (Zahlungsdienstleister) den Zahlungsauftrag erteilt (und sein Konto zu dieser Zeit eine ausreichende Deckung aufweist).[18] Denn für die Rechtzeitigkeit der Zahlung kommt es bekanntlich auf die Leistungshandlung an (§§ 270 Abs. 1, 269 Abs. 4),[19] der Tag der Gutschrift auf dem Konto des Vermieters ist gleichgültig.

834

Eine AGB, nach der die Miete am dritten Werktag dem Konto des Vermieters *gutgeschrieben* sein muss, weist das Risiko, dass sich die Zahlung auf dem Weg über die Kreditinstitute verzögert, dem *Mieter* zu und ist deshalb nach § 307 Abs. 1 S. 1 unwirksam.[20] Falls die Klausel individuell vereinbart wurde und deshalb wirksam ist, müssen dem Mieter für die Überweisung volle drei Bank-Geschäftstage zur Verfügung stehen. Deshalb gilt hier der Sonnabend *nicht* als Werktag.[21]

Verzug: Durch die Festlegung auf einen Kalendertag kommt der Mieter, wenn er nicht am dritten Werktag gezahlt hat, auch ohne Mahnung in Verzug (§ 286 Abs. 2 Nr. 1).

Rechtsfolgen bei Nichtzahlung: Wenn der Mieter mit der Zahlung von zwei aufeinander folgenden Monatsmieten in Verzug ist, kann der Vermieter den Mietvertrag im Prinzip fristlos kündigen (§§ 543 Abs. 1, Abs. 2 S. 1 Nr. 3, 569 Abs. 3; Rn 937).

835

---

16 BGH NJW 2014, 2566 Rn 20.
17 Schlüter NZM 2006, 681; Franke DWW 1998, 298.
18 BGH NJW 2017, 1596 Rn 20 ff.
19 Dazu SAT Rn 86 f.
20 BGH NJW 2017, 1596 Rn 38.
21 NJW 2010, 2879 Rn 44. Ebenso die Entscheidung vom selben Tage NJW 2010, 2822 Rn 11.

b) Andere Pflichten

836   *Betriebskosten:* Fast immer verpflichtet der Vertrag den Mieter, neben der Miete (volkstümlich „Kaltmiete") auch die Kosten zu tragen, die das Gesetz *Betriebskosten* nennt und die gewöhnlich als „Nebenkosten" bezeichnet werden (§ 556; Rn 846 ff).

837   *Mietsicherheit:* Zu den Nebenpflichten des Mieters, die vertraglich begründet werden können, gehört die Pflicht, dem Vermieter eine *Mietsicherheit* zu zahlen (§ 551), üblicherweise Kaution genannt. Drei Kaltmieten sind der Höchstbetrag (§ 551 Abs. 1). Deshalb ist es unzulässig, neben einer Mietsicherheit in Höhe von drei Kaltmieten noch eine Bürgschaft zu verlangen.[22] Die Mietsicherheit darf in drei Raten bezahlt werden, aber nur in den ersten drei Monaten der Mietzeit (§ 551 Abs. 2). Im Fall des Verzugs mit einem Betrag in Höhe von zwei Kaltmieten kann der Vermieter fristlos kündigen (§ 569 Abs. 2 a). Der Vermieter muss die Summe auf ein verzinsliches Sparkonto einzahlen. Die Zinsen stehen dem Mieter zu und erhöhen die Sicherheit (§ 551 Abs. 3 S. 3, 4). Die Rückzahlung wird erst fällig, wenn dem Vermieter (nach Ende der Mietzeit) keine Forderungen mehr zustehen und er sich davon in Ruhe überzeugen konnte („angemessene Überlegungsfrist").[23]

838   *Rücksichtnahme auf die Interessen des Vermieters:* Dass der Mieter den Wohnraum pfleglich behandeln muss, steht eigenartigerweise nicht ausdrücklich im Gesetz. Diese Pflicht ergibt sich aber indirekt aus einzelnen Vorschriften, insbesondere aus § 543 Abs. 2 S. 1 Nr. 2. Aus der allgemeinen Pflicht zur Rücksichtnahme auf die Interessen des Vermieters (§ 241 Abs. 2) leitet der BGH ab, dass der Mieter zB die Wohnräume in einer Farbgestaltung zurückgeben muss, die für Nachmieter akzeptabel ist. Anderenfalls ist er nach § 280 Abs. 1 schadensersatzpflichtig.[24]

839   Die Regeln einer vom Vermieter aufgestellten *Hausordnung* sind AGB.[25] Sie binden den Mieter deshalb nur, wenn sie in den Mietvertrag wirksam einbezogen worden sind (§ 305 Abs. 2).

840   *Duldung:* Der Mieter von Wohnraum hat nicht nur Maßnahmen zur *Erhaltung* zu dulden (§ 555 a Abs. 1), sondern auch Maßnahmen zur *Modernisierung* des Wohnraums (§§ 555 b, 555 d; dazu Rn 890).

841   *Mängelanzeige:* Hat die Mietsache einen Mangel oder droht ihr Gefahr, hat der Mieter dies dem Vermieter unverzüglich (§ 121 Abs. 1) anzuzeigen (Einzelheiten in § 536 c).

2. Rechte des Mieters

842   *Beruflicher Gebrauch:* Das Hauptrecht des Mieters ist natürlich das Recht, die Mietsache während des Mietverhältnisses als Wohnraum zu nutzen (§ 535 Abs. 1 S. 1). Als Wohnraum gemietete Räume dürfen grundsätzlich nicht ohne Zustimmung des Vermieters zu gewerblichen oder freiberuflichen Zwecken verwendet werden. Ausnahmen bestehen, wenn die Tätigkeit des Mieters nicht nach außen in Erscheinung tritt (zB schriftstellerische Tätigkeit) und der Mieter in der Wohnung keine Mitarbeiter beschäftigt und keinen oder nur geringen Kundenverkehr hat.[26] *Beispiel:* M erteilte in

---

22   BGH NJW 2004, 3045; wenn die Miete von Anfang an zu hoch war, muss die Kaution anteilig zurückgezahlt werden (BGH NJW 2005, 2773).
23   BGH NJW 2016, 3231 Rn 12 f.
24   BGH NJW 2014, 143 Rn 18.
25   Schmidt-Futterer/Eisenschmid, Mietrecht, 12. Aufl., 2015, § 535 Rn 378 ff; BGHZ 157, 188.
26   BGH NJW 2009, 3157 (Immobilienmakler).

der Wohnung beruflich Gitarrenunterricht. Das brauchte der Vermieter nicht zu dulden.[27]

Musizieren: In welchem Umfang das Musizieren erlaubt ist, hat der BGH nicht für *Mieter* entschieden, nur für den Eigentümer eines Reihenhauses, der als Berufsmusiker (zum Leidwesen seines Nachbarn) zu Hause Trompete übte. Ihm hat der BGH als „groben Richtwert" folgende Zeiten erlaubt: An Werktagen drei Stunden und an Feiertagen zwei Stunden bei „Einhaltung der üblichen Ruhezeiten".[28] Das wird sich auf Mietverhältnisse übertragen lassen.

Haustiere: In Formularverträgen ist ein generelles Verbot der *Hunde- und Katzenhaltung* unwirksam. Aber der Mieter muss auf die Belange anderer Mieter und des Vermieters Rücksicht nehmen.[29]

Untervermietung: Der Mieter darf den Wohnraum nur mit Erlaubnis des Vermieters untervermieten (Einzelheiten § 540). Eine solche Erlaubnis schließt nicht ohne weiteres das Recht ein, die Wohnung tageweise an Touristen zu vermieten.[30]   843

Aufnahme Dritter: § 553 regelt speziell für Wohnraummietverträge die Frage, ob der Mieter „einen Teil[31] des Wohnraums einem Dritten" (Abs. 1 S. 1) überlassen darf. Die allgemeine Vorschrift des § 540 tritt in diesem Fall zurück. Für den in § 553 Abs. 1 S. 1 genannten „Dritten" gilt Folgendes: 844

■ Ein Familienangehöriger ist kein „Dritter", sodass der Mieter kein „berechtigtes Interesse" geltend machen muss, wenn er seinen Partner[32] oder seine Kinder[33] in die Wohnung aufnehmen will.

■ Soweit es um „Dritte" geht, handelt es sich idR um Untervermietung. Für sie braucht der Mieter zwar eine „Erlaubnis", aber der Vermieter kann sie kaum verweigern (§ 553 Abs. 1 S. 1 und 2). Als „berechtigtes Interesse" ist bei einer Zweitwohnung[34] oder einem längeren Auslandsaufenthalt[35] der Wunsch anzuerkennen, die Kosten durch Aufnahme eines Untermieters zu mindern. Es reicht aus, wenn der Mieter nur *ein* Zimmer noch selbst nutzt (auch zum Abstellen von Möbeln). Wenn der Vermieter die Erlaubnis zu Unrecht verweigert, muss er idR den Mietausfall ersetzen.[36]

Vorkaufsrecht: Zu den Rechten des Mieters kann auch ein gesetzliches Vorkaufsrecht gehören (§ 577). Es entsteht, wenn der Eigentümer (Vermieter) eines Mehrfamilienhauses die vermieteten Wohnungen in Eigentumswohnungen umgewandelt hat (Rn 893 f).   845

---

27 BGH NJW 2013, 1806 Rn 15 (zu § 563 Abs. 4).
28 BGH NJW 2019, 773 Rn 32. Mit den „üblichen Ruhezeiten" dürfte der BGH die Zeit von 13.00 bis 15.00 Uhr und von 22.00 bis 8.00 Uhr gemeint haben.
29 BGH NJW 2013, 1526.
30 BGH NJW 2014, 622.
31 Eine vollständige Überlassung der Wohnung an einen Dritten ist unzulässig.
32 BGHZ 157, 1; BGH NJW 2013, 2507 Rn 6 f.
33 BGHZ 123, 223.
34 BGH NJW 2006, 1200.
35 BGH NJW 2014, 2717 Rn 13 ff.
36 BGH NJW 2014, 2717 Rn 39.

V. Betriebskostenabrechnung

1. Betriebskosten

846   Die Kosten, die im täglichen Leben „Nebenkosten" genannt werden, nennt das Gesetz „Betriebskosten" und definiert sie in § 556 Abs. 1 S. 2.[37] Der Vermieter kann nur die in § 2 der BetriebskostenVO vom 25. November 2003 aufgeführten Kosten auf den Mieter umlegen (§ 556 Abs. 1 S. 3). Dazu gehören in erster Linie die Kosten für Heizung, Warmwasserbereitung, Wasser und Abwasser. Es genügt, wenn es im Mietvertrag heißt, der Mieter habe „die Betriebskosten" zu tragen. Eine Aufzählung ist nicht nötig, weil sie sich aus dem Gesetz ergibt.[38] Kosten, die nicht in der BetriebskostenVO aufgeführt sind (zB für die Hausverwaltung), muss der Vermieter in die Miete einrechnen oder selbst tragen.

847   Der Vermieter muss technisch erfassen, wie viel Wärme und Warmwasser der Mieter verbraucht (§ 4 Abs. 2 S. 1 HeizkostenVO). Andere Betriebskosten können nach der Wohnfläche umgelegt werden (§ 556 a Abs. 1 S. 1). *Beispiel 1:* Nicht alle Wohnungen eines Mehrfamilienhauses verfügten über Wasserzähler. Der Vermieter war deshalb berechtigt, den Wasserverbrauch nach den Wohnflächen umzulegen.[39] Ein solcher Verteilerschlüssel ist auch dann zulässig, wenn er offensichtlich ungerecht ist, aber eine Verbrauchserfassung nicht in Frage kommt. *Beispiel 2:* An den Kosten eines Aufzugs darf der Vermieter auch die Erdgeschoss-Mieter beteiligen,[40] aber nicht die Mieter eines anderen Gebäudeteils.[41]

848   *Nicht* zu den umlagefähigen Betriebskosten gehören die Aufwendungen des Vermieters für die *Instandhaltung* einer Anlage (zB die Reparatur des Heizkessels). Anderes gilt für die Kosten der laufenden Wartung.[42]

2. Ablauf der Abrechnung

a) Vorlage durch den Vermieter

849   *Jahresfrist:* Wenn (wie fast immer) Vorauszahlungen auf die Betriebskosten vereinbart sind und der „Abrechnungszeitraum" das Kalenderjahr ist, hat der Vermieter spätestens am 31. Dezember des *Folgejahres* die Abrechnung vorzulegen (§ 556 Abs. 3 S. 2).[43] Wenn er nicht nachweisen kann, dass er die „verspätete Geltendmachung nicht zu vertreten" hat, ist eine „Nachforderung ... ausgeschlossen" (§ 556 Abs. 3 S. 3). Es handelt sich um eine Ausschlussfrist (keine Verjährungsfrist), sodass der Anspruch des Vermieters auf die Nachforderung mit Fristablauf *erlischt.*[44]

850   *Formell ordnungsgemäß:* Nur eine formell ordnungsgemäße Abrechnung wahrt die Frist[45] und löst mit ihrem Zugang die Fälligkeit der Nachzahlung aus.[46] Aber an die

---

37   Definition übernommen aus § 1 Abs. 1 S. 1 BetriebskostenVO.
38   BGH NJW 2016, 1308 Rn 11 ff.
39   BGH NJW 2008, 1876.
40   BGH NJW 2006, 3557.
41   BGH NJW 2009, 2058.
42   BGH NJW 2010, 226.
43   Der Zugang der Abrechnung beim Anwalt des Mieters am Silvesterabend wahrt aber nicht mehr die Frist (AG Köln NJW 2005, 2930).
44   Das hat zur Folge, dass ein Anerkenntnis vor Ablauf der Frist nicht nach § 212 I Nr 1 zu einem Neubeginn der Frist führt (BGH NJW 2008, 2258 Rn 20).
45   BGH NJW 2011, 1867 Rn 17; 2007, 1059 Rn 8.
46   BGHZ 113, 188 (194); BGH NJW 2006, 1419 Rn 20; BGH NJW 2007, 1059 Rn 8.

formelle Richtigkeit sind „keine zu hohen Anforderungen zu stellen".[47] Sie ist schon gegeben, wenn die Abrechnung den allgemeinen Anforderungen des § 259 genügt. Sie muss deshalb für jede Kostenart mindestens fünf Angaben enthalten: die Gesamtkosten (für das ganze Haus), den Verteilerschlüssel (zB qm, Personen, Messergebnisse), den Anteil des Mieters und den Abzug seiner Vorauszahlungen.[48] Anderenfalls ist sie wegen formeller Mängel unwirksam.[49] Es ist nicht erforderlich, dass die einzelnen Posten in der Abrechnung erläutert werden.[50] Einzelne *inhaltliche Fehler* machen die Abrechnung nicht unwirksam.[51] Solche Fehler können nachträglich korrigiert werden.[52]

b) Einwendungen des Mieters

Erst nach dem Zugang der (formal ordnungsgemäßen) Abrechnung geht es um die Frage, ob sie *inhaltliche* Fehler aufweist. Es ist Sache des Mieters, solche Einwendungen vorzubringen. Dazu kann er auch Einsicht in die Verbrauchsdaten anderer Mieter verlangen. Solange sie ihm verweigert wird, schuldet er keine Betriebskostennachzahlung.[53]   851

Jahresfrist: Der Mieter hat dafür ein Jahr Zeit (§ 556 Abs. 3 S. 5). *Beispiel:* Die (formal ordnungsgemäße) Abrechnung ging dem M am 8. Juni 2017 zu. Dann muss er seine Einwendungen dem V spätestens am 8. Juni 2018 zugehen lassen (§§ 130 Abs. 1 S. 1, 187 Abs. 1, 188 Abs. 2). Nach Ablauf dieser Frist sind Einwendungen im Prinzip ausgeschlossen (§ 556 Abs. 3 S. 6: Ausschlussfrist).[54] Der Ausschluss betrifft auch schwerwiegende Einwendungen wie die, die Abrechnung enthalte Positionen, die generell nicht als Betriebskosten umlegbar seien.[55]   852

VI. Schönheitsreparaturen

1. Einführung

Nach dem Gesetz ist es die Aufgabe des Vermieters, Renovierungen der Wohnung auf seine Kosten durchführen zu lassen. Denn er hat „die Mietsache ... in einem zum vertragsgemäßen Gebrauch geeigneten Zustand ... zu erhalten" (§ 535 Abs. 1 S. 2 Var. 2). Und § 538 bestimmt, dass eine normale Abnutzung der Mietsache nicht vom Mieter zu vertreten ist. Aber schon vor hundert Jahren gingen die Vermieter dazu über, die Pflicht zur Renovierung (auch „Dekoration" genannt) im Mietvertrag auf den Mieter abzuwälzen. Das Mietrecht enthält dazu bis heute keine Bestimmung. Der für Wohnraummietsachen zuständige VIII. Zivilsenat des BGH ist im Jahre 2004 dazu übergegangen, die Überwälzung auf den Mieter einzuschränken. Ihren vorläufigen Höhepunkt hat diese Rechtsprechung am 18. März 2015 in drei Urteilen gefunden, von denen dasjenige, das Fall 27 (Rn 811) zugrunde liegt, das bedeutsamste ist.[56] In seiner neuen Rechtsprechung unterscheidet der BGH in erster Linie danach, ob die Wohnung   853

---

47 BGH NJW 2016, 866 Rn 13.
48 BGH NJW 2015, 51 Rn 12; 2012, 1502 Rn 23; 2011, 1867 Rn 8.
49 BGH NJW 2008, 2258 Rn 16.
50 BGH NJW 2015, 406 Rn 18.
51 BGH NJW 2016, 2254 Rn 17; 2011, 2786 Rn 12 ff; 2009, 283 Rn 2.
52 BGH NJW 2005, 219.
53 BGH NJW 2018, 1599 Rn 17, 26.
54 Eine Ausnahme besteht nur, wenn der Mieter nachweisen kann, dass er „die verspätete Geltendmachung nicht zu vertreten" hat (§ 556 Abs. 5 S. 6).
55 BGH NJW 2016, 2254 Rn 25.
56 Die beiden anderen sind BGH NJW 2015, 1871 und 1874.

unrenoviert oder renoviert übergeben wurde. Deshalb ist auch die folgende Darstellung so gegliedert.

2. Bei Mietbeginn nicht renovierte Wohnung

854   *Definition:* Eine Wohnung ist unrenoviert (oder renovierungsbedürftig), wenn sie gar nicht oder so unvollständig erneuert wurde, dass sie *nicht* „den Gesamteindruck einer renovierten Wohnung" vermittelt.[57] Aus einer unrenovierten Wohnung wird nicht dadurch eine renovierte, dass sich der Mieter gegenüber seinem *Vormieter* verpflichtet, dessen Verpflichtung zur Renovierung zu übernehmen.[58]

855   *Abwälzung der Schönheitsreparaturen:* Ein Formular-Mietvertrag, der dem Mieter einer unrenovierten Wohnung regelmäßige Schönheitsreparaturen auferlegt, würde ihn dazu verpflichten, auch Gebrauchsspuren seines Vorgängers zu beseitigen. Die entsprechende Klausel benachteiligt ihn deshalb unangemessen, sodass sie nach § 307 Abs. 1 S. 1 unwirksam ist (dazu Fall 27, Rn 811).[59] Die Unwirksamkeit gilt auch für Mietverträge, die vor dem 18. März 2015 geschlossen wurden.[60] In Zehntausenden von Mietverträgen dürften die Renovierungsklauseln damit unwirksam sein.

3. Bei Mietbeginn renovierte Wohnung

a) Einführung

856   *Renoviert:* Eine Wohnung ist „renoviert", wenn immerhin der „*Gesamteindruck* einer renovierten Wohnung" vermittelt wird. Es ist nicht nötig, dass alles „komplett frisch renoviert" ist.[61]

857   *Schönheitsreparaturen:* Wenn ein Mieter, der die Wohnung renoviert übernommen hat, zu regelmäßigen Schönheitsreparaturen verpflichtet wird, muss er *nicht* (wie bei einer *nicht* renovierten Wohnung) auch die von seinem Vorgänger verursachte Abnutzung beseitigen. Deshalb bestehen unter diesem Gesichtspunkt keine Bedenken dagegen, die Renovierung auf den Mieter abzuwälzen. Es kann aber andere Probleme geben:

b) Starre und flexible Fristen

858   *Starre Fristen:* Es war früher üblich, dem Mieter im Mietvertrag aufzuerlegen, die Wohnung in festgelegten Intervallen zu renovieren, etwa „Küche, Bad und Toilette nach zwei Jahren, Wohnräume nach fünf Jahren". Das akzeptiert der BGH heute nicht mehr. Formularklauseln, die „starr" formuliert sind und dadurch den Mieter verpflichten, Schönheitsreparaturen auch dann durchzuführen, wenn sie noch gar nicht nötig sind, benachteiligen den Mieter unangemessen und sind deshalb nach § 307 Abs. 1 S. 1, Abs. 2 Nr. 1 unwirksam.[62]

859   *Flexible Fristen:* Eine korrekte Klausel müsste eigentlich allein auf den Abnutzungsgrad abstellen und die Angabe konkreter Fristen vermeiden. *Beispiel:* „Der Mieter hat die gemieteten Räume zu renovieren, sobald der Grad der Abnutzung dies erforderlich

---

57   BGH NJW 2015, 1594 Rn 31. Wenn der Mieter später behauptet, er habe die Wohnung unrenoviert übernommen, ist er dafür beweispflichtig (BGH aaO Rn 32).
58   BGH NJW 2018, 3302 Rn 23 ff.
59   BGH NJW 2015, 1594 Rn 15; ebenso in der Entscheidung vom gleichen Tag NJW 2015, 1871 Rn 22.
60   BGH NJW 2015, 1594 Rn 39.
61   BGH NJW 2015, 1594 Rn 31.
62   BGH NJW 2004, 2586; 2004, 3775.

macht." Der BGH lässt aber die Angabe von Fristen zu, wenn diese durch Zusätze abgemildert werden. *Beispiele:* Im Mietvertrag heißt es, der Vermieter könne die angegebenen Fristen „nach billigem Ermessen … verlängern"[63] oder die Renovierungen seien „im Allgemeinen" in den angegebenen Zeiträumen vorzunehmen[64] oder „in der Regel".[65] Ob ein durchschnittlicher Mieter allein den Worten „im Allgemeinen" und „in der Regel" entnehmen kann, dass der angegebene Fristenplan nicht gilt, sondern die Fälligkeit der Renovierung sich am Grad der Abnutzung orientieren soll, erscheint aber äußerst fraglich.

c) Quotenregelung

Viele Mietvertragsformulare, die Renovierungsfristen vorsehen, regeln auch den Fall, dass der Mieter vor Fristablauf auszieht. Er soll dann vertraglich verpflichtet werden, die Kosten einer künftigen Renovierung in dem Umfang zu tragen, der seiner Mietzeit entspricht (Quotenregelung).[66] Der BGH hat solche Klauseln jahrzehntelang akzeptiert. Aber inzwischen hat er – in einem weiteren Urteil vom 18. März 2015 – alle Quotenabgeltungsklauseln nach § 307 Abs. 1 S. 1 für unwirksam erklärt.[67] Die unangemessene Benachteiligung liegt darin, dass der Mieter bei Abschluss des Mietvertrags nicht (auch nicht *ungefähr*) berechnen kann, welche Kosten bei einem vorzeitigen Auszug auf ihn zukommen. 860

d) Nichtdurchführung

Wenn die Pflicht zur Renovierung wirksam auf den Mieter übertragen worden ist, wird die Renovierung fällig, sobald objektiv Renovierungsbedarf besteht (oder bei einer Endrenovierungsklausel am Ende der Mietzeit). Wird der Mieter trotz Fälligkeit nicht tätig, kann der Vermieter dem Mieter eine angemessene Frist setzen und nach deren erfolglosem Ablauf Schadensersatz verlangen (§§ 280 Abs. 1, Abs. 3, 281 Abs. 1 S. 1).[68] 861

Verjährung: Mit dem Auszug des Mieters beginnt die sehr kurze Verjährungsfrist des § 548 Abs. 1 S. 1 (Rn 945).[69] 862

4. Rechtsfolgen unzulässiger AGB

Wenn von den AGB des Vertrags, die sich auf die Renovierung durch den Mieter beziehen, auch nur eine einzige nach § 307 unwirksam ist, ist die Renovierungsregelung *insgesamt* unwirksam.[70] Denn alle Klauseln zur Renovierungspflicht bilden eine Einheit. Die Aufrechterhaltung einzelner Klauseln wäre eine verbotene geltungserhaltende Reduktion.[71] 863

63 BGH NJW 2005, 1188, etwas strenger noch 2005, 425.
64 BGH NJW 2005, 1426.
65 BGH NJW 2005, 3416.
66 BGHZ 105, 71.
67 BGH NJW 2015, 1871 Rn 24 bis 31.
68 BGH NJW 2006, 2915 Rn 12; 2006, 1588 Rn 7.
69 BGHZ 162, 30, bestätigt von BGH NJW 2005, 2004 und 2006, 1588.
70 BGH NJW 2015, 1871 Rn 13 bis 17.
71 BGH NJW 2015, 1594 Rn 38.

An die Stelle unwirksamer AGB tritt nach § 306 Abs. 2 die gesetzliche Regelung, sodass der *Vermieter* renovierungspflichtig ist (§§ 535 Abs. 1 S. 2, 538).[72] Wenn der Mieter renoviert hat, ohne dazu verpflichtet gewesen zu sein, hat er gegen den Vermieter einen Anspruch wegen ungerechtfertigter Bereicherung (§ 812 Abs. 1). Diesen muss er aber innerhalb von sechs Monaten nach Auszug gerichtlich geltend machen (§ 548 Abs. 2).[73]

§ 28 Probleme bei der Erfüllung des Wohnraummietvertrags

864

Fall 28: Risse in den Bodenfliesen   §§ 536, 536c

▶ *Volker Velhagen ließ im Jahre 2001 ein Mehrfamilienhaus errichten. Die Eheleute Malchow mieteten zwei Jahre später eine der Wohnungen. Später traten Risse in den Bodenfliesen auf, was die Eheleute im Sommer 2008 gegenüber Velhagen rügten. Ob sie ihn schon vorher auf die Risse aufmerksam gemacht hatten, ist unter den Parteien streitig. Im Oktober 2008 forderten die Eheleute von Velhagen, die Mängel zu beseitigen. Da Velhagen das nicht tat, minderten sie die Miete um 20 %. In einem selbstständigen Beweisverfahren kam der Sachverständige zu dem Schluss, dass die Fliesen falsch verlegt worden sind und deshalb Risse bekommen haben. Ist die Mietminderung berechtigt? (Nach BGH NJW 2013, 1299)*

865

Zu prüfen ist, ob die Eheleute Malchow die Miete nach § 536 Abs. 1 S. 2 mindern konnten. § 536 Abs. 1 S. 1 setzt voraus, dass ein *Mangel der Mietsache* vorliegt. Das ist der Fall, da die Bodenfliesen Risse aufweisen und deshalb nicht dem Zustand entsprechen, den die Mieter erwarten durften (Rn 868). § 536 Abs. 1 S. 1 unterscheidet zwischen einem Mangel, der schon „zur Zeit der Überlassung an den Mieter" bestand, und einem Mangel, der „während der Mietzeit" entstanden ist. Hier geht es um den zweiten Fall. Es ist aber zu prüfen, ob der Mangel der Mietsache „ihre Tauglichkeit zum vertragsgemäßen Gebrauch aufhebt". Die Mietsache ist die Wohnung (nicht der Fliesenboden), und der vertragsmäßige Gebrauch ist das Bewohnen. Dieser Gebrauch ist durch die Risse nicht aufgehoben geworden. Es kommt deshalb nur in Betracht, dass entweder „die Tauglichkeit gemindert ist" (S. 2) oder es sich um eine „unerhebliche Minderung" handelt. Der BGH hat entschieden, dass die Tauglichkeit der Wohnung durch die Risse „gemindert" ist. Die Eheleute Malchow hatten deshalb „nur eine angemessen herabgesetzte Miete zu entrichten" (§ 536 Abs. 1 S. 2). Der BGH hat die Minderung um 20 % nicht beanstandet. ◀

Lerneinheit 28

866

Literatur: *Tavakoli*, Mieterhöhung und Verbraucherwiderrufsrechte…, VuR 2019, 203; *Selk*, Der „Bolzplatz" ist überall: Umfeld- und Umweltmängel im Mietrecht, NZM 2019, 113; *Bühler*, Examensrelevante Probleme der Gebrauchsüberlassung an Dritte im Wohnraummietrecht, JuS 2019, 104; *Lindner*, Formularmäßige Aufrechnungsverbote in Mietverträgen unter Verbraucherschutzaspekten, DWW 2019, 44; *Herrler*, § 566 BGB und Veräußerung von Miteigentumsanteilen, MittBayNot 2019, 323; *Hinz*, Die Kautionsabrechnung in der Wohnraummiete, NZM 2019, 76; *Frieling*, Die Einrede des nicht erfüllten Vertrags nach § 320 BGB im Mietverhältnis, ZfPW 2018, 467; *Kuhn*, Selbstvornahme im BGB – insbesondere im kauf-, miet- und werkvertraglichen Ge-

---

72 BGH NJW 2006, 2915 Rn 21. Das gilt auch bei formularmäßigen Geschäftsraum-Mietverträgen (BGH NJW 2005, 2006).

73 BGH NJW 2011, 1866 Rn 13, bestätigt von BGH NJW 2012, 3031 Rn 12.

währleistungsrecht, Jura 2018, 541; *Mach*, Der Eintritt des Grundstückserwerbers in bestehende Miet- und Pachtverhältnisse, RNotZ 2017, 621.

I. Mängel der Mietsache

1. Eigenes Gewährleistungsrecht

Die Schuldrechtsreform hat bekanntlich das Gewährleistungsrecht des Kauf- und des Werkvertrags eng an die allgemeinen Vorschriften über Leistungsstörungen angelehnt (siehe die Verweisungen in § 437 und § 634). Dagegen greifen die Gewährleistungsvorschriften des Mietrechts nicht auf das Allgemeine Schuldrecht zurück, sondern sind selbstständig.

867

2. Mängel und Fehlen einer zugesicherten Eigenschaft

a) Sachmangel

„Mangel" und *„Sachmangel"*: § 536 spricht in Absatz 1 vom „Mangel" und stellt ihm in Absatz 3 den Rechtsmangel gegenüber (allerdings ohne diesen Begriff zu verwenden). Daraus ergibt sich, dass in Absatz 1 mit dem Wort „Mangel" nur der Sachmangel gemeint ist.[74]

868

Definition: Nach der ständigen Rechtsprechung des BGH ist ein Mangel (Sachmangel) „eine für den Mieter nachteilige Abweichung des tatsächlichen Zustands der Mietsache vom vertraglich vorausgesetzten Zustand".[75]

Vertraglich vorausgesetzt: Welcher Zustand vertraglich vorausgesetzt ist, richtet sich in erster Linie nach der Vereinbarung der Parteien. Wenn sie fehlt (wie meist), müssen die „Räume einen Wohnstandard aufweisen, der bei *vergleichbaren* Wohnungen üblich ist".[76] Vergleichbar sind Wohnungen gleichen Alters, gleicher Ausstattung und gleicher Miete pro Quadratmeter. Altbauten dürfen nicht an den Normen gemessen werden, die für Neubauten gelten. *Beispiel 1:* Das im Jahre 1971 errichtete Mietshaus wurde nicht mit einer Wärmedämmung versehen. Da sie damals nicht vorgeschrieben war, war ihr Fehlen auch im Jahre 2017 kein Mangel.[77] *Beispiel 2:* M bemängelte eine nicht ausreichende Isolierung gegen Geräusche aus der oberen Wohnung. Aber ein Mangel lag nicht vor, weil das Haus den bautechnischen Anforderungen genügte, die bei seiner Errichtung einzuhalten waren.[78] Auch eine Heizungsanlage ist nicht mangelhaft, wenn sie bei ihrer Errichtung dem geltenden Standard entsprach und ihre Funktion erfüllt.[79]

Zeitraum: § 535 Abs. 1 S. 2 verpflichtet den Vermieter nicht nur, „die Mietsache dem Mieter in einem zum vertragsgemäßen Gebrauch geeigneten Zustand zu *überlassen*", sondern sie auch „während der Mietzeit in diesem Zustand zu *erhalten*". § 536 Abs. 1 S. 2 stellt damit den später auftretenden Sachmangel dem anfänglichen gleich. Darin liegt ein großer Unterschied zum Kaufrecht, weil dort der Mangel nicht zeit*raum*-, sondern zeit*punkt*bezogen definiert ist (§ 434 Abs. 1 S. 1).

---

74 Palandt/Weidenkaff, § 536 Rn 16.
75 BGH NJW 2019, 507 Rn 21; NJW 2015, 2177 Rn 18; fast wortgleich NJW 2010, 1133 Rn 11; 2009, 2441 Rn 9.
76 BGH NJW 2019, 507 Rn 22. Es gilt also ein ähnlicher Grundsatz wie beim Kauf eines Gebrauchtwagens und eines älteren Hauses (Rn – 28).
77 BGH NJW 2019, 507 Rn 22.
78 BGH NJW 2010, 3088 Rn 16; NJW 2009, 2441 Rn 10; bestätigt von NJW 2013, 2417 Rn 18 f.
79 BGH NJW 2014, 685 Rn 28.

Der Mieter hat einen klagbaren Anspruch auf Herstellung des vertragsgemäßen Zustands. Weil dieser Anspruch ständig neu entsteht, verjährt er während der Mietzeit nicht.[80]

869   *Beispiel 1:* Fall 28, Rn 864. *Beispiel 2:* Die Mieter machten geltend, dass die Wohnfläche geringer sei als im Mietvertrag angegeben. Eine *Flächenabweichung* ist der im Wohnraum-Mietrecht am häufigsten gerügte Mangel.[81] Er besteht erst bei einer Unterschreitung um mehr als 10 %.[82] Ob eine Abweichung vorliegt, ist oft schwer zu entscheiden, weil der Begriff „Wohnfläche" von Verordnungen unterschiedlich definiert wird und vom Begriff „Grundfläche"[83] unterschieden werden muss.[84] Mangelnde *Schallisolierung* ist ein weiterer häufiger Streitpunkt (Rn 868).

b) Fehlen einer zugesicherten Eigenschaft

870   § 536 Abs. 2 verwendet den Begriff „zugesicherte Eigenschaft", der vor der Schuldrechtsreform auch im Kauf- und Werkvertragsrecht eine Rolle spielte. Die Eigenschaft, die zugesichert wird, ist das Gegenteil eines Mangels, nämlich eine *positive* Besonderheit der Mietsache. Der Vermieter hat eine Eigenschaft nicht bereits zugesichert, wenn sie lediglich vertraglich *vereinbart* wurde. Vielmehr muss der Vermieter „die Gewähr für das Vorhandensein der Eigenschaft derart übernommen" haben, dass er „für diese unbedingt einstehen will".[85] Die Zusicherung entspricht deshalb der Garantie einer Beschaffenheit im Kauf- und Werkvertragsrecht (Rn 169).

c) Rechtsmangel

871   Das Mietrecht kennt den Ausdruck „Rechtsmangel" nicht, aber § 536 Abs. 3 umschreibt ihn mit den Worten: „Wird dem Mieter der vertragsgemäße Gebrauch der Mietsache durch das Recht eines Dritten ... entzogen ..."[86] Da ein Rechtsmangel wie ein Sachmangel oder wie das Fehlen einer zugesicherten Eigenschaft behandelt wird (§ 536 Abs. 3 verweist auf die Absätze 1 und 2), führt auch er zu einer Mietminderung (§ 536) und gegebenenfalls zu einem Schadensersatzanspruch (§ 536 a Abs. 1).

3. Mietminderung

872   Im *Kaufrecht* erfolgt die Minderung bekanntlich durch eine Erklärung des Käufers (einseitiges Rechtsgeschäft, § 441 Abs. 1 S. 1; Rn 140 ff). Das Gleiche gilt für das Werkvertragsrecht (§ 638 Abs. 1 S. 1; Rn 573). Dagegen tritt die Minderung im *Mietrecht* (wie im Reiserecht, Rn 692) kraft Gesetzes ein, wenn ein nicht unerheblicher Mangel vorliegt (§ 536 Abs. 1). Das Gesetz unterscheidet je nach Schwere des Mangels drei Fälle:

---

80   Streyl WuM 2009, 630; Palandt/Weidenkaff § 535 Rn 31; BGHZ 184, 253 Rn 16.
81   Zuletzt BGH NJW 2010, 293.
82   BGH NJW 2019, 2464 Rn 35; 2018, 2317 Rn 16.
83   Der Begriff „Wohnfläche" ist auch bei frei finanziertem Wohnraum nach den Vorschriften für preisgebundenen Wohnraum zu bestimmen (BGH NJW 2019, 2464 Rn 36).
84   BGH NJW 2009, 2295 Rn 19.
85   BGH NJW 2005, 2152; 1991, 912.
86   Damit definiert das Gesetz den Rechtsmangel ähnlich wie § 435 S. 1 für das Kaufrecht und § 633 Abs. 3 für den Werkvertrag.

- *§ 536 Abs. 1 S. 1:* Die Mietsache hat einen Mangel, der die „Tauglichkeit zum vertragsgemäßen Gebrauch *aufhebt"*. Der Mieter zahlt in diesem Fall keine Miete, auch keine Nebenkosten.

- *§ 536 Abs. 1 S. 2:* Durch den Mangel ist die Tauglichkeit *„gemindert"*. Da der folgende S. 3 die *„unerhebliche* Minderung" regelt, muss S. 2 eine *erhebliche* Minderung meinen. Liegt sie vor, zahlt der Mieter eine angemessen herabgesetzte Miete. Soweit eine energetische Modernisierung (§ 555 b Nr. 1; Rn 890) der Grund für die Tauglichkeitsminderung ist, kann der Mieter die Miete drei Monate lang nicht mindern (§ 536 Abs. 1 a).

- *§ 536 Abs. 1 S. 3:* Der Mangel hat nur eine *„unerhebliche Minderung der Tauglichkeit"* zur Folge. Der Mangel bleibt „außer Betracht", sodass die Miete nicht herabgesetzt wird.

Einem Sachmangel steht das Fehlen einer zugesicherten Eigenschaft gleich (§ 536 Abs. 2). Aber § 536 Abs. 2 verweist nicht auf § 536 Abs. 1 S. 3. Deshalb ist bei einer *Zusicherung* auch eine *unerhebliche* Abweichung beachtlich. Entsprechendes gilt für einen Rechtsmangel (§ 536 Abs. 3). 873

Einrede des nicht erfüllten Vertrags: Zusätzlich zur Minderung kann der Mieter nach § 320 Abs. 1 S. 1 auch einen Teil der Miete einbehalten.[87] Das klingt verdächtig nach einer doppelten Benachteiligung des Vermieters. Aber die zurückbehaltene Miete ist vollständig nachzuzahlen, wenn der Mangel beseitigt oder der Mietvertrag beendet ist.[88] Denn das Zurückbehaltungsrecht verliert als Druckmittel seinen Sinn, wenn der Sollzustand erreicht ist oder nicht mehr erreicht werden kann. Das Zurückbehaltungsrecht erlischt auch, wenn der Mieter die Beseitigung des fraglichen Mangels verhindert, zB indem er dem Vermieter und/oder den Handwerkern den Zutritt verweigert. Von da an sind die fälligen Mieten in voller Höhe zu entrichten und die einbehaltenen Beträge sofort nachzuzahlen.[89] 874

4. Selbsthilfe mit Aufwendungsersatz

Verzug des Vermieters: Wenn der Mieter den Vermieter erfolglos gemahnt hat, den Mangel abzustellen, kommt der Vermieter in Verzug (§ 286 Abs. 1 S. 1). Der Mieter kann dann den Mangel selbst beseitigen (lassen) und vom Vermieter Aufwendungsersatz (Kostenerstattung) verlangen (§ 536 a Abs. 2 Nr. 1). Da nicht zu erwarten ist, dass der Mieter die Kosten der Reparatur vorfinanziert, gibt ihm die Rechtsprechung einen Anspruch auf einen Kostenvorschuss.[90] Dieser Anspruch setzt aber voraus, dass die vorgesehenen Arbeiten geeignet sind, den Mangel zu beheben. Soll nur an den Symptomen herumlaboriert werden, gibt es kein Geld.[91] 875

Notfall: Der Mieter darf auch dann von sich aus tätig werden, wenn eine „umgehende Beseitigung des Mangels" erforderlich ist (Notreparatur; § 536 a Abs. 2 Nr. 2). *Beispiele:* Stromausfall, Ausfall der Heizung bei Frost, Wassereinbruch, defektes Schloss der Haustür. 876

---

87 BGH NJW 2015, 3087 Rn 48 ff.
88 BGH NJW 2015, 3087, Rn 61.
89 BGH NJW 2019, 2308 Rn 22, 40 f. Das gilt auch, wenn der Mieter behauptet, die Mängel müssten zu Beweiszwecken in einem anderen Verfahren erhalten bleiben (Rn 52).
90 BGH NJW 2008, 2432.
91 BGH NJW 2010, 2050 Rn 18.

877   *§ 539 Abs. 1:* Es kommt vor, dass der Mieter eigenmächtig eine Reparatur in Auftrag gibt, ohne dass eine der genannten Voraussetzungen gegeben ist. Einige Autoren wollen dem Mieter dann das Recht geben, über § 539 Abs. 1 als Geschäftsführer ohne Auftrag eine Erstattung seiner Auslagen zu verlangen.[92] Aber diese Norm bezieht sich auf wertsteigernde Investitionen, sie soll dem Mieter nicht die Möglichkeit eröffnen, § 536a Abs. 2 erfolgreich zu umgehen.[93]

5. Fristlose Kündigung

878   Wenn der Mieter dem Vermieter unter Angabe des Mangels eine angemessene Frist für die Beseitigung gesetzt hatte und der Vermieter untätig geblieben ist (§ 543 Abs. 3 S. 1), kann der Mieter fristlos kündigen (§ 543 Abs. 1 S. 1). Die Fristsetzung kann in bestimmten Fällen entfallen (§ 543 Abs. 3 S. 2 Nr. 1, 2). Das Recht zur fristlosen Kündigung ist bei Wohnraum-Mietverträgen nicht abdingbar (§ 569 Abs. 5 S. 1).

6. Weitere Rechte

879   *Schadensersatz:* Da ein Schadensersatzanspruch den Vermieter besonders belastet, setzt er voraus, dass eine der drei in § 536a Abs. 1 genannten Voraussetzungen gegeben ist. Schadensersatz kann der Mieter neben einer Mietminderung geltend machen (§ 536a Abs. 1: „... unbeschadet der Rechte aus § 536 ...").

     Selbstbeseitigung: Außerdem kann der Mieter nach § 536a Abs. 2 den Mangel auf Kosten des Vermieters selbst beseitigen, wenn entweder die Voraussetzungen der Nr. 1 oder der Nr. 2 gegeben sind.

7. Ausschluss der Rechte

880   *Anfänglicher Mangel:* Wenn der Mangel bei Abschluss des Mietvertrags vorhanden war und der Mieter ihn schon damals erkannt hatte, „stehen ihm die Rechte aus den §§ 536 und 536a nicht zu" (§ 536b S. 1).[94] *Beispiel:* Die Mieter eines Einfamilienhauses wussten von Anfang an, dass das Dachgeschoss keinen Teppichboden hatte und die Leitungen auf Putz verlegt waren.[95] Zur grob fahrlässigen Unkenntnis siehe S. 2.

881   *Nachträglicher Mangel:* Wenn sich später ein Mangel zeigt, hat der Mieter ihn unverzüglich (§ 121 Abs. 1) anzuzeigen (§ 536c Abs. 1 S. 1). Er muss nur die Symptome nennen („Fäkalgerüche im Treppenhaus"), nicht die Ursache.[96] Wenn er die Anzeigepflicht verletzt, was der Vermieter darlegen und beweisen muss,[97] ist er nicht nur zum Schadensersatz verpflichtet (§ 536c Abs. 2 S. 1), sondern verliert auch weitere Rechte (Einzelheiten in § 536c Abs. 2 S. 2).

---

92   Herresthal/Riehm NJW 2005, 1457 (1460).
93   Derleder NZM 2002, 676 (681); BGH NJW 2008, 1216 Rn 19; Palandt/Weidenkaff § 539 Rn 2.
94   Eine grob fahrlässige Unkenntnis des Mieters regelt § 536b S. 2 ähnlich wie § 442 Abs. 1 S. 2 für den Kauf. Das Erfordernis eines Vorbehalts (§ 536b S. 3) ist aus § 640 Abs. 2 bekannt.
95   BGH NJW 2009, 3421.
96   BGH NJW 2012, 382 Rn 15.
97   BGH NJW 2013, 1299 Rn 26.

II. Erhaltungs- und Modernisierungsmaßnahmen

1. Erhaltungsmaßnahmen

Erhaltungsmaßnahmen sind nach der Legaldefinition des § 555a Abs. 1 alle Maßnahmen, „die zur Instandhaltung oder Instandsetzung der Mietsache erforderlich sind", die also nötig sind, damit der Wohnraum „in einem … geeigneten Zustand" bleibt (§ 535 Abs. 1 S. 2). Der Mieter hat die Maßnahmen zu dulden (§ 555a Abs. 1). Der Vermieter muss erhebliche Erhaltungsmaßnahmen vorher ankündigen (§ 555a Abs. 2) und dem Mieter erforderliche Aufwendungen ersetzen (Abs. 3). Erschwert der Mieter die Baumaßnahme, indem er zB den Zugang zu seiner Wohnung dauerhaft verwehrt, kann das ein Grund zur fristlosen Kündigung nach § 543 Abs. 1 sein.[98] Erhaltungsmaßnahmen führen nicht zu einer Mieterhöhung (Umkehrschluss aus § 559).

882

2. Modernisierungsmaßnahmen

Energetische Modernisierung: Der Begriff der Modernisierungsmaßnahme wird vom Gesetz nicht definiert, aber durch eine abschließende Aufzählung der darunter fallenden baulichen Veränderungen konkretisiert (§ 555b Nr. 1 bis Nr. 7). Als erster Fall der Modernisierungsmaßnahmen wird die *energetische Modernisierung* genannt (Nr. 1). Sie umfasst alle baulichen Veränderungen, „durch die … Endenergie nachhaltig eingespart wird". Endenergie ist die Energie, die dem Mieter zur Verfügung steht und deren Verbrauch durch Messgeräte (Stromzähler, Gaszähler, Wärmezähler) erfasst wird oder erfasst werden könnte. Eine energetische Modernisierung führt also dazu, dass der Mieter trotz gleichen Komforts (zB trotz gleicher Raumtemperatur) Energie „nachhaltig einspart".

883

Die Durchsetzung der energetischen Modernisierung ist dem Gesetzgeber so wichtig, dass der Mieter sie nicht nur dulden muss (§ 555d Abs. 1), sondern sie auch drei Monate lang nicht zum Anlass für eine Mietminderung nehmen kann (§ 536 Abs. 1a).

Einsparung von „nicht erneuerbarer Primärenergie": Die Energie, die als Erdöl, Kohle, Erdgas, Kernenergie, Wasserkraft, Sonne oder Wind zur Verfügung steht, wird Primärenergie genannt. Sie wird (mit Verlusten) in Sekundärenergie umgewandelt. *„Nicht erneuerbare Primärenergie"* (§ 555b Nr. 2) ist die aus fossilen Brennstoffen oder Uran gewonnene Primärenergie. Da der Verbrauch dieser Energie zurückgedrängt werden soll, werden durch § 555b Nr. 2 Maßnahmen begünstigt, die diesen Effekt erzielen. Der Unterschied zu Nr. 1 liegt darin, dass keine Energiekosten eingespart werden, sondern auf die politisch gewollte Art der Energie umgestellt wird. Wenn diese Umstellung auch zu einer Einsparung führt, ist nur die Nr. 1 gegeben („… sofern nicht …").

884

Andere Modernisierungsmaßnahmen: Die in § 555b Nr. 3 bis 7 aufgeführten Modernisierungsmaßnahmen beziehen sich nicht auf den Energieverbrauch, sondern hauptsächlich auf die Erhöhung der Wohnqualität (Nr. 4 und Nr. 5). *Beispiel 1:* Der Vermieter will das Badezimmer durch Einbeziehung der Speisekammer vergrößern.[99] *Beispiel 2:* In ein Mehrfamilienhaus mit fünf Etagen soll ein Aufzug eingebaut werden.[100] Kein Fall der Nr. 4 oder 5 liegt vor, wenn der Vermieter den Wohnraum nicht nur komforta-

885

---

98 BGH NJW 2015, 2417 Rn 20; siehe auch. BGH NJW 2015, 2419 Rn 16 ff.
99 BGH NJW 2008, 1218.
100 BGH NJW 2007, 3565.

bler und moderner gestalten, sondern seinen Charakter durch umfangreiche Um- und Einbauten völlig verändern will.[101]

886 *Informationspflicht, Duldungspflicht, Mieterhöhung:* Der Vermieter muss erhebliche Modernisierungsmaßnahmen ankündigen (§ 555 c Abs. 1, 4) und konkrete Angaben über sie machen (Abs. 1 Nr. 1 bis 3). Er muss aber „nur den *voraussichtlichen* Umfang und Beginn und die voraussichtliche Dauer der Maßnahme" mitteilen, weil er zu mehr meist nicht in der Lage ist.[102]

Die Pflicht, Modernisierungsmaßnahmen zu dulden, regelt § 555 d in vielen Einzelheiten. Die Ausführlichkeit ergibt sich dadurch, dass der Mieter gegenüber Modernisierungsmaßnahmen einwenden kann, sie stellten für ihn eine nicht zu rechtfertigende „Härte" dar (§ 555 d Abs. 2). Dieser Einwand ist nur befristet zulässig (Absätze 3 und 4) und ist auch von der Frage abhängig, ob der Vermieter den Mieter auf die Möglichkeit eines Härteeinwands hingewiesen hatte (§§ 555 c Abs. 2, 555 d Abs. 5).

Mieterhöhung: Nach einer Modernisierungsmaßnahme ergibt sich für den Vermieter die Möglichkeit, die Miete zu erhöhen (§ 559; Rn 890). Wenn der Vermieter die Ankündigung versäumt hat, hindert ihn das nicht an einer späteren Mieterhöhung; diese verzögert sich aber um sechs Monate (§ 559 b Abs. 2 S. 2 Nr. 1).[103]

III. Mieterhöhungen

1. Grundsatz

887 Eine Mieterhöhung ist bei Wohnraummietverträgen nur nach den §§ 557 ff zulässig. Der letzte Absatz der §§ 557 bis 558 b lautet jeweils: „Eine zum Nachteil des Mieters abweichende Vereinbarung ist unwirksam."

2. Veränderliche Miethöhe von Anfang an

888 *Staffelmiete:* Die Parteien können schriftlich vereinbaren, dass die Miete jedes Jahr um einen bestimmten Geldbetrag steigen soll, zB um 40 Euro (§ 557 a Abs. 1).[104] Das Kündigungsrecht des Mieters darf dann ausgeschlossen werden, allerdings für höchstens vier Jahre (§ 557 a Abs. 3 S. 1).[105] Wenn man das liest, fragt man sich, welcher Wohnungsmieter sich darauf einlässt, jährlich steigende Mieten zu zahlen und dann auch noch auf sein Kündigungsrecht zu verzichten. Der Hintergrund ist folgender: Eine anfangs geringe Miete soll durch die späteren Steigerungen kompensiert werden, woraus sich der zeitweise Ausschluss des Kündigungsrechts erklärt. Diese Regelung hat sich in der Praxis aber nicht durchgesetzt.[106]

---

101 BGH NJW 2018, 1008 – Umbau eines älteren, zu einer Siedlung gehörenden Reihenhauses, Mieterhöhung von unter 500 auf über 2 000 Euro.
102 BGH NJW 2012, 63, Rn 28 (zum Recht vor dem 1. Mai 2013).
103 BGH NJW 2011, 1220 Rn 14 (zur Vorgängerbestimmung § 554 Abs. 3 aF).
104 Es kann sich um einen Zeitmietvertrag oder um einen Mietvertrag auf unbestimmte Zeit handeln (BGH NJW 2006, 1056 Rn 15).
105 Einen solchen Fall behandelt BGH NJW 2009, 353. Eine Überschreitung der Vierjahresfrist *durch AGB* macht die Vereinbarung nach § 307 Abs. 1 S. 1 insgesamt unwirksam (BGH NJW 2006, 1059 Rn 18; 2005, 1574).
106 Siehe aber BGH NJW 2012, 521.

Indexmiete: Es kann auch vereinbart werden, dass die Miete jährlich mit den Lebenshaltungskosten steigt (§ 557b Abs. 1). Erhöhungen aus anderen Gründen sind dann weitgehend ausgeschlossen (§ 557b Abs. 2).

3. Mieterhöhung durch Änderung des Vertrags

a) Anhebung bis zur Höhe der Vergleichsmiete

Früher konnte ein Vermieter eine höhere Miete durch eine so genannte *Änderungskündigung* erreichen, die den Mieter vor die Wahl stellte, die höhere Miete zu akzeptieren oder auszuziehen. Das ist seit langer Zeit unzulässig (§ 573 Abs. 1 S. 2). Vom Sonderfall der Modernisierung abgesehen (§§ 559 ff; Rn 890), kann der Vermieter nur noch verlangen, dass die Miete an die ortsübliche Höhe angepasst wird (§ 558 Abs. 1 S. 1, 2). Das Procedere einer Mieterhöhung nach § 558 ist in sechs Paragrafen ausführlich geregelt worden, wirft aber immer noch so viele Fragen auf, dass der BGH in den letzten Jahren zu diesem Thema besonders oft Stellung nehmen musste.[107] Darauf ausführlich einzugehen, würde den Umfang dieses Lehrbuchs deutlich überschreiten. Deshalb nur kurz:

Das Erhöhungsverlangen ist ein Antrag auf Abschluss eines Änderungsvertrags mit der Besonderheit, dass der Vermieter die Zustimmung des Mieters (also die Annahme des Antrags) *„verlangen"* kann (§ 558 Abs. 1 S. 1).[108] Der Vermieter kann nur eine Anhebung bis zur „ortsüblichen Vergleichsmiete" fordern (§ 558 Abs. 1 S. 1), die sich aus einem *Mietspiegel* (§§ 558a Abs. 2 Nr. 1, 558c und 558d) ergibt.[109] Zum Thema „Mietspiegel" gab es in den letzten Jahren viele Entscheidungen des BGH, besonders zu den Fragen, wie er aufzustellen und wie er im Einzelfall zu interpretieren ist.[110] Erst wenn der Mieter dem Verlangen nach Mieterhöhung nicht innerhalb einer bestimmten Frist zugestimmt hat, kann der Vermieter innerhalb einer weiteren Frist auf Erteilung der Zustimmung klagen (§ 558b Abs. 2).[111]

b) Mieterhöhung nach Modernisierung

Der Vermieter kann die Miete auch erhöhen, wenn er eine der in § 555b aufgeführten „Modernisierungsmaßnahmen" durchgeführt hat.[112] Das Mieterhöhungsverlangen ist nur wirksam, wenn der Vermieter die aufgewendeten Kosten aufführt und den Vorteil für den Mieter in einer nachvollziehbaren Weise erläutert (§ 559b Abs. 1 S. 2).[113] Er muss außerdem deutlich machen, in welchem Umfang er fällige Instandsetzungskosten erspart.[114] Denn diese darf er nicht auf die Mieter umlegen.

---

107 Zuletzt NJW 2019, 3142; siehe aber auch NJW 2014, 292; NJW 2013, 2963.
108 Hat der Mieter zugestimmt, steht ihm kein Widerrufsrecht zu (BGH NJW 2019, 3143 Rn 22; NJW 2019, 303 Rn 13, 25 ff).
109 Die Vergleichsmiete wird meist als Betrag pro Quadratmeter in einer gewissen Bandbreite angegeben. Der Vermieter kann den obersten Wert verlangen (BGH NJW 2010, 149 Rn 15). Zu den Anforderungen an die Begründung durch den Vermieter BGH NJW 2018, 2792 Rn 13 ff.
110 Zuletzt BGH NJW 2019, 3142 rn 23 ff; NJW 2014, 292 sowie NJW 2013, 3641 und 2963.
111 BGH NJW 2014, 1173 Rn 9.
112 Dazu berechtigen ihn aber nicht die in § 555b Nr. 2 und Nr. 7 genannten Maßnahmen (§ 559 Abs. 1). Die Nr. 2 fehlt, weil die Umstellung auf erneuerbare Energien dem Klimaschutz dienen soll und für den Mieter nicht zu einer Kostenminderung führt, und die Nr. 7, weil neu geschaffener Wohnraum ihm nicht zugutekommt.
113 BGH NJW 2006, 1126 Rn 10.
114 BGH NJW 2015, 934 Rn 29 ff.

Es muss sich nicht um eine energetische Modernisierung (§ 555 b Nr. 1) handeln. Es genügt eine Verbesserung des Komforts. *Beispiel:* Einbau eines Aufzugs in ein Wohnhaus mit fünf Geschossen (§ 555 b Nr. 4 oder Nr. 5).[115] Die Modernisierung berechtigt den Vermieter, die Jahresmiete um 11 % der für die konkrete Wohnung aufgewendeten Kosten zu erhöhen (§ 559 Abs. 1; bitte nicht verwechseln mit einer Mieterhöhung um 11 %). Durch die Umlage sollen sich die Aufwendungen des Vermieters (ohne Zinsen) in neun Jahren amortisiert haben. Das bedeutet allerdings nicht, dass die Miete nach neun Jahren auf den früheren Stand herabgesetzt werden müsste. Nach neun Jahren zieht der Vermieter vielmehr erstmals Nutzen aus seiner Baumaßnahme.

891 *Härteregelung:* Der Mieter kann sich mit dem Stichwort „Härte" nicht nur gegen die *Durchführung* der Modernisierung wehren (§ 555 d Abs. 2 bis 5), sondern auch gegen die aus ihr abgeleitete *Mieterhöhung* (§ 559 Abs. 4 S. 1). Auch hier wird aber verlangt, dass der Mieter die Gründe, auf die er sich beruft, dem Vermieter rechtzeitig mitgeteilt hat (§ 559 Abs. 5 S. 1).

Verlangt der Vermieter eine Mieterhöhung zur Angleichung an die Vergleichsmiete (§ 558) oder wegen Modernisierung (§ 559), steht dem Mieter ein Sonderkündigungsrecht zu (§ 561).

892 *Schriftform:* Jede Vereinbarung, die zu einer dauerhaften Änderung der Miethöhe führt, sollte schriftlich getroffen werden. Denn der Mietvertrag verliert durch eine mündliche Änderung der Miethöhe seine Schriftform.[116] Da die Schriftform nur bei Verträgen Bedeutung hat, die fest „für längere Zeit als ein Jahr" geschlossen wurden (§ 550 S. 1; Rn 826), spielt der Verlust der Schriftform im Regelfall (Wohnraummietverträge auf *unbestimmte* Zeit) keine Rolle.

IV. Umwandlung in eine Eigentumswohnung

1. Grundsatz

893 Manchmal macht der Vermieter die vermieteten Wohnungen seines Mietshauses zu Eigentumswohnungen und bietet sie zum Verkauf an. Das bedeutet für den Mieter die Gefahr, dass der Erwerber ihm wegen Eigenbedarfs kündigt (§ 573 Abs. 2 Nr. 2). § 577 Abs. 1 S. 1 gibt dem Mieter deshalb ein gesetzliches *Vorkaufsrecht* unter folgenden Voraussetzungen:

- Der Vermieter hat dem Mieter die Wohnung zu einer Zeit überlassen, als sie *noch keine* Eigentumswohnung war.
- Die Wohnung ist inzwischen eine Eigentumswohnung oder soll es werden.
- Der Vermieter schließt mit D einen Kaufvertrag über die Eigentumswohnung. D ist für ihn kein Angehöriger seiner Familie oder seines Haushalts (§ 577 Abs. 1 S. 2), also niemand, für den er auch Eigenbedarf geltend machen könnte (§ 573 Abs. 2 Nr. 2).
- Der Kaufvertrag ist für diese Eigentumswohnung der erste.[117] Ob dem Kaufvertrag eine Schenkung vorausgegangen war, ist unerheblich.[118]

---

115 BGH NJW 2007, 3565.
116 Das gilt auch für eine unwesentliche Änderung, etwa um 20 Euro (BGH NJW 2016, 311 Rn 16 ff).
117 Bei einem erneuten Verkauf der Wohnung hat der Mieter kein Vorkaufsrecht mehr (BGHZ 168, 58; NJW 2007, 2699; BGHZ 141, 194).
118 BGH N W 2015, 1516 Rn 17.

Information des Mieters: Damit der Mieter das Vorkaufsrecht ausüben kann, muss er entsprechend unterrichtet werden (§ 577 Abs. 2). Wurde das versäumt und hat der Mieter deshalb sein Recht nicht ausüben können, ist ihm der Vermieter schadensersatzpflichtig. Je günstiger der Kaufpreis für den Mieter gewesen wäre, desto höher ist der Schadensersatz.[119] **894**

Auch wenn der Mieter von seinem Vorkaufsrecht keinen Gebrauch gemacht hat (häufig aus Geldmangel), ist er insofern geschützt, als das Kündigungsrecht des Erwerbers stark eingeschränkt wird (Rn 915 f).

2. Fallstricke des BGH

Der BGH entnimmt den Worten: „Werden vermietete Wohnräume, an denen … Wohnungseigentum begründet worden ist … an einen Dritten verkauft …", dass das Gesetz zwingend eine bestimmte Reihenfolge verlangt. Es muss nach Ansicht des BGH nämlich *zuerst* Wohnungseigentum begründet und *danach* der Kaufvertrag mit dem Dritten geschlossen worden sein. Bei der umgekehrten Reihenfolge (die rechtlich möglich ist) entsteht nach Ansicht des BGH kein Vorkaufsrecht des Mieters. *Beispiel:* Eigentümer E verkaufte eine vermietete Wohnung, die noch keine Eigentumswohnung war, durch notariellen Kaufvertrag an D. Erst danach wurde die Wohnung (durch Eintragung der Teilungserklärung in das Grundbuch) zur Eigentumswohnung. Der BGH lehnte es ab, in diesem Fall dem Mieter ein Vorkaufsrecht zu gewähren.[120] Das ist kaum nachvollziehbar. Der BGH eröffnet damit allen Vermietern die Möglichkeit, das Vorkaufsrecht mit einem primitiven Trick zu umgehen. **895**

V. Wechsel der Vertragsparteien ...

1. ... durch den Tod des Mieters

Wenn ein Mieter stirbt, der den Wohnraum mit seiner Familie bewohnt hat, stellt sich die Frage, ob der Vermieter den Mietvertrag mit dem Ehegatten und den Kindern fortsetzen muss. Das Gesetz hat diese Frage in den §§ 563 bis 564 differenziert bejaht. Man kann (vereinfacht) drei Fälle unterscheiden, von denen zwei unproblematisch sind: **896**

- *Die Eheleute E bewohnten die Wohnung gemeinsam, aber nur der verstorbene Herr E war Mieter.* Frau E tritt in das Mietverhältnis ein, wird also neue Mieterin (§ 563 Abs. 1). Was für Eheleute gilt, gilt auch für Lebenspartner (§ 563 Abs. 1). Anstelle von Frau E können auch die Kinder des Herrn E eintreten, wenn sie mit im Haushalt leben (§ 563 Abs. 2 S. 1). Die begünstigten Personen haben das Recht, die Fortsetzung abzulehnen (§ 563 Abs. 3 S. 1). Andererseits kann der Vermieter uU aus wichtigem Grund kündigen (§ 563 Abs. 4).[121]
- *Die Eheleute E waren gemeinsam Mieter, der Ehemann ist gestorben.* Frau E bleibt Mieterin, hat aber ein Kündigungsrecht (§ 563 a Abs. 1, Abs. 2).

---

119 BGH NJW 2015, 1516 Rn 29.
120 BGH NJW 2017, 156 Rn 28; BGHZ 199, 136 Rn 5.
121 Zu möglichen wichtigen Gründen BGH NZM 2018, 325 Rn 26 ff.

■ *Herr E lebte bis zu seinem Tod allein in der Wohnung.* In diesem Fall hat sowohl der Vermieter als auch der Erbe das Recht, innerhalb eines Monats nach Kenntnisnahme mit der gesetzlichen Frist zu kündigen (§ 564).[122]

2. ... durch Eintritt eines Erwerbers als Vermieter

897   Der Vermieter ist durch die Vermietung nicht gehindert, den Wohnraum zu verkaufen und das Eigentum auf den Käufer zu übertragen. Es stellt sich dann aber die Frage, was aus den bestehenden Mietverträgen wird. Es wäre denkbar gewesen zu sagen: Der alte Eigentümer kann den Vertrag nicht mehr erfüllen und der neue braucht ihn nicht zu erfüllen, weil er ja keinen Mietvertrag mit dem Mieter geschlossen hat. Die Väter des BGB haben sich aber schon vor 130 Jahren aus sozialen Gründen dazu entschlossen, den Erwerber kraft Gesetzes in das Mietverhältnis eintreten zu lassen und so den Mieter zu schützen (§ 566).[123]

898   *Veräußerung:* Der vermietete Wohnraum (Wohnhaus oder Eigentumswohnung) muss „veräußert" worden sein. Das Wort „veräußern" bedeutet nicht „verkaufen" (Verpflichtungsgeschäft), sondern „das Eigentum übertragen" (Verfügung). Es müssen also Auflassung (§ 925) und Eintragung vorliegen (§ 873). Bei § 566 an einen *Kaufvertrag* zu denken, wäre auch deshalb falsch, weil die Eigentumsübertragung auch in Vollzug eines Schenkungsvertrags oder eines sonstigen Verpflichtungsgeschäfts erfolgt sein kann.[124] Das Gesetz nennt deshalb aus zwei guten Gründen den neuen Eigentümer nicht „Käufer", sondern „Erwerber".

Die in § 566 aufgestellte Regel heißt seit langem im Volksmund: „Kauf bricht nicht Miete." Der moderne Gesetzgeber hat offenbar nicht gemerkt, dass diese vier Worte gleich zwei Fehler enthalten, und hat sie zur offiziellen Überschrift des § 566 gemacht.[125]

899   *Rechtsfolgen:* Der Erwerber tritt „anstelle des Vermieters in die sich ... aus dem Mietverhältnis ergebenden Rechte und Pflichten ein" (§ 566 Abs. 1).[126] Der BGH und die hM nehmen an, dass der Erwerber das bestehende Mietverhältnis nicht (als Rechtsnachfolger) fortführt, sondern dass ein neues Mietverhältnis entsteht, „allerdings mit demselben Inhalt".[127] Es liegt jedoch wesentlich näher, (und entspricht auch dem Wortlaut der Vorschrift besser), den Vorgang als gesetzlichen Übergang des Mietverhältnisses auf den Erwerber anzusehen.[128]

Haftung: Damit dem Mieter durch den Vermieterwechsel kein Nachteil entsteht, haftet der alte Vermieter wie ein selbstschuldnerischer Bürge dafür, dass der neue Vermieter den Mietvertrag erfüllt (§ 566 Abs. 2 S. 1).[129] Ähnliches gilt auch für eine vom Mieter

---

122 BGH NJW 2015, 473 Rn 20 f.
123 Wenn es sich um ein Mietshaus handelt, entspricht diese Regelung auch dem Interesse des Erwerbers/Vermieters. Denn er ist auf Mieter angewiesen.
124 Bei einem Erwerb des Grundstücks im Wege der Zwangsvollstreckung tritt der Erwerber ebenfalls in das Mietverhältnis ein, aber nach anderen Vorschriften (§§ 57 ff ZVG).
125 Wie dargelegt, muss es statt „Kauf" richtig „Veräußerung" heißen. Aber auch „Miete" ist falsch, weil dies Wort heute nicht mehr den Vertrag, sondern das vom Mieter zu leistende Entgelt bezeichnet (§ 535 Abs. 2). Es muss deshalb „Veräußerung bricht nicht das Mietverhältnis" heißen.
126 Zwischen dem Erwerber und dem Mieter entsteht ein neues, aber inhaltsgleiches Mietverhältnis (BGHZ 166, 125 Rn 14 mwN).
127 BGHZ 215, 236 Rn 19; BGHZ 202, 354 Rn 10; BGH NJW 2012, 3032 Rn 25; Palandt/Weidenkaff § 366 Rn 15.
128 Staudinger/Emmerich (2018) § 566 Rn 41 mwN.
129 Mit Befreiungsmöglichkeit (§ 566 Abs. 2 S. 2).

gestellte Sicherheit (Rn 837): Wenn der neue Vermieter sie dem Mieter am Ende der Mietzeit zu Unrecht nicht zurückgewährt, muss der alte Vermieter sie zurückzahlen (§ 566 a S. 2).

§ 29 Die Beendigung des Wohnraum-Mietvertrags

Fall 29: Sonnabend, ein Werktag   § 573c   900

▶ *Frau Claudia Meierhoff hatte eine in Kiel gelegene Wohnung der Berliner Wohnungsverwaltung GmbH (BWG) gemietet. Am 1. April, einem Sonnabend, entschloss sie sich, das Mietverhältnis zum 30. Juni zu kündigen. Sie warf das Kündigungsschreiben aber erst am Montag, dem 3. April in den Postbriefkasten. Das Schreiben ging im Berliner Büro der BWG am 5. April ein, einem Mittwoch. Die BWG ist der Meinung, Frau Meierhoff habe nicht wirksam zum 30. Juni gekündigt, sodass das Mietverhältnis erst zum 31. Juli beendet sei. Ist das richtig? (Nach BGH NJW 2005, 2154)*

Mit welcher Kündigungsfrist ein Mieter einen Mietvertrag über Wohnraum kündigen kann, regelt § 573 c Abs. 1 S. 1. Danach ist die Kündigung „spätestens am dritten Werktag eines Kalendermonats zum Ablauf des übernächsten Monats zulässig".   901

Die Kündigung ist ein einseitiges Rechtsgeschäft und zugleich eine „Willenserklärung, die einem anderen gegenüber abzugeben ist" (§ 130 Abs. 1 S. 1), also eine empfangsbedürftige Willenserklärung. Das bedeutet, dass die Kündigung, wenn sie durch einen Brief erfolgt, „in dem Zeitpunkt wirksam" wird, in dem sie dem Vertragspartner „zugeht" (§ 130 Abs. 1 S. 1). Die Kündigung musste also nicht am dritten Werktag *abgeschickt* werden, sondern an diesem Tag dem Vermieter in Berlin *zugehen* (§ 573 c Abs. 1 S. 1 mit § 130 Abs. 1 S. 1). Das war zwischen Frau Meierhoff und der BWG unstreitig.

Streitig war aber, ob der Tag des Zugangs – also Mittwoch, der 5. April – der dritte oder der vierte Werktag des Monats April war. Das war davon abhängig, ob ein Sonnabend als Werktag anzusehen ist.

Vor der BGH-Entscheidung, die diesem Fall zugrunde liegt, wurde vielfach die Ansicht vertreten, der Sonnabend sei ein Feiertag oder zumindest kein Werktag. Das entspricht sicher dem Lebensgefühl vieler Deutscher, seitdem fast alle Büros am Sonnabend geschlossen sind und Schüler*innen an diesem Tag nicht mehr zur Schule gehen müssen. Aber der BGH hat zu Recht darauf hingewiesen, dass der Gesetzgeber den Sonnabend auch heute noch als Werktag ansieht. Daran hat auch die Tatsache nichts geändert, dass der Sonnabend in § 193 für einen Sonderfall den Sonn- und Feiertagen gleichgestellt wird. Gerade dies zeigt, dass er nicht zu ihnen gehört.[130]   902

Daraus ergibt sich, dass die Kündigung nicht am dritten, sondern am vierten Werktag des Kalendermonats zugegangen war. Sie war deshalb verspätet und konnte eine Beendigung des Mietverhältnisses zum 30. Juni nicht auslösen. Das Mietverhältnis endete deshalb erst am 31. Juli. ◀

---

130 Dass der Sonnabend bei der Kündigung als Werktag angesehen wird, ist bemerkenswert, weil er bei der Mietzahlung nicht als Werktag zählt (Rn 834). Der Grund für die unterschiedliche Behandlung wird unter Rn 920 erläutert (Stichwort „Werktag").

Lerneinheit 29

903   **Literatur:** *Abramenko*, Die Beendigung des Mietverhältnisses über nicht zu Wohnzwecken geeignete Räume, ZMR 2019, 909; *Bruns*, Gegenwartsprobleme des Vermieterpfandrechts, NZM 2019, 46; *Ehrmann/Streyl*, Praxis des elektronischen Rechtsverkehrs und Formwahrung bei der Mietvertragskündigung, NZM 2019, 873; *Hinz*, Die Kautionsabrechnung in der Wohnraummiete, NZM 2019, 76; *Hitpaß*, Kündigungsmöglichkeiten eines Wohnungsunternehmens bei verhaltensbedingten Störungen des Mietvertrags durch den Mieter, ZMR 2019, 751; *Selk*, Eigenbedarf vor Gericht und im Mandat: Ein Lob der standfesten „mietrechtlichen Infanterie", NZM 2019, 914; *Strake*, Ordentliche Kündigung und Heilung einer ordentlichen Kündigung wegen Zahlungsverzug, ZMR 2019, 914; *Zehelein*, Eigenbedarfsprozess: Von „Fehlern" der Tatgerichte, „selbstentlastenden" Bundesgerichten und anwaltlicher Verfahrensbewertung, NZM 2019, 193; *Streyl*, Schadensersatz für Substanzschäden an der Mietsache – Fristsetzung oder nicht? Das ist die Frage! NJW 2018, 1723; *Hinz*, Neue Akzente beim Eigenbedarf, NJW 2017, 3473.

I. Einführung

1. Wohnraummietverträge auf unbestimmte Zeit

904   In fast allen Fällen wird ein Wohnraummietvertrag auf unbestimmte Zeit geschlossen, sodass er kündbar ist. Es ist dann zu unterscheiden zwischen der ordentlichen und der außerordentlichen (fristlosen) Kündigung. Die erste ist möglich, ohne dass ein bestimmter Kündigungsgrund vorliegt, verlangt aber die Einhaltung der Kündigungsfrist. Dagegen ist die fristlose Kündigung nur möglich, wenn die Fortsetzung des Mietverhältnisses für den Kündigenden unzumutbar ist (Rn 934 ff).

Bei der ordentlichen Kündigung gibt es große Unterschiede je nachdem, ob der Mieter oder der Vermieter kündigt. Denn im Wohnraummietrecht gibt es einen weitgehenden Kündigungsschutz, aber nur zugunsten des Mieters (Rn 907 ff).

2. Wohnraummietverträge auf bestimmte Zeit

905   Ein Wohnraummietvertrag wird nur selten auf *bestimmte* Zeit geschlossen, zB fest auf zwei Jahre (so schon Rn 825). Dann endet das Mietverhältnis mit dem Ende der vereinbarten Mietzeit, ohne dass es einer Kündigung bedarf. Solche Zeitverträge sind für den Wohnraummieter ungünstig, weil er sich gegen das Ende der Mietzeit nicht wehren kann (anders als bei einer Kündigung durch den Vermieter). Das Gesetz erlaubt dem Vermieter deshalb nur dann die Mietzeit zu begrenzen, wenn schon bei Abschluss des Mietvertrags einer der drei Gründe vorliegt, die in § 575 Abs. 1 S. 1 Nummern 1 bis 3 genannt sind (bitte lesen!).

3. Zeitweiliger Ausschluss des Kündigungsrechts

906   Unter dem Gesichtspunkt „Beendigung des Wohnraummietvertrags" gibt es noch eine dritte Kategorie von Verträgen, nämlich die mit zeitweiligem Ausschluss des Kündigungsrechts. Der Hauptfall ist der *Staffelmietvertrag* (Rn 888). Diese Verträge werden auf *unbestimmte* Zeit geschlossen (wie Rn 904), nicht auf bestimmte Zeit (Rn 905). Denn mit Ablauf der festgelegten Frist endet nicht die *Mietzeit*, sondern nur der Ausschluss des Kündigungsrechts, während das Mietverhältnis fortbesteht.

Das Gesetz hat den zeitweiligen Ausschluss des Kündigungsrechts nur für den Fall der *Staffelmiete* geregelt (§ 557 a; Rn 888). Das bedeutet aber nicht, dass nicht auch in anderen Fällen die Kündigung zeitweise ausgeschlossen werden kann. Daran können Vermieter ein Interesse haben, die einen allzu häufigen Mieterwechsel vermeiden wollen.

Nach Ansicht des BGH kann der Vermieter einen befristeten Kündigungsausschluss in einem *individuell ausgehandelten* Vertrag frei vereinbaren. Eine Einschränkung besteht nur für den Fall, dass der Kündigungsausschluss *formularmäßig* vereinbart wird. Dann muss die Kündigung spätestens „zum Ablauf von vier Jahren seit Abschluss des Mietvertrags" möglich sein.[131] Sieht die AGB-Klausel einen längeren Ausschluss vor, ist sie nach § 307 Abs. 1 insgesamt unwirksam.

II. Verträge auf unbestimmte Zeit – Ordentliche Kündigung durch den Vermieter

1. Einführung

Im Regelfall enthält der Mietvertrag keine Bestimmung darüber, wann das Vertragsverhältnis enden soll. Das Mietverhältnis wird dann auf *unbestimmte* Zeit geschlossen, sodass es für beide Seiten unter Einhaltung der gesetzlichen Kündigungsfrist kündbar ist. Da die ordentliche Kündigung durch den *Vermieter* sehr eingeschränkt wird, aber für den Mieter jederzeit möglich ist, wird zunächst die ordentliche Kündigung durch den *Vermieter* dargestellt.

Kündigung: Die Kündigung ist ein einseitiges Rechtsgeschäft mit empfangsbedürftiger Willenserklärung. Sie wird deshalb erst mit ihrem Zugang wirksam (§ 130 Abs. 1 S. 1). Eine ordentliche Kündigung zielt darauf ab, mit Ablauf der Kündigungsfrist das Mietverhältnis für die Zukunft zu beenden.

2. Berechtigtes Interesse

a) Allgemeines

Ein Vermieter von Wohnraum kann nur dann ordentlich kündigen, wenn er daran „ein berechtigtes Interesse" hat (§ 573 Abs. 1 S. 1; FD „Wohnraum – Ordentliche Kündigung durch den Vermieter", Frage 1, Nein). Den Grund der Kündigung sollte der Vermieter im eigenen Interesse im Kündigungsschreiben nennen (§ 573 Abs. 3 S. 1). Denn ein nicht angegebener Grund wird später im Prozess nur berücksichtigt, wenn er *nachträglich* entstanden ist (§§ 573 Abs. 3 S. 2, 574 Abs. 3). Das Gesetz nennt in § 573 Abs. 2 beispielhaft drei wichtige Fälle eines berechtigten Interesses:

b) Vertragsverletzung des Mieters

§ 573 Abs. 2 Nr. 1 setzt voraus, dass der Mieter seine Vertragspflichten vorsätzlich oder fahrlässig „*nicht unerheblich*" verletzt" hat (FD „Wohnraum – Ordentliche Kündigung durch den Vermieter", Frage 2, Ja). Wann dieses Maß der Verletzung vorliegt, sagt das Gesetz nicht. Soweit es um verzögerte Mietzahlungen geht, darf aber nicht der Maßstab angelegt werden, der für eine *fristlose* Kündigung in § 569 Abs. 3 detailliert festgelegt ist (Rn 940). Denn die Voraussetzungen einer fristlosen Kündigung sind (natürlich) strenger als die für eine ordentliche Kündigung. Es gilt der einfache Grundsatz:

907

908

909

910

---

131   BGH NJW 2015, 3780 Rn 19.

Wenn der Mieter mit mehr als einer Monatsmiete länger als einen Monat in Verzug ist, kann der Vermieter nach § 573 Abs. 2 Nr. 1 ordentlich kündigen.[132]

c) Eigenbedarf

911 Der Vermieter kann seine Kündigung damit begründen, dass er den Wohnraum für sich selbst, für Angehörige seiner Familie oder für Mitglieder seines Haushalts brauche (§ 573 Abs. 2 Nr. 2; FD „Wohnraum – Ordentliche Kündigung durch den Vermieter", Frage 3, Ja). Als Begründung (§ 573 Abs. 3 S. 1) reicht es aus, wenn der Vermieter die Person(en) bezeichnet und ihr Interesse an der Wohnung darlegt.[133]

Das BVerfG musste die Zivilgerichte mehrmals daran erinnern, dass sie die Frage, ob der Wohnraum wirklich benötigt wird, im Wesentlichen dem Vermieter zu überlassen haben.[134] Inzwischen vertritt auch der BGH diese Linie mit Nachdruck. *Beispiel:* V kündigte dem Mieter einer in Karlsruhe gelegenen Vierzimmerwohnung von 130 m² mit der Begründung, er brauche sie für seinen in Karlsruhe studierenden Sohn, der mit einem Kommilitonen eine WG gründen wolle. Das LG hatte die Klage abgewiesen, weil es die (bei den Instanzgerichten weit verbreitete) Meinung vertrat, eine Wohnung von 130 m² sei für zwei Studierende unangemessen groß. Der BGH hat das zurückgewiesen: Die Gerichte haben nicht die Angemessenheit zu prüfen, sondern nur einen möglichen Missbrauch. Rechtsmissbräuchlich ist aber „nicht schon der überhöhte, sondern erst der weit überhöhte Wohnbedarf".[135]

Wenn der Vermieter eine Ersatzwohnung anbieten konnte, das aber nicht getan hat, ist eine Kündigung wegen Eigenbedarfs nicht deshalb unwirksam. Der Vermieter kann nur wegen Verletzung einer Nebenpflicht schadensersatzpflichtig sein (§§ 280 Abs. 1, 241 Abs. 2).[136]

912 *Unsicherer Eigenbedarf:* Der Amtsrichter kann die Kündigung daran scheitern lassen, dass der Vermieter seinen (angeblichen) Wunsch in der mündlichen Verhandlung nur „wortkarg" begründet hat und sein Interesse an einer Eigennutzung nicht plausibel machen konnte.[137]

913 *Vorgetäuschter Eigenbedarf:* Wenn der Vermieter die Kündigung durchgesetzt hat, obwohl der Eigenbedarf nur *möglich* war („Vorratskündigung") oder vorgetäuscht wurde, ist er dem Mieter nach § 280 Abs. 1 schadensersatzpflichtig.[138]

914 *Verschwiegener künftiger Eigenbedarf:* Manchmal verschweigt der Vermieter bei Vertragsschluss, dass konkrete Gründe für einen künftigen Eigenbedarf bestehen. Dann kann die spätere Eigenbedarfskündigung rechtsmissbräuchlich sein.[139] Aber wenn der Eigenbedarf für den Vermieter zwar vorhersehbar war, „von ihm aber bei Vertragsabschluss nicht erwogen" wurde, ist der Abschluss eines unbefristeten Vertrags nicht missbräuchlich.[140]

---

132 BGH NJW 2013, 159 Rn 20.
133 BGH NJW 2017, 1474 Rn 15.
134 BVerfGE 68, 361; 79, 292; 89, 1; BVerfG NZM 1999, 659.
135 BGHZ 204, 216 Rn 19; ähnlich BGH NJW 2017, 1474 Rn 18.
136 BGH NJW 2017, 547 Rn 54 ff;
137 BGH NJW 2015, 3368 Rn 24.
138 Zur Vortäuschung von Eigenbedarf BGH NJW 2015, 2324 Rn 14; 2010, 1068 Rn 12; 2009, 2059 Rn 11.
139 BGH NJW 2009, 1139.
140 BGH NJW 2015, 1087 Rn 28. Der BGH braucht fast sieben NJW-Seiten, um das Problem und seine möglichen Lösungen auszubreiten. Siehe auch BGH NJW 2013, 1596.

Es gibt zwei Schwerpunkte der Diskussion zum Eigenbedarf:

- *Eigenbedarf des Erwerbers einer Eigentumswohnung (§ 577a Abs. 1):* Wenn an einer vermieteten Wohnung Wohnungseigentum begründet wird, muss der Mieter befürchten, von einem möglichen späteren Erwerber nach § 573 Abs. 2 Nr. 2 aus der Wohnung gedrängt zu werden. Hier hilft ihm § 577a Abs. 1: Der Erwerber kann sich erst nach drei Jahren auf seinen Eigenbedarf berufen. In Brennpunkten der Wohnungsnot kann eine Wartefrist von zehn Jahren gelten (§ 577a Abs. 2 S. 1). 915

- *Kündigung durch eine GbR:* § 577a Abs. 1 konnte früher umgangen werden. *Beispiel:* E war Eigentümer eines Mehrfamilienhauses mit fünf vermieteten Wohnungen. Fünf Personen wollten je eine Wohnung kaufen. Sie schlossen sich zu einer GbR zusammen, die das Haus von E erwarb. Jeder Gesellschafter machte nun Eigenbedarf geltend, so dass die GbR alle Mietverträge kündigen konnte (§ 573 Abs. 2 Nr. 2). Erst *nach* Auszug der Mieter wurden die Wohnungen in Eigentumswohnungen umgewandelt. § 577a Abs. 1 schützt die Mieter in solchen Fällen nicht, weil das Wohnungseigentum nicht „an *vermieteten* Wohnräumen" begründet wurde, sondern an *nicht* mehr vermieteten. Nach Ansicht des BGH war dieses „Münchener Modell" zulässig.[141] Aber als Reaktion darauf wurde Abs. 1a eingefügt. Nach dessen Satz 1 gilt die drei- bis zehnjährige Sperrfrist auch dann, wenn „Wohnraum ... 1. an eine Personengesellschaft ... veräußert worden ist". Durch einen Zusammenschluss mehrerer Kaufinteressenten zu einer GbR lässt sich also die Sperrfrist nicht mehr umgehen.[142] Es ist aber nach wie vor zulässig, dass eine GbR ein Mehrfamilienhaus erwirbt und für ihre Gesellschafter analog § 573 Abs. 2 Nr. 2 Eigenbedarf geltend macht.[143] Gerade die Tatsache, dass Abs. 1a für eine Personengesellschaft nur die Sperrfrist übernimmt, aber die *Kündigung* durch eine Personengesellschaft nicht ausschließt, zeigt, dass die Kündigung weiterhin zulässig ist.[144] 916

d) Angemessene wirtschaftliche Verwertung

Der dritte mögliche Grund ist ein Interesse des Vermieters „an einer angemessenen wirtschaftlichen Verwertung" des Wohnraums (§ 573 Abs. 2 Nr. 3; FD „Wohnraum – Ordentliche Kündigung durch den Vermieter", Frage 9). Die angemessene Verwertung kann darin bestehen, dass der Vermieter den Altbau abreißen und durch einen Neubau ersetzen möchte.[145] Nr. 3 schließt ausdrücklich zwei Arten der Verwertung aus: Der Vermieter darf nicht kündigen, um danach von einem anderen Mieter eine höhere Miete zu erzielen (was schon § 573 Abs. 1 S. 2 für unzulässig erklärt). Auch die Begründung von Wohnungseigentum zum Zwecke der Veräußerung ist keine anerkannte wirtschaftliche Verwertung. 917

---

141 NJW 2014, 850; 2010, 1068 Rn 13; 2009, 2738 Rn 15.
142 Die in Abs. 1 enthaltene Voraussetzung, dass an den Wohnungen „Wohnungseigentum begründet" wurde, hat Abs. 1a nicht übernommen. Deshalb wird die Sperrfrist schon allein dadurch ausgelöst, dass vermieteter Wohnraum an eine Personengesellschaft (oder an mehrere Erwerber) veräußert wird (BGH NJW 2018, 2187 Rn 33 ff).
143 Eine unmittelbare Anwendung von § 573 Abs. 2 Nr. 2 kommt nicht in Betracht, weil eine GbR keinen Wohnbedarf und keine Angehörigen hat. Eine Analogie ist aber zulässig (BGH NJW 2017, 547 Rn 30, 32).
144 BGH NJW 2017, 547 Rn 41.
145 BGH NJW 2011, 1135 Rn 17 (Behelfssiedlung aus den Jahren 1934 bis 1939, die den heutigen Wohnansprüchen nicht mehr genügt); BGH NJW 2009,1200 (Gebäude aus dem Jahre 1914 in schlechtem Zustand). Ähnlich LG Mannheim NJW-RR 2004, 731.

e) Andere Fälle eines „berechtigten Interesses"

918   Die in § 573 Abs. 2 unter den Nummern 1 bis 3 genannten Fälle sind nur Beispiele für ein berechtigtes Interesses („insbesondere"). Das bedeutet, dass es auch andere Umstände geben kann, die zu einem berechtigten Interesse führen (§ 573 Abs. 1 S. 1). Allerdings können Wohnräume nur in seltenen Ausnahmefällen wegen eines „berechtigten Interesses" zu *Geschäftsräumen* gemacht werden. *Beispiel:* Frau K ist Eigentümerin einer Zwei-Zimmer-Wohnung, die im Hinterhaus eines Berliner Mietshauses liegt und an M vermietet ist. Ihr Ehemann, der im Vorderhaus ein Beratungsunternehmen betreibt, wollte seine Geschäftsräume erweitern. Frau K kündigte deshalb den Mietvertrag mit M. Auf § 573 Abs. 2 Nr. 2 konnte sie sich nicht stützen, weil sie die Räume nicht „als Wohnung" für ihren Mann benötigte. Aber der BGH hatte in einem ähnlichen Fall trotzdem ein berechtigtes Interesse des Vermieters bejaht und sich dabei auf das Grundrecht der Berufsfreiheit (Art. 12 Abs. 1 GG) bezogen.[146] Diese Rechtsprechung hat er nun ausdrücklich aufgegeben (Leitsatz 5) und hat in dem neuen Fall auch kein Verwertungsinteresse nach § 573 Abs. 2 Nr. 3 anerkannt.[147] Die Kündigung war deshalb nicht wirksam.

3. Formalien

a) Schriftform

919   Die Kündigung eines Wohnraummietvertrags bedarf der Schriftform (§§ 568 Abs. 1, 126), gleichgültig ob der Vermieter oder der Mieter kündigt.[148] Auch die elektronische Form ist zulässig (§ 126 a), weil sie in § 568 (ausnahmsweise) nicht ausgeschlossen wird. Wird die Form nicht eingehalten, ist die Kündigung nach § 125 nichtig. Hinsichtlich der Form besteht ein wichtiger Unterschied zum *Abschluss* des Wohnraummietvertrags, der bekanntlich auch formlos wirksam ist (§ 550; Rn 827). Dass die Kündigung der Schriftform bedarf, ist eine Besonderheit des *Wohnraummietvertrags*, denn für andere Mietverträge gilt § 568 nicht (Rn 961).

b) Kündigungsfristen

920   Wenn der *Vermieter* kündigt, kommen drei Kündigungsfristen in Frage: Bei einer Mietdauer bis zu fünf Jahren kann der Vermieter „bis zum dritten Werktag eines Kalendermonats zum Ablauf des übernächsten Monats" kündigen (§ 573 c Abs. 1 S. 1), sodass die Kündigungsfrist knapp drei Monate beträgt. Nach fünf Jahren beträgt sie knapp sechs Monate und nach acht Jahren knapp neun Monate (§ 573 c Abs. 1 S. 2).

Werktag: Zu der Frage, ob der Sonnabend zu den Werktagen zählt, siehe Fall 29, Rn 900.[149] Der (für das Mietrecht zuständige) VIII. Senat des BGH hat die Frage für die *Zahlung der Miete* anders entschieden (Rn 834). Man kann sich das so klarmachen: Für die Zahlung braucht man Kreditinstitute, und die arbeiten nicht an einem

---

146   NJW 2013, 225 Rn 16; ähnlich schon NJW 2005, 3783.
147   BGH NJW 2017, 2018 Rn 10 bis 53. Die Urteilsgründe, die sich in einem ständigen Hin und Her über mehr als sechs NJW-Seiten erstrecken, dürften Amtsrichter, die künftig ähnliche Fälle zu entscheiden haben, weitgehend ratlos lassen.
148   § 568 ist eine der wenigen Vorschriften, die neben der Schriftform die elektronische Form (§ 126 a) zulassen, indem sie *nicht* ausschließen. Die Kündigung in der Form des § 126 a ist aber in der Praxis bedeutungslos.
149   BGH NJW 2005, 2154.

Sonnabend. Für die Kündigung braucht man die Post, und die stellt auch an Sonnabenden zu.

4. Widerspruch des Mieters

Der Vermieter soll den Mieter im Kündigungsschreiben über sein Widerspruchsrecht informieren (§ 568 Abs. 2). Das Widerspruchsrecht ist in den §§ 574 bis 574 c geregelt (so genannte *Sozialklausel*). Der Mieter muss argumentieren, dass die Kündigung für ihn oder ein Mitglied seines Haushalts „eine Härte bedeuten würde, die auch unter Würdigung der berechtigten Interessen des Vermieters nicht zu rechtfertigen ist" (§ 574 Abs. 1 S. 1; FD „Wohnraum – Ordentliche Kündigung durch den Vermieter", Frage 6). Der Widerspruch bedarf der Schriftform (§ 574 b Abs. 1 S. 1). Die gesetzliche Regelung ist detailliert und eigentlich leicht verständlich. Aber wie schwierig es sein kann, die Interessen einer betagten langjährigen Mieterin und ihres Vermieters gegeneinander abzuwägen, zeigt die Entscheidung BGH NJW 2019, 2765: Allein die zehn (!) Leitsätze nehmen mehr als eine NJW-Seite ein. Das Urteil insgesamt beansprucht mehr als neun NJW-Seiten. Der Versuch, den Inhalt der Entscheidung in der hier gebotenen Kürze darzustellen, müsste von vornherein scheitern. | 921

5. Sonderfälle des Wohnraummietrechts

Die in § 549 Abs. 2 und Abs. 3 genannten Mietverträge: In vier Sonderfällen des Wohnraummietrechts, die in § 549 Abs. 2 und Abs. 3 genannt sind, gilt § 573 nicht (FD „Wohnraum – Ordentliche Kündigung durch den Vermieter", Spalte 1). Deshalb braucht der Vermieter auch für eine ordentliche Kündigung *kein „berechtigtes Interesse".* Die vier Fälle sind: | 922

- *Ferienhaus oder -wohnung:* § 549 Abs. 2 Nr. 1. | 923
- *„Möblierter Herr":* Der Mieter bewohnt als Einzelperson[150] Wohnraum, den der Vermieter möbliert hat und der Teil der von ihm selbst bewohnten Wohnung ist (§ 549 Abs. 2 Nr. 2). Der Kündigungsschutz entfällt, weil die Aufnahme eines Mieters in die eigene Wohnung oft zu Spannungen führt, die eine schnelle Trennung nötig machen. Deshalb verkürzt sich auch die Kündigungsfrist von drei Monaten auf einen halben Monat (§ 573 c Abs. 3). | 924
- *Obdachloser:* Der Wohnraum ist von der öffentlichen Verwaltung oder einer privaten Wohlfahrtseinrichtung dem Mieter – unter Hinweis auf die besondere Rechtslage – zur Verfügung gestellt worden, weil bei diesem *„dringender Wohnungsbedarf"* vorlag (§ 549 Abs. 2 Nr. 3).[151] | 925

  Kein Widerspruchsrecht: Da § 549 Abs. 2 auch die Anwendung der §§ 574 bis 574 c ausschließt, haben die genannten Mieter kein Widerspruchsrecht. | 926
- *Studierendenwohnheim:* Es handelt sich um Wohnraum in einem (auch privat geführten) Jugend- oder Studierendenwohnheim (§ 549 Abs. 3). Der Mieterschutz wird eingeschränkt, weil Langzeitstudierende Platz machen sollen für Erstsemester.[152] § 549 Abs. 3 schließt die §§ 568 Abs. 2 und 574 bis 574 c *nicht* aus. Die Stu- | 927

---

150 Nach dem „sofern"-Satz gilt § 549 Abs. 2 Nr 2 nicht für Paare und Familien. Dadurch will der Gesetzgeber den grundrechtlichen Schutz der Familie berücksichtigen.
151 Die Worte „angemietet hat" sind irreführend, weil sie auf den Mietvertrag abstellen, der zwischen dem Eigentümer und der sozialen Einrichtung geschlossen wurde. Auf den kommt es aber gar nicht an.
152 BGH NJW 2012, 2881 Rn 18.

dierenden können also einer Kündigung widersprechen und müssen darauf hingewiesen werden.

928   Trotz dieser Einschränkungen gelten die übrigen Vorschriften des Wohnraummietrechts auch in den vier Fällen des § 549. Insbesondere bedarf die Kündigung in allen Fällen der Schriftform (§ 568 Abs. 1).

929   *Die in § 573 a genannten Mietverträge:* Der Gesetzgeber berücksichtigt in § 573 a, dass die räumliche Nähe von Vermieter und Mieter oft zu Problemen führt, die nur durch eine baldige Trennung behoben werden können. In zwei Fällen kann der Vermieter deshalb das Mietverhältnis kündigen, ohne ein berechtigtes Interesse geltend zu machen. Den Mietern steht aber ein Widerspruchsrecht zu (§§ 574 bis 574 c).

930   ▪ *Einliegerwohnung (§ 573 a Abs. 1):* Die (abgeschlossene) Wohnung ist Teil eines vom Vermieter selbst bewohnten Einfamilienhauses.

931   ▪ *Andere Teilhabe an der Wohnung des Vermieters als beim „möblierten Herrn"* *(§ 573 a Abs. 2):* Der vermietete Wohnraum liegt innerhalb der vom Vermieter selbst bewohnten Wohnung. § 573 a Abs. 2 setzt voraus, dass der Wohnraum nicht vom Vermieter möbliert ist und/oder dass der Mieter ihn mit seiner Familie oder seinem Ehe- oder Lebenspartner bewohnt.

932   Um den betroffenen Mietern einen gewissen Ausgleich zu gewähren, verlängert § 573 a Abs. 1 S. 2 in beiden Fällen die Kündigungsfrist um drei Monate.

III. Ordentliche Kündigung durch den Mieter

933   Bei der ordentlichen Kündigung besteht ein fundamentaler Unterschied zwischen einem Mieter und einem Vermieter: Der Mieter bedarf nämlich *nie eines berechtigten Interesses*, und der Vermieter hat nie ein Widerspruchsrecht. Für die Kündigung eines Mieters gilt außerdem immer die kurze Kündigungsfrist von knapp drei Monaten (§ 573 c Abs. 1 S. 1).

In zwei wichtigen Punkten besteht aber kein Unterschied: Auch der Mieter muss schriftlich kündigen (§ 568 Abs. 1). Und auch seine Kündigung muss bis zum dritten Werktag eines Monats zugegangen sein, um zum Ende des übernächsten Monats wirksam zu werden (§ 573 c Abs. 1 S. 1; Fall 29, Rn 900).

IV. Fristlose Kündigung

1. Einführung

934   *Terminologie:* § 543 nennt in seiner amtlichen Überschrift die fristlose Kündigung „außerordentliche fristlose Kündigung aus wichtigem Grund". Das ist erstaunlich, weil eine fristlose Kündigung immer „außerordentlich" ist. Aber es gibt auch die etwas obskure „außerordentliche Kündigung mit gesetzlicher Frist" (§ 573 d), die beiden Mietparteien in seltenen Ausnahmefällen zustehen kann (zB §§ 540 Abs. 1 S. 2, 563 Abs. 4). Diese Art der Kündigung wird hier nicht behandelt. Aber auch der Ausdruck „fristlose Kündigung aus wichtigem Grund" ist zu beanstanden, weil eine fristlose Kündigung im Mietrecht nur aus wichtigem Grund erfolgen kann (Tautologie).[153] Im Folgenden wird deshalb immer nur von der „fristlosen Kündigung" gesprochen.

---

153 Dienstverträge können uU auch ohne wichtigen Grund fristlos gekündigt werden (§ 627; Rn 417 bis 419).

Meist kündigt der Vermieter: Fristlose Kündigungen werden meist vom Vermieter ausgesprochen, selten vom Mieter. Das hat zwei Gründe: Das für eine solche Kündigung nötige Fehlverhalten ist auf Seiten des Mieters viel häufiger als auf Seiten des Vermieters. So kommt es zB häufig vor, dass ein Mieter die Miete nicht zahlt, aber nur selten, dass der Vermieter den Wohnraum nicht (oder mangelhaft) zur Verfügung stellt. Der zweite Grund ist, dass der Mieter den Wohnraummietvertrag jederzeit ordentlich (mit Kündigungsfrist) kündigen kann, während das dem Vermieter bekanntlich nur selten möglich ist (Rn 907 ff). Der Vermieter kann deshalb das Mietverhältnis fast nur durch eine *fristlose* Kündigung beenden. Das FD zur fristlosen Kündigung (nicht der Lehrbuchtext) beschränkt sich auf die Kündigung durch den *Vermieter*.

2. Grundregeln für alle Mietverhältnisse

Unzumutbarkeit einer ordentlichen Kündigung: § 543 gilt für alle Mietverhältnisse **935** und steht deshalb unter den *allgemeinen* Regeln (§§ 535 bis 548). § 543 Abs. 1 S. 1 verlangt für eine fristlose Kündigung einen „wichtigen Grund". Dieser liegt vor, wenn dem Kündigenden bei Berücksichtigung aller Umstände „nicht zugemutet werden kann", ordentlich zu kündigen und dementsprechend den Ablauf der Kündigungsfrist abzuwarten (§ 543 Abs. 1 S. 2).

§ 543 Abs. 2 S. 1 führt in den Nummern 1 bis 3 beispielhaft Fälle eines wichtigen Grundes auf.

■ *Nr. 1:* Der *Vermieter* gewährt dem Mieter den Gebrauch der Mietsache nicht voll- **936** ständig. *Beispiel 1:* Die tatsächliche Wohnfläche war um 22 % geringer als vereinbart.[154] *Beispiel 2:* Die Räume waren wegen eines gravierenden Mangels unbenutzbar.[155] Der Mieter verliert das Kündigungsrecht nur, wenn er die Mängelanzeige unterlassen hat und der Vermieter deshalb keine Abhilfe schaffen konnte (§ 536 c Abs. 2 S. 2 Nr. 3).[156]

■ *Nr. 2:* Der *Mieter* gefährdet die Mietsache durch unsachgemäßes Verhalten oder überlässt sie unberechtigt einem Dritten.

■ *Nr. 3 Buchst. a):* Der *Mieter* ist mit zwei aufeinander folgenden Monatsmieten in **937** Verzug, wobei es ausreicht, wenn „ein nicht unerheblicher Teil der Miete" fehlt (§ 543 Abs. 2 S. 1 Nr. 3 Buchst. a). „*Miete*" ist hier nicht eine (zu Recht) geminderte Miete, sondern die „vertraglich vereinbarte Gesamtmiete" (also einschließlich Betriebskosten-Vorauszahlung).[157]

■ *Nr. 3 Buchst. b):* Oder er ist mit einer (aus mehreren Monaten stammenden) Summe in Verzug, die zwei Monatsmieten entspricht. In den Fällen der Nr. 3 entfällt das Kündigungsrecht, wenn der Mieter die rückständige Miete doch noch vollständig[158] zahlt (§ 543 Abs. 2 S. 2). Für das *Wohnraummietrecht* enthält § 569 wichtige Präzisierungen und Ergänzungen zu Gunsten des Mieters (Rn 940).

Wenn einer der in den Nummern 1, 2 oder 3 genannten Gründe vorliegt, ist eine Kün- **938** digung aus wichtigem Grund immer möglich. Eine Abwägung, ob die in § 543 Abs. 1

---

154 BGH NJW 2009, 2297 Rn 13.
155 BGH NJW 2007, 147 Rn 10.
156 BGH NJW 2007, 147 Rn 17. Seine frühere Ansicht, dass ein Mieter auch durch vorbehaltslose Weiterzahlung der Miete sein Kündigungsrecht verlieren könne (BGHZ 155, 380; NJW 2005, 1503) hat der BGH damit aufgegeben.
157 BGH NJW 2018, 939 Rn 19.
158 BGH NJW 2018, 939 Rn 17 aE, 23 ff; 28 ff; NJW 2016, 3437 Rn 23.

S. 2 genannten *allgemeinen* Voraussetzungen eines wichtigen Grundes vorliegen („ die Fortsetzung des Mietverhältnisses … nicht zugemutet werden kann"), ist dann nicht nur unnötig, sondern falsch.[159]

Die Auflistung in § 543 Abs. 2 S. 1 ist, wie das Wort „insbesondere" zeigt, nicht abschließend. Jeder Vertragspartner kann deshalb die fristlose Kündigung auch auf andere Umstände stützen. Dann müssen aber die in § 543 Abs. 1 S. 2 genannten Voraussetzungen eines wichtigen Grundes bejaht werden können (FD „Wohnraum – Fristlose Kündigung durch den Vermieter", Frage 13). *Beispiel:* M hatte immer wieder die Miete zu spät gezahlt und hatte dies Verhalten auch nach einer Abmahnung fortgesetzt. Dabei hatte er sorgfältig alle Tatbestände vermieden, die speziell nach Abs. 2 Nr. 1 bis 3 eine fristlose Kündigung rechtfertigen. Aber sein Fehlverhalten wog insgesamt so schwer, dass der Vermieter fristlos nach § 543 Abs. 1 kündigen konnte.[160]

939   *Fristsetzung zur Abhilfe:* Wenn die fristlose Kündigung auf eine Vertragsverletzung des anderen Teils gestützt werden soll, muss der Kündigungswillige dem anderen erst eine angemessene Frist zur Abhilfe setzen (§ 543 Abs. 3 S. 1; FD „Wohnraum – Fristlose Kündigung durch den Vermieter", Frage 3).[161] Der erfolglose Ablauf der Frist ist deshalb idR Voraussetzung für eine wirksame Kündigung.[162] Allerdings macht § 543 Abs. 3 S. 2 in den Nummern 1 bis 3 wichtige Ausnahmen (bitte lesen!). Die wichtigste steht in der Nr. 3, die sich auf den Zahlungsverzug bezieht (§ 543 Abs. 2 Nr. 3).

3. Differenzierungen für Wohnraummietverträge

940   Für das höchst sensible Gebiet des *Wohnraummiet*rechts ergänzt und präzisiert § 569 die allgemeinen Regeln des § 543. Der in § 569 eingefügte Abs. 2 a gibt dem Vermieter das Recht zur fristlosen Kündigung, wenn der Mieter mit der Zahlung der Sicherheitsleistung (der Kaution) in Verzug kommt (FD „Wohnraum – Fristlose Kündigung durch den Vermieter", Frage 6). Außerdem enthält § 569 Abs. 3 filigrane Sonderbestimmungen zu § 543 Abs. 2 S. 1 Nr. 3, also zur fristlosen Kündigung wegen *Zahlungsverzugs*. So präzisiert etwa § 569 Abs. 3 Nr. 1 den in § 543 Abs. 2 S. 1 Nr. 3 Buchst. a verwendeten Begriff des „nicht unerheblichen" Teils der Miete (FD „Wohnraum – Fristlose Kündigung durch den Vermieter", Frage 7). Für den Fall, dass der Vermieter doch noch befriedigt wird (durch den Mieter oder die öffentliche Hand), kommt § 569 Abs. 3 Nr. 2 dem Mieter weit entgegen (FD „Wohnraum – Fristlose Kündigung durch den Vermieter", Frage 11). Denn die „Kündigung wird … unwirksam". Das bedeutet, dass das alte Mietverhältnis (trotz der Kündigung) fortbesteht und nicht neu begründet werden muss.[163]

Schließlich ergänzt § 569 die in § 543 Abs. 2 S. 1 beispielhaft aufgeführten drei Fälle eines „wichtigen Grundes" um zwei weitere, einmal zugunsten des Mieters (§ 569 Abs. 1 S. 1) und einmal zugunsten des Vermieters (Abs. 2; FD „Wohnraum – Fristlose Kündigung durch den Vermieter, Frage 12, Spalte 11).

159 Erman/Lützenkirchen, § 543 Rn 11; Schmidt-Futterer/Blank, Mietrecht, 12. Aufl. (2015), § 543 Rn 3; BGH NJW 2015, 1296 Rn 21; NJW 2010, 3020 Rn 15; 2009, 2297 Rn 16.
160 BGH NJW 2006, 1585; ebenso NJW 2011, 2570 Rn 16.
161 Wenn die Vertragsverletzung nicht beseitigt werden kann, weil sie nicht zu einem noch anhaltenden vertragswidrigen Zustand geführt hat, tritt an die Stelle der Fristsetzung eine Abmahnung.
162 BGH NJW 2007, 2177.
163 BGH NJW 2018, 3517 Rn 23 f, 25 aE. In diesem Fall kann eine *ordentliche* Kündigung wirksam werden, die der Vermieter gleichzeitig mit der fristlosen für den Fall erklärt hat, dass die fristlose Kündigung nach § 569 Abs. 3 Nr. 2 S. 1 unwirksam wird (BGH aaO Rn 41 f).

Angabe des wichtigen Grundes: § 569 Abs. 4 verpflichtet den Kündigenden, den
„wichtigen Grund" im Kündigungsschreiben anzugeben. Einzelheiten müssen aber
nicht genannt werden. *Beispiel:* Der Mieter war für zwei aufeinander folgende Monate
mit der Zahlung der Miete in Verzug (§ 543 Abs. 2 S. 1 Nr. 3 Buchst. a Var. 1). Der
Vermieter hatte im Kündigungsschreiben als Grund angegeben: „Der Gesamtrückstand
beträgt Euro 651,63." Die Zusammensetzung dieser Summe hatte er nicht genannt.
Der BGH hat die knappe Begründung aber zu Recht für ausreichend gehalten.[164] Die
Ausführungen des Vermieters müssen auch in komplizierten Fällen nicht so detailliert
sein, dass ein Richter allein nach ihnen die Berechtigung der Kündigung beurteilen
könnte.[165]

941

Dass der Kündigungsgrund anzugeben ist, gilt auch für den Mieter. *Beispiel:* Die Eheleute M, die ein ländliches Wohnhaus gemietet hatten, fühlten sich durch das Ausbrin-
gen von Gülle belästigt und wollten deshalb nach den §§ 543, 569 fristlos kündigen.
Aber sie vergaßen die Angabe des Kündigungsgrundes, sodass die Kündigung unwirksam war.[166]

942

Verwirkung des Kündigungsrechts: Das Mietrecht regelt nicht die Frage, ob der Vermieter sein Recht zur fristlosen Kündigung durch langes Abwarten verwirkt haben
kann. Ob § 314 Abs. 3 angewendet werden kann, ist strittig.[167] Der BGH lehnt das zu
Recht ab, weil die §§ 543, 569 als „abschließende spezielle Regelung konzipiert"
sind.[168] Deshalb gelten für die Verwirkung des Kündigungsrechts nur die ungeschriebenen Regeln der Verwirkung.[169]

Weitere Einzelheiten der fristlosen Kündigung ergeben sich aus dem mehrfach zitierten
FD, aber man muss sich nicht alle merken. Wichtig zu wissen ist jedoch, dass § 543 im
Wohnraummietrecht nicht isoliert herangezogen werden darf, sondern nur unter Be-
achtung der in § 569 gegebenen wichtigen Ergänzungen und Präzisierungen.

V. Folgen der Beendigung

1. Rückgabe der Mietsache

Zum Wesen des Mietverhältnisses gehört es, dass der Mieter die Mietsache nach Ablauf der Mietzeit zurückgeben muss (§ 546 Abs. 1). Wenn dem Mieter gegen den Vermieter eine Forderung zusteht, kann er nicht dadurch Druck auf ihn ausüben, dass er
an der Wohnung ein Zurückbehaltungsrecht geltend macht (§ 570). Denn die Rückgabepflicht steht nicht – wie § 320 verlangt[170] – im Synallagma der Mietvertragspflich-
ten.

943

Zieht der Mieter nach Ablauf der Mietzeit nicht aus, so sollte der Vermieter innerhalb
von zwei Wochen widersprechen, damit sich das Mietverhältnis nicht auf unbestimmte
Zeit verlängert (§ 545 Abs. 1).[171] Gibt der Mieter die Mietsache nicht zurück, kann
der Vermieter im Prinzip die bisherige oder die (höhere) ortsübliche Miete verlangen
(§ 546a Abs. 1). Das setzt aber voraus, dass der Vermieter seinen „Rücknahmewillen"

944

---

164 NJW 2004, 850.
165 BGH NJW 2010, 3015 Rn 35 unter Hinweis auf BVerfG NJW 1998, 2662 (2663.
166 BGH NJW 2006, 2696 Rn 24; ähnlich 2004, 850.
167 Dafür Staudinger/Emmerich § 543 Rn 2, 90 ff.
168 BGH NZM 2016, 791 Rn 18.
169 BGB-AT Rn 1168.
170 SAT Rn 134.
171 Dazu BGHZ 202, 17.

deutlich gemacht hat.[172] Behauptet der Vermieter, das Mietverhältnis bestehe fort, hat er keinen „Rücknahmewillen". Im Prinzip kann er auch weiteren Schaden geltend machen (§ 546 a Abs. 2), bei Wohnraum-Mietverträgen aber nur, wenn der Mieter die Nichtrückgabe zu vertreten hat (§§ 571 Abs. 1 S. 1, 276 Abs. 1).

Viele Mieter-Anwälte haben die Räumungsklage des Vermieters und später die Räumung selbst mit immer neuen Tricks hinausgezögert. Dem versucht das Mietrechtsänderungsgesetz vom 22. März 2013 durch zahlreiche Änderungen der ZPO zu begegnen. Auf die Einzelheiten kann in einem BGB-Lehrbuch nicht eingegangen werden. Es sei aber auf die §§ 272 Abs. 4, 283 a, 885 a und 940 a ZPO hingewiesen.

2. Extrem kurze Verjährungsfrist

a) Ansprüche des Vermieters

945   Nach dem Auszug des Mieters muss der Vermieter manchmal feststellen, dass der Wohnraum vertragswidrig verändert oder – über die normale Abnutzung hinaus – verschlechtert wurde. Dann muss er sich beeilen, denn nach § 548 Abs. 1 S. 1 verjähren seine entsprechenden Ansprüche[173] in nur *sechs Monaten*. Diese extrem kurze Verjährungsfrist ist ein Stolperstein für viele Vermieter und ihre Anwälte.[174] Auch der Frist*beginn* ist überraschend. Denn die Sechsmonatsfrist beginnt nicht mit dem Ende des Mietvertrags, sondern an dem Tag, an dem der Vermieter „die Mietsache zurückerhält" (§ 548 Abs. 1 S. 2), genauer am Ende dieses Tages (§§ 187 Abs. 1, 188 Abs. 2 Var. 1).[175] Wenn die Rückgabe über ein halbes Jahr vor dem Ende des Mietvertrags erfolgt ist, kann also die Verjährung der Vermieteransprüche beim Auslaufen des Mietvertrags bereits eingetreten sein.[176] Der BGH interpretiert den Beginn der Verjährungsfrist aber zu Recht vermieterfreundlich: Der Vermieter erhält die Mietsache erst zurück, wenn der „Mieter den Besitz vollständig und eindeutig aufgibt und der Vermieter hiervon Kenntnis hat".[177] Das bedeutet zweierlei:

946   ■ Der Besitz muss so auf den Vermieter übergegangen sein, dass dieser sich „ungestört ein umfassendes Bild" machen kann.[178]

■ Der Vermieter muss von der Besitzaufgabe *wissen*. Das ist noch nicht anzunehmen, wenn der Mieter zB den Wohnungsschlüssel bei der Hauswartin abgegeben hat, die zu dieser Entgegennahme nicht bevollmächtigt war.[179] Denn die Zurechnung des Wissens nach § 166 Abs. 1 setzt eine Vollmacht voraus.

---

172   BGH NJW 2017, 2997 Rn 18 ff. Der BGH fordert den Rücknahmewillen, weil § 546 a Abs. 1 auf Seiten des Mieters eine „Vorenthaltung" verlangt.

173   Wenn der Vermieter Schadensersatz verlangt, dann Schadensersatz *neben* der Leistung nach § 280 Abs. 1, nicht (auch) nach § 281. Deshalb muss er dem Mieter keine Frist setzen (BGH NJW 2018, 1746 Rn 18, 23; ebenso BGH NZM 2018, 717).

174   In einem Formularvertrag kann der Vermieter die Frist nicht verlängern, auch nicht, wenn er für Ansprüche des Mieters dieselbe Frist vorsieht (BGH NJW 2017, 3707, Rn 26 ff.).

175   Das gilt sogar dann, wenn der Anspruch zu dieser Zeit noch nicht einmal entstanden war (BGH NJW 2014, 920 Rn 17).

176   BGHZ 162, 30 und BGH NJW 2006, 1588 Rn 11.

177   BGH NJW 2006, 2399 Rn 21; 2006, 1963; 2005, 2004.

178   BGH NJW 2014, 684 Rn 13; 2012, 144 Rn 14; 2006, 2399 Rn 21.

179   BGH NJW 2014, 684 Rn 16 ff. Siehe auch BGH NJW 2012, 144 Rn 16.

b) Ansprüche des Mieters

Wie sich aus § 548 Abs. 2 ergibt, gilt die sehr kurze Verjährungsfrist von sechs Mona- 947
ten auch für Ansprüche des Mieters, die sich aus seinen Aufwendungen auf die Mietsache ergeben (zB § 536 a Abs. 2 Nr. 1, Nr. 2 oder § 539 Abs. 1).

VI. Vermieterpfandrecht

Der Vermieter hat ein gesetzliches Pfandrecht an den „eingebrachten Sachen des Mie- 948
ters" (§ 562 Abs. 1 S. 1).[180] Das Pfandrecht sichert die „Forderungen aus dem Mietverhältnis", zu denen nicht nur die Mietforderungen zählen, sondern auch die Forderung
auf Zahlung einer Kaution und von Betriebskostenvorauszahlungen sowie Schadensersatzansprüche. Merkwürdigerweise deckt das Pfandrecht nach § 562 Abs. 2 auch *künftige* Mietforderungen, aber nur für das laufende und das folgende Mietjahr (nicht Kalenderjahr).

Das Pfandrecht des Vermieters spielt in der Praxis kaum eine Rolle. Denn es erfasst
nur Sachen, die der Pfändung unterliegen (§ 562 Abs. 1 S. 2), beschränkt sich also auf
Sachen, auf die der Mieter und seine Familienangehörigen nicht angewiesen sind
(§ 811 Abs. 1 ZPO). Mieter, die die Miete nicht zahlen, nennen aber meist kein Famili-
ensilber und auch keinen Lamborghini ihr Eigen. Geräte von gewissem Wert sind, soweit überhaupt vorhanden, häufig geleast oder unter Eigentumsvorbehalt gekauft und
deshalb nicht „Sachen des Mieters".[181]

Aber selbst wenn sich unter den Sachen des Mieters etwas zugleich Wertvolles und 949
Pfändbares befinden sollte, ist die Durchsetzung des Vermieterpfandrechts in der Praxis schwierig. Zwar darf der Vermieter beim Auszug des Mieters die Sachen auf eigene
Faust in Besitz nehmen (§ 562 b Abs. 1 S. 2), aber natürlich nur, soweit sie pfändbar
sind. Der Vermieter müsste also das Wissen eines alten Amtsrichters und die Durchset-
zungskraft eines jungen Bodyguards haben, um seine Rechte zu wahren. In der Praxis
läuft es oft anders: Wenn der Vermieter nach erfolgreicher Räumungsklage die
Zwangsvollstreckung betreibt, lässt der Gerichtsvollzieher den Mieter noch einen Kof-
fer packen, wechselt dann das Schloss der Wohnungstür aus und hindert den Mieter so
daran, seine Habe fortzuschaffen. Obwohl der Vermieter auf diese Weise nicht nur in
den Besitz der seinem Vermieterpfandrecht unterliegenden Sachen, sondern auch der
unpfändbaren Sachen gelangt, ist diese „Berliner Räumung" zulässig (§ 885 a ZPO).[182]

§ 30 Andere Mietverträge

Fall 30: Ein Reihenhaus für den Geschäftsführer § 580a Abs. 2 950

▶ *Die Rolf Bendix GmbH mietete von Hermann Häberlin ein Reihenhaus in Stuttgart. Laut
Mietvertrag sollte der GmbH-Geschäftsführer Rolf Bendix das Haus bewohnen und die Geschäfte der GmbH von dort aus betreiben. Häberlin kündigte das Mietverhältnis zum
30. Juni 2007 mit einem Schreiben, das der GmbH am 13. Dezember 2006 zuging. Darauf*

---

180 Zu pfandbaren Sachen des Mieters können auch Kraftfahrzeuge gehören, die auf dem Gelände des
     Vermieters regelmäßig abgestellt werden (BGH NJW 2018, 1082 Rn 11).
181 Es besteht allerdings zugunsten des Vermieters die Vermutung des § 1006 Abs. 1 S. 1, dass die in den Räu-
     men des Mieters befindlichen Sachen dem Mieter gehören (BGH NZM 2017, 479 Rn 12).
182 So schon vorher BGH NJW 2006, 848, bestätigt von 2006, 3273; dazu Schuschke NZM 2006, 284.

kündigte die GmbH ihrerseits zum „30. April 2007". Dieses Schreiben erhielt Häberlin am 3. Februar 2007. Die GmbH hat die Miete nur bis Ende April bezahlt. Häberlin ist der Ansicht, ihm stehe die Miete noch bis Ende Juni zu. (Nach BGH NJW 2008, 3361)

951 Sollte es sich um einen Mietvertrag über Wohnraum handeln, würde für den Mieter die (knapp dreimonatige) Kündigungsfrist des § 573 c Abs. 1 S. 1 gelten. Für die Kündigung von Mietverträgen über Geschäftsräume gilt dagegen § 580 a Abs. 2. Nach dieser Vorschrift ist die ordentliche Kündigung des Mietvertrags „spätestens am dritten Werktag eines Kalendervierteljahrs zum Ablauf des nächsten Kalendervierteljahrs zulässig". Mietverträge über Geschäftsräume können also nur mit einer Kündigungsfrist von einem knappen halben Jahr gekündigt werden und nur zum Quartalsende. Zu prüfen ist deshalb, ob es sich um einen Mietvertrag über Wohnraum oder Geschäftsraum handelte.

Ein Mietvertrag über Wohnraum liegt nur vor, wenn der Mieter eine natürliche Person ist und die Räume selbst bewohnen oder einem Angehörigen zur Verfügung stellen will. Eine GmbH kann als juristische Person keine Räume zum Wohnen nutzen und deshalb auch nicht zu diesem Zweck mieten. Sie kann nur einen Mietvertrag über Geschäftsräume schließen. Man kann das auch so formulieren: Das Reihenhaus diente dem Geschäftsbetrieb der GmbH, weil diese es teils als Büroraum nutzte und teilweise ihrem Geschäftsführer zu Wohnzwecken zur Verfügung stellte. Gegenstand des zwischen der GmbH und Häberlin geschlossenen Mietvertrags waren deshalb „Geschäftsräume" im Sinn von § 580 a Abs. 2.

Da Häberlins Kündigung der GmbH am 13. Dezember zugegangen ist, steht sie einer Kündigung gleich, die am dritten Werktag des Monats Januar zugegangen ist. Die Kündigungsfrist umfasste (fast) die ersten beiden Quartale des Jahres 2007. Das Mietverhältnis endete folglich am 30. Juni 2007. Auch für die Kündigung durch die GmbH galt § 580 a Abs. 2. Da sie Häberlin am 3. Februar 2007 zuging, ist sie ihm vor dem dritten Werktag des Monats April zugegangen. Diese Kündigung hätte das Mietverhältnis erst zum Ende des dritten Quartals beendet, also am 30. September (§ 580 a Abs. 2). Aber sie konnte keine Wirkung entfalten, weil die von Häberlin ausgesprochene Kündigung das Mietverhältnis schon ein Vierteljahr vorher beendet hatte. Häberlin hat also Recht. Die GmbH muss die Miete noch bis zum 30. Juni 2007 bezahlen. ◀

Lerneinheit 30

952 Literatur: *Burbulla*, Gewerberaummiete – Die Entwicklungen der Rechtsprechung im 1. Halbjahr 2019, MDR 2019, 1413; *Drasdo*, Die gewerbliche und nichtgewerbliche Weitervermietung - besondere Gestaltungen der Untervermietung, WuM 2019, 1; *Schweitzer*, Die Mietvertragsänderung: Alarmstufe rot für das Wahren der Schriftform, NJW 2019, 198; *Guhling*, Gewerberaummiete: AGB-rechtliche Grenzen der Überwälzung von Instandhaltung und Instandsetzung, NZM 2019, 457; *Günter*, Schriftform langfristiger Mietverträge: Ein Lösungsvorschlag für ein „ewiges Problem" NZM 2019, 561; *Hinz*, Die Umlagevereinbarung im Wohn- und Gewerberaummietvertrag, JR 2019, 418; *Leo*, Ausgewählte obergerichtliche Rechtsprechung zur Gewerberaummiete aus den Jahren 2016 bis 2018, NZM 2019, 385; *Leo/Götz*, Ende des Mietverhältnisses und stillschweigende Verlängerung: „Wachkoma"-Verträge in der Gewerberaummiete, NZM 2019, 601; *Lindner-Figura/Reuter*, Die Entwicklung des Gewerberaummietrechts 2018, NJW 2019, 1041; *Schmidt*, Beitrittspflicht des Mieters zur Werbegemeinschaft NZM 2018, 543; *Lindner-Figura/Reuter*, Nach dem Ende der Schriftformheilungsklauseln in Mietverträgen: Was nun? NJW 2018, 897.

I. Mietverträge über (unbebaute) Grundstücke

Die Mietverträge über Grundstücke sind im dritten Untertitel „Mietverhältnisse über andere Sachen" geregelt (§§ 578 bis 580 a).

„Grundstücke" iS von § 578 Abs. 1 sind *unbebaute* Grundstücke. *Beispiel 1:* Vermietung eines Ufergrundstücks zum Betrieb eines Campingplatzes.[183] *Beispiel 2:* Die Stadt S vermietete an M eine innerstädtische Fläche zum Betrieb eines entgeltpflichtigen Parkplatzes.[184]

Für Grundstücksmietverträge gelten außer den §§ 578 bis 580 a die Allgemeinen Vorschriften (§§ 535 bis 548). § 578 Abs. 1 erklärt zusätzlich bestimmte Vorschriften des Wohnraummietrechts für entsprechend anwendbar. Das sind die Vorschriften über die Schriftform (§ 550), das Vermieterpfandrecht (§§ 562 bis 562 d), den Eintritt des Erwerbers (§§ 566 bis 567 b) und den Ausschluss eines Zurückbehaltungsrechts (§ 570). Daraus ergibt sich insbesondere: Es gibt keinen Kündigungsschutz für Grundstücksmieter. Das ist auch sachgerecht, denn sie sind nicht wie Wohnraummieter auf das Mietobjekt sozial angewiesen.

Nach den Vorstellungen des Gesetzes ist die Miete im Zweifel vierteljährlich im *Nachhinein* zu zahlen (§ 579 Abs. 1 S. 2, 3). § 580 a regelt die *Kündigungsfrist,* die – im Gegensatz zum Wohnraummietrecht – für beide Parteien gleich ist. Eine abweichende vertragliche Regelung ist aber unbeschränkt zulässig.

II. Mietverträge über Räume, die keine Wohnräume sind

1. Definition

§ 578 Abs. 2 regelt Mietverträge über „Räume, die keine Wohnräume sind". *„Räume"* sind alle Gebäude oder Gebäudeteile, in denen sich Menschen aufhalten können. Räume, aber keine Wohnräume sind fast ausschließlich *Geschäftsräume,* zB Räume für Büros, Fabriken, Werkstätten, Arztpraxen, Läden, Restaurants und Messestände.[185]

2. Anzuwendende Vorschriften

Auf Mietverträge über Räume, die keine Wohnräume sind, finden folgende Vorschriften Anwendung:

■ Die Vorschriften des ersten Untertitels (§§ 535 bis 548). *Beispiel:* Der Mieter von Geschäftsräumen war mit zwei aufeinander folgenden Monatsmieten in Verzug, sodass ihm nach § 543 Abs. 2 S. 1 Nr. 3 fristlos gekündigt werden konnte.[186]

■ Alle Vorschriften des Wohnraummietrechts, die nach § 578 Abs. 1 auch für Grundstücks-Mietverträge gelten (§ 578 Abs. 2 S. 1). Auf diese Weise gilt auch für Mietverträge über Geschäftsräume der wichtige § 550 (unten Rn 960).

953

954

955

956

957

958

---

183 OLG Frankfurt NJW-RR 1986, 108.
184 BGHZ 167, 312.
185 BGH NJW 2008, 1148. Zu den Räumen, die keine Wohnräume sind, gehören auch Räume, die weder zu Wohn- noch zu Geschäftszwecken genutzt werden. *Beispiel:* Privat genutzte Garage. Ihre Kündigung ist in § 580 a Abs. 1 geregelt.
186 BGH NJW 2008, 3210; NJW 2005, 2775. § 569 Abs. 3 gilt in diesen Fällen nicht, weil nur § 569 Abs. 2 entsprechend anwendbar ist (§ 578 Abs. 2 S. 1).

959   ■ Zusätzlich gelten die in § 578 Abs. 2 S. 1 genannten Paragrafen des Wohnraummiet-
       rechts.[187]

3. § 550

960   *Geltung und Missbrauch des § 550:* § 550 (Rn 826) gilt nicht nur für Wohnraum- und
       Grundstücksmietverträge, sondern auch für Verträge über Geschäftsräume (§ 578
       Abs. 2 S. 1 verweist auf alle in Abs. 1 genannten Paragrafen). Die neuere Rechtspre-
       chung des BGH zu § 550 bezieht sich sogar ausschließlich auf Gewerbeimmobilien.
       Der ursprüngliche Sinn und Zweck des § 550 (Rn 826) spielt in diesen Verfahren keine
       Rolle mehr. Wenn der Partner eines Gewerberaum-Mietvertrags sich heute auf § 550
       beruft, dann nur, um einen auf *bestimmte* Zeit geschlossenen (und deshalb jahrelang
       unkündbaren) Mietvertrag doch kündigen zu können. Deshalb sucht sein Anwalt nach
       einem Grund, der zum Verlust der Schriftform führt und deshalb nach § 550 S. 1 zu
       einem Vertrag „für *unbestimmte* Zeit". *Beispiel 1:* Zwei Zahnärzte mieteten ihre Pra-
       xisräume fest auf 19 Jahre. Acht Monate später vereinbarte der Vermieter mit ihnen
       mündlich eine Mieterhöhung um 20 Euro. Jede Änderung der Miethöhe ist eine we-
       sentliche Änderung des Vertrags. Da sie in diesem Fall *mündlich* erfolgte, verlor der
       ganze Mietvertrag die Schriftform, galt nunmehr „für unbestimmte Zeit" (§ 550 S. 1)
       und war deshalb kündbar.[188] Auch bei einem Mieterwechsel kann die Schriftform ver-
       loren gehen.[189]

       Aber dieser Schleichweg zur Kündigung ist nicht immer erfolgreich. Denn wenn eine
       Partei des Gewerberaum-Mietvertrags, um kündigen zu können, sich auf das Fehlen
       (oder den Verlust) der Schriftform beruft, weist der BGH die vorgetragenen Argumen-
       te oft zurück.[190] *Beispiel 2:* V hatte Geschäftsräume langfristig an M vermietet, wollte
       aber kündigen. Es lag ein beiderseits unterzeichneter, inhaltlich korrekter Mietvertrag
       vor, bei dessen Abschluss jedoch nicht alle Vorschriften der §§ 145 ff eingehalten wor-
       den waren.[191] Trotzdem hielt der Mietvertrag die Schriftform ein. Der BGH hält es
       nämlich zu Recht im Hinblick auf § 550 für ausreichend, wenn ein beiderseits unter-
       zeichneter Text vorliegt, der den Vertragsinhalt korrekt wiedergibt.[192]

960a   *Schriftformklauseln:* Wenn ein Gewerberaum-Mietvertrag auf bestimmte Zeit ge-
       schlossen werden soll, legt oft einer der Vertragspartner (oder beide) großen Wert da-
       rauf, dass der Vertrag nicht seine Schriftform einbüßt und dadurch nach § 550 S. 1 zu
       einem kündbaren Vertrag wird. In den Vertrag wird deshalb oft eine *Schriftformklau-
       sel* aufgenommen. *Formulierungsbeispiel:* „Änderungen oder Ergänzungen dieses Ver-
       trags bedürfen der Schriftform." Um den Bestand dieser Klausel zu sichern, wird oft
       auch eine sogenannte qualifizierte (verstärkte/doppelte) Schriftformklausel verwen-
       det.[193] *Formulierungsbeispiel:* „Für den Fall, dass die Schriftform des Vertrags nicht
       eingehalten sein sollte, verpflichten sich die Vertragspartner, alle Erklärungen abzuge-
       ben, die erforderlich sind, um die Schriftform wiederherzustellen."

---

187 BGH NJW 2010, 1065 Rn 19.
188 BGH NJW 2016, 311 Rn 16 ff.
189 BGH NJW 2013, 1083.
190 NJW 2015, 2034; 2014, 1300 Rn 27; 2013, 3361 Rn 24 f.
191 BGH NJW 2015, 2648 Rn 32 ff. Der Formfehler bestand darin, dass die Annahmefrist leicht überschritten
     worden war (§ 149).
192 BGHZ 176, 301 Rn 17; NJW 2010, 1518 Rn 27.
193 BGB-AT Rn 684.

Es war früher streitig, ob solche Klauseln wirksam vereinbart werden können. Der BGH hat diese Frage jetzt verneint, und zwar für beide Arten der Schriftformklausel und sowohl für solche, die in AGB enthalten sind, als auch für individuell vereinbarte.[194] Die Begründung ist überzeugend: § 550 ist nicht abdingbar, also zwingendes Recht.[195] Schriftformklauseln wollen jedoch die Vertragsparteien verpflichten, § 550 S. 1 zu umgehen. Denn durch eine Schriftformklausel soll der Verlust der Schriftform geheilt und deshalb § 550 S. 1 im konkreten Fall wirkungslos werden.

4. Formlose Kündigung

Da § 578 Abs. 2 nicht auf § 568 verweist, verlangt das Gesetz für die Kündigung keine schriftliche (oder elektronische) Form. Darin liegt ein wichtiger Unterschied zwischen Wohnraum- und Geschäftsraummietverträgen.   961

Vereinbarte Schriftform: In Mietverträgen über Geschäftsräume wird aber häufig für die Kündigung Schriftform *vereinbart*. Es gilt dann § 127. Es muss deshalb nicht (wie nach § 126) dem Vertragspartner die Kündigungserklärung mit der Originalunterschrift des Kündigenden zugehen, es reicht eine „telekommunikative Übermittlung" (§ 127 Abs. 2 S. 1), also ein Fax[196] oder eine E-Mail.   962

Einschreiben: Wenn „Kündigung durch eingeschriebenen Brief" vereinbart ist, liegt darin nur die Vereinbarung der Form des § 127. Auf die Zustellung per Einschreiben kommt es nicht an, sodass eine Zustellung mit normaler Post oder durch persönliche Übergabe genügt (oder per Fax oder E-Mail, Rn 962). Die Einschreib-Klausel soll nur den Beweis des Zugangs erleichtern, aber nicht die Wirksamkeit der Kündigung von dieser Art der Zustellung abhängig machen.   963

5. Längere Kündigungsfrist

Für Geschäftsraummietverträge gilt eine Kündigungsfrist von einem knappen *halben Jahr* zum Ende eines *Quartals* (§ 580 a Abs. 2). *Beispiel:* Fall 30, Rn 950.   964

6. Gemischte Nutzung als Wohn- und Geschäftsraum

Bei einer gemischten Nutzung sind zwei Fallgestaltungen zu unterscheiden: 965

- Wenn eine *Handelsgesellschaft* Mieterin ist, handelt es sich immer um Geschäftsraummiete, auch wenn sie die Räume zu Wohnzwecken untervermietet. *Beispiel:* Fall 30, Rn 950.

- Wenn ein *Mensch* (eine natürliche Person) Räume mietet, die er teilweise bewohnen und teilweise beruflich nutzen will, ist im Zweifel (wenn die berufliche Nutzung nicht deutlich überwiegt) das *Wohnraummietrecht* anzuwenden.[197] Diese Unterscheidung ist wichtig, wenn der Vermieter kündigen will, was ihm bei Wohnraummietverträgen bekanntlich erschwert wird.

---

194 BGH NJW 2017, 3772 Rn 34 ff.
195 Dazu BGB-AT Rn 353 ff.
196 BGH NJW 2004, 1320.
197 BGH NJW 2014, 2864 Rn 39: Hypnosepraxis.

III. Mietverträge über bewegliche Sachen

966   Mietverträge über bewegliche Sachen[198] sind in der Praxis häufig, insbesondere als Mietverträge mit einem Autovermieter über ein Kraftfahrzeug. Ein Vertrag mit einem Fitness-Studio ist ein Mietvertrag über die Sportgeräte. Nur wenn der Betreiber auch Anweisungen und Hilfen schuldet, die über Einweisungen hinausgehen, enthält der Vertrag auch Elemente eines Dienstvertrags (typengemischter Vertrag).[199]

Trotz ihrer wirtschaftlichen Bedeutung sind Mietverträge über bewegliche Sachen nur spärlich geregelt worden, nämlich in den ersten 19 Paragrafen des Mietrechts und in seinen letzten drei (§§ 579 bis 580 a). Die gesetzlichen Vorschriften beziehen sich hauptsächlich auf folgende Stichworte: Sachmängelhaftung (§§ 536 bis 536 d), normale Abnutzung (§ 538), Überlassung an Dritte (§ 540), fristlose Kündigung (§ 543), Rückgabepflicht (§ 546) und Rechtsfolgen der Nichtrückgabe (§§ 545, 546 a). Für den Vermieter besonders wichtig ist auch hier die kurze Verjährungsfrist für Ersatzansprüche (§ 548).

967   Ausführlicher regelt das Gesetz die Fälligkeit der Miete (§ 579) und die Kündigungsfrist (§ 580 a Abs. 3). Die Regelung der *Fälligkeit* wirkt etwas weltfremd. *Beispiel:* In einem Vertrag zwischen dem Autovermieter Sixt und dem Mieter M wurde die Höhe der Miete nach Tagen bemessen. Nach § 579 Abs. 1 S. 2 wäre deshalb an jedem Abend die Tagesmiete zu zahlen. Nach den (vorrangigen) Sixt-AGB muss die Miete jedoch immer mithilfe einer von Sixt akzeptierten Kreditkarte entrichtet werden.[200]

Erweiterte Anwendung durch den Leasingvertrag: Auf den – gesetzlich nicht geregelten – Leasingvertrag werden die Vorschriften über den Mietvertrag analog angewendet (Rn 990). Dadurch erhalten die mietvertraglichen Vorschriften über bewegliche Sachen eine größere Bedeutung.

968   *Abgrenzung vom Dienstvertrag:* Wenn es in einem Vertrag um die Überlassung einer *Maschine mit Bedienungspersonal* geht, kann fraglich sein, ob ein Miet- oder ein Dienstvertrag (§ 611) vorliegt. In der Regel steht die Überlassung der Maschine im Vordergrund, sodass der Vertrag in erster Linie als Mietvertrag einzuordnen ist.[201]

§ 31 Pacht, Leasing und Leihe

969   **Fall 31: Pleuelstange durchschlägt Motorgehäuse**

▶ *Der Gebrauchtwagenhändler Volker Viehbahn bot einen BMW 740 D V8 an, den der angestellte Dreher Franz Kupka gern gekauft hätte. Da aber Kupka den Kaufpreis von über 23 000 Euro nicht aufbringen konnte, wandte er sich an die Litter-Leasing GmbH (L-GmbH) und schloss mit ihr einen Leasingvertrag über das Fahrzeug. In diesem Vertrag heißt es: „Alle Ansprüche und sonstigen Rechte des Leasingnehmers gegen den Leasinggeber wegen Sach- und Rechtsmängeln des Leasingobjekts sind ausgeschlossen. Stattdessen tritt der Leasinggeber dem Leasingnehmer seine Gewährleistungsansprüche aus dem Kaufvertrag mit dem Lieferanten ab."*

---

198   Für im Schiffsregister eingetragene Schiffe gilt § 578 a.
199   BGH NJW 2012, 1431 Rn 18.
200   Wer ein Fahrzeug der Luxusklasse mieten will, muss sogar zwei Kreditkarten vorlegen.
201   BGH NJW-RR 2004, 1566 (Airbus-Fall, Rn 1003).

Anschließend kaufte die L-GmbH das Fahrzeug von Viehbahn für 23 500 Euro. Im Kaufvertrag wurde die Gewährleistung für Mängel der Kaufsache ausgeschlossen mit Ausnahme von Körperschäden und grobem Verschulden. Die L-GmbH bezahlte den Kaufpreis, und Viehbahn übergab Kupka das Fahrzeug. Zwei Monate später verlangte Kupkas Anwalt von Viehbahn, zwei defekte Injektoren auszutauschen. Das lehnte Viehbahns Anwalt mit der Begründung ab, zwischen seinem Mandanten und Herrn Kupka bestünden keine vertraglichen Beziehungen, außerdem habe sein Mandant gegenüber der L-GmbH wirksam jede Gewährleistung ausgeschlossen. Nach längeren Verhandlungen – inzwischen hatte auch noch die Pleuelstange das Motorgehäuse durchschlagen – erklärte Kupka den Rücktritt vom Vertrag und verklagte Viehbahn auf Zahlung von 22 000 Euro. (Nach BGH NJW 2006, 1066)

Zu prüfen ist, ob Kupka wirksam nach den §§ 437 Nr. 2, 323, 346 den Rücktritt erklärt hat. Einen Kaufvertrag hatten Kupka und Viehbahn nicht geschlossen. Aber die L-GmbH hatte Kupka ihre Rechte aus dem mit Viehbahn geschlossenen Kaufvertrag abgetreten (§§ 413, 398), sodass Kupka im Prinzip alle Rechte geltend machen konnte, die einem Käufer im Fall eines Sachmangels zustehen. Das Problem ist nur, dass die L-GmbH im Vertrag mit Viehbahn auf alle Gewährleistungsrechte verzichtet hatte, sodass sie – sollte dieser Verzicht wirksam sein – keine Rechte auf Kupka übertragen hat. Aus § 444 ergibt sich, dass in einem Kaufvertrag grundsätzlich alle wegen eines Mangels bestehenden Rechte des Käufers ausgeschlossen werden können. Die dort genannten Ausnahmen (Arglist oder Garantie) liegen nicht vor.[202] Der Haftungsausschluss ist auch nicht nach § 476 Abs. 1 S. 1 unwirksam. Denn diese Vorschrift setzt einen Verbrauchsgüterkauf voraus, der nicht vorliegt, weil die Käuferin (die L-GmbH) Unternehmerin ist (§ 14). Es war Viehbahn deshalb nicht verwehrt, die sich aus § 437 ergebenden Käuferrechte insgesamt auszuschließen (§ 444).

970

Ein beachtliches Gegenargument konnte Kupkas Anwalt aber vortragen: Wenn sein Mandant – unstreitig ein Verbraucher (§ 13) – das Fahrzeug selbst von Viehbahn gekauft hätte, hätte dieser die Käuferrechte nicht insgesamt ausschließen können (§ 476 Abs. 1 S. 1, Abs. 3). Deshalb, so Kupkas Anwalt, wurde durch die hier getroffene Konstruktion der in § 476 Abs. 1 S. 1 normierte Verbraucherschutz „durch andere Gestaltungen umgangen" (§ 476 Abs. 1 S. 2). Auch wenn diese Argumentation zunächst durchaus einleuchtet, haben doch alle drei Instanzen sie zurückgewiesen, und sicher zu Recht. Denn es liegen in diesem Fall nur die vertraglichen Vereinbarungen vor, die für Leasingverträge typisch sind. Der Leasingvertrag ist aber nicht erfunden worden, um Verbraucherrechte zu umgehen. Kupka kann deshalb Viehbahn gegenüber keine Rechte geltend machen.

Zu prüfen ist aber, ob sich Kupka an die L-GmbH halten kann. Diese hat zwar im Leasingvertrag alle Sachmängelrechte ausgeschlossen. Aber ein solcher Ausschluss ist nur dann wirksam, wenn der Leasinggeber dem Leasingnehmer zum Ausgleich ausreichende Sachmängelrechte gegen den Verkäufer verschafft hat.[203] Da die L-GmbH Kupka nur eine leere Hülse abgetreten hat, ist der Haftungsausschluss nach § 307 Abs. 1 S. 1 unwirksam. Es bleibt also nach § 306 Abs. 2 bei der Pflicht der L-GmbH zur Gewährleistung analog den mietvertraglichen Vorschriften (§§ 536 bis 536 b). Das ist für Kupka kein Nachteil, denn die mietrechtlichen Gewährleistungsrechte stellen ihn nicht schlechter, als ihn die kaufrechtlichen gestellt hätten. Sie haben sogar den Vorteil, dass sie nicht auf einen Zeitpunkt (den Gefahrüber-

---

202 Da Viehbahn den Haftungsausschluss nicht auf die Verletzung eines Menschen und auf Fälle groben Verschuldens ausgedehnt hatte, verstieß die Vertragsbestimmung nicht gegen § 309 Nr 7, Buchst. b, der über § 310 Abs. 1 S. 1 auch anzuwenden ist, wenn der Käufer ein Unternehmer ist (BGH NJW 2007, 3774).
203 BGHZ 81, 298 (301 f) für Kaufleute als Leasingnehmer; BGH WM 1984, 1089 für nichtkaufmännische Leasingnehmer; BGHZ 109, 139 (143).

gang) abstellen (wie § 434 Abs. 1 S. 1), sondern den Vermieter verpflichten, die Mietsache (hier das Leasingobjekt) über die ganze Laufzeit des Vertrags mangelfrei zu halten (§ 536 Abs. 1 S. 1).

Kupka ist also nicht rechtlos, er muss nur erneut klagen, diesmal gegen die L-GmbH. ◀

Lerneinheit 31

971   **Literatur Pacht:** *Cymutta,* Besonderheiten der Pacht- und Landpachtverträge in der Insolvenz, ZInsO 2009, 412; *Mainczyk,* Baurechtlicher Bestandsschutz im Kleingartenrecht, NJ 2003, 518. Ball, Die Rechtsprechung des Bundesgerichtshofs zum Autokauf und Autoleasing, DAR 2019, 481, 607; *Reinking,* Bemessung des Wertersatzes für die Nutzung und den Wertverlust geleaster und finanzierter Kraftfahrzeuge, DAR 2019, 132; Gröber/Winter, Greening of Leasing – Produktnutzung statt Produkterwerb in der Kreislaufwirtschaft, BB 2018, 1603

972   **Leasing:** *Harriehausen,* Die aktuellen Entwicklungen im Leasingrecht, NJW 2019, 1493; *Zahn,* Kilometerleasingvertrag und Verbraucherschutzrecht, NJW 2019, 1329; *Harriehausen,* Der VW-Abgasskandal im Leasingverhältnis, NJW 2018, 3137; *Harriehausen,* Der Gewährleistungsausschluss im Finanzierungsleasingvertrag, NJW 2013, 3393; *Schattenkirchner,* Die aktuellen Entwicklungen im Leasingrecht, NJW 2013, 2398.

Leihe: *Sorge,* System und Struktur der Überlassungsverträge im BGB, JA 2017, 801, 887; *Loschelder,* Die Dauerleihgabe, NJW 2010, 705.

I. Pachtvertrag und Landpachtvertrag

1. Einführung

a) Gesetzliche Regelung

973   Das BGB regelt das Pachtrecht in zwei Untertiteln, nämlich im „Untertitel 4. Pachtvertrag" (§§ 581 bis 584 b) und im „Untertitel 5. Landpachtvertrag" (§§ 585 bis 597). Man würde vermuten, dass der Untertitel 4 die allgemeinen Regeln über Pachtverträge enthält, während der Untertitel 5 den Sonderfall des Landpachtvertrags regelt. Aber das ist nicht so. Vielmehr stellt der Untertitel 5 ein in sich abgeschlossenes Regelwerk dar, das nicht auf den §§ 581 bis 584 b aufbaut (außer durch die Verweisung in § 585 Abs. 2). Und die §§ 581 bis 584 b gelten für alle Pachtverträge *außer dem Landpachtvertrag.* Die beiden Untertitel stehen also im Prinzip beziehungslos nebeneinander.

Die in den §§ 581 bis 584 b geregelten Pachtverträge werden – um sie vom Landpachtvertrag besser zu unterscheiden – im Folgenden „sonstige Pachtverträge" genannt.

b) Die wichtigste Besonderheit aller Pachtverträge

974   Die Ähnlichkeit zwischen dem Mietvertrag und dem Pachtvertrag liegt auf der Hand. Der entscheidende Unterschied: Der Pächter darf die Pachtsache nicht nur nutzen, sondern kommt auch in den „Genuss der Früchte" (§ 581 Abs. 1 S. 1). Am besten kann man sich das an der Landpacht klarmachen, dem Ursprung aller Pachtverträge. Nach § 94 Abs. 1 S. 2 wird Samen „mit dem Aussäen, eine Pflanze … mit dem Einpflanzen wesentlicher Bestandteil des Grundstücks" und damit Eigentum des Verpächters. Das ändert sich erst bei der Ernte, und zwar nach einer sachenrechtlichen Vorschrift (§ 956 Abs. 1 S. 1): Da dem Pächter der „Genuss der Früchte" zusteht (§§ 585 Abs. 2, 581 Abs. 1 S. 1), gestattet jeder Pachtvertrag dem Pächter, sich die „Erzeugnisse … der Sa-

che anzueignen" (§ 956 Abs. 1 S. 1).[204] Deshalb erwirbt der Pächter das Eigentum „mit der Trennung" (§ 956 Abs. 1 S. 1). Darin liegt der Hauptunterschied zum Mietvertrag.

2. Der sonstige Pachtvertrag

a) Definitionen

Pachtvertrag: Der (sonstige) Pachtvertrag ist ein Pachtvertrag, der kein Landpachtvertrag ist. Er ist ein gegenseitiger Vertrag (§§ 320 ff), in dem sich der Verpächter verpflichtet, dem Pächter einen *„Gegenstand"* (der nicht ein landwirtschaftlicher Betrieb ist) zum Gebrauch und zum „Genuss der *Früchte"* zu überlassen (§ 581 Abs. 1 S. 1). Der Pächter ist verpflichtet, die vereinbarte Pacht zu zahlen (§ 581 Abs. 1 S. 2).

975

Gegenstand: Alles, was zum Vermögen einer Person gehören kann, wird vom Gesetz als *„Gegenstand"* bezeichnet. Zu den Gegenständen zählen deshalb sowohl *Sachen als auch Rechte.* Die einzigen Sachen, die *nicht* Gegenstand des in den §§ 581 bis 584 b geregelten sonstigen Pachtvertrags sein können, sind landwirtschaftliche Grundstücke.

976

Früchte (§ 99): Früchte einer *Sache* sind „die Erzeugnisse der Sache" und die sonstige bestimmungsgemäße „Ausbeute" (§ 99 Abs. 1). Früchte eines *Rechts* sind „die Erträge, welche das Recht seiner Bestimmung gemäß gewährt" (§ 99 Abs. 2).

977

Nutzungen (§ 100): Der Begriff „Nutzungen" wird von § 581 nicht verwendet. Er fasst aber präzise die beiden Rechte zusammen, die dem Pächter zustehen. Denn Nutzungen sind nach § 100 die „Früchte" sowie „die Vorteile, welche der Gebrauch der Sache oder des Rechts gewährt". Auch dieser „Gebrauch" steht ja dem Pächter ausdrücklich zu (§ 581 Abs. 1 S. 1).

b) Sonstige Pachtverträge über Sachen

Forstbetrieb (§ 585 Abs. 3): Wer einen forstwirtschaftlichen Betrieb pachtet (um Erträge durch Holzeinschlag zu erzielen), schließt einen sonstigen Pachtvertrag (§§ 581 bis 584 b), keinen Landpachtvertrag.[205]

978

Abbau von Bodenbestandteilen: Zu den dem Pächter zustehenden „Früchten" einer Sache gehört auch „die sonstige Ausbeute, welche aus der Sache ihrer Bestimmung gemäß gewonnen wird" (§ 99 Abs. 1). Mit der *„Ausbeute"* meint das Gesetz hauptsächlich Bodenbestandteile wie Bims,[206] Kies oder Sand.[207] Zur Ausbeute gehört auch die Nutzung einer Quelle zur Herstellung von Mineralwasser.

Kleingarten-Pachtverträge: Kleingartenanlagen sind im Bundeskleingartengesetz[208] sehr einschränkend geregelt, einerseits mit einem weitgehenden Kündigungsschutz, andererseits mit engen Vorschriften über die Bepflanzung. So dürfen nicht Zierrasen und

979

---

204 Streng genommen liegt im Pachtvertrag nur das Verpflichtungsgeschäft, während die in § 956 Abs. 1 S. 1 genannte Gestattung das Verfügungsgeschäft darstellt (Brox/Walker § 14 Rn 4).
205 Nur wenn ein *Landwirt* ein bewaldetes Grundstück pachtet, gilt das Landpachtrecht (§ 585 Abs. 3).
206 BGH WM 1995, 1460; in dieser Entscheidung geht es um die interessante Frage, wie das Abbaurecht verjährt.
207 Die abgebauten Bestandteile sind also Früchte des Grundstücks. § 99 Abs. 2 macht die Sache unnötig kompliziert, weil er die abgebauten Bestandteile zugleich als Früchte eines Rechts betrachtet: Der Pächter erlangt durch den Pachtvertrag „das Recht zur Gewinnung von Bodenbestandteilen" (§ 99 Abs. 2). Die gewonnenen Bestandteile sind dann zugleich Früchte dieses Rechts.
208 BKleingG vom 28. 2. 1983 (BGBl I, 210).

Zierpflanzen die Anlage bestimmen, vielmehr ist der Anbau von Obst und Gemüse „ein notwendiges, prägendes Merkmal für das Vorliegen einer Kleingartenanlage".[209]

c) Pachtverträge über ein Recht

980   *Jagdpachtverträge:* Bei einem Jagdpachtvertrag ist Pachtgegenstand das Jagdausübungsrecht, nicht das Waldgrundstück. Deshalb hat der Jagdpächter nicht einmal *Besitz* an den Grundflächen, auf denen er die Jagd ausübt.[210] Die Jagdbeute selbst wird als Sache behandelt,[211] ist aber die Frucht eines *Rechts*, eine so genannte unmittelbare Rechtsfrucht (§ 99 Abs. 3). Für die Jagdpacht gilt das Bundesjagdgesetz.[212]

981   *Lizenzverträge:* In einem Lizenzvertrag überlässt der Inhaber eines gewerblichen Schutzrechts (insbesondere eines Patents, einer Marke oder eines Gebrauchsmusters) einem anderen die (beschränkte oder unbeschränkte) Nutzung dieses Rechts.[213] Ein Lizenzvertrag ist idR kein reiner Pachtvertrag, sondern ein gemischter Vertrag, der zB auch kaufrechtliche und gesellschaftsrechtliche Elemente enthalten kann.[214]

d) Pacht eines Unternehmens

982   Ein Unternehmen kann man nicht nur kaufen (Rn 25), sondern auch pachten.[215] Bei der Unternehmenspacht ist Gegenstand des Pachtvertrags eine Gesamtheit von Sachen und Rechten. Dazu gehören die Räume (oder das ganze Grundstück), die Geschäftsausstattung (Maschinen, Büroausrüstung, Hotelinventar), das Know-how, die Geschäftsbezeichnung (die bei Kaufleuten Firma heißt) und ein Geflecht von Rechtsbeziehungen, insbesondere zu den Mitarbeitern, Lieferanten und Abnehmern. Nicht der Verpächter, sondern allein *der Pächter* bietet Waren oder Dienstleistungen am Markt an, nutzt also die geschäftlichen Chancen und trägt die Risiken. Deshalb ist nur der *Pächter* Gewerbetreibender (und gegebenenfalls Kaufmann, § 1 Abs. 1 HGB), während der Verpächter als Bezieher der Pacht kein Gewerbe betreibt.

e) Gesetzliche Regelung

983   Auf den sonstigen Pachtvertrag finden die Mietvertragsvorschriften subsidiär Anwendung (§ 581 Abs. 2). Das ist bei der Ähnlichkeit beider Verträge auch naheliegend – schließlich behandelt der Gesetzgeber den Pachtvertrag nur als Anhängsel des Mietvertrags, nämlich in zwei Untertiteln. Wegen der Verweisung auf das Mietrecht müssen die §§ 582 bis 584 b nur wenige Besonderheiten regeln. Regelungsbedarf liegt insbesondere dann vor, wenn der Pächter auch das *Inventar* gepachtet hat. *Beispiel:* P hat das von ihm betriebene Hotel mit allen zur Ausstattung gehörenden beweglichen Sachen gepachtet (zB Möbel, Bett- und Tischwäsche, Geschirr, Küchenausrüstung). Die Ersatzbeschaffung ist dann Sache des Pächters (§ 582 Abs. 1). Oft gehört das Inventar aber dem Pächter, sodass sich die Frage, wer Ersatz zu beschaffen hat, nicht stellt.

---

209   BGHZ 159, 343 (347).
210   BGHZ 112, 392 (395 f).
211   § 90 a S. 3.
212   Sartorius Nr 890.
213   § 15 PatG, § 30 MarkenG, § 22 GebrMG.
214   Palandt/Weidenkaff Vor § 581 Rn 7.
215   BGH WM 2004, 537.

3. Der Landpachtvertrag

a) Definition

Der Landpachtvertrag ist ein Vertrag, in dem sich der Verpächter verpflichtet, dem Pächter einen landwirtschaftlichen Betrieb (mit Wohn- und Wirtschaftsgebäuden) oder landwirtschaftliche Grundstücke (ohne Gebäude) nicht nur zum Gebrauch, sondern auch zum „Genuss der Früchte" zu überlassen (§ 585 Abs. 1, Abs. 2). Der Pächter ist verpflichtet, die vereinbarte Pacht zu zahlen (§§ 585 Abs. 2, 581 Abs. 1 S. 2). Zur rechtlichen Konstruktion des „Genusses der Früchte" siehe Rn 974.

§ 585 Abs. 1 S. 2 definiert die Landwirtschaft grundsätzlich als Pflanzen- und Tierproduktion. Aber ausgeschlossen ist die industrielle Massentierhaltung, denn sie fällt nicht unter „die mit der Bodennutzung *verbundene* Tierhaltung". Andererseits gehören Gärtnereien, Baumschulen, Imkereien und die Fischerei auf Binnengewässern zur Landwirtschaft.

b) Bedeutung

Dass ein „Betrieb" – also nach § 585 Abs. 1 S. 1 Var. 1 ein Landgut mit Wohn- und Wirtschaftsgebäuden – verpachtet wird, hat eine alte Tradition, weil die öffentliche Hand auf diese Weise ihre Staatsgüter bewirtschaften lässt. Die Verpachtung einzelner landwirtschaftlicher Grundstücke (§ 585 Abs. 1 S. 1 Var. 2) spielt heute eine große Rolle, weil viele Landwirte ihren unwirtschaftlich gewordenen Betrieb aufgeben, aber ihre Felder und Wiesen zunächst nicht verkaufen wollen oder können.

c) Regelung

§ 585 Abs. 2 verweist auf einige Vorschriften des sonstigen Pachtvertrags, aber nicht auf § 581 Abs. 2. Auf den Landpachtvertrag sind deshalb *nicht* subsidiär die Mietvertragsvorschriften anwendbar.[216] Das Landpachtrecht soll eben weitgehend autonom sein. Da aber auch der Landpachtvertrag unübersehbare Ähnlichkeit mit dem Mietvertrag hat, enthalten die §§ 585 ff oft ähnliche Regelungen wie das Mietrecht. Gelegentlich verzichtet das Landpachtrecht aber auf eine eigene Parallelregelung und erklärt einzelne Mietvertragsvorschriften für entsprechend anwendbar (zB in §§ 586 Abs. 2, 594 e Abs. 1).

II. Finanzierungsleasing

1. Allgemeines

Definition: Der Finanzierungsleasingvertrag ist ein gegenseitiger Vertrag (§§ 320 ff), in dem sich der Leasinggeber verpflichtet, dem Leasingnehmer eine Sache (oder eine Sachgesamtheit) auf Zeit zum Gebrauch zu überlassen. Der Leasingnehmer seinerseits verpflichtet sich, die Leasingraten zu bezahlen und uU eine Schlusszahlung zu leisten.

Der Leasingvertrag ist in den fünfziger Jahren des vorigen Jahrhunderts nach US-amerikanischem Vorbild in Deutschland heimisch geworden und heute weit verbreitet. Der Gesetzgeber hat es aber bis heute nicht geschafft (oder nicht für nötig befunden), ihn gesetzlich zu regeln. Eine Ausnahme bilden die spärlichen Vorschriften zum Schutz des Leasingnehmers, der Verbraucher ist (§ 506 Abs. 2; Rn 1082 ff).

---

216 Das ergibt sich auch daraus, dass § 581 Abs. 2 das Landpachtrecht ausdrücklich ausschließt.

988   *Interesse des Leasingnehmers:* Mit einem Finanzierungsleasingvertrag verfolgt der Leasing*nehmer* das Ziel, die Leasingsache wie ein Käufer langfristig zu nutzen. Der Finanzierungsleasingvertrag ist deshalb für ihn eine wirtschaftliche Alternative zum Kaufvertrag.[217] Aber während der Käufer schon bei Vertragsschluss den vollen Gegenwert zu zahlen hat, zahlt der Leasingnehmer monatliche Raten ähnlich wie der Käufer bei einem Teilzahlungsgeschäft (§§ 506 Abs. 3, 507; Rn 1086 ff). Gegenüber dem Teilzahlungsgeschäft hat der Finanzierungsleasingvertrag den Vorteil, dass der Leasingnehmer dem Leasinggeber nach der Vertragslaufzeit die Leasingsache in den meisten Fällen zurückgeben kann, sodass er sich nicht um einen Verkauf zu kümmern braucht. Durch eine Kette von Leasingverträgen verfügt der Leasingnehmer immer über eine relativ neue (und deshalb kaum reparaturanfällige) Sache.

989   *Interessen des Leasinggebers:* Der Leasinggeber gestaltet den Finanzierungsleasingvertrag so, dass er durch *einen einzigen* Vertrag alle seine Kosten amortisieren kann, also die Kosten für die Anschaffung des Leasingguts sowie für die Finanzierung und die Verwaltung einschließlich eines kalkulierten Gewinns.[218] Die Leasingraten und sonstigen Zahlungen des Leasingnehmers sollen also – zusammen mit dem Erlös aus dem anschließenden Verkauf des Leasingguts – dem Leasinggeber eine so genannte *Vollamortisation* ermöglichen. Dementsprechend wird immer eine Mindestlaufzeit vereinbart (Grundmietzeit), während derer nicht ordentlich gekündigt werden kann (§ 542 Abs. 2 analog).

990   *Gegensatz Operatingleasing:* Ein Operatingleasingvertrag soll dem Leasingnehmer nur ein vorübergehendes (auf Tage, Wochen oder Monate beschränktes) Nutzungsrecht verschaffen. Aus Sicht des Leasingnehmers ist dieser Leasingvertrag deshalb eine Alternative zum Mietvertrag. *Beispiel:* Ein Bauunternehmer least einen Bagger für die Zeit, in der sein eigener repariert werden muss. Der Leasinggeber erwirtschaftet „erst durch *mehrfaches Überlassen* des Leasinggegenstandes an verschiedene Leasingnehmer" die Vollamortisation seiner Kosten und einen Gewinn.[219] Der Operatingleasingvertrag ist deshalb für beide Seiten ein atypischer *Mietvertrag* (§§ 535 ff).[220]

Anwendung des Mietrechts: Nicht nur der Operatingleasingvertrag, auch der Finanzierungsleasingvertrag wird vom BGH – in Ermangelung einer gesetzlichen Regelung – als Sonderform des Mietvertrags behandelt, sodass die §§ 535 ff analog herangezogen werden. Aus Sicht des Leasinggebers wäre der Vertrag eher als Finanzdienstleistungsvertrag einzuordnen (§§ 675, 488).[221] Und da der Leasingnehmer den Leasingvertrag als Alternative zum Teilzahlungskauf wählt, bestehen aus seiner Sicht mehr Parallelen zum Kauf- als zum Mietvertrag.

2. Vermittlung und Abschluss von Kfz-Leasingverträgen

a) Abschluss und Abwicklung der Leasingverträge innerhalb der VW-Organisation

991   Wie ein Fahrzeug-Leasingvertrag innerhalb der VW-Organisation angebahnt, abgeschlossen und abgewickelt wird, ist einer BGH Entscheidung zu entnehmen, bei der es

---

217   Wie im Normalfall der Käufer wird auch der Leasingnehmer Halter des Fahrzeugs nach § 31 a StVZO (OVG Münster NJW 2014, 2811).
218   BGH NJW 1996, 2033; NJW 2006, 1066 Rn 14.
219   BGH NJW 1998, 1637; 2003, 505.
220   BGH NZM 2004, 340 (342).
221   Canaris AcP 190, 410 (446) und ZIP 1993, 401 (404); dazu Knebel WM 1993, 1026.

um eine Klage von VW-Händlern gegen die VW-Tochter Volkswagen Leasing GmbH ging.[222]

Der künftige Leasingnehmer sucht sich beim VW-Vertragshändler ein Fahrzeug aus und dieser vermittelt den gewünschten Leasingvertrag mit der Volkswagen Leasing GmbH, Braunschweig (künftig GmbH). Der Händler kauft das Fahrzeug von VW und verkauft es zu seinem Einkaufspreis an die GmbH. Diese zahlt ihm für die Vermittlung des Leasingvertrags eine Provision. Deren Höhe entspricht der bei Kaufverträgen üblichen Handelsspanne. Insoweit ist es für den Händler gleichgültig, ob er seinem Kunden einen Neuwagen verkauft oder ihm einen Leasingvertrag vermittelt.

Da die GmbH während der Laufzeit des Leasingvertrags Eigentümerin des Fahrzeugs ist, ist es eigentlich *ihre* Aufgabe, das Fahrzeug später auf dem Gebrauchtwagenmarkt abzusetzen. Da ihr aber dafür die Erfahrung und die Vertriebsorganisation fehlen, muss sich jeder Händler verpflichten, das von ihm an die GmbH verkaufte Fahrzeug am Ende der Vertragslaufzeit zu einem bestimmten, allein von der GmbH festgelegten Preis (dem so genannten Restwert) zurückzukaufen.

b) Freizeichnung durch den Leasinggeber

Abtretung aller Ansprüche: Als Finanzdienstleister versucht der Leasinggeber, alle Pflichten, die das Gesetz einem Verkäufer oder Vermieter aufbürdet, auf den Verkäufer und den Leasingnehmer abzuwälzen. Typisch für den Leasingvertrag ist deshalb, dass der Leasinggeber alle Gewährleistungsansprüche ausschließt, die dem Leasingnehmer ihm gegenüber (auf Grund der analog anzuwendenden §§ 536 bis 536 b) zustehen würden. Dafür tritt der Leasinggeber dem Leasingnehmer alle Rechte ab, die ihm (als Käufer der Leasingsache) aus dem Kaufvertrag gegen den Verkäufer (Händler) zustehen (§§ 398, 434 ff). Diese „leasingtypische Abtretungskonstruktion" wird vom BGH zu Recht gebilligt, gleichgültig ob der Leasingnehmer Unternehmer[223] oder Verbraucher ist.[224] Der Haftungsausschluss ist aber nur wirksam, wenn der Leasinggeber dem Leasingnehmer auch wirklich Sachmängelrechte abgetreten hat (Fall 31, Rn 969). 992

Sachmangel: Wenn der Leasingnehmer gegenüber dem Lieferanten (Händler) wegen eines Sachmangels den Rücktritt erklärt hat (§ 437 Nr. 2), stellt sich die Frage, ob bereits damit die Zahlung der Leasingraten entfällt. Das ist zu verneinen, weil es ja sein kann, dass der Leasingnehmer einen Mangel behauptet, der nicht besteht. Er darf die Zahlung der Leasingraten deshalb erst verweigern, wenn er aus dem erklärten Rücktritt *klageweise* gegen den Lieferanten vorgeht.[225] Es gibt dann zwei Möglichkeiten: 993

- Bestätigt das Gericht die *Wirksamkeit* des Rücktritts, fehlte dem Leasingvertrag von Anfang an die Geschäftsgrundlage, so dass dem Leasinggeber nie ein Anspruch zustand.[226]
- Erklärt das Gericht (weil ein Sachmangel fehlt) den Rücktritt für *unwirksam*, muss der Leasingnehmer die Leasingraten nachzahlen. Die Einrede der Verjährung steht ihm idR nicht zu. Denn solange er die Zahlung verweigern konnte, war die Verjährung des Anspruchs auf die Leasingraten gehemmt (§ 205).[227]

---

222 BGHZ 200, 362.
223 Grundlegend BGHZ 81, 298 (301 ff); ferner BGHZ 97, 135 (140), BGH NJW 2006, 1066 Rn 11.
224 BGH NJW 1985, 129; 2006, 1066 Rn 11.
225 BGH NJW 2010, 2798 Rn 26; bestätigt von NJW 2014, 1583 Rn 12.
226 BGH NJW 2016, 397 Rn 28.
227 BGH NJW 2016, 397 Rn 21.

Instandhaltung: Die Pflicht zur Instandhaltung, die nach dem analog anwendbaren § 535 Abs. 1 S. 2 eigentlich dem Leasinggeber obliegt, wird dem Leasingnehmer auferlegt. Leasingverträge über Fahrzeuge bestimmen zB, dass der Leasingnehmer die Kosten für alle Wartungs- und Reparaturarbeiten tragen muss.

994   *Beschädigung:* Für eine *verschuldete* Beschädigung oder einen verschuldeten Verlust der Leasingsache muss der Leasingnehmer schon nach allgemeinen Rechtsgrundsätzen einstehen. Aber auch die Gefahr des *zufälligen* Untergangs und der zufälligen Verschlechterung der Leasingsache wird durch die AGB des Leasinggebers regelmäßig auf den Leasingnehmer abgewälzt. Das ist zulässig, weil diese Rechtslage kraft Gesetzes auch in dem sehr ähnlichen Fall des Kaufs unter Eigentumsvorbehalt besteht (§ 446 S. 1). Die AGB des Leasinggebers verpflichten den Leasingnehmer regelmäßig, das Risiko durch den Abschluss einer Vollkaskoversicherung abzusichern und zugleich dem Leasinggeber die Ansprüche aus dieser Versicherung abzutreten.[228]

Ansprüche gegen den Unfallgegner: Nach einem fremdverschuldeten Unfall kann der Leasingnehmer eine Reparatur in Auftrag geben und den Versicherer des Unfallgegners in Anspruch nehmen. Aber er kann nicht ohne Zustimmung des Leasinggebers auf die Reparatur verzichten und stattdessen nach § 249 Abs. 2 S. 1 die fiktiven Herstellungskosten[229] verlangen.[230] Denn der Leasinggeber hat am Ende der Leasingzeit Anspruch auf die Rückgabe einer reparierten Leasingsache.

3. Schlussabrechnung von Kfz-Leasingverträgen

a) Restwertgarantie

995   Bei Verträgen mit einer so genannten *Restwertgarantie* verpflichtet sich der Leasingnehmer, am Schluss den Betrag zu zahlen, um den der Verkaufserlös hinter dem vom Leasinggeber kalkulierten Restwert zurückbleibt. *Beispiel:* Im Leasingvertrag über einen Audi A3 hieß es: „Nach Zahlung sämtlicher Leasing-Raten verbleibt zum Vertragsende ein Betrag von 19 455,48 Euro, der durch die Fahrzeugverwertung zu tilgen ist (Restwert). Reicht dazu der vom Leasinggeber beim Kfz-Handel tatsächlich erzielte Gebrauchtwagenerlös nicht aus, garantiert der Leasingnehmer den Ausgleich des Differenzbetrags". Der BGH hat diese Klausel nach den §§ 305 ff geprüft und nicht beanstandet.[231]

996   Obwohl der Leasingnehmer das Risiko trägt, dass das Fahrzeug zu einem Preis verkauft wird, der (weit) unter dem kalkulierten Restwert liegt, hat er auf den Preis keinen Einfluss. Denn der Verkauf wird allein vom Leasinggeber durchgeführt. Aber dieser hat kein eigenes Interesse daran, einen hohen Preis zu erzielen. Es gibt aus Sicht des Leasingnehmers noch einen weiteren Nachteil. Der Leasinggeber ist daran interessiert, die Raten sehr niedrig anzusetzen (um Kunden anzulocken), sodass der „Restwert" im Vertrag zu hoch angegeben wird. Das kann für den Leasingnehmer zu einer bösen Überraschung führen. So musste die Leasingnehmerin im vorigen Beispiel (Rn 995) über 7 000 Euro nachzahlen.

Für den Leasingnehmer hat die Restwertgarantie nur den Vorteil, dass ihm das lästige Feilschen um Beschädigungen (Lackkratzer, Beulen) erspart bleibt (Rn 997).

---

228   Beispiel in BGHZ 116, 278 und BGH NJW 2007, 290.
229   SAT Rn 878
230   BGH NJW 2019, 1669 Rn 20.
231   BGH NJW 2014, 2940.

b) Kilometerabrechnung

Bei Leasingverträgen über ein Kraftfahrzeug wird oft vereinbart, dass das Fahrzeug bei der Rückgabe einen bestimmten Kilometerstand nicht überschreiten darf und mangelfrei sein muss (Kilometerabrechnung). Wenn diese Bedingungen erfüllt sind, zahlt der Leasingnehmer außer den Leasingraten nichts. Ist allerdings das Fahrzeug nicht in diesem Zustand, muss der Leasingnehmer den Minderwert ausgleichen. Über Kratzer und Beulen und damit über die Höhe des Minderwerts (und der Ausgleichszahlung) wird bei der Rückgabe oft lange verhandelt und gestritten. Der Anspruch auf Ausgleich des Minderwerts ist Teil der Gegenleistung, die der Leasingnehmer für die Gebrauchsüberlassung zu zahlen hat.[232] Er ist kein Schadensersatzanspruch, sodass der Leasinggeber keine Frist nach § 281 S. 1 zu setzen braucht.[233]

997

Der (gravierende) Unterschied zur *Restwertgarantie* wird erst deutlich, wenn man fragt, wer das Risiko trägt, dass der „Leasingrückläufer" auf dem Gebrauchtwagenmarkt einen unerwartet geringen Preis erzielt:

998

- Bei der *Restwertgarantie* trägt, wie ausgeführt, allein der Leasingnehmer dies Risiko, während dem Leasinggeber der Erlös gleichgültig sein kann.

- Bei der *Kilometerabrechnung* trägt allein der *Leasinggeber* das Risiko, dass das Fahrzeug nicht zu dem von ihm kalkulierten Preis verkauft werden kann. Der Leasingnehmer hat mit dem Verkauf nichts zu tun, er erfährt nicht einmal, welcher Preis erzielt wurde. Sein einziges Risiko ist, dass er einen Ausgleich zahlen muss, wenn das Fahrzeug bei der Rückgabe zu starke Gebrauchsspuren zeigt und/oder einen zu hohen Kilometerstand aufweist.

Da der Leasingnehmer bei der *Kilometerabrechnung* keinen Nachteil hat, wenn der Verkaufspreis geringer ist als erwartet, kann er auch keinen Vorteil daraus ziehen, wenn der Verkaufserlös höher ist als kalkuliert. Anders gesagt: Der Anspruch des Leasinggebers auf den Ausgleich des Minderwerts besteht auch dann, wenn sich später herausstellt, dass er das Fahrzeug zu dem kalkulierten Preis (oder teurer) verkaufen konnte. Der Leasingnehmer kann in diesem Fall nicht argumentieren, dass der Leasinggeber die Ausgleichszahlung nicht brauche.[234] Denn der Leasinggeber trägt umgekehrt auch das Risiko eines zu niedrigen Erlöses.

4. Rückgabe der Leasingsache

Die Rückgabepflicht ergibt sich aus dem analog anwendbaren § 546 Abs. 1. Den Ort der Rückgabe bestimmt § 269 Abs. 1, Abs. 2, nach dessen Grundregel[235] der Rückgabeschuldner das Leasinggut an seinem Sitz zurückgeben darf.[236]

999

---

232 BGH NZM 2013, 163, außerdem NJW 2013, 2420 Rn 11 und in der Parallelentscheidung NJW 2013, 2421 Rn 14 ff.
233 BGH NJW 2014, 1171 Rn 12.
234 BGH NJW 2013, 2420 Rn 15 und in der Parallelentscheidung NJW 2013, 2421 Rn 25.
235 SAT Rn 100.
236 BGH NJW 2017, 1301 Rn 22 bis 38.

III. Leihe

1. Grundlagen

1000   *Definition:* Durch den Leihvertrag verpflichtet sich der Eigentümer einer Sache, dem Entleiher den Gebrauch der Sache für eine Zeit unentgeltlich zu gestatten (§ 598).

Leihe eines Grundstücks: Meist wird eine bewegliche Sache verliehen, aber auch Grundstücke, Häuser, Wohnungen und einzelne Räume können verliehen werden. *Beispiel:* Die 74-jährige Frau F schloss mit ihrem Sohn einen „Gebrauchsüberlassungsvertrag", in dem sie sich verpflichtete, ihm auf 30 Jahre unentgeltlich drei Wohnungen und die Geschäftsräume eines ihrer Häuser zu überlassen. Dieser Vertrag war ein Leihvertrag.[237]

Rechtliche Einordnung: Der Leihvertrag unterscheidet sich vom Mietvertrag im Wesentlichen dadurch, dass für die Gebrauchsüberlassung keine Gegenleistung zu erbringen ist. Da sich nur der Verleiher zu einer Leistung verpflichtet, ist der Leihvertrag ein *einseitig* verpflichtender Vertrag, kein gegenseitiger. Erst nach Übergabe der Sache wird der Entleiher zum Schuldner, weil er dann zur Rückgabe der Sache verpflichtet ist (§ 604). Die Rückgabe ist aber keine Gegenleistung, die die Leihe zum gegenseitigen Vertrag machen würde.

2. Abgrenzung

1001   *Sachdarlehen:* Der Unterschied zwischen Leihe und Sachdarlehen (§ 607; Rn 1008 ff) besteht darin, dass der Entleiher nicht Eigentümer wird und *dieselbe* Sache zurückgibt, während der Sachdarlehensnehmer nach § 929 Eigentümer wird und später eine *gleichartige* Sache übereignet (ebenfalls nach § 929).

1002   *Gefälligkeit:* Schwierigkeiten macht die Abgrenzung zum Gefälligkeitsverhältnis.[238] *Beispiel 1:* A fragte B: „Kann ich mal deinen Kugelschreiber haben?", was B bejahte. Da in diesem Fall für beide Seiten keine Vermögensinteressen auf dem Spiel standen, dürfte nur ein Gefälligkeitsverhältnis begründet worden sein. *Beispiel 2:* R gestattete seinem Nachbarn N, einen Grenzstreifen seines Grundstücks über längere Zeit unentgeltlich zu nutzen. In diesem Fall kamen sowohl ein Gefälligkeitsverhältnis als auch ein Leihvertrag in Betracht.[239] *Beispiel 3:* B wollte aus Neugierde den Motorroller eines Bekannten ausprobieren, erhielt ihn und verursachte einen Unfall. Der BGH hat die Sache zurückverwiesen, um dem Landgericht Gelegenheit zu geben festzulegen, ob es sich um Gefälligkeit oder Leihe handelt. Der BGH hat aber nicht klar gemacht, nach welchen Kriterien das LG diese Frage entscheiden sollte.[240]

1003   *Auftrag:* Wenn jemand vorübergehend einem anderen kostenlos eine Maschine mit Bedienungspersonal überlässt, nimmt die Rechtsprechung idR einen Leihvertrag, keinen Auftrag (§ 662) an. *Beispiel:* Airbus Industries hatte der Betreiberin des Flughafens Frankfurt (Fraport AG) kostenlos einen Airbus A 319 mit Besatzung zur Verfügung gestellt, damit Fraport Bremsversuche unter Winterbedingungen durchführen konnte.

---

237 BGH NJW 2016, 2652 Rn 15 ff.
238 BGB-AT Rn 46 ff.
239 BGH NJW 1992, 101.
240 NJW 2010, 3087 Rn 17.

Der BGH hat nicht die Tätigkeit der Piloten im Vordergrund gesehen (Auftrag), sondern den Einsatz des Flugzeugs, und hat deshalb einen Leihvertrag angenommen.[241]

3. Pflichten des Verleihers

Besitzverschaffung: In der Regel muss der Verleiher dem Entleiher den *Besitz* an der Sache (§ 854). Das ist aber für den Leihvertrag nicht wesensnotwendig. *Beispiel:* In dem Airbusfall (Rn 1003) hatte die Fraport AG keinen Besitz an dem Flugzeug erlangt, trotzdem lag ein Leihvertrag vor.[242] 1004

Haftung des Verleihers: Da der Verleiher unentgeltlich tätig wird, haftet er bei Leistungsstörungen nicht für leichte (einfache) Fahrlässigkeit (§ 599). Er steht damit dem Schenker (§ 521), dem Nothelfer (§ 680) und dem Finder (§ 968) gleich. *Beispiel:* A hatte dem B zugesagt, ihm für Montag, 9.00 Uhr seine Bohrmaschine zu leihen, vergaß das aber. Er haftet dann nicht für einen Schaden, der dem B daraus entstanden ist, dass er die Bohrmaschine nicht nutzen konnte.

Für Sach- und Rechtsmängel haftet der Verleiher nur, wenn er den Mangel arglistig verschwiegen hat (§ 600).

4. Pflichten des Entleihers

Allgemeine Pflichten: Der Entleiher darf von der Sache nur den „vertragsmäßigen Gebrauch" machen (§ 603) und hat die „gewöhnlichen Kosten der Erhaltung der geliehenen Sache" zu tragen (§ 601 Abs. 1). *Beispiel:* V hatte dem X seinen Porsche für eine Fahrt nach Köln geliehen. X darf dann nur nach Köln und zurück fahren, nicht auch nach Amsterdam. Er muss außerdem die Kosten für Benzin und Öl tragen (§ 601 Abs. 1). 1005

Haftung bei Beschädigung: Eine normale Abnutzung hat der Entleiher nicht zu vertreten (§ 602). Der Fall, dass der Entleiher die Sache (über die normale Abnutzung hinaus) beschädigt und die Beschädigung zu vertreten hat, ist in den Vorschriften über den Leihvertrag nicht geregelt. Es gelten deshalb die allgemeinen Regeln: Der Entleiher ist auch bei einfacher Fahrlässigkeit nach den §§ 241 Abs. 2, 280 Abs. 1, 276, 249 schadensersatzpflichtig. *Beispiel:* Ein Sammler hatte einem Kölner Museum für eine Ausstellung mit Werken von Hans Arp dessen Bronzeskulptur „Großer Schalenbaum" geliehen. Als die Skulptur nach dem Ende der Ausstellung verpackt werden sollte, fiel sie zu Boden, wodurch sie stark verbeult wurde.[243]

Kurze Verjährung: Wenn der Verleiher bei der Rückgabe feststellt, dass die Sache beschädigt ist, sollte er sehr bald Klage erheben oder die Verjährung auf andere Weise hemmen oder neu beginnen lassen. Denn die Verjährungsfrist beträgt nach § 606 – genauso wie im Mietrecht nach § 548 – nur sechs Monate! *Beispiel:* In dem schon erwähnten Airbus-Fall (Rn 1003) konnte die Fraport AG den Airbus infolge eigenen Verschuldens nur beschädigt zurückgeben. Airbus Industries wartete aber mit ihrer Klage auf Zahlung von mehr als drei Millionen Euro länger als sechs Monate – und verlor.[244] 1006

---

241 BGH NJW-RR 2004, 1566.
242 BGH NJW-RR 2004, 1566.
243 OLG Köln NJW 1997, 1157.
244 BGH NJW-RR 2004, 1566.

5. Beendigung des Leihvertrags

1007 Der Leihvertrag endet zu dem vereinbarten Zeitpunkt (§ 604 Abs. 1). Falls keine Zeit für die Rückgabe vereinbart ist, gilt eine flexible Regelung (§ 604 Abs. 2, Abs. 3). Der Verleiher hat auch ein Kündigungsrecht, insbesondere für den Fall, dass er aus unvorhersehbaren Gründen die Sache selbst benötigt (§ 605 Nr. 1). Daneben besteht die Möglichkeit, den Leihvertrag aus wichtigem Grund nach § 314 zu kündigen.[245]

IV. Sachdarlehensvertrag

1. Grundlagen

1008 *Definition:* Der Sachdarlehensvertrag verpflichtet den Darlehensgeber, dem Darlehensnehmer die vereinbarte vertretbare Sache (§ 91) zu übereignen (§ 607 Abs. 1 S. 1). Der Darlehensnehmer ist verpflichtet, später „Sachen gleicher Art, Güte und Menge" zu übereignen (§ 607 Abs. 1 S. 2). Gegenstand des Sachdarlehens kann jede vertretbare Sache sein. Nur Geld scheidet aus (§ 607 Abs. 2), weil für Gelddarlehen die §§ 488 ff gelten.

Der Sachdarlehensvertrag unterscheidet sich erheblich vom Mietvertrag und vom Leihvertrag (Rn 1000). Denn der Vermieter und der Verleiher verpflichten sich nur zur Übergabe, *nicht zur Übereignung* einer Sache. Und der Mieter und der Entleiher sind später nicht zur Übereignung einer *gleichartigen* Sache, sondern zur Rückgabe *derselben* Sache verpflichtet.

Entgeltliches Sachdarlehen: Beim entgeltlichen Sachdarlehen verpflichtet sich der Darlehensnehmer, für die zeitweise Überlassung ein Entgelt (das „Darlehensentgelt") zu zahlen (§ 607 Abs. 1 S. 2). In diesem Entgelt liegt die Gegenleistung des Entleihers. Es handelt sich deshalb um einen gegenseitigen Vertrag (§ 320).

Unentgeltliches Sachdarlehen: Unter Bekannten und Verwandten werden Sachdarlehen unentgeltlich gewährt. *Beispiel:* Frau F „lieh" sich fürs Backen ein Kilo Mehl bei ihrer Nachbarin mit der stillschweigenden Vereinbarung, am nächsten Tag gleiches Mehl zurückzugeben, aber keine Gegenleistung zu erbringen. § 607 Abs. 1 S. 2 ist falsch formuliert, denn er tut so, als gebe es nur das entgeltliche Darlehen. Beim unentgeltlichen Sachdarlehen verpflichtet sich der Entleiher nicht, für die Überlassung der Sache ein Entgelt zu zahlen. Es handelt es sich deshalb um einen einseitig verpflichtenden Vertrag (wie Schenkung, Auftrag, Leihe).

2. Die als Sachdarlehen geschuldete Sache

1009 Gegenstand eines Sachdarlehensvertrags (§ 607) können – außer Geld – alle vertretbaren Sachen sein. Das sind Sachen, die im Verkehr nach Zahl, Maß oder Gewicht bestimmt zu werden pflegen (§ 91). *Beispiel:* A und B sind Hamburger Importeure von brasilianischem Orangensaftkonzentrat. A lieferte B 300 t mit der Maßgabe: „Es ist identisches Nettogewicht in etwa 4 bis 5 Wochen zurückzugeben. Die Qualität/Spezifikationen müssen ebenfalls identisch sein."[246]

---

245 OLG Köln NJW-RR 1994, 853.
246 BGH NJW 1985, 2417.

3. Verpflichtungsgeschäft und Verfügung

Verpflichtungsgeschäft: Im Sachdarlehensvertrag verpflichtet sich der Darlehensgeber, dem Darlehensnehmer das Eigentum an der Sache zu verschaffen. Im Gegenzug verpflichtet sich der Darlehensnehmer, dem Darlehensgeber später eine gleiche Sache zu übereignen. Der Sachdarlehensvertrag gehört deshalb zum Vertragstyp der Verpflichtungsgeschäfte.[247]

1010

Verfügungen: Der Darlehensgeber erfüllt seine Pflicht zur Übereignung der Sache durch ein eigenes Rechtsgeschäft, die Übereignung (§§ 929 ff). Der Darlehensnehmer wird dadurch Eigentümer der vertretbaren Sache. Das ist auch nötig, weil er die Sache nicht nur (wie der Mieter und Entleiher) gebrauchen, sondern *verbrauchen* darf. Dementsprechend übereignet der Darlehensnehmer später seinerseits die entsprechende vertretbare Ersatzsache an den Darlehensgeber (§§ 929 ff).

4. Haftung für Mängel

Bei der Rückerstattung hat der Darlehensnehmer darauf zu achten, dass die Sache von „gleicher Art, Güte und Menge" ist (§ 607 Abs. 1 S. 2). Ist sie das nicht, gelten nach hM die §§ 434 ff analog.

1011

---

247 BGB-AT Rn 318.

SIEBTES KAPITEL DARLEHENSVERTRAG UND FINANZIERUNGSHILFEN

§ 32 Darlehensvertrag

1012 **Fall 32: Vorfälligkeitsentschädigung**   § 490

▶ *Die Bau+Grund AG wollte das Geschäftshaus Vaihinger Straße 13 kaufen, brauchte aber zur Finanzierung des Kaufpreises einen Kredit. Sie schloss mit der Schwäbischen Hypothekenbank einen Darlehensvertrag über 8,3 Millionen Euro mit einer Laufzeit von zehn Jahren und einem Festzins von 5,35 %. Das Grundstück Vaihinger Straße 13 wurde zu Gunsten der Hypothekenbank mit einer Grundschuld belastet. Fünf Jahre nach Auszahlung des Darlehens verkaufte die Bau+Grund AG das Objekt an die K-KG. Da diese das Grundstück lastenfrei erwerben wollte, kündigte die Bau+Grund AG den Darlehensvertrag mit einer Kündigungsfrist von drei Monaten und zahlte den Darlehensbetrag vollständig zurück. Die Hypothekenbank verlangt als Schadensersatz eine Vorfälligkeitsentschädigung von 770 000 Euro. Hat sie dem Grunde nach Anspruch auf eine solche Summe? (Nach BGHZ 161, 196)*

1013 Zu prüfen ist, ob die Hypothekenbank die geforderte Summe als Vorfälligkeitsentschädigung verlangen kann (§ 490 Abs. 2 S. 3). Dazu ist erforderlich, dass die Bau+Grund AG den Darlehensvertrag nach § 490 Abs. 2 S. 1 wirksam gekündigt hat. Die erste Voraussetzung ist, dass „der Sollzinssatz gebunden" ist. Nach § 489 Abs. 5 S. 2 ist das der Fall, wenn für die gesamte Laufzeit ein Zinssatz vereinbart wurde, der als „feststehende Prozentzahl ausgedrückt" ist. Das ist gegeben.

Außerdem war das Darlehen durch ein „Grund- oder Schiffspfandrecht gesichert", nämlich durch eine Grundschuld (§ 1191). Die in § 490 Abs. 2 S. 1 angesprochenen „Fristen des § 488 Abs. 3 Satz 2" sind gewahrt, weil die Bau+Grund AG unter Einhaltung einer Kündigungsfrist von drei Monaten gekündigt hat. Die Kündigung ist auch durch die „berechtigten Interessen" der Bau+Grund AG geboten (§ 490 Abs. 2 S. 1), weil sie das Grundstück verkaufen möchte und deshalb „ein Bedürfnis nach einer anderweitigen Verwertung der zur Sicherung des Darlehens beliehenen Sache hat" (§ 490 Abs. 2 S. 2). Schließlich sind auch „seit dem vollständigen Empfang des Darlehens sechs Monate abgelaufen" (§ 490 Abs. 2 S. 1 aE). Die Voraussetzungen einer vorzeitigen Kündigung liegen also vor.

Aber die Kündigung hat für die Bau+Grund AG einen schweren Nachteil. Sie muss der Hypothekenbank nämlich eine „Vorfälligkeitsentschädigung" zahlen (§ 490 Abs. 2 S. 3; dazu Rn 1028).[1] Ob diese die Höhe von 770 000 Euro hat, kann hier natürlich nicht entschieden werden.

Aus dem FD „Kündigung durch den Darlehensnehmer" ergibt sich die Lösung so: 1. Nein – 6. Ja – 7. Ja – 8. Nein – 9. Nein – 10. Ja (Spalte 8). ◀

Lerneinheit 32

1014 **Literatur:** *Knops,* „Vorfälligkeitsentschädigung" nach Maßgabe der Wohnimmobilienkredit-Richtlinie, NJW 2018, 1505; *Vels,* Pflichtangaben zu Widerrufsinformationen, NJW 2018, 1285;

---

1 BGHZ 161, 196 (201); ebenso schon BGHZ 146, 5 (10/11).

Schultheiß, Grundfälle zum Darlehensrecht, JuS 2017, 628; *Mülbert/Grimm,* Der Kontokorrentkredit als Gelddarlehensvertrag, WM 2015, 2217.

I. Überblick

Die Darlehensverträge kann man wie folgt aufteilen: 1015

Gelddarlehen und Sachdarlehen: Beim Gelddarlehensvertrag ist ein *Geldbetrag* Gegenstand des Vertrags (§ 488). Beim Sachdarlehensvertrag (§§ 607 bis 609) bezieht sich das Darlehen auf eine andere vertretbare Sache (Rn 1008). Im Folgenden geht es nur um Gelddarlehensverträge. Sie werden vom Gesetz, von der Praxis und von der Wissenschaft immer „Darlehensverträge" genannt. Dass es auch *Sach*darlehensverträge gibt, wird vernachlässigt.

Verzinsliche Darlehen und zinslose Darlehen: § 488 Abs. 1 S. 2 verpflichtet den Darlehensnehmer, „… einen geschuldeten Zins zu zahlen". Mit dieser unbeholfenen Formulierung ist gemeint: „… einen Zins zu zahlen, falls er geschuldet wird". Das ist beim *zinslosen Darlehen,* wie es unter Freunden und Verwandten gewährt wird, nicht der Fall. Ein Darlehensvertrag über ein zinsloses Darlehen ist ein einseitig verpflichtender Vertrag (wie Schenkung, Auftrag, Leihe).[2] Denn die Rückzahlung des Kapitals ist keine Gegenleistung. Im Folgenden geht es nur um *verzinsliche Darlehen.*

Verbraucherdarlehen und andere Darlehen: Im gesamten Zivilrecht besteht bekanntlich die Tendenz, Verbraucher (§ 13) vor Übervorteilungen durch Unternehmer (§ 14) zu schützen. Das wird im Darlehensrecht besonders deutlich. Der „Untertitel 1. Darlehensvertrag" (§§ 488 ff) besteht fast nur aus dem „Kapitel 2. Besondere Vorschriften für Verbraucherdarlehensverträge" (§§ 491 bis 505; Rn 1035 ff). Nur die ersten drei Paragrafen (§§ 488 bis 490) sind als „Allgemeine Vorschriften" auf *alle* (Geld)Darlehensverträge anzuwenden und gelten deshalb auch dann, wenn der Darlehensnehmer ein *Unternehmer* (§ 14) ist. Diese Vorschriften werden im Folgenden zuerst erläutert.

II. Grundlagen für alle (Geld)Darlehensverträge

Definition: Im Darlehensvertrag verpflichtet sich der Darlehensgeber, dem Darlehensnehmer einen bestimmten Geldbetrag auf Zeit zur Verfügung zu stellen (§ 488 Abs. 1 S. 1). Der Darlehensnehmer verpflichtet sich, den vereinbarten Zins zu zahlen „und bei Fälligkeit das zur Verfügung gestellte Darlehen zurückzuzahlen" (§ 488 Abs. 1 S. 2). 1016

Zinszahlung und Disagio: Die Zinszahlung ist die Hauptpflicht des Darlehensnehmers (§ 488 Abs. 1 S. 2). Anstelle von Zinsen kann teilweise auch ein anderes Entgelt vereinbart werden. *Beispiel:* Die Sparkasse S zahlte das Darlehen von 10 000 Euro nicht in voller Höhe aus, sondern zog ein Disagio von 3 % ab. Der Darlehensnehmer musste jedoch 10 000 Euro zurückzahlen. Dadurch verringerte sich (scheinbar) der Sollzinssatz. Aber die 300 Euro sind ebenso eine Gegenleistung des Darlehensnehmers wie die Zinszahlung. 1017

Bearbeitungsgebühr: Eine andere Gegenleistung des Darlehensnehmers – insbesondere eine „Bearbeitungsgebühr" – kann nur individuell, nicht durch AGB vereinbart werden (§ 307 Abs. 1 S. 1, Abs. 2 Nr. 1). Die lange strittige Frage, ob das auch gilt, wenn der Darlehensnehmer Unternehmer ist (§ 14), hat der BGH jetzt bejaht.[3] Denn wenn

---

2 SAT Rn 13 f.
3 BGH NJW 2017, 2986 Rn 21 ff.

der Darlehensgeber den Darlehensbetrag zur Verfügung stellt, erbringt er im eigenen Interesse seine wichtigste Dienstleistung aus dem Darlehensvertrag (§ 488 Abs. 1 S. 1). Er kann die dadurch entstehenden Verwaltungskosten nicht durch AGB auf seinen Kunden abwälzen. Versucht er das trotzdem, benachteiligt er seinen Kunden unangemessen.

1018   *Gegenseitiger Vertrag:* Der Vertrag über ein verzinsliches Darlehen ist ein gegenseitiger Vertrag (§§ 320 ff). Nur die Zinsen (und gegebenenfalls die sonstigen Leistungen des Darlehensnehmers) sind die Gegenleistung für die Überlassung des Kapitals. Die Rückzahlung ist eine (selbstverständliche) Nebenleistung des Darlehensnehmers, die nicht im Gegenseitigkeitsverhältnis steht.

1019   *Verpflichtungsgeschäft:* Da durch den Darlehensvertrag nur Verpflichtungen begründet werden, ist der Darlehensvertrag ein Verpflichtungsgeschäft, das wie jedes Verpflichtungsgeschäft durch eine Verfügung erfüllt wird. Die Verfügung des Darlehensgebers liegt bei einer Barauszahlung darin, dass er dem Darlehensnehmer die entsprechenden Geldscheine oder Münzen übereignet (§§ 929 ff). Da Kreditinstitute die von ihnen gewährten Darlehen meist überweisen, spricht das Gesetz nur von der Verpflichtung, das Geld „zur Verfügung zu stellen".

1020   *Wucher:* Der Darlehensvertrag kann nichtig sein, insbesondere wegen Wuchers (§ 138 Abs. 2) oder als wucherähnliches Geschäft (§ 138 Abs. 1). Wenn ein Kreditinstitut einem zweifelhaften Schuldner einen Kredit gewährt, darf der Zinssatz zwar höher als der Marktzins sein. Der Darlehensvertrag ist aber auch in solchen Fällen nach § 138 Abs. 1 nichtig, wenn der Sollzinssatz etwa doppelt so hoch ist.[4] Das Gleiche gilt, wenn der Zinssatz um zwölf Prozentpunkte über dem Marktzins liegt.[5] Bei einem zwischen Geschäftsleuten vereinbarten kurzfristigen Darlehen kann der Sollzinssatz höher sein, ohne den Vertrag sittenwidrig zu machen.[6]

Die Folge der Sittenwidrigkeit ist, dass der Darlehensnehmer keine Zinsen zahlt. Die Nichtigkeit bedeutet aber nicht, dass er das Kapital behalten darf. Vielmehr muss er es nach § 812 Abs. 1 S. 1 Alt. 1 innerhalb des vereinbarten Zeitraums zurückgewähren.

III. Darlehensnehmer ist ein Unternehmer

1. Überblick

1021   Die drei Paragrafen, die die „Allgemeinen Vorschriften" bilden (§§ 488 bis 490), enthalten alle eine Regelung zur Kündigung des Darlehensvertrags durch den Darlehensnehmer: § 488 Abs. 3 regelt den seltenen Fälle, dass „für die Rückzahlung des Darlehens eine Zeit nicht bestimmt" ist. In § 489 geht es – wie seine Überschrift deutlich macht – um das „*ordentliche* Kündigungsrecht des Darlehensnehmers" und in § 490 um das „*außerordentliche* Kündigungsrecht". Da diese drei Paragrafen die „Allgemeinen Vorschriften" bilden (siehe Kapitelüberschrift), gelten sie eigentlich immer, gleichgültig, ob der Darlehensnehmer Unternehmer (§ 14) oder Verbraucher (§ 13) ist. Aber die Frage, wann und wie ein *Verbraucher* einen Darlehensvertrag (Verbraucherdarlehensvertrag) kündigen kann, regelt das Gesetz (Kapitel 2, ab § 491) unter der Überschrift „Besondere Vorschriften für Verbraucherdarlehensverträge" in einer für Ver-

---

4   BGH NJW 1991, 1810.
5   BGHZ 110, 336.
6   BGH NJW 1994, 1056.

braucher günstigen Weise (Rn 1067 f). Deshalb sind die §§ 488 bis 490 nur anzuwenden, wenn ein Darlehensnehmer kündigt, der *Unternehmer* ist.

2. Kündigung durch den Darlehensnehmer

a) Ordentliche Kündigung

Ob ein Darlehensnehmer, der Unternehmer (§ 14) ist, den Darlehensvertrag ordentlich kündigen kann, bestimmt § 489 nach zwei Kriterien:

1022

Befristetes oder nicht befristetes Darlehen: Es kommt darauf an, ob für die Rückzahlung des Darlehens eine Zeit bestimmt ist (§ 488 Abs. 3; FD „Kündigung durch den Darlehensnehmer", Frage 6).

Sollzinssatz gebunden oder veränderlich: Wenn es sich (wie fast immer) um ein befristetes Darlehen handelt, ist zu fragen, ob der Zinssatz gebunden oder veränderlich ist (FD „Kündigung durch den Darlehensnehmer", Frage 7).

1023

■ *Gebundener Sollzinssatz:* Nach § 489 Abs. 5 S. 2 ist ein Sollzinssatz „gebunden", wenn für die gesamte Vertragslaufzeit ein (möglicherweise unterschiedlicher) Sollzinssatz festgeschrieben wurde, zB 2,56 %. Einen solchen Vertrag kann der Darlehensnehmer nur dann ordentlich kündigen, wenn alternativ zwei besondere Voraussetzungen gegeben sind (§ 489 Abs. 1 Nr. 1 oder 2). Die Kreditinstitute haben an der Einschränkung des Kündigungsrechts ein berechtigtes Interesse, weil sie sich idR ihrerseits zu einem gebundenen Zinssatz refinanziert haben.

1024

■ *Veränderlicher Sollzinssatz:* Der Sollzinssatz wird oft variabel vereinbart, zB „zwei Prozentpunkte über dem Basiszinssatz (§ 247 BGB)". In diesem Fall geht das Kreditinstitut ein geringeres Risiko ein, denn zu diesen Konditionen kann es sich am Kapitalmarkt seinerseits refinanzieren. Der Darlehensnehmer kann deshalb jederzeit mit einer Frist von drei Monaten kündigen (§ 489 Abs. 2; FD „Kündigung durch den Darlehensnehmer", Spalte 10).

1025

Immer wenn der Darlehensnehmer kündigt, sollte er sich mit der Rückzahlung des Kapitals beeilen, weil die Kündigung sonst verfallen kann (§ 489 Abs. 3).

1026

b) Außerordentliche Kündigung

Ein „*außerordentliches*" Kündigungsrecht kann der Darlehensnehmer (trotz eines gebundenen Sollzinssatzes) nach § 490 Abs. 2 S. 1 haben (Einzelheiten im FD „Kündigung durch den Darlehensnehmer", Frage 10). *Beispiel:* Fall 32, Rn 1012.

1027

Vorfälligkeitsentschädigung: So sehr der Darlehensnehmer sich freuen mag, den Vertrag nach § 490 Abs. 2 außerordentlich kündigen zu können, so hart trifft ihn oft die Pflicht, dem Darlehensgeber deswegen eine *Vorfälligkeitsentschädigung* zahlen zu müssen. Es geht dabei um den Ersatz desjenigen Schadens, der dem Darlehensgeber „aus der vorzeitigen Kündigung entsteht" (§ 490 Abs. 2 S. 3). Der Darlehensgeber kann verlangen, so gestellt zu werden, als habe der Darlehensnehmer den Vertrag ordnungsgemäß erfüllt (§§ 249, 251). Im Prinzip müsste der Darlehensnehmer also weiterhin die vereinbarten Zinsen zahlen, die nach der Kündigung noch angefallen wären. Aber es darf nicht außer Betracht bleiben, dass der Darlehensgeber den Darlehensbetrag vollständig zurückerhalten hat und anlegen kann. Es fehlen ihm nur für die restliche Zeit die vereinbarten Zinsen. Der Darlehensnehmer braucht deshalb nur den Betrag zu zahlen, um den die von ihm für die Restlaufzeit geschuldeten Zinsen die Zinsen aus fest-

1028

verzinslichen Kapitalmarkttiteln übersteigen. Dieser Differenzbetrag ist außerdem „um die ersparte Risikovorsorge und die ersparten jährlichen Verwaltungsaufwendungen zu kürzen".[7]

3. Kündigung durch den Darlehensgeber

1029   Dem Darlehensgeber steht nur in *einem* Fall ein Kündigungsrecht zu, nämlich dann, wenn sich die Bonität des Darlehensnehmers wesentlich verschlechtert hat, insbesondere wenn er die Raten nicht mehr zahlen kann (Einzelheiten § 490 Abs. 1). Zu beachten ist, dass der Darlehensgeber in diesem Fall *fristlos* kündigen darf (wenn auch nur „in der Regel"; § 490 Abs. 1 aE), während der Darlehensnehmer immer eine Kündigungsfrist einhalten muss.

1030
–
1034

Wenn der Darlehensgeber den Vertrag wegen schuldhafter Pflichtverletzung des Darlehensnehmers gekündigt hat, steht ihm in voller Höhe eine Vorfälligkeitsentschädigung zu (Rn 1028).[8]

§ 33 Verbraucherdarlehen und Finanzierungshilfen

1035   **Fall 33: Zu gering angegebener Gesamtbetrag**   §§ 491, 492

▶ *Hannes Klett, ein städtischer Angestellter, wollte sich an einem geschlossenen Immobilienfonds beteiligen. Er nahm deshalb bei der B-Bank ein Darlehen von 105 000 Euro auf. Das Darlehen wurde nicht durch eine Grundschuld oder ein anderes Grundpfandrecht gesichert. Es sollte durch Zahlung monatlicher Raten nach 20 Jahren getilgt sein. Die Vertragsparteien einigten sich darauf, den Sollzinssatz nicht für die ganze Laufzeit festzuschreiben, sondern zunächst nur auf fünf Jahre. Im Darlehensvertrag waren die Gesamtkosten anzugeben, also die Summe aller Entgelte, die Klett über die Laufzeit des Vertrags zu zahlen hatte. Dazu gehörten insbesondere die insgesamt zu zahlenden Zinsen. Die B-Bank gab aber nur die Summe der Zinsen an, die bis zum Ende der Zinsbindung zu zahlen waren, also für die ersten fünf Jahre. Klett hat gehört, dass die B-Bank den Gesamtbetrag falsch angegeben habe und dass er deshalb nur einen Sollzins von 4 % schulde. Ist das richtig? (Nach BGHZ 179, 260)*

1036   Zu prüfen ist, ob sich Klett auf § 494 Abs. 2 S. 2 berufen kann, der verkürzt lautet: „Jedoch ermäßigt sich der dem Verbraucherdarlehensvertrag zugrunde gelegte Sollzinssatz auf den gesetzlichen Zinssatz, wenn die Angabe ... des Gesamtbetrags fehlt."

Die Vorschrift setzt zunächst voraus, dass es sich um einen Verbraucherdarlehensvertrag handelt (§ 491 Abs. 1 S. 1). Da Klett Verbraucher (§ 13) ist und die B-Bank Unternehmerin (§ 14), liegt diese Voraussetzung vor. Ferner muss nach § 494 Abs. 2 S. 2 „die Angabe ... des Gesamtbetrags" fehlen.[9] Er wird definiert als „die Summe aus Nettodarlehensbetrag und Gesamtkosten" (Art. 247 § 3 Abs. 2 S. 1 EGBGB).

Der „Nettodarlehensbetrag" ist nie strittig, denn er steht im Darlehensvertrag. Wichtig sind allein die *Gesamtkosten*. Sie werden definiert als die Summe aller Beträge, die der Verbrau-

---

7 BGH NJW 2018, 1812 Rn 37.
8 BGH NJW 2018, 1812 Rn 16; BGHZ 133, 355 (359).
9 Art. 247 § 6 Abs. 1 Nr. 1 EGBGB verlangt, dass im Vertrag „die in § 3 Absatz 1 Nr. 1 bis 14 ... genannten Angaben" gemacht werden. In Art. 247 § 3 Abs. 1 Nr. 8 EGBGB wird der „Gesamtbetrag" genannt.

cher zusätzlich zur Tilgung des Kapitals zu zahlen hat.[10] In erster Linie erfasst der Begriff also die über die gesamte Laufzeit des Darlehensvertrags geschuldeten Zinsen. Die B-Bank hat aber nur die Zinszahlungen berücksichtigt, die Klett bis zum Ablauf der Zinsbindung zu leisten hatte. Das war unzulässig. Die B-Bank hätte für die Restlaufzeit von 15 Jahren – in Ermangelung eines konkreten Zinssatzes – den Zinssatz ansetzen müssen, der für die ersten fünf Jahre vereinbart war. Das wäre zwar auch nur eine Notlösung gewesen, aber eine, die den wirklichen Gesamtkosten sehr viel näher gekommen wäre als das Weglassen von 15 Jahren Zinszahlung.

§ 494 Abs. 2 S. 2 verlangt, dass die Angabe des Gesamtbetrags „fehlt", während die B-Bank den Gesamtbetrag angegeben hat, nur falsch. Aber der BGH geht mit der hM davon aus, dass ein Gesamtbetrag, der schon vom Ansatz her völlig falsch berechnet wurde, so behandelt wird, als fehle er. Damit ist § 494 Abs. 2 S. 2 auch im vorliegenden Fall anzuwenden. Der von Klett zu zahlende Zinssatz ermäßigt sich also auf den „gesetzlichen Zinssatz". Mit diesen Worten verweist das Gesetz auf die in § 246 genannte Zinshöhe von 4 %. 1037

Da „Teilzahlungen" vereinbart waren, nämlich monatliche Tilgungs- und Zinszahlungen, ist „deren Höhe vom Darlehensgeber unter Berücksichtigung der verminderten Zinsen ... neu zu berechnen" (§ 494 Abs. 5). Die B-Bank muss alle Monatsraten so herabsetzen, dass sie einer Verzinsung von 4 % entsprechen. Die überzahlten Beträge sind nach § 812 Abs. 1 S. 1 Var. 1 zu erstatten.

Außerdem muss die B-Bank Klett „eine Abschrift des Vertrags zur Verfügung" stellen, „in der die Vertragsänderungen berücksichtigt sind, ..." (§ 494 Abs. 7).[11] Wenn Klett die Abschrift erhalten hat, beginnt eine neue Widerrufsfrist, die einen Monat beträgt (§ 356 b Abs. 2 S. 3). Aber wenn der Sollzinssatz günstiger geworden ist, wird Klett von seinem Widerrufsrecht kaum Gebrauch machen. ◀

Lerneinheit 33

Literatur Verbraucherdarlehen: *Grüneberg,* Leitlinien der Rechtsprechung des BGH zur Widerrufsbelehrung bei Verbraucherdarlehensverträgen, BKR 2019, 1; *Herresthal,* Rechtsmissbräuchliche Ausübung des Widerrufsrechts bei Verbraucherdarlehensverträgen, NJW 2019, 13; *Rosenkranz,* Der Widerruf von Kfz-finanzierenden Verbraucherdarlehensverträgen, BKR 2019, 469; *Röß,* Die Verjährungshemmung bei Verbraucherdarlehensverträgen, NJW 2019, 1249; *Wendeh,* Widerruf von Darlehensverträgen nach Erfüllung und Verbraucherrecht, NJW 2019, 3423; *Zahn,* Kilometerleasingvertrag und Verbraucherschutzrecht, NJW 2019, 1329; *Will,* Die gewerbliche Immobiliardarlehensvermittlung gemäß § 34 i GewO, NJOZ 2018, 1001; *Neumann,* Grafische Anforderungen an eine Widerrufsbelehrung bei Verbraucherdarlehen, JM 2017, 59. 1038

Literatur Finanzierungshilfen: *Harriehausen,* Die aktuellen Entwicklungen im Leasingrecht, NJW 2019, 1493; *Herresthal,* Rechtsfolgen des Widerrufs von Kfz-Finanzierungen, ZIP 2019, 49; *Zahn,* Kilometerleasingvertrag und Verbraucherschutzrecht, NJW 2019, 1329; *Peters,* Verbraucherdarlehensrecht und Leasing, WM 2016, 630; *Billing/Milsch,* Ratenkauf im Internet, NJW 2015, 2369; *Bülow,* Finanzierungsleasing als sonstige Finanzierungshilfe nach § 506 I BGB, WM 2014, 1413; *Lösekrug,* Zurechnung von Lieferantenzusagen im Leasingvertrag und Folgen der Sittenwidrigkeit des Kaufvertrages für den Leasingvertrag, WM 2014, 202. 1039

---

10 Für diesen Begriff verweist Art. 247 § 3 Abs. 2 S. 3 EGBGB auf § 6 Preisangabenverordnung (PAngV).
11 Dass Klett Anspruch auf ein neues Vertragsexemplar hat, das die geänderten (ermäßigten) Sollzinsen angibt, wird auch in § 492 Abs. 6 S. 2 angesprochen.

I. Immobiliar-Verbraucherdarlehensverträge

1. Grundlagen

1040   Der Begriff „*Verbraucherdarlehensverträge*" ist die zusammenfassende Bezeichnung für die Allgemein-Verbraucherdarlehensverträge und die Immobiliar-Verbraucherdarlehensverträge (§ 491 Abs. 1 S. 2).

1041   *Immobiliar-Verbraucherdarlehensverträge* sind „entgeltliche Darlehensverträge zwischen einem Unternehmer als Darlehensgeber und einem Verbraucher als Darlehensnehmer ..." (§ 491 Abs. 3 S. 1), die einen „Bezug zu einer Immobilie"[12] haben.[13] Dieser Bezug kann auf zwei ganz unterschiedliche Weisen entstehen:

1042   ▪ § 491 Abs. 3 S. 1 *Nr. 1* verlangt, dass der Rückzahlungsanspruch des Darlehensgebers durch eine Grundschuld oder ein anderes *Grundpfandrecht* besichert ist.[14] Die Nr. 1 setzt nicht voraus, dass das Darlehen aufgenommen wird, um eine Immobilie zu erwerben. *Beispiel:* Verbraucher L nahm einen Kredit auf, um einen Lamborghini Huracán LP 610–4 zu kaufen. Zur Sicherung des Kredits bestellte sein Vater zugunsten der Bank eine Grundschuld an seinem Grundstück.

1043   ▪ § 491 Abs. 3 S. 1 *Nr. 2* setzt nicht voraus, dass zugunsten des Darlehensgebers ein Grundpfandrecht bestellt wird. Der „Bezug zu einer Immobilie" wird dadurch hergestellt, dass das Darlehenskapital dem Erwerb von Grundeigentum (auch Wohnungseigentum) dient.[15] *Beispiel:* Verbraucher R nahm ein Darlehen auf, um eine Eigentumswohnung zu kaufen. Er sicherte den Kredit, indem er seine Lebensversicherung an die Bank verpfändete.

1044   Die Immobiliar-Verbraucherdarlehensverträge haben für den Verbraucher idR eine herausragende Bedeutung. Denn sein Grundstück setzt ein Verbraucher nur für ein besonders wichtiges Darlehen aufs Spiel (Nr. 1). Und die meisten Verbraucher erwerben eine Immobilie – wenn überhaupt – nur einmal in ihrem Leben (Nr. 2). Aus diesem Grund stehen die *Immobiliar*-Verbraucherdarlehensverträge ganz im Fokus der Neuregelung (Rn 1039). Das zeigt sich u.a. daran, dass die Kreditinstitute nur im Hinblick auf diese Verträge verpflichtet werden, vor (!) der eigentlichen Beratung die finanzielle Situation und die Ziele des Verbrauchers zu erforschen (§ 511 Abs. 2). Außerdem dürfen die Kreditinstitute einen Immobiliar-Verbraucherdarlehensvertrag nur abschließen, wenn es aufgrund einer „Kreditwürdigkeitsprüfung ... wahrscheinlich ist, dass der Darlehensnehmer seinen Verpflichtungen ... nachkommen wird" (§ 505 a Abs. 1 S. 2).[16] Das soll helfen, dass nicht erneut durch großzügige Kreditvergaben eine Immobilienblase entsteht und Banken notleidend werden.

1045   *Allgemein-Verbraucherdarlehensverträge* sind „entgeltliche Darlehensverträge zwischen einem Unternehmer als Darlehensgeber und einem Verbraucher als Darlehens-

---

12   Amtliche Erläuterung des Gesetzentwurfs, BR-Drs 359/15, 92.
13   Ausnahmen in § 491 Abs. 3 S. 2 und in Abs. 4.
14   Der Begriff „Grundpfandrecht" umfasst neben der Grundschuld (§ 1191) hauptsächlich die Hypothek (§ 1113). Nach § 491 Abs. 3 S. 1 Nr. 1 kann die Sicherung auch durch eine Reallast (§ 1105) bestellt werden.
15   Es kann auch um den Erwerb von „grundstücksgleichen Rechten" gehen, hauptsächlich um den Erwerb eines Erbbaurechts.
16   Um schwarze Schafe vom Markt fernzuhalten, werden für den neu geschaffenen Beruf des „Immobiliardarlehensvermittlers" strenge Zugangsvoraussetzungen geschaffen (§ 34 i GewO).

nehmer" (§ 491 Abs. 2 S. 1), die *keine Immobiliar*-Verbraucherdarlehensverträge sind (§ 491 Abs. 2 S. 2 Nr. 6).[17] *Beispiel:* Fall 33, Rn 1035.

Beschränkung: Die folgende Darstellung beschränkt sich auf die *Immobiliar*-Verbraucherdarlehensverträge (Rn 1041 ff). Das geschieht wegen ihrer besonderen Bedeutung, aber auch um die Darstellung der sehr komplexen Materie etwas zu vereinfachen. Dass die Allgemein-Verbraucherdarlehensverträge nicht behandelt werden, ist auch deshalb vertretbar, weil viele grundlegende Regeln für sie ebenfalls gelten. | 1046

2. Form und erforderliche Angaben

a) Form

Der Immobiliar-Verbraucherdarlehensvertrag bedarf (wie alle Verbraucherdarlehensverträge) der Schriftform (§ 492 Abs. 1 S. 1), so dass im Prinzip § 126 zu beachten ist.[18] Allerdings gelten teilweise geringere Anforderungen (§ 492 Abs. 1 S. 2, S. 3). | 1047

b) Angaben

Nach § 492 Abs. 2 muss der Vertrag die Angaben enthalten, die in Art. 247 §§ 6 bis 13 EGBGB aufgeführt sind. Eine große Rolle spielt dabei die *Widerrufsinformation*, für die Art. 247 § 6 Abs. 2 S. 3 EGBGB auf das „Muster nach Anlage 8" verweist. Die Widerrufsinformation ist die einzige, ohne die die Widerrufsfrist nicht beginnen kann (Rn 1059). | 1048

Ferner sind finanztechnische Angaben zu machen, die es dem Verbraucher ermöglichen sollen, die Angebote verschiedener Kreditinstitute miteinander zu vergleichen. Hinzuweisen ist insbesondere auf zwei Begriffe:

- *Gesamtbetrag:* Das Kreditinstitut muss im Vertrag den „Gesamtbetrag" aller vom Verbraucher zu leistenden Zahlungen angeben (Art. 247 § 6 Abs. 1 Nr. 1 EGBGB verweist auf § 3 Abs. 1 Nr. 8). Der Gesamtbetrag „ist die Summe aus Nettodarlehensbetrag und Gesamtkosten" (Art. 247 § 3 Abs. 2 S. 1 EGBGB; zu Einzelheiten siehe Fall 33, Rn 1035). | 1049

- *Effektiver Jahreszins:* Die weitaus wichtigste Größe ist der effektive Jahreszins (Art. 247 § 6 Abs. 1 Nr. 1 EGBGB verweist auf § 3 Abs. 1 Nr. 3). Er wird weder im BGB noch im EGBGB erläutert, sondern in § 6 Abs. 1 Preisangabenverordnung (PAngV),[19] auf den Art. 247 § 3 Abs. 2 S. 3 EGBGB verweist. Der effektive Jahreszins geht von den „Gesamtkosten" aus und rechnet sie in einen Zinssatz um, nämlich in einen „jährlichen Prozentsatz des Nettodarlehensbetrags".[20] | 1050

Man versteht den Effektivzins am besten, wenn man sich die Tricks klarmacht, die er verhindern soll. *Beispiel:* Die Y-Bank warb Kunden mit einem Nominalzinssatz von 2,50 %. Dabei wurde nicht erwähnt, dass die Kreditsumme nur zu 85 % ausgezahlt, aber zu 100 % zurückgezahlt werden sollte (Disagio) und dass erhebliche Einmalzahlungen („Bearbeitungsgebühr", „Bereitstellungskosten") zu zahlen waren. Rechnete | 1051

---

17 § 491 Abs. 2 S. 2 zählt einzelne Darlehensverträge auf, die keine Allgemein-Verbraucherdarlehensverträge sind.

18 Die elektronische Form (§ 126 a) ist nicht mehr ausgeschlossen. Die Schriftform ist aber nicht gewahrt, wenn der Verbraucher den Kreditantrag blanko unterschrieben hat (BGHZ 132, 119 [126]; BGH NJW 2006, 1955 Rn 24).

19 Schönfelder-Ergänzungsband Nr. 73 a.

20 § 6 Abs. 1 PAngV.

man die Gesamtbelastung in Jahreszinsen um, dann ergab sich, dass die Y-Bank einen *effektiven* Jahreszins von 4,12 % verlangte, also fast das Doppelte des angegebenen Nominalzinses. Anhand des effektiven Jahreszinses kann ein Verbraucher leicht verschiedene Kreditangebote vergleichen.

3. Mängel des Vertrags

a) Keine Schriftform

1052 Ist die Schriftform nicht eingehalten, ist der Vertrag nichtig (§ 494 Abs. 1 Var. 1). *Beispiel:* Der Kreditsachbearbeiter K veranlasste den Verbraucher V, den Text des Darlehensvertrags auf einem Display zu lesen und anschließend auf einem Signature Pad zu „unterschreiben". V erhielt einen Ausdruck des Vertrags mit der Wiedergabe seiner Unterschrift. Aber damit war die Schriftform nicht gewahrt.[21]

1053 *Heilung:* Die Nichtigkeit wird geheilt, wenn der Verbraucher das Darlehen empfängt oder in Anspruch nimmt (§ 494 Abs. 2 S. 1).[22] Soweit es nur an der Schriftform mangelt, aber die einzelnen Angaben vollständig und richtig sind, ändert die Heilung an den Vertragsbedingungen nichts.[23]

b) Fehlende und falsche Angaben

1054 Wenn eine der erforderlichen Angaben fehlt, ist der Vertrag zwar nichtig (§ 494 Abs. 1 Var. 2). Aber wie beim Fehlen der Schriftform wird die Nichtigkeit geheilt, wenn der Verbraucher das Darlehen empfängt oder in Anspruch nimmt (§ 494 Abs. 2 S. 1).

1055 Das Fehlen der Angabe hat in den meisten Fällen keine Auswirkung auf den Inhalt des Vertrags. Aber das gilt nicht für drei Kennzahlen, nämlich den *Sollzinssatz*, den *effektiven Jahreszins* und den *Gesamtbetrag*. Wenn eine dieser Größen nicht angegeben ist,[24] „ermäßigt sich der ... zugrunde gelegte Sollzinssatz auf den gesetzlichen Zinssatz" des § 246, also auf 4 % (§ 494 Abs. 2 S. 2). Ausnahmsweise kann auch eine *unrichtige* Angabe als Nichtangabe gewertet werden, nämlich wenn sie schon vom Ansatz her völlig falsch berechnet wurde (Fall 33, Rn 1035).

1056 *Falscher effektiver Jahreszins:* § 494 regelt nur *einen* Fall der *Falsch*angabe, nämlich den Fall, dass der effektive Jahreszins (Rn 1050 f) „zu niedrig angegeben" ist (§ 494 Abs. 3). Dann ist der Vertrag zwar *nicht* nichtig, weil nur das *Fehlen* von Angaben zur Nichtigkeit führt (§ 494 Abs. 1 Var. 2). Aber der Vertragsinhalt ändert sich zugunsten des Verbrauchers (§ 494 Abs. 3).

1057 *Neuer Vertragstext:* Soweit sich aus § 494 Abs. 2 bis Abs. 6 Vertragsänderungen ergeben haben (immer zu Gunsten des Verbrauchers), muss der Darlehensgeber dem Darlehensnehmer einen neuen Vertragstext zur Verfügung stellen, der die Änderungen berücksichtigt (§ 494 Abs. 7).[25] Dadurch wird sichergestellt, dass der Verbraucher in Zukunft einen korrekten Text in Händen hält.

---

21 OLG München NJW 2012, 3548 (3549).
22 Der Verbraucher hat das Darlehen auch dann empfangen, wenn es auf seinen Wunsch direkt an einen Dritten – zB seinen Verkäufer – gezahlt worden ist (allgemeine Meinung, BGHZ 167, 252 Rn 31–36).
23 BGHZ 165, 213 Rn 15; übersehen von OLG München NJW 2012, 3584 (3586).
24 BGHZ 179, 260.
25 Diese Pflicht ergibt sich auch aus § 492 Abs. 6 S. 2.

4. Widerruf

a) Widerrufsrecht

§ 495 Abs. 1 gewährt dem Darlehensnehmer eines Verbraucherdarlehensvertrags „ein Widerrufsrecht nach § 355".[26] Während in anderen Fällen – insbesondere im Kaufrecht – das Widerrufsrecht des Verbrauchers davon abhängig ist, dass der Vertrag als Außerhalbvertrag (§ 312 b Abs. 1) oder als Fernabsatzvertrag (§ 312 c) geschlossen wurde,[27] hat ein Verbraucher nach dem Abschluss eines *Darlehensvertrags* immer ein Widerrufsrecht (§ 495 Abs. 1). Schon die Tatsache, dass es sich um einen Darlehensvertrag handelt, macht den Verbraucher schutzwürdig.[28]

1058

b) Beginn der Widerrufsfrist

Wann die Widerrufsfrist beginnt, bestimmt § 355 nur für den Regelfall (§ 355 Abs. 2 S. 2). Für wichtige Sonderfälle bestimmen dies die §§ 356 bis 356 e (was aus den Paragrafenüberschriften nicht ersichtlich ist). Den Beginn der Frist bei Verbraucherdarlehensverträgen regelt § 356 b:

1059

Bei korrekter Durchführung: Wenn der Unternehmer die vorgeschriebene Form eingehalten, den Verbraucher korrekt informiert und ihm „eine Abschrift des Vertrags zur Verfügung" gestellt hat (§ 492 Absätze 1, 2, 3 S. 1), beginnt die 14-tägige Widerrufsfrist mit Erfüllung der letztgenannten Voraussetzung (Umkehrschluss aus § 356 b Abs. 1; FD „Immobiliar-Verbraucherdarlehen – Widerruf", Frage 4, Ja). § 356 b Abs. 2 S. 2 macht den Fristbeginn nicht davon abhängig, dass der Unternehmer *alle* Informationen gegeben hat, die § 492 Abs. 2 nennt, sondern bezieht sich nur auf „Artikel 247 § 6 *Absatz 2*" EGBGB (FD „Immobiliar-Verbraucherdarlehen – Widerruf", Frage 4).

Bei Informationsmängeln: Wenn der Unternehmer dem Verbraucher nicht alle erforderlichen Informationen zum *Widerrufsrecht* zur Verfügung gestellt hat, können sie u.U. nachgeholt werden (§ 492 Abs. 6 S. 1). Dann „beginnt die Widerrufsrist erst mit der Nachholung dieser Angaben" (§ 356 b Abs. 2 S. 2) und verlängert sich auf einen Monat (Abs. 2 S. 3; FD „Immobiliar-Verbraucherdarlehen – Widerruf", Frage 7, Ja, Spalte 4).

1060

c) Erlöschen des Widerrufsrechts

Wenn der Unternehmer auch seine zweite Chance, einen Vertrag mit korrekter Widerrufsinformation vorzulegen (§ 356 b Abs. 2 S. 2), nicht genutzt hat, beginnt die Widerrufsfrist nicht (Umkehrschluss aus § 356 Abs. 2 S. 2). Das würde bedeuten, dass der Verbraucher den Vertrag noch nach hundert Jahren widerrufen könnte. *A b e r :*

1061

Wichtig! Erlöschen: § 356 b Abs. 2 S. 4 bestimmt für Immobiliar-Verbraucherdarlehensverträge, dass das Widerrufsrecht nach einer Ausschlussfrist von einem Jahr und 14 Tagen erlischt (FD „Immobiliar-Verbraucherdarlehen – Widerruf", Spalte 5). Die Frist beginnt mit dem Vertragsschluss oder mit der Übergabe der Vertragsurkunde nach § 356 Abs. 1, wenn diese später erfolgt (§ 356 b Abs. 2 S. 4). Es gilt also für Im-

1062

---

26 Ausnahmen in § 495 Abs. 2.
27 SAT Rn 317.
28 Soweit der Verbraucherdarlehensvertrag zugleich ein Außerhalb-Vertrag ist (§ 312 b) oder ein Fernabsatzvertrag (§ 312 c), würde sich das Widerrufsrecht auch aus § 312 g Abs. 1 ergeben. Aber § 312 g Abs. 3 Var. 1 legt fest, dass § 495 Vorrang hat.

mobiliar-Verbraucherdarlehensverträge (*nicht* für Allgemein-Verbraucherdarlehensverträge) die aus § 356 Abs. 3 S. 2 bekannte Höchstgrenze der Widerrufsfrist.[29] § 356 b Abs. 2 S. 4 hat dazu geführt, dass Hunderttausende von Altverträgen, die infolge unzureichender Widerrufsbelehrung widerrufbar waren, ab dem 22. Juni 2016 diesen Status verloren haben.[30]

d) Widerrufsfolgen

1063   In den §§ 357 bis 357 d regelt das Gesetz für mehrere Vertragsarten die *Rechtsfolgen* des Widerrufs. § 357 a bestimmt die Rechtsfolgen allgemein für „Verträge über *Finanzdienstleistungen*"[31] und in Abs. 3 speziell für Verbraucherdarlehensverträge: Nach dem Widerruf haben beide Seiten die empfangenen Leistungen „spätestens nach 30 Tagen zurückzugewähren" (§ 357 a Abs. 1). Der Darlehensnehmer hat nicht nur das Kapital zurückzuzahlen, sondern auch für die Zeit, in der er über das Geld verfügte, die vereinbarten *Zinsen* zu entrichten (§ 357 a Abs. 3 S. 1). Eine Ausnahme besteht für Immobiliar-Verbraucherdarlehen, wenn der Verbraucher nachweisen kann, dass der seinerzeit vereinbarte Zins höher war als der damalige Marktzins (§ 357 a Abs. 3 S. 2; FD „Immobiliar-Verbraucherdarlehen – Widerruf", Frage 6).

5. Sonstige Schutzvorschriften

1064   *Abtretung der Darlehensforderung:* Es kommt vor, dass ein Darlehensgeber seine Forderung aus dem Darlehensvertrag an einen Dritten verkauft (§ 453, Verpflichtungsgeschäft) und ihm abtritt (§ 398, Verfügungsgeschäft).[32] § 496 verbietet solch eine Abtretung nicht. Aber auf die Schuldnerschutzvorschriften, die das BGB in solchen Fällen vorsieht (§§ 404, 406) kann der Darlehensnehmer nicht wirksam verzichten (§ 496 Abs. 1).

1065   *Zahlungsverzug:* Wenn der Darlehensnehmer mit Zins und/oder Tilgung in Verzug kommt (§ 286), hat er im Prinzip Verzugszinsen in normaler Höhe zu zahlen, also nach § 288 Abs. 1 S. 2 fünf Prozentpunkte über dem in § 247 genannten Basiszinssatz (§ 497 Abs. 1 S. 1). Das gilt aber nicht für Immobiliar-Verbraucherdarlehensverträge; hier beträgt der Verzugszinssatz nur 2,5 Punkte über dem Basiszinssatz (§ 497 Abs. 4 S. 1).

1066   *Keine Zinseszinsen:* § 497 Abs. 2 S. 2 befreit den Darlehensgeber vom Zinseszinsverbot des § 289 S. 1.[33] Aber die Immobiliar-Verbraucherdarlehensverträge sind ausgenommen (§ 497 Abs. 4 S. 2).

6. Kündigung durch den Darlehensnehmer

1067   Während ein Darlehensnehmer einen Allgemein-Verbraucherdarlehensvertrag relativ leicht kündigen oder vorzeitig erfüllen kann (§ 500 Abs. 1, Abs. 2), kann er einen Immobiliar-Verbraucherdarlehensvertrag mit einem gebundenen Zins nur vorzeitig erfül-

---

29 SAT Rn 357.
30 Art. 229 § 38 Abs. 3 S. 1 EGBGB; Omlor NJW 2016, 1265.
31 Legaldefinition in § 312 Abs. 5 S. 1. Der Begriff umfasst alle Arten von Bankgeschäften, schließt also auch den Abschluss von Verbraucherdarlehensverträgen ein (Palandt/Grüneberg § 312 Rn 26).
32 Der massenhafte Handel mit faulen Grundstückskrediten hat 2009 die Weltwirtschaftskrise ausgelöst.
33 BT-Drucksache 14/6040, 256 links.

len, wenn er daran ein „berechtigtes Interesse" hat (§ 500 Abs. 2 S. 2; FD „Kündigung durch den Darlehensnehmer", Frage 4).

Aber das klingt besser als es ist. Denn auch ein Verbraucher muss eine *Vorfälligkeitsentschädigung* zahlen, wenn er „Zinsen zu einem gebundenen Sollzinssatz schuldet" (§ 502 Abs. 1 S. 1). Aber zugunsten des Verbrauchers schließt § 502 Abs. 2 in den Nummern 1 und 2 die Vorfälligkeitsentschädigung in zwei Fällen ganz aus. 1068

7. Kündigung durch den Darlehensgeber

Der Darlehensgeber kann einen Verbraucherdarlehensvertrag (und damit auch einen Immobiliar-Verbraucherdarlehensvertrag) nur kündigen, wenn der Verbraucher mit mindestens zwei aufeinander folgenden (!) Teilzahlungen ganz oder teilweise in Verzug ist (§ 498 Abs. 1 S. 1 Nr. 1 Buchst. a). Für Immobiliarverträge gilt die Besonderheit, dass der Verbraucher (abweichend von § 498 Abs. 1 S. 1 Nr. 1 Buchst. b) zugleich „mit mindestens 2,5 Prozent des Nennbetrags" in Verzug sein muss (§ 498 Abs. 2). 1069

Außerdem muss der Darlehensgeber dem Darlehensnehmer erfolglos eine zweiwöchige Frist zur Zahlung mit der Erklärung gesetzt haben, dass er nach Ablauf der Frist „die gesamte Restschuld verlange" (§ 498 Abs. 1 S. 1 Nr. 2). § 499 Abs. 3 enthält eine weitere Einschränkung der Kündigungsmöglichkeit. 1070

II. Überziehungskredit

1. Eingeräumte Überziehungsmöglichkeit

§ 504 trägt die Überschrift „*Eingeräumte* Überziehungsmöglichkeit". Denn der Unternehmer (Darlehensgeber) muss die (in Abs. 1 S. 1) legal definierte „Überziehungsmöglichkeit" seinem Kunden ausdrücklich eingeräumt haben. Der Darlehensvertrag kommt dadurch zustande, dass der Darlehensnehmer durch einen Zahlungsauftrag den Antrag auf eine Überziehung stellt (§ 145) und der Darlehensgeber – seiner vertraglichen Verpflichtung entsprechend – diesen Antrag annimmt, indem er den Auftrag ausführt (Rn 798). Der Darlehensgeber muss den Darlehensnehmer regelmäßig über die in Art. 247 § 16 EGBGB genannten Kennzahlen informieren (§ 504 Abs. 1 S. 1). Dazu gehört natürlich in erster Linie der „angewendete Sollzinssatz" (Art. 247 § 16 Nr. 6 EGBGB). Da dieser regelmäßig unangemessen hoch ist, muss der Unternehmer dem Verbraucher eine „Beratung" anbieten, wenn dieser den Überziehungskredit „ununterbrochen über einen Zeitraum von sechs Monaten" in bestimmter Höhe in Anspruch genommen hat (§ 504a Abs. 1 S. 1). Die Beratung soll insbesondere „kostengünstigere Alternativen" aufzeigen (§ 504a Abs. 2 S. 1). 1071

2. Geduldete Überziehung

§ 505 regelt den Fall, dass das Kreditinstitut dem Verbraucher lediglich signalisiert hat (durch eine Mitteilung über die Zinshöhe), es werde die Überziehung möglicherweise dulden. Indem der Verbraucher das Konto zu überziehen versucht, macht er dem Kreditinstitut einen Antrag (§ 145) zum Abschluss eines Darlehensvertrags.[34] Das Kreditinstitut entscheidet frei über die Annahme des Antrags. Ein Darlehensvertrag kommt erst „in dem Moment, da das Darlehen ausbezahlt wird", zustande.[35] Bei einer exten- 1072

---

34 Palandt/Weidenkaff § 505 Rn 3.
35 Amtliche Begründung, BT-Drs 16/11643, 89.

siven Nutzung der Überziehungsmöglichkeit gilt die Beratungspflicht des § 504 a entsprechend (§ 505 Abs. 2 S. 2).

III. Einem Verbraucher gewährte Finanzierungshilfen

1. Aufbau des Gesetzes

1073   Das Gesetz enthält in § 506 Abs. 1 zunächst eine allgemein gehaltene Regelung für Verträge, durch die ein Unternehmer (§ 14) einem Verbraucher (§ 13) „einen entgeltlichen Zahlungsaufschub oder eine sonstige *entgeltliche Finanzierungshilfe*" gewährt (Rn 1074 ff).

Anschließend werden einzelne entgeltliche Finanzierungshilfen genannt, nämlich in § 506 Abs. 2 der ausführlicher geregelte *Finanzierungsleasingvertrag*, der allerdings nicht mit Namen genannt wird (Rn 1082). In § 506 Abs. 3 wird schließlich das *Teilzahlungsgeschäft* legal definiert, das aber erst in den §§ 507 und 508 geregelt wird. Allein schon die Unklarheit seines Aufbaus lässt § 506 verunglückt erscheinen.

2. Der allgemeine Tatbestand einer „entgeltlichen Finanzierungshilfe"

a) Definition

1074   § 506 Abs. 1 S. 1 verwendet den Begriff „entgeltliche Finanzierungshilfe", definiert ihn aber nicht. Klar wird nur, dass sie von einem Unternehmer (§ 14) einem Verbraucher (§ 13) „gewährt" wird. Aus dem Zusammenhang ist zu entnehmen:

- Es handelt sich um einen Vertrag, der den Verbraucher zu einer Zahlung verpflichtet, während die Gegenleistung des Unternehmers jede beliebige Dienst- oder Sachleistung sein kann.

1075   - Dem Verbraucher wird die Zahlung erleichtert. § 506 Abs. 1 nennt als Beispiel den „entgeltlichen Zahlungsaufschub". Dieser stellt eine Finanzierungshilfe dar, weil der Verbraucher nicht nach § 320 Abs. 1 S. 1 zur gleichen Zeit wie der Unternehmer (Zug um Zug) leisten muss, sondern später zahlen darf. Aber der Verbraucher muss für die „Finanzierungshilfe" bezahlen. Denn er zahlt mehr, als er bei einer sofortigen Bezahlung zu zahlen hätte. Es handelt sich deshalb um eine *„entgeltliche"* Hilfe.

1076   - *Mindestbetrag:* Die vom Verbraucher zu zahlende Summe muss ohne die (vom Verbraucher zu tragende) Verteuerung mindestens 200 Euro betragen (§§ 506 Abs. 4 S. 1, 491 Abs. 2 S. 2 Nr. 1). Es darf sich also nicht um einen Bagatellfall handeln. § 506 Abs. 4 S. 1 macht unter Hinweis auf § 491 noch weitere Ausnahmen.

1077   - *Existenzgründer:* Wenn der Zahlungspflichtige ein Existenzgründer ist, darf „der Nettodarlehensbetrag oder Barzahlungspreis" 75 000 Euro nicht übersteigen (§ 513).

b) Anzuwendende Vorschriften

1078   Anzuwenden sind im Wesentlichen die Vorschriften für die (in § 491 Abs. 2 S. 1 und 2 definierten) Allgemein-Verbraucherdarlehensverträge (§ 506 Abs. 1 S. 1). Das bedeutet insbesondere:

- Es gelten die Vorschriften über verbundene und zusammenhängende Verträge (§§ 358 bis 360).[36]

- Der Vertrag bedarf der erleichterten Schriftform (§ 492 Abs. 1) und muss die in § 492 Abs. 2 genannten Kennzahlen angeben, insbesondere den effektiven Jahreszins (Rn 1056 f). Ein Verstoß gegen diese Vorschriften hat für den Unternehmer einschneidende Folgen (§ 494 Abs. 1).   **1079**

- Der Verbraucher hat ein Widerrufsrecht (§ 495 Abs. 1, 355), über das er informiert werden muss (§ 492 Abs. 2).   **1080**

- Die gesetzlichen Bestimmungen dürfen nicht zum Nachteil des Verbrauchers abgeändert oder umgangen werden (§ 512).   **1081**

3. Leasingverträge mit einem Verbraucher

Zu den „entgeltlichen Finanzierungshilfen" gehören insbesondere die in § 506 Abs. 2 beschriebenen *Finanzierungsleasingverträge*,[37] die das Gesetz allerdings nicht so bezeichnet. Der Finanzierungsleasingvertrag wurde bereits dargestellt (Rn 987 ff). In § 506 Abs. 2 geht es um diejenigen Finanzierungsleasingverträge, bei denen der Leasingnehmer Verbraucher ist. Es handelt sich um Verträge, die dem Leasinggeber eine *Vollamortisation* ermöglichen. Die kann er auf drei Weisen erreichen: **1082**

- *Nr. 1:* Der Leasingnehmer (Verbraucher) wird verpflichtet, am Ende der Leasingzeit das Leasinggut zu einem bestimmten Preis zu erwerben.   **1083**

- *Nr. 2:* Der Leasing*geber* kann den Erwerb verlangen, was weitgehend der Nr. 1 entspricht.

- *Nr. 3:* Der Leasingnehmer hat am Ende der Vertragszeit „für einen bestimmten Wert des Gegenstandes einzustehen" (Restwertgarantie). Er muss also die Differenz zwischen dem vereinbarten Wert und dem tatsächlichen Wert ausgleichen (§ 506 Abs. 2 S. 1 Nr. 3).

Die meisten Kfz-Leasingverträge sehen eine so genannte *Kilometerabrechnung* vor (Rn 997).[38] Der Leasingnehmer muss in diesem Fall einen Ausgleich zahlen, wenn der Kilometerstand einen bestimmten Betrag überschreitet oder das Fahrzeug nicht in einem tadellosen Zustand ist. Diese Festlegung des geschuldeten Zustands steht der Vereinbarung eines bestimmten Wertes nach Nr. 3 gleich.[39]   **1084**

Da die Finanzierungsleasingverträge zu den „entgeltlichen Finanzierungshilfen" zählen, gelten für sie die in § 506 Abs. 1 genannten Verbraucherschutzvorschriften (Rn 1078 bis 1081), insbesondere hat der Leasingnehmer ein Widerrufsrecht (§§ 506 Abs. 1, 495 Abs. 1, 355).

Existenzgründer: Da „die §§ 491 bis 512" auch für Existenzgründer (Rn 328) gelten (§ 513), kann sich ein Verbraucher auch dann auf § 506 berufen, wenn er den Leasingvertrag zur Vorbereitung auf seine Selbstständigkeit schließt. Voraussetzung ist nur, dass das Kreditvolumen die Grenze von 75 000 Euro nicht überschreitet (§ 513 aE). *Beispiel:* Der Heizungsmonteur E wollte sich selbstständig machen und schloss deshalb mit der Leasinggesellschaft L zwei Leasingverträge über je einen Renault-Transporter   **1085**

---

36   SAT Rn 374 ff.
37   Amtliche Begründung (BT-Drs 16/11643, 92 [links]).
38   BGH NJW 2014, 1171.
39   Reinking DAR 2010, 252; Schattenkirchner NJW 2013, 2398; BGH NJW 1998, 1637; aA Skusa NJW 2011, 2993 (2997 f).

(§ 506 Abs. 2). Wenn E die Fahrzeuge *gekauft* hätte, hätte er für jedes Fahrzeug weniger als 75 000 Euro bezahlt.[40] Da es sich um getrennte Leasingverträge handelte, war jeweils die Grenze des § 513 nicht überschritten. E hatte deshalb ein Widerrufsrecht (§§ 506 Abs. 1, 495 Abs. 1, 355), auf das er hätte hingewiesen werden müssen.[41]

4. Teilzahlungsgeschäfte

a) Einführung

1086   *Definition:* Nach der gesetzlichen Definition in § 506 Abs. 3 ist ein Teilzahlungsgeschäft ein zwischen einem Unternehmer und einem Verbraucher geschlossener gegenseitiger Vertrag, der den Unternehmer zu einer Sach- oder Dienstleistung und den Verbraucher zur Zahlung des Entgelts in *„Teilzahlungen"* verpflichtet.

1087   *Terminologisches:* Statt des vom Gesetz allein verwendeten Ausdrucks „Teilzahlungen" wird im Geschäftsleben auch von „Raten" gesprochen. Deshalb ist manchmal sogar in juristischen Fachaufsätzen statt vom „Teilzahlungsgeschäft" vom „Ratenkauf" die Rede.[42] Jurist/inn/en sollten aber immer den gesetzlichen Begriff verwenden. Außerdem kann der falsche Ausdruck leicht mit einem amtlichen Begriff verwechselt werden, nämlich mit dem *Ratenlieferungsvertrag* (§ 510; Rn 316).

1088   *Die Leistung des Unternehmers* ist beim Teilzahlungsgeschäft meist die in § 506 Abs. 3 ausdrücklich genannte „Lieferung einer bestimmten Sache". Dann ist das Teilzahlungsgeschäft ein modifizierter Kaufvertrag. Aber der Unternehmer kann sich auch zur „Erbringung einer bestimmten anderen Leistung" verpflichten (§ 506 Abs. 3), etwa zu einer Dienstleistung oder zu einem Werk (§ 631). *Beispiel:* Frau V, eine Verbraucherin, wollte eine Lebensversicherung abschließen. Der Versicherungsmakler M vermittelte den gewünschten Versicherungsvertrag. Frau V war deshalb verpflichtet, an M eine Vermittlungsgebühr (Courtage) von 8 020,80 Euro zu zahlen. Es wurde eine Zahlung in 60 Monatsraten vereinbart. Dadurch schlossen M und Frau V den Maklervertrag (§ 652) als Teilzahlungsgeschäft nach § 506 Abs. 3.[43]

1189   *Entgeltliche Finanzierungshilfe:* Das Besondere des Teilzahlungsgeschäfts liegt in der Leistungszeit. Während der Unternehmer seine Leistung schon bei (oder kurz nach dem) Vertragsschluss vollständig erbringt, darf der Verbraucher den von ihm geschuldeten Geldbetrag in Teilzahlungen entrichten (§ 506 Abs. 3). Darin liegt eine Kreditierung des geschuldeten Entgelts und damit eine „Finanzierungshilfe". Da für den Kredit Zinsen zu zahlen sind (die in die Teilzahlungsbeträge eingerechnet werden), handelt es sich um eine *„entgeltliche"* Finanzierungshilfe (§ 506 Abs. 1).

b) Abgrenzungen

1090   *Abgrenzung vom Zahlungsaufschub:* Beim Teilzahlungsgeschäft ist das Entgelt in mindestens zwei Raten zu zahlen. Dagegen ist es beim entgeltlichen Zahlungsaufschub (§ 506 Abs. 1) auf einmal zu zahlen, nur später als von § 320 Abs. 1 S. 1 vorgesehen

---

40   Auf diesen Kaufpreis kommt es an, weil § 513 auf den „Barzahlungspreis" abstellt und damit auf die Summe, die der Existenzgründer hätte aufwenden müssen, wenn er nicht geleast, sondern gekauft hätte.
41   OLG Brandenburg NJW 2006, 159.
42   So zB von Billing/Milsch NJW 2015, 2369.
43   BGH NJW 2012, 3428 Rn 12. Der BGH scheint anzunehmen, dass nur die gesondert getroffene Zahlungsvereinbarung („Vermittlungsgebührenvereinbarung") ein Teilzahlungsgeschäft war. Aber der ganze Maklervertrag war zugleich ein Teilzahlungsgeschäft.

(also nicht Zug um Zug). Beide Finanzierungshilfen unterscheiden sich von der *Stundung des Kaufpreises* durch die Tatsache, dass die Finanzierungshilfe *entgeltlich* erfolgt, also vom Kunden bezahlt werden muss. Das ist bei der Stundung nicht der Fall.

Abgrenzung vom Ratenlieferungsvertrag: Beim Ratenlieferungsvertrag (§ 510; Rn 316)   1091
leisten *beide* Partner in Raten, so dass der Verbraucher nicht (oder kaum) später leistet als der Unternehmer. Es liegt eine Sonderform des Kaufs vor, die keine Elemente eines Kreditvertrags enthält. Deshalb wird der Ratenlieferungsvertrag in diesem Lehrbuch auch nicht im Zusammenhang mit den Kreditgeschäften behandelt, sondern unter den besonderen Kaufverträgen (Rn 316 ff).

c) Regelung

Teilzahlungsgeschäfte sind ein Sonderfall der entgeltlichen Finanzierungshilfen (§ 506   1092
Abs. 1 S. 1). Auf sie finden deshalb die meisten Vorschriften über Allgemein-Verbraucherdarlehensverträge entsprechende Anwendung (§ 506 Abs. 1 S. 1). Dadurch ergibt sich im Prinzip die gleiche Rechtslage wie beim Finanzierungsleasingvertrag.

Der effektive Jahreszins: Beim Teilzahlungsgeschäft ist die Summe der Raten höher als   1093
der Barzahlungspreis. In der Differenz liegt eine Verzinsung, die der Unternehmer für seine Vorfinanzierung verlangt. Deshalb ist der effektive Jahreszins die wichtigste Kennzahl, die der Teilzahlungsvertrag enthalten muss. Mit ihrer Hilfe kann der Verbraucher leicht unter verschiedenen Teilzahlungs-Angeboten wählen. Er kann auch erkennen, ob es für ihn günstiger wäre, bei einem Kreditinstitut ein Verbraucherdarlehen (§ 491) aufzunehmen und mit ihm den Kaufpreis sofort zu bezahlen. Dass der effektive Jahreszins im Teilzahlungsvertrag anzugeben ist, ergibt sich aus einer Verweisungskette, die hier hauptsächlich als Beispiel *schlechter Gesetzgebung* aufgeführt wird:

§ 506 Abs. 3 verweist stillschweigend auf § 506 Abs. 1 und dieser u. a. auf § 492   1094
Abs. 2. Dieser wiederum verweist auf „Art. 247 §§ 6 bis 13" EGBGB. In diesem Fall gilt § 12 Abs. 1 S. 1, der für die in § 506 Abs. 1 BGB genannten Verträge mit entgeltlicher Finanzierungshilfe die „§§ 1 bis 11" für entsprechend anwendbar erklärt. Durch diese Verweisung gilt Art. 247 § 3 Abs. 1 Nr. 3 („3. den effektiven Jahreszins"). Erst damit steht fest, dass in Teilzahlungsverträgen der effektive Jahreszins anzugeben ist. Für seine Berechnung verweist Art. 247 § 3 Abs. 2 S. 3 auf § 6 Preisangabenverordnung (PAngV). Diese Vorschrift regelt die Berechnung des effektiven Jahreszinses nur für Kredite. Bei Teilzahlungsgeschäften ist statt vom Nettodarlehensbetrag vom „Barzahlungspreis" auszugehen (§ 506 Abs. 4 S. 2). Nach § 507 Abs. 2 S. 4 „gilt im Zweifel der Marktpreis als Barzahlungspreis".

Alles klar?

Schriftform: Teilzahlungsgeschäfte müssen im Prinzip schriftlich abgeschlossen werden   1095
(§§ 506 Abs. 1 S. 1, 492 Abs. 1). Da aber die Schriftform eine Unterschrift erfordert (§ 126 Abs. 1) und diese bei einer Internetbestellung nicht geleistet werden kann, weist § 507 Abs. 1 S. 2 einen Weg, bei dessen genauer Einhaltung „§ 492 Abs. 1 nicht anzuwenden" ist.

Nichtigkeit und Heilung: § 507 Abs. 1 S. 1 schließt § 494 weitgehend aus, weil § 507   1096
Abs. 2 eine eigene (aber ganz entsprechende) Regelung enthält: Auch ein Teilzahlungsgeschäft ist nichtig, wenn die Schriftform nicht eingehalten ist oder eine der in Art. 247 §§ 6, 12 und 13 EGBGB genannten Angaben fehlt (§ 507 Abs. 2 S. 1). Und in Anlehnung an § 494 Abs. 2 S. 1 wird auch das Teilzahlungsgeschäft geheilt, wenn der Unter-

nehmer seine Pflicht erfüllt hat (§ 507 Abs. 2 S. 2). Die Heilung kann – auch das ist eine Parallele – für den Unternehmer äußerst nachteilig sein, weil sich die Konditionen zu Gunsten des Verbrauchers ändern (Einzelheiten in § 507 Abs. 2 S. 3 bis 5).

d) Widerruf

1097   Das Widerrufsrecht des Verbrauchers ergibt sich aus folgender Kette: § 506 Abs. 3 verweist indirekt auf Abs. 1 S. 1, dieser auf § 495 Abs. 1 und dieser auf § 355. Auch wenn es sich um einen Außerhalb-Vertrag (§ 312 b) oder einen Fernabsatzvertrag (§ 312 c) handelt, ergibt sich das Widerrufsrecht nicht aus § 312 Abs. 1 (§ 312 g Abs. 3 Var. 1). Über das Widerrufsrecht muss der Unternehmer den Verbraucher informieren. Das ergibt sich aus § 506 Abs. 3, Abs. 1, § 492 Abs. 2, der auf Art. 247 § 12 Abs. 1 S. 1, § 6 Abs. 2 S. 1 EGBGB verweist.

Widerrufsfolgen: Nach dem Widerruf eines Vertrags über eine entgeltliche Finanzierungshilfe stellt sich die Frage, was mit dem Vertragsgegenstand (meist einer Kaufsache) zu geschehen hat, insbesondere bei einer Verschlechterung. Deshalb kann nicht einfach auf die Regeln über Verbraucherdarlehensverträge verwiesen werden, bei denen dies Problem nicht auftritt. § 357 a Abs. 3 S. 4 verweist (ungeschickt) auf § 357 a Abs. 2 und damit auf die Worte „gilt auch § 357 Abs. 5 bis 8 entsprechend" (Abs. 2 S. 2). Durch diese Verweisungen regelt § 357 Abs. 7 auch den „Wertersatz für einen Wertverlust der Ware" im Rahmen von entgeltlichen Finanzierungshilfen. Moderne Gesetzgebungskunst!

e) Zahlungsverzug des Verbrauchers

1098   In § 508 findet sich der historische Kern des Käuferschutzes bei Teilzahlungsgeschäften. Schon am Ende des 19. Jahrhunderts war es üblich, dass sich die Angehörigen der unteren Schichten Möbel auf Abzahlung kauften. Nach dem Vertrag blieb die Ware bis zur vollständigen Bezahlung – wie es auch heute noch vereinbart wird (§ 449) – Eigentum des Verkäufers. In den Verträgen stand dann aber sinngemäß: „Kommt der Käufer mit einer Monatsrate in Verzug, ist der Verkäufer berechtigt, die Kaufsache wieder an sich zu nehmen. Der Käufer hat keinen Anspruch auf Erstattung bereits gezahlter Raten." Das traf diejenigen Käufer besonders hart, die ihre Möbel bereits weitgehend bezahlt hatten. Deshalb wurde schon vor (!) Inkrafttreten des BGB das Abzahlungsgesetz verabschiedet, das solche Praktiken verbot.[44]

1099   Heute gelten im Prinzip die Rücktrittsregeln (§§ 346 ff), aber das Rücktrittsrecht des Verkäufers ist von strengen Voraussetzungen abhängig (§ 508 S. 1 verweist auf § 498 Abs. 1 S. 1). Natürlich werden dem Käufer nicht alle bisher gezahlten Teilzahlungen erstattet, das würde den Verkäufer zu sehr benachteiligen. Der Käufer muss vielmehr – teilweise in Verschärfung der Rücktrittsvorschriften – die Vertragsaufwendungen des Verkäufers ersetzen, ein Entgelt für die Nutzung zahlen und die Wertminderung ausgleichen (§ 508 S. 3 bis 5).

---

44   Gesetz betreffend die Abzahlungsgeschäfte vom 16. Mai 1894.

Achtes Kapitel Gesellschaft und Gemeinschaft

§ 34 Die Gesellschaft bürgerlichen Rechts

Fall 34: Betonbrecher   § 705

▶ *Meik Mumme, Bodo Bolte und Ludwig Lahm beschlossen, einen Betrieb zu gründen, der Bauschutt zerkleinern und als Recycling-Baustoff vermarkten sollte. Sie gründeten eine Gesellschaft des bürgerlichen Rechts (GbR) mit der Bezeichnung „Deponie- und Bauschuttrecycling Neupoderschau, Bauschutt – Beton – Stahlbeton, Gesellschaft des bürgerlichen Rechts mit beschränkter Haftung". Sie zahlten zusammen 12 500 Euro auf das Konto der GbR. Anschließend mieteten sie von Herbert Steffensky eine Betonbrecheranlage. Den Mietvertrag unterzeichnete auf der Mieterseite Meik Mumme und fügte seiner Unterschrift den Stempelabdruck „Bauschutt Recycling Neupoderschau GbR mbH" bei. Da die Geschäfte schlecht liefen, gaben die Gesellschafter die Betonbrecheranlage zurück. Steffensky stehen noch Monatsmieten in Höhe von rund 8 000 Euro zu. Da die GbR zahlungsunfähig ist, verlangt er von allen drei Gesellschaftern als Gesamtschuldnern die Zahlung der offenen Summe. Diese sind der Meinung, dass die GbR Mieterin der Anlage sei und deshalb auch nur sie die Miete schulde. Nach ihrer Ansicht kann Steffensky keine Zahlung von ihnen verlangen, weil sie durch die Buchstaben „mbH" in der Bezeichnung der GbR klar gemacht hätten, dass sie nicht persönlich für die Schulden der GbR in Anspruch genommen werden wollten. (Nach BGHZ 142, 315)*

Zu prüfen ist, ob Steffensky von den Gesellschaftern Mumme, Bolte und Lahm die Zahlung der fraglichen Summe verlangen kann. Da es sich um rückständige Mieten handelt, ist § 535 Abs. 2 die Anspruchsgrundlage. Fraglich ist aber, ob die drei Gesellschafter Mieter waren oder die GbR. Nach der früher überwiegend vertretenen Ansicht war die GbR nicht rechtsfähig, so dass nur ihre Gesellschafter aus einem Vertrag berechtigt und verpflichtet sein konnten. Aber nach heutiger Auffassung ist die GbR – wenn sie, wie hier, eine so genannte Außen-GbR ist (Rn 1111) – selbst Trägerin von Rechten und Pflichten und kann damit selbst Vertragspartnerin eines Mietvertrags sein (Rn 1116). Dadurch, dass Mumme seiner Unterschrift den Stempel der GbR hinzugesetzt hat, hat er deutlich gemacht, dass er den Vertrag im Namen der GbR schließen wollte (§ 164 Abs. 1). Deshalb ist die (rechtsfähige) GbR als Mieterin anzusehen. Folglich schuldet zunächst die GbR selbst die rückständige Miete.

Fraglich ist nur, ob neben der GbR auch deren Gesellschafter mit ihrem Vermögen für die Verbindlichkeiten der Gesellschaft einzustehen haben. Auch diese Frage war früher umstritten. Aber in der Entscheidung, die diesem Fall zugrunde liegt, hat der BGH festgelegt: „Die Gesellschafter einer GbR haften kraft Gesetzes für die Verbindlichkeiten der Gesellschaft auch persönlich ..."[1] Dieser Grundsatz ist den §§ 705 ff nicht mit der nötigen Klarheit zu entnehmen.[2] Er ergibt sich aber aus dem Gesamtsystem der gesellschaftsrechtlichen Haftungsregeln. Insbesondere kann die OHG als Vorbild dienen (§§ 105 ff HGB). Sie ist in vielem die Weiterentwicklung der GbR, sozusagen ihre große Schwester. Die Gesellschafter einer OHG haften immer und unbeschränkt mit ihrem eigenen Vermögen für die Verbindlichkeiten der Gesellschaft (§ 128 HGB). Diese strenge Regelung ist nicht willkürlich oder zufällig. Denn die Gesellschafter einer OHG brauchen ihrer Gesellschaft kein Vermögen (Kapital) zur Verfü-

---

1 BGHZ 142, 315 (318).
2 Er folgt höchstens aus den §§ 714, 710, 427, 421.

gung zu stellen. Die daraus folgende Benachteiligung der Gläubiger wird dadurch ausgeglichen, dass sich die Gläubiger nicht nur an die (möglicherweise vermögenslose) OHG halten können, sondern auch unbeschränkt und unbeschränkbar an deren Gesellschafter.

Die Parallele zur GbR liegt auf der Hand: Auch die Gesellschafter der GbR brauchen ihre Gesellschaft nicht mit einem Mindestvermögen auszustatten. Um diesen Nachteil der Gläubiger auszugleichen, müssen die Gesellschafter dann aber persönlich für die Schulden der GbR einstehen. Ein Ausschluss dieser persönlichen Haftung ist (wie bei der OHG) nicht möglich. Insbesondere konnten die Gesellschafter des vorliegenden Falles ihre persönliche Haftung nicht dadurch vermeiden, dass sie der Bezeichnung ihrer Gesellschaft die Buchstaben „mbH" hinzugefügt haben, die offenbar in Anlehnung an die GmbH „mit beschränkter Haftung" bedeuten sollten.

Die drei Gesellschafter des vorliegenden Falles sind deshalb vom BGH als Gesamtschuldner (§ 421) zur Zahlung der offenen Miete verurteilt worden. ◀

Lerneinheit 34

1102   **Literatur:** *Beuthien* Gibt es doch noch die herkömmliche GbR, noch dazu auf vielerlei Art? NZG 2019, 41; *Wertenbruch,* Die Vertretung der GbR in der Reform des Personengesellschaftsrechts, NZG 2019, 407; *Wertenbruch,* Das Vollstreckungs- und Insolvenzrecht der GbR in der Reform des Personengesellschaftsrechts – Abschied von § 736 ZPO? ZIP 2019, 2082; *Böttcher,* Gesellschaftsvertragliche Mehrheitsklauseln und Stimmverbote bei Personengesellschaften in der aktuellen BGH-Rechtsprechung, NZG 2019, 61; *Blaurock/Pordzik,* Die Auseinandersetzung der stillen Gesellschaft, NZG 2018, 81; *Häublein,* Die Eigenbedarfskündigung einer vermietenden Gesellschaft bürgerlichen Rechts, NZG 2018, 41; *Tamoj/Schiemann,* Von der (Un-) Möglichkeit des stillschweigenden Wechsels von einer Erbengemeinschaft in eine Gesellschaft bürgerlichen Rechts (GbR), ErbR 2018, 124; *Beuthien,* Darf die Innengesellschaft kein Vermögen bilden? ZG 2017, 201.

I. Einführung

1. Grundlagen

1103   Eine Gesellschaft des bürgerlichen Rechts (GbR) entsteht, wenn sich zwei oder mehr Personen gegenseitig verpflichten, „die Erreichung eines gemeinsamen Zweckes ... zu fördern", insbesondere dadurch, dass sie „die vereinbarten Beiträge" leisten (§ 705). Als gemeinsamer Zweck kommt jedes rechtlich zulässige Ziel in Frage, das sich mit Hilfe von Geld oder anderen Vermögensgegenständen erreichen lässt. Obwohl der Gesellschaftsvertrag auf die Verwirklichung eines gemeinsamen Ziels gerichtet ist, nicht auf den Austausch von Leistungen, werden die Vorschriften über den gegenseitigen Vertrag (§§ 320 ff) teilweise angewendet.[3]

1104   *Form:* Der Gesellschaftsvertrag bedarf keiner Form und kann sogar konkludent geschlossen werden. Ein Formzwang kann nur durch besondere Umstände entstehen. *Beispiel:* Ein Gesellschafter verpflichtet sich im Gesellschaftsvertrag, als seinen „Beitrag" zur Bildung eines Gesellschaftsvermögens (§ 718) ein Grundstück einzubringen (§ 311 b Abs. 1 S. 1).

1105   *Bezeichnung:* Die durch den Gesellschaftsvertrag nach § 705 entstehende „Gesellschaft" wird – in Abgrenzung zu den Personengesellschaften des HGB (OHG und KG)

---

3   NK-BGB/Saenger § 705 Rn 10.

– meist „Gesellschaft bürgerlichen Rechts" (abgekürzt GbR) oder „BGB-Gesellschaft" genannt.

Personengesellschaft: Die GbR ist – im Gegensatz zum eingetragenen Verein, zur GmbH und zur AG – keine juristische Person, sondern eine Personengesellschaft.[4] In letzter Zeit hat der BGH (ohne gesetzliche Grundlage) die so genannte Außen-GbR (die am Rechtsleben teilnimmt) weitgehend der OHG gleichgestellt und sie damit einer juristischen Person angenähert. Die Außen-GbR ist deshalb bei einer Teilnahme am Rechtsverkehr rechtsfähig (unten Rn 1116). **1106**

2. Abgrenzung

Eine GbR kann nur vorliegen, wenn *nicht* die Voraussetzungen einer der folgenden Gesellschaften gegeben sind: **1107**

OHG: Eine OHG ist nach § 105 Abs. 1 HGB der Zusammenschluss von zwei oder mehr Personen mit der Absicht, ein *Handelsgewerbe* zu betreiben.[5] Eine Gesellschaft, die ein Handelsgewerbe betreibt, kann keine GbR sein. Daraus ergibt sich, dass die Tätigkeit einer GbR auf den nichtkaufmännischen Bereich beschränkt ist.

KG: Auch eine KG (§§ 161 ff HGB) kann nur begründet werden, wenn ein Handelsgewerbe betrieben werden soll. Der Unterschied zur OHG besteht nur darin, dass es bei der KG zwei Gruppen von Gesellschaftern gibt, die persönlich haftenden Gesellschafter und die Kommanditisten. **1108**

AG/GmbH: Während die OHG und die KG eng mit der GbR verwandt sind – sie sind alle Personengesellschaften und damit Gesamthandsgemeinschaften – spielen die AG und ihre kleine Schwester, die GmbH, sozusagen in einer anderen Liga. Denn sie sind juristische Personen und damit unzweifelhaft selbst Träger von Rechten und Pflichten. **1109**

Die *Gemeinschaft der Wohnungseigentümer* ist keine GbR, sondern in vielen Einzelheiten anders konstruiert. Sie ist teilrechtsfähig (§ 10 Abs. 6 WEG).[6] **1110**

II. Die Außen-GbR

1. Einführung

Definition: Eine Außen-GbR ist eine GbR, die über ein eigenes Vermögen verfügt (§§ 718 bis 720) und durch vertretungsberechtigte Gesellschafter (§ 714) am Geschäftsleben teilnimmt. Insofern besitzt sie nach heutiger Auffassung Rechtsfähigkeit (Rn 1115 f). Den Gegensatz zur Außen-GbR bildet die Innen-GbR (Rn 1142). Dem Gesetz ist diese Aufteilung allerdings unbekannt. **1111**

Eine GbR entsteht häufig dadurch, dass sich Freiberufler zu einer gemeinsamen Ausübung ihres Berufs zusammenschließen. Eine solche GbR ist immer eine Außen-GbR. **1112**

---

4 BGB-AT Rn 38.
5 Ein Handelsgewerbe ist nach § 1 Abs. 2 HGB jedes Gewerbe, das „einen in kaufmännischer Weise eingerichteten Geschäftsbetrieb … erfordert", das also für seine effektive Steuerung der doppelten Buchführung bedarf (die zur GuV und zur Bilanz führt).
6 BGHZ 163, 154.

Beispiele: Gemeinschaftspraxis niedergelassener Ärzte,[7] Sozietät von Rechtsanwälten[8] oder Steuerberatern[9].

Die Rechtsform der Außen-GbR ist aber nicht nur bei Freiberuflern beliebt. *Beispiel 1:* Mehrere Miteigentümer von Mietshäusern verwalten diese gemeinsam.[10] *Beispiel 2:* Zwei Bauunternehmer gründen auf Zeit eine Arbeitsgemeinschaft („ARGE"), um ein großes Bauwerk gemeinsam zu errichten.[11] *Beispiel 3:* Die Mieter eines Einkaufszentrums schließen sich zu einer Werbegemeinschaft zusammen.[12] Es ist aber ausgeschlossen, den Abiturjahrgang eines Gymnasiums als GbR anzusehen.[13]

1113   *Publikumsgesellschaften:* Eine Außen-GbR kann auch aus einer Vielzahl von Gesellschaftern bestehen, die sich nicht kennen und sich nach dem Willen der Initiatoren auch nicht kennen sollen. *Beispiel:* Die Gesellschafterin eines Immobilienfonds mit Hunderten von Gesellschaftern verlangte Auskunft über die Namen und die Anschriften ihrer Mitgesellschafter. Diese Auskunft wurde ihr verweigert. Aber der BGH sah ein solches Auskunftsrecht zu Recht als selbstverständlich an.[14]

1114   Wenn Betrüger eine Vielzahl von Investoren anlocken wollen, um anschließend deren Einlagen zu veruntreuen, wählen sie gern die Rechtsform einer GbR. Auf diese Weise lassen sich leicht die strengen Regeln umgehen, denen die Gründung einer AG unterliegt. Die Initiatoren, Gründer und Hintermänner geben oft einen Prospekt mit bewusst unwahren Angaben heraus. Sie haften dann den geprellten Gesellschaftern nach der vom BGH entwickelten „Prospekthaftung".[15] Die daraus abgeleiteten Ansprüche sind aber meist nicht mehr durchsetzbar.[16]

2. Rechtsfähigkeit

1115   Der Gesetzgeber hatte die rechtliche Einordnung der GbR bewusst offen gelassen. Es herrschte deshalb früher die Meinung, nicht die GbR selbst könne Trägerin von Rechten und Pflichten sein, es seien vielmehr allein die (durch das Band des Gesellschaftsvertrags verbundenen) Gesellschafter, die Forderungen und andere Rechte erwerben und Verbindlichkeiten eingehen könnten. Diese rechtliche Konstruktion führte zu vielen Problemen. Erst spät setzte sich in der Literatur die Meinung durch, dass zwischen der Außen- und der Innen-GbR zu unterscheiden sei und dass der ersteren zumindest eine beschränkte Rechtsfähigkeit zukommen müsse.[17]

1116   Am 29. Januar 2001 hat der II. Zivilsenat des BGH festgelegt: „Die Außen-Gesellschaft bürgerlichen Rechts besitzt Rechtsfähigkeit, soweit sie durch Teilnahme am Rechtsverkehr eigene Rechte und Pflichten begründet."[18] Insbesondere ist die GbR da-

---

7   BGH NJW 2006, 437, VI ZR 319/04.
8   BGH NJW 2008, 2987; 2007, 2490 Rn 11; BGHZ 154, 370.
9   BGH NJW 2013, 2345.
10   BGH NJW 2006, 765; ähnlich NJW 2006, 3486 Rn 9; 2003, 1043.
11   Bekannt wurde die „ARGE Weißes Ross" durch die Entscheidung BGHZ 146, 341. Ihre Bezeichnung wird aber nicht in BGHZ genannt, nur in anderen Abdrucken (zB NJW 2001, 1056 [1061]).
12   BGH NJW 2016, 2492; 2006, 3057.
13   Anders LG Detmold NJW 2015, 3176 mit zu Recht ablehnender Anmerkung von Hippeli NJW 2015, 3177.
14   NJW 2010, 439.
15   BGHZ 145, 187 (196); NJW-RR 2007, 1332.
16   Manchmal verklagen die Gesellschafter den Steuerberater oder Wirtschaftsprüfer, der es laut Prospekt übernommen hatte, die Verwendung der GbR-Einlagen zu kontrollieren, aber diese Funktion nicht erfüllt hat (BGH NJW 2010, 1279).
17   So zuerst Flume ZHR 136 (1972), 177.
18   BGHZ 146, 341 Leitsatz 1.

mit Eigentümerin der von den Gesellschaftern eingebrachten oder von ihr selbst erworbenen beweglichen Sachen und Grundstücke.[19]

Die Außen-GbR ist auch die Partnerin der in ihrem Namen geschlossenen Verträge. *Beispiel:* Rechtsanwalt R, der einer Sozietät in der Rechtsform einer GbR angehört, beriet den Mandanten M. Früher schloss ein GbR-Gesellschafter den Vertrag im eigenen Namen und zugleich im Namen seiner Mitgesellschafter. Heute schließt er den Vertrag im Namen der GbR, die allein Vertragspartnerin wird.[20]

Gesamthandsgemeinschaft: Die Außen-GbR ist nach wie vor eine Gesamthandsgemeinschaft, wird aber einer juristischen Person insofern angenähert, als sie unter ihrem Namen – ohne die einzelnen Gesellschafter zu nennen – am Rechtsverkehr teilnehmen kann. [21] Das Vorbild ist die OHG, die ebenfalls eine Gesamthandsgemeinschaft ist und schon seit dem Jahr 1900 „unter ihrer Firma Rechte erwerben und Verbindlichkeiten eingehen" kann (§ 124 HGB).   1117

Parteifähigkeit: Soweit die Außen-GbR rechtsfähig ist, ist sie auch aktiv und passiv parteifähig, kann also Klägerin und Beklagte sein.[22] Früher mussten die (einzeln namentlich aufgeführten) Gesellschafter klagen oder verklagt werden. Heute klagt die GbR selbst oder wird verklagt.[23]   1118

Grundbuchfähigkeit: Auch nachdem die Rechtsfähigkeit der Außen-GbR anerkannt war, war die Frage umstritten, wie die GbR ins Grundbuch eingetragen werden kann.[24] Das Problem ist, dass die GbR nicht (mit ihren Gesellschaftern) in einem öffentlichen Register publik gemacht wird (wie die OHG im Handelsregister). Deshalb ist unsicher, welche Personen aktuell Gesellschafter sind. Der neu gefasste § 47 Abs. 2 S. 1 GBO geht davon aus, dass primär die GbR als Grundstückseigentümerin eingetragen wird, bestimmt aber, dass „*auch* deren Gesellschafter im Grundbuch einzutragen" sind. Das Problem, dass sich nach der Eintragung Änderungen im Gesellschafterbestand ergeben können, versucht § 899 a Satz 1 zu lösen. Er stellt die Vermutung auf, dass es sich bei den im Grundbuch eingetragenen Personen um Gesellschafter handelt und „dass darüber hinaus keine weiteren Gesellschafter vorhanden sind".[25]   1119

3. Geschäftsführungsbefugnis

Definition: Geschäftsführungsbefugnis ist die Befugnis, die Geschäfte der GbR zu führen, also Entscheidungen zu treffen. Die Geschäftsführungsbefugnis steht im Gegensatz zur *Vertretungsmacht*, die in den §§ 714, 715 geregelt ist (Rn 1125).   1120

Milde Haftung: Wer bei der Geschäftsführung einen Fehler gemacht hat, haftet gegenüber der Gesellschaft und den Gesellschaftern nur beschränkt. Denn er kann geltend machen, dass er in eigenen Angelegenheiten ebenso zu handeln pflegt (§§ 708, 277).

---

19 § 718 Abs. 1 nennt das Gesellschaftsvermögen immer noch „gemeinschaftliches Vermögen der Gesellschafter". Aber das ist für die Außen-GbR heute falsch (BGH NJW 2008, 1378 Rn 7).
20 BGH NJW 2012, 2435 Rn 15, 71.
21 BGHZ 146, 341 (343).
22 BGHZ 146, 341 (348); Erman/Westermann Vor § 705 Rn 18; MüKo/Schäfer § 705 Rn 318. Das gilt auch vor dem BVerfG (NJW 2002, 3533) und im Arbeitsgerichtsverfahren (BAG NJW 2005, 1004).
23 BGH NJW 2008, 1378 Rn 13; vgl auch BGH NZG 2006, 16; NJW 2003, 1043.
24 BGHZ 179, 102.
25 Der BGH hat pragmatische Lösungen gefunden (NJW 2011, 1958 und NZG 2016, 107).

An den Beweis sind aber strenge Anforderungen zu stellen.[26] Gegenüber Dritten kann sich die GbR nicht auf diese Haftungsbeschränkung berufen.

1121 *Gesamtgeschäftsführungsbefugnis:* Die §§ 709 bis 713 regeln die Frage, wer zur „Führung der Geschäfte" berechtigt und verpflichtet ist. Das Gesetz geht davon aus, dass alle Gesellschafter geschäftsführungsbefugt sind und alle Beschlüsse einstimmig gefasst werden müssen (§ 709 Abs. 1). *Beispiel:* Eine Rechtsanwalts-Sozietät in der Rechtsform einer GbR wollte mit einer anderen Sozietät fusionieren. Es bedurfte dazu der Zustimmung aller Sozien.[27]

Andere Regelungen: Der Gesellschaftsvertrag kann Abweichendes vorsehen:

1122 ■ *Beschränkung auf bestimmte Gesellschafter:* Der Gesellschaftsvertrag kann bestimmen, dass nur einige Gesellschafter geschäftsführungsbefugt sind, so dass die anderen (natürlich mit ihrem Einverständnis) von der Geschäftsführung ausgeschlossen sind (§ 710 Satz 1).

1123 ■ *Mehrheitsentscheidungen:* Wenn der Gesellschaftsvertrag Mehrheitsentscheidungen zulässt, ist im Zweifel eine Mehrheit nach Köpfen gemeint (§ 709 Abs. 2), nicht nach Kapitalbeteiligungen. Aber auch das kann vorgeschrieben sein.[28]

1124 ■ *Fremdgeschäftsführung:* Die GbR kann die Geschäftsführung weitgehend auf einen Nichtgesellschafter übertragen. Eine solche Delegation ist bei Publikumsgesellschaften nicht selten.[29] Sie wird vom BGH geduldet, solange die Gesellschafter ihre Rechte nicht endgültig aus der Hand geben.[30]

4. Vertretungsmacht

1125 *Vertretungsmacht* ist die Macht, die Gesellschaft zu vertreten, also das Recht, nach § 164 Abs. 1 S. 1 im Namen der GbR verbindliche Erklärungen gegenüber Dritten abzugeben. Vertretungsmacht und Geschäftsführungsbefugnis sind ganz verschieden und doch ähnlich, so dass sie leicht verwechselt werden. Deshalb muss man sich klarmachen: Die Geschäftsführungsbefugnis fragt: „Wer darf über Fragen des Geschäfts (mit)entscheiden?" Dagegen fragt die Vertretungsmacht: „Wer darf die GbR gegenüber Dritten *vertreten*?" Obwohl das BGB Geschäftsführungsbefugnis und Vertretungsmacht begrifflich sorgfältig trennt, koppelt § 714 die Vertretungsmacht an die Geschäftsführungsbefugnis.

1126 ■ *Gesamtvertretungsmacht:* Da die Geschäftsführungsbefugnis im Zweifel allen gemeinschaftlich zusteht (§ 709 Abs. 1) und § 714 einen Gesellschafter für vertretungsberechtigt erklärt, soweit er geschäftsführungsbefugt ist, steht auch die Vertretungsmacht im Zweifel allen Gesellschaftern gemeinsam zu (*Gesamt*vertretungsmacht).[31] Es handelt sich um eine *gesetzliche* Vertretungsmacht, keine Vollmacht (§ 166 Abs. 2), da das Gesetz selbst den Gesellschaftern in § 714 die Vertretungsmacht verleiht.

---

26 BGH NJW 2013, 3572 Rn 14.
27 BGH NJW 2005, 3061.
28 BGH NJW 2009, 669 Rn 14.
29 BGH NJW 2007, 1813 Rn 12; 2006, 2980 Rn 18; einschränkend NJW 2007, 995 Rn 8.
30 BGHZ 188, 233 Rn 21.
31 BGH NJW 2006, 2191 Rn 11; zur Gesamtvertretungsmacht BGB-AT Rn 952 ff.

■ *Einzelvertretungsmacht:* Der Gesellschaftsvertrag kann auch Einzelvertretungsmacht vorsehen.[32] *Beispiel:* A, B und C betreiben eine Gemeinschaftspraxis in der Rechtsform einer GbR. Nach dem Gesellschaftsvertrag besitzt jeder Einzelvertretungsmacht. A schloss im Namen der GbR einen Behandlungsvertrag mit der Patientin P. Die GbR ist damit die „Behandelnde" (§ 630a Abs. 1) und alle Gesellschafter sind zur Behandlung verpflichtet.

1127

5. Die Haftung für Verbindlichkeiten

a) Die Haftung der GbR selbst

Haftung aus Rechtsgeschäften: Aus der Rechtsfähigkeit der Außen-GbR ergibt sich, dass sie für Verbindlichkeiten aus Rechtsgeschäften haftet, die in ihrem Namen vorgenommen worden sind.

1128

Haftung für unerlaubte Handlungen: Die Frage, ob der Gesellschaft eine schädigende Handlung eines ihrer Gesellschafter zugerechnet werden kann, ist keine Frage der Vertretungsmacht. Denn eine unerlaubte Handlung ist keine Willenserklärung. Eine Regelung fehlt. Aber § 31 wird auf die Außen-GbR analog angewendet.[33] Nach dieser Vorschrift ist ein Verein für Schäden verantwortlich, die der Vereinsvorstand einem Dritten zufügt. *Beispiel:* Y war Gesellschafter einer Anwaltssozietät in der Rechtsform einer GbR und damit ihr „verfassungsmäßig berufener Vertreter" analog § 31.[34] Er unterschlug Mandantengelder und die GbR haftete dafür.

1129

b) Die Haftung der Gesellschafter

Gesamtschuldnerische persönliche Haftung: Die Gesellschafter haften persönlich als Gesamtschuldner mit ihrem gesamten Vermögen für die Verbindlichkeiten der GbR.[35] Aus den §§ 714, 710, 427, 421 ergibt sich das nicht mit der nötigen Klarheit. Aber der BGH wendet § 128 HGB analog an, der diese Haftung für die Gesellschafter einer OHG vorschreibt.[36] Das bedeutet, dass jeder GbR-Gesellschafter als Gesamtschuldner (§ 421) den Gläubigern in der gleichen Höhe haftet wie die GbR selbst. *Beispiel:* Eine GbR war als Steuerberaterin tätig. Ein Gesellschafter machte bei einer Beratung einen schweren Fehler. Für dessen Folgen hatte jeder Gesellschafter in voller Höhe persönlich einzustehen, aber alle zusammen nur einmal (§ 421 S. 1).[37]

1130

Kein Haftungsausschluss: Die Gesellschafter können ihre persönliche Haftung nicht einseitig ausschließen, etwa durch den Zusatz „GbR mbH".[38] Wenn die Gesellschafter erreichen wollen, dass ihre Gläubiger (zB Lieferanten, Darlehensgeber oder Vermieter) nur auf das Vermögen der GbR zugreifen können, dann muss die GbR das *ausdrücklich und individuell* (nicht durch AGB) im Vertrag *mit dem jeweiligen Gläubiger vereinbaren.*

1131

---

32 Ein Beispiel für eine GbR, die einen einzigen Gesellschafter zum „Geschäftsführer" bestellt hat, findet sich in BGH NJW 2007, 995.
33 BGHZ 154, 88 (93 f); allgemeine Meinung, zB NK-BGB/Heidel/Lochner § 31 Rn 3.
34 BGH NJW 2007, 2490 Rn 14.
35 BGHZ 142, 315 (318) = Fall 34, Rn 1100. Die Entscheidung ist ergangen, bevor BGHZ 146, 341 die Teilrechtsfähigkeit der GbR anerkannt hat.
36 BGHZ 146, 341 (358).
37 BGH NJW 2013, 2345 Rn 13. Freiberufler können eine persönliche Haftung ausschließen, wenn sie die Rechtsform der Partnerschaftsgesellschaft mit beschränkter Berufshaftung (PartGmbB) wählen (§ 8 Abs. 4 PartGG).
38 BGHZ 142, 315 (Fall 34, Rn 1100).

1132   *Geschlossene Immobilienfonds:* Ein geschlossener Immobilienfonds ist darauf ausgerichtet, bei Anlegern Kapital in einer festgelegten Höhe einzuwerben (daher *„geschlossener* Fonds") und mit diesem Geld Gebäude zu erwerben oder zu errichten und zu verwalten. Ein Immobilienfonds wird häufig in der Rechtsform einer Außen-GbR betrieben. Da ein Immobilienfonds idR bei Kreditinstituten Darlehen in Millionenhöhe aufnimmt, wäre bei gesamtschuldnerischer Haftung das Risiko für den einzelnen Anleger zu hoch. Deshalb vereinbaren diese Fonds üblicherweise mit dem Darlehensgeber, dass jeder Gesellschafter nur beschränkt haftet, etwa prozentual in Höhe seiner Beteiligung. Begnügt sich ein Gläubiger mit einer solchen quotalen Haftung, kann er später die Gesellschafter nicht als Gesamtschuldner in Anspruch nehmen.[39]

c) Regress bei der GbR

1133   § 713 stellt den Gesellschafter weitgehend einem Beauftragten gleich (§§ 662 ff). Wenn ein Gesellschafter von einem Gläubiger erfolgreich in Anspruch genommen worden ist, kann er deshalb nach den §§ 713, 670 von der GbR Ersatz seiner Aufwendungen verlangen. Die Tatsache, dass der Gläubiger einen *Gesellschafter* in Anspruch genommen hat, lässt allerdings vermuten, dass die GbR zahlungsunfähig ist.

d) Haftung eines neuen Gesellschafters für alte Verbindlichkeiten

1134   *Eintritt in eine bestehende GbR:* Wer in eine GbR als neuer Gesellschafter eintritt, haftet auch für Altschulden (analog § 130 HGB), wenn „er sie bei seinem Eintritt ... kennt oder ... hätte erkennen können".[40] *Beispiel:* A trat einer GbR bei, der Mietshäuser gehören und die vor seinem Eintritt einen Vertrag mit den Stadtwerken über die Belieferung mit Erdgas geschlossen hatte. Er haftete für diese Altverbindlichkeit, weil er mit solchen Verbindlichkeiten rechnen musste.[41]

1135   *Gründung einer GbR:* Wenn ein Einzelanwalt mit einem Kollegen eine GbR gründet und dazu seine Kanzlei einbringt, stellt sich die Frage, ob die neue GbR für die Altverbindlichkeiten haftet. *Beispiel:* Rechtsanwalt A nahm seinen jüngeren Kollegen B als Sozius auf, wodurch eine GbR entstand. Später erfuhr B, dass A Gelder seines früheren Mandanten M veruntreut hatte und ihm deshalb über 700 000 Euro schuldete. M verklagte B, aber der BGH wies die Klage ab.[42] Nicht die neu gegründete GbR (und damit auch nicht B) schuldete die Summe dem M, sondern weiterhin allein A.

6. Ausscheiden eines Gesellschafters

1136   *Kündigung:* Wurde die Gesellschaft (wie praktisch immer) für *unbestimmte* Zeit eingegangen, kann ein Gesellschafter sie „jederzeit kündigen" (§ 723 Abs. 1 S. 1) mit der Folge, dass die Gesellschaft aufgelöst wird. Aber diese Bestimmung wird im Gesellschaftsvertrag üblicherweise ausgeschlossen. Die Kündigung führt dann nur zum Ausscheiden des kündigenden Gesellschafters (§ 736 Abs. 1).

Die Kündigung bedarf keiner Form und ist deshalb auch konkludent möglich.[43] Sie muss aber allen Gesellschaftern zugehen. Es reicht nicht, sie nur an die vertretungsbe-

---

39 BGHZ 150, 1 und 188, 233; BGH NJW 2013, 1089 Rn 19.
40 BGHZ 154, 370 (373 ff).
41 BGH NJW 2006, 765; 2007, 1813 Rn 32; BGHZ 154, 370 (375).
42 BGHZ 157, 361; BGH NZG 2012, 65.
43 BGH NJW 2011, 2292 Rn 10.

rechtigten Gesellschafter zu richten, weil deren passive Vertretungsmacht nicht Willenserklärungen umfasst, die die Grundlage der Gesellschaft betreffen.[44]

„… wächst sein Anteil … den übrigen … zu": Durch das Ausscheiden eines Gesellschafters „wächst sein Anteil am Gesellschaftsvermögen den übrigen Gesellschaftern zu" (§ 738 Abs. 1 S. 1). Mit dieser plastischen Formulierung stellt § 738 klar, dass der ausscheidende Gesellschafter nicht berechtigt ist, seinen Anteil auf einen außenstehenden (fremden) Dritten zu übertragen. Das entspricht dem Vertrauensverhältnis, das oft zwischen den Gesellschaftern besteht. Die verbleibenden Gesellschafter entscheiden selbst, ob sie einen neuen Gesellschafter aufnehmen wollen, und wenn ja, wen.

Abfindung: Da den verbleibenden Gesellschaftern der Anteil zuwächst, müssen sie den Ausgeschiedenen entschädigen. Ihm ist deshalb „dasjenige zu zahlen, was er bei der Auseinandersetzung erhalten würde, wenn die Gesellschaft zur Zeit seines Ausscheidens aufgelöst worden wäre" (§ 738 Abs. 1 S. 2). Schuldnerin des Abfindungsanspruchs ist die GbR,[45] neben ihr haften die verbleibenden Gesellschafter analog § 128 HGB.   1137

Um die Abfindung aufbringen zu können, müsste die GbR manchmal einen erheblichen Kredit aufnehmen. Das gilt insbesondere, wenn – was zulässig ist – die Mehrheit der Gesellschafter kündigt.[46] Der Gesellschaftsvertrag kann deshalb auch eine Realteilung vorsehen. *Beispiel*: Eine Rechtsanwalts-GbR einigte sich darauf, dass der Ausscheidende die von ihm betreuten Mandate mitnahm.[47]   1138

Ausgleich eines Fehlbetrags: Wer eine Gesellschaft verlassen will, die Verluste macht, erhält keine Abfindung, sondern eine Rechnung. Denn er muss den Anteil am Fehlbetrag zahlen, der seiner Beteiligung an der Gesellschaft entspricht (§ 739). Schon mancher ausgeschiedene Gesellschafter, der mit einer Abfindung gerechnet hatte, hat durch § 739 eine große Enttäuschung erlebt.[48]   1139

Außerdem verweist § 736 Abs. 2 auf die Regelung, die für ausgeschiedene OHG-Gesellschafter gilt (§ 160 HGB). Deshalb haftet ein ausgeschiedener Gesellschafter für die bis zu seinem Ausscheiden begründeten Verbindlichkeiten den Gläubigern der GbR, allerdings nur bis zum Ablauf einer fünfjährigen Frist.[49]

Ausscheiden aus einer Zwei-Mann-GbR: Ist im Gesellschaftsvertrag bestimmt, dass die Gesellschaft von den verbleibenden Gesellschaftern fortgesetzt wird, so wächst beim Ausscheiden des vorletzten Gesellschafters dem verbleibenden Gesellschafter das Vermögen der GbR zu.[50] Zugleich ist die GbR aufgelöst, weil es keine Ein-Mann-GbR gibt.   1140

7. Auflösung und Auseinandersetzung

Die §§ 723 bis 735 regeln die Auflösung der Gesellschaft und die anschließende Auseinandersetzung unter den Gesellschaftern.   1141

---

44 Staudinger/Habermeier § 723 Rn 9; BGH NJW 2016, 2492 Rn 25.
45 BGH NJW 2016, 3597 Rn 9.
46 BGH NJW 2008, 1943 Rn 11.
47 BGH NJW 1995, 1551; 1994, 796.
48 BGH NJW 2015, 2882.
49 Erman/Westermann § 736 Rn 7.
50 BGH NJW 2008, 2992 Rn 9.

Auflösung: Das Gesetz nennt in den §§ 723 bis 728 einige Auflösungsgründe, von denen aber üblicherweise viele im Gesellschaftsvertrag ausgeschlossen werden.

Auseinandersetzung: Die Auflösung führt nicht dazu, dass die GbR nicht mehr existiert, sondern leitet nur ihre Abwicklung ein, die das Gesetz „Auseinandersetzung" nennt (§ 730 Abs. 1). Sie bedeutet, dass laufende Geschäfte abgewickelt, Schulden bezahlt (§ 733) und Forderungen eingezogen werden. Am Ende wird ein möglicher Überschuss verteilt (§ 734). Häufig empfiehlt es sich aber, alle Werte real zu teilen. *Beispiel:* Eine GbR von Steuerberatern war durch Beschluss aufgelöst worden. Die Sozien teilten die Sachwerte und ließen jeden Mandanten entscheiden, von wem er künftig betreut werden wollte. Der BGH hat dazu gesagt, das sei „die sachlich naheliegende und angemessene Art der Auseinandersetzung einer Freiberuflersozietät".[51]

Wenn die Gesellschaft überschuldet ist, erhält kein Gesellschafter etwas, vielmehr muss jeder seinen Anteil an den ungedeckten Verbindlichkeiten in die Gesellschaftskasse einzahlen (§ 735). Es gilt das, was § 739 für die ausgeschiedenen Gesellschafter anordnet (Rn 1139).

III. Die Innen-GbR

1142 Die Innen-GbR ist eine GbR, die drei „typische Merkmale" aufweist:[52] Sie nimmt nicht am Rechtsverkehr teil, sie bildet kein Gesamthandsvermögen und in ihrer Satzung (wenn sie eine hat) fehlt eine Vertretungsregelung. Der Hauptunterschied zur Außen-GbR besteht aber darin, dass die Innen-GbR nicht einmal eine *Teil*rechtsfähigkeit besitzt. Zu den Innen-Gesellschaften gehören Tipp-, Fahr- und Wohngemeinschaften,[53] aber auch Abonnementsgemeinschaften (zum gemeinsamen Bezug eines Printmediums) und Urlaubsgemeinschaften. *Beispiel:* Zwei junge Medizinerinnen mieteten während eines Praktikums in Kapstadt einen Pkw für einen gemeinsamen Ausflug.[54]

1143 Es gibt auch einen Typ der Innen-GbR, der im Wirtschaftsleben eine wichtige Rolle spielt, nämlich das Stimmrechtskonsortium. *Beispiel:* Ein Großteil der Aktien der „Deutsche Gelatine-Fabriken AG" wird von Nachkommen der Gründer gehalten. Sie haben eine Innen-GbR gegründet mit dem Ziel, in der Hauptversammlung einheitlich abzustimmen.[55]

1144 *Eheliche Lebensgemeinschaft:* Die Ehe ist (wie die nichteheliche Lebensgemeinschaft) grundsätzlich keine GbR, weil sie auf persönliche, nicht auf rechtliche und wirtschaftliche Ziele ausgerichtet ist. Etwas anderes kann aber gelten, wenn die Partner auch eine *Vermögensgemeinschaft* bilden wollten, etwa durch den gemeinsamen Erwerb einer Immobilie.[56] Es muss dann aber ein zumindest schlüssig (konkludent) zustande gekommener Gesellschaftsvertrag erkennbar sein.[57]

---

51 BGH NJW 2010, 2660 Rn 2; wörtlich ebenso NJW 2016, 3597 Rn 16.
52 BGH NJW 2019, 161 Rn 11; siehe auch BGH ZIP 2018, 1492 Rn 19.
53 BGH NJW 1997, 3437.
54 BGH NJW 2009, 1482.
55 BGH NJW 2009, 669 – „Gelatine III"; zu derselben Gesellschaft schon BGHZ 159, 30 („Gelatine I") und BGH ZIP 2004, 1001 („Gelatine II"). Zu einer ähnlichen Innengesellschaft siehe BGH NZG 2010, 62.
56 BGH NJW 2013, 2187 Rn 15; BGHZ 177, 193 Rn 18 ff.
57 BGH NJW 2006, 1268.

§ 35 Die Gemeinschaft nach Bruchteilen

Fall 35: Masse für Dentalabdrücke   §§ 741, 743, 745   1145

▶ *Der Chemiker Dr. Karl Heitmann war acht Jahre lang in der Entwicklungsabteilung der Dentalchemie AG tätig gewesen. Er erfand in dieser Zeit eine gummi-elastische Masse für Dentalabdrücke, die zum Patent angemeldet wurde. Er und die Dentalchemie sind gemeinschaftlich Inhaber dieses Patents, Heitmann zu 60 %, die Dentalchemie zu 40 %. Bei Heitmanns Ausscheiden aus dem Unternehmen verpflichtete sich die Dentalchemie, Heitmann eine Million Euro dafür zu zahlen, dass er ihr für zehn Jahre exklusiv sein Wissen über Dentalabdruckmassen zur Verfügung stellte.*

Mit Anwaltsschreiben, das der Dentalchemie AG am 6. April 2012 zuging, verlangte Heitmann erstmals eine Lizenzgebühr mit der Begründung, die Dentalchemie habe die Erfindung ohne seine Zustimmung schon vor Jahren in Benutzung genommen und nutze sie weiterhin. (Nach BGHZ 162, 342)

Nach § 6 S. 2 PatG steht Miterfindern „das Recht auf das Patent gemeinschaftlich zu". Nach 1146
§ 741 gelten die §§ 742 ff – sofern nicht andere Vorschriften vorgehen – immer dann, wenn ein Recht mehreren Personen gemeinschaftlich zusteht.[58] Deshalb bilden die Dentalchemie und Heitmann hinsichtlich des Patents eine Gemeinschaft nach Bruchteilen.

Heitmann ist offenbar der Ansicht, dass ihm nach § 743 Abs. 1 – seinem Anteil entsprechend – 60 % der „Früchte" (§ 99 Abs. 2) zustünden, die die Dentalchemie durch Benutzung des Patents erwirtschaftet hat. Dem hat sich der BGH aber nicht angeschlossen. Der Gebrauch eines gemeinschaftlichen Rechts durch die Teilhaber ist in § 743 Abs. 2 geregelt. Der Gebrauch steht jedem Teilhaber zu, soweit „nicht der Mitgebrauch der übrigen Teilhaber beeinträchtigt wird". Die Nutzung des Patents durch die Dentalchemie hat den Mitgebrauch durch Heitmann nicht beeinträchtigt. Denn Heitmann hätte das Patent – etwa durch eine eigene Vergabe von Lizenzen – genauso nutzen können wie die Dentalchemie, er hat es nur nicht getan. Dass die Dentalchemie deshalb etwas von ihren Gebrauchsvorteilen an Heitmann herauszugeben hätte, ist § 743 Abs. 2 nicht zu entnehmen.[59]

Daraus ergibt sich, dass Heitmann zumindest für die Zeit bis zum 6. April 2012 keine Ausgleichszahlung von der Dentalchemie beanspruchen kann. Zu prüfen ist jedoch, ob sich die Rechtslage mit dem Zugang seines Schreibens änderte.[60] In diesem Schreiben verlangte Heitmann indirekt, „eine dem Interesse aller Teilhaber ... entsprechende Verwaltung und Benutzung" des gemeinsamen Patents einzuführen (§ 745 Abs. 2). Vom 7. April 2012 an hat deshalb Heitmann grundsätzlich Anspruch auf eine angemessene Verwaltung und damit auf 60 % der Vorteile, die der Dentalchemie AG von diesem Zeitpunkt an durch die Nutzung des Patents zugeflossen sind.

Zu beachten ist aber, dass nach § 745 Abs. 2 die Verwaltung „billigem Ermessen" entsprechen muss. Es kann deshalb angemessen sein, bei der Festlegung des Heitmann zustehenden Betrags die Summe von einer Million Euro ganz oder teilweise zu berücksichtigen, die er bereits erhalten hat. Um diese Frage zu klären, hat der BGH die Sache an das OLG zurückverwiesen. ◀

---

58 BGH GRUR 2001, 226 – Rollenantriebseinheit; GRUR 2003, 702 – Gehäusekonstruktion.
59 BGHZ 162, 342 (346).
60 Im Originalsachverhalt hatte das OLG das Datum des Schreibens nicht ermittelt, so dass der BGH die Sache schon aus diesem Grund zurückverwies.

Lerneinheit 35

1147 Literatur: *Roßmann*, Die Auseinandersetzung einer Ehegattengemeinschaft nach Bruchteilen, FuR 2019, 558; *Sterzinger*, Unternehmereigenschaft einer Bruchteilsgemeinschaft und Zurechnung von Umsätzen, MwStR 2019, 298; *Schwab*, Rechtsprobleme einer Miterfindung nach dem Arbeitnehmererfindergesetz, GRUR 2018, 670; *Albers*, Aufteilung von Preisen bei Gewinnspielen – Fünf Freunde und ein Kronkorken, NJW 2017, 2380; *Becker*, Das Recht des Gläubigers auf Aufhebung einer Bruchteilsgemeinschaft am Grundstück, ZfIR 2016, 521.

I. Einführung

1. Definition

1148 Eine „Gemeinschaft nach Bruchteilen" (§ 741) ist eine Gemeinschaft zwischen zwei oder mehr Personen, denen „ein Recht gemeinschaftlich" zusteht. Die Personen werden „Teilhaber" genannt (zB in § 742). Das gemeinschaftliche „Recht" ist häufig das Eigentum an einem Grundstück oder an einer beweglichen Sache, es kann aber auch eine Forderung[61] sein oder ein Patent (Fall 35, Rn 1145).

Terminologie: § 741 definiert den in Klammern gesetzten Begriff, also die „Gemeinschaft nach Bruchteilen". Deshalb ist das die eigentliche Bezeichnung. Aber Titel 17 trägt die Überschrift „Gemeinschaft", so dass auch diese Kurzbezeichnung offiziell ist. Gebräuchlich ist auch „Bruchteilsgemeinschaft".

2. Abgrenzung von ähnlichen Gemeinschaften

1149 *Verhältnis zur Gesellschaft:* Die Gesellschafter einer GbR schließen sich zur „Erreichung eines gemeinsamen Zwecks" zusammen, den jeder zu „fördern" verspricht (§ 705; Rn 1103). Demgegenüber sind die Teilhaber einer Bruchteilsgemeinschaft nur dadurch miteinander verbunden, dass ihnen gemeinsam ein Recht zusteht, das sie verwalten müssen. Ein gemeinsames Ziel haben sie idR nicht. Dieser Unterschied zeigt sich schon in der Entstehung: Eine Gesellschaft wird zielgerichtet und gewollt gegründet, während eine Bruchteilsgemeinschaft oft ohne oder sogar *gegen* den Willen der Beteiligten entsteht. Daraus ergibt sich ein weiterer Unterschied: Vom Grundsatz her ist eine Gesellschaft *auf Dauer* angelegt, während eine Bruchteilsgemeinschaft nur eine Interessengemeinschaft *auf Zeit* ist.[62] Das wird besonders deutlich an § 749 Abs. 1 (Rn 1156).

Wenn „ein Recht mehreren gemeinschaftlich" zusteht (§ 741), müsste eigentlich immer eine Gemeinschaft vorliegen. Aber die Rechtsform der GbR verdrängt die der Gemeinschaft.[63] § 741 verdeutlicht das mit den Worten: „… sofern sich nicht aus dem Gesetz ein anderes ergibt". Der Vorrang der Gesellschaft folgt letztlich aus der Tatsache, dass die Gesellschaft auf Fortbestand angelegt ist, die Gemeinschaft auf Auflösung (§ 749 Abs. 1).

1150 *Verhältnis zum Miteigentum:* Drei Vorschriften des Sachenrechts (§§ 1008 bis 1011) bilden den Titel 5 „Miteigentum". § 1008 sagt etwas genauer, dass „das Eigentum an

---

61 Etwa ein Bankguthaben (BGH NJW 2000, 2347).
62 BGH NJW 2017, 2768 Rn 33.
63 Etwas anderes gilt, wenn sich die Beteiligten ausdrücklich für die Rechtsform einer Bruchteilsgemeinschaft entscheiden wie im Fall des Ritterguts Balzheim (BGHZ 140, 63; unten Rn 1154, Beispiel 2).

einer Sache mehreren *nach Bruchteilen"* zusteht. In der Praxis spricht man meist kurz vom „Bruchteilseigentum".

Die §§ 1008 ff und die §§ 741 ff schließen sich nicht aus, sondern haben unterschiedliche Funktionen: Die §§ 1008 ff regeln die *sachenrechtlichen* Fragen, die auftauchen, wenn mehrere Personen gemeinsam Eigentümer einer (beweglichen oder unbeweglichen) Sache sind. Demgegenüber regeln die §§ 741 ff die *schuldrechtlichen* Fragen, die sich aus dem notwendigen Zusammenwirken der Miteigentümer ergeben. Ein weiterer Unterschied besteht darin, dass sich die Gemeinschaft auf alle denkbaren Vermögensgegenstände beziehen kann, während das Miteigentum sich nur auf *Sachen* bezieht (weil Eigentum nur an Sachen begründet werden kann).

Verhältnis zum Wohnungseigentum: Ein Wohnungseigentümer ist Alleineigentümer   1151
seiner Wohnung („Sondereigentum") und zugleich Miteigentümer des „gemeinschaftlichen Eigentums" (§ 1 Abs. 2 WEG). Zu Letzterem gehören das Grundstück, auf dem das Gebäude steht, und wichtige Gebäudeteile wie Dach und Außenmauern (§ 5 Abs. 2 WEG).

Da die Wohnungseigentümer hinsichtlich des „gemeinschaftlichen Eigentums" *Miteigentümer* sind, könnte man an eine unmittelbare Anwendung der §§ 741 ff denken. Aber die Vorschriften des WEG gehen vor.[64] Nur soweit das WEG „keine besonderen Bestimmungen enthält", bestimmt sich „das Verhältnis der Wohnungseigentümer untereinander ... nach den Vorschriften des Bürgerlichen Gesetzbuchs über die Gemeinschaft" (§ 10 Abs. 2 S. 1 WEG).

Verhältnis zur Erbengemeinschaft: Die sehr häufige Erbengemeinschaft (§§ 2032 ff) gehört zu den „Gemeinschaften zur gesamten Hand". Diese spielen trotz ihrer sonderbar   1152
altmodischen Bezeichnung im Rechtsleben eine wichtige Rolle. Denn zu ihnen gehören außer der Erbengemeinschaft auch die GbR (§§ 705 ff) und ihre „große Schwester", die OHG (§§ 105 ff HGB). Auf die Erbengemeinschaft sind die Vorschriften über die Bruchteilsgemeinschaft nur anwendbar, soweit das Gesetz das ausnahmsweise anordnet (zB in § 2038 Abs. 2 S. 1).

3. Beispiele für Gemeinschaften

Kraft Gesetzes entstandene Gemeinschaften: Eine Gemeinschaft nach Bruchteilen entsteht oft kraft Gesetzes, also ohne (oder sogar gegen) den Willen der Beteiligten. Sie ist   1153
dann Grundlage gesetzlicher Schuldverhältnisse, ohne selbst eines darzustellen.[65] *Beispiel 1:* Kies des A ist mit Zement des B vermischt worden, so dass beide Bruchteilseigentum erworben haben (§ 948). *Beispiel 2:* Ein Arbeitgeber und sein Arbeitnehmer sind gemeinsam an einem Patent beteiligt (Fall 35, Rn 1145).

Durch Rechtsgeschäft begründete Gemeinschaften: Eine Gemeinschaft nach Bruchteilen kann auch dadurch entstehen, dass zwei oder mehr Personen gemeinsam ein Recht   1154
durch Rechtsgeschäft erwerben. *Beispiel 1:* Die Eheleute A und B erwarben gemeinsam ein Wohnhaus und wurden als Miteigentümer eingetragen. Miteigentum nach Bruchteilen (§§ 1008 ff) führt unter den Miteigentümern zu einer Bruchteilsgemeinschaft (§ 741). Durch Vertrag kann auch eine atypische Bruchteilsgemeinschaft begründet werden. *Beispiel 2:* Die weit verzweigten Familien Ehinger und von Palm beschlossen, ihre benachbarten Waldgrundstücke zum „Rittergut Balzheim" zusammenzulegen. Sie

---

64 BGH NJW 2013, 1962 Rn 10.
65 BGHZ 62, 243 (246); Palandt/Sprau § 741 Rn 9; MüKo/Karsten Schmidt § 741 Rn 3.

wählten nicht – was nahe gelegen hätte – die Rechtsform einer Gesellschaft bürgerlichen Rechts, sondern gaben bewusst einer „Gemeinschaft nach Bruchteilen" den Vorzug.[66]

II. Die Verwaltung des gemeinschaftlichen Rechts

1155   Jeder Teilhaber hat das Recht, den gemeinschaftlichen Gegenstand *für sich* zu nutzen, soweit er damit nicht andere Teilhaber behindert (§ 743 Abs. 2). Das kann aber ausgeschlossen werden. *Beispiel 1:* Den Hauseigentümern einer Reihenhausanlage gehört das hinter den Häusern liegende Grundstück als Bruchteilseigentum. Sie beschlossen, dass jedem der hinter seinem Haus liegende Teil zur alleinigen Nutzung überlassen werden sollte. Damit waren alle anderen – entgegen § 743 Abs. 2 – von der Nutzung ausgeschlossen.[67] *Beispiel 2:* Die Miteigentümer eines Mehrfamilienhauses beschlossen, einem von ihnen auf dessen Wunsch die entgeltliche Nutzung einer Wohnung zu gestatten. Darin lag nicht nur ein Akt der gemeinschaftlichen Verwaltung (§ 745 Abs. 1), sondern auch der Abschluss eines wirksamen Mietvertrags.[68]

Soweit keine Sondernutzungsrechte vereinbart sind, kann jeder Teilhaber die *gemeinsame* Verwaltung und Benutzung verlangen (§ 745 Abs. 2). Jeder hat so viel Stimmen, wie seinem Anteil entspricht (§ 745 Abs. 1 S. 2). Wer über die Mehrheit verfügt, bestimmt. Er kann allerdings nicht beschließen, dass die Nutzung nur ihm zustehen soll (§ 745 Abs. 3 S. 2). Nach der Höhe des Anteils richtet sich auch die Kostentragung (§ 748).

Über seinen Anteil kann jeder Teilhaber allein verfügen (§ 747 Satz 1). Den anderen steht kein Widerspruchsrecht und nicht einmal ein Vorkaufsrecht zu. Daran ist gut zu erkennen, dass die Bruchteilsgemeinschaft nach der Vorstellung des Gesetzgebers nicht auf Dauer angelegt ist.

III. Die Aufhebung der Gemeinschaft

1156   Wie fragil und provisorisch der Gesetzgeber die Gemeinschaft versteht, zeigt sich besonders deutlich an § 749 Abs. 1, der jedem Teilhaber das Recht gibt, ohne Angabe von Gründen jederzeit die Auflösung der Gemeinschaft zu verlangen. Dieses Recht kann allerdings vertraglich ausgeschlossen werden (§ 749 Abs. 2 S. 1). *Beispiel:* Die Teilhaber der Bruchteilsgemeinschaft „Rittergut Balzheim" haben schon bei der Gründung der Gemeinschaft deren Auflösung ausgeschlossen.[69] Allerdings steht auch dann jedem Teilhaber das Recht zu, die Aufhebung aus wichtigem Grund zu verlangen (§ 749 Abs. 2, Abs. 3).

1157   Wenn der gemeinsame Gegenstand ohne Wertverlust geteilt werden kann, führt die Aufhebung zu einer Teilung in Natur (§ 752). Aber das ist die Ausnahme, denn meist handelt es sich um einen unteilbaren Gegenstand, zB um ein bebautes Grundstück oder um ein Gemälde. In diesen Fällen können sich die Teilhaber auf einen freihändigen Verkauf einigen, der oft einen höheren Erlös bringt. Ansonsten erfolgt die Auflösung im Wege der Zwangsversteigerung (§ 753 Abs. 1 S. 1) und durch Teilung des Er-

---

66 BGHZ 140, 63.
67 BGH NJW 2007, 3636 Rn 12.
68 BGH NJW 2018, 2472 Rn 26.
69 BGHZ 140, 63.

löses.[70] Wenn die Mitglieder der Bruchteilsgemeinschaft sich nicht über die Teilung einigen können, wird der Erlös hinterlegt (§ 117 Abs. 2 S. 3 ZVG) und die Bruchteilsgemeinschaft setzt sich an ihm fort.[71]

---

70 BGH NJW 20117, 2768 Rn 34.
71 Genau genommen an der Forderung gegen die Hinterlegungstelle (BGH NJW 2017, 2544 Rn 25).

NEUNTES KAPITEL VERTRÄGE ÜBER EIN RISIKO

§ 36 Der Bürgschaftsvertrag

1158   **Fall 36: Seehotel Parchow GmbH**   §§ 765, 766

▶ *Die Seehotel Parchow GmbH betreibt ein Hotel mit 127 Betten in einem gepachteten Gebäude. Ihr Mehrheitsgesellschafter und einziger Geschäftsführer ist Wilfried Hampel. Die GmbH benötigte einen größeren Kredit, konnte aber keine Hypothek oder Grundschuld anbieten, weil sie nur Pächterin ist und der Eigentümer nicht zu einer Belastung seines Grundstücks bereit war. Schließlich einigte sich die Sparkasse Parchow mit Herrn Hampel, dass dieser für den Kredit in Höhe von 360 000 Euro eine Bürgschaft unterschreiben sollte. Hampel unterschrieb den Kreditvertrag in der Zeile „Für die Kreditnehmerin ..." mit seinem Namen und dem maschinenschriftlichen Zusatz „Geschäftsführer der Seehotel Parchow GmbH". Unter dieser Unterschrift steht: „Bürgschaft – Für diesen Kredit übernimmt als Geschäftsführer und Gesellschafter der GmbH der unterzeichnete Herr Wilfried Hampel die selbstschuldnerische Bürgschaft." Dieser Satz ist nicht unterschrieben. Als die Sparkasse Herrn Hampel später aus der Bürgschaft in Anspruch nehmen wollte, entgegnete dieser, dass die Bürgschaftserklärung formnichtig sei. Muss Hampel zahlen?*

1159   Hampel muss nur dann zahlen, wenn zwischen ihm und der Sparkasse ein wirksamer Bürgschaftsvertrag (§ 765) zustande gekommen ist. Dazu müsste Hampel die Bürgschaft gegenüber der Sparkasse im *eigenen Namen* – nicht im Namen der GmbH – übernommen haben. Hampel sollte unter den Worten „als Geschäftsführer und Gesellschafter der GmbH" unterzeichnen. Hätte er das getan, könnte seine Erklärung so verstanden werden, als habe er sie im Namen der GmbH abgegeben. Aber das wäre juristisch unsinnig, weil die Person des Hauptschuldners immer verschieden sein muss von der des Bürgen (Rn 1165). Also ergeben die Umstände (§ 164 Abs. 1 S. 2), dass Hampel die fragliche Erklärung im *eigenen* Namen abgeben sollte.

Zu prüfen ist aber, welche Bedeutung die Tatsache hat, dass Hampel die Bürgschaftserklärung nicht unterschrieben hat. § 766 S. 1 lautet: „Zur Gültigkeit des Bürgschaftsvertrags ist schriftliche Erteilung der Bürgschaftserklärung erforderlich". Zur Schriftform gehört nach § 126 Abs. 1 zwingend die „Namensunterschrift". Hampel hat die Bürgschaftserklärung aber nicht unterschrieben. Sein Name steht nur *oberhalb* der Bürgschaftserklärung und bezieht sich erkennbar auf den Darlehensvertrag, den Hampel im Namen der GmbH, der Darlehensnehmerin, unterzeichnet hat. Deshalb ist die Bürgschaftserklärung mangels Unterschrift formnichtig (§ 125). Sie wäre nach § 350 HGB nur dann wirksam, wenn Hampel Kaufmann wäre. Aber Geschäftsführer sind (da sie nicht auf eigenes Risiko tätig sind) nie Gewerbetreibende und damit auch keine Kaufleute. Und auch in seiner Eigenschaft als Gesellschafter der GmbH ist Hampel kein Kaufmann. Deshalb ist die Bürgschaftserklärung nichtig (§ 125). Hampel braucht nicht zu zahlen. ◀

Lerneinheit 36

1160   Literatur: *Thelen/Thelen*, Unsichere Sicherheit - AGB-Kontrollen und Direktkonditionen bei der Bürgschaft, ZIP 2018, 901; *Schinkels*, Verbraucherbürgschaft und Verbraucherverkauf als Außergeschäftsraum- oder Fernabsatzvertrag i.S.d. Verbraucherrechte-Richtlinie? WM 2017, 113; *Musielak*, Bürgschaft, JA 2015, 161; *Grüneberg*, Aktuelle höchstrichterliche Rechtsprechung zur

Bürgschaft, WM 2015, Sonderbeilage 3, 3; *Hoffmann*, Personalsicherheiten als Außergeschäftsraumverträge, ZIP 2015, 1365.

I. Einführung

1. Einordnung

Begriff der Bürgschaft: An einer Bürgschaft sind immer mindestens drei Personen beteiligt, nämlich der Gläubiger, sein Schuldner und der Bürge. Der Bürgschaftsvertrag wird aber nur zwischen zwei dieser Personen geschlossen, nämlich zwischen dem Gläubiger und dem Bürgen. In diesem Vertrag verpflichtet sich der Bürge, „für die Erfüllung der Verbindlichkeit des Dritten" (des Schuldners) „einzustehen" (§ 765 Abs. 1). Zweck der Bürgschaft ist die Sicherung des Gläubigers. Denn die Bürgschaft soll sein Risiko vermindern, die vom Schuldner zu erbringende Leistung nicht zu erhalten. | 1161

Die Verpflichtung des Bürgen: Der Bürge wird durch die Bürgschaft nicht zum Schuldner der Hauptverbindlichkeit, sondern muss nur dafür „einstehen", dass der Hauptschuldner seine Schuld erfüllen wird. Er haftet deshalb nicht für eine eigene Schuld, sondern für *fremde* Schuld. Daraus folgt, dass Hauptschuldner und Bürge nicht auf gleicher Stufe stehen. Eigentlicher Schuldner ist nur der Hauptschuldner, während der Bürge lediglich ein Hilfsschuldner ist. | 1162

Auch wenn der Bürge für *fremde* Schuld *haftet*, so geht er doch im Bürgschaftsvertrag eine eigene Verbindlichkeit ein. Wenn er vom Gläubiger in Anspruch genommen wird, *leistet* er deshalb zur Erfüllung einer *eigenen* Verbindlichkeit.[1]

Einseitig verpflichtender Vertrag: Die Bürgschaft ist – wie sich schon aus dem Wort „Bürgschaftsvertrag" ergibt (§ 765 Abs. 1) – ein *Vertrag*. Aber sie ist ein *einseitig verpflichtender* Vertrag wie etwa die Schenkung (§ 516) oder der Auftrag (§ 662). Denn der Bürge verpflichtet sich gegenüber dem Gläubiger zu einer Leistung (dem Einstehen für die Erfüllung der Hauptverbindlichkeit), ohne vom Gläubiger dafür eine Gegenleistung zu erhalten. Wenn er vom *Hauptschuldner* etwas bekommt, ändert das den Charakter des einseitig verpflichtenden Vertrags nicht, weil der Hauptschuldner nicht Partner des Bürgschaftsvertrags ist. *Beispiel:* Die S-GmbH musste zu Gunsten ihrer Gläubigerin G-AG eine Bankbürgschaft stellen. Die B-Bank übernahm die Bürgschaft gegen ein monatlich zu zahlendes Entgelt („Avalprovision") von 1,5 % der Bürgschaftssumme.[2] Da allein die S-GmbH (nicht die G-AG) diese Beträge an die B-Bank zu zahlen hatte, erhielt die B-Bank von der G-AG keine Gegenleistung für die Bürgschaft. | 1163

Personale Sicherheit: Man unterscheidet reale und personale Sicherheiten: | 1164

- Eine *reale (oder dingliche) Sicherheit* liegt vor, wenn der Gläubiger das Recht erhält, zu seiner Befriedigung eine Sache oder ein Recht zu verwerten. Im Fall des Pfandrechts ist die reale Sicherheit eine bewegliche Sache oder ein Recht, im Fall der Hypothek und der Grundschuld eine unbewegliche Sache, also ein Grundstück.

- Demgegenüber eröffnet eine *personale Sicherheit* wie die Bürgschaft dem Gläubiger den Zugriff auf das gesamte Vermögen eines Dritten (hier des Bürgen). Da es das *gesamte* Vermögen ist, geht die Sicherheit einerseits weiter als bei einer realen Sicherheit. Andererseits kann das Vermögen des Bürgen natürlich gering oder gleich

---

1 BGH NJW 2018, 458 Rn 16; Palandt/Sprau § 812 Rn 83.
2 BGH NJW 2015, 1952.

null sein, so dass die Bürgschaft aus Sicht des Gläubigers auch schlechter sein kann als eine dingliche Sicherheit. Und: Ein Bürge kann verarmen oder untertauchen, ein Grundstück nicht.

2. Drei Personen

1165   An der Bürgschaft sind, wie gesagt, immer drei Personen beteiligt. Eine Identität zwischen zwei dieser drei Personen kann es nie geben. Insbesondere kann natürlich der Schuldner nicht zugleich Bürge sein. *Beispiel:* Für die Darlehensverbindlichkeit einer GmbH kann sich nicht die GmbH verbürgen, sondern nur eine dritte Person, in der Praxis meist ein Gesellschafter der GmbH (Fall 36, Rn 1158).

1166   *Hauptschuldner:* Der Hauptschuldner ist der Schuldner der Verbindlichkeit, für deren Erfüllung der Bürge einzustehen verspricht. In der Praxis ist der Hauptschuldner oft der Kreditnehmer eines Kreditinstituts. Während der Gläubiger und der Bürge immer nur diese Bezeichnungen führen, wird der Hauptschuldner auch einmal „Dritter" genannt, nämlich in § 765 Abs. 1. Das Gesetz vermeidet den Ausdruck „Schuldner", weil auch der Bürge Schuldner des Gläubigers ist, wenn auch nur hilfsweise.

1167   *Gläubiger:* Der Gläubiger ist in erster Linie der Gläubiger des Hauptschuldners bzw der Hauptverbindlichkeit. Er ist aber auch immer der *Gläubiger des Bürgen.* Denn die beiden Gläubigerstellungen dürfen nicht auf zwei Personen verteilt sein.[3]

1168   *Bürge:* Der Bürge ist der Vertragspartner des Gläubigers beim Abschluss des Bürgschaftsvertrags. Der Bürge darf nicht identisch sein mit dem Hauptschuldner oder dem Gläubiger. Das Gesetz sagt nirgends, dass Bürge nur werden kann, wer über ein ausreichendes Vermögen verfügt. Die Bürgschaft vermögensloser Angehöriger ist aber ein großes Problem (Rn 1223 ff).

II. Vertragsschluss

1. Vertragsparteien

1169   Der Bürgschaftsvertrag wird, wie schon betont, zwischen dem Gläubiger und dem Bürgen geschlossen (§ 765 Abs. 1). Die Initiative für das Zustandekommen des Vertrags geht aber meist vom Hauptschuldner aus, der den künftigen Bürgen bittet, gegenüber dem Gläubiger für ihn zu bürgen.

Wer von den beiden Partnern des Bürgschaftsvertrags den Antrag ausgesprochen hat und wer dessen Annahme, lässt sich natürlich nicht generell sagen. Im Übrigen kommt der Bürgschaftsvertrag meist durch die Unterzeichnung einer Urkunde zustande, und in diesen Fällen kann sowieso nur selten von Antrag und Annahme gesprochen werden.[4]

Vertrag zugunsten eines Dritten (§ 328): Ausnahmsweise kann ein Bürgschaftsvertrag auch zwischen dem Bürgen und dem Hauptschuldner nach § 328 zu Gunsten des Gläubigers geschlossen werden.[5]

---

3   BGH NJW 2003, 2231.
4   BGB-AT Rn 210.
5   BGH NJW 2003, 2231; 2002, 3461.

2. Form

a) Die Bürgschaftserklärung des Nichtkaufmanns

Hieße es in § 766 S. 1: „Der Bürgschaftsvertrag bedarf der Schriftform", müssten *beide* Partner des Bürgschaftsvertrags den Vertrag unterzeichnen (§ 126 Abs. 2 S. 1). Aber das Gesetz fordert nur die „schriftliche Erteilung der Bürgschafts*erklärung*", so dass nur der Bürge seine Vertragserklärung (Antrag oder Annahme) schriftlich abzugeben braucht (§ 126 Abs. 1). Es handelt sich also um ein *einseitiges* Schriftformerfordernis. Das ist eine Parallele zum Schenkungsvertrag, nur dass bei diesem eine notarielle Beurkundung (einseitig) erforderlich ist (§ 518 Abs. 1), nicht nur die Schriftform.   1170

Schriftform liegt nur vor, wenn zwei Voraussetzungen erfüllt sind: 1171

- Alle wesentlichen Punkte müssen in der Bürgschaftserklärung schriftlich festgehalten sein.[6] Zu ihnen gehören die Art und die Höhe der Hauptverbindlichkeit und die Person des Gläubigers sowie des Hauptschuldners.[7] Der Bürgschaftsvertrag ist allerdings wie jedes Rechtsgeschäft nach den §§ 133, 157 auslegbar.
- Der Bürge muss seine Bürgschaftserklärung mit seinem Namen unterschreiben (§§ 766 S. 1, 126 Abs. 1). Die elektronische Form (§ 126 a) ist ausgeschlossen (§ 766 S. 2).

Eine Bürgschaftserklärung, die eine der beiden Voraussetzungen nicht erfüllt, ist nach § 125 mit § 766 S. 1 nichtig.[8]   1172

Warnfunktion: Das Gesetz hat für die Erklärung des Bürgen Schriftform vorgeschrieben, um ihn von einem übereilten Vertragsschluss abzuhalten. Denn eine Bürgschaft ist ein gefährliches Rechtsgeschäft, dessen mögliche Folgen oft verharmlost werden. Der *Gläubiger* braucht natürlich keine Warnung, weil er ja ausschließlich etwas bekommt und deshalb kein Risiko eingeht (Rn 1178).   1173

Heilung des Formmangels: Wenn der Bürge die Schriftform nicht eingehalten hat, wird die Formnichtigkeit geheilt, wenn der Bürge (was er nicht tun muss) die Hauptverbindlichkeit erfüllt (§ 766 S. 3). Diese Regelung entspricht § 311 b Abs. 1 S. 2 und § 518 Abs. 2.[9] Die rückwirkende Heilung führt dazu, dass der Bürge die gezahlte Summe nicht als ungerechtfertigte Bereicherung nach § 812 zurückfordern kann.   1174

Vertretung: Der Bürge braucht nicht persönlich zu unterschreiben, sondern kann sich nach den allgemeinen Regeln vertreten lassen (§ 164 Abs. 1 S. 1). Entgegen § 167 Abs. 2 bedarf die Erteilung der Vollmacht der Schriftform.[10] Denn nur auf diese Weise kann die von § 766 gewollte Warnfunktion gewahrt werden.   1175

Blankobürgschaft: Manchmal unterschreibt der Bürge eine unvollständige Bürgschaftserklärung (Blankobürgschaft oder Bürgschaftsblankett) und vereinbart mit dem Gläubiger mündlich, dass dieser das Blankett ausfüllen dürfe. Dann ist die Schriftform der Bürgschaftserklärung nicht gewahrt.[11] Das ergibt sich aus § 126 Abs. 1, denn „unter-   1176

---

6   BGH NJW 2000, 1179 (1180).
7   BGH NJW 1995, 959; ähnlich NJW 2000, 1179 [1180]).
8   Die Nichtigkeitsfolge steht nicht in § 766 S. 1, sondern in § 125 – diese wichtige Vorschrift muss deshalb mitgenannt werden.
9   BGB-AT Rn 646.
10   BGH NJW 1996, 1469; OLG Düsseldorf DNotZ 2004, 313.
11   BGHZ 132, 119; dazu auch BGH NJW 2000, 1179 (1180).

zeichnen" kann man nur das, was dasteht.[12] Etwas anderes gilt nur, wenn der Bürge dem Gläubiger eine schriftliche Vollmacht zur Ausfüllung erteilt hat.

b) Die Bürgschaftserklärung des Kaufmanns

1177 Das Gesetz geht davon aus, dass Kaufleute geschäftlich gewandter und erfahrener sind als Nichtkaufleute und deshalb idR die Warnung nicht brauchen, die mit der Schriftform bezweckt wird. Deshalb bedarf eine Bürgschaftserklärung, die ein Einzelkaufmann (§ 1 HGB) abgibt, keiner Form (§ 350 HGB). Das gilt aber nur, wenn er sich *geschäftlich* verbürgt, nicht privat (zB für ein Familienmitglied oder einen Freund).

Handelsgesellschaften: Jede Handelsgesellschaft (zB OHG, KG, AG, GmbH) besitzt die Kaufmannseigenschaft (§ 6 Abs. 1 HGB). Es ist aber (anders als beim Einzelkaufmann) nicht zu differenzieren. Denn eine Handelsgesellschaft kennt kein Privatleben. Wenn sie sich verbürgt, tut sie das immer geschäftlich, so dass sie keine Form beachten muss. Wichtig ist nur, dass derjenige, der für die Gesellschaft die Bürgschaft erklärt, eine ausreichende Vertretungsmacht besitzt (§ 164).

c) Die Erklärung des Gläubigers

1178 Ganz im Gegensatz zur Erklärung des Bürgen ist die Erklärung des Gläubigers (Antrag oder Annahme) immer mündlich wirksam und kann sogar konkludent zum Ausdruck gebracht werden. Denn der Gläubiger, der durch die Bürgschaft nur Vorteile erlangt, braucht keine Warnung. Es kommt deshalb nicht darauf an, ob der Gläubiger Kaufmann oder Nichtkaufmann ist.

1179 *Entbehrlichkeit des Zugangs:* Geht dem Gläubiger ein schriftlicher Antrag auf Abschluss eines Bürgschaftsvertrags zu, kommt der Bürgschaftsvertrag zustande, wenn der Gläubiger den Antrag annimmt. Der *Zugang* der Annahmeerklärung (nicht diese selbst) kann nach § 151 entfallen.[13]

III. Die beiden anderen Schuldverhältnisse

1. Das Rechtsverhältnis zwischen dem Gläubiger und dem Hauptschuldner

1180 *Hauptverbindlichkeit:* Die Schuld, die der Hauptschuldner dem Gläubiger schuldet, heißt „Hauptverbindlichkeit" (§ 766 S. 2). Sie wird nur in § 765 Abs. 1 und Abs. 2 „Verbindlichkeit" genannt. Im Übrigen vermeidet das Gesetz dies Wort, weil auch der Bürge dem Gläubiger gegenüber eine Verbindlichkeit eingegangen ist. Die Hauptverbindlichkeit ist in den meisten Fällen eine Geldverbindlichkeit, oft eine Darlehensschuld (§ 488).

2. Das Rechtsverhältnis zwischen dem Hauptschuldner und dem Bürgen

1181 Zwischen dem Hauptschuldner und dem Bürgen können unterschiedliche Schuldverhältnisse bestehen:

Auftrag (§§ 662 ff): Wenn der Hauptschuldner an den künftigen Bürgen mit der Bitte herangetreten ist, die Bürgschaft zu übernehmen, und der Angesprochene sich dazu unentgeltlich bereit erklärt hat, haben beide den „Auftrag" genannten Vertrag ge-

---

12 Benedict Jura 1999, 78.
13 BGHZ 143, 381; BGH NJW 1999, 3046 und 1105; NJW 1997, 2233; BGB-AT Rn 213, Beispiel 1.

schlossen (§ 662; Rn 753). Wenn der Bürge später die Hauptverbindlichkeit bezahlt hat, kann er vom Hauptschuldner nach § 670 Ersatz seiner Aufwendungen verlangen (Rn 1266).

Geschäftsbesorgungsvertrag (§ 675 Abs. 1): Wenn sich ein Kreditinstitut auf Bitten des Hauptschuldners verbürgt (was häufig vorkommt), tut es das natürlich nicht unentgeltlich. Deshalb liegt statt eines Auftrags eine entgeltliche Geschäftsbesorgung mit Werkvertragscharakter vor (§ 675 Abs. 1; Rn 785). Auch in diesem Fall ist § 670 anwendbar, da § 675 Abs. 1 auf ihn verweist.   1182

Geschäftsführung ohne Auftrag (§§ 677 ff): Es kann sich auch jemand dem Gläubiger als Bürge zur Verfügung stellen, ohne vorher mit dem Hauptschuldner Kontakt aufgenommen zu haben. Er führt dann „ein Geschäft für einen anderen" (nämlich für den Hauptschuldner), „ohne von ihm beauftragt … zu sein" (§ 677). Wenn der Bürge – dem wirklichen oder dem mutmaßlichen Willen des Hauptschuldners entsprechend – an den Gläubiger geleistet hat, kann er nach den §§ 683, 670 vom Hauptschuldner Ersatz seiner Aufwendungen verlangen (Rn 1784).   1183

§ 37 Die Bestimmtheit der verbürgten Forderung

Fall 37: Heizungsbauer Kunkel   §§ 765, 307   1184

▶ *Rudolf Kunkel betrieb ein Heizungs- und Sanitärunternehmen. Die Sparkasse Rostock hatte ihm bereits Kredite von über 500 000 Euro gewährt. Als er die Löhne nicht mehr zahlen konnte, kam es zu einer Besprechung zwischen Kunkel und einem Mitarbeiter der Sparkasse über die Gewährung eines weiteren Kredits von 150 000 Euro. An dieser Besprechung nahm auch Kunkels damalige Lebensgefährtin und heutige Ehefrau Ines Reincken teil. Anschließend unterzeichnete Frau Reincken ein Formular der Sparkasse über eine selbstschuldnerische Bürgschaft in Höhe von 150 000 Euro. Nach dem Wortlaut des Formulars sollte die Bürgschaft „zur Sicherung aller bestehenden … Ansprüche der Sparkasse aus ihrer Geschäftsverbindung mit dem Unternehmer Rudolf Kunkel" dienen. Entgegen ihrer Zusage gewährte die Sparkasse Kunkel keinen weiteren Kredit, sondern kündigte alle bestehenden. Nunmehr nimmt sie Frau Reincken in Höhe von 150 000 Euro aus der Bürgschaft in Anspruch. Frau Reincken ist der Meinung, die Bürgschaft sei unwirksam, weil sie sich auf alle Forderungen der Sparkasse gegen ihren Ehemann beziehe, ohne die verbürgte Forderung zu bezeichnen. (Nach BGHZ 143, 95)*

Zunächst ist zu prüfen, ob Frau Reincken eine Bürgschaft über 150 000 Euro übernommen hat. Aus den Umständen ergibt sich, dass sich Frau Reincken für den Kredit von 150 000 Euro verbürgen wollte, der Herrn Kunkel zugesagt worden war. Frau Reincken hätte dann eine Bürgschaft für „eine künftige … Verbindlichkeit" übernommen (§ 765 Abs. 2). Zu fragen ist deshalb, ob aus dieser „künftigen" Verbindlichkeit auch eine tatsächliche geworden ist. Das ist nicht der Fall, weil die Sparkasse Herrn Kunkel den Kredit nicht gewährt hat. Mangels einer Hauptverbindlichkeit haftet die „Bürgin" Reincken nicht (§ 767 Abs. 1 S. 1).   1185

Möglicherweise hat sich Frau Reincken aber, wie es im Bürgschaftsvertrag heißt, für „alle bestehenden" Verbindlichkeiten des Hauptschuldners Kunkel verbürgt. Diese Verbindlichkeiten gab es wirklich, so dass die Bürgschaftsverpflichtung in diesem Fall nicht ins Leere gelaufen wäre. Aber diese Bürgschaft scheitert aus einem anderen Grund:

1186   Der BGH hat in dem zugrunde liegenden Urteil erstmalig entschieden, dass eine „Klausel in einem Bürgschaftsformular, die die Haftung des Bürgen auf alle bestehenden Ansprüche des Gläubigers gegen den Hauptschuldner erstreckt, ohne die verbürgten Forderungen näher zu bezeichnen, grundsätzlich eine den Geboten von Treu und Glauben (§ 242 BGB) widersprechende, unangemessene Benachteiligung des Bürgen" darstellt und deshalb nach § 307 unwirksam ist. Der BGH betont zu Recht, dass ein Kreditinstitut *kein* berechtigtes Interesse daran haben kann, die Forderungen, die verbürgt werden sollen, im Bürgschaftsvertrag nicht zu nennen. Die Sparkasse kann deshalb Frau Reincken nicht in Anspruch nehmen.

Aus dem FD „Bürgschaft I" ergibt sich die Lösung so: 1. Nein – 2. Ja – 3. Ja – 4. Nein – 5. Nein (Spalte 4). ◄

Lerneinheit 37

1187   **Literatur:** *Nobbe*, Die Sicherungszweckerklärung bei Bürgschaft und Mithaftung in der Rechtsprechung des Bundesgerichtshofs, BKR 2002, 747.

I. Bürgschaft für eine einzige Verbindlichkeit ...

1188   ... *die bereits besteht:* Im einfachsten Fall besteht die zu verbürgende Hauptverbindlichkeit bereits bei Abschluss des Bürgschaftsvertrags und dieser bezeichnet sie konkret. *Formulierungsbeispiel:* „Der Bürge verbürgt sich selbstschuldnerisch für die Zahlung des Kaufpreises in Höhe von 234 543 Euro aus dem Kaufvertrag vom 27. Juli 2018 zwischen dem Kaufmann Leo Schreiber und der Mannheimer Speditionsgesellschaft mbH über den gebrauchten MAN-Lkw mit dem amtlichen Kennzeichen MA – H 4957."

1189   Wenn die Hauptschuld im Bürgschaftsvertrag nicht genau bezeichnet ist, muss sie zumindest so umschrieben sein, dass später für jede Forderung des Gläubigers gegen den Hauptschuldner eindeutig feststellbar ist, ob die Bürgschaft sich auf sie bezieht oder nicht.[14] Es gelten die üblichen Auslegungsregeln (§§ 133, 157). *Beispiel:* Die S-GmbH schloss mit der Leasinggesellschaft L zwei Leasingverträge über Gummizerspanmaschinen. B verbürgte sich „für die Verbindlichkeiten der S-GmbH gegenüber der L". Die Vertragsnummern und die Art der Leasinggegenstände wurden im Bürgschaftsvertrag nicht genannt. Trotzdem war klar, für welche Verbindlichkeiten sich B verbürgt hatte. Denn andere Rechtsbeziehungen als die beiden Leasingverträge bestanden zwischen der S-GmbH und L nicht.[15]

1190   ... *die noch begründet werden soll:* Nach § 765 Abs. 2 kann „die Bürgschaft auch für eine künftige oder eine bedingte Verbindlichkeit übernommen werden". *Beispiel:* Ein Kreditinstitut stellte ein Darlehen in Aussicht, verlangte aber vor Abschluss des Vertrags eine Bürgschaftserklärung des B. Die künftige oder bedingte Verbindlichkeit muss im Bürgschaftsvertrag so genau bezeichnet werden, dass sie später eindeutig zugeordnet werden kann. Solange die Hauptverbindlichkeit noch eine „künftige" oder „bedingte" ist, ist sie nicht entstanden und der Bürge haftet (noch) nicht.

---

14   Zu streng BGH NJW 1993, 1261.
15   BGH NJW 2000, 1569.

II. Bürgschaft für zwei oder mehr Verbindlichkeiten

1. Konkrete Bezeichnung der Bürgschaften

Wenn sich der Bürge für mehrere Verbindlichkeiten des Hauptschuldners verbürgt und diese Verbindlichkeiten im Bürgschaftsvertrag konkret bezeichnet werden, ist die Bürgschaft nicht deshalb unwirksam. 1191

2. Pauschale Erstreckung auf alle bestehenden und/oder auf alle künftigen Verbindlichkeiten des Hauptschuldners ...

a) ... durch einen Formularvertrag

Alle bestehenden Verbindlichkeiten: Bis zum Jahre 1999 bestimmten die Vordrucke fast aller Kreditinstitute, dass der Bürge die Bürgschaft nicht nur für den konkreten Kredit, um den es eigentlich ging, sondern „zur Sicherung aller bestehenden Ansprüche aus der Geschäftsverbindung" zwischen der Gläubigerbank und dem Hauptschuldner übernahm. Seit der Entscheidung, die Fall 37, Rn 1184 zugrunde liegt, sieht der BGH eine solche AGB-Klausel zu Recht als eine unangemessene Benachteiligung an (§ 307; FD „Bürgschaft I" Frage 2, Ja, Frage 3, Ja).[16] 1192

Alle künftigen Verbindlichkeiten: Nach § 767 Abs. 1 S. 3 haftet der Bürge nicht für Verbindlichkeiten, die erst *nach* Abschluss des Bürgschaftsvertrags zwischen dem Gläubiger und dem Hauptschuldner vereinbart werden. Aber diese Vorschrift kann durch eine Vereinbarung zwischen Gläubiger und Bürge abbedungen werden, und das machten sich früher die Kreditinstitute zunutze. *Formulierungsbeispiel:* „Herr B übernimmt auch die Bürgschaft für alle ... künftigen Verbindlichkeiten aus der Geschäftsbeziehung zwischen der X-Bank und dem Hauptschuldner."[17] Der damals für das Bürgschaftsrecht zuständige IX. Zivilsenat des BGH hatte solche Klauseln hingenommen.[18] Sie sind aber aus heutiger Sicht des BGH für den Bürgen überraschend (§ 305 c Abs. 1) und sind „mit wesentlichen Grundgedanken der gesetzlichen Regelung, von der abgewichen wird, nicht zu vereinbaren" (§ 307 Abs. 2 Nr. 1). Sie stellen deshalb eine „unangemessene Benachteiligung" des Bürgen dar (§ 307 Abs. 1 S. 1).[19] Dieser Grundsatz schützt auch Bürgen, die Unternehmer sind (§ 14, § 310 Abs. 1 S. 1).[20] 1193

Ausnahme bei Geschäftsführerbürgschaft: Wenn die Hauptschuldnerin eine Gesellschaft ist und der Bürge als deren Geschäftsführer oder maßgeblich beteiligter Gesellschafter über die Kreditaufnahme bestimmt (oder mitbestimmt), kann eine Bürgschaftsverpflichtung für alle bestehenden und künftigen Forderungen auch formularmäßig vereinbart werden.[21] Denn der Bürge kennt in diesem Fall die bestehenden Verbindlichkeiten und wird durch künftige nicht überrascht, sondern kann sie verhindern oder hat sie sogar selbst veranlasst (FD „Bürgschaft I", Frage 4, Ja). 1194

---

16 BGHZ 143, 95 (98); BGHZ 144, 52.
17 BGHZ 137, 153.
18 Nur der XI. Zivilsenat hatte bereits 1994 in BGHZ 126, 174 eine solche Klausel für überraschend (§ 305 c Abs. 1) und damit für unwirksam erklärt.
19 BGHZ 132, 6 (9); NJW 1997, 3230; BGHZ 137, 153 (156); BGHZ 142, 213; BGHZ 144, 52; BGHZ 153, 293.
20 BGH JZ 1999, 144.
21 BGHZ 153, 293; BGHZ 143, 95 (100); BGHZ 142, 213. Das gilt auch für einen Handlungsbevollmächtigten, der eine GmbH an Stelle eines Geschäftsführers leitet (BGH NJW 2000, 1179 [1182]). Einen Grenzfall behandelt BGHZ 142, 213 (Gesellschafter mit einer 50 %-Beteiligung).

1195   „*Anlasskredit*": Der Bürge ist bei einer pauschalen Einbeziehung von anderen Verbindlichkeiten des S nicht immer gänzlich frei. Nach § 306 Abs. 1 ist nämlich bei Unwirksamkeit einer AGB nicht der ganze Vertrag unwirksam, sondern nur die fragliche Klausel, hier also die Erweiterungsklausel. Deshalb muss der Bürge für die Verbindlichkeit des Hauptschuldners einstehen, die „Anlass der Bürgschaftsübernahme" war (FD „Bürgschaft I, Frage 5, Ja).[22]

b) ... durch einen Individualvertrag

1196   In einem individuell ausgehandelten Vertrag (§ 305 Abs. 1 S. 3) kann sich der Bürge wirksam verpflichten, die Bürgschaft pauschal für alle bestehenden Verbindlichkeiten und/oder alle künftigen Verbindlichkeiten des Hauptschuldners zu übernehmen (FD „Bürgschaft I", Spalte 5). Denn ein Schutz durch die §§ 305 bis 310 setzt immer voraus, dass es sich bei der fraglichen Klausel um eine AGB handelt. Ist das nicht der Fall, wird der Bürge auch nicht geschützt, wenn er Verbraucher ist.

§ 38 Die Akzessorietät der Bürgschaft

1197   **Fall 38: Gesellschafterin Kathleen Wunn**   §§ 401, 767

▶ *Die G-Bank hatte der Sickmann-GmbH drei Kredite gewährt. Frau Kathleen Wunn hatte sich aufgrund eines Bürgschaftsformulars der G-Bank für diese Kredite verbürgt, wobei die Kredite konkret benannt wurden. Im Verlauf von langwierigen Versuchen, die Sickmann-GmbH zu sanieren, war die Landeskreditanstalt als neue Gläubigerin an die Stelle der G-Bank getreten.*

Die Landeskreditanstalt einigte sich mit der Sickmann-GmbH darauf, dass diese ihr bestimmte Gegenstände zur Verfügung stellte. In dem Vertrag heißt es dazu: „Mit der Übertragung der genannten Vermögensgegenstände sind sämtliche wechselseitig bestehenden Ansprüche abgegolten und erledigt." Die Sickmann-GmbH übertrug die genannten Gegenstände auf die Landeskreditanstalt. Deren Verwertung führte aber nicht zu einer vollen Befriedigung der Landeskreditanstalt. Diese nimmt deshalb Frau Wunn als Bürgin in Anspruch. Frau Wunns Anwalt wendet ein:

a)   Frau Wunn habe sich der G-Bank gegenüber verbürgt, nicht gegenüber der Landeskreditanstalt, so dass sie dieser nicht als Bürgin hafte.

b)   Außerdem sei durch die Vereinbarung zwischen der Landeskreditanstalt und der Sickmann-GmbH die verbürgte Forderung erloschen, so dass Frau Wunn auch aus diesem Grunde nichts mehr schulde.

Ist das richtig? (Nach BGH NJW 2003, 59)

1198   Zu a) Frau Wunn hat den Bürgschaftsvertrag mit der G-Bank geschlossen, und es ist in der Tat nicht selbstverständlich, dass sie jetzt gegen ihren Willen Vertragspartnerin (Bürgin) der Landeskreditanstalt sein soll. Aber die Landeskreditanstalt ist durch eine Abtretung nach § 398 neue Gläubigerin der GmbH hinsichtlich der von der G-Bank gewährten Kredite geworden (FD „Bürgschaft I", Spalte 1). Mit der Abtretung ist auch die Bürgschaft auf die Landeskreditanstalt übergegangen (§ 401 Abs. 1 – bitte lesen!), ohne dass die Bürgin Wunn zu-

---

22   BGHZ 143, 95 (102) = Fall 37, Rn 1184; BGH NJW 2000, 2580.

stimmen musste oder auch nur informiert zu werden brauchte. An § 401 Abs. 1 sieht man übrigens gut, dass die Bürgschaft akzessorisch ist, also nur ein „Anhängsel" an die gesicherte Forderung (Rn 1201). Frau Wunn muss deshalb die Landeskreditanstalt als ihre neue Bürgschaftsgläubigerin akzeptieren.

Zu b) Nach § 767 Abs. 1 S. 1 richtet sich die Höhe der Verpflichtung des Bürgen nach der Hauptverbindlichkeit. Deshalb ist zu fragen, wieviel die Landeskreditanstalt von ihrer Hauptschuldnerin Sickmann-GmbH noch zu fordern hat. Beide hatten einen Vertrag geschlossen, dessen Kernsatz im Sachverhalt wiedergegeben ist. Mit der Übertragung der einzelnen Vermögensgegenstände ist die Darlehensschuld der Sickmann-GmbH erloschen. In dem Augenblick, in dem die Hauptschuldnerin nichts mehr schuldete, entfiel nach § 767 Abs. 1 S. 1 auch die Verpflichtung der Bürgin für immer. Mit seinem zweiten Argument hat Frau Wunns Anwalt also Recht. **1199**

Aus dem FD „Bürgschaft I" ergibt sich die Lösung so: 1. Ja – 2. Nein – 6. Ja – 7. – Nein – 8. Ja (a), Spalte 7. ◀

Lerneinheit 38

Literatur: *Lembcke*, Keine Haftung des § 648 a BGB-Bürgen für Nachträge nach § 1 Nrn. 3, 4 S. 1, 2 VOB/B? NZBau 2010, 158; *Wittmann*, Aktuelle Rechtsprechung zu den Auswirkungen der Erweiterung der Hauptschuld auf die Bürgschaftsschuld, MDR 2010, 477. **1200**

I. Der Begriff der Akzessorietät

Die Bürgschaftsschuld ist von der Hauptverbindlichkeit abhängig oder (wie man auch sagt) an sie „angelehnt". Sie ist deshalb „akzessorisch". Das Wort kommt von dem lateinischen Wort „accessio",[23] das „Anhang" bedeutet.[24] Dass die Bürgschaft ein Anhängsel der Hauptschuld ist, zeigt sich besonders deutlich bei der Abtretung der Hauptverbindlichkeit (unten II) und bei der Höhe der Bürgenhaftung (unten III). **1201**

II. Abtretung der Hauptverbindlichkeit

Die Akzessorietät der Bürgschaft zeigt sich, wenn der Gläubiger die Hauptverbindlichkeit (gegen den Hauptschuldner) an einen Dritten abtritt (§ 398). Hier geht die Forderung vor, die Bürgschaft folgt ihr als „Anhängsel" nach. Denn nach § 401 gehen mit der Übertragung der Forderung die Bürgschaft (und alle anderen akzessorischen Sicherungsrechte) kraft Gesetzes auf den neuen Gläubiger über und sichern nun ihn (Fall 38, Rn 1197). **1202**

III. Die Höhe der Bürgenhaftung

1. Die Höhe bei Abschluss des Bürgschaftsvertrags

Die Hauptverbindlichkeit ist nicht entstanden: Wenn der Bürgschaftsvertrag sich auf eine „künftige oder eine bedingte Verbindlichkeit" bezieht (§ 765 Abs. 2), aber diese nicht zustande kommt, ist auch der Bürgschaftsvertrag inhaltslos. *Beispiel:* Der Vater **1203**

---

23 Gesprochen akzessio.
24 Von dem Verb accedere (Betonung auf dem ersten e) = hinzutreten. Von dem Wort accessio stammt auch das französische Wort „accessoire" (= modisches Beiwerk).

hatte schon als Bürge unterschrieben, aber der Sohn schloss nach längeren Verhandlungen den Darlehensvertrag mit einem anderen Kreditinstitut. Die Hauptverbindlichkeit kann auch aus einem anderen Grund nicht entstanden sein, zB wegen § 138 Abs. 2 oder § 142.

1204   *Die Hauptverbindlichkeit ist entstanden:* Wenn die Hauptverbindlichkeit wirksam begründet ist, haftet der Bürge in der Höhe, in der der Hauptschuldner schuldet. Dieser Gleichklang bleibt im Grundsatz auch dann erhalten, wenn sich die Höhe der Hauptverbindlichkeit ändert.

2. Spätere Entwicklung

a) Erhöhung ...

1205   *... ohne Verschulden des Hauptschuldners:* Die Hauptverbindlichkeit kann sich ohne Verschulden des Hauptschuldners erhöhen. *Beispiel:* Der Kreditvertrag enthält hinsichtlich der Zinshöhe eine Anpassungsklausel, so dass sich die Zinsen des verbürgten Kredits erhöhen.[25] Dann steigt auch die Verpflichtung des Bürgen.

1206   *... durch Verschulden des Hauptschuldners:* Nach § 767 Abs. 1 S. 2 kann sich die Höhe der Bürgenverpflichtung „insbesondere auch ... durch Verschulden oder Verzug des Hauptschuldners" erhöhen. *Beispiel:* Der Hauptschuldner zahlte in den Monaten Mai bis September weder Tilgung noch Zinsen. Dadurch erhöhte sich die insgesamt zu zahlende Summe, weil nun auch noch Zinseszinsen auf die nicht gezahlten Zinsen anfielen. Auch Anwalts- und Gerichtskosten können nach § 767 Abs. 2 die Verpflichtung des Bürgen erhöhen.[26]

b) Rückgang

1207   Wenn sich die Hauptverbindlichkeit *vermindert,* folgt ihr die Verbindlichkeit des Bürgen im Gleichschritt (§ 767 Abs. 1 S. 1). *Beispiel:* Der Hauptschuldner zahlt einen Teil der Summe zurück. Im gleichen Umfang mindert sich dann auch die Schuld des Bürgen.

Erlöschen: Wenn die Hauptverbindlichkeit erlischt, erlischt auch die Verpflichtung des Bürgen (§ 767 Abs. 1 S. 1; FD „Bürgschaft I", Frage 8, Ja). Das Erlöschen erfolgt meist dadurch, dass durch den Hauptschuldner „die geschuldete Leistung an den Gläubiger bewirkt wird" (§ 362 Abs. 1). Die Hauptverbindlichkeit kann aber zB auch dadurch erlöschen, dass der Gläubiger „eine andere als die geschuldete Leistung an Erfüllungs statt annimmt" (§ 364 Abs. 1). *Beispiel:* Fall 38, Rn 1197 (1199).

3. Kein neues Rechtsgeschäft zulasten des Bürgen

1208   § 767 Abs. 1 S. 3 bestimmt, dass sich der Hauptschuldner und der Gläubiger nicht zulasten des Bürgen darauf einigen können, dessen Haftung zu erweitern. § 767 Abs. 1 S. 3 kann nur in einem ausgehandelten Bürgschaftsvertrag abbedungen werden, nicht durch einen Formularvertrag (Rn 1193 ff; im FD „Bürgschaft I" verweist Spalte 9 auf die Spalten 2 und 5).

---

25   BGH NJW 2000, 2580 (2581).
26   MüKo/Habersack § 767 Rn 9. Einen Fall, in dem der Bürge die Prozesskosten des Gläubigers nicht erstatten musste, enthält BGH NJW 2009, 1879.

Keine sonstigen Benachteiligungen des Bürgen: Nach § 767 Abs. 1 S. 3 sind auch alle anderen zwischen Gläubiger und Hauptschuldner nachträglich getroffenen Vereinbarungen, die den Bürgen benachteiligen, diesem gegenüber unwirksam.[27] *Beispiel:* Der Kreditnehmer S der G-Bank hatte sich zu monatlichen Tilgungs- und Zinszahlungen von 4 000 Euro verpflichtet. B übernahm die Bürgschaft. Später erließ G dem S für drei Jahre alle Tilgungsleistungen, obwohl S zu ihnen in der Lage gewesen wäre. Diese Vereinbarung „erweiterte" zwar nicht die Verpflichtung des B, verhinderte aber drei Jahre lang, dass sie weiter abschmolz. Sie war deshalb ihm gegenüber unwirksam (FD „Bürgschaft I" Spalte 10).[28]

1209

§ 39 Einwendungen und Einreden des Bürgen

Fall 39: Handball-Leistungszentrum Großwallstadt   § 776

1210

▶ *Die Sportzentrum-KG benötigte zwei Millionen Euro, um mit ihrer Mannschaft TV Groß-wallstadt weiterhin an der Handball-Bundesliga teilnehmen zu können. Gerhard Grandolfo war bereit, ihr diesen Betrag als Darlehen zur Verfügung zu stellen. Die Sportzentrum-KG bestellte ihm dazu am Grundstück ihres Handball-Leistungszentrums Großwallstadt eine Hypothek in Höhe von zwei Millionen Euro. Grandolfo forderte jedoch eine weitere Sicher-heit, so dass Dr. Bernd Boll zugunsten von Grandolfo eine selbstschuldnerische Bürgschaft in gleicher Höhe übernahm. Einige Monate später erschien es Grandolfo ausreichend, von Dr. Boll gesichert zu sein, weshalb er die Hypothek aufgab. Die Sportzentrum-KG wurde im folgenden Jahr zahlungsunfähig. Deshalb nimmt Grandolfo jetzt Dr. Boll in Höhe von zwei Millionen Euro in Anspruch. Boll ist der Meinung, dass er Grandolfo nichts schulde. Ist das richtig? (Nach BGHZ 197, 335)*

Zunächst scheint die Lösung einfach zu sein: Der Darlehensgeber Grandolfo ließ seinen An-spruch auf Zins und Tilgung (§ 488 Abs. 1 S. 2) zweifach absichern, erstens durch eine Hypo-thek, die ihm die Darlehensnehmerin gewährte, und zweitens durch den Bürgen Dr. Boll. Nachdem die Darlehensnehmerin (Hauptschuldnerin) zahlungsunfähig geworden war, nimmt der Gläubiger Grandolfo den Bürgen Boll nach § 765 Abs. 1 in Anspruch. Das ist zu-lässig, weil es sich um eine selbstschuldnerische Bürgschaft handelt (§ 773 Abs. 1 Nr. 1).

1211

Interessant wird der Fall aber durch § 776 S. 1, der (verkürzt) mit den Worten beginnt: „Gibt der Gläubiger ein mit der Forderung verbundenes ... Recht ... auf ..." Die Hypothek wird unter den in § 776 S. 1 aufgezählten Rechten genannt und der Sachverhalt sagt ausdrücklich, dass Grandolfo die Hypothek *aufgegeben* hat (FD „Bürgschaft I", Frage 9).

Zu fragen ist nur, in welcher Höhe Boll „aus dem aufgegebenen Recht nach § 774 hätte Er-satz erlangen können" (§ 776 S. 1). Der Hintergrund ist folgender: Wenn Boll den Gläubiger Grandolfo befriedigt hätte, wäre dessen Forderung gegen die Sportzentrum-KG auf ihn übergegangen (§ 774 Abs. 1 S. 1). Zugleich wären auch die Sicherungsrechte, die bisher Grandolfo sicherten, nach § 401 Abs. 1 auf Boll als den neuen Gläubiger übergegangen (Rn 1231).[29] Boll hätte also die Hypothek – die dann *seine* Hypothek gewesen wäre – durch

1212

---

27 BGHZ 142, 213 (219) und 130, 19 (27, 33); BGHZ 165, 28.
28 BGH NJW 2000, 2580 (2582).
29 § 401 Abs. 1 geht davon aus, dass die Forderung *abgetreten* ist, also nach § 398 durch Vertrag übertragen wurde. Aber § 412 stellt den gesetzlichen Forderungsübergang (hier nach § 774 Abs. 1 S. 1) dem vertragli-chen gleich.

die Zwangsversteigerung des Grundstücks verwerten können. Es ist natürlich unbekannt, welchen Betrag Boll aus der Zwangsversteigerung erlöst hätte (denn die Versteigerung hat ja nicht stattgefunden). Aber wenn es zwei Millionen Euro gewesen wären, hätte er mit dieser Summe seine Bürgenpflicht gegenüber Grandolfo erfüllen können. Grandolfo hat ihm diese Möglichkeit genommen, indem er die Hypothek aufgab. Boll kann ihm das nach § 776 S. 1 entgegenhalten. In der Höhe des voraussichtlichen Versteigerungserlöses (die ein Gutachter ermitteln müsste) ist Böll deshalb gegenüber Grandolfo frei geworden.

1213   *Nachbemerkung:* Im Original-Sachverhalt hatte Grandolfo die aufgegebene Hypothek später wiedererlangt. Aber das war unerheblich. Denn die Rechtsfolge, dass der Bürge durch die Aufgabe der Sicherheit „insoweit frei" wird (§ 776 S. 1), tritt mit der Aufgabe *endgültig* ein. Ob der Gläubiger das Sicherungsrecht später wiedererlangt, ist gleichgültig.[30]

Aus dem FD „Bürgschaft I" ergibt sich die Lösung so: 1. Nein – 2. Nein – 6. Ja – 7. Nein – 8. Nein – 9. Ja (Spalte 8). ◄

Lerneinheit 39

1214   **Literatur:** *Beck,* Die Rechtsprechung zur Wirksamkeit von Bürgschaften naher Angehöriger und deren Übertragbarkeit auf weitere besondere Nähesituationen, Jura 2019, 244; *Leitmeier,* Rechtskraft der Hauptschuld und Verjährungseinrede des Bürgen, NJW 2017, 1273; *Derleder,* Die Einschränkung der Verrechnungsfreiheit der Kreditinstitute gegenüber dem Bürgen, NJW 2015, 817; *Meier,* Sind Bürgschaften wieder unwiderruflich? ZIP 2015, 1156; *von Loewenich,* § 312 I BGB und von Verbrauchern gestellte Bürgschaften sowie andere von Verbrauchern gestellte Sicherheiten, WM 2015, 113; *Kollrus,* Die Sittenwidrigkeit von Angehörigenbürgschaften, MDR 2014, 1357; *Peters,* Die Zahlungspflicht des selbstschuldnerischen Bürgen „nach Aufforderung durch die Bank", NJW 2013, 2942.

I. Gegenrechte des Bürgen

1. Überblick

1215   Im Folgenden geht es um die Frage, wie sich der Bürge gegen seine Inanspruchnahme durch den Gläubiger wehren kann. Es gibt Einwendungen und Einreden, die unmittelbar dem Bürgen selbst zustehen (Rn 1216 ff), und solche, die primär solche des Hauptschuldners sind, die sich der Bürge aber ebenfalls zunutze machen kann (Rn 1235 ff).

2. Eigene Gegenrechte des Bürgen

a) Die Einrede der Vorausklage

1216   *Definition:* Die Einrede der Vorausklage ist eine Einrede des Bürgen mit dem Inhalt, der Gläubiger müsse, bevor er ihn in Anspruch nehme, eine fruchtlose Zwangsvollstreckung in das Vermögen des Hauptschuldners versucht haben (§ 771 S. 1). Die Einrede der Vorausklage spielt in der Praxis eine sehr geringe Rolle, weil sie im Bürgschaftsvertrag fast immer abbedungen wird. Das geschieht meist dadurch, dass sich der Bürge im Bürgschaftsvertrag *selbstschuldnerisch* verbürgen muss (Rn 1282). Der Ausschluss der Einrede ist auch durch AGB möglich.

---

30 So der BGH in der zugrunde liegenden Entscheidung (Rn 16 ff) im Anschluss an die allgemeine Meinung, aA Grziwotz EWiR 2012, 281 und Soergel/Pecher § 776 Rn 24.

Ablauf: Wenn die Einrede der Vorausklage nicht abbedungen wurde, kann der Bürge seine Leistung so lange verweigern, bis der Gläubiger beim Hauptschuldner vergeblich die Zwangsvollstreckung betrieben hat (§ 771 S. 1). Eine *Klage* reicht nicht aus. Die Einrede müsste also eigentlich „Einrede der Voraus*vollstreckung*" heißen. Wenn – wie meist – „die Bürgschaft für eine Geldforderung" besteht, muss die Zwangsvollstreckung nur in das *bewegliche* Vermögen des Hauptschuldners betrieben worden sein, nicht in dessen Grundeigentum (§ 772 Abs. 1 S. 1). Durch diese Beschränkung will der Gesetzgeber vermeiden, dass wegen eines möglicherweise geringen Betrags das Grundstück des Hauptschuldners zwangsversteigert wird.   **1217**

Entfall der Einrede: Auch in den seltenen Fällen, in denen die Einrede nicht im Bürgschaftvertrag ausgeschlossen wurde, entfällt sie, wenn eine Zwangsvollstreckung gegen den Hauptschuldner erschwert, unmöglich oder aussichtslos ist (§ 773 Abs. 1 Nr. 2, 3, 4).

b) Formale Mängel des Bürgschaftvertrags

Formnichtigkeit des Bürgschaftvertrags: Wenn der Bürge vom Gläubiger in Anspruch genommen wird, kann er sich mit der Einwendung verteidigen, der Bürgschaftvertrag sei nach § 766 Abs. 1 S. 1 mit § 125 formnichtig.   **1218**

Nicht verbürgte Forderung: Der Bürge kann auch einwenden, dass der Gläubiger eine Hauptforderung geltend mache, für die er sich nicht verbürgt habe.   **1219**

Nichteinhaltung der Voraussetzungen: Der Bürge kann sich ferner darauf berufen, dass die formalen Voraussetzungen nicht erfüllt sind, die in der Urkunde für seine Inanspruchnahme genannt sind.[31] *Beispiel:* In der Bürgschaftserklärung heißt es: „Die Bürgschaft wird fällig nach Fertigstellung und Übergabe des Bauobjekts." Das Werk wurde aber nicht fertiggestellt. Deshalb konnte der Gläubiger den Bürgen nicht in Anspruch nehmen.[32]   **1220**

c) Arglistige Täuschung bei Abschluss des Bürgschaftvertrags

Der Bürge kann bei Abschluss des Vertrags arglistig getäuscht worden sein (§ 123). Wenn die Täuschung durch den Gläubiger oder seine Leute erfolgte, ist die Anfechtung unproblematisch (§ 123 Abs. 1).   **1221**

Schwierig wird es, wenn nicht der Gläubiger, sondern *der Hauptschuldner* den Bürgen durch unwahre Behauptungen zur Bürgschaftsübernahme verleitet hat (§ 123 Abs. 2). *Beispiel:* Ein Kreditschuldner veranlasste seine Frau durch Täuschung dazu, eine Bürgschaftserklärung abzugeben.[33] Da der Ehemann „Dritter" ist, kann seine Frau nur unter den Voraussetzungen des § 123 Abs. 2 gegenüber dem Kreditinstitut anfechten.[34]   **1222**

Der Bürge kann auch anfechten, wenn er durch eine widerrechtliche Drohung zur Abgabe seiner Bürgschaftserklärung veranlasst wurde (§ 123 Abs. 1). Wenn das Verhalten des Gläubigers nicht die Intensität einer Drohung erreichte, kann die Bürgschaft manchmal nach § 138 Abs. 1 sittenwidrig sein.[35]

---

31   BGH NJW 1996, 717; 1997, 255.
32   BGH NJW 1996, 717.
33   LG Ulm WM 1984, 27.
34   Einzelheiten BGB-AT Rn 481 ff und BGH NJW-RR 1992, 1005.
35   BGH NJW 2000, 1179, BGHZ 137, 329 (336) und 132, 328.

d) Bürgschaft vermögensloser Angehöriger

1223 Die meisten Kreditinstitute ließen sich früher auch dann von einem Angehörigen des Darlehensnehmers eine Bürgschaft geben, wenn der Angehörige vermögenslos war und geschäftlich unerfahren. Über Jahrzehnte hat der BGH diese Praxis gebilligt. Eine dramatische Wende trat erst ein, als das BVerfG am 19. Oktober 1993 einer jungen Bürgin Recht gab, die sich mit einer Verfassungsbeschwerde gegen ihre Verurteilung durch den BGH zur Wehr gesetzt hatte. Das BVerfG hob in seinem vielfach als Sensation empfundenen Beschluss[36] hervor, dass die Vertragsfreiheit nur bei einem annähernd ausgewogenen Kräfteverhältnis der Vertragsparteien zu einem gerechten Interessenausgleich führen kann. Später ergänzte es, dass die Gerichte sich nicht auf den Satz „Vertrag ist Vertrag" zurückziehen dürfen, sondern verhindern müssen, dass allein „das Recht des Stärkeren" gilt.[37]

1224 Nach diesen Grundsätzen hat der BGH inzwischen zahlreiche Fälle entschieden, die sich auf eine Bürgschaft des Ehegatten, des Lebenspartners, einer Tochter, eines Sohnes oder eines Arbeitnehmers[38] des Hauptschuldners bezogen. Danach ist die Angehörigenbürgschaft sittenwidrig (§ 138), wenn (kumulativ) drei Voraussetzungen gegeben sind:

- Der Angehörige wird durch die Bürgschaft „krass überfordert". Das liegt vor, wenn er nicht einmal die laufenden Zinsen (geschweige denn die Rückführung des Darlehens) aus dem pfändbaren Teil seines Einkommens zahlen kann.[39]
- Der Angehörige hat die Bürgschaft „allein aus emotionaler Verbundenheit mit dem Hauptschuldner übernommen".[40]
- Der Gläubiger (Kreditgeber) hat diese Situation „in sittlich anstößiger Weise" ausgenutzt.[41]

1225 *Beweislast:* Bei Vorliegen der ersten beiden Voraussetzungen wird (widerleglich) vermutet, dass auch die dritte Voraussetzung gegeben ist.[42]

1226 *Ausnahmen:* Die Bürgschaft eines krass überforderten Angehörigen ist in folgenden Fällen ausnahmsweise wirksam:

1227 - Angehörige, die selbst Gesellschafter sind, können sich wirksam für die Schulden der (von einem Angehörigen beherrschten) Gesellschaft verbürgen.[43]

1228 - Die Bürgschaft ist ferner wirksam, wenn es sich um ein Darlehen von überschaubarer Größe (15 000 Euro) handelt, das nicht den Geschäften des Ehepartners oder

---

36 NJW 1994, 36.
37 NJW 1994, 2749.
38 BGH NJW 2018, 3637; grundlegend BGHZ 156, 302.
39 Ständige Rechtsprechung: BGHZ 156, 302 (307); BGH NJW 2005, 973 (975); 2005, 971; NJW 2002, 2634 und 744.
40 BGH NJW 2005, 973.
41 BGHZ 156, 302 (307), zuletzt BGH NJW 2005, 973 (975); 2005, 971.
42 BGHZ 156, 302 (307); BGH NJW 2005, 973 (975); 2002, 744.
43 BGH WM 2003, 275 (276). Das gilt natürlich erst recht, wenn der Gesellschafter gar kein Angehöriger ist (BGH NJW 2003, 967).

seinen Privatinteressen,[44] sondern häuslichen Anschaffungen dient[45] oder in anderer Weise auch dem Bürgen zugutekommt.[46]

„Kreditnehmer" statt Bürge: Einige Kreditinstitute haben versucht, die genannte Rechtsprechung zu umgehen. *Beispiel:* S benötigte einen Geschäftskredit. Die G-Bank veranlasste seine Ehefrau, den Darlehensvertrag als „Kreditnehmerin" gemeinsam mit S zu unterzeichnen.[47] Damit war die Ehefrau formal Mitdarlehensnehmerin, nicht Bürgin. Darauf kommt es aber nicht an. Ein echter Mitdarlehensnehmer hat „für den Darlehensgeber erkennbar" ein „eigenes … Interesse an der Kreditaufnahme" und kann „im Wesentlichen gleichberechtigt über die … Verwendung … mitentscheiden".[48] Da bei der Ehefrau beide Voraussetzungen nicht vorlagen, war sie wie eine Bürgin zu behandeln.[49]   1229

e) Widerrufsrecht des Bürgen

Manchmal kommt ein Angestellter des Kreditinstituts zum Darlehensnehmer nach Hause und lässt dort von einem Angehörigen eine Bürgschaftserklärung unterzeichnen. Da § 312 b nicht den Abschluss eines *gegenseitigen* Vertrags voraussetzt, scheint er auch für den Bürgen ein Widerrufsrecht nach den §§ 312 g, 355 zu begründen. Aber § 312 Abs. 1 bestimmt, dass die „Vorschriften der Kapitel 1 und 2 dieses Untertitels" – zu denen auch § 312 b gehört – nur anzuwenden sind auf Verbraucherverträge, die „eine entgeltliche Leistung des Unternehmers zum Gegenstand haben", also gegenseitige Verträge sind. Damit wird der Bürgschaftsvertrag nicht von § 312 b erfasst. Aber es kann angenommen werden, dass der EuGH und der BGH an ihrer Rechtsprechung festhalten werden, die den Bürgen durch ein Widerrufsrecht schützte.[50]   1230

f) Aufgabe einer Sicherheit

Wenn der Gläubiger eine Sicherheit aufgibt, die neben der Bürgschaft bestand, verletzt er die Interessen des Bürgen erheblich (§ 776). Denn er nimmt damit dem Bürgen die Möglichkeit, sich später nach den §§ 774, 412, 401 aus dieser Sicherheit schadlos zu halten (Rn 1258; FD „Bürgschaft I", Frage 9). *Beispiel 1:* Fall 39, Rn 1210. *Beispiel 2:* Zahnarzt S hatte bei der G-Bank einen Kredit über 724 000 Euro aufgenommen und ihr als Sicherheit seine künftigen Ansprüche gegen die Kassenzahnärztliche Vereinigung abgetreten (Sicherungsabtretung). Außerdem übernahm sein älterer Kollege B die Bürgschaft. Später benötigte S weitere Kredite, für die er aber keine Sicherheit anbieten konnte. Daraufhin sagte ein Mitarbeiter der G-Bank: „Dann nehmen wir doch die schon bestehende Sicherungsabtretung für den neuen Kredit. Für den alten Kredit haben wir ja den B als Bürgen". Als B später aus der Bürgschaft in Anspruch genommen   1231

---

44 LG Mönchengladbach NJW 2006, 67: Kauf eines teuren Motorrads durch den kurzfristigen Partner einer 19-jährigen Bürgin.
45 BVerfG NJW 1994, 36; BGH NJW 1999, 135.
46 BGHZ 146, 37 (45); BGH NJW 1999, 2584; 1994, 1726. In seiner Entscheidung NJW 2002, 2705 hat der BGH allerdings die Klage gegen die mitunterzeichnende Ehefrau abgewiesen, obwohl das Darlehen dem Erwerb einer von ihr mitbewohnten Jugendstilvilla diente. Das ist bedenklich.
47 BGH NJW 2005, 973.
48 BGH NJW 2009, 2671 Rn 15; BGHZ 146, 37 (41).
49 BGH NJW 2005, 973.
50 Einzelheiten SAT Rn 326.

wurde, konnte er den Betrag abziehen, den er aus der Verwertung der Sicherungsabtretung erlangt hätte (§ 776 S. 1).[51]

1232   *Keine Abdingbarkeit:* § 776 wurde früher von den Kreditinstituten in ihren Bürgschaftsvordrucken fast immer abbedungen. Der BGH hat das früher gebilligt.[52] Aus heutiger Sicht ist eine Formularklausel, die einen uneingeschränkten Verzicht des Bürgen auf seine Rechte aus § 776 enthält, nach § 307 unwirksam.[53] Ausnahmen, zB für die Verpfändung eines Wertpapierdepots,[54] müssen in den AGB des Gläubigers konkret benannt werden.[55]

g) Der Anspruch gegen den Bürgen ist verjährt

1233   Wenn ein Bürge die Einrede der Verjährung erhebt, tut er das meist im Hinblick auf die *Haupt*verbindlichkeit und deren Verjährung (§ 768 Abs. 1 S. 1; unten Rn 1242). Aber auch der Anspruch des Gläubigers gegen den *Bürgen* verjährt, und zwar in der regelmäßigen Verjährungsfrist (§§ 195, 199). Der Bürge hat deshalb auch eine *eigene* Einrede der Verjährung.

1234   *Beginn der Verjährungsfrist:* Für die Frage, wann der Anspruch verjährt ist, kommt es nach § 199 Abs. 1 Nr. 1 darauf an, wann der Anspruch „entstanden" ist. Der BGH hat zu Recht entschieden, dass der Anspruch des Gläubigers gegen den Bürgen noch nicht mit dem Abschluss des Bürgschaftsvertrags entsteht, sondern erst mit der Fälligkeit der Hauptverbindlichkeit.[56] Das bedeutet, dass die dreijährige Verjährungsfrist für beide Ansprüche des Gläubigers (gegen den Hauptschuldner und gegen den Bürgen) im Regelfall am Ende desselben Jahres beginnt und deshalb auch gleichzeitig endet (§ 199 Abs. 1 Nr. 1).

3. Gegenrechte des Bürgen, die primär dem Hauptschuldner zustehen

a) Einführung

1235   Der Bürge kann sich nicht nur mit Argumenten wehren, die sich auf den Bürgschaftsvertrag beziehen und damit aus seiner eigenen Sphäre stammen. Wie sich aus § 768 Abs. 1 ergibt, kann er auch Verteidigungsmittel verwenden, die primär dem Hauptschuldner zustehen. Das folgt aus der Tatsache, dass die Haftung des Bürgen sich nach der Hauptverbindlichkeit richtet (§ 767, Akzessorietät; Rn 1201).

1236   *Einwendungen und Einreden:* § 768 Abs. 1 sagt nur, der Bürge könne „die dem Hauptschuldner zustehenden *Einreden* geltend machen".[57] Eigentlich muss man Einwendungen und Einreden unterscheiden.[58] Aber § 768 Abs. 1 S. 1 will diesen Unterschied offensichtlich nicht machen, sondern verwendet den Begriff „Einreden" als Oberbegriff.

1237   *Unwirksame AGB:* Viele Gläubiger haben versucht, durch ihre AGB dem Bürgen die Rechte aus § 768 Abs. 1 zu nehmen. Das verletzt aber den wichtigen Grundsatz der

---

51   BGH NJW 2000, 2580; BGHZ 144, 52; 2002, 295; siehe auch BGHZ 165, 28.
52   BGHZ 78, 137 (141 ff); BGHZ 95, 350 (358); zweifelnd bereits BGHZ 36, 347 (352).
53   BGHZ 144, 52; BGH NJW 2000, 2580 (2583).
54   BGH NJW 1999, 3195.
55   BGH NJW 2002, 295.
56   BGHZ 175, 161 Rn 24; BGH NJW 2015, 2571 Rn 25; 2013, 1228 Rn 24 ff, besonders 31 ff.
57   Zur Klarstellung weist § 768 Abs. 1 S. 2 darauf hin, dass sich der Bürge nicht auf die beschränkte Erbenhaftung berufen kann (§§ 1975 bis 1992).
58   BGB-AT Rn 1194, 1196.

Akzessorietät und ist damit nach § 307 Abs. 2 Nr. 1 unwirksam.[59] Darauf kann sich auch ein Unternehmer berufen.[60] § 768 Abs. 1 kann nur durch eine *individuell* ausgehandelte Vertragsbestimmung ausgeschlossen werden.[61]

Kein Verzicht durch den Hauptschuldner: Der Hauptschuldner kann nicht zulasten des   1238
Bürgen auf eine Einrede verzichten (§ 768 Abs. 2). *Beispiel:* Der Hauptschuldner H war zahlungsunfähig und verzichtete deshalb problemlos gegenüber dem Gläubiger auf die Einrede der Verjährung. Ein Verzicht kann auch vorliegen, wenn der Hauptschuldner ein Versäumnisurteil gegen sich ergehen lässt oder wenn er zwar erscheint, aber die Einrede der Verjährung nicht erhebt.[62] *Kein* Verzicht liegt jedoch vor, wenn der Hauptschuldner die Einrede im Prozess erhoben hatte, damit aber nicht durchgedrungen war.[63]

b) Die Hauptverbindlichkeit besteht nicht (mehr)

Die Hauptverbindlichkeit hat nie bestanden: Der Bürge kann einwenden, dass der Ver-   1239
trag zwischen dem Gläubiger und dem Hauptschuldner nichtig sei. Dabei kommen alle Nichtigkeitsgründe in Betracht (etwa die §§ 125, 138, 142). Dass solche Einwendungen zulässig sind, ergibt sich bereits aus § 767 Abs. 1 S. 1, wird aber von § 768 Abs. 1 S. 1 verstärkt.

Die Hauptverbindlichkeit ist erloschen: Der Bürge kann auch einwenden, die Haupt-   1240
verbindlichkeit sei ganz oder teilweise erloschen zB durch Erfüllung (§ 362), durch Annahme an Erfüllungs statt (§ 364 Abs. 1)[64] oder durch einen anderen Erlöschensgrund (§§ 376, 389, 397). Die Zulässigkeit dieser Einwendungen ergibt sich ebenfalls bereits aus § 767 Abs. 1 S. 1.

Löschung des Hauptschuldners: Der Bürge kann aber nicht geltend machen, seine Ver-   1241
pflichtung sei entfallen, weil die Hauptschuldnerin nicht mehr existiere. *Beispiel:* B hatte sich für die Verbindlichkeiten der S-GmbH gegenüber G verbürgt. Die S-GmbH wurde wegen Vermögenslosigkeit im Handelsregister gelöscht, so dass sie nicht mehr existiert. G kann deshalb gegen sie keine Forderung mehr haben. B schloss daraus, dass dann auch er nicht mehr hafte (§ 767 Abs. 1 S. 1). Aber wenn der Hauptschuldner wegfällt, wird der Bürge besonders wichtig. Die Bürgschaftsschuld besteht deshalb als selbstständige (!) Schuld fort. Ihr Inhalt, ihr Umfang und ihre Verjährung richten sich nach der Hauptschuld.[65]

c) Die Hauptverbindlichkeit ist nicht durchsetzbar

Verjährung: Wenn der Bürge geltend macht, dass die *Hauptverbindlichkeit* verjährt sei,   1242
erhebt er die Einrede der Verjährung als eine der „dem *Hauptschuldner* zustehenden Einreden" (§ 768 Abs. 1 S. 1; siehe auch Rn 1233).

---

59 BGHZ 147, 99 (104); BGH NJW 2009, 3422, Rn 13; NJW 2003, 59.
60 So der XI. Senat des BGH in NJW 2009, 3422. Für eine *Vertragserfüllungs*bürgschaft (Rn 1294) hat der VII. Senat leider entschieden, dass nur der formularmäßige Ausschluss des § 768 Abs. 1 entfällt, die Sicherungsvereinbarung aber im Übrigen wirksam bleibt (NJW 2009, 1664).
61 MüKo/Habersack § 768 Rn 3; BGH NJW 2009, 3422 Rn 29.
62 BGHZ 76, 222 (229 f.).
63 BGH NJW 2016, 3158 Rn 36.
64 Fall 38, Rn 1197, 1199.
65 BGHZ 82, 323 (326). BGHZ 153, 337 (340); BGH NJW 2012, 1645 Rn 12.

Der BGH ist der Ansicht, dass der Bürge sich auch noch nach seiner rechtskräftigen (!) Verurteilung auf die *später* (nach Rechtskraft) eingetretene Verjährung der Hauptverbindlichkeit berufen könne.[66] Das ist aus mehreren Gründen sehr eigenartig.[67] Für die Praxis muss man aber als Gläubiger aus der Rechtsprechung des BGH eine klare Konsequenz ziehen: Auch wenn eine Klage gegen den Hauptschuldner im konkreten Fall aussichtslos erscheint, weil bei ihm nichts zu holen ist, muss er mitverklagt werden, um die Verjährung auch ihm gegenüber zu hemmen (§ 204 Abs. 1 Nr. 1).

1243   *Stillhalteabkommen:* Der Gläubiger und der Hauptschuldner können ein Stillhalteabkommen geschlossen haben, das es dem Gläubiger verbietet, seine Forderung gegen den Hauptschuldner gerichtlich geltend zu machen. Dann kann auch der Bürge für die Dauer des Stillhalteabkommens die Leistung verweigern (§ 768 Abs. 1). Eine anderslautende Bestimmung im Stillhalteabkommen ist dem Bürgen gegenüber unwirksam (§ 768 Abs. 2).[68]

d) Die Hauptverbindlichkeit wäre anfechtbar oder aufrechenbar

1244   *Anfechtbarkeit:* Das Rechtsgeschäft, das die Hauptverbindlichkeit begründet hat, kann möglicherweise wegen Irrtums (§§ 119, 120) oder wegen arglistiger Täuschung oder Drohung (§ 123) angefochten werden. Wenn der Hauptschuldner gegenüber dem Gläubiger wirksam die Anfechtung erklärt hat (oder umgekehrt der Gläubiger gegenüber dem Hauptschuldner), ist die verbürgte Forderung rückwirkend nichtig (§ 142), so dass die Schuld des Bürgen nie entstanden ist (§ 767 Abs. 1 S. 1).

1245   Es kommt aber vor, dass der Hauptschuldner eine mögliche Anfechtung *nicht erklärt* hat. Das Gesetz hätte dem Bürgen erlauben können, in diesem Fall selbst anzufechten. Es hat das aber nicht getan, sondern gibt ihm nur eine entsprechende Einrede (§ 770 Abs. 1).

1246   *Aufrechenbarkeit:* Wenn der Gläubiger die Aufrechnung gegenüber dem Hauptschuldner erklärt hat (oder der Hauptschuldner gegenüber dem Gläubiger), ist die verbürgte Forderung – und mit ihr die Haftung des Bürgen (§ 767 Abs. 1 S. 1) – ganz oder teilweise erloschen (§ 389).

1247   Wenn der Gläubiger *nicht die Aufrechnung erklärt* hat, obwohl deren Voraussetzungen gegeben sind (§ 387 BGB), kann der Bürge nach § 770 Abs. 2 die Leistung verweigern. Auch hier hat das Gesetz dem Bürgen nicht das Recht gegeben, selbst aktiv zu werden. Denn die Aufrechnung ist beschränkt auf ein Zweipersonenverhältnis und kann deshalb nicht von einem Dritten erklärt werden.[69]

1248   Nach hM ist § 770 Abs. 2 wortgetreu anzuwenden, so dass es darauf ankommt, ob der *Gläubiger* aufrechnen könnte.[70] Dass der Hauptschuldner aufrechnungsbefugt wäre, ist nicht erforderlich, aber auch nicht ausreichend.[71]

---

66   BGHZ 139, 214 und BGH NJW 1999, 278; ähnlich großzügig zu Gunsten des Bürgen BGHZ 153, 337.
67   Auch deshalb, weil es der Rechtsprechung des BGH zur Haftung des OHG-Gesellschafters nach § 128 HGB widerspricht, obwohl die Rechtslage fast die gleiche ist (BGHZ 104, 76).
68   BGH NJW 2018, 701 Rn 20 ff.
69   SAT Rn 248.
70   Vermutlich beruht die Regel, dass der *Gläubiger* aufrechnen können müsste, auf einem 120 Jahre alten Redaktionsversehen. Denn die §§ 768 und 770 gestatten es dem Bürgen, gewissermaßen in die Schuhe des *Hauptschuldners* zu schlüpfen, nicht in die des Gläubigers. Es hätte deshalb richtig heißen müssen: „Die gleiche Befugnis hat der Bürge, solange sich der *Hauptschuldner* durch Aufrechnung ... befriedigen kann" (Zimmermann JR 1979, 495).
71   BGHZ 153, 293 (301).

Kreditinstitute können in ihren Bürgschaftsformularen dem Bürgen nicht mehr generell die Rechte aus § 770 Abs. 2 nehmen (§ 307 Abs. 1, Abs. 2 Nr. 1). Zulässig ist nur ein Ausschluss mit etwa folgender Einschränkung: „Der Bürge kann sich jedoch auf § 770 Abs. 2 berufen, wenn die Forderung des Hauptschuldners unbestritten oder rechtskräftig festgestellt ist."[72] 1249

II. Der Anspruch auf Befreiung

Der Bürge hat gegen den Hauptschuldner nach § 775 Abs. 1 einen Anspruch auf Befreiung von der Bürgschaft.[73] Die „Befreiung" kann nur dadurch eintreten, dass der Hauptschuldner die Leistung gegenüber dem Gläubiger erbringt, wodurch auch die Schuld des Bürgen erlischt (§§ 362 Abs. 1, 767 Abs. 1 S. 1). 1250

Der Befreiungsanspruch besteht nur, „1. wenn sich die Vermögensverhältnisse des Hauptschuldners wesentlich verschlechtert haben". Hier zeigt sich die ganze Praxisferne dieser Vorschrift. Hauptschuldner sind meist nicht zahlungskräftig, sonst brauchten sie keinen Bürgen. Jetzt haben sich die Vermögensverhältnisse des Hauptschuldners noch einmal „wesentlich verschlechtert". Und gerade in diesem Zeitpunkt soll der Hauptschuldner seine Schuld gegenüber dem Gläubiger begleichen, um den Bürgen freizustellen? Das kann nicht sehr realistisch sein. Die Nummern 2 bis 4 sind ähnlich weltfremd und können deshalb ganz vernachlässigt werden. 1251

§ 40 Der Bürge hat geleistet

Fall 40: Sport-Vogtlein   §§ 774, 670 1252

▶ *Yannick Vogtlein, der ein Sportgeschäft eröffnet hatte, kaufte im Jahre 2016 für 89 000 Euro Sportbekleidung von der Immermann GmbH. Diese hatte im Vertrag die Auslieferung der Ware von einer selbstschuldnerischen Bürgschaft abhängig gemacht. Yannick bat deshalb seinen Vater Jürgen Vogtlein um eine Bürgschaft, die dieser übernahm. Da Yannick nicht zahlte, wollte die Immermann GmbH im Jahre 2019 Jürgen Vogtlein aus der Bürgschaft in Anspruch nehmen. Da er nicht zahlte und weil am Jahresende die Verjährung der Kaufpreisforderung drohte, kündigte die Immermann GmbH im November 2019 einen Mahnbescheid an. Daraufhin zahlte Vater Vogtlein am 16. Dezember 2019 den vollen Kaufpreis an die Immermann GmbH. Mitte Januar 2020 bat er seinen Sohn, ihm die Summe zu überweisen, aber Yannick erhob die Einrede der Verjährung. Zu Recht?*

Zu prüfen ist, ob Jürgen Vogtlein nach § 774 einen Anspruch gegen seinen Sohn auf Zahlung von 89 000 Euro hat. Jürgen Vogtlein hat als Bürge „den Gläubiger befriedigt", ihm nämlich die Kaufpreisschuld seines Sohnes bezahlt. Dadurch ging nach § 774 Abs. 1 S. 1 am 16. 12. 2019 „die Forderung des Gläubigers gegen den Hauptschuldner auf ihn über". Da der Kaufpreisanspruch kraft Gesetzes nach § 774 so auf den Bürgen übergeht, wie er im Zeitpunkt des Übergangs bestand, war er für Jürgen Vogtlein nur noch bis zum Jahresende 2019 verjährungsfrei. Nachdem er mit Ablauf des 31. 12. 2019 verjährt war (§§ 195, 199 1253

---

72 BGHZ 153, 293 (299 ff).
73 Voraussetzung ist, dass der Bürge die Bürgschaft als Beauftragter (§ 662) oder in ähnlicher Rechtsstellung übernommen hatte, was er beweisen muss (BGH NJW 2000, 1643).

Abs. 1), kann Yannick im Januar 2020 gegenüber seinem Vater die Einrede der Verjährung erheben (§ 214).

Dies sehr ungerechte Ergebnis kann Jürgen vermeiden, wenn er seinen Zahlungsanspruch nicht auf § 774 stützt, sondern auf § 670. Das ist möglich, weil sich Yannick Vogtlein an seinen Vater mit der Bitte gewandt hatte, sich für ihn zu verbürgen. Darin lag der Antrag, einen „Auftrag" genannten Vertrag zu schließen (§ 662; Rn 1181). Jürgen Vogtlein hat diesen Antrag angenommen. Dadurch war er verpflichtet, als „Geschäft" die Bürgschaft zu übernehmen, und zwar, wie das der Auftrag voraussetzt, unentgeltlich (§ 662). Zugleich erwarb er gegen seinen Sohn einen Anspruch auf Ersatz aller Aufwendungen, die er als Beauftragter für seinen Sohn machen musste (§ 670; Rn 765). Zu diesen Aufwendungen gehört die Zahlung, die Jürgen Vogtlein als Beauftragter im Dezember 2019 an die Immermann GmbH geleistet hat.

Der Anspruch aus § 670 hat für Jürgen Vogtlein den entscheidenden Vorteil, dass er kein übergegangener Altanspruch ist, sondern ein durch die Zahlung im Dezember 2019 neu entstandener Anspruch. Dieser verjährt zwar auch, aber die dreijährige Verjährungsfrist begann erst am 1. 1. 2020, umfasst also die Kalenderjahre 2020, 2021 und 2022 (§§ 195, 199 Abs. 1). Gegen diesen Anspruch kann Yannick Vogtlein deshalb frühestens zu Beginn des Jahres 2023 die Einrede der Verjährung erheben.

Aus dem FD „Bürgschaft II" ergibt sich die Lösung so: 1. Ja – 2. Nein – 3. Nein – 5. Nein – 6. Nein – 7. Ja – 8. Ja (Spalte 6) ◄

Lerneinheit 40

1254 Literatur: *Musielak*, Bürgschaft, JA 2015, 161; *Schlinker*, Rückgriffsansprüche des Bürgen nach Zahlung auf eine mit einer dauernden Einrede behaftete Forderung, Jura 2009, 404; *Siegmund*, Ausgleichspflicht zwischen Banken als Mitbürgen gemäß § 769 BGB bei Entlassung einzelner Mitbürgen aus ihren Bürgschaften – Risiko der Haftung trotz Entlassung? WM 2008, 2349.

I. Der Bürge wird neuer Gläubiger des Hauptschuldners

1255 *Gesetzlicher Forderungsübergang:* Befriedigt der Bürge den Gläubiger, erlischt die Schuld des Schuldners nicht etwa nach § 362, vielmehr ordnet § 774 einen Forderungsübergang an (FD „Bürgschaft II", Frage 1, Ja). Der Grundsatz lautet also: Die Forderung geht nicht unter, sondern *über*. § 774 Abs. 1 S. 1 ist der bekannteste Paragraf des BGB, der einen Forderungsübergang anordnet (gesetzlicher Forderungsübergang). § 412 erklärt für diesen Fall die meisten Vorschriften über den *vertraglichen* Forderungsübergang (die Abtretung) für anwendbar.[74] Zu ihnen gehört auch der wichtige § 401.

1256 An keiner Vorschrift des Bürgschaftsrechts wird so deutlich wie an § 774, dass der Bürge nur Hilfsschuldner ist und für *fremde* Schuld haftet (Rn 1162).

---

74 SAT Rn 1152.

II. Übergang der Sicherheiten

1. Vom Hauptschuldner aus eigenem Vermögen gestellte Sicherheiten

Der Hauptschuldner kann aus seinem Vermögen dem Gläubiger eine Sicherheit gestellt haben. In Frage kommen etwa ein Pfandrecht an beweglichen Sachen und die Bestellung eines Grundpfandrechts (Hypothek oder Grundschuld) an einem Grundstück des Hauptschuldners. 1257

Wenn der Bürge in Anspruch genommen wurde, wird er nicht nur neuer Gläubiger, ihm stehen damit auch die Sicherungsrechte zu, die der Hauptschuldner zu Gunsten des bisherigen Gläubigers bestellt hatte. *Beispiel:* S hatte dem G nicht nur den Bürgen B gestellt, sondern auch seine Briefmarkensammlung verpfändet. B zahlte an G und wurde damit neuer Gläubiger des S (§ 774 Abs. 1 S. 1). Zugleich wurde er auch neuer Pfandgläubiger hinsichtlich der Briefmarkensammlung. Denn das zu Gunsten des G bestellte Pfandrecht ging nach § 401 (den § 412 für anwendbar erklärt) auf B über. Man muss hier allerdings zwischen akzessorischen und nichtakzessorischen Sicherheiten unterscheiden: 1258

- *Akzessorische Sicherheiten:* Alle in § 401 genannten Sicherheiten sind – wie die Bürgschaft selbst – akzessorisch (zu diesem Begriff Rn 1201). Sie sind also sozusagen ein Anhängsel an die Hauptforderung und gehen kraft Gesetzes nach den §§ 774 Abs. 1, 412, 401 auf den Bürgen über (FD „Bürgschaft II", Spalte 2). 1259

- *Nichtakzessorische Sicherheiten:* Nichtakzessorisch sind die Sicherheiten, die nicht kraft Gesetzes mit der Abtretung der gesicherten Forderung auf den neuen Gläubiger übergehen. Sie werden auch selbstständige Sicherheiten genannt. Zu ihnen gehören die Grundschuld (§ 1191) und zwei gesetzlich nicht geregelte Sicherheiten, nämlich die Sicherungsübereignung und die Sicherungsabtretung. Da sie nicht kraft Gesetzes übergehen, ist der bisherige Gläubiger verpflichtet, sie durch Rechtsgeschäft (Abtretung, Übereignung) auf den Bürgen als den neuen Gläubiger zu übertragen (FD „Bürgschaft II", Spalte 3).[75] Tut der bisherige Gläubiger das nicht, ist er schadensersatzpflichtig.[76] 1260

Einschränkung: Dass die Forderung des Gläubigers auf den Bürgen übergeht, wird von § 774 Abs. 1 S. 2 eingeschränkt. Die (schwer verständliche) Vorschrift will sagen: Soweit der Bürge den Gläubiger nur *teilweise* befriedigt hat, verbleiben die Sicherheiten insoweit beim Gläubiger, als er sie noch benötigt.[77] 1261

2. Von Dritten gestellte Sicherheiten

Ausgleich unter Mitbürgen: Bisher ging es um die Frage, ob der Bürge Sicherheiten verwerten kann, die der *Hauptschuldner aus seinem Vermögen* dem Gläubiger gestellt hat. Die Antwort war: Ja, in vollem Umfang. Denn der Bürge ist nach § 774 Abs. 1 S. 1 der Rechtsnachfolger des Gläubigers – und der Hauptschuldner verdient keine Schonung. 1262

Schwieriger wird es, wenn ein Mitbürge (§ 769; Rn 1271) den Gläubiger befriedigt hat und sich nun an einem *anderen* Mitbürgen schadlos halten will. Wenn man nur die

---

75 BGHZ 110, 41 (43); BGH NJW 1997, 3434; 1994, 511 sowie 1796; 2000, 2580 (2583); hM, zB MüKo/Habersack § 774 Rn 10.
76 OLG Stuttgart NJW-RR 1990, 945.
77 BGHZ 110, 41 (43).

§§ 774 Abs. 1 S. 1, 412, 401 liest, käme man zu dem Ergebnis, dass ein voller Rückgriff bei dem anderen Bürgen möglich wäre. Aber § 774 Abs. 2 verhindert dies unsinnige Ergebnis. Denn er bestimmt kurz und klar: „Mitbürgen haften einander nur nach § 426" (FD „Bürgschaft II", Spalte 4).

Mitbürgen sind deshalb im Zweifel „im Verhältnis zueinander zu gleichen Anteilen verpflichtet" (§ 426 Abs. 1 S. 1). Das bedeutet, dass der Mitbürge, der die gemeinschaftlich verbürgte Summe dem Gläubiger gezahlt hat, bei jedem anderen Mitbürgen nur in dem Umfang Rückgriff nehmen darf, dass am Ende alle in gleicher Weise belastet sind. *Beispiel:* Von fünf Mitbürgen trägt im Prinzip jeder 20 % der Summe – auch der, der den Gläubiger allein befriedigt hat.

1263   *Ausgleich zwischen einem Bürgen und einem anderen Sicherungsgeber:* Während also der Ausgleich zwischen Mitbürgen gesetzlich geregelt ist, machen Fälle Probleme, bei denen eine Bürgschaft mit einem *anderen* Sicherungsrecht zusammentrifft (FD „Bürgschaft II", Spalte 5). *Beispiel:* Die G-Bank hatte der S-GmbH Kredit gewährt. Deren Gesellschafter B hat eine Bürgschaft übernommen, während der Gesellschafter C der G-Bank eine Grundschuld an seinem Grundstück eingeräumt hat. Später nahm die G-Bank nicht den B in Anspruch, sondern verwertete das Grundstück des C. Die Frage, ob C bei B Rückgriff nehmen konnte, war sehr strittig, bis sich der BGH für die einzig richtige Lösung entschieden hat.[78] Danach ist die Grundschuld eine mit der Bürgschaft auf einer Stufe stehende („gleichstufige") Sicherheit, so dass es keinen Grund gibt, denjenigen, der eine Grundschuld bestellt hat, schlechter zu stellen als einen Bürgen.[79]

1264   Der Ausgleich findet also (wie unter Bürgen) nach § 426 statt. § 774 Abs. 2 und § 426 erfassen alle Fälle, in denen zwei Personen die Forderung des G gegen S gesichert haben.

III. Gegenrechte des Hauptschuldners gegen seinen neuen Gläubiger

1265   Der Bürge, der bisher der Freund und Helfer des Hauptschuldners war, ist als Gläubiger zu seinem Gegner geworden, gegen den sich der Hauptschuldner uU wehren will. Der Hauptschuldner kann die Einwendungen geltend machen, die ihm gegen seinen ursprünglichen Gläubiger zustanden. Denn eine Forderung geht so auf den neuen Gläubiger über, wie sie dem alten Gläubiger zugestanden hatte. In erster Linie ist hier an die Einrede der Verjährung zu denken, die ein Schuldner uU dem neuen Gläubiger entgegensetzen kann (Fall 40, Rn 1252).

1266   § 670: Wenn der Hauptschuldner gegen seinen neuen Gläubiger (den ehemaligen Bürgen) die Einrede der Verjährung erhebt, kann dieser seinen Anspruch auf § 670 stützen (Fall 40, Rn 1252; FD „Bürgschaft II", Frage 8). § 670 ist übrigens nicht nur im Rahmen eines Auftrags (§ 662), sondern durch Verweisung auch dann anwendbar, wenn sich der Bürge aufgrund einer entgeltlichen Geschäftsbesorgung (§ 675 Abs. 1) oder einer Geschäftsführung ohne Auftrag (§ 677) zur Übernahme der Bürgschaft verpflichtet hatte (Rn 1181 bis 1183).

1267   Der Hauptschuldner kann sich auch auf die §§ 404, 406 und 407 berufen, die in § 412 für anwendbar erklärt werden.

---

78   BGHZ 108, 179.
79   BGH NJW 1992, 3228.

§ 41 Sonderformen der Bürgschaft und bürgschaftsähnliche Verträge

Fall 41: Masseunzulänglichkeit   § 765   1268

▶ *Die C-GmbH erteilte der Plan-KG den Auftrag, für 1,49 Mio Euro einen Werksneubau in Sachsen zu planen und die Erschließungsarbeiten auszuführen. Da die C-GmbH Sorge hatte, die Plan-KG könne mangelhaft arbeiten, wurde diese durch eine ausgehandelte Vertragsbestimmung verpflichtet, eine Vertragserfüllungsbürgschaft über 10 % der Bausumme beizubringen. Die B-Bank-AG übernahm die gewünschte Bürgschaft in Form einer Bürgschaft auf erstes Anfordern. In der Bürgschaftsurkunde heißt es dementsprechend: „... indem wir uns verpflichten, an Sie auf Ihre erste schriftliche Anforderung ... zu zahlen". Die C-GmbH geriet schon bald in Vermögensverfall und konnte deshalb die laufenden Zahlungen an die Plan-KG nicht mehr leisten. Diese stellte daraufhin die Arbeiten ein. Der Insolvenzverwalter der C-GmbH hat einen Gutachter beauftragt, der an den bisherigen Arbeiten der Plan-KG erhebliche Mängel festgestellt hat. Der Insolvenzverwalter nimmt deshalb jetzt die B-Bank-AG als Bürgin in Höhe von 149 000 Euro in Anspruch. Zugleich hat er der B-Bank mitgeteilt, dass das Vermögen der C-GmbH nicht ausreicht, um die Masseverbindlichkeiten zu erfüllen (Masseunzulänglichkeit, § 208 InsO). Die B-Bank-AG ist der Meinung, dass sie unter diesen Umständen die Bürgschaft nicht zu erfüllen brauche. Ist das richtig? (Nach BGHZ 151, 236)*

Bei der von der B-Bank-AG übernommenen Bürgschaft handelt es sich um eine *Vertragserfüllungsbürgschaft* (Rn 1294). Diese Sonderform der Bürgschaft, die gesetzlich nicht geregelt ist, findet sich in der Bauwirtschaft sehr häufig. Durch sie schützt der Bürge den Bauherrn (hier die C-GmbH) vor dem Risiko, dass der Auftragnehmer (hier die Plan-KG) das Bauwerk nicht, nicht rechtzeitig oder mangelhaft errichtet.   1269

Zugleich ist die zu beurteilende Bürgschaft eine „Bürgschaft auf erstes Anfordern". Dass es sich um eine solche Bürgschaft handelt, ergibt sich aus den Worten: „... indem wir uns verpflichten, an Sie auf Ihre *erste schriftliche Anforderung* ... zu zahlen" (Rn 1286). Dem Bürgen, der sich in dieser Weise verpflichtet hat, sind, wenn er in Anspruch genommen wird, die meisten Verteidigungsmittel verwehrt. Die B-Bank-AG müsste deshalb auch dann zahlen, wenn sich der Gutachter geirrt haben sollte, also die Plan-KG im Wesentlichen *gute* Arbeit geleistet hätte. Den Einwand, die Hauptforderung bestehe nicht oder nicht in der geltend gemachten Höhe, könnte die B-Bank-AG nur im Rückforderungsprozess geltend machen. Diese für den Bürgen sehr nachteilige Regelung ist bei der Bürgschaft auf erstes Anfordern gewollt. Denn sie soll dem Gläubiger ohne langwierige Prozesse zu Geld verhelfen. Der BGH sagt sogar: „Die Bürgschaft auf erstes Anfordern bedeutet eine Art Kreditgewährung, weil dem Gläubiger ein Geldbetrag zur Verfügung gestellt wird, den er möglicherweise wieder zurückzuzahlen hat."[80]

Die Situation ist für den Bürgen besonders gefährlich, wenn der Gläubiger insolvent wird. Denn dann kann folgende Situation eintreten: Es stellt sich heraus, dass die Plan-KG gute Arbeit geleistet hatte, so dass die C-GmbH die B-Bank zu Unrecht in Anspruch genommen hat. Normalerweise kann der Bürge einer Bürgschaft auf erstes Anfordern dann beim Gläubiger Rückgriff nehmen. Aber wenn der Gläubiger insolvent ist, kann der Bürge nicht damit rechnen, in einem späteren Prozess das gezahlte Geld von ihm zurückzubekommen. Das ist

---

80   BGHZ 151, 236 (241).

sogar ausgeschlossen, wenn sich der Gläubiger, wie hier, in *masseloser Insolvenz* befindet. Es ist deshalb verständlich, dass die B-Bank die Bürgschaft auf erstes Anfordern nicht erfüllen will. Tatsächlich kommt ihr der BGH entgegen. Das bedeutet zwar nicht, dass die B-Bank nun von allen Verpflichtungen frei wäre. Aber die Bürgschaft auf erstes Anfordern wandelt sich in eine normale selbstschuldnerische Bürgschaft um. Die B-Bank kann also, bevor sie zahlt, gerichtlich klären lassen, ob der C-GmbH wirklich Ansprüche wegen Sachmängeln gegen die Plan-KG zustehen. ◄

Lerneinheit 41

1270   **Literatur:** *Pioch,* Einstweilige Verfügung gegen die Inanspruchnahme einer Bürgschaft auf erstes Anfordern, JuS 2018, 438; *Küpper,* Die Haftung des Bürgen für die Werklohnforderung bei Insolvenz des Werkbestellers, NJW 2015, 3057; *Hadding/Welter,* Zur schuldrechtlichen Qualifizierung bei einer „Bürgschaft auf erstes Anfordern", WM 2015, 1545; *Nossek,* Die Unwirksamkeit formularmäßiger Sicherungsabreden in Bau- und Anlagenbauverträgen aus Sicht des Bürgen, NJW 2015, 1985.

I. Bürgschaften, die das Risiko des Bürgen mindern

1. Mitbürgschaft

1271   § 769 definiert *Mitbürgen* als Personen, die sich „für dieselbe Verbindlichkeit" verbürgen, „auch wenn sie die Bürgschaft nicht gemeinschaftlich übernehmen" (also unabhängig voneinander). Außerdem bestimmt § 769, dass Mitbürgen „als Gesamtschuldner" haften. Den Begriff „Gesamtschuldner" definiert § 421 S. 1. Mitbürgen erbringen also ihre (nach § 765 Abs. 1 geschuldete) Leistung, „für die Erfüllung der Verbindlichkeit des Dritten einzustehen", in der Weise, dass „jeder die ganze Leistung zu bewirken verpflichtet, der Gläubiger aber die Leistung nur einmal zu fordern berechtigt ist".

Der Gläubiger kann also auf jeden der Mitbürgen in voller Höhe zugreifen, aber insgesamt nur einmal. Das könnte so aussehen, als würde eine Mitbürgschaft das Risiko des Bürgen nicht mindern. Aber wenn einer der Mitbürgen voll in Anspruch genommen wurde, kann er nach § 426 bei dem (oder den) anderen Rückgriff nehmen (Rn 1262). Dabei sind die Mitbürgen „… zu gleichen Anteilen verpflichtet, soweit nicht ein anderes bestimmt ist" (§ 426 Abs. 1 S. 1). Eine andere Bestimmung, die zu ungleichen Anteilen führt, ergibt sich aber oft. *Beispiel:* Der Gesellschafter A der Y-GmbH war mit 80 % am Kapital der Gesellschaft beteiligt, sein Mitgesellschafter B mit 20 %. Beide hatten gemeinsam die Bürgschaft für eine Bankverbindlichkeit der GmbH übernommen und waren in Anspruch genommen worden. Im Innenverhältnis trägt A 80 % der Last, B nur 20 %.[81]

2. Rückbürgschaft

1272   Auch bei der (nicht gesetzlich geregelten) Rückbürgschaft gibt es zwei Bürgen, aber sie haften nicht nebeneinander, sondern nacheinander. Der Rückbürge verpflichtet sich gegenüber dem ersten Bürgen dafür einzustehen, dass der erste Bürge (nachdem er den Gläubiger befriedigt hat) beim Hauptschuldner nach § 774 erfolgreich Rückgriff nehmen kann. Im Übrigen ist der Rückbürge ein normaler Bürge. Denn der Hauptschuldner des ersten Bürgen ist auch der Hauptschuldner des Rückbürgen. Nur der Gläubi-

---

81 BGH NJW2017, 557 Rn 13.

ger ist ein anderer, denn für den Rückbürgen ist der erste Bürge der Gläubiger. Die verbürgte Hauptschuld ist der Anspruch des ersten Bürgen (des neuen Gläubigers) gegen den Hauptschuldner aus § 774. Nur wenn der erste Bürge einen solchen Anspruch gegen den Hauptschuldner erworben hat, aber nicht durchsetzen kann, besteht eine Verpflichtung des Rückbürgen (§§ 765, 767).[82]

3. Höchstbetragsbürgschaft

Auch wenn das Gesetz das nicht vorsieht, kann die Bürgschaft auf einen Höchstbetrag beschränkt werden. Der Gläubiger darf den Bürgen dann nicht über diesen Höchstbetrag hinaus in Anspruch nehmen. Das Gesetz sieht zwar in § 767 Abs. 1 S. 2 vor, dass sich die Verpflichtung des Bürgen durch Verschulden des Hauptschuldners erhöhen kann. Aber auch vor diesem Risiko soll die Höchstbetragsbürgschaft den Bürgen schützen.

1273

Allerdings hatten die Kreditinstitute früher die Höchstgrenze meist durch Klauseln aufgeweicht wie etwa: „Die Bürgschaft umfasst zusätzlich Zinsen, Provisionen und Kosten, die aus den verbürgten Ansprüchen ... entstehen, und zwar auch dann, wenn dadurch der oben genannte Betrag überschritten wird." Solche Formularbestimmungen sieht der BGH heute zu Recht als unwirksam an (§ 307 Abs. 1, Abs. 2 Nr. 2).[83] Denn bei Geltung der Klausel hätte der Bürge oft ein Vielfaches des (angeblichen) Höchstbetrags zu zahlen.[84]

Kombinationen: Die Höchstbetragsbürgschaft kann zugleich eine Zeitbürgschaft (§ 777; Rn 1275) und/oder zusätzlich eine Bürgschaft auf erstes Anfordern sein (Rn 1286). Überhaupt ist die Kombination verschiedener Formen der Bürgschaft in der Praxis offenbar beliebt. Probleme macht die Verbindung von Mitbürgschaft (§ 769; Rn 1271) und Höchstbetragsbürgschaft, wenn sich die Mitbürgen zu unterschiedlichen Höchstbeträgen verbürgt haben. Dann richtet sich der Innenausgleich zwischen den Mitbürgen nach den übernommenen Höchstbeträgen. Das gilt auch dann, wenn es sich bei den Mitbürgen um Gesellschafter handelt, die in unterschiedlicher Höhe an der Gesellschaft beteiligt sind.[85]

1274

4. Bürgschaft auf Zeit

Während der Bürgschaftsvertrag im Regelfall auf unbestimmte Zeit geschlossen wird, hat sich im Fall des § 777 „der Bürge ... auf bestimmte Zeit verbürgt" (§ 777 Abs. 1 S. 1). Das Gesetz unterstellt in § 777 Abs. 1 S. 1 (stillschweigend), dass der Bürge die Einrede der Vorausklage hat (§§ 771 bis 773). Da ihm dies Recht in der Praxis fast nie zusteht, ist Abs. 1 S. 1 ohne praktische Bedeutung.

1275

Aber § 777 Abs. 1 S. 2 geht davon aus, dass es sich um eine *selbstschuldnerische* Bürgschaft handelt. In diesem Fall wird der Bürge „nach dem Ablaufe der bestimmten Zeit frei", aber nur, wenn nicht der Gläubiger ihm unverzüglich „diese Anzeige macht" (§ 777 Abs. 1 S. 2). Gemeint ist die in § 777 Abs. 1 S. 1 aE genannte Anzeige des Gläubigers, „dass er ihn in Anspruch nehme". Der Gläubiger muss mit seiner Anzeige nicht

---

82 BGHZ 95, 375 (379/380).
83 BGHZ 151, 374 (381) mit zahlreichen Nachweisen aus dem Schrifttum.
84 In BGHZ 151, 374 überstieg allein die Zinsschuld den Höchstbetrag um mehr als 80 %.
85 BGH NJW 2017, 557 Rn 14 ff.

bis zum Ablauf der Frist warten, sondern kann sie dem Bürgen auch vorher zukommen lassen.[86]

1276   Wenn die Anzeige rechtzeitig erfolgt ist, beschränkt sich die Haftung des Bürgen „auf den Umfang, den die Hauptverbindlichkeit bei dem Ablauf der bestimmten Zeit hat" (§ 777 Abs. 2 Hs. 2). Gemeint sind nur Forderungen, die am letzten Tag der Frist bereits *fällig* sind.[87] Denn der Gläubiger muss den Bürgen bekanntlich „unverzüglich" nach Ablauf der Zeit in Anspruch nehmen. Und jede Inanspruchnahme setzt die Fälligkeit voraus.[88]

1277   § 777 ist abdingbar. Aber eine AGB-Bestimmung, die dem Kreditinstitut die Anzeige erlässt, ist nach § 307 unwirksam.[89]

5. Ausfallbürgschaft

1278   Wenn Gemeinden, Bundesländer oder andere Gebietskörperschaften eine Bürgschaft übernehmen (meist im Rahmen der Wirtschaftsförderung), tun sie das meist durch eine Ausfallbürgschaft.[90]

1279   Die (gesetzlich nicht geregelte) Ausfallbürgschaft ist die für den Bürgen mildeste Art der Bürgschaft.[91] Sie verpflichtet ihn nämlich nur, für den Teil der Hauptforderung einzustehen, mit der der Gläubiger endgültig ausgefallen ist. Der Gläubiger muss außerdem nachweisen, dass er die Vollstreckung in das bewegliche *und das unbewegliche Vermögen* des Hauptschuldners vergeblich versucht hat und auch keine andere Sicherheit in Anspruch nehmen konnte.[92] Diese andere Sicherheit kann auch eine Bürgschaft sein.[93]

1280   Die Ausfallbürgschaft ist die Steigerung der Bürgschaft *mit* der Einrede der Vorausklage,[94] also das Gegenteil der selbstschuldnerischen Bürgschaft und das extreme Gegenstück zur Bürgschaft auf erstes Anfordern (zu ihnen gleich).

II. Bürgschaften, die das Risiko des Bürgen erhöhen

1. Selbstschuldnerische Bürgschaft

1281   Es gibt nur zwei Bürgschaftsarten, die die Rechtsstellung des Bürgen gegenüber der gesetzlichen Regelung verschlechtern. Das ist einmal die sehr häufige selbstschuldnerische Bürgschaft (§ 773 Abs. 1 Nr. 1). Zum anderen ist es die Bürgschaft auf erstes Anfordern, die sehr viel seltener ist, aber die Rechtsprechung oft beschäftigt hat (Fall 41, Rn 1268).

---

86   BGHZ 76, 81.
87   BGH NJW 2004, 2232 (2234); BGHZ 139, 325 (329); BGH NJW 1989, 1856.
88   BGH NJW 2000, 3137.
89   OLG Köln WM 1986, 14; Damrau EWiR § 777 1/86, 259; Tiedtke DB 1990, 411 und NJW 2005, 2498 [2501]. Einschränkend BGH NJW 2004, 2232 (2234).
90   Beispiel in BGH NJW 1998, 2138. Das gilt auch für Kreditinstitute, die die öffentliche Hand zur Wirtschaftsförderung einsetzt (zB BGH NJW 1989, 1855).
91   Staudinger/Horn, § 771 Rn 11; BGH NJW 1998, 2138 (2141).
92   BGH NJW 1998, 2138.
93   BGH NJW 2002, 1198.
94   BGH NJW 2002, 2869.

Definition: Die selbstschuldnerische Bürgschaft ist eine Bürgschaft, die dem Bürgen 1282 *nicht* die Einrede der Vorausklage (§§ 771 bis 773) gewährt. Sie ist nach dem Gesetz eine Ausnahme, in der Praxis aber die Regel, und zwar aus zwei Gründen:

■ Alle Kreditinstitute sehen in ihren Bürgschaftsformularen vor, dass sich der Bürge 1283 „unter Verzicht auf die Einrede der Vorausklage" oder „selbstschuldnerisch" verbürgt (§ 773 Abs. 1 Nr. 1).

■ Außerdem steht einem Einzelkaufmann die Einrede der Vorausklage nicht zu (§ 349 1284 HGB). Das gilt aber nur, wenn er sich *geschäftlich,* also nicht privat verbürgt (zB für ein Familienmitglied oder einen Freund). Jede Handelsgesellschaft (zB OHG, KG, AG, GmbH) hat die Kaufmannseigenschaft. Weil sie kein Privatleben kennt, verbürgt sie sich *immer* geschäftlich. Es gilt insgesamt eine ähnliche Regelung wie für die *Form* des Bürgschaftsvertrags (Rn 1177).

Wirkung: Der Gläubiger kann bei einer selbstschuldnerischen Bürgschaft den Bürgen 1285 in Anspruch nehmen, ohne den Hauptschuldner verklagt, ja sogar ohne ihn auch nur um die geschuldete Leistung *gebeten* zu haben. So betrachtet, erscheinen einem der Bürge und der Hauptschuldner fast wie Gesamtschuldner nach § 421. Aber auch der selbstschuldnerische Bürge ist nur Hilfsschuldner. Am deutlichsten wird das an § 774 (Rn 1255). Denn auch der selbstschuldnerische Bürge wird durch Zahlung zum neuen Gläubiger des Hauptschuldners und hat nicht nur – wie ein Gesamtschuldner – nach § 426 einen teilweisen Ausgleichsanspruch.

2. Bürgschaft auf erstes Anfordern

Definition: Die Bürgschaft auf erstes Anfordern ist eine gesetzlich nicht geregelte Son- 1286 derform der Bürgschaft, die den Bürgen stark belastet. Denn sie verpflichtet ihn dazu, „auf erstes Anfordern" des Gläubigers zu zahlen. Der Bürge verzichtet – zumindest vorläufig – nicht nur auf die Einrede der Vorausklage (§ 771), sondern auch auf seine Rechte aus den §§ 767, 768 und 770. Er kann sich also seiner Zahlungspflicht nicht mit Hilfe von Einwendungen und Einreden entziehen, die sich auf die Hauptforderung beziehen. Damit wird bei der Bürgschaft auf erstes Anfordern „die für die Bürgschaft wesensbestimmende Abhängigkeit der Bürgschaftsforderung von der verbürgten Hauptforderung systemwidrig ... beseitigt".[95] Aber der Bürge zahlt unter dem Vorbehalt, den Betrag gegebenenfalls ganz oder teilweise zurückzufordern. Im Rückforderungsprozess wird die Akzessorietät (§§ 767, 768, Rn 1201) wiederhergestellt. Aber zunächst heißt es für den Bürgen: „Erst zahlen, dann prozessieren."

Die Bürgschaft auf erstes Anfordern ist kein Vertrag eigener Art, sondern eine Sonderform der Bürgschaft. Aber sie bedeutet zugleich „eine Art Kreditgewährung",[96] weil dem Gläubiger ein Geldbetrag zur Verfügung gestellt wird, den er möglicherweise später zurückzuzahlen hat.

Praxis: Wer zum ersten Mal von der Bürgschaft auf erstes Anfordern hört, wundert 1287 sich darüber, dass es Bürgen gibt, die sich auf eine solche Bürgschaft einlassen. Aber der Bürge ist in diesen Fällen fast immer ein Kreditinstitut, das für seine Dienstleistung selbstverständlich ein Entgelt verlangt (Avalprovision). Und gesichert wird meist ein Gläubiger, der auf die Zahlungen des Hauptschuldners dringend angewiesen ist, meist ein Bauunternehmer. Viele Bauunternehmen haben nur deshalb überlebt, weil der Bau-

---

95 BGHZ 140, 49.
96 BGHZ 151, 236 (241) = Fall 41, Rn 1268.

herr ihnen eine Bürgschaft auf erstes Anfordern stellen musste. Bei einer normalen Bürgschaft hätten die Unternehmer (Gläubiger) – weil sich Bauprozesse oft über viele Jahre hinziehen – Insolvenz anmelden müssen, bevor sie Geld bekommen hätten.

1288   *Die Person des Bürgen:* Wegen der Gefährlichkeit der Bürgschaft auf erstes Anfordern ging der BGH zunächst davon aus, dass nur Kreditinstitute eine solche Bürgschaft übernehmen könnten.[97] Heute kann sich auch ein international tätiges sonstiges Unternehmen in dieser Weise verbürgen, allerdings nur in einem *Individualvertrag.*[98]

1289   *Die Verteidigung des Bürgen:* Alle Einwendungen, deren Berechtigung „nicht klar auf der Hand liegt", und alle Fragen, „deren Beantwortung sich nicht von selbst ergibt"[99] oder zumindest „mit Hilfe liquider Beweismittel auf der Stelle geklärt werden" kann,[100] sind im Erstprozess unzulässig und können erst im Rückforderungsprozess vorgetragen werden.[101]

Zulässige Einwendungen: Es gibt aber auch Einwendungen, die der Bürge sofort geltend machen darf:

1290   ■ *Unzulässigkeit dieser Bürgschaftsform:* Der Bürge kann geltend machen, dass die Bürgschaft auf erstes Anfordern nach der Rechtsprechung des BGH im konkreten Fall unzulässig sei. *Beispiel:* Ein Bauherr verlangte in seinen AGB vom Bauunternehmer eine Gewährleistungsbürgschaft auf erstes Anfordern. Das ist aber durch AGB nicht möglich (Rn 1296).[102] Denn im Regelfall ist nicht der Bauherr, sondern der *Bauunternehmer* auf den sicheren Zufluss liquider Mittel angewiesen.[103]

1291   ■ *Aufrechnung:* Der Bürge kann aufrechnen, aber nur mit Ansprüchen, die keines Beweises bedürfen (zB Ansprüche aus Wechseln), und nur, wenn der Gläubiger nicht auf den Zufluss liquider Mittel angewiesen ist.[104]

1292   ■ *Insolvenz des Gläubigers:* Wenn der Gläubiger insolvent wird, kann sich die Bürgschaft auf erstes Anfordern zu Gunsten des Bürgen in eine normale selbstschuldnerische Bürgschaft wandeln (Fall 41, Rn 1268).[105]

1293   *Rückforderung:* Hatte der Gläubiger den Bürgen zu Unrecht in Anspruch genommen, kann der Bürge ihn nach § 812 auf Rückzahlung verklagen.[106] Der Bürge kann im Rückforderungsprozess alle Einwendungen geltend machen. Die Akzessorietät der Bürgschaftsverpflichtung, die zunächst außer Kraft gesetzt worden war, wird also wiederhergestellt.[107] Nicht der Bürge muss beweisen, dass er zu Unrecht in Anspruch genommen wurde, sondern der Gläubiger muss das Gegenteil beweisen.[108]

---

97   NJW-RR 1990, 1265.
98   BGH NJW 1997, 1435.
99   BGHZ 1994, 167 (170); BGH NJW 1992, 1881 (1883) unter Hinweis auf BGHZ 90, 287 (292 ff).
100   BGH NJW 2002, 1493; ähnlich BGHZ 143, 381.
101   BGH NJW 2002, 1198; ähnlich BGHZ 143, 381 (383).
102   BGHZ 136, 27 (32); Im Fall BGHZ 151, 236 (= Fall 41, Rn 1268) lag eine individuelle Vereinbarung vor.
103   BGHZ 147, 99.
104   BGHZ 94, 167 (172).
105   BGHZ 151, 236.
106   BGHZ 152, 246.
107   BGHZ 140, 49.
108   BGHZ 152, 246; 148, 283 (288); BGH NJW 1997, 1435.

III. Bürgschaften im Rahmen von Werkverträgen

1. Bürgschaften zur Sicherung des Bestellers

a) Vertragserfüllungsbürgschaft

Meist verbürgt sich der Bürge für eine *Geldschuld* des Hauptschuldners. Der Bürge 1294
kann aber auch dafür einstehen, dass der Hauptschuldner die von ihm geschuldete
Werk- oder Dienstleistung ordnungsgemäß erbringt. Zu diesen Bürgschaften gehört die
Vertragserfüllungsbürgschaft (auch Erfüllungsbürgschaft genannt). Durch sie wird der
Besteller gegen das Risiko geschützt, dass das Werk durch „Nichterfüllung vertraglicher Hauptpflichten" gar nicht oder unzureichend hergestellt wird.[109] *Beispiel:* Die X-
AG bestellte bei der U-GmbH für 1,75 Millionen Euro die Lieferung und Montage eines Lagerverwaltungssystems. Da die X-AG Zweifel an der Zuverlässigkeit der U hatte, forderte sie die Erfüllungsbürgschaft einer deutschen Großbank. Die B-Bank übernahm daraufhin die Bürgschaft „für die Ausführung der dem Auftragnehmer übertra-
genen Lieferungen/Leistungen".[110] Falls der Hauptschuldner seine Leistung nicht ordnungsgemäß erbringt, ist der Bürge nicht seinerseits zur Werkleistung verpflichtet (was
einer Bank auch schwerfiele). Die Verpflichtung des Bürgen beschränkt sich deshalb
auf den finanziellen Ausgleich des Schadens.[111]

Bürgschaft auf erstes Anfordern: Die Erfüllungsbürgschaft kann auch als Bürgschaft 1295
auf erstes Anfordern (Rn 1286) übernommen werden.[112] Es gibt aber eine wesentliche
Einschränkung: Diese besonders strenge Form der Bürgschaft dient dazu, dem Gläubiger sofort die nötige Liquidität zu verschaffen. Darauf ist ein Bauherr nicht angewiesen. Dieser kann den Bauunternehmer deshalb nicht formularmäßig zu dieser strengen
Bürgschaft verpflichten (§ 307), nur durch individuelle Vereinbarung.[113]

Übersicherung: Mancher Besteller übertreibt sein Sicherungsbedürfnis. Dieser Fall ist
oft gegeben, wenn er sich neben einer Bürgschaft in seinen AGB das Recht vorbehält,
trotz vollständiger Werkleistung einen Teil des Werklohns zur Sicherheit einzubehalten.[114] Wenn er sich Sicherheiten gewähren lässt, die in ihrer Kombination dazu führen, dass Gewährleistungsansprüche in Höhe von 7 % der Auftragssumme gesichert
sind, liegt eine *Übersicherung* vor. Sie führt dazu, dass jede der Sicherungsabreden
nach § 307 unwirksam ist.[115] Das kann nicht nur der Werkunternehmer geltend machen, sondern über § 768 Abs. 1 S. 1 auch das Kreditinstitut, das die Bürgschaft übernommen hat.[116]

b) Gewährleistungsbürgschaft

Von der Erfüllungsbürgschaft ist die *Gewährleistungsbürgschaft* zu unterscheiden, die 1296
den Bauherrn für den Fall sichert, dass das Werk Mängel aufweist. Der Unternehmer
muss deshalb manchmal für die Zeit *bis* zur Abnahme eine Erfüllungsbürgschaft und

---

109 BGH NJW 1998, 1140.
110 BGHZ 139, 325.
111 BGH NJW 1989, 1856.
112 BGHZ 151, 236 = Fall 41, Rn 1268; BGHZ 139, 325.
113 BGHZ 150, 299; nach BGH NJW 2002, 3098 kommt eine Umdeutung in eine selbstschuldnerische Bürgschaft nur übergangsweise in Betracht.
114 BGH NJW 2016, 2802 Rn 17 ff.
115 BGH NJW 2014, 3642 Rn 21; bestätigt von NJW 2015, 856 Rn 15 und NJW 2016, 2802 Rn 15.
116 BGH NJW 2015, 856 Rn 14; 2014, 3642 Rn 14 f; siehe auch BGH NJW 2015, 1952 Rn 38 bis 51.

für die Zeit *danach* eine Gewährleistungsbürgschaft beibringen.[117] Der Vertrag kann auch so gestaltet sein, dass die Erfüllungsbürgschaft mit dem Abschluss des Werks zur Gewährleistungsbürgschaft wird. Die Gewährleistungsbürgschaft ersetzt meist den Sicherheitseinbehalt, den der Bauherr nach der VOB wegen möglicher Sachmängelansprüche machen darf. Eine Kombination von Sicherungseinbehalt und Gewährleistungsbürgschaft kann aber zu einer Übersicherung und damit zur Unwirksamkeit nach § 307 führen.[118] Eine Gewährleistungsbürgschaft, in der der Bürge nach den AGB des Bestellers auf die Einrede der Aufrechenbarkeit (§ 770 Abs. 2) verzichten muss, ist nach § 307 Abs. 2 Nr. 1 mit Grundgedanken des Bürgschaftsrechts nicht zu vereinbaren und deshalb unwirksam.[119] Eine Gewährleistungsbürgschaft kann erst recht nicht in der Form einer Bürgschaft auf erstes Anfordern verlangt werden.[120]

c) Vorauszahlungs- oder Abschlagszahlungsbürgschaft

1297   Ebenfalls zugunsten des Bauherrn übernimmt ein Kreditinstitut vielfach eine Voraus- oder Abschlagszahlungsbürgschaft. Sie ist angezeigt, wenn der Bauherr laut Bauvertrag (abweichend von § 641) *vor* Erstellung der einzelnen Bauabschnitte zu zahlen hat und besorgt ist, dass die Gegenleistung ausbleiben könnte, etwa durch Insolvenz des Bauunternehmers oder des Bauträgers.[121] Um dieses Risiko abzudecken, schreibt § 7 der Makler- und Bauträgerverordnung (MaBV) vor, dass die Ansprüche des Bauherrn auf die versprochene Leistung oder auf Rückzahlung durch die Vorauszahlungsbürgschaft eines Kreditinstituts zu sichern sind.[122] Eine solche Bürgschaft wird oft „auf erstes Anfordern" übernommen.

2. Bürgschaften zur Sicherung des Unternehmers

1298   Nach § 650 f haben Bauunternehmer und -handwerker einen Anspruch auf eine Sicherheit (Rn 631 ff). Diese kann nicht nur durch die in § 650 f Abs. 2 S. 1 ausdrücklich genannte „Garantie", sondern auch durch eine Bürgschaft gestellt werden. Das Kreditinstitut (oder der Kreditversicherer) wird meist nur eine einfache Bürgschaft übernehmen, keine auf erstes Anfordern. Denn § 650 f Abs. 2 S. 2 sieht vor, dass der Bürge erst zahlen darf, wenn der Bauherr den Vergütungsanspruch des Bauunternehmers anerkannt hat, was sich mit einer Bürgschaft auf erstes Anfordern nicht vereinbaren lässt.[123]

IV. Verträge, die der Bürgschaft ähnlich sind

1. Schuldbeitritt

1299   Der Schuldbeitritt setzt voraus, dass es bereits einen Gläubiger und einen Schuldner gibt. Der Beitretende schließt (mit dem Gläubiger oder mit dem Schuldner) einen Vertrag, durch den er mit allen Pflichten als weiterer Schuldner neben den bisherigen Al-

---

117   BGHZ 139, 325.
118   BGH NJW 2017, 1941 Rn 19 ff.
119   BGH NJW 2018, 458 Rn 28 ff. Auch der Werkunternehmer wird unangemessen benachteiligt durch das Ansinnen in den Besteller-ABG, eine nach § 307 unwirksame Bürgschaft zu stellen (BGH aaO Rn 30).
120   BGH BauR 2007, 1575 (1575); BauR 2005, 539 (540); NJW 2014, 3645 Rn 16.
121   ZB BGH NJW 2000, 511; 1999, 2361; 1999, 2113.
122   BGH NJW 1999, 1105.
123   Trotzdem kann außerhalb von § 648 a eine solche Bürgschaft vereinbart werden (BGH NJW 2002, 1198).

leinschuldner tritt.[124] Die beiden Schuldner werden dadurch in der Regel zu Gesamt-schuldnern (§ 421).

Während ein Bürge für *fremde* Schuld einsteht, übernimmt der Beitretende die Schuld als *eigene*. Eine Akzessorietät gibt es deshalb nicht (§ 425), nur eine gewisse, in den §§ 422 bis 424 geregelte Abhängigkeit. Die Abgrenzung von der Bürgschaft muss – wenn der Wortlaut nicht eindeutig ist – nach der Interessenlage erfolgen. Das eigene wirtschaftliche Interesse an der Gegenleistung spricht für einen Schuldbeitritt.[125]   1300

2. Garantie

Definition: Die Garantie (auch selbstständiges Garantieversprechen genannt) ist ein im Gesetz nicht geregelter Vertragstyp. Der Garant kann zweierlei garantieren: 1301

- *Eintritt eines erwünschten Ereignisses: Beispiel:* Der Verkäufer einer Eigentums-wohnung garantierte dem Käufer, dass nach fünf Jahren ein Dritter für die Eigen-tumswohnung 130 % des Kaufpreises bieten werde.[126]

- *Nichteintritt eines unerwünschten Ereignisses:*[127] *Beispiel*: A wollte auf seinem Grundstück ein mehrgeschossiges Haus errichten, musste dafür aber das Grund-stück vertiefen, was das Nachbargebäude gefährdete. A verpflichtete sich deshalb, für alle durch sein Bauvorhaben entstehenden Schäden aufzukommen.[128]   1302

Die wirtschaftliche Funktion einer Garantie kann man sich am besten am Versiche-rungsvertrag klarmachen: Wie der Versicherer deckt der Garant ein finanzielles Risiko seines Vertragspartners ab. Es lassen sich folgende Fallgestaltungen unterscheiden.

Der Garant ist der Einzige, der den garantierten Erfolg schuldet: Wenn der Garant eine Verpflichtung übernimmt, die neben ihm kein anderer schuldet, ist der Unter-schied zur Bürgschaft besonders deutlich. Denn da der Garant nicht die Schuld eines anderen verstärkt, käme eine Bürgschaft gar nicht infrage. Man kann innerhalb dieser Gruppe noch einmal differenzieren: 1303

- *Der Garant verstärkt durch die Garantie nur eine ihn ohnehin treffende Verpflich-tung: Beispiel:* A garantierte, dass durch die Vertiefung seines Grundstücks seinem Nachbarn B kein Schaden entstehen werde[129] (Beispiel Rn 1302).   1304

- *Der Garant übernimmt ein Risiko, das er sonst nicht zu tragen hätte: Beispiel 1:* Eine AG hatte die von ihr genutzten Büroräume langfristig gemietet. Sie wollte bau-en, befürchtete aber, keinen Nachmieter zu finden und deshalb weiterhin die Miete zahlen zu müssen. Die G-GmbH versprach ihr, sie für diesen Fall schadlos zu stel-len.[130] *Beispiel 2:* Die X-GmbH hatte bei der B-Bank einen erheblichen Kredit auf-genommen, für den sich ihr Alleingesellschafter A verbürgt hatte. A verkaufte sei-nen Geschäftsanteil an K. K garantierte ihm, dass die GmbH den aufgenommenen Kredit innerhalb einer bestimmten Frist zurückzahlen werde.[131] *Beispiel 3:* Der Ver-mittler einer Finanzanlage übernahm gegenüber den Eheleuten E persönlich die Ga-   1305

---

124 SAT Rn 1290.
125 Einzelheiten zur Abgrenzung SAT Rn 1299 f.
126 BGH NJW 1985, 2941.
127 BGH NJW 1996, 2569.
128 BGH NJW 1982, 1809.
129 BGH NJW 1982, 1809.
130 BGH NJW 1999, 2361.
131 BGH NJW 1999, 1542.

rantie, dass sie die versprochene Rendite von mindestens 10,46 % erhalten würden.[132]

1306   *Der Garant verstärkt nur die Verpflichtung eines Dritten:* Wenn der Garant eine Verpflichtung übernimmt, die neben ihm noch ein anderer schuldet, ist der Unterschied zur Bürgschaft gering. *Beispiel 1:* Die B-Bank übernahm zugunsten des Bauunternehmers U eine Bankgarantie nach § 650 f Abs. 2 S. 1 (Rn 637). Damit verstärkte die Bank die Verpflichtung des Bauherrn H zur Zahlung des Werklohns (§ 631 Abs. 1). In diesem Fall wäre auch eine Bürgschaft infrage gekommen. *Beispiel 2:* A besitzt eine von der Volksbank V ausgestellte Debitkarte (Bankkarte), mit der er an einem Geldautomaten der Deutschen Bank 500 Euro abhob. Die V hat damit gegenüber der Deutschen Bank die Garantie übernommen, dass sie ihr den ausgezahlten Betrag gutschreiben wird, auch wenn das Konto ihres Kunden A keine Deckung aufweisen sollte.[133] Damit verstärkt die V die Verpflichtung des A.

1307   Trotz der Ähnlichkeit mit der Bürgschaft gibt es einen wesentlichen Unterschied: Der Garant verpflichtet sich auch für den Fall, dass der andere Schuldner nichts schulden sollte. Denn die von ihm übernommene Verpflichtung ist „vom Bestand einer durch sie gesicherten Verbindlichkeit unabhängig",[134] also nicht akzessorisch. Der Umfang der Verpflichtung ergibt sich allein aus dem Garantievertrag. Da die Bürgschaftsvorschriften nicht anwendbar sind, kann der in Anspruch genommene Garant bei seinem Auftraggeber nicht nach § 774, sondern nur nach den §§ 675, 670 Rückgriff nehmen.

§ 42 Spiel, Wette, Vergleich, Schuldversprechen und Schuldanerkenntnis

1308   **Fall 42: 4 000 Euro verzockt**   **§ 762**

▶ *Die in Wiesbaden ansässige „Casino-GmbH" bietet die Möglichkeit, online am Roulette teilzunehmen. Sie besitzt eine entsprechende Spielbankerlaubnis aufgrund des Hessischen Spielbankgesetzes. In dieser heißt es: „Teilnahmeberechtigt ... sind nur Personen ab 21 Jahren, die ihren Hauptwohnsitz in Hessen haben oder sich zum Zeitpunkt der Spielteilnahme in Hessen aufhalten." Ferner bestimmt § 5 Nr. 1: „Jeder Spieler bestimmt bei seiner Registrierung ein für ihn geltendes ... Limit."*

Der 46-jährige Jürgen Lück aus Koblenz (Rheinland-Pfalz) ließ sich auf der Website der Casino-GmbH registrieren. Dabei gab er kein Limit an, wurde aber zugelassen. Später meldete er sich von Koblenz aus zum Spiel an, gab aber als seinen aktuellen Aufenthaltsort die Adresse seines Bekannten Burgard aus Hessen an und nannte dessen Festnetz-Telefonnummer. Die Casino-GmbH rief dort an und gab die für die Teilnahme erforderlichen Daten bekannt, die Burgard an Lück weiterleitete. Mit seiner VISA-Kreditkarte überwies Lück sogleich an die Casino-GmbH 4 000 Euro. Er begann noch am selben Tag zu spielen und verlor in 186 Einsätzen die gesamte Summe. Am nächsten Tag ließ er von VISA die Belastungen seiner Kreditkarte rückgängig machen. Die Casino-GmbH hat Lück auf Zahlung von 4 000 Euro und Erstattung erheblicher Nebenkosten verklagt. Lück wendet ein, der Spielvertrag sei nichtig. Dazu führt er an, er habe ein Limit von 100 Euro angegeben, das aber durch einen

---

132   BGH NJW 1996, 2569.
133   Palandt/Sprau § 675 f Rn 51 aE; Bröker WM 1995, 468.
134   BGHZ 165, 12 (24).

Softwarefehler der Casino-GmbH nicht berücksichtigt worden sei. (Nach BGH NJW 2008, 2026)

Zu prüfen ist, ob sich Lück auf § 762 Abs. 1 berufen kann. Nach dieser Vorschrift wird „durch Spiel ... eine Verbindlichkeit nicht begründet". Das würde bedeuten, dass die Casino-GmbH ihren Anspruch nicht durchsetzen könnte. Aber § 762 Abs. 1 S. 1 findet keine Anwendung, wenn das Spiel „staatlich genehmigt ist" (§ 763 S. 1). Da das Online-Glückspiel der Casino-GmbH staatlich konzessioniert ist, ist der Spielvertrag wirksam und verpflichtet deshalb Lück, seine Spielschuld zu bezahlen.

1309

Der Spielvertrag könnte aber deshalb unwirksam sein, weil Lück von Koblenz aus gespielt hat, obwohl nur Personen teilnehmen dürfen, die sich während des Spiels in Hessen aufhalten. Aber es ist offensichtlich, dass niemand durch eine bewusste Umgehung von Vorschriften Vorteile erlangen kann.

Der BGH hat jedoch geprüft, ob der Vertrag deshalb nichtig ist, weil die Casino-GmbH gegen § 5 Nr. 1 der Spielbankerlaubnis verstoßen hat. Diese Vorschrift verlangt, dass jeder Spieler vor Spielbeginn ein Limit angibt, das nicht überschritten werden darf. Ein solches Limit wurde nicht vereinbart, wobei offen ist, ob Lück es, wie er behauptet, angeben wollte (und nur an einem Softwarefehler im System der Casino-GmbH gescheitert ist) oder ob er es gar nicht versucht hat. Zu prüfen ist in beiden Fällen, ob das Fehlen einer Limitierung Lücks Spielleidenschaft (wenn es sie gab) in einer Weise angestachelt hat, dass dadurch der ganze Vertrag nach § 138 als sittenwidrig anzusehen wäre.

1310

Bei einem Roulette, an dem ein Spieler live teilnimmt, gibt es keine Möglichkeit, den Einsatz verbindlich zu limitieren. Trotzdem gelten solche Spiele nicht als sittenwidrig. Außerdem ist zu bedenken, dass Lück sein Limit selbst festlegen durfte. Er hätte deshalb auch eine Million Euro angeben können. Das zeigt, dass diese Art der Limitierung nicht geeignet ist, die Spielleidenschaft effektiv zu dämpfen oder das Verlustrisiko angemessen zu begrenzen. Deshalb ist der Spielvertrag nicht wegen einer fehlenden Limitierung nach § 138 nichtig. Lück muss zahlen. ◀

Lerneinheit 42

Literatur Spiel, Wette: *Hartmann/Barczak,* Online-Glücksspiel: Verbot oder Regulierung? ZfWG 2019, 8; *Meyer,* Neu zugelassene Geldspielautomaten umgehen die Vorgaben der Spielverordnung, GewA 2019, 184; *Rock,* Aktuelle Rechtsprechung zum Glücksspielrecht, ZfWG 2019, 427; *Schippel,* E-Sports – eine glücksspielrechtliche Zwischenbilanz, ZfWG 2019, 127; *Schippel,* Glücksspielrecht im Spiegel der digitalen Transformation, DSRITB 2018, 605; *Bronder,* Einteilung der Spiele mit Gewinnmöglichkeit, ZfWG 2018, 219; *Korte,* Glücksspiel im und über Internet, GewA 2017, 129; *Albers,* Aufteilung von Preisen bei Gewinnspielen, NJW 2017, 2380.

1311

Literatur Vergleich: *Magnus,* Die Wirkungen des Vergleichs im Musterfeststellungsverfahren, NJW 2019, 3177; *Raeschke-Kessler,* Ein Lehrstück über den Lästigkeitswert: Der Vergleich Kirch/Deutsche Bank, NJW 2019, 2678; *Rebler,* Erklärungen am Unfallort, MDR 2018, 1345.

1312

Literatur Schuldversprechen und Schuldanerkenntnis: *Spies,* Deckungszusage der Rechtsschutzversicherung, Bindungswirkung und Kondiktion, r+s 2019, 70 (als deklaratorisches Schuldanerkenntnis); *Dastis,* Examenswissen zum Schuldanerkenntnis, JuS 2018. 330; *Leitmeier,* Das Schuldanerkenntnis in Allgemeinen Geschäftsbedingungen, NZA 2017, 227; *Leitmeier* Das kausale Schuldanerkenntnis – eine verzichtbare Rechtsfigur, NZBau 2013, 681; *Retzlaff,* Kein Anerkenntnis durch Aufrechnung, NJW 2013, 2854.

I. Spiel und Wette

1. Spiel

1313   *Spiele, die die Mitspieler gegeneinander spielen:* Wenn alle Beteiligten mitspielen, ist der zwischen ihnen geschlossene Spielvertrag ein gegenseitiger Vertrag (§ 320), durch den sich die Mitspieler verpflichten, Einsätze (meist in Form eines Geldbetrags) zu leisten, die demjenigen Mitspieler zukommen sollen, der das Spiel gewinnt (§ 762). § 762 unterscheidet nicht zwischen Geschicklichkeits- und Glücksspielen. Zu den ersteren gehören zB der Preisskat und das Wettkegeln, zu den zweiten alle Würfelspiele.

1314   *Spiele gegen den Spielveranstalter:* Bei den meisten Spielen, zu denen die Allgemeinheit Zugang hat, spielen die Mitspieler nicht gegeneinander, sondern gegen den Veranstalter. Ein Vertrag kommt deshalb nur zwischen dem einzelnen Spieler und dem Veranstalter zustande, nicht zwischen den Mitspielern. *Beispiel:* Roulette in der Spielbank, Teilnahme an Lotto oder Lotterie. In diesem Fall gewinnt der Gewinner nicht das, was die Mitspieler eingesetzt haben, sondern das, was sich nach den Spielregeln als Gewinn ergibt.

1315   *Unvollkommene Verbindlichkeit:* Die in § 762 geregelten Spielverträge sind weder wirksam noch nichtig, sondern nehmen eine Mittelstellung ein: Einerseits wird „eine Verbindlichkeit nicht begründet" (§ 762 S. 1), der Volksmund sagt deshalb: „Spielschulden sind Ehrenschulden." Andererseits kann das zum Zweck der Erfüllung Geleistete auch nicht mit einem Hinweis auf S. 1 zurückgefordert werden (S. 2). Das Spiel begründet also eine so genannte *unvollkommene Verbindlichkeit:* Um die Spielleidenschaft nicht anzufachen, soll die Justiz weder dem einen noch dem anderen Teil ihre Hand zur Durchsetzung seiner Forderung reichen müssen.[135]

1316   Manchmal kann (oder will) jemand seine Spiel- oder Wettschuld nicht bezahlen und bietet stattdessen an (oder wird genötigt), ein Schuldanerkenntnis oder –versprechen abzugeben (§§ 780, 781; Rn 1330 ff). Das ändert aber die Rechtslage nicht, denn die Schuld bleibt auch in diesem neuen Gewand eine unvollkommene Verbindlichkeit (§ 762 Abs. 2).

§ 762 bezieht sich *nicht* auf folgende Spielverträge:

1317   ■ *Sittenwidrige Spiele:* Wenn das Spiel darauf angelegt ist, Mitspieler sittenwidrig zu benachteiligen (zB durch manipulierte Karten oder Würfel), gilt § 138, nicht § 762.[136]

1318   ■ *Staatlich genehmigtes Glücksspiel (§ 763):* Vom Staat veranstaltete oder zugelassene Glücksspiele (Lotto, Toto, Klassenlotterie, Spielcasino, Geldspielautomaten) sind legal und verbindlich (§ 763).[137] *Beispiel:* Fall 42, Rn 1308. Ein Spielsüchtiger kann jedoch mit der Spielbank eine Sperre vereinbaren mit der Folge, dass die Spielbank bei einem Verstoß schadensersatzpflichtig ist.[138]

1319   ■ *Verbotenes Glücksspiel (§§ 284 bis 286 StGB):* Es ist strafbar, ohne staatliche Erlaubnis Glücksspiele zu veranstalten, an denen Außenstehende teilnehmen können (§ 284 StGB). Zu denken ist hier an Würfelspiele um Geld, die im Hinterzimmer

---

135   Palandt/Sprau § 762 Rn 1; ähnlich Brox/Walker § 34 Rn 4.
136   BGH NJW 2008, 1942 Rn 11 (Schneeballsystem „Schenkkreis").
137   Das übersieht AG Rendsburg NJW 1990, 916 (Darlehen des Wirts zum Weiterspielen an Spielautomaten).
138   BGH NJW 2012, 48; NJW 2006, 362 unter Aufgabe von BGHZ 131, 136.

einer Gastwirtschaft veranstaltet werden.[139] Auch die Teilnahme ist strafbar (§ 285 StGB). Da Veranstalter und Teilnehmer gegen ein gesetzliches Verbot verstoßen, sind die geschlossenen Verträge nichtig (§ 134). Die Rückforderung des Einsatzes nach § 812 scheitert meist an § 817 S. 2.[140]

2. Wette

Ebenso wenig wie das Spiel wird die Wette in § 762 definiert. Da die Rechtsfolgen von Spiel und Wette identisch sind, ist eine Abgrenzung auch nicht nötig. Aber aus dem Sprachgebrauch ergibt sich: Eine Wette liegt vor, wenn jemand eine (angebliche) Tatsache behauptet und für den Fall, dass er Unrecht hat, einem anderen (oder mehreren anderen) Geld oder einen anderen Wert verspricht.[141] Die Rechtsfolge – unvollkommene Verbindlichkeit – ist die gleiche wie beim Spiel.

Abgrenzung vom Spiel: Wenn eine Behauptung, die sich auf die *Zukunft* bezieht, bekräftigt werden soll, handelt es sich um Spiel, nicht um Wette. Die als „Sportwetten" bezeichneten Veranstaltungen sind deshalb keine Wetten, sondern Glücksspiele.[142]

II. Vergleich

1. Definition

Der Vergleich ist nach der Legaldefinition des § 779 Abs. 1 ein „Vertrag, durch den der Streit oder die Ungewissheit der Parteien über ein Rechtsverhältnis im Wege gegenseitigen Nachgebens beseitigt wird". Soweit der Vergleich (wie fast immer) für beide Parteien voneinander abhängige Pflichten begründet („im Wege gegenseitigen Nachgebens"), ist der Vergleich ein gegenseitiger Vertrag (§§ 320 ff).[143]

Sehr häufig wird ein Prozess durch einen Vergleich abgeschlossen. Der Prozessvergleich (§ 794 Abs. 1 Nr. 1 ZPO) hat eine Doppelnatur, denn er ist sowohl eine Prozesshandlung als auch ein Vertrag iS des § 779.[144]

2. Voraussetzungen eines Vergleichs

§ 779 geht alternativ von zwei möglichen Ausgangslagen aus.

Streit: Es kann „Streit" bestehen (§ 779 Abs. 1). *Beispiel 1:* Der Eigentümer E eines Einfamilienhauses wehrte sich gegen den Plan des B, auf dem Nachbargrundstück ein 16 m hohes Bürogebäude zu errichten. E erklärte sich bereit, seinen Widerspruch gegen Zahlung von 200 000 Euro zurückzunehmen.[145] *Beispiel 2:* K hatte beim Vertragshändler V einen neuen Pkw gekauft, mit dem es ständig Probleme gab. Nach längerem Streit einigten sich K und V darauf, dass K einen neuen Pkw erhalten, aber für die Nutzung des alten eine Nutzungsentschädigung zahlen sollte.[146]

---

139 Eine Anschauung bietet OLG Celle NJW-RR 1987, 1190.
140 OLG Celle NJW 1996, 2660.
141 Ähnlich Palandt/Sprau § 762 Rn 3.
142 BGH JZ 2003, 858 mit Anmerkung von Wohlers.
143 HM, zB Palandt/Sprau § 779 Rn 2.
144 BGH NJW 2000, 1942 mwN.
145 BGH NJW 1999, 3113.
146 BGH NJW 1983, 2194.

1324   *Ungewissheit:* Alternativ kann auch „Ungewissheit über ein Rechtsverhältnis" bestehen (§ 779 Abs. 1).[147] *Beispiel:* S war an einem Unfall schuld, durch den das rechte
Knie des G beschädigt worden war. Wie hoch der Schaden war und wie er sich noch
entwickeln würde, war ungewiss. Der Haftpflichtversicherer des S einigte sich mit G
darauf, dass durch Zahlung einer bestimmten Summe „alle jeweiligen Ansprüche erledigt" sein sollten.[148] Die Worte „Streit" und „Ungewissheit" machen deutlich, dass es
auf die subjektive Sicht der Parteien ankommt. Unerheblich ist, ob das fragliche
Rechtsverhältnis objektiv „ungewiss" ist.

1325   *Gegenseitiges Nachgeben:* Ein Vergleich verlangt nur „gegenseitiges Nachgeben". Ob
eine Partei sehr weitgehend nachgegeben hat, die andere geringfügig, ist gleichgültig.
Nur wenn eine Partei sich völlig durchsetzt, liegt kein Vergleich vor.

Form: Einer Form bedarf der Vergleich nur, wenn auch ein anderer Vertrag über den
gleichen Gegenstand einer Form bedürfen würde. *Beispiele:* Ein Vertrag über die Beendigung eines Arbeitsverhältnisses bedarf der Schriftform (§ 623), so dass auch ein entsprechender Vergleich diese Form einhalten muss. Da ein Grundstückskauf der notariellen Beurkundung bedarf (§ 311 b Abs. 1 S. 1), muss auch ein entsprechender Vergleich notariell beurkundet werden. Diese Form kann in beiden Fällen durch einen ge-
richtlichen Vergleich ersetzt werden (§ 127 a).

3. Rechtsfolgen

a) Allgemeines

1326   Im Regelfall wollen die Parteien nicht das alte Rechtsverhältnis vollständig aufheben
und ein neues (durch den Vergleich geschaffenes) Rechtsverhältnis an seine Stelle treten lassen. Der Vergleich soll vielmehr das ursprüngliche Rechtsverhältnis nur insoweit
ändern, als es strittig oder ungewiss war.[149] Der Fortbestand des alten Rechtsgeschäfts
ist insbesondere in zwei Fällen wichtig:

■ Auch nach Abschluss eines Vergleichs können die Parteien Rechte aus dem ursprünglichen Schuldverhältnis geltend machen, soweit nicht der Vergleich dem widerspricht. *Beispiel:* Nachdem sich der Gläubiger und der Schuldner verglichen hatten, berief sich der Schuldner auf Verjährung (§ 214). Ob Verjährung eingetreten
war, richtete sich nach dem ursprünglichen Schuldverhältnis, wenn es nicht gerade
der Zweck des Vergleichs war, (auch) diese Frage zu regeln.[150]

■ Sicherungsrechte bleiben bestehen. *Beispiel:* B hatte sich gegenüber dem Gläubiger
G für die Verbindlichkeit des Schuldners S verbürgt (§ 765). Später schlossen G und
S einen Vergleich. G kann auch nach Abschluss des Vergleichs den B in Anspruch
nehmen, soweit der Vergleich nicht dessen Position verschlechtert hat (§ 767 Abs. 1
S. 3; Rn 1208).

b) Irrtumsfälle

1327   Für den Fall, dass sich nach Abschluss des Vergleichs einer der Partner auf einen Ir-
tum oder den Wegfall der Geschäftsgrundlage beruft, teilt § 779 Abs. 1 den (dem Ver-

---

147   § 779 Abs. 2 stellt dem den Fall gleich, dass die Verwirklichung eines Anspruchs unsicher ist.
148   OLG Koblenz NJW 2004, 782.
149   BGH NJW 2012, 2099, Rn 33 und NJW 2010, 2652 Rn 15.
150   LAG Berlin MDR 1999, 168.

gleich zugrunde liegenden) Sachverhalt auf in den Teil, der beim Vertragsschluss unstrittig, und den Teil, der strittig oder unklar war (und auf den sich deshalb der Vergleich allein bezieht):

Feststehender Teil: Wenn „der nach dem Inhalte des Vertrags *als feststehend* zugrunde gelegte Sachverhalt der Wirklichkeit nicht entspricht", ist der Vergleich im Prinzip unwirksam. Vorausgesetzt wird allerdings, dass „der Streit oder die Ungewissheit bei Kenntnis der Sachlage nicht entstanden sein würde" (§ 779 Abs. 1). Den Vergleich in diesem Fall für unwirksam zu erklären, ist der einzige Inhalt des § 779. Es handelt sich um einen gesetzlich geregelten Fall des Fortfalls der Geschäftsgrundlage (§ 313).[151] *Beispiel:* Bei einem Unterhaltsvergleich waren die Parteien übereinstimmend davon ausgegangen, dass das Einkommen des Alleinverdieners eine bestimmte Höhe hatte. Wenn sich später herausstellt, dass der Unterhaltsschuldner deutlich weniger verdiente, ist der Vergleich nach § 779 Abs. 1 unwirksam.[152] Allerdings entspricht die Nichtigkeit des Vertrags nicht der Tendenz des § 313, nur eine *Anpassung* des Vertrags zu erlauben.[153] Deshalb kann es angebracht sein, auch den Vergleich nur den veränderten Umständen anzupassen.[154]

1328

Zweifelhafter Teil: Manchmal stellt sich heraus, dass eine Partei hinsichtlich des *strittigen* oder *zweifelhaften Sachverhalts* von falschen Voraussetzungen oder Erwartungen ausgegangen war. Dann gilt der Vergleich trotzdem uneingeschränkt (Umkehrschluss aus § 779 Abs. 1). Denn jeder Vertragspartner übernimmt beim Abschluss des Vergleichs das Risiko, sich hinsichtlich der strittigen Fragen zu irren. *Beispiel 1:* Bauherr und Bauunternehmer stritten über die Frage, ob der Bauunternehmer eine Vertragsstrafe zu zahlen hatte. Sie schlossen einen Vergleich, der unter anderem bestimmt, dass die Vertragsstrafe zur Hälfte zu zahlen ist. Später machte der Unternehmer geltend, die Vertragsstrafe sei von Anfang an nicht wirksam vereinbart gewesen. Er griff damit einen Streitpunkt auf, der durch den Vergleich erledigt werden sollte, hatte also keinen Erfolg.[155] *Beispiel 2:* Im Beispiel Rn 1324 traten Jahre nach Abschluss des Vergleichs wieder Beschwerden am Knie des G auf. Das gab G aber nicht das Recht, weitere Forderungen geltend zu machen.[156] Denn es ist gerade der Sinn jedes Vergleichs, die unklare Situation auch für den Fall zu regeln, dass sie sich später klären oder anders als erwartet entwickeln sollte. In solchen Fällen kann der Vergleich deshalb weder nach § 119 wegen Irrtums angefochten noch seine Anpassung nach § 313 verlangt werden.

1329

III. Schuldversprechen und Schuldanerkenntnis

1. Definition und rechtliche Einordnung

Wenn man die §§ 780, 781 zum ersten Mal liest, denkt man, zwischen ihnen bestünden wichtige Unterschiede, die genau beachtet werden müssten. Aber das ist nicht richtig. Der wichtige Gegensatz besteht nicht zwischen den beiden in den §§ 780, 781 geregelten Verträgen, sondern zwischen ihnen beiden auf der einen Seite und zwei *nicht*

1330

---

151 BGH NJW-RR 1994, 434.
152 OLG Schleswig SchlHA 2000, 61.
153 SAT Rn 196.
154 OLG Köln NJW 1994, 3236.
155 BGH NJW 2007, 838 Rn 12; vgl auch BGH NJW 2000, 2497.
156 OLG Koblenz NJW 2004, 782; anders bei erheblicher Diskrepanz zwischen Abfindung und Schaden OLG Hamm VersR 1987, 389. Dazu Looschelders Rn 994.

geregelten Verträgen auf der anderen Seite, nämlich dem *deklaratorischen* Schuldversprechen und dem *deklaratorischen* Schuldanerkenntnis (siehe unten Rn 1344 ff).

Die §§ 780 und 781 sind so etwas wie juristische eineiige Zwillinge. Sie regeln zwei Verträge, die sich nur in Nebensächlichkeiten unterscheiden:

1331 ■ Nach der Legaldefinition in § 780 S. 1 ist das Schuld*versprechen* ein Vertrag, „durch den eine Leistung in der Weise versprochen wird, dass das Versprechen die Verpflichtung selbstständig begründen soll".[157] Im Schuldversprechen heißt es deshalb typischerweise: „Ich verspreche, Herrn … die Summe von … zu zahlen."

1332 ■ Nach § 781 S. 1 ist das Schuld*anerkenntnis* ein Vertrag, „durch den das Bestehen eines Schuldverhältnisses anerkannt wird". Ein Schuldanerkenntnis lautet also im Kern: „Ich erkenne an, Herrn … die Summe von … zu schulden."

1333 Der Unterschied liegt nur darin, dass sich das Versprechen mehr auf die *Zukunft*, das Anerkenntnis mehr auf die *Gegenwart* bezieht. Aber die Gemeinsamkeiten überwiegen: Wer eine Leistung verspricht, erkennt eine entsprechende Schuld an. Und wer eine Schuld anerkennt, verspricht zu leisten. In der Praxis ist deshalb oft bewusst undifferenziert davon die Rede, dass der Schuldner „nach den §§ 780, 781" verpflichtet sei.

Die Konsequenz für die folgende Darstellung ist, dass beide Vorschriften zusammen behandelt werden. Zur Vereinfachung wird meist nur das Schuldversprechen genannt.

2. Voraussetzungen

a) Vertragsschluss

1334 *Kein einseitiges Rechtsgeschäft:* Die Erklärung des Schuldners („Ich verspreche zu zahlen") steht so im Vordergrund, dass man meinen könnte, es handele sich um ein einseitiges Rechtsgeschäft (wie Kündigung, Anfechtung oder Rücktritt). Aber es handelt sich um einen *Vertrag* („Zur Gültigkeit eines Vertrags …"). Das Schuldversprechen bedarf also zweier Willenserklärungen.

1335 *Antrag:* Wenn der Schuldner erklärt, dass er eine Leistung verspreche oder eine Schuld anerkenne (meist, aber nicht immer geht es um Geld), legt er sich fest im Sinne eines *Antrags* (§ 145).

Annahme: Der Empfänger des Antrags muss diesen – wenn es zum Vertrag kommen soll – zwar annehmen (§§ 147 ff). Seine Annahmeerklärung muss dem antragenden Schuldner aber nicht zugehen, weil der Antrag dem Empfänger nur Vorteile bringt und deshalb der Zugang der Annahmeerklärung „nach der Verkehrssitte nicht zu erwarten" ist (§ 151).[158]

Einseitig verpflichtender Vertrag: Weil sich nur der Schuldner zu einer Leistung verpflichtet, handelt es sich um einen einseitig verpflichtenden Vertrag (wie Schenkung und Bürgschaft).

b) Abstrakte Verpflichtung

1336 Durch die gewählte Formulierung muss die übernommene Verpflichtung *abstrakt* erscheinen,[159] also losgelöst von jedem Zusammenhang mit einem möglichen Grundge-

---

157 Treffender wäre deshalb der Ausdruck „Leistungsversprechen".
158 BGH NJW 2000, 2984; BGB-AT Rn 213.
159 Von lateinisch abstractus = losgelöst.

schäft („die Verpflichtung *selbstständig* begründen soll").[160] Das bedeutet, dass ein neues Schuldverhältnis *„konstitutiv"* begründet wird.[161] Ein Schuldversprechen liegt deshalb „nur dann vor, wenn die mit ihm übernommene Verpflichtung ... allein auf den im Versprechen zum Ausdruck gekommenen Leistungswillen des Schuldners gestellt werden soll".[162]

Wenn der Schuldner nicht den Verpflichtungsgrund nennt, ist das zumindest ein „gewichtiges Indiz" für ein abstraktes (selbstständiges) Schuldversprechen.[163] *Beispiel 1:* Die B-Bank teilte ihrem Kunden durch Übersendung eines Kontoauszugs mit, dass sein Girokonto ein bestimmtes Guthaben auswies. Darin lag ein abstraktes Schuldversprechen oder Schuldanerkenntnis.[164] *Beispiel 2:* Eine Bank beabsichtigte, S für den Kauf eines Hauses ein Darlehen zu gewähren. Zur Absicherung des Kredits musste S erklären, dass er „die Verpflichtung zur Zahlung von 634 345 Euro im Sinne von § 781 BGB" anerkenne.[165] *Beispiel 3:* Ein Kreditkartenunternehmen verspricht seinen Vertragsunternehmern (zB Juwelieren, Restaurantbesitzern) sinngemäß: „Wir werden Ihnen in jedem Fall den Betrag überweisen, den Sie von unserem Karteninhaber (Ihrem Kunden) zu fordern haben." Das ist ein abstraktes Schuldversprechen (§ 780).[166] Wenn dagegen die Erklärung erkennen lässt, auf welchem Rechtsgrund die Verpflichtung beruht, handelt es sich idR um ein *deklaratorisches* Schuldanerkenntnis (siehe Rn 1344). | 1337

c) Form

Schriftform: Nicht der *Vertrag* bedarf der Schriftform (§ 126), sondern nur die „Erteilung des Versprechens" (§ 780 S. 1 aE) bzw die „Erteilung der Anerkennungserklärung" (§ 781 S. 1). Der Vertrag braucht deshalb nur vom *Schuldner* unterschrieben zu werden (einseitiges Schriftformerfordernis). Die elektronische Form (§ 126 a) ist in beiden Fällen – wie üblich – ausgeschlossen (jeweils S. 2). Es gilt also das Gleiche wie bei der Bürgschaft (§ 766 S. 1, S. 2). | 1338

Notarielle Beurkundung: Eine strengere Form muss eingehalten werden, wenn sich das aus einer anderen Vorschrift ergibt. *Beispiel:* Das Schuldversprechen wurde schenkweise erteilt. Für diesen Fall stellt § 518 Abs. 1 S. 2 klar, dass nicht die schwächere Form des § 780 gilt, sondern die stärkere des § 518 Abs. 1 S. 1 einzuhalten ist. Das Schuldversprechen muss also notariell beurkundet werden (die Gegenerklärung kann auch in diesem Fall formfrei bleiben). | 1339

Formlos: Ist der Vertrag Teil einer Abrechnung oder eines Vergleichs (§ 779), ist die Schriftform entbehrlich (§ 782).[167]

---

160 Diese Worte fehlen in § 781. Sie gelten aber auch für das Schuldanerkenntnis.
161 Von lateinisch constitúere = begründen.
162 BGH NJW 2008, 1589 Rn 15 unter Hinweis auf BGH NJW 1999, 574 (575).
163 BGH NJW 1999, 574.
164 BGH NJW 2006, 503; 2005, 3213 (3214); BGHZ 72, 9 (11). Siehe auch BGH NJW 2006, 211 Rn 25.
165 Ein solches abstraktes Schuldversprechen wird von den Banken regelmäßig zusätzlich zu einer Grundschuld verlangt (etwa BGH NJW 2006, 2099). Zugleich unterwirft sich der Schuldner der sofortigen Zwangsvollstreckung (§ 794 Abs. 1 Nr. 5 ZPO).
166 BGHZ 157, 256; BGHZ 150, 286. Die AGB der Kreditkartenunternehmen sehen eine für sie vorteilhaftere Konstruktion vor, die der BGH aber zu Recht ablehnt.
167 Kaufleute können die Erklärung immer mündlich abgeben, wenn es sich für sie um ein Handelsgeschäft handelt (§ 350 HGB).

3. Rechtsfolgen

1340   *Ein neues, eigenständiges Schuldverhältnis:* Der Vertrag nach § 780 (oder nach § 781) begründet eine neue, abstrakte Verpflichtung, die eine eigene Anspruchsgrundlage darstellt. Das führt dazu, dass der Gläubiger sich bei seiner Klage allein auf die Vertragsurkunde berufen kann, ohne die Gründe darlegen und beweisen zu müssen, die dieser Verpflichtung zugrunde liegen. Dem Schuldner sind – wie bei abstrakten Verpflichtungen üblich – Einwendungen aus dem Grundgeschäft grundsätzlich abgeschnitten.[168]

Deshalb verlangen unseriöse „Gläubiger" manchmal ein abstraktes Schuldanerkenntnis. *Beispiel 1:* Der Wirt des „Chateau d'Amour" ließ sich von einem Gast für eine einzige Nacht ein abstraktes Schuldanerkenntnis über 80 000 Euro geben.[169] *Beispiel 2:* Versandhändler V hatte die alte Frau F durch ein betrügerisches Gewinnversprechen zu einer Bestellung verleitet. Da sie nicht zahlte, ließ er sie ein Schuldanerkenntnis unterschreiben. Er wollte damit erreichen, dass sie sich nicht mehr auf die Nichtigkeit des Grundgeschäfts berufen konnte.[170]

1341   *Rückforderung nach § 812:* Obwohl sich der Verpflichtete durch den abstrakten Vertrag in eine nachteilige Lage gebracht hat, ist er nicht wehrlos. Denn § 812 Abs. 2 stellt klar, dass das Schuldversprechen eine „Leistung" ist, die derjenige, der sie rechtsgrundlos erbracht hat, nach § 812 Abs. 1 zurückfordern kann. Der Versprechende muss allerdings nachweisen, dass die vermeintlich gesicherte Schuld (das Grundgeschäft) bei Vertragsschluss nicht (mehr) bestand.[171] Die Verpflichtung des Schuldners aus dem neuen Schuldverhältnis hat der Berechtigte dann „ohne rechtlichen Grund" erlangt und muss sie herausgeben (§ 812 Abs. 2, Abs. 1 S. 1).[172] Aus dem Gesagten ergibt sich, dass die Bedeutung der §§ 780, 781 letztlich in der *Umkehrung der Beweislast* liegt.

1342   *Verjährung:* Bei der Verjährung sind zwei Fälle zu unterscheiden.

- ■ *Zuerst verjährte die zugrunde liegende Forderung, dann wurde das Anerkenntnis abgegeben:* Das in § 214 Abs. 2 S. 2 genannte „vertragsmäßige Anerkenntnis" ist ein abstraktes Schuldanerkenntnis oder –versprechen. Die Worte „Das Gleiche gilt …" verweisen auf § 214 Abs. 2 S. 1. Deshalb kann das nach Eintritt der Verjährung abgegebene Anerkenntnis „nicht zurückgefordert werden", selbst wenn es in Unkenntnis der Verjährung abgegeben wurde.[173]

1343   ■ *Zuerst wurde das Anerkenntnis abgegeben, dann verjährte die gesicherte Forderung:* Dieser Fall ist nicht gesetzlich geregelt. Aber eine Analogie zu § 216 Abs. 2 S. 1 ist möglich. Der Gläubiger kann deshalb auch nach Eintritt der Verjährung aus dem Schuldversprechen gegen den Schuldner vorgehen.[174]

4. Gegensatz: Deklaratorisches Schuldversprechen oder -anerkenntnis

1344   Den wichtigsten Gegensatz zu den konstitutiven (abstrakten) Verträgen der §§ 780, 781 bilden das *deklaratorische* Schuldversprechen und das *deklaratorische* Schuldaner-

---

168 MüKo/Habersack § 780 Rn 44; Palandt/Sprau § 780 Rn 9.
169 BGH NJW 1987, 2041.
170 BGH NJW 2005, 2991.
171 BGH ZIP 2000, 1260 (1261).
172 Diese Möglichkeit entfällt nur dann, wenn der Schuldner das Fehlen eines Rechtsgrundes beim Vertragsschluss kannte (§ 814).
173 § 813 Abs. 1 S. 2 macht klar, dass § 214 Abs. 2 „unberührt" bleibt, dass also das Schuldversprechen nicht wegen Verjährung nach § 813 Abs. 1 S. 1 kondiziert werden kann.
174 So für einen Sonderfall BGH NJW 2010, 1144 Rn 18 ff; Palandt/Ellenberger § 216 Rn 5.

kenntnis. Beide sind nicht gesetzlich geregelt. Statt „deklaratorisch" sagt man auch „kausal", denn der Schuldner, der in der Urkunde die bestehende Schuld deklariert, nennt damit die causa (den Grund) seiner Verpflichtung. Er will diese Schuld nur verstärken, ohne eine neue (abstrakte) Verpflichtung zu begründen.

Die Abgrenzung von den konstitutiven Verpflichtungen kann im Einzelfall schwierig sein. Als Grundsatz gilt: Je genauer der Schuldgrund in der Urkunde bezeichnet wird, desto eher wird die Auslegung ergeben, dass es sich nur um eine deklaratorische Verpflichtung handelt. *Beispiel 1:* Ein Professor für Öffentliches Recht unterschrieb eine Erklärung, in der es heißt: „Ich schulde der Genannten aus einem 1996 erhaltenen Darlehen nunmehr noch 25 564, 69 Euro."[175] *Beispiel 2:* MF, der Vorsitzende eines Sportvereins, hatte satzungswidrig zwei rumänische Handballspielerinnen eingestellt und dadurch den Verein in finanzielle Schwierigkeiten gebracht. Er unterschrieb ein Protokoll, in dem es heißt: „Zur Zeit besteht ein Unterschuss, der aber bis zum Jahresende durch MF ausgeglichen werden soll. Dafür steht MF mit seinem Wort." Da der Grund für die Zahlungsverpflichtung genannt wurde, handelt es sich um ein deklaratorisches Schuldanerkenntnis.[176] *Beispiel 3:* Eine Versicherungsgesellschaft schloss mit einem Geschädigten einen Vertrag über ihre Haftung. § 1 des Vertrags beschreibt, wann und wie der Geschädigte verletzt wurde. § 2 des Vertrags enthält ein Schuldanerkenntnis, das wegen § 1 nur ein deklaratorisches sein kann.[177] *Beispiel 4:* Der in einem Großmarkt tätige L hatte die Aufgabe, Pfandflaschen zurückzunehmen und das Pfand auszuzahlen. Er entnahm jahrelang unentdeckt der Kasse Geld und tat so, als habe er es als Pfand ausgezahlt. Als er durch eine Videokamera überführt worden war, unterschrieb er ein „Schuldanerkenntnis", dessen Kernsatz lautete: „Ich erkenne an, dass ich vorsätzliche unerlaubte Handlungen begangen habe und der Firma H. zu Schadensersatz in Höhe von 113 750 Euro verpflichtet bin." Es handelte sich um ein (wirksames) deklaratorisches Schuldanerkenntnis.[178] Es war nicht abstrakt (§ 781), weil der Schuldgrund genannt wurde.

Der Parteiwille kann aber ergeben, dass trotz der Nennung des Schuldgrundes ein Vertrag nach § 780 oder § 781 vorliegt[179] – und umgekehrt.

Abgrenzung „nach unten": Das deklaratorische Schuldversprechen muss nicht nur vom konstitutiven abgegrenzt werden, also sozusagen „nach oben", sondern auch nach unten. Denn nicht schon jedes Verhalten, aus dem man entnehmen kann, dass sich jemand für verpflichtet gehalten hat, kann als deklaratorisches Schuldversprechen oder –anerkenntnis gewertet werden:

- Wer eine Rechnung bezahlt, erkennt damit nicht (deklaratorisch) an, den Betrag zu schulden.[180]
- Wer ein Darlehen zurückzahlt, erkennt nicht (deklaratorisch) an, der Darlehensvertrag sei wirksam.[181]

1345

1346

---

175 LG Berlin NJW 2005, 993.
176 BGH NJW 2008, 1589 Rn 16.
177 BGH NJW 2002, 1791.
178 BAG NJW 2011, 630 Rn 17.
179 So im Fall BGH NJW 2000, 2501 und beim Schuldversprechen eines Kreditkartenunternehmens gegenüber dem Vertragsunternehmen (BGHZ 150, 286; BGHZ 157, 256).
180 BGH NJW 2014, 2780 Rn 25 (zur Nachzahlung von Betriebskosten durch einen Mieter).
181 BGH NJW 2008, 3425.

■ Wer die Aufrechnung erklärt (§ 387), geht zwar erkennbar davon aus, dass er der Gegenseite etwas schulde. Aber darin liegt kein Anerkenntnis. Denn der angestrebte Erfolg (auf den sich sein Rechtsbindungswille bezieht) ist das Erlöschen der Schuld (§ 389), nicht das Anerkenntnis eigener Schuld.[182]

1347 *Formlos:* Das deklaratorische Schuldanerkenntnis bedarf (mangels gesetzlicher Regelung) *nicht* der Schriftform.

1348 *Rechtsfolgen:* Die wichtigste Rechtsfolge ist eine negative, denn der deklaratorische Vertrag begründet kein neues Schuldverhältnis und damit keinen eigenständigen Anspruch des Gläubigers. Trotzdem sind die Rechtsfolgen nicht unerheblich:

1349 *Einwendungsausschluss:* Wenn ein deklaratorisches Anerkenntnis oder Versprechen abgegeben wird, um – wie meist – einen Streit über einzelne Punkte zu beenden,[183] schließt es alle Einwendungen aus, die der Schuldner bei der Abgabe seiner Erklärung kannte oder mit denen er rechnete.[184] Hat er zB eine Forderung anerkannt, muss er beweisen, dass die Forderung nicht oder nur in geringerer Höhe bestand.[185] Aber wenn die anerkannte Forderung nichtig ist, ist auch das deklaratorische Schuldanerkenntnis nichtig.[186]

1350 *Umkehr der Beweislast:* Erklärt ein Unfallbeteiligter an der Unfallstelle mündlich, wie sich seiner Meinung nach der Unfall ereignet hat, liegt darin noch kein deklaratorisches Schuldanerkenntnis.[187] Wenn er jedoch die Schuld auf sich nimmt (zumal schriftlich), kann es sich um ein deklaratorisches Schuldanerkenntnis handeln. Dann muss der Erklärende, wenn er später seine Schuld bestreitet, seine Nichtschuld beweisen, anderenfalls wird er verurteilt.[188] Diese Änderung der Beweislast ist ein Äquivalent dafür, dass der Gläubiger davon absieht, die Polizei zu holen.

1351 *Neubeginn der Verjährung:* Das deklaratorische Schuldanerkenntnis ist ein Anerkenntnis iS von § 212 Abs. 1 Nr. 1, bewirkt also den Neubeginn der Verjährung.

---

182 Zu den Fällen einer gescheiterten Aufrechnung Retzlaff NJW 2013, 2854.
183 BGH NJW 1995, 961.
184 BGH NJW 2012, 61 Rn 14; NJW 2006, 903 Rn 15; Brox/Walker § 33 Rn 22.
185 BGH WM 2003, 1421.
186 BGHZ 104, 18.
187 OLG Saarbrücken NJW 2011, 1820 (1822).
188 BGH NJW 1984, 799; dazu Brox/Walker § 33 Rn 24.

Zehntes Kapitel Ungerechtfertigte Bereicherung

§ 43 Leistungskondiktion

Fall 43: Porsche Carrera I   §§ 123, 142, 812

▶ *Der kaufmännische Angestellte K kaufte im Frühjahr 2015 beim Gebrauchtwagenhändler V einen Porsche Carrera des Baujahrs 1994 für 18 000 Euro. Er bezahlte den Kaufpreis bar im Büro des V. Anschließend wurde ihm das Fahrzeug von V übereignet. Drei Monate später erlitt K mit dem Porsche einen schweren Unfall. Das Fahrzeug weist einen Totalschaden auf und hat nur noch Schrottwert. Ein technischer Gutachter, der den Porsche untersuchte, stellte fest, dass das Fahrzeug aus verschiedenen Unfallfahrzeugen zusammengebaut wurde. Inzwischen steht auch fest, dass V an diesem Zusammenbau beteiligt war. Da V das verschwiegen hatte, focht K den Kaufvertrag erfolgreich wegen arglistiger Täuschung an (§ 123). Welche Pflichten haben K und V?*

Nach der erfolgreichen Anfechtung ist der Kaufvertrag nach § 142 Abs. 1 von Anfang an nichtig. Weder K noch V können deshalb vertragliche Ansprüche geltend machen. Trotzdem müssen beide Partner zur Rückgabe des Erlangten verpflichtet sein. Diese Verpflichtungen könnten sich aus § 812 Abs. 1 S. 1 ergeben.

K hat „etwas ... erlangt", nämlich infolge der Übereignung (§ 929 S. 1) das Eigentum am Fahrzeug. Zu fragen ist, ob er es „ohne rechtlichen Grund" erlangt hat. Der „rechtliche Grund" einer Übereignung ist das ihr zugrunde liegende Verpflichtungsgeschäft, in diesem Fall der Kaufvertrag.[1] Durch die in § 142 Abs. 1 angeordnete Rückwirkung der Nichtigkeit ist der Kaufvertrag aus späterer Sicht als schon damals nichtig anzusehen. K müsste deshalb den Porsche als ungerechtfertigte Bereicherung nach § 812 Abs. 1 S. 1 Var. 1 rückübereignen.

Nun hat aber der Porsche einen so schweren Unfall erlitten, dass er nicht mehr existiert. Es stellt sich deshalb die Frage, ob K den Wert ersetzen muss, den das Fahrzeug vor dem Totalschaden hatte. Die Antwort ergibt sich aus den §§ 818, 819, deren Erörterung jetzt zu weit führen würde, so dass der Fall später noch einmal aufgegriffen wird (Fall 50, Rn 1455).

Auch V hat „etwas ... erlangt", nämlich den Kaufpreis. Da die Zahlung hier bar erfolgte, kann man auch sagen, dass V das Eigentum an den ihm nach § 929 S. 1 übereigneten Scheinen erlangt hat. Der Rechtsgrund für diese Übereignung war – wie bei der Fahrzeugübereignung – der zugrunde liegende Kaufvertrag. Da dieser (aus heutiger Sicht) schon damals nichtig war, hat V das Geld „ohne rechtlichen Grund" erlangt. Er muss die Scheine deshalb nach § 929 rückübereignen oder den Kaufpreis auf andere Weise erstatten. ◄

Lerneinheit 43

Literatur: *Thöne,* Die Grundprinzipien des Bereicherungsrechts, JuS 2019, 193; *Zurth,* Bereicherungsrechtliche Implikationen im Immaterialgüterrecht, GRUR 2019, 143; *Röthel,* Die Lehre vom Zuweisungsgehalt, Jura 2018, 1004; *Vollkommer,* Die verschärfte Bereicherungshaftung des Geldleistungsschuldners, NJW 2018, 510; *Lorenz,* Grundwissen – Zivilrecht: Inhalt und Umfang des Bereicherungsanspruchs, JuS 2018, 937; *Kohler,* Die Rechtsfolgen der verschärften Bereiche-

---

1 Das ergibt sich aus dem für das deutsche Zivilrecht typischen Trennungsprinzip (BGB-AT Rn 317 ff).

rungshaftung, JuS 2018, 1033 und 1173; *Kohler,* Rücktritt und Bereicherungsrecht – Studien zur Umkehrung einer herrschenden Meinung, ZfPW 2017, 404; *Musielak,* Zum Inhalt und Umfang des Bereicherungsanspruches, JA 2017, 1.

I. Allgemeines zur ungerechtfertigten Bereicherung

1. Funktion

1356   Die Paragrafen des Titels 26 dienen dazu, Vermögensverschiebungen rückgängig zu machen, die ohne rechtlichen Grund erfolgt sind. Da die Vermögensverschiebung nicht auf einem Vertrag beruht, kann auch der Bereicherungsanspruch kein vertraglicher sein. Die ungerechtfertigte Bereicherung begründet deshalb ein *gesetzliches* Schuldverhältnis.

1357   *Kein Schadensersatz:* Ein Bereicherungsschuldner hat keinen Schadensersatz zu leisten,[2] sondern muss nur „das Erlangte" herausgeben. In einem Bild kann man sagen:

- Ein Schadensersatz füllt ein Loch oder eine Delle im Vermögen des Geschädigten wie ein Zahnarzt ein Loch im Zahn ausgleicht oder wie ein Straßenbauunternehmer Schlaglöcher auffüllt.
- Ein Bereicherungsanspruch soll das Gegenteil bewirken. Er füllt kein Loch, sondern hobelt sozusagen etwas ab, was ohne Grund übersteht.

Der Blick ist beim Schadensersatz auf den Geschädigten und dessen Schaden gerichtet. Ob der Schädiger einen Vermögensvorteil erlangt hat, spielt keine Rolle. Beim Bereicherungsanspruch richtet sich der Blick auf den Bereicherten und dessen Vermögenszuwachs. Ob ein anderer eine Vermögenseinbuße erlitten hat, ist im Prinzip gleichgültig (Ausnahme in Rn 1419).

So klar die Unterscheidung in der Theorie ist, so sehr kann sie in der Praxis verschwimmen. *Beispiel:* Der Kaufvertrag über eine Eigentumswohnung war nichtig. Bei der Rückabwicklung nach den §§ 812 ff wollte der Käufer alle Kosten erstattet haben, die ihm im Zusammenhang mit dem geplanten Erwerb entstanden waren.[3] Er wollte also so gestellt werden, als sei das schädigende Ereignis – der Vertragsschluss – nicht eingetreten. Damit verlangte er nicht die Rückgängigmachung einer unberechtigten Vermögensverschiebung, sondern Schadensersatz (§ 249 Abs. 1).[4] Aber die §§ 812 ff gleichen keinen Schaden aus,[5] sondern geben einen Anspruch auf Rückgewähr eines Vermögensvorteils, der einem anderen ohne Grund zugeflossen ist.

2. Terminologisches

1358   Im römischen Recht zählten die Ansprüche aus ungerechtfertigter Bereicherung zu den „condictiones",[6] so dass die Bereicherungsansprüche heute noch „Kondiktionen" ge-

---

2 Zu einer beschränkten Ausnahme siehe Rn 1470 f.
3 BGHZ 116, 251.
4 Der BGH hat die Klage zu Recht abgewiesen, aber nicht gesehen, dass der Kläger einen Schadensersatzanspruch geltend machte.
5 Ausnahme Rn 1470 f.
6 Das Wort „condictio" kommt von dem lateinischen „condicere = ansagen, ankündigen". Es bezeichnete eine Klage, die 30 Tage vorher angekündigt werden musste. Mit dem *Inhalt* der Klage, eine Bereicherung zurückzufordern, hat diese Bezeichnung nichts zu tun (Kaser/Hackl, Das römische Zivilprozessrecht, 2. Aufl. 1997, § 16 I).

nannt werden. Und von jemand, der einen Gegenstand als ungerechtfertigte Bereicherung herausverlangt, sagt man, dass er ihn „kondiziert".

Den Schuldner des Bereicherungsanspruchs nennt man den „Bereicherten", den Gläubiger den „Entreicherten" (was anfangs etwas komisch klingt).

3. Zwei unterschiedliche Kondiktionen

Einen einheitlichen Tatbestand der ungerechtfertigten Bereicherung gibt es nicht, dazu sind die Fälle zu unterschiedlich. Der Gesetzgeber unterscheidet deshalb in § 812 Abs. 1 S. 1 danach, ob jemand etwas

■ „durch die Leistung eines anderen" oder

■ „in sonstiger Weise auf dessen Kosten" erlangt hat.

Der erste Fall führt zu einer *Leistungskondiktion*, der zweite zu einer *Kondiktion in sonstiger Weise* (oder Nichtleistungskondiktion), unter die alle anderen Bereicherungsansprüche fallen. Bei der Lösung eines Falles ist immer zuerst zu prüfen, ob eine Leistungskondiktion vorliegt.

1359

4. Beweislast, Verjährung

Beweislast: Auch für Ansprüche wegen ungerechtfertigter Bereicherung gilt der Grundsatz der Beweislast, dass jeder die Tatsachen beweisen muss, auf die er sich beruft. Wer einen Bereicherungsanspruch geltend macht, muss deshalb das Vorliegen aller Voraussetzungen beweisen.[7]

1360

Verjährung: Für Ansprüche aus ungerechtfertigter Bereicherung besteht keine eigene Verjährungsregelung, so dass sie nach den §§ 195, 199 verjähren. *Beispiel:* M zahlte im Jahre 2005, wie im Mietvertrag vorgesehen, eine Kaution in Höhe von sechs Monatsmieten, obwohl höchstens drei vereinbart werden dürfen (§ 551 Abs. 1). Da er drei Monatsmieten ohne rechtlichen Grund gezahlt hatte (§§ 551 Abs. 1, Abs. 4, 134, 139), stand ihm insoweit ein Rückzahlungsanspruch nach § 812 Abs. 1 S. 1 zu. § 199 Abs. 1 Nr. 2 setzt nur die Kenntnis aller *Tatsachen* voraus, nicht eine zutreffende rechtliche Würdigung.[8] Da M schon bei der Zahlung alle Tatsachen kannte, begann die dreijährige Verjährungsfrist am 31. Dezember 2005 um 24.00 Uhr und endete drei Jahre später. Als M im Jahre 2009 den überzahlten Betrag zurückforderte, konnte V die Einrede der Verjährung erheben.[9]

II. Voraussetzungen der Leistungskondiktion

1. „… durch die Leistung eines anderen …"

Leistungsbegriff: Aus den Worten „durch *die Leistung* eines anderen …" (§ 812 Abs. 1 S. 1 Var. 1) ist zu entnehmen, dass ein „anderer", also der Leistende, eine *„Leistung"* erbracht haben muss. Das Wort „Leistung" ist der Schlüsselbegriff der Leistungskondiktion.[10] Er setzt voraus, dass der Leistende das Vermögen des Empfängers vermeh-

1361

---

7 BGHZ 128, 167 (171); BGH NJW 2011, 2715 Rn 13.
8 BGH NJW 2013, 1077 Rn 47.
9 BGH NJW 2011, 2570 Rn 23. Am Ende des Mietverhältnisses schuldete V aber den vollen Betrag.
10 Medicus/Lorenz Rn 1126.

ren wollte, dass also eine „bewusste und zweckgerichtete Mehrung fremden Vermögens" gegeben ist.[11]

1362   ■ *Bewusst:* Die Leistungskondiktion unterscheidet sich von den übrigen Bereicherungsansprüchen dadurch, dass bei ihr der spätere Bereicherungsgläubiger (Entreicherte) die Vermögensverschiebung *bewusst* herbeigeführt hat.

1363   ■ *Zweckgerichtet:* Der spätere Bereicherungsgläubiger hat idR angenommen, zu der Leistung verpflichtet zu sein, also mit ihr eine Verbindlichkeit zu erfüllen.[12] *Beispiel:* O zahlte im Rahmen eines Verbraucherkredits an die B-Bank die von dieser zu Unrecht verlangte „Bearbeitungsgebühr" von 189,20 Euro. O hatte seine Leistung zweckgerichtet erbracht, weil er davon ausging, eine Vertragspflicht zu erfüllen. Er hat deshalb gegen die Bank einen Anspruch nach § 812 Abs. 1 S. 1 Var. 1.[13] Wenn die Beteiligten von unterschiedlichen Zwecken ausgegangen sind, kommt es darauf an, wie ein objektiver Beobachter aus der Sicht des Empfängers den Zweck beurteilt hätte (Empfängerhorizont).[14] Dass der Leistende mit seiner Leistung *einen bestimmten Zweck* verfolgt haben muss, verlangt Abs. 1 S. 1 Var. 1 nicht ausdrücklich. Das ergibt sich aber aus anderen Vorschriften. So geht § 812 Abs. 1 S. 2 Var. 2 mit den Worten „der ... nach dem Inhalt des Rechtsgeschäfts bezweckte Erfolg" von einem angestrebten Erfolg aus. Das Gleiche tut § 817 S. 1 mit den Worten: „War der Zweck einer Leistung in der Art bestimmt, dass ..."

1364   *„... auf dessen Kosten"?* Wenn man prüft, welche Voraussetzungen nach dem Wortlaut des § 812 Abs. 1 S. 1 für eine Leistungskondiktion gegeben sein müssen, stellt sich die Frage, ob die Worte „auf dessen Kosten" auch dazugehören oder ob sie sich nur auf die Worte „oder in sonstiger Weise" beziehen. Nach Grammatik und Syntax lässt sich die Frage nicht entscheiden. Sie war deshalb früher sehr umstritten. Heute besteht aber weitgehend Einigkeit, dass das Merkmal „auf dessen Kosten" nur zu den Worten „oder in sonstiger Weise" gehört (also zur Nichtleistungskondiktion).[15] Denn die Worte „auf dessen Kosten" sollen die Feststellung erleichtern, wer der Gläubiger des Bereicherungsanspruchs (also der Entreicherte) ist. Diese Feststellung erfolgt aber bei der Leistungskondiktion nach dem Leistungsbegriff.[16] Nur bei der *Nichtleistungskondiktion* muss der Bereicherte deshalb etwas „auf ... Kosten" des Entreicherten erlangt haben.

2. „... etwas ... erlangt ..."

1365   Der Schuldner muss „etwas ... erlangt" haben. Aus der bewussten Verwendung des farblosen und unbestimmten Wortes „etwas" ist zu entnehmen, dass der Begriff sehr weit zu fassen ist. Als „etwas" kommen deshalb nicht nur alle Vermögensvorteile,[17] sondern auch immaterielle Werte in Betracht,[18] zB eine zu Unrecht erteilte Ehrenerklärung.[19]

---

11 BGH NJW 2018, 1602 Rn 27; NJW 2016, 3027 Rn 34; NJW 2015, 229 Rn 21.
12 BGH NJW 2007, 3127 Rn 35; Palandt/Sprau § 812 Rn 14: „bewusste Zuwendung".
13 BGH NJW 2014, 3713 Rn 15.
14 BGH NJW 2018, 1602 Rn 27; BGHZ 204, 231 Rn 28.
15 Looschelders Rn 1029; Medicus/Lorenz Rn 1124.
16 HM, zB Medicus/Lorenz Rn 1124. In seiner Entscheidung NJW 1999, 1393 hat der BGH (wohl irrtümlich, jedenfalls ohne Begründung) die Worte „auf dessen Kosten" bei der Leistungskondiktion geprüft.
17 BGH NJW 1994, 53.
18 Medicus/Lorenz Rn 1126.
19 So die hM, zB Larenz/Canaris § 71 I 1; Brox/Walker § 40 Rn 2 (Fußnote 1); anders noch BGH NJW 1952, 417.

Erwerb von Geld, Eigentum und Werkleistungen: Zu den Vermögensvorteilen gehören 1366
natürlich in erster Linie das Eigentum an Sachen oder ein Geldbetrag. Dazu kommt die
Position, die ein Gläubiger durch ein abstraktes Schuldversprechen oder -anerkenntnis
erlangt (§ 812 Abs. 2; Rn 1341).[20] Auch eine Werkleistung kann ein erlangtes „etwas"
sein. *Beispiel:* Aufgrund eines unwirksamen Vertrags verlegte ein Bauunternehmer
Wasser- und Gasrohre für die Stadtwerke M.[21]

Dienstleistungen: Auch eine Dienstleistung kann unberechtigt „erlangt" sein. *Beispiel:* 1367
F, ein Fabrikant von Ackerschleppern, hatte mit X einen nichtigen Vertrag über „Leih-
arbeiter" geschlossen. Da er rechtsgrundlos die entsprechende Arbeitsleistung erlangt
hatte, musste er X deren Wert erstatten (§ 812 Abs. 1 S. 1 Var. 1).[22]

Gebrauchsvorteile: Auch die Nutzung einer Sache, zB eines Kraftfahrzeugs oder einer 1368
Wohnung, kann rechtsgrundlos „erlangt" sein. Ebenso wie bei Dienstleistungen kann
bei Gebrauchsvorteilen später keine „Herausgabe" (§ 812 Abs. 1 S. 1) erfolgen. Aber
ihr Empfänger muss uU Wertersatz nach § 818 Abs. 2 leisten.

Befreiung von einer Verbindlichkeit: Einen Vermögensvorteil stellt es auch dar, von 1369
einer Verbindlichkeit befreit zu werden. *Beispiel:* S bezahlte Schulden seines Vaters in
der Erwartung, Hoferbe zu werden.[23]

Erwerb einer sonstigen günstigen Rechtsposition: Auch jede andere Rechtsposition, die 1370
einen Vorteil darstellt, kann „erlangt" sein. *Beispiele:* Übertragung des Besitzes an
einer Sache (§ 854 Abs. 1), oder die Einräumung einer günstigen Rangstelle für eine
Hypothek oder Grundschuld.[24]

3. „... ohne rechtlichen Grund ..."

Verbotenes oder sittenwidriges Verpflichtungsgeschäft: Der „rechtliche Grund" für 1371
einen Erwerb ist das zugrunde liegende Verpflichtungsgeschäft. Wenn es nichtig ist,
fehlt es am „rechtlichen Grund" der Verfügung. Die Nichtigkeit kann sich insbesondere daraus ergeben, dass das Verpflichtungsgeschäft sittenwidrig ist (§ 138), gegen ein
gesetzliches Verbot verstößt (§ 134) oder wirksam angefochten wurde (Fall 43,
Rn 1352). Die erbrachten Leistungen können dann nach § 812 Abs. 1 S. 1 kondiziert
werden. Allerdings ist in diesen Fällen § 817 zu beachten (Rn 1381 ff).

Sonstiges unwirksames Verpflichtungsgeschäft: Das zugrunde liegende Rechtsgeschäft 1372
kann auch nichtig oder unwirksam sein, ohne einen sittlichen Makel zu haben. *Beispiel:* N buchte über das Internetportal einer Fluggesellschaft einen Flug für zwei Personen von Dresden nach Larnaca. Für die zweite Person gab er statt des Namens
„noch unbekannt" ein, weswegen der Beförderungsvertrag (§ 631) nicht zustande
kam. Da die Fluggesellschaft das Beförderungsentgelt bereits abgebucht hatte, musste
sie den Betrag nach § 812 Abs. 1 S. 1 Var. 1 erstatten.[25]

Das Verpflichtungsgeschäft muss nicht insgesamt unwirksam sein, es reicht aus, wenn 1373
die Leistung zum Teil ohne Rechtsgrund erbracht wurde. *Beispiel:* Im Mietvertrag war
die Größe der Wohnung mit „etwa 145 m²" angegeben, sie war aber, wie sich nach

---

20 BGH NJW 1991, 2140 (Erbengemeinschaft).
21 BGH NJW 2006, 60.
22 BGH NJW 2000, 3492.
23 BGH RdL 1996, 67.
24 RGZ 146, 355.
25 BGH NJW 2013, 598 Rn 11.

Monaten herausstellte, deutlich kleiner, so dass sich auch die Miete reduzierte. Der Vermieter musste deshalb einen Teil der gezahlten Miete nach § 812 Abs. 1 S. 1 Var. 1 zurückzahlen.[26]

1374 *Späterer Wegfall des Rechtsgrundes:* Es ist gleichgültig, ob der rechtliche Grund schon bei der Leistung nicht bestanden hatte oder später weggefallen ist (§ 812 Abs. 1 S. 2 Var. 1). *Beispiel:* X hatte seiner geschiedenen Ehefrau Unterhalt zu zahlen. Dessen Höhe wurde vom Gericht rückwirkend herabgesetzt. Damit entfiel der Rechtsgrund für den darüber hinaus gezahlten Unterhalt (§ 812 Abs. 1 S. 2 Var. 1).[27]

1375 *Kein* späterer Wegfall liegt im Fall der *Anfechtung* vor, weil die Nichtigkeit auf den Abschluss des Rechtsgeschäfts zurückwirkt (§ 142 Abs. 1).

1376 *Dauernde Einrede:* Der Leistende kann seine Leistung auch dann zurückfordern, wenn dem Anspruch des Empfängers eine *dauernde Einrede* entgegenstand (§ 813 Abs. 1 S. 1). *Beispiel:* B unterschrieb als Bürge das ihm vom Gläubiger G vorgelegten Bürgschaftsformulars. Da eine Klausel die Rechte des B zu weitgehend einschränkte, war sie nach § 307 unwirksam. B stand deshalb gegen G eine Einrede zu, „durch welche die Geltendmachung des Anspruch dauernd ausgeschlossen wurde". B hat aber gezahlt. Er kann die Zahlung nach § 813 Abs. 1 S. 1 kondizieren.[28] § 813 hat keine große Bedeutung, weil die wichtigste dauernde Einrede ausgenommen wird, nämlich die Einrede der Verjährung (§§ 813 Abs. 1 S. 2, 214 Abs. 2). Der rechtspolitische Grund für diese Ausnahme ist der gleiche, auf dem das ganze Verjährungsrecht beruht: Nach gewisser Zeit soll Rechtsfrieden einkehren.

III. Rechtsfolge

1377 Weil es am Rechtsgrund für das Behaltendürfen fehlt, muss das Empfangene als ungerechtfertigte Bereicherung herausgegeben werden (§ 812 Abs. 1 S. 1). Zu beachten ist, dass idR nur das Verpflichtungsgeschäft nichtig ist, nicht aber das Erfüllungsgeschäft (Verfügungsgeschäft). *Beispiel:* In Fall 43 (Rn 1352) ist nur der Kaufvertrag nichtig, nicht die Übereignung des Porsche. Dieser muss deshalb nicht nur zurück*gegeben,* sondern nach § 929 rück*übereignet* werden.

§ 44 Verstoß gegen das Gesetz oder die guten Sitten

1378 **Fall 44: Neuer Teppichboden, aber bitte schwarz**   **§ 817**

▶ *Rechtsanwalt Conrad Brügger und seine Ehefrau Cornelia, ebenfalls Rechtsanwältin, wollten in ihrem Haus neuen Teppichboden verlegen lassen. Nachdem der Handwerker Kevin Hansel einen Kostenanschlag vorgelegt hatte, einigten sich beide Seiten auf Barzahlung ohne Rechnung und eine erhebliche Reduzierung des von Hansel veranschlagten Werklohns. Nach Abschluss der Arbeiten rügten die Eheleute erhebliche Mängel, erklärten den Rücktritt*

---

26   BGH NJW 2010, 292 Rn 16; ähnlich im Parallelurteil NJW 2010, 293 Rn 8.
27   BGHZ 118, 383 (385).
28   BGH NJW 2018, 458 Rn 15 ff.

vom Vertrag und forderten die Rückzahlung des Werklohns. Da Hansel das verweigerte, verklagten ihn die Eheleute Brügger auf Zahlung. (Nach BGH NJW 2017, 1808)

Zu prüfen ist, ob die Eheleute Brügger nach § 634 Nr. 3 Var. 1 den Rücktritt erklären konnten. Das setzt in erster Linie den Abschluss eines gültigen Werkvertrags voraus. Daran bestehen Zweifel, weil der Werkvertrag nichtig sein könnte, und zwar nach § 134 mit § 1 Abs. 2 Nr. 2 Schwarzarbeitsbekämpfungsgesetz[29] (kurz SchwarzArbG). Nach § 1 Abs. 2 Nr. 2 dieses Gesetzes leistet Schwarzarbeit, wer „Dienst- oder Werkleistungen erbringt oder ausführen lässt und dabei … 2. als Steuerpflichtiger seine sich auf Grund der Dienst- oder Werkleistungen ergebenden steuerlichen Pflichten nicht erfüllt". Dieser Tatbestand trifft im vorliegenden Fall auf beide Seiten zu, besonders offensichtlich auf Hansel, der die anfallende Umsatzsteuer (Mehrwertsteuer) nicht zahlen wollte und deshalb die „Ohne-Rechnung-Abrede" getroffen hat. Da der ganze Vertrag nach § 134 nichtig ist, hat Hansel das vereinbarte Entgelt „ohne rechtlichen Grund erlangt" und ist damit eigentlich dem Ehepaar Brügger „zur Herausgabe verpflichtet" (§ 812 Abs. 1 S. 1).

1379

Zu prüfen ist jedoch, ob der Anspruch der Eheleute an § 817 S. 2 Hs. 1 scheitert. Nach dieser Vorschrift ist die „Rückforderung … ausgeschlossen, wenn dem Leistenden", hier den Eheleuten Brügger, „gleichfalls ein solcher Verstoß zur Last fällt …" Ein „solcher Verstoß" ist ein Verstoß gegen „ein gesetzliches Verbot oder gegen die guten Sitten". Er ist im vorliegenden Fall gegeben, weil auch die Eheleute gegen das SchwarzArbG verstoßen haben, indem sie die Erneuerung des Teppichbodens als Schwarzarbeit in Auftrag gaben. Damit steht fest, dass die Eheleute Brügger den von ihnen gezahlten Schwarzarbeitslohn nicht zurückfordern können.

Aus dem FD „Leistungskondiktion" ergibt sich die Lösung so: 1. Nein – 2. Ja – 3. b) – 4. Nein. ◄

Lerneinheit 44

Literatur: *Bülte/Meier,* Die Schwarzarbeit – ein Wagnis für den Verbraucher, VuR 2018, 128; *Friesen/Bauer,* Schwarzarbeit – Auswirkungen „doppelter Unredlichkeit" im Zivilrecht, DAR 2015, 513; *Jerger,* Zivilrechtliche Ausgleichsansprüche bei Schwarzarbeit, NZBau 2014, 415; *Lorenz,* „Brauchen Sie eine Rechnung?": Ein Irrweg und sein gutes Ende, NJW 2013, 3132; *Jerger,* Von der Nichtigkeit zur Wirksamkeit zurück zur Nichtigkeit des gesamten Vertrags bei Schwarzarbeit, NZBau 2013, 608; *Lorenz/Cziupka,* Grundwissen – Zivilrecht: Bereicherungsrecht – Grundtypen der Kondiktionen, JuS 2012, 777.

1380

I. Verstoß nur des Empfängers

§ 817 S. 1 gibt dem Leistenden einen Bereicherungsanspruch, wenn der Zweck der Leistung „in der Art bestimmt" war, „dass der *Empfänger* durch die Annahme gegen ein gesetzliches Verbot oder gegen die guten Sitten verstoßen hat" (FD „Leistungskondiktion", Frage 3, a, Spalte 2). Die Worte „gegen ein gesetzliches Verbot" haben die gleiche Bedeutung wie in § 134.[30] Der Begriff der „guten Sitten" deckt sich mit dem des § 138[31] und des § 826 (Rn 1670). *Beispiel 1:* Der Inhaber einer Pizzeria musste an den örtlichen Mafiaboss „Schutzgelder" bezahlen und verlangt sie nun zurück. *Bei-*

1381

---

29 Gesetz zur Bekämpfung der Schwarzarbeit und illegalen Beschäftigung vom 6. März 2017 (BGBl. I S. 399).
30 BGB-AT Rn 715 ff.
31 BGB-AT Rn 735 ff.

spiel 2: K war mit seiner Familie im Auto unterwegs, als sein Fahrzeug in tiefem Schnee mit leerem Tank liegen blieb. Er musste an V für einen Kanister Benzin 150 Euro zahlen (§§ 138 Abs. 2, 817 S. 1).

1382   *Kritik:* § 817 S. 1 ist eine doppelt missglückte Vorschrift. Sie sollte nach dem Willen des Gesetzgebers einen eigenen Bereicherungsanspruch begründen, der selbstständig neben dem Anspruch aus § 812 Abs. 1 S. 1 steht. Aber wenn das zugrunde liegende Verpflichtungsgeschäft gegen ein gesetzliches Verbot oder die guten Sitten verstößt, ist es nach § 134 oder § 138 nichtig. Der Leistende kann dann seine Leistung schon nach § 812 Abs. 1 S. 1 zurückfordern, ohne auf § 817 S. 1 angewiesen zu sein. Außerdem hat § 817 S. 1 einen viel *engeren Anwendungsbereich*, als sein Wortlaut vermuten lässt. Die Einengung ergibt sich erst aus § 817 S. 2. Wenn man diese Vorschrift einbezieht, muss man § 817 S. 1 so lesen: „War der Zweck der zurückgeforderten Leistung in der Art bestimmt, dass *nur der Empfänger* (nicht der Leistende) ... gegen ein gesetzliches Verbot ... verstoßen hat ...“ § 817 S. 1 gilt also nicht, wenn auch demjenigen, der seine Leistung zurückfordert, ein Gesetzes- oder Sittenverstoß zur Last fällt (§ 817 S. 2). Dieser Fall ist aber der eigentlich häufige und wichtige.

II. Verstoß beider Vertragspartner

1. Grundregel

1383   Nach § 817 S. 2 ist ein Anspruch des „Leistenden" ausgeschlossen, wenn auch ihm („gleichfalls") der Vorwurf der Sitten- oder Gesetzwidrigkeit gemacht werden kann. Satz 2 setzt also voraus, dass beide Beteiligte gegen das Gesetz oder die guten Sitten verstoßen haben (FD „Leistungskondiktion", Frage 3, b). *Beispiel:* Fall 44, Rn 1378.

1384   *„Empfänger" und „Leistender":* Da im Fall des Satzes 2 meist beide Partner eine Leistung erbracht haben, könnte zweifelhaft sein, wer der „Leistende" ist. Der Ausdruck bezieht sich auf die in S. 1 genannte „Leistung", von der es heißt, dass ihr „Empfänger zur Herausgabe verpflichtet" ist. *„Leistender"* (S. 2) ist also derjenige, der nach S. 1 die von ihm erbrachte Leistung zurückfordert.

§ 817 S. 2 bezweckt nicht eine „Bestrafung" des Sitten- oder Gesetzesverstoßes. Die Justiz soll nur nicht verpflichtet sein, demjenigen zu helfen, der im konkreten Fall selbst die Rechts- und Sittenordnung verlassen hat. Wer solche Geschäfte macht, tut dies „auf eigenes Risiko".[32]

2. Kritik und Nichtbeachtung der Vorschrift

1385   § 817 S. 2 wird aus gutem Grund als ungerecht empfunden. Denn er bevorzugt häufig den Partner, der die größere kriminelle Energie gezeigt und die Beute gemacht hat, und benachteiligt den, der nichts Nennenswertes erhalten hat (zB nur eine Radarwarn-Attrappe oder eine gefälschte Doktorurkunde). Deshalb hat schon das Reichsgericht die Berufung auf § 817 S. 2 in krassen Fällen für arglistig erklärt,[33] und der BGH ist ihm gefolgt. *Beispiel:* Frau B gehörte zu den Initiatoren eines so genannten „Schenkkreises" und damit von Anfang an zum „Empfängerkreis". An dessen Mitglieder mussten die Mitglieder des „Geberkreises" hohe Summen zahlen, um später selbst in den „Empfängerkreis" aufsteigen zu können. Das System war darauf angelegt, dass späteren

---

32   BGHZ 41, 341 (344).
33   RGZ 71, 32.

Mitspielern dieser Aufstieg nicht mehr möglich war, sie also nur zahlten. Die Veranstaltung war deshalb sittenwidrig (§ 138). K verlangte von Frau B die Rückzahlung des an sie gezahlten Betrags von 1 250 Euro. Obwohl beide gegen die guten Sitten verstoßen hatten (§ 817 S. 2), gab der BGH der Klage statt. Denn es wäre eine Einladung zum Weitermachen an alle Initiatoren solcher Veranstaltungen, „wenn sie die mit sittenwidrigen Methoden erlangten Gelder … behalten dürften".[34] Der BGH spricht in solchen Fällen nicht von einer Nichtbeachtung des § 817 S. 2, sondern von einer „einschränkenden Auslegung".[35]

Umgehungen: Gelegentlich umgehen die Gerichte § 817 S. 2, indem sie andere Vorschriften für anwendbar erklären.[36] *Beispiel:* Eine Verbraucherin (§ 13) bestellte per Fax bei der B-GmbH ein Radarwarngerät. Später erklärte sie den Widerruf nach den §§ 312 c, 312 g Abs. 1, 355. Trotz der Nichtigkeit des Vertrags nach § 138 billigte der BGH der Käuferin ein Widerrufsrecht zu mit der Folge, dass sie den Kaufpreis zurückerhielt (§ 357 Abs. 1). Ohne den ungeliebten § 817 S. 2 auch nur zu erwähnen, hat der BGH ihn dadurch umgangen.[37]

1386

3. Konsequente Anwendung bei der Schwarzarbeit

Angesichts der verbreiteten Abneigung, § 817 S. 2 anzuwenden, ist es beachtlich, dass sich der BGH immerhin bei der Schwarzarbeit dazu durchgerungen hat.

1387

Der Unternehmer als Leistender: Bei einem Vertrag über Schwarzarbeit ist der *Unternehmer* dann Leistender, wenn es (wie meist) um *seine* Leistung (das Werk) geht. *Beispiel:* B beauftragte U mit Elektroinstallationen für 19 000 Euro. Es wurde vereinbart, dass davon 5 000 Euro in bar ohne Rechnung gezahlt und von U nicht versteuert werden sollten. B hat die 5 000 Euro nicht gezahlt. Der ganze Vertrag ist als Verstoß gegen § 1 Abs. 2 Nr. 2 SchwarzArbG nichtig (§ 134).[38] B ist um Installationen im Wert von 5 000 Euro ungerechtfertigt bereichert. Aus § 817 S. 1 würde sich folgende Rechtslage ergeben: B hat als „Empfänger durch die Annahme" der Bauleistung „gegen ein gesetzliches Verbot … verstoßen", so dass er eigentlich nach S. 1 „zur Herausgabe verpflichtet" wäre.[39] Aber S. 2 Hs. 1 korrigiert dies Ergebnis: Dem „Leistenden" U fällt als Schwarzarbeiter „gleichfalls ein solcher Verstoß zur Last". Deshalb ist für U „die Rückforderung ausgeschlossen" (§ 817 S. 2 Hs. 1).[40] B muss also keinen Wertersatz für die erlangte ungerechtfertigte Bereicherung (die Elektroinstallation) zahlen.

Der Besteller als Leistender: Auch die *Zahlung* (durch den Besteller) kann die in § 817 S. 1 genannte „*Leistung*" sein. *Beispiel 1:* Fall 44 (Rn 1378). *Beispiel 2:* U sollte das Dachgeschoss des B in Schwarzarbeit zu einer Wohnung umbauen. B zahlte den vereinbarten Betrag. Später forderte er Schadensersatz wegen Mängeln (§ 634 Nr. 4). Aber bei Schwarzarbeit hat der Besteller keine Mängelansprüche,[41] so dass B den gezahlten Werklohn zurückforderte. Damit war die in S. 1 genannte „Leistung" die *Zahlung* und B der „Leistende". Die Rollen des „Empfängers" und des „Leistenden" sind also ge-

1388

---

34 BGH NJW 2006, 45 (46). Bestätigt von BGH NJW 2008, 1942; NJW-RR 2009, 345; NJW 2009, 984 Rn 9.
35 BGHZ 201, 1 Rn 26.
36 OLG Stuttgart und OLG Koblenz, beide NJW 1996, 665. In beiden Fällen ging es um die Beschaffung eines Doktortitels.
37 NJW 2010, 610.
38 So schon BGHZ 198, 141.
39 Da Bauleistungen nicht herausgegeben werden können, wäre Wertersatz zu leisten.
40 BGHZ 201, 1 Rn 17.
41 BGHZ 198, 141 Rn 27; BGH NJW 2015, 2406 Rn 11.

genüber dem vorigen Beispiel vertauscht. Aus S. 1 ergäbe sich: U, der die Bezahlung der Schwarzarbeit angenommen hat, hat als „Empfänger durch die Annahme gegen ein gesetzliches Verbot ... verstoßen", so dass er „zur Herausgabe verpflichtet" wäre. Aber S. 2 Hs. 1 verhindert dies Ergebnis. Die „Rückforderung", also die Rückzahlung des Werklohns, „ist ausgeschlossen", weil dem B als „dem Leistenden gleichfalls ein solcher Verstoß zur Last fällt".[42]

4. Eingehung einer Verbindlichkeit

1389 Eine sehr geringe praktische Bedeutung hat § 817 S. 2 Hs. 1 ab den Worten „es sei denn ..." und Hs. 2. Aber die beiden dort aufgestellten Regeln lassen die Absicht, die der Gesetzgeber insgesamt mit § 817 verfolgt, besonders klar erkennen. *Beispiel:* K hatte zur Bezahlung einer Lieferung gestohlener Pkw ein abstraktes Schuldversprechen nach § 780 unterzeichnet. Obwohl beiden Parteien ein Verstoß vorzuwerfen ist, kann K das Schuldversprechen ganz normal nach § 812 Abs. 2 kondizieren. Denn § 817 S. 2 Hs 1 nimmt das Schuldversprechen mit den Worten „es sei denn, dass ..." vom Kondiktionsverbot aus, stellt also die Grundregel des § 812 Abs. 2 wieder her (FD „Leistungskondiktion", Spalte 3). Der Grund ist auch hier, dass die Justiz nicht verpflichtet sein soll, dem V, der gegen das Gesetz verstoßen hat, ihre helfende Hand zu reichen. Der gleiche rechtspolitische Gedanke liegt auch § 817 S. 2 Hs. 2 zugrunde: Wenn K sein Schuldversprechen bereits erfüllt hat, verweigert ihm das Gesetz jede Hilfe bei dem Versuch, das Gezahlte zu kondizieren.

III. Verstoß nur des Leistenden

1390 § 817 S. 2 ist seinem Wortlaut nach nur anzuwenden, wenn *beiden* Beteiligten ein Verstoß zur Last fällt („gleichfalls"). Die Regel, dass der Empfänger das Erlangte behalten darf, muss aber erst recht gelten, wenn *nur* dem Leistenden ein „solcher Verstoß" zur Last fällt (FD „Leistungskondiktion", Frage 3, c). Nach allgemeiner Überzeugung ist deshalb in diesem Fall S. 2 direkt[43] oder analog anzuwenden.[44] *Beispiel:* Wirtschaftsprüfer W prüfte den Jahresabschluss einer GmbH, obwohl er an dessen *Aufstellung* mitgewirkt hatte und deshalb kraft Gesetzes von der Prüfung ausgeschlossen war (§ 319 Abs. 2 HGB). Das gesetzliche Verbot richtete sich nur gegen W, nicht auch gegen die GmbH. W fiel deshalb *allein*, nicht „gleichfalls" ein Verstoß zur Last. In analoger Anwendung von § 817 S. 2 war die GmbH nicht zur Herausgabe des Jahresabschlusses (oder zum Wertersatz) verpflichtet.[45]

Wenn feststeht, dass das Verhalten des *Leistenden* anstößig ist, kann die Frage, wie das Verhalten des *Empfängers* gesetzlich und moralisch zu beurteilen ist, meist offen bleiben. *Beispiel:* Die Bankangestellte R tat gegenüber Bekannten so, als könne sie Geld sehr günstig anlegen. Sie nahm mit diesem Trick vier Millionen Euro entgegen, die sie überwiegend für sich verbrauchte. Um den Schwindel nicht gleich auffliegen zu lassen, zahlte sie den ersten „Anlegern" tatsächlich die versprochenen „Zinsen". Zu diesem Personenkreis gehörte Frau B. Der „Leistenden" R fiel ein Sittenverstoß zur Last. Ob dieser Vorwurf sie allein traf oder – wie § 817 S. 2 eigentlich fordert – auch Frau B,

---

42 BGH NJW 2015, 2406 Rn 14 ff.
43 BGHZ 118, 142 (150).
44 Medicus/Lorenz Rn 1152. Die meisten Gerichte und Autoren diskutieren darüber nicht, sondern behandeln in diesen Fällen einfach das Wort „gleichfalls" als nichtexistent.
45 BGHZ 118, 142 (150).

konnte der BGH offen lassen. Denn im einen wie im anderen Fall konnte Frau B das Erlangte behalten.[46]

Wucherdarlehen: Beim Wucherdarlehen (§ 138 Abs. 2 oder Abs. 1)[47] trifft der Vorwurf allein den Darlehens*geber*. Ihm ist die Rückforderung seiner Leistung versagt (analog § 817 S. 2). Aber seine Leistung ist nur die *zeitweise* Überlassung des Kapitals, nicht die *endgültige*. Das bedeutet, dass der Bewucherte das Kapital über die volle Laufzeit zinsfrei behalten darf, danach ist es zurückzuzahlen.[48]   1391

Der Bewucherte ist hinsichtlich der von ihm bereits gezahlten Wucherzinsen der „Leistende". Da ihm kein Vorwurf zu machen ist, ist ihm die Rückforderung seiner Leistungen nicht nach § 817 S. 2 verwehrt. Er kann deshalb die gezahlten Wucherzinsen nach § 812 Abs. 1 S. 1 (verstärkt durch § 817 S. 1) erstattet verlangen.

§ 45 Rückforderung freiwilliger Leistungen

Fall 45: Hotelkosten statt Miete   §§ 812, 814   1392

▶ *Die AOK Leipzig und der Gastronomiefachmann Heiner Heidenreich schlossen einen Vertrag, in dem sich Heidenreich gegen Honorar verpflichtete, die AOK bei der Planung und Einrichtung eines Speisesaals für leitende Angestellte zu beraten. Nach dem Vertrag war Heidenreich berechtigt, die Hotelkosten in Rechnung zu stellen, die während seiner Aufenthalte in Leipzig anfielen. Heidenreich übernachtete aber nur anfangs im Hotel, dann mietete er eine Zweizimmerwohnung in Leipzig, deren Miete er selbst bezahlte. Trotzdem stellte er der AOK weiterhin „Übernachtungskosten" in Rechnung. Wolfgang Wiebrecht, der für Heidenreich zuständige Personalleiter der AOK, wusste, dass Heidenreich eine Wohnung in Leipzig hatte und nicht mehr im Hotel übernachtete. Er veranlasste aber gleichwohl die Bezahlung der in Rechnung gestellten Kosten, weil ihm dieser Weg einfacher schien als eine Vertragsanpassung, in der sich die AOK zur Übernahme der Miete hätte verpflichten müssen. Später verlangte die AOK von Heidenreich die Rückzahlung der überwiesenen Beträge für angebliche Hotelkosten in Höhe von fast 120 000 Euro. Heidenreich beruft sich darauf, dass die AOK ihm diese Summe bezahlt habe in dem Bewusstsein, dazu nicht verpflichtet zu sein. (Nach BGH NJW 1999, 1024)*

Zu prüfen ist zunächst, ob die AOK die Zahlungen „ohne rechtlichen Grund" geleistet hat (§ 812 Abs. 1 S. 1 Var. 1). Das ist der Fall, weil die AOK nach dem Vertrag nur zur Erstattung von Hotelkosten verpflichtet war, nicht zur Übernahme von Mietkosten. Damit sind die Voraussetzungen des § 812 Abs. 1 S. 1 Var. 1 gegeben.   1393

Zu prüfen ist jedoch, ob sich Heidenreich auf § 814 Var. 1 berufen kann. Danach müsste die AOK die fraglichen Summen „zum Zwecke der Erfüllung einer Verbindlichkeit" gezahlt haben, obwohl sie „gewusst" hat, „dass sie zur Leistung nicht verpflichtet war". Die Worte „zum Zwecke der Erfüllung einer Verbindlichkeit" sind missverständlich, weil sie den Eindruck erwecken, als müsse eine Verbindlichkeit bestanden haben. Das setzt die Vorschrift aber gerade nicht voraus, wie sich aus den Worten ergibt, „dass sie zur Leistung nicht verpflichtet war". Die AOK war zur Zahlung nicht verpflichtet, weil keine Hotelkosten entstan-

---

46 BGH NJW-RR 1993, 1457.
47 BGB-AT Rn 744.
48 So die hM seit RGZ 161, 52.

den waren. Fraglich ist nur, ob sie das „gewusst hat". Eine juristische Person kann nur etwas durch ihre Vertreter wissen. Im vorliegenden Fall wird ihr das Wissen ihres Personalleiters Wiebrecht zugerechnet (§ 166 Abs. 1).[49] Diesem waren nicht nur die Umstände klar, sondern auch die daraus zu ziehende Rechtsfolge, dass eine Übernahme von „Hotelkosten" nicht mehr in Frage kam. Da die AOK „wusste", dass sie „zur Leistung nicht verpflichtet war", kann sie die fraglichen Beträge nicht zurückfordern.

Aus dem FD „Leistungskondiktion" ergibt sich die Lösung so: 1. Nein – 2. Nein – 5. Nein – 6. Nein – 8. Ja (Spalte 9). ◀

Lerneinheit 45

1394   **Literatur:** *Prahl*, Zur Kondiktionssperre nach § 814 BGB, VersR 2015, 1229; *Lögering*, Rückforderung überzahlter Miete nach Minderung, NZM 2010, 113; *Bausch*, Minderungsbedingte Rückzahlungsansprüche wegen Renovierungsarbeiten im Mietshaus – Voraussetzungen und Grenzen der Anwendbarkeit von § 814 BGB, NZM 2008, 874.

I. Kenntnis vom Fehlen einer Leistungspflicht

1395   Wer weiß, dass er einem anderen zu nichts verpflichtet ist, und ihm trotzdem etwas zuwendet, soll es später nicht zurückfordern können (§ 814 Var. 1). Dem steht der Fall gleich, dass die Zuwendung einer gesellschaftlichen oder moralischen Pflicht entsprach (Var. 2).

1396   *„Das zum Zwecke der Erfüllung einer Verbindlichkeit Geleistete ..."* Hinter dem Wort „Verbindlichkeit" muss man sich die Worte „die in Wirklichkeit nicht bestand" denken. Mit den Eingangsworten will § 814 nur deutlich machen, dass es sich um Fälle der so genannten condictio indebiti handeln muss,[50] dass also kein sonstiger Fall der Leistungskondiktion vorliegen darf, zB nicht der spätere Wegfall des Rechtsgrundes[51] und kein Anspruch aus § 817 S. 1.[52]

1397   *„... wenn der Leistende gewusst hat, dass er zur Leistung nicht verpflichtet war ..."* Mit diesen Worten ist in erster Linie die Schenkung gemeint, zu der auch die mildtätige Spende gehört (FD „Leistungskondiktion", Frage 8). Aber wie Fall 45, Rn 1392 zeigt, kommen solche Zuwendungen auch unter Geschäftsleuten vor. Der Leistende muss nicht nur die Tatumstände gekannt haben, aus denen sich ergab, dass er (möglicherweise) nicht verpflichtet war, sondern muss „positiv gewusst" haben, dass er „nach der Rechtslage nichts schuldet".[53]

§ 814 Var. 1 formuliert einen Sonderfall des Verbots widersprüchlichen Verhaltens (venire contra factum proprium).[54] Aus dieser Ratio legis ergibt sich auch die Abgrenzung der Vorschrift: Immer dann, wenn eine Rückforderung *nicht* im Widerspruch zum früheren Verhalten des Leistenden steht, ist sie nicht nach § 814 ausgeschlossen. *Beispiel:* H, eine Herstellerin von Trevira-Fäden, hatte das Nutzungsrecht an einer Software des S gekauft. S verlangte später weitere 320 000 Euro und drohte bei Nichtzahlung mit einer Programmsperre, die bei der H zu einem empfindlichen Produktionsausfall ge-

---

49 Der BGH erwähnt § 166 in seinen Entscheidungsgründen nicht, geht aber offenbar von ihm aus.
50 BGHZ 97, 243 (250) und BGH NJW 1994, 2357 (2358).
51 BGHZ 111, 125 (130).
52 BGH NJW-RR 2001, 1044 (1046).
53 BGH NJW 2016, 1391 Rn 11; BGHZ 113, 62 (70); BGHZ 151, 127 (132/133).
54 Medicus/Lorenz Rn 1148.

führt hätte. Die H zahlte daraufhin „ohne Anerkennung eines Rechtsanspruchs". Sie brauchte sich später nicht vorhalten zu lassen, sie habe gewusst, dass sie zur Leistung nicht verpflichtet gewesen sei (§ 814 Var. 1).[55]

Kein Fall des § 817: Wenn der Empfänger der Leistung mit der Annahme gegen das Gesetz oder die guten Sitten verstoßen hat (§ 817 S. 1), kann er dem Leistenden nicht § 814 Var. 1 entgegenhalten. *Beispiel:* P nimmt einen Mafioso auf Rückzahlung von „Schutzgeldern" in Anspruch. Dieser kann nicht einwenden, P habe gewusst, dass er zur Zahlung weder gesetzlich noch vertraglich verpflichtet war.[56]   1398

II. Irrtümliche Annahme einer Leistungspflicht

§ 814 Var. 2 geht nicht (wie die Var. 1) von einem wissenden Leistenden aus, sondern von einem *irrenden.* Der Leistende glaubte nämlich zu Unrecht, zur Leistung verpflichtet gewesen zu sein. In diesem Fall setzt er sich nicht in Widerspruch zu seinem Verhalten, wenn er die Leistung später zurückfordert. Denn er wollte ja nie großzügig sein. Aber die Rückforderung soll ihm in den Bagatellfällen versagt sein, in denen sie kleinlich und engherzig erscheint (FD „Leistungskondiktion", Spalte 10).   1399

Beispiel: Makler M lässt seine Büroräume von Frau Q reinigen. Er ließ ihr mit dem Novemberlohn ein Weihnachtsgeld von 100 Euro überweisen, weil er irrtümlich meinte, nach dem Tarifvertrag dazu verpflichtet zu sein. Weil es „einer auf den Anstand zu nehmenden Rücksicht" entspricht, seiner Raumpflegerin zu Weihnachten einen Betrag in dieser Größenordnung zukommen zu lassen, kann er das Geld nicht zurückfordern.   1400

§ 46 Nichteintritt des bezweckten Erfolgs

Fall 46: Zierfischhandel   § 812 Abs. 1 S. 2 Var. 2   1401

▶ *Konrad Rumsdorf betrieb einen Versandhandel mit Zierfischen. Sein Bruder Bertold Rumsdorf betrieb in der gleichen Stadt in der Rechtsform einer Einmann-GmbH einen Laden für Zierfische und Aquarien. Auf Anraten der IHK einigten sich beide mündlich darauf, künftig ihre beiden Geschäfte zusammenzulegen. Dabei sollte Konrad sein Unternehmen in die GmbH seines Bruders einbringen und als Entgelt an der GmbH beteiligt werden. Konrad übergab der GmbH seinen Warenbestand und eine Liste seiner Kunden und überließ ihr die Nutzung seiner Wasserbecken. Bertold beschäftigte Konrad wie einen Geschäftsführer der GmbH gegen Zahlung eines angemessenen Gehalts. Die Brüder konnten sich jedoch nicht über die Höhe der Beteiligung einigen und gaben deshalb ihre Kooperationspläne auf. Konrad hat inzwischen jede geschäftliche Tätigkeit eingestellt. Er verlangt von der GmbH eine Entschädigung für die eingebrachten Fische, Pflanzen und sonstigen Gegenstände sowie für die Überlassung seines Kundenstamms. (Nach BGH NJW 2002, 1340)*

Zu prüfen ist zunächst, ob Konrad Rumsdorf seine Ansprüche auf § 812 Abs. 1 S. 1 stützen kann. Die GmbH hat durch Konrads „Leistung ... etwas erlangt", nämlich den Warenbestand und die Kundenkartei. Fraglich ist aber, ob sie diese Leistungen auch „ohne rechtlichen Grund" erlangt hat. Das muss man verneinen, denn es bestand eine wirksame Vereinba-   1402

---

55 BGHZ 152, 233 (244/245).
56 BGH NJW-RR 2001, 1044 (1046).

rung zwischen Konrad und der GmbH, vertreten durch Bertold, über den Erwerb der Gegenstände durch die GmbH. Ein Fall des § 812 Abs. 1 S. 1 liegt also nicht vor.

Zu prüfen ist deshalb, ob sich Konrad Rumsdorf auf § 812 Abs. 1 S. 2 Var. 2 stützen kann. Die „Leistung" war die Übereignung des Warenbestands und die Übergabe der Kundenkartei. Der nach der Vereinbarung zwischen den Brüdern „bezweckte Erfolg" war die Beteiligung von Konrad an der GmbH. Die zwischen den Brüdern bestehende Einigkeit über den Zweck der Zuwendungen darf aber nicht den Charakter eines Vertrags haben.[57] Denn in diesem Fall würden die Regeln über das Fehlschlagen von Verträgen angewendet werden, insbesondere § 313. An diesem Punkt sind Zweifel möglich, aber der BGH ist auf diese Frage nicht eingegangen, so dass weiterhin § 812 Abs. 1 S. 2 Var. 2 geprüft werden soll.

Konrad hat die Leistungen erbracht, um von Bertold als neuer Gesellschafter in die GmbH aufgenommen zu werden. Da Bertold das nicht tat, ist dieser Erfolg nicht eingetreten. Nach § 812 Abs. 1 S. 2 Var. 2 ist es gleichgültig, aus welchen Gründen Konrad nicht aufgenommen wurde. Nur § 815 macht zwei Einschränkungen, die jedoch im vorliegenden Fall keine Anwendung finden. Denn der angestrebte Erfolg – Konrads Aufnahme als Gesellschafter – war nicht „von Anfang an unmöglich". Und Konrad hat auch nicht „den Eintritt des Erfolgs wider Treu und Glauben verhindert". Dass er nicht bereit war, einen Geschäftsanteil zu den von seinem Bruder offerierten Bedingungen zu übernehmen, stellt kein treuwidriges Verhalten dar. Damit steht fest, dass die GmbH die erhaltenen Leistungen als ungerechtfertigte Bereicherung herauszugeben hat (§ 812 Abs. 1 S. 2 Var. 2).

Die Herausgabe der Waren ist hier unmöglich, weil sie nicht mehr vorhanden sind. Das Gleiche gilt von der Kundenkartei, weil die Kunden inzwischen zu Kunden der GmbH geworden sind und weil Konrad kein eigenes Geschäft mehr betreibt. Deshalb schuldet die GmbH Wertersatz (§ 818 Abs. 1, Abs. 2).

Aus dem FD „Leistungskondiktion" ergibt sich die Lösung so: 1. Nein – 2. Nein – 5. Nein – 6. Nein – 8. Nein – 9. Nein – 10. Ja – 11. Ja – 12. Nein – 13. Nein – 14. Nein – 15. Nein (Spalte 15). ◀

Lerneinheit 46

1403   Literatur: *Röthel*, Die Kondiktion wegen Zweckverfehlung Jura 2013, 1246; *Lorenz/Cziupka*, Grundwissen – Zivilrecht: Bereicherungsrecht – Grundtypen der Kondiktionen, JuS 2012, 777; *Leitmeier*, Die Zweckkondiktion – eigentlich Treu und Glauben? NJW 2010, 2006.

I. Bedeutung

1404   Während § 812 Abs. 1 S. 1 verlangt, dass die Leistung „ohne rechtlichen Grund" erfolgt ist, geht § 812 Abs. 1 S. 2 Var. 2 davon aus, dass es einen rechtlichen Grund für die Leistung gab. Denn der Leistende wollte mit seiner Leistung einen bestimmten Erfolg erzielen (FD „Leistungskondiktion", Frage 10). Das Gesetz lässt die Leistungskondiktion zu, „wenn … der mit einer Leistung nach dem Inhalt des Rechtsgeschäfts bezweckte Erfolg nicht eintritt". Gemeint sind Leistungen, die Einfluss nehmen sollten auf den Verhalten ihres Empfängers. Aber dieser hat nicht das bezweckte Verhalten ge-

---

57   BGH NJW 1992, 2690; BGHZ 108, 256 (265).

zeigt (§ 812 Abs. 1 S. 2 Var. 2). Nach dem lateinischen Vorbild dieses Anspruchs nennt man ihn auch condictio causa data causa non secuta[58] oder condictio ob rem.

§ 812 Abs. 1 S. 2 Var. 2 enthält die Voraussetzungen des Anspruchs, während – etwas überraschend – § 815 zwei Ausschlussgründe nennt. Insgesamt sind die Voraussetzungen dieser Kondiktion so zahlreich und kompliziert, dass es in der Praxis nur wenige eindeutige Fälle gibt. 1405

II. Voraussetzungen

1. Positive Voraussetzungen

a) Der „... mit einer Leistung ... bezweckte Erfolg"

Der Leistende muss seine Leistung in der Absicht erbracht haben, einen bestimmten Erfolg zu erzielen (§ 812 Abs. 1 S. 2 Var. 2; FD „Leistungskondiktion", Frage 10). Der „bezweckte Erfolg" ist in erster Linie ein *bestimmtes Verhalten* des Empfängers. 1406

Beispiel 1: Fall 46, Rn 1401. *Beispiel 2:* Frau E hatte als Kassiererin der B-GmbH mehr als 100 000 Euro veruntreut. Um eine Strafanzeige abzuwenden, erkannte ihr Ehemann an, der GmbH den veruntreuten Betrag zu schulden (§ 781). Nachher erstattete die B doch Strafanzeige. Damit stand fest, dass der von Herrn E bezweckte Erfolg nicht mehr eintreten konnte. Er konnte deshalb sein Schuldanerkenntnis nach § 812 Abs. 1 S. 2 Var. 2, Abs. 2 kondizieren.[59] *Beispiel 3:* Frau Y hatte ihrem Sohn S in Aussicht gestellt, er dürfe mit seiner Frau in ihrem Haus kostenlos wohnen und solle ihr Erbe werden. S hatte daraufhin rund eine Viertelmillion Euro in den Ausbau und die Modernisierung des Hauses investiert.[60] *Beispiel 4:* Steuerberater S und seine Bürovorsteherin B waren sich einig, dass B Steuerberaterin werden und mit S eine Sozietät bilden sollte. S stellte B zu diesem Zweck zeitweise von der Arbeit frei und unterstützte sie finanziell bei ihrer Ausbildung zur Steuerberaterin. Aber nach bestandener Prüfung gründete Frau B ein eigenes Büro.[61] 1407

Der BGH hat zu Recht von einer „finalen Ausrichtung der Leistung auf einen nicht erzwingbaren Erfolg" gesprochen,[62] sich aber oft nicht daran gehalten. Denn nach Ansicht der Rechtsprechung kann der „bezweckte Erfolg" auch ein Ereignis sein, dessen Eintritt nicht durch die Leistung gefördert („bezweckt") werden sollte, sondern von dem die Parteien annahmen, dass es ohnehin eintreten werde. In diesen Fällen wäre ein Fortfall der Geschäftsgrundlage zu prüfen (und oft zu bejahen) gewesen, nicht § 812 Abs. 1 S. 2 Var. 2. *Beispiel 1:* V verpachtete ein Grundstück an P. In dem Pachtvertrag heißt es, die Vertragspartner seien sich einig, dass unverzüglich für P ein Erbbaurecht bestellt werden solle. Im Vertrauen auf diese Zusage errichtete P auf dem Grundstück ein Wohnhaus und mehrere Pferdeställe. V verweigerte später den Abschluss eines Erbbaurechtsvertrags. Der BGH hat angenommen, es lägen die Voraussetzungen des § 812 Abs. 1 S. 2 Var. 2 vor. [63] Aber der von P mit dem Bau der Gebäude „bezweckte Erfolg" war der Betrieb eines Pferdehofs, nicht das versprochene Erbbaurecht. Denn mit den Baumaßnahmen konnte er die Bereitschaft des V, ihm dieses Recht zu verschaffen, 1408

---

58 Kondiktion wegen eines vorausgesetzten, aber nicht eingetretenen Zwecks.
59 BGH WM 1990, 819.
60 BGH NJW 2013, 2025.
61 BGH NJW 2004, 512.
62 BGH NJW 2011, 2880 Rn 32.
63 BGH NJW 2013, 3364 Rn 6; siehe auch BGH NJW 2001, 3118.

nicht fördern. Er errichtete die Bauten nur in der *Erwartung*, er werde Erbbauberechtigter. *Beispiel 2:* V und K planten den Abschluss eines Kaufvertrags. K überwies V vorab 5 000 Euro, aber zum Abschluss des Kaufvertrags kam es nicht.[64] Die Zahlung erfolgte zwar in der *Erwartung*, der Kaufvertrag werde geschlossen werden, bezweckte aber nicht dessen Abschluss.

b) Einigung über den bezweckten Erfolg

1409   Dass nur der Leistende die Absicht hatte, mit seiner Leistung einen Erfolg zu erreichen, genügt nicht. Der *Empfänger* muss mit dem Leistenden einig gewesen sein, dass durch die Leistung der bestimmte Erfolg eintreten solle (FD „Leistungskondiktion", Frage 11). Das Erfordernis der Einigkeit ist den Worten „nach dem Inhalt des Rechtsgeschäfts" zu entnehmen. Die Anforderungen an die Einigung sind gering. Es reicht, wenn der andere Teil den Zweck der Leistung erkennt „und die Leistung entgegennimmt, ohne zu widersprechen".[65] Aber die tatsächliche Einigung darf „*nicht* den Charakter einer *vertraglichen* Bindung haben".[66] Denn dann kommen nur die Vorschriften über die Auslegung und Abwicklung eines Vertrags in Frage.

Das „Rechtsgeschäft", die gemeinsame Überzeugung, dass der „bezweckte Erfolg" eintreten solle, ist der rechtliche Grund für die Leistung. Der Bereicherte hat die Leistung also – anders als nach § 812 Abs. 1 Satz 1 – nicht „ohne rechtlichen Grund erlangt". Anderenfalls wäre die Vorschrift überflüssig.

c) Kein Erfolg

1410   Der Bereicherungsanspruch entsteht noch nicht mit der Leistung, sondern erst, wenn feststeht, dass der bezweckte Erfolg nicht mehr eintreten kann (FD „Leistungskondiktion", Frage 12).[67] Der Nicht-Eintritt des bezweckten Erfolgs ist eine Bedingung, die das ursprüngliche Behaltendürfen auflöst und damit den Kondiktionsanspruch entstehen lässt (auflösende Bedingung, § 158 Abs. 2).[68]

1411   Die Entscheidung darüber, ob der Erfolg noch eintreten kann, hängt häufig davon ab, was im konkreten Fall als „bezweckter Erfolg" anzusehen ist. *Beispiel:* Die Eheleute A und B hatten vor ihrer Eheschließung gemeinsam ein Einfamilienhaus errichtet. Nach dem Scheitern der Ehe machte A nach § 812 Abs. 1 S. 2 Var. 2 Ansprüche geltend. Aber der „bezweckte Erfolg" war nicht der Fortbestand der Ehe, sondern die Nutzung als Familienwohnsitz. Und dieser Erfolg war eingetreten.[69]

2. Negative Voraussetzungen

a) Kein Ausschluss nach § 815

1412   Zu den genannten Voraussetzungen kommt noch, dass die Ausschlussgründe des § 815 nicht vorliegen dürfen. Denn der Anspruch ist nach § 815 Var. 1 ausgeschlossen, „wenn der Eintritt des Erfolgs von Anfang an unmöglich war und der Leistende dies gewusst hat" (FD „Leistungskondiktion", Frage 13).

---

64   BGHZ 48, 70 (73).
65   BGH NJW 2013, 2025 Rn 26; ähnlich BGHZ 183, 242 Rn 33; NJW 2011, 2880 Rn 31.
66   BGH NJW 1992, 2690; BGHZ 108, 256 (265).
67   MüKo/Schwab § 812 Rn 451; BaRo/Wendehorst § 812 Rn 49; BGH NJW 2013, 3364 Rn 14 sowie 2025 Rn 21.
68   BGH NJW 2013, 2025 Rn 22.
69   BGHZ 115, 261 (264).

Außerdem darf der Leistende den Erfolg nicht wider Treu und Glauben verhindert haben (§ 815 Var. 2). Diese Regel lehnt sich erkennbar an § 162 Abs. 1 an.

b) Keine Störung der Geschäftsgrundlage

Zu den ungeschriebenen Voraussetzungen des § 812 Abs. 1 S. 2 Var. 2 gehört, dass *keine Störung der Geschäftsgrundlage* (§ 313) vorliegen darf. Hier gibt es erhebliche Abgrenzungsprobleme. § 812 Abs. 1 S. 2 Var. 2 gehört zum Urbestand des BGB. Der Gesetzgeber hat mit dieser Vorschrift am Ende des 19. Jahrhunderts versucht, einen Teil der Problematik zu lösen, die später (und breiter angelegt) unter der Bezeichnung „Fortfall der Geschäftsgrundlage" diskutiert wurde (heute § 313). Da § 812 Abs. 1 S. 2 Var. 2 die speziellere Norm ist, müsste sie der allgemeinen Regel des § 313 vorgehen. Die hM geht aber von einem Vorrang des § 313 aus.[70] Das mag auch daran liegen, dass dieser eine differenziertere Lösung ermöglicht. So gilt § 313 etwa, wenn Schwiegereltern Zuwendungen gemacht haben, um den Fortbestand der Ehe zu fördern.[71] Nach neuerer Ansicht des BGH kann aber in diesem Fall neben § 313 auch § 812 Abs. 1 S. 2 Var. 2 anzuwenden sein.[72]

1413

III. Rechtsfolge

Wenn alle Voraussetzungen des § 812 Abs. 1 S. 2 Var. 2 gegeben sind und die Ausschlussgründe des § 815 nicht vorliegen, hat der Leistende einen Bereicherungsanspruch gegen den Empfänger der Leistung. Die Vorschriften über den Umfang der Bereicherung (§§ 818 bis 822) regeln in § 820 Abs. 1 S. 1 einen Sonderfall des § 812 Abs. 1 S. 2 Var. 2 (Rn 1466; FD „Leistungskondiktion", Frage 15).

1414

§ 47 Nichtleistungskondiktion I

Fall 47: Heimliche Stromentnahme   § 812 Abs. 1 S. 1 Var. 2

▶ *Die Hamburgische Electricitätswerke AG (HEW) belieferte Heinz Hehls Wohnung mit Tag- und Nachtstrom. Nachdem die HEW den Versorgungsvertrag wegen Zahlungsverzugs fristlos gekündigt hatte, ließ sie den Stromzähler ausbauen. Vier Jahre später musste sie jedoch feststellen, dass Hehl weiterhin Nachtstrom entnommen hatte. Die HEW schätzt die in den vier Jahren unbefugt entnommene Strommenge auf 51 489 Kilowattstunden. Sie verlangt von Hehl die Bezahlung dieser Energie nach ihren Tarifen. (Nach BGHZ 117, 29)*

1415

Zu prüfen ist immer zunächst, ob ein Fall der Leistungskondiktion vorliegt (§ 812 Abs. 1 S. 1 Var. 1). Danach müsste die HEW Hehls Vermögen durch die Belieferung mit elektrischer Energie „bewusst und zweckgerichtet vermehrt" haben (Rn 1361 bis 1363). Das ist jedoch nicht der Fall, weil die HEW den Strom nicht geliefert, sondern Hehl ihn eigenmächtig und

1416

---

70 BGH NJW 2011, 2880 Rn 42; BGHZ 115, 261 (264); Palandt/Grüneberg § 313 Rn 15; anders MüKo/Schwab § 812 Rn 448.
71 BGHZ 129, 263; aA OLG Köln NJW 1994, 1540.
72 BGHZ 184, 190 Rn 47 (Aufgabe von BGHZ 129, 259 [264]); BGH NJW 2010, 2884 Rn 27.

unerlaubt dem Netz entnommen hat. Zu prüfen ist deshalb, ob Hehl *„in sonstiger Weise* auf dessen Kosten etwas ohne rechtlichen Grund erlangt" hat (§ 812 Abs. 1 S. 1 Var. 2).[73]

„... etwas ... erlangt": Hehl hat „etwas" erlangt, nämlich die elektrische Energie.

„... auf dessen Kosten ...": Hehl hat die Bereicherung „auf ... Kosten" der HEW erlangt, weil die Entreicherung der HEW (Stromentzug) identisch ist mit Hehls Bereicherung (Strombezug).

„... ohne rechtlichen Grund ...": Hehl hat den Strom erlangt, ohne dass ein entsprechender Vertrag zwischen ihm und der HEW bestand, also ohne rechtlichen Grund.

Es liegen damit alle Voraussetzungen des § 812 Abs. 1 S. 1 Var. 2 vor. Da die Bereicherung durch einen eigenmächtigen Eingriff des Bereicherten Hehl erfolgte, nennt man diesen Unterfall der Nichtleistungskondiktion *„Eingriffskondiktion"* (Rn 1421).

Hehl ist der HEW eigentlich „zur Herausgabe" des Stroms verpflichtet (§ 812 Abs. 1 S. 1). Aber da die Herausgabe von verbrauchter Energie nicht möglich ist, hat Hehl als bösgläubiger Bereicherungsschuldner Schadensersatz zu leisten (§ 818 Abs. 4; Rn 1470). Der Wert des erlangten Stroms richtet sich in einem solchen Fall nach dem Tarif, der bei einem legalen Strombezug anzuwenden gewesen wäre.[74]

Aus dem FD „Nichtleistungskondiktion" ergibt sich die Lösung so: 1. Nein – 2. Nein – 4. Nein – 5. Ja – 6. Ja – 7. Ja – 8. Ja (Spalte 5). ◄

Lerneinheit 47

1417   Literatur: *Röthel*, Bereicherungsausgleich für Nutzungen, Jura 2013, 1110; *Schwab*, Architektenpläne als Gegenstand der Eingriffskondiktion, NJW 2013, 1135; *Balthasar*, Eingriffskondiktion bei unerlaubter Nutzung von Persönlichkeitsmerkmalen – Lafontaine in Werbeannonce, NJW 2007, 664; *Schlinker*, Zur Kondiktion der Leistung bei Unkenntnis der Einrede aus § 275 Abs. 2 BGB, JA 2008, 423.

I. Allgemeines zur Nichtleistungskondiktion

1. „... in sonstiger Weise ... "

1418   Als Alternative zu den Worten „Wer durch die Leistung eines anderen ..." nennt § 812 Abs. 1 S. 1 Var. 2 eine weitere Möglichkeit der ungerechtfertigten Bereicherung mit den Worten „oder in sonstiger Weise auf dessen Kosten". Die erste Alternative wird bekanntlich *Leistungskondiktion* genannt (Rn 1361), die zweite *Nichtleistungskondiktion* (§ 812 Abs. 1 S. 1 Var. 2). Diese setzt voraus, dass die unberechtigte Vermögensverschiebung *nicht* auf einer dem Empfänger zugedachten „Leistung" beruht, also *nicht* auf einer „bewussten und zweckgerichteten Mehrung fremden Vermögens" (Rn 1361).

2. „... auf dessen Kosten ..."

1419   Die Worte „auf dessen Kosten" beziehen sich nur auf die Nichtleistungskondiktion, nicht auf die Leistungskondiktion (Rn 1364).[75] Die Worte sind nur erfüllt, „wenn die

---

73   Wenn es um einen Eingriff in eine fremde Sache geht (zu den auch elektrische Energie zählen kann), ist immer der grundsätzliche Vorrang des Eigentümer-Besitzer-Verhältnisses zu beachten (Rn 1470). Diese Vorschriften gelten aber nicht beim *Verbrauch* einer Sache oder von Energie.

74   BGHZ 117, 29.

75   Medicus/Lorenz Rn 1124; Palandt/Sprau § 812 Rn 36; BGHZ 46, 260; BGH NJW 1994, 2357 (2358); BauR 2002, 775 (779).

Vermögensverschiebung eine unmittelbare in dem Sinne ist, dass durch ein und denselben Vorgang" bei der einen Person die Bereicherung und bei der anderen Person die Entreicherung eintritt (Grundsatz der *Unmittelbarkeit der Vermögensverschiebung*).[76] Diese Voraussetzung ist nicht gegeben, wenn die Vermögensverschiebung auf dem Umweg über das Vermögen eines Dritten erfolgt (FD „Nichtleistungskondiktion", Frage 8).

Vorrang der Leistungskondiktion: Ein Anspruch wegen Bereicherung in *sonstiger Weise* ist nur gegeben, wenn die rechtsgrundlose Vermögensverschiebung nicht auf einer „Leistung" beruht und damit kein Fall der Leistungskondiktion vorliegt. Wenn es jemand gibt, der als Leistender anzusehen ist, kann sich kein anderer darauf berufen, er sei im Sinne einer Nichtleistungskondiktion entreichert worden und damit Gläubiger des Bereicherungsanspruchs.[77] Denn die Leistungskondiktion verdrängt die Nichtleistungskondiktion. **1420**

II. Eingriffskondiktion

1. Einführung

Die Eingriffskondiktion ist der wichtigste Unterfall der Nichtleistungskondiktion. Bei der *Eingriffskondiktion* entsteht die gesetzlich nicht gewollte Vermögensverschiebung dadurch, dass der Bereicherte eigenmächtig in ein Recht des Entreicherten eingreift.[78] Die Eingriffskondiktion ist nicht konkret geregelt. Das Gesetz umschreibt sie nur – wie die Nichtleistungskondiktion insgesamt – mit den Worten „oder in sonstiger Weise auf dessen Kosten etwas ohne rechtlichen Grund erlangt" (§ 812 Abs. 1 S. 1 Var. 2). **1421**

Der Eingriff führt oft auch zu einem Anspruch aus unerlaubter Handlung (§§ 823 ff). Beide Ansprüche bestehen dann nebeneinander.

2. Eingriffe in Sachen

a) Nutzung einer Sache

Für den, der als *rechtmäßiger* Besitzer eine Sache nutzt, gelten die Vorschriften, aus denen er sein Recht zum Besitz ableitet, zB das Mietrecht. Wer als *unrechtmäßiger* Besitzer eine Sache nutzt, unterliegt den Vorschriften über das Eigentümer-Besitzer-Verhältnis (§§ 987 ff). Die Nutzungsentschädigung richtet sich deshalb in diesem Fall grundsätzlich nach den §§ 987 und 988, nicht nach den Vorschriften über eine ungerechtfertigte Bereicherung (FD „Nichtleistungskondiktion", Frage 9, Ja). Es gibt aber eine Ausnahme: **1422**

b) Verbrauch

Die Sondervorschriften über das Eigentümer-Besitzer-Verhältnis (§§ 987 ff) regeln nicht den *Verbrauch* einer Sache (FD „Nichtleistungskondiktion", Frage 7, Ja).[79] Wenn ein **1423**

---

76 BGH NJW 2015, 229 Rn 25.
77 BGHZ 40, 272 (278); 69, 16 (189); NJW 1999, 1393 (1394); 2005, 60 (II 2); Looschelders Rn 1060.
78 BGH NJW 2007, 216 Rn 17: „... Eingriff in den Zuweisungsgehalt eines Rechtsguts ..., dessen wirtschaftliche Verwertung dem Kondiktionsgläubiger vorbehalten ist".
79 Das ergibt sich schon aus § 993 Abs. 1, der dem Eigentümer beim Verbrauch so genannter Übermaßfrüchte einen Bereicherungsanspruch gewährt. Da der Verbrauch über solche Nutzung noch weit hinausgeht, lässt § 993 erst recht einen Bereicherungsanspruch zu (Medicus/Lorenz Rn 1202).

unrechtmäßiger Besitzer die Sache ohne rechtlichen Grund verbraucht, kann deshalb nur ein Fall der Eingriffskondiktion gegeben sein. Obwohl elektrische Energie und Fernwärme keine Sachen sind, gilt das auch für sie. *Beispiel:* Fall 47, Rn 1415.[80]

3. Eingriffe in andere Rechte ("Zuweisungsgehalt")

1424   Es gibt außer dem Eigentum auch zahlreiche andere Rechte, in die jemand unbefugt eingreifen kann. Zu diesen Rechten gehören zB das allgemeine Persönlichkeitsrecht, das Recht am eigenen Namen, an der eigenen Firma,[81] an einer geschützten Erfindung oder einer Marke. Ob es sich um einen Fall der Eingriffskondiktion handelt, richtet sich danach, ob eine konkrete Norm (oder die Rechtsordnung insgesamt) demjenigen, der die Eingriffskondiktion geltend macht, *das ausschließliche Recht an dem verletzten Gut zuweist.*[82] Es kommt also darauf an, ob eine Rechtsposition verletzt ist, "die nach der Rechtsordnung dem Berechtigten zu dessen ausschließlicher Verfügung und Verwertung zugewiesen ist".[83] *Beispiel:* Ein Paparazzo hatte im Hafen von St. Tropez mit einem extremen Teleobjektiv den bekannten Millionär Gunter Sachs auf dessen Jacht fotografiert, als dieser gerade die Wochenzeitung "Bild am Sonntag" las. Das Blatt brachte das Foto mit dem Hinweis, dass Sachs offenbar ein begeisterter Leser sei. Damit griff der Springer-Verlag in das Persönlichkeitsrecht des heimlich Abgebildeten ein.[84] Er hatte deshalb 50 000 Euro zu zahlen.[85]

Ob das verletzte Rechtsgut dem Verletzten zur alleinigen Verwertung zugewiesen ist, muss in jedem Einzelfall geprüft werden. *Beispiel:* Mieter M verstieß gegen das Verbot der Untervermietung. Vermieter V forderte deshalb von ihm die Mieteinnahmen, aber zu Unrecht. Denn V hätte die Untervermietung zwar verbieten, aber nicht selbst vornehmen können. Deshalb hatte M nicht in ein dem V zustehendes Recht eingegriffen.[86]

§ 48 Nichtleistungskondiktion II

1425   **Fall 48: Investitionen des Mieters**   § 812 Abs. 1 S. 1 Var. 2

▶ *Martin Munster hatte von Volker Vogt Gewerberäume auf 15 Jahre gemietet. Munster hatte im Vertrauen auf den Bestand des Mietvertrags erhebliche Investitionen vorgenommen, die er langfristig zu nutzen gedacht. Aber Vogt wurde zahlungsunfähig, und das Grundstück wurde zwangsversteigert. Den Zuschlag erhielt die Düsseldorfer Immobilien-GmbH (DIG), die den Mietvertrag mit Munster kurzfristig kündigte.[87] Munster ist der Meinung, dass die DIG ihm seine Investitionen ersetzen müsse. Ein vom Gericht bestellter Gutachter*

80   BGHZ 117, 29.
81   Die Firma ist *die Bezeichnung*, unter der ein kaufmännisches Unternehmen geführt wird (§ 17 HGB). Nur die Umgangssprache bezeichnet das Unternehmen selbst als "Firma".
82   BGHZ 107, 117 (120); BGH NJW 2012, 3572 Rn 9.
83   BGH NJW 2012, 2034 Rn 40. Ähnlich etwa Larenz/Canaris II 2 § 69 Abs. 1 S. 1 b und Medicus/Lorenz Rn 1205.
84   Man darf hier nicht argumentieren, dass das Vermögen von Gunter Sachs durch die Veröffentlichung nicht gemindert wurde. Denn Sachs verlor die gesicherte Aussicht auf eine Vermögensvermehrung, nämlich auf ein Entgelt für die Nutzung seiner Person für Werbezwecke.
85   BGH NJW 2013, 793; siehe auch BGHZ 169, 340 (Werbung mit Lafontaine) und BGH NJW 2012, 2034 Rn 23 ff.
86   BGHZ 131, 297; BGH NJW-RR 2009, 1522 Rn 30; ähnlicher Fall BGH NJW 2012, 3572 Rn 9.
87   Nach dem Zuschlag in der Zwangsversteigerung gilt statt des § 566 ein kurzfristiges Kündigungsrecht des Erstehers (§§ 57, 57 a ZVG).

hat festgestellt, dass die DIG infolge der von Munster vorgenommenen Investitionen eine um 10 % höhere Miete erzielen kann. Steht Munster dem Grunde nach ein Bereicherungsanspruch zu? (Nach BGH NJW 2009, 2374)

Wenn ein Eigentümer-Besitzer-Verhältnis vorläge (§§ 987 ff; Rn 1422 f), gingen dessen Bestimmungen im Prinzip den §§ 812 ff vor. Aber Munster war in der Zeit der Umgestaltung als Mieter *rechtmäßiger*, nicht unrechtmäßiger Besitzer der Räume. Der Anwendung der Bereicherungsvorschriften steht deshalb nichts im Wege.   1426

Zu prüfen ist, ob Munster die Erstattung der Investitionskosten als *Leistungskondiktion* geltend machen kann. Das würde voraussetzen, dass er die durch die Baumaßnahmen entstandene Werterhöhung seinem Vermieter – im Sinne einer „Leistung" – gezielt zuwenden wollte. Davon kann aber keine Rede sein. Vielmehr wollte Munster durch die Arbeiten sich selbst einen Vorteil verschaffen.

Nun steht aber fest, dass Munster infolge der Kündigung seine Investitionen nicht mehr nutzen kann. Die durch die Umbauarbeiten eingetretene Werterhöhung der Räume kommt deshalb allein der DIG zugute. Diese hat damit „etwas" (die Wertsteigerung) erlangt – nicht durch Munsters „Leistung", aber „in *sonstiger Weise* auf dessen Kosten" (§ 812 Abs. 1 S. 1 Var. 2).[88] Die DIG ist ihm deshalb im Prinzip „zur Herausgabe verpflichtet".

Die Höhe der Bereicherung (und damit des von der DIG zu zahlenden Betrags) richtet sich *nicht* nach dem, was Munster selbst für die Arbeiten bezahlt hat. Die Bereicherung der DIG besteht nur in dem Betrag, um den ihre künftigen Mieteinnahmen höher sein werden als ohne die von Munster vorgenommenen Investitionen. Dass die DIG infolge von Munsters Einbauten höhere Mieten erzielen kann, steht laut Sachverhalt fest. Damit ist Munster dem Grunde nach berechtigt, gegen die DIG einen Zahlungsanspruch aus Nichtleistungskondiktion geltend zu machen (§ 812 Abs. 1 S. 1 Var. 2).

Aus dem FD „Nichtleistungskondiktion" ergibt sich die Lösung so: 1. Nein – 2. Nein – 4. Nein – 5. Nein – 10. Ja – 8. Ja (Spalte 5). ◄

Lerneinheit 48

Literatur: *Nierhauve*, Nichtleistungskondiktion bei Direktzahlung von Arbeitslosengeld II nach Beendigung des Mietverhältnisses, ZMR 2018, 908; *Kohler*, Dritthaftung gemäß § 816 I 2 BGB oder § 822 BGB nach Rücktritt, JuS 2013, 769; *Forschner*, Zum Regress des „überobligatorisch" leistenden Scheinvaters, FamRZ 2013, 1700; *Lorenz*, „Brauchen Sie eine Rechnung?": Ein Irrweg und sein gutes Ende, NJW 2013, 3132; *Lorenz/Cziupka*, Grundwissen – Zivilrecht: Bereicherungsrecht – Grundtypen der Kondiktionen, JuS 2012, 777.   1427

I. Weitere Fälle der Nichtleistungskondiktion

Eine Bereicherung „in sonstiger Weise auf dessen Kosten" (§ 812 Abs. 1 S. 1 Var. 2) kann auch dadurch eintreten, dass der Entreicherte selbst die Handlung vornimmt, die zu seiner Entreicherung führt. Hier sind drei Fallgruppen zu nennen (sogleich Rn 1429 ff; FD „Nichtleistungskondiktion", Spalten 10 bis 13): Bei einer Selbstentreicherung darf die Handlung nicht die Qualität einer „Leistung" haben. Der Entreicherte darf also nicht die Absicht gehabt haben, dem Bereicherten den Vermögensvorteil   1428

---

88 BGH NJW 2009, 2374 Rn 8.

bewusst und gezielt zuzuwenden. Denn sonst würde eine Leistungskondiktion vorliegen (Rn 1361).

II. Selbstentreicherung des Entreicherten

1. Aufwendungskondiktion

1429   *Definition:* Die Aufwendungskondiktion setzt voraus, dass jemand (der spätere Entreicherte) auf eine *fremde Sache Aufwendungen* gemacht hat, die er selbst zu nutzen hoffte. Seine Erwartung hat sich aber nicht erfüllt, sodass dem Eigentümer ohne rechtlichen Grund eine Werterhöhung (oder Kosteneinsparung) zugeflossen ist. *Beispiel:* Fall 48, Rn 1425.

Eine Aufwendungskondiktion setzt Folgendes voraus:

1430   ■ Derjenige, der die Aufwendungen macht, ist ein *rechtmäßiger Besitzer.* Anderenfalls gelten die Vorschriften über das *Eigentümer-Besitzer-Verhältnis* (§§ 987 ff, insbesondere die §§ 994 ff), die die Rechtsbeziehungen zwischen einem Eigentümer und einem *nicht* zum Besitz berechtigten Besitzer abschließend regeln und die §§ 812 ff fast ganz verdrängen.

1431   ■ Zwischen dem Aufwendenden und dem Eigentümer besteht kein Vertrag über den herbeigeführten Erfolg, insbesondere kein Werkvertrag (§ 631).

1432   ■ Es liegt keine „Leistung" vor, dh der Aufwendende hat *nicht* gezielt das Vermögen des Bereicherten vermehren wollen (Leistungskondiktion, Rn 1361). Er muss also die Absicht gehabt haben, etwas für sich selbst zu tun.

1433   ■ Die Bereicherung des einen muss mit der Entreicherung des anderen im Wesentlichen identisch und dem Bereicherten unmittelbar zugeflossen sein (FD „Nichtleistungskondiktion", Frage 8).

Beispiel: K hatte von V eine Eigentumswohnung gekauft. Er war noch nicht als Eigentümer im Grundbuch eingetragen, als er mit Zustimmung des V (also als rechtmäßiger Besitzer) begann, die Wohnung zu renovieren. Später stellte sich heraus, dass der Kaufvertrag nichtig war und K endgültig kein Eigentum erwerben konnte. Die Renovierung bereicherte den V, aber sie war keine „Leistung" des K.[89]

2. Rückgriffskondiktion

1434   Die Rückgriffskondiktion ist ein Bereicherungsanspruch, dem typischerweise folgende Konstellation zugrunde liegt: S schuldete dem G einen Geldbetrag. Ohne Anweisung oder Zahlungsauftrag des S zahlte A die Summe an G. Er tat das wirksam (§ 267 Abs. 1), so dass die Schuld des S erlosch (§ 362 Abs. 1). *Beispiel:* B bestellte bei V einen Anzug, der per Nachnahme zu liefern war. Der Nachbar A des B wurde gefragt, ob er bereit sei, die Nachnahmesendung für B anzunehmen. Ohne Einwilligung des B zahlte er 287 Euro, die dem V zuflossen.[90] Wenn A Erstattung der Summe von B verlangt, macht er keine Leistungskondiktion geltend. Denn er hat nicht dem B, sondern dem V den Betrag gewollt und gezielt zugewendet *(„Leistung",* Rn 1361). Durch die Leistung des A hat B aber „in sonstiger Weise auf dessen Kosten etwas" (nämlich das Erlöschen seiner Verbindlichkeit) „ohne rechtlichen Grund erlangt". Im Grundsatz kann deshalb

---

89   BGH NJW 1999, 2890 (2891). Siehe auch BGHZ 180, 293 Rn 8; BGH NJW-RR 2010, 86 Rn 11.
90   Beispiel nach Peifer § 10 Rn 26.

A den B im Wege der Nichtleistungskondiktion in Anspruch nehmen (§ 812 Abs. 1 S. 1 Var. 2; FD „Nichtleistungskondiktion", Spalte 11).

Zuvor muss aber in solchen Fällen sichergestellt werden, dass dem Leistenden gegenüber dem (ehemaligen) Schuldner nicht eine andere Anspruchsgrundlage zusteht, die die §§ 812 ff ausschließt: **1435**

- *Legalzession (cessio legis):* Manchmal ordnet das Gesetz an, dass derjenige, der die Verbindlichkeit eines anderen begleicht, zum neuen Gläubiger wird. *Beispiel:* Wer als Bürge die (für ihn fremde) Schuld des Hauptschuldners erfüllt hat, wird zu dessen Gläubiger (§§ 774, 412).

- *Geschäftsführung:* Wenn der Leistende nach § 662 *im Auftrag* seines Auftraggebers (des Schuldners) geleistet hat, ist ebenfalls kein Raum für eine Kondiktion. Denn dann hat der ehemalige Schuldner die Befreiung nicht ohne rechtlichen Grund, sondern aufgrund eines Vertrags erhalten. Der Leistende hat gegen ihn einen Aufwendungsersatzanspruch (§ 670). Diese Rechtsstellung hat auch der Geschäftsführer einer berechtigten GoA nach § 683.

Als Fälle der Rückgriffskondiktion bleiben hauptsächlich Zahlungen fremder Schuld in *unberechtigter* GoA übrig. Daraus ergibt sich auch die Lösung des obigen Beispiels: Wenn B mit der Zahlung durch A nicht einverstanden ist, ist A ein unberechtigter Geschäftsführer ohne Auftrag. B ist jedoch verpflichtet, A das Erlangte (die Befreiung von der Kaufpreisschuld) nach den §§ 812 ff herauszugeben (§ 684 S. 1; Rn 1802).

3. Überweisung ohne Zahlungsauftrag

Wenn ein Zahlungsdienstleister (ein Kreditinstitut) ausnahmsweise einen Zahlungsvorgang vornimmt, *ohne* dass der Zahlungsdienstnutzer (Kunde, Kontoinhaber) ihm dazu einen Zahlungsauftrag erteilt hat, kann der Zahlungsdienstleister das Geld meist vom Empfänger zurückfordern. Es liegt dann eine *Nichtleistungskondiktion* vor (FD „Nichtleistungskondiktion", Frage 12, Spalte 12).[91] Da an diesem Vorgang drei Personen beteiligt sind, wird er später ausführlicher behandelt (Rn 1519 bis 1524). **1436**

§ 49 Die Verfügung eines Nichtberechtigten

Fall 49: iPhone   § 816 **1437**

▶ *Patrick Moser hatte Julian Hinkel sein iPhone geliehen. Hinkel nutzte diese Freundlichkeit dazu, das Gerät heimlich für 134 Euro an Elena Schuster zu verkaufen und zu übereignen. Er erzählte ihr, er habe das iPhone von seinen Eltern geschenkt bekommen, und Elena Schuster hatte keinen Grund, daran zu zweifeln. Als Moser von dem Verkauf und der Übereignung erfuhr, verlangte er von Hinkel die Herausgabe der 134 Euro. Zu Recht?*

Zu prüfen ist, ob Moser von Hinkel nach § 816 Abs. 1 S. 1 die Herausgabe der 134 Euro verlangen kann. Dazu müsste Hinkel zunächst als „Nichtberechtigter über einen Gegenstand eine Verfügung" getroffen haben. Die Verfügung war die Übereignung des iPhones an Elena Schuster nach § 929, nicht etwa der Abschluss des Kaufvertrags (des Verpflichtungsgeschäfts). Hinkel war „Nichtberechtigter", weil er nicht der Eigentümer des Geräts war. **1438**

---

91 BGH NJW 2015, 1948 Rn 15; BGHZ 152, 307 (312); BGH NJW 1994, 2357.

Die Verfügung (Übereignung) müsste „dem Berechtigten gegenüber wirksam" sein (§ 816 Abs. 1 S. 1). Der Berechtigte ist Moser als damaliger Eigentümer. Die Verfügung ist ihm gegenüber wirksam, weil Elena Schuster gutgläubig war (§ 932 Abs. 1 S. 1, Abs. 2) und das Gerät Moser nicht abhandengekommen ist (§ 935 Abs. 1 S. 1).

Das Gesetz kann Moser nicht das Recht geben, das iPhone von Elena Schuster herauszuverlangen, weil sonst das Rechtsinstitut des gutgläubigen Erwerbs untergraben würde. Aber Hinkel ist „dem Berechtigten zur Herausgabe des durch die Verfügung Erlangten verpflichtet" (§ 816 Abs. 1 S. 1). Moser kann deshalb von Hinkel die Herausgabe des Kaufpreises verlangen.

Aus dem FD „Nichtleistungskondiktion" ergibt sich die Lösung so: 1. Nein – 2. Ja – 3. Ja. (Spalte 2) ◄

Lerneinheit 49

1439   Literatur: *Chelidonis*, Die dogmatische Einordnung des § 816 I BGB, Jura 2019, 448; *Lorenz*, Grundwissen – Zivilrecht: Die besonderen Eingriffskondiktionen nach § 816 BGB, JuS 2019, 654; *Buchwitz*, Bereicherungsausgleich nach gesetzlichem Eigentumserwerb – Ein Überblick, JuS 2016, 1067; *Röthel*, Bereicherungsausgleich wegen Verfügungen eines Nichtberechtigten (§ 816 BGB), Jura 2015, 574; *Jülch*, Der Bereicherungsausgleich im 3-Personen-Verhältnis nach § 816 II BGB, JA 2013, 324; *Kohler*, Dritthaftung gem. § 816 I 2 BGB oder § 822 BGB nach Rücktritt, JuS 2013, 769.

I. Einführung

1440   Der in der Praxis wichtige § 816 Abs. 1 S. 1 ist eine notwendige Konsequenz der Entscheidung des Gesetzgebers, den gutgläubigen Erwerb zuzulassen (hauptsächlich in § 932). Denn wenn der Eigentümer (oder sonstige Berechtigte) sein Eigentum (oder sein sonstiges Recht) durch gutgläubigen Erwerb endgültig verlieren kann, soll wenigstens derjenige, der die entsprechende Verfügung getroffen hat, das dafür Erlangte an ihn herausgeben. Der Anspruch aus § 816 Abs. 1 gehört zur *Nichtleistungskondiktion* und ist deshalb im FD „Nichtleistungskondiktion" aufgeführt (Frage 2).

Wenn man den Aufbau des Lehrbuchs zum Thema „Nichtleistungskondiktion" mit dem Flussdiagramm vergleicht, fällt auf, dass § 816 im Text zum Schluss behandelt wird, aber im Flussdiagramm zu Anfang. Das hat seinen Grund darin, dass ein Flussdiagramm die Sonderfälle vorziehen muss, um sie früh auszuschließen. Im Lehrtext ist es aber ratsam, § 816 später zu behandeln, gerade weil er einen Sonderfall darstellt.

§ 816 Abs. 1 unterscheidet danach, ob der Verfügende im Zusammenhang mit seiner Verfügung ein Entgelt erhalten hat (S. 1) oder nicht (S. 2). So ist auch die folgende Darstellung aufgebaut.

II. Verfügung gegen Entgelt

1. Voraussetzungen

1441   *Verfügung:* § 816 Abs. 1 S. 1 setzt eine „Verfügung" voraus. Eine Verfügung ist ein Rechtsgeschäft, das auf ein bestehendes Recht unmittelbar einwirkt, indem es dieses Recht überträgt, belastet, ändert oder aufhebt.[92] Die wichtigsten Verfügungen sind die

---

92   BGH NJW 1999, 1026; BGB-AT Rn 324.

Übertragung des Eigentums (an beweglichen Sachen nach § 929, an Grundstücken nach den §§ 873, 925) und die Abtretung (§ 398).

Entgeltlichkeit: Das Gegenstück zu den Verfügungen bilden bekanntlich die Verpflichtungsgeschäfte, die lediglich Verpflichtungen begründen und die Causa für eine Verfügung darstellen können. § 816 Abs. 1 S. 1 setzt voraus, dass der Verfügung ein *entgeltliches* Verpflichtungsgeschäft zugrunde liegt, also etwa ein Kaufvertrag. Denn den umgekehrte Fall – dass „die Verfügung unentgeltlich"[93] erfolgte – regelt § 816 Abs. 1 S. 2.

Nichtberechtigter: Nichtberechtigter ist jeder, der nicht aus *eigenem* Recht (ohne Zustimmung des Berechtigten) wirksam über das betreffende Recht verfügen könnte. *Beispiel:* Wer das Eigentum an einem iPhone überträgt, das ihm nicht gehört, ist Nichtberechtigter (Fall 49).

1442

Gutgläubiger Erwerb: Mit der Verfügung, „... die dem Berechtigten gegenüber wirksam ist ...", ist der gutgläubige Erwerb gemeint. Denn nur über die sogenannte „goldene Brücke des gutgläubigen Erwerbs" ist die Verfügung eines Nichtberechtigten *ohne* Zustimmung des Berechtigten wirksam.[94] Die wichtigsten Fälle des gutgläubigen Erwerbs sind in § 932 geregelt (für den Erwerb beweglicher Sachen)[95] und in § 892 (für den Erwerb eines Grundstücks). § 935 beschränkt den gutgläubigen Erwerb einer beweglichen Sache aber auf die Fälle, in denen der Eigentümer die Sache bewusst aus der Hand gegeben hat, zB im Rahmen eines Leihvertrags oder einer Reparatur. Wenn die bewegliche Sache ihrem Eigentümer „abhandengekommen" war, kann niemand an ihr Eigentum erwerben (§ 935 Abs. 1 S. 1). Der Gesetzgeber hat also nicht nur an den Erwerber gedacht, sondern auch das Interesse des Berechtigten (des Eigentümers) berücksichtigt.

1443

2. Rechtsfolgen

Nach § 816 Abs. 1 S. 1 ist der Nichtberechtigte „dem Berechtigten zur Herausgabe des durch die Verfügung Erlangten verpflichtet" (FD „Nichtleistungskondiktion", Spalte 2). Dieser Anspruch tritt gleichsam an die Stelle des Herausgabeanspruchs nach § 985 BGB.[96] Die Verfügung bleibt also wirksam. Damit wird der vom Gesetz gewollte gutgläubige Erwerb des Eigentums kondiktionsrechtlich abgesichert.

1444

Das „Erlangte": Die Rechtsprechung und die hL gehen davon aus, dass das „Erlangte" im Fall eines Kaufvertrags der Kaufpreis ist.[97] Demgegenüber vertritt Lorenz die Ansicht, das Erlangte sei der (objektiv zu bestimmende) *Wert* des Verfügungsgegenstandes.[98] Der Unterschied zeigt sich, wenn der Verfügende einen über dem Marktwert liegenden Kaufpreis erhalten hat. Dann ist dieser nach der hM voll herauszugeben, während der Verfügende nach der Mindermeinung die Differenz behalten darf. Die hM hat Recht: Wenn der frühere Eigentümer das Risiko trägt, bei einem zu geringen Kaufpreis nicht voll entschädigt zu werden, muss er auch die Chance haben, von

1445

---

93 Streng genommen ist das ein nicht ganz korrekter Ausdruck, weil nur Verpflichtungsgeschäfte, nicht Verfügungen, entgeltlich oder unentgeltlich sein können.
94 Wenn ein Nichtberechtigter *mit Zustimmung* des Berechtigten verfügt, ist die Verfügung wirksam, ohne dass es auf den guten Glauben des Erwerbers ankommt (§ 185).
95 Ergänzt durch die §§ 932a-934 sowie durch § 366 HGB, der bewusst auf § 932 BGB aufbaut. Beim guten Glauben an den Erbschein gilt § 2366.
96 BGHZ 56, 131 (134) unter Hinweis auf BGHZ 29,157, 162; 47,128, 130; BGH NJW 1962, 299; 1970,2059; 1971,612.
97 BGHZ 29, 157.
98 Staudinger/S. Lorenz (2007) § 816 Rn 25; Medicus/Lorenz Rn 1197.

einem überhöhten Preis zu profitieren. Schwerer wiegt mE jedoch, dass der Wortlaut des Gesetzes der Mindermeinung widerspricht.[99] Denn der Verfügende soll das „Erlangte" herausgeben. Den *Wert* des von ihm veräußerten Gegenstandes hat er aber gerade *nicht erlangt*, sondern durch die Verfügung verloren. Erlangt hat er nur den Kaufpreis.

1446 *Genehmigung:* Es kann für den Betroffenen günstig sein, eine Verfügung, die wegen Bösgläubigkeit oder wegen Abhandenkommens nicht wirksam war, durch seine Genehmigung (§ 184 Abs. 1) nach § 185 Abs. 2 wirksam zu machen.[100] Ein Teil der Literatur will dem Berechtigten sogar erlauben, seine Genehmigung unter der auflösenden Bedingung (§ 158 Abs. 2) zu erteilen, dass der Verfügende den Erlös herausgibt, oder Zug um Zug gegen Zahlung des Erlöses.[101]

1447 *Vertragliche Ansprüche:* § 816 Abs. 1 S. 1 ist in den meisten Fällen nicht die einzige dem Entreicherten zustehende Anspruchsgrundlage. *Beispiel:* In Fall 49, Rn 1437 hat Hinkel Mosers Rückgabeanspruch aus § 604 vorsätzlich unmöglich gemacht (§ 275 Abs. 1). Er hat deshalb Moser Schadensersatz zu leisten (§§ 283, 280 Abs. 1). Wenn der Wert des iPhones höher war als 134 Euro, ist dieser Anspruch sogar vorzuziehen. Es kommen auch Ansprüche aus unerlaubter Handlung und aus Geschäftsführung ohne Auftrag (§§ 681 oder 687 Abs. 2) in Betracht.

III. Verfügung aufgrund einer Schenkung

1. Voraussetzungen

1448 Der Anspruch aus § 816 Abs. 1 S. 2 hat die gleichen Voraussetzungen wie der Anspruch aus S. 1, allerdings mit einer entscheidenden Abweichung: Die Verfügung erfolgt „unentgeltlich", dh ihr liegt ein Schenkungsvertrag zugrunde. *Beispiel:* Im Fall 49, Rn 1437 müsste Hinkel das geliehene iPhone an die gutgläubige Elena Schuster *verschenkt* haben (FD „Nichtleistungskondiktion", Frage 3, Nein).

2. Rechtsfolge

1449 Den durch die Verfügung Begünstigten „trifft die gleiche Verpflichtung" wie den Verfügenden nach S. 1, dh er ist „dem Berechtigten zur Herausgabe des durch die Verfügung Erlangten verpflichtet". In den Fällen, in denen die Verfügung in der Übereignung einer Sache bestand, ist also der Beschenkte (der neue Eigentümer) nicht nur zur Rück*gabe*, sondern auch zur Rück*übereignung* an den Berechtigten verpflichtet. Wie man an § 816 Abs. 1 S. 2 erkennen kann, stellt das Gesetz das Interesse des Beschenkten am Behaltendürfen zurück und bevorzugt das Interesse des Altberechtigten an der Rückgewinnung seines Rechts (meist des Eigentums).

1450 Zur Abgrenzung des § 816 Abs. 1 S. 2 von § 822 siehe Rn 1484.

---

99 Medicus/Lorenz aaO sind dagegen der Meinung, der Streit lasse sich nicht aus dem Wortlaut des § 816 Abs. 1 S. 1 entscheiden.
100 BGHZ 56, 131.
101 Medicus/Lorenz Rn 1193 im Anschluss an Mehrle AcP 183 (1983), 81.

IV. Die Herausgabepflicht des unberechtigten Empfängers

§ 816 Abs. 2 bezieht sich auf Regelungen, die eine Leistung an einen Nichtgläubiger für wirksam erklären. Wichtig sind hier die §§ 407 und 408 (FD „Nichtleistungskondiktion", Frage 4): 1451

Nach § 407 Abs. 1 kann ein Schuldner, der von der Abtretung nichts weiß, befreiend an den bisherigen Gläubiger zahlen.[102] Dem neuen Gläubiger steht dann nach § 816 Abs. 2 ein Anspruch auf Herausgabe gegen den bisherigen Gläubiger zu.[103] 1452

§ 408 Abs. 1 regelt den Fall einer unzulässigen Doppelabtretung. *Beispiel:* G1 trat seine gegen S bestehende Forderung an G2 ab, ohne S zu informieren. Kurz darauf trat er (unwirksam) die Forderung an G3 ab und teilte das dem S mit, der an G3 zahlte. S wird von § 408 Abs. 1 geschützt, denn seine Zahlung an den angeblichen Gläubiger G3 befreit ihn von seiner Verbindlichkeit.[104] § 816 Abs. 2 schützt den wahren Gläubiger G2.[105] Denn es wurde „an einen Nichtberechtigten eine Leistung bewirkt", nämlich an G3, die „dem Berechtigten gegenüber wirksam" war. Deshalb ist G3 dem G2 nach § 816 Abs. 2 zur Herausgabe verpflichtet. Auf ein Verschulden des G3 kommt es nicht an. 1453

Weitere Anwendungsfälle des § 816 Abs. 2 ergeben sich aus § 370 sowie aus Vorschriften des Wertpapierrechts. 1454

§ 50 Die verschärfte Haftung des bösgläubigen Empfängers

Fall 50: Porsche Carrera II   §§ 818, 819   1455

▶ *Derselbe Sachverhalt wie Fall 43 (Rn 1352). Aber:*

a) V macht geltend, dass er den Kaufpreis beim Roulette verspielt habe. Muss V trotzdem den Kaufpreis zurückzahlen?

b) K beruft sich darauf, dass er nicht mehr bereichert sei und deshalb für das zerstörte Fahrzeug keinen Wertersatz zu leisten brauche. Ist das richtig?

Zu a): Wie bereits festgestellt, hat V den Kaufpreis „ohne rechtlichen Grund" erlangt und muss ihn im Prinzip nach § 812 Abs. 1 S. 1 Var. 1 zurückzahlen (Rn 1354). Nun macht er aber geltend, dass der Kaufpreis nicht mehr vorhanden sei („beim Roulette verspielt"). Er bezieht sich dabei auf § 818 Abs. 3. und entnimmt ihm, dass er „nicht mehr bereichert" sei und dass deshalb die „Verpflichtung zur Herausgabe oder zum Ersatz des Wertes ... ausgeschlossen" sei. § 818 Abs. 3 ist aber *nicht* anzuwenden, wenn V aufgrund der §§ 819 Abs. 1, 818 Abs. 4 verschärft nach den „allgemeinen Vorschriften" der §§ 291, 292 haftet. 1456

Es ist deshalb nach § 819 Abs. 1 zu fragen, ob V „den Mangel des rechtlichen Grundes bei dem Empfang" kannte. V hat den Kaufpreis unmittelbar nach Abschluss des Kaufvertrags empfangen. Damals wusste er noch nichts von der (rückwirkenden) Nichtigkeit des Kaufvertrags. Von ihr erfuhr er erst mit dem Zugang der Anfechtungserklärung (§§ 123 Abs. 1, 142

---

102 SAT Rn 1185.
103 Der Schuldner kann nach hM auch vom bisherigen Gläubiger Herausgabe verlangen, allerdings nach § 812 Abs. 1 S. 1 (BGH NJW 2001, 231; BGHZ 102, 68 [71/72]; aA OLG Dresden NJW-RR 1996, 444).
104 SAT Rn 1188.
105 Eselsbrücke: 816 Abs. 2 ist das Doppelte von 408 Abs. 1.

Abs. 1, 130 Abs. 1 S. 1). Aber als arglistig täuschender Verkäufer kannte V die *Anfechtbarkeit* des Kaufvertrags und wird deshalb so behandelt, als hätte er dessen Nichtigkeit von Anfang an gekannt (§ 142 Abs. 2; FD „Bösgläubige und redliche Bereicherungsschuldner", Spalte 4).

Es gelten folglich die Worte zu Anfang von § 819: „Kennt der Empfänger den Mangel des rechtlichen Grundes *bei dem Empfang* ..." V haftet so, „wie wenn" der Rückzahlungsanspruch des K schon beim Abschluss des Kaufvertrags „rechtshängig geworden wäre" (§ 819 Abs. 1 aE). Mit dem Stichwort „rechtshängig" verweist § 819 Abs. 1 auf § 818 Abs. 4, der wiederum die „allgemeinen Vorschriften" für anwendbar erklärt. Zu den „allgemeinen Vorschriften" gehört § 291. Aus dieser Vorschrift ergibt sich, dass V den Kaufpreis von dem Tag an verzinsen muss, an dem er ihn erhalten hat, und zwar nach § 288 Abs. 1 S. 2 mit fünf Prozentpunkten über dem Basiszinssatz des § 247 Abs. 1 S. 1.

Damit steht auch fest, dass sich V nicht nach § 818 Abs. 3 auf den Wegfall der Bereicherung berufen kann.

Aus den Flussdiagrammen ergibt sich die Lösung so: FD „Bösgläubige und redliche Bereicherungsschuldner": 1. Nein – 2. Nein – 3. Nein – 4. Ja (Spalte 4) – Damit steht fest, dass V (wie in allen Fällen der Spalten 1 bis 8) bösgläubig war und dass mit dem FD „Haftung des *bösgläubigen* Bereicherungsschuldners" fortzufahren ist: 1. Ja – 2. Nein – 3. Ja (da K als kaufmännischer Angestellter Verbraucher ist).

1457   Zu b): Zu fragen ist, ob K verpflichtet ist, den Wert, den das Fahrzeug vor seiner Zerstörung hatte, zu ersetzen. Das hängt davon ab, ob K ein redlicher Empfänger war oder nach § 819 Abs. 1 ein unredlicher. Deshalb ist zu fragen, ob K „den Mangel des rechtlichen Grundes bei dem Empfang" kannte (§ 819 Abs. 1). Als K den Porsche empfing, wusste er nicht, dass der Kaufvertrag später rückwirkend nichtig sein würde. Er kannte auch die Täuschung nicht und wird deshalb nicht nach § 142 Abs. 2 einem Wissenden gleichgestellt. Es wird also nicht so angesehen, „wie wenn der Anspruch auf Herausgabe zu dieser Zeit rechtshängig geworden wäre" (§ 819 Abs. 1).

Da K ein *redlicher* Bereicherungsschuldner ist, kann er sich auf den Wegfall der Bereicherung berufen (§ 818 Abs. 3; Rn 1477 ff). Es schadet ihm also nichts, dass seine Bereicherung (das Eigentum am Fahrzeug) nicht mehr vorhanden ist. Die *Saldotheorie* gilt nicht für die Opfer einer arglistigen Täuschung (Rn 1492).

Aus den Flussdiagrammen ergibt sich die Lösung so: FD „Bösgläubige und redliche Bereicherungsschuldner": 1. Nein – 2. Nein – 3. Nein – 4. Nein – 5. Nein – 6. Nein – 7. Nein – 8. Nein (Spalte 9) – FD „Haftung des *redlichen* Bereicherungsschuldners" 1. Ja – 2. Nein – 3. Nein – 4. Nein – 5. Ja – 6. Ja – 7. Ja (Opfer einer arglistigen Täuschung), Spalte 4. ◀

Lerneinheit 50

1458   **Literatur:** *Kohler,* Die Rechtsfolgen der verschärften Bereicherungshaftung, JuS 2018, 1033; *Musielak,* Zum Inhalt und Umfang des Bereicherungsanspruches, JA 2017, 1; *Kohler,* Dritthaftung gem. § 816 I 2 BGB oder § 822 BGB nach Rücktritt, JuS 2013, 769; *Eckel/Müller,* Grundfälle zur Rückabwicklung sittenwidriger „Schenkkreise", JuS 2013, 966.

I. Grund der verschärften Haftung

1459   Sobald der Bereicherte weiß, dass er rechtsgrundlos erworben hat (§ 819 Abs. 1), haftet er von diesem Augenblick an verschärft – insbesondere ohne die Möglichkeit, sich nach § 818 Abs. 3 auf den Entfall seiner Bereicherung berufen zu können. Kenntnis vom Fehlen des rechtlichen Grundes (oder begründete Zweifel) hat der Bereicherte spätestens ab Rechtshängigkeit (§ 818 Abs. 4). Der Grund der verschärften Haftung liegt auf der Hand: Sobald der Bereicherte weiß, dass er das Erlangte herausgeben muss, darf er es nicht mehr so behandeln, als könne er es endgültig behalten.

II. Voraussetzungen der verschärften Haftung

1. Rechtshängigkeit (§ 818 Abs. 4)

Wenn der Bereicherungsschuldner zunächst nicht wusste, dass er etwas rechtsgrundlos erlangt hatte, endet der Zustand der Unwissenheit und Schonung, wenn der Bereicherungsgläubiger ihn (zu Recht oder zu Unrecht) auf Herausgabe der ungerechtfertigten Bereicherung verklagt und ihm die Klageschrift zugestellt wird. Mit der Zustellung tritt die „Rechtshängigkeit" ein (§ 261 ZPO). Spätestens von diesem Augenblick an – nicht rückwirkend – lässt § 818 Abs. 4 den Beklagten „nach den allgemeinen Vorschriften" haften (FD „Bösgläubige und redliche Bereicherungsschuldner", Frage 1, Spalte1). Wenn zu diesem Zeitpunkt bereits einer der in den §§ 819, 820 genannten anderen Voraussetzungen vorlag, ist das *frühere* Ereignis maßgebend.

1460

2. Alternative Voraussetzungen der verschärften Haftung

Kenntnis von Anfang an: Im einfachsten Fall „kennt der Empfänger den Mangel des rechtlichen Grundes bei dem Empfang" (§ 819 Abs. 1), also von Anfang an (FD „Bösgläubige und redliche Bereicherungsschuldner", Frage 2, Spalte 2). *Beispiel 1:* Der Brauereiarbeiter D stellte bei Durchsicht seines Kontoauszugs zu seiner Überraschung fest, dass eine ihm unbekannte GmbH ihm 45 321 Euro überwiesen hatte. *Beispiel 2:* X hatte seinen Stromzähler manipuliert und heimlich Strom entnommen (Fall 47, Rn 1415).[106]

1461

Das Wort „Kennt …", mit dem § 819 Abs. 1 beginnt, verlangt positive Kenntnis. Fahrlässige Unkenntnis – selbst grob fahrlässige – reicht nicht. Der Bereicherte kennt das Fehlen des Rechtsgrundes außerdem nur, wenn er über die Tatsachen hinaus „auch die sich daraus ergebende Rechtsfolge kennt", nämlich das Fehlen des Rechtsgrundes.[107] Das scheint Menschen einen Vorteil zu verschaffen, die skrupellos sind und sich keine Gedanken machen. Aber Kenntnis vom Mangel des rechtlichen Grundes hat auch derjenige, „der … sich bewusst der Einsicht verschließt, dass das Verpflichtungsgeschäft nichtig ist".[108] *Beispiel:* Rechtsreferendar R kaufte einer alten Dame ihr Sylter Haus für ein Zehntel seines Wertes ab (§ 138 Abs. 1). Er kann nicht geltend machen, er habe die Nichtigkeit des Vertrags nicht erkannt.[109]

Spätere Kenntnis: Wenn der Bereicherte erst nach dem Empfang der Bereicherung erfahren hat, dass der Rechtsgrund für das Behaltendürfen fehlte, haftet er verschärft von „der Erlangung der Kenntnis an" – nicht rückwirkend (§ 819 Abs. 1 Var. 2; FD „Bösgläubige und redliche Bereicherungsschuldner", Frage 3, Spalte 3). Das Erlangen der Kenntnis hat also die gleiche Rechtsfolge wie nach § 818 Abs. 4 das Zustellen einer Klage (Rn 1460).

1462

---

106 BGHZ 117,29.
107 BGH 2018, 1602 Rn 32; BGHZ 118, 383 (392).
108 BGH NJW 2014, 2790 Rn 27 unter Hinweis auf BGHZ 133, 246 (251).
109 BGHZ 133, 246 (249 f).

1463   *Kenntnis der Anfechtbarkeit:* Wenn der Bereicherte schon beim Empfang die *Anfechtbarkeit* des zugrunde liegenden Vertrags kannte, wird er nach der Anfechtung von § 142 Abs. 2 so gestellt, als habe er die *Nichtigkeit* von Anfang an gekannt (FD „Bösgläubige und redliche Bereicherungsschuldner", Frage 4, Spalte 4). *Beispiel:* Fall 50, Frage a), Rn 1456.

1464   *Verstoß gegen das Gesetz oder die guten Sitten:* § 819 Abs. 2 nennt den Fall, dass der Empfänger durch die Annahme der Leistung gegen das Gesetz oder die guten Sitten verstoßen hat, und bezieht sich damit stillschweigend auf § 817 S. 1 (Rn 1381). § 819 Abs. 2 ist dadurch zu erklären, dass die Väter des BGB § 817 als eigenständigen Bereicherungstatbestand neben § 812 verstanden und deshalb auch die Rechtsfolgen des § 817 S. 1 gesondert regeln wollten. Das Ergebnis ist aber einleuchtend: Wer (zB als Erpresser) durch die Annahme der Bereicherung Unrecht getan hat, kannte den Mangel des rechtlichen Grundes von Anfang an (FD „Bösgläubige und redliche Bereicherungsschuldner", Frage 5).

1465   *Empfang eines Darlehens:* Wer ein Darlehen empfangen hat, weiß von Anfang an, dass er es in jedem Fall zurückzahlen muss – gleichgültig, ob der Darlehensvertrag wirksam oder nichtig ist. *Beispiel:* T hatte mit einer Bank einen Darlehensvertrag geschlossen, der wegen sittenwidrig hoher Zinsen nichtig war (§ 138 Abs. 1). T hat das Geld bei einer Fehlinvestition verloren und beruft sich auf den Wegfall der Bereicherung (§ 818 Abs. 3). Aber selbst wenn er beim Empfang des Darlehens den Mangel des rechtlichen Grundes nicht gekannt hatte, so wusste er doch, dass er den Betrag nicht auf Dauer behalten durfte (FD „Bösgläubige und redliche Bereicherungsschuldner", Frage 6). Er steht deshalb einem Empfänger gleich, der nach § 819 Abs. 1 wegen anfänglicher Kenntnis verschärft haftet.[110]

1466   *Ungewisser Erfolg:* § 820 Abs. 1 S. 1 bezieht sich auf § 812 Abs. 1 S. 2 Var. 2 (Rn 1404 ff), setzt aber als Besonderheit voraus, dass der Eintritt des bezweckten Erfolgs von beiden Parteien („nach dem Inhalt des Rechtsgeschäfts") als *„ungewiss* angesehen wurde" (FD „Bösgläubige und redliche Bereicherungsschuldner", Frage 7). *Beispiel:* U suchte eine Villa in Berlin-Wannsee. Um den Makler M zu besonderen Anstrengungen anzuspornen, überwies er ihm als Vorschuss auf den möglicherweise einmal fälligen Maklerlohn 10 000 Euro. Da es nicht zu einem Kaufvertrag kam, verlangte U das Geld zurück. M berief sich auf den Fortfall der Bereicherung (§ 818 Abs. 3). Da aber M von vornherein damit rechnen musste, das Erlangte nicht behalten zu dürfen, wird er so behandelt, als habe er von Anfang an den Mangel des rechtlichen Grundes gekannt (§ 820 Abs. 1 S. 1).

1467   *Möglicher Wegfall des Rechtsgrundes:* Auch § 820 Abs. 1 S. 2 bezieht sich auf eine Bestimmung aus § 812, nämlich auf § 812 Abs. 1 S. 2 Var. 1. Siehe dazu FD „Bösgläubige und redliche Bereicherungsschuldner", Frage 8, Spalte 8.

III. Rechtsfolgen

1. Allgemeines

1468   Der bösgläubige Bereicherungsschuldner haftet „nach den allgemeinen Vorschriften" (§ 818 Abs. 4). Mit diesen Vorschriften sind insbesondere die §§ 291 und 292 gemeint,

---

110 BGHZ 115, 268 (270); BGH NJW 1999, 1636 (1637); 1995, 1152 (1153); 1989, 3217 (3218); WM 1985, 89 (90); OLG Hamm NJW 1981, 877.

die die Pflichten des Schuldners ab Rechtshängigkeit regeln. Zugleich wird mit der Verweisung auf die „allgemeinen Vorschriften" die Anwendung der Absätze 1 bis 3 des § 818 ausgeschlossen. Das bedeutet insbesondere, dass der Bereicherte sich nicht nach § 818 Abs. 3 auf den Wegfall der Bereicherung berufen kann.

2. Geldschuld

§ 291 ordnet die *Verzinsung* einer Geldschuld ab Rechtshängigkeit an, soweit die Zinspflicht nicht schon aus anderen Gründen besteht, etwa aufgrund der §§ 288, 286 (FD „Haftung des bösgläubigen Bereicherungsschuldners", Frage 2, Nein). Geld ist deshalb ab Kenntnis des fehlenden Rechtsgrundes mit fünf (bzw acht) Punkten über dem Basiszins (§ 247) zu verzinsen (§§ 819 Abs. 1, 818 Abs. 4, 291 S. 2, 288 Abs. 1 S. 2 oder Abs. 2). *Beispiel:* K kaufte im Jahre 1999 von Frau V eine Eigentumswohnung und zahlte den Kaufpreis von 126 000 Euro. Später focht er den Kaufvertrag erfolgreich wegen arglistiger Täuschung an, so dass Frau V im Jahre 2007 zur Rückzahlung des Kaufpreises verurteilt wurde.[111] Frau V gilt vom Abschluss des Kaufvertrags an als bösgläubig (Rn 1463), so dass sie „nach den allgemeinen Vorschriften" haftet, also nach den §§ 291, 292 (Rn 1468). Sie hatte deshalb den Kaufpreis vom Eingang der Summe an zu verzinsen (§ 291). Die Zinsen von über 30 000 Euro hat sie bezahlt. Nun verlangt K von ihr noch weitere 47 000 Euro als *Nutzungsersatz*, weil Frau V sieben Jahre lang den Kaufpreis zinstragend hätte anlegen können (§ 292 Abs. 1, der auf das Eigentümer-Besitzer-Verhältnis und damit auch auf § 987 Abs. 2 verweist). Dem Gesetz ist nicht zu entnehmen, dass nicht beide Ansprüche kumulativ gefordert werden können. Aber der BGH hat zu Recht entschieden, dass dem Verlangen des K „Strafcharakter zukäme". K durfte deshalb nur einen der beiden Ansprüche geltend machen, hier also den höheren auf Nutzungsersatz.[112]

§ 1469

3. Herausgabe eines bestimmten Gegenstandes

a) Schadensersatz

Wenn der Bereicherte „einen bestimmten Gegenstand" nicht (oder nur beschädigt) herausgeben kann, richtet sich ein Schadensersatzanspruch im Wesentlichen nach den Vorschriften über das Eigentümer-Besitzer-Verhältnis (§ 292 Abs. 1), also nach § 989.

§ 1470

■ *Verschulden:* Ein Schadensersatzanspruch nach § 989 setzt voraus, dass der Schuldner die Beschädigung oder den Verlust des Erlangten vorsätzlich oder fahrlässig herbeigeführt hat (FD „Haftung des bösgläubigen Bereicherungsschuldners", Frage 5). *Beispiel:* X zahlte an den leitenden Angestellten eines Presse-Großvertriebs Schmiergeld und erhielt daraufhin billig mehrere tausend Exemplare ausländischer Zeitschriften (Nichtigkeit des Kaufvertrags nach § 138 Abs. 1). X verkaufte die Magazine weiter und verletzte damit schuldhaft seine Pflicht zur Herausgabe der Bereicherung.[113] Der Schadensersatz nach § 989 ist umfassend, beschränkt sich also nicht auf den Wert des Gegenstandes.[114] Man muss sich merken, dass der Satz: „Bereicherungsansprüche sind keine Schadensersatzansprüche" nicht immer richtig ist.

---

111 Allerdings musste auch K das Erlangte herausgeben, nämlich die Wohnung rückübereignen und sich einen erheblichen Betrag als Gebrauchsvorteil anrechnen lassen, weil er die Wohnung jahrelang kostenlos bewohnt hatte.
112 BGH NJW 2019, 2851 Rn 8.
113 BGH NJW 2014, 2790 Rn 31.
114 BGH NJW 2014, 2790 Rn 34.

1471 ■ *Kein Verschulden:* Wenn der Gegenstand sich *ohne Verschulden* und ohne Verzugshaftung (§ 287 S. 2) verschlechtert hat oder nicht mehr herausgegeben werden kann, ist der Bereicherte trotz seiner Bösgläubigkeit nicht schadensersatzpflichtig (FD „Haftung des bösgläubigen Bereicherungsschuldners", Spalte 6). Denn im Eigentümer-Besitzer-Verhältnis gibt es keine Garantiehaftung.

b) Herausgabe von Nutzungen, Ersatz von Verwendungen

1472 § 292 Abs. 2 verweist wegen der *Nutzungen* ebenfalls auf das Eigentümer-Besitzer-Verhältnis (FD „Haftung des bösgläubigen Bereicherungsschuldners", Frage 7). Der Bösgläubige muss Nutzungen herausgeben (§ 987 Abs. 1) und Schadensersatz für schuldhaft nicht gezogene Nutzungen leisten (§ 987 Abs. 2; FD „Haftung des bösgläubigen Bereicherungsschuldners", Frage 9).

Zum *Ersatz von Verwendungen,* die der Bereicherte auf den Gegenstand gemacht hat, siehe FD „Haftung des bösgläubigen Bereicherungsschuldners", Frage 7, Nein, und Frage 10.

§ 51 Die Haftung des redlichen Bereicherungsschuldners

1473 **Fall 51: Geldwäsche**   § 818

▶ *Frau Yonovich las im Internet eine Kleinanzeige, in der ein ausländischer Unternehmer – im Folgenden Q genannt – einen „Arbeitsvertrag" anbot. Die Arbeit sollte darin bestehen, dass Frau Yonovich ihr Konto für Zahlungseingänge zur Verfügung stellte und sich verpflichtete, die gutgeschriebenen Beträge auf ein ausländisches Bankkonto des Q zu überweisen. Von jedem Betrag sollte sie eine „Provision" in Höhe von 10 % einbehalten dürfen. Frau Yonovich merkte nicht, dass sie Beihilfe zu strafbarer Geldwäsche leisten sollte, und schloss den Vertrag. Nachher hatte sie Zweifel an der Zulässigkeit ihrer Tätigkeit und wandte sich mit E-Mails an Q. Dieser verstand es aber, ihre Zweifel durch geschickte Argumentation zu zerstreuen.*

Einen Monat später wurde eine Frau Demel bei eBay auf eine Kamera aufmerksam, die sie für 1 550 Euro ersteigerte. Als Anbieterin war Frau Yonovich genannt. Frau Demel überwies den Kaufpreis zuzüglich der Versandkosten von 6,90 Euro wie angegeben auf Frau Yonovichs Konto. Diese behielt ihre „Provision" von 155,69 Euro ein und überwies den übrigen Betrag auf das Konto des Q.

Da Frau Demel die Kamera nicht erhielt, erstattete sie Strafanzeige gegen Frau Yonovich und verklagte sie später auf Zahlung von 1 556,90 Euro. Muss Frau Yonovich zahlen? (Nach BGH NJW 2018, 1602)

1474 Zu prüfen ist, ob sich der von Frau Demel geltend gemachte Anspruch auf Rückzahlung des Kaufpreises aus § 323 Abs. 1 Var. 1 ergibt. Das würde voraussetzen, dass zwischen Frau Demel und Frau Yonovich ein Kaufvertrag geschlossen wurde. Das ist jedoch nicht der Fall. Denn Frau Yonovich hat weder die für den Vertragsschluss erforderliche Willenserklärung selbst abgegeben noch hatte sie Q bevollmächtigt, in ihrem Namen den Kaufvertrag zu schließen.[115] Es liegt auch kein Fall einer Anscheinsvollmacht vor.[116]

Frau Demel könnte aber einen Anspruch auf Rückzahlung des Kaufpreises nach § 812 Abs. 1 S. 1 Var. 1 haben. Das setzt voraus, dass Frau Yonovich „durch die Leistung eines anderen" (durch die Leistung der Frau Demel) „etwas ohne rechtlichen Grund erlangt" hat. Unter einer „Leistung" ist die bewusste und zweckgerichtete Vermehrung fremden Vermögens zu verstehen (Rn 1361). Da Frau Demel das Vermögen von Frau Yonovich vermehren wollte, ist insoweit eine „Leistung" gegeben. Damit sind alle Voraussetzungen des § 812 Abs. 1 S. 1 Var. 1 gegeben. Demgemäß müsste Frau Yonovich also den fraglichen Betrag an Frau Demel zurückzahlen.

Es ist jedoch zu prüfen, ob Frau Yonovich die Rückzahlung mit der Begründung verweigern kann, sie sei nicht mehr bereichert (§ 818 Abs. 3). Dabei ist zu unterscheiden: 10 % der ihr überwiesenen Summe hat sie behalten, so dass sie insofern noch bereichert ist. Bei der Frage, ob sie hinsichtlich der weitergeleiteten 90 % noch bereichert ist, kommt es darauf an, ob sie beim Empfang der Summe „den Mangel des rechtlichen Grundes" kannte (§ 819 Abs. 1). Das wäre der Fall, wenn sie im fraglichen Moment durchschaut hätte, dass sie zur Geldwäsche eingesetzt wurde. Das hat der BGH aber verneint, weil sie sich zuvor an Q gewandt hatte, der „diese Zweifel zu zerstreuen wusste".[117] Frau Yonovich konnte sich deshalb hinsichtlich des weitergeleiteten Betrags auf den Entfall der Bereicherung berufen (§ 818 Abs. 3). Da Frau Yonovich nur in Höhe der „Provision" bereichert ist, war Frau Demels Klage bis auf einen Betrag von 155,69 Euro abzuweisen.

Aus den Flussdiagrammen ergibt sich hinsichtlich der 90 %, die Frau Y weitergeleitet hat, die Lösung so: FD „Bösgläubige und redliche Bereicherungsschuldner": 1. Nein – 2. Nein – 3. Nein – 4. Nein – 5. Nein – 6. Nein – 7. Nein – 8. Nein (Spalte 9). FD „Haftung des *redlichen* Bereicherungsschuldners": 1. Ja – 2. Nein – 3. Nein – 4. Nein – 5. Nein – (Spalte 7). ◀

Lerneinheit 51

Literatur: *Lorenz,* Grundwissen – Zivilrecht: Die Durchgriffskondiktion nach § 822 BGB, JuS 2019, 6; *Tonikidis,* Die Rechtsnatur des § 822, NJW 2019, 118; *Linardatos,* Die Bereicherungshaftung gem. § 822 BGB, JuS 2017, 816; *Musielak,* Zum Inhalt und Umfang des Bereicherungsanspruches, JA 2017, 1; *Röthel,* Die sog. Saldotheorie, Jura 2015, 1287; *Lorenz,* Grundwissen – Zivilrecht: Die Saldotheorie, JuS 2015, 109; *Röthel,* Bereicherungsausgleich für Nutzungen, Jura 2013, 1110; *Fervers/Gsell,* Bereicherungsrechtliche Verpflichtung zur Herausgabe von Nutzungen, NJW 2013, 3607; *Lorenz/Cziupka,* Grundwissen – Zivilrecht: Bereicherungsrecht – Grundtypen der Kondiktionen, JuS 2012.

1475

I. Der redliche Bereicherungsschuldner

Die Voraussetzungen der Redlichkeit werden vom Gesetz nicht positiv festgelegt. Vielmehr gilt die Negativ-Definition: Wenn der Bereicherungsschuldner nicht bösgläubig war, war er redlich. Wenn es bei der Bearbeitung eines Falles um die Frage geht, ob der Bereicherungsschuldner redlich war, ist deshalb zu prüfen, ob er im fraglichen Zeitpunkt *bösgläubig* war (§§ 814 Abs. 4, 819, 820). In dieser Weise sind auch das Fluss-

1476

---

115 Siehe dazu BGB-AT Rn 1093. Dort wird derselbe Sachverhalt unter dem Gesichtspunkt des Handelns unter fremdem Namen diskutiert.
116 BGB-AT Rn 1029.
117 So der BGH unter Rn 32 der zugrunde liegenden Entscheidung.

423

diagramm „Bösgläubige und redliche Bereicherungsschuldner" und der vorliegende Text aufgebaut.

Entfall der Bereicherung vorziehen: Auch der Redliche muss im Prinzip die Bereicherung herausgeben und notfalls Wertersatz leisten. Aber er hat den großen Vorteil, dass er sich uU auf den Entfall seiner Bereicherung berufen kann (§ 818 Abs. 3). Gibt es Anzeichen für solch einen Entfall, sollte im Gutachten zuerst dieser Frage nachgegangen werden. Denn anderenfalls könnte der Bearbeiter zu dem Schluss kommen, dass der Bereicherte das Erlangte herausgeben muss, um dann festzustellen, dass das gar nicht der Fall ist. Deshalb wird hier der Entfall der Bereicherung vorgezogen (ebenso im FD „Haftung des *redlichen* Bereicherungsschuldners").

II. Entfall der Bereicherung

1. „... soweit der Empfänger nicht mehr bereichert ist ..."

1477   Während die Absätze 1 und 2 des § 818 den Eindruck erwecken, der Empfänger müsse ungeschmälert alles herausgeben oder ersetzen, was er einst erlangt hatte, macht § 818 Abs. 3 eine entscheidende Einschränkung: Die Verpflichtung zur Herausgabe oder zum Wertersatz „ist ausgeschlossen, soweit der Empfänger nicht mehr bereichert ist". Diese Vorschrift ist ein *unverwechselbares Kennzeichen* des ganzen Bereicherungsrechts und unterscheidet dieses sehr deutlich vom Schadensersatzrecht.

1478   Soweit der Schuldner nach den §§ 818 Abs. 4, 819, 820 Abs. 1 als bösgläubiger Schuldner verschärft haftet, kann er sich nicht auf den Entfall der Bereicherung berufen (Rn 1468). Dies Recht steht nur dem redlichen Bereicherungsschuldner zu.[118] Leider macht § 818 Abs. 3 nicht ausdrücklich diese Einschränkung. Sie ergibt sich nur daraus, dass der Bösgläubige „nach den allgemeinen Vorschriften" haftet" (§ 818 Abs. 4; Rn 1468) und diese § 818 Abs. 3 verdrängen.

1479   *Zu viel Lohn/Gehalt/Unterhalt:* Die Frage, ob die Bereicherung entfallen ist, stellt sich am häufigsten bei überhöhten monatlichen Zahlungen. Im öffentlichen Dienst gilt der vernünftige Grundsatz, dass von einem Entfall der Bereicherung auszugehen ist, wenn die Überzahlung 10 % oder 100 Euro monatlich nicht übersteigt.[119] Es ist dann nämlich anzunehmen, dass das Geld verbraucht wurde, ohne im Vermögen des Empfängers noch in irgendeiner Form vorhanden zu sein. Das gilt auch bei unwesentlich überhöhten Unterhaltszahlungen.[120]

1480   *Geschenktes Geld:* Wer einen größeren Geldbetrag über längere Zeit für einen gehobenen Lebensstandard ausgibt, kann sich ebenfalls auf § 818 Abs. 3 berufen.[121]

1481   *Sinnlos verprasst:* Der beliebte Kathederfall, dass der Bereicherte die Überzahlung sogleich bei einer Luxusreise oder einer Tour durch teure Nachtlokale verprasst, um sich dann auf seine Entreicherung zu berufen, kommt in der Wirklichkeit selten oder nie vor. Denn wer sich so verhält, zeigt dadurch meist, dass er „den Mangel des rechtlichen Grundes" erkannt hatte (§ 819 Abs. 1).

---

118 Zwar kann auch der unredliche (bösgläubige) Bereicherungsschuldner in seltenen Fällen von der Verpflichtung zur Herausgabe befreit sein. Daraus ist aber nicht zu schließen, dass er sich in diesen Fällen auf § 818 Abs. 3 berufen könne (anders Lorenz, JuS 2018, 937 [939]).
119 BAG NJW 1996, 411 (412).
120 BGHZ 118, 383.
121 BGHZ 127, 354 (359).

2. Fortbestand der Bereicherung

Häufig hat der Empfänger das Erlangte wirtschaftlich sinnvoll verwendet, so dass das 1482 ursprünglich Erlangte zwar nicht mehr vorhanden ist, aber doch das Vermögen des Empfängers langfristig erhöht hat (FD „Haftung des *redlichen* Bereicherungsschuldners", Frage 3). *Beispiel 1:* Mit dem empfangenen Geld hat der Bereicherte Schulden bezahlt,[122] zB Krankenhaus- und Arztrechnungen[123]. Die Befreiung von einer Schuld bedeutet einen bleibenden Vermögenszuwachs. *Beispiel 2:* Ein Bundesland hatte ohne rechtlichen Grund eine Steuerzahlung erhalten, die in die allgemeinen Staatsausgaben geflossen war. Das Land ist in diesem Fall nicht entreichert.[124]

3. Unentgeltliche Weitergabe nach § 822

Wenn der Empfänger das Erlangte deshalb nicht herausgeben kann, weil er es unentgeltlich einem Dritten zugewendet hat, ist „der Dritte zur Herausgabe verpflichtet", 1483 und zwar so, als sei er selbst der primäre Bereicherungsschuldner (§ 822; FD „Haftung des *redlichen* Bereicherungsschuldners", Frage 4, Spalte 3). Der Gesetzgeber stellt also – wie schon in § 816 Abs. 1 S. 2 – die Interessen des Bereicherungsgläubigers über die Interessen des Beschenkten. *Beispiel:* Frau F hatte ihrem Sohn 190 000 Euro geschenkt. Dieser überließ das Geld seiner Frau Eva zum Bau eines Hauses. Später verlangte Frau F den Betrag nach den §§ 528, 812 von ihrem Sohn zurück (Rn 376). Dieser konnte sich erfolgreich auf § 818 Abs. 3 berufen. Aber seine Frau Eva musste das Geld nach § 822 an ihre Schwiegermutter zurückzahlen.[125] Komplikationen treten allerdings auf, wenn der Bereicherte nicht das Erlangte selbst, sondern einen ersatzweise erworbenen Gegenstand *ver*schenkt.[126]

Abgrenzung von § 816 Abs. 1 S. 2: § 822 hat Ähnlichkeit mit § 816 Abs. 1 S. 2. Denn 1484 in beiden Fällen ist jemand, der aufgrund eines wirksamen (!) Kausalgeschäfts (Schenkung) etwas erlangt hat, zur Herausgabe verpflichtet. Der Unterschied besteht hauptsächlich darin, dass in den Fällen des § 822 die Schenkung durch einen *Berechtigten* erfolgt (der allerdings nach § 812 zur Herausgabe verpflichtet wäre). Demgegenüber erfolgt die schenkweise Verfügung im Fall des § 816 Abs. 1 S. 2 durch einen *Nichtberechtigten*. Dieser Unterschied zeigt sich auch in der Person des Beschenkten: Da er im Fall des § 816 Abs. 1 S. 2 von einem Nichtberechtigten erwirbt, muss er, um erwerben zu können, gutgläubig sein. Nach § 822 erwirbt der Beschenkte von einem Berechtigten und bedarf deshalb nicht des guten Glaubens.

III. Bereicherungsausgleich im gegenseitigen Vertrag

1. Zweikondiktionenlehre

Wenn ein gegenseitiger Vertrag (§§ 320 ff) unwirksam ist, aber beiderseits erfüllt wur- 1485 de, müssen *beide Parteien* ihre empfangenen Leistungen nach den §§ 812 ff zurückgewähren. Nach der *„Zweikondiktionenlehre"*[127] kann sich jede Partei auf den Entfall

---

122 BAG NZA 2005, 814.
123 BGH NJW 2003, 3271.
124 BGHZ 158, 1 (8).
125 BGHZ 142, 300.
126 BGHZ 158, 63: Statt des Sparbuchs verschenkte B einen mit dem Geld angeschafften Pkw.
127 Begründet von v. Thur, FS Bekker 1907, 293 (307), Oertmann DJZ 1915, 1063. Die Zweikondiktionenlehre wird heute noch von Beuthien vertreten (Jura 1979, 532).

ihrer Bereicherung berufen (§ 818 Abs. 3) und trotzdem in voller Höhe die Rückgewähr der von ihr erbrachten Leistung verlangen.

2. Saldotheorie

a) Grundsatz

1486   Die von der Rechtsprechung entwickelte, von der hM weitgehend übernommene[128] *Saldotheorie* will dies ungerechte Ergebnis verhindern. Sie geht von der Tatsache aus, dass die Parteien eines gegenseitigen Vertrags (§§ 320 ff) einen Austausch gleichwertiger Leistungen anstreben (Synallagma), und will dies Prinzip auch in der Phase der bereicherungsrechtlichen Abwicklung fortbestehen lassen.[129] Deshalb gilt:

1487   Kein Partner eines unwirksamen gegenseitigen Vertrags kann die eigene Haftung nach § 818 Abs. 3 mit den Worten ausschließen: „Leider habe ich selbst nichts mehr"[130] und zugleich eine Bereicherungsklage gegen seinen Partner erheben. Er hat nur zwei Möglichkeiten:

- Er verzichtet auf eine Bereicherungsklage, lässt also seinem Vertragspartner die erlangte Bereicherung. Dann kann er sich auf § 818 Abs. 3 berufen.
- Oder er verlangt vom anderen, dass dieser ihm seine Bereicherung herausgibt, muss sich dann aber – ohne eine Entreicherung geltend zu machen – das anrechnen lassen, was er seinerseits erlangt hat.

Beispiel: K hat von V ein Bild für 8 000 Euro gekauft, das nur 7 000 Euro wert war und das ihm kurz darauf gestohlen wurde. Der Kaufvertrag ist durch Irrtumsanfechtung rückwirkend nichtig geworden (§ 142 Abs. 1). K verlangt von V die Rückzahlung des Kaufpreises, beruft sich aber wegen des Diebstahls seinerseits auf den Wegfall der Bereicherung (§ 818 Abs. 3). Nach der Zweikondiktionenlehre müsste V dem K den Kaufpreis zurückzahlen, würde aber – da K nicht mehr bereichert ist (§ 818 Abs. 3) – selbst nichts erlangen.

1488   Die Saldotheorie vermeidet dies Ergebnis. Nach ihr zahlt K dem V anstelle des Bildes dessen Wert von 7 000 Euro und erhält von V den Kaufpreis in Höhe von 8 000 Euro zurück. Ausgangspunkt ist folgende Überlegung: Nach § 446 gehört der Verlust der Kaufsache von ihrer Übergabe an zum Risikobereich des Käufers. Es ist deshalb nicht angebracht, dieses Risiko beim Ausgleich der beiderseitigen Bereicherungen über § 818 Abs. 3 dem Verkäufer zuzuweisen. Insgesamt bedeutet die Saldotheorie eine erhebliche Einschränkung des § 818 Abs. 3, und gerade darin liegt ihre große Bedeutung.

b) Saldierung

1489   Die Saldotheorie sieht die beiden Bereicherungsansprüche als unselbstständige Rechnungsposten an, die zu saldieren sind. Nach ihrer Ansicht besteht von vornherein nur ein Anspruch auf Herausgabe dieses *Saldos*[131] (daher der Name der Theorie). Klagen kann deshalb nur derjenige, für den sich ein Überschuss ergibt.[132] Für das Beispiel

---

128   Die Saldotheorie ist allerdings bis heute in der Lehre nicht unumstritten, vgl Flume AcP 194 (1994), 425 und Festschr BGH I, 2000, 536; dazu ausführlich Larenz/Canaris II 2 § 73 Abs. 3 7; kritisch auch Büdenbender AcP 200 (2000), 627.
129   Palandt/Sprau § 818 Rn 47.
130   Esser, Schuldrecht, 2. Aufl. 1960, § 199, 4 (S. 822).
131   BGH NJW 2000, 3064.
132   BGHZ 161, 241 (250) unter Hinweis auf BGHZ 116, 251 (256); 145, 52 (55); 149, 326 (333 f).

(Rn 1487) bedeutet das: K erhält den Saldo von 1 000 Euro, während V nichts erhält.[133]

Zum Begriff Saldotheorie: Der allgemein übliche Begriff *Saldotheorie* ist doppelt unglücklich gewählt:

■ Unter einer Theorie versteht man eine wissenschaftliche These, die Phänomene der Wirklichkeit zu erklären versucht. Darum geht es nicht, im Gegenteil. Es handelt sich um die sehr pragmatische Lösung eines Gerechtigkeitsproblems.

■ Das Wichtige an der so genannten Saldotheorie ist, dass sie demjenigen die Einrede aus § 818 Abs. 3 verwehrt, der selbst Bereicherungsansprüche geltend machen will. Dass die beiden Ansprüche saldiert werden, ist nebensächlich und diente nur dazu, die Umgehung des § 818 Abs. 3 zu kaschieren. Aber nur dieser Aspekt hat der „Theorie" ihren Namen gegeben.

c) Ausnahmen

Nicht voll Geschäftsfähige: Es besteht Einigkeit, dass die Saldotheorie nicht zu Lasten Geschäftsunfähiger oder beschränkt Geschäftsfähiger angewendet werden darf (FD „Haftung des *redlichen* Bereicherungsschuldners", Frage 7, Ja).[134] *Beispiel 1:* K hatte von V für 75 000 Euro ein Sonnenstudio gekauft, konnte es aber nicht halten und ließ die Einrichtungsgegenstände verkommen. Es stellte sich heraus, dass er bereits bei Abschluss des Kaufvertrags geschäftsunfähig gewesen war. Aus diesem Grund konnte er den Kaufpreis zurückverlangen, obwohl er die Kaufsache nur noch teilweise zurückgeben konnte.[135] *Beispiel 2:* Der 14-jährige Y kaufte ohne Einwilligung seiner Eltern eine Spielzeugpistole mit Munition. Als die Eltern von dem Kauf erfuhren und die Genehmigung verweigerten, hatte er schon einen Teil der Munition verschossen. Trotzdem musste der Verkäufer den vollen Kaufpreis erstatten.[136]

Arglistige Täuschung: Wer seinen Vertragspartner arglistig getäuscht hatte, kann sich nicht (oder nur eingeschränkt) auf die Saldotheorie berufen.[137] *Beispiel:* Fall 50, Rn 1455. Das fügt sich ein in die lange Liste der Vergünstigungen, die einem arglistig Getäuschten als Ausgleich gewährt werden.

Sittenwidriger Vertrag: Die Saldotheorie wird auch nicht zum Nachteil einer Person angewendet, die durch ein sittenwidriges Rechtsgeschäft – insbesondere durch Wucher – benachteiligt worden ist (FD „Bösgläubige und redliche Bereicherungsschuldner", Frage 7, Ja). *Beispiel:* Die Beklagten hatten der alten, schwerkranken Frau F ihr Grundstück für ein viel zu geringes Entgelt abgekauft (§ 138 Abs. 1 oder Abs. 2). Frau F hat das Geld, das sie als Kaufpreis erhalten hatte, verbraucht. Sie konnte sich auf den Fortfall der Bereicherung berufen (§ 818 Abs. 3) und trotzdem das Grundstück zurückfordern.[138]

1490

1491

1492

1493

---

133 Vgl das ähnliche Beispiel bei Brox/Walker § 43 Rn 12; Medicus/Lorenz Rn 1185.
134 Peifer § 8 Rn 21; BGH NJW 2003, 3271.
135 BGHZ 126, 105; ähnlich BGH NJW 2000, 3562.
136 AG Freiburg NJW-RR 1999, 637 = BGB-AT Fall 27, Rn 593.
137 BGHZ 57, 137 (151); BGH NJW 1990, 2880 (2882); einschränkend LG Lüneburg NJW 1989, 1097.
138 BGHZ 146, 298 (308); BGH NJW 2006, 3054 Rn 36.

IV. Welcher Gegenstand ist herauszugeben?

1. Einführung

1494   Wenn die Prüfung ergeben hat, dass die *Bereicherung nicht entfallen* ist, gelten die Absätze 1 und 2 des § 818 und die Grundnorm des § 812 Abs. 1 S. 1 („... ist ihm zur Herausgabe verpflichtet"). Im Folgenden werden die Herausgabepflichten nach dem Gegenstand der Bereicherung dargestellt, beginnend mit Geld.

2. Geld

1495   Geld ist zurückzuzahlen (§ 812 Abs. 1 S. 1). Neben dem Kapital sind aber auch die „gezogenen Nutzungen" herauszugeben (§ 818 Abs. 1; FD „Haftung des *redlichen* Bereicherungsschuldners", Frage 8, a). Geld kann auf zwei Weisen genutzt werden:

1496   ■ *Anlagezinsen:* Zu den Nutzungen eines Geldbetrags gehören die Zinsen, die der Bereicherte mit dem Geld *tatsächlich* erwirtschaftet hat (§§ 818 Abs. 1, 100, 99). Bei einem Kreditinstitut besteht die Vermutung, dass es erlangtes Geld zu einem Zinssatz angelegt (ausgeliehen) hat, der sich aus dem Basiszins (§ 247) plus 5 Prozentpunkten ergibt.[139]

   ■ *Ersparte Sollzinsen:* Auch ersparte Zinsen können als Vorteil angesehen werden.[140]

1497   *Mit dem Geld gekaufte Sache:* Wer mit rechtsgrundlos erlangtem Geld eine Sache gekauft hat, ist nicht zu ihrer Herausgabe verpflichtet. Denn sie ist kein Surrogat der geschuldeten Summe.[141] Der Bereicherte muss Wertersatz leisten (§ 818 Abs. 2).

3. Eine Sache

1498   Wer „ohne rechtlichen Grund" eine Sache erhalten hat, muss in erster Linie die erlangte Sache selbst zurückgeben (§ 812 Abs. 1 S. 1). Wenn er Eigentum erworben hatte, muss er die Sache dem Entreicherten rückübereignen, eine bewegliche Sache nach § 929 und ein Grundstück nach den §§ 873, 925.

1499   *Nutzungen:* Die sich aus § 812 Abs. 1 S. 1 ergebende Pflicht zur Herausgabe des Erlangten erstreckt § 818 Abs. 1 auf die Herausgabe der „gezogenen Nutzungen". *Nutzungen* sind nach § 100 die (in § 99 definierten) *Früchte* einer Sache oder eines Rechts sowie deren *Gebrauchsvorteile*.[142] Wenn es um die Nutzung einer Sache geht, ist zu unterscheiden:

   ■ Wenn eine *vermietete* Sache (insbesondere ein Haus) zurückzugeben ist, muss der Bereicherungsschuldner die eingenommenen Mieten erstatten (§ 818 Abs. 1). Denn die Mieteinnahmen gehören zu den Früchten des Hauses (§ 99) und damit nach § 100 zu den Nutzungen.

1500   ■ Wer eine Sache *selbst genutzt* hat, muss mangels Mieteinnahmen Wertersatz leisten (§ 818 Abs. 2). Wenn es um die Nutzung einer Immobilie geht, richtet sich der Wertersatz nach der ortsüblichen Miete.[143]

---

139 BGH NJW 2014, 3713; BGHZ 172, 147 Rn 39.
140 BGHZ 138, 160 (164) im Anschluss an Flume, Gedächtnisschrift für Knobbe-Keuk 1997, 128; bestätigt von BGH NJW 1999, 2890 (2891).
141 BGH NJW 2007, 3127 Rn 33 ff.
142 Die Zuordnung einzelner Nutzungen zu den Unterkategorien „Früchte" oder „Gebrauchsvorteile" ist manchmal zweifelhaft, aber immer gleichgültig.
143 Larenz FS v. Caemmerer 1978, 209 (215); ihm folgend Medicus/Lorenz Rn 1170.

Ersatzansprüche: Wenn die Sache durch Verschulden eines Dritten zerstört oder beschädigt wurde oder aus einem anderen Grund nicht mehr herausgegeben werden kann, muss der Bereicherte seine Ansprüche gegen den Schädiger oder dessen Versicherer an den Bereicherungsgläubiger abtreten (§ 818 Abs. 1).   1501

Wertersatz: Zu den Gegenständen, die wegen ihrer „Beschaffenheit" nicht herausgegeben werden können (§ 818 Abs. 2), gehören verbrauchbare Sachen (§ 92), die bereits verbraucht sind. Dasselbe gilt auch von elektrischer Energie.   1502

Oft hat der Empfänger die Sache (meist aufgrund eines Kaufvertrags) an einen Dritten übereignet, so dass er „zur Herausgabe außerstande" ist (§ 818 Abs. 2 Var. 2). Da § 816 Abs. 1 S. 1 dem Entreicherten den Anspruch auf den Erlös gibt, liegt eine Analogie nahe. Aber im Fall des § 816 verfügt ein Nichtberechtigter, während der Verfügende des § 818 Abs. 2 ein *Berechtigter* (Eigentümer) ist, auch wenn er einem Bereicherungsanspruch unterliegt. Deshalb kann der Entreicherte nur nach § 818 Abs. 2 Wertersatz verlangen.[144]

4. Sonstige Gegenstände

a) Ein Recht

Das Bereicherungsrecht enthält nur *eine* Sondervorschrift für Rechte: Nach § 818 Abs. 1 ist das herauszugeben, „… was der Empfänger aufgrund eines erlangten Rechts … erwirbt …" *Beispiel:* B hat eine rechtsgrundlos erlangte Forderung eingezogen. Er ist verpflichtet, den erlangten Geldbetrag zu erstatten (§ 818 Abs. 1).   1503

b) Ein Unternehmen oder eine Praxis

Wer die Praxis eines Freiberuflers oder ein Unternehmen zurückgeben muss, hat zusätzlich als „gezogene Nutzungen" (§ 818 Abs. 1) die *üblichen Gewinne* herauszugeben, nicht die Gewinne, die auf seinen besonderen (überdurchschnittlichen) Fähigkeiten und Leistungen beruhen.[145] Die Rückgabe einer Praxis kann aber aus tatsächlichen Gründen scheitern, so dass Wertersatz zu leisten ist (§ 818 Abs. 2). *Beispiel:* Steuerberater B hatte aufgrund eines nichtigen Kaufvertrags die Praxis des E übernommen. Er konnte sie nicht herausgeben, weil die Klienten nicht bereit waren, zu E zurückzukehren.[146]   1504

c) Eine Dienst- oder Arbeitsleistung

Wertersatz: Dienstleistungen können nach ihrer „Beschaffenheit" nicht herausgegeben werden, so dass der Bereicherte „den Wert zu ersetzen" hat (§ 818 Abs. 2).[147]   1505

Höhe: Der bei einer Dienstleistung nach § 818 Abs. 2 zu ersetzende „Wert" ist der (objektive) Marktwert. *Beispiel:* A hatte aufgrund eines nichtigen Vertrags für eine „Standort- und Projektanalyse" an Y ein Honorar von über einer Million Euro bezahlt. A konnte den Bereicherungsanspruch des Y nicht einfach durch Rückgabe der Unterlagen erfüllen. Andererseits war der Wert der Analyse auch nicht mit dem gezahl-   1506

---

144   Looschelders Rn 1106.
145   BGH NJW 2006, 2847 Rn 38.
146   BGH NJW 2006, 2847 Rn 22.
147   BGH NJW 2013, 2021 Rn 15, 25–28.

ten Honorar gleichzusetzen. Zu fragen war vielmehr, welchen *objektiven* Wert die Analyse hatte und ob A durch sie anderweitige Aufwendungen erspart hat.[148]

1507   *Kritik:* Die Rechtsprechung gibt dem Dienstleistenden auch dann einen Anspruch auf Wertersatz, wenn der Vertrag wegen eines *Gesetzesverstoßes* nach § 134 nichtig ist. *Beispiel:* Ein Rechtsanwalt hatte sich ein unzulässiges Erfolgshonorar zahlen lassen (§ 134). Nach Ansicht des BGH brauchte er aber nur die Differenz zwischen dem Erfolgshonorar und der vorgeschriebenen Gebühr herauszugeben.[149] Das macht eine unzulässige Honorarvereinbarung risikolos. Solche Entscheidungen konterkarieren das, was der Gesetzgeber in § 134 mit der Nichtigkeitsfolge anstrebt.

d) Eine Bauleistung

1508   Wer auf einem fremden Grundstück ein Bauwerk errichtet und damit den Eigentümer bereichert hat, kann Anspruch auf Wertersatz haben. Ersetzt wird dann aber nicht der Wert des Bauwerks (und schon gar nicht der Kostenaufwand), sondern der Wertzuwachs, den das Grundstück durch das Bauwerk erreicht hat.[150]

§ 52 Kondiktionen im Mehrpersonenverhältnis

1509   ### Fall 52: Falsche Kontonummer   § 812

▶ *Die S-GmbH schuldete der G-GmbH 182 000 Euro. Der Buchhalter der S-GmbH wollte die A-Bank anweisen, diesen Betrag auf ein Konto der G-GmbH zu überweisen. Beim Eintippen der Daten verschrieb er sich jedoch und gab das Konto einer X-KG an, der dieser Betrag auch gutgeschrieben wurde. Wer kann von wem den Betrag als ungerechtfertigte Bereicherung herausverlangen? (Nach BGH NJW 2006, 503)*

1510   Bereichert ist zweifellos die X-KG, denn sie hat ohne rechtlichen Grund eine Gutschrift in Höhe von 182 000 Euro erhalten (§ 812 Abs. 1 S. 1). Fraglich ist nur, wer diesen Betrag zurückfordern darf oder muss, die S-GmbH oder die A-Bank. Das richtet sich danach, wer die „Leistung" erbracht hat (Rn 1361). Den Begriff „Leistung" definiert der BGH auch in der zugrunde liegenden Entscheidung als „eine bewusste und zweckgerichtete Mehrung fremden Vermögens".[151]

Wenn sich der Buchhalter der S-GmbH nicht verschrieben hätte und der Zahlungsvorgang deshalb ordnungsgemäß durchgeführt worden wäre, wären zwei Leistungen erbracht worden:
– Der Zahlungsdienstnutzer (§ 675 f Abs. 1; hier die S-GmbH) erbringt eine Leistung an den Zahlungsempfänger (das sollte hier die G-GmbH sein).
– Der Zahlungsdienstleister (hier die A-Bank) erbringt eine Leistung an ihren Kunden, den Zahlungsdienstnutzer, hier die S-GmbH (Rn 1517).

---

148 BGH NJW 1998, 1951 (1953). Siehe auch BGH NJW 2013, 2021 Rn 35 ff; und dazu Fervers/Gsell NJW 2013, 3607 (3610).
149 BGH NJW 2004, 1169 (1171).
150 BGH NJW 2013, 3364 Rn 13.
151 BGH NJW 2006, 503 Rn 15.

Das bedeutet, dass Leistungen nur im Valutaverhältnis sowie im Deckungsverhältnis erbracht werden. *Keine Leistung* wird im Vollzugsverhältnis (zwischen Überweisungsbank und Überweisungsempfänger) erbracht.

Deshalb kommt nur die S-GmbH als Leistende in Betracht. Sie ist die Entreicherte und damit die Gläubigerin des Anspruchs aus § 812 Abs. 1 S. 1 (Rn 1525). Diese – aus dem Begriff der „Leistung" entwickelte – Lösung hält auch einer Gerechtigkeitsprüfung stand. Denn es wäre abwegig, wenn die S-GmbH zur A-Bank sagen könnte: „Wir haben uns zwar geirrt, aber Sie müssen uns den Betrag wieder gutschreiben. Sie können ja versuchen, den Betrag von der X-KG zurückzubekommen". ◄

Lerneinheit 52

Literatur: *Wilhelm*, Zahlungsdiensterichtlinie und Leistungskondiktion in Mehrpersonenverhältnissen, BKR 2017, 8; *Auer*, Neuanfang beim Bereicherungsausgleich in Dreipersonenverhältnissen, ZfPW 2016, 479; *Kropf*, Abkehr vom Veranlasserprinzip seitens des BGH beim bereicherungsrechtlichen Ausgleich im Überweisungsverkehr, WM 2016, 67; *Dieckmann*, Die SEPA-Überweisung: eine unterschätzte Gefahr für Banken – Zum Rückforderungsanspruch der Bank bei einer Fehlüberweisung, WM 2015, 14; *von Bargen/Thelen*, Durchschlägt der BGH den gordischen Knoten? – Die zwingende Direktkondiktion gegen den Zahlungsempfänger, GWR 2015, 397; *Omlor*, SEPA-Zahlungsdienste und Bereicherungsausgleich im Mehrpersonenverhältnis – maximale Harmonisierung oder harmonische Autonomie? jM 2014, 315; *Jülch*, Der Bereicherungsausgleich im 3-Personen-Verhältnis nach § 816 II BGB, JA 2013, 324; *Hauck*, Bereicherungsausgleich bei Anweisungsfällen nach Umsetzung der Zahlungsdiensterichtlinie, NJW 2013, 1066.

1511

I. Einführung

1. Problemstellung

Manchmal erfolgt eine rechtsgrundlose Vermögensverschiebung unter Beteiligung von *drei Personen*. Es fragt sich dann, wer gegen wen einen Bereicherungsanspruch geltend machen kann oder muss. Meist steht fest, wer den strittigen Vermögensgegenstand (meist Geld) erhalten hat. Aber es fragt sich dann trotzdem, wer bereichert ist und wer entreichert.

1512

2. Hauptfall Überweisung

Mehrpersonenverhältnisse im Bereicherungsrecht gehen meist auf eine Überweisung[152] zurück,[153] also auf einen Einzelzahlungsvertrag (§ 675f Abs. 1), der schon unter Rn 798 ff dargestellt wurde. Die drei Beteiligten werden im Folgenden immer bezeichnet als:

1513

- ■ G = Gläubiger oder Zahlungsempfänger
- ■ S = Schuldner oder Zahlungsdienstnutzer (§ 675 f Abs. 1) oder Zahler (Überweisender) und
- ■ A = Angewiesener oder Zahlungsdienstleister (Bank).

---

152 Das BGB kennt den Begriff *Überweisung* nicht, regelt sie aber der Sache nach in § 675 f Abs. 1.
153 Ein Beispiel dafür, dass ein Dreipersonenverhältnis durch eine Abtretung (§ 398) entstehen kann, ist die Entscheidung BGH NJW 2012, 3373.

1514   Daraus ergibt sich die schon von der Überweisung (Rn 802) her bekannte Skizze:

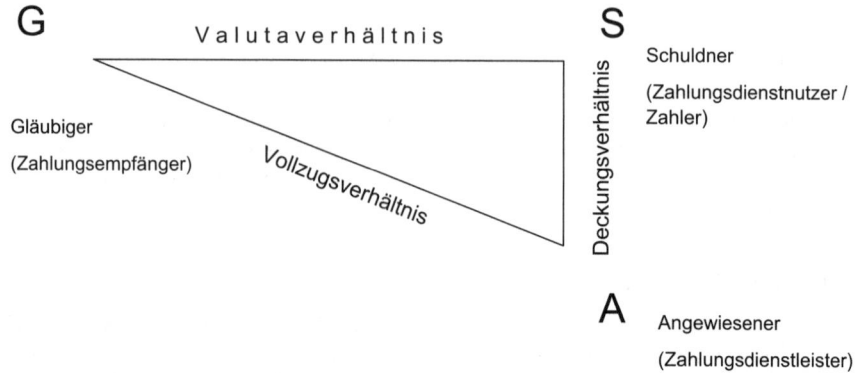

1515   Die durchgehend einheitliche Bezeichnung der drei Beteiligten mit den Buchstaben G, S und A (auch in den Sachverhalten der Beispielsfälle) soll das Verständnis erleichtern. Man muss sich aber klarmachen, dass in vielen Fällen der „Gläubiger G" (wie sich nachträglich herausstellt) gar kein wirklicher Gläubiger war, der „Schuldner S" dementsprechend gar nichts schuldete oder der „Angewiesene A" in Wirklichkeit *ohne* wirksamen Zahlungsauftrag (ohne Anweisung) gehandelt hat.

Bei einer Überweisung werden *nur zwei Leistungen* erbracht:

1516   ■ A (Bank, Angewiesener, Zahlungsdienstleister) erbringt eine Leistung im *Deckungsverhältnis* (Rn 804) für seinen Kunden, den anweisenden S (Schuldner des Gläubigers, Zahlungsdienstnutzer, Zahler, Kontoinhaber).

1517   ■ S erbringt im *Valutaverhältnis* (Rn 803) eine Leistung an seinen Gläubiger G (Zahlungsempfänger).

1518   Zwischen A (Angewiesener, Bank) und G – also im *Vollzugsverhältnis* (Rn 805) – besteht keine bereicherungsrechtliche Leistungsbeziehung.[154] Das bedeutet aber nicht, dass A nicht Ansprüche gegen G haben könnte.

II. Mögliche Fehler

1. Kein wirksamer Zahlungsauftrag …

a) … denn er war nichtig

1519   *S war unerkannt geschäftsunfähig:* Der Zahlungsauftrag kann deshalb fehlen, weil der anweisende S geschäftsunfähig war (FD „Ungerechtfertigte Bereicherung in Überweisungsfällen", Spalte 1). *Beispiel:* Der unerkannt geschäftsunfähige S wies die A-Bank an, eine Summe an G zu überweisen, was die A-Bank tat. Da es an einem Zahlungsauftrag fehlte (§§ 104 Nr. 2, 105 Abs. 1), hat die A-Bank nicht an ihren Kunden S (den Zahlungsdienstnutzer) geleistet. S seinerseits hat auch nicht an den Zahlungsempfänger G geleistet. A wiederum hat für G keine „Leistung" erbracht, weil der Angewiesene im Vollzugsverhältnis nie (auch nicht bei wirksamem Zahlungsauftrag) eine Leistung erbringt. Es bleibt trotzdem nur die Möglichkeit, dass A bei G kondiziert. Es

---

154   BGH NJW 2014, 547 Rn 16.

kann sich aber (mangels „Leistung") nur um eine *Nichtleistungskondiktion* handeln (§ 812 Abs. 1 S. 1 Var. 2).[155]

S war nicht wirksam vertreten: Es kann auch deshalb an einem Zahlungsauftrag fehlen, weil ihn jemand im Namen des S erteilt hat, aber als Vertreter ohne Vertretungsmacht (§ 177 Abs. 1). *Beispiel:* Ein Steuerberater erteilte im Namen seines Mandanten S, aber ohne dessen Vollmacht der A-Bank den Zahlungsauftrag, eine Summe vom Konto des S an die Fondsgesellschaft G zu überweisen. Die A übersah den Mangel der Vertretungsmacht und führte den Zahlungsauftrag aus. S lehnte es ab, die Vertretung ohne Vertretungsmacht zu genehmigen (§ 177 Abs. 1). Es ist nicht Sache des S, sondern der A, den Betrag bei G zu kondizieren.[156]

1520
–
1521

Ein weiterer Fall, in dem kein wirksamer Zahlungsauftrag des S vorliegt, ist gegeben, wenn S einer Belastungsbuchung wirksam widersprochen hat.[157]

1522

b) ... denn es lag nicht einmal ein nichtiger Zahlungsauftrag vor

Aufhebung: Die Bank und ihr Kunde können den erteilten Zahlungsauftrag einvernehmlich aufheben. Wenn die Bank ihn trotzdem ausführt, muss *sie* (nicht ihr Kunde) den Betrag beim Empfänger kondizieren. Denn ein Zahlungsvorgang, den der angebliche Zahler nicht autorisiert hat, kann ihm, wie sich aus § 675 u ergibt, „nicht als Leistung zugerechnet werden".[158] Das gilt auch in Dreiecksbeziehungen, an denen kein Kreditinstitut beteiligt ist, sondern ein anderer „Angewiesener". *Beispiel:* S war Mieter einer dem G gehörenden Wohnung. Auf Antrag des S hatte es das Jobcenter A übernommen, die Miete direkt auf das Konto des G zu überweisen. Nachdem der Mietvertrag zwischen G und S beendet war, überwies A noch irrtümlich eine Monatsmiete auf das Konto des G. *Lösung:* Da A mit der Überweisung der Miete keine Leistung an G erbracht hatte (sondern seinen amtlichen Pflichten gegenüber S nachkommen wollte), liegt kein Fall der *Leistungskondiktion* vor. Es gilt aber der (allerdings nur in diesem Lehrbuch verwendete) Grundsatz, dass derjenige kondizieren muss, der den Fehler gemacht hat, in diesem Fall also A bei G. Es handelt sich also um einen Fall der Nichtleistungskondiktion (§ 812 Abs. 1 S. 1 Var. 2).[159]

1523

Fälschung des Überweisungsauftrags: Das Deckungsverhältnis zwischen dem Zahlungsdienstnutzer S und dem Zahlungsdienstleister (dem Angewiesenen) A kann auch dadurch fehlen, dass A einen Zahlungsvorgang zu Lasten des S ausgelöst hat, obwohl *nicht einmal ein nichtiger* (unwirksamer) Zahlungsauftrag vorlag (FD „Ungerechtfertigte Bereicherung in Überweisungsfällen", Spalte 2). *Beispiel:* Bei dem angeblichen „Zahlungsauftrag des S" handelte es sich um eine Fälschung, die ein krimineller Angestellter der A-Bank angefertigt hatte.[160] Da kein Zahlungsauftrag des S vorlag, war es nicht dessen Sache, das Geld beim Empfänger G zu kondizieren. Das kriminelle Verhalten ihres Angestellten war vielmehr der A zuzurechnen. Deshalb musste sie dem S den abgebuchten Betrag gutschreiben und ihrerseits beim Zahlungsempfänger G zu

1524

---

155 BGH NJW 2015, 1948 Rn 15; BGHZ 111, 382 (386); siehe auch BGHZ 176, 234; BGHZ 152, 307 (312); BGH NJW-RR 2010, 858 und NJW 2014, 547 Rn 17 (obiter dictum).
156 BGH NJW 2015, 1948. Siehe auch BGH NJW 2015, 2725 Rn 20; BGHZ 147, 145 und BGHZ 152, 307.Eine andere Frage ist, ob im Beispielsfall der Steuerberater der A schadensersatzpflichtig ist (§ 179 Abs. 1).
157 NJW 2011, 2715 Rn 10; BGHZ 167, 171 Rn 9 f; BGH NJW 2011, 1434 Rn 16.
158 BGH NJW 2015, 3093 Rn 24.
159 BGH NJW 2018, 1079 Rn 12 ff kommt zum gleichen Ergebnis, aber wie üblich ohne klare Regeln.
160 BGH NJW 1994, 2357.

kondizieren versuchen (Nichtleistungskondiktion).[161] Es gilt auch hier der Grundsatz: Wer den Fehler gemacht hat, muss kondizieren.

2. Der Zahlungsauftrag ist wirksam, aber S hat einen Fehler gemacht

1525
Wenn ein Zahlungsauftrag fehlgeschlagen ist, kann das auch daran liegen, dass S (nicht A) einen Fehler gemacht hat (FD „Ungerechtfertigte Bereicherung in Überweisungsfällen", Spalte 3). *Beispiel:* S hat irrtümlich eine falsche Person als Zahlungsempfänger angegeben (Fall 52, Rn 1509). Da ein wirksamer Zahlungsauftrag vorliegt, hat S einer anderen Person einen Vermögensvorteil bewusst und zweckgerichtet zugewendet (Rn 1361 ff), auch wenn er sich in der Person geirrt hat. Er hat also eine „Leistung" erbracht und muss deshalb selbst bei G kondizieren (Leistungskondiktion, § 812 Abs. 1 S. 1 Var. 1). Er kann nicht von der Bank A verlangen, dass diese die Belastung seines Kontos rückgängig macht und den risikoreichen Versuch unternimmt, den Betrag von G zurückzubekommen. Das ergibt sich auch aus dem Grundsatz: „Wer den Fehler gemacht hat, muss kondizieren." Weitere Fälle, in denen S einen Fehler gemacht hat, so dass er kondizieren muss, sind im FD „Ungerechtfertigte Bereicherung in Überweisungsfällen" in Spalte 3 aufgeführt.

3. Wirksamer Zahlungsauftrag, aber falsche Ausführung durch A

1526
Bewusste Verfälschung durch A: Wenn A als Zahlungsdienstleister den Zahlungsauftrag *vorsätzlich* verfälscht hat, muss er den Betrag dem angeblich anweisenden S gutschreiben und muss versuchen, ihn bei G zu kondizieren (§ 675 u S. 2; FD „Ungerechtfertigte Bereicherung in Überweisungsfällen", Spalte 4). *Beispiel:* S erteilte der A-Bank den Zahlungsauftrag, 27 Millionen Euro auf ein bestimmtes Konto des G zu überweisen. Die A-Bank sah einen eigenen Vorteil darin, die Summe nicht auf das angegebene Konto, sondern auf ein anderes Konto des G zu überweisen. Zu diesem Zweck verfälschte sie den Zahlungsauftrag der S. Da die A-Bank bewusst einen anderen als den ihr erteilten Zahlungsauftrag ausgeführt hat, lag für die *durchgeführte* Überweisung kein Zahlungsauftrag vor. Es gilt wieder der Grundsatz: „Wer den Fehler gemacht hat, muss kondizieren." Es ist nicht Sache des S, die von der A-Bank vorsätzlich vorgenommene Fehlleitung zu korrigieren. Deshalb muss die A den Betrag dem S gutschreiben und versuchen, ihn bei G zu kondizieren.[162]

1527
Irrtümliche Überweisung an einen Dritten: Wenn A den angewiesenen Betrag *irrtümlich* nicht an den von S angegebenen G, sondern an einen Dritten überweist, liegt der Überweisung A-G ebenfalls kein wirksamer Zahlungsauftrag des S zugrunde. S „hat eine in dieser Weise fehlgehende Zahlung nicht veranlasst und muss sie sich nicht als eigene Leistung an den Empfänger zurechnen lassen".[163] A muss deshalb den Betrag bei G kondizieren und das Konto des S entlasten (FD „Ungerechtfertigte Bereicherung in Überweisungsfällen", Spalte 5).

---

161 BGHZ 147, 145 (151) und 147, 269 (274) und 152, 307 (311); OLG Celle NJW 1992, 3178; Larenz/Canaris II 2 § 70 II 3 b, c; Medicus/Lorenz Rn 1221.
162 BGH NJW 2005, 3213.
163 BGH NJW 2006, 503 Rn 15; ähnlich WM 1987, 530.

4. A hatte übersehen, dass er S nichts schuldete

Es kommt gelegentlich vor, dass der Angewiesene A den Zahlungsauftrag nicht hätte ausführen müssen, weil er dem S nichts schuldete (FD „Ungerechtfertigte Bereicherung in Überweisungsfällen", Spalte 6). In der Praxis ist in diesen Fällen meist nicht ein Kreditinstitut der Empfänger des Zahlungsauftrags, sondern ein anderes Unternehmen.

Beispiel: S belieferte jahrelang die Versandhändlerin A. Er schickte ihr eine Rechnung für gelieferte Gartengeräte über rund eine Million Euro und forderte sie auf, den Betrag nicht an ihn selbst, sondern an G zu zahlen. Die A glaubte, sie schulde dem S den in Rechnung gestellten Betrag, und überwies ihn an G. Später stellte sich heraus, dass die von S behauptete Forderung nicht bestand, sodass die A nicht zur Zahlung verpflichtet gewesen war. Die A hat aufgrund eines *wirksamen* Zahlungsauftrags (einer wirksamen Anweisung) gezahlt und hat deshalb (wie im Normalfall immer) durch ihre Zahlung im Deckungsverhältnis eine Leistung an S erbracht. Da der Leistende beim Leistungsempfänger kondizieren muss, musste sich die A an S halten.[164]

       1528

       1529 – 1541

---

[164] BGH NJW 2005, 1369. Weil G zahlen konnte, S nicht, verklagte die A den G auf Rückzahlung. Aber es kommt nicht darauf an, bei wem Geld zu holen ist, sondern wer der Empfänger der Leistung war.

ELFTES KAPITEL UNERLAUBTE HANDLUNGEN

§ 53 Allgemeine Voraussetzungen und Rechtsfolgen der Deliktshaftung

154

§ 823 Abs. 1

...nes Elternhauses mit zwei Freunden ein
... geübter Kickboard-Fahrer war, stürzte er.
...iß am Straßenrand abgestellten Pkw. Des-
...an als Ersatz des an seinem Fahrzeug ent-
...ltern berufen sich auf § 828 Abs. 2 S. 1. Zu

154

...Betrag nach § 823 Abs. 1 verlangen kann.
...erletzt", indem er Kummers Pkw beschä-
...g kein Rechtfertigungsgrund vor, der die
...jedoch, ob Jonathan das Fahrzeug „fahr-
...§ 823 Abs. 1 auf die Definition in § 276
...ilt für Kinder und Jugendliche nur einge-
...verursachte Schäden uU „nicht verant-

Haftung gem.
§ 823 I :
2) Rechtsgüter
u. Rechte
Skript lesen
aufm iPad

...llendet hat ...": Das trifft auf Jonathan zu,

„... ist für den Schaden, den er bei einem Unfall mit *einem Kraftfahrzeug ... einem anderen zufügt, nicht verantwortlich*": Es kommt darauf an, ob mit dem Begriff „Kraftfahrzeug" nur ein
fahrendes, oder auch ein parkendes gemeint ist. Der Wortlaut des § 828 Abs. 2 S. 1 gibt darüber keine Auskunft. Deshalb wurde seit Inkrafttreten der Vorschrift im Jahre 2002 über
diese Frage diskutiert.[2] In der diesem Fall zugrunde liegenden Entscheidung hat sich der
BGH dafür ausgesprochen, unter einem „Kraftfahrzeug" in diesem Zusammenhang nur ein
fahrendes zu verstehen. Das ergibt sich in erster Linie aus der Absicht, die den Gesetzgeber
zur Neufassung des § 828 veranlasst hat: Er wollte die Tatsache berücksichtigen, dass Kinder im Allgemeinen erst mit Vollendung des zehnten Lebensjahres Entfernung und Geschwindigkeit fahrender Fahrzeuge richtig einschätzen können.[3] Die (geringe) Gefahr, die
von einem abgestellten Fahrzeug ausgehen kann, ist ihnen dagegen sehr viel früher bewusst. Deshalb gilt das Haftungsprivileg des § 828 Abs. 2 S. 1 nicht für Unfälle bei ruhen-
dem Verkehr.

Zu prüfen ist folglich, ob Jonathan nach der allgemein für Jugendliche geltenden Regel des
§ 828 Abs. 3 für den Schaden verantwortlich ist. Es kommt darauf an, ob Jonathan „bei der
Begehung der schädigenden Handlung ... die zur Erkenntnis der Verantwortlichkeit erforderliche Einsicht" hatte. Nach Ansicht des BGH besaß Jonathan diese Einsicht. Denn er war
„nach seiner individuellen Verstandesentwicklung fähig ..., das Gefährliche seines Tuns zu

---

1 Dazu Chr. Huber, DAR 2005, 171.
2 Siehe die Nachweise in BGHZ 161, 180 (183).
3 BT-Drs 14/7752, 16 und 26.

erkennen und sich der Verantwortung für die Folgen seines Tuns bewusst zu sein".[4] Es kam nicht darauf an, ob Jonathan auch die Fähigkeit besaß, sich seiner Erkenntnis entsprechend zu verhalten.[5] Es ist also nur auf die Entwicklung des Intellekts, nicht auf die des Charakters abzustellen. Deshalb ist Jonathan in diesem Fall nach dem Maßstab zu beurteilen, der für einen normalen (geistig nicht behinderten) Erwachsenen gegolten hätte. Dann muss man sagen, dass er die im Verkehr erforderliche Sorgfalt außer Acht gelassen hat, als er an einem Kickboardrennen in unmittelbarer Nähe von parkenden Autos teilnahm.

Da Jonathan widerrechtlich und fahrlässig fremdes Eigentum beschädigt hat, müssen Jonathans Eltern Schadensersatz leisten (§§ 823 Abs. 1, 828 Abs. 3, 249 Abs. 1, 251 Abs. 1). ◄

Lerneinheit 53

Literatur: *Lorenz*, Grundwissen – Zivilrecht: Deliktsrecht – Haftung aus § 823 BGB, JuS 2019, 852; *Scherer*, Abwehransprüche von Verbrauchern und sonstigen Marktbeteiligten gegen unzulässige geschäftliche Handlungen, GRUR 2019, 361; *Croon-Gestefeld*, § 823 I BGB: Die Rahmenrechte, Jura 2016, 1374; *Spickhoff*, Die Grundstruktur der deliktischen Verschuldenshaftung, JuS 2016, 865; *Essers/Kütük-Markendorf*, Zivilrechtliche Haftung des Herstellers beim autonomen Fahren – Haftungsfragen bei einem durch ein autonomes System verursachten Verkehrsunfall, MMR 2016, 22; *Neumann*, Die Haftung bei Verkehrsunfällen – eine Einführung, JA 2016, 167.   1544

I. Einführung

1. Begründung eines gesetzlichen Schuldverhältnisses

Schäden entstehen sehr häufig außerhalb von bestehenden Schuldverhältnissen. *Beispiel:* Der Pkw-Fahrer S fuhr den Fußgänger G an. Da bei Eintritt des Schadens zwischen dem Schädiger S und dem Geschädigten G *kein Schuldverhältnis* bestand, hat S nicht als „Schuldner" eine „Pflicht aus dem Schuldverhältnis" verletzt. Die Schadensersatzpflicht kann sich deshalb nicht aus § 280 Abs. 1 S. 1 ergeben. Diese Lücke schließen die §§ 823 bis 853. Sie setzen kein Schuldverhältnis voraus, sondern *begründen* ein solches, nämlich ein *gesetzliches Schuldverhältnis*. Denn der Schädiger ist – unter bestimmten, vom Gesetz genannten Voraussetzungen – dem Geschädigten „zum Ersatz des daraus entstehenden Schadens verpflichtet" (§ 823 Abs. 1).   1545

2. Abgrenzung von der ungerechtfertigten Bereicherung

Die unerlaubten Handlungen haben mit der ungerechtfertigten Bereicherung (§§ 812 ff) gemein, dass sie ein gesetzliches Schuldverhältnis begründen. Außerdem hat in beiden Fällen der Gläubiger einen Vermögensnachteil erlitten, der allerdings im einen Fall „Entreicherung" genannt wird, im anderen Fall „Schaden" (Rn 1357).   1546

Größere Unterschiede gibt es auf der Seite des Schuldners: Dem Schuldner einer ungerechtfertigten Bereicherung ist ein *Vermögensvorteil* unberechtigt zugeflossen, den er herauszugeben hat. Dagegen muss der Schädiger einer unerlaubten Handlung keinen Vorteil aus seiner Handlung gezogen haben (obwohl auch das vorkommt). Seine Ausgleichspflicht beschränkt sich deshalb nicht auf die Herausgabe eines Vorteils, sondern umfasst den vollen Ausgleich des eingetretenen Schadens nach den §§ 249 ff. Ein weiterer grundlegender Unterschied liegt im Verschulden: Ein Bereicherungsanspruch

---

4 BGHZ 161, 180 (187).
5 BGH VersR 1997, 834 (835).

hängt grundsätzlich nicht von einem Verschulden des Bereicherten ab. Dagegen beginnt § 823 Abs. 1 mit den Worten: „Wer vorsätzlich oder fahrlässig ..." Deshalb ist ein Verschulden auf Seiten des Schädigers Voraussetzung für den Schadensersatzanspruch wegen einer unerlaubten Handlung.[6]

II. Tatbestandsmäßigkeit   ×1 = objektiv ein RG verletzt haben

1547   Die von § 823 Abs. 1 genannten Voraussetzungen werden traditionell untergliedert in Tatbestandsmäßigkeit, Rechtswidrigkeit und Verschulden. In erster Linie setzt § 823 Abs. 1 voraus, dass der *Tatbestand* einer unerlaubten Handlung vorliegt. Es muss jemand objektiv „das Leben, den Körper, die Gesundheit, die Freiheit, das Eigentum oder ein sonstiges Recht eines anderen ... verletzt" haben. ×1

1548   *Zurechenbarkeit:* Es geht bei der Tatbestandsmäßigkeit auch um die Frage, ob die Verletzungshandlung dem in Anspruch Genommenen zugerechnet werden kann. Für die *Zurechenbarkeit* gelten die allgemeinen Grundsätze. Sie ist zu bejahen, wenn das fragliche Handeln (oder Unterlassen) für die eingetretene Verletzung (adäquat) kausal war und wenn die verletzte Norm den Schutz (zumindest auch) des Verletzten bezweckte („Schutzzweck der verletzten Norm"). Die Begriffe „Kausalität", „Adäquanz", „Zurechnungszusammenhang", „Schutzzweck der verletzten Norm" und „haftungsbegründende und haftungsausfüllende Kausalität" sind dieselben wie im allgemeinen Schadensrecht, das in den Lehrbüchern zum Allgemeinen Schuldrecht erläutert wird. Auf diese Darstellungen muss deshalb verwiesen werden.[7]

Zu erörtern sind aber im Folgenden die wichtigen Voraussetzungen, die § 823 Abs. 1 mit den Worten „widerrechtlich" sowie „vorsätzlich oder fahrlässig" bezeichnet.

III. Rechtswidrigkeit und Rechtfertigungsgründe

1. Rechtswidrigkeit

1549   § 823 Abs. 1 setzt mit den Worten „widerrechtlich verletzt" voraus, dass die Verletzung der genannten Rechtsgüter widerrechtlich oder – wie man meist sagt – *rechtswidrig* war. In einer ersten Annäherung an den Begriff kann man sagen: Rechtswidrig ist jedes Ergebnis (jeder Erfolg), der von der Rechtsordnung nicht gebilligt wird (Lehre vom Erfolgsunrecht).[8] *Beispiel:* Landwirt L hatte sehr trockenes Heu von seinen Wiesen auf drei Hänger geladen. Weil Regen vorhergesagt war, stellte er sie an einer wenig befahrenen Straße unter einer Brücke ab. Am nächsten Abend ging das Heu aus ungeklärten Gründen in Flammen auf. Der Beton der Brücke wurde dadurch stark beschädigt. Die Bundesrepublik als Eigentümerin der Brücke verklagte L auf Schadensersatz. Der BGH ist davon ausgegangen, dass die Beschädigung der Brücke ein Erfolg war, der von der Rechtsordnung nicht gebilligt wird und deshalb rechtswidrig war.[9]

1550   Eine genauere Definition des Begriffs muss auch den Begriff „Rechtfertigungsgrund" einbeziehen und lautet dann: Widerrechtlich iSv § 823 Abs. 1 (rechtswidrig) ist eine Verletzung der in § 823 Abs. 1 genannten Rechtsgüter, wenn der eingetretene Erfolg

---

6 Eine Ausnahme macht im BGB nur die Tierhalterhaftung (§§ 833, 834), die als Gefährdungshaftung kein Verschulden voraussetzt (Rn 1709 ff).
7 SAT Rn 1033 ff.
8 Zur Gegenansicht Rn 1556.
9 BGH NJW 2007, 1683. Er hat die Schadensersatzklage gegen L nur abgewiesen, weil L nicht vorsätzlich und nicht einmal fahrlässig gehandelt hatte (§ 276 Abs. 2), so dass es am Verschulden fehlte (Rn 1557 ff).

von der Rechtsordnung nicht gebilligt wird und kein Rechtfertigungsgrund vorliegt. Denn die Rechtswidrigkeit des Erfolgs ist ausgeschlossen, wenn ein Rechtfertigungsgrund vorliegt. Zu ihnen gehören insbesondere:

2. Rechtfertigungsgründe

Notwehr: Die durch Notwehr (§ 227), Notstand (§ 228) oder Selbsthilfe (§§ 229 bis 231) gedeckte Verletzung eines in § 823 Abs. 1 genannten Rechtsguts ist nicht widerrechtlich. Die Einzelheiten gehören in den Allgemeinen Teil des BGB.[10]   1551

Gerichtsverfahren: Wer zur Durchsetzung seines (vermeintlichen) Rechts in einer (noch) fairen Weise die Hilfe einer Behörde oder der Justiz in Anspruch nimmt, handelt nicht rechtswidrig, auch wenn er damit geschützte Rechte seines Gegners beeinträchtigt.[11]   1552

Einwilligung des Patienten: Als Eingriff in die körperliche Integrität des Patienten gelten schon die Verordnung eines Medikaments mit nicht ungefährlichen Nebenwirkungen[12] und jede Blutentnahme. Ohne Einwilligung ist jeder Eingriff rechtswidrig.[13] Wenn der Patient der Behandlung vorher zugestimmt hat, ist die Verletzung grundsätzlich rechtmäßig.[14] Das gilt aber nur, wenn der Patient die Bedeutung seiner Einwilligung erkennen konnte. Deshalb muss der Arzt den Patienten über die Risiken und Chancen der Behandlung *umfassend aufklären.* Bei Verletzung der Aufklärungspflicht hat der Patient nicht wirksam eingewilligt, so dass der ärztliche Eingriff rechtswidrig ist.[15]   1553

Teilnahme an gefährlichen Sportarten: Jeder Teilnehmer an einer gefährlichen Sportart (zB Fußball) nimmt die Verletzungen in Kauf, die auch bei Einhaltung der Regeln nicht vollständig zu vermeiden sind.[16] Da jeder Mitspieler durch seine Teilnahme stillschweigend in solche Verletzungen eingewilligt hat, sind sie nicht rechtswidrig.[17]   1554

Allerdings hat der BGH noch eine ganz andere Sicht auf solche Fälle, denn er berücksichtigt, ob der in Anspruch genommene Teilnehmer haftpflichtversichert ist. *Beispiel:* Zwischen K und B kam es bei einem (behördlich erlaubten) Autorennen zu einem Unfall. Nach Ansicht des BGH verstieß K gegen Treu und Glauben, als er den nicht haftpflichtversicherten B auf Schadensersatz in Anspruch nehmen wollte.[18] Nach Ansicht desselben Senats ist die Inanspruchnahme eines Teilnehmers nicht treuwidrig, wenn dieser versichert ist.[19] Die Schadensersatzpflicht vom Bestehen einer Haftpflichtversicherung abhängig zu machen, ist aber höchst bedenklich.[20] Der BGH musste schon betonen, dass „der Versicherungsschutz … grundsätzlich nicht anspruchsbegründend" wirke.[21]   1555

---

10 BGB-AT Rn 1206 ff.
11 BGH NJW 2003, 1934; 2004, 446; BVerfG NJW 2004, 354: Anzeige gegen Landesärztekammer; zur unberechtigten Abmahnung siehe aber Fall 56, Rn 1616 = BGHZ (GSZ) 164, 1.
12 BGH NJW 2005, 1717 mwN. Der Arzt darf sich in diesem Fall nicht auf Warnungen in der Packungsbeilage verlassen.
13 BGH NJW 2016, 3522 Rn 12.
14 BGHZ 29, 179, hM, zB Medicus/Lorenz Rn 1257 ff; Brox/Walker § 45 Rn 62; aA zB Laufs NJW 1974, 2025.
15 BGH NJW 2019, 2327 Rn 6; VersR 2017, 100 Rn 8.
16 BGHZ 63, 140 (144).
17 BGH NJW 2010, 537 Rn 14.
18 BGHZ 154, 316 (324).
19 NJW 2008, 1591.
20 Bamberger/Roth/Spindler § 823 Rn 394.
21 BGH NJW 2010, 537 Rn 14.

3. Rechtfertigungsgrund des sozial-adäquaten Verhaltens?

1556 Die Lehre vom *Verhaltensunrecht* [22] geht von der These aus, dass nicht ein *Erfolg* rechtswidrig sein kann, sondern nur das *Verhalten*, das zu diesem Erfolg geführt hat. Nach dieser Lehre macht auch ein von der Rechtsordnung missbilligter Erfolg (Verletzung eines Menschen, Beschädigung einer Sache) das Verhalten nicht rechtswidrig, wenn es „verkehrsrichtig" oder „sozial-adäquat" war und damit nicht vorwerfbar. *Beispiel:* In dem Heu-Fall (Rn 1549) wäre nach dieser Lehre zu prüfen gewesen, ob sich L, als er die Heuwagen unter der Brücke abstellte, wie ein vernünftiger Landwirt verhalten hat. Da das zu bejahen ist, hat L sozial-adäquat und damit nicht rechtswidrig gehandelt. Die Lehre vom Verhaltensunrecht (oder Handlungsunrecht) hatte in den fünfziger Jahren des vorigen Jahrhunderts prominente Vertreter,[23] und selbst der dafür einberufene Große Senat für Zivilsachen des BGH hat sich zu dieser Lehre bekannt.[24] Die Entscheidung, die epochemachend sein sollte, ist aber bald in Vergessenheit geraten.[25] Denn die Lehre vom Verhaltensunrecht passt nicht zum Wortlaut des § 823, führt nicht zu anderen (und damit auch nicht zu gerechteren) Ergebnissen[26] und kann die Zusammenhänge von Erfolg und Verhalten nicht besser erklären als die hergebrachte Lehre vom Erfolgsunrecht.

IV. Verschulden

1. Grundsatz

1557 Mit dem Worten „vorsätzlich oder fahrlässig" stellt § 823 Abs. 1 die Voraussetzung auf, dass die rechtswidrige Rechtsgutsverletzung schuldhaft herbeigeführt sein muss. Denn Vorsatz und Fahrlässigkeit bilden die beiden Formen des Verschuldens (§ 276 Abs. 1 S. 1). Diese Begriffe haben in § 823 Abs. 1 die gleiche Bedeutung wie in § 276.[27]

Keine überflüssige Differenzierung: Da das Gesetz nur ein „vorsätzliches oder fahrlässiges" Verhalten verlangt, kann in Zweifelsfällen offen gelassen werden, ob (noch) Fahrlässigkeit oder (schon) Vorsatz gegeben ist. Besonders unnötig (und damit falsch) sind Überlegungen darüber, ob einfache oder grobe Fahrlässigkeit vorliegt. Auf diesen Unterschied kommt es im Rahmen der unerlaubten Handlungen nie an.[28]

1558 *Kein Verschulden:* Natürlich kann die Prüfung auch ergeben, dass das fragliche Verhalten weder vorsätzlich noch fahrlässig war. *Beispiel:* Im obigen Beispiel mit den brennenden Heuwagen hatte sich L weder vorsätzlich noch fahrlässig (§ 276 Abs. 2) verhalten.

---

22 Im Anschluss an die finale Handlungslehre des Strafrechtlers Hans Welzel (1904 bis 1977).
23 Nipperdey NJW 1957, 1777 und 1967, 1991; Wiethölter, Der Rechtfertigungsgrund des verkehrsrichtigen Verhaltens, 1960; auch v. Caemmerer FS Juristentag 1960, 49 und weitgehend Larenz/Canaris II/2 § 75 II 3 b; BGHZ 63, 140 (149).
24 BGHZ 24, 21. Dazu Spckhoff JuS 2016, 865 (867).
25 Der BGH hat sich in seiner späteren Rechtsprechung nie auf BGHZ 24, 21 berufen (Wandt, Gesetzl. Schuldverhältnisse, § 18 Rn 10; Kötz/Wagner, Deliktsrecht, Rn 289).
26 Eine gewisse Verbesserung ergibt sich im Zusammenhang mit § 831.
27 SAT Rn 387 ff.
28 Allerdings verlangt § 826 eine Kombination von Vorsatz und Sittenwidrigkeit, die es im Zivilrecht sonst nicht gibt (Rn 1670 ff).

2. Fehlen der (vollen) Verantwortlichkeit

Personen, die volljährig, geistig normal entwickelt und auch im fraglichen Augenblick im Vollbesitz ihrer Geisteskräfte sind, haften unbeschränkt für ihr Verhalten. Im Übrigen ist zu unterscheiden: 1559

Geistesgestörte (§ 827 S. 1): Wer sich in einem „Zustand krankhafter Störung der Geistestätigkeit" befindet, der die „freie Willensbildung" ausschließt (§ 827 S. 1), ist für einen von ihm angerichteten Schaden „nicht verantwortlich".[29] Man könnte meinen, dass das doch schon in den §§ 104 Nr. 2 und 105 Abs. 1 stehe. Das wäre aber falsch. Es handelt sich zwar um dieselben Personen, doch in den §§ 104, 105 Abs. 1 geht es um die Wirksamkeit von Willenserklärungen, in § 828 um die Haftung für Schäden. *Beispiel 1:* Ein 21-jähriger Autofahrer kam von der Fahrbahn ab und verletzte eine Radfahrerin schwer. Bei ihm war kurz vor dem Unfall erstmals eine „epileptische Dämmerattacke" aufgetreten.[30] *Beispiel 2:* Der Frührentner H hatte Frau K in sein Haus aufgenommen, die weitere Angehörige aufnahm. H hatte jahrelang versucht, sie und ihren Anhang loszuwerden. Er zündete das Haus an, wodurch Frau K schwere Verbrennungen erlitt. Es steht fest, dass H infolge alkoholbedingten Hirnabbaus für seine Tat nicht verantwortlich war (§ 827 BGB).[31]

Rausch (§ 827 S. 2): Wer sich in einen Alkohol- oder Drogenrausch versetzt hat, ist für einen von ihm verursachten Schaden so verantwortlich, als hätte er fahrlässig gehandelt (§ 827 S. 2).[32] Dabei wird ihm nicht seine Rauschtat zugerechnet, sondern das gewollte Sich-in-den-Rausch-Versetzen. 1560

Kinder unter sieben Jahren (§ 828 Abs. 1): Wer „nicht das siebente Lebensjahr vollendet" (also noch nicht seinen siebten Geburtstag gefeiert) hat, ist für einen von ihm angerichteten Schaden „nicht verantwortlich" (§ 828 Abs. 1). Es handelt sich um dieselben Personen, die in § 104 Nr. 1 genannt sind, nur dass es dort um die Zurechnung von *Willenserklärungen* geht, in § 828 um die Zurechnung von *Schäden.* 1561

Kinder im Verkehr (§ 828 Abs. 2): Ein Kind, das schon seinen siebten Geburtstag, aber noch nicht den zehnten gefeiert hat, ist für einen Schaden „nicht verantwortlich", den es „bei einem Unfall mit einem Kraftfahrzeug … einem anderen zufügt" (§ 828 Abs. 2 S. 1, S. 2; Fall 53, Rn 1542). Das gilt aber nicht, wenn es „die Verletzung vorsätzlich herbeigeführt hat" (§ 828 Abs. 2 S. 2). § 828 Abs. 2 S. 1 wurde geschaffen, weil oft sogar Neunjährige die Geschwindigkeit und die Entfernung von Fahrzeugen nicht richtig einschätzen können.[33] Mit dem Wort „Kraftfahrzeug" ist deshalb im Prinzip ein *fahrendes* gemeint, kein geparktes,[34] aber es gibt Ausnahmen.[35] Der Geschädigte muss beweisen, dass das Kind in der konkreten Situation *nicht* überfordert war.[36]

Jugendliche (§ 828 Abs. 3): § 828 Abs. 3 beginnt mit den Worten: „Wer das 18. Lebensjahr noch nicht vollendet hat …" Stattdessen hätte es auch heißen können „Wer 1562

---

29 Es handelt sich um dieselben Personen, deren *Willenserklärungen* nichtig sind (§§ 104, 105 Abs. 1, Abs. 2).
30 BGHZ 127, 186.
31 BGHZ 76, 279.
32 Auch ein gezieltes Handeln wird nur als Fahrlässigkeitstat gewertet. Doch da die §§ 823 ff generell keinen Unterschied zwischen den Schuldformen machen (Ausnahme § 826), kommt es auf diese Feinheit praktisch nicht an.
33 BGH NJW 2008, 147 Rn 9; BGHZ 161, 180; weitgehend wortgleich die Parallelentscheidung vom gleichen Tage BGH NJW 2005, 356.
34 BGHZ 161, 180.
35 BGH NJW 2009, 3231; LG Saarbrücken NJW 2010, 944.
36 BGH NJW 2009, 3231 Rn 9.

noch nicht volljährig ist", denn mit der Vollendung des 18. Lebensjahrs beginnt die Volljährigkeit (§ 2). Ein Jugendlicher zwischen sieben und (einschließlich) siebzehn Jahren, der nicht bereits nach § 828 Abs. 1 oder 2 „nicht verantwortlich" ist, kann es nach § 828 Abs. 3 sein. Nach dieser Norm reicht es allerdings nicht aus, dass der Betreffende einer bestimmten Altersgruppe angehört, vielmehr ist seine Persönlichkeit zu beurteilen. Voraussetzung ist nämlich, dass er „bei der Begehung der schädigenden Handlung nicht die zur Erkenntnis der Verantwortlichkeit erforderliche Einsicht" hatte. Es kommt nur auf die *Einsichtsfähigkeit* an, nicht auf die Fähigkeit, sich der Einsicht gemäß zu *verhalten*.[37] *Beispiel:* Ein Neunjähriger warf mit Lehmklumpen (Matschkugeln) nach seinem Hund, traf aber den Pfahl einer Reitanlage, wodurch ein 20 000 Euro teures Reitpferd scheute und sich verletzte. Der Junge konnte eine solche Folge seines Tuns nicht abschätzen.[38]

1563   *Billigkeitshaftung nach § 829:* Wenn der Geschädigte wegen § 827 oder § 828 keinen Anspruch auf Schadensersatz geltend machen und auch den Aufsichtspflichtigen nicht nach § 832 belangen kann (Rn 1704 ff), kommt eine Billigkeitshaftung nach § 829 in Betracht. *Schulfall:* Das sechsjährige Millionärssöhnchen M verkratzt das Auto des arbeitslosen A. In der Praxis spielen aber nicht solche Fälle eine Rolle, es geht vielmehr um die Frage, ob eine zu Gunsten des (schuldunfähigen) Schädigers bestehende Haftpflichtversicherung dem Geschädigten zugutekommt. Der BGH unterscheidet zwischen einer Pflichtversicherung[39] und einer freiwilligen Haftpflichtversicherung,[40] was aber weitere Fragen aufwirft.[41]

V. Rechtsfolgen einer unerlaubten Handlung

1. Schadensersatz

a) Geltung der §§ 249 ff

1564   Sind die Voraussetzungen des § 823 erfüllt, ist der Schädiger „zum Ersatz des daraus entstehenden Schadens verpflichtet" (§ 823 Abs. 1). Den Umfang des Schadensersatzes regeln die §§ 249 ff. In erster Linie ist deshalb der alte Zustand wiederherzustellen (Naturalrestitution nach § 249 Abs. 1, Abs. 2). *Beispiel:* S hat im Straßenverkehr fahrlässig den Pkw des G beschädigt. Er ist nach den §§ 823 Abs. 1, 249 Abs. 1 verpflichtet, ihn reparieren zu lassen. Allerdings kann der Geschädigte alternativ den zur Reparatur erforderlichen Geldbetrag verlangen (§ 249 Abs. 2 S. 1).

b) Erhaltungsinteresse statt Erfüllungsinteresse

1565   *Erhaltungsinteresse:* Wer einen Schadensersatzanspruch wegen unerlaubter Handlung geltend macht, „kann nur verlangen, so gestellt zu werden, wie er stände, wenn das

---

37 BGHZ 161, 180 (187).
38 LG Osnabrück NJW 2007, 522.
39 BGHZ 127, 186. Zu beachten ist, dass ein Kfz-Haftpflichtversicherer den materiellen Schaden auch dann übernehmen muss, wenn der Fahrer schuldunfähig war. Es kann deshalb im Rahmen des § 829 nur um einen Schmerzensgeldanspruch gehen.
40 BGHZ 76, 279; LG Heilbronn NJW 2004, 2391; AG Ahaus NJW-RR 2003, 1184.
41 Bei einer freiwilligen Haftpflichtversicherung gilt der Grundsatz, dass die Einstandspflicht des Versicherers nicht weiter geht als die Verpflichtung des Versicherungsnehmers. Wenn dieser für sich genommen nicht nach § 829 haften würde, muss deshalb eigentlich auch nicht sein Versicherer für den Schaden einstehen. Das wird aber oft anders gesehen (BGHZ 76, 279 [286/287]; LG Heilbronn NJW 2004, 2391).

haftungsbegründende Verhalten entfiele".[42] Es geht nur um das *negative Interesse*.[43] Denn der Schadensersatz dient dazu, das Vermögen (oder die immateriellen Rechte) des Geschädigten zu *erhalten* (Erhaltungsinteresse). Der Schadensersatz darf nicht dazu führen, dass das Vermögen des Geschädigten höher wird als es vor der unerlaubten Handlung war.

Erfüllungsinteresse: Im Gegensatz dazu kann der Schadensersatz, der nach § 280 Abs. 1 wegen der Verletzung einer schuldrechtlichen Verpflichtung zu leisten ist, dazu führen, dass sich das Vermögen des Geschädigten infolge des Schadensersatzes erhöht. *Beispiel:* K hat von V eine Sache zu einem Preis gekauft, der unter dem Marktwert lag. Durch die Erfüllung eines solchen Vertrags erhöht sich das Vermögen des K. Wenn V nicht liefert, muss der von ihm geschuldete Schadensersatz ebenfalls das Vermögen des K erhöhen. Solch eine Verpflichtung gibt es im Bereich der unerlaubten Handlungen nicht (siehe aber Rn 1674). 1566

Blick zurück, Blick nach vorn: Man kann diesen Unterschied auch so formulieren: Bei der Berechnung des Schadens, der durch eine unerlaubte Handlung eingetreten ist, richtet sich der Blick in die Vergangenheit. Gefragt wird deshalb: „Wie war der Vermögensstand des Geschädigten vor Eintritt des schädigenden Ereignisses?" Für die Berechnung des Schadens im Rahmen eines Vertrags richtet sich der Blick in die Zukunft. Die Frage lautet deshalb: „Welchen Stand hätte das Vermögen des Geschädigten erreicht, wenn der Schädiger den Vertrag ordnungsgemäß erfüllt hätte?"

Beispiel 1: V verkaufte K durch notariellen Kaufvertrag eine Gewerbehalle. V hatte versichert, das Flachdach der Halle sei kürzlich erneuert worden, obwohl er es nur hatte flicken lassen. Nach den kaufrechtlichen Vorschriften hätte V den K so stellen müssen, als sei das Hallendach neu hergestellt worden (§ 437 Nr. 3). Aus besonderen Gründen dieses Falles konnte K aber nur einen Anspruch aus § 823 geltend machen. Deshalb schuldete V nur die Wiederherstellung der Vermögenslage, in der sich K vor Abschluss des Kaufvertrags befunden hatte. K konnte von ihm deshalb nur die Rücknahme der Halle gegen Rückzahlung des Kaufpreises verlangen.[44]

c) Vor- und Nachteile vertraglicher und deliktischer Ansprüche

Ansprüche aufgrund der §§ 823 ff sind für den Verletzten von entscheidender Bedeutung, wenn beim Schadenseintritt zwischen ihm und dem Schädiger noch kein Schuldverhältnis bestand. Das bedeutet aber nicht, dass die §§ 823 ff ausscheiden würden, soweit der Schaden im Rahmen eines Vertragsverhältnisses entstanden ist. So kann ein Patient wegen eines Behandlungsfehlers seinen Schadensersatzanspruch gegen den Behandelnden doppelt abstützen. 1567

■ *Vorteile vertraglicher Ansprüche:* Bei vertraglichen Ansprüchen wird das Verschulden vermutet (§ 280 Abs. 1 S. 2), während der Geschädigte bei deliktischen Ansprüchen das Verschulden des Schädigers nachweisen muss. Für einen Schaden, den ein Gehilfe im Rahmen eines Vertrags angerichtet hat, haftet der Geschäftsherr wie für eigenes Verschulden (§ 278), während er sich außerhalb vertraglicher Verpflichtungen nach § 831 exkulpieren kann (Rn 1693 ff). 1568

---

42 BGHZ 144, 343 Rn 18.
43 SAT Rn 978 f.
44 BGHZ 188, 78 Rn 11.

1569 ■ *Vorteile deliktischer Ansprüche:* Bei deliktischen Ansprüchen kann die Verjährung später eintreten, weil es nach § 199 auf die Kenntnis des Geschädigten ankommt. Dagegen verjähren vertragliche Ansprüche häufig ohne Rücksicht auf die Kenntnis des Gläubigers. So verjähren zB die Ansprüche des Käufers wegen eines Sachmangels im Regelfall zwei Jahre nach Gefahrübergang (§ 438 Abs. 1 Nr. 3).

2. Andere Ansprüche

a) Unterlassungsanspruch

1570 Keine Norm der §§ 823 ff gibt dem Verletzten ausdrücklich das Recht, eine Unterlassungsklage zu erheben. Aber gewohnheitsrechtlich wird dem Verletzten dieses Recht in Analogie zu zahlreichen Vorschriften[45] eingeräumt. Voraussetzung ist die unmittelbar drohende Gefahr eines rechtswidrigen Eingriffs in ein durch die §§ 823 ff geschütztes Rechtsgut. *Beispiel:* Ein Abtreibungsgegner demonstrierte vor der Praxis eines Frauenarztes, der legale Abtreibungen vornimmt. Der Arzt verlangte keinen Schadensersatz, sondern erhob Unterlassungsklage.[46]

1571 Meist ist der Eingriff bereits erfolgt. Dann ist die *Wiederholungsgefahr* eine materielle Voraussetzung für einen Unterlassungsanspruch. *Beispiel:* Das Internetportal „www.bild.de" veröffentlichte vor Prozessbeginn Äußerungen, die der Wettermoderator Kachelmann gegenüber dem Ermittlungsrichter über seine sexuellen Neigungen gemacht hatte. Dagegen konnte sich Kachelmann im Prinzip durch eine Unterlassungsklage wehren. Nachdem jedoch diese Äußerungen während der öffentlichen Hauptverhandlung verlesen worden waren, bestand keine Wiederholungsgefahr mehr.[47]

Ein *Verschulden* des potenziellen Schädigers ist nicht erforderlich.[48] Ein Unterlassungsanspruch kann deshalb auch dort bestehen, wo ein Schadensersatzanspruch am Fehlen eines Verschuldens scheitern würde.[49]

b) Beseitigungsanspruch

1572 Ebenfalls in Analogie zu § 1004 kann jemand, der über einen Zeitraum von gewisser Dauer von einer Rechtsbeeinträchtigung betroffen ist, die Beseitigung dieses Zustands verlangen. *Beispiel:* Der Nolde-Stiftung, die die Rechte der Nolde-Erben wahrnimmt, wurden Aquarelle zur Begutachtung vorgelegt, die die gefälschte Signatur „Nolde" trugen. Da die Gefahr bestand, dass der Einsender die gefälschten Bilder in den Kunsthandel einführte, hätte die Stiftung die Beseitigung der Signatur »Nolde« verlangen können.[50] Auch der Beseitigungsanspruch setzt kein Verschulden des Störers voraus. Deshalb war es im Beispielsfall unerheblich, dass K an der Fälschung nicht schuld war.

---

45 Insbesondere §§ 12 und 1004, aber zB auch § 139 PatG, § 14 V MarkenG, § 97 Abs. 1 UrhRG. Seit 2002 gibt es das „Unterlassungsklagengesetz – UklaG", das Unterlassungsklagen in den Bereichen AGB, Verbraucherschutz und Urheberrecht regelt.
46 BGHZ 161, 266; ähnlich BGH NJW 2005, 594.
47 BGH NJW 2013, 1681 Rn 30 ff.
48 BGHZ 30, 7.
49 Palandt/Sprau Vor § 823 Rn 28.
50 BGHZ 107, 384 (390). Allerdings hatte die Nolde-Stiftung in keiner Instanz diesen Antrag gestellt.

§ 54 Verletzung unveräußerlicher Rechtsgüter

Fall 54: Novalgin für eine Asthmakranke   § 823 Abs. 1   1573

▶ *Frau Pullmann besuchte ihre Tochter Tanja, die in Berlin mit dem Zahnarzt Emilio Heidenreich zusammenlebt. Als Frau Pullmann über starke Kopfschmerzen klagte, bat Tanja ihren Partner Heidenreich um ein Schmerzmittel. Heidenreich wusste, dass Frau Pullmann an chronischem Asthma leidet. Heidenreich entnahm seiner Hausapotheke das Mittel Novalgin und gab es Tanja für deren Mutter, ohne den Beipackzettel gelesen zu haben. Hätte er den Beipackzettel gelesen, hätte er erfahren, dass Novalgin bei Asthmatikern schwere Nebenwirkungen auslöst. Kurz nach der Einnahme fiel Frau Pullmann ins Koma und erlangte erst zwei Wochen später wieder das Bewusstsein. Da sie bis heute gesundheitlich stark reduziert ist, verlangt sie von Heidenreich Schadensersatz und Schmerzensgeld in Höhe von rund 300 000 Euro. (Nach BGH NJW 2004, 1521)*

Zu prüfen ist zunächst, ob Frau Pullmann ihren Anspruch auf die Verletzung *vertraglicher* Pflichten stützen könnte (§§ 280 Abs. 1, Abs. 3, 281). Zu denken wäre an den Abschluss eines Behandlungsvertrags (§ 630 a). Aber Heidenreich hat nicht in seiner Eigenschaft als Zahnarzt gehandelt, und außerdem war allen Beteiligten von Anfang an klar, dass er kein Honorar verlangen würde. Ein Behandlungsvertrag lag deshalb nicht vor (wie schon im Fall 25, Rn 750). In Betracht käme jedoch der Abschluss des „Auftrag" genannten Vertrags (§ 662; Rn 753). Dessen Voraussetzungen dürften vorliegen. Wegen der hohen Bedeutung des Rechtsguts Gesundheit scheidet dagegen ein Gefälligkeitsverhältnis aus.   1574

Frau Pullmanns Anwalt hat es vorgezogen, den Anspruch nicht auf die Verletzung einer von Heidenreich übernommenen *vertraglichen* Pflicht zu stützen, sondern auf eine unerlaubte Handlung (§ 823 Abs. 1). Er folgte damit einer in solchen Fällen üblichen Praxis.[51] § 823 setzt bekanntlich keinen Vertrag zwischen dem Schädiger und dem Geschädigten voraus. Das Bestehen eines vertraglichen Schuldverhältnisses schließt die Anwendung des § 823 aber auch nicht aus.

Zu prüfen ist, ob Heidenreich Frau Pullmanns „Gesundheit ... verletzt" hat (§ 823 Abs. 1). Das ist gegeben, weil Frau Pullmann durch die von Heidenreich veranlasste Einnahme des Medikaments schwere körperliche Beeinträchtigungen erlitten hat. Die Rechtswidrigkeit ist mangels eines Rechtfertigungsgrundes gegeben. Fraglich ist aber, ob Heidenreich „die im Verkehr erforderliche Sorgfalt außer Acht" gelassen hat (§ 276 Abs. 2). Wer einem anderen ein Medikament geben will, das er seiner Hausapotheke entnommen hat, sollte vorher den Beipackzettel lesen. Das gehört zur „erforderlichen Sorgfalt". Erschwerend kommt hinzu, dass Heidenreich von Frau Pullmanns schwerem Asthma wusste. Zusätzlich ist zu berücksichtigen, dass er Zahnarzt ist. Er ist hier zwar nicht in dieser Eigenschaft tätig geworden, aber generell müssen in Fragen der Gesundheit an einen Arzt oder Zahnarzt höhere Anforderungen gestellt werden als an einen Laien.

Daraus ergibt sich, dass Heidenreich Frau Pullmanns Gesundheit *fahrlässig* verletzt hat und ihr deshalb „zum Ersatz des daraus entstehenden Schadens verpflichtet" ist (§ 823 Abs. 1). Zu diesem Schaden zählt nicht nur der durch Behandlungskosten und Verdienstausfall entstandene materielle Schaden, sondern – bei einer „Verletzung ... der Gesundheit" – auch der

---

51 Bis zum 31. Juli 2002 konnte Schmerzensgeld (heute § 253 Abs. 2) nicht auf eine Vertragsverletzung, sondern nur auf eine unerlaubte Handlung gestützt werden (so der inzwischen entfallene § 847). Deshalb wurden in solchen Fällen vertragliche Schadensersatzansprüche vernachlässigt.

Schaden, der „nicht Vermögensschaden ist" (§ 253 Abs. 2) und durch das *Schmerzensgeld* ausgeglichen wird.

Nachbemerkung: Frau Pullmann hatte gegenüber Heidenreich deutlich gemacht, dass sie keinesfalls ihn selbst, sondern nur seinen Berufshaftpflichtversicherer in Anspruch nehmen wollte. Das scheiterte aber daran, dass Heidenreich nicht beruflich tätig geworden war. Es fällt auch sonst eine gewisse Ähnlichkeit mit Fall 25, Rn 750 auf, den das OLG München aber ganz anders entschieden hat. Es musste dem Gynäkologen G zugutehalten, dass er sofort handeln musste und sich in einer ihn überfordernden Stresssituation befand. Demgegenüber hätte der Zahnarzt des vorliegenden Falles viel Zeit gehabt, den Beipackzettel des Medikaments in Ruhe zu lesen. ◄

Lerneinheit 54

1575   **Literatur:** *Krücker,* Entschädigung der durch Kraftfahrzeugbetrieb geschädigten Terroropfer – aktuelles und beabsichtigtes zukünftiges Recht, DAR 2020, 18; *Balke,* Entschädigung von Opfern nach terroristischen Anschlägen, SVR 2020, 16; *Chr. Huber,* Kapital oder Rente – Erfordernis eines gesetzlichen Abfindungsanspruchs, NZV 2019, 321; *M. Huber,* Grundwissen – Zivilprozessrecht: Unbezifferter Klageantrag bei Schmerzensgeldanspruch, JuS 2019, 209; *Gerda Müller,* Der Personenschaden im Wandel von Rechtsprechung und Gesetzgebung, ZfS 2019, 247; *Staudinger,* Gedankensplitter zu § 844 Abs. 3 BGB, DAR 2019, 601; *Schlanstein,* Rechtsansprüche zur Versorgung psychischer Verkehrsunfallfolgen, NZV 2018, 406; *Chr. Huber,* Das Hinterbliebenengeld nach § 844 III BGB, JuS 2018, 744.

I. Das Leben Zq

1. Allgemeines

1576   Das Gesetz regelt in § 823 Abs. 1 zunächst die Verletzung von Rechtsgütern, die *nicht zum Vermögen* eines Menschen gehören, sondern zu seinen immateriellen, und damit *unveräußerlichen Rechten.* Den Anfang macht das wichtigste dieser Rechtsgüter, nämlich „das Leben". Es folgen der „Körper", die „Gesundheit" und die „Freiheit".

Mit den etwas holprigen Worten „Wer ... das Leben ... eines anderen ... verletzt" umschreibt § 823 Abs. 1 die Tötung eines Menschen.

1577   „*Wer*": Die mit „Wer" bezeichnete Person kann sowohl jemand sein, mit dem der Getötete *nicht in einem Vertragsverhältnis* stand (zB ein anderer Verkehrsteilnehmer), als auch ein Vertragspartner (zB der Arbeitgeber, der behandelnde Arzt oder ein Luftfahrtunternehmen, das für einen Flugzeugabsturz verantwortlich ist). Denn die §§ 823 ff sind auch gegenüber einem Vertragspartner anwendbar.

§ 823 Abs. 1 setzt ferner voraus, dass die Tötung „widerrechtlich" (rechtswidrig) war, also zB nicht in Notwehr (§ 227) vorgenommen wurde (Rn 1551 ff). Außerdem muss die Tötung „vorsätzlich oder fahrlässig" geschehen sein. Diese Worte verweisen auf § 276 Abs. 1 (und damit auch auf die dort in Satz 2 genannten §§ 827 und 828) sowie auf die bekannte Definition des Begriffs „fahrlässig" in § 276 Abs. 2.

2. Ansprüche der Hinterbliebenen

Der Getötete selbst kann keinen Anspruch auf Schadensersatz haben, weil ihm die Rechtsfähigkeit fehlt.[52] Aber wie die §§ 844, 845 zeigen, ist der Schädiger den *Hinterbliebenen* schadensersatzpflichtig. So muss der Schädiger etwa nach § 844 Abs. 1 die „Kosten der Beerdigung" ersetzen.   1578

Unterhalt: Wesentlich schwerer wiegt die in § 844 Abs. 2 S. 1 normierte Pflicht, den Personen, denen der Getötete unterhaltspflichtig war, eine Rente oder eine Kapitalabfindung zu zahlen (§ 844 Abs. 2 S. 1 Hs. 2 verweist auf § 843 Abs. 2 bis 4). Es kommt nur auf die Leistungen an, zu denen der Getötete *„kraft Gesetzes"* verpflichtet war. *Beispiel:* Die Hinterbliebenen behaupteten, der Getötete habe vorgehabt, ihnen in Eigenleistung ein Eigenheim zu errichten.[53] Aber das nützte ihnen nichts, denn der Hausbau gehört nicht zur gesetzlichen Unterhaltspflicht.   1579

Zu den geschützten Personen gehört auch ein Kind, das zur Zeit der (zum Tode führenden) Verletzung gezeugt, aber noch nicht geboren war (§ 844 Abs. 2 S. 2). Bei dem getöteten Unterhaltspflichtigen denkt man meist an den Ehegatten, der berufstätig war. § 844 Abs. 2 ist aber auch anzuwenden, wenn der den *Haushalt* Führende getötet wurde. Denn Hausfrauen und Hausmänner leisten nach heutiger Auffassung keine Dienste für ihren berufstätigen Ehegatten, sondern einen eigenen Beitrag zum Familienunterhalt (§§ 1356, 1360 S. 2).[54]

Leid von Hinterbliebenen als immaterieller Schaden: Bis zum Jahre 2017 gewährte § 844 einem Hinterbliebenen nur den Ersatz seines *materiellen* Schadens. Das hat sich durch den neu eingefügten Absatz 3 grundlegend geändert. Nach dessen S. 1 steht einem Hinterbliebenen, der „zu dem Getöteten in einem besonderen persönlichen Näheverhältnis stand", für das ihm „zugefügte seelische Leid eine angemessene Entschädigung in Geld" zu. Den Kreis der Berechtigten beschränkt Satz 2 im Wesentlichen auf Hinterbliebene, die Ehegatte, Lebenspartner, Elternteil oder Kind des Getöteten waren. § 844 Abs. 3 stellt den in § 253 Abs. 2 genannten Fällen, in denen für seelisches Leid eine Geldentschädigung verlangt werden kann, einen weiteren an die Seite. Die Frage, ob der konkrete Hinterbliebene durch den Tod wirklich seelisches Leid erfahren hat (und wenn ja, in welchem Maße), ist naturgemäß nicht zu beantworten und deshalb unerheblich. Die Höhe der „angemessenen Entschädigung" lässt sich deshalb auch nicht nach dem Grad des Leids festlegen. Die Rechtsprechung wird wohl einen Katalog mit recht willkürlichen Einheitsbeträgen entwickeln müssen.   1580

Entgangene Dienste: § 845 setzt voraus, dass der „Verletzte kraft Gesetzes einem Dritten zur Leistung von Diensten ... verpflichtet war ...". Der den Haushalt versorgende Ehegatte ist mit diesen Worten, wie gesagt, nicht gemeint (Rn 1579). Es bleiben deshalb eigentlich nur die Kinder übrig. Das wird aber sehr eingeschränkt. *Beispiel:* Bis zu seinem von X verschuldeten Tod lebte der 20-jährige S auf dem Bauernhof seiner Eltern und half im elterlichen Betrieb aus. Er arbeitete aber bei einem anderen Unternehmer als Vollzeit-Arbeitskraft. Aus diesem Grund war er nicht mehr nach § 1619 zu unentgeltlichen Hilfsleistungen im Elternhaus verpflichtet. Die Eltern hatten deshalb keinen Anspruch nach § 845.[55]   1581

---

52   BGB-AT Rn 9.
53   BGH NJW 2004, 2894.
54   BGHZ (GSZ) 50, 304; 51, 109 (111).
55   BGHZ 137, 1 (4).

1582   *Verjährung:* Schadensersatzansprüche, die auf der *vorsätzlichen* Verletzung der Güter Leben, Körper, Gesundheit, Freiheit und sexuelle Selbstbestimmung beruhen, verjähren in 30 Jahren (§ 197 Abs. 1 Nr. 1). Die Verjährung beginnt am Ende des Tages, an dem die Tat verübt wurde (§§ 200 S. 1, 187 Abs. 1).[56] Es fällt auf, dass es sich bei den in § 197 Abs. 1 Nr. 1 aufgeführten Rechtsgütern im Wesentlichen um die in § 823 Abs. 1 genannten handelt, nur dass an die Stelle des Eigentums das Recht auf sexuelle Selbstbestimmung tritt.

3. Verkehrssicherungspflichten

1583   Der Tod kann nicht nur durch eine unmittelbare Verletzungshandlung erfolgen, sondern auch dadurch, dass jemand eine „Gefahrenlage" geschaffen hat. Er ist dann „grundsätzlich verpflichtet, die notwendigen und zumutbaren Vorkehrungen zu treffen, um eine Schädigung anderer möglichst zu verhindern".[57] Diese Pflicht wird „Verkehrssicherungspflicht" genannt.

1584   *Definition:* Die Verkehrssicherungspflicht ist die Pflicht, eine mögliche Gefahrenquelle zu vermeiden und eine bestehende zu beseitigen. *Beispiel:* Ein Bewachungsunternehmer stellte einen (offenbar psychisch kranken) Mann ein, ohne sich über dessen Vorleben Gewissheit verschafft zu haben, und händigte ihm eine Waffe aus. Der Mitarbeiter erschoss mit dieser Waffe seinen Schwager. Der Unternehmer hatte mit der Aushändigung der Waffe eine erhebliche Gefahrenquelle geschaffen.[58]

Grenzen: Die Verkehrssicherungspflicht erfordert nicht, jede nur denkbare Gefahr auszuschalten. Es genügen die Vorkehrungen, die „ein verständiger, umsichtiger, vorsichtiger und gewissenhafter Angehöriger der betroffenen Verkehrskreise für ausreichend halten darf".[59]

1585   *Funktion:* Der Begriff der Verkehrssicherungspflicht hat die Aufgabe, die eingetretene Verletzung einer Person zuzurechnen, die die Verletzung nicht durch ein unmittelbar vorangegangenes Tun herbeigeführt hat. Ist Letzteres der Fall, scheidet die Verletzung der Verkehrssicherungspflicht aus. *Beispiel:* Frau B ging in den Alpen auf einem Wanderweg, der in Spitzkehren einen steilen Hang hinabführt. Sie verlor das Gleichgewicht, stürzte den Hang hinunter und schlug auf den unter ihr gehenden Wanderer K auf. Durch den Aufprall blieb sie selbst liegen, aber K stürzte nun seinerseits den Abhang hinunter und erlitt tödliche Verletzungen. Frau B hat möglicherweise die im Verkehr erforderliche Sorgfalt verletzt, aber keine Verkehrssicherungspflicht.[60] Denn sie hat keinen gefährlichen *Zustand* geschaffen, sondern hat ̶ ̶ ̶ ̶ihr unmittelbar vorangegangenes *Verhalten* die Kausalkette angestoßen, die zum ̶ ̶ ̶ ̶ ̶ ̶ ̶führte. Eine Verkehrssicherungspflicht könnte nur derjenige verletzt haben ̶ ̶ ̶ ̶ ̶ ̶t oder zu unterhalten hatte.

---

56   Bei einer Verletzung der sexuellen Selbstbestim̶ ̶ ̶
57   BGH NJW 2010, 1967 Rn 5; 2008, 3775 Rn 9.
58   BGH NJW 2001, 2023.
59   BGH NJW 2014, 2104 Rn 9; ähnlich 2010, 1967 Rn ̶ ̶
60   So aber OLG Stuttgart NJW 2007, 1367 (1369).

II. Körper und Gesundheit $2b$

1. Abgrenzung

Das Gesetz unterscheidet in § 823 Abs. 1 die Verletzung des „Körpers" und der „Gesundheit". Eine exakte Abgrenzung dieser Begriffe ist oft schwierig, aber auch nicht nötig, da die Rechtsfolgen die gleichen sind. Man kann etwa so differenzieren: 1586

■ Bei einer *Körperverletzung* ist an einen mechanisch-physikalischen Vorgang zu denken, also an einen Verkehrsunfall, eine Schlägerei, einen Schuss oder einen Messerstich. Den objektiven Tatbestand einer Körperverletzung erfüllt häufig auch der Arzt (Rn 1591).   1587

■ Eine „Verletzung der *Gesundheit*" liegt vor, wenn ein „von den normalen körperlichen Funktionen nachteilig abweichender Zustand" hervorgerufen wird.[61] *Beispiele:* Rauchvergiftung durch Brandstiftung, HIV-Infektion durch kontaminierte Blutkonserven.[62]   1588

2. Schockschäden

Gelegentlich machen Menschen, die einen Schock erlitten haben, Schadensersatzansprüche wegen Verletzung ihrer Gesundheit geltend.   1589

Schock durch Übermittlung einer Nachricht: Wenn der Schock nicht auf eigenem Erleben beruht, wird er meist nicht als Gesundheitsschaden anerkannt. *Beispiel 1:* Eine Ehefrau erlitt einen Schock, als sie vom tödlichen Verkehrsunfall ihres Mannes erfuhr. Aber die normalen Folgen einer solchen Nachricht (Bestürzung, Trauer, Verzweiflung) reichen für die Annahme einer Gesundheitsverletzung nicht aus.[63] *Beispiel 2:* Frau K erhielt durch einen Arzt die Nachricht, dass ihr geschiedener Mann an einer unheilbaren, zum Tode führenden Erbkrankheit leide und ihre Kinder davon betroffen sein könnten. Frau K verfiel in eine dauernde Depression. Aber die Information bedeutete keine Verletzung ihrer Gesundheit, vielmehr realisierte sich hier ein allgemeines Lebensrisiko.[64] Inzwischen ist der BGH sehr viel großzügiger geworden. Er wendet die Grundsätze zum „Schockschaden" auch an, wenn ein Patient nicht infolge eines Behandlungsfehlers *gestorben* ist, sondern zeitweise in Lebensgefahr war und seine Ehefrau deshalb für diese Zeit eine „psychische Gesundheitsverletzung" geltend macht.[65]

Anders kann es bei einem *Schock durch eigenes Erleben* sein. *Beispiel 1:* K und seine Ehefrau fuhren auf Motorrädern unmittelbar hintereinander. Ein alkoholisierter Fahrer kam von der Gegenfahrbahn ab, verfehlte K nur knapp und verletzte dessen Ehefrau tödlich. Der BGH erkannte die psychischen Folgen, unter denen K fortan litt, als Gesundheitsverletzung nach § 823 Abs. 1 an, weil K den Unfalltod seiner Frau unmittelbar erlebt hatte.[66] Das gilt aber nicht für Personen, die beruflich mit schweren Unfällen zu tun haben. *Beispiel 2:* Bei einem Unfall, den ein Geisterfahrer verursacht hatte, verbrannten die Insassen beider Autos. Nach diesem Anblick erklärten sich zwei Polizeibeamte mehrere Monate (!) lang für dienstunfähig. Ihr Dienstherr verklagte den   1590

---

61 BGHZ 163, 209.
62 BGHZ 163, 209; 114, 284.
63 BGHZ 56, 163 (172).
64 BGH NJW 2014, 2190 Rn 10.
65 NJW 2019, 2387 Rn 15.
66 NJW 2015, 1451 Rn 8 f.

Unfallversicherer des Geisterfahrers auf Schadensersatz, aber vergeblich.[67] Hätte der BGH anders entschieden, hätte das allen Polizisten, Rettungssanitätern, Unfallärzten und Feuerwehrleuten unabsehbare Möglichkeiten eröffnet.[68]

3. Heileingriffe

1591 Ein Arzt wird idR aufgrund eines Behandlungsvertrags tätig (§§ 630 a ff), so dass sich Schadensersatzansprüche des Patienten aus den §§ 280 Abs. 1, 630 a ergeben (Rn 433). Es steht dem Patienten aber frei, seine Ansprüche auch auf § 823 Abs. 1 zu stützen.

1592 Jeder Eingriff in den Körper des Patienten ist eine Körperverletzung.[69] Sie ist nur gerechtfertigt, wenn der Patient eingewilligt (also nach § 183 S. 1 vorher zugestimmt) hat. Die Einwilligung ist aber nur wirksam, wenn der Patient über die Risiken des Eingriffs ausreichend aufgeklärt wurde (Aufklärungspflicht).[70] Manchmal kann wegen der Vielzahl der möglichen Gefahren nicht über jedes Risiko aufgeklärt werden. Dann muss aber wenigstens eine *„Grundaufklärung"* erfolgen, durch die „dem Patienten ein zutreffender Eindruck von der Schwere des Eingriffs" und seiner möglichen langfristigen Folgen vermittelt wird.[71]

Beweislast: Im Prinzip muss der Patient beweisen, dass der Arzt einen Fehler gemacht hat. Aber nach der Rechtsprechung des BGH ändert ein schwerer Behandlungsfehler die Beweislast (zB eine Verunreinigung der Spritze).[72] Das bestimmt heute für vertragliche Ansprüche § 630 h Abs. 5 S. 1 (Rn 434).

4. Verkehrssicherungspflichten

1593 Durch die Verletzung einer Verkehrssicherungspflicht kann nicht nur der Tod eines Menschen eintreten (Rn 1583 ff), auch die Verletzung des Körpers oder der Gesundheit kann die Folge sein. *Beispiel 1:* Der 37-jährige X sprang auf dem Trampolin eines Freizeitparks. Bei dem Versuch eines Vorwärts-Saltos brach er sich das Genick und ist seitdem querschnittgelähmt. Der Betreiber der Anlage hatte auf einem Schild vor den Gefahren des Trampolins gewarnt, aber nicht eindringlich genug, und hatte dadurch seine Verkehrssicherungspflicht verletzt.[73] *Beispiel 2:* Frau D ist Bewohnerin eines Heims für Menschen mit geistiger Behinderung. Ihr war erlaubt worden, allein ein Bad zu nehmen. Sie bemerkte nicht, dass das einlaufende Wasser viel zu heiß war und verbrühte sich erheblich. Nach Hauttransplantationen ist sie inzwischen dauerhaft auf einen Rollstuhl angewiesen. Der Träger des Heims hatte seine Verkehrssicherungspflicht verletzt, weil er die Wassertemperatur nicht angemessen begrenzt hatte.[74]

Es kann aber nicht verlangt werden, dass alle möglichen Gefahren ausgeschlossen werden. *Beispiel:* Frau N wurde bei einem Waldspaziergang von dem herabfallenden Ast einer hundertjährigen Eiche getroffen und schwer verletzt. Weil der Eigentümer eines

---

67   BGH NJW 2007, 2764.
68   Wesentlich großzügiger gegenüber im Dienst geschockten Polizeibeamten BGH NJW 2018, 3250 Rn 20 (Amoklauf).
69   Das gilt nach Ansicht der Rechtsprechung auch im Strafrecht (BGH NStZ-RR 2007, 340). Im Zivilrecht wird teilweise die Ansicht vertreten, dass eine „lege artis" vorgenommene Heilbehandlung keine Körperverletzung darstelle (zB Erman/Schiemann § 823 Rn 131). Für das Ergebnis kommt es auf diesen Streit nicht an.
70   BGH NJW 2019, 2320 Rn 6; VersR 2017, 100 Rn 8; BGHZ 169, 364 Rn 7.
71   BGH NJW 2019, 2320 Rn 14.
72   BGHZ 138, 1; BGH NJW 2013, 3094 Rn 11; NJW 2012, 2653.
73   BGH NJW 2008, 3775.
74   BGH NJW 2019, 3516 Rn 16.

Waldes nicht jeden Ast auf seine Festigkeit untersuchen kann, konnte Frau N keine Ansprüche geltend machen.[75]

5. Vermögensschäden und Nichtvermögensschäden

Vermögensschäden: Die Verletzung des Körpers oder der Gesundheit stellt einen *Nichtvermögensschaden* dar, weil der menschliche Körper kein geldwertes Gut ist.[76] Die Behandlungskosten führen aber zu einem *Vermögensschaden,* den der Schädiger nach § 249 Abs. 2 S. 1 zu ersetzen hat. Die Behandlung dient dazu, die Gesundheit wieder herzustellen, und ist deshalb ein Fall der *Naturalrestitution,* nicht des (in diesem Fall unzulässigen) Geldersatzes nach § 251. Bei einer erheblichen Körperverletzung ist außerdem nach § 843 Abs. 1 Schadensersatz in Form einer – oft lebenslangen – *Rente* zu leisten. Sie soll einen Ausgleich darstellen für die Minderung der Erwerbsfähigkeit und die Vermehrung der Bedürfnisse.[77]

Nichtvermögensschäden: Zum Ausgleich für Schmerzen und für die Einbuße an Lebensfreude (etwa durch einen langen Klinikaufenthalt oder den Verlust einer Hand) ist *Schmerzensgeld* zu zahlen (§ 253 Abs. 1, Abs. 2).[78] Es ist nicht dazu da, Behandlungskosten oder eine Prothese oder eine Reha zu bezahlen, sondern soll dem Verletzten die Möglichkeit geben, sich einen beliebigen Wunsch zu erfüllen.

1594

III. Freiheit

Unter „Freiheit" versteht § 823 Abs. 1 nur die Möglichkeit, seinen Aufenthaltsort frei bestimmen zu können. Die Freiheit der Willensentscheidung ist nicht gemeint.[79] Der Begriff der Freiheit ist deshalb derselbe wie im Straftatbestand der Freiheitsberaubung (§ 239 Abs. 1 StGB). Der Hauptfall der Freiheitsberaubung ist in beiden Fällen das Einsperren eines Menschen. Dieser Tatbestand kann auch mittelbar herbeigeführt werden, zB durch eine falsche Strafanzeige oder ein falsches Sachverständigengutachten, das zur Einweisung in eine geschlossene psychiatrische Anstalt führt. Im letzten Fall muss aber zumindest grobe Fahrlässigkeit vorliegen (§ 839 a; Rn 1736).[80]

1595

§ 55 Verletzung des Eigentums und sonstiger Rechte

Fall 55: Entfernte Stützmauer   § 823 Abs. 1

1596

▶ *Friedrich Kühnemann wollte sein altes, in der Innenstadt von Celle gelegenes Geschäftshaus modernisieren lassen. Er beauftragte den Architekten Alfons Abel mit der Planung und der örtlichen Bauleitung. Im Verlauf der Umbauarbeiten ließ Abel im Erdgeschoss eine Stützmauer entfernen, die die Holzdecke getragen hatte, und fügte stattdessen einen Stützpfeiler ein. Er bemerkte nicht, dass dieser keinen Kontakt zur Decke hatte. Auf die Holzdecke ließ Abel Asphaltestrich auftragen, der das Gewicht der Decke wesentlich erhöhte. Sechs Jahre nach der Abnahme stürzte die Holzdecke ein. Kühnemann verlangte von Abel Schadenser-*

75 BGH NJW 2013, 48 Rn 12 ff. In diesem Sinne auch BGH NJW 2014, 1588 Rn 12.
76 SAT Rn 1016 ff.
77 BGH NJW 2019, 362 Rn 21.
78 SAT Rn 1018. Das in § 253 Abs. 2 verwendete Wort „billig" ist ein altmodischer Ausdruck für „angemessen".
79 MüKo/Wagner § 823 Rn 210.
80 Kilian VersR 2003, 683.

satz nach § 634 Nr. 3, aber dieser erhob erfolgreich die Einrede der Verjährung. Daraufhin verklagte ihn Kühnemann nach § 823 Abs. 1 wegen Beschädigung seines Eigentums. (Nach BGHZ 162, 86)

1597   Da der (hier zweifellos bestehende) Anspruch auf Schadensersatz wegen mangelnder Planung und/oder Bauleitung (§§ 634 Nr. 3, 281) verjährt war, war es eigentlich ein guter Einfall von Kühnemanns Anwalt, den Schadensersatzanspruch auf § 823 Abs. 1 zu stützen („Wer … fahrlässig … das Eigentum … eines anderen widerrechtlich verletzt, …"). Denn ein solcher Anspruch verjährt – weil die §§ 823 ff keine eigene Verjährungsregelung kennen – nach § 195 in drei Jahren. Und – das ist entscheidend – die Verjährungsfrist würde erst am Ende des Jahres beginnen, in dem Kühnemann vom Mangel erfahren hatte (§ 199 Abs. 1 Nr. 2). Ein Anspruch nach § 823 Abs. 1 wäre deshalb noch nicht verjährt.

Die Frage ist nur, ob ein Bauherr einen deliktischen Anspruch wegen Verletzung des Eigentums geltend machen kann, wenn sein Haus durch fehlerhafte Umbaumaßnamen beschädigt worden ist. Grundsätzlich bestehen vertragliche und deliktische Ansprüche nebeneinander.[81] Der BGH hat deshalb in anderen Entscheidungen eine Eigentumsverletzung durch eine fehlerhafte Planung oder Bauüberwachung des Architekten nicht ausgeschlossen.[82] Ein Anspruch aus § 823 Abs. 1 S. 1 besteht aber nicht, wenn der geltend gemachte Schaden auf einem *Mangel des Werks* beruht und deshalb ein (hier allerdings verjährter) Anspruch nach § 634 Nr. 4 besteht. Es liegt dann nämlich „Stoffgleichheit" zwischen dem Mangel und der Eigentumsverletzung vor.[83] Und es ist „nicht Aufgabe des Deliktsrechts, die Erwartung des Bestellers zu schützen, dass der Vertrag ordnungsgemäß erfüllt wird".[84] Für den Ausgleich von Schäden, die durch Mängel eines Werks entstanden sind, ist allein das Sachmängelrecht des Werkvertrags zuständig. Ein Anspruch des Bestellers gegen den Unternehmer aus § 823 Abs. 1 kommt nur in Betracht, wenn der Schaden an einem Vermögensgegenstand des Bestellers eintritt, der *nicht Gegenstand der vertraglichen Verpflichtungen* war, zB an unbebauten Teil des Grundstücks.[85] Deshalb steht Kühnemann gegen Abel kein Anspruch aus § 823 Abs. 1 zu. ◄

Lerneinheit 55

1598   Literatur: *Michl,* Grundrechtlicher Eigentumsschutz in Deutschland und Europa, JuS 2019, 343; *Korves,* Die Gratwanderung des EGMR zwischen Eigentumsschutz und Schutz der Persönlichkeit, JR 2016, 1; *Riehm,* „Dieselgate" und das Deliktsrecht, DAR 2016, 12; *Schaub,* Haftung des Inhabers eines privaten Internetanschlusses für Rechtsverletzungen im Rahmen von Online-Musiktauschbörsen, GRUR 2016, 152; *Chr. Huber,* Smart repair, zfs 2015, 424; *Franzke/Nugel,* Unfallmanipulationen im Kraftfahrtbereich, NJW 2015, 2071.

I. Eigentum   Zid

1. Stellung des Eigentums in § 823 Abs. 1

1599   In § 823 Abs. 1 folgt das *Eigentum* auf die Begriffe „das Leben, den Körper, die Gesundheit, die Freiheit" ganz so, als gehöre das Eigentum in die Reihe der vorher ge-

---

81   BGHZ 96, 221 (229); BGH NJW 1998, 2282.
82   Zuletzt BGH BauR 2004, 1798 (1799).
83   BGHZ 117, 183 (187).
84   BGHZ 162, 86 (94).
85   BGH BauR 2004, 1798 (1799).

nannten Rechtsgüter. Das ist aber nicht der Fall. Die zuerst genannten Rechte sind unveräußerliche Menschenrechte, mit denen wir geboren werden (Rn 1576). Das Eigentum ist dagegen das (umfassendste) Recht an einer Sache und damit ein Recht, das erworben und veräußert werden kann. Es gehört allerdings auch zu den *absoluten Rechten*, weil es gegenüber jedermann vor Eingriffen geschützt ist. Den Gegensatz dazu bilden die *relativen Rechte,* die nur gegenüber dem Schuldner bestehen und deren Hauptfall die Forderung ist.[86] Sie werden nicht durch § 823 Abs. 1 geschützt.

2. Vorrang des Eigentümer-Besitzer-Verhältnisses

Wenn die Sache von jemand beschädigt oder zerstört wurde, der sie zu dieser Zeit *nicht in Besitz* hatte, ist § 823 Abs. 1 uneingeschränkt anzuwenden. *Beispiel:* S beschädigte bei einem Verkehrsunfall das Fahrzeug des E. Wenn der Schädiger aber im Zeitpunkt der Schädigung *Besitzer der Sache* war, verdrängen die Sondervorschriften der §§ 987 ff möglicherweise die §§ 823 ff. Es ist dann nämlich zu unterscheiden: **1600**

- *Rechtmäßiger Besitz:* Wenn der Besitzer bei Entstehung des Schadens zum Besitz berechtigt war, zB als Mieter, Entleiher, Werkstattinhaber oder Leasingnehmer, gelten *nicht* die Bestimmungen des Eigentümer-Besitzer-Verhältnisses, also die §§ 987 ff. Beschädigt ein solcher rechtmäßiger Besitzer[87] die Sache, gilt in erster Linie Vertragsrecht,[88] meist Mietrecht. Aber daneben ist § 823 unbeschränkt anwendbar. *Beispiel:* Mieter M hat entgegen § 540 Abs. 1 S. 1 die Mietsache untervermietet.[89] Der Vermieter kann sich auf § 823 Abs. 1 stützen, weil M zum Besitz berechtigt war und die §§ 987 ff deshalb keine Anwendung finden.   **1601**

- *Unrechtmäßiger Besitz:* Nur wenn der Besitzer bei Entstehung des Schadens kein Recht zum Besitz hatte, also *unrechtmäßiger* Besitzer war, finden die berühmt-berüchtigten Vorschriften über das Eigentümer-Besitzer-Verhältnis Anwendung (§§ 987 ff). Das Gesetz unterscheidet innerhalb der Gruppe der unrechtmäßigen Besitzer zwischen den *redlichen* und den *unredlichen* Besitzern. Einzelheiten gehören ins Sachenrecht.   **1602**

3. Fälle der Eigentumsverletzung

Beschädigung oder Zerstörung: Eine Eigentumsverletzung durch Zerstörung oder Beschädigung einer Sache erfolgt besonders häufig durch einen *Verkehrsunfall*. Auch hier kann die Verletzung der Verkehrssicherungspflicht (Rn 1583, 1593) eine Rolle spielen. *Beispiel:* Ein Ladeninhaber hatte seine Einkaufswagen nicht genügend gesichert, so dass einer von ihnen nachts auf die Straße rollte und einen fahrenden Pkw beschädigte.[90]   **1603**

Beeinträchtigung der Sachnutzung: Manchmal wird das Eigentum dadurch verletzt, dass die Sache vorübergehend nicht genutzt werden kann. Dann ist zu unterscheiden: **1604**

- Die Sache konnte eine Zeit lang *von niemand und auf keine Weise* genutzt werden. *Beispiel:* Durch unangekündigte Straßenbauarbeiten vor einer Grundstücksausfahrt

---

86 BGB-AT Rn 1191 ff.
87 Es gibt zwar einen „rechtmäßigen Besitzer", aber keinen „rechtmäßigen Eigentümer", weil es keinen unrechtmäßigen gibt. In der Presse liest man aber immer wieder, die Polizei habe das Diebesgut seinem „rechtmäßigen Eigentümer" zurückgegeben.
88 Palandt/Herrler Vor § 987 Rn 3; Medicus/Lorenz Rn 1280.
89 BGH NJW 2002, 60.
90 OLG Hamm NJW 2016, 505.

not needed?

musste ein Pkw in der Garage bleiben. Der BGH hat dem Eigentümer die verlangte Nutzungsausfallentschädigung[91] zugesprochen.[92]

1605 Wenn die Sache immerhin *eingeschränkt genutzt* werden konnte, liegt kein Eingriff in das Eigentum vor. *Beispiel:* Dem X war zu Unrecht für einige Tage die Fahrerlaubnis entzogen worden. Die Benutzung des Pkw war nur ihm unmöglich, aber nicht seinen Angehörigen.[93]

Wie sich aus den Beispielen ergibt, ist die Rechtsprechung bemüht, den Kreis der Ersatzberechtigten nicht ausufern zu lassen.[94] So soll zB nicht jeder, der mit seinem Fahrzeug länger im Stau gestanden hat, den Verursacher des Staus in Anspruch nehmen können.[95]

II. Sonstige absolute Rechte

1606 § 823 Abs. 1 gilt auch, wenn jemand „ein sonstiges Recht eines anderen ... verletzt". Das Wort „sonstiges Recht" verweist auf das unmittelbar zuvor genannte „Eigentum". Da das Eigentum ein *absolutes* Recht ist, muss man lesen: „sonstiges *absolutes* Recht" (zu den relativen Rechten siehe Rn 1614 f).

1607 *Pfandrechte und Grundpfandrechte:* Wer Gläubiger eines Pfandrechts ist (an einer beweglichen Sache) oder eines Grundpfandrechts (Hypothek oder Grundschuld an einem Grundstück), ist Inhaber eines absoluten Rechts, so dass er durch § 823 Abs. 1 gegen Eingriffe geschützt ist.

1608 *Anwartschaftsrecht:* Wer unter Eigentumsvorbehalt (§ 449) eine bewegliche Sache gekauft hat (Rn 10), ist vor deren Bezahlung noch nicht ihr Eigentümer, aber Inhaber eines (dem Eigentum angenäherten) Anwartschaftsrechts, das als (absolutes) „sonstiges Recht" gilt.[96] Auch durch eine Vormerkung im Grundbuch kann ein Anwartschaftsrecht entstehen.[97]

1609 *Besitz:* Auch der berechtigte Besitz kann nach § 823 Abs. 1 geschützt sein.[98] *Beispiel:* Mitglieder einer Bürgerinitiative wollten in der Nähe von Dresden die Errichtung eines Gewerbeparks verhindern und blockierten deshalb zwei Tage lang die Baumaschinen der Bauunternehmer. Der BGH konnte offenlassen, ob die Bauunternehmer Eigentümer oder Besitzer der Baumaschinen waren, weil in jedem Fall ein Eingriff in ihre Rechte vorlag.[99]

1610 *Geistiges Eigentum:* Auch Urheber- und Patentrechte sowie gewerbliche Schutzrechte sind absolute Rechte.

1611 *Aneignungsrechte:* Nach § 958 Abs. 2 darf sich nur der Aneignungsberechtigte bestimmte herrenlose Sachen aneignen. Auch dieses Aneignungsrecht ist ein absolutes Recht. *Beispiel:* Ein Wilderer schoss einen Rehbock. Er hat dann – weil ein Rehbock „herrenlos" ist (§ 960 Abs. 1 S. 1) – nicht das *Eigentum* des Jagdberechtigten verletzt, sondern dessen Jagdrecht (Aneignungsrecht).

---

91 SAT Rn 937, 1024 ff.
92 BGH NJW 1993, 1793.
93 BGHZ 63, 203 (206).
94 Looschelders Rn 1212.
95 BGH NJW 1977, 2264.
96 So schon RGZ 170, 1 (6).
97 BGHZ 114, 161.
98 BGH NJW 2015, 1174 Rn 17.
99 BGHZ 137, 89 (98).

Ehestörer: Ob derjenige, der in eine Ehe einbricht, ein absolutes Recht verletzt, ist strittig. Der BGH hat das immer abgelehnt[100] und nur die Ehe*wohnung* gegen einen Missbrauch durch einen Dritten geschützt.[101] Nur wenige Autoren halten den Anspruch auf eheliche Treue noch für ein absolutes Recht.[102]

1612

Elterliche Sorge: Zweifellos ist aber das Recht der elterlichen Sorge (§ 1626) ebenso wie das Umgangsbestimmungsrecht (§ 1632 Abs. 2) ein absolutes Recht. *Beispiel:* Das Familiengericht Berlin-Charlottenburg hatte für die Zeit des Scheidungsverfahrens Frau W die elterliche Sorge für ihre (drei und sechs Jahre alten) Töchter übertragen. Ihr Ehemann Dr. W versteckte die Kinder bei Verwandten in Westfalen. Frau W wandte eine hohe Summe auf, um über Detekteien den Aufenthalt ihrer Kinder zu ermitteln. Diesen Betrag musste ihr Ehemann nach § 823 Abs. 1 im Prinzip ersetzen.[103]

1613

Dazu kommen noch als absolute Rechte, die nach § 823 Abs. 1 geschützt sind, das *Allgemeine Persönlichkeitsrecht* und das *Recht am Unternehmen.* Da diese beiden wichtigen Rechte ausführlicher erläutert werden müssen, werden sie gesondert dargestellt (Rn 1616 ff).

III. Gegensatz: Relative Rechte

Durch § 823 Abs. 1 sind, wie gesagt, nur absolute Rechte geschützt. Den Gegensatz zu ihnen bilden die *relativen* Rechte, die dem Gläubiger nur gegen einen (oder mehrere bestimmte) Schuldner zustehen.

1614

Forderung: Hauptfall der relativen Rechte ist die *Forderung,* die im Allgemeinen Teil des BGB „Anspruch" genannt wird (§ 194 Abs. 1). Die Väter des BGB haben es bewusst vermieden, § 823 Abs. 1 zu einer Generalnorm zu machen, die auch die Verletzung obligatorischer Rechte umfasst.[104] *Beispiel:* S hatte den bei A beschäftigten X verletzt, so dass dieser vier Monate arbeitsunfähig war. A konnte dadurch zeitweise seinen Anspruch auf Arbeitsleistung nicht realisieren. Das gab ihm aber keinen Anspruch gegen S aus § 823 Abs. 1.[105]

Vermögen: Das Vermögen eines Menschen – die Summe seiner geldwerten Gegenstände – fällt ebenfalls nicht unter die „sonstigen Rechte". Denn anderenfalls würde § 823 zu einer (uferlosen) Generalklausel. *Beispiel:* Die Eheleute E sind durch falsche Angaben dazu verleitet worden, 100 000 Euro an die X-GmbH zu zahlen, deren Geschäftsführer das Geld unterschlagen hat. In diesem Fall können sich die Eheleute nicht auf § 823 Abs. 1 berufen, weil zwar ihr Vermögen geschädigt ist, aber nicht ihr Eigentum oder ein sonstiges absolutes Recht. Allerdings kann ihnen ein Anspruch nach § 823 Abs. 2 in Verbindung mit den §§ 263 ff StGB zustehen (Rn 1667).

1615

---

100 BGHZ 23, 279.
101 BGHZ 6, 360.
102 Dazu Medicus/Lorenz Rn 1303.
103 BGHZ 111, 168.
104 Hammen AcP Bd 199 (1999), 591.
105 Aber nach § 6 EFZG geht auf A der Anspruch des X über, den dieser gegen S hätte, wenn er keine Lohnfortzahlung erhielte.

§ 56 Der Schutz der Persönlichkeit und der Schutz des Unternehmens

1616   **Fall 56: Sanitärarmaturen**   **§ 823**

▶ *Die K-GmbH war Inhaberin von zwei beim Deutschen Patent- und Markenamt (DPMA) eingetragenen Marken für Sanitärarmaturen (Klagemarken). Gegenüber der B-KG, einer Konkurrentin, machte sie geltend, deren Strahlregler verletzten die Klagemarken, und verlangte die Abgabe einer strafbewehrten Unterlassungserklärung. Die B-KG ließ sich nicht darauf ein und beantragte beim DPMA die Löschung der Klagemarken. Das DPMA gab dem Antrag mit der Begründung statt, dass den Klagemarken jede Unterscheidungskraft fehle (§ 8 Abs. 2 Nr. 1 MarkenG). Die B-KG ist der Meinung, die K-GmbH sei ihr zum Schadensersatz verpflichtet, weil die Abmahnung unberechtigt gewesen sei. Sie macht die Kosten geltend, die ihr im Verfahren vor dem DPMA entstanden sind. (Nach BGHZ [GSZ] 164, 1)*

1617   In § 823 Abs. 1 wird *nicht* der „eingerichtete und ausgeübte Gewerbebetrieb" als geschütztes Rechtsgut genannt. Es besteht aber seit über 100 Jahren Einigkeit, dass er ein „sonstiges Recht" darstellt (unten Rn 1651 ff). Es gibt vielfältige Möglichkeiten, unberechtigt in den Gewerbebetrieb eines anderen einzugreifen, zB durch einen Boykottaufruf, durch einen unzulässigen Streik oder durch herabsetzende Äußerungen. Es war lange Zeit unbestritten, dass ein Fall des unzulässigen Eingriffs in einen fremden Gewerbebetrieb vorliegt, wenn ein Unternehmer zu Unrecht einen Konkurrenten wegen einer (angeblichen) Schutzrechtsverletzung abmahnt.[106]

An dieser Ansicht wurde später Kritik geübt. Sie gründete sich hauptsächlich auf folgende Überlegung: Es stellt nach ganz unbestrittener Ansicht *keinen* Eingriff in einen fremden Gewerbebetrieb dar, wenn jemand dessen Inhaber *verklagt,* mag die Klage sich auch als unbegründet herausstellen (Rn 1552).[107] Denn wer zur Durchsetzung seiner Interessen die Hilfe der Justiz in Anspruch nimmt, tut kein Unrecht. Man kann dann natürlich die Frage stellen, warum es einen unzulässigen Eingriff in einen Gewerbebetrieb darstellen soll, wenn der Konkurrent nicht klagt, sondern versucht, sein (angebliches) Recht durch eine Abmahnung *außergerichtlich* durchzusetzen.[108] Der für die Revision des hier vorgestellten Falls zuständige I. Zivilsenat des BGH wollte sich dieser Kritik anschließen und nicht § 823 anwenden, sondern Vorschriften des UWG. Er hat deshalb die Streitfrage dem Großen Senat für Zivilsachen vorgelegt.[109]

1618   In seiner Entscheidung hat der Große Senat wider Erwarten, aber sehr nachvollziehbar entschieden, dass auch künftig § 823 Abs. 1 anwendbar ist, wenn ein Unternehmer zu Unrecht einen anderen Unternehmer wegen einer (angeblichen) Schutzrechtsverletzung abmahnt.[110] Denn wer das tut und eine strafbewehrte Unterlassungserklärung verlangt, setzt den Konkurrenten einem erheblichen Druck aus. Wenn ein Großunternehmen einen kleineren Konkurrenten abmahnt, kann dieser Druck sogar existenzielle Bedeutung erlangen, insbesondere dann, wenn sich der Abmahnende auch an die *Abnehmer* des Abgemahnten

---

106 Besonders bekannt ist die Entscheidung BGHZ 38, 200 – Kindernähmaschine.
107 So ausdrücklich auch BGHZ (GSZ) 164, 1.
108 In diesem Sinne der damalige Vorsitzende des I. Zivilsenats Ullmann GRUR 2001, 1027; ferner Canaris VersR 2005, 577 (582); Sack WRP 1976, 733; Blaurock JZ 1974, 620.
109 GRUR 2004, 958.
110 BGHZ (GSZ) 164, 1. Der GSZ stützte sich hauptsächlich auf die noch rechtzeitig von den Insidern Teplitzky (GRUR 2005, 9) und Meier-Beck (GRUR 2005, 535) veröffentlichten Aufsätze.

wendet. Denn diese wehren sich in der Regel nicht, sondern wählen den Weg des geringsten Widerstands und beziehen künftig vom Abmahnenden. Das Druckmittel der Abmahnung darf deshalb für den Abmahnenden nicht risikolos sein. Durch die ihm drohende Schadensersatzpflicht soll er zu einer besonders sorgfältigen Prüfung der von ihm vertretenen Rechtsauffassung gezwungen werden. ◀

Lerneinheit 56

Literatur zum Schutz der Persönlichkeit: *Sajuntz,* Die Entwicklung des Presse- und Äußerungsrechts im Jahr 2018, NJW 2019, 1567; *Gounalakis/Muer,* Reaktive Prüfpflicht für Google ab Kenntnis einer offensichtlichen Rechtsverletzung, NJW 2018, 2299; *Hofmann/Fries,* Der äußerungsrechtliche Geldentschädigungsanspruch im digitalen Zeitalter, NJW 2017, 2369; *Giebel,* Zivilrechtlicher Rechtsschutz gegen Cybermobbing in sozialen Netzwerken, NJW 2017, 977; *Gomille,* Die Verteidigung gegen unerwünschte Werbung, GRUR 2017, 241; *David,* Die lauterkeitsrechtliche und die datenschutzrechtliche Zulässigkeit der Telefonwerbung – Entwicklungsbedarf, ZVertriebsR 2017, 207; *Lauber-Rönsberg,* Das Recht am eigenen Bild in sozialen Netzwerken, NJW 2016, 744; *Gounalakis,* Geldentschädigung bei vorverurteilenden Äußerungen durch Medien oder Justiz, NJW 2016, 737.

Literatur zum Schutz des Unternehmens: *Brost/Wolsing,* Presserechtlicher Schutz vor der Veröffentlichung von Geschäftsgeheimnissen, ZUM 2019, 898; *Dann/Markgraf,* Das neue Gesetz zum Schutz von Geschäftsgeheimnissen, NJW 2019, 1774; *Menebröcker,* Aufforderung zur Löschung einer Marke ist keine unberechtigte Schutzrechtsverwarnung, GRUR-Prax 2019, 14; *Staake/von Bressensdorf,* Grundfälle zum deliktischen Unternehmensschutz, JuS 2016, 297.

I. Das Allgemeine Persönlichkeitsrecht als „sonstiges Recht"   2 $\int$

1. Historisches

Das BGB kennt kein „Allgemeines Persönlichkeitsrecht" und erwähnt in § 823 Abs. 1 nicht einmal die Ehre des Menschen als geschütztes Rechtsgut. Der BGH sieht aber zu Recht das Allgemeine Persönlichkeitsrecht als weiteres durch § 823 Abs. 1 geschütztes absolutes Recht an. *Beispiel:* H, der Mitinhaber einer Kölner Brauerei und Turnierreiter, musste eines Tages feststellen, dass ein Foto, das ihn beim Überspringen einer Hürde zeigte, für ein Werbeplakat verwendet wurde. Geworben wurde für das damals bekannte, angeblich potenzsteigernde Mittel Okasa. Der BGH sprach H in sehr rechtsschöpferischer Weise Schmerzensgeld zu, und zwar die damals hohe Summe von 10 000 DM („Herrenreiterurteil").[111] Der BGH sah in der rechtswidrigen Verwendung des Bildes eine Verletzung des von ihm hier erstmals ausführlich begründeten Allgemeinen Persönlichkeitsrechts.

Heute ist anerkannt, dass auch eine *juristische* Person ein Persönlichkeitsrecht besitzen kann, soweit sie „aus ihrem Wesen ... und ihren Funktionen dieses Rechtsschutzes bedarf".[112]

2. Rechtswidrigkeit

Bei der Verletzung des Persönlichkeitsrechts muss die Rechtswidrigkeit des Eingriffs gesondert geprüft werden. Denn Inhalt und Grenzen des Persönlichkeitsrechts sind so

1619

1620

1621

---

111 BGHZ 26, 349.
112 BGH NJW 2017, 2029 Rn 16 (Privatklinik in der Rechtsform einer GmbH); BGH NJW 2016, 1584 Rn 11 (Interessenverband der Pelztierzüchter, Rn 1621); BGH NJW 2016, 56 Rn 27 (Aktiengesellschaft).

unbestimmt, dass die Feststellung einer Verletzung das Rechtswidrigkeitsurteil noch nicht nahelegt ("indiziert").[113] Der Eingriff ist nur dann rechtswidrig, wenn „das Schutzinteresse des Betroffenen die schutzwürdigen Belange der anderen Seite überwiegt".[114] Die „schutzwürdigen Belange der anderen Seite" beruhen häufig auf dem Grundrecht der Meinungsfreiheit (Art. 5 Abs. 1 S. 1 GG).

Tatsachenbehauptung oder *Werturteil:* Es muss im Einzelfall durch Auslegung ermittelt werden, ob es sich um eine *Tatsachenbehauptung* handelt oder um ein durch die Meinungsfreiheit gedecktes *Werturteil.* Tatsachenbehauptungen können mit den Mitteln des Beweises überprüft werden, Werturteile nicht.[115] *Beispiel:* Ein Tierschutzverein forderte eine Bank auf, dem Interessenverband der Pelztierzüchter das Konto zu kündigen, und bezeichnete ihn als „Nerzquäler", an dessen Geld „Blut" klebe. Darin lag keine Tatsachenbehauptung, sondern eine Meinungsäußerung, die durch Art. 5 GG geschützt ist.[116]

Das BVerfG geht in der Verteidigung der Meinungsfreiheit sehr weit. *Beispiel:* Y kam zu einem von Polizisten gesicherten Spiel der zweiten Fußball-Bundesliga mit einer Weste, die die Aufschrift „ACAB" trug („All cops are bastards"). Das BVerfG hob die Verurteilung wegen Beleidigung der Polizisten auf.[117] Es bezieht sich in diesen Fällen auf die Entscheidung des Ersten Senats, die das Tucholski-Zitat „Soldaten sind Mörder" gebilligt hat.[118] Wenn sogar das großzügige BVerfG eine aggressive Meinungsäußerung für unzulässig erklärt hat, hilft manchmal noch der EGMR.[119]

3. Rechtsfolgen

1622   *Entschädigung:* Der BGH hatte den Anspruch auf eine Entschädigung zunächst aus einer Analogie zur damaligen Schmerzensgeld-Bestimmung abgeleitet (heute § 253). Das war aber dogmatisch fraglich, weil ein Anspruch auf Schmerzensgeld damals wie heute eine Ausnahme von der Regel ist und Ausnahmen eng auszulegen sind. Seit der Soraya-Entscheidung des BVerfG aus dem Jahre 1973[120] wird der Anspruch auf Geldentschädigung deshalb Art. 1 und Art. 2 Abs. 2 GG (in Verbindung mit einer Analogie zu § 823 Abs. 1) entnommen.[121] Das hat den Vorteil, dass bei der Bemessung der Entschädigung nicht auf das zugefügte Leid abgestellt werden muss (das oft gering sein dürfte), sondern die Genugtuung und die Abschreckung in den Vordergrund treten können.[122] Das ist besonders nötig, wenn der Regenbogenpresse nur so der Geschmack an entsprechenden Veröffentlichungen verdorben werden kann.[123]

---

113   Palandt/Sprau § 823 Rn 25.
114   BGH NJW 2017, 2029 Rn 23; NJW 2017, 1550 Rn 15; NJW 2017, 482 Rn 19; BGHZ 209, 139 Rn 30 mwN.
115   BGH NJW 2017, 2029 Rn 29; NJW 2016, 1584 Rn 16; 2016, 56 Rn 24.
116   BGH NJW 2016, 1584. Im Ergebnis war der Eingriff als Meinungsäußerung nicht rechtswidrig (BGH aaO Rn 22 ff).
117   BVerfG NJW 2017, 1092 Rn 14.
118   BVerfGE 93, 266 (299 ff).
119   EGMR NJW 2016, 1867 – Abtreibungsgegner.
120   BVerfGE 34, 269.
121   BGH NJW 1996, 984; BVerfG NJW 2000, 2187; BGH NJW 2000, 2195.
122   BGHZ 128, 1; BGH NJW 2006, 1068 Rn 16: „... echter Hemmeffekt gegen eine rücksichtslose Vermarktung der Persönlichkeit"; BGH NJW 1996, 984 (985 aE).
123   BGH NJW 1996, 984; OLG Hamburg NJW 1996, 2870.

Ob der Anspruch auf eine Geldentschädigung vererbt werden kann, ist nach Ansicht des BGH eine Frage des Zeitpunktes: **1623**

- Gab es im Zeitpunkt des Todes des Erblassers ein Urteil, das ihm eine Entschädigung zuspricht, *und* war es bereits *rechtskräftig* (durch Rechtsmittel nicht mehr angreifbar), geht der Anspruch auf die Erben über.[124]
- War der Entschädigungsanspruch im Todeszeitpunkt nur *rechtshängig* (durch Zustellung der Klage), ist der Anspruch *nicht* vererblich. Das gilt erst recht, wenn der Anspruch nicht einmal rechtshängig war.[125] Der BGH hat seine Ansicht damit begründet, dass „die ideellen Bestandteile des Persönlichkeitsrechts unauflöslich an die Person ihres Trägers gebunden und … unverzichtbar und unveräußerlich … sind".[126]

In der Literatur werden zu diesem Thema fast alle denkbaren Ansichten vertreten, insbesondere die, dass die Vererblichkeit bereits mit der Rechtshängigkeit beginnt.[127]

Unterlassung, Löschung: Der Betroffene kann den Störer auch auf Unterlassung in Anspruch nehmen (§§ 1004 analog, 823 Abs. 1, Abs. 2 iVm § 185 StGB, 824). Wenn die Rufbeeinträchtigung im Internet erfolgt, kann er außerdem verlangen, falsche Tatsachenbehauptungen zu löschen oder – soweit das nicht in der Macht des Beklagten liegt – auf die Löschung hinzuwirken.[128] **1624**

4. Fallgruppen

a) Privatsphäre aller Bürger

Unerwünschte Werbung: Wer einem Verbraucher ohne dessen Einwilligung über das Internet (elektronische) Werbung zusendet, greift in die Privatsphäre des Verbrauchers und damit in sein allgemeines Persönlichkeitsrecht ein.[129] Denn das allgemeine Persönlichkeitsrecht gibt allen Bürgern das Recht, „im privaten Bereich in Ruhe gelassen zu werden".[130] *Beispiel:* Verbraucher K hatte über die Amazon-Plattform ein Gerät bestellt und erhalten. Die Rechnung kam per E-Mail und enthielt die Bitte um eine 5-Sterne-Bewertung. K sah darin eine unzulässige Werbung, klagte auf Unterlassung und erhielt vom BGH Recht.[131] Denn die unerlaubte Zusendung von Werbe-E-Mails gibt dem Verbraucher einen Abwehranspruch nach § 823 Abs. 1 mit § 1004 Abs. 1 S. 2 analog.[132] Das Gleiche gilt für den Einwurf von Werbung in einen Briefkasten mit Abwehr-Aufkleber.[133] **1625**

Keine Prüfpflicht von Google: Viele Personen, über die im Internet negative Berichte oder Urteile zu finden sind, werfen Google vor, diese oft schwer zugänglichen Informationen ungefiltert Millionen von Nutzern zu präsentieren. Aber Google ist nicht verpflichtet, die automatisch gefundenen Informationen auf eine Verletzung des Persön-

124 BGH NJW 2017, 3004 Rn 18 (letzter Satz).
125 BGH aaO Rn 11 ff.
126 NJW 2014, 2871 Rn 9 mwN.
127 Nachweise in der zitierten BGH-Entscheidung ab Rn 11.
128 BGH NJW 2016, 56 Rn 13, 16.
129 Art. 13 der Richtlinie 2002/58/EG v. 12. 7. 2002, geändert durch RL 2009/136/EG, ABl 2009 L 337, 11. Diese Richtlinie wurde für den kaufmännischen Bereich in § 7 Abs. 2 Nr. 3 UWG umgesetzt.
130 BGH NJW 2018, 3506 Rn 14; NJW 2016, 870 Rn 12; BGHZ 131, 332 (337).
131 NJW 2016, 870 Rn 10 ff.
132 BGH NJW 2018, 3506 Rn 13; NJW 2016, 870 Rn 11.
133 BGHZ 106, 229 (233 ff).

lichkeitsrechts zu untersuchen. Nur wenn Google durch einen konkreten Hinweis von einem Inhalt erfährt, der sofort als Verletzung des Persönlichkeitsrechts erkennbar ist, muss Google dem nachgehen.[134]

b) Kritische Berichte über Politiker

1626 Die Gerichte müssen immer wieder das Grundrecht der Pressefreiheit (Art. 5 GG) gegen das Persönlichkeitsrecht von Prominenten, insbesondere von Politkern abwägen. Dabei entscheidet der BGH – auf den Spuren des BVerfG – meist zugunsten der Pressefreiheit. *Beispiel:* Dem brandenburgischen Minister RS war sein Laptop abhandengekommen, auf dessen Festplatte sich E-Mails einer von ihm geschwängerten Mitarbeiterin befanden. Die Bildzeitung berichtete aufgrund dieses Materials, dass RS die Mitarbeiterin dazu verpflichtet hatte, ihn nicht als Vater zu benennen und stattdessen Unterstützung vom Staat zu verlangen (Sozialbetrug). Weil ein erhebliches Interesse in der Öffentlichkeit bestand, durfte die Presse in diesem Fall auch rechtswidrig erlangte Informationen verwerten.[135] Aber manchmal muss auch die Pressefreiheit gegenüber der Ehre einer (Ex)Politikerin zurücktreten.[136]

Recht auf Vergessen? Viele Verlage machen ihr Archiv im Internet für jedermann zugänglich. Es stellt sich dann die Frage, ob Artikel, die mit voller Namensnennung über Straftaten berichten, nicht nach gewisser Zeit gelöscht oder zumindest nur noch für bestimmte Nutzer einsehbar sein sollten. *Beispiel:* Y war in 1990er Jahren Fraktionsgeschäftsführer der DSU im Landtag von Sachsen-Anhalt. Er wurde zu einer Bewährungsstrafe verurteilt, weil er über 190 000 D-Mark aus der Fraktionskasse unterschlagen hatte. Eine Zeitung berichtete darüber und stellte später den Artikel in ihr Online-Archiv. Im Jahre 2013 verlangte Y vom Betreiber des Archivs, den Artikel zu löschen. Der BGH hat sehr ausführlich die Interessen des Klägers gegen das Informationsbedürfnis der Allgemeinheit abgewogen, aber die Sache dann zur erneuten Verhandlung an das OLG zurückverwiesen.[137]

c) Privatsphäre Prominenter

1627 Die meisten Fälle, in denen die Verletzung des Persönlichkeitsrechts anerkannt wurde, betreffen Berichte der Regenbogenpresse über das Privatleben Prominenter.

Erfundene „Berichte": Unwahre Berichte über Prominente greifen in deren Persönlichkeitsrecht ein, ohne dass es einer Abwägung gegen das Grundrecht der Pressefreiheit bedarf. *Beispiel:* Die Zeitschrift „Bunte" hatte ein frei erfundenes „Exklusiv-Interview" mit Prinzessin Caroline von Monaco gebracht. Der BGH betont zu Recht, dass der Verlag „unter vorsätzlichem Rechtsbruch die Persönlichkeit der Klägerin als Mittel zur Auflagensteigerung und damit zur Verfolgung eigener kommerzieller Interessen eingesetzt hat".[138]

1628 *Wahre Berichte:* Berichte, die im Wesentlichen wahr sind, sind keine rechtswidrigen Eingriffe, wenn das Grundrecht der Pressefreiheit und das berechtigte Interesse der Öffentlichkeit an politischer Information Vorrang haben. *Beispiel:* Nachdem eine be-

---

134 BGH NJW 2018, 2324 Rn 26 bis 53.
135 BGH NJW 2015, 782.
136 BVerfG NJW 2014, 764 zur ehemaligen CSU-Landrätin Pauli („durchgeknallte Frau").
137 BGH NJW 2019, 1881.
138 BGHZ 128, 1 (15/16).

kannte Schauspielerin öffentlich ihren neuen Lebenspartner X vorgestellt hatte, schrieb
eine Zeitschrift: „Was mag sie gefühlt haben, als sie erfuhr, dass ihr neuer Freund ...
noch vor wenigen Monaten als Pornodarsteller brillierte – ohne Kondom natürlich?"
Da X tatsächlich in mehreren Pornofilmen als einer der Hauptdarsteller aufgetreten
war, griff dieser Bericht nicht in seine geschützte Privatsphäre ein.[139] Bei der Abwägung ist immer zu berücksichtigen, wieweit der Prominente in der Vergangenheit von
sich aus sein Privatleben der Presse zugänglich gemacht hat.[140]

Fotos: In der Praxis geht es meist um *Fotos* Prominenter. Der Gesetzgeber hat für Bil-   **1629**
der in den §§ 22, 23 KUG[141] ein „abgestuftes Schutzkonzept" entwickelt.[142] Fotos
einer Person dürfen grundsätzlich nur mit deren Einwilligung verbreitet werden (§ 22
KUG).[143] Ohne Einwilligung des Abgebildeten dürfen die Medien nur „Bildnisse aus
dem Bereich der Zeitgeschichte" veröffentlichen (§ 23 Abs. 1 Nr. 1 KUG).

Aber auch eine Person der Zeitgeschichte hat Anspruch auf eine Privatsphäre, wenn   **1630**
durch die Verbreitung eines Fotos berechtigte Interessen des Abgebildeten verletzt werden (§ 23 Abs. 2 KUG). Auffallend viele Entscheidungen des BGH und des BVerfG zu
dieser Frage betreffen Klagen von Prinzessin Caroline von Hannover (Monaco), ihrer
Töchter und ihres Ehemanns Prinz Ernst August von Hannover.[144] Wenn diese Personen vor deutschen Gerichten – einschließlich BGH und BVerfG – keinen Erfolg haben,
rufen sie gern den EGMR an, zuletzt allerdings ohne Erfolg.[145] Das gilt auch von Oli-
ver Kahn, der alle Möglichkeiten ausgenutzt hat, einem Hamburger Blatt der Regen-
bogen-Presse die Veröffentlichung von Fotos seiner Kinder zu untersagen.[146]

Wortberichte: Die strengen Grenzen, die der Veröffentlichung von Fotos gesetzt sind,   **1631**
gelten nicht in gleicher Weise für Wortberichte. Denn hier hat das Grundrecht der frei-
en Berichterstattung (Art. 5 GG) größeres Gewicht. Insbesondere kann niemand die
Tatsachen zur Privatsache erklären, die er selbst der Öffentlichkeit preisgegeben hat.[147]
Wenn eine Person der Zeitgeschichte bewusst an Ereignissen teilnimmt, über die zahlreiche Medien zu berichten pflegen, kann sie nicht erwarten, dass sie unbeachtet
bleibt.[148]

d) Freiheit der Kunst und Schutz der Persönlichkeit

Es ist grundsätzlich erlaubt, das Leben von Personen der Zeitgeschichte zum Gegen-   **1632**
stand einer künstlerischen Darstellung zu machen.[149] *Beispiel 1:* Der Filmproduzent X
hatte sich in einem Film über einen bekannten Straftäter, den „Kannibalen von Roten-
burg", eng an die von diesem selbst in Interviews genannten Details seines Lebens gehalten. Das Grundrecht der Kunst- und Filmfreiheit hatte deshalb Vorrang vor dem

---

139 BGH NJW 2012, 767 Rn 19. Siehe auch BGH NJW 2015, 776; 2014, 768 und 2276; 2014, 3154.
140 BGH VersR 2018, 554 Rn 27 (Kurz-Bundespräsident Wulff mit Ehefrau und Einkaufswagen).
141 KunstUrhG, Schönfelder Nr. 67.
142 BGH NJW 2009, 754 Rn 8; 2008, 749 Rn 6.
143 BGH NJW 2013, 3029 Rn 7.
144 Zuletzt BGH NJW 2013, 2819; siehe auch BGH NJW 2012, 762; BVerfG NJW 2011, 740; BGH NJW 2011,
     744 und 746; 2010, 3025.
145 EGMR NJW 2016, 781; 2014, 1645.
146 EGMR (Kahn/Deutschland) NJW2017, 2891.
147 BGH NJW 2018, 3509 Rn 24 ff (Jan Josef Liefers); BVerfGE 101, 361 (Caroline von Monaco); BGH NJW 2004,
     762 und 766 (Feriendomizil I und II).
148 BVerfG NJW 2011, 740 Rn 56.
149 BVerfG NJW 2008, 39.

Persönlichkeitsrecht des Täters.[150] Wer das Leben eines Menschen beschreibt, muss aber Grenzen einhalten. *Beispiel 2:* Ein Autor hatte sein zeitweise enges Verhältnis zu einer Filmkünstlerin und deren prominenter Mutter zu einem „Roman" verarbeitet, der die beiden Frauen teilweise deutlich erkennbar schilderte, aber – ununterscheidbar – auch abwertende Erfindungen enthielt. Hier hat der BGH zu Recht das Persönlichkeitsrecht der Dargestellten über die Freiheit des Autors (Art. 5 Abs. 3 S. 1 GG) gestellt.[151]

e) Bewertungsportale

1633 – 1639 Der Betreiber eines Bewertungsportals gibt nur anderen die Möglichkeit, auf seiner Plattform Behauptungen und Werturteile zu verbreiten und ist deshalb selbst kein Störer. Das ist aber anders, wenn er aus dem fremden Text einen eigenen gemacht hat, indem er ihn korrigiert oder (durch Weglassungen oder Ergänzungen) verändert hat.[152]

II. Der Schutz der Geschlechtsehre *noch zu Zb hinzufügen!*

1640 Früher gab § 825 nur Angehörigen des weiblichen Geschlechts einen Schadensersatzanspruch gegen den Täter eines sexuellen Übergriffs. Seit 2002 ist die Vorschrift geschlechtsneutral formuliert. Wichtig ist, dass dem/der Verletzten nach § 253 Abs. 2 ein *Schmerzensgeld* zugesprochen werden kann („… Verletzung … der sexuellen Selbstbestimmung …").

III. Der Schutz des Unternehmens

1. Überblick

1641 Die §§ 823 ff schützen ein Unternehmen oder seinen Träger nur teilweise oder indirekt. Im Einzelnen schützt

1642 ■ § 823 Abs. 1 vor Eingriffen in das *Eigentum* des Unternehmensträgers und seinen *Besitz* (oben Rn 1599)

1643 ■ § 823 Abs. 2 (in Verbindung mit Schutzvorschriften) vor sehr unterschiedlichen Eingriffen (unten Rn 1665 ff) und

1644 ■ § 824 gegen tatsachenähnliche, aber unwahre Behauptungen (unten Rn 1646). [153]

1645 Dieser Schutz ist, wie sich schon früh herausgestellt hat, nicht ausreichend. Deshalb haben Rechtsprechung und Lehre als Auffangtatbestand den Eingriff in den „eingerichteten und ausgeübten Gewerbebetrieb" geschaffen (Rn 1651 ff).

2. Kreditgefährdung

1646 *Objektiver Tatbestand:* Die in § 824 geregelte Kreditgefährdung setzt in Abs. 1 voraus, dass jemand (Unternehmer, Behörde, Verbraucher) „… der Wahrheit zuwider eine Tatsache behauptet oder verbreitet". Da Tatsachen immer wahr sind, wäre die bessere Formulierung: „… der Wahrheit zuwider eine Behauptung verbreitet, die *den Anschein*

---

150 BGH NJW 2009, 3576.
151 BGH NJW 2005, 2844; bestätigt von BVerfG NJW 2008, 39.
152 BGH NJW 2017, 2029 Rn 18 f (www.klinikbewertungen.de). Siehe auch EGMR NJW 2017, 2091.
153 Hinzu kommt noch der Schutz gegen Wettbewerbsverstöße durch das UWG (vom 3. Juli 2004) und gegen behindernde wettbewerbsbeschränkende Maßnahmen durch § 33 GWB.

einer Tatsache erweckt". Eine solche Behauptung unterscheidet sich vom *Werturteil* dadurch, dass sie „einer Überprüfung auf ihre Richtigkeit mit den Mitteln des Beweises zugänglich ist" (Rn 1621).[154]

Gegensatz Werturteil: Ein Werturteil ist eine Meinungsäußerung, die erkennbar eine Person oder einen Umstand *subjektiv* bewertet und deren Richtigkeit (oder Unrichtigkeit) deshalb nicht bewiesen werden kann. Ein Werturteil wird, auch wenn es grob und deftig ist,[155] nicht von § 824 erfasst.[156] Wenn tatsachenähnliche Behauptungen und Werturteile vermengt werden, liegt im Zweifel insgesamt ein Werturteil vor. *Beispiel:* Ein Wissenschaftsjournalist bezeichnete das Gerät Ecojet, das angeblich zu einer beträchtlichen Einsparung von Energie führt, gegenüber einem Kunden des Herstellers als „Schwindel", „Scharlanarieprodukt" und „Unsinn". Diese Worte brachten in erster Linie eine „Missbilligung" zum Ausdruck und enthielten deshalb insgesamt „eine subjektive Wertung".[157]   **1647**

Wirtschaftliche Interessen: In ihren Rechten können nicht nur Gewerbetreibende, Freiberufler und Handelsgesellschaften verletzt werden, sondern alle, die am Wirtschaftsleben teilnehmen, also zB auch Angestellte und Beamte („Fortkommen"). Es muss aber um *wirtschaftliche Interessen* gehen, nicht bloß um die Ehre. Denn durch die falsche Behauptung muss das geschäftliche Ansehen des Betroffenen bei einem Geschäftspartner (zB Bank, Lieferant, Abnehmer) oder bei seinem Arbeitgeber beeinträchtigt worden sein, nicht bei anderen (etwa Behörden oder Bürgerinitiativen).[158]   **1648**

Verschulden: § 824 Abs. 1 geht mit den Worten „der Wahrheit zuwider" vom Vorsatz des Erklärenden aus, stellt dem aber den Fall gleich, dass der Erklärende „… die Unwahrheit … kennen muss". Mit diesen Worten verweist das Gesetz auf § 122 Abs. 2. Gemeint ist deshalb, dass der Erklärende die Unwahrheit „infolge *von Fahrlässigkeit*" nicht kennt. Wenn der Mitteilende die Unwahrheit seiner Behauptung *ohne Fahrlässigkeit nicht kannte*, hat er im Prinzip ebenfalls Schadensersatz zu leisten. Das gilt nur dann nicht, wenn er selbst oder sein Empfänger an der Mitteilung „ein berechtigtes Interesse" hatte (§ 824 Abs. 2). Dabei ist an Fälle zu denken, in denen sich jemand an eine Behörde wendet, um einen erheblichen Missstand mitzuteilen.   **1649**

Schaden: Zumindest *ein* Geschäftspartner muss sich infolge der falschen Behauptung vom Betroffenen abgewandt haben mit der Folge, dass diesem ein Schaden entstanden ist (§ 824 Abs. 1).[159]   **1650**

3. Eingriffe in den „eingerichteten und ausgeübten" Gewerbebetrieb

a) Das Recht am Unternehmen als „sonstiges Recht"

Trotz § 824 ist der vom Gesetz gewährte Schutz des Unternehmens lückenhaft. Es ist deshalb seit langem anerkannt, dass das Recht am „eingerichteten und ausgeübten Gewerbebetrieb" von § 823 Abs. 1 als „sonstiges Recht" geschützt wird.   **1651**

Sprachlicher Hinweis: Die übliche Bezeichnung „eingerichteter und ausgeübter Gewerbebetrieb" ist eine Tautologie, weil jeder Gewerbebetrieb „eingerichtet" wurde und   **1652**

---

154 BGH NJW 2015, 773 Rn 8; BGHZ 166, 84 Rn 63 (Fall Kirch); BGHZ 132, 13 (21); BGH NJW 2011, 2204 Rn 10.
155 BGH NJW 2005, 279.
156 BGHZ 166, 84 Rn 62 (Kirch).
157 BGH NJW 2015, 774 Rn 10; vgl auch BGH NJW 2011, 2204 Rn 17.
158 BGHZ 90, 113 (120 f).
159 BGHZ 90, 113 (120 f).

„ausgeübt" wird. Sonst wäre es kein Gewerbe! Außerdem ist „Gewerbe" zu eng. Denn Freiberufler (wie Rechtsanwälte und niedergelassene Ärzte) betreiben kein Gewerbe, sind aber auch geschützt.[160]

b) Voraussetzungen

1653 *Schutzlücke:* Der Tatbestand der Verletzung des Rechts am Unternehmen ist gegenüber anderen Anspruchsgrundlagen subsidiär. Denn er bildet nur einen „Auffangtatbestand", der eine anderenfalls bestehende Schutzlücke schließen soll.[161] Wenn zB das Eigentum eines Unternehmers zerstört oder beeinträchtigt wird, liegt nur eine Verletzung des „Eigentums" vor (§ 823 Abs. 1). *Beispiel:* Die Unterbrechung der Stromversorgung, die die Bruteier unbrauchbar machte (Rn 1603), konnte nicht zugleich als Eingriff in den Gewerbebetrieb angesehen werden.[162]

1654 *Betriebsbezogenheit des Eingriffs:* Der Eingriff muss mit dem Ziel erfolgen, die Geschäftstätigkeit des Unternehmens zu behindern, und muss „über eine bloße Belästigung oder eine sozial übliche Behinderung hinausgehen".[163] *Beispiel 1:* Ein Kfz-Haftpflichtversicherer riet mehreren Unfallgeschädigten, das Ersatzfahrzeug nicht bei der X-GmbH zu mieten, weil es mit deren hohen Preisen mehrfach Probleme gegeben habe.[164] *Beispiel 2:* Ein unzulässiger Bummelstreik der Fluglotsen brachte den Luftverkehr in Deutschland weitgehend zum Erliegen. Die Fluglotsen griffen damit unzulässig in den Betrieb des klagenden Reiseveranstalters ein.[165] *Beispiel 3:* Eine Zeitung rief die Mieter eines Wohnungsunternehmens auf, eine Monatsmiete auf ein Sperrkonto zu zahlen.[166]

1655 Wenn die Behinderung des Unternehmens nur als *unbeabsichtigte Nebenfolge* eintritt, liegt kein Eingriff in das Unternehmen vor. *Beispiel:* Frau P fuhr mit ihrem Pkw versehentlich auf ein Fahrzeug der R-GmbH auf. Da deren Fahrer anschließend einige Tage krank war, verlangte die R-GmbH von Frau P Schadensersatz. Aber das Auffahren stellte keinen „betriebsbezogenen Eingriff" dar.[167]

1656 *Keine Indizierung der Rechtswidrigkeit:* Der Begriff „Gewerbebetrieb" ist so weit gefasst, dass die Tatbestandsmäßigkeit das Rechtswidrigkeitsurteil nicht nahelegt („offener Tatbestand", Rn 1621).[168] Es ist deshalb in jedem Einzelfall zu prüfen, ob die Tatsache der Verletzung wirklich zu einem Rechtswidrigkeitsurteil führt. In vielen Fällen hat der Schutz der Meinungsfreiheit Vorrang.

c) Fallgruppen

1657 *Arbeitskampf:* Streiks zur Durchsetzung besserer Arbeitsbedingungen stellen einen gezielten Eingriff in den bestreikten Gewerbebetrieb dar, sind aber nicht rechtswidrig, wenn sie sich an die Regeln halten. Die Regeln sind zum guten Teil durch das BAG

---

160 BGH NJW 2012, 2579 Rn 19 (Fall des Eislauftrainers Steuer).
161 BGHZ 166, 84 Rn 93 (Kirch); BGHZ 138, 311 (315) – Filmaufnahmen.
162 BGHZ 41, 123.
163 BGH NJW 2013, 2760 Rn 16.
164 BGH NJW 1999, 279.
165 BGHZ 69, 128.
166 BGH NJW 1985, 1620, bestätigt von BVerfG NJW 1989, 381.
167 BGH NJW 2009, 355 Rn 5; auch zu einem Verkehrsunfall BGH NJW 2003, 1040.
168 BGHZ 166, 84 Rn 97 (Kirch).

festgelegt worden.[169] Wenn ein Unternehmer durch einen Streik *nur mittelbar* betroffen ist, stellt der Streik für ihn keinen rechtswidrigen Eingriff dar. *Beispiel:* Die Gewerkschaft der Fluglotsen hatte ihre Mitglieder rechtmäßig zum Streik gegen ihre Arbeitgeberin aufgerufen, die Deutsche Flugsicherung GmbH. Dadurch wurde der Flugbetrieb der Fluggesellschaften beeinträchtigt, doch fehlte es ihnen gegenüber an der *Betriebsbezogenheit* des Eingriffs (Rn 1654).[170]

Produktkritik: Die Stiftung Warentest nennt hinsichtlich der getesteten Produkte nicht nur Tatsachen, sondern gibt auch *Werturteile* in Form von Schulnoten ab. Wer sich falsch bewertet fühlt, kann seine Klage deshalb nicht auf § 824 stützen. Der BGH verlangt von der Stiftung Warentest nur, dass sie sich erkennbar um ein richtiges Werturteil *bemüht* hat.[171]   1658

Eine gerechtfertigte Produktkritik kann auch dadurch erfolgen, dass Interna eines Betriebs öffentlich gemacht werden. *Beispiel:* Der Umweltschützer U drang nachts heimlich in die Halle eines Eierproduzenten ein, der seine Eier als „Bio-Eier" vermarktet, und machte Filmaufnahmen, die eine ARD-Anstalt in einem Fernsehbericht zeigte. Der BGH ist in einer mutigen Entscheidung zu dem Ergebnis gekommen, dass der Eingriff in den schutzwürdigen Bereich des Eierproduzenten in diesem Fall nicht rechtswidrig war, weil das öffentliche Interesse an der Aufdeckung von Missständen die Belange des Unternehmers überwog.[172]

Unberechtigte Schutzrechtsverwarnung: Wer einen Konkurrenten oder dessen Abnehmer zu Unrecht wegen Verletzung eines (vermeintlichen) Schutzrechts verwarnt, greift schuldhaft in den eingerichteten und ausgeübten Gewerbebetrieb des Konkurrenten ein. *Beispiel:* Fall 56, Rn 1616.[173]   1659

Unerwünschte E-Mail-Werbung: Die unerwünschte Zusendung von E-Mail-Werbung verletzt – wie schon festgestellt (Rn 1625) – die Rechte von Verbrauchern. Gegenüber einem *Unternehmer* stellt eine solche E-Mail eine unzumutbare Belästigung dar (§ 7 Abs. 2 Nr. 3 UWG).[174] Eine Unterlassungsklage gemäß § 8 Abs. 1 UWG steht nur Konkurrenten des Werbenden zu (§ 8 Abs. 3 Nr. 1 UWG). Andere Unternehmer sind aber nicht wehrlos, sondern können ihren Abwehranspruch auf § 823 Abs. 1 stützen (Eingriff in den Gewerbebetrieb). Auf diesen Anspruch sind die „Maßstäbe des § 7 UWG" anwendbar.[175]   1660

§ 57 Verletzung eines Schutzgesetzes und sittenwidrige Schädigung

Fall 57: Kundenparkplatz eines Fitnessstudios   § 823 Abs. 2   1661

▶ *Thomas Rau betreibt in München auf einem gemieteten Grundstück ein Fitnessstudio. An seinem Kundenparkplatz hat er ein Schild aufgestellt mit der Aufschrift: „Kundenparkplatz – unbefugt abgestellte Fahrzeuge werden kostenpflichtig abgeschleppt!" Dazu hatte er mit*

---

169 Konzen, 50 Jahre BAG (2004), 515.
170 BAG NJW 2016, 666 Rn 38.
171 BGHZ 65, 325 (Sicherheitsskibindung).
172 BGH NJW 2018, 2877 Rn 18 ff.
173 BGH (GSZ) BGHZ 164, 1; bestätigt von BGHZ 165, 311 (314) und BGH NJW 2016, 2110 Rn 15.
174 BGH NJW 2009, 2958 Rn 11.
175 BGH NJW 2017, 2119 Rn 15.

dem Abschleppunternehmer Abel einen Rahmenvertrag geschlossen. Dieser verpflichtete Abel, jedes von Rau benannte Fahrzeuge abzuschleppen. Abel sollte dafür von jedem Falsch-parker einen Betrag von 250 Euro verlangen können. Dazu trat Rau ihm den Schadenser-satzanspruch ab, der ihm gegen den jeweiligen Falschparker zustand.

Max Breit stellte seinen BMW auf Raus Parkplatz ab, ohne die Dienste des Fitnessstudios in Anspruch zu nehmen. Später rief ein Abel-Mitarbeiter bei Frau Breit an und teilte ihr mit, der BMW sei abgeschleppt worden, aber sein Standort werde erst bekanntgegeben, wenn die Schadenssumme von 250 Euro beglichen sei. Breit hat festgestellt, dass andere Münche-ner Unternehmer für das Abschleppen nur etwa 100 Euro berechnen, und zahlte die ver-langten 250 Euro nur unter Vorbehalt. Er stritt mit Abel vor dem Amtsgericht und dem Landgericht München und schließlich vor dem BGH über den Bestand und die Höhe des gel-tend gemachten Anspruchs. (Nach BGH NJW 2014, 3727)

1662   Abel kann der fragliche Anspruch auf Zahlung von 250 Euro nicht aus eigenem Recht zuste-hen, sondern nur dann, wenn ihm Rau einen solchen Anspruch abgetreten hat (§ 398). Zu prüfen ist deshalb, ob ursprünglich Rau diesen Betrag von Breit hätte fordern können. Als Anspruchsgrundlage kommt § 823 Abs. 1 in Betracht. Das wäre unproblematisch, wenn Rau *Eigentümer* des Kundenparkplatzes wäre, weil das „Eigentum" in Abs. 1 ausdrücklich als ge-schütztes Recht genannt wird. Da Rau als Mieter nur Besitzer des Parkplatzes ist, kommt Abs. 1 nur in Betracht, wenn man den *Besitz* als weiteres absolutes Recht betrachtet (Rn 1609). Das wird für Abschleppfälle vielfach vertreten.[176]

Der BGH wendet aber in den Abschleppfällen, in denen nicht der Eigentümer, sondern der *Besitzer* (Mieter) betroffen ist, nicht § 823 Abs. 1 an, sondern § 823 Abs. 2 S. 1 in Verbindung mit einem Schutzgesetz („... ein den Schutz eines anderen bezweckendes Gesetz"; Rn 1665). Das Schutzgesetz ist in diesem Fall § 858 Abs. 1. Nach dieser Vorschrift handelt „widerrecht-lich, wer den „Besitzer ohne dessen Willen ... im Besitz stört ..." Es liegt dann eine *„verbotene Eigenmacht"* vor, „sofern nicht das Gesetz ... die Störung gestattet ..."

Dass § 858 Abs. 1 – wie es § 823 Abs. 2 verlangt – den „Schutz eines anderen" bezweckt, macht § 858 Abs. 1 mit den Worten „handelt ... widerrechtlich" deutlich. Der Geschützte ist in den Abschleppfällen der Besitzer (Mieter) des Parkplatzes. Die Rechtsfolge der Verletzung eines Schutzgesetzes ergibt sich aus § 823 Abs. 1. Denn § 823 Abs. 2 S. 1 verweist mit den Worten: „Die gleiche Verpflichtung trifft denjenigen ..." auf Abs. 1, so dass der Störer, wie es in Abs. 1 heißt, „dem anderen zum Ersatz des daraus entstehenden Schadens verpflichtet" ist.

Der Umfang des Schadens ergibt sich aus § 249 Abs. 1. Er umfasst in erster Linie die Kosten des Abschleppens (weil sich der Besitzer nach § 859 Abs. 1 „verbotener Eigenmacht mit Ge-walt erwehren" darf). Daneben hat Breit auch alle anderen Kosten zu erstatten, die durch die Abwehr dieser verbotener Eigenmacht entstanden sind, nicht aber allgemeine Verwal-tungs- und Vorsorgekosten.[177]

Problematisch war hier die *Höhe der Abschleppkosten*. Rau hatte Abel im Vertrag den Betrag von 250 Euro zugestanden nach dem Motto: „Mir kann die Höhe des Betrags egal sein, das zahlt ja der Falschparker." Das kommt einem (immer nichtigen) „Vertrag zu Lasten Dritter" sehr nahe. Der BGH hat die Sache deshalb an das LG zurückverwiesen und es angehalten,

---

176 Etwa Koch NZV 2010, 336 (339); Lorenz NJW 2009, 1025 (1026); Pöschke/Sonntag JuS 2009, 711 (715).
177 So der BGH in der zugrunde liegenden Entscheidung NJW 2014, 3727 Rn 17 mit Hinweis auf BGH NJW 2012 528.

die Höhe der Abschleppkosten zu ermitteln, die andere Unternehmen in München „für das Abschleppen fremder Fahrzeuge von privaten Grundstücken" verlangen.[178] Nur diese Kosten muss Breit als Abschleppkosten zahlen. ◄

Lerneinheit 57

Literatur zu § 823 Abs. 2: *Rüthers*, Meinungsfreiheit und Ehrenschutz bei Kollektivurteilen – Zur Zulässigkeit von Pauschalbeleidigungen, NJW 2016, 3337; *Picker*, Das Deliktsrecht im Zivilrechtssystem, ZfPW 2015, 385; *Kaiser*, Wichtige zivilrechtliche Abschleppfälle im Assessorexamen, JA 2015, 534; *Morell*, Kartellschadensersatz nach „ORWI", WuW 2013, 959.   1663

Literatur zu § 826: *Riehm*, Deliktischer Schadensersatz in den „Diesel-Abgas-Fällen", NJW 2019, 1105; *Berkemann*, Dieselskandal – Die „deutsche" Sittenwidrigkeit nach Maßgabe des Unionsrechts? ZUR 2019, 643; *Bruns*, Aktuelles zur Haftung wegen vorsätzlicher sittenwidriger Schädigung im Diesel-Skandal, NJW 2019, 2211; *Otte-Gräbener*, Vorsätzliche sittenwidrige Schädigung gemäß § 826 BGB durch unzulässige Abschalteinrichtung („Abgasskandal"), GWR 2019, 149; *Riehm*, Die deliktische Haftung des Herstellers in den „Abgas-Fällen", DAR 2019, 247; *Ring*, Die vorsätzliche sittenwidrige Schädigung des Kfz-Käufers durch den Hersteller im Rahmen des VW-Abgasskandals, SVR 2019, 330; *Oechsler*, Rückabwicklung des Kaufvertrags gegenüber Fahrzeugherstellern im Abgasskandal, NJW 2017, 2865.   1664

I. Schutzgesetzverletzung

1. Schutzgesetze

§ 823 Abs. 2 S. 1 verlangt „ein den Schutz eines anderen bezweckendes Gesetz", in der Praxis kurz „Schutzgesetz" genannt. Bei dem „Gesetz" muss es sich nicht um ein Gesetz im formellen Sinne handeln, es reichen zB auch Rechtsverordnungen und Ortssatzungen. Aber es muss eine Norm sein, die „auf den Schutz von Individualinteressen … ausgerichtet ist".[179] Sie darf deshalb nicht nur darauf angelegt sein, die Interessen der Allgemeinheit zu schützen, sondern muss „nach Zweck und Inhalt zumindest *auch* dazu dienen …, den Einzelnen … gegen die Verletzung eines bestimmten Rechtsguts zu schützen".[180]   1665

2. Die Straftatbestände des StGB

Die meisten Straftatbestände des StGB bezwecken den Schutz eines anderen. Durch § 823 Abs. 2 wird also das Strafrecht teilweise in das Zivilrecht integriert, und zwar dergestalt, dass der Straftäter den Schaden wiedergutmachen muss, den er herbeigeführt hat. Wenn es um Straftaten gegen das Leben geht, bringt § 823 Abs. 2 nicht viel Neues, weil „das Leben" bereits durch § 823 Abs. 1 geschützt wird. Genauso verhält es sich bei Straftaten gegen die anderen in § 823 Abs. 1 genannten Rechtsgüter.   1666

Ganz anders sieht es aber aus, wenn es um das *Vermögen* geht, das bekanntlich nicht in § 823 Abs. 1 erwähnt wird. *Beispiel:* L schädigte durch Betrug das Vermögen seines Opfers und war deshalb nach § 823 Abs. 2 mit § 263 StGB schadenseratzpflichtig. Entsprechendes gilt auch für die Unterschlagung, die Untreue und andere Vermögensdelikte.

---

178 BGH NJW 2014, 3727 Rn 41.
179 BGHZ 122, 1 (3 f); BGHZ 100, 13 (15); BGH NJW 2005, 2923 (2924); ähnlich BGH NJW 2004, 1949.
180 BGH NJW 2014, 64 Rn 7.

1667   Soweit ein Schadensersatzanspruch auf § 823 Abs. 2 in Verbindung mit einer StGB-Norm gestützt wird, muss die letztere nach den Regeln des Strafrechts ausgelegt werden. Das gilt zB für wichtige Begriffe wie Vorsatz, Tatbestandsirrtum (§§ 15, 16 StGB) und Verbotsirrtum (§ 17 StGB).[181]

3. Andere Schutzgesetze

1668   *Beispiel 1:* Fall 57, Rn 1661.[182] *Beispiel 2:* X brachte eine chinesische Tapetenkleistermaschine auf den Markt, bei deren Reinigung sich G an der Hand verletzte. Das Geräte- und Produktsicherheitsgesetz (GPSG) ist Schutzgesetz iS von § 823 Abs. 2.[183] Das ist bei den Normen des Straßenverkehrs selten der Fall. *Beispiel 3:* X hatte durch falsche Beladung seines Lkw eine über die Autobahn führende Brücke so beschädigt, dass die Autobahn für mehrere Tage gesperrt werden musste. Y musste deshalb in dieser Zeit seinen nahe gelegenen Autobahnrasthof schließen. Aber die von X verletzten Normen der StVO dienen allein dem öffentlichen Interesse an einem sicheren Verkehr, nicht den Interessen eines Gewerbetreibenden an einem ungestörten Zugang zu seinem Betrieb. Y konnte deshalb den Versicherer des X nicht auf den Ersatz seines Gewinnausfalls in Anspruch nehmen.[184]

1669   *Schutzbereich der Norm:* Auch wenn es sich um ein Schutzgesetz handelt, muss noch geprüft werden, ob die Vorschrift *dieser* Person in *diesem* Fall einen Schadensersatzanspruch gewähren will, ob der konkrete Fall also in den Schutzbereich (oder Schutzzweck) der Norm fällt.[185]

II. Sittenwidrige vorsätzliche Schädigung

1. Voraussetzungen des § 826

1670   *„Wer in einer gegen die guten Sitten verstoßenden Weise ...“:* Der Begriff der „guten Sitten“ ist derselbe wie in § 138.[186] Deshalb ist das Verhalten sittenwidrig, wenn es „gegen das Anstandsgefühl aller billig[187] und gerecht Denkenden“ verstößt.[188] Allerdings muss zur Sittenwidrigkeit noch eine besondere Verwerflichkeit hinzukommen (Rn 1673). § 826 setzt nicht voraus, dass das sittenwidrige Verhalten zugleich eine Straftat darstellt. Deshalb kann § 826 einem Geschädigten auch dann helfen, wenn zB nicht alle Voraussetzungen eines Betrugs nach § 263 StGB vorliegen und deshalb selbst der breit angelegte § 823 Abs. 2 nicht helfen kann.[189]

1671   *„... einem anderen ... Schaden zufügt ...“:* Ein Schaden ist „jede Beeinträchtigung eines rechtlich anerkannten Interesses und jede Belastung mit einer ungewollten Verpflichtung“.[190] An welchem Rechtsgut dieser Schaden entstanden ist, ist gleichgültig. So gesehen ist der Anwendungsbereich des § 826 also wesentlich weiter als der der bei-

---

181 BGH NJW 2017, 2463 Rn 15 ff.
182 Siehe zum Abschleppen auch BGHZ 181, 233.
183 BGH NJW 2006, 1589 Rn 9.
184 BGH NJW 2015, 1174 Rn 9 bis 13.
185 Allgemein zum Schutzzweck der verletzten Norm SAT Rn 1041 ff.
186 BGB-AT Rn 735 ff.
187 Das Wort „billig“ hat in diesem Fall seine ursprüngliche Bedeutung im Sinne von „angemessen“.
188 So die Definition des RG, die noch heute gilt, zB BGHZ 160, 149 (157).
189 BGH NJW 2019, 3638 Tm 28.
190 BGHZ 160, 149 (153).

den Absätze des § 823. Aber er wird dadurch stark eingeschränkt, dass der Schädiger sittenwidrig und vorsätzlich gehandelt haben muss.

„… vorsätzlich …“: Der Vorsatz, also das Wissen und Wollen des Handelnden, muss sich nur auf die Schadenszufügung beziehen („vorsätzlich Schaden zufügt“), nicht auf die Sittenwidrigkeit.[191] Deshalb kann niemand erfolgreich geltend machen, ihm sei die Sittenwidrigkeit seines Handelns nicht bewusst gewesen. Vielmehr muss der Handelnde nur die *Umstände* gekannt haben, die das Urteil der Sittenwidrigkeit begründen.[192]

Verwerflichkeit: § 826 setzt nicht ausdrücklich das Merkmal der Verwerflichkeit voraus. Aber Rechtsprechung und Lehre gehen davon aus, dass ein Verstoß gegen die guten Sitten nicht genügt. Vielmehr muss auf Seiten des Handelnden „eine besondere Verwerflichkeit seines Verhaltens hinzutreten, die sich aus dem verfolgten Ziel, den eingesetzten Mitteln, der zutage getretenen Gesinnung oder den eingetretenen Folgen ergeben kann“.[193] Dass das „verfolgte Ziel“ in die Bewertung einbezogen werden muss, ergibt sich schon aus dem Gesetzeswortlaut. Denn dieser verlangt nicht nur ein sittenwidriges Verhalten, sondern auch den Vorsatz, dem anderen Schaden zuzufügen. Darin geht § 826 deutlich über andere Normen hinaus, zB über § 123, der nur Arglist voraussetzt, aber nicht die Absicht der Vermögensschädigung.[194]

2. Rechtsfolge

Der Schädiger ist „dem anderen zum Ersatz des Schadens verpflichtet“.[195] Der Schadensersatz beschränkt sich nicht (wie sonst im Bereich der unerlaubten Handlungen) auf die Wiederherstellung des früheren Zustands (Rn 1565 ff), sondern schließt auch den entgangenen Gewinn ein.[196]

3. Sonderstellung im Recht der unerlaubten Handlungen

Vermögensschäden: § 823 Abs. 1 schützt bekanntlich nur vor der Verletzung absoluter Rechte. Wenn der Schädiger kein solches Rechtsgut, sondern das Vermögen als Ganzes geschädigt hat und keine Verletzung eines Schutzgesetzes nach § 823 Abs. 2 vorliegt, kann dem Geschädigten nur noch § 826 helfen. § 826 hat damit die Aufgabe, das Vermögen als Ganzes unter den Schutz des Deliktsrechts zu stellen.[197]

Vorsatz: Dass § 826 *Vorsatz* verlangt (Rn 1672), steht in einem strengen Gegensatz zu § 823 Abs. 1, der fahrlässiges Handeln genügen lässt. Diese Besonderheit besteht zugleich gegenüber allen anderen Normen des Schuldrechts. Denn diese unterscheiden (im Gegensatz zum StGB) nicht zwischen Vorsatz und Fahrlässigkeit, sondern setzen (wenn überhaupt) schlicht ein Vertretenmüssen nach § 276 Abs. 1 S. 1 voraus.[198] Dass § 826 das nicht tut, gibt ihm eine Sonderstellung innerhalb des Zivilrechts.

1672

1673

1674

1675

---

191 Sack NJW 2006, 945 (946).
192 RGZ 79, 17 (23); MüKo/Wagner § 826 Rn 25; anders Sack NJW 2006, 945 (948).
193 BGH NJW 2019, 2164 Rn 8; BGH NJW 2017, 250 Rn 16; NJW 2014, 1380 Rn 8; BGHZ 160, 149 (157).
194 BGB-AT Rn 45 aE. § 826 nähert sich in diesem Punkt dem Straftatbestand des Betrugs (§ 263 Abs. 1 StGB), der bekanntlich voraussetzt, dass der Täter die Absicht hatte, sich „einen rechtswidrigen Vermögensvorteil zu verschaffen“.
195 Daneben kommen noch Ansprüche aus §§ 311 Abs. 2, 241 Abs. 2, 280 Abs. 1 in Betracht und aus § 823 Abs. 1 oder Abs. 2 in Verbindung mit einem Schutzgesetz, zB § 263 StGB.
196 MüKo/Wagner § 826 Rn 53; Palandt/Sprau § 826 Rn 14; vgl. aber BGHZ 158, 201 (212); BGHZ 144, 343 Rn 17 bis 19.
197 MüKo/Wagner § 826 Rn 4.
198 Eine Unterscheidung erfolgt gelegentlich zwischen einfacher und grober Fahrlässigkeit (zB § 932 Abs. 2).

4. Fallgruppen   *Müssen nicht in die Zusammen fass.*

1676   *Schädigung durch eine Organisation:* Wenn nicht eine natürliche Person, sondern eine Organisation die Schädigung verursacht hat, dürfen die Voraussetzungen des § 826 nicht dadurch geschaffen werden, dass das Wissen und Wollen mehrerer Personen addiert wird. *Beispiel:* Eine Fondsgesellschaft in der Rechtsform einer GbR hatte in ihrem Prospekt verschwiegen, dass das zu bebauende Grundstück auf dem Gelände einer ehemaligen Gasanstalt lag. Es reichte nicht aus, dass die Kenntnis der Kontamination und die Absicht der Schädigung bei mindestens einer der handelnden Personen vorhanden gewesen sein musste. Die geprellten Anleger mussten vielmehr einem der Initiatoren nachweisen, dass konkret in seiner Person alle Voraussetzungen des § 826 erfüllt waren.[199]

Bewusst falsches Testat: Wenn ein Wirtschaftsprüfer bewusst wahrheitswidrig ein Testat erteilt, kann er nach § 826 schadensersatzpflichtig sein. *Beispiel:* Y hatte den Jahresabschluss der Wohnungsbaugesellschaft W (bedingt) vorsätzlich mit einem uneingeschränkten Bestätigungsvermerk (Testat) versehen, obwohl die Gesellschaft zu dieser Zeit bereits überschuldet war. Die Eheleute K hielten das Testat für korrekt und kauften deshalb für 27 000 Euro wertlose Inhaberschuldverschreibungen der W.[200]

1677   *Vollstreckung aus einem erschlichenen Urteil:* Betreibt jemand die Zwangsvollstreckung aus einem Urteil, das er mit unlauteren Mitteln erschlichen hat, kann er nach § 826 schadensersatzpflichtig sein. Die Anforderungen sind aber außerordentlich hoch. Die Rechtskraft eines Urteils „muss nur dann zurücktreten, wenn es mit dem Gerechtigkeitsgedanken schlechthin unvereinbar wäre", die Vollstreckung zuzulassen.[201] Eine großzügige Anwendung des § 826 würde „die Rechtssicherheit beeinträchtigen und den Eintritt des Rechtsfriedens in untragbarer Weise in Frage stellen".[202]

1678   *Erpresserähnliches Verhalten:* Es kann sittenwidrig sein, von Rechtsmitteln mit dem einzigen Ziel Gebrauch zu machen, einen anderen zu erheblichen Zahlungen zu veranlassen. *Beispiel:* Die K-AG, eine Großbank, hatte für rund zwei Milliarden Euro die Mehrheit an einer anderen Bank gekauft. F und D kauften sich K-Aktien, erhoben in der Hauptversammlung Widerspruch und kündigten eine Anfechtungsklage an. Dadurch entstand der K-AG ein Zinsschaden von rund 250 000 Euro – pro Tag! F und D handelten ausschließlich in der Absicht, von der K-AG eine Millionen-Zahlung zu erhalten. Darin lag eine vorsätzliche sittenwidrige Schädigung.[203]

1679   *Existenzgefährdende Eingriffe in das GmbH-Vermögen:* Der Tatbestand des § 826 kann auch dadurch erfüllt werden, dass die Gesellschafter einer GmbH dieser planmäßig Vermögen entziehen, um den berechtigten Zugriff der Gläubiger auf das GmbH-Vermögen unmöglich zu machen.[204]

1680   *„Churning":* Eine sittenwidrige Schädigung des Anlegers kann durch ein „Churning" („Schinden") erfolgen. *Beispiel:* K vertraute der M-GmbH fast 300 000 Euro an, die diese über den New Yorker Broker B in Wertpapieren anlegen sollte. Durch Verkäufe

---

199   BGH NJW 2017, 250 Rn 23 ff.
200   BGH NJW 2013, 1877 Rn 11 ff.
201   BGH NJW 1999, 1257 (1258); 1998, 2818.
202   BGH NJW 2006, 154 (156); BGHZ 112, 54 (58).
203   BGH NJW 1992, 2821. Auch der beratende Rechtsanwalt war nach § 826 schadensersatzpflichtig.
204   BGHZ 151, 181 (185) zu einer Backwaren-Handelsgesellschaft („KBV"); grundlegend BGHZ 149, 10 (16) zum Bremer Vulkan; ähnlich BGH NJW 2005, 145 zu einem planmäßigen Hin- und Herschieben von Vermögen innerhalb eines insolventen Klinik-Konzerns zur Täuschung und Schädigung der Gläubiger.

und Käufe schichteten B und die M-GmbH das Depot des K ständig um, was ihnen jedes Mal eine Provision einbrachte. Die Provision zu kassieren, war der einzige Zweck ihres Verhaltens.[205]

Falsche ad hoc-Mitteilungen von Vorstandsmitgliedern: Zu Recht gewährt der BGH auch denen Schadensersatz nach § 826, die vom Vorstand einer AG durch bewusst falsche Mitteilungen über laufende Geschäfte zum Kauf von Aktien bestimmt wurden.[206]   1681

§ 58 Verletzung der Aufsichtspflicht

Fall 58: Verbrennungen im Lichtbogen   §§ 823, 831   1682

▶ *Der Baggerführer Bernd Grabbe und der Erdarbeiter Stefan Klapp waren bei einem Tiefbauunternehmen beschäftigt. Sie sollten einen neuen Abwasseranschluss herstellen. Bei dieser Arbeit beschädigte Grabbe eine in der Erde verlegte Hochspannungsleitung der Stadtwerke-AG (SAG), was zur Zündung eines Lichtbogens führte. Grabbe ging deshalb zum nahe gelegenen Schaltwerk der SAG, wo die Schaltwärter Schultze und Friebel bereits mit der Fehlersuche beschäftigt waren. Nach einer längeren Diskussion kam Grabbe zur Baustelle zurück und sagte Klapp, die betreffende Stelle solle freigelegt werden. Klapp begab sich daraufhin erneut in die Baugrube und versuchte, sie mit einer Schippe weiter auszuheben. Friebel fragte Schultze, ob die Bauarbeiter die Grube verlassen hätten. Schultze antwortete, dass er das veranlasst habe. Friebel schaltete daraufhin den Strom wieder ein, was zu einem neuen Lichtbogen in der Baugrube führte. Klapps Kleidung fing sofort Feuer, er selbst erlitt schwere Verbrennungen an den Beinen und im Gesicht. Klapp verlangt von Schultze und Friebel sowie von der SAG Schadensersatz und Schmerzensgeld. Die SAG beruft sich darauf, dass sie ihre Mitarbeiter Schultze und Friebel sorgfältig ausgesucht und geschult habe und deshalb für deren Verhalten nicht hafte. (Nach BGH NJW 2003, 288)*

Da zwischen Klapp einerseits und Schultze, Friebel und der SAG andererseits bei Eintritt des Schadens kein Schuldverhältnis (Vertrag) bestand, kann Klapp seinen Schadensersatzanspruch nur auf eine Vorschrift aus dem Bereich der unerlaubten Handlungen stützen. Ein Anspruch aus § 823 Abs. 1 könnte sich gegen Schultze und Friebel ergeben, weil sie möglicherweise „fahrlässig" Klapps „Körper ... widerrechtlich verletzt" haben. Aber wenn es um einen großen Schaden geht, sind Schaltwärter schlechte Schuldner. Klapp musste deshalb versuchen, die SAG schadensersatzpflichtig zu machen.   1683

Grundlage für einen Schadensersatzanspruch gegen die SAG konnte nur § 831 sein. Die SAG hatte Schultze und Friebel mit der Wartung des Schaltwerks betraut, also „zu einer Verrichtung bestellt". Diese haben „in Ausführung der Verrichtung einem Dritten", nämlich Klapp, einen „Schaden" zugefügt (§ 831 Abs. 1 S. 1). Sie taten das auch „widerrechtlich", weil die Körperverletzung nicht durch einen Rechtfertigungsgrund gedeckt war. Auf ein Verschulden (Vorsatz oder Fahrlässigkeit) der beiden *Verrichtungsgehilfen* Schultze und Friebel kommt es nicht an. Denn § 831 Abs. 1 S. 1 verlangt nur eine *widerrechtliche* Schadenszufügung durch den Verrichtungsgehilfen. Ein *Verschulden* ist nur auf Seiten des Geschäftsherrn erforderlich (§ 831 Abs. 1 S. 2).

205   BGH NJW 2004, 3423.
206   BGHZ 160, 149.

Das Gesetz bringt durch die Formulierung des § 831 Abs. 1 S. 2 zum Ausdruck, dass es von einem Verschulden des Geschäftsherrn ausgeht, gibt ihm aber die Möglichkeit sich zu exkulpieren. Die SAG hatte dem Gericht Belege darüber vorgelegt, dass Schultze und Friebel theoretisch und praktisch unterwiesen worden waren und sie eine „Schalterberechtigung" erhalten hatten.[207] Außerdem hatten Schultze und Friebel an einer Arbeitsschutzunterweisung teilgenommen, Friebel sogar zweimal. Aber der BGH hat das zu Recht für nicht ausreichend gehalten. Die SAG hätte darlegen müssen, mit welcher Sorgfalt sie die beiden Mitarbeiter ausgewählt hatte, welche berufliche Qualifikation sie hatten und ob sie von ihrer Persönlichkeit her für eine so gefährliche und deshalb verantwortungsvolle Tätigkeit geeignet waren.

§ 831 Abs. 1 S. 2 verlangt nicht nur eine sorgfältige *Auswahl,* sondern auch eine angemessene *Überwachung* des Verrichtungsgehilfen („bei ... der Leitung die im Verkehr erforderliche Sorgfalt beobachtet"). Die SAG hatte sich deshalb „laufend von der ordnungsgemäßen Dienstausübung" durch Schultze und Friebel „zu überzeugen", auch durch „nicht vorhersehbare und unauffällige Kontrollen".[208] Da der Sachverhalt in diesen Punkten nicht geklärt war, hat der BGH die Sache an das OLG zurückverwiesen. Sollte dies zu dem Ergebnis kommen, dass die Auswahl und die Überwachung nicht mit der erforderlichen Sorgfalt erfolgt waren – und davon ist nach den Ausführungen des BGH auszugehen – ist die SAG zum Schadensersatz nach § 831 Abs. 1 S. 1 verpflichtet. ◄

Lerneinheit 58

1684 Literatur: *Lange,* Haftung in arbeitsteiligen Prozessen – der Verrichtungsgehilfe gem. § 831 BGB, Jura 2019, 351; *Bernau,* Die Haftung von Aufsichtspflichtigen aus § 832 BGB – Eine Übersicht der aktuellen Rechtsprechung, FamRZ 2013, 1521; *Gooren,* Internetnutzung und elterliche Aufsichtspflicht, ZUM 2013, 479; *Kim,* Die deliktische Gehilfenhaftung im europäischen Vergleich, ZEuP 2013, 263; *Kuhn,* Minderjährigenschutz versus Schutz der anderen Unfallbeteiligten – zwei sich ausschließende Prinzipien? SVR 2013, 321; *Siegel,* „Gehörige Aufsichtsführung" über Kinder als Fußgänger im Straßenverkehr, SVR 2013, 259; *Steinbeck,* Morpheus – eine mögliche Urteilsbegründung, WRP 2013, 416.

I. Haftung des Geschäftsherrn für seinen Verrichtungsgehilfen

1. Die Beteiligten

a) Geschäftsherr

1685 Der Geschäftsherr wird in § 831 Abs. 1 S. 1 mit den Worten: „Wer einen anderen zu einer Verrichtung bestellt" beschrieben. Geschäftsherr kann jede natürliche oder juristische Person oder Gesamthandsgemeinschaft sein. Sie muss nur eine andere Person mit einer Tätigkeit beauftragt haben. Der Geschäftsherr ist im Rahmen des § 831 die Hauptperson, nicht der „andere". Denn nur der Geschäftsherr muss schuldhaft gehandelt haben und er allein haftet – wenn überhaupt – nach § 831 für den eingetretenen Schaden.

---

207 BGH NJW 2003, 288 (290).
208 BGH aaO unter Hinweis auf BGH VersR 1996, 469 (470) und NJW 1997, 2756 (2757).

b) Verrichtungsgehilfe

Der „andere" wird in der Paragrafen-Überschrift „Verrichtungsgehilfe" genannt. Auf seine soziale Stellung und das Niveau seiner Tätigkeit kommt es nicht an. Der Verrichtungsgehilfe muss zum Geschäftsherrn auch nicht in einem Dienst- oder Arbeitsverhältnis stehen. Deshalb kann eine 18-jährige Tochter die Verrichtungsgehilfin ihrer Eltern sein, wenn sie für diese das Haus hütet.[209]

1686

Die „Verrichtung" genannte Tätigkeit kann eine rein tatsächliche Handlung sein (zB Lkw-Fahren, Tätigkeit auf einer Baustelle), aber auch eine rechtsgeschäftliche (Abschluss eines Vertrags, Auskunft). Die Tätigkeit wird vom Verrichtungsgehilfen meist entgeltlich ausgeführt, sie kann aber auch unentgeltlich erbracht werden.[210]

1687

Weisungsabhängig: Verrichtungsgehilfe ist aber nur, wer weisungsabhängig ist. Das bedeutet, dass „die Tätigkeit in einer abhängigen Stellung vorgenommen wird und der Geschäftsherr die Tätigkeit ... jederzeit beschränken oder entziehen ... kann".[211] Die Haftung des Geschäftsherrn beruht gerade darauf, dass er jederzeit auf die Tätigkeit des Verrichtungsgehilfen Einfluss nehmen kann.

1688

Kein Verrichtungsgehilfe ist deshalb ein Unternehmer, der im Auftrag eines anderen *selbstständig* eine Aufgabe übernommen hat. *Beispiel 1:* Bauherr B beauftragte den Unternehmer U, den Außenputz an einem Gebäude abzuschlagen. U seinerseits übertrug diese Arbeit auf den Subunternehmer P. In diesem Fall war U nicht Verrichtungsgehilfe des B und P nicht Verrichtungsgehilfe des U. Denn in beiden Fällen fehlte es an der Weisungsabhängigkeit.[212] *Beispiel 2:* Frau F buchte für sich und ihre Kinder beim Reiseveranstalter R einen Urlaub im griechischen Hotel des H. Da H eine zu seinem Hotel gehörende Wasserrutsche nicht gesichert hatte, ertrank eines der Kinder. Frau F konnte Ansprüche gegen R geltend machen,[213] aber nicht aus § 831. Denn R war gegenüber H nicht weisungsbefugt und deshalb H nicht sein Verrichtungsgehilfe.[214]

1689

c) Geschädigter

Als Geschädigter, den § 831 Abs. 1 S. 1 kurz den „Dritten" nennt, kommt jeder in Frage, der durch das Verhalten des Verrichtungsgehilfen einen Schaden erlitten hat. Es ist – ganz im Gegensatz zu § 278 – gleichgültig, ob der Geschädigte beim Schadenseintritt Vertragspartner des Geschäftsherrn war.

1690

2. Voraussetzungen der Haftung des Geschäftsherrn

a) Rechtswidriges Verhalten des Verrichtungsgehilfen

Der Verrichtungsgehilfe muss den objektiven Tatbestand einer unerlaubten Handlung erfüllt haben, und zwar „widerrechtlich" (rechtswidrig), aber – und das ist bemerkenswert – nicht notwendig schuldhaft (vorsätzlich oder fahrlässig). Das *Verschulden* muss nur beim *Geschäftsherrn* vorliegen (Rn 1693).

1691

---

209 OLG Köln NJW 2000, 2905.
210 BGH NJW 2009, 1740 Rn 1.
211 BGH NJW 2014, 2797 Rn 18.
212 BGH NJW 1994, 2756.
213 Wegen Verletzung der ihn treffenden Verkehrssicherungspflicht.
214 BGHZ 103, 298 (303); BGH NJW 2006, 3268 Rn 18; NJW 2007, 2549.

b) „... in Ausführung der Verrichtung"

1692 Der vom Verrichtungsgehilfen angerichtete Schaden muss in einem inneren Zusammenhang stehen mit der ihm aufgetragenen Verrichtung (§ 831 Abs. 1 S. 1: „... in Ausführung der Verrichtung"). Es reicht nicht aus, wenn der Verrichtungsgehilfe nur *bei Gelegenheit* der Verrichtung eine unerlaubte Handlung begeht.[215] *Beispiel:* Kurierfahrer K trank in einer Kneipe drei Whiskys, ging ohne zu zahlen, fuhr unter Alkoholeinfluss weiter und verursachte einen Unfall. Für die Zechprellerei haftet sein Chef nicht. Dagegen handelt K in Ausführung der Verrichtung, wenn er alkoholisiert einen Verkehrsunfall verursacht. Sein Chef kann dann nicht argumentieren, K habe nur den Auftrag gehabt zu fahren, nicht sich zu betrinken.

c) Verschulden des Geschäftsherrn

1693 Voraussetzung für eine Haftung ist, dass der *Geschäftsherr* sich nach § 276 Abs. 1 S. 1 vorsätzlich oder fahrlässig verhalten hat (§ 831 Abs. 1 S. 2). Es handelt sich um eine *Haftung für eigene* Schuld. Diese Schuld kann darin bestehen, dass er die erforderliche Sorgfalt entweder bei der Auswahl oder bei der Beaufsichtigung des Verrichtungsgehilfen (oder in beiden Fällen) verletzt hat (§ 831 Abs. 1 S. 2). Es ist ein Fehler, das Verschulden beim Verrichtungsgehilfen und nicht beim Geschäftsherrn zu prüfen.

1694 Beim Thema „Verschulden des Geschäftsherrn" formuliert § 831 Abs. 1 S. 2 nicht (wie man erwarten würde) positiv: „Die Ersatzpflicht tritt ein, wenn der Geschäftsherr die im Verkehr erforderliche Sorgfalt *nicht* beobachtet." Stattdessen heißt es in § 831 Abs. 1 S. 2: „Die Ersatzpflicht tritt *nicht* ein, wenn der Geschäftsherr ... die im Verkehr erforderliche Sorgfalt beobachtet ..." Ein Laie würde den Unterschied der beiden Formulierungen nicht erkennen. Aber Juristen wissen, dass die Vorschrift so zu lesen ist: „Die Ersatzpflicht tritt nicht ein, wenn der Geschäftsherr ... die im Verkehr erforderliche Sorgfalt *ausnahmsweise* beobachtet ..." Da derjenige, der sich darauf beruft, es lägen die Voraussetzungen einer Ausnahme vor, dafür beweispflichtig ist, muss der Geschäftsherr beweisen, dass er die im Verkehr erforderliche Sorgfalt beachtet hat. Man kann deshalb auch sagen, dass § 831 Abs. 1 S. 2 ein Verschulden des Geschäftsherrn *vermutet.* Der Geschäftsherr muss also versuchen, diese Vermutung zu entkräften, indem er erfolgreich den so genannten „Exkulpationsbeweis" antritt (von lateinisch culpa = die Schuld). Er muss dann vortragen und notfalls beweisen,

- er habe den Gehilfen sorgfältig ausgesucht und
- habe bei der Beschaffung von Vorrichtungen oder Gerätschaften sowie
- bei der Leitung der Verrichtung

die im Verkehr erforderliche Sorgfalt beobachtet (§ 276 Abs. 2).

1695 Die *Umkehrung der Beweislast* hat ihren Grund darin, dass der Geschädigte zu der Frage, ob der Geschäftsherr seiner Sorgfaltspflicht nachgekommen ist, aus eigener Anschauung meist nichts beitragen kann. Die Umkehr der Beweislast zu Gunsten des Geschädigten ist im Recht der unerlaubten Handlungen eine Besonderheit, nicht aber im Allgemeinen Schuldrecht. Denn die Generalnorm des Schadensersatzrechts innerhalb von Schuldverhältnissen, § 280 Abs. 1, vermutet in Satz 2 ebenfalls das Vertretenmüssen des Schuldners.[216]

---

215 Es gilt also das Gleiche wie bei § 278 (SAT Rn 438 f).
216 SAT Rn 557.

Der BGH hat mit der Entscheidung, die Fall 58, Rn 1682 zugrunde liegt,[217] die Anforderungen an die Auswahl und die Beaufsichtigung von Verrichtungsgehilfen (zumindest im Bereich gefährlicher Tätigkeiten) deutlich erhöht. Er hat aber auch schon vorher auf die Pflicht zu sorgfältiger Überwachung hingewiesen. *Beispiel:* Ein Stadtkrankenhaus hatte einen an Bluthochdruck leidenden Patienten wegen des Verdachts auf einen Nebennierentumor an die Universitätsklinik Mainz überwiesen. Dort wurde er von einer Assistenzärztin versorgt, die keine Berufserfahrung hatte und von ihren Vorgesetzten weder angeleitet noch kontrolliert wurde. Der Patient starb an dem Tumor. Der BGH schreibt zum Verschulden der Universitätsklinik (der Viertbeklagten): „Der festgestellte Sachverhalt schließt es aus, dass die Viertbeklagte sich nach § 831 Abs. 1 S. 2 BGB entlastet hat."[218]

1696

Trotzdem gelingt der Exkulpationsbeweis in der Praxis recht häufig. Der Anwalt des Geschädigten versucht dann oft, seinem Mandanten über § 311 Abs. 2 Nr. 3 und § 31 zu helfen:

- Nach § 311 Abs. 2 Nr. 2 entsteht „ein Schuldverhältnis mit Pflichten nach § 241 Abs. 2" schon durch die „Aufnahme von Vertragsverhandlungen" oder nach § 311 Abs. 2 Nr. 3 durch „ähnliche geschäftliche Kontakte". Wenn ein Mitarbeiter in diesem Vorfeld des Vertragsschlusses einen Schaden anrichtet, kann deshalb § 278 angewendet werden, der keinen Exkulpationsbeweis kennt.

1697

- § 31 ordnet eigentlich nur an, dass ein *eingetragener Verein* für Schäden verantwortlich ist, die sein Vorstand Dritten zufügt. § 89 erweitert die Anwendung des § 31 nur auf öffentlich-rechtliche Körperschaften. Aber seit langem wird § 31 ganz allgemein zu Gunsten von Geschädigten angewendet, die Ansprüche gegen verfassungsmäßig berufene Vertreter einer beliebigen juristischen Person geltend machen. Der Vorteil für den Geschädigten besteht darin, dass § 31 keinen Entlastungsbeweis kennt.

1698

Rechtmäßiges Alternativverhalten: Wenn der Geschäftsherr die erforderliche Sorgfalt außer Acht gelassen hat, kann er den Beweis dafür antreten, dass der Schaden auch bei Anwendung der nötigen Sorgfalt entstanden wäre (§ 831 Abs. 1 S. 2 aE). Er erhebt dann den Einwand rechtmäßigen Alternativverhaltens.[219]

1699

Verschulden eines Dritten: Wenn ein Dritter „die Besorgung eines der im Absatz 1 S. 2 bezeichneten Geschäfte durch Vertrag" mit dem Geschäftsherrn übernommen hatte, trifft den Dritten „die gleiche Verantwortlichkeit" (§ 831 Abs. 2). *Beispiel:* Unternehmer U hatte die Auswahl und Beaufsichtigung der in der Produktion beschäftigten Mitarbeiter seinem Betriebsleiter B übertragen. B haftet dann wie ein Geschäftsherr nach § 831 Abs. 1. Damit ist U jedoch noch nicht entlastet. Denn wenn er B schlecht ausgesucht oder mangelhaft beaufsichtigt hatte, muss er seinerseits für *diese* Nachlässigkeit einstehen. U und B haften dann als Gesamtschuldner (§ 840 Abs. 1; Rn 1761).

3. Rechtsfolge der Haftung   1 zu 1 so übernehmen

Wenn die Voraussetzungen des § 831 gegeben sind, ist der Geschäftsherr schadensersatzpflichtig. Erfüllt zugleich der *Verrichtungsgehilfe* die Voraussetzungen des § 823

1700

---

217 NJW 2003, 288.
218 NJW 1988, 2298 (2300, unter 3).
219 SAT Rn 1049.

(was nicht immer der Fall ist, weil es nach § 831 nicht auf *sein* Verschulden ankommt), kann auch er in Anspruch genommen werden.

4. Verhältnis zu § 278

a) Übereinstimmendes

1701　Sowohl der Erfüllungsgehilfe (§ 278) als auch der Verrichtungsgehilfe sind für einen anderen tätig und verursachen bei dieser Gelegenheit bei einem Dritten rechtswidrig einen Schaden oder machen zumindest einen Fehler. Beide sind *nicht* einer sozialen Schicht zuzuordnen, etwa in dem Sinne, dass ein Verrichtungsgehilfe einfache Arbeiten ausführt, während der Erfüllungsgehilfe mit anspruchsvollen Tätigkeiten betraut ist.

b) Unterschiede

1702　*Bestehen/Nichtbestehen eines Schuldverhältnisses:* § 278 regelt die Haftung innerhalb eines bestehenden Schuldverhältnisses: Der Schuldner dieses Schuldverhältnisses setzt den Erfüllungsgehilfen ein, um die eigentlich ihm selbst obliegende Verpflichtung gegenüber seinem Gläubiger zu erfüllen. Der Gläubiger ist der Geschädigte. § 831 setzt dagegen nur voraus, dass der Verrichtungsgehilfe irgendeinem Dritten einen Schaden zugefügt hat.

Selbstständigkeit/Unselbstständigkeit: Erfüllungsgehilfe kann auch sein, wer die ihm übertragene Aufgabe selbstständig erledigt – wie etwa ein Unternehmer oder ein Freiberufler. Dagegen arbeitet ein Verrichtungsgehilfe unselbstständig (Rn 1688). Den Verrichtungsgehilfen kennzeichnen deshalb die Merkmale „Abhängigkeit" und „Weisungsgebundenheit".[220]

1703　*Eigenes oder fremdes Verschulden:* Nach § 278 wird dem Schuldner das Verschulden seines Erfüllungsgehilfen zugerechnet. Er haftet also für *fremdes* Verschulden – ob ihn selbst ein Schuldvorwurf trifft, ist unerheblich. Nach § 831 haftet der Geschäftsherr für ein *eigenes* Verschulden, nämlich für sein Verschulden bei der Auswahl und/oder der Beaufsichtigung des Verrichtungsgehilfen. Auf ein Verschulden des *Verrichtungsgehilfen* kommt es nicht an.

Exkulpationsbeweis: Da es bei § 278 nicht um ein Verschulden des Schuldners (des Chefs) geht, kann sich dieser (anders als nach § 831 Abs. 1 S. 2) der Haftung nicht mit dem Nachweis entziehen, er selbst habe sich korrekt verhalten.

II. Andere Fälle der Aufsichtsverletzung

1. Haftung derjenigen, die Kinder oder Behinderte beaufsichtigen müssen

1704　Nach dem Vorbild des § 831 hat das Gesetz in § 832 auch die Haftung derjenigen geregelt, die für aufsichtsbedürftige Kinder und Behinderte verantwortlich sind. Hintergrund der Regelung ist, dass geistig Behinderte nach § 827 und Minderjährige nach § 828 oft nicht schadensersatzpflichtig gemacht werden können (Rn 1559 ff), so dass dem Geschädigten wenigstens die Möglichkeit eröffnet werden soll, den *Aufsichtspflichtigen* in Anspruch zu nehmen. § 832 setzt voraus:

220　MüKo/Wagner § 831 Rn 14; BGH NJW 2013, 1002 Rn 16.

■ Eine Person, die wegen ihrer Minderjährigkeit oder wegen einer geistigen Behinderung der Beaufsichtigung bedarf, hat einem anderen einen Schaden zugefügt. Es liegt kein Rechtfertigungsgrund vor, so dass sich der Beaufsichtigte „widerrechtlich" verhalten hat. Auf ein Verschulden (§ 276) kommt es nicht an. Wenn der Beaufsichtigte nach § 827 oder § 828 schuldunfähig ist, kann es auch nicht vorliegen.   1705

■ Jemand hatte bei Eintritt des Schadens die Pflicht zur Aufsicht, und zwar kraft Gesetzes (zB Mutter, Vater, Vormund, Betreuer) oder nach § 832 Abs. 2 kraft Vertrags (zB als Internatsleiter, Erzieher oder als Pfadfinderführer).   1706

■ Der Aufsichtspflichtige kann nicht beweisen, dass er seiner Aufsichtspflicht genügt hat oder (falls er das nicht beweisen kann) dass „der Schaden auch bei gehöriger Aufsichtsführung entstanden sein würde" (§ 832 Abs. 1 S. 2). Ob eine Pflichtverletzung vorliegt, richtet sich nach dem Maß an Aufsicht, das umsichtige (aber nicht ängstliche) Aufsichtspflichtige im konkreten Fall angewendet hätten.[221]   1707

Beispiel 1: Frau X wusste, dass ihr zehnjähriger Sohn S einen pathologischen Hang zum Zündeln hatte, und hatte sich deshalb schon mit ihm in psychologische Beratung begeben. Trotzdem ließ sie ihn stundenlang im Freien ohne Aufsicht. S zündete ein Papierlager an und verursachte dadurch einen Schaden von 200 000 Euro. Frau X musste für den Schaden einstehen. Diese Entscheidung ist dem BGH sicher dadurch erleichtert worden, dass Frau X haftpflichtversichert war.[222]   1708

2. Haftung des Tierhalters und des Tieraufsehers

a) Haustiere, die der Erwerbstätigkeit ihres Halters dienen

Wer ein Tier hält, hat grundsätzlich für alle Schäden einzustehen, die von diesem Tier verursacht werden, gleichgültig ob ein Mensch getötet oder verletzt oder ob eine Sache beschädigt wird (§ 833 S. 1). Da es auf ein Verschulden des Tierhalters nicht ankommt, begründet § 833 S. 1 eine *Gefährdungshaftung.* Diese verschärfte Haftung ist begründet, weil von Tieren die typische „Tiergefahr" ausgeht, die sich in „einem der tierischen Natur entsprechenden unberechenbaren und selbstständigen Verhalten" äußert.[223]   1709

Um Landwirte und andere Personen, die beruflich Tiere halten, nicht den großen Risiken auszusetzen, die mit der Gefährdungshaftung verbunden sind, eröffnet § 833 S. 2 ihnen die Möglichkeit eines Exkulpationsbeweises, wenn folgende Voraussetzungen gegeben sind:

■ *Haustier:* Es handelt sich um ein „Haustier". Zu den Haustieren zählen nicht nur Hunde, Katzen, Pferde, Tauben und Kaninchen, sondern insbesondere auch das Vieh des Landwirts. Dagegen sind Tiere wie Kobras, Vogelspinnen oder weiße Tiger, auch wenn sie gezähmt sind, keine Haustiere.   1710

■ *Berufliche Haltung:* Der Halter hält das Haustier beruflich oder zieht aus ihm zumindest einen Teil seines Einkommens. Zu denken ist hier insbesondere an einen Landwirt, der Kühe, Schweine und Geflügel hält, an den Inhaber eines kommerziellen Reitstalls und an einen Berufsreiter hinsichtlich seiner Pferde. Auch ein Tierhalter, der eine Zucht betreibt, hält die für die Zucht eingesetzten Tiere idR beruflich.   1711

---

221 BGH NJW 2012, 2425 Rn 16.
222 BGH NJW 1996, 1404; NJW 1995, 3385. Siehe zum Zündeln auch BGH NJW 2012, 2425 Rn 16 f.
223 BGH NJW 1999, 3119.

Wenn aber der Halter mit seinen Tieren nur Geld verdienen *will*, aber dauerhaft nicht verdient, sieht der BGH die Voraussetzungen des Satzes 2 nicht als gegeben an.[224]

1712 Wenn beide Voraussetzungen vorliegen, kann der so genannte Nutztierhalter zu beweisen versuchen, dass er entweder „bei der Beaufsichtigung des Tieres die im Verkehr erforderliche Sorgfalt beobachtet" hat oder, wenn ihm das nicht gelingt, dass „der Schaden auch bei Anwendung dieser Sorgfalt entstanden" wäre (§ 833 S. 2). *Beispiel:* Fünf Jungrinder des Landwirts L waren aus einer engen Koppel ausgebrochen. Ein Tier lief auf eine Kreisstraße, wo es vom Pkw des K erfasst wurde. Wenn L beweisen konnte, dass die Koppel widerstandsfähig eingezäunt war, brauchte er den Schaden des K nicht zu ersetzen.[225]

b) Luxustiere (§ 833 S. 1)

1713 *Gefährdungshaftung:* Wenn es sich *nicht* um ein Haustier handelt, das der Erwerbstätigkeit seines Halters dient, also um ein so genanntes *Luxustier*, gilt nur § 833 S. 1, nicht S. 2. Damit ist die Haftung für ein Luxustier ein Fall der *Gefährdungshaftung*. Das bedeutet für alle normalen Hunde-, Katzen- und Pferdehalter die Gefahr, für jeden Schaden in Anspruch genommen zu werden, der durch ihr Tier verursacht wird.[226]

Beispiel 1: Frau K versuchte in der Halle eines Reitvereins, das Pferd „Peppermint" zu besteigen, wobei sie stürzte. Da der Verein seinen Mitgliedern die Pferde ohne Gewinnabsicht zur Verfügung stellt, dienen ihm die Tiere nicht für eine Erwerbstätigkeit. Es handelt sich deshalb um „Luxustiere". Der Reitlehrer betonte später, er habe Frau K das Besteigen des Pferdes nicht erlaubt. Aber das war für die Gefährdungshaftung unerheblich.[227] Eine Tiergefahr kann auch in der friedlichen Taube lauern. *Beispiel 2:* Die Brieftaube des T war mit anderen Tauben eines Vereins auf dem Heimflug, als sie in die Turbine eines im Landeanflug befindlichen Flugzeugs geriet. Der Schaden an der Turbine betrug über 9 000 Euro.[228] Eine Brieftaube kann zwar als „Haustier" angesehen werden, dient aber nicht dem Unterhalt ihres Halters, sondern dessen Liebhaberei, so dass § 833 S. 2 nicht gilt.

c) Tieraufseher

1714 Tieraufseher ist, wer durch einen Vertrag mit dem Tierhalter die Aufsicht über dessen Tier übernommen hat (§ 834). *Beispiel:* R lieh sich für eine Fuchsjagd das Pferd seiner Frau.[229] Der Tieraufseher haftet nach § 834 S. 1 selbst, aber mit der Möglichkeit der Exkulpation (§ 834 S. 2). Das sieht so aus, als sei der Geschädigte schlechter gestellt, wenn sich das Tier bei Eintritt des Schadens unter der Aufsicht eines Tieraufsehers befand. Das ist aber nicht richtig, weil die Haftung des Tieraufsehers nur *neben* die des Halters tritt, nicht an ihre Stelle. Beide haften als Gesamtschuldner nach § 840 Abs. 1.

Bemerkenswert ist, dass § 834 nicht nur Haustiere betrifft. *Beispiel:* Der Halter H eines Krokodils übertrug für die Zeit einer Weltreise die Aufsicht über das Tier seinem

---

224 NJW-RR 2017, 725 Rn 18 f (erfolglose Pferdezucht).
225 BGH NJW 2009, 3233 Rn 9 ff.
226 Zu weitgehend OLG Koblenz NJW 2018, 3596 mit kritischer Anmerkung Behme.
227 BGH NJW 2013, 2661 Rn 9.
228 OLG Hamm NJW 2004, 2246; der Halter des Flugzeugs musste allerdings wegen dessen Betriebsgefahr nach § 33 LuftVG die Hälfte des Schadens selbst tragen.
229 BGH NJW 1992, 907.

Freund F. Das Krokodil verletzte einen Menschen. F kann versuchen sich zu exkulpieren (§ 834 S. 2), H nicht (§ 833 S. 1).

3. Haftung für Schäden durch Gebäude

Ebenfalls dem § 831 nachgebildet ist die Haftung des Eigenbesitzers eines Grundstücks für Schäden, die durch den Einsturz eines Gebäudes oder das Ablösen von Gebäudeteilen verursacht werden (§ 836). Das Gesetz nennt in § 836 als Schadensersatzpflichtigen den „Besitzer", meint aber den Eigenbesitzer (§ 872),[230] also jeden, der das Grundstück als Eigentümer oder wie ein Eigentümer besitzt, nicht den Mieter. Das Gesetz vermutet, dass der Eigenbesitzer das Gebäude fehlerhaft errichtet oder mangelhaft unterhalten hat. Der Eigenbesitzer kann aber versuchen, sich zu exkulpieren (§ 836 Abs. 1 S. 2). Ein früherer Eigenbesitzer kann nach § 836 Abs. 2 haftbar sein.

1715

§ 59 Amtspflichtverletzung

Fall 59: Zwei Motorräder mit gleichem Kennzeichen § 839, Art. 34 GG

1716

▶ *Im Januar 2013 teilte die Kfz-Zulassungsbehörde des Landkreises R Herrn Volker Köbel für sein Motorrad ein amtliches Kennzeichen zu, dessen individuelle Buchstaben-Zahlenkombination (Erkennungsnummer) „TW 9" lautet. Ein Jahr später vergab dieselbe Zulassungsbehörde Kevin Feiler für sein Motorrad das amtliche Kennzeichen „… WT 9". Durch ein Versehen des Schilderherstellers wurden beim Prägen des Schildes die Buchstaben W und T vertauscht, so dass das Kennzeichenschild mit „… TW 9" endete. Frau Weber, eine Angestellte des Landkreises R, hat in der Zulassungsbehörde die Aufgabe, alle ihr vorgelegten neuen Kennzeichenschilder zu prüfen und sie, wenn sie korrekt sind, abzustempeln. Ihr fiel die Vertauschung der Buchstaben nicht auf, so dass sie das Schild mit einer Stempelplakette versah.*

Im Jahre 2015 geriet Feiler mit seinem Motorrad bei Innsbruck in eine Geschwindigkeitskontrolle. Da er die erlaubte Höchstgeschwindigkeit erheblich überschritten hatte, fragte die Bezirkshauptmannschaft Innsbruck beim Landkreis R nach dem Halter des Fahrzeugs und erhielt zur Antwort, es handele sich um Volker Köbel. Die Bezirkshauptmannschaft leitete daraufhin gegen Köbel ein Verfahren ein. Köbel schrieb zurück, sein Motorrad habe am fraglichen Tag zu Haus in seiner verschlossenen Garage gestanden und er sei auch gar nicht in Österreich gewesen. Die Bezirkshauptmannschaft glaubte ihm das nicht und verhängte eine Strafverfügung und später ein Straferkenntnis. Köbel musste sich in einem Einspruchs- und einem Beschwerdeverfahren wehren, bis das Verfahren schließlich durch das Landesverwaltungsgericht Tirol eingestellt wurde. Köbel verklagt nun den Landkreis R auf Ersatz seiner Anwaltskosten. (Nach BGH NJW 2018, 2264)

Zu prüfen ist, ob sich der von Köbel geltend gemachte Schadenersatzanspruch aus § 839 Abs. 1 S. 1 ergibt. Demnach müsste „ein Beamter … die ihm … obliegende Amtspflicht" verletzt haben. Unter einem Beamten versteht § 839 nicht jeden Angehörigen des öffentlichen Dienstes, sondern nur Personen, die eine Ernennungsurkunde erhalten haben, in der es heißt „… unter Berufung in das Beamtenverhältnis" (staatsrechtlicher Beamtenbegriff;

1717

---

230 Palandt/Sprau § 836 Rn 12.

Rn 1724). Frau Weber ist jedoch keine Beamtin, sondern eine *Angestellte* des öffentlichen Dienstes. Damit ist § 839 auf sie nicht anwendbar.[231]

1718   Obwohl § 839 nicht anzuwenden ist, kommt eine Haftungsübernahme durch Art. 34 S. 1 GG infrage, der abschnittsweise geprüft werden soll:

„Verletzt ...“ Mit diesem Wort bezieht sich Art 34 GG stillschweigend auf das erste Wort des § 839. Es besteht Einigkeit, dass die Verletzung einer Amtspflicht ein Verschulden nach § 276 Abs. 1 S. 1 voraussetzt, also Vorsatz oder Fahrlässigkeit (Rn 1728). Da Frau Weber die im Verkehr (hier in der Zulassungsbehörde) erforderliche Sorgfalt außer Acht gelassen hat, hat sie fahrlässig gehandelt (§ 276 Abs. 2).

„... jemand ...“ Anders als § 839 verwendet Art. 34 S. 1 GG nicht den Begriff „Beamter“, sondern bewusst das sehr indifferente Wort „jemand“. Es umfasst jede natürliche Person, also auch Angestellte.

„... in Ausübung eines ihm anvertrauten öffentlichen Amtes ...“ Ein „öffentliches Amt“ ist nur gegeben, wenn es um eine so genannte *Eingriffsverwaltung* geht, bei der die öffentlich-rechtliche Körperschaft *hoheitlich* tätig wird (nicht fiskalisch, also auf der Ebene des Privatrechts). Da eine Zulassungsbehörde bestimmt, ob ein Kraftfahrzeug zum öffentlichen Verkehr zugelassen wird, übt sie im weiteren Sinne eine *polizeiliche* Funktion aus. Das ist ein klassischer Fall von hoheitlichem Handeln.

„... die ihm einem Dritten gegenüber obliegende Amtspflicht ...“ Die Pflicht, die von einem privatwirtschaftlichen Unternehmen hergestellten Kennzeichenschilder zu prüfen und erst danach freizugeben, ist zweifellos eine Amtspflicht. Es fragt sich nur, ob diese Amtspflicht der Zulassungsbehörde „einem Dritten gegenüber“ oblag, in diesem Fall Köbel gegenüber. Dass Frau Weber gegenüber *Feiler* die Pflicht hatte, für die Richtigkeit seines Kennzeichenschildes zu sorgen, leuchtet ein. Aber hatte sie diese Pflicht auch gegenüber einem Fahrzeughalter, der mit seinem Schild schon seit mehr als einem Jahr unterwegs war? Dass diese Frage zu bejahen ist, zeigt der vorliegende Fall sehr deutlich. Denn Köbel kam in falschen Verdacht und damit in eine unangenehme Situation und musste seinen deutschen und österreichischen Anwälten viel Geld zahlen, weil der Landkreis R ein Kennzeichen freigegeben hatte, das genau mit seinem übereinstimmte.

„... so trifft die Verantwortlichkeit grundsätzlich den Staat oder die Körperschaft, in deren Dienst er steht.“ Zunächst würde „die Verantwortlichkeit“ bei Frau Weber liegen, die für ihre Nachlässigkeit nach einer Norm des Zivilrechts haften könnte (allerdings nicht nach § 839). Aber Art. 34 S. 1 überwälzt diese Verantwortlichkeit auf „die Körperschaft, in deren Dienst“ sie stand, also auf den Landkreis R. Dieser muss Köbel deshalb die Anwaltskosten ersetzen.

Aus dem FD „Amtspflichtverletzung“ ergibt sich die Lösung so: 1. Nein – 5. Nein – 11. Ja –12. Ja (Spalte 11). ◀

Lerneinheit 59

1719   Literatur: *Schlick*, Die Rechtsprechung des BGH zu den öffentlich-rechtlichen Ersatzleistungen, NJW 2019, 2671; *Schultess*, Vermögensschutz in der Amtshaftung – Erweiterung des deliktischen Haftungsgefüges bei hoheitlicher Schädigung VersR, 2019, 1331; *Schröder*, Staatshaftung im

---

231   In der zugrunde liegenden Entscheidung erwähnt der BGH § 839 erst spät und nur bei der Erörterung von Nebenpunkten (Rdn 20 und 22). Hätte er von Anfang an sorgfältig geprüft, wäre ihm aufgefallen, dass Frau Weber keine Beamtin und § 839 deshalb nicht anwendbar war.

Straßenverkehr, JA 2018, 678; *Berwanger,* Deutsche Pkw-Maut – Ein Fall für die Staatshaftung? NJOZ 2019, 1521; *Förster,* Verkehrssicherungspflichten – Ausgewählte Tatbestände, JA 2019, 1; *Ganter,* Die Rechtsprechung zum Notarhaftungsrecht 2016 bis 2018, DNotZ 2019, 245; *Pauge,* „Betreten auf eigene Gefahr" – Verkehrssicherungspflichten für Bäume und waldtypische Gefahren, BWGZ 2019, 264; *Rebler,* Verkehrssicherungspflicht: Straßenzustand, Bauarbeiten, Bäume, ZfS 2019, 185; *Schaefer,* Der wartende Passagier – Ansprüche bei Mängeln und Verzögerungen der Luftsicherheitskontrollen, NJW 2019, 3029.

I. Geschichte

§ 839, der seit 1900 bis heute unverändert geblieben ist, ist von einer Vorstellung geprägt, die uns heute fremd ist: Nach Ansicht der BGB-Verfasser sollte ein Beamter für eine von ihm begangene Amtspflichtverletzung selbst haften, nicht der Staat. Denn vor 120 Jahren ging man davon aus, dass ein Beamter, der sich rechtswidrig verhält, nicht mehr für den Staat handelt, sondern in eigener Verantwortung („Der Staat kann kein Unrecht tun"). Für den betroffenen Bürger hatte diese Lösung den großen Nachteil, dass er bei einem größeren Schaden keinen zahlungskräftigen Schuldner hatte. Und auch der Beamte war einem erheblichen Risiko ausgesetzt, das ihn oft völlig überfordern musste. | 1720

Diese Erkenntnis führte nicht dazu, dass § 839 geändert wurde. Aber schon zu Beginn des 20. Jahrhunderts haben einige Länder des Deutschen Reichs die Haftung für rechtswidrige Handlungen ihrer Beamten übernommen, im Jahre 1910 auch das Reich. Diese mittelbare Staatshaftung setzte voraus, dass ein Fall des § 839 vorlag, ließ aber den Staat anstelle des Beamten haften.

Bei Gründung der Bundesrepublik Deutschland hat man diese Regelung weitgehend in Art. 34 S. 1 GG übernommen: „Verletzt jemand in Ausübung eines ihm anvertrauten öffentlichen Amtes die ihm einem Dritten gegenüber obliegende Amtspflicht, so trifft die Verantwortlichkeit grundsätzlich den Staat oder die Körperschaft, in deren Dienst er steht." Dieser Artikel ist für den Geschädigten keine Anspruchsgrundlage, sondern ordnet nur an, dass der Staat die nach § 839 den Beamten treffende Haftung zu übernehmen hat. Art. 34 setzt also im Wesentlichen auf § 839 auf. Es gibt aber zwei sehr wichtige Unterschiede zwischen beiden Vorschriften: | 1721

- *Personenkreis:* § 839 regelt nur die Haftung der *Beamten* im beamtenrechtlichen Sinn, nicht der sonstigen Staatsdiener oder Amtsträger wie zB der Angestellten des öffentlichen Dienstes. Art. 34 GG dagegen erfasst einen viel größeren Personenkreis, nämlich alle Amtsträger. Denn er verlangt nur, dass „jemand" in Ausübung eines ihm anvertrauten öffentlichen Amtes eine Pflichtverletzung begangen hat. | 1722

- *Tätigkeiten:* § 839 fragt nicht danach, ob der Beamte hoheitlich tätig geworden ist oder fiskalisch (durch Teilnahme seiner Behörde am privatrechtlichen Geschäftsverkehr). Art. 34 GG verlangt dagegen, dass jemand „in Ausübung eines ihm anvertrauten *öffentlichen* Amtes" gehandelt hat, also hoheitlich. In diesem Punkt ist deshalb § 839 weiter gefasst als Art. 34 GG. | 1723

II. § 839

1. Voraussetzungen

Beamter: § 839 Abs. 1 S. 1 verlangt, dass ein „Beamter" gehandelt hat. Das ist eine Person, der nach dem Bundesbeamtengesetz oder einem entsprechenden Landesgesetz | 1724 eine Ernennungsurkunde mit den Worten „unter Berufung in das Beamtenverhältnis" übergeben worden ist. Der von § 839 verwendete Begriff wird auch „staatsrechtlicher Beamtenbegriff" genannt.

In der Praxis ist es nicht erforderlich, einen namentlich genannten Beamten zu verklagen, wenn seine Anstellungskörperschaft ihre Amtspflicht verletzt hat. *Beispiel:* Die Mutter einer einjährigen Tochter verklagte die Stadt Leipzig als Trägerin der öffentlichen Jugendhilfe, weil die Stadt ihrer Tochter keinen Platz in einer Tageseinrichtung zur Verfügung stellen konnte. Dass eine Stadt kein Beamter ist, wurde (auch) in diesem Verfahren mit keinem Wort erörtert.[232]

1725   *Verletzung einer Amtspflicht:* Der Beamte muss gegen eine Pflicht verstoßen haben, die sein Amt erfordert. Die Pflicht kann sich aus Gesetzen und Verordnungen, aber auch aus Dienst- und Verwaltungsvorschriften ergeben. *Beispiel:* In dem obigen Beispiel (Rn 1724) hatte die Kommune nach § 24 Abs. 2 SGB VIII die Pflicht, der Tochter einen Krippenplatz zur Verfügung zu stellen.

1726   *Gegenüber einem Dritten:* Die verletzte Amtspflicht muss dem Beamten (zumindest *auch*) gegenüber dem *Geschädigten* oblegen haben („... die ihm gegenüber einem Dritten obliegende Amtspflicht"). *Beispiel 1:* In dem vorigen Beispiel (Rn 1724) hat nach dem Wortlaut der Vorschrift nur das *Kind* einen Anspruch auf einen Betreuungsplatz. Aber aus der Entstehungsgeschichte der Norm ist zu entnehmen, dass die Eltern des Kindes geschützte Dritte sind, sodass die Stadt der Mutter ihren Verdienstausfall ersetzen musste.[233] *Beispiel 2:* In der Jugendstrafanstalt Berlin wurde ein Häftling von einem anderen Häftling durch mehrere Hammerschläge schwer verletzt. Der Täter war den Vollzugsbeamten als psychisch auffällig und gewalttätig bekannt. Trotzdem beaufsichtigten sie ihn nicht dementsprechend, sodass er Zugang zu dem Hammer hatte. Sie haben dadurch ihre Obhutspflicht verletzt, die ihnen auch gegenüber dem Geschädigten oblag.[234]

1727   Dient die Amtspflicht, die der Beamte verletzt hat, nur dem allgemeinen öffentlichen Wohl, liegt kein Fall des § 839 vor. *Beispiel:* Ein Staatsanwalt war möglicherweise zu nachsichtig mit Anlagebetrügern umgegangen, so dass diese weitere Opfer fanden. Generell besteht die Pflicht der Staatsanwaltschaft zur Strafverfolgung nur im öffentlichen Interesse, nicht im Interesse der von einer Straftat bedrohten Bürger. Die Geschädigten hatten deshalb keinen Anspruch nach § 839.[235]

1728   *Vorsatz oder Fahrlässigkeit:* Der Beamte muss vorsätzlich oder fahrlässig (§ 276 Abs. 2) gehandelt haben. Maßstab der Beurteilung sind die Kenntnisse und Fähigkeiten, die für die Führung des konkreten Amtes im Durchschnitt erforderlich sind.[236] Eine Beschränkung der Haftung auf Vorsatz und *grobe* Fahrlässigkeit, wie sie § 680 gewährt, kann es im Bereich der öffentlichen Verwaltung nicht geben, auch nicht für

---

232   BGH NJW 2017, 397 Rn 16 ff.
233   BGH NJW 2017, 397 Rn 23 ff.
234   BVerfG (3. Kammer des Zweiten Senats) NJW 2016, 1081. Das KG hatte die Klage des Geschädigten abgewiesen und der BGH hatte das hingenommen. Das BVerfG nennt diese Entscheidungen zu Recht „schlechterdings nicht mehr nachvollziehbar" und „willkürlich" (Rn 10, 21).
235   BGH NJW 1996, 2373.
236   BGHZ 147, 381 (392); 134, 268 (274); BGH NVwZ 2005, 484; BGH WM 2001, 147 (149).

Rettungssanitäter, Feuerwehrleute[237] und Sportlehrer[238]. Denn § 680 will diejenigen schützen, die unvorbereitet und ohne Fachkenntnisse anderen Menschen in dringender Gefahr zu Hilfe kommen (Rn 1789). Die ihnen gewährte Haftungserleichterung kann nicht analog für speziell ausgebildete, berufsmäßige Helfer gelten.

Kausalität: Es müssen auch alle anderen Voraussetzungen gegeben sein, die nach den allgemeinen Regeln für die Entstehung eines Schadensersatzanspruchs erforderlich sind. So muss die Amtspflichtverletzung für den Schaden *kausal* gewesen sein. Der Geschädigte muss deshalb beweisen, dass der Schaden bei ordnungsgemäßem Verhalten vermieden worden wäre. Der eingetretene Schaden muss vom *Schutzzweck* des § 839 erfasst werden.[239]

1729

2. Rechtsfolge

Der Beamte hat „dem Dritten den daraus entstehenden Schaden zu ersetzen" (§ 839 Abs. 1 S. 1). Diese Worte verweisen nicht auf den in § 249 Abs. 1 niedergelegten Grundsatz, dass der geschuldete „Zustand" in Natur herzustellen ist (Naturalherstellung).[240] Denn der betroffene Beamte, der ja hier als Bürger schadensersatzpflichtig ist, kann nie aus eigener Kraft einen Behördenfehler rückgängig machen. Es kommt also nur ein Ausgleich des Schadens durch eine Geldzahlung in Betracht (§ 251 Abs. 1).

1730

3. Sonderregeln

Subsidiarität der Haftung: Im Normalfall, wenn nämlich auf Seiten des Beamten nur Fahrlässigkeit vorliegt (§ 276 Abs. 2), haftet der Beamte nach § 839 nur, soweit keine erfolgversprechende Möglichkeit besteht, Schadensersatz von einer anderen Person oder Institution zu erlangen (§ 839 Abs. 1 S. 2; FD „Amtspflichtverletzung", Frage 9, Spalte 8).[241] Diese Regelung ist nur erklärlich aus der Frühzeit: Denn bei Inkrafttreten des BGB begründete § 839 Abs. 1 S. 1 ja eine *persönliche* Verpflichtung des Beamten. Seit Einführung der Staatshaftung hat § 839 Abs. 1 S. 2 in Fällen hoheitlichen Handelns seine Berechtigung verloren.

1731

Unterlassenes Rechtsmittel: Der Beamte haftet ebenfalls nicht nach § 839, wenn der Geschädigte den Schaden hätte vermeiden können, indem er ein Rechtsmittel gegen das als Amtspflicht zu wertende Verhalten eingelegt hätte (§ 839 Abs. 3; FD „Amtspflichtverletzung", Frage 10). „Rechtsmittel" umfasst jede Art von Widerspruch, Einspruch, Erinnerung und Einwendung sowie alle Arten von Erfolg versprechenden Klagen.[242] Zu beachten ist aber, dass der Geschädigte *schuldhaft* gehandelt haben muss. Es muss ihm also der Vorwurf gemacht werden können, dass er sich nicht (oder nicht rechtzeitig) gewehrt habe. Dabei ist abzuwägen: Einerseits darf ein Laie der Richtigkeit einer behördlichen Entscheidung weitgehend vertrauen, andererseits ist ihm zuzumuten, in schwierigen Fragen Rechtsrat einzuholen.[243]

1732

---

237 BGH NJW 2018, 2723 Rn 46 ff mwN zum Meinungsstand.
238 BGH NJW 2019, 1809 Rn 27 ff. Die Pflicht der Sportlehrer, im Notfall sachgemäß Erste Hilfe zu leisten, ist für sie – im Gegensatz zu den hauptamtlichen Lebensrettern des öffentlichen Dienstes – nur eine Nebenpflicht. Aber dem in § 680 gemeinten Laien stehen sie auch nicht gleich (BGH aaO Rn 32).
239 BGH NJW 2009, 1207 Rn 10 ff.
240 SAT Rn 870 ff.
241 BGHZ 113, 164; OLG Karlsruhe VersR 2003, 1406.
242 BGHZ 156, 294 zu einem Antrag nach § 80 Abs. 5 VwGO; Palandt/Sprau § 839 Rn 69.
243 OLG Potsdam VersR 2003, 373.

1733   *Richterprivileg:* Eine Gerichtsentscheidung führt nach § 839 Abs. 2 S. 1 nur dann zu einem Schadensersatzanspruch, wenn der Richter bei seiner Entscheidung („bei dem Urteil") eine „Straftat" begangen hat, insbesondere eine *Rechtsbeugung* nach § 339 StGB (FD „Amtspflichtverletzung", Frage 3). Dadurch soll nicht nur die Unabhängigkeit der Richter gestärkt werden. Der Gesetzgeber will auch vermeiden, dass ein durch ein rechtskräftiges Urteil abgeschlossener Prozess auf dem Umweg über einen Amtshaftungsprozess neu aufgerollt werden kann.

1734   Wenn ein Richter ein Verfahren pflichtwidrig verweigert oder verzögert hat, „findet diese Vorschrift keine Anwendung" (§ 839 Abs. 2 S. 2). Mit „diese Vorschrift" ist Satz 1 gemeint. Es gilt also – abweichend von Satz 1 – nicht die Einschränkung, dass eine „Straftat" vorliegen muss (FD „Amtspflichtverletzung", Frage 2). Trotzdem ist eine Klage wegen Prozessverschleppung fast aussichtslos, weil der Kläger beweisen muss, dass die mit der Sache befassten Gerichte das Verfahren *fahrlässig* verzögert haben. *Beispiel:* T erbrachte im Jahre 1981 Transportleistungen für einen Bauunternehmer. Er klagte auf Zahlung des Entgelts, aber er bekam erst nach 20 Jahren Recht. Zu dieser Zeit aber war der beklagte Bauunternehmer insolvent. Deshalb verklagte T das Land NRW als Anstellungskörperschaft der Richter des LG und des OLG. Der Amtshaftungsprozess ging bis zum BGH, aber im Jahre 2010 – nach insgesamt 29 Jahren – wies der BGH die Sache an das OLG zurück.[244] Auf ein Neues!

1735   Wer als Verfahrensbeteiligter „infolge unangemessener Dauer eines Gerichtsverfahrens … einen Nachteil erleidet", kann nicht nur nach § 839 Abs. 2 S. 1 klagen, sondern wird uU auch nach § 198 Abs. 1 S. 1 GVG „angemessen entschädigt".[245]

1736   *Gerichtliche Sachverständige:* Nach § 839a Abs. 1 haftet ein in einem bestimmten Verfahren gerichtlich[246] bestellter Sachverständiger für ein von ihm vorsätzlich oder grob fahrlässig falsch erstattetes Gutachten (FD „Amtspflichtverletzung", Frage 4). Das gilt aber nur, soweit eine gerichtliche Entscheidung auf diesem Gutachten beruht und durch sie einem Verfahrensbeteiligten Schaden entstanden ist. Der Begriff „gerichtliche Entscheidung" ist weit zu verstehen, er umfasst nicht nur Urteile und Beschlüsse, sondern zB auch den Zuschlag im Zwangsversteigerungsverfahren.[247]

1737   Wie bei Ansprüchen gegen einen Beamten ist die Haftung ausgeschlossen, wenn der Geschädigte zumutbare *Maßnahmen unterlassen* hat, um die Gerichtsentscheidung durch Rechtsmittel anzugreifen (§ 839a Abs. 2; im FD „Amtspflichtverletzung" verweisen die Spalten 1 bis 3 auf Frage 10). Wenn der Sachverständige zugleich Beamter ist und in dieser Eigenschaft sein Gutachten abgegeben hat, gilt nur § 839. Denn diese Norm verdrängt alle anderen Normen der §§ 823 ff, auch § 839a.[248]

III. Art. 34 GG

1. Voraussetzungen des Art. 34 GG

1738   *Ein „jemand" hat gehandelt …:* Weil Art. 34 S. 1 GG bewusst nur voraussetzt, dass „jemand" gehandelt hat, muss es sich *nicht* um einen Beamten im beamtenrechtlichen

---

244   BGH NJW 2011, 1072. Zur Prozessverschleppung siehe auch BVerfG BGH NJW 2013, 3630.
245   Dazu BGH NJW 2014, 218, 220 und 789.
246   Der Sachverständige kann auch von der Staatsanwaltschaft ernannt worden sein (BGH NJW 2014, 1665 Rn 22).
247   BGH NJW 2006, 1733.
248   BGH NJW 2014, 1665 Rn 28 ff.

Sinne handeln (so schon Rn 1722). Vielmehr können auch Angestellte des öffentlichen Dienstes, Minister, ja sogar beliehene Unternehmer und Verwaltungshelfer gehandelt haben, soweit eine öffentlich-rechtliche Körperschaft diesen eine entsprechende Tätigkeit übertragen hat.[249]

... aber hoheitlich: Art. 34 S. 1 GG verlangt, dass der Amtsträger – was in § 839 keine Rolle spielt – „... in Ausübung eines ihm anvertrauten öffentlichen Amtes" tätig geworden ist (so schon Rn 1723). Das ist der Fall, wenn er für eine Behörde *hoheitlich* gehandelt hat. Nach einer vom BGH gern verwendeten Formel kommt es darauf an, „ob die eigentliche Zielsetzung, in deren Sinn der Betreffende tätig wurde, hoheitlicher Tätigkeit zuzurechnen ist".[250] Typische Beispiele für hoheitliche Tätigkeiten finden sich im Bereich der Polizei, der Staatsanwaltschaft und des Strafvollzugs. *Beispiel:* Die Staatsanwaltschaft ordnete gemäß § 87 Abs. 2 StPO eine Obduktion an. Diese fällt immer „in das engere Feld der eigentlichen Eingriffsverwaltung" und gehört deshalb „zum Kernbereich staatlich-hoheitlicher Aufgaben".[251]

1739

Den Gegensatz zum hoheitlichen Handeln bildet das *privatrechtliche (fiskalische)* Handeln der Behörden. In diesem Bereich nimmt der Staat wie ein Bürger am zivilrechtlichen Rechtsverkehr teil, also ohne von seinen besonderen Machtbefugnissen Gebrauch zu machen. *Beispiel 1:* Ein Bundesland mietete für seine Verwaltung Räume von einem Bürger. *Beispiel 2:* Die Kulturdezernentin einer Stadt veranstaltete eine Ausstellung.

Viele Abgrenzungsfragen gibt es in der Verwaltung, die der Daseinsvorsorge der Bürger dient (Leistungsverwaltung). Hier hat der Träger oft ein Wahlrecht, ob er das Benutzungsverhältnis privat- oder öffentlich-rechtlich gestalten will.[252] So ist die Unterhaltung öffentlicher Verkehrswege in manchen Bundesländern Ausübung eines öffentlichen Amtes,[253] in anderen fiskalisch geregelt. Früher war die Tätigkeit eines Prüfingenieurs für Baustatik ein Beispiel für hoheitliches Handeln Privater. Heute haben viele Landesbauordnungen diese Tätigkeit in den Privatbereich des Bauherrn verlagert.[254]

1740

Verletzung einer Amtspflicht: Art. 34 GG setzt weiter voraus, dass der hoheitlich Handelnde „die ihm einem Dritten gegenüber obliegende Amtspflicht" verletzt hat. Damit bezieht sich Art. 34 auf § 839 BGB, ohne dass dessen übrige Voraussetzungen (insbesondere die Beamteneigenschaft) vollständig vorliegen müssen.

1741

2. Rechtsfolgen

Die von Art. 34 S. 1 angeordnete Rechtsfolge ergibt sich aus den Worten: „... so trifft die Verantwortlichkeit grundsätzlich den Staat oder die Körperschaft, in deren Dienst er steht." Wenn die Voraussetzungen des Art. 34 GG erfüllt sind, kann der Geschädigte nicht den Beamten in Anspruch nehmen, sondern muss sich an die Anstellungskörperschaft halten. *Beispiel:* Frau D hatte den Chefarzt Dr. C zum Alleinerben eingesetzt. Sie begab sich in dessen Behandlung und starb kurz danach. Die Staatsanwaltschaft ordnete die Beschlagnahme der Leiche und deren Obduktion durch Prof. L an, einen hessischen Landesbeamten. Die toxikologische Untersuchung ergab Rückstände von

1742

---

249 BGHZ 161, 6.
250 BGH NJW 2016, 2656 Rn 12; BGHZ 147, 169 (171).
251 BGH NJW 2014, 1665 Rn 34.
252 OLG Koblenz NJW-RR 2001, 318: gemeindliches Schwimmbad.
253 BGHZ 113, 164 (166) unter Hinweis auf BGHZ 21, 48 (50 f); für Niedersachsen § 10 NdsStrG (BGHZ 62, 380 [382]; BGH NJW 2004, 1381).
254 BGH NJW 2016, 2656 Rn 11 ff.

Heroin. Dr. C wurde verhaftet. Später verklagte er Professor L wegen Rufschädigung. Aber er hätte das Land Hessen als den Dienstherrn des Professors verklagen müssen (Art. 34 S. 1 GG).[255]

1743 Soweit zugleich die Voraussetzungen des § 839 gegeben sind (Beamteneigenschaft), haftet der Staat nur in dem Umfang, in dem der Beamte nach § 839 selbst haften würde. Deshalb kommen alle Haftungsbeschränkungen und -ausschlüsse (§ 839 Abs. 1 S. 2 und Abs. 3) auch der Körperschaft zugute.[256] Das ist nicht sachgemäß, weil die Eingrenzungen ursprünglich dem – damals allein und persönlich haftenden – *Beamten* helfen sollten, nicht dem Staat.

1744 Art. 34 S. 2 GG bestimmt: „Bei Vorsatz und grober Fahrlässigkeit bleibt der Rückgriff vorbehalten." Im Regelfall (bei einfacher Fahrlässigkeit) kann der Handelnde also nicht regresspflichtig gemacht werden (FD „Amtspflichtverletzung" Frage 7). Diese Limitierung der Innenhaftung soll die Entschlussfreudigkeit der Beamten fördern und entspricht der Fürsorgepflicht des Dienstherrn.

IV. Sechs Kombinationen

1745 Das Zusammenspiel von § 839 und Art. 34 GG führt zu insgesamt sechs Konstellationen, je nachdem, ob ein Beamter im beamtenrechtlichen Sinn oder ein sonstiger Amtsträger gehandelt hat und ob hoheitliches oder fiskalisches Handeln vorliegt:

1746 *Ein Beamter hat hoheitlich gehandelt:* Die Haftung des Beamten nach § 839 wird auf die Anstellungskörperschaft verlagert (Art. 34 S. 1 GG; FD „Amtspflichtverletzung", Frage 6, Ja). *Beispiel 1:* Der Studienrat einer staatlichen Schule (Beamter) schritt nicht gegen eine Rauferei auf dem Schulhof ein, so dass ein Schüler verletzt wurde.[257] *Beispiel 2:* Ein in der geschlossenen Abteilung eines Landeskrankenhauses tätiger Psychiater, der verbeamtet ist,[258] schädigte eine Patientin mit einer Überdosis Lithium.[259]

1747 *Ein Beamter hat fiskalisch gehandelt:* Es liegen die Voraussetzungen des § 839 vor. Aber eine Haftungsübernahme nach Art. 34 findet nicht statt, da der Beamte nicht hoheitlich gehandelt hat (FD „Amtspflichtverletzung", Frage 6, Nein). *Beispiel 1:* Ein beamteter Arzt des Uni-Krankenhauses Eppendorf verschuldete durch eine falsche Anästhesie eine schwere Gehirnschädigung des Patienten.[260] *Beispiel 2:* Der zuständige Beamte einer Gemeinde schloss mit Jagdpächtern einen Vertrag über den gemeindeeigenen Jagdbezirk und machte dabei einen Fehler.[261]

Der Beamte haftet persönlich nach § 839. Es kommt aber eine Haftung des Dienstherrn nach § 89 oder nach § 831 in Betracht.[262] Außerdem kann der Beamte (wenn er nicht vorsätzlich gehandelt hat) den Geschädigten nach § 839 Abs. 1 S. 2 an Dritte verweisen (insbesondere an seinen Dienstherrn)[263] und kann eine Verletzung der Abwen-

---

255 BGH NJW 2014, 1665 Rn 28.
256 BGH NJW 2002, 3096; Palandt/Sprau § 839 Rn 12.
257 BGHZ 13, 25.
258 Ärzte, auch nicht beamtete, die in einer geschlossenen Anstalt tätig sind, handeln hoheitlich (Palandt/Sprau § 839 Rn 95). Denn sie sind Teil der öffentlichen Gewalt, die die Insassen in ihrer Bewegungsfreiheit einschränkt.
259 BGH NJW 2008, 1444.
260 BGHZ 85, 393. Wer in einer offenen (normalen) Klinik tätig ist, handelt nicht hoheitlich.
261 BGHZ 147, 381.
262 BGHZ 85, 393 (399).
263 BGHZ 147, 381 (391).

dungsobliegenheit rügen (§ 839 Abs. 3). Zu diesen drei Möglichkeiten der Abwehr siehe im FD „Amtspflichtverletzung" die Fragen 8, 9 und 10.

Ein sonstiger Amtsträger hat hoheitlich gehandelt: Da der Handelnde kein „Beamter" ist, haftet er nicht nach § 839 (FD „Amtspflichtverletzung", Frage 12, Ja). Eigentlich würde er persönlich nach § 823 haften. Da aber Art. 34 S. 1 GG die Haftung des Staates anordnet, entfällt die persönliche Haftung.

1748

Ein sonstiger Amtsträger hat fiskalisch gehandelt: Der nicht verbeamtete Amtsträger haftet nicht nach § 839 (FD „Amtspflichtverletzung", Frage 12, Nein). Ansprüche aus unerlaubter Handlung gegen ihn können sich also nur aus § 823 ergeben.[264] Weil er nicht „in Ausübung eines ihm anvertrauten öffentlichen Amtes" gehandelt hat, findet keine Haftungsübernahme nach Art. 34 GG statt. *Beispiel:* Der für die Gewerbeansiedlung zuständige städtische Angestellte A machte einem Interessenten gegenüber bewusst falsche Angaben. Die Anstellungskörperschaft kann aus Vertrag haften und muss dann uU für die Pflichtverletzung des Angestellten nach den §§ 280 Abs. 1, 278 einstehen. Eine Haftung der Körperschaft kann sich bei satzungsmäßigen Organen auch aus § 89, ansonsten aus § 831 ergeben.[265]

Ein „beliehener Unternehmer" hat gehandelt: Ein „beliehener Unternehmer" ist ein Gewerbetreibender (oder eine sonstige Person des Privatrechts), dem ein Gesetz eine hoheitliche Aufgabe zur selbstständigen Erledigung übertragen hat (FD „Amtspflichtverletzung", Frage 14, Ja, Spalte 14). *Hauptbeispiel* ist der TÜV, soweit dessen Sachverständige die Verkehrssicherheit von Kraftfahrzeugen prüfen (§ 29 Abs. 2 S. 2 StVZO). Der TÜV übt in diesen Fällen hoheitliche Gewalt aus, weil er über die Nichtzulassung zum Verkehr entscheidet. Macht einer seiner Angestellten einen Fehler, der die Rechte eines Bürgers betrifft, haftet nicht der TÜV und erst recht nicht der Sachverständige, sondern nach Art. 34 S. 1 GG die zuständige Verkehrsbehörde.

1749

Ein „Verwaltungshelfer" hat gehandelt: Eine Behörde kann im Einzelfall einen Unternehmer damit beauftragen, eine ihr übertragene hoheitliche Aufgabe weisungsabhängig durchzuführen. Der Unternehmer wird in diesem Fall „Verwaltungshelfer" genannt (FD „Amtspflichtverletzung", Frage 15, Ja, Spalte 15). *Beispiel 1:* Der von der Polizei mit der Bergung eines Unfallwagens beauftragte Abschleppunternehmer X sicherte die Unfallstelle unzureichend, so dass die Pkw-Fahrerin L schwere Verletzungen erlitt.[266] X war in diesem Fall als Verwaltungshelfer „… in Ausübung eines ihm anvertrauten öffentlichen Amtes" tätig geworden (Art. 34 S. 1 GG). Denn es darf für die Geschädigte L keinen Unterschied machen, ob die Polizei selbst die Bergung (und die Sicherung der Unfallstelle) übernimmt oder diese Aufgabe einem Unternehmer überlässt. Wenn Frau L wirklich den X verklagen müsste, hätte sie einen Schuldner, der im Normalfall wesentlich weniger zahlungskräftig wäre als die Behörde.

1750

---

264 Brox/Walker § 49 Rn 25.
265 BGHZ 85, 393 (399).
266 BGHZ 121, 161 (166).

§ 60 Die Haftung mehrerer

1751   **Fall 60: Verletzte Stute**   § 830

▶ *Frau Klaudia Klein ist Eigentümerin der Stute Ophelia, der Hengst Romeo gehört Frau Betti-*
na Berg. Beide Pferde waren auf demselben Reiterhof untergestellt. Tagsüber hielten sie
sich mit zwölf weiteren Pferden auf einem eingezäunten Sand- und Grasplatz auf, einem so
genannten Paddock. An einem Aprilabend wurden die Tiere wie immer in den Stall geholt.
Dabei fiel dem Betreiber des Pferdehofs auf, dass Ophelia lahmte. Er benachrichtigte Frau
Klein, die am rechten Hinterbein eine leicht blutende Wunde bemerkte. Frau Klein versorgte
die Wunde, aber über Nacht schwoll das Bein an. Am nächsten Tag stellte ein Tierarzt fest,
dass das Bein erheblich verletzt war. Es lässt sich nicht mehr feststellen, welches Pferd
Ophelia getreten hat. Frau Klein geht davon aus, dass es der Hengst Romeo war und nimmt
Frau Berg auf Schadensersatz in Anspruch. Dass auch ein anderes Pferd die Verletzung ver-
ursacht haben kann, ist nach Ansicht von Frau Kleins Rechtsanwalt wegen § 830 Abs. 1 S. 2
unerheblich. (Nach BGH NJW 2018, 3439)

1752   Da Frau Berg dem verletzten Pferd Ophelia nicht selbst die Wunde beigebracht hat, könnte
sich ihre Haftung nur aus § 833 S. 1 ergeben (Rn 1713). Diese Vorschrift lautet, auf den vorliegenden Fall verkürzt: „Wird durch ein Tier ... eine Sache beschädigt ...". Ophelia ist zwar
keine „Sache" (§ 90 a S. 1), aber auf Tiere sind im Prinzip „die für Sachen geltenden Vorschriften entsprechend anzuwenden" (§ 90 a S. 3). Das gilt auch für § 833 S. 1. Auf der anderen Seite ist der Hengst Romeo zweifellos ein „Tier". Das Problem ist jedoch, dass nicht feststeht, ob Romeo oder ein anderes Pferd Ophelias Wunde verursacht hat. Deshalb kann Frau
Klein allein aus § 833 S. 1 keine Ansprüche herleiten. Zu prüfen ist jedoch, ob sich Frau
Kleins Beweisnot durch § 830 Abs. 1 S. 2 überbrücken lässt. Dazu soll diese Vorschritt abschnittsweise geprüft werden:

„Das Gleiche gilt, ...": Das „Gleiche" ist die in S. 1 genannte Rechtsfolge, dass „jeder für den
Schaden verantwortlich" ist (Rn 1756). Für „den Schaden verantwortlich" kann – wie sich
aus § 833 S. 1 ergibt – auch ein Tierhalter sein. Deshalb ist die Vorschrift auch im vorliegenden Fall anzuwenden. Daraus könnte sich ergeben, dass Frau Berg als Gesamtschuldnerin
haften könnte (§ 421) und damit – zumindest vorläufig – den Schaden allein zu ersetzen
hätte.

1753   *„... wenn sich nicht ermitteln lässt, wer von mehreren Beteiligten ...":* Der problematische (und
deshalb auch besonders wichtige) Begriff ist der des „Beteiligten". Wenn es nicht um eine
Tierhalterhaftung geht, sondern um das schädigende Verhalten eines Menschen, ist Beteiligter nur jemand, von dem feststeht, dass er eine Handlung begangen hat, die „den Schaden ... verursacht" haben *kann*. In einem Prozess muss deshalb der Kläger dem Beklagten
die fragliche Handlung nachweisen. Offen bleiben kann nur, ob der eingetretene Erfolg tatsächlich durch die Handlung des Beklagten verursacht wurde oder durch das (gleiche oder
ähnliche) Verhalten eines anderen Beteiligten.

§ 830 Abs. 1 S. 2 gilt auch für die Haftung des Tierhalters. „Beteiligt" wäre Frau Berg deshalb
nur, wenn feststehen würde, dass ihr Hengst Romeo an einer Rauferei oder einer Panikreak-
tion beteiligt war, die zur Verletzung der Stute geführt hat. Das steht aber nicht fest, vielmehr kann Romeo im Zeitpunkt der Verletzung auch nur harmlos herumgestanden haben.

Da Frau Berg keine „Beteiligte" ist, kann § 830 Abs. 1 S. 2 Frau Klein nicht in ihrer Beweisnot helfen.

Die Klage war deshalb in allen drei Instanzen erfolglos. ◄

Lerneinheit 60

Literatur: *Becker/Weidt,* Die deliktische Haftung mehrerer, JuS 2016, 481; *Matz/Baumann,* Die Reichweite der Haftungsprivilegien nach dem SGB VII außerhalb des klassischen Arbeitsunfalls, NJW 2016, 673; *Leube,* Gemeinsame Betriebswege von Arbeitnehmern verschiedener Unternehmen – Haftungsbegrenzung auf gemeinsamer Betriebsstätte (§ 106 III Alt. 3 SGB VII), VersR 2013, 1091; *Kampen,* Die gemeinsame Betriebsstätte, NJW 2012, 2234; *Lemcke,* Die gestörte Gesamtschuld in der Personenschadenregulierung, r + s 2006, 52.

1754

I. Mittäter und Beteiligte

1. Bandenmäßiges Zusammenwirken

Voraussetzungen: § 830 Abs. 1 S. 1 setzt „eine gemeinschaftlich begangene unerlaubte Handlung" voraus. Es müssen also zwei oder mehr Personen als „Mittäter" (so die Paragrafenüberschrift) in bewusstem Zusammenwirken vorsätzlich eine unerlaubte Handlung begangen haben. Jeder Mitwirkende hat die Tat gewollt und planmäßig unterstützt. Die im Strafrecht oft schwierige Abgrenzung zwischen Mittätern, Anstiftern und Gehilfen ist bedeutungslos (§ 830 Abs. 2). *Beispiel:* Nachdem die Preise für Selbstdurchschreibepapier jahrelang gefallen waren, gründeten alle Hersteller ein Kartell und erhöhten mehrfach die Preise um 5 bis 10 %. Darin lag eine gemeinschaftlich begangene unerlaubte Handlung.[267]

1755

Rechtsfolge: Jedem Beteiligten wird das Handeln der anderen zugerechnet. Deshalb ist jeder „für den Schaden verantwortlich" (§ 830 Abs. 1 S. 1), also für den *ganzen* Schaden, nicht nur für den Teilschaden, der auf seinen Tatbeitrag zurückzuführen ist. Der Einzelne könnte sich seiner Haftung nicht durch den Nachweis entziehen, dass der Schaden auch ohne seine Beteiligung eingetreten wäre.

1756

Aus der Bestimmung, dass jeder „für den Schaden verantwortlich" ist (§ 830 Abs. 1 S. 1), ergibt sich bereits, dass er nicht als Teilschuldner (§ 420), sondern als Gesamtschuldner (§ 421) haftet.[268] § 840 Abs. 1 unterstreicht das.

2. Mehrere andere Beteiligte

Kein gemeinsamer Tatplan: § 830 Abs. 1 S. 2 bezieht sich auf eine ganz andere Begehungsweise. Es ist zwar (wie bei Abs. 1 S. 1) unter Beteiligung von zwei oder mehr Personen eine unerlaubte Handlung begangen worden,[269] und jeder Beteiligte kommt als Verursacher des Schadens in Betracht. Die Beteiligten haben aber *nicht* planmäßig zusammengewirkt (weil sonst § 830 Abs. 1 S. 1 Anwendung fände). Dennoch muss jeder ein „Beteiligter" sein. Das ist nur „derjenige, dessen Tatbeitrag zu einer rechtswidrigen Gefährdung der Schutzsphäre des Betroffenen geführt hat" und geeignet war, die Ver-

1757

---

267   BGH NJW 2012, 928 – ORWI-Urteil. Heute wird der Schadensersatzanspruch meist direkt aus § 33 Abs. 3 S. 1 GWB hergeleitet.
268   Zur Gesamtschuld SAT Rn 1245 ff.
269   Es kann sich auch um einen Fall der Gefährdungshaftung handeln, zB um Tierhalterhaftung (BGH NJW 2018, 3439 Rn 12).

letzung herbeizuführen.[270] *Beispiel:* Zwei Jugendliche spielten mit Feuer in einem landwirtschaftlichen Nebengebäude, wodurch es zu einer fahrlässigen Brandstiftung kam.[271]

1758   *Verursachung unsicher:* Obwohl jeder als Verursacher in Betracht kommt, kann der Geschädigte *keinem die Kausalität* seines Tatbeitrags für den eingetretenen Schaden nachweisen. Das meint § 830 Abs. 1 S. 2 mit den Worten, dass sich nicht ermitteln lässt, „wer … den Schaden durch seine Handlung verursacht hat" (§ 830 Abs. 1 S. 2). *Beispiel 1:* In dem obigen Fall mit der Brandstiftung stand fest, dass beide Jugendliche mit Feuerwerkskörpern gespielt hatten, es ließ sich nur nicht ermitteln, wer von beiden den Brand verursacht hatte. *Beispiel 2:* Ein altes Friesenhaus bekam Risse. Mehrere Baustellen in der Nachbarschaft hatten die Standfestigkeit des Hauses gefährdet, es war aber nicht beweisbar, welcher Bau die Risse verursacht hatte.[272]

1759   Wenn immerhin von *einem* Beteiligten feststeht, dass er den Schaden (mit)verursacht hat, kann nicht allein über § 830 Abs. 1 S. 2 ein anderer zusätzlich zur Verantwortung gezogen werden.[273] *Beispiel:* Bei Nacht und Nebel fuhr X den Mopedfahrer M an, der auf der Straße liegenblieb. Y, obwohl gewarnt, überfuhr M. Es steht fest, dass X für den Schaden des M haftet. Dann kann Y nicht allein aufgrund von § 830 Abs. 1 S. 2 ebenfalls haftbar gemacht werden.[274] Denn § 830 Abs. 1 S. 2 will nur die Beweisnot des Geschädigten für den Fall beseitigen, dass er anderenfalls *keinen* der Beteiligten in Anspruch nehmen könnte.

1760   *Rechtsfolge:* § 830 Abs. 1 S. 2 ordnet durch die Verweisung auf § 830 Abs. 1 S. 1 an, dass „jeder für den Schaden verantwortlich" ist. Die Ungewissheit geht also zu Lasten der Beteiligten, nicht des Geschädigten. Jeder Beteiligte haftet als Gesamtschuldner (§§ 840 Abs. 1, 421). § 830 Abs. 1 S. 1 und S. 2 sind keine Anspruchsgrundlagen, sondern nur Beweisregeln.[275]

II. Gesamtschuldnerische Haftung

1. Haftung im Verhältnis zum Geschädigten

1761   *Grundsatz:* Nach § 840 Abs. 1 haften alle, die für eine unerlaubte Handlung verantwortlich sind, als Gesamtschuldner (§ 421). Für die in § 830 geregelten Fälle ergibt sich das, wie gesagt, schon aus § 830 selbst und wird von § 840 Abs. 1 nur verstärkt. *Beispiel:* Die ORWI KG stellte selbstdurchschreibende Formulare her. Sie bezog das Durchschreibepapier von der August Koehler AG, einem Mitglied des Kartells (Rn 1755). Die Koehler AG musste der ORWI den Schaden ersetzen, den diese durch die überhöhten Preise erlitten hatte. Sie hätte auch den Schaden der Abnehmer aller anderen Kartellmitglieder ersetzen müssen.[276]

1762   § 840 Abs. 1 wird weit ausgelegt: Auch wenn A aus einer unerlaubten Handlung für einen Schaden haftet und B für den gleichen Schaden aus Vertrag oder aus Gefährdungshaftung,[277] werden sie nach § 840 Abs. 1 als Gesamtschuldner angesehen.

---

270   BGH NJW 2018, 3439 Rn 13; NJW 2006, 2399 Rn 11 unter Hinweis auf BGHZ 55, 86 (92).
271   BGH NJW 2006, 2355 Rn 9.
272   BGHZ 101, 106.
273   BGHZ 72, 355 unter Aufgabe der bisherigen Rechtsprechung.
274   BGHZ 72, 355.
275   Brox/Walker § 51 Rn 5; MüKo/Wagner § 830 Rn 45; aA BGHZ 72, 355 (und die Vorauflage).
276   BGH NJW 2012, 928 Rn 80.
277   BGH NJW 2006, 896 Rn 11.

Mitverschulden des Geschädigten: Umstritten ist die Lösung, wenn mehrere Schädiger 1763 ohne planvolles Zusammenwirken den Schaden verschuldet haben und „bei der Entstehung des Schadens ein Verschulden des Beschädigten mitgewirkt" hat (§ 254 Abs. 1). *Beispiel:* A hat durch einen Verkehrsunfall einen Schaden von 3 000 Euro erlitten. An dem Unfall waren außer ihm selbst die Kraftfahrer B und C beteiligt. Der Unfallbeitrag der drei Beteiligten ist gleich hoch.[278]

Da A, B und C je ein Drittel der Verantwortung tragen, muss A ein Drittel seines Scha- 1764 dens (1 000 Euro) selbst übernehmen. Looschelders leitet dies Ergebnis daraus ab, dass A von B und C je 2 000 Euro ersetzt verlangen kann, wenn auch insgesamt nur einmal (§ 421 S. 1).[279] Das gilt aber manchen als zu weitgehend. Die Anwendung der §§ 840 Abs. 1, 421 soll nach dieser Ansicht nicht dazu führen, dass den Beteiligten B und C (die ja nicht zusammengewirkt haben), jeweils der Tatbeitrag des anderen zugerechnet wird. A soll deshalb von einem der Schädiger maximal 1 500 Euro und vom anderen den Rest verlangen können. Im Innenverhältnis der Schädiger findet nach § 426 Abs. 2 S. 1 der Ausgleich statt, so dass endgültig jeder von ihnen 1 000 Euro übernimmt.[280] Das ergibt sich aber auch nach der zutreffenden Lösung von Looschelders.

2. Aufteilung im Innenverhältnis

Nach § 426 Abs. 1 S. 1 tragen Gesamtschuldner den Schaden *im Innenverhältnis* zu 1765 gleichen Teilen. Aber das ist nur der Grundsatz, von dem es in der Praxis zahlreiche Ausnahmen gibt.[281]

Eine spezielle Ausnahme macht § 840 Abs. 2 für den Fall, dass ein Geschäftsherr für 1766 mangelnde Auswahl und/oder Aufsicht nach § 831 haftet und der Verrichtungsgehilfe selbst nach § 823. Die Regel, dass dann der Gehilfe im Innenverhältnis den Schaden allein zu tragen hat (§ 840 Abs. 2), ist aber mit Vorsicht anzuwenden. *Beispiel:* Der Auslieferungsfahrer F, der in der Innenstadt von Köln unterwegs war, wurde angerufen und blätterte beim Weiterfahren in Unterlagen, die auf dem Beifahrersitz lagen. Er fuhr bei Rot über eine Kreuzung und kollidierte mit dem Querverkehr. Dem Geschädigten hafteten der Halter des Lkw nach § 7 Abs. 1 StVG, der Arbeitgeber nach § 831 und F nach § 823 Abs. 1 als Gesamtschuldner (§ 840 Abs. 1). Nach § 840 Abs. 2 hatte F im Innenverhältnis den Schaden allein zu tragen. Das ist aber im Arbeitsrecht keineswegs selbstverständlich. Das BAG hat nur deshalb so entschieden, weil das Verhalten des F *grob* fahrlässig war.[282] Hätte das BAG nur einfache Fahrlässigkeit angenommen, hätten sich F und sein Arbeitgeber den Schaden geteilt.[283]

3. Gestörtes Gesamtschuldverhältnis

Manchmal ist *einer* der Gesamtschuldner aufgrund einer gesetzlichen Vorschrift von 1767 der Haftung befreit. So übernimmt bei einem Arbeitsunfall die gesetzliche Unfallversi-

278 Beispiel nach BGHZ 30, 203 (211), auf das der BGH noch verweist (NJW 2006, 896); ähnliches Beispiel bei Palandt/Grüneberg § 254 Rn 69; Soergel/Krause § 840 Rn 19 ff.
279 Looschelders Rn 1406 und in seiner Monographie „Die Mitverantwortlichkeit des Geschädigten im Privatrecht", 620 ff.
280 Palandt/Grüneberg § 254 Rn 70; Kirchhoff MDR 1998, 377 und NZV 2001, 361; Bamberger/Roth/Unberath § 254 Rn 62 ff und Erman/Ebert § 254 Rn 103 ff.
281 SAT Rn 1275 f.
282 BAG NZV 1999, 164; SAT Rn 966.
283 BAG GS NJW 1995, 210; SAT Rn 965.

cherung den Schaden, der schädigende Arbeitskollege selbst kann nicht in Anspruch genommen werden (siehe Vorauflage Fall 60, Rn 1751).[284]

---

284 Ständige Rechtsprechung des BGH, zB BGHZ 157, 9 (Injektionsnadel) und BGH NJW 2005, 3144 (= Vorauflage Fall 60, Rn 1751) sowie NJW 2005, 2309 (Stromschlag) und 2013, 2031.

ZWÖLFTES KAPITEL ANDERE GESETZLICHE SCHULDVERHÄLTNISSE

§ 61 Geschäftsführung ohne Auftrag

Fall 61: Tiefgefrorener Schmuck   §§ 677, 678

▶ *Bevor Frau Faltenhauser mit ihrem Ehemann für vier Wochen in die Türkei flog, bat sie ihre Wohnungsnachbarin, die 78-jährige Inge Sager, die Zimmerpflanzen zu gießen und einen Handwerker in die Wohnung zu lassen. Eine Adresse oder eine Telefonnummer, unter der sie in der Türkei zu erreichen gewesen wäre, nannte Frau Faltenhauser nicht. Einige Tage nachdem der Handwerker dagewesen war, bemerkte Frau Sager beim Blumengießen einen fauligen Geruch, der aus der Küche kam und sich in den folgenden Tagen verschlimmerte. Es stellte sich heraus, dass der Inhalt der Tiefkühltruhe aufgetaut war, weil der Handwerker den Stecker nicht wieder in die Steckdose gesteckt hatte. Alle in der Truhe befindlichen Gegenstände waren in Alufolie oder eine undurchsichtige Plastikfolie eingewickelt, fühlten sich weich an und schwammen in einer übelriechenden Flüssigkeit. Um den Eheleuten Faltenhauser den Anblick und den Gestank zu ersparen, brachten Frau Sager und ihre Tochter – beide ausgerüstet mit Mundschutz und Gummihandschuhen – den Inhalt der Truhe in den Müllcontainer, säuberten die Truhe und lüfteten die Wohnung.*

Die Faltenhausers kamen zurück. Als Frau Sager von dem Unglück und ihrer guten Tat berichten wollte, rief Frau Faltenhauser plötzlich verzweifelt: „Und mein Schmuck? Ich hatte meinen ganzen Schmuck in der Truhe versteckt, in Alufolie und Plastiktüten!" Als der erste Schock überwunden war, zeigte sich Frau Faltenhauser versöhnlich und gab sich selbst einen Teil der Schuld. Sie wandte sich an das Installationsunternehmen, dessen Mitarbeiter den Stecker der Tiefkühltruhe gezogen hatte, aber vergeblich. Einige Zeit später erhielt Frau Sager ein Schreiben von Rechtsanwalt Wolfgang Gohle, der sie im Namen von Frau Faltenhauser aufforderte, Schadensersatz in Höhe von 34 120 Euro zu leisten. „Das ist natürlich eine tragische Sache", sagte Gohle zu einem Journalisten, „aber juristisch gesehen liegt hier zumindest leichte, wenn nicht grobe Fahrlässigkeit vor. Ich darf einen Inhalt nicht wegwerfen, ohne ihn zu prüfen." Muss Frau Sager zahlen? (Nach einem Bericht der Zeitung tz, München, Juli 2006)

Zu prüfen ist, ob Frau Sager Schadensersatz leisten muss aufgrund einer misslungenen Geschäftsführung ohne Auftrag (GoA, §§ 677, 678).

Frau Sager hat ein „Geschäft" besorgt (§ 677), denn sie hat Frau Faltenhausers Kühltruhe entleert. Das tat sie, wie § 677 verlangt, „für einen anderen". Denn es wäre eigentlich Frau Faltenhausers Aufgabe gewesen, die Kühltruhe zu reinigen. Ferner verlangt § 677, dass Frau Sager gehandelt hat, ohne von Frau Faltenhauser „beauftragt" oder ihr gegenüber „sonst dazu berechtigt zu sein". Frau Sager war zwar gebeten worden, die Blumen zu gießen und dem Handwerker die Tür zu öffnen.[1] Keinesfalls war sie aber beauftragt oder sonst berechtigt, die Kühltruhe zu leeren.

---

1 Es kann offen bleiben, ob hier ein Auftrag (§ 662) oder nur ein Gefälligkeitsverhältnis vorlag (BGB-AT Rn 46 ff).

Die nächste Frage ist, ob „die *Übernahme* der Geschäftsführung mit dem wirklichen oder dem mutmaßlichen Willen des Geschäftsherrn in Widerspruch" stand (§ 678). Ein „wirklicher Wille" lag bei Frau Faltenhauser nicht vor, weil sie von dem Unglück in ihrer Küche nichts wusste. Ihr „mutmaßlicher Wille" war, dass die Kühltruhe zwar ausgeräumt werden sollte, aber so, dass der Schmuck gerettet wurde. Jedenfalls hätte Frau Faltenhauser gegen eine Hilfe – also gegen die *Übernahme* der Geschäftsführung – generell nichts einzuwenden gehabt. Sie hätte sich nur die *Durchführung* anders gewünscht. Da § 678 nur auf die *Übernahme* der Geschäftsführung abstellt, liegen die Voraussetzungen für einen Schadensersatzanspruch nach § 678 nicht vor.

Frau Sagers wichtigste Pflicht war es, „das Geschäft so zu führen, wie das Interesse des Geschäftsherrn mit Rücksicht auf dessen wirklichen oder mutmaßlichen Willen" es erforderte (§ 677). Frau Faltenhausers Interesse ging dahin, den Schmuck zu behalten. Frau Sager hat also bei der *Durchführung* der GoA objektiv „eine Pflicht aus dem Schuldverhältnis" verletzt (§ 280 Abs. 1 S. 1). Sie ist allerdings dann nicht schadensersatzpflichtig, wenn sie „die Pflichtverletzung nicht zu vertreten hat" (§ 280 Abs. 1 S. 2), wenn sie also die im Verkehr erforderliche Sorgfalt (§ 276 Abs. 2) *nicht* außer Acht gelassen hat. Zu fragen ist deshalb, ob Frau Sager fahrlässig gehandelt hat, als sie davon ausging, dass es sich bei dem gesamten Inhalt der Tiefkühltruhe um verdorbene Lebensmittel handelte.

Für eine Fahrlässigkeit könnte angeführt werden, dass – wie der Anwalt erklärt hat – ein Geschäftsführer alle fremden Gegenstände auspacken und prüfen sollte, bevor er sie wegwirft. *Gegen* eine Fahrlässigkeit spricht aber in diesem Fall, dass man in einer Tiefkühltruhe nur Lebensmittel, keine Wertgegenstände vermuten muss. Hinzu kommt, dass Frau Faltenhauser ihren Schmuck raffiniert getarnt hatte, um ihn gegen Diebstahl zu schützen. Denn sie hatte ihn nicht nur in der Tiefkühltruhe versteckt, sondern hatte ihn auch undurchsichtig verpackt und so gepolstert, dass er sich wie aufgetautes Fleisch anfühlte.

Aus alledem ist zu folgern, dass Frau Sager nicht die erforderliche Sorgfalt außer Acht gelassen hat (§ 276 Abs. 2), als sie davon ausging, es handele sich auch bei dem Schmuck um verdorbenes Gefriergut. Damit steht fest, dass sich Frau Sager nicht schadensersatzpflichtig gemacht hat.

Im FD „GoA I" ist X als Frau Sager zu verstehen und Y als Frau Faltenhauser. Dann ergibt sich die Lösung so: 1. Nein – 4. Nein – 5. c – 6. Ja (die Reinigung der Truhe stand mit Frau Faltenhausers mutmaßlichem Willen im Einklang) – 7. Ja – 8. Nein – 9. Nein (Spalte 11). ◀

Lerneinheit 61

1770 Literatur: *Hotz*, Die berechtigte Geschäftsführung ohne Auftrag als strafrechtlicher Rechtfertigungsgrund, JuS 2019, 8; *Kupfer/Weiß*, Geschäftsführung ohne Auftrag, JA 2018, 894; *Karczewski*, Die Totenfürsorge, ein unbekanntes Rechtsinstitut? ZEV 2017, 129; *Lorenz*, Grundwissen – Zivilrecht: Geschäftsführung ohne Auftrag (GoA), JuS 2016, 12; *Berger*, Geschäftsführung ohne Auftrag zwischen Verwaltungsträgern, DÖV 2014, S. 662; *Lorenz*, „Brauchen Sie eine Rechnung?": Ein Irrweg und sein gutes Ende, NJW 2013, 3132; *Loyal*, Die Nothilfe im Zusammenspiel von Zivilrecht und gesetzlicher Unfallversicherung, VersR 2013, 966; *Dornis*, Das Dilemma der Erbensucher, JZ 2013, 592.

I. Einführung

1. Definition

Eine Geschäftsführung ohne Auftrag (GoA) liegt vor, wenn jemand (der Geschäftsführer) das Geschäft eines anderen (des Geschäftsherrn) besorgt, „ohne von ihm beauftragt oder ihm gegenüber sonst dazu berechtigt zu sein" (§ 677).   1771

2. Rechtliche Einordnung

Da sich die Rechtsfolgen der GoA nicht aus Willenserklärungen ergeben (insbesondere nicht aus einem Vertrag), sondern aus einem tatsächlichen Vorgang (dem Eingreifen des Geschäftsführers), handelt es sich um ein *gesetzliches Schuldverhältnis*. Das BGB regelt es nur deshalb nicht am Schluss des Buches 2 (bei den §§ 812 ff und 823 ff), weil die GoA sich eng an den Auftrag anlehnt (§§ 662 ff) und deshalb im Anschluss an ihn geregelt werden sollte. In diesem Lehrbuch steht die GoA aber bewusst im Kapitel „Andere gesetzliche Schuldverhältnisse".   1772

II. Fremdes Geschäft

1. „Wer ein Geschäft ..."

Das Wort „Geschäft" in § 677 ist – wie in § 662 – weit auszulegen (Rn 754). Das „Geschäft" ist selten ein *Rechts*geschäft. Es genügt jede Tätigkeit des Geschäftsführers oder seiner Leute.   1773

2. „... für einen anderen besorgt, ..."

Es muss sich um ein Geschäft „für einen *anderen*" handeln (§ 677). Das Gesetz nennt ein solches Geschäft in § 687 Abs. 1 treffend ein „fremdes Geschäft". Das ist ein Geschäft, das nicht zur Zuständigkeit, zum Rechtskreis und zur Interessensphäre des Handelnden gehört. Es ist zu unterscheiden: 1774

- *Objektiv fremdes Geschäft:* Im einfachsten Fall besteht kein Zweifel, dass es sich um ein fremdes Geschäft handelt. *Beispiele:* Hilfeleistung in Gefahr,[2] Zahlung einer fremden Schuld im Bewusstsein, dass es fremde Schuld ist.[3]   1775

- *Objektiv eigenes Geschäft des Geschäftsführers:* Wenn das Geschäft keinen Bezug zum Interessenbereich des Geschäftsherrn hat oder weit überwiegend ein Eigengeschäft des Geschäftsführers ist, liegt keine GoA vor.[4] *Beispiel:* X hatte seinen Pkw unzulässig in dem von E betriebenen Parkhaus abgestellt. Um gerichtliche Schritte einleiten zu können, ermittelte E Namen und Adresse des X und verlangte von diesem die Erstattung der dadurch entstandenen Kosten. Aber wer die Daten seines Schädigers ermittelt, betreibt ein *eigenes* Geschäft ist, kein fremdes.[5]   1776

- *Sowohl fremdes als auch eigenes Geschäft:* Es gibt Geschäfte, die einerseits für den Handelnden „fremd" sind, aber andererseits auch in seinen Interessenkreis fallen.   1777

---

2 BGHZ 33, 251: Hilfe für einen Verletzten.
3 BGHZ 47, 370; BGH ZIP 2003, 1399 (1403); BGH NJW 2007, 63 (Ablösung eines fremden Darlehens); Medicus/Lorenz Rn 1106; Palandt/Sprau § 677 Rn 4.
4 BGH NJW 2003, 3193, BGH NJW-RR 2004, 81.
5 BGH NJW 2016, 863 Rn 32. Der BGH ließ die GoA erst daran scheitern, dass es nicht dem wirklichen oder dem mutmaßlichen Willen eines Halters entspricht, zum Zwecke der Rechtsverfolgung ermittelt zu werden (Rn 1790).

Geschäfte, die diesem Niemandsland angehören, verursachen große Probleme. Sie werden deshalb später ausführlich dargestellt (Rn 1803).

3. „... ohne von ihm beauftragt oder ihm gegenüber sonst dazu berechtigt zu sein, ...“

1778 Der Handelnde muss für den anderen aus eigenem Antrieb gehandelt haben. Denn er darf keinen Auftrag (§ 662) des Geschäftsherrn zu dem Geschäft gehabt haben oder dem Geschäftsherrn „sonst dazu berechtigt“ gewesen sein (§ 677). Solange und soweit er dem Geschäftsherrn zum Tätigwerden verpflichtet ist (egal ob aus Vertrag oder zB aufgrund einer öffentlich-rechtlichen Amtsstellung), kann keine GoA vorliegen. Die Worte „... ohne von ihm beauftragt ... zu sein“ schließen auch die Fälle aus, in denen der Geschäftsführer aufgrund eines *nichtigen* Vertrags gehandelt hatte (dazu Rn 1805 ff).

III. Übernahme der Geschäftsführung

1. Einleitung

1779 Die Frage, ob „die Übernahme der Geschäftsführung mit dem ... Willen des Geschäftsherrn in Widerspruch“ steht (§ 678), ist die zentrale Frage der GoA. Denn von ihr hängt es im Wesentlichen ab, ob der Geschäftsführer Anspruch auf Ersatz seiner Verwendungen hat (§ 683 S. 1) oder ob er keinen Ersatz erhält und sogar Schadensersatz leisten muss (§ 678).

1780 *Wirklicher und mutmaßlicher Wille:* Nach seinem Eingreifen verlangt der Geschäftsführer oft den „Ersatz seiner Aufwendungen“. Dieser steht ihm aber nur zu, wenn „die Übernahme der Geschäftsführung dem Interesse und dem wirklichen oder dem mutmaßlichen Willen des Geschäftsherrn“ entspricht (§ 683 S. 1).

1781 ■ Der „*wirkliche Wille*“ (§ 683 S. 1): Wenn der Geschäftsführer den wahren Willen des Geschäftsherrn kennt, muss er ihn respektieren, selbst wenn er töricht und interessenwidrig ist.[6] Ausnahmen macht nur § 679 (Rn 1791 f).

1782 ■ Der „*mutmaßliche Wille*“ (§ 683 S. 1) ist nur entscheidend, wenn der Geschäftsführer den wirklichen Willen nicht kennt und auch nicht ermitteln kann. Der mutmaßliche Wille ist derjenige Wille, den ein objektiver Beobachter mit dem Kenntnisstand des Geschäftsführers zur damaligen Zeit (ex ante) für interessengerecht gehalten hätte.

2. Übernahme der Geschäftsführung entsprechend dem Willen des Geschäftsherrn

a) Rechte des Geschäftsführers

1783 Im Idealfall entspricht die Übernahme der Geschäftsführung „dem Interesse und dem wirklichen oder dem mutmaßlichen Willen des Geschäftsherrn ...“ (§ 683 S. 1). Dann hat der Geschäftsführer natürlich eine besonders gute Position (FD „GoA I“, Frage 6, Ja).

1784 *Aufwendungsersatz:* Der Geschäftsführer hat nach § 683 S. 1 Anspruch auf Ersatz seiner Aufwendungen „wie ein Beauftragter“, also nach § 670. Ein Aufwendungsersatz ist allerdings kein Honorar, sondern nur eine Entschädigung. Der GoA-Geschäftsführer hat deshalb eigentlich keinen Anspruch auf die Vergütung, die bei einem entspre-

---

6 BGHZ 138, 281 (287).

chenden gegenseitigen Vertrag üblich ist. Das wird aber von der Rechtsprechung meist vernachlässigt. *Beispiel:* B hatte Rechtsanwalt R Mandat erteilt, aber später stellte sich heraus, dass B unerkannt geschäftsunfähig war. Der BGH ging wie selbstverständlich davon aus, dass R seine volle Vergütung nach dem RVG verlangen konnte, ganz so, als sei das Mandat wirksam erteilt worden.[7]

Schenkungsabsicht (§ 685): Der Aufwendungsersatzanspruch entfällt, wenn der Geschäftsführer bei seiner Tätigkeit nicht die Absicht hatte, Aufwendungsersatz zu verlangen (§ 685 Abs. 1; FD „GoA I", Frage 7, Ja). *Beispiel:* N wohnte mit seiner Lebenspartnerin L kostenlos in einem renovierungsbedürftigen Haus, das den Eltern der L gehört. Er leistete zahlreiche Arbeitsstunden ohne die Absicht, von den Eltern Ersatz zu verlangen. Deshalb konnte er auch nach der Trennung nichts geltend machen.[8]   **1785**

b) Durchführungsverschulden

Auch wenn die *Übernahme* der Geschäftsführung nicht zu beanstanden ist (und deshalb nicht zu einem Schadensersatzanspruch nach § 678 führt), kann doch die *Durchführung* in einer vorwerfbaren Weise gegen die Interessen des Geschäftsherrn verstoßen und so einen Schadensersatzanspruch des Geschäftsherrn begründen (§§ 241 Abs. 2, 280 Abs. 1; FD „GoA I", Fragen 8 und 9).   **1786**

Der Geschäftsführer hat nämlich „das Geschäft so zu führen, wie das Interesse des Geschäftsherrn mit Rücksicht auf dessen wirklichen oder mutmaßlichen Willen es erfordert" (§ 677). *Beispiel:* Im Fall 61 (Rn 1768) hatte Frau Sager die Geschäftsführung zu Recht übernommen, hatte aber bei der Durchführung ihre Pflichten verletzt (wenn auch nicht schuldhaft). Der von § 677 vorgegebene Pflichtenrahmen wird ausgefüllt durch eine Reihe von Einzelregelungen: **1787**

- § 681 S. 2 verweist auf die §§ 666 bis 668. Der Geschäftsführer muss also Auskunft erteilen (§ 666) und alles, was er aus der Geschäftsführung erlangt, herausgeben (wichtig: § 667).   **1788**

- Hat der Geschäftsführer zur Abwendung einer dringenden Gefahr gehandelt,[9] haftet er – abweichend von § 276 Abs. 1 – nicht für *leichte* Fahrlässigkeit (§ 680; FD „GoA I", Frage 10).   **1789**

- Der Geschäftsführer hat die Übernahme der Geschäftsführung, „sobald es tunlich ist", anzuzeigen und die Weisung des Geschäftsherrn abzuwarten, wenn nicht ausnahmsweise mit dem Aufschub Gefahr verbunden ist (§ 681 S. 1). Zu bedenken ist aber: Wenn der Geschäftsführer *vorher* angefragt und eine Weisung des Geschäftsherrn erhalten hat, liegt vielleicht ein Auftrag vor (§ 622), aber keine GoA.

3. Übernahme „in Widerspruch" zum Willen des Geschäftsherrn

a) Grundsatz und Ausnahmen

Für die Fälle, in denen die Übernahme der Geschäftsführung *nicht* „dem Interesse und dem ... Willen des Geschäftsherrn" entspricht, verweist das FD „GoA I" in Spalte 12 auf das FD „GoA II". Im Grundsatz darf der Geschäftsführer in diesen Fällen nicht tätig werden. Manchmal ist aber der entgegenstehende Wille des Geschäftsherrn unbe-   **1790**

---

7 BGH NJW 2005, 3786.
8 BGH NJW 2015,1523 Rn 19. § 685 fand hier Anwendung über die Verweisung in § 601 Abs. 2 S. 1.
9 Beispielsweise drohender Kurssturz bei einem Optionsgeschäft (OLG München WM 1999, 1878).

achtlich, so dass der Geschäftsführer so behandelt wird, als habe er im *Einverständnis* mit dem Geschäftsherrn gehandelt. Deshalb werden diese Fälle hier vorgezogen (Rn 1791 bis 1794) und ebenso im FD „GoA II" (Spalten 1 bis 3). Anschließend werden die Fälle dargestellt, in denen der entgegenstehende Wille des Geschäftsherrn beachtlich ist.

b) Wenn der entgegenstehende Wille des Geschäftsherrn unbeachtlich ist

1791   *Öffentliches Interesse:* Trotz eines entgegenstehenden Willens ist die Geschäftsführung berechtigt, wenn sie dazu dient, eine im *öffentlichen Interesse* liegende Pflicht des Geschäftsherrn rechtzeitig zu erfüllen (§§ 679 Var. 1, 683 S. 2; FD „GoA II" Spalte 1). *Beispiel:* O war verstorben, seine Leiche verwahrte der Bestattungsunternehmer B ohne Auftrag in seiner Bestattungshalle. Die Witwe W des O, die von ihm getrennt gelebt hatte, weigerte sich, die Bestattungskosten zu übernehmen. Daraufhin bestattete B die Leiche und verlangte zu Recht Aufwendungsersatz von W.[10]

1792   *Gesetzliche Unterhaltspflicht:* Berechtigt ist auch die (dem Geschäftsherrn nicht genehme) Geschäftsführung, die dazu dient, seine gesetzliche Unterhaltspflicht rechtzeitig zu erfüllen (§§ 679 Var 2, 683 S. 2). Die Erfüllung muss nicht im öffentlichen Interesse liegen. *Beispiel:* Student S erhielt von seinen Eltern nicht die Unterhaltsleistungen, zu denen sie verpflichtet waren, und lebte in Not. B gewährte ihm monatlich 500 Euro, die er von den Eltern zurückverlangte.[11]

1793   *Genehmigung:* Aus einer unberechtigten kann eine berechtigte GoA werden, wenn der Geschäftsherr sie genehmigt (§§ 684 S. 2, 184; FD „GoA II", Spalte 3). Die Genehmigung kann auch konkludent erfolgen. *Beispiel:* A unterhält ein Girokonto bei der B-Bank. Bei der Durchsicht seiner Kontoauszüge stellte er fest, dass die B-Bank sein Konto im Wege des Einzugsermächtigungsverfahrens belastet hatte. Die Belastung hatte sein Gläubiger G veranlasst, ohne dass A davon gewusst hatte. Aber A war mit der Belastung einverstanden. Er hat damit die nach § 678 unberechtigte Belastung seines Kontos genehmigt (§ 684 S. 2).[12]

1794   Mit der Genehmigung steht dem Geschäftsführer „der in § 683 bestimmte Anspruch zu" (§ 684 S. 2), so dass er „wie ein Beauftragter Ersatz seiner Aufwendungen verlangen" kann. Damit gilt § 670. Durch die Genehmigung entfällt außerdem der nach § 678 eigentlich geschuldete Schadensersatz.

c) Angemaßte Eigengeschäftsführung

1795   Unter den Fällen, in denen der entgegenstehende Wille des Geschäftsherrn *beachtlich* ist, ist der in § 687 Abs. 2 geregelte der Extremfall. Denn hier greift jemand vorsätzlich in die Interessensphäre eines anderen ein und behandelt dadurch „ein fremdes Geschäft als sein eigenes, obwohl er weiß, dass er nicht dazu berechtigt ist" (§ 687 Abs. 2 S. 1, sogenannte *angemaßte Eigengeschäftsführung;* FD „GoA II", Spalte 4). Dann sind die §§ 677 ff eigentlich nicht anwendbar. Aber der Geschäftsherr kann die in § 687 Abs. 2 S. 1 genannten Ansprüche geltend machen. Der Geschäftsführer muss

---

10   BGH NJW 2012, 1648 Rn 18. Die Bestattung einer fremden Leiche führte schon nach römischem Recht zu einem Aufwendungsersatzanspruch. Dieser Rechtssatz hat in allgemeiner Form als § 679 Eingang in das BGB gefunden.

11   Wenn die Eltern sich aber zu Recht für den Naturalunterhalt entschieden haben, liegt kein Fall des § 679 vor (OLG Hamm FamRZ 1983, 416).

12   BGHZ 186, 269 Rn 43; 162, 294 (303); 144, 349 (353); BGH NJW 2006, 1965 Rn 13.

dem Geschäftsherrn nach § 678 Schadensersatz leisten und das Erlangte herausgeben. *Beispiel:* Der Angestellte Z der B-GmbH hatte Schmiergeld von Kunden angenommen und sie sodann bei der Vergabe von Aufträgen bevorzugt. Er hat damit wissentlich das Geschäft der B-GmbH als sein eigenes behandelt. Z muss deshalb nicht nur Schadensersatz leisten (§ 678), sondern ist auch zur Herausgabe des Schmiergelds verpflichtet (§§ 687 Abs. 2 S. 1, 681 S. 2, 667).[13]

Geht der Geschäftsherr nach § 687 Abs. 2 Satz 1 gegen den Geschäftsführer vor, kann er allerdings auch selbst verpflichtet sein. Wenn ihm nämlich die aufgedrängte Tätigkeit des Geschäftsführers eine Bereicherung gebracht hat, muss er sie herausgeben (§ 687 Abs. 2 S. 2 verweist auf § 684 S. 1).

1796

d) Irrtum

Die Vorschriften über die GoA sind insgesamt nicht anzuwenden, „wenn jemand ein fremdes Geschäft in der Meinung besorgt, dass es sein eigenes sei" (§ 687 Abs. 1; FD „GoA II", Spalte 5).

1797

e) Fahrlässigkeit

§ 678 setzt bekanntlich voraus, dass die Übernahme der Geschäftsführung im Widerspruch zum (wirklichen oder mutmaßlichen) Willen des Geschäftsherrn stand. Die anschließenden Worte „und musste der Geschäftsführer dies erkennen" nehmen Bezug auf die Definition in § 122 Abs. 2 („kennen musste"). Es ist deshalb zu fragen, ob der Geschäftsführer den Widerspruch zwischen seinem Tun und dem Willen des Geschäftsherrn infolge von Fahrlässigkeit (§ 276 Abs. 2) nicht erkannt hatte (FD „GoA II", Spalte 6).

1798

Schadensersatzpflicht: Es gilt § 678, so dass der Geschäftsführer bei Fahrlässigkeit Schadensersatz zu leisten hat. Der Geschäftsführer ist auch dann zum Schadensersatz verpflichtet, „wenn ihm ein sonstiges Verschulden nicht zur Last fällt". Er haftet also ohne weiteres für alle durch sein Eingreifen verursachten Schäden. Seine Haftung gleicht damit der des Schuldners im Verzug (§ 287 S. 2).

1799

Kein Aufwendungsersatz: Der unberechtigte Geschäftsführer kann keinen Aufwendungsersatz nach § 670 verlangen (Umkehrschluss aus § 683 S. 1). Denn der Geschäftsherr soll durch das unerwünschte Eingreifen des Geschäftsführers nicht belastet werden.

1800

Weitere Pflichten: Obwohl der Geschäftsführer Schadensersatz leisten muss, hat er die Pflicht, die Geschäftsführung am Interesse und am (mutmaßlichen) Willen des Geschäftsherrn auszurichten (FD „GoA II", Spalte 6 verweist auf Frage 5). Denn § 677 verlangt von *jedem* Geschäftsführer, auch vom unberechtigten, im Sinne des Geschäftsherrn zu handeln.

1801

Anspruch auf die eingetretene Bereicherung: Es gibt nur einen Lichtblick für den Geschäftsführer. Er kann nämlich Anspruch auf einen Geldbetrag in Höhe der Bereicherung haben, die durch seine Geschäftsführung dem Geschäftsherrn zugeflossen ist (§ 684 S. 1 verweist auf die §§ 812 ff; FD „GoA II", Spalte 7). Denn der Geschäftsherr soll keinen Vorteil aus der von ihm abgelehnten Geschäftsführung haben. *Beispiel:* A hatte B gebeten, sein Fahrrad zu einer Werkstatt zu bringen, aber B hat es eigenmäch-

1802

---

13 So der 3. *Strafsenat* (!) des BGH NStZ 2014, 397.

tig selbst repariert und dabei eine neue Beleuchtungsanlage montiert. A muss B zwar nicht den Kaufpreis der Anlage ersetzen; das wäre Aufwendungsersatz nach den §§ 683 S. 1, 670. Aber soweit A durch die neue Beleuchtung bereichert ist, muss er die Bereicherung durch eine Zahlung ausgleichen (§§ 684 S. 1, 812 Abs. 1 S. 1).

IV. Problemfälle

1. Fremdes oder eigenes Geschäft?

1803   Manchmal scheitert eine GoA schon daran, dass kein fremdes, sondern ein eigenes Geschäft vorliegt. *Beispiel 1:* Ein Untersuchungsgefangener unternahm einen Selbstmordversuch. Rheinland-Pfalz als Träger der Haftanstalt verlangte von ihm die Erstattung der Behandlungskosten. Die ärztliche Versorgung von Gefangenen ist aber ein *eigenes* Geschäft der jeweiligen Justizverwaltung (FD „GoA I", Frage 4, Spalte 4).[14] *Beispiel 2:* Der gewerbliche Erbensucher E ermittelte den B als Halbbruder des verstorbenen M und bot ihm gegen ein Honorar seine Informationen an. B lehnte ab. E wollte nun, gestützt auf eine GoA, wenigstens die Aufwendungen ersetzt haben, die ihm durch die Erbensuche entstanden waren. Aber er hatte seine Nachforschungen (in der Absicht, damit Geld zu verdienen) als *eigenes* Geschäft betrieben,[15] nicht als Geschäftsführer des B (FD „GoA I", Spalte 5).

2. Zugleich eigenes und fremdes Interesse

1804   Nach Ansicht der Rechtsprechung schließt die Wahrung eigener Interessen nicht aus, dass der Geschäftsführer zugleich fremde Interessen wahrnimmt und damit Anspruch auf Aufwendungsersatz nach § 683 S. 1 hat. *Beispiel 1:* Frau F stellte ihren Pkw unbefugt auf dem Kundenparkplatz des X ab. X ließ das Fahrzeug umsetzen und verlangt die Erstattung der Kosten. X hat ein eigenes Geschäft geführt, aber auch ein fremdes, weil Frau F als Störerin verpflichtet war, das Fahrzeug selbst wegzufahren (§§ 858 Abs. 1, 862 Abs. 1 S. 1). X kann aber nur dann „Ersatz seiner Aufwendungen verlangen", wenn seine Geschäftsführung „dem Interesse und dem … mutmaßlichen Willen" der F entsprach (§ 683 S. 1). Nach Ansicht des BGH liegt in diesen Fällen ein solches Interesse und ein solcher Wille vor, weil der Störer „von der ihm gemäß § 1004 Abs. 1 S. 1 obliegenden Pflicht frei" wird.[16] *Beispiel 2:* Die Gemeinde K und die B-GmbH waren Miteigentümerinnen einer Brücke, auf der vor längerer Zeit eine Schmalspurbahn verkehrte. Von der Brücke waren Betonteile auf die unter ihr verlaufende Bundesstraße gefallen, so dass die K in Erfüllung ihrer Verkehrssicherungspflicht die Brücke abreißen ließ. Sie tat das nicht nur im eigenen (öffentlich-rechtlichen) Interesse, sondern auch im Interesse der anderen Miteigentümerin, so dass die Voraussetzungen der §§ 683, 670 vorlagen.[17]

---

14 BGHZ 109, 354.
15 BGH NJW 2000, 72; zustimmend MüKo/Seiler § 677 Rn 12.
16 BGH NJW 2016, 2407 Rn 8 bis 12. Im Gegensatz dazu hat der Falschparker kein Interesse daran, dass zum Zweck der Rechtsverfolgung seine Anschrift ermittelt wird (Rn 1790).
17 BGH NJW 2018, 2714 Rn 17 ff.

3. Nichtiger Vertrag

a) Fremdgeschäftsführungswille?

Umstritten ist, ob auf eine GoA ausgewichen werden kann, wenn der Geschäftsführer aufgrund eines *nichtigen* (unwirksamen) Vertrags tätig geworden ist (FD „GoA I", Spalte 2). *Beispiel:* Für Frau F ist eine Betreuung angeordnet, die sie einer beschränkt Geschäftsfähigen gleichstellt (§ 1903 Abs. 1 S. 2). Sie hatte sich am späten Abend aus ihrer Wohnung ausgeschlossen und rief deshalb einen Schlüsseldienst an. Dieser berechnete 319,50 Euro, aber der Betreuer verweigerte die Einwilligung, so dass der Vertrag nichtig war. Der BGH hat eine GoA angenommen und dem Inhaber des Schlüsseldienstes nach den §§ 677, 683, 670 die volle Vergütung zugesprochen.[18] Aber das ist nicht richtig. Die Meinungsverschiedenheit zeigt sich schon bei einem *wirksamen* Vertrag. Der BGH betont, dass immer dann, wenn jemand im Rahmen eines gegenseitigen Vertrags eine Leistung erbringe, der Fremdgeschäftsführungswille geradezu indiziert werde.[19] Aber jeder, der sich zu einer entgeltlichen Leistung verpflichtet hat, wird *im eigenen* Interesse tätig, nicht Im Interesse seines Vertragspartners.[20] Denn er erbringt seine Leistung, um die Gegenleistung zu erhalten. Das ändert sich auch dann nicht, wenn der Vertrag nichtig ist. Weil der Handelnde nicht „ein Geschäft für einen anderen besorgt" (§ 677), sondern für sich, liegt keine GoA vor.

1805

b) Verdrängung der ungerechtfertigten Bereicherung

Die ausdehnende Anwendung der §§ 677 ff ist auch aus einem anderen Grund abzulehnen. Sie führt nämlich zu einer Verdrängung der §§ 812 ff, die aber in Fällen vertragsloser Zuwendung den Vorrang haben müssen.[21] Ein amtlicher Leitsatz des BGH lautete: „Im Falle der Nichtigkeit eines Bauvertrags kann dem Unternehmer ein Vergütungsanspruch nach den §§ 683, 670 BGB zustehen. Für eine bereicherungsrechtliche Rückabwicklung ist dann kein Raum."[22] Aber das Gegenteil ist richtig: Nichtige Verträge sind nach den §§ 812 ff abzuwickeln. Für eine GoA ist dann „kein Raum". Der BGH hat sogar dann auf eine GoA zurückgegriffen, wenn das Rechtsgeschäft wegen eines Sitten- oder Gesetzesverstoßes nichtig war.[23]

1806

Im Jahre 2009 hat der VIII. Zivilsenat des BGH ein Einlenken angedeutet. *Beispiel:* Mieter M hatte Schönheitsreparaturen vorgenommen, aber – wie sich aufgrund der neuen BGH-Rechtsprechung[24] herausstellte – aufgrund einer unwirksamen Vertragsklausel. Er verlangte vom Vermieter V die Erstattung seiner Auslagen nach § 683, aber erfolglos. Denn M wollte einen Vertrag erfüllen, den er für wirksam hielt. Er wurde deshalb – wie der BGH zu Recht betont hat – „nur im eigenen Rechts- und Interessenkreis tätig". Der erforderliche Fremdgeschäftsführungswille war „nicht schon deswe-

1807

---

18 NJW 2015, 1020 Rn 5. Ebenso schon BGH NJW 2005, 3786 für einen Anwaltsvertrag mit einem Geschäftsunfähigen.
19 BGHZ 40, 28 [30]; BGH NJW-RR 1993, 200.
20 Wollschläger, Die GoA, 207 ff, ebenso die hM.
21 Insbesondere darf § 817 S. 2 nicht durch die Anwendung der GoA-Vorschriften ausgeschlossen werden. So richtig OLG Koblenz NJW 1999, 2904; kritisch auch S. Lorenz NJW 1996, 883; MüKo/Seiler § 677 Rn 48; Einsele JuS 1998, 401; Wendtland NJW 2004, 985; unklar Palandt/Sprau § 677 Rn 11.
22 BB 1993, 2182.
23 NJW 1997, 47 (49).
24 Siehe Rn 853 ff.

gen gegeben, weil die Renovierungsmaßnahmen … dem Vermögen des Vermieters zugute" kamen.[25] Der Ausgleich musste deshalb über die §§ 812 ff erfolgen.

1808   *Schwarzarbeit:* Im Jahre 2014 hat der VII. Zivilsenat des BGH zum ersten Mal die Anwendung der GoA in den Fällen abgelehnt, in denen der Vertrag wegen *Schwarzarbeit* nach § 134 nichtig ist. Aber er hat die GoA nicht etwa generell bei nichtigen Verträgen für unanwendbar erklärt. Der Schwarzarbeiter verliert nach Ansicht des BGH seinen Lohnanspruch nur, weil Schwarzarbeit geächtet ist und er deshalb seine Aufwendungen nicht „für *erforderlich* halten darf" (§ 683 S. 1 verweist auf § 670).[26]

4. Der „Geschäftsführer" ist einem Dritten verpflichtet

1809   Der BGH geht davon aus, jemand könne einem anderen vertraglich verpflichtet und gleichzeitig Geschäftsführer eines Dritten sein (FD „GoA I", Spalte 3). *Beispiel:* Das Land Berlin hatte den Wohnungsunternehmer W beauftragt, zahlreiche Mietshäuser zu verwalten, darunter auch das Mietshaus des E. W macht gegenüber E Ansprüche aus seiner Verwaltertätigkeit geltend. Der BGH hat eine GoA des W für E angenommen.[27] Aber W hat eine Leistung erbracht, zu der er sich gegenüber dem Land Berlin verpflichtet hatte, und damit ein *eigenes* Geschäft betrieben. Da er Berlin zu dieser Tätigkeit verpflichtet war, konnte er nicht in der gleichen Sache für E Geschäftsführer einer GoA sein.[28] Nur Berlin hätte E aus einer GoA In Anspruch nehmen können.

§ 62 Haftung aus Gewinnzusagen und Haftung des Hoteliers

1810   **Fall 62: Excellence-Versand   § 661a**

▶ *Die österreichische Excellence-Versand AG schickte an die Augsburger Rentnerin Edeltraut Ehrenreich eine Drucksache, in der es heißt: „Stimmt Ihre persönliche Gewinnnummer mit einer in den Rubbelfeldern überein, dann winken Ihnen bis zu 100 000 Euro in bar. Frau Ehrenreich, holen Sie sich mit Ihrer Gewinnnummer 100 000 Euro!" Die von Frau Ehrenreich freigelegte Nummer entsprach der, für die ein Gewinn von 100 000 Euro genannt war. Zwei Monate später ging Frau Ehrenreich ein weiteres, als „Auszahlungsnachricht" bezeichnetes Schreiben der Excellence-AG zu. Darin wurde Frau Ehrenreich aufgefordert, mittels der beigefügten „Test-/Bargeldanforderung" die Auszahlung von 60 000 Euro zu verlangen und ein Potenzmittel zu bestellen. Frau Ehrenreich hat weder die 60 000 Euro angefordert noch das Potenzmittel bestellt, sondern hat die Excellence-AG auf Zahlung von 160 000 Euro verklagt. (Nach BGHZ 165, 172)*

1811   Zu prüfen ist, ob Frau Ehrenreich ihren Anspruch auf § 661a stützen kann. Danach müsste Frau Ehrenreich Verbraucherin sein (§ 13) und die Excellence-AG Unternehmerin (§ 14). Da Frau Ehrenreich Rentnerin ist und die Excellence-AG eine juristische Person, sind diese Voraussetzungen gegeben. Ferner müsste die Excellence-AG Frau Ehrenreich eine „Gewinnzusage" geschickt und dabei den Eindruck erweckt haben, Frau Ehrenreich habe bereits „einen Preis gewonnen" (§ 661a). In ihrem ersten Schreiben hatte die Excellence-AG behauptet,

---

25 BGHZ 181, 188 Rn 20. Leider ist der VIII. Senat mit dieser Ansicht allein geblieben, siehe zB die Entscheidung des III. Senats in NJW 2015, 1020 Rn 6.
26 BGHZ 201, 1 Rn 14.
27 BGHZ 143, 9 (14 f).
28 Medicus/Lorenz Rn 1122.

Frau Ehrenreich könne sich 100 000 Euro „holen", wenn sie die zu diesem Gewinn passende Nummer freigelegt habe. Da diese Nummer (selbstverständlich) auf dem Schreiben zum Vorschein kam, hatte Frau Ehrenreich nach der Erklärung der Excellence-AG den – von keiner anderen Bedingung mehr abhängigen – Anspruch auf Auszahlung von 100 000 Euro. Die Voraussetzungen des § 661 a sind damit gegeben.

Etwas komplizierter ist die Rechtslage aufgrund des zweiten Schreibens. Die Excellence-AG hatte zwar mit dem Wort „Auszahlungsnachricht" den Anschein erweckt, der Betrag von 60 000 Euro stehe zur Auszahlung bereit. Sie hatte aber zugleich Frau Ehrenreich aufgefordert, mittels der beigefügten „Test-/Bargeldanforderung" die Auszahlung zu verlangen und ein Potenzmittel zu bestellen. Da Frau Ehrenreich beides nicht tat, könnte man der Meinung sein, dass sie damit keinen Anspruch auf Auszahlung der Summe habe. Das wäre aber nicht richtig. § 661 a verlangt nur, dass der Unternehmer den Eindruck erweckt hat, der Verbraucher habe bereits den genannten „Preis gewonnen". Das ist auch im zweiten Fall gegeben. Die Excellence-AG hat nicht deutlich gemacht, dass die Auszahlung des Preises von der Absendung der „Test-/Bargeldanforderung" (oder gar von der Bestellung des Potenzmittels) abhängig sein sollte. Es kann deshalb offen bleiben, ob der Tatbestand des § 661 a auch dann erfüllt wäre, wenn die Excellence-AG diese Bedingung ausdrücklich gestellt hätte.

Frau Ehrenreich hat damit Anspruch auf Auszahlung von 160 000 Euro. ◄

Lerneinheit 62

Literatur Gewinnzusagen: *Stieper*, Anfechtbarkeit von Gewinnzusagen, NJW 2013, 2849; *Kriegel*, Zum insolvenzrechtlichen Rang von Forderungen aus § 661 a BGB, ZInsO 2008, 552; *Wagner/Potsch*, Gewinnzusagen aus dem Inland und Ausland, Jura 2006, 401; *Tamm/Gaedtke*, Gewinnzusagen nach § 661 a BGB, materiell- und prozessrechtliche Probleme im europarechtlichen Kontext, VuR 2006, 169.

Literatur Hoteliershaftung: *Wortmann*, Zur Haftung für gestohlene Wertgegenstände aus einem in einer Hoteltiefgarage abgestellten Pkw, VersR 1995, 1157; *Hohloch*, Grundfälle zur Gastwirtshaftung, JuS 1984, 357.

1812

I. Haftung des Versenders von Gewinnzusagen

1. Hintergrund

In den neunziger Jahren des vorigen Jahrhunderts waren unseriöse Versandunternehmen dazu übergegangen, Verbrauchern mitzuteilen, sie hätten einen höheren Geldbetrag oder einen Luxus-Pkw gewonnen und brauchten den Preis nur noch abzurufen. Die Angeschriebenen sollten dadurch veranlasst werden, Waren zu bestellen – sei es aus Dankbarkeit oder aus Sorge, ihnen könnte sonst der angegebene Gewinn entgehen. Aber auch nach einer Bestellung erhielten sie nicht den versprochenen Preis, sondern höchstens einen fast wertlosen Gegenstand, zB statt des zugesagten BMW-Cabrios einen Büchsenöffner. Der genarrte Verbraucher, der den versprochenen Preis einklagen wollte, war schutzlos. Denn eine Auslobung (§ 657) lag – da der Angeschriebene keine Leistung erbringen sollte – nicht vor. Es kam nur ein Schenkungsversprechen in Betracht, das aber mangels notarieller Beurkundung formnichtig war (§§ 518 Abs. 1 S. 1, 125).[29] Der Gesetzgeber hat eine elegante Lösung gefunden, um diesen Praktiken zu

1813

---

29 OLG Düsseldorf NJW 1997, 2122.

begegnen: Er hat in dem zum 1. 7. 2000 eingefügten § 661 a schlicht angeordnet, dass ein Unternehmer, der Gewinnzusagen macht, an sein Wort gebunden ist.

2. Voraussetzungen des Anspruchs

1814 *Gewinnmitteilung:* Ein Unternehmer (§ 14) muss einem Verbraucher (§ 13) mitgeteilt haben, auf ihn sei ein „Gewinn" entfallen oder er habe einen „Preis gewonnen" (§ 661 a), ohne dass es auf diese Formulierungen ankommt. Der Text muss abstrakt geeignet sein, in einem durchschnittlichen Verbraucher den Eindruck zu erwecken, die Entscheidung zu seinen Gunsten sei bereits gefallen und es gehe nur noch darum, wie ihm der Preis zur Verfügung gestellt werden könne.[30]

1815 *Textform:* Es ist erforderlich, dass der Unternehmer die Mitteilung an den Verbraucher „sendet". Die Gewinnmitteilung muss dem Verbraucher deshalb zumindest in Textform (§ 126 b) zugegangen sein (Brief, E-Mail, Fax, SMS). Eine telefonische Gewinnzusage erfüllt nicht die Voraussetzungen des § 661 a. Das hat zeitweise dazu geführt, dass falsche Gewinnzusagen telefonisch übermittelt wurden.

3. Gesetzliches Schuldverhältnis

1816 Der Gesetzgeber hat § 661 a im Anschluss an die Auslobung (§ 657) und das Preisausschreiben (§ 661) in das BGB eingefügt, so dass es nahe liegt, auch in einer Gewinnzusage ein einseitiges Rechtsgeschäft mit nichtempfangsbedürftiger Willenserklärung zu sehen. Es ist aber nicht sachgerecht, die Haftung des Unternehmers aus einer Willenserklärung abzuleiten. Denn der Unternehmer will gerade nicht einen Gewinn versprechen, sondern den Verbraucher irreführen. Wenn der Unternehmer erfolgreich beim Wort genommen werden soll, muss das Gesetz Einwendungen ausschließen, die der Unternehmer – wenn es sich um eine Willenserklärung handelte – gegen die Wirksamkeit seiner Erklärung geltend machen könnte. Seine Erklärung ist deshalb nur eine *geschäftsähnliche Erklärung*[31] (geschäftsähnliche Handlung). Das durch § 661 a zwischen dem Unternehmer und dem Verbraucher begründete Schuldverhältnis stellt ein *gesetzliches Schuldverhältnis* dar.[32] Eine unerlaubte Handlung (§ 823) ist die Gewinnmitteilung allerdings nicht. Denn unerlaubte Handlungen führen – im Gegensatz zu § 661 a – zu einer Schadensersatzpflicht. § 661 a begründet deshalb ein gesetzliches Schuldverhältnis *eigener Art*.

1817 Da § 661 a die Haftung des Unternehmers nur vom Vorliegen der in § 661 a genannten Tatbestandsmerkmale abhängig macht (gesetzliches Schuldverhältnis), kann der Unternehmer nicht einwenden, der Verbraucher habe den geheimen Vorbehalt (§ 116 S. 2) oder die mangelnde Ernstlichkeit des „Versprechens" erkannt (§ 118). Denn diese Einwände können sich nur auf eine Willenserklärung beziehen.

---

30 BGH NJW 2006, 2548 Rn 30; NJW 2004, 1652.
31 BGB-AT Rn 57 ff.
32 BGHZ 165, 172 Rn 26 im Anschluss an S. Lorenz NJW 2000, 3305 (3307) und BGH NJW 2004, 1652 (1653), unter ausdrücklicher Aufgabe der abweichenden Ansicht in BGHZ 153, 82 (90 ff); zustimmend S. Lorenz NJW 2006, 472.

4. Rechtsfolgen

Liegen die Voraussetzungen des § 661 a vor, kann der Verbraucher von demjenigen, der ihm die Gewinnzusage zugesandt hat, deren Erfüllung verlangen.[33] Auch wenn der Anbieter seinen Sitz im Ausland hat, kann ein Verbraucher an seinem deutschen Wohnsitz Klage erheben.[34]   1818

Anfechtbarkeit: Die Gewinnzusage wird auch deshalb als geschäftsähnliche Erklärung (geschäftsähnliche Handlung) im Rahmen eines gesetzlichen Schuldverhältnisses angesehen, um dem Anbieter die Möglichkeit zu nehmen, seine Erklärung nach § 119 oder § 120 anzufechten. Diese Möglichkeit muss aber bestehen, wenn der Erklärende sich tatsächlich geirrt hatte. *Beispiel:* Paypal verloste 500 Euro unter allen, die zwischen dem 27. und dem 30. Mai 2013 den Zahlungsdienst genutzt hatten. Statt die Gewinner zu benachrichtigen, schickte Paypal die Gewinnmitteilung irrtümlich an alle, die den Paypal-Newsletter abonniert hatten („Willste? Kriegste! Sie haben 500 Euro gewonnen ...“). Paypal hat die Erklärungen noch am selben Tag angefochten. Die Anfechtung war wirksam, weil die Erklärungen versehentlich an falsche Adressaten versandt worden waren (§ 120).[35]   1819

II. Das gesetzliche Schuldverhältnis zwischen Hotelier und Gast

1. Keine gesetzliche Regelung des Beherbergungsvertrags

Der Vertrag zwischen einem Hotelier und seinem Gast ist im BGB nicht geregelt. Er ist ein gemischter Vertrag, weil er hinsichtlich der Zimmerüberlassung Elemente des Mietvertrags enthält, hinsichtlich der Bedienung Dienstvertragscharakter hat und hinsichtlich der Speisen und Getränke Kaufverträge einschließt (§ 650).   1820

Geregelt hat das Gesetz nur einen sehr kleinen, aber wichtigen Ausschnitt der vielfältigen Rechtsbeziehungen, nämlich in den §§ 701 bis 703 die Haftung des Hoteliers für „den Verlust, die Zerstörung oder die Beschädigung von Sachen“, die ein „Gast eingebracht hat“ (§ 701 Abs. 1), sowie das Pfandrecht des Hoteliers an diesen Sachen (§ 704). Diese Regelungsbereiche hat das Gesetz aber nicht als vertragliche, sondern als *gesetzliche Schuldverhältnisse* ausgestaltet. Zwei geregelte gesetzliche Schuldverhältnisse überlagern deshalb ein gesetzlich nicht geregeltes vertragliches Schuldverhältnis.   1821

2. Die Haftung für eingebrachte Sachen

a) Gesetzliches Schuldverhältnis

Das gesetzliche Schuldverhältnis zwischen Hotelier und Gast wird durch die Aufnahme des Gastes in das Hotel begründet und hat den Inhalt, dass der Hotelier für die eingebrachten Sachen des Gastes haftet. Der Abschluss eines Beherbergungsvertrags wird nicht vorausgesetzt, auch wenn er idR gegeben sein wird.   1822

Terminologisches: Der Gesetzgeber bezeichnet den Hotelier durchgehend als „Gastwirt“. Nur zu Anfang stellt er klar, dass es sich um einen Gastwirt handeln muss, „der   1823

---

33 Die Regelung ist nicht verfassungswidrig (BVerfG NJW 2004, 762; Schröder/Thiessen NJW 2004, 719; S. Lorenz NJW 2000, 3305).
34 BGHZ 165, 172 Rn 13 ff; zustimmende Anmerkung von S. Lorenz NJW 2006, 472.
35 Stieper NJW 2013, 2849 (2853). Eine veröffentlichte Gerichtsentscheidung zu diesem Fall gibt es offenbar nicht.

gewerbsmäßig Fremde zur Beherbergung aufnimmt" (§ 701 Abs. 1). Es geht also nicht um die Gastwirte, die nur ein Restaurant oder eine Kneipe betreiben. Da aber nur diese Personen heute als „Gastwirte" bezeichnet werden, ist es besser, im Zusammenhang mit Titel 15 vom „Hotelier" zu sprechen.[36] Irreführend ist auch, dass das Gesetz die Räumlichkeiten als „Gastwirtschaft" und nicht als Hotel bezeichnet (§ 701 Abs. 2 S. 1 Nr. 1).

1824   *Historisches:* Die römischen Juristen der Antike sahen die Herbergswirte in der Nähe von Gaunern und Dieben. Heute ist der Ruf der Hoteliers gut, aber es bleibt für den Gast eine gewisse Gefahr. Denn eine Vielzahl ihm unbekannter Hotelmitarbeiter hat Zugang zu seinem Zimmer und damit zu seinen Sachen. Die heutige Fassung der §§ 701 ff beruht auf einem internationalen Übereinkommen von 1962.

b) Voraussetzungen der Haftung

1825   *Gastaufnahme:* Der Gast muss ein „aufgenommener Gast" sein (§ 701 Abs. 1). Das bedeutet nur, dass er mit Wissen und Wollen des Hoteliers ein Zimmer zugewiesen bekommen haben muss. Der Abschluss eines Beherbergungsvertrags ist – wie gesagt – meist gegeben, aber keine Voraussetzung. Gast ist also auch derjenige, dessen Stellung als Vertragspartner zweifelhaft ist, wie etwa das Kind des Vertragsschließenden oder der (selbst nicht zahlende) Reiseleiter. Nur jemand, der sich eingeschlichen hat, ist kein Gast.

1826   *Eingebrachte Sache:* Der Gast muss Sachen „eingebracht" haben. Welche Sachen als eingebracht gelten, regelt § 701 Abs. 2. Dessen Nr. 1 bezieht sich auf Sachen, die der Gast *während* der Beherbergung eingebracht hatte, Nr. 2 auf Sachen, die kurz vor oder nach der Beherbergung in die Obhut des Hoteliers gelangt sind. Die eingebrachte Sache kann auch einem Dritten gehören. Da § 701 dem Gast erlaubt, auch den Verlust oder die Beschädigung solcher Sachen geltend zu machen, stellt § 701 einen gesetzlich geregelten Fall der Drittschadensliquidation dar.[37]

1827   Fahrzeuge sind nicht in den Schutz einbezogen (§ 701 Abs. 4). Auch die in Fahrzeugen zurückgelassenen Sachen des Gastes sind nicht geschützt.

1828   *Verlust, Zerstörung oder Beschädigung:* Die eingebrachte Sache muss verloren gegangen, zerstört oder beschädigt sein (§ 701 Abs. 1). Die §§ 701 ff regeln nur *Sachschäden,* erfassen also nicht die Verletzung von Personen. Ein Personenschaden kann aber zu einem Schadensersatzanspruch aufgrund des Beherbergungsvertrags führen oder zu einem Anspruch gegen den Hotelier nach § 823.

1829   *Verschulden nicht erforderlich:* § 701 Abs. 3 macht deutlich, dass der Hotelier nur dann *nicht* haftet, wenn der Gast die Beschädigung oder den Verlust der eingebrachten Sache selbst verursacht hat oder „höhere Gewalt" vorliegt. Daraus ergibt sich, dass ein Verschulden des Hoteliers oder seiner Leute keine Haftungsvoraussetzung ist (Haftung ohne Verschulden). Wenn aber ein Verschulden vorliegt, verschärft sich die Haftung des Hoteliers (§ 702 Abs. 2 Nr. 1).

---

36 Mit diesem Begriff sind auch die Inhaber von Pensionen gemeint.
37 SAT Rn 1124.

Auch wenn § 701 dem Gast die Geltendmachung von Schäden erleichtert, so liegt doch die *Beweislast* für das Einbringen der Sache sowie für deren Verlust oder Beschädigung bei ihm.[38]

Unverzügliche Anzeige: Alle Rechte des Gastes aus dem gesetzlichen Schuldverhältnis erlöschen, wenn er den Schaden dem Hotelier nicht sehr bald anzeigt (§ 703 S. 1), nämlich *unverzüglich* (§ 121 Abs. 1 S. 1). Nur in Ausnahmefällen braucht der Gast diese kurze Ausschlussfrist nicht einzuhalten (§ 703 S. 2). Wenn Ersatzansprüche des Gastes an § 703 S. 1 scheitern, kann er versuchen, sie auf eine unerlaubte Handlung (§ 823) oder auf die Verletzung des Beherbergungsvertrags (§ 280 Abs. 1) zu stützen. Die Ausschlussfrist des § 703 S. 1 gilt dann nicht.

c) Rechtsfolgen

Wenn die genannten Voraussetzungen erfüllt sind, haftet der Hotelier für den eingetretenen Sachschaden (§ 701 Abs. 1). Die Haftung ist allerdings nur dann *unbeschränkt*, wenn ein Verschulden des Hoteliers vorliegt (§ 702 Abs. 2 Nr. 1) oder wenn er die Sache zur Aufbewahrung übernommen hatte (§ 702 Abs. 2 Nr. 2). In allen anderen Fällen hat der Gesetzgeber die Höhe der Haftung in § 702 Abs. 1 kunstvoll beschränkt: Es kommt darauf an, wie hoch der Zimmerpreis war und ob die Sache zu einer von drei Kategorien gehört: Geld, Wertpapiere oder Kostbarkeiten.

3. Gesetzliches Pfandrecht

Da der Beherbergungsvertrag wesentliche Elemente eines Wohnraum-Mietvertrags enthält, ist es nicht verwunderlich, dass der Hotelier (ähnlich wie ein Vermieter) ein gesetzliches Pfandrecht an den vom Gast eingebrachten Sachen hat (§ 704 S. 1). § 704 S. 2 verweist dementsprechend auf die Vorschriften des Mietrechts (Rn 948).

1830

1831

1832

---

38 KG VersR 1971, 571; Palandt/Sprau § 701 Rn 14.

Sachregister

Die Zahlen verweisen auf die Randnummern. Es wurde aus Platzgründen auf die Angaben „f" und „ff" verzichtet. In vielen Fällen ist aber die jeweils folgende Randnummer mitzulesen.